中国刑事审判指导案例

2

危害国家安全罪·危害公共安全罪
侵犯公民人身权利、民主权利罪

增订本

《刑事审判参考》
总第96—124集汇总集成

《中国刑事审判指导案例》编写组　编

法律出版社 LAW PRESS · CHINA
北京

图书在版编目(CIP)数据

中国刑事审判指导案例. 2, 危害国家安全罪·危害公共安全罪·侵犯公民人身权利、民主权利罪 /《中国刑事审判指导案例》编写组编. -- 增订本. -- 北京 : 法律出版社, 2021(2025.4 重印)

ISBN 978-7-5197-5446-4

Ⅰ. ①中… Ⅱ. ①中… Ⅲ. ①刑事诉讼-审判-案例-汇编-中国②危害国家安全罪-审判-案例-汇编-中国③危害公共安全罪-审判-案例-汇编-中国④侵犯人身权利罪-审判-案例-汇编-中国⑤侵犯民主权利罪-审判-案例-汇编-中国 Ⅳ. ①D925.218.5 ②D924.305

中国版本图书馆 CIP 数据核字(2021)第 047609 号

中国刑事审判指导案例 2
危害国家安全罪·危害公共安全罪·
侵犯公民人身权利、民主权利罪(增订本)
ZHONGGUO XINGSHI SHENPAN ZHIDAO ANLI 2
WEIHAI GUOJIA ANQUANZUI · WEIHAI GONGGONG ANQUANZUI ·
QINFAN GONGMIN RENSHEN QUANLI、MINZHU QUANLIZUI
(ZENGDING BEN)

《中国刑事审判指导案例》编写组 编

策划编辑 许 睿
责任编辑 许 睿
装帧设计 汪奇峰

出版发行 法律出版社
编辑统筹 司法实务出版分社
责任校对 朱轶佳
责任印制 胡晓雅
经　　销 新华书店

开本 787 毫米×1092 毫米 1/16
印张 50.25 **字数** 1319 千
版本 2021 年 9 月第 1 版
印次 2025 年 4 月第 2 次印刷
印刷 北京虎彩文化传播有限公司

地址:北京市丰台区莲花池西里 7 号(100073)
网址:www.lawpress.com.cn
投稿邮箱:info@lawpress.com.cn
举报盗版邮箱:jbwq@lawpress.com.cn

销售电话:010-83938349
客服电话:010-83938350
咨询电话:010-63939796

书号:ISBN 978-7-5197-5446-4
定价:198.00 元

凡购买本社图书,如有印装错误,我社负责退换。电话:010-83938349

编辑说明

《中国刑事审判指导案例》是最高人民法院刑事审判庭主办的业务指导和研究性系列丛书——《刑事审判参考》的合订分解集成本。《刑事审判参考》自1999年4月首次出版以来,秉承立足实践、突出实用、重在指导、体现权威的编辑宗旨,在编辑委员会成员、作者和广大读者的共同努力下,密切联系刑事司法实践,为专业人士提供了有针对性和权威性的业务指导和参考,受到刑事司法工作人员和刑事法律教学、研究人员的广泛欢迎。

为了满足广大读者的实际工作需要,我们在已出版各集《刑事审判参考》的基础上,精心汇编出版《中国刑事审判指导案例》。本书自2009年10月出版以来,受到读者的广泛好评与认可。

《中国刑事审判指导案例》(增订本)收录《刑事审判参考》第96集至第124集的相关内容,整体沿用《中国刑事审判指导案例》(增订第3版)的体例结构,共七册,分别为:

中国刑事审判指导案例1(刑法总则)

中国刑事审判指导案例2(危害国家安全罪·危害公共安全罪·侵犯公民人身权利、民主权利罪)

中国刑事审判指导案例3(破坏社会主义市场经济秩序罪)

中国刑事审判指导案例4(侵犯财产罪)

中国刑事审判指导案例5(妨害社会管理秩序罪)

中国刑事审判指导案例6(危害国防利益罪·贪污贿赂罪·渎职罪·军人违反职责罪)

中国刑事审判指导案例7(刑事诉讼法)

根据各卷册实际情况,主要设有以下栏目:

【指导案例】分类汇总了已出版的《刑事审判参考》在法律适用、刑罚裁量、事实认定、证据采信等方面具有研究价值的典型案例,详细阐明裁判理由,为刑事司法工作人员处理类似案件提供具体的指导和参考。

【刑事立法、司法规范】分类汇总了刑事法律、立法解释、司法解释和其他规范性刑事司法文件,并配发起草同志撰写的理解与适用文章,为司法实践中准确适用提供指南。

【刑事政策】分类汇总了审判中需要参考的刑事司法政策,包括最高人民法院领导在审判工作会议上的讲话、刑事审判工作会议讨论的问题等。

【审判释疑】分类汇总了最高人民法院刑事审判庭解答在刑事审判工作中具有普遍指导价值的法律适用问题,包括最高人民法院审判长会议纪要、《刑事审判参考》编辑部对读者在刑事司法工作中遇到疑难问题的解答。

【经验交流】分类汇总了地方司法机关制定的刑事司法规范性文件及其背景说明;地方各级人民法院在刑事审判工作中对于某些问题的处理政策和意见等。

【专题论坛】分类汇总了由司法实务部门的权威专家就刑事法律适用过程中的一些常见疑难问题进行的探讨。

【实务探讨】分类汇总了有关学者和司法人员针对刑事司法工作中必须解决的疑难、复杂问题所撰写的研究文章，为刑事司法工作人员解决相关问题提供工作思路。

【疑案争鸣】分类汇总了实践中发生的疑难案例，对其中争议问题进行分析，摆出各方观点，推动相关问题的深入研究。

另外，个别卷册中因涵盖专辑内容，有【理论前沿】等栏目设置。

为了最大限度地挖掘和梳理《刑事审判参考》指导案例在裁判理由阐述中反映的裁判观点，同时也为了便于读者使用本书，本套书对所有指导案例逐一编加了具有归类意义的关键词。

本套书作为《刑事审判参考》的合订分解集成本，为了保持指导案例和实务文章的"原汁原味"，本次修订再版未针对有关法律、司法解释的修改对原文进行删改，只对原文错漏之处进行了补正。读者在参考适用时，需要根据现行有效的规范进行理解。此外，随着理论研究的发展和司法政策的调整，指导案例中对相同或相似问题所提出的裁判观点也可能发生变化，对此，可以依照"从新"的原则参考适用。

本套书此次出版得到了方方面面的大力支持，在此一并表示感谢。当然，由于内容体量庞大，内容的选编工作难免存在错漏之处，恳请广大读者批评指正。

编　者

2021 年 7 月

目　录

第一部分　危害国家安全罪

》指导案例

第二部分　危害公共安全罪

》指导案例

刑事立法、司法规范

实务探讨

理论前沿

第三部分 侵犯公民人身权利、民主权利罪

指导案例

» 刑事立法、司法规范

刑事政策

经验交流

实务探讨

专题论坛

疑案争鸣

第一部分

危害国家安全罪

指导案例

伊力哈木·土赫提分裂国家案

【关键词】 分裂国家罪 传播民族分裂思想 伪造虚假民意 利用互联网 危害国家安全

一、基本案情

被告人伊力哈木·土赫提,男,维吾尔族,1968年10月25日出生。2014年2月20日被逮捕。

新疆维吾尔自治区乌鲁木齐市人民检察院指控被告人伊力哈木·土赫提犯分裂国家罪,向乌鲁木齐市中级人民法院提起公诉。

被告人伊力哈木·土赫提及其辩护人以伊力哈木·土赫提不具有分裂国家故意,指控的分裂国家犯罪集团不存在,伊力哈木·土赫提的言论是对政府的批评,属学术观点等进行辩解、辩护。

乌鲁木齐市中级人民法院经公开审理查明:2006年1月,被告人伊力哈木·土赫提在北京创建"维吾尔在线"网站并任网站站长。2008年7月,伊力哈木·土赫提成立北京图兰在线咨询有限公司并任法定代表人,"维吾尔在线"网站为该公司下属门户网站。之后,伊力哈木·土赫提以"维吾尔在线"网站为平台,利用其中央民族大学讲师的身份,蛊惑、拉拢、胁迫部分少数民族学生加入该网站,形成了以其本人为首要分子的分裂国家犯罪集团。该犯罪集团在伊力哈木·土赫提的领导下,以分裂国家为目的,组织、策划、实施了一系列分裂国家的犯罪活动。

1. 长期以来,被告人伊力哈木·土赫提以分裂国家为目的,利用其中央民族大学讲师的身份,通过授课活动,传播民族分裂思想,诋毁、攻击我国涉疆政策,煽动以暴力手段对抗政府。

2. 长期以来,被告人伊力哈木·土赫提及其犯罪集团成员以"维吾尔在线"网站为平台,有组织、有计划地撰写、编辑、翻译、转载含有煽动分裂国家内容的文章。伊力哈木·土赫提负责"维吾尔在线"网站文章的审核与发表,其撰写或直接操纵、指使集团成员撰写、翻译、转载100余篇煽动性文章,在"维吾尔在线"网站发表。

3. 2009年以来,被告人伊力哈木·土赫提及其犯罪集团成员与境外有关机构和个人相勾连,遥相呼应,大肆攻击我国政府,图谋使新疆问题国际化,以实现分裂国家的目的。为逃避监管,伊力哈木·土赫提指使他人将"维吾尔在线"网站服务器由中国境内迁往境外;通过接受境外媒体采访等方式炒作涉疆问题及热点事件;指使他人从境外媒体网站上翻译、转载攻击中国政府涉疆政策的文章和报道。同时,境外媒体也通过转发、使用"维吾尔在线"的文章、报道、新闻或数据来攻击中国政府的涉疆政策,炒作涉疆问题。

4. 2009年以来,被告人伊力哈木·土赫提及其犯罪集团成员恶意杜撰、歪曲事实真相,煽动民族仇视,鼓动维吾尔群众对抗政府,为暴力恐怖活动制造借口。"4·23"等暴力恐怖案件发生后,伊力哈木·土赫提指使集团成员在"维吾尔在线"网站撰写、转载文章,歪曲暴恐案的起因等事实。2013年4月24日,中央民族大学校内发生一起普通的民汉两学生互殴案件,伊力哈木·土赫提知悉该案件后,指使集团成员歪曲事实真相,撰写《中央民族大学发生汉族学生群殴维吾尔学生事件》等文章，恶意制造民族矛盾。

5. 2010年以来，被告人伊力哈木·土赫提在既未组建课题组，也未进行调查问卷和访谈的情况下，杜撰社会问卷调查报告，并在"维吾尔在线"网站以虚假数据公开发表调查报告，伪造支持新疆独立和"高度自治"的虚假民意。

6. 2013年年初，被告人伊力哈木·土赫提安排犯罪集团成员收集新疆宗教情况的材料，由其本人撰写《新疆维吾尔族宗教信仰自由权利被剥夺、遭侵犯典型案例概述》，污蔑中国政府长期对新疆宗教自由高压压制，限制合法宗教权利。为使新疆问题国际化，同年3月，伊力哈木·土赫提指派集团成员出境参加国际会议，提交并宣讲了《新疆维吾尔族宗教信仰自由权利被剥夺、遭侵犯典型案例概述》，大肆攻击我国民族宗教政策。

7. 2009年"6·26"韶关事件后，被告人伊力哈木·土赫提利用互联网炒作该事件，"维吾尔在线"网站伊力哈木·土赫提专栏发表《6·26事件和多民族和谐共处的神话》等文章，攻击政府，歪曲事实真相，煽动民族仇恨。在"维吾尔在线"煽动性文章和伊力哈木·土赫提煽动性言论的影响之下，买某、艾某等人策划、实施了非法聚集，对乌鲁木齐"7·5"打砸抢烧严重暴力犯罪活动的发生起到了一定作用。

2014年9月23日，乌鲁木齐市中级人民法院以（2014）乌中刑一初字第129号刑事判决，认定被告人伊力哈木·土赫提犯分裂国家罪，判处无期徒刑，剥夺政治权利终身，并处没收个人全部财产。

一审宣判后，被告人伊力哈木·土赫提不服，提出上诉。

新疆维吾尔自治区高级人民法院经审理，以（2014）新刑一终字第172号刑事裁定，驳回上诉，维持原判，并于2014年11月21日向伊力哈木·土赫提宣判、送达了二审刑事裁定书。

二、裁判理由

《刑法》第二十六条第二款规定："三人以上为共同实施犯罪而组成的较为固定的犯罪组织，是犯罪集团。"伊力哈木·土赫提以分裂国家为目的，以"维吾尔在线"网站为平台，利用其大学教师身份，蛊惑、拉拢、胁迫部分少数民族学生加入该网站，逐渐形成较为稳定的组织。该组织以伊力哈木·土赫提为首，内部分工明确，骨干成员较为固定，长期从事分裂国家活动，符合刑法关于犯罪集团的规定。

根据《刑法》第一百零三条第一款的规定，分裂国家罪是指组织、策划、实施分裂国家、破坏国家统一的行为。本案中，伊力哈木·土赫提组织、领导分裂国家犯罪集团，通过授课、网络传播民族分裂思想，攻击我国民族宗教政策；与境外有关机构和个人相勾连，图谋使新疆问题国际化；杜撰社会问卷调查报告，伪造支持新疆独立和"高度自治"的虚假民意；借个案造谣生事，制造事端，煽动民族仇恨；为涉疆暴力恐怖案件制造借口，声援和支持暴恐行为，煽动暴力及民族仇恨，制造民族对立。伊力哈木·土赫提主观上具有分裂国家、破坏国家统一的犯罪故意，客观上组织、领导犯罪集团策划、实施了一系列分裂国家的犯罪活动，符合分裂国家罪的构成要件，已构成分裂国家罪。

言论自由固然是宪法性权利，但言论自由不是绝对的，更不能滥用。我国《宪法》赋予公民言论自由和对国家机关及其工作人员批评、建议、控告等权利的同时，规定公民在行使权利和自由的时候不得损害国家的、社会的、集体的利益和其他公民合法的自由和权利，并规定公民有维护国家统一和全国各民族团结的义务。对于每一个公民而言，维护国家统一，既是宪法义务，也是法律底线。被告人伊力哈木·土赫提的授课内容和网络文章，或者借题发挥、制造矛盾，或者编造谣言、歪曲事实，严重影响民族团结，严重危害国家统一，已经超越了正当行使权利和言论自由的法律界限，是以言论自由、学术批评之名行分裂国家、破坏统一之实，必须坚决依法严惩。

【编后语】

加强司法公开是落实宪法法律原则、保障人民群众参与司法的重大举措，是深化司法体制综合配套改革、健全司法权力运行机制的重要内容，是推进全面依法治国、建设社会主义法治国家的必然要求。党的十八大以来，人民法院坚决贯彻落实党中央决策部署，以司法改革为动力，以建设审判流程公开、庭审活动公开、裁判文书公开、执行信息公开四大平台为载体，全面深化司法公开，着力构建阳光司法机制，取得明显成效，司法公开规范化、制度化、信息化水平显著提升，最大限度保障人民群众的知情权、参与权、表达权和监督权。伊力哈木·土赫提分裂国家案的依法公开审理，是人民法院司法公开的生动实践，充分展示了中国特色社会主义司法的制度自信。

公开更能守护公正，也最能体现自信。本案开庭审理时，被告人亲属、人大代表、政协委员、媒体记者及各界群众70余人旁听了庭审。案件公开宣判后，媒体公布了该案庭审纪实，披露了案件开庭审理中的大量细节，案件的审理过程清晰地展现在社会公众面前，也让审判更加有说服力。

庭审通过充分的证据展示，向公众清晰揭露了伊力哈木·土赫提的真实面目及其所作所为背后的真实企图。伊力哈木·土赫提的言论，既不是学术观点，更不是批评建议，而是有组织有策划的分裂国家行为。伊力哈木·土赫提被依法定罪判刑充分说明，法律面前人人平等，法律面前没有例外，法治中国不允许任何人有超越法律的特权，任何人违法犯罪，都要受到法律的惩处制裁。

庭审通过严格规范的程序证明，人民法院始终坚持惩罚犯罪与保障人权相结合、程序公正与实体公正并重的原则，不仅追求案件实体处理定罪准确、量刑适当，也强调案件审理程序的正当性与合法性，尊重法律程序，尊重被告人的诉讼地位，保障被告人充分行使法律所赋予各项诉讼权利。媒体披露的庭审过程，充分说明了法院尊重并保障了伊力哈木·土赫提的合法权利。例如，电视报道画面显示，伊力哈木·土赫提是着便装出庭受审；旁听此案的新疆大学讲师、刑事诉讼法博士艾尔肯·沙木沙克表示，在伊力哈木·土赫提提出要求时，法警经法庭准许向他提供了矿泉水和润喉片。这些细节都充分说明法庭给予了伊力哈木·土赫提公平公正的对待。

作为审判机关，人民法院承担者惩罚犯罪、保护人民的重要职责，肩负着维护国家安全、确保社会稳定的神圣使命。伊力哈木·土赫提分裂国家案的依法公开审理，有力显示了人民法院依法打击犯罪、通过法治捍卫国家统一的坚定决心，充分说明了国家统一、民族团结不容挑战。

（撰稿：最高人民法院刑二庭　陈新军
审编：最高人民法院刑二庭　王晓东）

周世锋颠覆国家政权案

【关键词】　颠覆国家政权罪　炒作热点　抹黑攻击　煽动仇视　危害国家安全

一、基本案情

被告人周世锋，男，汉族，1964年11月18日出生。2016年1月8日被逮捕。

天津市人民检察院第二分院指控被告人周世锋犯颠覆国家政权罪，向天津市第二中级人民法院提起公诉。

被告人周世锋当庭对起诉书指控的事实和罪名无异议。

天津市第二中级人民法院经公开审理查明:被告人周世锋在律师执业过程中,因对国家政治制度和司法体制不满,逐渐产生对抗、颠覆国家政权的思想。2011年以来,周世锋多次在网上网下发表言论,攻击社会主义制度,煽动对抗国家政权;以锋锐律师事务所为平台,网罗并指使一些具有颠覆国家政权思想的律师、律师事务所行政人员,通过代理案件,炒作热点案事件,抹黑司法机关,攻击宪法所确立的制度,煽动仇视国家政权;勾结一些地下教会成员、非法上访人员、少数律师和其他人员,共同策划颠覆国家政权,提出颠覆国家政权的策略、方法、步骤,实施了一系列颠覆国家政权、推翻社会主义制度的犯罪活动,危害国家安全和社会稳定。

天津市第二中级人民法院认为,被告人周世锋以颠覆国家政权、推翻社会主义制度为目的,以锋锐律师事务所为平台,参与或指使他人炒作热点案事件,抹黑司法机关,攻击宪法所确立的制度,煽动仇视国家政权;勾结他人策划颠覆国家政权的策略、方法、步骤;借接受境外媒体采访攻击社会主义制度,其行为危害了国家安全和社会稳定,已构成颠覆国家政权罪,应依法予以处罚。

2016年8月4日,天津市第二中级人民法院对本案进行公开宣判,以颠覆国家政权罪,判处被告人周世锋有期徒刑七年,剥夺政治权利五年。

被告人周世锋当庭表示认罪,服从判决,不上诉。涉案人员胡石根、翟岩民、勾洪国、李和平、吴淦等人亦先后以颠覆国家政权罪被判处相应刑罚。

二、裁判理由

《刑法》第一百零五条规定,组织、策划、实施颠覆国家政权、推翻社会主义制度的,对首要分子或者罪行重大的,处无期徒刑或者十年以上有期徒刑;对积极参加的,处三年以上十年以下有期徒刑;对其他参加的,处三年以下有期徒刑、拘役、管制或者剥夺政治权利。根据本款规定,颠覆国家政权罪的构成不要求有颠覆国家政权、推翻社会主义制度的实际危害结果的发生,只要行为人进行了组织、策划、实施颠覆国家政权、推翻社会主义制度的行为,即构成本罪。本罪的客体是国家政权的稳固,侵犯的是人民民主专政的国家政权和社会主义制度。客观方面可以表现为通过组织、策划、实施所谓的"颜色革命""和平转型",以非暴力的手段实施改变人民民主专政的政权性质和社会主义制度的行为。

本案中,被告人周世锋主观上具有颠覆国家政权、推翻社会主义制度的目的。在客观行为上,周世锋积极参加他人组织的聚会,围绕设定的议题具体讨论了律师介入"劳工运动"直接冲击国家政权,借炒作热点案事件分化、瓦解国家政治体制的必要性、可行性,以及具体的操作方法、手段,共同策划通过上述途径,推动中国进行"颜色革命",实现颠覆国家政权、推翻社会主义制度的目标。该聚会表现出较强的组织性,聚会的主要参与人也表现出在主题、观点上的一致性,因而该聚会实质是一次颠覆国家政权的具体策划活动;周世锋以北京锋锐律师事务所为平台代理案件,网罗并指使一些具有颠覆国家政权思想的律师、律师事务所行政人员,通过代理案件,炒作热点案事件,编造、散布虚假事实,抹黑地方党委和司法机关形象,矛头指向党的领导和司法体制、国家制度,煽动不明真相的人对国家体制产生不满;周世峰还在接受境外媒体采访时恶意攻击我国国家体制,煽动他人对国家政权的仇恨。其行为的实质是借炒作热点案事件,挑战司法体制,攻击国家政权,是周世峰对聚会策划的颠覆国家政权方案的具体实践,性质恶劣,情节严重,应认定为颠覆国家政权的犯罪行为。

【编后语】

“颜色革命”,是指20世纪末期开始的一系列发生在中亚、东欧独联体国家的以和平和非暴力方式进行的政权变更运动。“颜色革命”打着“合法”的旗号进行违法颠覆活动,实质是改变或篡夺现行合法政权,目标则是推翻国家政权。

近年来,境外反华势力始终将西化、分化中国作为战略目标,企图以“颜色革命”等方式对我国实行政权颠覆活动,在此背景下,被告人周世锋等人因不满国家现行政治制度和司法制度,受西方民主宪政、“颜色革命”“和平转型”等思想的影响,逐渐产生颠覆国家政权的犯罪故意,并形成以周世锋、胡石根等人为首的实施中国版“颜色革命”的犯罪团伙。周世锋等颠覆国家政权案,是新时期新形势下我国阻击“颜色革命”的典型案件。

人民法院依法审理本案,对于维护国家的政治安全、制度安全、政权安全具有重大意义,也凸显了重大的法治警示和教育意义:

案件的依法公开审判,给律师界划出了三条底线:一是绝不允许任何人利用律师身份和以律师事务所为平台炒作个案,攻击社会主义制度,从事危害国家安全活动;二是绝不允许任何人利用律师身份策划、煽动、组织有关利益群体,干扰、破坏正常社会秩序;三是绝不允许任何人利用律师身份教唆、指使当事人干扰正常司法活动。

案件的依法公开审判,将个别不法律师、非法宗教组织、网络推手、职业访民、境外反华势力所谓的“整合国内反体制力量、促进党内分裂、争取国际社会介入”等颠覆国家政权的阴谋也暴露在法治和正义的阳光之下,使在公共场所非法聚集、炒作热点案事件、攻击国家宪法法律制度、煽动制造官民冲突,企图颠覆国家政权、推翻社会主义制度的犯罪行为受到法律的公正惩罚。

案件的依法公开审判,也给每一位公民敲响了警钟,使公众对“推墙思想”“颜色革命”“和平转型”有了清醒、理智的认识,进而自觉划清界限,自觉抵制反华势力的引诱,不“推墙”、不做西方反华势力的棋子,守住每一个公民的政治底线。

案件的依法公开审判,同时向西方反华势力发出严正宣告:中国的宪法法律底线不容挑战,中国人民的根本利益不容践踏。面对披着所谓“民主”“人权”外衣的“颜色革命”“推墙运动”,中国人民没有麻痹,将以最坚定的决心和最强大的力量捍卫自己的制度和政权。任何妄图破坏中国和谐稳定、颠覆中国国家政权、阻止中国和平崛起的图谋,注定不得人心,也必将受到法律的严惩,最终走向可耻的失败!

(撰稿:天津市高级人民法院　缴治民
天津市第二中级人民法院　李占强
审编:最高人民法院刑二庭　王晓东)

黄宇间谍案

【关键词】 间谍罪　投靠间谍组织　接受间谍组织任务　提供国家秘密　危害特别严重　危害国家安全

一、基本案情

被告人黄宇,男,汉族,1974年7月28日出生。2012年4月26日被逮捕。

四川省成都市人民检察院指控被告人黄宇犯间谍罪,向四川省成都市中级人民法院提起公诉。

被告人黄宇对公诉机关指控的犯罪事实无异议，辩解其数年前向境外间谍组织提供的信息现已失去主要价值。其辩护人提出，被告人如实供述且认罪态度好、有立功表现、其行为未对我国核心安全造成危害。

成都市中级人民法院经审理查明：1997 年 7 月，被告人黄宇大学毕业后进入某研究所工作，后因违反劳动纪律受到单位处理，于 2003 年 2 月起待岗，2004 年 2 月自动离职。其间，黄宇对单位心生不满，且为获取非法金钱利益，产生了向境外间谍组织出卖国家秘密以换取金钱的念头。2002 年春节后，黄宇通过网络主动联络某国间谍组织，与之建立情报关系。2002 年 6 月至 2011 年 9 月，黄宇先后多次与该间谍组织代理人会面，并接受任务和指示，向该间谍组织提供其非法收集、窃取的我国国家秘密。经鉴定、评估，黄宇提供绝密级国家秘密 90 项、机密级国家秘密 292 项、秘密级国家秘密 1 674 项，对国家安全造成特别严重损害。2011 年 12 月 20 日，黄宇被抓获归案，侦查机关在其家中查获其存储非法收集、窃取的国家秘密资料的光盘若干、间谍专用器材 2 个以及大量外币。

2014 年 4 月 22 日，成都市中级人民法院以（2013）成刑初字第 1 号刑事判决，认定被告人黄宇犯间谍罪，判处死刑，剥夺政治权利终身，并处没收个人全部财产。

一审宣判后，被告人黄宇未提出上诉。四川省高级人民法院经依法复核，于 2014 年 9 月 9 日以（2014）川刑复字第 556 号刑事裁定，同意原判，并依法报请最高人民法院核准死刑。

最高人民法院经复核认为，被告人黄宇参加间谍组织，并接受该间谍组织及其代理人的任务，危害国家安全，其行为已构成间谍罪。黄宇提供的国家秘密数量大、密级高，其行为对国家和人民危害特别严重，情节特别恶劣，应依法惩处。原审判决、高级人民法院复核审裁定认定的事实清楚，证据确实、充分，定罪准确，量刑适当。审判程序合法。

2016 年 2 月 18 日，最高人民法院以（2015）刑二复 11549322 号刑事裁定核准黄宇死刑。

二、裁判理由

根据《刑法》第一百一十条的规定，“有下列间谍行为之一，危害国家安全的，构成间谍罪：（一）参加间谍组织或者接受间谍组织及其代理人的任务的；（二）为敌人指示轰击目标的……”

本案中，被告人黄宇通过网络主动联络某国间谍组织，投靠该间谍组织，并与该国间谍组织代理人多次见面，接受任务和指示，长期提供我国国家秘密，危害我国国家安全，其行为符合刑法规定的参加间谍组织、接受间谍组织及其代理人的任务的情形，依法应以间谍罪定罪处罚。

《最高人民法院关于贯彻宽严相济刑事政策的若干意见》明确指出，对于危害国家安全犯罪、恐怖组织犯罪、邪教组织犯罪、黑社会性质组织犯罪、恶势力犯罪、故意危害公共安全犯罪等严重危害国家政权稳固和社会治安的犯罪，要作为严惩的重点，依法从重处罚。间谍犯罪作为严重危害国家安全的犯罪之一，在审判中应当体现依法从严的政策要求，对所犯罪行特别严重的犯罪分子，该重判的要坚决依法重判，该判处死刑的要坚决依法判处死刑。根据《刑法》第一百一十三条的规定，犯间谍罪，对国家和人民危害特别严重、情节特别恶劣的，可以判处死刑。本案中，经有关部门依法评估和鉴定，被告人黄宇的行为极大地危害了我国国家安全，给国家财产造成严重损失，属于“对国家和人民危害特别严重”的情形。黄宇作为某研究所曾经的员工，明知该研究所是国家重要涉密单位且有严格的保密工作制度，为泄私愤和谋取一己私利，置国家和人民利益于不顾，主动投靠间谍组织，且作案时间长达近十年，出卖的国家秘密数量大、范围广、密级高，属于“情节特别恶劣”。人民法院依法以间谍罪判处其死刑，体现了宽严相济刑事政策中依法严惩严重刑事犯罪的要求。

【编后语】

国家安全是安邦定国的重要基石，维护国家安全是全国各族人民根本利益所在。即使处于和平时期，各种敌对势力的渗透破坏活动、各种没有硝烟的"暗战"，随时都有可能发生在我们的身边。只有准确把握国家安全形势，牢固树立和认真贯彻总体国家安全观，才能为实现国家长治久安、为实现中华民族伟大复兴提供强大的安全保障。

黄宇间谍案就是当前和平时期发生的一起严重危害我国国家安全的犯罪案件，人民法院依法审理本案，起到了鲜明的警示作用：出卖国家秘密、危害国家安全必将受到法律的严惩。同时也充分表明了我国审判机关坚持贯彻总体国家安全观，坚持依法严惩严重危害国家安全犯罪、坚决捍卫我国国家安全的坚强决心。

黄宇案案发后，我国相继颁布实施了《中华人民共和国反间谍法》《中华人民共和国国家安全法》，《中华人民共和国国家安全法》还把每年4月15日设立为"全民国家安全教育日"，强化社会公众的国家安全意识，对于开展反间谍工作、增强全社会民众国家安全意识、共同维护国家安全具有重大的法律和现实意义。

（撰稿：四川省高级人民法院刑二庭　李　永
审编：最高人民法院刑二庭　王晓东）

第二部分

危害公共安全罪

[第1003号]谭永良非法持有枪支案

——作为情节加重犯适用条件的“情节严重”与缓刑适用条件中的“犯罪情节较轻”在适用时是否相矛盾

【关键词】 非法持有枪支罪 情节加重犯 情节严重 缓刑 犯罪情节较轻 量刑

一、基本案情

被告人谭永良，男，1948年12月20日出生。2013年9月16日因涉嫌犯非法持有枪支罪被取保候审。

安徽省岳西县人民检察院以被告人谭永良犯非法持有枪支罪，向岳西县人民法院提起公诉。

被告人谭永良对公诉机关指控的犯罪事实无异议。其辩护人基于以下理由提请法庭对谭永良减轻处罚并适用缓刑：谭永良具有自首情节，庭审中具有认罪、悔罪表现；之前无前科劣迹，仅是由于法律意识淡薄才实施犯罪；谭永良已65周岁，身患多种疾病，是生活在敬老院中的五保老人，对其适用缓刑不致再危害社会。

岳西县人民法院经公开审理查明：20世纪90年代，被告人谭永良为看护山场从同村村民王建来处借得土枪1支，一直保管，未办理持枪证。十余年前，谭永良又从同村村民吴传炉处借来1支土枪保管至案发，也未办理持枪证。2012年，谭永良因年迈体弱住进当地敬老院，考虑自己长期不在家居住，2支枪放在家中不安全，于是在2013年4月1日王建来到其家做客时，向王建来提出欲将两支枪存放至王建来住处，王建来表示同意。当日20时许，二人将枪支带至王建来住处。次日，岳西县公安局来榜派出所接群众举报称王建来私藏枪支，立即到王建来处调查，王建来及谭永良主动交出2支土枪并如实供述了事实经过。经鉴定，谭永良持有的2支土枪均是以火药为动力的自制火药枪，能有效发射，属于法律规定的枪支。2013年9月13日，谭永良接来榜派出所电话通知后主动投案。

岳西县人民法院认为，被告人谭永良违反枪支管理规定，非法持有以火药为动力发射枪弹的非军用枪支2支，其行为构成非法持有枪支罪，且属情节严重。谭永良借枪是为了看护山场，主观恶性不大，且未引起其他犯罪后果，在接受公安机关调查时即主动上交2支枪支，并主动投案，如实供述犯罪事实，系自首，依法可以减轻处罚。据此，依照《中华人民共和国刑法》第一百二十八条第一款、第六十七条第一款以及《最高人民法院关于审理非法制造、买卖、运输枪支、弹药、爆炸物等刑事案件具体应用法律若干问题的解释》第五条第二款第二项之规定，岳西县人民法院以被告人谭永良犯非法持有枪支罪，判处有期徒刑一年。

一审宣判后，被告人谭永良以原判量刑过重、应当适用缓刑为由向安庆市中级人民法院提起上诉。

安庆市中级人民法院经审理认为，上诉人谭永良违反枪支管理规定，非法持有以火药为动力发射枪弹的非军用枪支2支，其行为构成非法持有枪支罪，且属情节严重。谭永良借枪是为了看护山场,主观恶性不深,且未引起其他危害后果;在接受公安机关调查时即主动上交所有枪支,并主动投案,如实供述犯罪事实,系自首,依法可以从轻或者减轻处罚;在庭审中上诉人自愿认罪、悔罪,可以酌情从轻处罚。原判定罪准确,且对谭永良减轻处罚并无不当。二审期间,上诉人谭永良对其犯罪事实供认不讳,并表示自己年事已高,不会再危害社会;其所居住的敬老院及当地乡民政办均表示愿意对其进行监管和帮教,当地司法局建议对谭永良进行社区矫正。综合谭永良的具体犯罪事实、性质、情节和对社会的危害程度以及其悔罪态度,可以对其适用缓刑,相关上诉理由成立。据此,依照《中华人民共和国刑法》第一百二十八条第一款、第六十七条第一款、第七十二条、第七十三条,《最高人民法院关于审理非法制造、买卖、运输枪支、弹药、爆炸物等刑事案件具体应用法律若干问题的解释》第五条第二款第二项以及《中华人民共和国刑事诉讼法》第二百二十五条第一款第二项之规定,安庆市中级人民法院判决如下:

1. 撤销安徽省岳西县人民法院(2014)岳刑初字第00011号刑事判决;

2. 上诉人谭永良犯非法持有枪支罪,判处有期徒刑一年,缓刑一年。

二、主要问题

作为情节加重犯适用条件的"情节严重"与缓刑适用条件中的"犯罪情节较轻"在适用时是否相矛盾?

三、裁判理由

刑法第一百二十八条第一款规定:"违反枪支管理规定,非法持有、私藏枪支、弹药的,处三年以下有期徒刑、拘役或者管制;情节严重的,处三年以上七年以下有期徒刑。"可见,非法持有枪支案件中的"情节严重"属于情节加重犯。

关于缓刑的适用条件,1997年刑法规定:"对于被判处拘役、三年以下有期徒刑的犯罪分子,根据犯罪分子的犯罪情节和悔罪表现,适用缓刑确实不致再危害社会的,可以宣告缓刑。"刑法修正案(八)对缓刑适用条件进行了如下修改:"对于被判处拘役、三年以下有期徒刑的犯罪分子,同时符合下列条件的,可以宣告缓刑:(一)犯罪情节较轻;(二)有悔罪表现;(三)没有再犯罪的危险;(四)宣告缓刑对所居住社区没有重大不良影响。"因此,刑法修正案(八)施行后,"犯罪情节较轻"是适用缓刑的一个必要条件。

作为情节加重犯适用条件的"情节严重"是否与缓刑适用条件中的"犯罪情节较轻"在适用时相矛盾,实践中存在不同认识。本案审理过程中,就存在这一争议,对被告人谭永良能否适用缓刑,主要形成两种意见:

一种意见认为,谭永良非法持有以火药为动力发射枪弹的非军用枪支2支,依照《最高人民法院关于审理非法制造、买卖、运输枪支、弹药、爆炸物等刑事案件具体应用法律若干问题的解释》(以下简称《枪支弹药解释》)第五条第二款第二项之规定,谭永良非法持有枪支属于"情节严重"。而依照刑法第七十二条第一款之规定,"犯罪情节较轻"是缓刑适用的条件之一。因此,谭永良不符合缓刑适用条件。

另一种意见认为,虽然依照相关司法解释的规定,谭永良非法持有枪支属于"情节严重",但与刑法第七十二条第一款规定的缓刑适用条件并不矛盾,仍然可以对其适用缓刑。

我们同意后一种意见,具体理由如下:

(一)认定缓刑适用条件中的"犯罪情节较轻"与作为情节加重犯的"情节严重",在评价目的、参照标准和评价内容等方面有所不同

1. 二者评价目的和参照标准不同。情节加重犯中的"情节严重"是与该罪的基本构成相比较而言的,即以某个犯罪的基本构成特征作为参照,来认定某个犯罪行为在具备该罪基本构成特征

的基础上，是否还具有更加严重的情节，从而决定对被告人是否适用加重法定刑，本质上属于量刑层面的问题，一般情况下，与刑罚的执行方式（即应判处实刑还是缓刑）关联不大。

而作为缓刑适用条件的"犯罪情节较轻"，是一种能够综合反映犯罪分子所犯罪行的社会危害程度和主观恶性大小，并影响到刑罚执行方式的条件，是在确定行为人已构成犯罪并应判处刑罚和确定具体刑种、刑度基础上，对刑罚执行方式的评价，因此，有别于刑法分则规定的加重量刑情节。

为了避免对犯罪情节重复评价，即在量刑时已经考量犯罪情节的轻重，在决定刑罚执行方式时又二次评价上述量刑情节是否符合缓刑适用条件的"犯罪情节较轻"，我们认为，宜将缓刑适用条件的"犯罪情节较轻"界定为立法的特别提示性规定。因为，"判处拘役、三年以下有期徒刑"是刑法总则第七十二条明确规定的缓刑适用的前置性要件，也可称为刑种、刑度要件，但符合这一要件的犯罪分子显然很多，并不是判处该刑罚的犯罪分子都可以适用缓刑，故第七十二条同时列举了四项条件以明确缓刑的适用范围，其中第一项条件即"犯罪情节较轻"。换言之，此处的"犯罪情节较轻"意在限制缓刑的适用，将一些虽然判处拘役、三年以下有期徒刑，但经整体评价社会危害性大、主观恶性深的罪犯排除在适用缓刑之外。

2. 二者评价内容不同。根据罪刑法定原则，作为情节加重犯的加重情节，应当由刑法或者司法解释明确规定，没有规定的，应当结合其他刑法渊源，根据案件具体情况，从贯彻罪责刑相适应的角度在个案中综合分析、慎重把握。从我国刑法分则来看，明确加重处罚情节的刑法条款大多采取逐项列举式规定。如刑法第二百三十六条对"二人以上轮奸"、"在公共场所当众强奸妇女"等加重情节的规定；又如刑法第二百六十三条对"入户抢劫"、"在公共交通工具上抢劫"、"持枪抢劫"等情节的规定。司法解释对加重处罚情节的明确也大多采取列举式规定。如《枪支弹药解释》第五条第二款对刑法第一百二十八条第一款规定的"情节严重"列举了五种情节，包括：(1)非法持有、私藏军用枪支2支以上的；(2)非法持有、私藏以火药为动力发射枪弹的非军用枪支2支以上或者以压缩气体等为动力的其他非军用枪支5支以上的；(3)非法持有、私藏军用子弹100发以上，气枪铅弹5 000发以上或者其他非军用子弹1 000发以上的；(4)非法持有、私藏手榴弹3枚以上的；(5)达到该条第一款规定的最低数量标准，并具有造成严重后果等其他恶劣情节的。上述条款侧重从枪支弹药性能、数量或者严重后果等犯罪客观方面，对非法持有枪支犯罪是否应当加重处罚逐一作出规定，这符合非法持有枪支罪主要是以非法持有状态体现其对公共安全潜在危害程度的本质特征。

评价犯罪分子是否符合缓刑适用条件的"犯罪情节较轻"，要综合评价犯罪分子的主观和客观方面，既要考虑刑法分则或者司法解释规定的量刑情节，又要在评价犯罪行为本身情节轻重的基础上，考察个案中是否还存在支撑对其选择较为轻缓的刑罚执行方式的特殊事实依据和理由。具体要从犯罪构成的四个方面进行把握：

(1)关于犯罪主体方面，即犯罪人的身体、精神状况及职业情况，是否系未成年人，是否精神健全，是否具有特殊身份等。通常情况下，未成年犯、老年犯及患有间歇性精神病的犯罪人，在罪行本身并不严重的情况下，可以考虑认定为犯罪情节较轻。而某些犯罪如果由特殊身份的人实施就具有较大的社会危害性，如利用教师身份实施猥亵儿童犯罪，即使只判处了拘役，也不宜认定为犯罪情节较轻。

(2)关于犯罪主观方面，包括主观罪过（故意或过失）、犯罪动机等。过失犯罪的行为人主观恶性相对较小，相对于故意犯罪可优先考虑认定为犯罪情节较轻。对出于义愤、防卫或者因为紧急避险以及为满足基本生活需求、抚养小孩、赡养老人等动机实施的犯罪，可以考虑认定为犯罪情节较轻，而对于一些动机卑劣的犯罪则不宜认定为犯罪情节较轻。

（3）关于犯罪客观方面，包括危害行为、危害结果及犯罪对象等方面。对于未造成严重后果、被害人身心受伤害较小或者取得被害人谅解的犯罪可以考虑认定为犯罪情节较轻。而对于犯罪手段残忍、被害人身心受到严重伤害、对老人和儿童等弱势群体实施的犯罪，则不宜认定为犯罪情节较轻。若犯罪后果未发生，或者已发生但在事后得到完全或者大部分弥补的，也可以认定为犯罪情节较轻，如预备犯、中止犯等。

（4）关于犯罪客体方面，刑法所要保护的法益越重要，对认定是否属于犯罪情节较轻，越要从严把握。例如，抢劫本身属于严重犯罪，具有持枪抢劫、入户抢劫等加重处罚情节的，即使同时具备其他从轻、减轻情节，整体上通常也不宜评价为犯罪情节较轻。相反，如果基本犯侵犯的法益不那么严重，那么，即使具备加重情节，在综合考量其他从轻情节、因素的情况下，也有可能评价为犯罪情节较轻。

值得注意的是，在判断被告人是否具备缓刑适用条件中的“犯罪情节较轻”时，对上述几个方面的因素不能孤立来看，也不能脱离社会一般公众的标准进行评价，这一点有别于量刑时对情节轻重的判断。对量刑情节的判断，要严格限定在法律和个案事实的框架内，而是否选择缓刑的刑罚执行方式，还要考虑一般公众的认知和刑事政策。例如，就具体的贪污受贿犯罪而言，情形、情节千差万别，既存在情节特别严重的个案，也存在情节较轻的个案，在量刑时需要区别对待。但即使从量刑意义上属情节较轻的贪污受贿犯罪，从社会公众和刑事政策的角度考量，认定“犯罪情节较轻”也需要从严掌握。再如，对于成年人实施奸淫、猥亵幼女犯罪的，根据2013年《最高人民法院、最高人民检察院、公安部、司法部关于依法惩治性侵害未成年人犯罪的意见》的规定，一般不适用缓刑，这是刑事政策的特殊考量，并不是说所有此类犯罪从量刑意义上都很严重并都应当判处三年以上有期徒刑，但显然，一般不能将其界定为符合缓刑条件的“犯罪情节较轻”。

通过上述比较可以看出，认定缓刑适用条件的“犯罪情节较轻”所考虑的因素通常比认定情节加重犯所考虑的因素更为广泛，不能认为情节加重犯就必然是一种具有严重社会危害性的犯罪行为，就必然不符合缓刑适用条件。特别是在非法持有枪支犯罪中，认定非法持有枪支犯罪是否“情节严重”，对照司法解释的列举式规定，标准十分清晰，对于应当判处实刑的案件来说，如何量刑不存在争议。但如果要判断对行为人应当判处实刑还是缓刑，只考虑司法解释列举的枪支性能和数量这些客观情节，显然会失之片面。行为人基于何种原因持有枪支，持有枪支时间长短，枪支流入社会或者被用于非法目的的可能性大小，以及是否具有未成年人、老年人、累犯等特殊身份等，均不同程度上影响到对该非法持有枪支犯罪行为社会危害性的判断。因此，虽然通常来说，具备加重情节的非法持有枪支犯罪，相对于只符合基本构成要件的犯罪，对公共安全的潜在危害更加严重，在是否适用缓刑时要更加慎重把握，但不排除在一些特殊个案中，存在其他可以被考虑为“犯罪情节较轻”的因素。如果经综合权衡，对被告人宣告缓刑要比判处实刑更有利于实现刑罚的目的和取得更好的法律、社会效果，也可以认定被告人符合刑法第七十二条第一款规定的缓刑适用条件。这样处理，对一些确实存在特殊情况的个案，可以避免出现如果严格依照司法解释列举的加重处罚情节对被告人升格法定刑，可能导致刑罚过于严苛而偏离罪责程度的极端情形发生。

（二）本案被告人符合缓刑适用条件

本案中，被告人谭永艮非法持有以火药为动力发射枪弹的非军用枪支2支，依照《枪支弹药解释》的规定，无疑属于非法持有枪支“情节严重”，依照刑法第一百二十八条第一款的规定，应当在三年以上七年以下加重法定刑幅度内量刑；同时，谭永艮又具有如下法定、酌定从宽处罚情节：

(1)谭永艮在公安机关调查时主动上交枪支,后经公安机关通知主动到案,如实供述罪行,构成自首,依法可从轻、减轻处罚。(2)谭永艮是为了看护山场而先后从同村村民处借来2支土枪,保管时间已分别持续二十多年和十多年,枪支来源清楚、用途也很明确,其担心自己去敬老院生活后枪支放在家中不安全,将其转交给村民王建来保管,且其中一支"土枪"本来也属于王建来所有,由此反映出该枪支不会流入社会,客观危害相对较小。(3)从犯罪主体来看,谭永艮非法持有土枪主要是因为法制意识淡漠,且审判时年事已高,身患多种疾病,长年生活在敬老院中,没有再犯罪的危险,宣告缓刑对所居住社区没有重大不良影响。

综合考虑本案加重处罚量刑情节、法定和酌定从宽处罚情节,二审法院对被告人谭永艮减轻处罚,判处有期徒刑一年,同时根据本案特殊情况,认定谭永艮属于犯罪情节较轻;另鉴于谭永艮认罪、悔罪,没有再犯罪危险,所居住的敬老院及当地乡民政办均表示愿意对其进行监管和帮教,当地司法局建议对其进行社区矫正,符合缓刑适用条件,故对其依法改判并宣告缓刑是正确的。

(撰稿:安徽省安庆市中级人民法院　唐　毅　张　跃
审编:最高人民法院刑一庭　管应时)

[第1010号]袁某抢劫、破坏电力设备案

——如何把握刑事诉讼证明标准的主客观相统一性

【关键词】　抢劫罪　破坏电力设备罪　证明标准　主客观相统一　疑罪从无

一、基本案情

被告人袁某,男,1985年12月25日出生,农民。2001年7月31日因犯故意杀人罪(未遂)被判处有期徒刑四年,2007年6月19日因涉嫌犯抢劫罪被逮捕。

某市人民检察院以被告人袁某犯抢劫罪、破坏电力设备罪,向某市中级人民法院提起公诉。

被告人袁某对公诉机关指控其抢劫致死被害人陈某某、黄某某,以及3次盗剪电线的事实无异议,但辩称抢劫致死黄某某的事实是其主动交代,其还揭发了同案犯刘某的犯罪事实。其辩护人基于以下理由提请法庭对袁某从宽处罚:袁某因破坏电力设备被逮捕,归案后主动交代了公安机关尚未掌握的抢劫罪行,应当认定具有自首情节;袁某主动向公安机关提供了同案犯刘某的身份、住址等情况,对抓获刘某起到一定作用,具有立功表现。

某市中级人民法院经公开审理查明:

1. 2006年6月29日20时许,被告人袁某伙同被告人刘某(被判处无期徒刑)、另一同案犯(另案处理),在广东省某市一路口持刀对摩托车司机被害人黄某某实施抢劫。袁某、刘某各持水果刀朝黄某某的胸背部等处乱刺,致黄某某死亡。袁某从黄某某身上劫得现金人民币(以下币种同)70余元,刘某欲抢走黄某某价值1 450元的摩托车,但未能启动。

2. 2006年9月20日晨,袁某见其房东被害人陈某某身上有钱,遂生盗窃之念。当日23时许,袁某用小刀撬开广东省某县某村陈某某住处的房门,进屋翻找财物。陈某某被吵醒,袁某遂持房内的砖头砸陈某某头部,又用床上的枕头捂压陈的口鼻,用身体压住陈的胸部,致陈死亡。其间,陈某某反抗,用手抓伤袁某的颈部。袁某将陈某某的尸体搬到屋内的水缸中藏匿,搜走陈约800余元现金后逃离现场。

3. 2007年5月,袁某伙同马某、蔡某某(均另案处理)先后3次盗剪广东省某电力公司正常供电的电线共计470米,造成部分工业用户和住宅用户停电。

某市中级人民法院认为,被告人袁某伙同他人采用暴力手段劫取财物,致1人死亡;又在入户盗窃被发现时当场使用暴力劫取财物,致1人死亡;还伙同他人破坏电力设备,危害公共安全,其行为分别构成抢劫罪、破坏电力设备罪,依法应当数罪并罚。袁某曾因故意犯罪被判处有期徒刑以上刑罚,在刑罚执行完毕后五年内又犯应当判处有期徒刑以上刑罚之罪,系累犯,依法应当从重处罚。关于袁某及其辩护人所提袁某具有自首情节和立功表现的辩解和辩护意见,经查不实,均不予采纳。据此,依照《中华人民共和国刑法》第二百六十三条第一项、第五项,第一百一十八条,第二十五条第一款,第六十五条第一款,第五十七条第一款,第五十九条,第六十九条之规定,某市中级人民法院判决如下:

被告人袁某犯抢劫罪,判处死刑,剥夺政治权利终身,并处没收个人全部财产;犯破坏电力设备罪,判处有期徒刑三年;决定执行死刑,剥夺政治权利终身,并处没收个人全部财产。

一审宣判后,被告人袁某未提起上诉。某市中级人民法院将判处袁某死刑的判决报送广东省高级人民法院复核。

广东省高级人民法院经复核认为,原判认定被告人袁某抢劫致死黄某某事实中的关键证据刀具上的血迹DNA鉴定结论,以及袁某抢劫致死陈某某事实中相关的DNA鉴定结论均未列为证据使用,可能影响事实认定和案件的公正审判,遂裁定撤销原判,发回重新审判。

某市中级人民法院另行组成合议庭,经重新公开审理后作出相同判决。

宣判后,被告人袁某向广东省高级人民法院提起上诉。袁某上诉提出:其因破坏电力设备被逮捕,归案后主动交代了公安机关尚未掌握的抢劫黄某某和陈某某的罪行,应当认定具有自首情节;其主动提供了同案人刘某和"陈某"的工作单位、住址、日常活动范围等情况,对公安机关抓获刘某起到了非常重要的作用,应当认定具有重大立功表现;所有的证人证言都与案件没有直接关系,其不是被举报的,而是主动供述犯罪事实,认罪态度好。其辩护人提出,本案认定袁某抢劫陈某某的犯罪事实不清、证据不足,建议二审法院酌情判决。

广东省高级人民法院经公开审理认为,被告人袁某伙同他人采用暴力手段劫取财物,致1人死亡,其行为构成抢劫罪;伙同他人破坏电力设备,危害公共安全,其行为又构成破坏电力设备罪,依法应当数罪并罚。袁某在抢劫致死黄某某一案中,犯罪手段残忍,危害后果严重,起主要作用,系主犯,罪行极其严重。袁某有犯罪前科,但袁某犯该罪时不满十八周岁,依法不应认定为累犯。原审判决认定袁某抢劫杀害黄某某的犯罪事实,以及袁某破坏电力设备的犯罪事实清楚,证据确实、充分,定罪准确,量刑适当,审判程序合法。但原审判决认定袁某抢劫致死陈某某的事实不清,证据不足,不予认定。对袁某及其辩护人提出袁某抢劫陈某某事实不清的意见,予以采纳,其他意见经查不能成立,不予采纳。据此,依照《中华人民共和国刑法》第二百六十三条第五项,第一百一十八条,第二十五条第一款,第二十六条第一款、第四款,第六十五条第一款,第四十八条,第五十七条第一款,第五十九条,第六十九条,第十二条和《中华人民共和国刑事诉讼法》(1996年)第一百八十九条第一项、第一百九十九条以及《最高人民法院关于〈中华人民共和国刑法修正案(八)〉时间效力问题的解释》第三条之规定,广东省高级人民法院裁定驳回上诉,维持原判,并依法报请最高人民法院核准。

最高人民法院经复核认为,被告人袁某的行为分别构成抢劫罪、破坏电力设备罪。袁某伙同他人持刀抢劫,致1人死亡,犯罪情节恶劣,手段残忍,社会危害大,罪行极其严重,依法应当惩处。在共同犯罪中,袁某提起犯意,持刀捅刺被害人要害部位多刀,起主要作用,系主犯,应当按照其所参与的全部犯罪处罚。袁某曾因犯罪被判刑，在刑罚执行完毕后五年内又犯罪，虽因犯前罪时不满十八周岁，不构成累犯，但仍体现出其主观恶性深，人身危险性大。对袁某所犯数罪，依法应当并罚。第二审裁定认定的事实清楚，证据确实、充分，定罪准确，量刑适当，审判程序合法。据此，依照《中华人民共和国刑事诉讼法》第二百三十五条、第二百三十九条和《最高人民法院关于适用〈中华人民共和国刑事诉讼法〉的解释》第三百五十条第一项之规定，裁定核准广东省高级人民法院维持第一审对被告人袁某以抢劫罪判处死刑，剥夺政治权利终身，并处没收个人全部财产；以破坏电力设备罪判处有期徒刑三年；决定执行死刑，剥夺政治权利终身，并处没收个人全部财产的刑事裁定。

二、主要问题

如何把握"事实清楚，证据确实、充分"这一法定证明标准的主客观相统一性？

三、裁判理由

本案中，公诉机关指控和一审法院认定被告人袁某有2起抢劫致人死亡的犯罪事实：第一起是2006年6月袁某伙同刘某等人抢劫致死被害人黄某某的事实；第二起是2006年9月袁某抢劫致死被害人陈某某的事实。广东省高级人民法院经审理查明了第一起抢劫事实，以事实不清、证据不足为由未认定第二起抢劫事实。最高人民法院经复核，确认了第一起抢劫事实，并据此对袁某核准死刑。袁某抢劫致死陈某某的事实证据认定，涉及对刑事诉讼法规定的证明标准的认识和把握问题。

证明标准是指法律规定的运用证据证明待证事实所要达到的程度和要求。刑事诉讼证明标准的核心是运用证据证明案件事实需要达到何种程度才可以确认犯罪并据以定罪量刑。在我国刑事诉讼中，认定被告人有罪的证明标准是"事实清楚，证据确实、充分"。修正后的刑事诉讼法第五十三条在规定"证据确实、充分"条件的同时，借鉴了英美证据体系中"排除合理怀疑"的表述。这一规定是对我国刑事诉讼证明标准的科学完善，旨在进一步确立主客观相统一的证明标准。"事实清楚，证据确实、充分"的标准主要体现了刑事诉讼证明标准的客观性，侧重于对证据本身质和量的要求。但是，对于诉讼证明是否达到这一客观标准，需要由法官根据控方的举证活动，结合自身的专业知识和经验、常识，形成主观认知和内心确信。法官需要以"事实清楚，证据确实、充分"为客观标准，通过主观上达到"排除合理怀疑"的内心确信程度，从而作出有罪裁判。因此，刑事诉讼证明标准实际上包含着主客观这两个相辅相成、不可分割的方面。在两者的关系上，客观标准是衡量主观标准的依据，并对主观标准起着根本性制约作用，有利于避免主观标准的不确定性；主观标准是客观标准实现的途径，有利于防止客观标准的机械性。审判工作中，应当坚持主客观相统一的原则，既不能机械地执行客观标准，也不能过分强调主观标准，尤其在当前配套制度尚不完备的情况下，为防范冤假错案件的发生，主观标准更应受到客观标准的制约。本案对袁某抢劫致死陈某某犯罪事实的认定，就体现了主客观相统一的刑事诉讼证明标准的运用，特别是如何看待内心确信问题。

关于被告人袁某抢劫致死被害人陈某某的事实，主要有以下证据证实：(1)侦破经过自然。2006年9月20日晚，陈某某失踪后，公安人员对周围租户进行走访，当时即对袁某进行初步调查并采集了袁某颈部有伤痕的照片。但因未发现陈某某的尸体，故未进一步开展工作。2007年9月1日，陈某某尸体在其屋内水缸中被发现后，公安人员经深入调查，发现案发时袁某及其女友曾在陈某某出租屋租住，没有固定职业和经济来源，案发前陈某某向袁某及其女友展示随身财物，案发后袁某脖子上有伤痕，遂认定袁某有重大作案嫌疑。经查，化名"袁强"的袁某已因破坏电力设备被逮捕。通过对伙同袁某破坏电力设备的蔡某某及同监人员张某某、曹某进行调查，掌握了袁某抢劫杀害陈某某的重要证据。经审讯,袁某亦供认了其抢劫杀害陈某某并藏尸于屋内水缸中的犯罪事实。(2)相关人员证实袁某涉案。袁某破坏电力设备犯罪的同案人蔡某某证实,袁某曾向其透露自己在某村抢劫杀害房东并藏尸水缸。同监人员张某某、曹某证实,袁某自称在某村入室盗窃时在水缸中发现房东尸体。上述证言均直接来源于袁某,且取证时间在袁某供述之前,是证实袁某涉案的直接言词证据。(3)袁某有作案动机和条件。在陈某某失踪时袁某租住在陈某某房间旁的出租屋内,有作案条件。袁某无固定工作和经济来源。附近租户甘某某证实,案发前看到陈某某向袁某及其女友展示身上的现金。陈某某的胞弟也证实,陈某某随身携带现金,且喜爱向他人炫耀,印证了袁某供称看到陈某某身上带有大量现金,遂起意盗抢的作案动机。(4)袁某案发后形迹异常。证人王某某、吴某某证实,在陈某某失踪后看到袁某颈部有抓痕。案发一年后袁某归案,法医亦检出其脖颈处有伤痕。二审期间经补查,调取了2006年9月24日晚公安人员走访陈某某失踪案时给袁某拍摄的照片,显示袁某右颈部有一条明显血痕。印证了袁某供述的陈某某反抗时将其抓伤的情节。(5)袁某不仅在侦查阶段多次供认犯罪,且在中级法院两次一审、高级法院复核审、二审庭审期间均供认不讳,直至二审庭审后才翻供称未抢劫杀害陈某某,但在最高院复核提讯时又作有罪供述。且其有罪供述较为详细、具体,其中一些作案细节与其他证据吻合,如袁某所供其用砖头砸陈某某头部,床铺草席及床板上留有血迹的情节,与发现尸体前第一次勘查现场的情况一致;袁某所供其用枕头捂压陈某某口鼻、用身体压陈胸口的作案手段,与尸体鉴定意见证实死者有窒息征象、肋骨骨折的情况吻合;袁某所供藏尸地点、尸体形态及尸体覆盖物等情况,与现场勘验、检查笔录一致。而且,个别证据的提取具有先供后证的特点,如袁某供述其将装书的竹筐扔到阁楼上,公安机关虽在第一次勘查现场时已发现阁楼上的竹筐,但根据袁某的供述再次勘查时,才发现了竹筐上遗留的书纸残片;袁某供述其用小刀拨开门闩进入现场,搬家时将小刀遗留在出租屋中,公安机关根据袁某的供述再次勘查,发现门闩上有撬痕,并从出租屋租户叶某某处提取了袁某遗留在房内的小刀,后袁某辨认确认该刀就是其用来拨开门闩的小刀。(6)死者系陈某某的可能性很大。陈某某系独居老人,失踪前并未离开居住地,发现尸体现场系陈某某的住处,尸体头发灰白、大部分脱落,陈某某亲属辨认确认尸体上的衣物就是陈某某平时所穿的衣物,结合陈某某的失踪时间、死者死因及损伤情况与袁某所供作案时间、手段吻合等情节,死者系陈某某的可能性很大。

上述证据表明,被告人袁某在被害人陈某某失踪时租住在现场旁,有便利的作案条件;无经济来源且目睹被害人炫耀财物,有抢劫作案动机;脖颈处有抓伤,有作案嫌疑;且到案后较为稳定地供认犯罪,其有罪供述在一些细节上与在案的其他证据吻合,个别证据具有先供后证的特点。因此,根据经验法则,并结合一定的逻辑分析,从内心确信的角度看,本起犯罪系袁某所为的可能性很大。但是,从"事实清楚,证据确实、充分"这一法定证明标准的客观性看,证实该起犯罪系袁某所为的证据存在较为明显的缺陷,尚不能达到法定的证明标准。具体分析如下:

第一,现有证据不能有力证明案件主要事实。(1)公安机关勘查发现的现场门闩上的痕迹、阁楼竹筐上的书籍残片及提取的小刀等,虽系先供后证,但与犯罪事实的关联性不强,均不能直接证实本案系被告人袁某作为。(2)尸体并非根据袁某的供述发现,尸检在袁某供述前进行,尸体藏匿地点、藏匿方式、现场血迹、屋内物品及陈某某向袁某展示财物等情节,有的在第一、二次勘查现场时已记录在卷,有的在调查走访时已经掌握,时间均在袁某供认犯罪之前,属于先证后供,证明力不强。(3)袁某破坏电力设备的同案人蔡某某、同监人员张某某、曹某均系在押人员,其证言证明力受到一定影响,并在后期遭到袁某的否认。从已经暴露的一些冤错案件的情况看,对于"狱侦耳目"的证言应当慎重使用。且张某某、曹某证实,袁某在房东房内盗窃时发现水缸内有死人，此内容反而能够印证袁某否认犯罪后的辩解。(4)袁某颈部的伤痕，也不能排除其他原因造成的可能性，不足以证明袁某实施了抢劫犯罪。

第二，未能提取到部分重要物证和证人证言。(1)由于第一次勘查现场不细致，袁某归案后因时隔太久丧失取证条件，袁某供述的用于砸房东头部的砖块、用于擦拭血迹的旧衣服等，均未能提取。(2)袁某供述，作案时被借住其出租屋的朋友"邹某"看见，作案后曾告诉其女友"陈某"。但"邹某"、"陈某"的身份情况不明，公安机关未能找到二人，无法进一步印证袁某的供述。

第三，作案手段、死因无法得出确切结论。(1)关于致死被害人的手段，袁某在侦查阶段供述用枕头捂压陈某某的口鼻，并用身体压住陈的胸口，但在审查起诉及庭审阶段又否认使用过枕头，称用手掐扼陈某某颈部致其死亡，由此被害人肋骨骨折的情况得不到合理解释。(2)关于被害人的死因，由于尸体部分白骨化，尸检只能给出"符合窒息死亡特征"的鉴定意见，但死者系何种原因导致的窒息死亡，尸检报告无法给出确切意见。(3)关于被害人是否及如何受伤流血的问题，尸检鉴定根据"现场木板床南侧端的木板上及草席上有血迹"的情况，给出"不能排除其头面部白骨化部分及口、鼻腔损伤致流血的可能"的意见，无法得出被害人究竟是什么部位流血、因何流血的确切结论。因此，受尸体部分白骨化、鉴定条件不充分的客观条件制约，尸检鉴定意见不具有唯一性、排他性。

第四，无法准确认定被害人尸骨何时被藏于水缸之内。公安人员在2006年9月25日首次勘查现场时没有发现被害人尸体，在2007年9月1日接陈某某的胞弟称在陈某某房内水缸中发现尸骨的报案后，再次勘查现场才发现尸体。陈某某的胞弟证实，在公安机关首次勘查现场约半个月后，其将现场的门锁打掉，此后现场没有再锁门。因此，从案发半个多月后至发现尸骨的近一年的时间里，现场处于可以随意出入的状态，无法准确认定被害人的尸骨究竟何时被藏于水缸之内。

第五，死者身份无法得到准确确认。被害人尸体被发现时已高度腐败，需要进行DNA检验鉴定才能准确认定尸体身份。然而，经两次DNA鉴定，尸体肋软骨未检见有效基因分型。现场床铺草席上的血迹虽在第一次鉴定时检出基因分型，但无法认定是陈某某的血，再次检验时，草席上的血迹甚至没有再检出基因分型。经咨询法医，尸体肋软骨已经腐败，无法再进行检验；草席上的血迹没有保留，且原鉴定意见中草席上血迹的基因分型不能在重新鉴定时直接使用；如要重新鉴定，需提取到被害人的牙齿或长骨，但因陈某某没有父母、子女，缺乏直接的亲缘关系认定对象，根据目前的鉴定技术，鉴定后仍不能确认死者为陈某某。

由上述分析可见，对于抢劫致死被害人陈某某的事实，虽然根据现有证据，结合办案经验和逻辑分析，系被告人袁某所为的可能性很大，但本案现场没有提取到证实袁某作案的有力客观证据，根据袁某供述提取到的个别证据价值不大，部分影响定罪量刑的关键事实缺乏确凿证据证明，证实被害人的死因、身份、死亡时间的证据尚不能排除合理怀疑，对于袁某抢劫致死陈某某的事实无法得出确定、唯一的结论。需要说明的是，与其他被告人拒不供认犯罪事实或者翻供导致事实认定困难的案件不同，袁某对于本起事实的供述较为稳定且有罪供述的细节化特征较为明显，认定本起事实的证据缺陷是除口供外其他证据的缺失和不足。二审法院和最高人民法院在本起事实的证据审查认定上，"重证据、不轻信口供"，坚持疑罪从无原则，对于虽有被告人供述，但在案证据达不到"事实清楚，证据确实、充分"这一法定证明标准的事实，不予认定。

（撰稿：广东省高级人民法院　胡晓明
最高人民法院刑五庭　李静然
审编：最高人民法院刑五庭　马　岩）

[第1041号]许小渠过失以危险方法危害公共安全案

——食品销售人员对亚硝酸盐未尽妥善保管义务导致亚硝酸盐混入食品中出售,致人伤亡的行为如何定性

【关键词】 过失以危险方法危害公共安全罪 过失投放危险物质罪 过失致人死亡罪 罪名 食品销售人员 违反危险物质保管义务 主观罪过 疏忽大意 过失 其他危险方法 公共安全

一、基本案情

被告人许小渠,男,1969年11月5日出生,个体经营户。2013年9月18日因涉嫌犯过失以危险方法危害公共安全罪被逮捕。

江苏省宿迁市宿豫区人民检察院以被告人许小渠犯过失以危险方法危害公共安全罪,向宿豫区人民法院提起公诉。

被告人许小渠对指控的犯罪事实无异议,但辩称自己并非故意,属于意外事件,请求从轻处罚。

宿迁市宿豫区人民法院经公开审理查明:被告人许小渠在江苏省宿迁市湖滨新区某农贸市场从事预包装、散装食品销售。2012年12月30日上午,许小渠在店内准备用亚硝酸盐(俗称硝卤精)调配硝卤水,因忙于其他事务而将亚硝酸盐遗留在经营区域。店内其他销售人员误将亚硝酸盐混入白糖销售箱,销售给张某忠、蔡某珍等人。当日下午,被害人唐某兰在食用张某忠所购买的混有亚硝酸盐的白糖后,发生亚硝酸盐中毒,经抢救无效死亡。2013年1月8日,被害人蔡某珍食用先前购买的混有亚硝酸盐的白糖后,发生亚硝酸盐中毒。经鉴定,被害人唐某兰系亚硝酸盐中毒死亡;被害人蔡某珍的损伤构成轻微伤。案发后,许小渠主动到公安机关投案,并如实供述了上述事实,并赔偿被害人唐某兰亲属人民币(以下币种同)16.6万元,赔偿被害人蔡某珍4.4万元,且获得了唐某兰亲属及蔡某珍的谅解。

宿迁市宿豫区人民法院认为,被告人许小渠作为食品经销商,对其购进的亚硝酸盐未尽到妥善保管义务,以至于其店内员工误作白糖向多人销售,致一人死亡、一人轻微伤,其行为构成过失以危险方法危害公共安全罪。公诉机关指控其犯过失以危险方法危害公共安全罪的罪名成立。许小渠主动向公安机关投案,并如实供述自己的罪行,系自首,可以从轻或者减轻处罚。许小渠积极向被害人或者被害人亲属赔偿经济损失,并获得了谅解,酌情可以从轻处罚。根据被告人许小渠的犯罪情节、悔罪表现,结合所在社区意见,依照《中华人民共和国刑法》第一百一十五条第二款,第六十七条第一款,第七十二条第一款,第七十三条第二款、第三款之规定,宿豫区人民法院以被告人许小渠犯过失以危险方法危害公共安全罪,判处有期徒刑二年,缓刑三年。

宣判后,被告人许小渠未提出上诉,检察机关亦未抗诉,该判决已发生法律效力。

二、主要问题

食品销售人员对亚硝酸盐未尽妥善保管义务导致亚硝酸盐混入食品中出售,致人伤亡的行为如何定性?

三、裁判理由

本案在审理过程中,对被告人许小渠的行为,主要形成四种不同观点:第一种观点认为,许小渠主观上没有故意或者过失,其行为虽然造成了危害后果,但系不能预见的原因引起的,属于意

外事件，不负刑事责任。第二种观点认为，亚硝酸盐属于毒害性物质，许小渠的行为构成过失投放危险物质罪。第三种观点认为，许小渠的行为致一人死亡，构成过失致人死亡罪。第四种观点认为，许小渠的行为构成过失以危险方法危害公共安全罪。

我们同意第四种观点，许小渠的行为构成过失以危险方法危害公共安全罪。具体理由如下：

（一）被告人的行为不属于意外事件

根据刑法第十六条的规定，行为在客观上虽然造成了损害结果，但不是出于故意或者过失，而是由于不能预见的原因所引起的，是意外事件。意外事件虽然在客观上造成了损害结果，但其损害结果是由于不能预见的原因引起的，行为人主观上既无犯罪故意，也无犯罪过失，因而缺乏构成犯罪和负刑事责任的主观依据，不认定为犯罪。

本案中，被告人许小渠所保管的亚硝酸盐属于剧毒物质，食入 0.2～0.5 克即可引起中毒甚至死亡，许小渠作为一名长期从事预包装、散装食品销售的人员，特别是经常从事用亚硝酸盐调配硝卤水的工作，对亚硝酸盐的危害性应当是明知的。根据相关法律、法规的规定，妥善保管是许小渠应尽的法定义务。同时，亚硝酸盐在外观上与食盐、白糖相似，容易造成混淆，而许小渠销售的食品中恰恰有散装白糖，根据许小渠的认知能力和经营情况，特别是基于其对危险物品的保管和监督店内人员所产生的义务，其应当预见到将亚硝酸盐放在食品销售区，可能造成亚硝酸盐与白糖混淆的危险后果，却没有预见到，最终导致亚硝酸盐被当作白糖对外销售，产生了危害后果。因此，许小渠对自己行为的危害性是应当能够预见的，不属于意外事件。

（二）被告人的罪过形式是犯罪过失

罪过是指行为人在实施犯罪时对自己行为将引起的社会危害结果所持有的心理态度。它是犯罪主观方面的主要内容，反映了行为人的主观恶性。罪过分为犯罪故意与犯罪过失。

犯罪故意是指明知自己的行为会发生危害社会的结果，并且希望或者放任这种危害结果的发生。本案中，被告人许小渠并不明确知道自己的行为会发生危害社会的结果，对这种结果既未呈现出积极追求的心理状态，也未呈现出容忍或者放任的不积极追求状态，故被告人的罪过形式不是犯罪故意。犯罪过失是指应当预见自己的行为可能发生危害社会的结果，因疏忽大意而没有预见，或者已经预见而轻信能够避免，以致发生这种结果。犯罪过失，主要有疏忽大意的过失和过于自信的过失两种。本案中，被告人的行为属于疏忽大意的过失。

疏忽大意的过失是一种无认识的过失，即行为人应当预见到自己的行为可能发生危害社会的结果，因疏忽大意而没有预见，以致发生了危害结果的心理态度。疏忽大意的过失包含了两个构成要素：一是行为人有预见的义务，该义务不仅包括法律、条令、职业与业务方面的规章制度所确定的义务，还包括日常生活准则所提出的义务。本案中，被告人作为食品销售的业主其本身就有义务预见有毒物质出现在食品销售区域的危害。二是行为人因疏忽大意没有预见，没有预见是指行为人在实施行为的当时没有想到自己的行为可能发生危害社会的结果。本案中，如果被告人想到亚硝酸盐会被业务员当作白糖出售就绝对不会将亚硝酸盐放在食品销售区。

（三）被告人的行为不构成过失投放危险物质罪、过失致人死亡罪

过失以危险方法危害公共安全罪、过失投放危险物质罪、过失致人死亡罪，罪过形式均是过失且都有可能发生了致人死亡的结果，但被告人许小渠的行为不构成过失投放危险物质罪和过失致人死亡罪。过失投放危险物质罪，要求被告人有过失投放的行为，即行为人主动实施了一定的行为，导致危险物质混入食物中，他人进食后中毒，产生危害后果，如在日常生活中将农药与饮用水放在一起，做饭时误将农药当作水，造成多人中毒伤亡的后果等。本案被告人只是在调配硝卤水的过程中拿出亚硝酸盐后，没有及时将这种危险物质放回、保管好，客观上并没有实施投放

的行为，是其他店员在不知情的情况下将亚硝酸盐混入白糖中出售的，投放的行为并非许小渠所实施，故不能构成过失投放危险物质罪。过失致人死亡罪侵犯的客体是公民个人生命健康，危害的对象具有特定性，本案被告人的未妥善保管行为发生在食品销售流通领域，其食品向不特定的公众进行销售，一旦将危险物质混入食品中，会对社会公共安全造成威胁，这种威胁针对不特定多数人，而非特定的个人，故不能构成过失致人死亡罪。

（四）被告人的行为构成过失以危险方法危害公共安全罪

过失以危险方法危害公共安全罪，是指过失以放火、决水、爆炸、投放危险物质以外的其他危险方法，致人重伤、死亡或者使公私财产遭受重大损失的行为。本罪侵犯的客体是公共安全；客观方面表现为行为人过失以放火、决水、爆炸、投放危险物质以外的其他危险方法，致人重伤、死亡或者使公私财产遭受重大损失；主体为一般主体；主观方面为过失。本罪中的“其他危险方法”是指与放火、决水、爆炸、投放危险物质等方法危害性相当的方法，而不是泛指一切对公共安全具有危害性的方法，即该方法应当具有“大规模”和“杀伤性”。“大规模”是指该方法一经实施就可能危害到多数人或者不特定的人，“杀伤性”是指行为后果严重，该方法能够造成致人重伤、死亡或者使公私财产遭受重大损失的后果。

本案中，如前所述，被告人许小渠对危害结果的发生在主观上具有过失，客观上实施了对亚硝酸盐未尽到妥善保管义务，将其遗留在食品销售区域的行为。许小渠的未妥善保管行为发生在食品销售流通领域，对社会公共安全造成了潜在的和现实的威胁，该行为构成刑法上的“其他危险方法”。该行为危害到不特定多数人的生命健康，并最终导致一死一轻微伤的严重后果，符合过失以危险方法危害公共安全罪的构成要件。原审法院综合考虑许小渠的自首情节、积极赔偿、认罪悔罪态度，对许小渠以过失以危险方法危害公共安全罪判处有期徒刑二年，缓刑三年的判决是适当的。

（撰稿：江苏省宿迁市宿豫区人民法院　袁　震　郭　奎
审编：最高人民法院刑四庭　陆建红）

[第1072号]郑小教以危险方法危害公共安全案

——如何理解以危险方法危害公共安全罪中的“不特定多数人”

【关键词】　以危险方法危害公共安全罪　故意杀人罪　驾车冲撞　不特定多数人　公共安全

一、基本案情

被告人郑小教，男，1980年8月24日生。2013年1月29日因涉嫌犯以危险方法危害公共安全罪被逮捕。

浙江省江山市人民检察院以被告人郑小教犯故意杀人罪，向江山市人民法院提起公诉。

被告人郑小教及其辩护人辩称：郑小教并无杀人故意，只想阻止工作人员拆房子，其行为应构成以危险方法危害公共安全罪。

江山市人民法院经审理查明：2011年12月，被告人郑小教在未获得相关部门批准的情况下，违法占用江山市中部开发办公室管理的位于江山市莲华山工业园区内的国有土地建房。2012年2月24日，江山市国土资源局作出江土资停字〔2012〕000088号《责令停止国土资源违法行为通知书》并送达郑小教，责令其立即停止违法行为，听候处理。同年4月11日，市国土资源管理局作出江土资改〔2012〕11号《责令改正违法行为通知书》并送达郑小教，责令其自接到通知书后6个月内自行拆除已浇筑的地梁，逾期不改正的，依法追究法律责任。同年10月15日，市国土资源管理局国土资源执法监察人员在巡查中发现，郑小教不仅没有自行拆除违章建筑，反而继续违法建房，遂当场依法予以制止，但郑小教事后并未停止其违法建房行为。2013年1月16日，贺村镇人民政府、市中部开发办公室、市国土资源局共同商定，以市国土资源局为执法主体，贺村镇人民政府、市中部开发办公室协助，于1月18日上午共同对郑小教的违章建筑实施强制拆除，并于当天下午电话通知郑小教自行拆除违章建筑。

2013年1月18日上午，郑小教会同家人和同事，先行拆除部分违章建筑，欲以此达到阻止执法人员拆除其违章建筑目的。当日上午10时许，市国土资源管理局执法大队工作人员会同贺村镇人民政府、市中部开发办公室工作人员共50余人来到郑小教违章建筑所在地。在工作人员的劝说下，郑小教将原停放在违章建筑前阻挡了铲车行进道路的浙HP7259私家小轿车倒驶至该道路的坡顶，工作人员遂开始拆除郑小教的违章建筑，郑小教则坐在驾驶室内远观。当看到房子被拆的场面后，郑小教越想越气，产生了驾车去撞工作人员与其拼命的念头。随后，郑小轿加速驾驶小轿车沿着带有一定坡度的道路直冲下去，撞到了站在道路上维持外围秩序的多名工作人员，其中李鸿寿被车头撞飞滚在引擎盖上后又被甩在地上。郑小教在撞到人后，仍然驾驶汽车继续右转向行驶，并朝工作人员密集的地方冲撞而去，直至撞上其父亲房屋南侧小门，在此过程中，又撞到多名工作人员和其母亲，房屋的小门及门边墙体被撞破损。后在郑小教驾车加速后退撞上砖堆时才被工作人员制服。郑小教在驾车撞人过程中致11名工作人员受伤，经鉴定，其中吴开兴等5人的损伤程度为轻伤，夏津津等2人为轻微伤，刘达飞等4人未达到轻微伤程度。

江山市人民法院认为，被告人郑小教为泄愤，采用驾驶车辆连续冲撞的方式，故意剥夺他人生命的行为已构成故意杀人罪。被告人郑小教已经着手实行犯罪，由于意志以外的原因而未得逞，系犯罪未遂，依法可以比照既遂犯从轻处罚。被告人犯罪系临时起意，主观恶性较小，可酌情从轻处罚。辩护人的相关辩护意见予以采纳。综合被告人的犯罪性质、情节以及对社会的危害程度，依照《中华人民共和国刑法》第二百三十二条、第二十三条之规定，以故意杀人罪判处被告人郑小教有期徒刑十年。

一审宣判后，被告人郑小教以主观上没有杀人故意，其行为应构成故意伤害罪为由提出上诉。

衢州市中级人民法院经审理认为，案发时现场共有拆违工作人员、郑小教家人及邻居等50余人，郑小教采用驾车撞人的危险方法冲向不特定多数人，对危害不特定多数人的生命、健康安全持放任态度，主客观上符合以危险方法危害公共安全罪的犯罪构成，而故意杀人罪或故意伤害罪所侵害的客体均为普通公民个人的人身权利，不能涵盖本案侵害客体所具有的社会性。故对构成故意伤害罪的上诉意见不予采纳。原判定性错误，致量刑不当，据此，判决如下：

1. 撤销浙江省江山市人民法院(2013)衢江刑初字第78号刑事判决；

2. 上诉人(原审被告人)郑小教犯以危险方法危害公共安全罪，判处有期徒刑七年。

二、主要问题

1. 危害公共安全罪中的“不特定多数人”在案件中应如何具体认定？

2. 危害公共安全罪中的“公共安全”应如何理解？

三、裁判理由

本案在审理过程中，对于被告人郑小教犯罪行为的定性存在争议：一种意见认为，案发现场道路是郑小教家庭使用的相对封闭的场所，郑小教在特定的拆违现场有针对性地冲撞特定的工作人员，不具有危害公共安全的特性，其行为构成故意杀人罪。另一种意见则认为，本案的案发场所道路并非郑小教家庭所有或单独使用，郑小教在人群聚集地采用汽车撞人的方式同时危及多数人人身权利，是以危险方法危害公共安全罪的典型行为方式，其行为构成以危险方法危害公共安全罪。

我们同意后一种意见。以危险方法危害公共安全罪和故意杀人罪由于在客观上都包含造成人员伤亡的结果，在行为方式上也有相似之处，例如，以驾车的方式可以实施故意杀人行为，也可以实施以危险方法危害公共安全的行为，因此两罪在很多情况下难以区分。但是，两罪最核心的区别在于侵犯的客体（法益）不一样：故意杀人罪侵犯的客体是公民个人的生命权；而以危险方法危害公共安全罪侵犯的客体是公共安全，即保护的是不特定多数人的生命、健康及公私财产的安全。本案定性问题存在的分歧，本质上是对以危险方法危害公共安全罪的犯罪对象及犯罪客体的理解分歧，即对该罪的犯罪对象“不特定多数人”的含义，以及该罪侵犯的客体“公共安全”含义的理解分歧。

（一）本案犯罪对象属于“不特定多数人”

一审法院认为，郑小教在特定的拆违现场有针对性地冲撞特定的工作人员，不具有危害公共安全的特性，应定性为故意杀人罪。我们认为，故意杀人罪所要保护的是普通公民个人的人身权利；而危害公共安全罪设立的目的在于将生命、健康等个人法益抽象为社会利益作为保护对象，故危害公共安全罪最突出的特点是其“社会性”。对于以危险方法危害公共安全罪的犯罪对象“不特定多数人”的含义，应当从其“社会性”的特点出发进行理解。以危险方法危害公共安全罪保护的是公众的生命、健康，而“公众”与“社会性”均要求重视量的“多数”。换言之，“多数”是“公共”概念的核心。“不特定”也意味着随时有向“多数”发展的现实可能性，会使社会多数成员遭受危害和侵害。司法实践中，一般有两种情况会认定为“不特定多数人”，从而构成危害公共安全犯罪：第一种情形是行为针对的对象是不特定的，且行为人事先也没有预料到具体的危害后果；第二种情形是行为人针对的对象是相对特定的，但实际造成的后果是行为人没有预料的，不能控制的。侵害“不特定多数人”，并不是说行为人没有特定的侵犯对象或目标，而是行为人主观上有一定的侵害对象，对损害的可能范围也有一定的预判，但对最终造成或者可能造成的危害后果难以控制，从而危害特定人之外的人身或者财产安全。

本案中，被告人郑小教意图驾驶小汽车撞向拆迁人员，虽然现场的拆迁人员是相对特定的，但是一方面现场拆迁人员本身就人数众多；另一方面除了拆迁人员外，现场还有郑小教的邻居和亲属，用小汽车撞人时是很难控制具体的侵害对象以及所造成的侵害后果的。事实证明，本案就因郑小教的行为导致多名拆迁人员及郑小教母亲受伤的后果，因此郑小教的行为虽然针对的是相对特定的对象，但是对于最终侵害的对象及造成的后果均无法控制和预料，应当认定其侵犯的对象是“不特定多数人”。一审法院以本案是“在特定的拆违现场有针对性地冲撞特定的工作人员，不具有危害公共安全的特性”为由否定“不特定性”是不当的。

此外，本案即使现场只有拆迁人员，也应当认定为以危险方法危害公共安全罪。如前所述，危害公共安全中侵害客体的“不特定多数人”核心在于“多数”和“社会性”，即使侵害对象相对特定是拆迁人员，但鉴于本案拆迁人员多达数十人，符合一般意义上的多数要求，且郑小教的行为方式也无法控制最终的危害后果，故而其侵害的对象仍属于“不特定多数人”。

（二）“公共安全”不等同于“公共场所的安全”

一审法院认为，案发现场道路是被告人家庭使用的相对封闭的场所，故不宜认定为侵犯公共安全，从而不宜认定为以危险方法危害公共安全罪。我们认为，首先，“公共安全”的词义应解释为多数人的生命、健康和公私财产的安全。公共安全包括信息安全、食品安全、公共卫生安全等，是一个抽象的概念。虽然在公共场所更容易发生侵犯公共安全的案件,但是公共安全不等同于公共场所的安全。其次,公共安全的核心在于"多数",而不论是封闭的场所还是开放的公共场所,即使是在相对封闭的场所发生了多数人的损害后果,也有可能属于侵犯公共安全的行为。

本案中,首先,案发现场道路并非被告人家庭所有或单独使用,而只是由于特殊的地理位置,被告人家庭使用的频率较高,但这并不能排斥他人行走或使用,故案发现场并不属于封闭的场所;其次,即使案发现场属于封闭的场所,但由于郑小教驾车冲撞的行为危害到"不特定多数人"的健康、生命安全,其行为就具有了危害公共安全的性质。

综上,本案中被告人郑小教为泄愤,驾驶车辆在公共场所连续冲撞他人致多人轻伤、轻微伤的行为,是以危险方法危害公共安全罪的典型犯罪手段。当然,我们在处理类似案件时,也应当综合考虑案件的起因、当事人的主观故意及相关的犯罪情节等,合理把握案件的定罪与量刑,做到罚当其罪。二审法院改判郑小教犯以危险方法危害公共安全罪,判处有期徒刑七年是适当的。

(撰稿:衢州市中级人民法院　熊　娟
审编:最高人民法院刑四庭　陆建红)

[第1073号]包武伟危险驾驶案

——被判处缓刑后在上诉期内又犯新罪的法律适用

【关键词】　危险驾驶罪　缓刑判决宣告后生效前犯新罪　撤销缓刑

一、基本案情

被告人包武伟,男,1968年1月18日生,个体经商。2013年9月27日因犯故意伤害罪被判处有期徒刑九个月,缓刑一年。同年11月22日因涉嫌犯危险驾驶罪被逮捕。

江苏省江阴市人民检察院以被告人包武伟犯危险驾驶罪向江阴市人民法院提起公诉。

被告人包武伟对起诉书指控的犯罪事实未提出异议,但辩称应当对所犯危险驾驶罪判处刑罚后,对其之前所犯故意伤害罪继续适用缓刑。

江阴市人民法院经审理查明:2013年3月24日21时许,被告人包武伟在江阴市澄山路600号阿妹便民超市内与被害人苏才玉发生口角,即与苏才玉及其丈夫李建忠发生扭打,致两人轻伤。案发后,被告人包武伟赔偿两被害人人民币90 000元,并取得对方谅解。2013年9月27日,被告人包武伟被江阴市人民法院以故意伤害罪判处有期徒刑九个月,缓刑一年。

2013年10月1日22时许,被告人包武伟在前罪缓刑判决尚未生效时,醉酒后驾驶号牌为苏BDM869的小型轿车沿江阴市绮山路由南向北行驶至人民东路叉口地段左转弯处,车辆前部追尾撞击前方由沈晓炯驾驶,同向行驶的苏BF9755小型轿车尾部,后包武伟驾驶苏BDM869的小型轿车继续向前行驶,车辆前部又与沿天鹤路由北向南行驶的杨建华驾驶的苏BDB720小型轿车前部相撞,造成三车损坏的交通事故。经江阴市公安局物证鉴定室鉴定,包武伟血液中乙醇含量为2.30mg/ml。经江阴市公安局交通巡逻警察大队认定,包武伟负此事故的全部责任。案发后,包武伟分别与被害人沈晓炯、杨建华就本案民事赔偿问题达成协议,已由包武伟赔偿沈晓炯经济损失共计11 931元;赔偿杨建华经济损失9 086元,并补偿杨建华10 000元。

江阴市人民法院认为,被告人包武伟违反交通运输管理法规,在道路上醉酒驾驶机动车,因而发生交通事故,对公共安全具有一定危害,其行为已构成危险驾驶罪。鉴于其归案后如实供述自己的罪行,当庭自愿认罪,并赔偿被害人经济损失,予以从轻处罚。关于与前罪的并罚问题,就实质层面而言,包武伟在缓刑确定前又犯新罪,其主观恶性明显深于缓刑考验期内又犯新罪时的情形。我国相关法律虽未明确规定本案情形的处罚方式,但结合《中华人民共和国刑法》第七十七条关于缓刑撤销的规定及两种情形间危害性的比较,应当撤销包武伟的缓刑,与本罪数罪并罚。据此,判决如下:

1. 撤销本院(2013)澄刑初字第1641号刑事判决中对被告人包武伟宣告缓刑一年的执行部分。

2. 被告人包武伟犯危险驾驶罪,判处拘役四个月,并处罚金人民币4 000元;连同前罪判处的有期徒刑九个月,决定执行拘役四个月并有期徒刑九个月,并处罚金人民币4 000元。

一审宣判后,被告人包武伟未提出上诉,检察机关未提出抗诉,判决已发生法律效力。

二、主要问题

缓刑上诉期内又犯新罪的应如何适用法律?

三、裁判理由

刑法第七十七条规定了撤销缓刑的条件,结合第七十三条第三款关于缓刑考验期限的规定,可以得出如下结论:从判决确定之日始至缓刑考验期满之日止,行为人在此期间内又犯新罪抑或违反相关规定并达到情节严重的程度,再或者被发现判决宣告前还有漏罪时,应当被撤销缓刑。但对行为人在缓刑判决宣告后至生效前又犯新罪的情形应如何处理却不明晰,司法实践中有以下三种处理意见:第一种意见认为,此时应当启动审判监督程序,撤销原判刑罚,将前后两罪一并判决;第二种意见认为,此种情形不应撤销原判缓刑,而应在对行为人新犯之罪量刑时适当考虑旧罪因素,酌情从重处罚,并适用实刑;第三种意见认为,此种情形应当撤销缓刑,并实行数罪并罚。我们同意第三种意见,理由如下:

(一)行为人在缓刑判决生效前又犯新罪,不再符合缓刑的实质条件,应撤销缓刑后数罪并罚

缓刑制度能否充分发挥其功能,实现其价值,在很大程度上取决于整个运作机制之成败,其中关键在于是否正确把握缓刑适用的实质条件。缓刑适用的实质条件是缓刑适用的标准,是指据以判断对行为人不实际执行刑罚也不至于再危害社会或再犯罪的条件。我国刑法第七十二条第一款规定:"对于被判处拘役、三年以下有期徒刑的犯罪分子,同时符合下列条件的,可以宣告缓刑,对其中不满十八周岁的人、怀孕的妇女和已满七十五周岁的人,应当宣告缓刑:(一)犯罪情节较轻;(二)有悔罪表现;(三)没有再犯罪的危险;(四)宣告缓刑对所居住社区没有重大不良影响。"据此,是否可以适用缓刑的关键是看行为人是否具有社会危害性。

犯罪分子的悔罪表现是考量其行为社会危险性的主要因素之一,决定缓刑适用与否。司法实践中,悔罪表现的判断不仅要看行为人对于其所犯罪行有无痛心与追悔,更要看其有无改过自新的意愿与行动,如主动采取减少、弥补或者挽回其犯罪行为所造成的危害结果的措施,在内心深处深刻认识到所犯罪行的性质和危害,真诚的自我谴责、反省等。本案行为人在前案中故意伤害他人,造成两人轻伤,本应深刻反省犯罪行为,却在被判处缓刑后的第五天就醉酒驾驶,并在先撞击一辆小轿车尾部后继续行驶,又撞击另一辆小轿车前部,造成三车损坏的交通事故,足见行为人毫无悔过之意。

行为人没有再犯罪的危险是宣告缓刑所期待的重要目标宗旨。判定"没有再犯罪的危险"所解决的问题实质是再犯预测问题,即行为人没有再犯罪的动机或可能性。再犯预测不能主观臆断,应当依据客观事实进行综合论证,即应当综合案件的各种情况和行为人的主客观因素,作一个整体性的观察与评价。行为人在原审判决尚未生效时又犯危险驾驶罪,说明其并未从前罪的刑罚中汲取教训,对法律心存藐视,不符合适用缓刑的条件。缓刑作为一种刑罚执行方式,当然

具有刑罚的威慑和教育功能。缓刑虽然是"附条件地不执行原判刑罚",但是行为人已经被实际追诉和被宣告了刑罚,被宣告的刑罚是否能够免除执行并不能当即最终确定。缓刑的适用如同给行为人带上一个"紧箍咒",促使其自我约束和良好改造,避免收监执行成为现实。然而本案行为人在缓刑判决尚未生效时又犯新罪,足以说明初判缓刑已失去威慑和教育功能,应予以撤销以资补救。

(二)缓刑判决生效前又犯新罪时,不能启动刑事审判监督程序撤销缓刑判决

刑事审判监督程序是我国刑事诉讼法贯彻实事求是、有错必纠原则的一项重要程序,对于纠正生效裁判的错误,维护司法公正,保障当事人合法权益具有重要作用。换言之,刑事审判监督程序的目的在于纠正生效裁判的错误,在生效裁判没有错误或者裁判尚未发生效力但被告人又犯新罪的情况下,是不能适用审判监督程序而撤销的。

根据刑事诉讼法及《最高人民法院关于适用〈中华人民共和国刑事诉讼法〉的解释》(以下简称《解释》)的相关规定,刑事审判监督程序启动的情形有:(1)有新的证据证明原判决、裁定认定的事实确有错误,可能影响定罪量刑的;(2)据以定罪量刑的证据不确实、不充分、依法应当排除的;(3)证明案件事实的主要证据之间存在矛盾的;(4)主要事实依据被依法变更或者撤销的;(5)认定罪名错误的;(6)量刑明显不当的;(7)违反法律关于溯及力规定的;(8)违反法律规定的诉讼程序,可能影响公正裁判的;(9)审判人员在审理案件时有贪污受贿、徇私枉法、枉法裁判行为的。需要特别强调的是,《解释》第三百七十五条第三款规定,申诉不具有上述情形的,应当说服申诉人撤回申诉;对仍然坚持申诉的,应当书面通知驳回,即刑事审判监督程序的启动情形只有上述所列9项,没有扩大解释的空间。

综合分析上述刑事审判监督程序启动的各种情形,其适用要件必须是判决已经生效,且由于某些原因导致事实不清或者法律适用不当,才有必要启动审判监督程序。这与立法原意也是相契合的。全国人民代表大会常务委员会法制工作委员会编写的《中华人民共和国刑法释义》(2006年第3版)虽曾认为对行为人在上诉期内又犯罪的应当按照审判监督程序予以纠正,但再版时(2011年第5版)却删除了该段论述,其中含义不言自明。

本案中,被告人包武伟危险驾驶的行为发生于原审判决宣告后、生效前,因此不符合启动刑事审判监督程序的要件。

(三)缓刑判决生效前又犯新罪的,应参照适用刑法第七十七条

刑法第七十七条是撤销缓刑判决的唯一法律依据。该条规定了撤销缓刑的两个要件:一是时间要件,即缓刑考验期内或者判决宣告之前;二是事实要件,即新罪、漏罪或者有情节严重但尚不构成犯罪的违法行为。对于缓刑判决宣告后生效前又犯新罪的,适用哪条法律规定,在刑法上找不到直接依据。因为本案的情况虽然符合第七十七条规定的事实要件,但与时间要件并不吻合。我们认为,应当参照第七十七条的规定作出撤销缓刑的判决。理由主要是:本案情形符合撤销缓刑的实质要件。事实要件和时间要件相比较,事实要件是实质要件,是撤销缓刑的根本理由。如果没有事实要件,那么,撤销缓刑就没有了事实根据。而时间要件的意义在于,它只是事实要件必要的补充要件,即事实要件必须发生在时间要件的范围内。立法者在精心设计法条时所考虑的是,在缓刑判决还没宣告时还有其他罪没有判决的,就不具备适用缓刑的实质条件;在缓刑考验期限内犯新罪的,则说明缓刑已经失去威慑和教育功能。因此,出现上述情况的,都应当撤销缓刑。但是,由于法律条文永远涵括不了现实,立法者所未能预料的是,在缓刑判决宣告后至确定前(即本案所指的未生效缓刑判决上诉期内的情况),缓刑考验期限还未开始计算。这是第七十七条规定的时间要件上的一个漏洞,而现实中恰恰就有被告人在这个时间段内实施新的犯罪行为。既然如前所述不能通过再审程序撤销缓刑判决,而撤销缓刑判决却是符合第七十

七条的本质精神的，那么，虽然第七十七条规定的时间要件没有明确包括本案的情况，缓刑判决仍然应当撤销。在这种情形下，只有参照适用第七十七条是比较科学的。需要明确的是，参照适用完全不同于传统刑法中的类推。类推指的是法条没有明文规定为犯罪，但行为具有社会危害性，因而比照最相类似的刑法条文确定行为构成犯罪。而参照适用第七十七条指的是，缓刑判决必须撤销，但又找不到撤销的直接条文依据。其前提是行为人的几个行为均构成犯罪且均需要判处刑罚。因此，适用第七十七条撤销缓刑，符合适用法律的正当性原则。

综上，行为人在缓刑判决确定前又犯新罪，不再符合“有悔罪表现”和“没有再犯罪的危险”这两项条件，且初判缓刑已失去威慑和教育功能，故应予以撤销。由于缓刑判决撤销后，行为人的原判刑罚尚未实际执行，故应当与新罪所判处的刑罚实行数罪并罚，江阴市人民法院撤销对被告人包武伟的缓刑判决，以危险驾驶罪判处其拘役四个月，并处罚金人民币 4 000 元，与前罪并罚，决定执行拘役四个月并有期徒刑九个月，并处罚金人民币 4 000 元是适当的。

（撰稿：江苏省无锡市中级人民法院　王星光　韩　锋
审编：最高人民法院刑四庭　陆建红）

[第 1075 号]王挺等走私武器、弹药，非法买卖枪支、弹药，非法持有枪支、弹药案

——因个人爱好，以收藏为目的购买枪支、弹药的行为如何定性

【关键词】　走私武器、弹药罪　非法买卖枪支、弹药罪　非法持有枪支　罪名　收藏目的　抽象危险犯

一、基本案情

被告人王挺，男，1979 年 9 月 25 日出生，无业。因涉嫌犯走私武器、弹药罪，非法买卖弹药罪，非法持有枪支、弹药罪于 2011 年 9 月 29 日被逮捕。

被告人薛风，男，1981 年 9 月 4 日出生，原系山西省某煤业公司财务总监。因涉嫌犯非法买卖枪支罪，非法持有枪支、弹药罪于 2011 年 10 月 21 日被逮捕。

被告人陈俊建，男，1989 年 6 月 1 日出生，无业。因涉嫌犯非法买卖枪支罪于 2011 年 10 月 14 日被逮捕。

被告人刘正东，男，1970 年 7 月 5 日出生，原系辽宁省大连市某海产品养殖公司法定代表人。因涉嫌犯非法买卖枪支、弹药罪，非法持有枪支罪于 2011 年 10 月 28 日被逮捕。

被告人周伟，男，1988 年 12 月 11 日出生，无业。因涉嫌犯非法买卖枪支罪、非法持有枪支罪于 2011 年 10 月 14 日被逮捕。

被告人张鹏飞，男，1979 年 8 月 3 日出生，原系江苏省宜兴市华太竹木业有限公司法定代表人。因涉嫌犯非法买卖枪支、弹药罪于 2011 年 10 月 14 日被逮捕。

（其余 11 名被告人韩伟、张贞、林梅、徐立闯、刘欢、张凌华、朱伟宁、韩强、林寿周、林剑候、肖美连基本情况略）

上海市人民检察院第一分院以被告人王挺等 17 人犯走私武器、弹药罪，非法买卖枪支、弹药罪和非法持有枪支、弹药罪，向上海市第一中级人民法院提起公诉。

被告人王挺的辩护人提出，王挺协助林志富进行走私，系从犯，参与本案系出于对枪支的爱好，主观恶性较小。被告人薛风的辩护人提出，薛风具有自首情节和立功表现。被告人刘正东及其辩护人提出，刘正东只是非法买进枪支、弹药，并没有卖出，其行为应认定为非法持有枪支、弹药罪，不构成非法买卖枪支、弹药罪。

上海市第一中级人民法院经公开审理查明：2010 年至 2011 年间，被告人周伟、陈俊建通过网络结识了身在美国的华人林志富（在逃）以及被告人王挺、薛风、韩伟、朱伟宁等人。后林志富通过王挺、周伟、陈俊建在境内出售枪弹，并将枪弹快递给王挺，再由王挺转寄给买家薛风、韩伟、朱伟宁等人，周伟、陈俊建从中获利。王挺伙同林志富采用上述方式走私进口枪支 48 支、子弹 4 500 余发。其中，薛风通过周伟、陈俊建从林志富处购买各类步枪共 8 支，另持有各类枪支 6 支、弹药 3 万余发；被告人韩伟、刘欢、张鹏飞、刘正东、张凌华、朱伟宁等亦从林志富等人处购买各类枪支共 14 支，弹药万余发。被告人林梅根据林志富的要求，从王挺等人处收取货款并汇给林志富。此外，薛风等人还通过其他渠道买卖、获取大量各类枪支、弹药。

上海市第一中级人民法院认为，被告人王挺、薛风、陈俊建、刘正东、周伟、张鹏飞、韩伟、张贞、林梅、徐立闯、刘欢、张凌华、朱伟宁、韩强、林寿周、林剑候、肖美连等 17 人走私武器、弹药，或者非法买卖、持有枪支、弹药，应分别以走私武器、弹药罪，非法买卖枪支、弹药罪以及非法持有枪支、弹药罪追究刑事责任。其中被告人王挺走私枪支 48 支、弹药 4 500 余发，情节特别严重；非法买卖弹药 360 余发；非法持有枪支 5 支、弹药 270 余发，情节严重；其行为已构成走私武器、弹药罪，非法买卖弹药罪，非法持有枪支、弹药罪。被告人林梅参与走私，其行为已构成走私武器、弹药罪，且情节特别严重。被告人陈俊建非法买卖枪支 10 支；其行为已构成非法买卖枪支罪，且情节严重。被告人薛风非法买卖枪支 8 支；非法持有枪支 6 支、弹药 3 万余发；其行为已构成非法买卖枪支罪，非法持有枪支、弹药罪，且均属情节严重。被告人韩伟非法买卖枪支 2 支、弹药 4 000 发；非法持有枪支 6 支、弹药 6 000 余发；其行为已构成非法买卖枪支、弹药罪，非法持有枪支、弹药罪，且均属情节严重。被告人徐立闯非法买卖枪支 5 支、弹药 340 余发；非法持有枪支 3 支、弹药 1 900 余发；其行为已构成非法买卖枪支、弹药罪，非法持有枪支、弹药罪，且均属情节严重。被告人刘欢非法买卖枪支 2 支、弹药 3 600 余发；非法持有枪支 1 支、弹药 1 800 余发；其行为已构成非法买卖枪支、弹药罪，非法持有枪支、弹药罪，且均属情节严重。被告人张贞非法买卖枪支 1 支、弹药 3 900 余发；非法持有枪支 6 支；其行为已构成非法买卖枪支、弹药罪，非法持有枪支罪，且均属情节严重。被告人张鹏飞非法买卖枪支 2 支、弹药 500 发；其行为已构成非法买卖枪支、弹药罪，且情节严重。被告人刘正东非法买卖枪支 4 支、弹药 340 余发；非法持有枪支 5 支；其行为已构成非法买卖枪支、弹药罪，非法持有枪支罪，且非法持有枪支情节严重。被告人周伟非法买卖枪支 3 支；非法持有枪支 2 支；其行为已构成非法买卖枪支罪、非法持有枪支罪。被告人张凌华非法买卖枪支 3 支；非法持有枪支 1 支；其行为已构成非法买卖枪支罪、非法持有枪支罪。被告人朱伟宁非法买卖枪支 1 支、弹药 260 余发，其行为已构成非法买卖枪支、弹药罪。被告人韩强非法持有枪支 3 支、弹药 1 700 发，其行为已构成非法持有枪支、弹药罪，且情节严重。被告人林寿周非法持有枪支 1 支、弹药 1 000 余发，其行为已构成非法持有枪支、弹药罪，且情节严重。被告人林剑候非法持有枪支 2 支，被告人肖美连非法持有枪支 1 支，其行为均已构成非法持有枪支罪。王挺、薛风、韩伟、徐立闯、刘欢、张贞、刘正东、周伟、张凌华犯有数罪，应当数罪并罚。林梅系从犯，应当从轻、减轻或者免除处罚。韩伟、韩强、徐立闯、薛风、张凌华具有自首情节，依法可以从轻或者减轻处罚。被告人韩伟、薛风有立功表现，可以从轻或者减轻处罚。各被告人到案后均能如实供述主要犯罪事实，可以从轻处罚。被告人王挺涉及枪支、弹药数量众多，应当依法予以严惩，论罪应当判处死刑。鉴于没有证据证明所涉枪弹造成了人员伤亡、财产损失等实际危害后果，且综合考虑王挺到案后能如实供述主要犯罪事实等情节，对王挺可不判处死刑立即执行。综合考虑被告人韩强犯罪事实、具有自首情节以及韩强本人的身体状况，决定对其适用缓刑。据此，依照《中华人民共和国刑法》第一百五十一条第一款、第一百二十五条第一款、第一百二十八条第一款、第一百五十六条、第六十九条、第二十五条第一款、第二十六条第一款及第四款、第二十七条、第六十七条、第六十八条、第七十二条第一款、第七十三条第二款及第三款、第五十五条第一款、第五十六条第一款、第五十七条第一款、第五十三条，《最高人民法院关于审理走私刑事案件具体应用法律若干问题的解释》（已废止）第一条，《最高人民法院关于审理非法制造、买卖、运输枪支、弹药、爆炸物等刑事案件具体应用法律若干问题的解释》第一条之规定，判决如下：

1. 被告人王挺犯走私武器、弹药罪，判处死刑，缓期二年执行，剥夺政治权利终身，并处没收个人全部财产；犯非法买卖弹药罪，判处有期徒刑三年六个月；犯非法持有枪支、弹药罪，判处有期徒刑四年，决定执行死刑，缓期二年执行，剥夺政治权利终身，并处没收个人全部财产。

2. 被告人薛风犯非法买卖枪支罪，判处有期徒刑八年，剥夺政治权利一年；犯非法持有枪支、弹药罪，判处有期徒刑三年六个月，决定执行有期徒刑十年，剥夺政治权利一年。

3. 被告人陈俊建犯非法买卖枪支罪，判处有期徒刑十五年，剥夺政治权利四年。

4. 被告人刘正东犯非法买卖枪支、弹药罪，判处有期徒刑九年，剥夺政治权利二年；犯非法持有枪支罪，判处有期徒刑四年，决定执行有期徒刑十二年，剥夺政治权利二年。

5. 被告人周伟犯非法买卖枪支罪，判处有期徒刑六年；犯非法持有枪支罪，判处有期徒刑一年九个月，决定执行有期徒刑六年六个月。

6. 被告人张鹏飞犯非法买卖枪支、弹药罪，判处有期徒刑十年，剥夺政治权利二年。

（其余 11 名被告人韩伟、张贞、林梅、徐立闯、刘欢、张凌华、朱伟宁、韩强、林寿周、林剑候、肖美连分别被判处有期徒刑一年七个月至有期徒刑十四年不等的刑罚）

一审宣判后，被告人王挺、薛风、刘正东、张鹏飞、韩伟、张贞等 6 人提出上诉。

被告人薛风、刘正东、张鹏飞、刘欢提出，因爱好、收藏而单纯买枪的行为，应认定为非法持有枪支罪，原判适用法律错误。被告人王挺、张鹏飞、刘正东提出，其三人有立功表现；被告人薛风、韩伟提出，除一审认定的立功表现外，其二人另有立功表现。刘正东提出，其有自首情节。

上海市高级人民法院经二审审理认为，行为人明知是枪支、子弹而违反规定私自购买或者出售，触犯刑法第一百二十五条第一款规定的，即构成非法买卖枪支、弹药罪，购买枪支、子弹是否具有出售牟利的目的以及最终出售与否均不影响该罪的成立。对因个人爱好、收藏而购买枪支、弹药的行为依法应当以非法买卖枪支、弹药罪论处。被告人薛风等 4 人所提因爱好、收藏而单纯买枪的行为构成非法持有枪支罪的上诉理由不成立。张鹏飞最先发现某外籍在押人员自勒的情况，并进行解救，要求值班人员报警，其行为避免了该自杀行为可能导致的死亡结果的发生，依法应认定为立功。但发现自杀情况和协助解救的不止张鹏飞一人，故不宜认定为重大立功。薛风揭发"阿军"系贩毒人员，但未揭发具体犯罪事实，且被检举人被查实的犯罪事实发生于薛风到案一年半之后，与薛风的揭发不具有实质关联性，依法不能认定为立功。韩伟提供其他案件犯罪嫌疑人的藏匿区域线索并非具体藏匿地址，对于公安机关最终抓获犯罪嫌疑人并未起到实际作用，依法也不能认定为立功。王挺、刘正东到案后检举揭发的对象均系各自实施买卖、持有枪支、弹药等违法犯罪行为的对应关系人，公安机关依据正常的讯问、搜查等工作程序必然会发现相关涉枪事实，因此二人均不构成立功。刘正东系被抓获到案，到案后供述的主要犯罪事实侦查机关事先已掌握，且其供述的非法买卖枪支、弹药事实与非法持有枪支、弹药事实在法律上、事实上有密切关联,不应认定为自首。依照《中华人民共和国刑事诉讼法》第二百二十五条第一款第二项、《中华人民共和国刑法》第六十八条之规定,判决如下:

1. 驳回被告人王挺、薛风、韩伟、张贞、刘正东的上诉。

2. 维持一审对被告人王挺、林梅、陈俊建、薛风、韩伟、徐立闯、刘欢、张贞、刘正东、周伟、张凌华、朱伟宁、韩强、林寿周、林剑侯、肖美连等16人的定罪量刑。

3. 撤销一审判决"被告人张鹏飞犯非法买卖枪支、弹药罪,判处有期徒刑十年,剥夺政治权利二年"的部分。

4. 被告人张鹏飞犯非法买卖枪支、弹药罪,判处有期徒刑八年六个月,剥夺政治权利一年。

二、主要问题

因个人爱好,出于收藏目的购买枪支、弹药的行为构成非法买卖枪支、弹药罪,还是非法持有枪支、弹药罪?

三、裁判理由

本案系境内外不法分子相互勾结,走私大量枪支、弹药入境,进而在境内销售给多人的涉枪案件。被告人王挺与境外不法分子共谋,接收非法邮寄入境的枪支、弹药,并转寄给枪支、弹药的实际购买人,其行为构成走私枪支、弹药罪,并无争议。但对被告人薛风、刘正东、张鹏飞、刘欢等4人因个人爱好,出于收藏目的购买枪支、弹药的行为如何定性,存在不同意见,也是本案处理过程中争议比较突出的问题。一种意见认为,认定购买枪支、弹药行为性质时需考察行为人的主观目的。行为人以倒卖、实施其他犯罪为目的,或者因生产、生活所需购买枪支、弹药,具有牟利目的,应认定为非法买卖枪支、弹药罪。如行为人仅因个人爱好,出于收藏目的购买枪支、弹药,应认定为非法持有枪支、弹药罪。另一种意见认为,刑法分则规定的"买卖",应统一理解为买进或卖出的行为。行为人只要实施了买进或者卖出枪支、弹药的行为,即构成非法买卖枪支、弹药罪。购买的目的不影响对购买行为性质的评价,而仅对量刑产生影响。我们原则同意第二种意见,具体分析如下:

(一)按照文义解释规则,对刑法第一百二十五条第一款规定的"买卖",应理解为买进或者卖出

刑法分则在规定涉枪犯罪时使用"买卖"一词,而没有使用"贩卖""倒卖"等用语,显然是刻意与后者作了区分,将"买卖"理解为买进或者卖出的行为,既是对立法本意的尊重,也符合从严打击涉枪犯罪的立法精神。近年来发布的相关司法解释和指导案例也是这样把握"买卖"的含义的。2009年修订的《最高人民法院关于审理非法制造、买卖、运输枪支、弹药、爆炸物等刑事案件具体应用法律若干问题的解释》第九条规定:"因……等正常生产、生活需要,以及因从事合法的生产经营活动而非法制造、买卖、运输、邮寄、储存爆炸物,数量达到本解释第一条规定标准,没有造成严重社会危害,并确有悔改表现的,可依法从轻处罚;情节轻微的,可以免除处罚。"根据该规定,因生产、生活需要非法买卖爆炸物的,仍应定非法买卖爆炸物罪,并不要求具有转卖牟利的目的。2009年最高人民法院、最高人民检察院、公安部制定的《关于办理制毒物品犯罪案件适用法律若干问题的意见》第一条规定:"违反国家规定,实施下列行为之一的,认定为刑法第三百五十条规定的非法买卖制毒物品行为:1. 未经许可或者备案,擅自购买、销售易制毒化学品的……"根据该指导文件的规定,只要实施购买或销售易制毒化学品行为之一的,即可认定为非法买卖制毒物品行为,不要求兼具买进、卖出行为,是否具有牟利目的,亦不影响非法买卖制毒物品行为的认定。最高人民法院2013年颁布的13号指导案例"王召成等非法买卖、储存危险物质案"中指出:"'非法买卖'毒害性物质,是指违反法律和国家主管部门规定,未经有关主管部门批准许可,擅自

购买或者出售毒害性物质的行为,并不需要兼有买进和卖出的行为。”综上,对刑法分则规定非法买卖违禁品犯罪时使用的“买卖”一词的含义,应作相对统一的理解和把握,实施非法购买或者出售枪支、弹药行为之一的,均属于非法买卖枪支、弹药行为。

(二)从实质解释的角度来看,行为人是否具有牟利目的,不影响对非法买卖枪支、弹药行为的定性

刑法及相关司法解释均未规定非法买卖枪支、弹药罪需具有牟利目的,上述有关枪支、弹药、爆炸物的司法解释只规定因生产、生活需要实施相应涉爆炸物行为的,对该主观因素在量刑时可予以考虑。认为牟利目的影响非法买卖枪支、弹药罪成立的观点,虽然也有一定道理,但法律依据不充分。涉枪犯罪属于严重危害公共安全的犯罪,不是经济犯罪,要求构成此类犯罪具有牟利目的也不具有犯罪构成上的正当性。实践中,对因个人爱好,出于收藏目的购买枪支、弹药行为的危害,存在一定的认识误区。有观点认为,行为人买枪后未用于非法活动,亦未转卖牟利,对公共安全未造成严重危害的,认定为非法持有型犯罪足以罚当其罪。我们认为,我国历来严格控制枪支、弹药的流转,禁止个人买卖、持有。非法买卖的行为人对获取枪支、弹药具有较强的主动性,往往根据其需要通过非法渠道购买,这种非法交易既刺激了枪支、弹药的非法流转,也使其持有规模随意扩大,一旦枪支、弹药因被盗等原因流入社会,后果不堪设想,对公共安全具有极大的潜在风险,必须依法以非法买卖枪支、弹药罪予以惩处。本案中,被告人薛风非法购买各类枪支8支,另非法持有各类枪支6支、弹药3万余发。如果不是非法购买,其不可能持有数量巨大、种类多样的枪支、弹药。刑法规定非法买卖枪支、弹药罪,是基于此类行为对公共安全造成的抽象危险,并不要求造成实际损害,因此不能因为未发生实际损害,不具有牟利目的,就转而认定为较轻罪名,对此类犯罪蕴藏的巨大潜在危害,必须给予充分的刑法评价。

同时也应注意,被告人薛风、刘正东、张鹏飞、刘欢等4人对枪支、弹药的喜好,不属于生产、生活需要,但考虑到薛风等人买枪的目的不是实施违法犯罪活动或转卖牟利,客观上枪弹也没有流入社会用于其他违法犯罪活动,其行为的危害性相对较小,量刑时可以比照司法解释的有关规定适当从宽。一、二审法院在法定量刑幅度内对薛风等人从宽处罚,也体现了这一点。

(撰稿:最高人民法院刑五庭　张春喜
上海市高级人民法院　吴志梅
审编:最高人民法院刑五庭　马　岩)

[第1092号]雷某仁、黄某生、黄某平破坏交通设施,田某祥掩饰、隐瞒犯罪所得、犯罪所得收益案

——掩饰、隐瞒犯罪所得系交通设施的如何处理

【关键词】 破坏交通设施罪　掩饰、隐瞒犯罪所得、犯罪所得收益罪　上游犯罪　量刑

一、基本案情

被告人雷某仁,男,1967年7月14日出生。2013年9月29日被逮捕。

被告人黄某生,男,1980年6月5日出生。2013年9月29日被逮捕。

被告人黄某平，男，1974 年 11 月 2 日出生。2013 年 9 月 29 日被逮捕。

被告人田某祥，男，1964 年 5 月 1 日出生。2013 年 9 月 29 日被逮捕。

湖南省临武县人民检察院以被告人雷某仁、黄某生、黄某平犯破坏交通设施罪，被告人田某祥犯掩饰、隐瞒犯罪所得罪向临武县人民法院提起公诉。四被告人对临武县人民检察院指控的罪名和犯罪事实均无异议。田某祥的辩护人提出，田某祥系初犯、偶犯，认罪态度较好，请求法庭对其从轻处罚。

临武县人民法院经审理查明：2013 年 6 月至 8 月，被告人雷某仁、黄某生、黄某平和黄某成（在逃）、黄某甘（在逃）等人多次合伙在岳临高速公路临武路段、厦蓉高速公路桂阳路段盗窃电子显示屏电缆。盗得电缆后，五人将电缆卖给蓝山县新圩镇开废品收购站的被告人田某祥。其中，雷某仁参与作案 7 次，破坏电缆价值共计人民币 75 527 元；黄某生参与作案 4 次，破坏电缆价值共计人民币 46 377 元；黄某平参与作案 2 次，破坏电缆价值共计人民币 27 827 元；田某祥明知电缆是雷某仁、黄某生、黄某平等人偷盗所得而仍多次予以收购，收购电缆价值共计人民币94 077元。

临武县人民法院认为，被告人雷某仁、黄某生、黄某平以非法占有为目的，多次秘密窃取用于公路运输的电缆，破坏交通设施，足以使汽车发生颠覆、毁坏危险，但尚未造成严重后果，三被告人的行为均已构成破坏交通设施罪。被告人田某祥明知电缆是被告人雷某仁、黄某生、黄某平等人偷盗所得而仍多次予以收购，其行为已构成掩饰、隐瞒犯罪所得罪。在共同犯罪过程中，雷某仁、黄某生均起主要作用，系主犯，依法应按其各自所参与的全部犯罪处罚；黄某平在其参与的两次共同犯罪过程中均起次要作用，系从犯，依法对其从轻处罚。案发后，雷某仁带领公安侦查人员将田某祥抓获归案，具有立功情节，依法对其从轻处罚。四被告人到案后均能如实供述自己的犯罪事实，均是坦白，依法从轻处罚。黄某平、田某祥已退还全部犯罪所得赃款，可酌情从轻处罚。结合黄某平、田某祥的犯罪事实、情节和悔罪表现，根据临武县司法局和蓝山县司法局对黄某平和田某祥作出的符合社区矫正适用条件，且同意对其实行社区矫正的调查评估报告，决定对上述二被告人宣告缓刑。据此，判决如下：

1. 被告人雷某仁犯破坏交通设施罪，判处有期徒刑四年六个月。

2. 被告人黄某生犯破坏交通设施罪，判处有期徒刑四年六个月。

3. 被告人黄某平犯破坏交通设施罪，判处有期徒刑二年六个月，缓刑三年。

4. 被告人田某祥犯掩饰、隐瞒犯罪所得罪，判处有期徒刑一年六个月，缓刑二年，并处罚金人民币三万五千元。

一审宣判后，四被告人均未提出上诉，检察机关亦未抗诉，判决已发生法律效力。

二、主要问题

1. 掩饰、隐瞒犯罪所得、犯罪所得收益罪的上游犯罪是否仅限于侵财型犯罪？

2. 掩饰、隐瞒的犯罪所得系交通设施的该如何定罪量刑？

三、裁判理由

（一）掩饰、隐瞒犯罪所得、犯罪所得收益罪的上游犯罪主要是但并不限于侵财型犯罪

关于掩饰、隐瞒犯罪所得、犯罪所得收益罪的上游犯罪是否仅限于财产犯罪，相关规定并不相同。如日本修正后的刑法对赃物罪的上游犯罪作出明确限制，即限定为财产犯罪。我国台湾地区“刑法”中虽未对赃物犯罪中的上游犯罪加以明确规定，但在理论界观点比较一致，认为也仅限于财产犯罪。在我国，掩饰、隐瞒犯罪所得、犯罪所得收益罪中的上游犯罪是否也仅限于财产犯罪呢？第一种观点即我国刑法学界的主流观点认为，上游犯罪包括所有犯罪，对上游犯罪不应设任何限制，只要上游犯罪产生犯罪所得及其收益，该犯罪所得和收益就可以成为掩饰、隐瞒犯

罪所得、犯罪所得收益罪的犯罪对象。第二种观点认为应对上游犯罪进行适当限制,否则会导致本罪处罚范围过于宽泛。

我们同意第一种观点,认为掩饰、隐瞒犯罪所得、犯罪所得收益罪的上游犯罪多为盗窃、抢劫、抢夺、诈骗等侵财型犯罪,但并不限于侵财型犯罪。理由是:

1. 我国刑法的立法体系说明掩饰、隐瞒犯罪所得、犯罪所得收益罪侵犯的法益不限于财产权利,而是复杂客体。在立法体系上,刑法将掩饰、隐瞒犯罪所得、犯罪所得收益罪设置在刑法第六章"妨害社会管理秩序罪"的"妨害司法罪"一节中,目的是凸显本罪妨害司法的性质。在具体条文安排上,又放在窝藏、包庇罪之后,表明本罪是通过维持、存续上游犯罪所导致的财产违法状态妨碍公安、司法机关对上游犯罪追缴赃物、侦查、起诉、审判等刑事诉讼进程的。而这一妨害性质在本质上又会助长、促进上游犯罪的实施。例如,收赃者收购赃物可能使上游犯罪因证据收集问题难以及时查证,甚至因为关键证据丢失导致无法定罪而最终放纵了上游犯罪人;便捷的销赃渠道会免除上游犯罪人无法"变现"赃物之后顾之忧,"激励"其继续实施犯罪,甚至促使犯罪分子强化犯罪手段、由普通盗窃转而实施抢劫等恶性侵财犯罪,还可能使本无犯意者因利益驱动,加入盗窃、抢劫的行列中来。从一定程度上讲,掩饰、隐瞒犯罪所得、犯罪所得收益犯罪的大量存在助长、促进了上游犯罪的持续发生和蔓延,必须依法惩处。

2. 掩饰、隐瞒犯罪所得、犯罪所得收益罪的具体条款内容表明本罪的上游犯罪不限于财产犯罪。我国刑法第三百一十二条第一款规定:"明知是犯罪所得及其产生的收益而予以窝藏、转移、收购、代为销售或者以其他方法掩饰、隐瞒的,处三年以下有期徒刑、拘役或者管制,并处或者单处罚金;情节严重的,处三年以上七年以下有期徒刑,并处罚金",可见,刑法并未对上游犯罪给予任何限制性规定,这是因为并非只有财产性犯罪才能产生犯罪所得及其收益。这一规定,有效地避免了刑法处罚的真空地带。本案中的上游犯罪为破坏交通设施罪,并非财产性犯罪,但上游犯罪的被告人雷某仁、黄某生、黄某平盗割正在使用中的高速公路电缆,并将电缆卖给被告人田某祥,从中非法获利。如果将上游犯罪限于侵财型犯罪,而对掩饰、隐瞒行为实施者不依法惩处,就难以遏制上游犯罪的发生和蔓延,也与刑法的立法本意相悖。

3. 掩饰、隐瞒犯罪所得、犯罪所得收益罪侵犯的客体主要是司法机关对上游犯罪的刑事追诉活动。无论上游犯罪是否系财产性犯罪,只要掩饰、隐瞒行为人对上游犯罪产生的犯罪所得及其收益进行掩饰、隐瞒,就会妨害到对上游犯罪的侦查、起诉甚至审判等刑事追诉活动。就本案而言,被告人田某祥多次收购雷某仁、黄某生、黄某平盗割的正在使用中的高速公路电缆,并把电缆剥皮后将其中的铜线销售,对于公安机关及时查获上述赃物造成了障碍,被告人田某祥收购被告人雷某仁、黄某生、黄某平破坏交通设施犯罪所得的行为已经妨害公安机关的刑事追诉活动。

(二)掩饰、隐瞒犯罪所得系交通设施的应从严惩处

我国刑法虽然对掩饰、隐瞒犯罪所得、犯罪所得收益罪的上游犯罪范围未设任何限制,任何犯罪的犯罪所得及其收益都可以成为本罪的犯罪对象,但在司法实践中,上游犯罪的性质对掩饰、隐瞒行为的恶劣程度会产生影响。2015 年 6 月 1 日起施行的《最高人民人民法院关于关于审理掩饰、隐瞒犯罪所得、犯罪所得收益刑事案件适用法律若干问题的解释》(以下简称《解释》)基于司法实际,根据上游犯罪的对象不同,在定罪、量刑上均作出了不同的规定,体现了上游犯罪危害大,对掩饰、隐瞒犯罪所得、犯罪所得收益罪惩处力度也大的特点。

在定罪上,《解释》第一条第一款在确定掩饰、隐瞒犯罪所得、犯罪所得收益罪的入罪标准时,对上游犯罪区分为一般性侵财型犯罪和特殊类型的犯罪,作了不同的规定。根据第一款第一项的规定,"掩饰、隐瞒犯罪所得及其产生的收益价值三千元至一万元以上的"才达到构罪标准,而

根据第一款第三项的规定,“掩饰、隐瞒的犯罪所得系电力设备、交通设施、广播电视设施、公用电信设施、军事设施或者救灾、抢险、防汛、优抚、扶贫、移民、救济款物的”,无数额限制;也就是说,掩饰、隐瞒的犯罪所得为该项所列对象的,不论数量多少,均应依法追究刑事责任。《解释》之所以这样规定,是因为这部分行为的社会危害性更大,与上游犯罪的关联性非常紧密。有的犯罪分子专门收购他人盗窃所得的电缆线等财物,一定程度上成为了危害公共安全的幕后黑手,只有切断和堵截收赃行为对上游犯罪的支持,才能有效打击和预防上游犯罪。例如,行为人盗窃价值3 000元的手机,构成盗窃罪;盗窃价值3 000 元的电力设备,则可能构成破坏电力设备罪,量刑自然也有很大不同,原因就在于电力设备是特殊犯罪对象,盗窃电力设备可能危害公共安全,对社会的危害程度更大。基于掩饰、隐瞒犯罪所得、犯罪所得收益罪对上游犯罪的助长和促进作用,掩饰、隐瞒特殊犯罪对象会导致更为严重的犯罪的滋生和蔓延,比掩饰、隐瞒普通犯罪对象对社会造成的危害也当然更大,故对掩饰、隐瞒的犯罪所得系电力设备、交通设施、广播电视设施、公用电信设施、军事设施或者救灾、抢险、防汛、优抚、移民、救济款物的,就没有设置入罪的数额标准。

在量刑上,《解释》对掩饰、隐瞒犯罪所得的为上述特殊对象的,也体现了从严的原则。根据《解释》第三条第一款第一项的规定,掩饰、隐瞒犯罪所得及其产生的收益为一般性犯罪对象的,价值总额达到10 万元以上的才可认定为刑法第三百一十二条第一款规定的“情节严重”,在三年以上七年以下有期徒刑,并处罚金的幅度内判处刑罚;而根据《解释》第三条第一款第三项的规定,掩饰、隐瞒的犯罪所得系电力设备、交通设施、广播电视设施、公用电信设施、军事设施或者救灾、抢险、防汛、优抚、移民、救济款物的,价值总额只要达到5 万元以上,即可认定为刑法第三百一十二条第一款规定的“情节严重”。

就本案而言,被告人田某祥掩饰、隐瞒犯罪所得的上游犯罪系破坏交通设施罪,且对象为正在使用中的高速公路电缆。近年来,我国高速公路不断发展,盗割正在使用中的高速公路电缆,足以使汽车发生倾覆、毁坏危险,造成车毁人亡的严重后果。因此,对于掩饰、隐瞒破坏高速公路设施犯罪所得及其产生的收益的,必须依法严惩。被告人田某祥明知是犯罪所得的高速公路电缆仍予以收购,且收购电缆价值总额达到了94 077 元,根据《解释》第三条第一款第三项的规定,应当认定为刑法第三百一十二条第一款规定的“情节严重”,本应在三年以上七年以下有期徒刑,并处罚金的幅度内判处刑罚。当然,由于本案判决发生在《解释》生效之前,未认定田某祥的行为属“情节严重”,也是符合审判时的情况的。

(撰稿:最高人民人民法院刑四庭　张　勤
审编:最高人民人民法院刑四庭　党建军)

[第1116号]张玉良、方俊强非法买卖枪支案

——对于发生在1997年10月1日以前的非法买卖枪支行为应当如何适用法律及该罪追诉时效的起算时间节点

【关键词】 非法买卖枪支罪　从旧兼从轻　犯罪成立之日　犯罪行为完成之日　追诉期限　时效　客观超过要素　其他情形　终止审理

一、基本案情

被告人张玉良,男,1963 年9 月19 日出生。2013 年7 月30 日被逮捕。

被告人方俊强，男，1970年9月27日出生。2013年7月30日被逮捕。

上海市人民检察院第二分院以被告人张玉良、方俊强犯非法买卖枪支罪，向上海市第二中级人民法院提起公诉。

上海市第二中级人民法院经公开审理查明：被告人张玉良与范杰明（另案被告人）系原上海混凝土制品六厂的同事，张玉良在单位食堂工作，范杰明任单位保卫科科长。被告人方俊强与张玉良系朋友。1997年前后，范杰明向张玉良提到组织单位民兵训练需要枪支，张玉良遂从方俊强处拿取一把猎枪借给范杰明试用。随后，范杰明以单位组织民兵训练为由，个人出资约人民币1万元通过张玉良购买该猎枪，张玉良将购枪款付给方俊强。2013年6月22日晚，范杰明使用该猎枪，在上海市浦东新区、宝山地区杀害5人并致3人重伤。同年6月24日，张玉良、方俊强到案，均如实供述自己的罪行。

上海市第二中级人民法院认为，被告人张玉良、方俊强非法买卖枪支的行为已过追诉时效期限，且不属于必须追诉的情形。公诉机关提出适用《最高人民法院关于办理非法制造、买卖、运输非军用枪支、弹药刑事案件适用法律问题的解释》第三条对二被告人定罪并在七年以上有期徒刑或者无期徒刑的幅度内量刑的主张，不予采纳。据此，依照《中华人民共和国刑法》第八十七条、《中华人民共和国刑事诉讼法》第十五条第二项和《最高人民法院关于适用〈中华人民共和国刑事诉讼法〉的解释》第二百四十一条第一款第八项之规定，裁定终止审理。

二、主要问题

1. 对于发生在1997年以前的非法买卖枪支行为应当如何适用法律？

2. 应当如何确定非法买卖枪支罪追诉时效的起算时间节点？

三、裁判理由

（一）对于发生在1997年10月1日以前的非法买卖枪支行为，应当适用1979年刑法和1995年《最高人民法院关于办理非法制造、买卖、运输非军用枪支、弹药刑事案件适用法律问题的解释》

本案中，现有证据可以认定被告人张玉良、方俊强非法买卖枪支的行为发生在1997年前后，但无法确认该行为发生于1997年10月1日之前还是之后。鉴于1997年刑法对非法买卖枪支罪设置的法定刑重于1979年刑法，根据刑法从旧兼从轻原则，应当适用1979年刑法和1995年《最高人民法院关于办理非法制造、买卖、运输非军用枪支、弹药刑事案件适用法律问题的解释》（以下简称《1995年解释》）。比较而言，1979年刑法和1997年刑法对非法买卖枪支罪犯罪构成要件的规定并无大的变化，但1997年刑法对该罪设定的法定刑更重；同时，2001年《最高人民法院关于审理非法制造、买卖、运输枪支、弹药、爆炸物等刑事案件具体应用法律若干问题的解释》（以下简称《2001年解释》）比《1995年解释》规定的定量因素减少，犯罪构成要件由“制造非军用枪支一支或者买卖、运输二支以上”变成“非法制造、买卖、运输、邮寄、储存以火药为动力发射枪弹的非军用枪支一支以上或者以压缩气体等为动力的其他非军用枪支二支以上”，对买卖、运输以火药为动力发射枪弹的非军用枪支的行为规定的入罪门槛降低，刑罚整体上更加严厉。

我国刑法中的犯罪概念同时包含定性和定量因素，具体犯罪大致可以分为三类：第一类是某种行为的社会危害性特别严重，只要实施该类行为即可构成该罪，无须考虑量的因素；第二类是刑法虽未规定该罪的定量因素，但考虑该罪的行为性质及对应的法定刑，需达到一定严重程度才构成犯罪；第三类是刑法直接规定该罪的定量因素，如情节严重或者明确的数量标准。对后两类犯罪中所要求的定量因素，一般通过司法解释的规定予以具体化。

非法买卖枪支罪属于上述第二种类型，虽然刑法并未明确规定该罪需要具备特定的定量因素,但鉴于该罪法定刑的严厉性,非法买卖枪支行为构成该罪,需要达到一定的严重程度,即具备一定的定量因素。司法解释对非法买卖枪支罪的定量因素作出了详细规定。依照 1979 年刑法及《1995 年解释》,非法买卖非军用枪支的行为构成非法买卖枪支罪,客观上需要买卖非军用枪支 2 支以上,或虽未达到该最低数量标准,但同时“具有其他情形”,这里所谓的“其他情形”,通常是指买卖枪支行为造成了严重后果,即他人利用所买卖的枪支实施了犯罪行为。

本案中,虽然被告人张玉良、方俊强出售的枪支仅有 1 支,但购买该枪的范杰明利用该枪杀害 5 人并致 3 人重伤,无疑属于“其他情形”。那么,在非法买卖枪支罪的客观构成要件中,对于行为人仅买卖 1 支枪支的情形,“其他情形”在客观构成要件中处于什么样的地位?是否要求被告人对这一要件持某种犯罪心理或者要求被告人的行为与他人使用枪支造成的严重后果之间存在因果关系?

我们认为,在行为人仅出售 1 支枪支的情况下,不具有“其他情形”的不构成犯罪。“其他情形”无疑是犯罪成立条件,但是,出售枪支的行为人对作为“其他情形”的严重后果无须存在故意或过失,其出售枪支的行为与购买枪支者利用枪支实施犯罪行为所造成的严重后果之间也不要求存在刑法上的因果关系。关于该问题,可参考学者提出的“客观超过要素”理论。① 所谓客观超过要素,属于犯罪成立客观要件,但这一要素的发生与否与行为人的主观心理甚至客观行为的联系并不大。例如,非法买卖枪支罪中,购买枪支的人利用枪支去实施何种行为,并不由出售枪支的人所决定。又如,丢失枪支不报罪,丢失枪支不及时报告的行为是否构成犯罪,取决于得到该枪支的人是否利用该枪支实施犯罪行为,但并不表明丢失枪支的人可以决定得到该枪支的人将会实施何种行为。

依照刑法规定,对于出售 1 支枪支的行为,如果购买枪支的人仅仅是收藏枪支,则出售枪支的行为不构成犯罪;但如果购买枪支的人利用该枪支实施杀人、抢劫或其他犯罪行为,则出售枪支的行为构成非法买卖枪支罪。泛泛而言,购买枪支的人无论利用该枪支实施何种行为,都不能说超出出售枪支的人主观上对后果的预料范围,但出售枪支的人主观上对可能发生的后果持何种心理态度,对非法买卖枪支罪的构成没有实际意义。同时,出售枪支行为与他人利用该枪支实施犯罪行为所造成的结果之间,也不存在刑法上的因果关系。

本案审理过程中,有意见认为,被告人张玉良、方俊强出售枪支的行为,与范杰明持该枪射杀、射伤多名无辜人员之间具有刑法上的因果关系,但属于偶然(间接)因果关系。我们认为,这种意见不能成立。理由是:认定刑法上的因果关系,目的在于确定行为人刑事责任的客观基础;换言之,并不是所有事实上的因果关系都具有刑法上的意义。进一步来讲,偶然因果关系(或者间接因果关系)属于事实认定,而刑法上的因果关系则属于规范评价,二者是既有联系又有区别的两个层面的问题。必然和偶然因果关系是从后果发生概率角度进行的区分,而直接和间接因果关系是从是否有介入因素进行的区分,达到一定概率的偶然因果关系也可以成为刑法上的因果关系,而存在介入因素的因果关系,则需要依据介入因素是从属于先前行为还是独立于先前行为来确定是否构成刑法上因果关系。可见,刑法上的因果关系存在与否,本质上不是事实问题,而是刑事政策评价问题。② 诚然,没有张玉良、方俊强的出售枪支行为,范杰明就不能使用该枪支实施犯罪行为,没有前者就没有后者,该出售枪支行为是范杰明实施后续犯罪行为的条件,但张玉良、方俊强的出售枪支行为与范杰明的后续犯罪行为后果之间并不存在刑法上的因果关系,因

---

① 参见张明楷:《“客观的超过要素”概念之提倡》,载《法学研究》1999 年第 3 期。

② 参见储槐植:《刑事一体化》,法律出版社 2004 年版,第 157 ~ 162 页。

为两者之间存在一个独立的介入因素,即存在完全独立于出售枪支行为的范杰明本人的行为。仅从因果关系的层面上讲,出售枪支行为和购枪者利用枪支造成的犯罪后果之间的关系,与丢失枪支行为和捡拾枪支者持枪造成的犯罪后果之间的关系,并无二致。

综上,非法买卖枪支罪的犯罪构成要件可以表述如下:具有一般主体资格的行为人故意实施了买卖枪支行为,买卖枪支达2支以上,或者虽然仅买卖枪支1支,但具备其他情形,即造成严重后果。在第二种情况下,"严重后果"属于犯罪成立条件,但属于一种"客观超过要素",即行为人对这一严重后果主观上持何种心理态度并不具有刑法意义,也无须证明买卖枪支行为和该严重后果之间存在刑法上的因果关系。这一要素,是从行为的客观社会危害结果对发动刑罚权作出的限制。买卖枪支行为对社会安全造成潜在危险,但国家基于刑罚资源的有限性或其他考虑,并非对所有买卖枪支行为都予以刑事处罚,只在此种危险程度较高(即买卖枪支达2支以上)或者此种危险已经具备现实危害结果(即造成严重后果)的情形时才作为犯罪。

本案中,范杰明购买枪支后,时隔16年后使用该枪支实施严重犯罪,该后果仅仅是被告人张玉良、方俊强非法买卖枪支行为构成犯罪的要件中的客观超过要素,二被告人主观上对该后果无须具有故意或者过失,客观上与该后果也不存在刑法上的因果关系。简言之,范杰明使用该枪支实施的后续犯罪行为,仅仅是对二被告人发动刑罚权的一个客观条件。有意见认为,范杰明购买枪支后,时隔16年才使用该枪支实施后续犯罪,据此追究张玉良、方俊强出售枪支行为的刑事责任,可能有违社会公众对公正的认知观念,但该问题与犯罪成立与否无关,而是涉及追诉时效问题。

(二)非法买卖枪支罪的追诉时效应从犯罪行为完成之日起计算

本案中,尽管被告人张玉良、方俊强的行为已构成非法买卖枪支罪,但由于买卖枪支行为和范杰明利用该枪支实施后续犯罪之间间隔16年之久,对二被告人刑事责任的追究还牵涉到追诉时效问题。

1979年刑法和1997年刑法对追诉时效的规定并无变化,即"追诉期限从犯罪之日起计算;犯罪行为有连续或者继续状态的,从犯罪行为终了之日起计算"。追诉期限的起算时间,取决于对"犯罪之日"的理解,对此存在不同观点:有意见认为是指犯罪行为完成之日,也有意见认为是指犯罪成立之日。对于犯罪是以结果作为构成要件且行为与结果之间存在时间间隔的情形,上述两个标准存在实质性的差异。

我们认为,基于立法原意及设立追诉时效制度的设立目的考虑,追诉时效应从犯罪行为完成之日起计算。首先,从法律用语来看,虽然前文采用"犯罪之日"的措辞,但后文明确指向"犯罪行为终了",犯罪行为有连续状态的,也不排除可能以某种结果作为构成要件,对此种情形,追诉期限应当自犯罪行为终了之日起计算。其次,追诉时效消灭是行为的法律后果,行为的性质并不会因为时间的流逝而发生变化,只是基于自然法的观念认为行为人实施犯罪行为后,经过长时间一直遵纪守法,对其进行处罚已无必要。所以,从各国立法例来看,追诉时效从来不是绝对的制度,某些特别严重的犯罪不存在追诉时效。最后,从犯罪行为完成之日起计算追诉时效,符合追诉时效制度设立的目的。关于时效制度的设立目的,理论上有多种观点。"推测改善说"认为,既然行为人在犯罪后长时间没有再犯罪,可认为其已经改过自新,没有处刑与行刑的必要。"证据湮灭说"认为,犯罪证据因时间流逝而消灭,难以达到正确处理案件的目的。"准受刑说"认为,行为人犯罪后虽然没有受到刑事追究,但因长时期的逃避和恐惧所造成的痛苦也等同于执行刑罚。还有观点认为,随着时间流逝,社会对犯罪的规范感情已经得到缓和,无须再进行现实处罚。我们认为,追诉时效制度关注的是犯罪行为,考虑的是行为人在该次犯罪之后遵纪守法的表现,所以,对于追诉时效的计算而言,有意义的仅仅是行为人在犯罪后的表现,至于犯罪结果何时出现,并不影响诉讼时效的起算。

对非法买卖枪支罪而言,该罪的客观行为仅指行为人买卖枪支的交易行为,该交易行为宣告完成,则追诉时效开始计算。本案中,如前所述,司法解释有关非法买卖枪支罪所规定的“其他情形”仅仅属于客观超过要素,与行为人的主观心态无关,也非行为人可控状态,该要素虽然是犯罪成立条件之一,但与追诉时效的计算无关。

明确了追诉时效的起算时间节点后,接下来就需要计算行为的具体追诉时效期限,这是由行为应判处的法定刑所决定的。1979 年刑法对非法买卖枪支罪规定了两个法定刑幅度,即“七年以下有期徒刑”和“情节严重的,处七年以上有期徒刑或者无期徒刑”。依照刑法相关规定,在第一个法定刑幅度内量刑,追诉期限为十年;在第二个法定刑幅度内量刑,追诉期限为二十年。本案的关键问题在于,能否认定二被告人的行为属于“情节严重”?

有观点认为,非法买卖枪支并造成 1 人伤亡后果的,就应当认定为《1995 年解释》第二条第五项中规定的“其他情形”,并据此定罪处罚。本案中,另案被告人范杰明持张玉良、方俊强出售的枪支共造成 5 人死亡、3 人重伤的后果,明显超过基本犯罪构成中的定量要素,超出的部分可以认定为《1995 年解释》第三条规定的“其他严重情节”,并作为加重处罚的依据,这并不属于对同一情节的重复评价。

我们认为,《1995 年解释》对非法买卖枪支罪所规定的“其他情形”,在性质上属于犯罪构成的客观要素,因此,无论范杰明利用购买的枪支实施了多么严重的危害行为,其行为只能作为一个整体被评价为“其他情形”,即作为犯罪成立的条件,而不能在作为入罪条件后,再次作为量刑情节进行评价,否则即违背“禁止重复评价”原则。相应地,《1995 年解释》第三条规定的“具有其他严重情节”,应当是指已符合非法买卖枪支罪基本犯的构成条件,同时又具有其他情节。实际上,针对“其他情形”在定罪量刑中的地位,《2001 年解释》已经作出明确规定,依照该解释,未达到构成本罪的最低数量标准,但具有造成严重后果等其他恶劣情节的可构成本罪,这种情况下“其他恶劣情节”是犯罪成立条件;达到最低数量标准,即买卖枪支的行为已经满足基本犯罪构成的前提下,“其他恶劣情节”则成为法定刑升格的条件。本案中,被告人张玉良、方俊强出售枪支给范杰明后,范杰明使用该枪支造成 5 人死亡、3 人重伤的后果,应当被认定为《1995 年解释》第二条所规定的“其他情形”,而不能再被认定为《1995 年解释》第三条所规定的“其他严重情节”,据此,对二被告人应在七年以下有期徒刑的法定刑幅度内量刑,相应的追诉时效期限应为 10 年。

综上,本案中,被告人张玉良、方俊强的行为已经构成非法买卖枪支罪,应在七年以下有期徒刑的法定刑幅度内量刑,从二被告人的犯罪行为完成之日起计算追诉时效,该案的追诉时效应为 10 年,因现已超出追诉时效期限,故不应追究二被告人的刑事责任。

（撰稿:最高人民法院刑三庭　王亚凯
上海市第二中级人民法院　黄伯青
审编:最高人民法院刑三庭　罗国良 ）

[第1117号]杨某某、杜某某放火案

——刑法上因果关系的认定

【关键词】 放火罪 故意杀人罪 因果关系 介入因素 主观罪过 间接故意 犯罪既遂 犯罪预备

一、基本案情

被告人杨某某,女,1972年8月21日出生。2012年3月14日被逮捕。

被告人杜某某,男,1967年4月10日出生。2012年3月14日被逮捕。

河北省承德市人民检察院以被告人杨某某、杜某某犯放火罪,向承德市中级人民法院提起公诉。承德市中级人民法院于2012年10月24日以放火罪分别判处被告人杨某某死刑,剥夺政治权利终身;判处被告人杜某某死刑,缓期二年执行,剥夺政治权利终身。宣判后,二被告人均提出上诉。河北省高级人民法院经审理,裁定发回重审。

被告人杨某某供认起诉指控的犯罪事实,其辩护人提出,此案应定故意杀人罪或故意伤害罪,杨某某到现场只是放风,且火不是杜某某点燃的,属于犯罪预备。此案事出有因,被害人的儿子有过错,请依法从轻判处。

被告人杜某某供认起诉指控的犯罪事实,其辩护人提出,本案的起火原因是被害人高某开手电而引起,杜某某没有点火,其行为应认定为犯罪预备,且杜某某认罪态度好,有悔罪表现,请依法从轻判处。

承德市中级人民法院经重审查明:被告人杨某某因高某某与其断绝不正当男女关系,产生了报复高某某的想法,找到被告人杜某某要求其去高某某家放火实施报复。杜某某驾驶一辆面包车拉着杨某某,经预谋踩点后于2012年2月6日晚携带汽油、稻草、爆竹、盆子、打火机等放火工具到高某某家院墙外蹲守。当晚凌晨1时许,二被告人见高某某家东屋居住的人已熄灯入睡后,杨某某在院墙外放风,杜某某携带汽油、稻草、爆竹、盆子、打火机等放火工具进入院内,先断了高某某家的电源开关,将汽油泼洒在东、西屋窗台及外屋门上后,用木棍击碎有人居住的东屋玻璃窗,向屋内泼洒汽油。东屋内居住的高某某的父母高某、卢某某被惊醒后,使用警用手电照明后开启电击功能击打出电火花,引发大火将高某、卢某某烧伤,房屋烧坏。卢某某因大面积烧伤,导致休克、毒血症以及多脏器功能衰竭,经抢救无效死亡;高某损伤程度为重伤;高某某家被烧坏房屋的物品价值为4 672元。

承德市中级人民法院认为,被告人杨某某为报复高某某,与被告人杜某某共同预谋,准备放火工具、助燃材料并踩点后,趁高某某家人在屋内熟睡之际,向屋外门窗泼洒汽油并敲碎玻璃向屋内泼洒汽油的行为,必然引起屋内的人使用照明设置,进而引发火灾,且客观上已经由此引发了火灾,可以认定杨某某、杜某某的犯罪行为与高某某家火灾的发生之间有必然的因果关系,即刑法上的因果关系,被告人杨某某、杜某某的行为构成放火罪(既遂)。高某某家房院在村庄内,与邻居家房子仅距离15.4米,且其间堆放有柴草,二被告人准备了干草、汽油、鞭炮等助燃材料,且当时处在火灾高发期,高某某家着火,足以危及其邻居的生命、财产安全,二被告人的行为构成放火罪。本案是由感情纠葛等民间矛盾引发的,量刑时予以考虑。依照《中华人民共和国刑法》第一百一十五条、第六十四条、第五十七条第一款、第四十八条第一款、第二十五条第一款之规

定，以放火罪分别判处被告人杨某某死刑，缓期二年执行，剥夺政治权利终身；判处被告人杜某某死刑，缓期二年执行，剥夺政治权利终身。

一审宣判后，承德市人民检察院以对被告人杨某某量刑畸轻为由提出抗诉，河北省人民检察院支持抗诉。

河北省高级人民法院经审理认为，被告人杨某某为报复高某某，与被告人杜某某共同预谋，在村民聚居区准备放火作案工具，向被害人所住房屋门窗及屋内泼洒汽油的行为，引起屋内被害人使用照明设施产生高压电弧引发火灾，造成一死一重伤的后果，杨某某、杜某某的行为均已构成放火罪。应依法惩处。鉴于本案是感情纠纷引发，起火原因不排除是被害人自己使用照明设施所致。原判决针对杨某某、杜某某在犯罪中的作用及相关量刑情节，依法量刑，并无不当，抗诉机关关于对杨某某量刑不当的理由不能成立。依法驳回抗诉，维持对被告人杨某某、杜某某的定罪量刑。

二、主要问题

1. 被告人杨某某、杜某某的行为与被害人卢某某的死亡结果之间是否具有刑法上的因果关系？

2. 二被告人到被害人家实施放火行为，应当如何定性？

三、裁判理由

（一）被告人杨某某、杜某某的行为与被害人卢某某的死亡结果之间存在刑法上的因果关系

本案在审理过程中，对于被告人杨某某、杜某某的行为与被害人的死亡结果之间是否具有刑法上的因果关系，有两种不同意见：第一种意见，即杜某某、杨某某的辩护人的观点，认为杜某某没有点火行为，故杨某某、杜某某的行为与被害人的死亡结果之间没有刑法上的因果关系，应认定二被告人为犯罪预备。第二种意见，即一、二审法院的观点，认为杨某某为报复高某某，与杜某某共同预谋，准备放火工具、助燃材料并踩点后，趁高某某家人在屋内熟睡之际，向屋外门窗泼洒汽油并敲碎玻璃向屋内泼洒汽油的行为，必然引起屋内的人使用照明设施，进而引发火灾，且客观上已经由此引发了火灾，可以认定杨某某、杜某某的犯罪行为与高某某家火灾的发生之间有必然的因果关系，即刑法上的因果关系。

我们同意第二种意见，即本案被告人杨某某、杜某某的行为与被害人死亡结果之间存在刑法上的因果关系。刑法上的因果关系是指危害行为与危害结果之间引起与被引起的合乎规律的联系。如何认定刑法上的因果关系，存在各种各样的学说。在大陆法系学说史上，先后主要历经了条件说、原因说、相当因果关系说与客观归责理论的历史变迁。而在英美法系中，刑法上认定因果关系的理论通说是“双层次原因学说”，即把原因分为两个层次：第一个层次是事实原因；第二个层次是法律原因。我国刑法理论以前采取的是“必然因果关系说”，即当危害行为中包含着危害结果产生的根据，并符合规律地产生了危害结果时，危害行为与危害结果之间就是必然因果关系；只有这种必然因果关系，才是刑法上的因果关系。由于这种学说导致因果关系的成立范围过窄，后来出现了“偶然因果关系说”，该说的基本观点是，当危害行为本身并不包含产生危害结果的根据，但在其发展过程中，偶然介入其他因素，并由介入因素合乎规律地引起了危害结果时，危害行为与危害结果之间就是偶然因果关系；介入因素与危害结果之间是必然因果关系；必然因果关系与偶然因果关系都是刑法上的因果关系。

我们认为，不管采取何种学说，在认定因果关系时应当注意以下几点：(1)因果关系研究的是行为与结果之间的引起与被引起的关系，而不是对行为与结果本身的研究。(2)因果关系是一种客观联系，并且是一种特定条件下的客观联系，不能离开客观条件认定因果关系。(3)一个危害

结果完全可能由数个危害行为造成，在认定某种行为造成了某一危害结果时，不能轻易否认该危害结果可能同时由其他行为造成。(4)在行为人的行为介入其他因素时，要根据具体情况综合判断行为人的行为与结果之间的关系，具体应当考察四个方面的因素：一是行为人的行为导致结果发生的可能性的大小；二是介入因素的异常性大小；三是介入因素对结果发生作用的大小；四是介入因素是否属于行为人的管辖范围。当被告人实施行为后，介入了被害人行为，导致结果的发生时，应根据案件具体情况判断被害人实施的行为是否具有通常性。如果被告人实施的行为，导致被害人不得不或者在通常情况下会实施介入行为，则该介入行为对被告人的行为与结果之间的因果关系没有影响；如果被害人的介入行为属于通常情况下不会实施的行为，即异常行为，该行为对结果又起到决定性作用，则不能将结果归责于被告人的行为。

本案中，二被告人事先预谋，案发当晚杨某某在院墙外放风，杜某某携带汽油、稻草、爆竹、盆子、打火机等放火工具进入院内，先断了高某某家的电源开关，将汽油泼洒在东、西屋窗台及外屋门上后，又用木棍击碎东屋窗玻璃并向屋内泼洒汽油，二被告人实施这一系列行为后，被害人高某、卢某某被惊醒，使用警用手电照明后又开启电击功能击打出电火花引发大火将高某、卢某某烧伤，卢某某经抢救无效死亡，高某损伤经鉴定为重伤。被害人使用警用手电照明并使用电击功能击打出电火花这一介入因素，是否能够切断二被告人放火行为与被害人伤亡结果的因果关系呢？我们认为，将介入因素放到犯罪构成中去考察，可以得出这一因果关系未曾切断，因而应当肯定二被告人的行为与本案危害结果之间存在刑法上的因果关系的结论。理由如下：

1. 被害人开启警用手电电击功能的行为虽系偶然介入因素，但却是由被告人先前切断电源行为引起的通常行为。公安部消防局天津火灾物证鉴定中心出具的鉴定意见证实：本案中的“警用手电”在开启电击功能时，手电的端部可以产生高压电弧放电。根据有关技术文件和实际案例，电击的高压电弧产生的火花能量极大，可能引燃汽油蒸气。可见，本案的起火原因不排除被害人自己使用“警用手电”电击功能引燃汽油。但是，如前所述，被告人杜某某携带汽油、稻草、爆竹、盆子、打火机等放火工具和助燃材料进入院内，切断电源，打碎窗户，在屋外屋内多处泼洒汽油，在这种情况下，被害人被惊醒后因无法开灯，不得不使用照明工具。虽然被害人使用“警用手电”这一情况具有一定的偶然性，但这种偶然性不足以否定被害人拿出手电照明以及使用电击功能作为阻吓入侵者行为的通常性，即二被告人实施了上述泼洒汽油、切断电源等一系列行为后，在通常情况下都会导致被害人使用照明工具这一介入行为。也就是说，被害人使用照明的行为系被告人先前切断电源行为所致。

2. 被害人打开警用手电电击功能的行为没有中断被告人泼洒汽油行为与着火结果之间的因果关系。应当说，从刑法的意义看，着火的结果仍是被告人泼洒汽油的行为造成的，只是由于被害人的举动，着火的结果比被告人预想的时间提前发生，但丝毫不改变被告人泼洒汽油的行为对着火结果的原因力。被害人使用手电电击功能的介入行为对二被告人的行为与结果之间的因果关系没有影响。如果被害人打开警用手电在被告人的犯罪设计之中，那么被告人放火的实行行为在泼洒完汽油后就全部完成了，着火的结果当然要全部归责于被告人。但是，本案被害人打开警用手电显然是出乎被告人的犯罪计划之外的一个事实因素，而被害人的行为本身不仅是毫无危险性的行为，而且是因为听到有人敲碎自家窗户，看见有棍子之类的东西伸进来，感受到了威胁所作出的自然反应，并最终合乎逻辑地引燃大火。只是被害人使用手电电击功能的行为让被告人省却了自己点火的这一步，从被告人一方来看，整个犯罪进程没有发生根本性的变化，本案的结果应全部归责于被告人。

3. 被告人的放火行为，假设排除被害人的照明行为，是否会产生危害结果？也即照明行为是否为被告人放火系列行为中之必要？我们认为，即使没有被害人的照明行为，被告人已经着手实施的放火行为依然会继续，直到危害结果发生。被告人在被害人的照明行为之前，已经实施了一系列作为放火组成部分的行为，特别是携带打火机并泼洒汽油。之所以被告人未最终使用打火机点燃汽油，并非由于被告人主观上的原因，也不是意志以外的原因使其无法使用打火机，而是因为被害人照明行为的介入，偶然地成了被告人点燃汽油的替代行为，此时被告人点燃打火机已经变得没有必要。

4. 被害人照明行为致使危害结果的发生符合被告人犯罪意志的内容。被告人的犯罪目的就是通过放火的手段实施报复。本案所出现的危害后果与被告人的报复目的完全一致。

（二）二被告人的行为应当以放火罪论处，且系犯罪既遂

本案在审理中，对于二被告人行为的定性也存在不同意见。被告人杨某某的辩护人认为此案应定性为故意杀人罪或故意伤害罪。一、二审法院认为，高某某家房院在村庄内，距离邻居家房子仅 15.4 米，且其间堆放有柴草，二被告人准备了干草、汽油、鞭炮等助燃材料，当时又处在火灾易发期高某某家着火，足以危及其邻居的生命、财产安全，二被告人的行为构成放火罪（既遂）。

我们同意一、二审法院的意见，即被告人杨某某提起犯意，纠集被告人杜某某共同预谋，积极准备作案工具，并共同实施放火行为，二人构成放火罪的共犯。我们认为，本案二被告人以杀害特定少数人为目的而实施放火行为，对这类案件的定性，关键在于准确判断行为人所实施的以放火为手段的杀人行为，是否危及不特定或多数人的生命、健康或者重大公私财产安全。如果行为人所实施的放火行为，除了可能造成其意图杀害的特定少数人的伤亡结果外，还可能危害到其他人的生命、健康和重大财产安全，说明行为人主观上具有放任危害公共安全结果发生的心态，其行为构成放火罪。本案中，二被告人为了杀害高某某而实施放火行为，但高某某家房院在村庄内，距离邻居家房子仅 15.4 米，且中间堆放有柴草，而案发于 2 月初，正值风干物燥的火灾易发期，高某某家着火，足以危及邻居家的生命、健康和财产安全，因此二被告人实施的放火行为侵害了不特定人的生命、健康或者重大公私财产安全，即侵害了公共安全，应当构成放火罪。

此外，二被告人的辩护人均认为本案属于犯罪预备，我们认为，犯罪预备是指为了实行犯罪，准备工具、制造条件，但由于行为人意志以外的原因而未能着手实行犯罪的犯罪形态。本案从客观行为来看，被告人杜某某携带汽油、稻草、爆竹、盆子、打火机等放火工具和助燃材料进入被害人家院内，在屋外屋内多处泼洒汽油，其行为已不是犯罪预备阶段的行为，而属于放火的实行行为。被告人杜某某不仅着手实行了犯罪，且发生了被害人伤亡的犯罪结果；被告人杨某某虽仅在院外望风，但其首先提起犯意，事前与杜某某共同预谋、准备作案工具并踩点，其与杜某某成立共同犯罪，对杜某某实施的全部行为负责，故而二被告人的行为不符合犯罪预备的条件，而具备了犯罪既遂的要求。从主观方面来看，被害人使用手电照明而引燃汽油并不违背二被告人的主观意志。因此，综合主客观方面，二被告人的行为均属于犯罪既遂，而非犯罪预备。

综上，原审法院认定被告人杨某某、杜某某的放火行为与被害人死伤结果的发生具有刑法上的因果关系，据此认定二被告人构成放火罪，同时鉴于本案是感情纠纷引发，起火原因不排除是被害人自己使用照明设施所致等具体情况，分别判处二被告人死刑，缓期二年执行是适当的。

（撰稿：河北省高级人民法院　谢炳忠　宋雪敏
审编：最高人民法院刑四庭　陆建红）

[第1118号]邵大平交通肇事案

——交通肇事撞伤他人后逃离现场,致被害人被后续车辆碾压致死的如何定性

【关键词】 交通肇事罪 逃逸致人死亡 二次碰撞 不作为故意杀人 转化犯 结果加重犯 移置性逃逸

一、基本案情

被告人邵大平,男,1985年8月2日出生。因涉嫌犯交通肇事罪于2014年9月11日被逮捕。

浙江省开化县人民检察院以被告人邵大平犯交通肇事罪,向开化县人民法院提起公诉。

被告人邵大平对起诉书指控的事实无异议,但不知道自己的行为是否构成交通肇事罪。其辩护人提出邵大平的行为不符合交通肇事罪中的“交通运输肇事后逃逸”和“因逃逸致人死亡”两种情形,且其具有自首情节,其家属代为积极赔偿被害人损失,取得被害人亲属的谅解,无前科,系初犯,可以从轻或者减轻处罚。

开化县人民法院经审理查明:2014年7月19日,被告人邵大平驾驶号牌为赣M38807的轿车从江西省九江市驶往浙江省开化县。22时05分许,行至205国道1742km+900m开化县华埠镇新汽车站路段,碰撞到行走的被害人徐凤珠,致徐凤珠身体局部受伤倒地,轿车左后视镜掉落、前挡风玻璃左下角破裂,左前门撞凹,现场遗留左后视镜等碰撞痕迹。事发后,徐凤珠在原地呼叫路人帮忙,程月社、陈惊雷先后于22时06分00秒和06分10秒报警。邵大平驾车离开现场驶往开化县城方向,并电话告知其同学赵炳阳其发生事故,后到开化县山甸大桥附近接到赵炳阳后一同开车返回华埠镇(行驶轨迹图证实赣M38807号牌轿车离开事故路段后行驶距离为23.937公里),途中电话报警,在205国道开化县华埠镇东岸大桥附近等候交警到来。22时07分许,开化县华埠镇永丰村张旗帅(2014年3月14日取得驾驶证,尚在实习期)驾驶浙H14896临号牌轿车搭载朋友从开化县华埠镇永丰村驶往华埠镇彩虹桥方向,行至1742km+900m开化县华埠镇新汽车站路段,碰撞倒地躺在快车道上的徐凤珠,造成徐凤珠当场死亡。经鉴定,徐凤珠系因钝性外力作用致右侧多根肋骨骨折伴右侧血气胸死亡。经开化县公安局交通警察大队事故责任认定,该事故第一次碰撞中,邵大平负事故全部责任,徐凤珠无责任;第二次碰撞中,邵大平负事故同等责任,张旗帅负事故同等责任,徐凤珠无责任。邵大平于案发当晚22时25分报警,并在指定位置等候交警处理,到案后如实供述犯罪事实。

案发后被告人邵大平亲属与被害人徐凤珠亲属达成赔偿协议,支付给徐凤珠亲属人民币381 858.25元(不包括保险公司和张旗帅应承担的部分),得到徐凤珠亲属的谅解。

开化县人民法院认为,被告人邵大平逃逸产生了致使被害人徐凤珠因伤无法离开现场继而发生被其他车辆碾压致死的后果,邵大平的逃逸行为与徐凤珠的死亡结果之间存在法律上的因果关系,应认定为交通肇事后逃逸致人死亡。邵大平系自首,归案后认罪态度较好,积极赔偿被害人亲属的经济损失,得到被害人亲属的谅解,予以减轻处罚。据此,根据《中华人民共和国刑法》第一百三十三条、第六十七条第一款,《最高人民法院关于审理交通肇事刑事案件具体应用法律若干问题的解释》第五条第一款之规定,以交通肇事罪判处被告人邵大平有期徒刑四年。

一审宣判后,被告人邵大平不服,向浙江省衢州市中级人民法院提出上诉。

上诉人邵大平的上诉理由是：其有自首、积极赔偿并取得被害人家属谅解等情节，请求减轻处罚并适用缓刑。其辩护人提出了认定邵大平系交通肇事逃逸致人死亡的依据不足，请求依法改判的辩护意见。

浙江省衢州市中级人民法院经审理查明的事实同上。另查明，被害人亲属在二审期间再次出具谅解书，请求对上诉人邵大平减轻处罚并适用缓刑。

衢州市中级人民法院认为，上诉人邵大平交通肇事逃逸致人死亡，其行为已构成交通肇事罪。邵大平交通肇事后驾车逃离事故现场，致被害人因伤无法离开现场而被其他车辆再次碰撞，并最终死亡。邵的行为与危害结果之间具有刑法意义上的因果关系，应认定为交通肇事逃逸致人死亡。邵大平犯罪以后自动投案并如实供述罪行，系自首；案发后积极赔偿被害人亲属经济损失并取得被害人亲属谅解等，可依法减轻处罚。根据邵大平的犯罪事实、情节及悔罪表现等，可对其适用缓刑。据此，依照《中华人民共和国刑法》第一百三十三条，第六十七条第一款，第七十二条第一款，第七十三条第二款、第三款，以及《中华人民共和国刑事诉讼法》第二百二十五条第一款第二项之规定，以交通肇事罪改判邵大平有期徒刑三年，缓刑四年。

二、主要问题

1. “因逃逸致人死亡”的认定，是否以逃逸前行为构成一般交通肇事罪为前提？

2. 二次碰撞交通事故中，如何确定第一次肇事者的逃逸行为与被害人被二次碰撞死亡结果间的因果关系？

3. 二次碰撞交通事故中，如何区分第一次肇事者的逃逸行为构成因“逃逸致人死亡”还是不作为故意杀人？

三、裁判理由

（一）“因逃逸致人死亡”的认定，不以逃逸前的交通肇事行为构成犯罪为前提

刑法第一百三十三条规定了构成交通肇事罪的一般情形以及“交通运输肇事后逃逸或者有其他特别恶劣情节”和“因逃逸致人死亡”两种特殊情形。无论是一般情形还是两种特殊情形，《最高人民法院关于审理交通肇事刑事案件具体应用法律若干问题的解释》（以下简称《解释》）均作了相应的详细解释。《解释》第二条规定了本罪一般情形的构成要件，第三条、第四条分别对“交通运输肇事后逃逸”和“有其他特别恶劣情节”作了详细规定，第五条则对“因逃逸致人死亡”作了解释。根据该解释，“交通运输肇事后逃逸”是指行为人具有该解释第二条第一款规定和第二款第一项至第五项规定的情形之一（均为构成交通肇事罪的一般情形），在发生交通事故后，为逃避法律追究而逃跑的行为；“因逃逸致人死亡”，是指行为人在交通肇事后为逃避法律追究而逃跑，致使被害人因得不到救助而死亡的情形。

本案在审理中有两种不同观点：第一种观点认为，“交通肇事逃逸”和“因逃逸致人死亡”，均应以逃逸前的交通肇事行为构成交通肇事罪的一般情形为前提。① 根据《解释》第二条的规定，构成交通肇事罪的一般情形的客观表现是死亡一人以上或者重伤三人以上或者造成直接财产损失无能力赔偿数额在三十万元以上。而本案中，邵大平的交通肇事行为并没有直接致人死亡，也不存在直接财产损失的问题，而由于后来介入因素致被害人死亡，因此，无法确定邵大平肇事致被害人重伤，也就不能认定邵逃逸前的交通肇事行为构成交通肇事罪的一般情形，更无法认定邵

① 理论界也有此观点，参见张明楷：《刑法学》（第4版），法律出版社2011年版，第635页。张明楷教授认为，因逃逸致人死亡，以逃逸前的行为构成犯罪为前提，行为人超速驾驶致一人重伤后逃逸，进而导致其死亡的，不能适用“因逃逸致人死亡”的规定，而只能认定为一般的交通肇事罪。

的逃逸行为属交通肇事逃逸致人死亡。第二种观点认为,刑法规定的“因逃逸致人死亡”不以逃逸前的交通肇事行为构成交通肇事罪为必要条件,邵大平的行为应认定为“因逃逸致人死亡”。

我们同意后一种观点,理由如下:

1. 符合刑法规定

刑法第一百三十三条先后列明了交通肇事罪的三种类型,且量刑逐步加重,但刑法并未明确规定三者系递进关系,认定后两者应以前者为前提。刑法理论认为,情节加重犯、结果加重犯均系对基本构成要件的修正,但情节加重犯系在基本构成要件基础上增加了加重情节,其构成要件完全覆盖了基本构成要件,从这个意义上,可以说是以基本构成要件为基础。例如,在公共交通工具上抢劫的,除“在公共交通工具上”这一加重情节外,其他要素完全符合基本构成要件。但结果加重犯却不同,其系对犯罪结果这一要素的变更或替代,就不能简单理解为以基本构成要件为基础了。例如,抢劫致人重伤,其构成要件中就没有“轻伤”这一要素的存在空间,刑法和相关司法解释也没有规定必须抢得财物才可成立。又如,非法拘禁致人死亡的,即使行为人的拘禁行为不构成基本犯(符合时间、方式等要求),但只要与死亡结果存在相当的因果关系,即可成立。而刑法所规定的“因逃逸致人死亡”类型中,逃逸为加重情节,“死亡”则为加重结果,因此,其同时存在对基本构成要件的变更和涵盖,就不能认为其应以交通肇事罪基本构成要件为基础了。从犯罪构成角度来看,一个犯罪行为只能有一种确定结果,因逃逸致人死亡的结果只能是逃逸行为导致的“死亡”,怎么能同时出现可以构成一般交通肇事的重伤结果和加重处罚的死亡结果呢?

2. 符合司法解释的精神

《解释》对交通肇事中“逃离现场”这一客观行为,在三种场合有相应的不同表述,其含义和法律后果也是不一样的:(1)作为构罪要件。交通肇事致一人重伤,在一般情况下不构成犯罪,只有具备《解释》第二条第二款规定的六种情形,才以交通肇事罪定罪处罚。如根据《解释》第二条第二款第六项的规定,交通肇事致一人以上重伤,负事故全部或者主要责任,为逃避法律追究逃离事故现场的,应当以交通肇事罪定罪处罚。(2)作为法定加重情节。根据《解释》第三条的规定,逃逸前的交通肇事行为已经达到了犯罪的程度,但行为人在发生交通事故后,为逃避法律追究而逃跑的,以“交通运输肇事后逃逸”论处。(3)作为重罪构成要件。《解释》第五条规定,“因逃逸致人死亡”是指“行为人在交通肇事后为逃避法律追究而逃跑,致使被害人因得不到救助而死亡的情形”。通过对《解释》条文的比较研究不难发现,第三条规定的法定加重情节,其前提是逃逸前的交通肇事行为已经构成交通肇事罪的一般情形,即具有《解释》第二条第一款和第二款第一项至第五项规定的情形之一(均为构成交通肇事罪的一般情形),在发生交通事故后,为逃避法律追究而逃跑的行为。而第五条规定的重罪构成要件,不以逃逸前的交通肇事行为已经构成交通肇事罪的一般情形为前提条件。“因逃逸致人死亡”的构成要件有四个:一是行为人逃逸前的行为构成了交通肇事;二是肇事的结果不论是否有人死亡,但肯定有一名以上(含一名)被害人当时没有死亡;三是行为人为逃避法律追究而逃跑,这里的法律追究既包括刑事法律追究,亦包括行政法律追究,甚至包括承担民事赔偿责任,而不局限于刑事法律追究;四是被害人因行为人的逃逸得不到救助而死亡。四个要件中,《解释》重点强调的是“被害人因得不到救助而死亡”。从刑法和《解释》的意图来看,立足点在于鼓励行为人在发生交通事故后,采取积极措施对被害人进行抢救。如果没有逃逸,那么,被害人可能被救活,行为人甚至有不构成犯罪的可能性存在。而如果行为人在交通事故后逃逸,致被害人因得不到救助而死亡,则行为人构成交通肇事罪(特殊情形的重罪)。简言之,如果交通事故发生后,被害人已经死亡,行为人逃逸的,则只构成《解释》第三条规定的法定加重情节,对行为人应当在三年以上七年以下有期徒刑的法定刑范围内处罚;如果被害人没有死亡,但由于行为人的逃逸而致使被害人因得不到救助而死亡的,则行为人的行为构成交通肇事罪的重罪情形,对行为人应当在七年以上有期徒刑的法定刑范围内处罚。

3. 符合司法实践的要求

按照前述第一种观点,能认定为"因逃逸致人死亡"的,只能限于行为人逃逸前的交通肇事行为已经构成交通肇事罪的情形。致一人重伤并逃逸的情况,无论如何也不能构成"因逃逸致人死亡",因为其逃逸情节已为交通肇事罪的一般情形所考量,再予认定"因逃逸致人死亡",存在重复评价。这显然超出了一般公众的理解范畴。特别是在实践中,往往发生行为人逃逸后,被害人被后来车辆二次或二次以上碰撞导致死亡的情形。在这种情况下,能够准确确定第一次碰撞构成重伤的微乎其微,因此,也就无法认定第一次碰撞并逃逸的行为是否构成交通肇事罪的一般情形。如此,在第二次碰撞人不负主要或全部责任的情况下,即使被害人无责任,其生命代价也无法得到法律的公正评判。

(二)"因逃逸致人死亡"的认定不以行为人在逃逸前的交通肇事行为中的责任大小为前提条件

如前所述,认定"因逃逸致人死亡"的关键在于确定逃逸行为与死亡结果的因果关系。在一般情况下,行为人逃逸后,被害人仅仅因为没有得到救助而死亡,认定行为人构成"因逃逸致人死亡"不成问题。但在实践中,行为人逃逸后,被害人又被第三人的交通行为碰撞,在这种情况下,因第一次肇事者的逃逸行为与死亡结果间介入了其他因素,因果关系的认定就变得复杂了。

1. 行为人在逃逸前的交通事故中的责任大小不影响"因逃逸致人死亡"的认定

如前所述,认定"因逃逸致人死亡"不以行为人逃逸前的交通肇事行为构成交通肇事罪为前提,故不需要考量肇事行为的责任认定。但在二次碰撞事故中,因存在第二次碰撞,如对第一次的事故责任不加区分即认定存在因果关系,是否有加重肇事者负担之嫌?我们认为,是否介入第二次碰撞事故,不影响行为人逃逸行为与被害人死亡结果之间是否具有因果关系的判断。因为"交通肇事后逃逸"和"因逃逸致人死亡"的加重处罚基础虽然均为未履行法定义务,但在实践层面,前者的基础侧重于未履行报警、保护现场等义务,以及对其后交通状况所造成的抽象危险等;而后者的救助义务更加突出,并非仅仅是抽象的危险,其作为要求要高于前者。如《中华人民共和国道路交通安全法》第七十条在规定保护现场、抢救伤员和报警义务时,就没有提及事故责任大小,《解释》第五条亦未有对肇事者的责任要求,故在二次碰撞事故中,即使不考虑将逃逸推定为全责的情况,第一次肇事者的责任大小,也不能成为阻却"因逃逸致人死亡"认定的事由。

2. 介入因素一般不能阻断逃逸行为与被害人死亡的因果关系

二次碰撞交通事故的客观过程为:第一次碰撞—行为人逃逸—被害人无法离开或停留在现场—第二次碰撞—被害人死亡。因此,逃逸行为与死亡结果间介入了两个因素,就需要分析其因果关系是否存在被切断或影响(原因力大小变更)的可能。

(1)被害人行为介入对因果关系的影响。一般而言,被害人的介入因素存在几种情形:①被害人不得不或者几乎必然(通常)实施介入因素;②行为人导致被害人介入异常行为,但结合被害人的心理、精神因素,该介入可视为有通常性;③被害人的行为对结果作用轻微;④被害人的介入有异常性。理论上认为,只有第四种情形下被害人介入因素才阻断行为人的行为与结果间的因果关系。本案中,从邵大平车辆左后视镜掉落、前挡风玻璃左下角破裂,左前门撞凹,现场遗留左后视镜等碰撞痕迹,可知第一次碰撞显非轻微碰撞,事发后,被害人在原地呼叫路人帮忙的行为,也不具有异常性,无法得出存在刻意停留的判断。另外,两次碰撞的间隔非常短,被害人的介入因素不能阻断邵大平逃逸行为与被害人死亡结果间的因果关系。

(2)第二次碰撞行为介入对因果关系的影响。第二次碰撞行为属第三人介入的问题,其是否阻断第一次行为的因果关系需考量以下因素:①逃逸行为导致结果发生的危险性大小;②介入因素异常性大小;③介入因素对结果发生的作用大小;④介入因素是否为逃逸行为的可控范围。本案地点为车流量大的国道,案发时间为足以影响视线的夜间,被害人被邵大平碰撞后仍停留在国道上,因此,邵的逃逸行为对后续碰撞具有较大的危险和原因力。经认定,两次碰撞对死亡负同等责任,故不能认为后续碰撞具有异常性。如果邵大平将被害人挪动到安全位置或采取安全措施,即有避免后续碰撞的可能,其却径行离开。综合考量,后续碰撞不能阻断或影响邵大平逃逸行为与被害人死亡结果间的因果关系。

(三)正确区分二次碰撞事故中的"因逃逸致人死亡"和不作为故意杀人

《解释》第六条规定,行为人在交通肇事后为逃避法律追究,将被害人带离事故现场后隐藏或者遗弃,致使被害人无法得到救助而死亡或者严重残疾的,应当分别以故意杀人罪或者故意伤害罪定罪处罚。而交通肇事"因逃逸致人死亡"具有一定的不作为属性,且逃逸行为确在主观上具有某种程度的故意,实践中亦有案例认定二次碰撞事故中,逃逸致人死亡构成不作为故意杀人。① 我们认为,不作为故意杀人与因逃逸致人死亡之间存在一定的共性:(1)行为人主观目的都是逃避法律追究;(2)行为人都实施了逃跑的行为;(3)行为人逃逸前的交通肇事未必构成交通肇事罪;(4)被害人均未得到救助而死亡。但两者之间的区别也是明显的:(1)前者对被害人的死亡持放任态度,而后者主观上并不希望被害人死亡结果的发生;(2)前者对被害人实施了隐藏或者遗弃等主动作为行为,而后者仅仅是逃逸,未实施其他不利于被害人救助的行为;(3)前者以出现被害人死亡的后果为必要条件,而后者则以出现被害人死亡的后果为必要条件;(4)前者被害人死亡的直接原因是因为无法得到救助,而后者是被害人得不到及时救助。

在二次碰撞事故中,认定行为人的逃逸行为构成不作为的故意杀人罪应当慎重。其一,从法律规定的层面来看,刑法针对"因逃逸致人死亡"已作出明确规定,《解释》第六条也仅规定了"移置性逃逸"以故意杀人罪论处,如果一律认定"因逃逸致人死亡"为不作为故意杀人,则直接导致了"因逃逸致人死亡"规定的虚置。其二,"因逃逸致人死亡"的处理结果较故意杀人罪差距明显,从刑罚设置上看二者的基本模式应有不同。那么如何在二次碰撞事故中对逃逸行为进行准确认定呢?我们认为,不作为行为与结果之间的关系,至少应达到相当的程度。如对溺水者负有救助义务的人不作为,其行为与死亡结果之间就具有相当因果关系,即被害人死亡的概率非常高,生还具有异常性。而二次碰撞事故中,介入了第三人的行为(第二次碰撞),此因素发生的可能性却远不及溺水案中被害人死亡的概率高。如不对第三人的行为进行评价,仅从形式上认定是否构成不作为犯罪是不恰当的。

在"移置性逃逸"中,移置致被害人死亡的风险升高,相当于拿走溺水者唯一求生的木板,等价于故意杀人。同理,在二次碰撞事故中,也应重点考量被害人因何种原因处于危险状态、危险程度、被害人对逃逸者的依赖程度、逃逸者履行义务的难易程度、逃逸者不履行义务对结果的原因力、将结果仅归责于逃逸是否合适等因素,综合判断逃逸行为与故意杀人间是否具有等价性。一般而言,与作为等价的逃逸行为,第二次事故的发生应具有较大的必然性。实践中,事故责任认定具有一定的参考意义(当然,需分析认定理由)。如经认定,第二次碰撞肇事者不负责任,则第二次事故发生具有较大的必然性,逃逸行为对被害人死亡结果具有等价于作为的原因力;如第

---

① 参见叶琦、蔡恩璇:《李中海故意杀人案——如何认定交通肇事逃逸案件中的间接故意杀人犯罪》,载最高人民法院刑事审判一至五庭主办:《刑事审判参考》(总第95集),法律出版社2014年版。

二次碰撞的第三人负有较大的过错，即其发生具有一定的偶然性，也很难将逃逸行为与再次碰撞致死被害人间的原因力同等考量，应认定为"因逃逸致人死亡"。本案中，经事故责任认定，第一、二次碰撞对被害人的死亡负同等责任，第二次碰撞存有较大过错，但也未达到阻断第一次行为与被害人死亡结果的因果关系的地步。因此，邵大平的行为应属犯罪，并应被认定为交通肇事"因逃逸致人死亡"。

综上，一、二审法院认定被告人邵大平系交通肇事逃逸致人死亡，构成交通肇事罪，二审法院综合邵大平的自首情节、赔偿及征得被害人亲属谅解等情况，对其改判有期徒刑三年，缓刑四年，是适当的。

（撰稿：衢州市中级人民法院　殷一村　周永敏
开化县人民法院　毛曼谕
审编：最高人民法院刑四庭　陆建红）

[第1198号]阎某以危险方法危害公共安全案

——在家中释放天然气用以自杀，但引发室内、室外数次爆炸的，如何认定因果关系

【关键词】 以危险方法危害公共安全罪　主观罪过　间接故意　证据审查判断　因果关系　公共安全

一、基本案情

被告人阎某，男，1970年10月23日出生。2013年10月10日因涉嫌犯以危险方法危害公共安全罪被逮捕。

天津市人民检察院第二分院以被告人阎某犯以危险方法危害公共安全罪，向天津市第二中级人民法院提起公诉。

被告人阎某对指控的事实无异议。其辩护人提出，阎某认罪态度好，且系初犯，请求对其从轻处罚。

天津市第二中级人民法院经公开审理查明：2012年2月15日9时许，被告人阎某在天津市河西区某小区403室家中，为自杀而持刀割断厨房内天然气软管，致使天然气长时间泄漏。当日11时20分许，该楼503室居民做饭时引发爆炸。11时35分许，阎某触动厨房电灯开关，再次引发爆炸，致楼内居民詹某某当场死亡，3人受轻微伤，多名居民家中财产遭受不同程度的损毁，该栋楼房构成局部危房。爆炸的坠落物造成附近停放的众多车辆损坏，损失共计9.439 3万元。

天津市第二中级人民法院认为，被告人阎某为求自杀在家中释放天然气，致使天然气发生爆炸，给周围邻里的生命、健康及财产造成重大损失，严重危害公共安全，其行为已构成以危险方法危害公共安全罪。据此，依照《中华人民共和国刑法》第一百一十五条、第五十七条第一款之规定，以危险方法危害公共安全罪判处被告人阎某死刑，剥夺政治权利终身。

一审宣判后，被告人阎某以原审量刑过重为由提出上诉。其辩护人提出，阎某属间接故意犯罪，平时表现良好，如实供述罪行，愿意积极赔偿，建议对阎某从宽处罚。

天津市高级人民法院经二审审理认为，被告人阎某为求自杀而置公共安全于不顾，释放天然

气引发连续爆炸，造成无辜群众死伤及重大财产损失，其行为构成以危险方法危害公共安全罪。综合现场勘查及物证提取等情况，参考二审期间鉴定机构出具的关于爆炸原因的鉴定意见，能够认定系天然气爆炸，且在案证据能形成完整的证据锁链，足以认定阎某割断软管释放天然气的行为与最终引发爆炸之间存在因果关系。据此，依照《中华人民共和国刑事诉讼法》第二百二十五条第一款第一项、第二百三十五条之规定，于2013年12月4日裁定驳回上诉，维持原判，并依法报请最高人民法院核准。

最高人民法院经复核确认的事实与第一、二审相同。

最高人民法院认为，被告人阎某明知天然气是易燃易爆气体，为求自杀而故意释放家中天然气进而引发爆炸，危害公共安全，其行为已构成以危险方法危害公共安全罪。阎某的犯罪行为致1人死亡、数人受轻微伤，并使公私财产遭受重大损失，罪行严重，应依法惩处。鉴于阎某系为自杀而实施犯罪行为，主观上属间接故意，根据本案的具体情况，对阎某可不判处死刑立即执行。第二审裁定认定的事实清楚，证据确实、充分，定罪准确，审判程序合法。据此，依照《中华人民共和国刑事诉讼法》第二百三十五条、第二百三十九条和《最高人民法院关于适用〈中华人民共和国刑事诉讼法〉的解释》第三百五十条第五项、第三百五十三条第一款之规定，裁定不核准并撤销天津市高级人民法院维持第一审以以危险方法危害公共安全罪判处被告人阎某死刑，剥夺政治权利终身的刑事裁定，发回天津市高级人民法院重新审判。

天津市高级人民法院经重新审理，以以危险方法危害公共安全罪判处被告人阎某死刑，缓期二年执行，剥夺政治权利终身。

二、主要问题

行为人在家中释放天然气引发室外、室内数次爆炸的，如何认定数次爆炸均由行为人释放的天然气引发？

三、裁判理由

在司法实践中，因故意释放天然气引发爆炸而构成犯罪的案件并不多见。从实施释放天然气的行为到他人人身财产遭受损害，一般要经历较为复杂的过程，包括长时间释放天然气、空气中天然气达到一定浓度、天然气被引燃、燃烧过程中引发爆炸、爆炸造成人身财产损失等一系列环节。同时，天然气系日常使用的易燃易爆气体，在发生爆炸的场所可能有多个用户在爆炸前使用天然气，确定引发爆炸的天然气来源于行为人故意释放的天然气，需要排除其他用户泄漏天然气引发爆炸的可能性，故认定过程有一定复杂性。

本案是比较典型的在居民区故意释放天然气引发爆炸，致居民楼及其他住户遭受损害的案件。被告人阎某为求自杀而在家中割断天然气软管，致使天然气大量泄漏的事实，有充分的证据证实，认定上并无疑义。而对于先后发生在阎某楼上住户的小规模爆炸和阎某家中的大规模爆炸，是否均由阎某家中泄漏的天然气引发，在案件审理过程中存在不同意见：一种意见认为，根据在案证据尚无法认定阎某持刀割断天然气软管释放天然气与两次爆炸有因果关系，存在阎某楼上住户或其他住户天然气泄漏的可能性；同时，亦无法认定两次爆炸系天然气爆炸，不排除其他易燃易爆物质爆炸后引发天然气燃烧的可能性。另一种意见认为，根据在案证据足以认定两次爆炸均由阎某家中泄漏的天然气引发，其持刀割断天然气软管释放天然气行为与两次爆炸有因果关系。我们同意第二种意见，具体分析如下。

（一）在案证据足以证实第一次爆炸由403室释放的天然气引发

从在案证据来看，发生在503室的第一次爆炸由被告人阎某居住的403室释放的天然气引发。理由包括：第一，阎某供称，当日9时许其在家中割断天然气软管，至11时20分许其楼上发生爆炸时天然气已大量泄漏。经鉴定机构鉴定,两层楼房的水管与楼板之间有较大的缝隙,403室释放的天然气可由缝隙扩散到503室。第二,503室居民张某某的证言证实家中天然气使用正常,爆炸发生时其正在做饭,点火两三分钟后发生爆炸,未发现异常情况。公安机关技术人员在现场勘查时对503室厨房进行了检查,天然气相关设备均正常。综合这两方面理由,可排除503室厨房发生天然气泄漏的可能性,弥漫在503室厨房并导致爆炸的天然气只能来自楼下403室。至于503室厨房灶具点火两三分钟后才发生爆炸的现象,也符合天然气燃烧、爆炸的特点。据相关专家介绍,点火后燃气灶周围天然气浓度不高,故未发生爆炸,随着楼下泄漏气体的渗入,火焰附近空气中的天然气浓度达到临界点后即会发生爆炸。

(二)在案证据足以证实第二次爆炸发生在403室,且由被告人阎某开灯引发

综合分析证据,可以认定第二次爆炸发生在403室,且由被告人阎某开灯点燃厨房泄漏的天然气引发。理由是:第一,现场勘验、检查笔录证实,403室厨房内的天然气软管被切断且断口新鲜,燃气公司出具的说明材料证实案发当月该户燃气使用量陡增,说明该户天然气软管被人为割断,导致天然气大量泄漏。上述情况与阎某所供为求自杀而用刀割断天然气软管的情节能够相互印证。第二,该室防盗门及门锁均由内向外弯曲,卧室的上下楼板均被炸穿,鉴定意见亦证实自该室提取的镜子碎片上检出天然气爆炸燃烧残留成分,说明该室发生过剧烈的天然气爆炸,爆炸形成强烈的冲击波向周围扩散。死亡被害人詹某某居住的401室防盗门由外向内弯曲,室内有多处气体冲击波造成的物品位移、破损痕迹,但无燃烧痕迹,说明该室受到来自室外的爆炸冲击波破坏,室内并未发生爆炸。第三,理化检验报告证实从阎某身上检出与厨房遗留的橙黄色附着物同类的物质,鉴定意见证实此次爆炸的引火源是厨房电灯开关火花,上述情节与阎某所供躺在厨房内吸天然气,后起身开灯时发生爆炸的情节相互印证。

发生在403室的第二次爆炸比第一次更为剧烈,且直接造成被害人詹某某死亡,在通过在案证据认定被告人阎某开灯引发天然气爆炸事实的同时,从排除合理怀疑的角度出发,还应对以下两个问题进行合理解释:一是403室内空气中的天然气浓度在爆炸前是否达到爆炸临界点?是否有其他易燃易爆物质引发爆炸?二是为什么爆炸发生在403室厨房,但卧室受损更为严重,爆炸产生的冲击波还造成邻居詹某某死亡,而身处厨房的阎某本人仅受轻伤?

1. 关于第一个问题。据相关专家介绍,空气中天然气含量达到一定比例(一般为5%~15%)后会引发爆炸,但割断胶管后释放出的天然气总量无法准确计算,根据以往办案经验,天然气释放两三个小时后足以达到发生爆炸的浓度。403室建筑面积为$36m^2$(实际使用面积不详),按此类房屋通常层高2.7米计算,则室内总体积为$97.2m^3$,若按实际使用面积计算,总体积应不超过$90m^3$,考虑到室内设施、用品还占有一定体积,故实际可容纳气体的体积明显小于$90m^3$。该室燃气表显示每小时最大释放量为$4m^3$,按阎某所供至第二次爆炸时已放气约两小时,可释放天然气约$8m^3$,天然气如无外泄,则室内浓度为8.9%(室内总体积以$90m^3$计算)。即使有部分天然气泄漏至楼上,考虑到该室容纳气体的实际体积不足$90m^3$,厨房处天然气浓度可能相对较高等情况,认定该室发生爆炸时天然气浓度(至少是局部浓度)已达到爆炸临界点与科学常理并无明显矛盾。也就是说,在没有其他易燃易爆物质参与的情况下,该室内的天然气遇到电火花后足以发生燃烧、爆炸。上述测算虽然并不精确,但对解释爆炸发生的原因,增强内心确信有较大帮助。此外,现场勘查情况及相关技术鉴定显示,现场并未发现天然气以外的其他易燃易爆物质爆炸的痕迹。

2. 关于第二个问题。据相关专家介绍,天然气爆炸确有距离爆炸点较远的位置受损反而更严重的特点,引发爆炸的起火点处往往爆炸并不剧烈,冲击波经过传导可在较远处形成更剧烈的

爆炸，大量的实际案例中存在这种现象，但形成此现象的具体原理尚待研究。本案第二次爆炸发生在厨房，但在卧室及室外造成更严重的损害，符合天然气爆炸的特点。

综上，根据在案证据及相关论证可认定先后发生的两次爆炸均由被告人阎某释放的天然气引发。因天然气泄漏引发爆炸的案件比较罕见，证实此类犯罪的证据体系也与抢劫、故意杀人等常见犯罪明显不同，审理时既要全面审查、判断证实行为人实施故意释放天然气行为的相关证据是否确实、充分，也要综合运用在案证据排除由其他因素引发爆炸的可能性，同时还要对有关疑问作出科学、合理的解释，最终得出唯一的结论。

（撰稿：最高人民法院刑五庭　张春喜
审编：最高人民法院刑五庭　马　岩）

[第1220号]依斯坎达尔·艾海提等组织、领导、参加恐怖组织，故意杀人案

——如何把握恐怖活动组织成员的罪责认定及暴恐犯罪的死刑适用

【关键词】　组织、领导、参加恐怖组织罪　故意杀人罪　罪责　组织、领导者　积极参加者　其他参加者　死刑的适用

一、基本案情

被告人依斯坎达尔·艾海提，男，1991年12月3日出生。2014年3月29日因本案被逮捕。

被告人吐尔洪·托合尼亚孜，男，1990年8月20日出生。2014年3月29日因本案被逮捕。

被告人玉山·买买提，男，1993年11月5日出生。2014年3月29日因本案被逮捕。

被告人帕提古丽·托合提，女，1992年4月2日出生。2014年3月29日因本案被逮捕。

云南省昆明市人民检察院以被告人依斯坎达尔·艾海提、吐尔洪·托合尼亚孜、玉山·买买提犯组织、领导恐怖组织罪，故意杀人罪，被告人帕提古丽·托合提犯参加恐怖组织罪、故意杀人罪，向昆明市中级人民法院提起公诉。

昆明市中级人民法院经公开审理查明：

受宗教极端思想的影响，2013年12月以来，被告人依斯坎达尔·艾海提、吐尔洪·托合尼亚孜、玉山·买买提、帕提古丽·托合提和阿卜杜热伊木·库尔班、艾合买提·阿比提、阿尔米亚·吐尔逊、盲沙尔·沙塔尔8人伙同依明·毛拉、玉苏甫·牙森、巴拉提·阿卜杜赛麦提、艾力·伊敏、萨拉木·马木提（该5人另案处理），为非法出境、实施暴力恐怖活动，相互纠集，先后在广东省广州市、珠海市，河南省南阳市，甘肃省兰州市，云南省景洪市、个旧市沙甸区等地，进行推选头目、训练体能、准备凶器等活动，逐渐形成了以依斯坎达尔·艾海提为首、以实施暴力恐怖活动为目的的暴力恐怖组织。依斯坎达尔·艾海提等人多次向组织成员播放暴恐音视频，宣扬宗教极端思想，传授杀人方法；吐尔洪·托合尼亚孜多次为组织提供资金支持；玉山·买买提邀约吐尔洪·托合尼亚孜、玉苏甫·牙森加入组织。

因非法出境未逞，2014年2月24日至26日，依斯坎达尔·艾海提、吐尔洪·托合尼亚孜、玉山·买买提、阿尔米亚·吐尔逊、艾合买提·阿比提、盲沙尔·沙塔尔和阿卜杜热伊木·库尔班、

帕提古丽·托合提在云南省个旧市沙甸区热孜曼理发店,多次共谋、组织策划在人员密集的昆明火车站或者个旧火车站以用刀杀人的方式实施暴力恐怖活动,吐尔洪·托合尼亚孜出资购买了10余把长、短刀,依斯坎达尔·艾海提、吐尔洪·托合尼亚孜、玉山·买买提等人验看了刀具,帕提古丽·托合提等人制作了两面暴恐旗帜。

2014年2月27日,依斯坎达尔·艾海提、吐尔洪·托合尼亚孜、玉山·买买提因涉嫌偷越国境在沙甸被抓获。3月1日中午,因联系不上依斯坎达尔·艾海提等人,阿卜杜热伊木·库尔班、艾合买提·阿比提、帕提古丽·托合提、阿尔米亚·吐尔逊、盲沙尔·沙塔尔商定即日按原计划在昆明火车站实施暴力恐怖活动。17时30分许,5人携带作案工具,租车从沙甸出发,20时30分许到达昆明火车站。21时12分许,5人持刀从火车站临时候车区开始,经站前广场、第二售票区、售票大厅、小件寄存处等地,打出暴恐旗帜,肆意砍杀无辜群众,致31人死亡,141人受伤,其中40人系重伤。因抗拒抓捕,帕提古丽·托合提被民警开枪击伤并抓获,其余4人被民警当场击毙。

昆明市中级人民法院认为,被告人依斯坎达尔·艾海提、吐尔洪·托合尼亚孜、玉山·买买提受宗教极端思想影响,成立暴力恐怖组织,并预谋、策划在人员密集场所实施杀人恐怖活动,其行为构成组织、领导恐怖组织罪,故意杀人罪,依法应当数罪并罚。依斯坎达尔·艾海提、玉山·买买提邀约他人参加恐怖组织,吐尔洪·托合尼亚孜多次提供资金用于恐怖组织活动,3被告人组织、策划在人员密集场所实施杀人的暴力恐怖活动,均系恐怖组织的组织、领导者;3被告人在被公安机关抓获后,明知其组织成员即将实施杀人恐怖活动,拒不供述犯罪事实,积极追求暴恐犯罪目的的实现,应对恐怖组织所犯全部罪行承担责任。被告人帕提古丽·托合提受宗教极端思想影响,积极参加恐怖组织,按照安排具体实施杀人行为,其行为构成参加恐怖组织罪、故意杀人罪,依法应当数罪并罚。4被告人犯罪情节特别恶劣,犯罪后果特别严重,造成社会影响极坏,应依法严惩。帕提古丽·托合提在羁押时已怀孕,依法不应适用死刑。据此,依照《中华人民共和国刑法》第二百三十二条、第一百二十条、第二十五条第一款、第二十六条、第四十八条、第四十九条第一款、第五十七条第一款、第六十九条、第六十四条之规定,判决如下:

1.被告人依斯坎达尔·艾海提犯故意杀人罪,判处死刑,剥夺政治权利终身;犯组织、领导恐怖组织罪,判处无期徒刑,剥夺政治权利终身;决定执行死刑,剥夺政治权利终身。

2.被告人吐尔洪·托合尼亚孜犯故意杀人罪,判处死刑,剥夺政治权利终身;犯组织、领导恐怖组织罪,判处无期徒刑,剥夺政治权利终身;决定执行死刑,剥夺政治权利终身。

3.被告人玉山·买买提犯故意杀人罪,判处死刑,剥夺政治权利终身;犯组织、领导恐怖组织罪,判处无期徒刑,剥夺政治权利终身;决定执行死刑,剥夺政治权利终身。

4.被告人帕提古丽·托合提犯故意杀人罪,判处无期徒刑,剥夺政治权利终身;犯参加恐怖组织罪,判处有期徒刑十年;决定执行无期徒刑,剥夺政治权利终身。

一审宣判后,被告人玉山·买买提不服,向云南省高级人民法院提出上诉。

云南省高级人民法院经公开审理认为,一审认定的事实清楚,证据确实、充分,定罪准确,量刑适当,审判程序合法。据此,裁定驳回上诉,维持原判,并将对依斯坎达尔·艾海提、吐尔洪·托合尼亚孜、玉山·买买提的死刑裁定报请最高人民法院核准。

最高人民法院经复核认为,第一审判决、第二审裁定认定的事实清楚,证据确实、充分,定罪准确,量刑适当,审判程序合法。依法裁定核准被告人依斯坎达尔·艾海提、吐尔洪·托合尼亚孜、玉山·买买提死刑。

二、主要问题

1. 如何认定恐怖活动组织成员的罪责?

2. 如何把握恐怖活动犯罪的死刑适用?

三、裁判理由

(一)恐怖活动组织成员罪责的认定

刑法第一百二十条将恐怖活动组织成员划分为组织者、领导者,积极参加者和其他参加者三类,并分别规定了不同的法定刑。因此,正确认定和区分三类恐怖活动组织成员就成为准确定罪量刑的关键。一般认为,组织者、领导者,是指发起、创建恐怖活动组织的人员以及对组织的运转、活动起策划、指挥、决定作用的人员;积极参加者,是指在恐怖活动组织中行为积极并起重要作用的成员,如"自愿多次参加恐怖活动组织实施的恐怖活动,或者虽然是偶尔参加恐怖组织的活动,但在其参加的恐怖活动中起主要作用"①的成员;其他参加者,是指除组织者、领导者、积极参加者之外的恐怖活动组织成员。就本案而言,被告人依斯坎达尔·艾海提多次邀约、纠集他人,宣扬宗教极端、暴力恐怖思想,参与策划昆明火车站暴力恐怖活动;吐尔洪·托合尼亚孜多次为组织提供资金支持,参与策划昆明火车站暴力恐怖活动,并提供购买作案刀具的资金;玉山·买买提邀约他人加入组织,并提供活动经费,参与策划昆明火车站暴力恐怖活动。3人在恐怖活动组织中均起到组织、领导作用,均应认定为组织者、领导者。被告人帕提古丽·托合提作为组织成员,积极参与实施昆明火车站恐怖杀人行为且作用突出,应认定为积极参加者。

正确认定和区分恐怖活动组织的三类成员以后,还需要根据法律规定确定各行为人应当承担的刑事责任。刑法第二十六条第三款、第四款规定:"对组织、领导犯罪集团的首要分子,按照集团所犯的全部罪行处罚。对于第三款规定以外的主犯,应当按照其所参与的或者组织、指挥的全部犯罪处罚。"根据上述规定,作为犯罪集团的恐怖活动组织的组织者、领导者,应当按照组织所犯的全部罪行承担刑事责任;恐怖活动组织的积极参加者和其他参加者,应当按照其所参与的犯罪承担刑事责任。

具体到本案,被告人依斯坎达尔·艾海提、吐尔洪·托合尼亚孜、玉山·买买提虽未参与实施昆明火车站恐怖杀人行为,但3人是恐怖活动组织的组织者、领导者,且系昆明火车站恐怖袭击活动的策划者,在此次暴恐事件发生前、因涉嫌其他犯罪被抓获后,隐瞒组织成员即将实施恐怖袭击活动的情况,造成极其严重的犯罪后果,故均应当按照组织所犯的全部罪行处罚,对昆明火车站恐怖袭击造成的严重后果承担刑事责任。被告人帕提古丽·托合提作为恐怖活动组织的积极参加者,应当按照其所参与的犯罪承担刑事责任,其为实施昆明火车站暴力恐怖活动制作暴恐旗帜,并直接参与实施恐怖杀人行为,在昆明火车站恐怖杀人犯罪活动中起主要作用,应当对昆明火车站恐怖袭击造成的严重后果承担刑事责任。

值得注意的是,应当客观、正确对待恐怖活动组织成员地位与其应当承担的刑事责任的关系,不能为了判处重刑或者因为组织者、领导者已死亡或在逃而将积极参加者拔高认定为组织者、领导者;同时,即便只是积极参加者,如果在实施杀人、放火、爆炸等恐怖活动时行为积极、作用突出,而相关恐怖活动造成严重后果,仍可根据其实施的恐怖活动的行为性质以故意杀人罪、放火罪、爆炸罪等罪名依法判处重刑乃至死刑。

(二)恐怖活动犯罪死刑的适用

宽严相济刑事政策是我国的基本刑事政策,"保留死刑,严格控制和慎重适用死刑"是我国的

---

① 周道鸾、张军主编:《刑法罪名精释》(上),人民法院出版社2013年版,第102页。

重要死刑政策。审理恐怖活动犯罪案件,应当在准确理解把握宽严相济刑事政策和“保留死刑,严格控制和慎重适用死刑”政策基础上,依法准确适用死刑,确保案件裁判法律效果和社会效果的有机统一。最高人民法院2010年2月印发的《关于贯彻宽严相济刑事政策的若干意见》(以下简称《宽严相济意见》)明确提出,对于危害国家安全犯罪、恐怖组织犯罪、邪教组织犯罪、黑社会性质组织犯罪、恶势力犯罪、故意危害公共安全犯罪等严重危害国家政权稳固和社会治安的犯罪,要作为严惩的重点,依法从重处罚,尤其对于极端仇视国家和社会,以不特定人为侵害对象,所犯罪行特别严重的犯罪分子,该重判的要坚决依法重判,该判处死刑的要坚决依法判处死刑。最高人民法院2015年9月印发的《关于充分发挥审判职能作用切实维护公共安全的若干意见》再次强调,“对暴力恐怖犯罪活动,要坚持严打方针不动摇,对首要分子、骨干成员、罪行重大者,该判处重刑乃至死刑的应当依法判处”。因此,对罪行极其严重的暴恐犯罪分子依法判处死刑,是贯彻宽严相济刑事政策的重要方面,也是贯彻“保留死刑,严格控制和慎重适用死刑”政策的重要方面。

在具体适用上,应当严格依照刑法第四十八条第一款关于“死刑只适用于罪行极其严重的犯罪分子”的规定,坚持罪刑法定、罪刑相适应等刑法基本原则,综合考虑犯罪情节、犯罪后果以及被告人的主观恶性和人身危险性等因素,依法准确裁量判断。同时,要注意突出打击重点,对于恐怖活动组织的组织者、领导者、骨干成员,应当作为严惩的重点,其中确属罪行极其严重依法应当判处死刑的,坚决依法判处死刑,但是,对于具有法定从宽处罚情节的,也要注意依法从宽处罚。结合本案来看,恐怖活动组织成员在昆明火车站采用持刀杀人的方式实施恐怖袭击,致31人死亡、141人受伤,被告人依斯坎达尔·艾海提、吐尔洪·托合尼亚孜、玉山·买买提作为恐怖活动组织的组织者、领导者,又系昆明火车站恐怖袭击活动的策划者,被抓获后隐瞒组织成员即将实施恐怖袭击的情况,造成极其严重的犯罪后果,充分说明了3被告人主观恶性深,社会危害性大,所犯罪行极其严重,最高人民法院依法核准3被告人死刑,体现了宽严相济刑事政策中依法严惩严重刑事犯罪的要求。

《宽严相济意见》规定:“贯彻宽严相济刑事政策,必须严格依法进行,维护法律的统一和权威,确保良好的法律效果。”在严惩恐怖活动犯罪的同时,不能因为强调严厉打击而对罪行严重但依法不适用死刑的暴恐犯罪分子判处死刑。刑法第四十九条第一款规定:“犯罪的时候不满十八周岁的人和审判的时候怀孕的妇女,不适用死刑。”该款规定的“不适用死刑”,既包括不适用死刑立即执行,也包括不适用死刑缓期二年执行,因为死刑缓期二年执行不是独立的刑种,而是死刑的一种执行方式。同时,该款规定的不适用死刑是绝对不适用死刑,即对犯罪的时候不满十八周岁的人和审判的时候怀孕的妇女一律不适用死刑,不存在适用死刑的例外情况。1979年刑法施行期间,最高人民法院研究室于1991年3月在《关于如何理解“审判的时候怀孕的妇女不适用死刑”问题的电话答复》中提出,在羁押期间已是孕妇的被告人,无论其怀孕是否属于违反国家计划生育政策,也不论其是否自然流产或者经人工流产以及流产后移送起诉或审判期间的长短,均应依照法律规定,不适用死刑。1997年刑法施行以后,最高人民法院又于1998年8月在《关于对怀孕妇女在羁押期间自然流产审判时是否可以适用死刑问题的批复》中规定:“怀孕妇女因涉嫌犯罪在羁押期间自然流产后,又因同一事实被起诉、交付审判的,应当视为‘审判的时候怀孕的妇女’,依法不适用死刑。”根据上述规定,刑法第四十九条第一款规定的“审判的时候怀孕的妇女”应理解为在审判的时候被告人是怀孕的妇女,包括审判前在羁押时已经怀孕的妇女,也包括在羁押期间已怀孕但自然流产或人工流产的妇女。具体到本案,被告人帕提古丽·托合提属于恐怖活动组织的积极参加者和恐怖杀人行为的直接实施者,罪行极其严重,但鉴于其作案时系怀孕的妇女，依法不适用死刑（包括死刑缓期二年执行），人民法院最终判处其无期徒刑。

需要说明的是，刑法修正案（九）对组织、领导、参加恐怖组织罪进行了修改，完善了刑罚配置，增设了财产刑，以更有效地剥夺犯罪分子再次犯罪的能力和条件，但因为本案发生在刑法修正案（九）施行之前，依照当时的刑法规定对4被告人不能附加判处财产刑。

（撰写：最高人民法院刑二庭　陈新军
审编：最高人民法院刑二庭　张　杰）

［第1221号］阿卜杜苏布尔·图尔迪巴柯等故意杀人、抢劫、故意伤害、故意毁坏财物案

——办理严重暴力恐怖犯罪案件如何把握证据标准

【关键词】　故意杀人罪　暴力恐怖　宗教极端　证据审查判断　刑事责任年龄

一、基本案情

被告人阿卜杜苏布尔·图尔迪巴柯，男，1993年3月8日出生，农民。2011年10月27日因本案被逮捕。

被告人喀尤木·艾则孜，男，1994年3月14日出生，农民。2011年10月27日因本案被逮捕。

新疆维吾尔自治区人民检察院和田分院以被告人阿卜杜苏布尔·图尔迪巴柯犯故意杀人罪、抢劫罪、故意伤害罪、故意毁坏财物罪、聚众扰乱社会秩序罪，被告人喀尤木·艾则孜犯故意杀人罪、抢劫罪、故意毁坏财物罪，向新疆维吾尔自治区和田地区中级人民法院提起公诉。

被告人阿卜杜苏布尔·图尔迪巴柯对指控的犯罪事实无异议，辩解称其不懂法律，请求从宽处理。其辩护人提出，阿卜杜苏布尔·图尔迪巴柯虽然在共同犯罪中起组织、指挥作用，但在故意杀人犯罪中没有实施具体杀人行为，虽然应对杀人后果负责，但对具体行为不应负责，被告人到案后能如实供述犯罪事实，请求从宽处理。

被告人喀尤木·艾则孜辩解称其没有参与抢劫摩托车犯罪，主观上没有杀人故意。其辩护人提出，喀尤木·艾则孜系受他人指使实施犯罪，到案后如实供述犯罪事实，请求量刑时予以考虑。

和田地区中级人民法院经公开审理查明：

被告人阿卜杜苏布尔·图尔迪巴柯自2011年1月中旬起，先后在新疆维吾尔自治区墨玉县奎雅乡、芒来乡等地设立非法教经点，对玉苏普·艾散（同案被告人，已判刑）、热买提·买买提（另案处理）等20余人进行非法宗教培训。2011年9月初至9月24日，阿卜杜苏布尔·图尔迪巴柯为报复向政府反映其违反国家计划生育政策、宗教管理规定情况的基层干部和群众，纠集被告人喀尤木·艾则孜、玉苏普·艾散等10余人，在墨玉县奎雅乡达汗水库为非法目的进行体能训练。

2011年9月24日晚，被告人阿卜杜苏布尔·图尔迪巴柯纠集玉苏普·艾散等6人，并发放铁棒、帽子、手套等作案工具，由布合迪且·买图送（另案处理）将被害人托合提麦麦提·麦尔海麦提（时年41岁）骗至芒来乡托万芒来村村委会办公室后面，几人持铁棒等殴打托合提麦麦提·

麦尔海麦提致轻伤。

2011年9月29日，被告人阿卜杜苏布尔·图尔迪巴柯在墨玉县奎雅乡达汗水库，纠集被告人喀尤木·艾则孜、玉苏普·艾散等8人，提议殴打被害人托合提巴柯·图尔荪(时年51岁)，阿卜杜苏布尔·图尔迪巴柯指使喀尤木·艾则孜准备10根木棒，后将木棒发给其他人。次日零时许，阿不都克尤木·阿不来提、阿不都克尤木·依迪力斯巴克(均另案处理)加入其中。阿卜杜苏布尔·图尔迪巴柯带领众人来到芒来乡巴什芒来村5组托合提巴柯·图尔荪住处，并指使喀尤木·艾则孜和玉苏普·艾散打碎托合提巴柯·图尔荪房子窗户玻璃。后阿卜杜苏布尔·图尔迪巴柯又带众人来到芒来乡托万芒来村1组被害人图尔迪麦麦提·如则麦麦提(时年39岁)住处破门而入，图尔迪麦麦提·如则麦麦提因害怕将灯熄灭，阿卜杜苏布尔·图尔迪巴柯指使众人打碎其住处玻璃，喀尤木·艾则孜和热买提·买买提将停放在院里的一辆价值人民币6 500元的豪爵牌摩托车劫走，后与艾尔西丁·阿里木江(另案处理)一起将摩托车隐藏在达汗水库边玉米地里。

2011年10月1日10时许，被告人阿卜杜苏布尔·图尔迪巴柯将被告人喀尤木·艾则孜、玉苏普·艾散等9人召集到达汗水库，提议殴打向政府反映其违反计划生育政策、非法讲经情况的被害人阿卜杜麦麦提·如则麦麦提(殁年40岁)，阿卜杜苏布尔·图尔迪巴柯指使喀尤木·艾则孜准备一把刀，喀尤木·艾则孜遂以150元价格购买藏刀一把；次日1时许，阿卜杜苏布尔·图尔迪巴柯将自己藏匿的两根铁棒交给肉孜买买提·图送巴克(另案处理)，并给众人发放了木棒，后带领众人来到芒来乡托万芒来村4组被害人住处。在阿卜杜苏布尔·图尔迪巴柯的指使下，肉孜买买提·图送巴克、艾尔西丁·阿里木江等负责在房门前望风，喀尤木·艾则孜先踢开房门，后持藏刀朝正在睡觉的阿卜杜麦麦提·如则麦麦提的头部、颈部及面部乱砍，玉苏普·艾散持木棒朝阿卜杜麦麦提·如则麦麦提头部乱打，玉素甫卡热(另案处理)打碎房屋玻璃，卡斯木·托乎提、依比布拉·依达也提(2人均另案处理)劫取价值人民币300元的鹅5只。当日，阿卜杜麦麦提·如则麦麦提因头部被锐器砍击造成颅脑严重损伤经抢救无效死亡。

和田地区中级人民法院认为，被告人阿卜杜苏布尔·图尔迪巴柯的行为构成故意杀人罪、抢劫罪、故意伤害罪、故意毁坏财物罪，且在共同犯罪中起组织、策划作用，应对全部犯罪行为承担责任；被告人喀尤木·艾则孜的行为构成故意杀人罪、抢劫罪、故意毁坏财物罪。依照《中华人民共和国刑法》第二百三十二条，第二百三十四条第一款，第二百六十三条，第二百七十五条，第二十五条第一款，第二十六条第一款、第四款，第五十七条第一款，第六十九条之规定，对被告人阿卜杜苏布尔·图尔迪巴柯以故意杀人罪判处死刑，剥夺政治权利终身，以抢劫罪判处有期徒刑八年，并处罚金人民币五千元，以故意伤害罪判处有期徒刑三年，以故意毁坏财物罪判处有期徒刑三年，决定执行死刑，剥夺政治权利终身，并处罚金人民币五千元；对被告人喀尤木·艾则孜以故意杀人罪判处死刑，剥夺政治权利终身，以抢劫罪判处有期徒刑七年，并处罚金人民币四千元，以故意毁坏财物罪判处有期徒刑二年，决定执行死刑，剥夺政治权利终身，并处罚金人民币四千元。

宣判后，被告人阿卜杜苏布尔·图尔迪巴柯、喀尤木·艾则孜提起上诉。阿卜杜苏布尔·图尔迪巴柯上诉提出，其没有安排他人杀人，没有具体实施杀人行为，量刑过重。其辩护人提出，阿卜杜苏布尔·图尔迪巴柯在故意杀人犯罪中没有实施具体杀人行为，没有直接造成被害人死亡，量刑过重。喀尤木·艾则孜上诉提出，一审判决认定其年龄有误；其是在阿卜杜苏布尔·图尔迪巴柯的组织、策划下，不能拒绝才参加了犯罪行为，望从轻处罚。其辩护人提出，喀尤木·艾则孜在他人组织、指挥下参加故意杀人犯罪，一审判决量刑过重。

新疆维吾尔自治区高级人民法院经审理认为，上诉人阿卜杜苏布尔·图尔迪巴柯的行为构成故意杀人罪、抢劫罪、故意伤害罪、故意毁坏财物罪，且在共同犯罪中起组织、策划作用，应对全部犯罪行为承担责任；上诉人喀尤木·艾则孜的行为构成故意杀人罪、抢劫罪、故意毁坏财物罪。关于阿卜杜苏布尔·图尔迪巴柯所提上诉理由及辩护人的辩护意见，根据阿卜杜苏布尔·图尔迪巴柯、喀尤木·艾则孜等的供述及有关证人证言，可以确认阿卜杜苏布尔·图尔迪巴柯在全案中起组织、策划作用，应对全部犯罪后果负责，上诉人的上诉理由及辩护人的辩护意见均不予采纳。关于喀尤木·艾则孜所提“认定其年龄有误”的上诉理由，经查，墨玉县奎雅乡计生办出具的家庭成员基本情况登记表记载喀尤木·艾则孜出生于1992年3月14日，与乡派出所出具的户籍证明内容一致，虽然乡成人教育办公室出具的家庭文化档案证明喀尤木·艾则孜出生于1994年7月，但此档案系户籍登记后喀尤木·艾则孜家人自报登记而形成，无其他书面证据印证，而户籍证明形成在前，形成过程客观，证明力高，应予采信，故该上诉意见不予采纳。关于喀尤木·艾则孜所提“在阿卜杜苏布尔·图尔迪巴柯的组织、策划下，不敢拒绝才参加了犯罪行为，望从轻处罚”的上诉理由及辩护人所提“喀尤木·艾则孜在他人的组织、指挥下参加杀人犯罪，量刑过重”的辩护意见，经查，喀尤木·艾则孜在犯罪中行为积极主动，参与预谋，准备藏刀并持刀砍击被害人阿卜杜麦麦提·如则麦麦提要害部位，行为无节制，直接导致被害人死亡，罪行极其严重，依法应予严惩，对该上诉意见及辩护意见不予采纳。原判认定事实清楚，证据确实、充分，定罪和适用法律正确，量刑适当，审判程序合法。依照《中华人民共和国刑事诉讼法》第二百二十五条第一款第一项、第二百三十五条之规定，裁定驳回上诉，维持原判，并依法报请最高人民法院对上诉人阿卜杜苏布尔·图尔迪巴柯、喀尤木·艾则孜核准死刑。

最高人民法院经复核认为，被告人阿卜杜苏布尔·图尔迪巴柯长期从事非法宗教活动，为报复向政府反映其违反国家计划生育政策、宗教管理规定情况的基层干部和群众，组织他人进行体能训练，并事先准备犯罪工具，指使他人殴打被害人托合提麦麦提·麦尔海麦提致轻伤；指使并与他人携带工具多次故意毁坏被害人财物，情节严重；指使并与他人抢劫财物价值人民币6 800元；指使并与他人共同对被害人阿卜杜麦麦提·如则麦麦提实施殴打致其死亡，其行为已构成故意杀人罪、故意伤害罪、抢劫罪和故意毁坏财物罪。被告人喀尤木·艾则孜在阿卜杜苏布尔·图尔迪巴柯的指使下，多次故意毁坏他人财物，情节严重；参与抢劫他人财物价值人民币6 800元；购买并持藏刀砍击被害人阿卜杜麦麦提·如则麦麦提头部致其死亡，其行为已构成故意杀人罪、抢劫罪和故意毁坏财物罪。二被告人犯数罪，均应依法予以并罚。阿卜杜苏布尔·图尔迪巴柯在共同犯罪中起组织、策划作用，并参与实施具体犯罪，系主犯，应当对其组织、参与的全部犯罪承担责任。喀尤木·艾则孜使用藏刀砍击被害人头部致其死亡，在故意杀人共同犯罪中系主犯，应依法惩处。本案认定喀尤木·艾则孜出生于1992年3月14日，犯罪时已满十八周岁的证据不足，应综合全部证据就低认定其出生于1994年3月14日，犯罪时不满十八周岁，对其不适用死刑。第一审判决、第二审裁定认定的事实清楚，证据确实、充分，定罪准确，审判程序合法。对被告人阿卜杜苏布尔·图尔迪巴柯量刑适当。依照《中华人民共和国刑法》第二百三十二条，第二百六十三条，第二百七十五条，第二十五条第一款，第二十六条第一款、第四款，第十七条第一款、第三款，第四十九条第一款，第五十七条第一款，第六十九条；《中华人民共和国刑事诉讼法》第二百三十五条、第二百三十九条和《最高人民法院关于适用〈中华人民共和国刑事诉讼法〉的解释》第三百五十二条的规定，判决如下：

1. 核准新疆维吾尔自治区高级人民法院(2012)新刑一终字第150号刑事裁定中维持第一审对被告人阿卜杜苏布尔·图尔迪巴柯以故意杀人罪判处死刑，剥夺政治权利终身；以抢劫罪判处有期徒刑八年，并处罚金人民币五千元；以故意伤害罪判处有期徒刑三年；以故意毁坏财物罪判处有期徒刑三年;决定执行死刑,剥夺政治权利终身,并处罚金人民币五千元的部分。

2. 撤销新疆维吾尔自治区高级人民法院(2012)新刑一终字第150号刑事裁定和新疆维吾尔自治区和田地区中级人民法院(2012)和中刑一初字第67号刑事判决中对被告人喀尤木·艾则孜以故意杀人罪判处死刑,剥夺政治权利终身,以抢劫罪判处有期徒刑七年,并处罚金人民币四千元;以故意毁坏财物罪判处有期徒刑二年;决定执行死刑,剥夺政治权利终身,并处罚金人民币四千元的部分。

3. 被告人喀尤木·艾则孜犯故意杀人罪,判处无期徒刑,剥夺政治权利终身;犯抢劫罪,判处有期徒刑七年,并处罚金人民币四千元;犯故意毁坏财物罪,判处有期徒刑二年;决定执行无期徒刑,剥夺政治权利终身,并处罚金人民币四千元。

二、主要问题

办理严重暴力恐怖、宗教极端犯罪案件,在坚持严打方针的同时如何贯彻证据裁判原则,准确把握证据标准?

三、裁判理由

(一)坚决严厉打击严重暴力恐怖、宗教极端犯罪

恐怖主义是国际社会的公害、全人类的公敌,宗教极端主义是恐怖主义的重要思想基础。我国坚决反对一切形式的恐怖主义、宗教极端主义。近年来,不少国家或地区接连遭受暴力恐怖袭击,暴力恐怖事件带来的刺激效应在不断加剧。同时,"东突"等境外恐怖势力也在加紧向我国境内渗透,煽动所谓"圣战",恐怖活动境外指挥、网上勾联、境内行动的趋势更加明显。在国内外多种因素的影响和作用下,我国的一些地区已进入暴力恐怖活动的活跃期,恐怖主义犯罪多发、频发,破坏程度和影响范围空前扩大,已经成为严重危害当地经济社会稳定和人民群众生命财产安全的最严重犯罪。

为维护社会和谐稳定,保护人民群众的生命财产安全,必须坚持对暴力恐怖、宗教极端犯罪从严惩治。最高人民法院2015年9月印发的《关于充分发挥审判职能作用切实维护公共安全的若干意见》明确提出,"对暴力恐怖犯罪活动,要坚持严打方针不动摇,对首要分子、骨干成员、罪行重大者,该判处重刑乃至死刑的应当依法判处"。

(二)坚持证据裁判原则,严格执行法定证明标准

对某些犯罪坚持依法从严惩治,并不意味着办案证据标准的降低。两者不是一个层面的问题,前者属于刑事政策范畴,后者属于证据制度范畴,不能将两者混淆。那种认为从严惩治犯罪,就可以随意降低办案证据标准的认识和做法,是错误的。对暴力恐怖、宗教极端犯罪,既要通过依法裁判、从严惩处,树立法治威严,坚决打击暴恐分子的嚣张气焰,有效维护人民权益和社会安宁,也要牢固坚持证据裁判原则,严格执行法定证明标准,依法准确认定案件事实,确保案件的办案质量。

根据刑法第四十九条的规定,犯罪的时候不满十八周岁的人,不适用死刑。犯罪时的年龄是判定对被告人能否适用死刑的关键之一,必须要有"确实、充分"的证据证明。根据刑事诉讼法第五十三条的规定,证据确实、充分,应当满足所认定事实"已排除合理怀疑"的要求。本案中,关于被告人喀尤木·艾则孜的年龄,墨玉县奎雅乡派出所出具的户籍证明、户籍登记卡和乡计生办出具的家庭成员基本情况登记表,均记载其出生于1992年3月14日,被告人犯罪时已满十八周岁;而乡成人教育办公室出具的家庭文化档案则显示喀尤木·艾则孜出生于1994年7月,其犯罪时未满十八周岁,两者不一致。经对有关证据进行审查,户籍证明、户籍登记卡及家庭成员基本情况登记表,虽然证明喀尤木·艾则孜出生于1992年3月14日,但户籍信息是依据被告人家人自

报登记，家庭成员基本情况登记表的信息来源于户籍信息，且户籍登记本身存在兄弟姐妹中二人出生时间为同一年（非孪生）的情况，真实性存疑。家庭文化档案（2006～2007年、2012～2013年）记载喀尤木·艾则孜出生于1994年7月，依据也是被告人家人的自报。故户籍证明及家庭文化档案表均不具备证明力上的排他性。

鉴于证明被告人喀尤木·艾则孜年龄的证据互有矛盾之处，本案复核期间补充了相关材料：证人吾布力哈斯木·艾合买提的证言，证明其子艾热艾力与喀尤木·艾则孜同为1995年出生；证人艾则孜·巴克尔（喀尤木·艾则孜之父）的证言，证明喀尤木·艾则孜犯罪时为十七岁。该两名证人均证明存在因担心不满结婚年龄不能办理结婚证，户籍登记年龄比实际年龄大的情况。喀尤木·艾则孜供述称其与同村的吐尔地买买提·肉孜同龄，但吐尔地买买提·肉孜之父肉孜·霍吉称："吐尔地买买提·肉孜好像是十四五岁，不清楚喀尤木·艾则孜与其子哪个大。"上述证人证言虽不能证实被告人的确切年龄，但证明被告人的出生时间更倾向于1994年。

《最高人民法院关于适用〈中华人民共和国刑事诉讼法〉的解释》第一百一十二条规定："审查被告人实施被指控的犯罪时或者审判时是否达到相应法定责任年龄，应当根据户籍证明、出生证明文件、学籍卡、人口普查登记、无利害关系人的证言等证据综合判断。证明被告人已满十四周岁、十六周岁、十八周岁或者不满七十五周岁的证据不足的，应当认定被告人不满十四周岁、不满十六周岁、不满十八周岁或者已满七十五周岁。"根据该规定，综合被告人喀尤木·艾则孜年龄方面的证据，有关书证证明喀尤木·艾则孜的出生时间不尽一致（1992年3月14日、1994年7月），本人供述称出生于1994年3月14日，一名证人证明其子和被告人同龄，出生于1995年，喀尤木·艾则孜之父称喀尤木·艾则孜犯罪时十七岁等，案件中出现证明喀尤木·艾则孜年龄的多个证据，但认定其犯罪时已满十八周岁的证据，达不到"排除合理怀疑"的程度，这意味着证明被告人年龄的证据存疑，应本着有利于被告人的原则，参照被告人供述及家庭文化档案记载的年龄，就低认定喀尤木·艾则孜出生于1994年。故最高人民法院复核裁定认为，被告人喀尤木·艾则孜在故意杀人共同犯罪中系主犯，论罪应当严惩。但认定喀尤木·艾则孜犯罪时已满十八周岁的证据不足，应认定其犯罪时不满十八周岁，对其不适用死刑，遂以故意杀人罪、抢劫罪、故意毁坏财物罪并罚改判处其无期徒刑，剥夺政治权利终身，并处罚金人民币四千元。

（撰写：最高人民法院刑二庭　王启全
审编：最高人民法院刑二庭　张　杰）

［第1236号］金复生以危险方法危害公共安全、故意杀人案

——不同犯意支配下实施的连续行为定性及现场待捕型自首的认定

【关键词】　以危险方法危害公共安全罪　故意杀人罪　交通肇事犯罪故意　罪数　未遂　现场待捕　自首　公共安全

一、基本案情

被告人金复生，男，1954年8月16日出生。因涉嫌犯以危险方法危害公共安全罪、故意杀人罪于2015年1月7日被逮捕。

北京市人民检察院第三分院以被告人金复生犯以危险方法危害公共安全罪、故意杀人罪(未遂),向北京市第三中级人民法院提起公诉。

被告人金复生的辩解及其辩护人的主要辩护意见是:金复生驾车撞击被害人康某致轻微伤,属于犯罪未遂;金复生在驾车加速逃跑过程中出于过失撞到被害人吴某致轻伤,属于一般交通肇事行为;金复生撞人结束后,明知必然有人报警,能够逃跑而未逃跑,在车内等待民警抓捕,到案后如实供述犯罪事实,应视为自首;金复生在被羁押期间制止他人自杀,有立功表现;另外,本案的发生事出有因,请求对金复生从轻判处。

北京市第三中级人民法院经审理查明:

被告人金复生与北京市朝阳区三里屯社区经济管理中心(以下简称三里屯经济管理中心)因民事纠纷产生矛盾,遂意图通过驾驶机动车撞死三里屯经济管理中心工作人员的方式泄愤。2014 年 12 月 26 日 10 时许,金复生为实施报复行为,驾驶别克牌轿车在北京市朝阳区工体东路 5 号楼东侧辅路,故意撞击三里屯经济管理中心司机康某,并将康某撞倒后逃跑,造成被害人康某头部受伤,经鉴定为轻微伤。

被告人金复生驾车逃跑行驶至北京市朝阳区朝阳门外大街中国工商银行朝阳支行南侧主路时,故意高速撞击在人行横道内正常行走的行人,致被害人吴某轻伤(二级)。后金复生驾车由北京工人体育场南门进入体育场院内,又连续撞击了 10 名行人:在 24 号看台附近驾车撞击了被害人王某;在 11 号看台附近驾车撞击了被害人朱某;在 14 号看台附近驾车撞击了被害人刘某(女,殁年 75 岁)、陈某(男,殁年 57 岁)、智某;在 20 号看台附近驾车撞击了被害人靳某(男,殁年 23 岁)、文某、韩某、杨某、于某。被害人刘某被机动车撞击后,造成多处脑挫伤、硬膜下出血合并全身多处骨折,致颅脑损伤合并创伤性休克死亡;被害人陈某被机动车撞击后,致颅脑损伤死亡;被害人靳某被机动车撞击后,导致颅脑损伤合并创伤失血性休克死亡。同时,金复生的行为致被害人于某重伤(一级);致韩某重伤(二级);致被害人朱某、智某、文某轻伤(一级)、王某、杨某轻伤(二级)。金复生在 20 号看台附近撞击被害人靳某等人后,因所驾车辆与停放在该处的一辆金杯牌汽车发生碰撞而停下,导致该金杯牌汽车和相邻停放的现代途胜牌汽车、雪佛兰乐风牌汽车损坏,经鉴定上述 3 辆汽车经济损失价值共计人民币 43 517 元。经现场群众报案后,民警赶赴现场,在金复生所驾车辆驾驶室内将其抓获。

另查明,被告人金复生被羁押在北京市第二看守所期间发现同监室在押人员高某企图自杀后及时制止。

北京市第三中级人民法院认为,被告人金复生驾驶汽车在城市繁华地段故意撞击行人,致 3 人死亡、2 人重伤、6 人轻伤,其行为已构成以危险方法危害公共安全罪;金复生因对与其产生民事纠纷的三里屯经济管理中心不满,驾车故意撞击该中心员工康某,其行为又构成故意杀人罪(未遂)。金复生到案后虽能够如实供述自己的犯罪事实,且在被羁押期间有立功表现,但因其所犯以危险方法危害公共安全罪性质极为恶劣,情节、后果特别严重,不足以对其从轻处罚。鉴于金复生所犯故意杀人罪系未遂;其因涉嫌犯以危险方法危害公共安全罪被羁押后如实供述司法机关尚不掌握的故意杀人犯罪事实,系自首,且在被羁押期间有立功表现,故依法对金复生所犯故意杀人罪减轻处罚。依照《中华人民共和国刑法》第一百一十五条第一款,第二百三十二条,第四十五条,第五十七条第一款,第六十九条第一款、第三款,第二十三条,第六十七条第二款、第三款,第六十八条,第六十一条,《最高人民法院关于处理自首和立功具体应用法律若干问题的解释》第二条、第三条、第五条之规定,判决如下:

被告人金复生犯以危险方法危害公共安全罪,判处死刑,剥夺政治权利终身;犯故意杀人罪,判处有期徒刑六年;决定执行死刑,剥夺政治权利终身。

一审宣判后,被告人金复生提出上诉。北京市高级人民法院经二审审理,于2016年9月25日裁定驳回金复生的上诉,维持原判,并依法报请最高人民法院核准。最高人民法院经复核,裁定核准北京市高级人民法院维持第一审对被告人金复生以以危险方法危害公共安全罪判处死刑,剥夺政治权利终身;以故意杀人罪判处有期徒刑六年,决定执行死刑,剥夺政治权利终身的刑事裁定。

二、主要问题

1. 对被告人在不同犯意支配下实施的连续行为如何评价?

2. 本案被告人是否成立现场待捕型自首?

三、裁判理由

(一)对不同犯意支配下实施的连续行为,应综合考量行为发生、发展至结束的全过程,按照主客观相一致原则予以准确评价

本案即2014年12月26日发生在北京繁华地段的"工体连环撞人案"。该案的一个显著特点是被告人金复生在不同犯意支配下实施了连续危害社会的行为,对这些行为如何进行准确评价是本案审理中的突出问题。我们认为,对不同犯意支配下实施的连续行为应从犯罪构成要件入手,结合具体案情作出综合评价。我国刑法理论中的犯罪构成要件具有犯罪个别化机能,使一罪与其他犯罪相区别。根据刑法理论通说,犯罪主观方面是犯罪主体对其所实施的危害行为及危害后果所持的心理态度,包括故意、过失、动机、目的等。一般来说,即使行为方式相同或类似,如果主观方面不同,所构成的犯罪也不尽相同。换言之,犯罪主体在不同主观故意支配下的行为构成不同的犯罪。例如,同样是持刀故意伤人的行为,甲多次扎刺被害人的头部、胸腹部等致命部位,而乙仅轻微划割被害人的四肢、臀部等非致命部位,显示出二人的主观故意不同,构成的犯罪亦不相同。因此,对不同犯意支配下行为人实施的具体行为应结合全案证据综合考量才能予以正确评价。

综观本案,被告人金复生的行为可分为三个现场,分别是朝阳区工体东路5号楼东侧辅路(三里屯经济管理中心附近),朝阳区朝阳门外大街中国工商银行朝阳支行南侧主路(以下简称朝外大街),以及北京工人体育场院内(以下简称工体院内)。虽然案发在不同的地点且金复生针对不同对象实施了驾车撞击行为,但从在案证据来看,金复生的相关行为不宜截然分开,而应从其行为发生、发展的全过程分析其行为的性质。

首先,金复生撞击第一被害人康某的行为构成故意杀人罪(未遂)。从客观行为来看,2014年12月26日10时许金复生驾车在朝阳区工体东路5号楼东侧辅路故意撞击三里屯经济管理中心司机康某,造成康某头部受轻微伤。公安机关出具的现场勘验笔录及现场照片证明,现场东侧为南北走向的工人体育场东路,西侧为工体东路小区,周边路人较多。金复生的作案目标具有针对性,表明其犯罪行为侵害的客体是康某的人身权利,并非公共安全。从犯罪主观方面来看,据金复生的供述,他与三里屯经济管理中心因民事纠纷产生矛盾,遂意图驾驶机动车撞死该中心的人员以泄愤。其供称:"我与三里屯经济管理中心因北京市朝阳区三里屯幸福一村十巷23号房产权一事打官司,因该中心有关领导的行为导致我在官司中败诉,就想开车撞死他们,自己也不活了。该中心的人都知道我是受冤枉的,因此我决定只要是这单位的人就开车撞。"可见,金复生最初是计划以开车撞人的方式实施报复,其明知开车撞人可能会致受害人死亡,却为发泄个人私怨而决意实施,足见其至少是持放任的主观心态。至于犯罪对象,金复生确定的目标是三里屯经济管理中心的领导或其他人员,即犯罪对象是特定的。其供称:"我见赵某(三里屯经济管理中心

的现任领导)的司机送赵某到单位。赵某先下车,我和司机仅隔一个小路口,我挂上最大动力档,以二三十公里的时速撞向司机。我通过后视镜见对方倒地便加速离开。”可见,金复生在本案第一现场驾车撞人是有预谋实施的故意杀人行为,该行为也是其当初谋划的自认为可控制的行为。该行为没有达到其犯罪目的,即“开车撞死他们”的危害结果并没有发生,而仅造成被害人康某轻微伤,故属于犯罪未遂。

其次,被告人金复生撞击吴某等11人的行为应综合评价为以危险方法危害公共安全罪。除上述第一现场的行为外,如何评价金复生在第二现场(朝外大街)和第三现场(工体院内)的行为性质,存在一定争议。争议点包括:其一,金复生在第二现场的行为是故意还是过失?其二,金复生在第二现场和第三现场的行为是连续的行为还是各自独立的行为?金复生的辩护人认为,金复生实施第一现场的行为后,在驾车加速逃跑过程中扭回头看是否有人追赶,出于过失撞到吴某,致吴某轻伤,属于一般的交通肇事行为,故金复生在第二现场的行为不构成犯罪。我们认为,对金复生在离开第一现场之后实施的行为应结合具体案情综合认定。根据第二现场受害人吴某的陈述及现场监控录像,可以清楚地看到,吴某等行人当时正沿人行横道由南向北穿行马路且即将到达马路对面,金复生所驾驶的车辆从东向西直接朝吴某等行人冲来,且在接近行人时车辆有明显加速。金复生也供称:“撞完司机后我慌忙逃跑……我的车速约每小时六七十公里,我也没踩刹车就撞了对方(吴某)。撞人后我继续驾车逃跑……从南门进入工人体育场。我从北门开往东门,在路上见人就撞,印象中撞了六七个人,具体数字不记得了……我撞的人与我打官司的事没有关系。我这么做的目的就是想多撞人,制造影响。”可见,金复生在第一现场的行为结束后先是为逃跑而在繁华地段高速行驶以致撞人,后为制造影响在工体院内连续对不特定的无辜行人进行冲撞,其故意或放任危害结果发生的主观心态是贯穿始终的。金复生作为有多年驾驶经验的老司机,明知驾车在有行人穿行的繁华路段高速行驶有可能撞到行人,但其先放任撞人结果的发生,再追求撞人结果的发生,故对其后续行为可以进行整体评价,即金复生在本案第二现场和第三现场的行为是连续的整体行为,构成以危险方法危害公共安全罪。

(二)对本案涉及的自首、立功等量刑情节应根据在案证据准确认定

本案涉及自首、立功、如实供述三种法定情节的认定问题。

首先,金复生在本案中的具体表现不能成立现场待捕型自首。金复生的辩护人认为,金复生连续撞人结束后,明知必然有人报警,能够逃跑而未逃跑,在车内等待民警前来抓捕,到案后如实供述犯罪事实,符合《最高人民法院关于处理自首和立功若干具体问题的意见》中“明知他人报案而在现场等待,抓捕时无拒捕行为,供认犯罪事实”的自动投案情形,构成现场待捕型自首。我们认为,作为“视为自动投案”的一种情形,现场待捕型自首的基础是行为人投案的主动性和自愿性,这种主动性和自愿性是通过明知司法机关必然到案发现场而在现场等待的形式表现出来的,包括相互依托的两个方面:一是明知他人报案;二是留在现场等待归案。两者的结合体现出行为人主动将自己置于司法机关控制之下的主观愿望和客观行为,在一定意义上等同于行为人自动投案,故可视为自动投案。实践中,“他人报案”这一事实一般应是有具体的报案人和明确的报案内容,但在人员比较繁杂的案发现场,即使行为人不能确定具体的报案人员和报案的事实,但能够概括或笼统地知道有人报案,也可认定“明知”的成立。另外,从“明知他人报案”的结果来看,多数情况下“他人报案”应是有效或成功的报案,即司法机关通过本次报案掌握了案发的相关信息,并基于此信息而予以相应处理。如果行为人所明知的并不是一次有效或成功的报案,但行为人误以为他人报案成功而主动留在案发现场等待,最终被查获归案的,考虑到其归案的主动性和自愿性,一般也可认定为“明知他人报案”。

本案中,被告人金复生撞人后的归案不能成立现场待捕型自首。主要理由是:其一,根据在案证据,不能得出金复生"明知他人报案"的结论。公安机关出具的"110"接处警记录及受案登记表、立案决定书等证据证明,朝阳公安分局接到群众报警后即将本案立为刑事案件侦查。金复生一直供称不知有人报警,现有证据既无法确定金复生明知具体的报案人员和报案的事实,也无法确定金复生概括或笼统地知道有人报案的情况。其二,根据在案证据,也不能得出金复生在现场等待归案的结论。在案证据显示,金复生是因为其所驾车辆撞到了停在路边的白色金杯车而无法继续行驶,金复生也供称:"中间有人开我的车门往车里踹了一脚,我就把车门锁上了。"这表明金复生系因缺乏逃离现场的客观条件而滞留现场,并非"等待归案"。况且,金复生在被抓捕时并未完全予以配合。张朝锋、韩立新等证人的证言均证明案发后金复生始终没下车,是在警察到达现场后被"拉下车"的。出警的两位民警的证言也证明:金复生当时"已撞蒙,坐在车内,没有投案迹象","拉开车门嫌疑人不下车,我们从车内将嫌疑人拽下车控制"。这表明金复生并未完全配合公安机关的抓捕行为。综上,不能认定金复生成立现场待捕型自首。

其次,金复生在押期间制止他人自杀的行为可认定为立功表现。《最高人民法院关于处理自首和立功具体应用法律若干问题的解释》第五条规定:"……犯罪分子到案后有检举、揭发他人犯罪行为,包括共同犯罪案件中的犯罪分子揭发同案犯共同犯罪以外的其他犯罪,经查证属实……具有其他有利于国家和社会的突出表现的,应当认定为有立功表现。"对此处的"其他有利于国家和社会的突出表现",相关司法解释并无具体规定,实践中一般由人民法院根据案件的实际情况并参照立法精神、社会评价等因素进行认定。本案中,根据证人高某的证言以及北京市公安局监区医疗管理处出具的核查复函能够证实:2015 年 1 月 25 日凌晨,金复生起夜时发现同监室在押人员高某在监室内用病号服裤子的弹性松紧带拴在床位护栏上,坐在地面。金复生迅速报告并与同监室人员一起将高某扶起。因金复生及时报告,民警对高某企图自缢情况进行了有效处置。故金复生救人的行为属于"有利于国家和社会的突出表现"的情形,可以认定为有立功表现。

最后,金复生主动交代了司法机关还未掌握的本人其他两起犯罪,应分别认定为特殊自首与坦白。公安机关出具的到案经过、工作说明证明:金复生因涉嫌在北京市朝阳区工人体育场院内以危险方法危害公共安全被民警当场抓获,其到案后除交代驾车在工人体育场撞人的事实外,还供述了其之前在第一现场驾车撞击康某,在第二现场驾车撞击吴某的事实。在金复生交代前,公安机关尚未掌握金复生驾车撞击康某、吴某的事实。康某、吴某的陈述也与上述证据相印证。根据前文的分析,虽然金复生驾车撞人的行为在时间上具有连续性,但其撞击康某的行为具有针对性,是意图杀害三里屯经济管理中心的人员,构成故意杀人罪,与之后所犯的以危险方法危害公共安全罪无论是在行为方式、后果,还是在主观故意、侵犯的客体上都有着明显不同,触犯的也是不同罪名,在犯罪事实上也不具有因果关系,属于如实供述司法机关尚未掌握的本人其他罪行的,以自首论。但金复生主动供述的司法机关尚未掌握的撞击吴某的事实则与其供述的撞击康某的事实性质不同,应认定为坦白。根据前文分析,金复生在第二现场撞击吴某的行为和在第三现场的行为是连续的整体行为,构成以危险方法危害公共安全罪,在犯罪事实上也有着密切联系,与司法机关掌握的罪行属于同种罪行,故对金复生主动交代该起犯罪事实的行为应认定为坦白。

(三)对本案的量刑应综合考虑全部量刑情节,依法确定刑罚

综合前文所述,对本案量刑应综合考虑以下量刑情节:一是金复生故意驾车在公共场所连续撞击行人,导致 3 人死亡、2 人重伤、6 人轻伤、3 辆汽车受损的危害后果,已构成以危险方法危害公共安全罪,犯罪性质极为恶劣,情节、后果特别严重。金复生以不特定人为侵害对象,所犯罪行

严重危害了公共安全与社会治安，严重影响了人民群众的安全感。二是金复生杀害康某的犯罪行为因意志以外的原因未得逞，系犯罪未遂，且该起犯罪系金复生主动交代的司法机关尚未掌握的不同种罪行，成立自首，故可以对其所犯故意杀人罪减轻处罚。三是金复生在案发后对于他人报警的事实并不明知，投案缺乏主动性，不能成立自首，对其所犯以危险方法危害公共安全罪不能从轻或减轻处罚。四是金复生到案后虽如实供述犯罪事实，且在被羁押期间有制止他人自杀的立功表现，该立功表现应分别适用于故意杀人罪和以危险方法危害公共安全罪。就故意杀人罪而言，因有立功表现，可以对其从轻处罚；但因其所犯以危险方法危害公共安全罪性质极为恶劣，情节、后果特别严重，人身危险性极大，不足以对其所犯以危险方法危害公共安全罪从轻处罚。五是对本案案发起因的评判问题。金复生的辩护人提出，金复生犯罪事出有因，造成本案的严重后果并非金复生一个人的责任，请求对金复生予以轻判。我们认为，金复生与他人产生民事纠纷后，因对处理结果不满，竟采用驾车在公共场所连续撞人的方式引起社会关注，造成重大人员伤亡，危害后果极大，以开车撞人作为发泄或引起关注的手段的辩解不能成立。法治社会应当通过合法、合理的方式解决问题，不能将自己认为的不公转移到无辜群众身上，而这也正表明了金复生犯罪动机的恶劣与人身危险性之大。因此，对于辩护人的此项辩护意见不予采纳。

综合上述量刑情节，我们认为，被告人金复生到案后虽能如实供述自己的犯罪事实，且在被羁押期间有立功表现，但因其所犯以危险方法危害公共安全罪性质极为恶劣，情节、后果特别严重，不足以对其从轻处罚。鉴于金复生所犯故意杀人罪系未遂，其因涉嫌犯以危险方法危害公共安全罪被羁押后如实供述司法机关尚未掌握的故意杀人的犯罪事实，系自首，且在被羁押期间有立功表现，故依法对金复生所犯故意杀人罪予以减轻处罚。最终对金复生以以危险方法危害公共安全罪判处死刑，剥夺政治权利终身；以故意杀人罪判处有期徒刑六年；决定执行死刑，剥夺政治权利终身。

（撰稿：北京市第三中级人民法院　余　诤　刘鹏玮
审编：最高人民法院刑五庭　方文军）

[第1271号]李彬交通肇事案

——如何认定醉驾致人死亡案件中行为人的主观心态

【关键词】　交通肇事罪　醉酒驾驶　以危险方法危害公共安全罪　主观罪过

一、基本案情

被告人李彬，男，1992年4月6日出生。因涉嫌犯以危险方法危害公共安全罪于2013年10月30日被逮捕。

北京市延庆县人民检察院以被告人李彬犯以危险方法危害公共安全罪，向延庆县人民法院提起公诉。

被告人李彬辩称其行为构成交通肇事罪。其辩护人提出，以危险方法危害公共安全罪中的危险方法应当与放火、决水、爆炸等行为危害程度相当；李彬没有这种主观目的和表现，属于过失犯罪，故应构成交通肇事罪；李彬有自首情节，且已全部赔偿到位；建议对其从轻处罚。

延庆县人民法院经公开审理查明:2013 年 9 月 23 日晚,被告人李彬与李某一起饮酒后,李某驾驶李彬的速腾轿车送李彬回家。到家后李彬不听劝阻,又驾车接上他人向延庆县第七中学方向行驶。21 时 10 分许,李彬超速行驶到该中学门口处时未避让行人,在人行横道处将步行通过路口的中学生张某撞飞。李彬发现自己肇事后,驾车从道路前方断口处返回,停车后拨打“120”,公安人员赶到现场后李彬承认系其酒后驾车撞人。张某因闭合性颅脑损伤经抢救无效于当日死亡。经鉴定,李彬案发时血液酒精含量为 227.1mg/100ml,负此次交通事故的全部责任。

延庆县人民法院认为,被告人李彬违反交通管理法规,在道路上醉酒超速驾驶机动车,遇行人通过人行横道未采取措施避让,致一人死亡,负事故全部责任,其行为已构成交通肇事罪。公诉机关指控李彬醉酒驾驶并致人死亡的事实清楚,证据确实、充分,但指控其构成以危险方法危害公共安全罪的罪名不能成立。李彬肇事后掉头停车,拨打“120”呼叫急救车,后向到场的公安人员承认酒驾撞人,构成自首。据此,依照《中华人民共和国刑法》第一百三十三条、第六十七条第一款、第六十一条之规定,以交通肇事罪判处被告人李彬有期徒刑二年十一个月。

一审宣判后,延庆县人民检察院以一审判决认定罪名有误,导致对被告人量刑畸轻为由提出抗诉。理由是:被告人李彬明知醉酒超速驾驶机动车会发生极其严重的危害后果,但主观上没有避让意识,也未采取任何措施避免事故发生,其行为构成以危险方法危害公共安全罪,不属于过失犯罪。

北京市第一中级人民法院经二审审理认为,从被告人李彬驾车撞人事前、事中及事后的行为表现来看,其对违反交通法规是故意的,但不能证明其具有危害公共安全的故意,故应按照过失犯罪处理。原审判决认定的事实清楚,证据确实、充分,适用法律正确,量刑适当,审判程序合法,应予维持。依照《中华人民共和国刑事诉讼法》(2012 年)第二百二十五条第一款第一项之规定,于 2015 年 9 月 18 日裁定驳回抗诉,维持原判。

二、主要问题

醉酒驾车发生事故致人死亡的案件,如何认定行为人的主观心态是过失还是故意?

三、裁判理由

司法实践中,行为人酒后驾车发生致人死亡或多人重伤等重大交通事故的,一般认定为交通肇事罪。同时,根据《最高人民法院关于审理交通肇事刑事案件具体应用法律若干问题的解释》第二条第二款的规定,酒后驾车的情节在交通肇事致一人以上重伤并负事故全部责任或者主要责任的情况下还充当了入罪条件。但行为人大量饮酒后,在操控机动车的能力明显减弱的情况下驾车肇事,造成重大伤亡后果的,应认定为交通肇事罪还是以危险方法危害公共安全罪,则存在不同认识。本案就是一起比较典型的醉酒后驾车肇事致人死亡的案件。对于被告人李彬的行为构成何罪,有两种意见:一种意见认为,李彬明知醉酒超速驾驶机动车会发生危害后果,仍执意为之,放任危害结果的发生,属于故意犯罪,故应构成以危险方法危害公共安全罪。另一种意见认为,李彬醉酒后驾车,虽系故意违反交通法规,但并无实施危险行为以造成危害社会后果的意图,其肇事后的表现也反映其对危害后果不存在希望或放任的心态,属于过于自信的过失,应认定为交通肇事罪。我们同意第二种意见,具体分析如下。

从理论上来看,区分交通肇事罪和以危险方法危害公共安全罪,关键在于准确认定行为人的罪过形式,即属于间接故意还是过于自信的过失。审判实践中,考虑到行为人犯罪时的主观心态只存在于其意志中,要证明其主观心态只能通过其认知水平、行为时间、地点、对象、力度、使用的工具以及事发后表现等外在表象,根据主客观相一致的原则,运用经验与逻辑形成判断,以此来认定行为人的主观心态。间接故意与过于自信的过失的区别体现在认识因素和意志因素两方面。第一,间接故意的认识因素为“明知自己的行为会发生危害社会的结果”,而过于自信的过失则是“已经预见自己的行为可能发生危害社会的结果”。在间接故意的心态下,行为人清楚明确地知道发生危害结果的高度可能性;而在过于自信的过失心态下,行为人只是凭经验认识到危害结果发生的可能性,至于危害结果是否将会发生则存在很大的不确定性。第二,在意志因素方面,间接故意是放任危害结果发生,即行为人对于危害结果的发生不反对、不排斥;而过于自信的过失则是行为人轻信能够避免发生危害结果,其对危害结果的发生是反对、排斥的。因此,只要有证据证明行为人事前并没有明显的危害社会意图,事后有尽量避免危害结果发生的补救举动,一般就应当认为其主观心态属于过于自信的过失。从另一个角度分析,如果有充分的证据证明行为人为了实施某些偏离交通目的的高度危险行为而放任危害结果发生,可以认定其具有危害公共安全的间接故意,可能构成以危险方法危害公共安全罪。例如,出于竞技、斗气等动机酒后驾车追逐竞驶,肇事后为逃离现场或躲避执法连续冲撞行人、车辆,都是比较典型的以驾车肇事方式实施的以危险方法危害公共安全行为。至于醉酒,只是反映行为人违反交通法规严重程度的情节,可在量刑时予以考虑,一般不能作为认定行为人具有危害公共安全间接故意的关键因素。

最高人民法院2009年发布的《关于醉酒驾车犯罪法律适用问题的意见》指出,“行为人明知酒后驾车违法、醉酒驾车会危害公共安全,却无视法律醉酒驾车,特别是在肇事后继续驾车冲撞,造成重大伤亡,说明行为人主观上对持续发生的危害结果持放任态度,具有危害公共安全的故意。对此类醉酒驾车造成重大伤亡的,应依法以以危险方法危害公共安全罪定罪”。根据上述文件的精神,在司法实践中可大体遵循以下标准区分交通肇事罪和以危险方法危害公共安全罪:(1)仅有一次碰撞行为的,除非有充分的证据证明行为人对危害结果的发生持希望或放任态度,否则不能认定其具有危害公共安全的直接或间接故意,只能认定为过失,以交通肇事罪论处。其中,对造成特别重大伤亡后果的案件,不能仅因后果极其严重就认定行为人当时出于故意心态,即不能仅凭结果认定主观心态,还要综合案件的具体情节来认定。例如,对于醉酒后不顾他人劝阻强行开车,并在人群密集的场所高速甚至超速行驶,从而一次性撞击造成重大伤亡的,可以考虑认定为以危险方法危害公共安全罪。反之,如果在车流量、人流量不大的道路上醉酒驾车,因一时疏忽没有避让行人,一次性撞击造成重大伤亡的,则不宜认定为以危险方法危害公共安全罪。(2)有两次以上碰撞行为的,说明行为人出于逃逸等目的,将他人的生命置于高度危险之中,其本人已没有能力对这种危险进行有效控制,但依然不管不顾,为逃脱罪责放任危害结果的发生,一般可认定具有危害公共安全的间接故意,可以以危险方法危害公共安全罪论处。

本案中,被告人李彬案发前大量饮酒,处于醉酒状态,且驾车过程中超速行驶,但不能仅以其大量饮酒、有超速行为就认定其主观上具有危害公共安全的故意。综合其事前、事中、事后的表现来看,其主观上仍属于过于自信的过失,构成交通肇事罪。具体理由有三点:(1)醉酒超速驾车的情况下,既有可能发生本案这种撞击他人的事故,也有可能发生撞击其他车辆或翻车等伤及自身的事故,李彬在醉酒超速驾车时虽意识到有发生事故的可能性,但显然并不希望发生事故。(2)醉酒、超速驾车行为严重违反交通法规,但此种行为是否属于危害公共安全的高度危险行为,需要结合具体案情评估行为人操纵车辆、保证交通安全的能力。根据李彬的供述,其驾车通过事发路段时按了喇叭,并认为行人会避让所以没有减速,发现被害人时来不及躲闪因而发生相撞。上述情节反映其事发时具有一定避险能力和避险意识,并且也有相应的避险举动,其行为尚不属于危害公共安全的高度危险行为。(3)虽然不能单纯以事后行为判断行为人事发时的主观心态,但行为人事发后的即时表现对认定其主观心态也是重要的参考因素。李彬发现自己肇事后,及时返回现场拨打"120",并主动承认自己醉酒驾车撞人,这些事后表现反映出其对危害后果的发生是持反对态度的,并无放任危害结果发生的心态。

综上,从被告人李彬驾车撞人事前、事中及事后的表现来看,其对违反交通法规本身持故意心态,但不能认定其具有危害公共安全的间接故意,而是属于过失犯罪,应以交通肇事罪论处。一、二审法院认定李彬的行为构成交通肇事罪,理由是充分的。

（撰稿:北京市第一中级人民法院　张　鹏
审编:最高人民法院刑五庭　方文军）

[第1283号]张维文、冯太平以危险方法危害公共安全案

——在公交车行驶过程中驾乘人员互殴行为如何定性

【关键词】 以危险方法危害公共安全罪　其他危险方法　公交车　互殴　危害驾驶安全　公共安全

一、基本案情

被告人张维文,男,1973年6月18日出生,原系重庆市渝运集团綦江公司508路公交车驾驶员。2018年1月26日被刑事拘留,同年2月9日被取保候审。

被告人冯太平,男,1963年9月13日出生。2018年1月26日被刑事拘留,同年2月9日被取保候审。

重庆市綦江区人民检察院指控被告人张维文、冯太平犯以危险方法危害公共安全罪,向重庆市綦江区人民法院提起公诉。

二被告人对指控的犯罪事实无异议。

二人的辩护人均提出,被告人认罪悔罪,有自首情节,请求法院减轻处罚。

重庆市綦江区人民法院经公开审理查明:

2018年1月24日17时许,被告人张维文驾驶车牌号为渝BZ8337的508路公交车从重庆市綦江城区世纪花城出发沿210国道往该区石角镇方向行驶,车上搭载40余名乘客。当车行驶至綦江区三江街道黄荆村路段时,张维文因避让同向行驶的车辆往左打方向盘,车上乘客被告人冯太平感觉颠簸,因此与张维文发生争吵,二被告人相互对骂。张维文将车辆停靠路边,与冯太平发生厮打,后车上乘客将二人劝开。张维文又继续驾驶车辆。在行驶过程中,张维文和冯太平不顾行车安全,又相互对骂,且发生厮打,致使公交车失控,撞击到横跨渝黔高速的210国道线三江雷神殿大桥的护栏上,造成大桥护栏及公交车受损的事故,产生维护修复费用3 000余元。事故发生后,张维文和冯太平继续厮打,随后张维文打开车门让乘客下车,冯太平也离开现场。

2018年1月25日,被告人张维文、冯太平经公安机关电话通知后到案,均如实供述上述事实。二人积极赔偿了公交车撞击大桥护栏造成的损失3 000余元。

重庆市綦江区人民法院认为,被告人张维文、冯太平因纠纷发生矛盾,在行驶中的公交车上争吵并厮打,致使公交车撞击护栏,发生事故,尚未造成严重后果,二人行为均已构成以危险方法危害公共安全罪。张维文、冯太平经公安机关电话通知后主动投案,如实供述自己的犯罪事实,系自首,依法可减轻处罚。张维文、冯太平自愿认罪认罚,可酌情从轻处罚。对张维文、冯太平的

辩护人关于二人有自首情节,认罪态度好,请求减轻处罚的意见予以采纳。根据本案的事实和情节并结合被告人的认罪、悔罪表现,判决如下:

1. 被告人张维文犯以危险方法危害公共安全罪,判处有期徒刑二年八个月,缓刑三年;

2. 被告人冯太平犯以危险方法危害公共安全罪,判处有期徒刑一年八个月,缓刑二年。

二、主要问题

1. 在公交车行驶过程中,驾驶员同乘客互殴的行为如何定性?

2. 对发生互殴的驾驶员同乘客应当如何裁量刑罚?

三、裁判理由

(一)被告人张维文和冯太平互殴行为的性质认定

在本案审理过程中,对于公交车驾驶员张维文在驾车行驶过程中与乘客冯太平相互厮打,危害公共安全的行为应当如何定性,存在不同意见。

第一种意见认为,被告人张维文和冯太平无罪。主要理由在于:本案属于从事交通运输人员和非从事交通运输人员违反交通运输管理法规,致使公交车失控,撞击到大桥护栏上,造成大桥护栏及公交车受损事故的情形,张维文、冯太平的行为性质均属交通肇事,但没有发生"致人重伤、死亡或者使公私财产遭受重大损失"的后果,依法不能认定为犯罪。

第二种意见认为,被告人张维文和冯太平构成过失以危险方法危害公共安全罪。主要理由在于:首先,从二被告人的主观心态来看,公交车驾驶员张维文在同冯太平发生厮打时,对于可能发生的危害后果持过于自信的主观心态,认为凭自己的驾驶技术可以避免。张维文最初同冯太平发生争吵后将车停下,再同冯太平发生厮打的事实,可以从反面证明张维文对于可能发生的危害后果是持否定态度的。冯太平是在驾驶员张维文先动手的情况下,同张维文进行厮打,系瞬间做出的应急反应,难以认定其对危害后果的发生有追求、放任的心态;同时,由于其仅是搭乘人员,对于汽车驾驶缺乏专业技术,也不能认定其对于危害后果的发生持过于自信、轻信可以避免的态度,因此根据本案具体情况,应当认定冯太平对危害后果的发生有疏忽大意的过失。其次,张维文和冯太平的行为虽然尚未造成严重后果,但已经导致正在行驶中的公交车失控,撞击到横跨渝黔高速的210国道线三江雷神殿大桥的护栏,造成大桥护栏及公交车受损的事故,危害了道路交通安全,依法应当以过失以危险方法危害公共安全罪追究二人刑事责任。

第三种意见认为,被告人张维文和冯太平均构成以危险方法危害公共安全罪。主要理由在于:(1)主观上,张维文和冯太平都明知自己的行为会发生危害公共安全的后果,并对发生的危害后果持放任态度;(2)客观上,张维文与冯太平在行驶的公交车上相互厮打,造成公交车失控,撞击护栏,对公共安全造成了实际危害。

我们同意第三种意见,即被告人张维文和被告人冯太平均构成以危险方法危害公共安全罪。主要理由如下:

1. 被告人张维文、冯太平的行为不构成交通肇事罪,也不构成过失以危险方法危害公共安全罪

根据刑法第一百三十三条的规定,交通肇事罪是指违反交通运输管理法规,因而发生重大事故,致人重伤、死亡或者使公私财产遭受重大损失的行为。根据刑法第一百一十五条的规定,过失以危险方法危害公共安全罪是指过失以危险方法致人重伤、死亡或者使公私财产遭受重大损失的行为。

从刑法理论上分析,交通肇事罪和过失以危险方法危害公共安全罪都有两个显著特征:一是都是过失犯罪。行为人对于自己的行为造成的危害后果要么由于疏忽大意没有预见,要么已经

预见到危害后果却轻信能够避免,因而发生这种危害后果。二是都是结果犯。交通肇事行为和过失以危险方法危害公共安全行为只有在致人重伤、死亡或者使公私财产遭受重大损失的前提下,才构成犯罪。

本案中,被告人张维文、冯太平的行为不符合交通肇事罪和过失以危险方法危害公共安全罪的基本特征。

首先,认为被告人张维文主观上是过于自信的过失、被告人冯太平主观上是疏忽大意的过失的观点不能成立。一方面,乘客同驾驶员在行驶中的公交车上相互厮打,会危害道路交通安全,这符合生活逻辑,也是社会常识,作为交通运输专业人员的张维文和心智成熟的成年人的冯太平当然应当且能够预见自己危险行为的危害后果,认为冯太平因疏忽大意没有认识到这种危害后果的观点既不符合常识,也违反生活逻辑;另一方面,在实施同乘客相互厮打这一高度危险行为的时候,作为驾驶员的张维文没有采取任何防止和避免危害结果发生的行为,不符合认定过于自信的过失的条件。

其次,被告人张维文、冯太平的行为没有发生"致人重伤、死亡或者使公私财产遭受重大损失"的后果。根据审理查明的事实,张维文和冯太平在公交车上相互厮打,导致车辆失控,撞击到公路大桥的护栏上,造成了大桥护栏及公交车受损,但是没有致人重伤、死亡,也没有使公私财产造成重大损失。

2. 被告人张维文、冯太平的行为均构成以危险方法危害公共安全罪

(1)主观上,被告人张维文、冯太平对于在公共汽车上相互厮打造成的危害后果持放任态度,属于刑法理论上的间接故意。驾驶员驾驶公共汽车在道路上行驶,承载着车上驾乘人员、路上行人、车辆本身乃至道路及其他建筑、设施设备的安全,又要随时面对复杂路况或者突发状况,只有注意力高度集中,严格按照技术规范正确行驶,才能恰当处理各种交通状况,保证运输安全。根据生活常识,只要是具有正常心智的成年人,都应当预见到在公共汽车行驶过程中驾驶员同乘客发生相互厮打,必然会导致驾驶员注意力分散,判断、操控能力下降,难以应对复杂路况或者突发状况,稍有差池,就会危及公共安全。张维文和冯太平明知在行驶的公共汽车上相互厮打会造成危害公共安全的后果,为了出一时之气,逞一时之勇,图一时之快,置车辆、众多乘客、路上行人、设施设备安全于不顾,相互厮打,造成了车辆失控,撞击到公路大桥的护栏上,造成大桥护栏及公交车受损,危害公共安全,张维文及冯太平对于各自行为的后果均持间接故意的心理态度。

(2)客观上,被告人张维文、冯太平实施了以危险方法危害公共安全的行为。张维文作为公交车驾驶员,应当严格执行驾驶技术规范,文明驾驶,切实保证所驾驶公交车辆、乘客、路上行人的人身和相关财产安全。但在乘客冯太平因车辆转弯发生颠簸对其抱怨、指责时,不仅未能遵守职业道德,合理调适和控制自己情绪,反而不依不饶,与冯太平发生争执,并两次率先动手殴打冯太平,尤其是在因争执停车厮打被他人劝解分开后,继续驾驶车辆的过程中,再次动手殴打冯太平的行为,完全属于背离驾驶员职责要求的危险行为。事实上,正是张维文实施的这些危险行为直接造成了公交车失控,撞击大桥护栏,致护栏和公交车受损的后果。

作为乘客的被告人冯太平,理应尊重公交车驾驶员张维文的驾驶工作,即便感受到车辆颠簸,也应对车辆行驶中的各种复杂情况有所理解,理性文明地向驾驶员指出。张维文驾驶公交车避让车辆调整方向,乘客在一定程度上感到颠簸,实属驾乘过程中的正常情况,冯太平数次辱骂正在驾驶公交车的张维文,严重影响张维文的驾驶情绪,导致其注意力分散,操作控制车辆能力下降,已属可能导致危害后果的危险行为,并致使张维文停车与其发生抓扯、厮打。在经人劝解分开,张维文继续驾驶公交车的过程中,冯太平仍一直在驾驶室旁对张维文进行谩骂、指手画脚,

其肢体曾数次越过驾驶室栏杆进入驾驶室区域，严重影响了张维文正常驾驶，危险行为进一步升级。在张维文不能忍受冯太平辱骂动手对其进行殴打后，冯太平亦置全车乘客、路人、车辆及其他财产安全于不顾，抓扯张维文衣领，再次同张维文进行厮打，其实施的危险行为再次升级，同张维文背离驾驶职责的危险行为共同导致了车辆失控，撞击大桥护栏，致护栏和车辆受损的后果。

(3)被告人张维文和冯太平的行为对公共安全造成了现实危害。从查明的事实来看，驾驶员张维文同冯太平在行驶的公交车上互殴，使公交车的行驶处于不正常状态，最终公交车失去控制，撞击大桥护栏，致使护栏及车辆本身受损。应当特别指出的是，张维文和冯太平实施危险行为造成的后果不仅于此，更为重要的是对公共安全造成了危害。随着张维文和冯太平危险行为的逐步升级，行驶中的公交车失去控制，所有这些危险都急剧上升并朝着变为现实的方向发展，造成包括40余名乘客以及路面行人在内的不特定多数人的生命、健康以及包括公交车本身、道路上相遇的各类车辆、道路相关设施设备在内的重大财产都处于重大危险当中，这种危险随时都可能变为现实，最后由于偶然的因素，才只造成了护栏和公交车受损。我们认为，张维文和冯太平二人危险行为的危害后果不仅在于实际的损失，也在于对不特定多数人的生命、健康和重大财产安全造成的现实危险。

(二)对于被告人张维文和冯太平互殴行为应当如何裁量刑罚

1. 量刑的幅度

刑法第一百一十四条、第一百一十五条规定，以危险方法危害公共安全，尚未造成严重后果的，处三年以上十年以下有期徒刑；致人重伤、死亡或者使公私财产遭受重大损失的，判处十年以上有期徒刑、无期徒刑或者死刑。

被告人张维文和冯太平在行驶的公交车上互殴，危害公共安全，但是尚未造成严重的实际后果，依照刑法规定，对二人均应在三年以上十年以下有期徒刑的幅度内量刑。

2. 量刑的情节

案发次日，被告人张维文、冯太平接到公安机关电话通知后，明知自己是因为在公交车上互殴被传唤，主动到公安机关接受调查，如实供述自己在公交车上互殴致行驶中的公交车失控，撞击到大桥护栏，致护栏和车辆受损的全部事实。《最高人民法院关于处理自首和立功具体应用法律若干问题的解释》规定，犯罪事实虽被发觉，但犯罪嫌疑人尚未受到讯问、未被采取强制措施时，主动、直接向公安机关、人民检察院或者人民法院投案，可以认定为自动投案。投案以后，二人如实供述了自己的罪行，依法可以认定为自首。

3. 被告人张维文、冯太平的刑事责任区分

(1)从二人的客观行为来分析，乘客冯太平首先指责、谩骂驾驶员张维文，引发纠纷，张维文第一次停车后率先动手殴打冯太平，冯太平随即同张维文相互厮打，被他人劝开后，张维文重新驾车前行，冯太平仍继续对张维文进行谩骂、指手画脚，其肢体越过驾驶室栏杆进入到驾驶室区域，严重影响驾驶员安全行驶，张维文随后动手殴打冯太平，冯太平又抓扯张维文衣领，导致公交车失控，危害公共安全。从客观事实来看，在爆发情绪冲突的时候，张维文和冯太平都没有保持应有的克制，竞相升级危险行为，二人对于危害后果的发生都起重要作用，承担的刑事责任大体相当。

(2)从规范要求来分析，道路交通安全法第六十六条规定，乘车人不得有影响驾驶人安全驾驶的行为。被告人冯太平因为车辆颠簸而对被告人张维文指责、谩骂，引起纠纷并激化矛盾。其辱骂的行为已经严重影响到驾驶人员的情绪，并最终致使事态升级、车辆失控，危害公共安全，应当受到谴责并承担相应的刑事责任。

道路交通安全法第二十二条规定，驾驶人应当按照操作规范安全驾驶、文明驾驶。被告人张

维文作为经过职业培训的交通运输专业人员，在驾驶公交车的过程中，承载着全车驾乘人员的生命财产安全和车辆行驶中的道路交通安全，负有特别的安全责任。张维文在遭受被告人冯太平指责、谩骂时，违背职业道德和驾驶技术规范，实施危险行为危害公共安全，亦应当受到谴责并承担相应的刑事责任。

在被告人张维文和冯太平相互实施危险行为共同危害公共安全的情况下，我们认为，保障驾乘人员生命财产安全和道路交通安全是驾驶员的职业要求，因此，张维文负有特别的安全保障责任，也负有特别的注意义务，在客观危害行为同乘客冯太平大致相当的情况下，张维文的行为具有更重的可谴责性和更大的社会危害性，其承担的刑事责任应当相比冯太平更重。

综上，重庆市綦江区人民法院根据二被告人危害公共安全、造成危害后果的事实、认罪悔罪、积极赔偿损失和自首情节等，以以危险方法危害公共安全罪判处被告人张维文有期徒刑二年八个月，缓刑三年；以以危险方法危害公共安全罪判处被告人冯太平有期徒刑一年八个月，缓刑二年，定罪准确，量刑适当。

（撰稿：重庆市高级人民法院　米　阳
云南大学法学院　张靖雪
审编：最高人民法院刑二庭　韩维中）

［第1297号］胡伦霞交通肇事案
——行人引起的交通肇事案件的司法认定

【关键词】　交通肇事罪　主体　行人　事故责任认定

一、基本案情

被告人胡伦霞，女，1968年11月28日出生。2018年5月17日被取保候审。

广东省中山市第一市区人民检察院于2018年8月24日以被告人胡伦霞犯交通肇事罪，向中山市第一人民法院提起公诉。

经中山市第一人民法院审理查明：2017年5月27日20时许，被告人胡伦霞步行至中山市火炬开发区中山六路上坡头对开路段，未按交通信号灯指示而穿越马路，并在穿越马路时使用手机；其间与机动车道内正常行驶的由缪渊源驾驶的普通二轮摩托车发生碰撞，致乘坐摩托车的被害人张小清受伤，后经送医院抢救无效死亡。经法医鉴定，张小清系钝性暴力作用于头面部致重型颅脑损伤而死亡。胡伦霞也受伤并被送医救治。经公安交警部门现场勘查和调查取证认定，胡伦霞通过有交通信号灯的人行道，未按交通信号灯指示通行，违反《中华人民共和国道路交通安全法》第六十二条的规定，是导致此事故的主要过错方；根据《道路交通事故处理程序规定》（2008年，已失效）第四十六条第一款第二项的规定，胡伦霞承担此事故的主要责任。

2018年5月17日，被告人胡伦霞经公安交警人员电话通知后，到公安机关接受处理。案发后，胡伦霞于2018年9月18日与被害人张小清的家属达成执行和解协议，支付部分赔偿款，取得了被害人家属的谅解。

中山市第一人民法院认为，被告人胡伦霞违反交通运输管理法规，因而发生重大事故，致一人死亡，负事故的主要责任，其行为已构成交通肇事罪。被害人胡伦霞有自首情节，且已向被害人家属进行了赔偿并取得谅解，依法可以从轻处罚。依照《中华人民共和国刑法》第一百三十三条，第六十七条第一款，第七十二条第一款，第七十三条第二款、第三款及《最高人民法院关于审理交通肇事刑事案件具体应用法律若干问题的解释》第二条第一款第一项、《最高人民法院关于处理自首和立功具体应用法律若干问题的解释》第一条之规定，于2018年11月19日作出一审判决：被告人胡伦霞犯交通肇事罪，判处有期徒刑十个月，缓刑一年。

一审宣判后，被告人胡伦霞及其辩护人提出：(1)交警部门出具的道路交通事故认定书及道路交通事故认定复核结论不能作为本案的证据；(2)被告人在事故中的过错只是因疏忽大意而未触发交通信号灯按钮，且《工伤认定决定书》已认定胡伦霞属于工伤，其不应对此事故承担主要责任；(3)缪渊源、张小清在此事故中存在多个过错，应承担此事故的主要责任；因此认为被告人胡伦霞的行为不构成交通肇事罪，请求二审改判其无罪。

中山市中级人民法院经审理认为，被告人胡伦霞的行为已构成交通肇事罪。对其上诉意见评判如下：(1)胡伦霞并非一时疏忽大意未触发交通信号灯，而是完全无视交通法规关于行人穿越马路所应当遵守的规范而乱穿马路，原判认定其行为是引发此次交通事故的直接原因并无不当。(2)交警部门出具的《道路交通事故认定书》是公安交警部门经过对事故现场的勘查、技术分析，依照法定程序作出的对于交通事故的基本事实、成因及当事人责任划分的认定意见，且交警部门在收到被告人胡伦霞的复核申请后，已依照法定程序作出复核结论，该两份意见均经一审庭审质证，依法可以作为本案的证据使用；而被告人胡伦霞所持《工伤认定决定书》并非对此次交通事故的事实、成因及当事人责任划分的认定意见，原判采信交警部门出具的《道路交通事故认定书》及道路交通事故认定复核结论作为本案定案的证据并无不当。(3)《道路交通事故认定书》基于摩托车司机缪渊源存在诸多违反交通安全法规的行政违法行为，已客观认定其行为对造成本次事故应承担次要责任，且无证据证实缪渊源在事故发生时超速行驶，故胡伦霞及其辩护人提出缪渊源应承担事故的主要责任的意见理据不足。综上，一审法院根据公安交警部门出具的《道路交通事故认定书》的意见，结合本案现有证据，认定胡伦霞的行为构成交通肇事罪并无不当。一审判决认定事实清楚，证据确实充分，定罪和量刑适当，适用法律正确，审判程序合法；依照《中华人民共和国刑事诉讼法》第二百三十六条第一款第一项之规定，裁定驳回上诉，维持原判。

二、主要问题

1. 行人是否可以成为交通肇事罪的主体？

2. 本案事故的责任如何评价与认定？

三、裁判理由

(一)行人可以成为交通肇事罪的主体

本案在审理过程中，对被告人胡伦霞在穿越马路时使用手机，未按交通信号灯指示通行行为的定性，存在以下两种意见：

第一种意见认为，在道路通行过程中，行人属于弱势群体，处于弱势地位，因行人的行为引发交通事故的，可以相应减轻机动车驾驶人的责任，没有必要也不应该将行人作为交通肇事罪的主体予以处理。

第二种意见认为，行人可以成为交通肇事罪的主体。理由是，依据我国《刑法》和相关司法解释的规定，行人可以成为交通肇事罪的主体。

我们同意第二种意见，具体分析如下：

依据《中华人民共和国道路交通安全法》(以下简称《道路交通安全法》)第一百一十九条，“道路”，是指公路、城市道路和虽在单位管辖范围但允许社会机动车通行的地方，包括广场、公共停车场等用于公众通行的场所;“车辆”,是指机动车和非机动车;“机动车”,是指以动力装置驱动或者牵引,上道路行驶的供人员乘用或者用于运送物品以及进行工程专项作业的轮式车辆;“非机动车”,是指以人力或者畜力驱动,上道路行驶的交通工具,以及虽有动力装置驱动但设计最高时速、空车质量、外形尺寸符合有关国家标准的残疾人机动轮椅车、电动自行车等交通工具;“交通事故”,是指车辆在道路上因过错或者意外造成的人身伤亡或者财产损失的事件。

构成交通事故,应当具备以下要素:一是由车辆(包括机动车辆和非机动车辆)造成的;二是在道路上发生;三是在运动中发生;四是有事态(如碰撞、剐蹭等)发生;五是造成事态的原因是人为的;六是有损害后果发生;七是当事人心理状态是过失或者其他意外因素。其中,根据事故双方是否驾驶车辆,交通事故可以分成车辆与车辆的事故、车辆与行人的事故,而行人与行人之间的事故,不能认定为交通事故。

虽然车辆是交通事故中不可缺少的要素,但我们不能就此得出结论,认为交通肇事刑事案件(交通肇事罪)只追究机动车及其驾驶人的责任。

《刑法》第一百三十三条规定,违反交通运输管理法规,因而发生重大事故,致人重伤、死亡或者公私财产遭受重大损失的,处三年以下有期徒刑或者拘役。可以看出,自1997年《刑法》修订之后,交通肇事罪的主体扩大为一般主体。[①] 而《最高人民法院关于审理交通肇事刑事案件具体应用法律若干问题的解释》(以下简称《解释》)第一条规定:“从事交通运输人员或者非交通运输人员,违反交通运输管理法规发生重大交通事故,在分清事故责任的基础上,对于构成犯罪的,依照刑法第一百三十三条的规定定罪处罚。”《解释》进一步明确了交通肇事罪的主体包括非交通运输人员,即包括行人及非机动车的驾驶人。从实际发生的交通肇事案件来看,因行人和非机动车驾驶人违章造成交通事故的情形也时有发生,给公民的生命、健康和公私财产安全造成了危害。因此,虽然行人和非机动车驾驶人在道路交通中属于相对的弱者,应给予特别的关照,但其违反交通管理法规发生交通事故,也危及了交通安全,理应依法按照交通肇事罪处罚。

(二)本案事故责任的司法认定

本案争论的另一个焦点在于对事故责任的认定,即被告人胡伦霞是否应当承担该起事故的主要责任,这也是胡伦霞是否构成交通肇事罪的另一个关键问题。

有观点认为,交通事故双方各有违反交通管理法规的行为,《道路交通事故认定书》不是绝对的定案依据,由行人胡伦霞承担刑事责任有失公平。理由是:根据《道路交通安全法》第七十三条的规定,《道路交通事故认定书》可以作为诉讼证据使用是毋庸置疑的,但必须按照《中华人民共和国刑事诉讼法》第五十条第三款的规定,即需要经过查证属实,才能作为定案的根据。《道路交通事故认定书》依据行政法规推定交通事故责任的内容,不具有刑事诉讼的证明力。首先,刑事诉讼中的证据必须是经过查证属实的,在事实真相不明又无其他证据予以佐证的情况下,推定责任只能作为承担行政责任和民事责任的重要依据,而不能成为刑事案件的定案证据;其次,在刑事诉讼中,承担举证责任的主体是公诉机关,除法律有特别规定的外,被告人无证明自己无罪的举证义务,也就是说,被告人对推定的责任划分不负有举证责任。对于交通事故责任划分,应当由公安机关提供充分的证据来确定,而不能通过推定来确定。故本案中不应依据《道路交通事故认定书》判定由胡伦霞承担交通肇事罪的责任。

我们认为,本案可以依据《道路交通事故认定书》,结合其他证据,分清事故责任,判定被告人胡伦霞承担刑事责任。理由是:

---

① 1979年《刑法》规定,交通肇事罪的主体为“从事交通运输的人员”。

1. 胡伦霞有违反交通管理法规的行为

《道路交通安全法》第六十二条规定,行人通过路口或者横过道路,应当走人行横道或者过街设施;通过有交通信号灯的人行横道,应当按照交通信号灯指示通行;通过没有交通信号灯、人行横道的路口,或者在没有过街设施的路段横过道路,应当在确认安全后通过。本案案发时间是夜晚,被告人胡伦霞未按交通信号灯指示而穿越马路,并在穿越马路时一直低头使用手机,未尽到注意义务。胡伦霞的以上行为,符合交通肇事罪的客观要件。

2. 本案有一人死亡后果的发生

《刑法》规定,过失犯罪,法律有规定的才负刑事责任。一般在行为人的过失行为造成严重后果的情况下才对其定罪处罚。本案中,乘坐摩托车的被害人张小清因交通事故受伤,后经送医抢救无效死亡。经法医鉴定,张小清系钝性暴力作用于头面部致重型颅脑损伤而死亡。此次交通事故是造成被害人张小清死亡的直接原因,符合交通肇事罪的危害性要件。

3. 胡伦霞的行为与损害后果之间存在因果关系

《解释》明确规定,认定交通肇事罪要"在分清事故责任的基础上",即要求行为人的行为与损害后果之间应当存在因果关系。分清事故责任,尤其是造成事故的原因、过错、行为与损害后果之间的因果关系,是判断是否构成交通肇事罪的关键,这也是刑法罪责自负原则、禁止推定原则的体现。也就是说,分析事故责任,是司法实践中认定交通肇事犯罪的重要内容。

本案经法院审理查明,被告人胡伦霞未按交通信号灯指示沿有交通信号灯的人行道横过机动车道,在夜晚一直低头使用手机,没有观察路况和信号灯而径直向前走,并在感知对方车辆灯光的时候突然加速向前跑。沿机动车道行驶的被害人乘坐的摩托车驾驶人遇到这种情况时来不及刹车,虽然向左打方向,但仍未避免撞击的后果,造成胡伦霞、摩托车驾驶人和乘客同时倒地。由此可见,胡伦霞的前述行为,是导致此事故的直接原因。尽管存在缪渊源穿轮滑鞋驾驶普通二轮摩托车、缪渊源驾驶和被害人乘坐摩托车未按规定戴安全头盔等违反交通安全法规的行政违法行为,但这均不是导致本次事故的直接原因。《道路交通事故认定书》认定胡伦霞是导致此事故的主要过错方,承担此事故的主要责任;同时也客观认定了摩托车驾驶员存在诸多已经查实的违反交通安全法规的行政违法行为,承担此事故的次要责任。上述经法院查明的事实和情节,与公安交通管理部门通过对交通事故现场勘查、技术分析和有关经验、鉴定、分析查明交通事故的基本事实、成因和当事人责任所出具的《道路交通事故认定书》的认定意见是一致的,并经过法庭的当庭质证认定,可以作为本案的定案证据使用。本案的事故责任清楚。

综上,人民法院在审理本案件的过程中,根据证据规则依法采纳了公安交警部门的《道路交通事故认定书》,结合其他证据,准确认定案件事实,分清交通事故责任,并在此基础上作出裁判。一审判决、二审裁定正确,量刑适当。

(撰稿:河北省邢台市中级人民法院　陈雁琴
广东省中山市第一人民法院　温文凯
审编:最高人民法院刑二庭　韩维中)

[第1314号]支玖龙以危险方法危害公共安全案

——故意驾车冲撞疫情防控站的行为定性

【关键词】 以危险方法危害公共安全罪 妨害公务罪 寻衅滋事罪 故意杀人罪 驾车冲撞疫情防控人员 罪名 罪责刑相适应 量刑

一、基本案情

被告人支玖龙,男,汉族,1987年2月20日出生。2020年2月21日被逮捕。

北京市昌平区人民检察院指控被告人支玖龙犯以危险方法危害公共安全罪,向北京市昌平区人民法院提起公诉。

被告人支玖龙对公诉机关指控的事实和罪名不持异议,当庭自愿认罪。其辩护人提出:本案系小纠纷引发的刑事犯罪案件,事情起因在于双方的不理智行为;支玖龙到案后能够如实交代自己的犯罪行为,系初犯,有悔过之意,委托家人交纳赔偿款;建议法庭对其从轻处罚。

法院经公开审理查明:2020年2月,北京市昌平区北七家镇人民政府按照上级统一部署,落实新冠肺炎防控措施,在该镇柏林在线小区西门设立防疫帐篷作为疫情防控工作站,严格核实登记小区出入人员、车辆。被害人刘井平、邢佳伟均系疫情防控工作人员。

2020年2月17日上午8时30分许,被告人支玖龙在该工作站办理进入小区手续时,认为登记时间过长,与刘井平发生言语冲突。为发泄不满情绪,支玖龙驾驶白色雷诺汽车加速冲撞疫情防控工作人员、办证群众所在人群及防疫帐篷,致刘井平、邢佳伟被车辆撞入帐篷,车辆被坍塌的帐篷覆盖。支玖龙在视线被遮挡的情况下,倒车后再次加速冲撞。两次冲撞致使刘井平、邢佳伟受伤,防疫帐篷、办公电脑、执法仪、体温计等防疫物资损坏。经鉴定,邢佳伟伤情为面部擦伤、右侧鼻骨骨折以及体表擦、挫伤,上述三处损伤均为轻微伤;刘井平手部、左膝部及左膝下方均有擦、挫伤,损伤程度为轻微伤;被损坏的防疫物资价值人民币6 580元。

作案后,被告人支玖龙被工作人员当场控制,后被民警查获。

2020年3月4日,被告人支玖龙的家属主动向法院预交纳赔偿款人民币4万元。

北京市昌平区人民法院认为,被告人支玖龙在新冠肺炎疫情防控期间,因办理小区出入手续,与工作人员发生口角,为发泄不满情绪,在疫情防控工作站连续两次驾车冲撞疫情防控工作人员及周边人群,致使两名工作人员轻微伤和防疫物资受损,危害公共安全,尚未造成严重后果,其行为已经构成以危险方法危害公共安全罪,依法应予惩处。支玖龙的犯罪行为给疫情防控工作带来消极影响,社会影响恶劣,酌情予以从重处罚。支玖龙到案后如实供述主要犯罪事实,当庭自愿认罪,依法予以从轻处罚。依照《中华人民共和国刑法》第一百一十四条、第六十七条第三款、第六十一条及第六十四条之规定,判决:

1. 被告人支玖龙犯以危险方法危害公共安全罪,判处有期徒刑五年六个月;
2. 随案移送小型普通客车一辆(车牌号京N1W821),退回扣押机关。

宣判后,被告人未上诉,检察机关未抗诉。判决已发生法律效力。

二、主要问题

疫情防控期间因对人员、车辆进入小区需要核实、登记并办理证件不满而驾车冲撞不特定多人的行为如何定性?

三、裁判理由

为应对即将到来的返京人员流动高峰，严把外防输入、内防扩散两大疫情防控环节，北京市新型冠状病毒肺炎（以下简称新冠肺炎）疫情防控工作领导小组办公室在2020年2月9日发布通告，明确居住小区封闭式管理，严格核实登记小区来往人员及车辆。本案发生在2020年2月17日，正处于北京市防控新冠肺炎疫情最吃紧的时期，一时间引发社会广泛关注。

本案发生时，现场不仅有多名疫情防控人员和等待进出小区的居民，而且案发全程为小区门口监控录像所拍摄，被告人支玖龙本人对事实本身并无异议，因而本案的核心在于如何评价支玖龙行为的性质及最终如何处罚。在案件办理过程中，曾有妨害公务罪、寻衅滋事罪、故意杀人罪及以危险方法危害公共安全罪等不同观点的争议。

（一）被告人支玖龙的行为不应被评价为妨害公务罪、寻衅滋事罪及故意杀人罪

1. 被告人的行为不应被评价为妨害公务罪

一种观点认为，被告人支玖龙的行为构成妨害公务罪，理由是根据《中华人民共和国刑法》（以下简称刑法）第二百七十七条第一款的规定，妨害公务罪要求手段为暴力或者威胁行为，行为对象是正在依法执行职务的国家机关工作人员。就本案而言，一是支玖龙驾车冲撞被害人，行为手段无疑属于暴力行为。二是虽然二被害人分别系柏林在线小区的物业工作人员和保安队长，并非国家机关工作人员，但根据2002年《全国人民代表大会常务委员会关于〈中华人民共和国刑法〉第九章渎职罪主体适用问题的解释》及北京市昌平区北七家镇人民政府在本案中出具《情况说明》可以认定，二被害人及在场其他村党支部、居委会、物业供和保安等工作人员均系北七家镇人民政府按照北京市《关于进一步加强社区（村）疫情防控工作的通告》《关于进一步明确疫情防控期间返京人员有关要求的通告》等相关文件要求，统筹安排的疫情防控一线人员，因而二被害人可被认定为国家机关工作人员。三是二被害人的行为可被认定为公务行为。案发当时，二被害人按照北七家镇人民政府有关防控疫情的统一安排，正在柏林在线小区从事与防疫有关的核实、登记、办理证件等工作，因而其行为属于公务行为。

但综合全案证据尤其是被告人支玖龙的客观行为表现看，妨害公务罪不能准确评价支玖龙的行为，而且与社会公众的通常认知存在一定差距。第一，从法益侵害角度看，妨害公务罪规定在刑法第六章妨害社会管理秩序罪中，该罪所保护的法益是公务行为的正常执行。本案中，支玖龙并未阻止或者不配合防疫检查，或者强行闯卡进入小区，而是在核实、登记、备案等防疫公务行为即将结束后因对防控措施不满而针对防控人员实施的泄愤报复行为，因而其行为侵犯的法益不仅仅是疫情防控这一公务行为的正常执行，更重要的是侵犯了疫情防控人员的生命健康安全。第二，从行为目的角度看，妨害公务罪的行为人实施暴力的目的在于逃避成为公务执行的对象，拒不配合服从管理。而本案中支玖龙驾车冲撞的并非为了达到不经检查登记顺利进入小区的目的，而是因不满疫情防控登记检查措施而泄愤、报复防疫人员。第三，从罪责刑相一致角度看，妨害公务罪的法定刑为三年以下有期徒刑、拘役、管制或者罚金，该法定刑幅度决定了构成妨害公务罪的行为暴力程度、社会危害后果等应与故意伤害致人轻伤的犯罪行为保持基本平衡，相对来说比较轻微。本案中，虽然最终未出现轻伤以上犯罪结果，但支玖龙在现场面对帐篷之外有众多防疫人员及进出小区群众、帐篷之内并不确定有多少人员及财物的情况下，驾驶车辆这种高度危险工具两次故意冲撞，该行为的社会危害性、行为人的主观恶性均非妨害公务罪所能评价，认定为妨害公务罪将会导致罪责刑严重不相适应。

2. 被告人的行为不应被评价为寻衅滋事罪

一种观点认为，对被告人支玖龙的行为可以被评价为刑法第二百九十二条第一款第（一）项

所规定的寻衅滋事罪。理由在于，支玖龙本次犯罪虽然看似行为手段暴力程度很高，但最终也只是造成二被害人轻微伤的后果，财产损失亦有限，评价为“随意殴打他人，情节恶劣”，认定其犯寻衅滋事罪，在五年以下有期徒刑、拘役或者管制的法定刑幅度内从重处罚，符合《最高人民法院、最高人民检察院关于办理寻衅滋事刑事案件适用法律若干问题的解释》的规定。

我们认为，将被告人支玖龙的行为评价为寻衅滋事罪，亦无法全面评价支玖龙行为的客观表现及社会危害，因而也难以实现罪责刑相适应原则。一是从行为客观表现看，寻衅滋事罪罪状中的“随意殴打他人”一般指的是行为人无事生非或者借故生非，在殴打对象的选择上具有不特定性和随意性，而本案中支玖龙行为目标明确，直接针对防疫工作人员；而行为人驾车冲撞这一高度危险的行为也很难评价为“殴打”，因而其行为不属于“随意殴打他人”。二是从行为社会危害性看，寻衅滋事罪对被害人人身的危害性有限，因而更多体现的是对社会管理秩序的妨害。而本案中支玖龙在众人阻止的情况下两次驾车冲撞二被害人，同时在冲撞过程中丝毫不顾及在场其他多人的人身健康及公私财产安全，该行为的社会危害已远超对疫情防控秩序的破坏，更多的是对不特定多人人身安全及重大公私财产的威胁，因而社会危害性明显严重于寻衅滋事罪。用寻衅滋事罪来评价支玖龙的行为，将导致遗漏评价其行为对周围不特定多数人所造成的具体危险。同样，寻衅滋事罪五年以下有期徒刑的法定刑幅度也决定了殴打的暴力程度一般具有轻微性。适用寻衅滋事罪的法定刑也难以与支玖龙的犯罪行为相匹配，不符合罪责刑相适应原则。

3. 被告人的行为不应被评价为故意杀人罪

一种观点认为，被告人支玖龙的行为应被评价为故意杀人罪，系未遂，理由是支玖龙为发泄对防疫工作人员的不满，驾车冲撞二被害人，过程中车头顶着被害人冲进帐篷并在倒车后进行二次撞击，该行为可以被认定为故意杀人行为。从手段的残忍性、工具的高危险性及目标的特定性角度看，将该行为定性为故意杀人罪，也符合社会公众的一般认知。

我们认为，综合全案证据来看，本案认定被告人支玖龙犯故意杀人罪并不妥当。首先，现有证据不能证明支玖龙主观上存在剥夺他人生命的直接故意。支玖龙与被害人发生矛盾的起因在于认为防疫人员登记检查速度太慢而有意刁难，但该矛盾起因尚不足以让支玖龙产生剥夺对方生命的故意。有意见认为，支玖龙驾车冲撞系对被害人存在间接故意，但本案最终犯罪结果为二被害人轻微伤，认定故意杀人未遂与间接故意的主观罪过相矛盾。其次，故意杀人罪无法全面评价支玖龙行为方式社会危害性。在本案中，支玖龙驾车冲撞虽然指向被害人刘井平及邢佳伟，但其在发动汽车第一次冲撞之时，帐篷外有十多名防疫工作人员及小区群众，帐篷内有多少人并不可知；其在驾驶汽车冲进帐篷内后倒车进行第二次冲撞之时，支玖龙虽在帐篷之内，但因帐篷已被撞坍塌，其对于帐篷之内有多少人并不可知，在此情况下倒车再次冲撞直到车轮被卡住而停止。因而从其两次冲撞现场行为看，其事实上无视不特定多名防疫人员、现场群众生命健康及公共财物的安全，冲撞行为不仅直接导致二被害人受伤，更重要的是对上述人员生命健康及公私财物的安全造成了现实直接危险，而这些危险却是故意杀人罪的罪状所无法涵盖的。

（二）被告人支玖龙的行为构成以危险方法危害公共安全罪

1. 被告人的行为在客观上危害了不特定多人的生命、健康和重大公私财产的安全

本案中，被告人支玖龙虽然驾车冲撞的对象是直接对其人员及车辆执行核实、检测及登记防控措施且与其发生争执的刘井平、邢佳伟，且驾车冲撞的结果也是导致该二人轻微伤，但其两次驾车冲撞之时，帐篷外除二人外还聚集有10多人，帐篷内有多少人及公私财物其并不可知。支玖龙在此情况下为泄愤报复而驾车冲撞，因而导致现场10多人的生命健康及帐篷、帐篷内电脑

等公私财物处于高度危险状态。综合支玖龙的两次驾车冲撞的速度、距离及方向,现场人员数量及分布,现场财物数量及分布,支玖龙驾车冲撞前及过程中的言语行为,该行为给二被害人造成的身体损伤及给公共财产造成的实际损失等,可以判断支玖龙的驾车冲撞行为在暴力程度、危险程度等方面与爆炸、放火等危害公共安全的犯罪行为具有相当性,对周围十多名防疫工作人员、群众的生命健康及重大公私财物造成了具体的现实危险,已经严重危害到公共安全。

2. 被告人主观上明知并放任其行为对公共安全的危险

从表面上看,被告人支玖龙驾车冲撞的直接行为对象是刘井平和邢佳伟这两名疫情防控工作人员,被告人对于造成刘井平、邢佳伟二人伤害的结果是持积极追求的态度,但同时,被告人作为机动车驾驶人员,对于行驶中的汽车具有高度危险性是明知的,对于现场还有其他防疫工作人员及等待办理出入登记的小区居民等10多人在场亦是明知的,对于帐篷内是否还有其他人员及财物是不明确的,但其因一己之愤,不管不顾执意驾车两次冲撞,其对于自身行为可能置现场不特定多人的生命健康和财产安全于危险状态这一点是明知并且放任的。无论最终出现何种后果,都未超出其心理预期,因而其主观上完全符合以危险方法危害公共安全罪的主观罪过形式。

综上,被告人支玖龙主观上有以危险方法危害公共安全的故意,客观上实施了驾车冲撞人群和帐篷的行为,对不特定多数人的生命健康和公私财物造成了具体危险,但尚未造成人员重伤、死亡或者公私财产重大损失的严重后果。比较刑法第一百一十四条与第一百一十五条的犯罪构成要件可以看出,第一百一十四条规定的犯罪为具体危险犯,而第一百一十五条规定的则为结果犯。因而,对被告人应当以刑法第一百一十四条规定的以危险方法危害公共安全罪进行定罪处罚。

(三)疫情防控期间针对疫情防控措施实施犯罪的应予从重处罚

新冠肺炎疫情发生后,北京市在2020年1月24日启动突发公共卫生事件一级响应机制,把全力做好疫情防控工作作为当前重中之重任务。同年2月9日,北京市新冠肺炎疫情防控工作领导小组办公室发布《关于进一步加强社区(村)疫情防控工作的通告》,明确要求开始对小区实行封闭式管理,在小区的出入口设置检查点,居住人员和车辆凭证出入,进入人员必须佩戴口罩并进行体温检测。同时要求严格核实登记小区来往人员及车辆,外来人员和车辆原则上不得进入小区,情况特殊确需进入的,由管理人员做好登记备案。

疫情防控措施能否得到严格执行,不仅关系到本次疫情能否及时得以控制,还关系到社会正常生活秩序能否得以恢复,更关系到广大社会公众的生命健康能否得以保障。虽然疫情防控措施的执行,限制了公民的部分权利自由,但却保障了人民群众的生命安全和身体健康。正因如此,最高人民法院、最高人民检察院、公安部和司法部在《关于依法惩治妨害新型冠状病毒感染肺炎疫情防控违法犯罪的意见》中明确要求,对于在疫情防控期间实施有关违法犯罪的,要作为从重情节予以考量,依法体现从严的政策要求,有力惩治震慑违法犯罪,维护法律权威,维护社会秩序,维护人民群众生命安全和身体健康。

本案发生在2020年2月17日,案发地点为城乡接合部小区,疫情防控任务极为沉重,防控压力非常之大。被告人支玖龙的母亲长期居住在该小区,支玖龙在疫情发生后也曾居住在该小区,其对该小区采取上述疫情防控措施及目的是明知的。在此情况下,在小区防疫人员工作并无不当的情况下,其针对防疫人员实施如此严重的刑事犯罪,给疫情防控工作带来消极影响,且社会影响恶劣,应当在量刑上体现从重。

综上,一审法院根据犯罪的事实、性质、情节和对社会的危害程度,对被告人支玖龙以以危险方法危害公共安全罪判处支玖龙有期徒刑五年六个月，是合适的。

（撰稿：北京市第一中级人民法院　周维平
北京市昌平区人民法院　王　莹
审编：最高人民法院刑二庭　韩维中）

[第1334号]余坤锋交通肇事案

——"自首认罪"案件如何理解和把握"证据确实、充分"的证明标准

【关键词】　交通肇事罪　证据审查判断　证明标准　证据矛盾　证据不足　无罪

一、基本案情

被告人余坤锋，男，1992年6月14日出生。2014年8月29日被逮捕。

广东省高州市人民检察院以被告人余坤锋犯交通肇事罪，向高州市人民法院提起公诉，并提出被告人余坤锋具有自首情节。

被告人余坤锋对公诉机关的指控无异议。

高州市人民法院经审理查明：2014年8月17日零时，一辆车牌号为粤KEM626的小轿车从广东省茂名市往高州市方向行驶，在途经高州市石仔岭大转盘路段时，与从石鼓往高州方向由被害人朱鹏飞驾驶的二轮摩托车发生碰撞，造成两车损坏、朱鹏飞当场死亡的重大交通事故。事故发生后，粤KEM626小轿车司机弃车逃离现场。当天14时许，本案被告人余坤锋到交警部门投案自首，主动认罪。余坤锋供述称，2014年8月16日23时许，其到高州乐天大酒店一楼大厅找朋友余来桂玩，在一楼大厅喝咖啡时，余来桂刚好去卫生间，他从桌上拿走余来桂的车钥匙，到停车场开走余来桂的小车，开车返回乐天大酒店时，在石仔岭大转盘处撞上摩托车，他弃车逃离现场。当天上午，家人劝其自首，他在家人及朋友的陪同下到交警部门投案自首。交警部门认定，余坤锋应负事故的全部责任。

粤KEM626小轿车的所有人为茂名市车天下汽车租赁有限公司。2014年8月11日21时，公司将该车租给客户陈乐使用。

高州市人民法院认为，公诉机关指控被告人余坤锋犯交通肇事罪的证据中，除余坤锋的供述和指认笔录外，没有其他证据证实是余坤锋驾驶肇事车辆发生交通事故，余坤锋的供述与其他证据不能形成证据链和相互印证，本案证据证明的结论不具有唯一性，不能排除合理怀疑，公诉机关指控被告人余坤锋犯交通肇事罪事实不清，证据不足，指控的犯罪不能成立。据此，判决如下：

被告人余坤锋无罪。

宣判后，高州市人民检察院以原判认定余坤锋无罪错误为由，向茂名市中级人民法院提出抗诉，茂名市人民检察院审查后支持抗诉。

高州市人民检察院抗诉提出：原判认定被告人余坤锋无罪错误。主要理由是：被告人余坤锋投案自首，到案后如实供述了自己的犯罪行为；余坤锋对案发现场、作案车辆及车辆的内饰、碰撞部位等均作了准确指认，也从保管箱中准确找到肇事车辆的钥匙；交警部门的事故认定书认定余坤锋应负事故的全部责任。

茂名市人民检察院检察员出庭意见：原判错误，应予纠正。主要理由是：本案证据已形成完整证据链条，足以证实被告人余坤锋就是本案的肇事者。案发前，余坤锋所述取车环节得到证人陈乐与余来桂的证言印证；案发时，所述肇事环节与案发现场情况一致；案发后，所述回家商量投案自首环节得到其家人及邻居的证言印证。

被告人余坤锋提出：对公诉机关的抗诉书没有异议，承认自己犯交通肇事罪。其指定辩护人提出：原公诉机关指控余坤锋犯交通肇事罪的证据没有形成证据链，不能相互印证，本案证据证明的结论不具有唯一性，不能排除合理怀疑。主要理由是：首先，在咖啡厅取走车钥匙的事实只有余坤锋的供述，并没有其他证据予以佐证。虽然余坤锋始终承认是其在2014年8月17日零时无证驾驶粤KEM626小轿车发生交通事故，致一人死亡，但其关于如何取车、在何处取车、因何缘故经过案发地点从而发生事故等情节的供述前后矛盾，疑点重重。一是余坤锋关于如何拿走肇事车辆钥匙的情节供述存在前后三次不一致的情况；二是余坤锋关于为何开走肇事车辆的动机供述存在前后矛盾的情况，其开走肇事车辆的动机仍不明确；三是证人余来桂、陈乐的证词与余坤锋的供述存在矛盾；四是余坤锋亲友的询问笔录属于传来证据，不能证明本案的客观事实。其次，余坤锋的指认笔录没有见证人的签名，且卷宗中没有对此的解释或说明，因此该指认笔录不能作为定案的根据。

广东省茂名市中级人民法院经审理认为，本案证实所谓“犯罪各环节”的证据，要么存在矛盾，要么不足。抗诉机关和支持抗诉机关至二审终结前，没有提供充分并足以排除存在矛盾的证据证实被告人余坤锋有犯罪行为。根据《刑事诉讼法》第五十三条第一款“对一切案件的判处都要重证据，重调查研究，不轻信口供”的规定，①虽然余坤锋始终“认罪”，但本案没有任何能够将余坤锋与肇事现场或肇事现场车辆联系起来的客观性证据，也没有提取到其作为亲历者所知晓的隐蔽性证据；特别是在如何取得肇事车辆这一重要环节上，余坤锋的供述不但前后不一，亦与其他证人证言相互矛盾；而且，综观全案证据，余坤锋的供述亦存在诸多无法解释的不合常理之处。因此，对原审被告人余坤锋的有罪供述无法查证属实，其有罪供述的真实性存疑，全案证据尚未达到确实、充分的法定证明标准。据此，裁定如下：

驳回抗诉，维持原判。

二、主要问题

在“自首认罪”案件中，如何理解和把握“证据确实、充分”的证明标准？

三、裁判理由

（一）对被告人“自首认罪”案件依然应当坚持“事实清楚，证据确实、充分”的证明标准

在审判实务中，被告人“自首认罪”的案件，一般情况下，案件事实是清楚的，证据也是充分的。但是，审判实践表明，即使被告人“自首认罪”的案件，也存在出现冤假错案的风险。所以，在被告人“自首认罪”的案件中，如何坚持证据裁判原则，恪守法定证明标准，贯彻疑罪从无，无论在理论上还是在实践中都是一个值得研究的问题。

我们认为，被告人“自首认罪”，只是表明被告人对案件事实的主观态度，并不代表案件事实一定是清楚的，证据一定是充分的。对被告人“自首认罪”案件依然应当坚持“事实清楚，证据确实、充分”的证据裁判原则，其理由如下：

1. 重证据，不轻信口供是我国证据制度的重要特点

《刑事诉讼法》第五十三条第一款规定：“对一切案件的判处都要重证据，重调查研究，不轻信

---

① 此处为修正前的《刑事诉讼法》，对应修正后的《刑事诉讼法》第五十五条第一款。

口供。只有被告人供述,没有其他证据的,不能认定被告人有罪和处以刑罚;没有被告人供述,证据确实、充分的,可以认定被告人有罪和处以刑罚。”该条第二款规定:“证据确实、充分,应当符合以下条件:(一)定罪量刑的事实都有证据证明;(二)据以定案的证据均经法定程序查证属实;(三)综合全案证据,对所认定事实已排除合理怀疑。”①上述法律规定,体现了我国证据制度不轻信口供的特点。

2. 对被告人认罪的案件,依然严格贯彻证据裁判原则

这可以从我国关于刑事案件速裁程序的有关规定上得到印证。刑事案件速裁制度的基本前提是被告人自愿认罪,包括被告人自首后认罪。对这类案件的证据标准,根据《全国人大常委会关于授权最高人民法院、最高人民检察院在部分地区开展刑事案件速裁程序试点工作的决定》(2014 年 6 月 27 日)和《最高人民法院、最高人民检察院、公安部、司法部关于在部分地区开展刑事案件速裁程序试点工作的办法》(法〔2014〕220 号,以下简称《试点办法》)的规定,适用刑事案件适用速裁程序,案件事实清楚、证据充分是必要条件,而不是只要被告人认罪就可适用刑事速裁程序。并且,《试点办法》第二条还特别规定,犯罪嫌疑人、被告人认罪但经审查认为可能不构成犯罪的,或者辩护人作无罪辩护的,不适用速裁程序。②

3. 被告人认罪不代表案件事实清楚,证据充分

被告人与诉讼结果有切身的利害关系,基于各种目的,其口供可能反映案件的事实真相,也可能歪曲事实,制造假象。更为甚者,替人顶包或者屈打成招等情况下作出的认罪案件也偶有发现。实践证明,轻信、倚重被告人口供,是造成冤假错案的重要原因之一。因此,对于被告人的口供,决不能盲目地、轻易地认定;在运用被告人口供时,应当注重调查研究,将主要精力放在收集口供以外的其他证据上,用其他证据审查、核实被告人的口供。

(二)对被告人“自首认罪”案件的证据审查,依然应当恪守法定证明标准,对证据进行全局审查判断和综合运用

《刑事诉讼法》第五十三条第二款规定了“证据确实、充分”应当同时具备的三个条件。③ 据此,证据在量上要求对定罪量刑的事实都有证据证明;在质上要求经过法定程序查证属实,据以定案的证据之间、证据与犯罪事实之间不存在矛盾或者矛盾得以合理排除,而根据证据认定犯罪事实的过程符合逻辑和经验法则,由证据得出的结论具有唯一性,才能达到确实、充分的证明标准。《刑事诉讼法》及相关司法解释对如何审查认定证据及如何对证据进行综合审查与运用作了详细规定。这些规定,既是对审查、运用证据的法定要求,也是审查、运用证据的基本方法。

本案中,虽然被告人“自首认罪”,也不能放松对证据的审查判断,而是要恪守法定证明标准,运用多种方法,对全案证据进行多层次、多角度、全方位的立体化审查判断,在审查判断的基础上进行综合分析,然后得出证据是否确实、充分的结论。

1. 在微观上,对单个证据的证据能力和证明力进行全面审查判断

对单个证据的审查判断是对全案证据审查判断的基础,是确保案件质量的首要环节。这个阶段主要是对单个证据的证据能力和证明力进行审查判断,通过审查将没有证据能力及证明力的证据予以排除。《最高人民法院关于适用〈中华人民共和国刑事诉讼法〉的解释》(以下简称《刑诉法解释》)对如何审查各类证据作了非常详尽的规定。实务中应当遵循这些规定审查证据。

---

① 此处为修正前的《刑事诉讼法》,对应修正后的《刑事诉讼法》第五十五条。

② 2018 年修正的《刑事诉讼法》吸纳了上述规定内容,详见《刑事诉讼法》第二百二十二条、第二百二十六条。

③ 此处为修正前的《刑事诉讼法》,对应修正后的《刑事诉讼法》第五十五条第二款。

就本案而言,一审、二审法院通过阅卷分析、实地调查、庭审中对出庭民警办案过程的询问、征求办案机关的上级机关审查意见等方法,发现本案有两份关键证据,即指认笔录、道路交通事故认定书存在问题,因没有证据能力或缺乏证明力,而不能作为定案根据。

第一,关于指认笔录。从《刑事诉讼法》第四十八条规定看①,法定证据中并没有指认笔录这一证据分类。司法实践中的指认笔录,其实质属于辨认笔录。对于如何审查辨认笔录,《刑诉法解释》第九十条要求,对辨认笔录应当着重审查辨认的过程、方法,以及辨认笔录的制作是否符合有关规定,并列明了辨认笔录不得作为定案根据的六种情形:(1)辨认不是在侦查人员主持下进行的;(2)辨认前使辨认人见到辨认对象的;(3)辨认活动没有个别进行的;(4)辨认对象没有混杂在具有类似特征的其他对象中,或者供辨认的对象数量不符合规定的;(5)辨认中给辨认人明显暗示或者明显有指认嫌疑的;(6)违反有关规定,不能确认辨认笔录真实性的其他情形。就本案而言,除被告人供述外,指认笔录是本案能将余坤锋与肇事现场、肇事现场车辆联系起来的唯一证据。然而,本案中公安、检察机关组织的指认却存在下列问题:(1)指认前指认人已经了解或见到指认对象。一是现场指认笔录。在侦查阶段,被告人并没有对现场进行辨认,而是在法院第一审的第一次开庭之后,侦查机关才作出指认现场笔录,也就是说,在本案中,一审开庭在前,现场指认在后。如此,在现场指认前,通过庭审举证、质证,被告人余坤锋已经全面了解事故现场情况。二是车辆指认笔录。车辆指认笔录除了存在"开庭在前,指认在后"的问题外,还存在见"实物在前,讯问在后"的情况。一般情况下,指认笔录都是侦查机关先讯问被告人,让被告人叙述被指认对象的基本情况,然后进行指认。但本案中,侦查机关先组织被告人余坤锋对肇事车辆进行指认,余坤锋在指认车辆过程中,通过没有玻璃的前窗完全可能看清楚肇事车辆撞击部位以及车内饰品的情况。但侦查机关却在此之后才对余坤锋进行有关肇事车内饰特征的讯问。因此,该讯问没有实质性的意义,对车辆内饰特征的指认笔录也没有实质性的意义。(2)对肇事车钥匙的指认存在瑕疵,车钥匙没有物证提取笔录,来源不清。(3)指认对象没有混杂在具有类似特征的其他对象中。在组织辨认时,侦查机关没有将指认对象肇事车钥匙混杂在具有类似特征的其他对象中。指认时,辨认对象中其他车钥匙都贴有一个明显的标签,唯独"肇事车钥匙"没有贴标签。(4)现场指认笔录所述部分内容不真实。现场指认笔录记载:"经民警带被告人余坤锋到案发地点进行指认,被告人余坤锋能准确指认两车碰撞的原始地点,与民警制作的现场图吻合。"经查,民警制作的原始现场图中并无两车碰撞原始地点的记载。(5)花坛撞击点的指认结果与现场勘查照片明显不符,不具同一性。余坤锋指认的花坛撞击点附近有一处排水口,而现场勘查照片中显示的花坛撞击点附近并没有排水口。经现场调查比对,两者距离达10多米远。(6)公安、检察机关组织的指认均无见证人。(7)检察机关组织的指认无指认笔录。由此,本案指认笔录存在的上述问题,违反了《刑诉法解释》第九十条的有关规定,故不能作为定案根据。

第二,关于道路交通事故认定书。该认定书认定余坤锋系肇事者,应负事故的全部责任。这是本案证明余坤锋是交通肇事者的直接证据。但是,根据办案民警陈伟兴、李络的出庭证言及茂名市公安局交通警察支队的复函,原审法院认为交警部门之所以认定余坤锋为肇事者,并非依据客观性证据和技术性证据,而主要是依据余坤锋的有罪供述及现场勘验笔录。本案仅仅根据余坤锋的有罪供述及无法确定是否与其具有关联性的现场勘验笔录,就认定余坤锋为交通肇事者,依据不充分。作出该认定书后,虽然公安、检察机关补查了大量证据,但补查后的证据却存在指认笔录制作不科学、不合法;余坤锋的供述内容前后说法不一、又与余来桂、陈乐的证言相互矛

① 此处为修正前的《刑事诉讼法》,对应修正后的《刑事诉讼法》第五十条。

盾;现场指认的花坛撞击点与现场勘查照片无法吻合等诸多问题,而且这些证据矛盾亦无法得到排除或合理解释。因此,即使经补查,综合全案证据,道路交通事故认定书的认定依据依然没有得到补强,因而该认定书关于余坤锋为肇事者的结论,依据不充分,不能作为定案根据。

2. 在案件事实层面,对被告人所述"各犯罪环节"的证据进行全面审查判断

根据被告人余坤锋的供述,可以将整个案件的发展过程分为案发前"取车"环节、案发时"肇事"环节、案发后"自首"环节。为准确认定案件事实,法院采取纵横对比分析的方法,分别对每个环节的证据进行逐一审查判断。

第一,关于能否认定被告人余坤锋所述"取车"一节。

关于被告人余坤锋所述"取车"一节,在案证据不但相互矛盾,而且不合常理。余坤锋关于去乐天大酒店的原由、当时几人在场、谁将车钥匙放在桌面、谁去了卫生间、开车的动机等细节供述前后矛盾,说法不一,且与余来桂的证言不能吻合。此外,由于陈乐、余来桂与交通肇事的车辆存在关联,案发后两人又同时去向不明,直至二审阶段才现身,故陈乐、余来桂证言的可信度较低。因此,现有证据不足以证明余坤锋所述在乐天大酒店擅自开走他人车辆的事实。

第二,关于能否认定被告人余坤锋所述"肇事"一节。

根据法医学尸体检验鉴定报告、现场勘查笔录和现场图、证人梁兴有的证言等证据,虽然可以证实发生重大交通事故的事实,但却无法建立上述证据与被告人余坤锋之间的实质性联系,根据上述证据不能得出余坤锋就是肇事者的结论。此外,现场目击证人梁兴有证言与余坤锋供述相互矛盾。梁兴有证实,小车停下后从驾驶室冲下来一名男青年,片刻都没有停留,径直往乐天大酒店方向逃离事故现场,但余坤锋却供称车停止下来后,他还下车看了看车底有没有东西,然后往金山方向逃回家。另外,余坤锋指认的花坛撞击点与现场勘查照片中显示的花坛撞击点亦明显不符,相互矛盾。因此,关于余坤锋所述"肇事"一节,由于没有其他证据可以印证,在案证据又相互矛盾,也无法认定。

第三,关于能否认定被告人余坤锋所述"自首"一节。

关于被告人余坤锋所述"自首"环节,有证人杨秀华、余坤良、陈彩云、余焕杰、余碧霞、李络、陈伟兴等证言证明,与破案经过吻合,可以认定。但上述证据除能证明余坤锋对上述证人讲过自己"开车肇事"的事实外,并不能够证明余坤锋所讲的话就具有真实性,就是客观事实。

所谓千里之堤溃于蚁穴,定案的证据体系也是如此。虽然本案余坤锋所述"各犯罪环节"在形式上都有证据证实,但在案证据有数量无质量,又相互矛盾,其所述"各犯罪环节"中每个环节的证据都不确凿、不充分、不牢靠,检察机关所构筑的指控犯罪证据体系根基脆弱,存在错案的重大隐患与风险。

3. 在宏观上,综合全案证据,从主客观两个方面、正反两个维度对整个指控证据体系进行全面审查判断

在宏观上对全案证据进行综合审查判断,是法院最终形成定案结论的关键环节。对全案证据进行综合审查判断,要从主、客观两个方面、正、反两个维度展开。在客观上,运用印证方法审查判断全案证据与待证事实的内在联系,看能否形成闭合的完整证据链条,从正面对案件证明体系进行积极的构建;在主观上,运用排除合理怀疑方法审查判断在案证据的矛盾和疑点,看能否形成内心确信,从反面进行验证、证伪。

在客观上,本案证据存在先天缺陷、在案证据之间缺乏内在关联,无法形成有效印证。由于没有调取到案发当日乐天大酒店、被告人余坤锋所述行车轨迹的监控视频;没有调取到余坤锋、陈乐、余来桂、余坤良、杨秀华等人的通话记录;没有提取肇事车辆上的有关物品、痕迹、生物检材

等物证;没有根据余坤锋的供述,提取到任何隐蔽性证据,致使本案缺乏将余坤锋与肇事现场或肇事现场车辆联系起来的客观性证据。除余坤锋的供述外,本案唯一能将余坤锋与肇事现场、肇事车辆联系起来的证据就是指认笔录。由于该笔录不能作为定案根据,故本案没有能够将余坤锋与肇事现场或肇事现场车辆联系起来的任何客观证据。

在主观上,本案不能排除合理怀疑,得出唯一结论,无法有效形成心证。本案证据之间,证据与案件事实之间存在众多矛盾,如在“取车”环节被告人余坤锋的供述反复不定,自相矛盾,其供述与余来桂的证言也不能印证;在“肇事”环节余坤锋的供述与现场目击证人的证言相互矛盾,其指认的花坛撞击点与现场勘查照片不符等。此外,本案还有诸多不合常理之处,如余坤锋始终说不清开车的动机、汽车档位的功能、当晚一起喝咖啡的朋友“阿庆”的具体身份信息;案发后,余坤锋半夜三更舍近求远地跑到别人家借手机,再回到自家打电话;案发后,本案肇事车辆关联人陈乐、余来桂又同时失踪;余坤锋始终否认案发后与当晚肇事车辆的实际控制人余来桂有过联系等。这些证据矛盾和疑点既无法排除,也不能作出合理解释。而证据矛盾和疑点正是审判实践中检验所认定事实是否已排除合理怀疑的切入口。排除合理怀疑的过程,就是心证形成的过程。因此,综合全案证据,本案证据中矛盾、疑点与逻辑、经验法则相违背,不能排除合理怀疑,得出唯一的事实结论。

检察机关依法承担证明被告人有罪的举证责任,应当提供确凿、充分的证据来证明被告人有罪。本案中,对被告人余坤锋是否犯罪既不能证实,也不能证伪,属于“定放两难”的“疑罪”案件。而“疑罪”的存在,意味着检察机关提供的证据不足以认定犯罪行为系被告人实施。“疑罪”是检察机关未能实现证明责任的结果,其本身并不以被告人是否“认罪”为前提。所以,即使被告人“认罪”,但如果其有罪供述的真实性缺乏保障,在案证据未能达到确实、充分标准,也不能认定被告人有罪。一审、二审法院依照证据规则依法判定余坤锋无罪是正确的,充分贯彻了疑罪从无的审判原则。

（撰稿:广东省茂名市中级人民法院　王　淼
审编:最高人民法院刑四庭　陆建红）

[第1364号]汪庆樟交通肇事案

——肇事者交通事故后滞留现场不履行救助义务,在二次事故发生后,隐瞒身份并离开现场,可以构成因逃逸致人死亡

【关键词】　交通肇事罪　二次碰撞　逃逸致人死亡　隐瞒身份　不履行救助义务

一、基本案情

被告人汪庆樟,男,汉族,1973年3月12日出生。2018年7月20日被逮捕。

浙江省三门县人民检察院指控被告人汪庆樟犯交通肇事罪,向浙江省三门县人民法院提起公诉。

被告人汪庆樟辩称,其是后车碾轧后才离开事故现场,并没有逃避责任。汪庆樟的辩护人提出,指控汪庆樟逃逸致人死亡理由不能成立。汪庆樟的逃逸行为与陈蒙根死亡之间没有因果关系,即使汪庆樟不逃逸,陈蒙根也会死亡;事故认定是按逃逸进行推定,已经作为入罪事实,而公

诉机关又将逃逸作为加重情节进行指控，属于重复评价；如果汪庆樟构成犯罪，其具有如实供述、初犯、预缴赔偿款等从轻情节。

三门县人民法院经审理查明：2018年7月5日20时23分，被告人汪庆樟驾驶防盗编号为三门A12739的二轮电动车从高枧驶往海游方向，行驶至三门县214省道甬临线105KM+740M珠岙镇下胡村路段时，与靠道路右侧路边持续、稳定同向行走的被害人陈蒙根发生碰撞，致使陈蒙根倒在车道中，汪庆樟也连人带车摔倒，二轮电动车右侧碰地。事故发生后，汪庆樟未报警和实施救助。汪庆樟起来后，发现倒在车道中间并发出"哎哟"一声的陈蒙根。20时24分00秒，汪庆樟站在路边白线外。20时24分50秒左右，汪庆樟开始捡东西，并扶二轮电动车。20时26分，许坚洁驾驶浙JC28C3号小型轿车行驶至事故发生地时，将倒地的陈蒙根碾轧。

二次碰撞后，许坚洁下车查看，并问被告人汪庆樟有什么东西，汪庆樟回答没有。许坚洁将车底下的麦秆袋拉出扔在路边，向驾驶室方向走去。在此过程中，即20时26分47秒，汪庆樟驾驶肇事车辆逃离现场。20时27分—20时29分，许坚洁上车，发现车子仍开不动，倒车后发现车前倒着陈蒙根，就再次下车，并与同车的周扬一起报警、报医。此时，陈蒙根头部还会动。当警察和医生赶到现场时陈蒙根已经死亡。经三门县公安局交通警察大队认定，汪庆樟承担此事故的主要责任，许坚洁承担此事故的次要责任，陈蒙根无责任。

另查明，事故现场位于三门县214省道甬临线105KM+740M珠岙镇下胡村路段，道路呈东西走向，沥青路面，道路中心漆划黄虚线，边白实线，机非混合道，照明条件为夜间无路灯照明，标志、标线齐全。另外，被告人汪庆樟已预缴赔偿款人民币61 000元。

三门县人民法院经审理认为：被告人汪庆樟违反交通运输管理法规，发生重大事故，且因逃逸致一人死亡，并负事故主要责任，其行为已构成交通肇事罪。汪庆樟如实供述犯罪事实，予以从轻处罚；已预缴部分赔偿款，酌情从轻处罚。依照《中华人民共和国刑法》第一百三十三条、第六十七条第三款之规定，判决如下：

被告人汪庆樟犯交通肇事罪，判处有期徒刑七年。

一审宣判后，被告人汪庆樟上诉。其提出，陈蒙根是因后车碾轧致死，并非其逃逸造成，原判认定其行为系逃逸致人死亡错误，致量刑过重，请求依法改判。

二审出庭检察员认为，原判定罪正确，量刑适当，审判程序合法，被告人汪庆樟的上诉理由不能成立，建议驳回上诉，维持原判。

台州市中级人民法院经审理查明，原判所认定的事实清楚，证据确实、充分。上诉人汪庆樟违反交通运输管理法规，发生重大事故，且因逃逸致一人死亡，并负事故主要责任，其行为已构成交通肇事罪。原判综合考虑本案犯罪事实、犯罪情节、被告人认罪态度依法判处刑罚，汪庆樟称量刑过重的上诉理由不能成立，不予采纳。出庭检察员关于驳回上诉、维持原判的意见予以支持。原判定罪和适用法律正确，量刑适当。审判程序合法。依照《中华人民共和国刑事诉讼法》第二百三十六条第一款第（一）项之规定，裁定：驳回上诉，维持原判。

二、主要问题

肇事者交通事故后滞留现场不履行救助义务，在后车发生第二次事故后，隐瞒身份并离开现场，能否构成"因逃逸致人死亡"？

三、裁判理由

本案的主要争议在于被告人的行为是否属于"因逃逸致人死亡"，主要有以下两种意见：

第一种意见认为，被告人汪庆樟构成交通肇事罪中的因逃逸致人死亡。理由如下：（1）虽然汪庆樟在事故发生后没有立即逃跑，而是在后车发生事故后离开现场，但其在此期间没有暴露自己是肇事者,而是将自己隐匿在现场。(2)虽然有第三人的碾轧行为介入被告人肇事与被害人死亡之间,但从案发时间、地点、环境和被害人的情况来看,此介入因素的发生并未超出被告人合理预见的能力范围,并不能阻断被告人肇事与被害人死亡之间的因果关系,应认定为交通肇事逃逸致人死亡。

第二种意见认为,被告人不构成交通肇事罪中的因逃逸致人死亡,属于一般交通肇事后逃逸。理由是认定交通肇事逃逸必须具备离开事故现场这一客观要件,而被告人汪庆樟在第一次事故后并没有离开事故现场,且被害人在第一次事故后并未死亡,而是第二次事故后死亡的,故不能认定为交通肇事逃逸致人死亡。

我们同意第一种意见。理由如下:

根据《最高人民法院关于审理交通肇事刑事案件具体应用法律若干问题的解释》(以下简称《交通刑事解释》)第五条规定,"因逃逸致人死亡"是指行为人在交通肇事后为逃避法律追究而逃跑,致使被害人得不到救助而死亡的情形。不论是"交通肇事后逃逸"还是"因逃逸致人死亡"的加重处罚基础均为未履行法定义务,前者侧重于未履行报警、保护现场等义务,以及对其后交通状况所造成的抽象危险等,后者则突出救助义务。上述规定明确了认定"因逃逸致人死亡"的主观和客观条件,一般来说,需要符合以下四个条件:

(一)被告人交通事故后有救助义务及救助能力

根据《道路交通安全法》第七十条的规定,肇事者发生交通事故后必须立即停车,保护现场;造成人身伤亡的,应当立即抢救受伤人员,并迅速报告执勤的交通警察或者公安机关交通管理部门。由此可见,保护事故现场、抢救伤员、报警并接受公安机关的处理,是肇事者必须履行的法定义务。除了上述法律明文规定外,基于交通肇事这一先行行为,交通肇事者在肇事后也负有救助义务。

肇事者是否具有救助能力,应依据肇事者所在现场的时空条件来认定。一是肇事者本人处于清醒状态并具有活动能力。二是肇事者明确知晓被害人受伤。三是当时现场有充分的条件允许肇事者进行救助。认定上述内容,不仅要看肇事者的供述,还应从事故的时间、地点、路况、行为人的知识、能力、经验等方面客观地评判肇事者是否具有救助能力。如果肇事者不具备救助的条件,"法律不能强人所难",肇事者虽负有救助义务,但也不能过分要求肇事者在没有救助能力时履行救助义务。

从本案的相关证据来看,被告人驾驶二轮电动车与同向行走的被害人发生碰撞,致被害人倒在车道中,被告人连人带车摔倒后站在路边白线外,并开始捡东西、扶二轮电动车。此时来往车辆车速比较缓慢,行驶在被害人倒地一侧车道的车辆经过事故点时,都做短暂停顿,接着借道对向车道行驶,被告人完全有机会将被害人搬离到安全的路边或阻拦呼叫车辆施救,但其未采取任何救助措施。上述事实足以说明被告人明知自己交通肇事,且在当时现场的时空条件下具有救助能力。

(二)被告人交通事故发生后逃逸,未履行救助义务

《刑法》规定对逃逸加重处罚,一是为了及时抢救伤者,防止事故损失的扩大;二是便于尽快查清事故责任,处理事故善后。司法实践中,对以下几种情形应当区分处理:一是肇事者交通肇事后为逃避法律追究,不顾被害人的受伤结果,拒不履行救助义务而逃跑,致被害人因得不到及时救助而死亡,应构成"因逃逸致人死亡";二是肇事者履行了救助行为,如将被害人送往医院,但肇事者履行救助义务后为逃避法律追究又逃跑,被害人因抢救无效而死亡,不能认定肇事人"因逃逸致人死亡",只能认定肇事人"交通肇事逃逸";三是肇事者将受害人带离事故现场后隐藏或

者遗弃，致使被害人无法得到救助而死亡或者造成严重残疾的，则应当按照《交通刑事解释》第六条的规定，以故意杀人罪或者故意伤害罪定罪处罚。

本案的特殊性在于，被告人在交通事故发生后并未马上离开现场，而在后车发生第二次事故后，隐瞒身份并离开现场，该行为能否认定为逃逸，存在争议。我们认为，是否认定"因逃逸致人死亡"中的逃逸，不应仅限于交通事故后逃离事故现场，还需要根据肇事者的主观目的与社会危害性进行评判。

1. 逃离现场不是交通肇事逃逸的唯一要件

《道路交通事故处理程序规定》中规定，交通肇事逃逸，是指发生道路交通事故后，当事人为逃避法律责任，驾驶或者遗弃车辆逃离道路交通事故现场以及潜逃藏匿的行为。司法实践中，大多数情形下，逃逸表现为逃离现场，但现实的情况千差万别，有的没有逃离现场也可能构成逃逸，而有的离开现场却不构成逃逸。同样，《交通刑事解释》的原文使用的是抽象的"逃跑"，可见《交通刑事解释》并没有把是否在"现场"作为硬性要件，而"逃跑"的手段与形式也是多种多样，核心问题仍在于是否逃避法律的追究。司法实践中，在事故现场躲藏、在现场却谎称不是肇事者或者虽在现场但指使、同意他人冒名顶替等情形，其最终目的是隐瞒肇事者身份、逃避法律的追究，仍然可以构成"逃逸"。

《浙江省高级人民法院关于在审理交通肇事刑事案件中正确认定逃逸等问题的会议纪要》第三条规定，让人顶替的情形有多种，有的肇事者让同车人顶替或者打电话让人来现场顶替；有的肇事者逃离现场后叫顶替者到现场，应认定为交通肇事逃逸并从重处罚。处理这类案件，还要区分肇事者是否逃离了事故现场。对肇事者让人顶替但自己没有逃离现场的，可酌情从轻处罚。参考这一规定，在一定条件下即使没有离开事故现场也可以构成交通肇事逃逸。

2. 认定"因逃逸致人死亡"中"逃逸"的关键是有救助能力而不履行救助义务

交通肇事后逃逸行为的本质特征就是为了逃避法律追究不履行法定义务，因而正确认定"逃逸"也应当围绕肇事者在肇事后是否履行了法定义务去考察。"因逃逸致人死亡"中的逃逸，应着重于审查肇事者在有救助能力的情况下是否履行了救助义务。

首先，本案被告人的供述及其他在案证据证实，在后车肇事者问询时，被告人隐瞒了自己的肇事者身份，并马上驾驶电动车逃离现场，反映了被告人在肇事后有逃避法律追究的主观故意。其次，两次事故是一个整体的延续状态。根据视频监控显示，事故发生后，被告人下车开始捡东西、扶二轮电动车。在后车发生事故后，被告人驾驶二轮电动车离开。在这个三分钟的延续状态里，被告人神志清醒、行动自如、未受到任何威胁，其在有救助能力和条件的情形下，未采取任何救助措施，而是在短时间内实施了逃离事故现场的行为。最后，本案第二次碰撞后，后车肇事者下车查看，并问被告人有什么东西，被告人回答没有。虽然被告人第一次事故发生后没有立即逃跑，而是在第二次事故后才离开现场，但其在此期间没有表明自己是肇事者，而是将自己隐匿在现场。隐匿行为从本质上说仍是一种交通肇事后的逃逸行为，人在现场与不在现场没有本质区别，因为现场的人民群众和警察都无法发现其就是肇事者，其自身不受被害方、群众或者事故处理人员控制。因此，被告人在有救助能力的情况下未履行救助义务，可以认定其属于"因逃逸致人死亡"中的"逃逸"。

（三）被告人的逃逸行为与被害人死亡之间存在因果关系

在案件事实存在介入因素的场合，要判断后车的第二次碰撞行为是否阻断前车碰撞、逃逸行为与被害人死亡之间的因果关系需要考虑以下因素：(1)逃逸行为导致被害人死亡结果发生的危险性大小；(2)后车第二次碰撞行为的异常性大小；(3)后车第二次碰撞行为对结果的发生的作用大小;(4)后车第二次碰撞行为是否为逃逸行为的可控范围。但最重要的是判断哪个行为对结果的发生起到了决定性作用,同时也要考虑后车行为的可能性。

就本案而言,被告人肇事后明知受害人受伤倒地不能自救,在晚上来往车辆较多的公路上,正常人都会合理预见被害人若得不到救助,随时有被后车碾轧的可能。被告人的先行肇事行为使受害人面临生命安全的紧迫危险,负有采取有效措施排除危险或防止结果发生的特定义务,如果被告人履行救助义务,或者即使没有救助但保护了现场,危害结果便不会发生,但此时被告人选择了逃逸、不作为。因此,后车事故行为的发生和介入在被告人合理预见的能力范围之内,被告人的逃逸行为导致被害人再次被碾轧甚至死亡发生的危险性增大。后车事故行为虽然介入被告人肇事、逃逸与被害人死亡之间的因果进程,但不属于异常介入因素,即使不是该第三人驾车驶过,也可能是其他司机驾车碾轧被害人,因而后车事故行为并不能阻断被告人、逃逸与被害人死亡之间的因果关系。

(四)被告人的逃逸行为与故意杀人行为不具有相当性

《交通刑事解释》第六条规定行为人将被害人带离事故现场后隐藏或者遗弃的,可以以故意杀人罪定罪。实施隐藏、抛弃或移动至危险地带等积极移置性行为,使被害人得不到救助而死亡或发生再次碾轧事故,致被害人死亡的风险增加,其与杀人行为具有相当性,因而不再认定为"逃逸致人死亡"。此外,在判断逃逸行为与故意杀人是否具有相当性时,还应考虑逃逸行为对结果的客观归责程度以及肇事者不履行义务对结果的原因力大小,而不是仅从形式上是否有积极移置行为来加以判断。如果第二次碰撞的肇事者被认定不负责任,则说明第二次事故发生具有较大可能性,那么逃逸行为与故意杀人行为仍然具有相当性,死亡结果完全归责于逃逸行为,则应根据案件的具体情况来判断先前逃逸的肇事人是否构成故意杀人罪;如果第二次碰撞肇事者被认定负有责任,则说明第二次事故发生存在偶然性,不能将被害人被第二次碰撞致死完全归责于逃逸行为,一般认定"因逃逸致人死亡"。本案中,被告人不存在上述积极移置性行为,不符合《交通刑事解释》第六条的规定,同时,经事故认定,第二次碰撞肇事者负次要责任,存在一定过错,被告人的逃逸行为与故意杀人行为不相当。

综上,被告人撞倒被害人后,在具备救助条件的情况下,置被害人生命处于高度危险状态而不顾,并故意隐瞒自己的肇事者身份,不履行作为肇事者应该履行的法定义务,意图逃避法律追究,致使被害人被后车碾轧致死,应当认定被告人的行为属交通肇事后逃逸致人死亡。一审、二审法院根据犯罪的事实、性质、情节和对社会的危害程度,以交通肇事罪判处被告人汪庆樟有期徒刑七年,是合适的。

(撰稿:浙江省台州市中级人民法院　王永兴
浙江省三门县人民法院　黄江南
审编:最高人民法院刑二庭　王晓东)

念斌投放危险物质案

【关键词】　投放危险物质罪　证据审查判断　庭审实质化　疑罪从无　无罪

一、基本案情

被告人念斌,男,汉族,1976年7月22日出生。2006年8月18日被逮捕。

福建省福州市人民检察院指控被告人念斌犯投放危险物质罪，于2007年2月21日向福州市中级人民法院提起公诉。

被告人念斌否认起诉书指控的犯罪事实，辩解，其2006年8月7日后的所有有罪供述都是在公安人员的殴打或威胁下形成的；平潭县人民检察院人员提审时，由于他是法盲，当时不知道检察院是什么机关，所以仍作有罪供述；后来学了刑事诉讼法以及同监人告诉，他才知道检察院是监督机关，福州市人民检察院提审时，他就否认投毒的事实。

被告人念斌的辩护人提出：1. 指控念斌向丁某某家的水壶嘴内投放剧毒鼠药完全是错误的。(1)水壶没有毒物，指控"从水壶嘴投毒"的作案手段是错误的。检验机关能从丁某某家刷洗干净的铁锅中发现氟乙酸盐毒物，如果对念斌"从水壶嘴内投毒"的指控成立，则丁家水壶内必然能够检出毒物，但检验机关却不能从布满水垢的水壶里发现任何毒物。(2)中毒结果与指控完全背道而驰。氟乙酸盐具有"溶于水，不溶于酯类"的特性，稀饭中氟乙酸盐的含量远比鱿鱼中毒物高得多，应当是无论吃稀饭还是吃鱿鱼都会出现中毒症状，并且吃了稀饭的中毒重，吃了鱿鱼的中毒轻，中毒的轻重与吃稀饭的量有关。案发当晚，俞甲、俞乙、俞丙各吃了1碗稀饭，丁某某吃了多半碗稀饭，陈某某、念某某没有吃丁家的稀饭，除了丁某某外都有吃鱿鱼，但实际结果是除了丁某某外都实际发生了中毒，单独吃稀饭的人并没有出现中毒结果，且已经出现中毒症状者的中毒程度并不与吃稀饭的量成正比，而是与吃鱿鱼的量成正比。所以中毒的原因与水壶里的水无关。(3)没有任何痕迹和实物证据支持控方的指控。2. 侦查机关在本案侦查中暴露出的重大问题。(1)本案可能有人造假案。个别侦查人员涉嫌对念斌刑讯逼供，非法获取念斌的有罪供述，并涉嫌隐匿、伪造关键证人证据。向法庭提交的审讯念斌的录像已进行剪辑拼接，并非送公安部鉴定的录像。当天的审讯时间长达3小时10分钟，但提交法庭的录像只有1小时58分钟，且出现多处剪接痕迹。(2)认定念斌投毒有关的鉴定结论全部是非法证据，必须予以排除。①福州市公安局榕公刑技法化(2006)576号《理化检验报告》认定高压锅、水壶里的水检出氟乙酸盐鼠药成分，但高压锅已于7月28日提取，却没有及时送检，而是经过13天与8月9日提取到的水壶里的水一起送检，这期间如何保管没有记载。②水壶没有检验出毒物，水壶里的水却检出毒物。③现场勘查显示水壶提取时间是2006年7月28日，但平潭县公安局后来的《情况说明》又称是8月8日或9日提取的。④从水壶照片看水壶里没有水。如果有水，那么水在13天里是如何保管，水如何倒到其他容器里的过程都没有记载。(3)本案大量事实没有查清，诸多疑点没有得到合理排除。没有追查鱿鱼的源头、包装材料是否有毒；没有侦查酱油煮杂鱼制作过程，是否也用了该水壶的水，也没有提取没吃完的酱油煮杂鱼；卖鼠药的杨某某年龄、外貌与念斌供述不符，在其制作鼠药的家里也没有找到一粒氟乙酸盐鼠药；公安机关在案发现场提取150多件物证，没有登记造清单，违反公安部关于现场勘查提取物证的规定。

福州市中级人民法院经审理查明：被告人念斌与丁某某分别租用福建省平潭县澳前镇澳前村澳前17号陈某某家相邻的两间店面经营食杂店，存在生意竞争。2006年7月26日晚，念斌认为丁某某抢走其顾客而心怀不满。次日凌晨1时许，念斌产生投放鼠药让丁某某吃了肚子痛、拉稀的念头，遂将案发前在平潭县医院附近，向摆地摊的杨某某购买的鼠药取出半包，倒在矿泉水瓶中加水溶解后，潜入其食杂店后丁家厨房将鼠药水从壶嘴倒入烧水铝壶的水里。当晚，丁某某的孩子俞甲（被害人，男，殁年10岁）、俞乙（被害人，女，殁年8岁）、俞丙（被害人，男，时年6岁）食用了使用壶水烹制的稀饭和青椒炒鱿鱼，丁某某食用了其中的稀饭和青椒，房东陈某某及其女儿念某某食用了其中的青椒炒鱿鱼。后俞甲、俞乙、俞丙等人相继出现中毒症状。次日凌晨，俞甲、俞乙经抢救无效死亡，经鉴定系氟乙酸盐鼠药中毒。俞丙接受住院治疗。

2008 年 2 月 1 日,福州市中级人民法院作出(2007)榕刑初字第 84 号刑事附带民事判决,认定被告人念斌犯投放危险物质罪,判处死刑,剥夺政治权利终身。

宣判后,被告人念斌提出上诉。上诉理由与一审辩解相同。

福建省高级人民法院经依法审理,认为本案事实不清、证据不足,于 2008 年 12 月 18 日作出(2008)闽刑终字第 141 号刑事裁定,撤销原判,将案件发回福州市中级人民法院重审。

福州市中级人民法院依法另行组成合议庭公开开庭审理本案,于 2009 年 6 月 8 日作出(2009)榕刑初字第 25 号刑事附带民事判决,认定被告人念斌犯投放危险物质罪,判处死刑,剥夺政治权利终身。

宣判后,被告人念斌再次提出上诉。

福建省高级人民法院经依法审理,于 2010 年 4 月 7 日作出(2009)闽刑终字第 391 号刑事附带民事裁定,驳回上诉,维持原判,并将对被告人念斌的死刑裁定报请最高人民法院核准。

最高人民法院经复核,于 2010 年 10 月 28 日作出(2010)刑三复 21722109 号刑事裁定,不核准被告人念斌死刑,发回福建省高级人民法院重新审判。

福建省高级人民法院于 2011 年 5 月 5 日作出(2009)闽刑终字第 391－1 号刑事裁定,撤销原判,发回福州市中级人民法院重审。

福州市中级人民法院于 2011 年 11 月 7 日作出(2011)榕刑初字第 104 号刑事附带民事判决,认定被告人念斌犯投放危险物质罪,判处死刑,剥夺政治权利终身。

宣判后,被告人念斌再次提出上诉。

福建省高级人民法院经审理后认为:二被害人俞甲、俞乙系中毒死亡,但原判认定致死原因为氟乙酸盐鼠药中毒依据不足,认定的投毒方式依据不确实,毒物来源依据不充分,与被告人的有罪供述不能相互印证,相关证据矛盾和疑点无法合理解释、排除,全案证据达不到确实、充分的证明标准,不能得出系被告人念斌作案的唯一结论。因此,一审认定念斌犯投放危险物质罪的事实不清,证据不足。

2014 年 8 月 22 日,福建省高级人民法院作出(2012)闽刑终字第 10 号刑事附带民事裁定,撤销一审判决,宣告被告人念斌无罪。

二、裁判理由

念斌案案情重大、疑难、敏感、复杂,备受社会各界和舆论媒体关注。该案诉讼参与人多、证据种类多、证据问题多,专业技术问题与法律问题叠加,控辩双方始终争议较大。当事人双方积怨已久、矛盾极深、对抗激烈。

在念斌投放危险物质案的最后一次二审期间,恰逢 2012 年修订的《刑事诉讼法》从 2013 年 1 月 1 日开始施行。这次《刑事诉讼法》修改,在证据制度、辩护制度、侦查措施、审判程序等方面进行了重大完善,将“尊重和保障人权”明确写入刑事诉讼法总则,体现了进一步强化人权保障、程序公正、庭审中心、证据裁判意识的立法导向。同时,创立了庭前会议、侦查人员出庭说明、专家辅助人等新制度,明确完善了证人、鉴定人出庭作证制度,为庭审实质化打牢了制度基础。2013 年 10 月,第六次全国刑事审判工作会议(以下简称“六刑会”)召开,会议进一步深化了对刑事审判的认识,强化了刑事审判的地位和功能作用,丰富和完善了刑事审判的科学理念,第一次提出了庭审中心、无罪推定、疑罪从无等法治理念。念斌案的审判和处理,正是身体力行地贯彻《刑事诉讼法》规定和“六刑会”精神的生动实践和鲜活标本。

(一)坚守证据裁判标准

从 1979 年开始,《刑事诉讼法》就规定“对一切案件的判处都要重证据,重调查研究,不轻信口供”。1996年《刑事诉讼法》明确规定，公安机关侦查终结、检察机关提起公诉、审判机关判决有罪都应当做到“证据确实、充分”。2010年7月1日起施行的《关于办理死刑案件审查判断证据若干问题的规定》《关于办理刑事案件排除非法证据若干问题的规定》（以下简称《两个证据规定》），全面规定了刑事诉讼证据的基本原则，细化了证明标准，规定死刑案件“证据确实、充分”的条件。2012年修订的《刑事诉讼法》，吸收了《两个证据规定》，明确要求定案证据要达到“证据确实、充分”的标准，并将《两个证据规定》中“证据确实、充分”的五个方面要求，归纳细化为三个方面，规定“证据确实、充分”应当符合以下条件：定罪量刑的事实都有证据证明；据以定案的证据均已经法定程序查证属实；综合全案证据，对所认定事实已排除合理怀疑。定案标准更严格、更具体、更易于操作。上述规定的陆续出台，逐步确立了我国的证据裁判原则，体现了对证据裁判原则认识的不断深化。纵观刑事诉讼法的历次修订，可以说，证据裁判原则是刑事诉讼活动的一贯要求。

投放危险物质犯罪属于隐蔽性较强的犯罪，往往缺少目击证人以及直接指向被告人作案的直接证据，这类案件最终定案大都需要依靠被告人有罪供述串联起间接证据形成锁链，在证据审查、分析、判断方面有其特殊性，也更为复杂、困难。念斌案即属于此种情况，而且由于犯罪后果特别严重，社会影响大，在限期侦破的压力下，如果侦查取证工作存在侦查程序不规范、证据基础较薄弱的情况，就会给法院审查判断证据、依法认定事实带来极大挑战。

没有证据就没有诉讼，没有证据就没有公正。证据是刑事审判的基石和底线，对证据的审查不能有丝毫的马虎、松懈和将就的余地。本案证据存在大量问题疑点，汇集了《刑事诉讼法》规定的全部八大类证据材料，还包含了侦查机关为说明、弥合证据瑕疵、漏洞和问题的数十份工作说明。福建省高级人民法院在审理期间，还积极推动侦诉机关补充移送数百份证据材料，协调检察机关组织专家对新补充的检验电子数据进行会审论证；走访证人、公安、检察机关，组织召开座谈会，查阅侦查工作笔记等；理化检验问题咨询十余名省内外权威专家等，行使人民法院调查核实职权。经梳理，本案证据存在以下问题：

1. 关于被害人中毒原因一节

检辩双方出示的上述证据能够证实，被害人俞甲、俞乙系中毒死亡。但认定系氟乙酸盐鼠药中毒，证据不确实、不充分。第一，检材与标样的质谱图不应相同。标注为被害人俞乙尿液和标注为标样的两份质谱图相同，有悖常理。同时，标注为俞乙尿液的质谱图、检验电子数据的文件名，与俞乙尿液检材的名称也不相符。检方聘请的专业人员提出，该质谱图是否为俞乙尿液的质谱图存疑。辩方聘请的专业人员提出，该质谱图就是标样而非尿液的质谱图。鉴定人出庭说明二者质谱图相同，系将俞乙尿液的质谱图当作标样的质谱图归入档案造成；检验电子数据的文件名与检材的名称不相符，系因命名规则不统一造成。该解释不足以采信。补充的尿液检验因检验条件不相同，缺乏证明价值。因此，俞乙尿液检材的检验结果的真实性存疑。第二，分别标注为被害人俞甲心血、呕吐物的两份质谱图也相同，同样有悖常理。同时，标注为俞甲呕吐物的质谱图、补充所称的俞甲心血的质谱图以及检验电子数据的文件名，与俞甲呕吐物、心血检材的名称也不相符。鉴定人出庭说明二者质谱图相同，系因文件名近似误把呕吐物的质谱图当作心血的质谱图归入档案造成；检验电子数据的文件名与检材的名称不相符，系因命名规则不统一造成。该解释亦不足以采信。因此，俞甲心血、呕吐物检材的检验结果的真实性也存疑。第三，鉴定机构在对俞乙的尿液、心血和俞甲的尿液、心血和呕吐物检材的检验过程中，均未按照专业规范要求进行“空白”对照检验，以防止假阳性检验结果，因此难以排除检材被污染的可能。第四，根据俞乙心血、俞甲尿液检材的检验数据，能否判定检出氟乙酸盐鼠药成分，双方聘请的专业人员提出的意见严重分歧。因此,从俞乙心血、俞甲尿液中检出氟乙酸盐鼠药成分的检验结论可靠性存疑。此外,与被害人共进晚餐的俞丙、念某某有中毒症状,但未做相应检验,无法认定中毒原因;丁某某、陈某某自述并无明显中毒症状,也未做相应检验,是否中毒不明。综上,据以认定二被害人中毒原因的理化检验报告不足以采信,其他共进晚餐人员认定中毒原因或有无中毒缺乏充分依据。因而认定二被害人死于氟乙酸盐鼠药中毒的事实不清,相关证据不确实、不充分。

2. 关于投毒方式一节

第一,铝壶、高压锅的提取送检问题。现场勘验检查笔录记载的提取送检时间为“7 月 28 日”,与检验鉴定委托书记载的“8 月 9 日”相矛盾。侦查人员出庭说明系“8 月 8 日傍晚”提取送检,与庭前说明提取送检时间是“8 月 9 日”前后不一,而且现场照片、指认现场录像显示,8 月 9 日晚现场厨房还存在相同的高压锅,此无法合理解释。第二,铁锅的提取送检问题。现场勘验检查笔录记载的提取送检时间为“7 月 28 日”,与检验鉴定委托书记载的“8 月 1 日”相矛盾,检验时间又载明是“7 月 31 日”,送检与检验的时间前后倒置。侦查人员出庭说明提取送检时间是“7 月 31 日”,前述问题系因事后综合制作现场勘验检查笔录和补办检验鉴定委托手续造成,此合理性依据欠缺,不足以采信。第三,鉴定受理登记表记载,侦查机关送检铝壶及里面的 3 500 毫升水,但现场勘验检查笔录未记载提取铝壶时壶中有水。侦查人员出庭说明笔录记载原物提取铝壶即包括壶中的水,缺乏充分依据;出庭说明将铝壶水分装到矿泉水瓶中送检,缺乏笔录记载,且与庭前说明记不清具体送检情况不一致;侦查实验笔录也不能说明提取时铝壶中的水量。因此,该 3 500 毫升壶水检材与提取的铝壶之间的关联性缺乏确实依据。第四,鉴定机构在对铝壶水、高压锅和铁锅表面残留物检材的检验过程中,未按照专业规范要求进行“空白”对照检验,以防止假阳性检验结果,因此难以排除该 3 份检材被污染的可能。第五,根据铝壶水、高压锅和铁锅表面残留物检材的检验数据能否判定检出氟乙酸盐鼠药成分,双方聘请的专业人员提出的意见严重分歧。因此,对从铝壶水、高压锅和铁锅中检出氟乙酸盐鼠药成分的检验结论可靠性存疑。此外,证人陈某某证言是使用丁某某家铝壶的水还是红桶的水捞鱿鱼,说法不一,难以采信系使用铝壶的水捞鱿鱼。综上所述,铝壶水、高压锅和铁锅的提取送检过程不清,检材来源相关证据间的矛盾和疑点得不到合理解释,检验过程不规范,检验结论可靠性存疑,理化检验报告不足以采信,因此,认定铝壶水有毒缺乏确实依据,原判认定念斌将鼠药投放在铝壶水中事实不清,关键证据链条中断。

3. 关于毒物来源一节

第一,侦查机关找到卖鼠药的证人杨某某,但被告人念斌与杨某某相互不能辨认;供述的卖鼠药人的特征及年龄,与杨某某情况差异明显;供述的鼠药包装袋规格,与从杨某某住处查获的实物差异较大;供述在购买鼠药时到过商店批发香烟,时间约为 7 月中旬,与证人证实其批发香烟时间为 7 月初不一致。第二,鉴定机构在对配制鼠药工具塑料盆、铁盆检材的检验过程中,未按照专业规范要求进行“空白”对照检验,以防止假阳性检验结果,因此难以排除该 2 份检材被污染的可能。第三,根据配制鼠药的工具碗、塑料盆和铁盆检材的检验数据,能否判定检出氟乙酸盐鼠药成分,双方聘请的专业人员提出的意见存在严重分歧。因此,对从碗、塑料盆和铁盆中检出氟乙酸盐鼠药成分的检验结论可靠性存疑。综上所述,念斌与杨某某相互不能辨认,供证存在不吻合之处,配制鼠药工具的理化检验报告不足以采信,认定念斌投放的鼠药系从杨某某处购买依据不充分。

4. 关于有罪供述一节

被告人念斌到案之初未承认犯罪,在侦查阶段和检察机关审查批捕提讯时曾经作过多次有罪供述,但从审查起诉起则始终否认作案。念斌第一次有罪供述的笔录内容与在案的审讯录像内容不完全一致，且审讯录像内容不完整。念斌庭前多次供述的鼠药来源一节，其中关于卖鼠药人的特征、年龄、鼠药包装袋规格以及批发香烟的时间等情节，与证人证言不相符；供述的将鼠药水投放在铝壶水中一节，如上所述认定铝壶水有毒的依据不确实，不能形成印证；供述把鼠药放在货架上毒老鼠一节，从货架表面与旁边地面上提取的灰尘中均未能检出鼠药成分，亦不能形成印证；供述的作案工具、剩余鼠药，均未能查获。综上所述，念斌的庭前供述和辩解存在反复，庭前供述与其他证据不能相互印证，不足以采信。

福建省高级人民法院最终认定，认定被告人念斌犯投放危险物质罪的事实不清，证据不足。

（二）推动庭审实质化

司法的最终裁判性质，即裁判的终局性，要求在诉讼中要坚持以审判为中心。坚持以审判为中心，首先要做到以庭审为中心。在念斌案最后一次二审审理过程中，福建省高级人民法院充分运用《刑事诉讼法》规定的各项制度，充分发挥庭审功能，确保诉讼证据出示在法庭、案件事实查明在法庭、诉辩意见发表在法庭、裁判结果形成在法庭。

一是做好庭前准备工作。组织召开多次庭前会议，明确案件争点重点，商定举证质证方式范围，解决可能导致庭审中断的程序性事项，组织听取检验专业人员意见，奠定庭审顺利进行的基础。二是重视保障当事人诉权。依法保障辩护律师会见、阅卷、收集证据和发问、质证、辩论辩护、申诉等权利。依法保障诉讼参与人的人身安全，为检辩双方履职提供便利。耐心听取各方诉求，鼓励辩护律师包括被害人的诉讼代理人充分发表意见。三是落实直接言词原则。积极协调、促成证人、侦查人员、鉴定人等到庭参加诉讼。福建省高级人民法院在两次开庭过程中，检辩双方申请法庭依法通知了2名证人和7人次鉴定人出庭作证，13人次侦查人员出庭说明情况，9名专业人员出庭就理化检验报告和鉴定结论意见提出意见，出庭人数之多引人注目。四是加强对技术性证据的审查。专家辅助人出庭就理化检验报告和法医学鉴定意见提出意见，强化了检辩双方对于鉴定意见的质证能力，本案中，专家辅助人的意见从根本上动摇了控方的鉴定意见。五是驾驭引导检辩双方充分举证质证辩论，形成“控辩对抗、法院居中”格局。庭审持续6天5夜60小时，共对37人次出庭人员进行了长达1 724分钟交叉询问，每位出庭人员平均接受交叉询问近1个小时。检辩双方就本案事实、证据和适用法律等问题充分发表了意见，针对案件中的主要争议如被害人死因是否为氟乙酸盐鼠药中毒、投毒方式、毒物来源等进行了充分的辩论。针锋相对的激烈辩论，辩方对证据进行刨根究底的追问，双方专业人员对检验结论进行深入分析解读，使法庭真正成为审理案件的中心。通过高质量的庭审，进一步证实了案件存在的疑点。

（三）严格贯彻疑罪从无规则

疑罪从无是司法机关认定刑事案件待证事实的重要证据法则，是现代法治国家处理刑事疑案的普遍做法，并为我国《刑事诉讼法》明文规定。1989年，最高人民法院在《关于一审判决宣告无罪的公诉案件如何适用法律问题的批复》（已失效）中就指出，对于因主要事实不清、证据不足、经多次退查后，检察院仍未查清犯罪事实，法院自己调查也无法查证清楚，不能认定被告人有罪的，可在判决书中说明情况后，直接宣告无罪。1996年《刑事诉讼法》直接明确了无罪推定原则，该法第一百六十二条规定，证据不足，不能认定被告人有罪的，应当作出证据不足、指控的犯罪不能成立的无罪判决。2012年《刑事诉讼法》第一百九十五条重申了上述规定。2013年，中央政法委颁布了《关于切实防止冤假错案的规定》，要求对定罪证据不足的案件，要坚持疑罪从无的原则。最高人民法院颁布了《关于建立健全防范刑事冤假错案工作机制的意见》，规定定罪证据不足的案件，应当坚持疑罪从无的原则，依法宣告被告人无罪，不得降格作出“留有余地”的判决。

近年来，一些冤假案件浮出水面，引发社会关注，如湖北佘祥林案、河南赵作海案、浙江张氏叔侄案等。但念斌案既没有佘祥林、赵作海案中的“亡者归来”，也不像浙江叔侄案中通过DNA比对找到真凶。念斌案是疑罪从无的典型案例，该案证据先天不足、问题疑点很多，达不到《刑事诉讼法》规定的“证据确实、充分”的标准，应当作出证据不足、指控犯罪不能成立的无罪判决。但本案历时8年，是典型的“定放两难”案件，被害方认定念斌就是凶手，强烈要求判处对方死刑，存在走极端的重大风险。最终，福建法院顶住各方压力，严格执行法律规定，贯彻落实“六刑会”精神，坚决摒弃以往疑罪“从有”“从轻”“从挂”或者作出“留有余地的判决”的陈旧理念，作出了“事实不清、证据不足”的无罪判决。

【编后语】

党的十八大以来，中央提出要进一步深化司法体制改革，确保审判机关依法独立公正行使审判权，强调让人民群众在每一个司法案件中都感受到公平正义。正是在这种司法氛围下，对于疑罪案件提出“宁可错放，也不可错判”，要像防范洪水猛兽一样防范冤假错案。本案从死刑判决到无罪释放的颠覆性改变，根本原因就在于全案事实证据存在无法弥补、足以影响定案的缺陷与问题，得不出念斌作案的唯一结论，宣告无罪是严格适用证据裁判规则与疑罪从无原则的必然结果，这得益于党的十八大后整个法治环境的不断向好。

念斌案宣判后，中央领导予以高度评价，认为念斌案是中国法治史上的标志性案件，是推动公正司法的标杆案件，是刑事审判的典范。该案的处理得到社会各界、新闻媒体、网络舆论以及专家学者的普遍正面评价，赢得了国内外好评。新华社在《更公平　更安全　更开放——中国全面推进依法治国为合作共赢繁荣发展保驾护航》一文中指出，该案成为中国从制度上加强人权司法保障，落实罪刑法定、疑罪从无、非法证据排除等法律原则的一个里程碑。《南方周末》、《北京青年报》等多家媒体评价福建省高级人民法院在真凶没有出现的情况下敢于判决无罪，难能可贵。在最高人民法院面向外国驻华使节的开放日上，最高人民法院新闻发言人表示，念斌案的处理“彰显了人民法院在坚持疑罪从无的理念”“有利于司法机关更加严格地依法独立行使审判权，更加严格地防止冤错案件的发生”。念斌案入选“2014年十大刑事案件”，先后被写入最高人民法院2014年工作报告和国务院新闻办《2014年中国人权事业的进展》白皮书。此案因为社会影响巨大，审理过程也成为万众瞩目的法治公开课，对于公检法三机关进一步更新司法理念、疑罪从无思想进一步深入人心、全社会法治意识进一步提高有着积极的推动作用，对国家法治进程产生了深远影响。

（撰稿：福建省高级人民法院刑三庭　熊　焰　黄长升　罗镇祥
审编：最高人民法院刑二庭　叶邵生）

玉山江·吾许尔等组织、领导、参加恐怖组织，以危险方法危害公共安全案

——天安门广场“10·28”暴恐案

【关键词】　组织、领导、参加恐怖组织罪　以危险方法危害公共安全罪　共同犯罪　中止

一、基本案情

被告人玉山江·吾许尔，男，1977年4月18日出生。2013年12月19日被逮捕。

被告人玉苏甫·吾买尔尼亚孜,男,1970年1月16日出生。2013年12月19日被逮捕。

被告人玉苏普·艾合麦提,男,1988年6月27日出生。2013年12月19日被逮捕。

被告人古丽娜尔·托乎提尼亚孜,女,1985年11月14日出生。2013年12月19日被逮捕。

被告人布坚乃提·阿卜杜喀迪尔,女,1985年3月3日出生。2013年12月19日被逮捕。

被告人托合提·麦合麦提,男,1990年11月6日出生。2013年12月6日被逮捕。

被告人吐逊江·阿不力孜,男,1978年5月18日出生。2013年12月6日被逮捕。

被告人阿布拉·尼牙孜,男,1990年10月12日出生。2013年12月6日被逮捕。

新疆维吾尔自治区乌鲁木齐市人民检察院指控被告人玉山江·吾许尔、玉苏甫·吾买尔尼亚孜、玉苏普·艾合麦提犯组织、领导恐怖组织罪和以危险方法危害公共安全罪,被告人古丽娜尔·托乎提尼亚孜、布坚乃提·阿卜杜喀迪尔犯参加恐怖组织罪和以危险方法危害公共安全罪,被告人托合提·麦合麦提、吐逊江·阿不力孜、阿布拉·尼牙孜犯参加恐怖组织罪,向乌鲁木齐市中级人民法院提起公诉。

乌鲁木齐市中级人民法院经公开审理查明:

2011年以来,被告人玉山江·吾许尔、玉苏甫·吾买尔尼亚孜、玉苏普·艾合麦提先后与吾斯曼·艾山(已死亡)相识,并就"迁徙""圣战"达成共识。2012年12月,玉山江·吾许尔与吾斯曼·艾山等人为寻找枪支、发展成员前往新疆维吾尔自治区伊犁哈萨克自治州,怂恿库尔班江·达吾提、买乌兰·努尔买买提、于苏付江·白克力(均另案处理)等加入他们,并寻求制造爆炸物的方法,但未果。同月,玉山江·吾许尔与被告人吾斯曼·艾山、古丽娜尔·托乎提尼亚孜(玉山江·吾许尔之妻)、艾力·阿布力米提(另案处理)前往新疆维吾尔自治区和静县向艾合买提·吾买尔(另案处理)学习制造爆炸物,但未能找到制造爆炸物所需的材料。2013年1月至9月,玉山江·吾许尔、玉苏甫·吾买尔尼亚孜、玉苏普·艾合麦提、吾斯曼·艾山、古丽娜尔·托乎提尼亚孜以及被告人布坚乃提·阿卜杜喀迪尔(玉苏普·艾合麦提之妻)、吐逊江·阿不力孜、古力克孜·艾尼(吾斯曼·艾山之妻,已死亡)等人先后到新疆维吾尔自治区乌鲁木齐市乌拉泊、红雁池附近的山上,手持自制旗帜宣誓进行"圣战",部分人员还多次观看"迁徙""圣战"内容的视频。2013年9月,玉山江·吾许尔与吾斯曼·艾山、古力克孜·艾尼、古丽娜尔·托乎提尼亚孜、吐逊江·阿不力孜再次到和静县向艾合买提·吾买尔学习制造爆炸物,但仍未能找到所需材料。同月,玉山江·吾许尔、玉苏甫·吾买尔尼亚孜、玉苏普·艾合麦提、吾斯曼·艾山等人预谋到北京进行"圣战"。为此,玉山江·吾许尔、古丽娜尔·托乎提尼亚孜出资2.7万元,玉苏普·艾合麦提、布坚乃提·阿卜杜喀迪尔出资1万元,玉苏甫·吾买尔尼亚孜出资3万元,作为"圣战"经费。其间,玉苏甫·吾买尔尼亚孜怂恿吾某某、斯某某、阿某某加入他们的"圣战"队伍,遭到拒绝。2013年10月初,玉山江·吾许尔、玉苏普·艾合麦提、吾斯曼·艾山认识了被告人托合提·麦合麦提、艾买提·卡迪尔(另案处理),并拉拢二人加入了他们的"圣战"队伍,授意二人寻找人员到北京参加"圣战"。2013年10月7日,玉山江·吾许尔、玉苏普·艾合麦提与古丽娜尔·托乎提尼亚孜、布坚乃提·阿卜杜喀迪尔、吾斯曼·艾山、古力克孜·艾尼、库完汗·热依木(吾斯曼·艾山之母,已死亡)驾驶双龙越野车(车牌号新A45559)抵达北京,玉苏甫·吾买尔尼亚孜乘坐火车随后赶到北京。托合提·麦合麦提、艾买提·卡迪尔组织被告人阿布拉·尼牙孜和阿布拉·麦合麦提、阿里木·阿不都然合曼、阿迪力·托合提、阿不都克尤木·如斯坦木、木合普力·亚森、艾合买提·卡哈尔、艾力·依玛木尼亚孜、穆萨·努如拉(均另案处理)等人先后赶到北京,后又因资金等问题相继离开北京。

在北京期间,被告人玉山江·吾许尔、玉苏甫·吾买尔尼亚孜、玉苏普·艾合麦提与吾斯曼·艾山、古丽娜尔·托乎提尼亚孜、布坚乃提·阿卜杜喀迪尔、古力克孜·艾尼、库完汗·热依木等人共同策划在天安门广场采用汽车冲撞、汽油爆炸、持刀砍杀等方式进行“圣战”，并先后购买了1辆吉普越野车（车牌号京Q7J971）、30个汽油桶、400升汽油以及刀、打火机、防毒面罩、抽油器等作案工具，还到天安门广场进行了踩点。后玉山江·吾许尔、玉苏甫·吾买尔尼亚孜、玉苏普·艾合麦提与古丽娜尔·托乎提尼亚孜、布坚乃提·阿卜杜喀迪尔驾驶京Q7J971吉普越野车返回新疆。

2013年10月28日12时许，吾斯曼·艾山、古力克孜·艾尼、库完汗·热依木驾驶装载有400升汽油的新A45559双龙越野车，连续冲撞天安门广场前人行道上的行人，造成被害人朱某某（男，殁年54岁）、某女（菲律宾籍，殁年55岁）、罗某某（女，殁年32岁）死亡，被害人李某甲（女，时年45岁）、李某乙（男，时年33岁）、吴某某（女，时年27岁）、蒋某（男，时年43岁）等39人受伤。越野车撞上金水桥后燃烧，车内的吾斯曼·艾山、古力克孜·艾尼、库完汗·热依木当场死亡。

2014年6月15日，乌鲁木齐市中级人民法院以（2014）乌中刑一初字第96号刑事判决，认定被告人玉山江·吾许尔、玉苏甫·吾买尔尼亚孜、玉苏普·艾合麦提犯组织、领导恐怖组织罪，判处无期徒刑，剥夺政治权利终身，犯以危险方法危害公共安全罪，判处死刑，剥夺政治权利终身，决定执行死刑，剥夺政治权利终身；被告人古丽娜尔·托乎提尼亚孜犯参加恐怖组织罪，判处有期徒刑十年，剥夺政治权利二年，犯以危险方法危害公共安全罪，判处无期徒刑，剥夺政治权利终身，决定执行无期徒刑，剥夺政治权利终身；被告人布坚乃提·阿卜杜喀迪尔犯参加恐怖组织罪，判处有期徒刑十年，剥夺政治权利二年，犯以危险方法危害公共安全罪，判处有期徒刑十五年，剥夺政治权利三年，决定执行有期徒刑二十年，剥夺政治权利五年；被告人托合提·麦合麦提、吐逊江·阿不力孜犯参加恐怖组织罪，分别判处有期徒刑十年，剥夺政治权利二年；被告人阿布拉·尼牙孜犯参加恐怖组织罪，判处有期徒刑五年，剥夺政治权利一年。

一审宣判后，被告人玉苏甫·吾买尔尼亚孜、古丽娜尔·托乎提尼亚孜、布坚乃提·阿卜杜喀迪尔、阿布拉·尼牙孜等不服，提出上诉。

被告人玉苏甫·吾买尔尼亚孜上诉称，其没有组织、领导恐怖组织，没有观看有煽动内容的视频，没有宣誓，自动放弃犯罪行为，未参与2013年10月28日的犯罪行为。其辩护人辩称，玉苏甫·吾买尔尼亚孜不是恐怖组织的组织、领导者，虽然煽动他人进行“迁徙”“圣战”，但别人没有同意，且主动中止犯罪行为。当公安机关到他家检查时，他主动交代了犯罪行为，应认定为自首，且是初犯，有悔罪表现，请求对其依法从轻处罚。

被告人古丽娜尔·托乎提尼亚孜上诉称，其未参与策划犯罪行为，没有宣誓，虽然去了北京，但认识到自身的行为不合法就回来了，其如实供述了犯罪行为，量刑过重，希望依法从轻处罚。其辩护人辩称，古丽娜尔·托乎提尼亚孜跟随吾斯曼·艾山、玉山江·吾许尔等人实施犯罪行为，没有参与策划。关于以危险方法危害公共安全罪，她虽然参与准备作案工具，但是于2013年10月28日离开北京，中止了犯罪行为，系从犯，且初次犯罪，被捕后如实供述了犯罪行为，请求对其依法从轻处罚，一审量刑过重。

被告人布坚乃提·阿卜杜喀迪尔上诉称，其未观看有煽动内容的视频，没有宣誓。后来其认识到自己的行为不合法，就从北京回到了新疆，2013年10月28日的犯罪行为与其无关，希望查清事实适当量刑。

被告人阿布拉·尼牙孜上诉称，其未观看有煽动内容的视频，其到北京之后知道该“组织”的性质之后就退出了，希望认定为一般参与者，适当量刑。其辩护人辩称阿布拉·尼牙孜没有实施观看有煽动内容的视频、宣誓、发展成员等犯罪行为，系一般参与者，他得知该恐怖组织的性质之后立即与该组织断绝了关系，其认罪态度好、有悔罪表现，请求依法从轻处罚。

被告人玉苏普·艾合麦提的辩护人辩称，玉苏普·艾合麦提既不是恐怖组织的组织者，也不是领导者，而是积极参加者。关于以危险方法危害公共安全罪，其虽然参与了准备作案工具，但主动放弃了犯罪的念头，且初次犯罪，认罪态度好，故希望依法从轻、减轻处罚。

被告人玉山江·吾许尔的辩护人辩称，玉山江·吾许尔既不是恐怖组织的组织者，也不是领导者，应认定为参加恐怖组织罪。关于以危险方法危害公共安全罪，玉山江·吾许尔从北京回到了新疆，没有参与2013年10月28日的犯罪，属于犯罪中止，其在第一次讯问时就如实交代罪行并揭发了同伙的犯罪行为，应认定其有立功表现，且系从犯，请求对其依法从轻、减轻处罚。

新疆维吾尔自治区高级人民法院经依法开庭审理，于2014年7月18日以(2014)新刑一终字第113号刑事裁定，驳回上诉，维持原判，并依法报请最高人民法院核准被告人玉山江·吾许尔、玉苏甫·吾买尔尼亚孜、玉苏普·艾合麦提死刑。

最高人民法院复核认为，第一审判决、第二审裁定认定的事实清楚，证据确实、充分，定罪准确，量刑适当，审判程序合法。于2014年8月14日以(2014)刑二复87106820号刑事裁定，依法核准被告人玉山江·吾许尔、玉苏甫·吾买尔尼亚孜、玉苏普·艾合麦提死刑。

二、裁判理由

我国《刑法》第二十六条第三款规定，对组织、领导犯罪集团的首要分子，按照集团所犯的全部罪行处罚。因而恐怖活动组织的组织者、领导者，应当对恐怖活动组织的全部罪行承担刑事责任。在共同犯罪中，因各共犯的行为相互联系形成统一的犯罪活动整体，即便部分共犯中止了自己的行为，如果其他共犯的行为导致结果发生，则并不成立犯罪中止，而成立既遂，且各共犯均应对整体的犯罪行为承担刑事责任。

本案中，被告人玉山江·吾许尔、玉苏甫·吾买尔尼亚孜、玉苏普·艾合麦提伙同吾斯曼·艾山，鼓动、召集人员共同建立恐怖活动组织，恐怖活动组织成立后，共同策划、预谋实施恐怖活动，是恐怖活动组织的组织者、领导者，应当按照组织所犯的全部罪行处罚。玉山江·吾许尔、玉苏甫·吾买尔尼亚孜、玉苏普·艾合麦提与最终实施暴恐活动致人伤亡的吾斯曼·艾山等人属于共同犯罪，三人虽因琐事与吾斯曼·艾山产生分歧而离京返疆，未参与天安门金水桥暴恐活动实施，但并未有效阻止吾斯曼·艾山等人实施暴恐活动，且三人的出资、准备犯罪工具等行为为吾斯曼·艾山等人实施暴恐活动提供了条件、帮助，故依法应对整体的犯罪行为及后果承担刑事责任。玉山江·吾许尔、玉苏甫·吾买尔尼亚孜、玉苏普·艾合麦提组织、领导的恐怖活动组织成员驾驶装载有400升汽油的汽车在天安门广场前冲撞无辜群众，造成3人死亡、39人受伤的严重后果，人民法院根据犯罪的事实、性质、情节和社会危害性，依法判处恐怖活动组织的3名组织、领导者死刑是正确的。对于被告人古丽娜尔·托乎提尼亚孜、布坚乃提·阿卜杜喀迪尔等恐怖活动组织的积极参加者，人民法院按照其各自所实施的犯罪行为依法惩处，体现了罪责刑相适应原则。

【编后语】

本案反映出近年来暴恐活动的部分特征与趋势：

(一)以暴恐音视频引发洗脑式犯罪

近年来新疆维吾尔自治区破获的多起暴恐犯罪案件均反映出，暴恐音视频是“东突”等“三股势力”向境内渗透和实施分裂破坏活动的主要工具，成为当前暴恐案件多发的重要诱因。近年来发布的暴恐音视频，大多从境外流入，除煽动对抗、粉饰暴恐外，制爆内容亦增多，且呈系列化的趋势。暴恐音视频通过宗教极端思想洗脑方式把普通人变成恶魔，不仅是宗教极端活动转向暴恐活动的加速器，更是恐怖组织的“思想指引”、“行动指南”和“训练教材”。本案中多名被告人通过观看关于“迁徙”“圣战”内容的暴恐视频，多次在人迹罕至处聚集宣誓，表达“迁徙”“圣战”决心，逐步建立起人数众多的恐怖活动组织，在疆内四处流窜寻找制爆材料，自行出资为组织募集资金。案发前十余人聚集在首都北京，筹划“迁徙”“圣战”等活动，社会危害性极大。

（二）“家族式”扩散，“自杀式”袭击，造成重大人员伤亡

本案涉案人员通过观看暴恐音视频形成“圣战”思想后，逐步成立以家族为核心向外不断扩散的恐怖活动组织，人员分布广而分散，并为实施恐怖活动进行各种准备。他们受宗教极端思想影响极深，不念亲情，泯灭人性，可谓“一人洗脑，全家中毒”。如本案被告人玉山江·吾许尔、古丽娜尔·托乎提尼亚孜二人系夫妻关系，他们被宗教极端思想异化成冷酷无情的父母，抛下家中年幼的子女，变卖家产，进行“圣战”；驾车在天安门广场冲撞行人后当场死亡的吾斯曼·艾山更是带着妻子古力克孜·艾尼、母亲库完汗·热依木共赴绝路。案发前，吾斯曼·艾山等人购买汽车、汽油、刀剑等作案工具，作案计划周密，多次前往天安门广场踩点，在人群密集处驾车冲撞，引燃车内大量汽油，造成人员伤亡严重。上述人员受“圣战殉教进天堂”思想毒害严重，明知是自杀性袭击，均自愿主动参加，且与家人共同实施自杀式袭击，充分反映出宗教极端思想荼毒之深，使信徒丧失了基本的判断，也丧失了人性。

（三）精心选择人员密集、政治敏感性高的案发地点

本案中，暴恐分子精心策划，选择天安门广场作为袭击地点，政治敏感性较高，极易引起炒作。案发后，国内外媒体广泛关注，以美国为代表的部分媒体别有用心地报道案件，质疑对事件的定性，趁机指责中国的民族宗教政策，进而误导国际舆论，造成恶劣政治影响。本案在国内亦引发较大的社会恐慌，严重影响人民群众的安全感。

（四）受境外“三股势力”鼓动，以“迁徙”出境为目的，内外勾连

本案是一起典型的恐怖活动组织势力从境外渗透蔓延至境内后，又从疆内向疆外扩展的案件。案发后不久，“突厥斯坦伊斯兰党”发布恐怖视频宣称对本次事件负责，并扬言要继续对中国境内目标实施恐怖袭击。这是一起有组织、有预谋的恐怖袭击，与当前国际恐怖活动密不可分。本案中恐怖分子主动前往北京市，多名恐怖分子为“迁徙”“圣战”等目的在北京市停留多日，并细致谋划。本案反映出受境内外人员往来日益频繁、疆外恐怖活动组织影响等因素，恐怖活动有向疆外扩散蔓延态势。

人民法院依法严厉惩治暴恐犯罪，打击了暴恐犯罪分子的嚣张气焰，形成了有效震慑，坚决贯彻了党中央对暴恐犯罪“零容忍”的精神，体现了人民法院全力维护国家安全稳定和社会长治久安的决心。同时，人民法院严格遵守法律规定，严格遵循法定程序，将打击暴恐犯罪纳入法治轨道，确保每一起案件经得起历史考验。

（撰稿：新疆维吾尔自治区高级人民法院　袁　勤　刘瑞瑞　王庆宏
审编：最高人民法院刑二庭　王晓东）

于学伟等非法储存危险物质、非法经营、危险物品肇事、单位行贿案

——天津港“8·12”特大火灾爆炸事故案

【关键词】 非法储存危险物质罪 非法经营罪 危险物品肇事罪 罪数 危险化学品 情节严重 死刑的适用

一、基本案情

被告人于学伟,男,1974年5月15日出生。2015年9月21日被逮捕。

被告人董社轩,男,1982年4月18日出生。2015年9月21日被逮捕。

被告人只峰,男,1972年8月4日出生。2015年9月21日被逮捕。

被告人尚庆森,男,1983年6月28日出生。2015年9月21日被逮捕。

被告人曹海军,男,1971年9月12日出生。2015年9月21日被逮捕。

被告人郭向滨,男,1962年12月5日出生。2015年9月21日被逮捕。

被告人刘振国,男,1983年10月22日出生。2015年9月21日被逮捕。

被告人宋齐,男,1969年2月23日出生。2015年9月21日被逮捕。

被告人李雅翔,男,1972年8月15日出生。2015年9月21日被逮捕。

被告人田旺,男,1983年11月13日出生。2015年9月21日被逮捕。

被告人杨默,男,1982年8月21日出生。2015年9月21日被逮捕。

被告人李亮,男,1981年4月19日出生。2015年9月21日被逮捕。

被告人周志刚,男,1986年6月25日出生。2015年9月21日被逮捕。

天津市人民检察院第二分院指控被告人于学伟犯非法储存危险物质罪、非法经营罪、危险物品肇事罪、单位行贿罪,被告人只峰、董社轩、尚庆森、曹海军、郭向滨犯非法储存危险物质罪、非法经营罪、危险物品肇事罪,被告人刘振国、宋齐、李亮、杨默、田旺、李雅翔犯非法储存危险物质罪、非法经营罪,被告人周志刚犯危险物品肇事罪,向天津市第二中级人民法院提起公诉。

被告人于学伟、只峰、董社轩、尚庆森、曹海军、郭向滨、刘振国、宋齐、李亮、杨默、田旺、李雅翔、周志刚对起诉书指控的犯罪事实及罪名均无异议。于学伟的辩护人提出,于学伟在非法储存危险物质罪、单位行贿罪中,不属于情节严重,其主观上属于过失,且系自首。董社轩的辩护人提出,董社轩具有自首情节,且未参与公司经营管理,没有弄虚作假行为。只峰的辩护人提出,只峰起次要作用,且系初犯。尚庆森的辩护人提出,尚庆森如实供述罪行,且系从犯。曹海军、郭向滨、刘振国、宋齐、田旺、杨默、李亮的辩护人分别提出,上述7人均系从犯,构成自首。田旺的辩护人另提出,田旺主动供述于学伟行贿的事实,构成立功。李雅翔的辩护人提出,李雅翔系从犯。周志刚的辩护人提出,周志刚具有坦白情节。

天津市第二中级人民法院经公开审理查明:

2012年11月28日,天津东疆保税港区瑞海国际物流有限公司(以下简称瑞海公司)由天津市滨海新区工商行政管理局(以下简称滨海新区工商局)准予注册登记,被告人李亮代被告人于学伟持股55%,舒铮代被告人董社轩持股45%,法定代表人为李亮。瑞海公司危险品仓库位于天津市滨海新区天津港国际物流中心吉运二道95号,占地46 226平方米。

2013 年 1 月 24 日，瑞海公司办理工商营业执照变更登记，将经营范围由“仓储业务经营（危化品除外、港区内除外）”变更为“在港区内从事仓储业务经营（危化品除外）”。2015 年 1 月 29 日，滨海新区工商局准予瑞海公司法定代表人变更为被告人只峰。

被告人于学伟、董社轩系瑞海公司的实际出资人、实际控制人。瑞海公司中，被告人只峰任总经理、法定代表人；被告人田旺任副总经理（后于 2014 年年初离职），主管安保部；被告人尚庆森任副总经理，主管安保部和运抵部；被告人曹海军任副总经理，主管操作部；被告人刘振国任副总经理，主管装箱部和危申部；被告人郭向滨任安保部部长；被告人宋齐任财务总监；被告人杨默任办公室主任（后于 2014 年年初离职）；被告人李雅翔任装箱部副经理；被告人李亮挂名担任董事长，曾担任法定代表人；被告人周志刚任操作部业务员。

2016 年 3 月 21 日，瑞海公司被天津市滨海新区市场和质量监督管理局吊销营业执照。

2013 年 1 月 18 日至 2014 年 5 月 4 日，被告人于学伟等人以贿赂手段非法取得多份临时港口危险化学品经营批复，此后通过伪造环境影响评价公众参与调查表、提供虚假公示证明材料、低报危险化学品实际仓储面积等方式骗取通过环境影响评价验收，采取编造防爆叉车购买合同、临时码放集装箱充当防火墙、验收当天暂停作业等违法手段，通过消防验收审核及安全验收评价，最终于 2015 年 6 月 23 日违法取得《港口经营许可证》和《港口危险货物作业附证》（以下简称“两证”）。2016 年 7 月 1 日，“两证”被依法吊销。经查，2013 年 5 月 20 日至 2015 年 8 月 12 日，瑞海公司非法储存氰化钠、甲基磺酰氯等剧毒化学品 7 种，总计 49 332.97 吨。此外，瑞海公司还违法违规经营和储存烧碱、电石、硝酸铵等其他危险化学品，数额达 47 805 252.64 元。

被告人于学伟等人在瑞海公司的日常经营过程中，存在违规存放硝酸铵，严重超负荷经营、超量存储，违规混存、超高堆码危险货物，违规开展拆箱、搬运、装卸等严重违反安全生产管理规定的问题。2015 年 8 月 12 日 22 时许，瑞海公司危险品仓库运抵区南侧集装箱内的硝化棉由于湿润剂散失出现局部干燥，在高温（天气）等因素的作用下加速分解放热，积热自燃，引起相邻集装箱内的硝化棉和其他危险化学品长时间大面积燃烧，导致堆放于运抵区的硝酸铵等危险化学品发生爆炸。事故造成 165 人遇难，8 人失踪，798 人受伤住院治疗；304 幢建筑物、12 428 辆商品汽车、7 533 个集装箱受损。截至 2015 年 12 月 10 日，已核定直接经济损失人民币 68.66 亿元。案发当晚，被告人周志刚作为瑞海公司值班负责人，未履行职责，对瑞海公司发生爆炸事故亦负有直接责任。

另查明，被告人于学伟归案后主动供述其为瑞海公司违规办理港口危险货物经营资质，多次向时任市交港局副局长李志刚、港口管理处处长冯刚请托，送给李志刚高尔夫球杆 1 套，价值 35 000元，现金 10 000 元，贵州茅台酒 1 箱，价值 6 600 元，高尔夫测距仪 1 台，价值 2 650 元，友谊商场提货单，价值 35 000 元，三星牌电视机 1 台，价值 9 000 元，共计折合 98 250 元；送给冯刚高尔夫测距仪 1 台，价值 2 650 元，贵州茅台酒 1 箱，价值 6 600 元，海信广场购物卡，价值 50 000 元，共计折合 59 250 元。上述财物共计折合 157 500 元。

2015 年 8 月 13 日至 9 月 9 日，于学伟等 13 名被告人分别被查获归案。

2016 年 11 月 9 日，天津市第二中级人民法院作出（2016）津 02 刑初 100 号刑事判决，认定如下：

1. 被告人于学伟犯非法储存危险物质罪，判处死刑，缓期二年执行，剥夺政治权利终身；犯非法经营罪，判处有期徒刑十二年，并处罚金人民币五十万元；犯危险物品肇事罪，判处有期徒刑七年；犯单位行贿罪，判处有期徒刑四年，并处罚金人民币二十万元；决定执行死刑，缓期二年执行，剥夺政治权利终身，并处罚金人民币七十万元。

2. 被告人董社轩犯非法储存危险物质罪，判处无期徒刑，剥夺政治权利终身；犯非法经营罪，判处有期徒刑十一年，并处罚金人民币五十万元；犯危险物品肇事罪，判处有期徒刑七年；决定执行无期徒刑，剥夺政治权利终身，并处罚金人民币五十万元。

3. 被告人只峰犯非法储存危险物质罪，判处无期徒刑，剥夺政治权利终身；犯非法经营罪，判处有期徒刑十一年，并处罚金人民币十五万元；犯危险物品肇事罪，判处有期徒刑七年；决定执行无期徒刑，剥夺政治权利终身，并处罚金人民币十五万元。

4. 被告人尚庆森犯非法储存危险物质罪，判处有期徒刑十年，剥夺政治权利三年；犯非法经营罪，判处有期徒刑六年，并处罚金人民币八万元；犯危险物品肇事罪，判处有期徒刑五年；决定执行有期徒刑十八年，剥夺政治权利三年，并处罚金人民币八万元。

5. 被告人曹海军犯非法储存危险物质罪，判处有期徒刑十年，剥夺政治权利三年；犯非法经营罪，判处有期徒刑六年，并处罚金人民币八万元；犯危险物品肇事罪，判处有期徒刑五年；决定执行有期徒刑十八年，剥夺政治权利三年，并处罚金人民币八万元。

6. 被告人郭向滨犯非法储存危险物质罪，判处有期徒刑八年；犯非法经营罪，判处有期徒刑五年，并处罚金人民币七万元；犯危险物品肇事罪，判处有期徒刑五年；决定执行有期徒刑十五年，并处罚金人民币七万元。

7. 被告人刘振国犯非法储存危险物质罪，判处有期徒刑八年；犯非法经营罪，判处有期徒刑五年，并处罚金人民币七万元；决定执行有期徒刑十年，并处罚金人民币七万元。

8. 被告人宋齐犯非法储存危险物质罪，判处有期徒刑六年；犯非法经营罪，判处有期徒刑四年，并处罚金人民币六万元，决定执行有期徒刑八年，并处罚金人民币六万元。

9. 被告人李雅翔犯非法储存危险物质罪，判处有期徒刑四年；犯非法经营罪，判处有期徒刑二年，并处罚金人民币三万元；决定执行有期徒刑五年，并处罚金人民币三万元。

10. 被告人田旺犯非法储存危险物质罪，判处有期徒刑三年；犯非法经营罪，判处有期徒刑二年，并处罚金人民币三万元；决定执行有期徒刑四年，并处罚金人民币三万元。

11. 被告人杨默犯非法储存危险物质罪，判处有期徒刑三年；犯非法经营罪，判处有期徒刑二年，并处罚金人民币三万元；决定执行有期徒刑四年，并处罚金人民币三万元。

12. 被告人李亮犯非法储存危险物质罪，判处有期徒刑三年；犯非法经营罪，判处有期徒刑一年，并处罚金人民币一万五千元；决定执行有期徒刑三年六个月，并处罚金人民币一万五千元。

13. 被告人周志刚犯危险物品肇事罪，判处有期徒刑三年。

一审宣判后，各被告人均未提出上诉。天津市高级人民法院经复核，认为一审判决认定事实和适用法律正确、量刑适当、诉讼程序合法，于2016年12月13日以(2016)津刑核11751851号刑事裁定，核准天津市第二中级人民法院(2016)津02刑初100号对被告人于学伟判处死刑，缓期二年执行，剥夺政治权利终身，并处罚金人民币七十万元的刑事判决。

二、裁判理由

(一)爆炸事故中相关罪名的认定

瑞海公司相关人员采取违法手段获取经营资质，非法储存危险化学品发生爆炸，根据爆炸的原因以及危险化学品种类、性质的不同，触犯的刑法罪名也不同。人民法院依据相关刑法条文的规定，将相关犯罪事实确定为数个罪名。

1.《刑法》第一百二十五条第二款规定，非法制造、买卖、运输、储存毒害性、放射性、传染病病原体等物质，危害公共安全的，构成非法制造、买卖、运输、储存危险物质罪。

按照《危险化学品名录》(2015年版)，瑞海公司储存的氰化钠等七种危险化学品是剧毒化学品，易致人中毒或者死亡，对人体、环境具有极大的毒害性和危险性，属于《刑法》第一百二十五条第二款规定的“毒害性物质”。

《危险化学品安全管理条例》对危险化学品的生产、储存、运输等环节均设置了明确、具体的要求。依照《港口法》《港口危险货物安全管理规定》等法律规章，在港区内从事危险化学品经营的企业必须获得“两证”。被告人于学伟等人采取伪造环境评价公众参与调查表、提供虚假公示证明材料、低报危险化学品实际存储面积等违法手段，通过环境影响评价验收；采取编造防爆叉车购买合同、临时码放集装箱充当防火墙、验收当天暂停作业等违法手段，通过消防验收审核及安全验收评价，最终使瑞海公司获得“两证”。因此，瑞海公司虽在形式上具备“两证”，但系于学伟等人通过违法手段取得，实质上不具备储存毒害性物质的资质与条件，属于“非法储存”。因而，被告人等非法储存氰化钠等毒害性物质，危害公共安全，依法应当认定为非法储存危险物质罪。

2. 瑞海公司相关人员除了非法储存氰化钠等毒害性物质外，还非法从事烧碱、电石等其他危化品的储存业务，按照我国制定的《危险化学品名录》，这些属于剧毒化学品之外的其他危险化学品，不属于毒害性、放射性、传染病病原体等危险物质，因而被告人非法储存烧碱、电石等其他危险化学品的行为不构成非法储存危险物质罪，应当另行评价。

对于其他危险化学品，相关文件同样也规定了生产、储存、运输等环节需要相应的资质与条件。正如上文所述，瑞海公司在形式上具备“两证”，但“两证”系被告人非法取得，实质上并不具备港口危险货物经营资质，属于无证违法经营。因而，被告人等非法储存其他危化品的行为，依法应当认定为非法经营罪。

需要说明的是，有意见认为，储存行为不属于经营行为。我们认为，《刑法》第二百二十五条非法经营罪中的“经营行为”，应包括以营利为目的的生产、运输、仓储、买卖等行为，并不仅限于购买和销售行为。

3.《刑法》第一百三十六条规定，违反爆炸性、易燃性、放射性、毒害性、腐蚀性物品的管理规定，在生产、储存、运输、使用中发生重大事故，造成严重后果的，构成危险物品肇事罪。瑞海公司相关人员违反安全生产规定，进行违规操作，致使硝酸铵等危险化学品发生爆炸，造成特别严重后果，依法应当认定为危险物品肇事罪。

需要说明的是，本次事故的直接原因是硝化棉积热自燃，最终引起硝酸铵等危险化学品发生爆炸。硝酸铵属于《危险货物分类和品名编号》(GB 6944－2012)中的5.1类危险货物，即氧化性物质，虽不属于《刑法》第一百二十五条第一款规定的“爆炸物”，也不属于《刑法》第一百二十五条第二款规定的“毒害性、放射性、传染病病原体等危险物质”，而属于《刑法》第一百三十六条规定的“危险物品”。因此，虽然发生了爆炸事故，但瑞海公司储存的硝酸铵不属于爆炸物，不符合非法储存爆炸物罪的构成要件，被告人等不构成非法储存爆炸物罪。

(二)重大生产责任案件中死刑的适用

根据《刑法》第一百二十五条第一款、第二款的规定，非法储存危险物质，危害公共安全的，处三年以上十年以下有期徒刑；情节严重的，处十年以上有期徒刑、无期徒刑或者死刑。本案中，于学伟等人非法存储氰化钠等毒害性物质共计4.9万余吨，数量特别巨大；同时，于学伟等人为谋取私利，采用贿赂、欺骗等非法手段获取经营资质，置周边人民群众的生命、财产安全于不顾，严重危害公共安全，犯罪手段卑劣，主观恶性深，社会危害性大。综合全案的事实情节，于学伟等人的行为属于《刑法》第一百二十五条规定的非法储存危险物质犯罪中“情节严重”的情形，应当在“十年以上有期徒刑、无期徒刑或者死刑”这一幅度内量刑。但是，本案引发爆炸的直接原因是硝酸铵爆炸，而不是氰化钠等危险物质，事故中的遇难者经鉴定均系遭燃烧、爆炸造成伤亡，瑞海公司非法储存氰化钠等毒害性危险物质并未直接造成严重人身伤亡后果；另外，瑞海公司作为正常的生产经营者，主观上不可能希望发生生产安全事故，对造成严重事故后果最多持间接故意心态。在此情况下，对相关被告人适用死刑要特别慎重。故法院在裁量刑罚时，对被告人于学伟犯危险物品肇事罪顶格判处七年有期徒刑，对其所犯非法储存危险物质罪，综合案件事实、情节等因素，认定其属“情节严重”，判处死刑，但认为可不立即执行。

【编后语】

天津港“8·12”特大火灾爆炸事故造成165人遇难、8人失踪，798人受伤住院治疗，直接经济损失68.66亿元的严重后果。事故伤亡人数众多，经济损失特别巨大，社会危害性极大，是新中国成立以来最大的安全生产责任事故。事故发生后，党中央、国务院及天津市委、市政府高度重视，积极组织救援和善后工作。司法机关依法履行法律职责，依法对涉案生产企业的13名责任人员追究刑事责任。

庭审过程中，各被告人当庭认罪、悔罪，且在宣判之后均服从判决，不再上诉。案件庭审和裁判结果得到人民群众的普遍认可。人民法院依法从严惩处企业无视安全生产主体责任、违法违规经营的犯罪行为，是从法治的角度警示企业要有基本的守法意识和企业良知，对法律、对生命要有敬畏之心。系列案件的审判达到了给生产经营企业立规矩、给审批监管等职能部门划底线、给人民一个满意交代的预期目标，对行业监管和安全生产起到树标杆、鸣警钟的作用，实现了政治效果、社会效果和法律效果的有机统一。

（撰稿：天津市高级人民法院　王力欣
审编：最高人民法院刑二庭　叶邵生）

高晓松危险驾驶案

【关键词】 危险驾驶罪　量刑

一、基本案情

被告人高晓松，男，汉族，1969年11月14日出生。

北京市东城区人民检察院指控被告人高晓松犯危险驾驶罪，向北京市东城区人民法院提起公诉。

被告人高晓松对公诉机关指控其犯危险驾驶罪的事实及罪名均不持异议。辩护人提出，高晓松认罪、悔罪，积极赔偿被害人损失；高晓松是公众人物，请求法庭依法作出公正判决，建议法庭对其从轻处罚，并宣告缓刑。

北京市东城区人民法院经公开审理查明：2011年5月9日22时许，被告人高晓松醉酒后驾驶英菲尼迪牌小型越野客车，行驶至本市东城区东直门外大街十字坡路口东50米处时发生交通事故，致四车追尾、三人受伤。他人报警后，被告人高晓松在案发现场等候处理，后民警赶至现场将其查获。经司法鉴定，高晓松血液内酒精含量为243.04mg/100ml。

北京市东城区人民法院认为，被告人高晓松违反法律规定，在道路上醉酒驾驶机动车，致四车追尾、三人受伤，其行为危害了公共安全，已构成危险驾驶罪。应当根据被告人犯罪的事实、性质、情节和对于社会的危害程度进行量刑。

2011 年 5 月 17 日,北京市东城区人民法院以(2011)东刑初字第 296 号刑事判决,认定被告人高晓松犯危险驾驶罪,判处拘役六个月,并处罚金人民币四千元。

一审宣判后,公诉机关未提出抗诉,被告人高晓松未上诉。判决已经发生法律效力。

二、裁判理由

危险驾驶罪是《中华人民共和国刑法修正案(八)》(以下简称《刑法修正案(八)》,自 2011 年 5 月 1 日起施行)第二十二条所增设的罪名。该条规定:"在道路上驾驶机动车追逐竞驶,情节恶劣的,或者在道路上醉酒驾驶机动车的,处拘役,并处罚金。有前款行为,同时构成其他犯罪的,依照处罚较重的规定定罪处罚。"①

《刑法修正案(八)》对于追逐竞驶型危险驾驶行为,规定了"情节恶劣的"应判处刑罚,而对于醉驾型危险驾驶行为,并未规定任何限定条件,直接明确规定了刑罚为"处拘役,并处罚金"。拘役的期限为一个月以上六个月以下,故对于犯危险驾驶罪的被告人,应在该量刑幅度内量刑。

作为刑法中唯一的仅将拘役规定为主刑的轻罪,危险驾驶罪的法定刑虽轻,但其刑罚适用也应当坚持罪刑相适应的基本原则,体现"轻罪轻刑",而不能一味强调严惩,甚至当从宽处理的而不依法从宽。对于醉酒驾驶机动车情节较轻、情节轻微或者显著轻微的情形,可以适用刑法总则的规定,依法宣告缓刑、免予刑事处罚或者不作为犯罪处理。同时,对于具有从重处罚情节的行为人,也应当依法从重处罚,做到宽严相济,罚当其罪。在实践中,通常根据醉驾行为的社会危害程度以及行为人的人身危险大小,来作为对行为人从重或者从轻处罚的重要参考因素。具体包括:

行为方面,主要有以下几种情节:(1)醉驾的时空环境,即时间、路段、距离,具体包括:醉驾的时间是深夜车辆较少时还是白天车流高峰期,醉驾持续的时间长短,饮酒与驾驶之间间隔的时间长短;醉驾的路段是繁华闹市还是人迹稀少的区域,是普通道路还是城市快速路、高速公路;被查获时醉驾的距离,离目的地的剩余距离。(2)醉驾的机动车车况,具体包括:是"铁包肉"的汽车还是"肉包铁"的普通摩托车;是私家车还是正在营运的客车;是符合安全技术条件的机动车还是改装车、报废车;是独自醉驾还是载有亲友醉驾。(3)是否还有其他违反道路交通安全法的行为,具体包括:是否存在无证驾驶或者准驾车型不符,严重超速、超载、超员,违反交通信号,吸毒后驾驶,伪造、变造、遮挡号牌等情形。(4)醉驾的后果,即是否发生交通事故以及造成后果的严重程度。

行为人方面,主要有以下几种情节:(1)醉酒程度,即行为人的血液酒精含量是刚超过认定醉酒驾驶 80mg/100ml 的标准,还是超出很多。(2)犯罪态度,具体包括:是否有主动停止醉驾,自首、坦白、立功、积极赔偿等法定或者酌定从宽处罚情节;是否有拒不配合检查、弃车逃匿,甚至殴打、驾车冲撞执法人员、冲卡等恶劣行为。(3)犯罪动机或者对醉驾行为本身的认识,具体包括:是否有违法性认识,如误以为休息数小时或者隔夜之后会醒酒而醉驾;是忽视醉驾对公共安全造成的危险而执意醉驾,还是出于救助他人而不得已醉驾;是否采取避免措施等。(4)行为人的一贯表现,如是否有醉驾、酒驾以及其他前科劣迹。

本案中,被告人高晓松在北京市区繁华地段醉酒驾驶,虽然当时已是 22 时许,但路上车辆、

---

① 《中华人民共和国刑法修正案(九)》又对该条进行了修正,在第一款中增加两项危险驾驶行为,新增第二款规定,将原第二款修改为第三款。

行人不断,高晓松因醉驾发生交通事故,致四车追尾、三人受伤,当时其血液内酒精含量经鉴定为243.04mg/100ml,已达到醉酒认定标准的3倍以上。其行为不属于可以宣告缓刑、免予刑事处罚或者不作为犯罪处理的范围。虽然案发后,高晓松认罪态度较好,且赔偿部分被害人经济损失,但其醉酒驾驶的行为情节恶劣,实际危害后果严重,应从重处罚。故人民法院综合案件情节,以危险驾驶罪判处高晓松拘役六个月,并处罚金人民币4 000元。

需要说明的是,2013年12月18日,最高人民法院、最高人民检察院、公安部发布了《关于办理醉酒驾驶机动车刑事案件适用法律若干问题的意见》,对于醉驾型危险驾驶行为的量刑作出了进一步规定,其中第二条明确,对于血液酒精含量达到200mg/100ml以上的醉酒驾驶机动车行为,从重处罚。虽然本案审理时上述规定尚未实施,但人民法院在判决时考虑高晓松造成交通事故且血液酒精含量达到醉酒认定标准的3倍以上等情节,对其从重处罚符合刑法增设该罪名的价值追求和内在精神,是较全面、客观的结论。

【编后语】

醉驾入刑是民生刑法的典型范例,是刑法适应社会发展变化的必然要求,也是法律完善、社会进步的表现。作为一项轻罪,危险驾驶罪既和每位司机的切身利益相关,也和每个人道路安全相关。被告人高晓松是著名音乐人,本案又发生在醉驾入刑之初,故案件审理过程备受社会关注。法院通过对高晓松的审判,也同时进行了一场对全社会的普法教育。高晓松本人也认罪悔罪,公开道歉,并表示"酒令智昏,以我为戒",社会公众普遍认可、支持法院判决,案件审理取得良好的法律效果与社会效果。

（撰稿:北京市东城区人民法院刑二庭　林梅梅
审编:最高人民法院刑二庭　韩维中）

最高人民法院
关于新冠肺炎疫情防控期间加强和规范在线诉讼工作的通知

（2020年2月14日　法〔2020〕49号）

各省、自治区、直辖市高级人民法院，解放军军事法院，新疆维吾尔自治区高级人民法院生产建设兵团分院：

为深入贯彻习近平总书记关于新冠肺炎疫情防控工作的系列重要指示精神，坚决贯彻落实党中央决策部署，有效防控新冠肺炎疫情，切实保障人民群众生命安全和身体健康，维护当事人合法权益，通过推行在线诉讼为疫情防控提供有力司法保障，确保在线诉讼活动规范有序，现就做好疫情防控期间人民法院在线诉讼相关工作通知如下。

一、各级人民法院要提高政治站位，充分认识疫情防控的重要意义和严峻形势，切实增强责任感和紧迫感，立足审判职能，努力服务和保障疫情防控工作大局。要将深入推进在线诉讼作为坚决打赢防控疫情的人民战争、总体战、阻击战的重要举措，积极依托中国移动微法院、诉讼服务网、"12368"诉讼服务热线等在线诉讼平台，全面开展网上立案、调解、证据交换、庭审、宣判、送达等在线诉讼活动，有效满足疫情防控期间人民群众司法需求，确保人民法院审判工作平稳有序运行。

二、各级人民法院推进在线诉讼，既要充分考虑案件类型、难易程度、轻重缓急等因素，又要切实维护当事人合法诉讼权益，尊重当事人对案件办理模式的选择权，全面告知在线诉讼的权利义务和法律后果。当事人同意案件在线办理的，应当在信息系统确认、留痕，确保相关诉讼活动的法律效力。当事人不同意案件在线办理，依法申请延期审理的，人民法院应当准许，不得强制适用在线诉讼。案件符合诉讼法律关于中止审理有关规定的，人民法院可以中止诉讼。

三、各级人民法院要积极引导各方诉讼主体依法有序开展在线诉讼活动，大力完善在线办理流程和在线诉讼规程，制定发布内容全面、指引清晰、简便易行的在线诉讼操作指南，相关内容不得突破现行法律和司法解释规定。开展民事诉讼程序繁简分流改革试点工作的法院，应当在全国人大常委会授权范围内，严格按照《最高人民法院关于民事诉讼程序繁简分流改革试点实施办法》（法〔2020〕11号，以下简称《试点实施办法》）推进在线诉讼工作。各高级人民法院要对辖区内法院制定的在线诉讼权利义务告知书、在线诉讼规程、在线诉讼操作指南等进行全面审核，确保相关内容合法、准确、可操作。

四、各级人民法院在线办理案件，要确保各方诉讼参与人身份真实性，通过证件证照比对、生物特征识别、实名手机号码关联等方式在线完成身份认证，提供各方诉讼参与人诉讼平台专用账号，实现"人、案、账号"匹配一致。

五、当事人及其诉讼代理人通过在线方式提交立案申请的，人民法院应当在收到起诉材料后七日内进行审核，符合法律规定起诉条件的，应当登记立案；提交材料不符合要求的，人民法院应当通过在线诉讼平台及时要求补正，并一次性告知应当补正的内容和期限，逾期未补正的，起诉材料作退回处理；不符合起诉条件，经人民法院释明后，原告坚持继续起诉的，裁定或者决定不予受理、不予立案。

当事人及其诉讼代理人在线提交立案材料确有困难的，可以选择就近一家法院提交立案材料。相关人民法院应当按照跨域立案的工作机制和程序，及时办理立案手续。

六、各级人民法院要加大疫情防控期间矛盾纠纷化解力度，依托在线矛盾纠纷多元化调解平台，加强与司法行政部门、律师协会等相关单位的协调配合，进一步整合汇聚人民调解、行政调解、行业调解、律师调解等各方纠纷解决力量，有效促进矛盾纠纷在线化解。要积极完善诉调对接机制，加大对在线纠纷多元化解的司法保障力度。当事人对在线达成的调解协议提出的司法确认申请，符合法律规定的，人民法院应当及时依法确认。

七、当事人及其诉讼代理人通过电子化方式提交诉讼材料和证据材料的，经人民法院审核通过后，可以不再提交纸质原件。当事人及其诉讼代理人采取邮寄等方式提交纸质材料的，人民法院应当及时扫描录入案件办理系统。对提交的纸质原件材料，要及时立卷归档。人民法院应当积极引导当事人及其诉讼代理人提交电子化材料，为其提供平台支撑和技术便利。

八、各级人民法院要积极推广和有序规范在线庭审，综合考虑技术条件、案件情况和当事人意愿等因素，确定是否采取在线庭审方式。民商事、行政案件一般均可以采取在线方式开庭，但案件存在双方当事人不同意在线庭审、不具备在线庭审技术条件、需现场查明身份、核对原件、查验实物等情形的，不适用在线庭审。刑事案件可以采取远程视频方式讯问被告人、宣告判决、审理减刑、假释案件等。对适用简易程序、速裁程序的简单刑事案件、认罪认罚从宽案件，以及妨害疫情防控的刑事案件，可以探索采取远程视频方式开庭。

在线庭审活动应当遵循诉讼法律及司法解释的相关规定，充分保障当事人申请回避、举证、质证、陈述、辩论等诉讼权利。在线庭审应当以在线视频方式进行，不得采取书面或者语音方式。

人民法院开展在线庭审，一般应当在法庭内进行。因疫情防控需要，法官确需在其他场所在线开庭的，应当报请本院院长同意，并保证开庭场所庄重严肃、庭审礼仪规范。人民法院应当参照《中华人民共和国人民法院法庭规则》相关规定，加强对在线庭审参与人的诉讼指导，明确在线庭审纪律，确保庭审过程安全文明、规范有序。

当事人明确同意在线庭审，但不按时参加或者庭审中擅自退出的，除经查明确属网络故障、设备损坏、电力中断或者不可抗力等原因外，可以认定为“拒不到庭”和“中途退庭”，分别按照诉讼法律及相关司法解释的规定处理。

人民法院应当积极运用语音识别技术同步生成庭审电子笔录，由审判人员、法官助理、书记员、当事人及其他诉讼参与人等在线确认，确保在线庭审活动效力。在线庭审过程，应当按照《最高人民法院关于人民法院庭审录音录像的若干规定》，全程录音录像并存储归档。

九、疫情防控期间，各级人民法院可以根据技术条件和工作需要，允许法官远程查阅电子卷宗、合议案件、撰写提交裁判文书等，但应当严格遵循电子卷宗管理和保密工作相关规定。

十、各级人民法院要加大电子送达适用力度，提升送达质量和效率。经受送达人同意，可以通过中国移动微法院、中国审判流程信息公开网、全国统一送达平台、传真、电子邮件、即时通讯账号等电子方式送达诉讼文书和当事人提交的证据材料。

纳入民事诉讼程序繁简分流改革试点的法院，应当按照《试点实施办法》第二十四条至第二十六条的规定，依法有序开展电子送达工作。未纳入试点的法院，对电子送达的适用条件和生效标准，可以参照适用《试点实施办法》第二十四条、第二十六条的规定，但不得采用电子方式送达判决书、裁定书、调解书，确保人民法院电子送达符合诉讼法律及司法解释的规定。

十一、各级人民法院要大力推进一站式多元解纷机制和一站式诉讼服务中心建设，升级在线诉讼服务平台，拓展在线诉讼服务功能，向当事人和社会公众在线提供诉讼咨询、交费退费、信息查询、联系法官、申诉信访、举报投诉等全方位诉讼服务，保障当事人足不出户即可获取司法信息、办理诉讼事项，切实减少人员出行和聚集，服务疫情防控工作。

十二、杭州、北京、广州互联网法院要充分利用先发优势，加大在办案平台建设、在线诉讼流程、新兴技术应用、在线诉讼规则等方面的探索力度。要在保证互联网案件全流程在线审理的基础上，加速提升审判执行工作智能化水平，加强对大数据、云计算、人工智能、5G 技术等方面的研究应用，探索形成智慧司法的实践样本，总结形成可复制、可推广的先进经验。要立足自身职能定位，积极探索互联网时代电子诉讼规则，推动完善互联网司法治理实体规则，切实发挥互联网法院在理念创新、技术创新、制度创新等方面的引领示范作用，有效推动网络空间治理法治化。

十三、各级人民法院要高度重视疫情防控期间在线诉讼推进工作，切实优化理念、加深认识、转变思路，将在线诉讼作为特殊时期人民法院开展审判执行工作的基本模式，确保队伍不散、工作不断、质效不降，为进一步完善互联网司法模式做出有益探索，奠定良好实践基础。各级人民法院院长要作为推进在线诉讼的第一责任人，明确工作思路，理顺工作机制，加大组织实施力度，积极带头以在线方式办理案件，发挥引领示范作用，推动在线办案成为疫情防控期间的常态化机制。

十四、各级人民法院要大力加强信息化基础设施建设，积极推广应用中国移动微法院，加快搭建以中国移动微法院为总入口的在线诉讼平台，推动现有诉讼服务平台对接中国移动微法院，整合完善各类信息系统，防止多头开发和重复建设。要着力打通内外网，实现司法数据安全有效交互。要基于现有的平台系统，增加相应工作模块，拓展优化在线诉讼各项功能，对接实践需求，优化使用界面，提升用户体验，确保在线诉讼服务系统集成、高效便捷。

十五、各高级人民法院要积极做好辖区法院推进在线诉讼的统筹指导工作，制定出台相关诉讼规程和文书样式，加大对下指导力度，确保在线诉讼活动规范统一，合法有序。要坚持边推进、边总结、边研究，不断总结提炼辖区法院推进在线诉讼的有益举措和经验，认真搜集存在的问题困难，提出具体解决方案或建议，及时形成工作报告报送最高人民法院司法改革领导小组办公室。

依法惩治妨害疫情防控违法犯罪　切实保障人民群众生命健康安全

——“两高”相关负责人联合答记者问(一)

新冠肺炎疫情发生以来，各级人民法院、人民检察院坚决贯彻落实党中央决策部署和习近平总书记重要讲话精神，以高度的政治自觉、法治自觉，坚决把疫情防控作为当前压倒一切的头等大事来抓，依法办理了一批妨害疫情防控刑事案件。近日，针对办案中遇到的有关法律适用问题，最高人民法院研究室主任姜启波和最高人民检察院法律政策研究室主任高景峰，接受了记者采访。

一、问：在办理妨害疫情防控犯罪案件时，如何准确适用以危险方法危害公共安全罪和妨害传染病防治罪？

答：“两高”、公安部、司法部《关于依法惩治妨害新型冠状病毒感染肺炎疫情防控违法犯罪的意见》（以下简称《意见》）中规定：“故意传播新型冠状病毒感染肺炎病原体，具有下列情形之一，危害公共安全的,依照刑法第一百一十四条、第一百一十五条第一款的规定,以以危险方法危害公共安全罪定罪处罚:1. 已经确诊的新型冠状病毒感染肺炎病人、病原携带者,拒绝隔离治疗或者隔离期未满擅自脱离隔离治疗,并进入公共场所或者公共交通工具的;2. 新型冠状病毒感染肺炎疑似病人拒绝隔离治疗或者隔离期未满擅自脱离隔离治疗,并进入公共场所或者公共交通工具,造成新型冠状病毒传播的。"根据这一规定,在办理妨害疫情防控措施犯罪案件适用以危险方法危害公共安全罪时,应当注意把握以下三个方面:一是主体上限于已确诊的新冠肺炎病人、病原携带者,或者新冠肺炎疑似病人;二是主观上具有传播新冠肺炎病原体的故意;三是客观上表现为拒绝隔离治疗或者隔离期未满擅自脱离隔离治疗,实施了进入公共场所或者公共交通工具的行为,其中新冠肺炎疑似病人还要求造成新型冠状病毒传播的后果。实践中,适用以危险方法危害公共安全罪应当依法从严把握。对于《意见》中规定的两种情形,应当适用以危险方法危害公共安全罪。此外,对于明知自身已经确诊为新冠肺炎病人或者疑似病人,出于报复社会等主观故意,恶意向不特定多数人传播病毒,后果严重、情节恶劣的,也应当适用以危险方法危害公共安全罪。对于其他拒绝执行疫情防控措施,引起新型冠状病毒传播或者有传播严重危险的行为,依照刑法第三百三十条的规定,适用妨害传染病防治罪。

二、问:目前,对妨害疫情防控措施过失造成传染病传播的行为,有的地方以过失以危险方法危害公共安全罪立案,有的地方以妨害传染病防治罪立案,司法机关应当如何准确适用罪名?

答:2003年"两高"《关于办理妨害预防、控制突发传染病疫情等灾害的刑事案件具体应用法律若干问题的解释》没有规定妨害传染病防治罪的适用,而是规定对于患有突发传染病或者疑似突发传染病而拒绝接受检疫、强制隔离或者治疗,过失造成传染病传播,情节严重,危害公共安全的,按照过失以危险方法危害公共安全罪定罪处罚。这主要是由于2003年原卫生部将"非典"列入法定传染病,但未明确为甲类传染病或者按照甲类传染病管理,导致适用妨害传染病防治罪存在障碍。此次疫情防控工作中,国家卫健委经国务院批准发布2020年第1号公告,已经明确将新型冠状病毒感染肺炎纳入《传染病防治法》规定的乙类传染病,并采取甲类传染病的预防、控制措施。为充分体现依法防控的要求,《意见》出台后,对于此类拒绝执行卫生防疫机构等依照传染病防治法规定提出的预防、控制措施,造成新冠肺炎传播的行为,应当适用妨害传染病防治罪。需要进一步指出的是,妨害传染病防治罪危害公共卫生,实际上也是一种危害公共安全的行为,其与过失以危险方法危害公共安全罪,实际上是法条竞合关系,应当按照特别法优于一般法的适用原则,优先适用妨害传染病防治罪。

三、问:如何认定"已经确诊的新冠肺炎病人"和"新冠肺炎疑似病人"?对行为人当时不清楚自身状况,事后被确定为新冠肺炎病人或者疑似病人的,是否可以认定?

答:根据《传染病防治法》第七十八条的规定,传染病病人、疑似传染病病人是指根据国务院卫生行政部门发布的《传染病防治法规定管理的传染病诊断标准》,符合传染病病人和疑似传染病病人诊断标准的人。目前,国家卫健委等部门已经印发《新型冠状病毒肺炎诊疗方案》,明确了确诊病例和疑似病例的诊断标准。实践中,对于"已经确诊的新冠肺炎病人"和"新冠肺炎疑似病人"的认定,应当以医疗机构出具的诊断结论、检验报告等为依据。对于行为人虽然出现发热、干咳、乏力等某些新冠肺炎感染症状,但没有医疗机构出具相关诊断结论、检验报告的,不能认定为《意见》第一条规定的"已经确诊的新冠肺炎病人""新冠肺炎疑似病人"。办案中,对于实施妨害疫情防控行为时尚未经医疗机构确诊为新冠肺炎病人或者疑似病人,但事后经诊断、检验,被确认系新冠肺炎病人或者疑似病人的,不应适用《意见》关于确诊病人或者疑似病人故意传播新冠肺炎病原体构成有关犯罪的规定。

四、问：在办案中如何认定妨害传染病防治罪中的“违反传染病防治法规定”和“卫生防疫机构依照传染病防治法提出的预防、控制措施”？比如，有的地方应急指挥部和地方政府依据《突发事件应对法》等规定发布的居家隔离14天通告，是否可以认定？

答：刑法第三百三十条妨害传染病防治罪中的“违反传染病防治法规定”应当从广义理解。这里的“传染病防治法”是一个关于传染病防控的法律体系，包括《传染病防治法》《突发事件应对法》《突发公共卫生事件应急条例》等一系列与疫情防控有关的法律法规和国务院有关规定。我国《传染病防治法》明确了各级政府和有关部门为预防、控制和消除传染病可以采取的措施，是传染病防治的主要法律依据之一。同时，《突发事件应对法》、《突发公共卫生事件应急条例》和《国家突发公共卫生事件应急预案》等法律法规和规范性文件，明确了各级政府和有关部门为应对突发公共卫生事件可以采取的行政措施，也是突发传染病防控的重要法律依据和来源。因此，在办理妨害疫情防控案件时，上述法律法规和规范性文件的规定均可作为认定妨害传染病防治罪中“违反传染病防治法规定”的依据。同时，对于地方政府和有关部门在疫情防控期间，依据上述法律法规和规范性文件出台的疫情预防、控制措施，如果法律依据充分、无明显不当，一般均可以认定为刑法第三百三十条第一款第（四）项中规定的“卫生防疫机构依照传染病防治法提出的预防、控制措施”。

需要注意的是，行为人构成刑法第三百三十条妨害传染病防治罪除有拒绝执行防控措施的行为外，还需要具有引起新冠肺炎病毒传播或者有传播严重危险的情形。对于一般的违反防控措施的行为，由公安机关根据《治安管理处罚法》予以治安管理处罚，或者由有关部门予以其他行政处罚。

五、问：在办案中，如何认定妨害传染病防治罪中的“引起甲类传染病传播或者有传播严重危险”？

答：在办理妨害疫情防控案件中，是否引起新冠肺炎传播或者有传播严重危险，是认定妨害传染病防治罪的重要条件。具体而言，需要结合案件具体情况分析判断，主要包括以下三个方面：一是从行为主体看，行为人是否系新冠肺炎确诊病人、病原携带者、疑似病人或其密切接触者，或者曾进出疫情高发地区，或者已出现新冠肺炎感染症状，或者属于其他高风险人群。二是从行为方式看，行为人是否实施了拒绝疫情防控措施的行为，比如拒不执行隔离措施，瞒报谎报病情、旅行史、居住史、接触史、行踪轨迹，进入公共场所或者公共交通工具，密切与多人接触等。三是从行为危害后果看，根据案件具体情况，综合判断行为人造成的危害后果是否达到“引起甲类传染病传播或者有传播严重危险”的程度，如造成多人被确诊为新冠肺炎病人或者多人被诊断为疑似病人等。实践中，考虑到妨害传染病防治罪是危害公共卫生犯罪，因此对行为人造成共同生活的家人之间传播、感染的，一般不应作为犯罪处理。

六、问：在办案中对于以暴力、威胁方法拒绝配合参与疫情防控的村民、物业保安等实施的检测、隔离等行为的，能否认定为妨害公务罪？

答：在办理妨害疫情防控的妨害公务犯罪案件时，重点应当把握两点：一是准确把握妨害公务犯罪的对象。《意见》根据全国人大常委会相关立法解释的规定，进一步明确妨害公务罪的对象除了国家机关工作人员外，还包括在依照法律、法规规定行使国家有关疫情防控行政管理职权的组织中从事公务的人员，在受国家机关委托代表国家机关行使疫情防控职权的组织中从事公务的人员，以及虽未列入国家机关人员编制但在国家机关中从事疫情防控公务的人员等。因疫情具有突发性、广泛性，为了最大限度防控疫情，各级政府和有关部门需要组织动员居（村）委会、社区等组织落实防控职责，实施管控措施。对于上述组织中的人员，如果属于“在受国家机关委托代表国家机关行使疫情防控职权的组织中从事公务的人员”，可以成为妨害公务罪的对象。二是准确把握公务行为的范围。对于依法从事疫情防控任务的人员为防控疫情，按政府和有关职能部门统一要求采取与防疫、检疫、强制隔离、隔离治疗等措施密切相关的行动，均可认定为公务行为。对于不符合上述两个条件，被要求检测、隔离人以暴力、威胁方法阻碍疫情防控工作不能认定妨害公务罪的，可以根据其行为性质和危害后果，按照故意伤害罪、寻衅滋事罪、侮辱罪等依法追究刑事责任。

七、问：在办案中对于行为人传播涉疫情虚假信息后又自行删除的，能否作为犯罪处理？

答：对于行为人传播涉疫情虚假信息后又自行删除是否构成故意传播虚假信息罪，需要区分情况予以认定。关键要把握两点：一是看行为人主观上是否有传播虚假信息的故意。对传播涉疫情虚假信息是否追究刑事责任，要查明行为人是否明知系疫情虚假信息而故意传播。要充分考虑传播者对有关信息内容认知能力水平，以及传播该虚假信息的具体情形，不能仅以有关信息与客观现实有出入，就认定为故意传播虚假信息而作为犯罪处理。二是看行为造成社会危害性大小，是否达到严重扰乱社会秩序的程度。对故意传播涉疫情的虚假信息后又自行删除，是否构罪不能一概而论。要综合考虑虚假信息传播面大小、对社会秩序造成的实际影响等，不能简单以是否“自行删除”认定其可能造成的危害。有的信息很长时间无人转发，也没有人注意；有的敏感信息，被删除前几分钟可能就广泛传播，危害很大。行为人自行及时删除虚假信息，如果没有造成较大社会影响，达不到严重扰乱社会秩序程度的，依法不予刑事追究。

八、问：在办案中，适用生产、销售不符合标准的医用器材罪时，对于外科医用一次性口罩、酒精能否认定为“医用器材”？

答：根据刑法第一百四十五条的规定，生产、销售不符合标准的医用器材罪的犯罪对象是医用器材，包括医疗器械和医用卫生材料。2001年根据国家行政主管部门的有关规定，医用卫生材料已被纳入《医疗器械分类目录》实行分类管理。据此，本罪规定的医疗器械和医用卫生材料均属于“医疗器械”的范畴。

2017年修订后的《医疗器械监督管理条例》第七十六条规定，医疗器械是指直接或者间接用于人体的仪器、设备、器具、体外诊断试剂及校准物、材料以及其他类似或者相关的物品。对生产、销售不符合标准的医用器材罪的犯罪对象进行具体认定时，可以依据国家行政主管部门发布的《医疗器械分类目录》进行认定。实践中常见的医用防护口罩、医用外科口罩、一次性使用医用口罩、防护服、防护眼镜等均被列入医疗器械目录，属于医疗器械。对于没有列入医疗器械目录的其他种类口罩、酒精等物品，则不宜认定为医疗器械。需要注意的是，根据刑法和相关司法解释规定，对于个别防护用品是否系医用器材难以认定的，如果掺杂掺假，以假充真，以次充好或者以不合格产品冒充合格产品，销售金额五万元以上，或者货值金额十五万元以上的，可以依照刑法第一百四十条的规定以生产、销售伪劣产品罪定罪处罚；对于高价销售、牟取暴利，违法所得数额较大或者有其他严重情节，严重扰乱市场秩序的，也可以非法经营罪论处。

九、问：在办案中，认定生产、销售不符合标准的医用器材罪中的“国家标准、行业标准”是否只包括强制性标准，如果没有强制性标准，只有推荐性标准怎么办？

答：生产、销售不符合标准的医用器材罪中的“国家标准、行业标准”，应当以有利于保障人体健康为出发点，刑法和相关司法解释并未将其限定为强制性国家标准、行业标准。根据刑法和2001年“两高”《关于办理生产、销售伪劣商品刑事案件具体应用法律若干问题的解释》《医疗器械监督管理条例》《医疗器械注册管理办法》等规定精神，对于没有国家标准、行业标准的，注册产品标准或者产品技术要求，可以视为行业标准。

十、问：认定生产、销售不符合标准的医用器材罪要求“足以严重危害人体健康”才构成犯罪，在办案中应当如何把握？

答：“足以严重危害人体健康”是生产、销售不符合标准的医用器材罪的重要入罪条件。根据2003年“两高”《关于办理妨害预防、控制突发传染病疫情等灾害的刑事案件具体应用法律若干问题的解释》等规定，在办案中审查认定是否“足以严重危害人体健康”应当从是否具有防护、救治功能，是否可能造成贻误诊治，是否可能造成人体严重损伤，是否可能对人体健康造成严重危害等方面，结合医疗器械的功能、使用方式和适用范围等，综合判断。需要注意的是，根据刑法和相关司法解释规定，对于生产、销售不符合标准的医用器材是否“足以严重危害人体健康”难以认定的，如果销售金额五万元以上，或者货值金额十五万元以上的，可以依照刑法第一百四十条的规定以生产、销售伪劣产品罪定罪处罚。此外，如果同时构成侵犯知识产权犯罪的，依照处罚较重的规定定罪处罚。

十一、问：在疫情防控期间，办理哄抬物价类非法经营犯罪案件，应当从哪些方面准确把握？

答：在疫情防控期间，违反国家有关市场经营、价格管理等规定，囤积居奇，哄抬疫情防控急需的口罩、护目镜、防护服、消毒液等防护用品、药品或者其他涉及民生的物品价格，牟取暴利，违法所得数额较大或者有其他严重情节，严重扰乱市场秩序的，应当以非法经营罪定罪处罚。在疫情防控期间，办理哄抬物价类非法经营犯罪案件时，应当注意从以下三个方面加以把握：

一是注意把握“疫情防控期间”。2020年1月20日，国家卫健委经国务院批准发布2020年第1号公告，将新型冠状病毒感染的肺炎纳入《传染病防治法》规定的乙类传染病，并采取甲类传染病的预防、控制措施。疫情起始时间以该公告为准，疫情结束的时间届时以国家有关部门宣布疫情结束为准。在疫情防控期间，哄抬物价行为具有较平时更为严重的社会危害性，主要表现在：一是扰乱疫情防控急需物资和基本民生用品的统筹秩序，影响联防联控部署；二是制造或加剧恐慌性需求，破坏社会秩序；三是推高防护成本，导致不特定人群特别是低收入群体防护不足。因此，根据罪责刑相适应原则，对于疫情防控期间的此类行为应当依法从严惩处。

二是注意把握“防护用品、药品或者其他涉及民生的物品”的范围。根据《意见》和国家市场监管总局《关于新型冠状病毒感染肺炎疫情防控期间查处哄抬价格违法行为的指导意见》的规定，防护用品、药品主要是指口罩、护目镜、防护服、消毒杀菌用品、抗病毒药品和相关医疗器械、器材等；民生物品主要是指人民群众维持基本生活所必需的粮油肉蛋菜奶等食品。需要注意的是，各地的防疫形势和市场供应情况不同，在价格敏感的物品上会有一定差别，各级政府和有关部门对防疫用品和民生物品范围作出具体规定的，可以结合本地具体情况作出认定。

三是注意把握哄抬物价类非法经营犯罪的行为方式。根据《价格违法行为行政处罚规定》第六条的规定，哄抬价格违法行为包括三种行为方式：一是捏造、散布涨价信息，扰乱市场价格秩序的；二是除生产自用外，超出正常的存储数量或者存储周期，大量囤积市场供应紧张、价格发生异常波动的商品，经价格主管部门告诫仍继续囤积的；三是利用其他手段哄抬价格，推动商品价格过快、过高上涨的。2月初，国家市场监管总局出台《关于新型冠状病毒感染肺炎疫情防控期间查处哄抬价格违法行为的指导意见》，对如何认定查处上述哄抬价格违法行为作了具体规定。实践中，在认定哄抬价格类非法经营犯罪行为时，应当参照上述规定，同时综合考虑本地疫情防控具体情况以及行为人的实际经营状况、主观恶性和行为社会危害性等因素，判断是否属于“违法所得数额较大或者有其他严重情节”，从而准确认定犯罪嫌疑人是否构成非法经营罪。对于一般的价格违法行为，可以由有关部门予以行政处罚。

依法惩治妨害疫情防控违法犯罪　切实保障人民群众生命健康安全
——“两高”相关负责人联合答记者问(二)

2020年2月27日,记者就办理妨害疫情防控刑事案件的有关法律适用问题采访了最高人民法院研究室主任姜启波和最高人民检察院法律政策研究室主任高景峰。答问刊发后,取得了良好反响。一线办案人员普遍反映,答问对于准确适用法律、公正办理案件发挥了很好很及时的指导作用。同时提出,在具体执行刑法、刑事诉讼法和《最高人民法院、最高人民检察院、公安部、司法部关于依法惩治妨害新型冠状病毒感染肺炎疫情防控违法犯罪的意见》《最高人民法院、最高人民检察院、公安部、司法部、海关总署关于进一步加强国境卫生检疫工作依法惩治妨害国境卫生检疫违法犯罪的意见》(以下分别简称为《“两高两部”意见》《“五部门”意见》)的过程中,还有其他一些问题需要进一步澄清或者统一认识。为此,记者对两位负责人再次进行了采访。

问题1:前不久,“两高两部”、海关总署就依法惩治妨害国境卫生检疫违法犯罪出台了意见。在新冠肺炎疫情防控期间,实践中如何准确适用妨害国境卫生检疫罪?

当前,新冠肺炎疫情在境外呈现扩散态势,通过口岸向境内倒灌成为现实危险,依法严惩妨害国境卫生检疫的各类违法犯罪行为,切实筑牢国境卫生检疫防线,是当前的一项重要任务。人民法院、人民检察院要牢固树立国门安全理念,依法惩治妨害国境卫生检疫犯罪,切实保障人民群众生命安全和身体健康,坚决维护公共卫生安全和社会安定有序。具体而言,适用妨害国境卫生检疫罪需要注意以下几点:

第一,妨害国境卫生检疫罪的犯罪主体包括自然人和单位。法律面前人人平等。无论是中国公民,还是外国公民,或者无国籍人,只要在出入我国国境的过程中实施妨害国境卫生检疫的犯罪行为,都应当适用我国法律,适用统一的司法标准,依法追究刑事责任。《“五部门”意见》明确检疫传染病染疫人、染疫嫌疑人拒绝执行卫生检疫措施或者卫生处理措施,隐瞒疫情或者伪造情节的,属于妨害国境卫生检疫行为。检疫传染病染疫人或者染疫嫌疑人以外的特定主体也可能实施妨害国境卫生检疫行为,如出入境交通工具上发现有检疫传染病染疫人或者染疫嫌疑人,交通工具负责人拒绝接受卫生检疫或者拒不接受卫生处理的。上述妨害国境卫生检疫行为,引起检疫传染病传播或者有传播严重危险的,构成妨害国境卫生检疫罪。

第二,妨害传染病防治罪与妨害国境卫生检疫罪有所区别。一是刑法第三百三十条规定的妨害传染病防治罪针对的是违反《传染病防治法》《突发事件应对法》《突发公共卫生事件应急条例》等规定,拒绝执行卫生防疫机构依照传染病防治法提出的防控措施的行为,适用于在我国境内的卫生防控防治环境。刑法第三百三十二条规定的妨害国境卫生检疫罪针对的是违反《国境卫生检疫法》及其实施细则等规定,拒绝执行国境卫生检疫机关依照国境卫生检疫法提出的检疫措施的行为,适用于在出入我国国境时的卫生防控防疫环节。二是妨害传染病防治罪中的“甲类传染病”为甲类传染病或者按照甲类传染病管理的传染病,妨害国境卫生检疫罪中的“检疫传染病”为鼠疫、霍乱、黄热病以及国务院确定和公布的其他传染病。

第三,经国务院批准,国家卫生健康委员会发布2020年第1号公告,将新冠肺炎纳入《传染病防治法》规定的乙类传染病,并采取甲类传染病的预防、控制措施,并将新冠肺炎纳入《国境卫生检疫法》规定的检疫传染病管理。因此,入境人员妨害新冠肺炎防控的,可能在不同时间段分别涉及妨害传染病防治罪、妨害国境卫生检疫罪。行为人在入境时拒绝执行国境卫生检疫机关的检疫措施，引起新冠肺炎传播或者有传播严重危险的，构成妨害国境卫生检疫罪。行为人在入境后拒绝执行卫生防疫机构的防控措施，引起新型冠状病毒传播或者有传播严重危险的，构成妨害传染病防治罪。如果行为人既有拒绝执行国境卫生检疫机关检疫措施的行为，又有在入境后拒绝执行卫生防疫机构防控措施的行为，同时构成妨害传染病防治罪和妨害国境卫生检疫罪的，一般应当依照处罚较重的规定定罪处罚。

问题 2:《“五部门”意见》规定，实施妨害国境卫生检疫行为，引起新冠肺炎传播或者有传播严重危险的，依照刑法第三百三十二条的规定，以妨害国境卫生检疫罪定罪处罚。司法适用中如何认定引起新冠肺炎传播或者有传播严重危险？

根据刑法第三百三十二条的规定，妨害国境卫生检疫罪的入罪要件为“引起检疫传染病传播或者有传播严重危险”。对此，《“五部门”意见》专门强调，并非所有妨害国境卫生检疫行为都构成犯罪，需要进一步判断是否造成检疫传染病传播或者有传播严重危险。只有实施妨害国境卫生检疫行为，引起新冠肺炎传播或者有传播严重危险的，才构成妨害国境卫生检疫罪。司法适用中，对于这一入罪要件应当准确把握，以对相关案件作出审慎、恰当的处理：

第一，准确把握犯罪主体范围。前面已经提到，妨害国境卫生检疫罪的主体是检疫传染病染疫人、染疫嫌疑人以及其他特定主体。根据《国境卫生检疫法实施细则》的规定，“染疫人”是指正在患检疫传染病的人，或者经卫生检疫机关初步诊断，认为已经感染检疫传染病或者已经处于检疫传染病潜伏期的人。“染疫嫌疑人”是指接触过检疫传染病的感染环境，并且可能传播检疫传染病的人。其他特定主体是指检疫传染病染疫人、染疫嫌疑人以外需要接受海关依照《国境卫生检疫法》等法律法规进行检疫的人员。司法适用中要特别注意妨害国境卫生检疫罪中“引起检疫传染病传播或者有传播严重危险”的入罪要件，如果行为人虽有妨害国境卫生检疫的行为，但综合全案事实，认定其不可能引起新冠肺炎传播或者有传播严重危险的，不符合妨害国境卫生检疫罪的入罪要件，可由行政机关给予行政处罚；如果触犯妨害公务等其他罪名的，可以按其他罪名处理。

第二，“引起新型冠状病毒传播”是指造成他人被确诊为新冠肺炎病人、病原携带者的情形。传播的对象，既可以是出入境交通工具的同乘人员，也可以是其他接触人员。以染疫人、染疫嫌疑人“引起新型冠状病毒传播”为例，实践中要注意结合案件具体情况，如染疫人、染疫嫌疑人与被感染者是否有密切接触，被感染者的感染时间是否在与染疫人、染疫嫌疑人接触之后，被感染者是否接触过其他新冠肺炎病人、病原携带者等因素，综合认定因果关系。如果综合案件证据情况，无法确定他人是被染疫人、染疫嫌疑人感染的，依法则不应认定属于“引起新型冠状病毒传播”的情形。

第三，“引起新型冠状病毒传播严重危险”是指虽未造成他人被确诊为新冠肺炎病人、病原携带者，但引发了传播的严重危险。对于此类情形，入罪应当限制在“严重”危险的情形，而且这种危险应当是现实、具体、明确的危险。实践中，对于“传播严重危险”的判断，同样应当坚持综合考量原则。仍以染疫人、染疫嫌疑人“引起新型冠状病毒传播严重危险”为例，实践中需要重点审查行为人是否采取特定防护措施，被诊断为染疫嫌疑人的人数及范围，被采取就地诊验、留验和隔离的人数及范围等，作出妥当认定。

顺带提及的是，《“两高两部”意见》规定：“其他拒绝执行卫生防疫机构依照传染病防治法提出的防控措施，引起新型冠状病毒传播或者有传播严重危险的，依照刑法第三百三十条的规定，以妨害传染病防治罪定罪处罚。”对于此处规定的“引起新型冠状病毒传播或者有传播严重危险”的认定，司法适用中可以参照上述精神予以把握。

问题3:《"两高两部"意见》明确妨害公务罪的对象包括"在依照法律、法规规定行使国家有关疫情防控行政管理职权的组织中从事公务的人员,在受国家机关委托代表国家机关行使疫情防控职权的组织中从事公务的人员,虽未列入国家机关人员编制但在国家机关中从事疫情防控公务的人员"。司法适用中,如何具体把握上述人员范围?

根据刑法第二百七十七条的规定,以暴力、威胁方法阻碍国家机关工作人员依法执行职务的,构成妨害公务罪。根据《全国人民代表大会常务委员会关于〈中华人民共和国刑法〉第九章渎职罪主体适用问题的解释》的规定,《"两高两部"意见》进一步明确了妨害疫情防控措施所涉及的妨害公务罪的对象范围。司法适用中,要准确把握妨害公务罪的对象,特别是对"在受国家机关委托代表国家机关行使疫情防控职权的组织中从事公务的人员"的范围要作妥当把握,以准确处理相关案件。

"在受国家机关委托代表国家机关行使疫情防控职权的组织中从事公务的人员"中的组织虽然不是国家机关,但其行使的疫情防控职权来自于国家机关的委托,且系代表国家机关行使。由于疫情的突发性、广泛性,对于此处的"受委托代表国家机关行使疫情防控职权"不宜作机械理解,而应当实事求是地予以把握。根据《传染病防治法》第四十二条的规定,"传染病暴发、流行时,县级以上地方人民政府应当立即组织力量,按照预防、控制预案进行防治,切断传染病的传播途径",必要时,报经上一级人民政府决定,可以采取限制或者停止集市、影剧院演出或者其他人群聚集的活动,停工、停业、停课,封闭可能造成传染病扩散的场所等紧急措施并予以公告。从实践看,相关措施不可能完全由国家机关工作人员去落实。各级政府依法决定采取紧急措施后,居(村)委会、社区等组织按照要求落实防控措施的,尽管并非基于政府的书面或者口头"委托",但也应当认为是"受委托代表国家机关行使疫情防控职权",其中从事公务的人员,属于妨害公务罪的对象。实践中,需要注意"再委托"的情形。我们认为,对于委托授权的把握不宜再扩大范围。比如,对于居(村)委会、社区为落实政府要求,"再委托"小区物业、志愿者等自行实施防控措施的,对相关人员则不宜认定为妨害公务罪的对象。如果以暴力、威胁方法阻碍相关人员实施防控措施,符合故意伤害、寻衅滋事等其他犯罪构成条件的,可以其他犯罪论处。

此外,根据刑法规定,以暴力、威胁方法阻碍国家机关工作人员"依法执行职务"的,才构成妨害公务罪。实践中,极个别地方采取的疫情防控措施法律依据不足,措施本身不当,有关人员有简单甚至过度执行的,则不应认定为"依法执行职务"。

问题4:《"两高两部"意见》要求严惩制假售假犯罪,对相关行为规定可以视情适用生产、销售伪劣产品罪。司法适用中,对于生产、销售伪劣口罩的案件适用该罪名应当注意哪些问题?

根据刑法第一百四十条的规定,"生产者、销售者在产品中掺杂、掺假,以假充真,以次充好或者以不合格产品冒充合格产品,销售金额五万元以上"的,构成生产、销售伪劣产品罪。对于生产、销售伪劣口罩案件适用本罪名应当注意把握以下三方面问题:

第一,准确把握产品质量标准。对于涉案口罩是否属于"伪劣产品",要依据相关标准作出判断。根据《产品质量法》《标准化法》等法律法规的规定,对于相关伪劣产品的认定,原则上应当优先以强制性标准或者产品注明的质量标准为依据。因此,如果涉案口罩注明了国家标准、行业标准,或者注明的质量标准高于国家标准、行业标准的,应当按照其明示的标准判断是否属于合格产品。如果涉案口罩未注明质量标准,或者注明的质量标准低于国家标准、行业标准的,则应当按照国家标准、行业标准判断其是否属于合格产品。比如,医用防护口罩、医用外科口罩,在没有注明高于国家标准、行业标准的质量标准的情形下,一般可以分别按照国家标准 GB 19083—2010(医用防护口罩)、行业标准 YY 0469—2011(医用外科口罩)进行判断。

需要注意的是，有的地方对涉案口罩一律按照国家标准 GB 2626—2006（呼吸防护用品自吸过滤式防颗粒物呼吸器）进行鉴定，只要对颗粒物的过滤率达不到该标准中的最低标准 KN90 的，均认定为“伪劣产品”。这有所不妥。涉案口罩是否属于伪劣产品的司法认定，应当根据口罩的种类、用途等不同情况适用相应的标准。根据法律和有关司法解释的精神，对于涉案口罩标明种类的，应当按照标明的种类选择适用的判断标准；如果涉案口罩未标明种类或者是“三无”产品，则应当综合考虑其包装、宣传、价格、销售对象等情况，作出妥当认定，进而选择适用相应标准进行判断。

第二，视情依法委托鉴定机构。《最高人民法院、最高人民检察院关于办理生产、销售伪劣商品刑事案件具体应用法律若干问题的解释》（以下简称《伪劣商品解释》）第一条第五款规定，对涉案口罩是否属于伪劣产品难以确定的，“应当委托法律、行政法规规定的产品质量检验机构进行鉴定”，以查明产品质量。

第三，准确查明行为人主观明知。对于销售伪劣口罩的案件适用销售伪劣产品罪，应当以行为人主观明知为前提。司法实践中，也确有个别行为系被上家所骗，购得伪劣口罩进行销售，对此不宜以销售伪劣产品罪定罪处罚。对于主观明知的认定，应当结合行为人职业、从业经历、购销双方商谈内容、购销方式与价格，货物样式与包装等证据，作出综合判断。从司法实践办理相关案件的经验来看，具有下列情形之一的，一般可以认定行为人明知，但确有相反证据的除外：(1)明知是没有生产商厂名、厂址、产品质量检验合格证的“三无”口罩而予以销售的；(2)委托生产厂商生产假冒伪劣防护用品的；(3)曾因制售假冒伪劣防护用品受过刑事处罚或者行政处罚，又销售伪劣口罩的；(4)明显违背惯常交易习惯储存、运输、交付涉案口罩的；(5)无正当理由涂改、调换或者覆盖商品的标识、包装，伪造、涂改产品说明书、合格证明等材料的；(6)从非正常渠道进购口罩，且价格明显低于市场价格的。

问题 5：《“两高两部”意见》明确对制售不符合标准的医用器材行为可以适用生产、销售不符合标准的医用器材罪。司法适用中，对于生产、销售伪劣医用口罩的案件适用该罪名应当注意哪些问题？

根据刑法第一百四十五条的规定，“生产不符合保障人体健康的国家标准、行业标准的医疗器械、医用卫生材料，或者销售明知是不符合保障人体健康的国家标准、行业标准的医疗器械、医用卫生材料，足以严重危害人体健康的”，构成生产、销售不符合标准的医用器材罪。而根据有关规定，医用防护口罩、医用外科口罩、一次性使用医用口罩等医用口罩属于《医疗器械分类目录》规定的二类医疗器械。因此，生产、销售伪劣医用口罩，如果足以严重危害人体健康的，可能构成生产、销售不符合标准的医用器材罪。对于生产、销售伪劣医用口罩案件适用本罪名应当注意把握如下问题：

第一，准确认定涉案医用口罩是否系不符合标准的医用器材。刑法第一百四十五条对不符合标准的医用器材明确规定为“不符合保障人体健康的国家标准、行业标准的医疗器械、医用卫生材料”。《伪劣商品解释》第六条第五款规定：“没有国家标准、行业标准的医疗器械，注册产品标准可视为‘保障人体健康的行业标准’。”目前，对于相关医用口罩的案件，认定是否属于不符合标准的医用器材的，可以按照上述规定处理。

第二，严格把握“足以严重危害人体健康”的认定。生产、销售不符合标准的医用口罩构成生产、销售不符合标准的医用器材罪，需要满足“足以严重危害人体健康”的入罪要件。对于是否“足以严重危害人体健康”，应当从是否具有防护、救治功能，是否可能造成贻误诊治，是否可能造成人体严重损伤，是否可能对人体健康造成严重危害等方面，结合医疗器械的功能、使用方式和适用范围等,综合判断。所谓“综合判断”,不能“只看一点,不及其余”,如果把涉案口罩防护功能不达标就直接认定为“足以严重危害人体健康”,可能导致这一构成要件被人为虚置,不当扩大本罪的适用范围。

从一线办案部门总结的经验来看,如果涉案不符合标准的医用防护口罩、医用外科口罩、一次性使用医用口罩主要销往医疗机构,供医护人员使用,由于医护人员的特殊工作环境,通常可以认为上述不符合标准的口罩“足以严重危害人体健康”。而如果涉案不符合标准的一次性使用医用口罩销往非疫情高发地区供群众日常使用,则一般难以满足“足以严重危害人体健康”的要件。实践中,对于相关涉案医用口罩尚无确实、充分证据证明“足以严重危害人体健康”,适用生产、销售不符合标准的医用器材罪存在障碍或者争议,但是销售金额五万元以上,或者货值金额十五万元以上的,根据刑法和相关司法解释的规定,可以依照生产、销售伪劣产品罪定罪处罚;符合假冒注册商标、非法经营罪等其他犯罪构成的,也可以相关犯罪论处。

问题6:《“两高两部”意见》规定,在疫情防控期间,违反国家有关市场经营、价格管理等规定,囤积居奇、哄抬物价的,可以构成非法经营罪。司法适用中如何把握囤积居奇、哄抬物价类非法经营案件的入罪标准?

《“两高两部”意见》规定:“在疫情防控期间,违反国家有关市场经营、价格管理等规定,囤积居奇,哄抬疫情防控急需的口罩、护目镜、防护服、消毒液等防护用品、药品或者其他涉及民生的物品价格,牟取暴利,违法所得数额较大或者有其他严重情节,严重扰乱市场秩序的,依照刑法第二百二十五条第四项的规定,以非法经营罪定罪处罚。”可见,囤积居奇、哄抬物价类非法经营案件的入罪标准是“违法所得数额较大或者有其他严重情节”。由于司法实践中情况比较复杂,难以简单地以经营数额、获利数额等作出“一刀切”的量化规定,因此对于是否达到入罪标准,仍然需要综合把握,即综合经营者经营成本变化、涨价幅度、经营数额、获利数额、社会影响等情况,同时考虑人民群众的公平正义观念,作出妥当判断。具体办案中,要着重把握以下三个方面:

第一,准确判断行为方式。囤积居奇、哄抬物价类非法经营案件实质上是严重扰乱市场秩序的行为,故对其客观行为方式的考察是评价社会危害性程度的重要方面。例如,行为人捏造、散布涨价信息,扰乱市场价格秩序,或者大量囤积市场供应紧张、价格异常波动的防护用品、药品或者其他涉及民生的物品,哄抬物价的,就较之一般的单纯哄抬物价行为社会危害性更大,对前者更应当进行刑事惩治。又如,行为人哄抬物价,经价格主管部门告诫甚至行政处罚后继续实施相关行为的,社会危害性也更大,更加具有刑事惩治的必要。这些实际上都是认定相关非法经营案件客观行为方式和情节严重程度的重要因素。

第二,充分考虑非法经营和违法所得数额。此类案件表现为在经营活动中囤积居奇、哄抬物价,且要求“牟取暴利”,故非法经营数额本身的大小,特别是违法所得数额,是评判行为社会危害程度的重要因素。对于是否“牟取暴利”,既要考虑国家有关部门和地方政府关于市场经营、价格管理等规定,又要坚持一般人的认知标准,确保认定结果符合人民群众的公平正义观念。对于虽然超出有关价格管理规定,但幅度不大,违法所得不多,对疫情防控没有重大影响、未造成严重后果的,不应当纳入刑事处罚范围,可以由有关部门予以行政处罚。相反,对于利用物资紧俏的“商机”,坐地起价,牟取暴利的,则应当依法追究刑事责任。例如,熔喷布被称为口罩的“心脏”,原来每吨两万元左右,一些不法商家趁机通过囤积居奇、转手倒卖等方式,层层加码,牟取暴利,甚至有的竟然以高于进价或者成本价数倍甚至十几倍、几十倍的价格对外出售,最终把价格推高至每吨十几万元甚至数十万元的天价。对此,应当根据囤积、倒卖的数量、次数、加价比例和获利情况等,综合认定“违法所得数额”和“其他严重情节”。对于其中情节恶劣,严重扰乱市场秩序的,应当毫不手软,坚决惩治,且应从重处罚、以儆效尤。

第三,综合考虑疫情防控差异情况。办理囤积居奇、哄抬物价类非法经营案件,要考虑各地疫情防控的差异情况、不同物资的紧缺程度,做到精准发力,避免简单"一刀切"。各地面临的疫情形势和防控任务差异较大,同样的哄抬物价行为在疫情风险等级不同地区的社会危害性是不一样的,在办案中要有所体现。在疫情风险等级较高的地区,特别是对市场供应紧张的物资囤积居奇、哄抬价格,社会危害性较大,有必要予以刑事处罚。相反,在疫情风险等级较低的地区,随着相关物资市场供应紧张程度缓解,对于哄抬物价的行为要尽量给行政处罚留有足够空间,确保刑罚的审慎适用,即使要给予刑罚处罚也可以酌情从轻处罚。

问题7:《"两高两部"意见》强调注重办案安全,要求在疫情防控期间办理妨害新冠肺炎疫情防控案件,最大限度减少人员聚集。案件的审查起诉和审判工作应当注意哪些事项?如果受到疫情的影响,不能在法律规定的审查起诉、审理期限内办结的,应当如何处理?

在疫情防控期间办理案件,既要严格依法,也要严格落实隔离、防控的要求。

人民检察院在疫情防控期间办理审查起诉案件,应当以书面审查为主要方式,尽量不采取当面方式讯问犯罪嫌疑人、询问证人等诉讼参与人以及听取辩护律师意见,可以采取电话或者视频等方式进行,以减少人员流动、聚集、见面交谈。犯罪嫌疑人被羁押的审查起诉案件,应当严格依照法律规定的期限办结。如果因为疫情影响,不能在法律规定的审查起诉期限内办结,需要继续办理的,人民检察院可以按照《刑事诉讼法》第九十八条的规定,对犯罪嫌疑人取保候审或者监视居住。

同时,根据《刑事诉讼法》第二百零六条的规定,在审判过程中,由于不能抗拒的原因,致使案件在较长时间内无法继续审理的,可以中止审理。据此,在疫情防控期间,对于刑事案件,包括适用简易程序、速裁程序审理的案件,人民法院可以依法中止审理。同时,要切实注意防止超期羁押。对于涉及妨害疫情防控的刑事案件,以及羁押期限临近可能判处刑罚的案件,在疫情防控期间确需开庭审理的,应当做好相关防护工作,在充分保障当事人及其他诉讼参与人诉讼权利的前提下,及时开庭审理;条件具备,案情适宜的,可以采取视频方式开庭,人民检察院可以通过视频方式出庭支持公诉。

最高人民法院
公布人民法院依法惩处妨害疫情防控犯罪典型案例(一)

案例1:田某某妨害传染病防治案

——隐瞒武汉旅居史致多人被隔离观察

简要案情

2019年12月22日,被告人田某某乘坐火车从山东济宁前往湖北武昌打工。2020年1月9日,田某某乘坐火车辗转湖北荆州、汉口、河南商丘等地后,返回山东成武县大田集镇家中。1月20日,田某某出现发热、干咳等症状,即到本村卫生室就诊。1月22日,田某某到大田集镇医院就诊,被诊断为肺炎。医护人员询问其是否有武汉旅居史,田某某隐瞒到过武昌、汉口的事实,谎称从石家庄返回家中。1月23日,田某某到成武县人民医院就诊,医护人员询问其近期是否到过武汉,其仍故意隐瞒到过武昌、汉口的事实,被收治于该院呼吸内科普通病房。1月25日,田某某在医护人员得知其有汉口旅居史再次询问时,仍予以否认,在被诊断疑似患有新型冠状病毒肺炎

(以下简称新冠肺炎)而转入感染科隔离治疗过程中,不予配合并要求出院。1月26日,田某某被确诊患有新冠肺炎。因田某某违反新冠肺炎疫情防控的相关规定,故意隐瞒从武昌、汉口返乡的事实,造成医护人员及同病房病人共37人被隔离观察。

裁判结果

山东省成武县人民法院经审理认为,被告人田某某违反传染病防治法规定,在国家卫生健康委员会宣布对新冠肺炎采取甲类传染病预防、控制措施后,明知应当报告武汉旅居史,却故意隐瞒,拒绝配合医护人员采取防治措施,造成新型冠状病毒传播的严重危险,致37人被隔离观察,其行为构成妨害传染病防治罪,应依法惩处。田某某如实供述自己的犯罪事实,认罪认罚。据此,于2020年3月1日以妨害传染病防治罪判处被告人田某某有期徒刑十个月。

案例2:马某某故意杀人案

——持刀杀害两名防疫卡点工作人员

简要案情

2020年2月5日,云南省红河县石头寨乡根据上级安排,在该乡么索村委会通往阿扎河乡洛孟村委会之间设置新冠肺炎疫情防控卡点,开展疫情防控和监测工作,对往来车辆及人员进行信息登记、监测和防疫宣传。2月6日11时许,被告人马某某驾车载么索村委会马某龙(另案处理)等人经过么索村委会疫情防控卡点,到洛孟村委会马某光(另案处理)家吃饭喝酒,之后马某某驾车搭载马某龙等人准备到马某龙家KTV唱歌。18时20分许,当车辆行至么索村委会疫情防控卡点时,马某龙下车搬除卡点路障,并与前来劝阻的卡点工作人员发生争执。在此过程中,马某某因对卡点工作人员张某某(红河县财政局下派扶贫干部,殁年39岁)持手机拍摄取证的行为不满,遂持随身携带的折叠刀朝张某某胸腹部连续捅刺,又向前来劝阻的卡点工作人员李某某(红河县石头寨乡干部,殁年50岁)腹部捅刺,致张某某、李某某经送医院抢救无效于当日死亡。经鉴定,张某某系因被单刃锐器刺击胸腹部致胸腹腔多脏器破裂急性出血死亡;李某某系因被单刃锐器刺击腹部致肝脏破裂出血死亡。

裁判结果

云南省红河哈尼族彝族自治州中级人民法院经审理认为,被告人马某某在云南省重大突发公共卫生事件一级响应期间,无视国家法律和疫情防控秩序,故意非法剥夺他人生命,其行为构成故意杀人罪。马某某在疫情期间杀害两名疫情防控工作人员,主观恶性极深,犯罪手段残忍,情节极其恶劣,后果特别严重。马某某曾因犯故意伤害罪被判处有期徒刑,在刑罚执行完毕后五年内再犯应当判处有期徒刑以上刑罚之罪,系累犯,应依法从重处罚。马某某虽在案发后自动投案并如实供述犯罪事实,具有自首情节,但其罪行极其严重,不足以从轻处罚。据此,于2020年3月1日以故意杀人罪判处被告人马某某死刑,剥夺政治权利终身。

案例3:业某某抢劫案

——冒充疫情防控人员持刀入户抢劫

简要案情

2020年2月11日14时许,被告人业某某经事先踩点,携带水果刀、透明胶带到南京市江宁区禄口街道某小区,冒充疫情防控人员,以登记疫情为由骗得小区住户赵某某(被害人,女)打开房门。业某某闯入室内,采取胶带捆绑、持刀威胁等方式向赵某某强行索要8 000元。赵某某被迫通过微信向他人借款2 000元,后通过支付宝将2 000元转入业某某的赌博游戏账户内。业某某威胁赵某某不准报警后逃离现场。

裁判结果

江苏省南京江宁经济技术开发区人民法院经审理认为，被告人业某某在疫情防控期间，冒充疫情防控人员，骗开小区住户房门，持刀入户抢劫，其行为构成抢劫罪，应依法从严惩处。业某某如实供述自己的犯罪事实，认罪认罚。据此，于2020年3月4日以抢劫罪判处被告人业某某有期徒刑十一年，并处罚金人民币四万元，剥夺政治权利二年。

案例4：刘某某编造、故意传播虚假信息案

——编造感染新型冠状病毒在公共场所传播的虚假信息

简要案情

2020年1月24日，被告人刘某某在北京市通州区某小区暂住地内，利用微信号编造其感染新型冠状病毒后到公共场所通过咳嗽方式向他人传播的虚假信息，发送至其另一微信号，并将聊天记录截图后通过微信朋友圈、微信群、QQ群传播，直接覆盖人员共计2 700余人，并被其他个人微博转发。公安机关掌握该信息后，采取了相应紧急应对措施。

裁判结果

北京市通州区人民法院经审理认为，被告人刘某某在疫情防控期间编造虚假疫情信息，在信息网络上传播，严重扰乱社会秩序，其行为构成编造、故意传播虚假信息罪。刘某某如实供述自己的犯罪事实，认罪认罚。据此，于2020年2月28日以编造、故意传播虚假信息罪判处被告人刘某某有期徒刑八个月。

案例5：赵某某诈骗案

——疫情防控期间虚构销售口罩诈骗财物

简要案情

2020年2月3日至2月9日，被告人赵某某谎称其有稳定的医用一次性口罩、N95口罩来源，通过微信兜售口罩，将收到的货款用于网络赌博挥霍等。在被害人催要口罩时，赵某某采取给被害人寄送零食的方式拖延，随后变更手机号码、微信等联系方式，使被害人无法与其联系。赵某某采取上述手段先后骗取被害人朱某某、周某、王某等人口罩款合计34.18万余元。

裁判结果

安徽省淮北市相山区人民法院经审理认为，被告人赵某某以非法占有为目的，采取虚构事实的方式，利用网络多次骗取他人财物，其行为构成诈骗罪，且数额巨大。赵某某在疫情防控期间，虚构销售疫情防护用品事实，骗取他人财物，应依法从严惩处。据此，于2020年2月25日以诈骗罪判处被告人赵某某有期徒刑七年九个月，并处罚金人民币四十万元。

案例6：孙某某、蒋某诈骗案

——假冒慈善机构骗取疫情募捐

简要案情

2020年1月27日12时许，被告人孙某某、蒋某经预谋打印虚假宣传材料3 000份，在北京市西城区多地张贴、散发，假借“市希望工程办公室”“市志愿者协会”之名，以“为抗击新冠肺炎募捐”为由，谎称已联系到口罩等物资的购买渠道，欲欺骗他人向孙某某微信账户转募捐款。当日16时许，孙某某、蒋某到案。截至案发，尚无钱款转入孙某某微信账户。

裁判结果

北京市西城区人民法院经审理认为，被告人孙某某、蒋某以非法占有为目的，在新冠肺炎疫情防控期间假冒慈善机构的名义，以赈灾募捐为由，欲骗取公私财物，情节严重，其行为均构成诈骗罪。孙某某、蒋某假借抗疫之名，实施诈骗行为，主观恶性深，社会影响恶劣，应依法从严惩处。孙某某、蒋某已着手实施诈骗，因被及时查获而未得逞，系犯罪未遂，可以比照既遂从轻处罚。据此，于2020年2月28日以诈骗罪分别判处被告人孙某某、蒋某有期徒刑十个月，并处罚金人民币一万元。

案例7：叶某妨害公务案

——拒不配合疫情防控管理暴力袭警

简要案情

2020年2月2日17时许，被告人叶某驾车载其舅父和胞兄途经湖北省崇阳县新冠肺炎防控指挥部金塘镇寒泉村疫情监测点时，工作人员要求叶某等人监测体温。叶某等人拒绝检测，辱骂工作人员并用车辆堵住监测点，后经人劝导移开，工作人员报警。当日18时许，崇阳县公安局金塘派出所所长张某某带领民警万某、辅警姜某等人到叶某家传唤其接受调查，叶某拒绝并用拳头殴打张某某、姜某等人，其亲属亦撕扯、推搡民警，阻碍民警依法传唤叶某。经鉴定，被害人张某某、姜某损伤程度均为轻微伤。

裁判结果

湖北省崇阳县人民法院经审理认为，被告人叶某在疫情防控期间，拒不配合防控管理，以暴力方法阻碍人民警察执行公务，致二人轻微伤，其行为构成妨害公务罪，应依法从重处罚。叶某有坦白情节，且认罪认罚。综合其犯罪情节，于2020年2月10日以妨害公务罪判处被告人叶某有期徒刑一年三个月。

案例8：唐某某寻衅滋事案

——疫情防控期间在医院暴力伤医

简要案情

2020年2月6日22时许，被告人唐某某酒后未戴口罩至江苏省建湖县上冈镇草堰口卫生院探望其住院的父亲。因值班医生周某某提醒其戴口罩，并制止其在正在使用的输氧病房内抽烟，唐某某心生不满，与周某某发生口角，继而殴打周某某头面部及颈部，并致周某某衣物损坏。后唐某某又先后殴打前来劝阻的医生王某某、群众姚某某和唐某。经鉴定，被害人周某某、王某某和姚某某的损伤程度均为轻微伤。

裁判结果

江苏省建湖县人民法院经审理认为，被告人唐某某在疫情防控期间在医院随意殴打他人，造成三人轻微伤，情节恶劣，其行为构成寻衅滋事罪，应依法惩处。唐某某如实供述自己的犯罪事实，且已赔偿被害人周某某的经济损失，取得了三被害人的谅解。据此，于2020年2月28日以寻衅滋事罪判处被告人唐某某有期徒刑一年。

案例9:黄某某非法制造枪支、非法猎捕、杀害珍贵、濒危野生动物、非法持有枪支案

——自制枪支猎杀果子狸、小灵猫等野生动物

简要案情

2016年至2017年,被告人黄某某从他人处获得自制预充气式气步枪和自制气枪各一支。2018年购买一支射钉枪及钢管、瞄准仪等部件,并将射钉枪改造为猎枪用于捕杀野生动物。2019年5月至11月,黄某某利用其改装的射钉枪在东印山猎捕4只(1只已被煮食)疑似果子狸的野生动物。11月13日黄某某被抓获,公安机关在其住处搜查出"快排"气枪1支、"突鹰"气枪1支、射钉枪改装的疑似枪支1支、瞄准镜1个、钢珠94颗、射钉弹86颗,并从其亲属处查获黄某某猎杀的3只疑似果子狸。经鉴定,3支疑似枪支均具备致伤力,认定为枪支,其中射钉枪改装的枪支是以火药为动力发射非制式枪弹的非制式枪;3只疑似果子狸中有1只为小灵猫,系国家二级重点保护野生动物,另2只为花面狸(俗称果子狸),属于国家保护的有益的或者有重要经济、科学研究价值的陆生野生动物。

裁判结果

重庆市垫江县人民法院经审理认为,被告人黄某某违反国家有关法规,私自制造以火药为动力的非军用枪支1支,其行为构成非法制造枪支罪;违反野生动物保护法规,猎捕、杀害国家二级重点保护野生动物,其行为构成非法猎捕、杀害珍贵、濒危野生动物罪;违反枪支管理规定,非法持有枪支2支,其行为还构成非法持有枪支罪,应依法并罚。黄某某主动投案,如实供述自己的犯罪事实,具有自首情节,依法从轻处罚。据此,于2020年3月4日对被告人黄某某以非法制造枪支罪判处有期徒刑三年;以非法猎捕、杀害珍贵、濒危野生动物罪判处有期徒刑一年六个月,并处罚金人民币一万元;以非法持有枪支罪判处拘役六个月,决定执行有期徒刑四年,并处罚金人民币一万元。

案例10:陈某某非法收购珍贵、濒危野生动物案

——介绍他人非法收购穿山甲

简要案情

2019年2月至3月,被告人陈某某得知薛某(在逃)及吴某某、高某某(均因涉嫌其他犯罪另案处理,尚在审查起诉中)等人走私入境一批穿山甲死体后,介绍杨某某(因涉嫌其他犯罪由广西另案处理)向吴某某、高某某等人购买。3月2日,陈某某伙同杨某某一起到高某某入住的广东省广州市花都区某公寓,吴某某、高某某等人提供穿山甲死体一箱交由杨某某验货。次日,陈某某陪同杨某某按照约定到广州市花都区一路段,杨某某以41.75万元向吴某某、高某某等人购得穿山甲死体20余箱(每箱装有穿山甲死体至少4只,合计达80只以上),共重747公斤。9月25日,陈某某在广西壮族自治区东兴市楠木山边境检查站被民警抓获。

裁判结果

广东省广州市花都区人民法院经审理认为,被告人陈某某违反野生动物保护法规,非法收购国家重点保护的珍贵、濒危野生动物,情节特别严重,其行为构成非法收购珍贵、濒危野生动物罪。陈某某在共同犯罪中实施了介绍杨某某与卖家联系、陪同验货和交易等行为,系从犯。据此,于2020年3月5日以非法收购珍贵、濒危野生动物罪判处被告人陈某某有期徒刑八年,并处罚金人民币五万元。

附:最高法刑一庭负责人就依法惩处妨害疫情防控犯罪典型案例答记者问

问题1:最高人民法院此次发布的典型案例主要有哪些特点?

此次发布的案例,一是涉及犯罪类型较全面。随着妨害疫情防控刑事案件逐渐进入审判环节,人民法院近期审理的涉疫情刑事案件数量较疫情防控初期有所增加,案件的类型也增多了。在此基础上,我们梳理并发布了10个典型案例,基本涵盖妨害疫情防控的一些主要犯罪类型。二是聚焦打击重点。在案例选取方面,主要聚焦直接严重妨害疫情防控、给疫情扩散带来重大风险、给人民群众生命健康造成严重威胁、给社会造成极大恐慌、给大局稳定造成严重破坏的案件。三是具有一定参考价值。这些案例较好体现了人民法院发挥刑事审判职能服务党和国家的工作大局,体现了人民法院坚持以事实为根据、以法律为准绳,严格依法办案,准确把握政策,确保案件法律效果和社会效果的统一,对相关刑事案件的审判工作具有一定的参考价值。

问题2:请介绍一下人民法院对依法惩治妨害疫情防控犯罪具体开展了哪些工作?

疫情发生后,最高人民法院高度重视,立即研究妨害疫情防控犯罪案件的情况和问题,牵头会同最高人民检察院、公安部、司法部及时发布了《关于依法惩治妨害新型冠状病毒感染肺炎疫情防控违法犯罪的意见》(以下简称"两高两部意见"),指导、规范相关案件的办理,为依法及时、从严惩处涉疫情犯罪提供了有效法律指引。此后,又通过"两高"研究室负责人答记者问的形式,对司法实践中集中反映的法律适用问题予以明确,有效指导了各地法院依法办理此类案件。最高人民法院还会同国家卫健委、最高人民检察院、公安部联合印发《关于做好新型冠状病毒肺炎疫情防控期间保障医务人员安全维护良好医疗秩序的通知》,严厉打击暴力伤医和扰乱正常医疗秩序的违法犯罪,为医务人员和广大患者创造良好诊疗环境,全力保障疫情防控工作顺利开展。同时,最高人民法院注重发挥案例指导作用,通过分批编发典型案例,加强审判指导,进一步明确法律适用标准,统一定罪量刑尺度。

地方各级法院严格贯彻"两高两部意见",依法及时从严惩处了一批妨害疫情防控的犯罪,发挥震慑作用,有效维护医疗秩序、防疫秩序、市场秩序和社会秩序,切实保障人民群众生命安全和身体健康,坚决维护国家政治安全和社会大局稳定。同时,最高人民法院和地方各级人民法院充分运用官网、微信、微博等平台,及时报道妨害疫情防控刑事案件的审判情况。最高人民法院联合央视社会与法频道开展了五期网络庭审直播,约八千万网民在线观看。江苏南通港闸区、陕西西安长安区、四川南充顺庆区等法院,也选取当地首例涉疫情案件进行庭审直播,使妨害疫情防控刑事案件的审判成为一堂堂生动的依法防疫"公开课",为疫情防控营造良好的舆论氛围和法治环境。

问题3:请介绍一下人民法院在新冠肺炎疫情防控期间是如何开展刑事审判工作的?

新冠肺炎疫情给人民法院的审判工作带来了一定的困难。各地法院在做好疫情防控的前提下,想方设法将对审判工作的影响降到最低程度。对于时效性较强的涉疫情等案件,在确保安全的前提下,优先考虑,重点安排,依法及时审判。这对及时惩治相关犯罪、保障疫情防控顺利开展起到了积极作用。对于符合事实清楚、证据充分,被告人承认自己罪行等法定条件的案件采取速裁程序或者简易程序审理,实现了"快立、快审、快判"。截至3月4日,采用速裁程序、简易程序审理的妨害疫情防控刑事案件分别达51.66%、40.53%。当然,对案件相对复杂的,当事人对事实证据或者定罪量刑有异议的,还是要按照普通程序进行。值得一提的是,为有效防控新冠肺炎疫情,最大限度减少人员流动和聚集,各地法院充分运用信息化建设和智慧法院成果有效开展在线诉讼活动,在确保合法、公正、效果的前提下,创新工作方式,通过视频、短信等非接触方式完成文书送达、指定辩护等工作,其中59.30%的案件采取视频开庭审理,效果很好。既防止了羁押场所的病毒输入风险,又确保了刑事审判工作平稳有序运行。可以说,这些年人民法院速裁程序司法改革和信息化建设的成果对疫情防控期间的审判工作带来极大的方便。

问题4:从前期各地法院审结案件的情况看,都突出了一个“快”字,在“快审、快判”的情况下,人民法院如何保证审判质量?

此次疫情是中华人民共和国成立以来在我国发生的最大的一次重大突发公共卫生事件。疫情形势发展变化快,防控工作任务重,给刑事审判工作带来许多新问题、新挑战,而且时间紧、任务重。刑事审判既要及时,又必须严格依法办案。要坚持以事实为根据、以法律为准绳,要坚持罪刑法定、证据裁判、罪责刑相适应原则,确保所判决的每一起妨害疫情防控刑事案件都经得起法律和历史检验。要严格遵守刑事诉讼法,依法保障当事人诉讼权利。前段时间以来,各地法院审理的妨害疫情防控刑事案件,多数是案情比较简单、明了,处刑较轻的案件,本着简案快审,疑案精审原则,很多案件是适用速裁程序或者简易程序进行审理的,尤其是被告人认罪认罚的案件,提高了审判效率。人民法院适用速裁程序或者简易程序,严格依照法律关于速裁程序或者简易程序的规定,依法保障被告人的各项诉讼权利,简化程序但不减损权利。对不符合适用速裁程序、简易程序条件的案件,就必须按照普通程序审理。

问题5:人民法院审理妨害疫情防控刑事案件时,在政策把握上有什么考虑?

首先要坚持依法严惩,积极服务疫情防控工作大局。人民法院依法打击妨害疫情防控犯罪,是打赢疫情防控总体战的重要组成部分。要通过依法及时严惩一批妨害疫情防控犯罪,保障疫情防控工作顺利开展,维护人民群众生命健康和社会大局稳定。同时,也要突出重点,精准打击妨害疫情防控犯罪。疫情防控要精准施策,做好疫情防控期间的案件审判,同样也要精准发力,不能简单地“一刀切”。2019年,周强院长在全国第七次刑事审判工作会议就对我们刑事审判提出了要精准适用刑罚,体现区别对待,轻重有别,聚焦重点,精准发力的工作要求。我们要根据疫情形势的发展变化,因地制宜,因时制宜,聚焦打击锋芒,突出打击重点。需要强调的是,由于各地面临的疫情形势和防控任务差异较大,人民法院在案件审理中也要充分考虑各地这种分区分级差异化防控形势任务。因为同样的行为在疫情风险等级不同的地区,其危害性是不一样的,裁判中要有所体现,要平衡国法、天理、人情,实事求是,做到罪责刑相适应,避免政策把握粗放化、简单化。

最高人民法院　最高人民检察院　公安部　司法部　国家卫生和计划生育委员会
关于依法惩处涉医违法犯罪维护正常医疗秩序的意见

(2014年4月22日　法发〔2014〕5号)

为依法惩处涉医违法犯罪,维护正常医疗秩序,构建和谐医患关系,根据《中华人民共和国刑法》《中华人民共和国治安管理处罚法》等法律法规,结合工作实践,制定本意见。

一、充分认识依法惩处涉医违法犯罪维护正常医疗秩序的重要性

加强医药卫生事业建设,是实现人民群众病有所医,提高全民健康水平的重要社会建设工程。经过多年努力,我国医药卫生事业发展取得显著成就,但医疗服务能力、医疗保障水平与人民群众不断增长的医疗服务需求之间仍存在一定差距。一段时期以来,个别地方相继发生暴力杀医、伤医以及在医疗机构聚众滋事等违法犯罪行为,严重扰乱了正常医疗秩序,侵害了人民群众的合法利益。良好的医疗秩序是社会和谐稳定的重要体现，也是增进人民福祉的客观要求。依法惩处涉医违法犯罪，维护正常医疗秩序，有利于保障医患双方的合法权益，为患者创造良好的看病就医环境，为医务人员营造安全的执业环境，从而促进医疗服务水平的整体提高和医药卫生事业的健康发展。

二、严格依法惩处涉医违法犯罪

对涉医违法犯罪行为，要依法严肃追究、坚决打击。公安机关要加大对暴力杀医、伤医、扰乱医疗秩序等违法犯罪活动的查处力度，接到报警后应当及时出警、快速处置，需要追究刑事责任的，及时立案侦查，全面、客观地收集、调取证据，确保侦查质量。人民检察院应当及时依法批捕、起诉，对于重大涉医犯罪案件要加强法律监督，必要时可以对收集证据、适用法律提出意见。人民法院应当加快审理进度，在全面查明案件事实的基础上依法准确定罪量刑，对于犯罪手段残忍、主观恶性深、人身危险性大的被告人或者社会影响恶劣的涉医犯罪行为，要依法从严惩处。

（一）在医疗机构内殴打医务人员或者故意伤害医务人员身体、故意损毁公私财物，尚未造成严重后果的，分别依照治安管理处罚法第四十三条、第四十九条的规定处罚；故意杀害医务人员，或者故意伤害医务人员造成轻伤以上严重后果，或者随意殴打医务人员情节恶劣、任意损毁公私财物情节严重，构成故意杀人罪、故意伤害罪、故意毁坏财物罪、寻衅滋事罪的，依照刑法的有关规定定罪处罚。

（二）在医疗机构私设灵堂、摆放花圈、焚烧纸钱、悬挂横幅、堵塞大门或者以其他方式扰乱医疗秩序，尚未造成严重损失，经劝说、警告无效的，要依法驱散，对拒不服从的人员要依法带离现场，依照治安管理处罚法第二十三条的规定处罚；聚众实施的，对首要分子和其他积极参加者依法予以治安处罚；造成严重损失或者扰乱其他公共秩序情节严重，构成寻衅滋事罪、聚众扰乱社会秩序罪、聚众扰乱公共场所秩序、交通秩序罪的，依照刑法的有关规定定罪处罚。

在医疗机构的病房、抢救室、重症监护室等场所及医疗机构的公共开放区域违规停放尸体，影响医疗秩序，经劝说、警告无效的，依照治安管理处罚法第六十五条的规定处罚；严重扰乱医疗秩序或者其他公共秩序，构成犯罪的，依照前款的规定定罪处罚。

（三）以不准离开工作场所等方式非法限制医务人员人身自由的，依照治安管理处罚法第四十条的规定处罚；构成非法拘禁罪的，依照刑法的有关规定定罪处罚。

（四）公然侮辱、恐吓医务人员的，依照治安管理处罚法第四十二条的规定处罚；采取暴力或者其他方法公然侮辱、恐吓医务人员情节严重（恶劣），构成侮辱罪、寻衅滋事罪的，依照刑法的有关规定定罪处罚。

（五）非法携带枪支、弹药、管制器具或者爆炸性、放射性、毒害性、腐蚀性物品进入医疗机构的，依照治安管理处罚法第三十条、第三十二条的规定处罚；危及公共安全情节严重，构成非法携带枪支、弹药、管制刀具、危险物品危及公共安全罪的，依照刑法的有关规定定罪处罚。

（六）对于故意扩大事态，教唆他人实施针对医疗机构或者医务人员的违法犯罪行为，或者以受他人委托处理医疗纠纷为名实施敲诈勒索、寻衅滋事等行为的，依照治安管理处罚法和刑法的有关规定从严惩处。

三、积极预防和妥善处理医疗纠纷

（一）卫生计生行政部门应当加强医疗行业监管，指导医疗机构提高医疗服务能力，保障医疗安全和医疗质量。医疗机构及其医务人员要严格遵守医疗卫生管理法律、行政法规、部门规章和诊疗护理规范，加强医德医风建设，改善服务态度，注重人文关怀，尊重患者的隐私权、知情权、选择权等权利，根据患者病情、预后不同以及患者实际需求，采取适当方式进行沟通，做好解释说理工作，从源头上预防和减少医疗纠纷。

（二）卫生计生行政部门应当指导医疗机构加强投诉管理，设立医患关系办公室或者指定部门统一承担医疗机构投诉管理工作，建立畅通、便捷的投诉渠道。

医疗机构投诉管理部门应当在医疗机构显著位置公布该部门及医疗纠纷人民调解组织等相关机构的联系方式、医疗纠纷的解决程序，加大对患者法律知识的宣传，引导患者依法、理性解决医疗纠纷。有条件的医疗机构可设立网络投诉平台，并安排专人处理、回复患者投诉。要做到投诉必管、投诉必复，在规定期限内向投诉人反馈处理情况。

对于医患双方自行协商解决不成的医疗纠纷，医疗机构应当及时通过向人民调解委员会申请调解等其他合法途径解决。

（三）司法行政机关应当会同卫生计生行政部门加快推进医疗纠纷人民调解组织建设，在医疗机构集中、医疗纠纷突出的地区建立独立的医疗纠纷人民调解委员会。

司法行政机关应当会同人民法院加强对医疗纠纷人民调解委员会的指导，帮助完善医疗纠纷人民调解受理、调解、回访、反馈等各项工作制度，加强医疗纠纷人民调解员队伍建设和业务培训，建立医学、法律等专家咨询库，确保调解依法、规范、有效进行。

司法行政机关应当组织法律援助机构为有需求并符合条件的医疗纠纷患者及其家属提供法律援助，指导律师事务所、公证机构等为医疗纠纷当事人提供法律服务，指导律师做好代理服务工作，促使医疗纠纷双方当事人妥善解决争议。

（四）人民法院对起诉的医疗损害赔偿案件应当及时立案受理，积极开展诉讼调解，对调解不成的，及时依法判决，切实维护医患双方的合法利益。在诉讼过程中应当加强诉讼指导，并做好判后释疑工作。

（五）卫生计生行政部门应当会同公安机关指导医疗机构建立健全突发事件预警应对机制和警医联动联防联控机制，提高应对突发事件的现场处置能力。公安机关可根据实际需要在医疗机构设立警务室，及时受理涉医报警求助，加强动态管控。医疗机构在诊治过程中发现有暴力倾向的患者，或者在处理医疗纠纷过程中发现有矛盾激化，可能引发治安案件、刑事案件的情况，应当及时报告公安机关。

四、建立健全协调配合工作机制

各有关部门要高度重视打击涉医违法犯罪、维护正常医疗秩序的重要性，认真落实党中央、国务院关于构建和谐医患关系的决策部署，加强组织领导与协调配合，形成构建和谐医患关系的合力。地市级以上卫生计生行政部门应当积极协调相关部门建立联席会议等工作制度，定期互通信息，及时研究解决问题，共同维护医疗秩序，促进我国医药卫生事业健康发展。

《关于依法惩处涉医违法犯罪维护正常医疗秩序的意见》的理解与适用

□高贵君* 马 岩** 方文军*** 曾 琳****

为依法惩处涉医违法犯罪，维护正常医疗秩序，构建和谐医患关系，最高人民法院、最高人民

---

* 最高人民法院刑五庭原庭长，现已退休。
** 最高人民法院刑五庭副庭长。
*** 最高人民法院二级高级法官。
**** 最高人民法院三级高级法官。

检察院、公安部、司法部、国家卫生和计划生育委员会于2014年4月22日联合制定了《关于依法惩处涉医违法犯罪维护正常医疗秩序的意见》(法发〔2014〕5号,以下简称《意见》)。为便于司法实践中准确理解和适用该指导文件,现就《意见》的制定背景、起草思路和主要内容说明如下。

一、关于《意见》的制定背景

加强医药卫生事业建设,是实现人民群众病有所医,提高全民健康水平的重要社会建设工程。经过多年努力,我国医药卫生事业发展取得显著成就,覆盖城乡的医药卫生服务体系基本形成,疾病防治能力不断增强,医疗保障覆盖人口逐步扩大,卫生科技水平显著提高,人民群众健康水平明显改善,居民主要健康指标处于发展中国家前列。同时,随着经济发展和人民群众生活水平的提高,人们对改善医药卫生服务提出了更高的要求。工业化、城镇化、人口老龄化、疾病谱的变化和生态环境的变化等,也给医药卫生工作带来一系列新的严峻挑战。当前,我国医疗服务能力、医疗保障水平与人民群众不断增长的医疗服务需求之间仍存在一定的差距,导致一定范围内医患关系较为紧张。一段时期以来,多地相继发生暴力杀医、伤医以及在医疗机构聚众滋事等违法犯罪行为。例如,浙江温岭第一人民医院杀医案、黑龙江齐齐哈尔北钢医院杀医案、广东广州伊丽莎白妇产医院打砸案等。此类恶性案件严重扰乱了正常医疗秩序,侵害了人民群众的合法利益,引发社会广泛关注。为构建安全和谐的医疗环境,切实保障医务人员、就诊患者的合法权益,中央综治办会同最高人民法院、最高人民检察院、公安部、司法部、国家卫生计生委等11个部门,决定自2013年12月起,在全国范围内开展为期一年的维护医疗秩序打击涉医违法犯罪专项行动,其中一项重要措施是完善打击涉医违法犯罪的法律法规。2014年3月,第十二届全国人民代表大会二次会议和全国政协十二届二次会议期间,部分全国人大代表、政协委员提交了关于加大打击伤医事件法律惩处力度的建议和提案,要求司法机关尽快出台相关规范性文件,明确从严打击涉医违法犯罪的依据。为回应社会关切,按照专项行动方案部署,最高人民法院会同最高人民检察院、公安部、司法部、国家卫生计生委,经深入调查研究,广泛征求各方意见,联合制定了《意见》。

二、关于《意见》的起草思路

涉医违法犯罪是医患矛盾突出的集中表现,成因复杂。既有医疗保障体制不够健全、医疗资源分配不够均衡带来的患者就医感受较差的问题,也有医疗本身具有局限性、风险性,而患者就医期望值过高的问题,还有医患双方缺乏信任和有效沟通,纠纷发生后处理不当,导致矛盾激化,乃至发生违法犯罪的问题。减少医疗纠纷和涉医违法犯罪,根本上在于深化医药卫生体制改革,提高医疗保障水平,均衡医疗资源分配。但深化医药卫生体制改革是一项涉及面广、任务艰巨的宏大社会系统工程,需要经过较长时间的努力和探索,才能逐步取得成效。当务之急,是采取切实有效的措施,遏制涉医违法犯罪的多发态势,为深化医药卫生体制改革创造相对和谐、健康的社会环境。综上考虑,《意见》在起草思路上注重标本兼治,一方面强调公检法机关要坚决依法打击各类涉医违法犯罪,通过明确故意杀医、伤医、扰乱医疗秩序等六类常见涉医违法犯罪行为的处罚依据,解决实践中比较突出的打击不力、怠于执法的问题;另一方面强调卫生计生行政部门要指导医疗机构并会同司法行政机关等部门,积极预防和妥善处理医疗纠纷,畅通患者救济渠道,引导患者运用投诉、调解、诉讼等多种方式理性维权,及时化解医患矛盾,从源头上预防和减少涉医违法犯罪的发生。

三、关于《意见》的主要内容

《意见》共四部分内容,一是充分认识依法惩处涉医违法犯罪维护正常医疗秩序的重要性;二是严格依法惩处六类常见涉医违法犯罪行为;三是积极采取措施,预防和妥善处理医疗纠纷;四是建立健全协调配合工作机制。其中,第二部分涉及惩处涉医违法犯罪的法律适用问题,第三部分涉及从源头上预防和减少涉医违法犯罪问题，是《意见》的主要内容，故这里重点说明。

（一）严肃追究、坚决打击涉医违法犯罪行为

《意见》第二部分规定，对涉医违法犯罪行为，要依法严肃追究、坚决打击。体现在：一是要“及时”打击，避免消极执法。公安机关接到报警后，应当及时出警、快速处置，需要追究刑事责任的，及时立案侦查；人民检察院应当及时依法批捕、起诉；人民法院应当加快审理进度。二是要“依法”打击，确保办案质量。侦查机关应当全面、客观地收集、调取证据；检察机关对重大涉医犯罪案件要加强法律监督，必要时可以派员适时介入侦查活动，对收集证据、适用法律提出意见；人民法院应当全面查明案件事实，依法准确定罪量刑。三是要“从严”打击，突出打击重点。对于犯罪手段残忍、主观恶性深、人身危险性大的被告人或者社会影响恶劣的涉医犯罪行为，要依法从严惩处。

需要说明的是，尽管《意见》未明确规定办理涉医犯罪案件要坚持贯彻宽严相济刑事政策，但宽严相济政策作为我国一项基本刑事政策，也应适用于此类案件的办理。对于犯罪情节较轻，或者具有自首、坦白、取得被害方谅解等法定、酌定从宽处罚情节的被告人，也应依法从宽处罚。

（二）准确适用法律，依法惩处六类常见涉医违法犯罪行为

1. 关于《意见》第二部分第（一）项

该项规定，在医疗机构内殴打医务人员或者故意伤害医务人员身体、故意损毁公私财物，尚未造成严重后果的，分别依照治安管理处罚法第四十三条、第四十九条的规定处罚；故意杀害医务人员，或者故意伤害医务人员造成轻伤以上严重后果，或者随意殴打医务人员情节恶劣、任意损毁公私财物情节严重，构成故意杀人罪、故意伤害罪、故意毁坏财物罪、寻衅滋事罪的，依照刑法的有关规定定罪处罚。理解该项规定，主要注意以下四点：

第一，实施上述行为（故意杀人除外），构成一般违法行为还是犯罪行为，区分的关键在于是否造成严重后果，情节是否恶劣、严重。根据《治安管理处罚法》第四十三条、第四十九条的规定，殴打他人、故意伤害他人身体或者故意损毁公私财物的，只要实施该行为即构成行政违法，情节的轻重仅影响行政处罚的种类和严厉程度。但该行为达到后果严重或者情节恶劣、严重的程度，则构成犯罪。具体而言：一是故意伤害医务人员，造成轻伤以上后果的，属于后果严重，应当作为犯罪处理。二是根据2013年制定的《最高人民法院、最高人民检察院关于办理寻衅滋事刑事案件适用法律若干问题的解释》（以下简称《寻衅滋事解释》）第二条、第四条的规定，具有下列情形之一，属于寻衅滋事情节恶劣或者严重：（1）致一人以上轻伤或者二人以上轻微伤，或者任意损毁、占用公私财物价值二千元以上的；（2）多次或者持凶器随意殴打他人，或者多次损毁公私财物造成恶劣社会影响的；（3）在公共场所随意殴打他人，造成公共场所秩序严重混乱的；（4）引起他人精神失常、自杀等严重后果的；（5）严重影响他人的工作、生活的。三是根据《最高人民检察院、公安部关于公安机关管辖的刑事案件立案追诉标准的规定（一）》（以下简称《立案追诉标准》）第三十三条的规定，具有下列情形之一的，属于故意毁坏公私财物数额巨大或者情节严重：（1）造成公私财物损失五千元以上的；（2）毁坏公私财物三次以上的；（3）纠集三人以上公然毁坏公私财物的。

第二，殴打医务人员致一人以上轻伤的，构成故意伤害罪还是寻衅滋事罪，应当结合案发起因、犯罪对象、侵犯客体等因素进行判断。根据《寻衅滋事解释》第一条的有关规定，对于在医疗机构就诊过程中因言语不和、肢体碰撞等偶发矛盾纠纷，而借故生非殴打医务人员的，应当认定为“寻衅滋事”，但矛盾系由被害人故意引发或者被害人对矛盾激化负有主要责任的除外；因对治疗方案、诊治效果等不满产生医疗纠纷后蓄意报复，殴打相对特定的医务人员的，一般不认定为“寻衅滋事”，但经有关部门批评制止或者处理处罚后，继续实施上述行为，破坏社会秩序的除外。

例如,2013 年发生的湖南中医研究院附属医院肖某伤医案,肖某对该院所做的胡须植入美容手术效果不满意,持菜刀将该院美容科导诊台的 3 名护士砍至轻伤,检察机关以寻衅滋事罪提起公诉。法院经审理认为,肖某并非借故生非随意殴打医务人员,而是就诊后对医疗效果不满蓄意报复,持刀捅伤参与手术的一名护士及该院美容科的另两名护士,伤害对象相对特定,且未造成医院秩序严重混乱,故其行为构成故意伤害罪而非寻衅滋事罪。又如,2013 年发生的浙江宁波第七医院卞某等人寻衅滋事案,致 2 名医务人员轻微伤,医疗器材、办公设备毁损价值共计 4 167 元。法院经审理认为,本案虽发生在就诊过程中,但并非医疗纠纷而起,卞某等 6 人违反就医流程要求拍片,被医务人员拒绝后借故生非,随意殴打医务人员、任意毁损财物,故其行为均已构成寻衅滋事罪。

第三,实施寻衅滋事行为,同时符合寻衅滋事罪、故意杀人罪、故意伤害罪、故意毁坏财物罪构成要件的,依照处罚较重的规定定罪处罚。

第四,该项规定"在医疗机构内"实施上述行为,只是对行为场所进行强调,并不意味着在别的场所实施上述行为的,不构成违法犯罪行为。

2. 关于《意见》第二部分第(二)项

该项规定,在医疗机构私设灵堂、摆放花圈、焚烧纸钱、悬挂横幅、堵塞大门或者以其他方式扰乱医疗秩序,尚未造成严重损失,经劝说、警告无效的,要依法驱散,对拒不服从的人员要依法带离现场,依照治安管理处罚法第二十三条的规定处罚;聚众实施的,对首要分子和其他积极参加者依法予以治安处罚;造成严重损失或者扰乱其他公共秩序情节严重,构成寻衅滋事罪、聚众扰乱社会秩序罪、聚众扰乱公共场所秩序、交通秩序罪的,依照刑法的有关规定定罪处罚。在医疗机构的病房、抢救室、重症监护室等场所及医疗机构的公共开放区域违规停放尸体,影响医疗秩序,经劝说、警告无效的,依照治安管理处罚法第六十五条的规定处罚;严重扰乱医疗秩序或者其他公共秩序,构成犯罪的,依照前款的规定定罪处罚。实践中,对于患者及其家属等人不满治疗效果,在医疗机构内或者医疗机构门口实施上述扰乱秩序行为应如何处理,存在一定争议。为明确处罚依据,故作出上述规定。理解该项规定,主要注意以下四点:

第一,"以其他方式"扰乱医疗秩序,是指与列举行为性质、方式类似的行为,如抛洒纸钱、张贴死者照片、散发传单、使用高音喇叭等。

第二,实施上述行为,构成一般违法行为还是犯罪行为,区分的关键在于是否造成严重损失,情节是否严重。我们认为,"造成严重损失"主要是指致医疗机构内的人员受到轻微伤以上伤害,或者公私财物遭受严重损毁等;"情节严重"主要是指扰乱的时间长、纠集的人数多,致使医疗机构的工作秩序受到严重破坏,诊疗活动无法正常进行;或者堵塞交通致使车辆、行人不能通过,破坏交通秩序影响通行安全等。

第三,上述行为构成寻衅滋事罪、聚众扰乱社会秩序罪还是聚众扰乱公共场所秩序、交通秩序罪,主要有以下三点区别:一是行为方式略有不同,构成聚众扰乱公共场所秩序、交通秩序罪的,还需实施抗拒、阻碍国家治安管理工作人员依法执行职务的行为。二是犯罪主体不同。寻衅滋事罪是一般主体,聚众扰乱社会秩序罪的主体是扰乱秩序的首要分子和其他积极参加者,聚众扰乱公共场所秩序、交通秩序罪的主体是扰乱秩序的首要分子。三是犯罪的地点和侵犯的客体不同。根据《公共场所卫生管理条例》(国发〔1987〕24 号)的有关规定,医疗机构只有候诊室属于公共场所。因此,聚众在医疗机构候诊室起哄闹事、扰乱秩序,既属于扰乱公共场所秩序也属于扰乱社会秩序,构成寻衅滋事罪、聚众扰乱社会秩序罪、聚众扰乱公共场所秩序罪的,依照处罚较重的规定定罪处罚;聚众在医疗机构的病房、抢救室、重症监护室等非公共场所起哄闹事、扰乱秩序的，构成聚众扰乱社会秩序罪；聚众在医疗机构门口等其他公共场所起哄闹事、扰乱秩序，构成寻衅滋事罪、聚众扰乱公共场所秩序罪的，依照处罚较重的规定定罪处罚。同时，根据《道路交通安全法》的有关规定，虽在医疗机构管辖范围但允许社会车辆通行的地方也属于道路，故聚众堵塞、破坏医疗机构管辖范围内道路或者医疗机构周边的公共道路交通秩序的，均可构成聚众扰乱交通秩序罪。例如，2014 年发生的江西瑞昌赛湖社区卫生服务中心柯某贵、柯某方扰序案，柯某贵、柯某方怀疑该卫生服务中心医治不当致其亲属死亡，在该中心一楼大厅设置灵堂、停放尸体、摆放花圈，纠集、煽动 150 余人聚集在该中心。法院经审查认为，柯某贵、柯某方聚众扰乱医疗机构秩序，致使该中心无法正常运营长达 6 日，损失严重，故其行为均已构成聚众扰乱社会秩序罪。

第四，考虑到上述扰序行为事出有因，故本项规定应对行为人先行劝说、警告，无效的才依法驱散或者带离现场。

3. 关于《意见》第二部分第（三）项

该项规定，以不准离开工作场所等方式非法限制医务人员人身自由的，依照治安管理处罚法第四十条的规定处罚；构成非法拘禁罪的，依照刑法的有关规定定罪处罚。理解该项规定，要注意区分一般违法行为与犯罪行为。我们认为，可以参照《最高人民检察院关于渎职侵权犯罪案件立案标准的规定》（高检发释字〔2006〕2 号）的有关规定，非法限制医务人员人身自由，具有下列情形之一的，构成非法拘禁罪：（1）非法拘禁持续时间超过 24 小时的；（2）3 次以上非法拘禁他人，或者一次非法拘禁 3 人以上的；（3）非法拘禁并实施捆绑、殴打、侮辱等行为的；（4）非法拘禁致人伤残、死亡、精神失常的。

4. 关于《意见》第二部分第（四）项

该项规定，公然侮辱、恐吓医务人员的，依照治安管理处罚法第四十二条的规定处罚；采取暴力或者其他方法公然侮辱、恐吓医务人员情节严重（恶劣），构成侮辱罪、寻衅滋事罪的，依照刑法的有关规定定罪处罚。理解该项规定，主要注意以下三点：

第一，实施上述行为，构成一般违法行为还是犯罪行为，区分的关键在于情节是否严重、恶劣。结合《寻衅滋事解释》第三条的规定，具有下列情形之一的，属于情节严重、恶劣：（1）多次侮辱、恐吓他人，造成恶劣社会影响的；（2）持凶器侮辱、恐吓他人的；（3）引起他人精神失常、自杀等严重后果的；（4）严重影响他人的工作、生活的；（5）侮辱手段恶劣的，如强令被害人当众下跪、爬过胯下，强拉被害人游街示众等。

第二，利用信息网络辱骂、恐吓医务人员，情节恶劣，破坏社会秩序的，以寻衅滋事罪定罪处罚。

第三，犯侮辱罪，告诉的才处理，但是严重危害社会秩序和国家利益的除外。参照《最高人民法院、最高人民检察院关于办理利用信息网络实施诽谤等刑事案件适用法律若干问题的解释》第三条的规定，具有下列情形之一的，应当认定为"严重危害社会秩序和国家利益"：（1）引发群体性事件的；（2）引发公共秩序混乱的；（3）引发民族、宗教冲突的；（4）诽谤多人，造成恶劣社会影响的；（5）损害国家形象，严重危害国家利益的；（6）造成恶劣国际影响的。

5. 关于《意见》第二部分第（五）项

该项规定，非法携带枪支、弹药、管制器具或者爆炸性、放射性、毒害性、腐蚀性物品进入医疗机构的，依照治安管理处罚法第三十条、第三十二条的规定处罚；危及公共安全情节严重，构成非法携带枪支、弹药、管制刀具、危险物品危及公共安全罪的，依照刑法的有关规定定罪处罚。理解该项规定，要注意区分一般违法行为与犯罪行为。根据《立案追诉标准》第七条的规定，具有下列情形之一的，属于"危及公共安全情节严重"：（1）携带枪支一支以上或者手榴弹、炸弹、地雷、手雷等具有杀伤性弹药一枚以上的;(2)携带爆炸装置一套以上的;(3)携带炸药、发射药、黑火药五百克以上或者烟火药一千克以上、雷管二十枚以上或者导火索、导爆索二十米以上,或者虽未达到上述数量标准,但拒不交出的;(4)携带的弹药、爆炸物在医疗机构发生爆炸或者燃烧,尚未造成严重后果的;(5)携带管制刀具二十把以上,或者虽未达到上述数量标准,但拒不交出,或者用来进行违法活动尚未构成其他犯罪的;(6)携带的爆炸性、易燃性、放射性、毒害性、腐蚀性物品在医疗机构发生泄漏、遗洒,尚未造成严重后果的。

6. 关于《意见》第二部分第(六)项

该项规定,对于故意扩大事态,教唆他人实施针对医疗机构或者医务人员的违法犯罪行为,或者以受他人委托处理医疗纠纷为名实施敲诈勒索、寻衅滋事等行为的,依照治安管理处罚法和刑法的有关规定从严惩处。实践中,有的患者及其亲友等人在医疗纠纷发生后,不是采取合法途径予以解决,而是出于扩大事态,向医疗机构或者医务人员施加压力,从中牟取非法利益等目的,教唆他人实施涉医违法犯罪行为,或者以受托处理医疗纠纷为名,进行敲诈勒索、寻衅滋事。此类"医闹"行为性质恶劣,行为人主观恶性也较大,故在政策把握上应体现从严惩处。

(三)建立完善矛盾化解机制,积极预防处理医疗纠纷

刑法只是调整社会关系,处理社会矛盾的最后一道防线,从源头上有效预防和减少医疗纠纷,特别是在发生医疗纠纷后加以妥善处理,避免矛盾激化、升级引发违法犯罪行为,才是维护正常医疗秩序、构建和谐医患关系的治本之策。为此,《意见》第三部分将如何预防和处理医疗纠纷作为一项重要内容予以规定。

首先,《意见》强调医疗机构要加强自身建设,提高医疗服务能力,保障医疗安全和医疗质量,医务人员要加强医德医风建设,改善服务态度,注重人文关怀,做好与患者一方的沟通工作,尊重患者的隐私权、知情权、选择权等权利,根据患者病情、预后不同以及患者实际需求,采取适当方式进行沟通,做好解释说理工作,从源头上预防和减少医疗纠纷。

其次,《意见》规定了处理医疗纠纷的三道程序。第一,医疗机构应当设立专门的投诉管理部门,畅通投诉渠道,要做到投诉必管、投诉必复,并要在医疗机构显著位置公示处理医疗纠纷的部门、程序、联系方式等。第二,对于医患双方自行协商解决不成的医疗纠纷,引入第三方调解机制。据统计,截至2013年年底,全国共建立独立的医疗纠纷人民调解组织2 925个,基本实现地市全覆盖,这些调解组织在2013年共受理医疗纠纷人民调解案件53 189件,调解成功率达88%,效果良好。因此,《意见》规定,应当加快推进医疗纠纷人民调解组织建设,在医疗机构集中、医疗纠纷突出的地区建立独立的医疗纠纷人民调解委员会。人民法院、司法行政机关应当加强对医疗纠纷人民调解委员会的指导,确保调解依法、规范、有效进行。司法行政机关应当组织律师、公证、法律援助等工作人员为有需求的患者及其家属提供法律服务和法律援助。第三,在第三方调解无效等情况下起诉至人民法院的医疗损害赔偿案件,法院应当及时立案受理,积极开展诉讼调解,对调解不成的,及时依法判决。同时,在诉讼过程中应当加强诉讼指导,特别是加强对诉讼能力较弱且承担举证责任的患者一方的指导,切实维护医患双方的合法利益。

最后,《意见》强调各有关部门要加强组织领导与协调配合,形成构建和谐医患关系的合力。地市级以上卫生计生行政部门应当积极协调相关部门建立联席会议等工作制度,定期互通信息,及时研究解决问题,共同维护医疗秩序,促进我国医药卫生事业健康发展。

最高人民法院 最高人民检察院
关于涉以压缩气体为动力的枪支、气枪铅弹刑事案件定罪量刑问题的批复

（2018年1月25日最高人民法院审判委员会第1732次会议、2018年3月2日最高人民检察院第十二届检察委员会第74次会议通过 2018年3月8日公布 自2018年3月30日起施行 法释〔2018〕8号）

各省、自治区、直辖市高级人民法院、人民检察院，解放军军事法院、军事检察院，新疆维吾尔自治区高级人民法院生产建设兵团分院、新疆生产建设兵团人民检察院：

近来，部分高级人民法院、省级人民检察院就如何对非法制造、买卖、运输、邮寄、储存、持有、私藏、走私以压缩气体为动力的枪支、气枪铅弹（用铅、铅合金或者其他金属加工的气枪弹）行为定罪量刑的问题提出请示。经研究，批复如下：

一、对于非法制造、买卖、运输、邮寄、储存、持有、私藏、走私以压缩气体为动力且枪口比动能较低的枪支的行为，在决定是否追究刑事责任以及如何裁量刑罚时，不仅应当考虑涉案枪支的数量，而且应当充分考虑涉案枪支的外观、材质、发射物、购买场所和渠道、价格、用途、致伤力大小、是否易于通过改制提升致伤力，以及行为人的主观认知、动机目的、一贯表现、违法所得、是否规避调查等情节，综合评估社会危害性，坚持主客观相统一，确保罪责刑相适应。

二、对于非法制造、买卖、运输、邮寄、储存、持有、私藏、走私气枪铅弹的行为，在决定是否追究刑事责任以及如何裁量刑罚时，应当综合考虑气枪铅弹的数量、用途以及行为人的动机目的、一贯表现、违法所得、是否规避调查等情节，综合评估社会危害性，确保罪责刑相适应。

此复。

《关于涉以压缩气体为动力的枪支、气枪铅弹刑事案件定罪量刑问题的批复》的理解与适用

□最高人民法院研究室刑事处

日前，最高人民法院、最高人民检察院联合发布了《关于涉以压缩气体为动力的枪支、气枪铅弹刑事案件定罪量刑问题的批复》（法释〔2018〕8号，以下简称《批复》），自2018年3月30日起施行。为便于司法实践中正确理解和适用，现就《批复》的制定背景与经过、起草中的主要考虑、主要内容等问题介绍如下。

一、《批复》的制定背景与经过

刑法第一百二十五条规定了非法制造、买卖、运输、邮寄、储存枪支、弹药、爆炸物罪，第一百二十八条规定了非法持有、私藏枪支、弹药罪，第一百五十一条规定了走私武器、弹药罪。为依法严惩涉枪涉爆犯罪，最高人民法院于2001年制定了《关于审理非法制造、买卖、运输枪支、弹药、爆炸物等刑事案件具体应用法律若干问题的解释》（以下简称《涉枪解释》），并于2009年修改后重新公布。2014年，最高人民法院又会同最高人民检察院制定了《关于办理走私刑事案件适用法律若干问题的解释》（以下简称《走私解释》），对走私武器、弹药罪的定罪量刑标准作了规定。由于涉枪犯罪危害公共安全，社会危害性大，相关司法解释设置了较低的入罪门槛和升档量刑标准，以彰显严厉惩治此类犯罪的立场。例如，根据司法解释的规定，非法制造、买卖、运输、邮寄、储存、持有、私藏军用枪支一支以上的，或者非法制造、买卖、运输、邮寄、储存、持有、私藏以火药

为动力发射枪弹的非军用枪支一支以上或者以压缩气体等为动力的其他非军用枪支二支以上的，即构成犯罪；枪支数量达到上述标准五倍或者三倍以上的，要升档量刑，其中如认定为非法制造、买卖、运输、邮寄、储存枪支罪的，可以判处十年以上有期徒刑直至死刑。应当指出的是，上述司法解释的发布施行，对于有效惩治涉枪犯罪，保障人民群众的生命财产安全，确保国家安全和社会大局稳定发挥了重要作用。

枪支管理法第四十六条对“枪支”作了定义性规定，明确“本法所称枪支，是指以火药或者压缩气体等为动力，利用管状器具发射金属弹丸或者其他物质，足以致人伤亡或者丧失知觉的各种枪支”。同时，该法第四条规定，枪支管理工作由公安机关主管。由于枪支管理法只是明确了枪支的性能特征，实践中办理相关案件，一直按照有关部门制定的枪支鉴定标准认定是否属于枪支。《涉枪解释》是与公安部发布的《公安机关涉案枪支弹药性能鉴定工作规定》（公通字〔2001〕68号）确立的射击干燥松木板的枪支鉴定标准相衔接的。据了解，射击干燥松木板标准对应的枪口比动能在16焦耳/平方厘米左右。从多年的实践来看，按照射击干燥松木板标准和《涉枪解释》处理相关案件，未引发问题和争议。基于严控枪支的需要，加之射击干燥松木板标准本身存在缺陷，公安部于2007年发布了《枪支致伤力的法庭科学鉴定判据》（GA/T 718－2007，该标准为推荐标准），将枪支认定标准修改为枪口比动能1.8焦耳/平方厘米。2010年《公安机关涉案枪支弹药性能鉴定工作规定》（公通字〔2010〕67号）明确，对不能发射制式弹药的非制式枪支，“枪口比动能大于等于1.8焦耳/平方厘米时，一律认定为枪支”。

在枪支鉴定标准作出上述调整后，近年来，涉枪案件呈现出多样性、复杂性的特点。特别是，一些涉以压缩气体为动力且枪口比动能较低的枪支的案件，涉案枪支的致伤力较低，在决定是否追究刑事责任以及裁量刑罚时唯枪支数量论，恐会背离一般公众的认知，也违背罪责刑相适应原则的要求。司法实践中，个别案件的处理引发社会各界广泛关注，法律效果和社会效果不佳。

此外，在司法实践中，涉气枪铅弹案件同样存在类似问题。根据《涉枪解释》的规定，非法制造、买卖、运输、邮寄、储存气枪铅弹达到五百发以上的，即应当判处三年以上十年以下有期徒刑，达到二千五百发以上的，即应当判处十年以上有期徒刑直至死刑；非法持有、私藏气枪铅弹达到一千发以上的，即应当判处三年以下有期徒刑、拘役或者管制，达到五千发以上的，即应当判处三年以上七年以下有期徒刑。《走私解释》对走私气枪铅弹定罪量刑的入罪门槛和法定刑升档标准同样很低。而从司法实践来看，此类案件涉案铅弹往往数量大，通常一小盒铅弹的数量即超过五百发，达到入罪标准。因此，在决定是否追究刑事责任以及裁量刑罚时唯铅弹数量论，也会出现刑事打击范围过大和量刑畸重的不合理现象。

针对非法制造、买卖、运输、邮寄、储存、持有、私藏、走私以压缩气体为动力且枪口比动能较低的枪支、气枪铅弹案件的新情况、新特点，最高人民法院会同最高人民检察院，在公安部、海关总署等有关部门的大力支持下，经过深入调查研究、广泛征求意见，起草了《批复》。2018年1月25日最高人民法院审判委员会第1732次会议、2018年3月2日最高人民检察院第十二届检察委员会第74次会议审议通过了《批复》。

二、《批复》起草中的主要考虑

为确保《批复》的内容科学合理，能够适应形势发展、满足实践需要，在起草过程中，着重注意把握了以下几点：

一是坚持严控枪支与妥善处理案件并重。一方面，坚持严格管控枪支，依法严惩涉枪犯罪，有效维护公共安全和社会秩序，保障国家长治久安；另一方面，坚持实事求是原则，考虑到不同类型枪支、弹药的致伤力存在重大差异，对涉及以压缩气体为动力且枪口比动能较低的枪支、气枪铅弹案件实行差别化的定罪量刑标准，以确保相关案件处理实现法律效果与社会效果的有机统一，确保人民群众在每一个涉枪犯罪案件的处理中感受到公平正义。

二是保持涉枪犯罪案件定罪量刑标准的相对连贯性。根据动力的不同，枪支主要分为以火药为动力的枪支和以压缩气体为动力的枪支。从实践反映的情况看，以火药为动力的枪支案件的定罪量刑不存在问题。但是，以压缩气体为动力的枪支的枪口比动能范围很宽，高则能达上百焦耳/平方厘米，危害性不小于以火药为动力的枪支；低则可能刚刚达到枪支的认定标准，致伤力较低。对于涉此类枪支案件的刑事责任追究和刑罚裁量，如不作区别，明显不符合宽严相济刑事政策和罪责刑相适应原则的基本要求。有鉴于此，《批复》仅对涉以压缩气体为动力且枪口比动能较低的枪支案件的定罪量刑标准作出调整，对于以火药为动力的枪支以及以压缩气体为动力但枪口比动能较高的枪支的案件，仍然适用《涉枪解释》和《走私解释》的标准不变，从严惩治，确保司法标准和裁判尺度的连贯性、一致性。

三是彰显宽严相济刑事政策的基本要求。根据宽严相济刑事政策的要求，就枪支犯罪而言，当前应当针对边境走私、网络贩卖枪支案件高发的新特点，突出打击重点、切实提升打击的针对性、实效性。就涉以压缩气体为动力且枪口比动能较低的枪支、气枪铅弹案件而言，应当重点打击以牟利、实施其他犯罪为目的，或者涉案枪支易于通过改制提升致伤力，以及行为人具有前科情节等情形。对于以收藏、娱乐为目的，涉案枪支致伤力极低，主观上难以认识到系枪支，行为人系初犯、偶犯等情形的，应当体现从宽的精神。有鉴于此，《批复》要求对此类案件的处理坚持宽严相济刑事政策，从枪支数量、致伤力大小、行为人认知等主客观方面综合考量，避免唯枪支数量论。

三、《批复》的主要内容

《批复》共两条，规定对于涉以压缩气体为动力的枪支、气枪铅弹案件的定罪量刑，应当根据案件情况综合评估社会危害性，坚持主客观相统一，确保罪责刑相适应。

（一）非法制造、买卖、运输、邮寄、储存、持有、私藏、走私以压缩气体为动力且枪口比动能较低的枪支的定罪量刑

《批复》规定："对于非法制造、买卖、运输、邮寄、储存、持有、私藏、走私以压缩气体为动力且枪口比动能较低的枪支的行为，在决定是否追究刑事责任以及如何裁量刑罚时，不仅应当考虑涉案枪支的数量，而且应当充分考虑涉案枪支的外观、材质、发射物、购买场所和渠道、价格、用途、致伤力大小、是否易于通过改制提升致伤力，以及行为人的主观认知、动机目的、一贯表现、违法所得、是否规避调查等情节，综合评估社会危害性，坚持主客观相统一，确保罪责刑相适应。"据此，对于非法制造、买卖、运输、邮寄、储存、持有、私藏、走私以压缩气体为动力且枪口比动能较低的枪支案件，在决定是否追究刑事责任以及如何裁量刑罚时，不应当唯枪支数量论，而应当根据案件情况综合评估社会危害性。具体而言，除涉案枪支的数量外，还应当充分考虑如下情况：

一是涉案枪支的外观、材质、发射物、购买场所和渠道、价格。这主要是考虑到实践中一些以压缩气体为动力且枪口比动能较低的枪支，虽然经鉴定枪口比动能达到了枪支认定标准，但是从其外观看一般人明显不会认识到系枪支（如玩具枪），材质通常不同于一般枪支（如使用材质较差的塑料），发射物明显致伤力较小（如发射 BB 弹），就购买场所和渠道而言一般人认为购买不到枪支的地方（如玩具市场），就价格而言一般人认为不可能是枪支的对价（如仅花费了几十元钱）。对于上述情形，在决定是否追究刑事责任以及如何裁量刑罚时，就应当根据相应情节作出特别考虑。

二是涉案枪支的致伤力大小、是否易于通过改制提升致伤力。以压缩气体为动力的枪支的枪口比动能区间较大，且由于发射物不同，枪支致伤力存在明显差异。因此，在办理具体案件时，

应当要求公安机关做好涉案枪支的鉴定工作,涉案枪支的鉴定意见要载明枪支的数量、发射物、枪口比动能的具体数值等情况,以便判断其致伤力大小。此外,此类枪支中的部分枪支,其本身致伤力不大,但易于通过改制达到较大致伤力,具有更大的社会危害性。对于是否易于通过改制提升致伤力,应当由公诉机关予以证明,必要时可以通过鉴定人、有专门知识的人出庭作证的方式作进一步判断。

三是涉案枪支的用途和行为人的主观认知、动机目的、一贯表现、违法所得、是否规避调查等情节。这主要侧重从行为人角度对社会危害性进行考量。特别是,要坚持主客观相统一,防止"客观归罪",即只要涉案枪支经鉴定认定为枪支即追究刑事责任,而对行为人主观上是否明知涉案物品系枪支置之不顾。根据主客观相统一原则的要求,对于此类案件的处理,要根据在案证据对行为人主观明知作出准确认定,对于不能认定行为人主观上明知涉案物品系枪支的,不认定为犯罪。例如,赵某某、朱某某夫妇在集贸市场内销售"玩具枪",公安机关从其作为玩具出售的枪状物中起获四十三支,经鉴定均为以弹簧为动力转化为压缩气体发射球形弹丸,其中有十八支符合枪支标准。在本案的审查起诉阶段,检察机关认为,对赵某某、朱某某夫妇在集贸市场内销售"玩具枪"的行为,没有充分的证据证明其主观上明知出售的物品系枪支并具有非法买卖枪支的故意,故依法作出存疑不起诉处理。该案的处理,正是从主观明知方面作了准确判断,体现了主客观相统一原则的基本要求。

此外,对行为人的动机目的、违法所得的考量,主要考虑以牟利或者实施其他违法犯罪为目的,非法制造、买卖、运输、邮寄、储存、持有、私藏、走私枪支的行为,社会危害性较大。相反,对于以收藏、娱乐为目的,非法购买、持有以压缩气体为动力、枪口比动能较低且不属于易于通过改制提升致伤力的枪支的,社会危害性相对较小,应当依法从宽处罚;如果行为人系初犯,确有悔改表现,没有造成严重后果的,可以依法不起诉或者免予刑事处罚;情节显著轻微危害不大的,不以犯罪论处;确有必要判处刑罚的,可以非法持有枪支罪依法从宽处罚。对行为人是否规避调查的考量,主要考虑行为人是否采用伪装、隐藏等有意规避有关部门调查的方式实施上述涉枪违法犯罪的行为。

需要注意的是,在《批复》起草过程中,对于是否应当明确"枪口比动能较低"的具体数值,存在不同认识。经慎重研究认为,涉以压缩气体为动力的枪支的案件情况非常复杂,在决定是否追究刑事责任以及如何裁量刑罚时,需要考虑枪口比动能这一重要因素,但更需根据案件情况综合考量。在此背景下,如对"枪口比动能较低"的具体数值作出规定,恐会导致对具体案件的处理陷入"一刀切"的困境,不符合《批复》所确立的综合考量精神。例如,涉案枪支的枪口比动能虽然较低,但是易于通过改制提升致伤力,社会危害性大,如受制于"枪口比动能较低"的具体数值,可能难以依法严惩;相反,涉案枪支的枪口比动能虽然达到一定数值,比如达到 11 焦耳/平方厘米,但综合考虑购买场所和渠道、价格、用途等因素,综合评估认为社会危害性不大的,若受制于"枪口比动能较低"的具体数值,可能出现处理过苛、处罚过严的问题。基于上述考虑,《批复》最终未对"枪口比动能较低"的具体数值作出明确,司法实践中,应当根据案件具体情况,在综合考虑其他相关情节的基础上,妥当把握"枪口比动能较低"的认定。

顺带提及的是,司法实践中对于涉"火柴枪"等其他致伤力较低的枪支的案件的处理,同样存在类似的问题。鉴于相关问题尚待进一步总结司法经验,《批复》未作明确规定。但是,处理具体案件时,可以根据《批复》的精神,在决定是否追究刑事责任以及如何裁量刑罚时,综合评估社会危害性,坚持主客观相统一,实现罪责刑相适应。

(二)对于非法制造、买卖、运输、邮寄、储存、持有、私藏、走私气枪铅弹的定罪量刑

《批复》规定:"对于非法制造、买卖、运输、邮寄、储存、持有、私藏、走私气枪铅弹的行为,在决

定是否追究刑事责任以及如何裁量刑罚时，应当综合考虑气枪铅弹的数量、用途以及行为人的动机目的、一贯表现、违法所得、是否规避调查等情节，综合评估社会危害性，确保罪责刑相适应。”据此，对于非法制造、买卖、运输、邮寄、储存、持有、私藏、走私气枪铅弹的行为，也要避免唯数量论，而应当根据案件情况综合评估社会危害性，妥当决定是否追究刑事责任以及如何裁量刑罚，确保罪责刑相适应。

除气枪铅弹外，用其他金属加工的气枪弹与气枪铅弹可能具有大致相当的致伤力。因此，为避免司法实践中对“气枪铅弹”作机械把握，《批复》明确气枪铅弹是指“用铅、铅合金或者其他金属加工的气枪弹”。

最高人民法院　最高人民检察院　公安部
印发《关于办理盗窃油气、破坏油气设备等刑事案件适用法律若干问题的意见》的通知

（2018年9月28日　法发〔2018〕18号）

各省、自治区、直辖市高级人民法院、人民检察院、公安厅（局），解放军军事法院、军事检察院，新疆维吾尔自治区高级人民法院生产建设兵团分院、新疆生产建设兵团人民检察院、公安局：

为依法惩治盗窃油气、破坏油气设备等犯罪，维护公共安全、能源安全和生态安全，最高人民法院、最高人民检察院、公安部制定了《关于办理盗窃油气、破坏油气设备等刑事案件适用法律若干问题的意见》。现印发给你们，请认真贯彻执行。执行中遇到的问题，请及时分别层报最高人民法院、最高人民检察院、公安部。

关于办理盗窃油气、破坏油气设备等刑事案件适用法律若干问题的意见

为依法惩治盗窃油气、破坏油气设备等犯罪，维护公共安全、能源安全和生态安全，根据《中华人民共和国刑法》《中华人民共和国刑事诉讼法》和《最高人民法院、最高人民检察院关于办理盗窃油气、破坏油气设备等刑事案件具体应用法律若干问题的解释》等法律、司法解释的规定，结合工作实际，制定本意见。

一、关于危害公共安全的认定

在实施盗窃油气等行为过程中，破坏正在使用的油气设备，具有下列情形之一的，应当认定为刑法第一百一十八条规定的“危害公共安全”：

（一）采用切割、打孔、撬砸、拆卸手段的，但是明显未危害公共安全的除外；

（二）采用开、关等手段，足以引发火灾、爆炸等危险的。

二、关于盗窃油气未遂的刑事责任

着手实施盗窃油气行为，由于意志以外的原因未得逞，具有下列情形之一的，以盗窃罪（未遂）追究刑事责任：

（一）以数额巨大的油气为盗窃目标的；

（二）已将油气装入包装物或者运输工具，达到“数额较大”标准三倍以上的；

（三）携带盗油卡子、手摇钻、电钻、电焊枪等切割、打孔、撬砸、拆卸工具的；

（四）其他情节严重的情形。

三、关于共犯的认定

在共同盗窃油气、破坏油气设备等犯罪中，实际控制、为主出资或者组织、策划、纠集、雇佣、指使他人参与犯罪的，应当依法认定为主犯；对于其他人员，在共同犯罪中起主要作用的，也应当依法认定为主犯。

在输油输气管道投入使用前擅自安装阀门，在管道投入使用后将该阀门提供给他人盗窃油气的，以盗窃罪、破坏易燃易爆设备罪等有关犯罪的共同犯罪论处。

四、关于内外勾结盗窃油气行为的处理

行为人与油气企业人员勾结共同盗窃油气，没有利用油气企业人员职务便利，仅仅是利用其易于接近油气设备、熟悉环境等方便条件的，以盗窃罪的共同犯罪论处。

实施上述行为，同时构成破坏易燃易爆设备罪的，依照处罚较重的规定定罪处罚。

五、关于窝藏、转移、收购、加工、代为销售被盗油气行为的处理

明知是犯罪所得的油气而予以窝藏、转移、收购、加工、代为销售或者以其他方式掩饰、隐瞒，符合刑法第三百一十二条规定的，以掩饰、隐瞒犯罪所得罪追究刑事责任。

"明知"的认定，应当结合行为人的认知能力、所得报酬、运输工具、运输路线、收购价格、收购形式、加工方式、销售地点、仓储条件等因素综合考虑。

实施第一款规定的犯罪行为，事前通谋的，以盗窃罪、破坏易燃易爆设备罪等有关犯罪的共同犯罪论处。

六、关于直接经济损失的认定

《最高人民法院、最高人民检察院关于办理盗窃油气、破坏油气设备等刑事案件具体应用法律若干问题的解释》第二条第三项规定的"直接经济损失"包括因实施盗窃油气等行为直接造成的油气损失以及采取抢修堵漏等措施所产生的费用。

对于直接经济损失数额，综合油气企业提供的证据材料、犯罪嫌疑人、被告人及其辩护人所提辩解、辩护意见等认定；难以确定的，依据价格认证机构出具的报告，结合其他证据认定。

油气企业提供的证据材料，应当有工作人员签名和企业公章。

七、关于专门性问题的认定

对于油气的质量、标准等专门性问题，综合油气企业提供的证据材料、犯罪嫌疑人、被告人及其辩护人所提辩解、辩护意见等认定；难以确定的，依据司法鉴定机构出具的鉴定意见或者国务院公安部门指定的机构出具的报告，结合其他证据认定。

油气企业提供的证据材料，应当有工作人员签名和企业公章。

《关于办理盗窃油气、破坏油气设备等刑事案件适用法律若干问题的意见》的理解与适用

□郝方昉

日前，最高人民法院、最高人民检察院、公安部联合发布《关于办理盗窃油气、破坏油气设备等刑事案件适用法律若干问题的意见》（法发〔2018〕18号，以下简称《意见》）。《意见》的发布施行，对于依法惩处盗窃油气、破坏油气设备等犯罪，维护公共安全、能源安全和生态安全将发挥重要作用。为便于司法实践中正确理解与适用，现就《意见》的制定背景与经过、起草中的主要考虑以及主要内容介绍如下。

一、《意见》的制定背景与经过

为依法打击盗窃油气、破坏油气设备犯罪行为，最高人民法院、最高人民检察院于2007年联合发布了《关于办理盗窃油气、破坏油气设备等刑事案件具体应用法律若干问题的解释》（法释〔2007〕3号，以下简称《解释》）。从实施情况来看，《解释》为依法维护油气的生产经营安全和公共安全提供了有力司法保障。然而，近年来涉油气犯罪呈现出专业化、职业化态势，犯罪分子作案手法花样翻新、反侦查能力不断增强，《解释》中有些规定亟须进一步细化和明确，以有效解决司法实践面临的法律适用难题。

为确保法律准确统一适用，依法惩治、有效防范盗窃油气、破坏油气设备犯罪行为，最高人民法院研究室会同最高人民检察院法律政策研究室、公安部治安局启动了《意见》的起草工作。在深入调查研究的基础上，经反复论证形成了征求意见稿。经广泛征求各方意见，认真研究修改后完成会签程序，于2018年10月以最高人民法院、最高人民检察院、公安部名义正式对外发布了《意见》。

二、《意见》起草中的主要考虑

为了确保《意见》的内容科学合理，能够适应形势发展、满足实践需要，在起草过程中，着重注意把握了以下几点：

一是贯彻宽严相济刑事政策，严惩盗窃油气、破坏油气设备犯罪。油气资源是关系到我国经济社会发展的重要战略资源。盗窃油气、破坏油气设备犯罪不仅造成国家能源损失，而且带来极大的生态和安全隐患。近年来，我国投入大量人力物力排查整治油气管道安全隐患。然而，受暴利驱使，打孔盗油现象屡禁不绝，且日渐形成由踩点、打孔、盗油、运输、收油、炼油等环节组成的利益链条。就危害而言，打孔盗油极易造成火灾、爆炸、大面积跑油事件和严重的土地污染、水体污染等公共安全事件。基于此，《意见》保持了对盗窃油气、破坏油气设备犯罪行为严厉打击的高压态势，确保刑事惩治力度不减。当然，这并非意味着对此类犯罪一律从重，而是仍然要区分情况，突出重点，体现宽严相济，充分发挥刑罚的威慑和教育功能。

二是坚持问题导向，有效解决司法实务问题。《意见》没有面面俱到，而是紧扣司法实践中反映出来的重点难点问题、亟待明确的问题、争议较大的问题做了明确规定，主要涉及危害公共安全的认定，盗窃油气未遂的刑事责任，共犯的认定，内外勾结盗窃油气行为的处理，窝藏、转移、收购、加工、代为销售被盗油气行为的处理，直接经济损失的认定，专门性问题的认定等。

三是注重规则延续，实现与既有司法解释、规范性文件的有序协调。《意见》不是对《解释》的替代，而是在《解释》基础上的进一步细化。《意见》发布后，《解释》仍然继续适用。而且，《意见》高度重视与盗窃罪等其他司法解释、规范性文件的衔接和协调，坚持立场的统一，尽量避免在解决问题的同时带来新的问题。

三、《意见》的主要内容

《意见》结合当前盗窃油气、破坏油气设备等刑事案件的特点和司法实践反映的问题，依照刑法、刑事诉讼法和《解释》的规定，对相关犯罪的法律适用问题做了明确。大体而言，可以归纳为如下六个方面的问题：

（一）关于危害公共安全的认定

石油、天然气属易燃易爆物品。依据《危险化学品安全管理条例》（国务院令第344号）和《危险化学品目录》，石油原油、汽油、石油气、液化石油气、天然气（富含甲烷的）均属于危险化学品。油气的生产、储存、运输等环节处于相对密闭的空间和高温高压的条件，各项操作也有严格的规程。

当前，很多盗窃油气的行为采用破坏性手段，危害公共安全。因此，《解释》第一条规定："在实施盗窃油气等行为过程中，采用切割、打孔、撬砸、拆卸、开关等手段破坏正在使用的油气设备的，属于刑法第一百一十八条规定的'破坏燃气或者其他易燃易爆设备'的行为；危害公共安全，尚未造成严重后果的，依照刑法第一百一十八条的规定定罪处罚。"但是，实践反映对"危害公共安全"的内涵难以把握，导致一些盗窃油气案件虽未达到盗窃罪入罪标准，但实际危害公共安全的，没有被定罪处罚；或者达到了盗窃罪入罪标准，但同时危害公共安全的，没有在盗窃罪和破坏易燃易爆设备罪之间择一重罪处断。基于此，为进一步统一法律适用，《意见》在《解释》的基础上，对如何认定"危害公共安全"的问题区分两种情况做了进一步明确：

一是采用切割、打孔、撬砸、拆卸手段破坏正在使用的油气设备的，一般应当直接认定为"危害公共安全"。采用上述破坏性手段的，在盗放和装运的过程中油气会与外界空气、土壤、水体等直接接触，特别是与石油伴生的可燃性气体会直接挥发到空气中，不仅严重污染周边环境，而且一旦遇到火星或者静电，极易引发火灾或者爆炸，已经使公共安全处于危险状态。这种因盗油引发的火灾甚至爆炸事件曾经在全国多地发生过。调研中各方一致认为，切割、打孔、撬砸、拆卸正在使用的油气设备的，应当认定为"危害公共安全"。同时，根据有关方面的意见，为了防止出现极端情形，作出"明显未危害公共安全的除外"的但书规定，以更好地适应实践复杂情况。

二是采用开、关等手段破坏正在使用的油气设备的，则需有进一步的证据证明"足以引发火灾、爆炸等危险"，才能认定为"危害公共安全"。输油输气管道、油气井等油气设备输送的是高压、易燃、易爆油气，有严格的操作规程，不得随意开关。如果违反操作规程擅自打开油气设备的阀门等，或者擅自关闭油气设备造成"憋罐"，可能引发火灾、爆炸等危险，危害公共安全。实践中，盗窃油气的"开、关"行为，主要有三种类型：(1)与盗窃油气人员勾结在一起的油田技术人员按照操作规程开、关正规阀门；(2)盗窃油气人员自行开、关正规阀门；(3)盗窃油气人员开、关"打孔栽阀"的阀门(在管道上打孔后安装的非正规阀门)。这三种行为可能引起的危险大小不一样，不应一概而论。考虑到实践中情况比较复杂，"开、关"行为本身的破坏性不明显，因此《意见》把"开、关"与"切割、打孔、撬砸、拆卸"区分开来，要求只有在足以引发火灾、爆炸等危险，使不特定多数人的生命、健康或者重大公私财产处于危险状态时，才能认定为"危害公共安全"。此外，如果盗窃油气人员采取了切割、打孔、撬砸、拆卸、开关以外的其他手段，也需要根据实际情况判断是否"足以引发火灾、爆炸等危险"，从而对是否"危害公共安全"作出准确认定。

(二)关于盗窃油气未遂的刑事责任

实践中，盗窃油气人员经常是在盗窃时被当场查获，并且往往否认此前有盗窃油气行为。《解释》第三条第二款规定："盗窃油气，数额巨大但尚未运离现场的，以盗窃未遂定罪处罚。"这一规定符合认定未遂的基本理论。据此，盗窃油气人员在盗窃油气的过程中当场被抓获的，因为还没有将油气运离现场，只能认定为盗窃未遂。关于盗窃未遂能否追究刑事责任，《最高人民法院、最高人民检察院关于办理盗窃刑事案件适用法律若干问题的解释》(法释〔2013〕8号，以下简称《盗窃解释》)第十二条第一款规定："盗窃未遂，具有下列情形之一的，应当依法追究刑事责任：(一)以数额巨大的财物为盗窃目标的；(二)以珍贵文物为盗窃目标的；(三)其他情节严重的情形。"具体到盗窃油气未遂，上述规定中可以直接适用的主要是"以数额巨大的财物为盗窃目标的"，追究刑事责任的范围失之偏窄。从实践情况来看，亟须对盗窃油气未遂，虽未"以数额巨大的财物为盗窃目标"，但应当依法追究刑事责任的"其他情节严重的情形"作出明确。

基于上述考虑，《意见》在《盗窃解释》第十二条第一款规定的基础上，进一步对盗窃油气未遂追究刑事责任的范围做了明确,主要包括:(1)以数额巨大的油气为盗窃目标的。这是针对盗窃油气未遂重申了《盗窃解释》第十二条第一款第一项的规定。司法适用中,对于是否以数额巨大的油气为盗窃目标,一般应当根据包装物或者运输工具的容量,结合犯罪嫌疑人、被告人供述和辩解等作出准确判断。(2)已经装入包装物或者运输工具的油气数额达到"数额较大"标准三倍以上的。这主要针对的是当场抓获,但无法证明行为人以数额巨大的油气为盗窃目标的情况。在这种情况下,行为人已经将大量油气装载到自己的油气运输包装物或者运输工具上,其危害性已经达到应当予以刑事处罚的程度。因此,参考《最高人民法院、最高人民检察院关于办理非法生产、销售烟草专卖品等刑事案件具体应用法律若干问题的解释》(法释〔2010〕7 号)第二条第一款的规定,设置了一个"三倍标准"(3 000 元至 9 000 元),达到该标准以上的,应当以盗窃罪未遂定罪处罚。(3)携带盗油卡子、手摇钻、电钻、电焊枪等切割、打孔、撬砸、拆卸工具的。这主要针对的是具有较大危险性的盗窃油气人员和盗窃油气惯犯,其携带专门工具,往往实际盗窃油气的数额很大。因此,即使查获的盗窃油气数额未达到"数额巨大"或者"数额较大三倍以上"的标准,但也应认定其盗窃未遂行为属于情节严重,依法应当追究刑事责任。

需要注意的是,有观点认为,盗窃油气人员在盗窃油气的过程中当场被抓获的,已经从油气设备中盗出的油气应属于盗窃既遂。经慎重研究,《意见》没有采纳这种观点。主要考虑如下:其一,这种观点与《解释》的基本立场不一致,脱离油气设备但尚未运离现场的油气,很难被理解为"已经失控"。做此理解后,可能会导致盗窃油气未遂的认定与其他盗窃未遂的认定存在不一致。其二,当前对油气设备的防范设施已经比较完善,除了传统的实体防范、巡逻防范外,更重要的是技术防范。对于虽然没有围墙、金属栅栏等实体防范措施,但是一旦有盗窃油气行为,摄像头等设备能即时发现并随即采取控制措施的,也不好理解为"已经失控"。其三,实践中盗窃油气的行为样态比较复杂,如果一律将正在盗窃、尚未运离现场的行为均视为盗窃既遂,难免造成扩大刑事打击面,或者导致打击不准的问题。

(三)关于共同犯罪的认定

关于共同犯罪的认定,《意见》主要明确了三个问题:

1. 主犯的认定问题。在盗窃油气行为多发地区,盗窃油气行为已经呈现组织化、规模化趋势,分工较细,受雇于人在输油输气管道打孔或偷开油气设备排放油气的情况比较突出,而组织策划者经常并不出现在犯罪现场,由此导致认定主犯困难,打击力度有限。故而,有必要对主犯的认定加以明确。《意见》规定:"在共同盗窃油气、破坏油气设备等犯罪中,实际控制、为主出资或者组织、策划、纠集、雇佣、指使他人参与犯罪的,应当依法认定为主犯;对于其他人员,在共同犯罪中起主要作用的,也应当依法认定为主犯。"

2. "卖阀"的认定问题。输油输气管道从开始铺设到投入使用,时间跨度较长,有的达数年之久,这就给了犯罪分子可乘之机。有的人在管道铺设时"栽阀"(私下安装非正规阀门),待管道投入使用后向盗窃油气人员"卖阀"。针对此种情形,《意见》明确规定:"在输油输气管道投入使用前擅自安装阀门,在管道投入使用后将该阀门提供给他人盗窃油气的,以盗窃罪、破坏易燃易爆设备罪等有关犯罪的共同犯罪论处。"

3. 关于内外勾结盗窃油气行为的认定问题。关于身份犯与非身份犯的共犯如何认定,理论上有主犯说、身份犯说、实行犯说、分别说,各种学说均有争议,操作起来都有难度。目前生效司法解释的基本立场体现在《最高人民法院关于审理贪污、职务侵占案件如何认定共同犯罪几个问题的解释》(法释〔2000〕15 号,以下简称《共同犯罪解释》)中,概括而言就是:一方有身份、一方无身份的,采取"身份犯说";双方均有身份的,采取"主犯说"。从调研来看,内外勾结盗窃油气的现象在全国各油气田均不同程度存在，自从贪污罪、职务侵占罪的定罪量刑标准作出调整以后，按照身份犯说，内外勾结，达到盗窃罪数额标准但是未能达到贪污罪、职务侵占罪数额标准的，反而不能定罪。有的地方甚至出现油田企业员工争当主犯来让全体涉案人员逃避刑事处罚的情况。针对上述现象，《意见》着重强调对于"利用职务便利"的理解应当严格把握，对于内外勾结盗窃油气的，如果仅仅是利用油气企业人员易于接近油气设备、熟悉环境、参与巡护等方便条件的，以盗窃罪论处。

（四）关于掩饰、隐瞒犯罪所得罪的认定

《解释》第五条第一款规定："明知是盗窃犯罪所得的油气或者油气设备，而予以窝藏、转移、收购、加工、代为销售或者以其他方法掩饰、隐瞒的，依照刑法第三百一十二条的规定定罪处罚。"需要注意的是，作为盗窃油气、破坏油气设备的下游犯罪，掩饰、隐瞒犯罪所得罪的上游犯罪不仅包括盗窃罪，还包括破坏易燃易爆设备罪等其他犯罪。为此，《意见》在《解释》规定的基础上，进一步明确为"明知是犯罪所得"。

从实践来看，一部分盗窃油气犯罪是在运输环节查获的。综合运用证据判断是否"明知"，是正确处理此类犯罪的关键。经充分调研，《意见》对"明知"的认定方法做了归纳，认为应当结合行为人的认知能力、所得报酬、运输工具、运输路线、收购价格、收购形式、加工方式、销售地点、仓储条件等因素综合考虑。

此外，对于事前通谋，事后窝藏、转移、收购、加工、代为销售或者以其他方式掩饰、隐瞒所盗窃的油气的，《意见》明确规定以盗窃罪、破坏易燃易爆设备罪等有关犯罪的共同犯罪论处。

（五）关于直接经济损失的认定

根据《解释》第二条的规定，实施破坏油气设备行为，危害公共安全，造成直接经济损失数额在50万元以上的，属于刑法第一百一十九条第一款规定的破坏易燃易爆设备罪"造成严重后果"，依照刑法第一百一十九条第一款的规定定罪处罚。然而亟须明确的是如何把握"直接经济损失"的范围。司法实践中，通常仅把"被盗油气损失"作为直接经济损失。但是，破坏易燃易爆设备罪的直接经济损失，还体现在"破坏"所造成的损失上。如果不把这部分计算在内，会造成对此类犯罪的打击不力。因此，《意见》进一步明确直接经济损失包括：(1)因实施盗窃油气等行为直接造成的油气损失。其中，不仅包括被盗油气的价值，还包括虽未被窃走，但是因盗窃油气行为造成的脱离油气设备而损失的油气价值。(2)采取抢修堵漏等措施所产生的费用，即油气企业因维修被损坏油气设备支付的各项费用，含人工费、材料费等。

此外，对于管输费损失（在打孔等破坏行为发生后，管道企业在紧急停输抢修期间造成的运输费用损失）和污染处置费用（油气企业为处置由于油气泄漏引发的土壤、水体等污染而向专门的污染处理公司支付的费用）是否应当纳入"直接经济损失"的范围，存在不同认识。经慎重研究，《意见》未将上述两项损失明确纳入，主要考虑如下：其一，通常而言，只有在长输管道、跨国管道适用"照付不议"条款的情况下，才可能存在管输费损失。此种情形不具有普遍性。其二，按照《解释》，造成直接经济损失数额在50万元以上的，即属"造成严重后果"，应当适用"十年以上有期徒刑、无期徒刑或死刑"的量刑档次。调研中发现，目前的污染处置费用一般都比较高，极易达到"五十万元"的标准。如将上述费用纳入直接经济损失之中，将导致本罪的重刑率畸形上升。

此外，为了规范直接经济损失数额的计算，《意见》进一步规定，对于直接经济损失数额，综合油气企业提供的证据材料，犯罪嫌疑人、被告人及其辩护人所提辩解、辩护意见等认定；难以确定的，依据价格认证机构出具的报告，结合其他证据认定。油气企业提供的证据材料应当有工作人员签名和企业公章。

（六）关于专门性问题的认定

部分涉油气案件中，需要对原油含水量、成品油标准等专门性问题作出判断。但是实践中，司法鉴定机构一般没有油气检验能力，而具有油气检验能力的机构或单位（主要是指油气企业中通过有关质量/计量认证的机构或单位）通常没有司法鉴定资质。基于此，为便利相关案件的办理，《意见》确定了鉴定意见与报告"两条腿走路"原则，即对于油气的质量、标准等专门性问题，综合油气企业提供的证据材料，犯罪嫌疑人、被告人及其辩护人所提辩解、辩护意见等认定；难以确定的，依据司法鉴定机构出具的鉴定意见或者国务院公安部门指定的机构出具的报告，结合其他证据认定。油气企业提供的证据材料，应当有工作人员签名和企业公章。

（作者单位：最高人民法院研究室）

最高人民法院　最高人民检察院　公安部
关于依法惩治妨害公共交通工具安全驾驶违法犯罪行为的指导意见

（2019 年 1 月 8 日）

各省、自治区、直辖市高级人民法院、人民检察院、公安厅（局），新疆维吾尔自治区高级人民法院生产建设兵团分院，新疆生产建设兵团人民检察院、公安局：

近期，一些地方接连发生在公共交通工具上妨害安全驾驶的行为。有的乘客仅因琐事纷争，对正在驾驶公共交通工具的驾驶人员实施暴力干扰行为，造成重大人员伤亡、财产损失，严重危害公共安全，社会反响强烈。为依法惩治妨害公共交通工具安全驾驶违法犯罪行为，维护公共交通安全秩序，保护人民群众生命财产安全，根据有关法律规定，制定本意见。

一、准确认定行为性质，依法从严惩处妨害安全驾驶犯罪

（一）乘客在公共交通工具行驶过程中，抢夺方向盘、变速杆等操纵装置，殴打、拉拽驾驶人员，或者有其他妨害安全驾驶行为，危害公共安全，尚未造成严重后果的，依照刑法第一百一十四条的规定，以以危险方法危害公共安全罪定罪处罚；致人重伤、死亡或者使公私财产遭受重大损失的，依照刑法第一百一十五条第一款的规定，以以危险方法危害公共安全罪定罪处罚。

实施前款规定的行为，具有以下情形之一的，从重处罚：

1. 在夜间行驶或者恶劣天气条件下行驶的公共交通工具上实施的；

2. 在临水、临崖、急弯、陡坡、高速公路、高架道路、桥隧路段及其他易发生危险的路段实施的；

3. 在人员、车辆密集路段实施的；

4. 在实际载客 10 人以上或者时速 60 公里以上的公共交通工具上实施的；

5. 经他人劝告、阻拦后仍然继续实施的；

6. 持械袭击驾驶人员的；

7. 其他严重妨害安全驾驶的行为。

实施上述行为，即使尚未造成严重后果，一般也不得适用缓刑。

（二）乘客在公共交通工具行驶过程中，随意殴打其他乘客，追逐、辱骂他人，或者起哄闹事，妨害公共交通工具运营秩序，符合刑法第二百九十三条规定的，以寻衅滋事罪定罪处罚；妨害公共交通工具安全行驶，危害公共安全的，依照刑法第一百一十四条、第一百一十五条第一款的规定，以以危险方法危害公共安全罪定罪处罚。

（三）驾驶人员在公共交通工具行驶过程中，与乘客发生纷争后违规操作或者擅离职守，与乘客厮打、互殴，危害公共安全，尚未造成严重后果的，依照刑法第一百一十四条的规定，以以危险方法危害公共安全罪定罪处罚；致人重伤、死亡或者使公私财产遭受重大损失的，依照刑法第一百一十五条第一款的规定，以以危险方法危害公共安全罪定罪处罚。

（四）对正在进行的妨害安全驾驶的违法犯罪行为，乘客等人员有权采取措施予以制止。制止行为造成违法犯罪行为人损害，符合法定条件的，应当认定为正当防卫。

（五）正在驾驶公共交通工具的驾驶人员遭到妨害安全驾驶行为侵害时，为避免公共交通工具倾覆或者人员伤亡等危害后果发生，采取紧急制动或者躲避措施，造成公共交通工具、交通设施损坏或者人身损害，符合法定条件的，应当认定为紧急避险。

（六）以暴力、威胁方法阻碍国家机关工作人员依法处置妨害安全驾驶违法犯罪行为、维护公共交通秩序的，依照刑法第二百七十七条的规定，以妨害公务罪定罪处罚；暴力袭击正在依法执行职务的人民警察的，从重处罚。

（七）本意见所称公共交通工具，是指公共汽车、公路客运车，大、中型出租车等车辆。

二、加强协作配合，有效维护公共交通安全秩序

妨害公共交通工具安全驾驶行为具有高度危险性，极易诱发重大交通事故，造成重大人身伤亡、财产损失，严重威胁公共安全。各级人民法院、人民检察院和公安机关要高度重视妨害安全驾驶行为的现实危害，深刻认识维护公共交通秩序对于保障人民群众生命财产安全与社会和谐稳定的重大意义，准确认定行为性质，依法从严惩处，充分发挥刑罚的震慑、教育作用，预防、减少妨害安全驾驶不法行为发生。

公安机关接到妨害安全驾驶相关警情后要及时处警，采取果断措施予以处置；要妥善保护事发现场，全面收集、提取证据，特别是注意收集行车记录仪、道路监控等视听资料。人民检察院应当对公安机关的立案、侦查活动进行监督；对于公安机关提请批准逮捕、移送审查起诉的案件，符合逮捕、起诉条件的，应当依法予以批捕、起诉。人民法院应当及时公开、公正审判。对于妨害安全驾驶行为构成犯罪的，严格依法追究刑事责任；尚不构成犯罪但构成违反治安管理行为的，依法给予治安管理处罚。

在办理案件过程中，人民法院、人民检察院和公安机关要综合考虑公共交通工具行驶速度、通行路段情况、载客情况、妨害安全驾驶行为的严重程度及对公共交通安全的危害大小、行为人认罪悔罪表现等因素，全面准确评判，充分彰显强化保障公共交通安全的价值导向。

三、强化宣传警示教育，提升公众交通安全意识

人民法院、人民检察院、公安机关要积极回应人民群众关切，对于社会影响大、舆论关注度高的重大案件，在依法办案的同时要视情向社会公众发布案件进展情况。要广泛拓展传播渠道，尤其是充分运用微信公众号、微博等网络新媒体，及时通报案件信息、澄清事实真相，借助焦点案事件向全社会传递公安和司法机关坚决惩治妨害安全驾驶违法犯罪的坚定决心，提升公众的安全意识、规则意识和法治意识。

办案单位要切实贯彻"谁执法、谁普法"的普法责任制，以各种有效形式开展以案释法，选择妨害安全驾驶犯罪的典型案例进行庭审直播，或者邀请专家学者、办案人员进行解读，阐明妨害安全驾驶行为的违法性、危害性。要坚持弘扬社会正气，选择及时制止妨害安全驾驶行为的见义勇为事例进行褒扬，向全社会广泛宣传制止妨害安全驾驶行为的正当性、必要性。

各地各相关部门要认真贯彻执行。执行中遇有问题，请及时上报。

《关于依法惩治妨害公共交通工具安全驾驶违法犯罪行为的指导意见》的理解与适用

□赵俊甫

2019年1月8日，最高人民法院、最高人民检察院和公安部发布了《关于依法惩治妨害公共交通工具安全驾驶违法犯罪行为的指导意见》(以下简称《意见》)。《意见》的施行，对进一步加大公共交通安全秩序法律保障力度具有重要现实意义。为便于实践中正确理解和适用《意见》有关内容，现就《意见》的起草背景及主要内容作简要解读。

一、《意见》的起草背景

近年来，在公共交通工具行驶过程中妨害驾驶危害公共交通安全的违法犯罪时有发生，有些还酿成车毁人亡的重大事故，严重危害人民群众生命财产安全，产生恶劣社会影响，例如，2018年重庆市万州“10·28”公交车坠江事件。据中国司法大数据研究院统计，2015年1月1日至2018年10月31日，全国各级法院一审审结且裁判文书已上网公布的涉公交车的以危险方法危害公共安全犯罪案件共计242件，占全部以危险方法危害公共安全罪案件的11.32%。在这些案件中，多数仅仅是因车费、补票、找零、路线变更、错过站点、要求随意停车等琐事，引发口角、争吵、推搡、厮打、殴打、抢夺方向盘等行为，触犯的罪名主要涉及以危险方法危害公共安全罪、寻衅滋事罪等。

为全面了解问题，及时回应社会关切，最高人民法院通过中国裁判文书网和中国司法大数据研究院收集典型案例，并专题调研，初步掌握了当前妨害公共交通工具安全驾驶相关案件的基本情况。总体上，各地各办案部门对妨害驾驶违法犯罪案件的处理是准确的，但部分案件中，在涉及对行为法律性质的认定，以及构成犯罪情况下量刑尺度如何把握问题上，尚存在一些争议，有待明确。近年来，各地法院已陆续审结了一批类似典型案件，但进行公开宣判、报道的却很少，导致司法裁判对震慑犯罪、教育大众、引领社会的作用未得到应有发挥。

鉴于上述情况，最高人民法院经与最高人民检察院、公安部共同研究，决定起草《意见》，以指导各级公安、司法机关依法正确处理妨害公共交通工具安全驾驶违法犯罪案件；同时，积极发挥司法裁判的价值导向作用，营造人人遵守规则、共同守护公共交通安全的社会氛围。因此，在起草《意见》时，我们坚持了以下两项原则：

一是力求主题鲜明、针对性强。聚焦社会最为关注的妨害驾驶危害公共交通安全这一突出问题，对实践中常见的几种情形进行规范；同时，考虑面向普通公众，力求规定内容简洁明确，以起到辨明是非、弘扬正气的作用。

二是力求彰显从严，充分强化保障公共交通安全的价值导向。《意见》坚持法律底线，要求各级办案部门用足用好现有法律，总体上突出依法严惩；同时，考虑实际情形的复杂性，要求办案过程中综合考虑各种因素，全面准确评判。

二、《意见》的主要内容

《意见》共分三部分，主要从几类特殊行为的性质认定及量刑把握、公安司法机关办理案件的工作要求以及强化法制宣传等三个方面，对有关问题作了明确。需要指出的是，《意见》所称公共交通工具，包括公共汽车、公路客运车，大、中型出租车等车辆，主要是考虑这几类公共交通工具上妨害驾驶的现象较为常见、多发，对客运轮船、摆渡船等从事旅客运输业务的公共交通工具上发生的妨害驾驶行为，也可参照《意见》相关原则、标准办理。现就《意见》的主要条款，简要说明如下：

（一）关于乘客针对驾驶人员实施的妨害驾驶行为

乘客针对驾驶人员的驾驶行为实施妨害，是实践中常见、多发的行为类型。根据《意见》第一部分第一条的规定，乘客在公共交通工具行驶过程中，抢夺方向盘、变速杆等操纵装置，殴打、拉拽驾驶人员，或者有其他妨害安全驾驶行为，危害公共安全的，构成以危险方法危害公共安全罪。对该规定，适用时需要把握几个关键点：

其一，强调犯罪场所是正在行驶中的公共交通工具上，这是构成以危险方法危害公共安全罪的前提条件。

其二，行为方式包括抢夺方向盘、变速杆等操纵装置，殴打、拉拽驾驶人员等，其他妨害安全驾驶的行为方式则未逐一列举。从实践案例来看，有的行为人朝驾驶人员突然投掷杂物、泼洒热水，只要具有妨害安全驾驶的危害性，就属于此处规定的其他行为方式。就抢夺方向盘，殴打、拉拽驾驶人员等行为方式而言，单纯考察行为的暴力性、剧烈性程度，似有别于放火、决水、爆炸等行为。但如果同时考虑公共交通工具搭载不特定乘客，正在道路上行驶，其安全行驶关系到车内及车外道路上不特定人员的人身、财产安全这一特殊因素，实施类似攻击性妨害行为，其危险性就远远超出了行为本身的危害，而具有扩散性、不可控性，驾驶人员、公众难以抵御防范，难以控制其危害范围，直接危及不特定多数人的人身、财产安全，易引发实际安全事故。

其三，行为性质及后果方面，强调行为要妨害安全驾驶，危害公共安全，这是以危险方法危害公共安全罪的本质所要求的。此类危害公共安全犯罪，其危害性主要体现在危及公共交通工具上不特定人员的人身安全，以及道路上及周围不特定人员的人身安全和财产安全。因此，刑法对此配置了严厉的刑罚，只要妨害公共交通工具安全行驶的行为足以导致车辆不能安全行驶，车辆失控，随时可能发生乘客、道路上行人、其他车辆驾乘人员伤亡或者财产损失的现实危险，该行为就属于以危险方法危害公共安全罪中的“其他危险方法”，不要求必须造成人员伤亡、财产严重损失等实际后果。案件具体办理过程中，要综合考虑公共交通工具行驶速度、通行路段情况、载客情况、妨害驾驶行为本身的严重程度及对公共交通安全的危害程度等情况，对行为人妨害驾驶行为的现实危险及其危害程度，作出全面、客观、准确的评判。《意见》第二部分规定，妨害安全驾驶不构成犯罪但构成违反治安管理行为的，依法给予治安管理处罚，也体现了准确区分一般违法行为与犯罪行为的政策精神。要避免不加区别，将公共交通工具上发生的不可能危及公共安全的轻微司乘冲突作为危害公共安全犯罪打击。

在《意见》起草过程中，有一种观点认为，考虑到以危险方法危害公共安全罪入罪，其最低法定刑即三年，入罪门槛应设置得高一些，对那些妨害司机驾驶的殴打、辱骂行为，通常手段、情节不是很严重，也不会造成严重后果，可考虑以寻衅滋事罪追究刑事责任。我们认为，目前最为突出的是针对行驶运营中的驾驶人员进行暴力干扰的行为，在该情形下，驾驶人员不同于普通乘客，其肩负保障公共交通工具安全行驶的重大职责，对驾驶人员实施人身攻击或者抢夺方向盘等妨害行为，直接危及公众的人身、财产安全，不同于单纯扰乱社会秩序或者伤害公民身体健康的犯罪。因此，妨害驾驶人员安全驾驶危害公共安全构成犯罪的，应当以以危险方法危害公共安全罪定罪处罚。例外情形下，如果妨害驾驶的行为确属显著轻微、不影响安全驾驶也不足以危害公共安全的，可不予定罪。换言之，考虑到殴打、拉拽等妨害行为针对的是驾驶人员这一特殊对象，又系发生在公共交通工具行驶过程中，与公共交通安全息息相关，如果行为本身论罪可构成寻衅滋事罪或者故意伤害罪，其危害性必然符合以危险方法危害公共安全罪无疑。因此，对类似行为不宜认定为寻衅滋事罪或故意伤害罪。

（二）关于从重处罚情形和缓刑适用的把握

对于乘客妨害公共交通工具安全驾驶构成以危险方法危害公共安全罪的，从调研梳理的案例来看，多数未造成人员重伤、重大财产损失，也有相当比例的被告人具有自首、积极赔偿、取得被害人谅解等情节，一些法院据此对被告人从宽处罚，包括宣告缓刑，呈现出一定宽缓化倾向。以危险方法危害公共安全罪是刑法规定的一种重罪，最低法定刑即为三年有期徒刑，故对论其行为已构成该罪，同时又具有法定或酌定从宽处罚情节的，如何确定在总体上从严还是从宽处罚，以及从严、从宽的幅度，在实践中存在一定争议。

《意见》第二部分明确规定，要深刻认识维护公共交通秩序对于保障人民群众生命财产安全与社会和谐稳定的重大意义，充分发挥刑罚的震慑、教育作用，充分彰显强化保障公共交通安全的价值导向，并在第一部分详细列举了在公共交通工具行驶过程中七项应当从重处罚的妨害安全驾驶情节：在夜间或者恶劣天气条件下（如冰雪天气），在临水、临崖、急弯、陡坡、高速公路、桥梁隧道等易发生危险路段，在人员、车辆密集路段，载客人数达 10 人以上或者时速达 60 公里等特殊情况下实施妨害安全驾驶行为的；持械袭击驾驶人员，或者经劝阻无效仍然实施妨害行为等情形。《意见》所列这些情形的危险程度相对较高，此时妨害驾驶人员安全驾驶，更加危险，一旦酿成后果，就是车毁人亡，甚至造成群死群伤的重特大事故，故应体现从严惩处。当然，《意见》所列七种从重处罚的情形，对公共交通安全的危害程度并不完全相同，有时也需要结合路段、车速、妨害手段等因素综合考虑。例如，在“实际载客人数达 10 人以上”的行驶中的公共交通工具上实施妨害驾驶行为，当车速较高、路段较为危险时，与车速相对缓慢、路段状况良好时实施，对公共安全的危害程度就存在差别，在实际执法办案中，要实事求是，综合把握是否从重处罚及从重的幅度。

缓刑不是独立刑种，而是刑罚的执行方式，其适用的一个重要前提条件是，犯罪分子依法被判处拘役、三年以下有期徒刑，同时还需要满足“犯罪情节较轻”、“宣告缓刑对所居住社区没有重大不良影响”等条件。构成以危险方法危害公共安全罪，尚未造成严重后果，即应判处三年以上十年以下有期徒刑，罪行的严重性由此可见一斑。妨害公共交通工具安全驾驶构成以危险方法危害公共安全罪，如果没有造成严重后果，情节不是十分严重的，虽可能会判处三年有期徒刑，符合宣告缓刑的前提条件，但鉴于该类犯罪具有危害公共安全的严重性质，《意见》要求从严把握缓刑适用，一般不适用缓刑，这符合罪刑相适应的基本原则，也是发挥刑罚震慑、教育作用，充分保障公共交通安全的价值导向所要求的。当然，鉴于妨害安全驾驶情况的复杂性，对确属情节较轻、宣告缓刑更有助于体现罪刑相适应的，也不绝对排除适用缓刑的可能，但要严格把握。需要特别指出的是，对妨害安全驾驶导致车辆发生碰撞等一定实际损害后果，被告人积极赔偿的，或者群众报警后，被告人在现场等待，抓捕时无拒捕行为，并如实供述罪行，符合自首认定条件的，可以从轻、减轻处罚，但亦应遵循《意见》要求从严控制缓刑适用的法律政策精神。

（三）关于乘客针对公共交通工具上驾驶人员以外的其他人实施的犯罪行为

行驶过程中的公共交通工具，是需要特殊保护的公共场所，如果发生随意殴打其他乘客，追逐辱骂他人，情节恶劣，或者起哄闹事造成公共交通工具上秩序严重混乱，符合寻衅滋事罪构成特征的，应当依法定罪处罚；情节显著轻微，不构成犯罪的，可予以治安处罚。如果上述行为同时妨害公共交通工具安全行驶，危害公共安全的，应当按照从一重罪处断的原则，认定为以危险方法危害公共安全罪。

（四）关于驾驶人员妨害公共交通安全行驶的行为

驾驶人员在驾驶公共交通工具过程中肩负高于普通人的安全保障职责，遇到突发情况也需要遵循从业要求的处置流程。实践中,有些乘客因不文明行为与驾驶人员发生争执、撕扯。如果乘客的干扰行为较为轻微,尚未妨害安全驾驶,没有危及公共安全,但驾驶人员不能正确、理性处置,违规操作或者擅离职守,如离开驾驶室与乘客厮打、互殴,足以危害公共安全的,对驾驶人员就应当以以危险方法危害公共安全罪定罪处罚。《意见》对该情形的明确,有助于从规范驾驶人员行为的角度进一步保障公共交通安全。

需要指出的是,对于驾驶人员违规操作导致安全事故发生的案件,要注意区分此罪与彼罪。交通肇事罪也是危害公共安全的犯罪,其与以危险方法危害公共安全罪的区别,不仅在于主观方面故意与过失的不同,还在于行为本身对公共安全的危险性是否现实、紧迫,以及由此引发不特定人员伤亡、财产损失的因果关系紧密程度不同。交通肇事行为,因违反交通规则,往往也包含一定程度危及公共安全的危险,但这种危险仅仅只是抽象的可能,而非必然;行为人主观上应当预见自己的行为可能会危及公共安全,因疏忽大意没有预见,或虽已预见,但自恃车技好、经验丰富等条件,轻信不会发生事故,且这种轻信有一定主客观基础。而以危险方法危害公共安全罪中,危险方法引发的危险是现实的、紧迫的,如果没有其他意外因素阻止,通常都会引发严重后果;行为人主观上只能是故意,包括直接故意和间接故意,即使行为人事后辩称其并不想引发严重后果,但如果其实施的是高度危险行为,由此极易引发严重后果且危害范围、程度难以控制,也能够反映行为人主观上具有间接故意。相较而言,构成以危险方法危害公共安全罪要满足更高的条件,对驾驶人员在受到乘客妨害情况下违规操作导致安全事故发生的,要注意从客观和主观方面准确认定行为性质。

(五)关于正当防卫和紧急避险的认定

《意见》对正当防卫作了原则性规定,旨在起到宣示、导向作用,鼓励公民同危害公共交通安全的行为作斗争,为公民见义勇为解除思想顾虑,以弘扬社会正气。《意见》对紧急避险也作了原则性规定,以起到倡导作用。

(六)关于法制宣传教育

实践中对妨害公共交通工具安全驾驶类案件虽不乏定罪判刑的案例,但宣传不够,影响刑罚对犯罪的一般预防效果。《意见》要求,在依法办案的同时要视情向社会公众发布案件进展情况,以各种有效形式开展以案释法,选择妨害安全驾驶犯罪的典型案例进行庭审直播,或者邀请专家学者、办案人员进行解读,以充分发挥司法的引领、规范、预防与教育功能,倡导社会各界增强规则意识,文明乘车、安全驾驶,远离伤害,共创美好、和谐家园。

(作者单位:最高人民法院刑一庭)

最高人民法院
关于依法妥善审理高空抛物、坠物案件的意见

(2019年11月14日　法发〔2019〕25号)

近年来,高空抛物、坠物事件不断发生,严重危害公共安全,侵害人民群众合法权益,影响社会和谐稳定。为充分发挥司法审判的惩罚、规范和预防功能,依法妥善审理高空抛物、坠物案件,切实维护人民群众"头顶上的安全",保障人民安居乐业,维护社会公平正义,依据《中华人民共和国刑法》《中华人民共和国侵权责任法》等相关法律,提出如下意见。

一、加强源头治理，监督支持依法行政，有效预防和惩治高空抛物、坠物行为

1. 树立预防和惩治高空抛物、坠物行为的基本理念。人民法院要切实贯彻以人民为中心的发展理念，将预防和惩治高空抛物、坠物行为作为当前和今后一段时期的重要任务，充分发挥司法职能作用，保护人民群众生命财产安全。要积极推动预防和惩治高空抛物、坠物行为的综合治理、协同治理工作，及时排查整治安全隐患，确保人民群众“头顶上的安全”，不断增强人民群众的幸福感、安全感。要努力实现依法制裁、救济损害与维护公共安全、保障人民群众安居乐业的有机统一，促进社会和谐稳定。

2. 积极推动将高空抛物、坠物行为的预防与惩治纳入诉源治理机制建设。切实发挥人民法院在诉源治理中的参与、推动、规范和保障作用，加强与公安、基层组织等的联动，积极推动和助力有关部门完善防范高空抛物、坠物的工作举措，形成有效合力。注重发挥司法建议作用，对在审理高空抛物、坠物案件中发现行政机关、基层组织、物业服务企业等有关单位存在的工作疏漏、隐患风险等问题，及时提出司法建议，督促整改。

3. 充分发挥行政审判促进依法行政的职能作用。注重发挥行政审判对预防和惩治高空抛物、坠物行为的积极作用，切实保护受害人依法申请行政机关履行保护其人身权、财产权等合法权益法定职责的权利，监督行政机关依法行使行政职权、履行相应职责。受害人等行政相对方对行政机关在履职过程中违法行使职权或者不作为提起行政诉讼的，人民法院应当依法及时受理。

二、依法惩处构成犯罪的高空抛物、坠物行为，切实维护人民群众生命财产安全

4. 充分认识高空抛物、坠物行为的社会危害性。高空抛物、坠物行为损害人民群众人身、财产安全，极易造成人身伤亡和财产损失，引发社会矛盾纠纷。人民法院要高度重视高空抛物、坠物行为的现实危害，深刻认识运用刑罚手段惩治情节和后果严重的高空抛物、坠物行为的必要性和重要性，依法惩治此类犯罪行为，有效防范、坚决遏制此类行为发生。

5. 准确认定高空抛物犯罪。对于高空抛物行为，应当根据行为人的动机、抛物场所、抛掷物的情况以及造成的后果等因素，全面考量行为的社会危害程度，准确判断行为性质，正确适用罪名，准确裁量刑罚。

故意从高空抛弃物品，尚未造成严重后果，但足以危害公共安全的，依照刑法第一百一十四条规定的以危险方法危害公共安全罪定罪处罚；致人重伤、死亡或者使公私财产遭受重大损失的，依照刑法第一百一十五条第一款的规定处罚。为伤害、杀害特定人员实施上述行为的，依照故意伤害罪、故意杀人罪定罪处罚。

6. 依法从重惩治高空抛物犯罪。具有下列情形之一的，应当从重处罚，一般不得适用缓刑：(1)多次实施的；(2)经劝阻仍继续实施的；(3)受过刑事处罚或者行政处罚后又实施的；(4)在人员密集场所实施的；(5)其他情节严重的情形。

7. 准确认定高空坠物犯罪。过失导致物品从高空坠落，致人死亡、重伤，符合刑法第二百三十三条、第二百三十五条规定的，依照过失致人死亡罪、过失致人重伤罪定罪处罚。在生产、作业中违反有关安全管理规定，从高空坠落物品，发生重大伤亡事故或者造成其他严重后果的，依照刑法第一百三十四条第一款的规定，以重大责任事故罪定罪处罚。

三、坚持司法为民、公正司法，依法妥善审理高空抛物、坠物民事案件

8. 加强高空抛物、坠物民事案件的审判工作。人民法院在处理高空抛物、坠物民事案件时，要充分认识此类案件中侵权行为给人民群众生命、健康、财产造成的严重损害，把维护人民群众合法权益放在首位。针对此类案件直接侵权人查找难、影响面广、处理难度大等特点，要创新审判方式，坚持多措并举，依法严惩高空抛物行为人，充分保护受害人。

9. 做好诉讼服务与立案释明工作。人民法院对高空抛物、坠物案件，要坚持有案必立、有诉必理，为受害人线上线下立案提供方便。在受理从建筑物中抛掷物品、坠落物品造成他人损害的纠纷案件时，要向当事人释明尽量提供具体明确的侵权人，尽量限缩“可能加害的建筑物使用人”范围，减轻当事人诉累。对侵权人不明又不能依法追加其他责任人的，引导当事人通过多元化纠纷解决机制化解矛盾、补偿损失。

10. 综合运用民事诉讼证据规则。人民法院在适用侵权责任法第八十七条裁判案件时，对能够证明自己不是侵权人的“可能加害的建筑物使用人”，依法予以免责。要加大依职权调查取证力度，积极主动向物业服务企业、周边群众、技术专家等询问查证，加强与公安部门、基层组织等沟通协调，充分运用日常生活经验法则，最大限度查找确定直接侵权人并依法判决其承担侵权责任。

11. 区分坠落物、抛掷物的不同法律适用规则。建筑物及其搁置物、悬挂物发生脱落、坠落造成他人损害的，所有人、管理人或者使用人不能证明自己没有过错的，人民法院应当适用侵权责任法第八十五条的规定，依法判决其承担侵权责任；有其他责任人的，所有人、管理人或者使用人赔偿后向其他责任人主张追偿权的，人民法院应予支持。从建筑物中抛掷物品造成他人损害的，应当尽量查明直接侵权人，并依法判决其承担侵权责任。

12. 依法确定物业服务企业的责任。物业服务企业不履行或者不完全履行物业服务合同约定或者法律法规规定、相关行业规范确定的维修、养护、管理和维护义务，造成建筑物及其搁置物、悬挂物发生脱落、坠落致使他人损害的，人民法院依法判决其承担侵权责任。有其他责任人的，物业服务企业承担责任后，向其他责任人行使追偿权的，人民法院应予支持。物业服务企业隐匿、销毁、篡改或者拒不向人民法院提供相应证据，导致案件事实难以认定的，应当承担相应的不利后果。

13. 完善相关的审判程序机制。人民法院在审理疑难复杂或社会影响较大的高空抛物、坠物民事案件时，要充分运用人民陪审员、合议庭、主审法官会议等机制，充分发挥院、庭长的监督职责。涉及侵权责任法第八十七条适用的，可以提交院审判委员会讨论决定。

四、注重多元化解，坚持多措并举，不断完善预防和调处高空抛物、坠物纠纷的工作机制

14. 充分发挥多元解纷机制的作用。人民法院应当将高空抛物、坠物民事案件的处理纳入建设一站式多元解纷机制的整体工作中，加强诉前、诉中调解工作，有效化解矛盾纠纷，努力实现法律效果与社会效果相统一。要根据每一个高空抛物、坠物案件的具体特点，带着对受害人的真挚感情，为当事人解难题、办实事，尽力做好调解工作，力促案结事了人和。

15. 推动完善社会救助工作。要充分运用诉讼费缓减免和司法救助制度，依法及时对经济上确有困难的高空抛物、坠物案件受害人给予救济。通过案件裁判、规则指引积极引导当事人参加社会保险转移风险、分担损失。支持各级政府有关部门探索建立高空抛物事故社会救助基金或者进行试点工作，对受害人损害进行合理分担。

16. 积极完善工作举措。要通过多种形式特别是人民群众喜闻乐见的方式加强法治宣传，持续强化以案释法工作，充分发挥司法裁判规范、指导、评价、引领社会价值的重要作用，大力弘扬社会主义核心价值观，形成良好社会风尚。要深入调研高空抛物、坠物案件的司法适用疑难问题，认真总结审判经验。对审理高空抛物、坠物案件中发现的新情况、新问题，及时层报最高人民法院。

如何审查判断和运用作为证据使用的同案被告人供述
——以死刑案件办理为重点视角分析

□刘静坤

对共同犯罪案件事实的证明,同案被告人供述是一类十分重要的证据,尤其是在缺乏实物证据或者其他被告人不认罪的共同犯罪案件中,同案被告人供述更是定案的关键证据。司法实践中,通常将同案被告人供述视为指证其他被告人参与犯罪的证言,但实际上两者既有共同点也有较大的差异,只有充分认识到同案被告人供述的特殊性,才能在把握其证明价值的基础上准确认定案件事实,进而确保司法公正。由于刑事诉讼法及司法解释对同案被告人供述的审查判断缺乏相关规定,导致实践中一些共同犯罪案件的事实认定以及各被告人的罪责区分等出现了偏差。本文立足现有法律规定,以死刑案件办理为重点视角,结合相关案例对共同犯罪案件同案被告人供述的审查判断进行初步的探讨,希冀对刑事案件的办理提供一些有价值的参考。

一、同案被告人供述的特点:与证人证言的比较分析

从诉讼证明的角度看,与只有一名被告人且被告人不认罪的案件(即所谓的"零口供"案件)相比,共同犯罪案件因涉及多名被告人,即使部分被告人(通常是主犯)不认罪,其他同案被告人的供述与在案证据结合起来,也能认定犯罪事实。但这并不意味着此类案件的证明难度或者错误认定案件事实的风险相对较小。实践表明,共同犯罪案件被告人供述失真的可能性不容忽视,有的案件被告人基于趋利避害的心理千方百计推卸自己的罪责,有的案件被告人基于各种利益考量订立攻守同盟,有的案件被告人基于多方考虑而包揽罪责。上述情形中,各被告人的供述真假难辨,进而给犯罪事实以及各被告人在共同犯罪中地位、作用的认定带来了困难。在探讨如何审查判断同案被告人供述之前,有必要简要分析同案被告人在诉讼证明领域的内在特点。

理论界和实务界普遍认为,每种证据都有其独特的证明价值,也有其内在的独特风险。同案被告人供述在指证其他被告人(以下简称被告人,与同案被告人在称谓上相区别)参与犯罪这一点上类似于证人证言,英美法系国家并不对这两类证据作严格区分,而是统称为证人证言,只不过在一些案件中将指证主犯的同案被告人称为"污点证人"。① 但实际上两者之间既有共同点也有内在差异。对同案被告人供述与证人证言的异同作深入比较,有助于深化对同案被告人供述内在特点的认识。

(一)证明价值方面

从指证被告人涉案的角度分析,同案被告人供述和证人证言在证明价值上具有等同性,同案被告人可被视为广义的证人。对于亲眼目睹的被告人作案过程和知悉的被告人参与犯罪等情况,同案被告人供述和证人证言都属于直接证据,能够直接证明被告人与犯罪事实之间的关联。

---

① 有的共同犯罪中,同案被告人除与被告人共同实施特定的犯罪外,还知晓被告人独自或者伙同他人实施的其他犯罪事实。同案被告人指证被告人实施的其他犯罪事实,实际上属于证人证言。

不过，从证据的可获得性角度分析，一些隐蔽的共同犯罪案件，例如雇用运输毒品犯罪案件、雇凶杀人犯罪案件，可能只有同案被告人供述能够指证被告人涉案（即被告人是雇主），而没有证人证言也没有实物证据证明被告人涉案的事实。此种情况下，如同犯罪现场提取的关联性生物证据一样，同案被告人供述能够证明被告人与被害人、犯罪事实之间的关联，进而具有不可取代的重要证明价值。最高人民法院于2008年下发的《全国部分法院审理毒品犯罪案件工作座谈会纪要》专门强调了同案被告人供述在定案方面的重要性。

在同时存在证人证言和同案被告人供述的案件中，两者的证明价值必然体现一定的差异。一般情况下，证人通常仅目睹被告人现场作案的情况，或者知悉被告人参与犯罪的某个片段。对于被告人不直接参与作案，而是教唆、指使、雇用同案被告人作案的情形，证人通常不了解共同犯罪的实际内幕。此种情况下，与通常仅目睹现场情况或者知悉部分事实的证人相比，同案被告人因直接参与犯罪过程，知晓犯罪预谋、联络、组织、实施、分赃、逃匿等案件细节，其供述的内容一般会更加全面、细致，对被告人涉案以及整个犯罪事实的证明价值一般也会更大（当然，也有个别例外情形①）。因此，实践中对同案被告人供述应当给予高度的重视，尤其要注意审查同案被告人供述的细节情况。同时，正是由于同案被告人供述具有重要的证明价值，所以更应当强调对其证据资格和证明力的审查判断。

（二）信息的可挖掘性方面

一些共同犯罪案件，虽然客观上亦有证人能够证明被告人涉案，但受制于侦查取证时机、案件实际情况以及证人自身等方面的限制，证人尤其是那些仅是途经现场、平时在异地工作生活的证人，通常都仅仅提供一份证言。受侦查人员当时所掌握的案件信息、询问能力、证人的配合度等方面的制约，证人在接受询问当时所提供的信息可能并不全面、细致，甚至可能有所保留。同时，由于证人提供证言后可能很难再取得联系，加上办案成本等方面的考虑，侦查机关很少对证人进行补充询问。

相比之下，侦查机关基于破案的考虑，通常会尽力追捕同案被告人。同案被告人一旦归案，就可以依法对其进行讯问并取得供述证据。同案被告人如罪责相对较轻，通常会基于坦白从宽的考虑而选择与侦查机关合作，在归案后对被告人涉案的情况以及整个犯罪事实作出较为详细的供述。侦查机关通过其他途径获得更多的案件信息和证据材料后，就可以对同案被告人进行多次补充讯问，核实相关线索和证据。因此，对于共同犯罪案件，同案被告人供述不仅比证人证言更容易获得，而且更容易从中挖掘相关的细节信息尤其是隐秘信息。这种差别，一直保留到审判阶段。

（三）内容虚假的风险方面

证人与同案被告人都可能因为观察错误、记忆偏差、栽赃陷害等各种因素而提供内容不实的言词证据。对内容不实的言词证据，有必要进一步区分错误和谎言。以证人辨认为例。所谓错误，通常是因暗示性的辨认程序等因素导致的错误结果。而所谓谎言，又可分为两类：一是证人故意错误地将被告人指认为罪犯；二是谎称犯罪发生并故意指证陷害被告人。

上述区分对同案被告人供述同样适用。另外，与证人相比，同案被告人因与案件处理结果有直接利害关系，基于趋利避害、推卸责任的考虑，避重就轻作出不利于被告人的供述的可能性更大。在个别案件中，同案被告人甚至可能为逃避追究或者减轻罪责而诬陷无辜者参与犯罪，或者栽赃陷害他人。因此，对同案被告人的供述，尤其是不利于被告人的供述，要注意结合在案证据

① 也有一些证人知情程度较深，如被告人的近亲属或者密友等，此处探讨的是一般情形。

进行审查判断,避免因错误采纳虚假的同案被告人供述而导致事实认定错误。

二、如何审查判断同案被告人供述的证明力

共同犯罪案件中,被告人可能不认罪,或者被告人与同案被告人的供述不吻合甚至存在矛盾。上述情况下,不能简单采信或者否定同案被告人的供述,要注意把握审查同案被告人供述的切入点,科学地认定此类证据的证明力。具体而言,对同案被告人供述证明力的审查,既要分析供述自身独立的真实性,又要分析供述与其他证据的印证关系,还要关注前后各次供述的变化情况。

(一)同案被告人供述内容自身独立的真实性

司法实践中,很少有人会随意指证他人参与犯罪,因为侦查机关一般都会严格追查核实相关情况。同案被告人指证被告人涉案,将被告人牵涉案件中来,通常会提出相应的理由或者依据。这些理由或者依据本身是否合乎逻辑和情理,在一定程度上反映出同案被告人供述内容自身的真实性程度。例如,运输毒品案件中,如果毒品运输者某甲辩称其受某乙雇用运输毒品,通常会就某乙的身份、联系方式、事先约定或者已经支付的运费等情况作出供述。如果该运输毒品者某甲系当地居民,生活收入较低,供述的情况符合常理,有据可查,则其供述自身的真实性程度较高。反之,如果该运输毒品者某甲系外地人员,有毒品犯罪前科,虽辩称受雇运输毒品,但供述情况无据可查,则其供述自身的真实性程度相对较低。

实践中,更为常见的情形是同案被告人指证被告人是共同犯罪中的主犯(或者罪责更为严重的主犯)。与前述情形相同,同案被告人一般也会就此提出相应的理由或者依据。对此,可以通过分析同案被告人与被告人平时的关系、犯罪预谋情况、犯罪分工和具体犯罪行为实施情况、犯罪后的表现等审查同案被告人供述内容自身的真实性程度。

(二)同案被告人供述与其他证据的印证关系

《最高人民法院关于适用〈中华人民共和国刑事诉讼法〉的解释》第一百零四条第一款规定:"对证据的真实性,应当综合全案证据进行审查。"对同案被告人供述真实性的审查判断也要遵循上述要求。如果同案被告人供述与其他证据尤其是实物证据相互印证,就表明该供述的真实性程度较高。如果同案被告人供述与其他证据尤其是实物证据存在矛盾,就表明该供述值得质疑,需要对证据间的矛盾作出合理的解释。

例如,雇凶杀人案件中,杀人凶手某甲归案后辩称其受某乙雇用作案,某甲随后供述其与某乙进行电话联络、从某乙处获取酬金等情况。如果这些供述内容能够得到手机通话清单、提取的赃款或者银行账证记录以及证实某乙与被害人有矛盾的证人证言等证据的佐证,则表明某甲的供述真实性程度较高。反之,如果某甲辩解的情况得不到其他证据印证,或者与其他证据存在矛盾,则表明某甲的供述真实性程度相对较低。

(三)同案被告人前后多次供述的变化情况

一般情况下,如果同案被告人供述十分稳定,反映出的供述的真实性程度就较高。如果同案被告人供述不稳定,时供时翻,则反映出的供述的真实性程度就相对较低。此种情况下应当对其翻供给予足够的重视,注意审查其翻供的原因,分析翻供后的辩解是否合理。

共同犯罪案件中,同案被告人可能会基于恐惧、义气、串供等原因在归案后先是包揽罪行,随后因认识到自己可能面临十分不利的法律后果而翻供,进而作出相应的辩解,并指证被告人参与作案;也可能会基于推卸责任、陷害他人等考虑先指证被告人参与作案或者指证被告人罪责较重,随后因良心发现或者无法自圆其说,进而否认被告人参与作案或者称被告人罪责较轻。因此,不能简单采信同案被告人的供述,同时也不能简单将其辩解视为狡辩,要综合根据案情和其他证据认真审查同案被告人的指证或者辩解是否成立或者合理。

需要强调的是，虽然此处重点探讨对同案被告人供述证明力的审查判断，但对于同案被告人翻供的情形，要注意审查供述的合法性。如果同案被告人辩称其供述是刑讯逼供所得，经查该供述是非法证据，就应当依法排除，不能作为定案的根据，从而也就谈不上证明力的审查判断问题。

三、（同案）被告人指证被告人涉案但被告人否认的情形，能否认定被告人有罪

有的案件中，只有（同案）被告人①指证被告人参与作案，侦查机关据此将被告人抓获归案，被告人被抓获归案后始终否认犯罪或者认罪后翻供，且没有其他证据直接建立被告人与犯罪事实之间的关联。这在雇凶杀人犯罪、雇用运输毒品犯罪领域时有发生。例如，杀人案件的凶手归案后，指证被告人雇其作案。又如，运输毒品案件的运毒者归案后，指证被告人雇其运输毒品。对于上述情形，因同案被告人明确指证被告人涉案，被告人有重大作案嫌疑，侦查机关将被告人抓获归案后需要对被告人进行讯问，核实该被告人是否涉案。被告人可能始终否认涉案，或者在认罪后翻供，此种情况下能否认定被告人有罪，实践中需要区分不同情况作出处理。

（一）被告人始终否认涉案的情形

对于被告人始终否认涉案，且除同案被告人指证其涉案外，没有其他证据直接证明被告人与犯罪事实之间关联的情形，需要认真审查同案被告人供述的细节、供述与其他证据的印证关系、供述的稳定性等方面，重视证据之间的关联分析、矛盾分析以及案件因果关系的分析。显然，同案被告人的人数越多，供述的内容越具体，越有助于判断供述是否真实，准确查明案件事实。当然，对同案被告人供述，不能唯数量论，要按照前述方法认真审查判断同案被告人供述自身的真实性。

即使只有一名同案被告人指证被告人涉案，如果有其他证据佐证其供述的真实性，并有相关证据表明被告人与被害人存在利害关系（因果关系分析）或者被告人与同案被告人有非正常联系（关联分析），也可以综合全案证据认定被告人涉案。例如，一起雇凶杀人案件，被告人某甲因为商业纠纷而雇凶杀人，其在网上找到杀手某乙，约定某乙杀死被害人后支付酬金5万元，某乙按照约定杀死了被害人，事后某甲汇款5万元给某乙。某乙被抓获归案后，指证某甲雇其作案。除某乙的指证外，没有其他直接证据证明某甲的雇凶杀人行为。某甲归案后始终否认涉案，除某乙的直接指证外，有证据表明某乙与被害人并无矛盾，而某甲与被害人存在恩怨，另有网络聊天记录和手机通话记录证实某甲与某乙之间在案发前后存在联系，汇款记录证实某甲曾汇款给某乙。虽然没有其他证据直接建立某甲与犯罪事实之间的关联，但结合某乙（同案被告人）的指证以及相关间接证据，能够认定某甲与犯罪事实之间存在关联，如某甲不能对其与某乙之间的网络联系、电话联系、资金往来等情况作出合理解释，基于在案证据可以认定被告人有罪。

实际上，上述类型的案件是结合同案被告人供述通过关联分析和因果关系分析来重建犯罪事实，进而认定被告人有罪。整个证明过程主要包括三个步骤：首先要建立同案被告人（犯罪行为直接实施者）与犯罪行为之间的关联，这是整个证明和推理链条的前提。如果除同案被告人供述外，没有证据证明犯罪行为系同案被告人实施，同案被告人一旦翻供，全案事实的证明和推理就缺乏必要的前提。其次要建立同案被告人与被告人之间的关联，这种关联应当与犯罪行为直接相关。如果同案被告人与被告人并非熟人，就可以通过手机通话清单、网络聊天记录或者资金往来等非正常联系建立两者之间与犯罪行为直接相关的关联；如果同案被告人与被告人是熟人，就需要进一步甄别两者的联系是否正常，与犯罪行为是否直接相关。最后要明确被告人与被害

① 此种情况下，是否属于共同犯罪尚不确定，故表述为（同案）被告人。

人、犯罪事实是否存在利害关系。如果认定存在利害关系,建立在因果关系基础上的整个证明和推理链条就基本上完成了。由于上述证明过程涉及较为复杂的推理,为避免推理结论存在其他可能性,应当允许被告人提出辩解。

如果只有一名同案被告人指证被告人涉案,没有其他证据佐证同案被告人供述的真实性,无法建立被告人与犯罪事实之间的关联,且被告人始终不认罪的,则因为只有同案被告人供述一项证据且缺乏印证,在案证据达不到确实、充分的证明标准,所以依法不能认定被告人有罪(参见本文第六部分的分析及案例)。

相比之下,即使有多名同案被告人指证被告人涉案,但不能排除串供诬陷可能性的,如无其他证据印证同案被告人的供述,在案证据达不到确实、充分的证明标准,也不能认定被告人有罪。

(二)被告人认罪后翻供的情形

对于被告人认罪后翻供的情形,因涉及正反两方面的信息,故可以结合同案被告人供述和其他证据对被告人的认罪供述进行确证分析,审查认罪供述与同案被告人供述及其他证据是否相互印证;同时对被告人的翻供理由进行证伪分析,审查翻供理由是否成立。《最高人民法院关于适用〈中华人民共和国刑事诉讼法〉的解释》第八十三条第二款、第三款就此问题规定:"被告人庭审中翻供,但不能合理说明翻供原因或者其辩解与全案证据矛盾,而其庭前供述与其他证据相互印证的,可以采信其庭前供述。被告人庭前供述和辩解存在反复,但庭审中供认,且与其他证据相互印证的,可以采信其庭审供述;被告人庭前供述和辩解存在反复,庭审中不供认,且无其他证据与庭前供述印证的,不得采信其庭前供述。"

需要强调的是,刑事诉讼法第五十三条规定:"只有被告人供述,没有其他证据的,不能认定被告人有罪和处以刑罚。"实践中,对该条的理解存在不同看法,即该条规定所指的被告人供述是否包含同案被告人供述?质言之,如果某一案件同时具有同案被告人和被告人供述的,能否适用本条,不认定被告人有罪。有观点认为,该规定仅指被告人供述,证明被告人涉案事实的同案被告人供述更加类似于证人证言。也有观点认为,同案被告人供述在属性上也是被告人供述,因此上述规定既包括被指控的被告人的供述,也包括同案被告人的供述,同案被告人供述不能被视为证人证言。我们认为,同案被告人指证被告人涉案的供述不能被简单视为"被告人供述",在证明价值上更加类似于证人证言(但两者亦有差异,详见前文分析)。因此,如果某一案件同时具有同案被告人供述和被告人供述,就不能简单视为刑事诉讼法第五十三条所规定的情形。①

如果案件中仅有同案被告人供述和被告人供述,缺乏其他证据尤其是实物证据印证,由于现阶段确保供述合法性和自愿性的程序制度尚不十分完善,故应当特别注意审查判断供述的合法性。对于被告人辩称其遭到刑讯逼供,供述系非法取得的,进而申请排除非法证据,并提供相关线索或者材料的,人民法院应当认真进行审查,在决定对证据合法性进行专门调查后,如果确认或者不能排除被告人供述是以非法方法取得的,就应当依法排除相关供述。同时,也要注意审查供述的真实性,切实排除诱供、串供的可能性。如果依法排除被告人供述后,同案被告人指证被告人涉案的供述缺乏证据印证的,依法不能认定被告人有罪。鉴于该类问题在毒品犯罪案件中体现得较为突出,最高人民法院于2008年下发的《全国部分法院审理毒品犯罪案件座谈会纪要》

---

① 2008年《全国部分法院审理毒品犯罪案件工作座谈会纪要》规定,在特定情形下,同案被告人供述和被告人供述结合起来可以定案。尽管毒品案件的证明有其特殊性,上述规定可被视为特殊规定,但也表明同案被告人供述不能被简单等同于被告人供述。

规定:“有些毒品犯罪案件,往往由于毒品、毒资等证据已不存在,导致审查证据和认定事实困难。在处理这类案件时,只有被告人的口供与同案其他被告人供述吻合,并且完全排除诱供、逼供、串供等情形,被告人的口供与同案被告人的供述才能作为定案的证据。仅有被告人口供与同案被告人供述作为定案证据的,对被告人判处死刑立即执行要特别慎重。”实际上,不仅是毒品案件,其他类型的案件尤其是死刑案件也应当坚持上述原则。在缺乏实物证据,主要靠被告人和同案被告人供述的印证关系定案的情形,要特别注意审查供述的合法性和真实性,切实排除逼供、诱供、串供的可能性,不能在案件事实达不到确实、充分证明标准的情况下勉强定案。

审判实践中,对于定案证据主要是被告人供述和同案被告人供述的情形,需要结合案情和供述分析案件中是否可能存在实物证据或者其他印证证据。如果情况显示可能存在上述证据,就要进一步分析相关证据不在案的原因。此类案件可能是由于现场勘查等工作不细而遗漏关键证据,也可能是侦查机关故意隐瞒有利于被告人的证据甚至无罪证据,因此存在较大的错判风险。此种情况下,应当建议人民检察院补充侦查,对案件的事实、证据疑点作出合理的解释,有效排除合理怀疑。对于死刑案件,如果在案证据足以认定被告人有罪,但对被告人适用死刑的事实证据不足的,根据《最高人民法院关于建立健全防范刑事冤假错案工作机制的意见》第六条第三款的规定,不得对被告人判处死刑。

四、同案被告人指证被告人系主犯但被告人否认的情形,能否认定被告人是主犯

一些共同犯罪案件中,各被告人归案后都不否认参与犯罪,但可能会基于趋利避害等考虑对各自在共同犯罪中的地位、作用作出避重就轻的供述。这在死刑案件中体现得尤为突出。对于同案被告人指证被告人系主犯(或者罪责更为严重的主犯),被告人予以否认的情形,例如,在共同抢劫杀人案件中,被告人虽然供认参与犯罪预谋和准备,但始终否认参与杀死被害人。由于各被告人之间存在直接利害关系,对同案被告人作出的不利于被告人的供述需要认真审查,如果同案被告人的供述未得到其他证据尤其是实物证据印证,就不能简单采信。

又如,在一起共同抢劫案件中,四名被告人涉案,致二被害人死亡。被告人甲、乙均供称其二人与丙、丁一同实施了抢劫杀人行为,但丙、丁虽然承认共同预谋抢劫,但始终辩称四人分组、分头寻找抢劫对象,甲和乙一组,丙和丁一组,抢劫杀人行为是甲、乙实施,丙、丁在别处寻找抢劫对象,并未参与实施抢劫杀人行为。对于上述情形,如果被告人甲、乙供述稳定、细节吻合,且与其他证据尤其是现场实物证据相互印证,排除串供诬陷丙、丁的可能性,而被告人丙、丁的辩解缺乏合理性,又没有其他证据印证的,可以认定丙、丁参与实施抢劫杀人行为。在此基础上,需要进一步区分各被告人在共同犯罪中的地位作用,对其中罪责最为严重的主犯,罪行极其严重的,可依法适用死刑。相反,如果甲、乙供述存在反复、缺乏其他证据印证,而丙、丁的辩解具有合理性,没有证据证实二人串供的,有关丙、丁参与实施抢劫杀人行为这一事实存在合理怀疑,未能达到证据确实、充分的证明标准,依法不能认定。此种情况下,虽能认定丙、丁参与抢劫犯罪,但不能认定该二人参与实施杀人行为。如果各被告人在犯罪预谋阶段并未约定采用杀人手段抢劫,对丙、丁量刑时不能考虑杀人情节;如果各被告人在犯罪预谋阶段约定采用杀人手段抢劫,尽管丙、丁未具体参与实施杀人行为,但基于共同犯罪部分行为全部责任的原则,也应当认定丙、丁对全案后果负责,但丙、丁的罪责轻于直接实施杀人行为的甲、乙,量刑时应当有所区别。

需要强调的是,对于多人共同致死一名被害人的案件,如果各被告人均是单纯的实行犯(排除组织、指使犯罪等情形),无法确定谁是直接致死被害人的凶手,各被告人在共同犯罪中的地位、作用又难以区分的,原则上不能适用死刑。

五、同案被告人指证他人参与作案但该人不在案的情形，对同案被告人如何量刑以及能否适用死刑

共同犯罪案件，经常涉及被告人先后归案的情形。有的案件，有其他证据表明系共同犯罪案件，先归案的被告人指证该案还有其他作案人，并辩称主要犯罪行为系逃匿的作案人实施。还有的案件，被告人归案后辩称有其他人参与作案，但没有其他证据表明该案系共同犯罪案件。对于上述情形，需要结合案情及在案证据作出相应的处理。

（一）有证据证明案件系共同犯罪的情形

有的案件，有证据表明，除已经归案的被告人外，确实还有其他作案人。例如，目击证人看见多人共同实施犯罪行为。又如，现场作案工具尖刀刀柄上的指纹经鉴定为其他人所留，此种情况下，先归案的同案被告人基于避重就轻等考虑，虽然认罪，但可能会作出有利于自己、不利于其他作案人的供述。例如，共同抢劫案件，先归案的被告人辩称，自己虽然参与实施抢劫，但致死被害人的行为系在逃的其他作案人实施。在缺乏其他证据印证而又没有相反证据的情况下，即使对其有关各被告人在共同犯罪中地位、作用所作供述的真实性存在疑问，也应当按照有利于被告人的原则作出处理。

人民法院在缺乏其他证据印证的情况下认定先归案的被告人系从犯或者在量刑时留有余地的，如果裁判生效后其他作案人归案，有新的证据证明原判决、裁定认定的事实确有错误，先归案被告人应当为共同犯罪的主犯，对其量刑畸轻的，可以依法启动审判监督程序重新审判，并与后归案的被告人一并审理，准确查清事实，明确各被告人的罪责，依法作出裁判。

（二）有证据显示案件可能系共同犯罪的情形

有的案件，被告人归案后在认罪的同时，供称有其他人共同作案，并称在逃的作案人系主犯，自己仅实施了辅助行为，系共同犯罪中的从犯，例如，提出其他作案人杀人后，其仅是帮助抛尸。如果被告人供述的情况有据可查，与案情和其他证据没有矛盾，尤其是现场和案情反映出被告人一人难以独立完成犯罪行为的，就应当认真调查核实相关证据。如果在审判环节发现上述情形，人民法院应当向人民检察院说明情况，人民检察院依法可以补充收集、调取证据，作出合理的说明或者退回侦查机关补充侦查，调取有关证据。如果经补充侦查，被告人供称的共同作案人确有其人，但未能抓捕归案，对该被告人量刑时应当留有余地；对于死刑案件，即使案件后果极其严重，也不能对被告人适用死刑。

有的案件，被告人归案后虽然辩称与其他人共同作案，但供认自己实施了主要犯罪行为。例如，一起抢劫杀人案件，被告人某甲归案后供称其与某乙共同实施抢劫，其单独持刀杀死了被害人，某乙只是帮助其搬运尸体、毁灭证据。此种情况下，如果某甲的供述与在案证据相互印证，如根据某甲供述找到了作案工具尖刀，从该尖刀刀柄上检出某甲的指纹，同时在刀刃上检出被害人的血迹，即使某甲所称的作案人确有其人，未能抓捕归案，也不影响对某甲的定罪量刑。需要指出的是，对此类案件，要注意排除先归案的被告人替人顶罪的情形。如某甲与某乙系亲兄弟，可能会为了包庇某乙而包揽罪责。有鉴于此，应当重视分析先归案被告人的供述细节，审查被告人供述是否与在案证据尤其是实物证据存在矛盾，并结合案情和在案证据作出准确认定。

六、被告人指证的其他作案人经查不实，又随意指证他人作案的情形，是否需要继续查证

有的案件，被告人归案后认罪，后辩称系替人顶罪。对于此类案件，首先要认真审查在案证据，判断能否认定先归案的被告人涉案，这是认定该被告人有罪的前提。同时，也要查证被告人所指证的其他作案人是否涉案。如果先归案的被告人所称的共同作案人经查并无该人，或者随后经调查表明该人与案件事实并无关联，被告人又随意指证他人作案的，应当让被告人作出合理的解释。如果从案情和被告人指证的情况看，被告人的指证系随意指证、反复变化，或者被指证的人无从查证的，不能简单地仅凭被告人随意指证就无限期地查证下去。如结合案件情况决定对被告人的随意指证不予查证后，要认真审查案件的事实证据，对于被告人认罪供述与在案证据尤其是客观性证据印证的，可以采信其认罪供述。在此基础上，如全案证据达到确实、充分的证明标准，可以认定被告人有罪。

例如，一起故意杀人案件，被告人某甲归案后认罪，现场提取的血迹和烟蒂上的生物证据经DNA鉴定系被告人某甲所留，但被告人某甲辩称其是替某乙顶罪，杀人行为系某乙具体实施，某甲只是出现在现场，因某乙承诺给其巨额报酬而包揽罪责。该案现场被纵火后遭到一定程度的破坏，故没有提取到其他人的生物证据。此种情况下，鉴于某甲提出的上述辩解关系重大，侦查机关立即补充调查，最后找到某甲所指证的某乙，但某乙坚决否认参与犯罪，经查某乙亦没有作案时间，在案证据能够排除某乙涉案的可能性。随后提审某甲，某甲又辩称某丙是作案人，但对其之前的辩解不能作出合理解释，且其供述的某丙无从查证。立足该案情况，现有证据足以认定某甲与犯罪现场、被害人和犯罪事实之间的关联，某甲最初的认罪供述与在案证据互相印证，某甲提出的替某乙顶罪的辩解不能成立，最终依据查明的事实认定某甲有罪。

（作者单位：最高人民法院刑三庭）

以危险方法危害公共安全罪在抗击疫情期间的理解与适用

□金泽刚* 孙 鉴**

一、"两高两部"出台惩治妨害疫情防控违法犯罪的《意见》蕴含着丰富的刑法理论价值

在全国人民持续奋战,抗击新型冠状病毒肺炎(以下简称新冠肺炎)疫情之际,2020 年 2 月 6 日,最高人民法院、最高人民检察院、公安部、司法部(以下简称两高两部)联合印发《关于依法惩治妨害新型冠状病毒感染肺炎疫情防控违法犯罪的意见》(以下简称《意见》),提出了依法惩治妨害疫情防控违法犯罪的十大方面解释性意见。

《意见》充分体现了司法机关和司法工作必须始终将人民群众的生命安全和身体健康放在第一位,坚决把疫情防控作为当前压倒一切的头等大事,用足用好法律规定,依法及时、从严惩治妨害疫情防控的各类违法犯罪,为坚决打赢疫情防控阻击战提供有力法治保障。

从体系和内容来看,《意见》是对刑法、《传染病防治法》以及 2003 年《最高人民法院、最高人民检察院关于办理妨害预防、控制突发传染病疫情等灾害的刑事案件具体应用法律若干问题的解释》(以下简称 2003 年《解释》)的补充,对现阶段治理妨害疫情防控违法犯罪有着直接现实的指导意义。具体而言,其价值突出体现在以下两个方面:一方面,是统一罪名的适用标准,准确适用法律。罪刑法定是刑法的基本原则,社会公众需要被告知何种行为是犯罪、该行为应当受到怎样的刑罚制裁。《意见》详细列举了疫情防控工作中可能出现的九类犯罪行为(第十类为违法行为及其相应的行政处罚),结合刑法条文,明确规定了各类行为分别构成何种犯罪,为司法机关公平、公正地适用刑法奠定了方向和基础。另一方面,是对司法实践中的部分现象进行纠偏。尽管从严打击是此次疫情治理工作中的重要原则,但是从严必须在法律的限度内适用、执行。从此前媒体公开的各地以危险方法危害公共安全罪立案的案件来看,有不少行为人仅有武汉的旅游或途经史,其在尚未被医疗诊断的情况下出入了公共场所,造成了他人被传播新冠病毒的危险,即被公安机关立案。在教义学角度上,此类行为人自认为自己没有被新冠病毒感染,也非故意传播病毒使他人存在染毒的危险,不可能构成刑法第一百一十四条规定的以危险方法危害公共安全罪。故而,此次《意见》对各类涉疫犯罪的适用进行明确规定,以避免司法实践中破坏既有法律规定的乱象,严格落实罪刑法定原则。

从重点来看,在《意见》涉及的九类涉疫犯罪中,无论是《意见》本身的顺序编排,还是社会公开的案件报道,抑或专家学者的争论焦点,无疑非以危险方法危害公共安全罪莫属。从条文上看,《意见》指出,"故意传播新型冠状病毒感染肺炎病原体,具有下列情形之一,危害公共安全的,依照刑法第一百一十四条、第一百一十五条第一款的规定,以以危险方法危害公共安全罪定罪处罚:1. 已经确诊的新型冠状病毒感染肺炎病人、病原携带者,拒绝隔离治疗或者隔离期未满擅自脱离隔离治疗,并进入公共场所或者公共交通工具的;2. 新型冠状病毒感染肺炎疑似病人拒绝隔

* 同济大学法学院教授,博士生导师。

** 同济大学马克思主义学院博士生。

离治疗或者隔离期未满擅自脱离隔离治疗，并进入公共场所或者公共交通工具，造成新型冠状病毒传播的”。

如作拆分，一方面，行为人在主观方面须为故意。其中，故意分为直接故意与间接故意。从目前案例上看，直接故意的案例报道甚微（如极少数确诊或疑似病人在公共场所故意涂抹口水、吐沫），大多为间接故意，即对自身的行为和病毒的传播持放任、漠不关心的态度。另一方面，行为人的客观行为须符合相应的特征。其中，对于已确诊的感染者，行为表现为拒绝隔离治疗或擅自脱离隔离治疗并进入公共场所或公共交通工具中（无须造成他人实际感染的后果）。对于疑似病人，除需同时满足上述两项条件外，还需造成了新冠病毒传播的实际后果。

为此，我们认为，此次《意见》中对以危险方法危害公共安全罪的规定表现出三大亮点：其一，打破了传统刑法理论对于以危险方法危害公共安全罪仅属（具体）危险犯的归类，对于疑似病人构成前述罪名的，还需实际造成新冠病毒传播的后果。其二，阻断了刑法第一百一十五条第二款过失以危险方法危害公共安全罪的适用空间。《意见》将以危险方法危害公共安全罪的罪过形态限定为故意，同时规定，“其他拒绝执行卫生防疫机构依照传染病防治法提出的防控措施，引起新型冠状病毒传播或者有传播严重危险的，依照刑法第三百三十条的规定，以妨害传染病防治罪定罪处罚”。换言之，对于抗拒、妨害疫情防控措施的感染者和疑似病人，除构成以危险方法危害公共安全罪外，均以妨害传染病防治罪定罪处罚，这种拟制导致了过失以危险方法危害公共安全罪被排除适用。其三，扩大了刑法对于妨害传染病防治罪的适用范围。刑法第三百三十条明确将妨害传染病防治罪限定在“引起甲类传染病传播或者有严重传播危险的”范围内，而根据《传染病防治法》，甲类传染病仅限鼠疫和霍乱，此次新冠病毒属于乙类传染病（虽按甲类进行防治）。因此，原本妨害传染病防治罪并无适用空间。然而，无论是疫情的严重性还是广泛性，新冠肺炎疫情均不亚于甲类传染病，故而《意见》将其拟制为甲类传染病，为妨害传染病防治罪的适用扫清障碍。这一举措很可能会影响未来《传染病防治法》的修订与完善。

二、新冠肺炎疫情传播的复杂性和未知性造成适用以危险方法危害公共安全罪产生争议与难点

以危险方法危害公共安全罪长期以来一直是我国刑法学界口诛笔伐的“口袋罪”之一。质言之，该罪的构成要件过于开放，“以其他方法”缺乏必要的形式限定，导致在刑事司法中不断扩张甚至可能滥用。以致有学者认为，“如何遏制口袋罪司法适用的强烈冲动，成为捍卫我国刑法中的罪刑法定原则的一个重大问题”。体现在此次疫情的犯罪治理上，关于以危险方法危害公共安全罪的适用问题也成为不少学者的“炮轰”对象。例如，有学者认为，疫情之下以危险方法危害公共安全罪的适用需要慎重，定罪会对当事人带来污名化，能不适用尽量不适用，应多考虑治安处罚等行政措施。还有学者认为，对于未确诊的疑似病人全部以以危险方法危害公共安全罪定罪不妥，会导致量刑过重，应当考虑其罪过上出于过失的可能性。总结来看，持“否定说”的观点可以归纳为以下几点：(1)刑法第一百一十四条以危险方法危害公共安全罪中的“其他危险方法”，应当限定在与放火、决水、爆炸、投毒等具有方法相当性的行为之中，而仅仅抗拒防疫措施尚不具有这种相当性；(2)“危害公共安全”是指让不特定群体的生命健康或财产安全陷入危险之中，如果行为人均居住在固定住所，未与不特定的大多数人接触，就不应认定危及公共安全；(3)疫情期间随意扩张适用以危险方法危害公共安全罪，与刑法的谦抑性相悖。

不过，对于疫情期间妨害防疫措施能否适用以危险方法危害公共安全罪，多数学者持肯定的态度。例如，北师大的刘志伟教授认为，疫情期间传播病毒和非疫情期间传播，造成的危害具有显著差异，行为人具有更恶劣的主观恶性和人身危险性，因此《意见》对以危险方法危害公共安全罪的适用不仅正确，更应坚持从重处罚。笔者认为，疫情期间严重抗拒、妨害防疫措施可以构成以危险方法危害公共安全罪。首先，应当看到此次疫情的严重性，其已成为数十年来我国最严重的突发事件，多地甚至启动“战时状态”应急预案，全民“抗疫”刻不容缓。而作为呼吸道传播疾病，疫情的扩大和恶化主要通过人员流动实现，因此抗拒躲避隔离治疗、出入公共场所会直接造成其他公众感染甚至死亡的危险，其在手段的相当性上绝对不亚于放火、决水与爆炸等形式。其次，对“公共安全”的不特定性不能作僵化理解。就目前公开的医学研究而言，新冠病毒至少可以通过飞沫、粪便等多种途径传播，不能以行为人仅和亲友接触就否定其间接感染其他不特定人员的可能性。例如，行为人抗拒隔离治疗回家途中，即便路径之地暂无他人，但其唾液、喷嚏的残留物完全可能导致后续经过人员的感染。最后，刑法的谦抑性与疫情期间从严打击这类违法犯罪并不矛盾，相反，这正是我国宽严相济的刑事政策的体现。一方面，“严”是因为抗拒、妨害行为既对疫情的防控工作制造了严重阻碍，又对人民群众的生命健康产生了客观威胁，更对公共安全、社会稳定造成了重大损害风险，还会浪费大量的社会资源，无论主观恶性还是客观危害均十分明显。另一方面，对于不符合犯罪构成的行为及时排除（如未被确诊或宣布疑似的病人出入公共场所至多处以治安处罚），对于具有坦白、自首等情节的犯罪分子酌情从宽，这才是宽严相济的真实要义。

诚然，以危险方法危害公共安全罪存在适用空间，但并不意味着《意见》的各类规制均无疏漏。囿于时间限制，两高两部制定的《意见》旨在尽快统一各地执法标准，为疫情防控提供必要的法治保障。但在具体细节层面，《意见》仍存在不明之处，司法适用时应当注意：

一是关于“公共场所”的认定。《意见》指出，构成以危险方法危害公共安全罪，必须“进入公共场所或者公共交通工具”。问题在于，进入公共场所是否等于危害公共安全？危害公共安全的判断是基于场所还是基于人员？一方面，从疫情暴发的时间点看，其高峰期正值过年期间，部分公共场所及商铺已经关闭，加之疫情防控的需要，原来的商场、图书馆等地几乎空无一人。那么，抗拒隔离治疗的确诊患者进入无人商场的，以以危险方法危害公共安全罪定罪处罚是否合适？另一方面，虽非传统意义上的公共场所，但因聚集性活动导致人员过多的，是否属于《意见》中的“公共场所”？可以考虑将人员聚集性场所单独加以规定，以强调其公共场所属性。

二是关于犯罪主体的范围。《意见》将以危险方法危害公共安全罪的主体限定在“已经确诊的新型冠状病毒感染肺炎病人、病原携带者”和“新型冠状病毒肺炎疑似病人”，即“确诊患者”和“疑似病人”两类。然而，其一，据报道，2020 年 2 月 12 日湖北省新冠病毒感染诊断标准发生变化（其他省份不变），除原核酸检测以确诊新冠肺炎外，增加了临床诊断即 CT 检查（门槛更低）辅助确诊，以致湖北省单日新增确诊病例 14 840 例，这便导致了湖北与其他省份对新冠肺炎确诊标准的不一。换言之，《意见》中的“已经确诊”是指经核酸检测确诊的病人还是仅为 CT 确诊即可，这也变相导致了不同省份对于以危险方法危害公共安全罪的认定门槛可能不同。其二，“疑似病人”的标准尚待明确。对于出现发热、咳嗽等疑似新冠肺炎症状，暂未赴医院诊断者，出入公开场所的，是否属于《意见》中的“疑似病人”？从初衷上看，《意见》出台意欲对各地以危险方法危害公共安全罪的扩张适用作出一定的限制，故设定了“已经确诊”的主体要件。因此，笔者认为，“疑似病人”同样应当限制于被医院宣布为疑似病例、计入全国疫情数据统计的病人。其三，与确诊患者密切接触人员或有疫区居住史者是否应当纳入此罪的犯罪主体之中。从《意见》规定看，密切接触者和疫区居住史者的抗拒、传播行为应当一律以妨害传染病防治罪论处。我们认为，不应一概否定密切接触者和有疫区居住史者适用前罪的空间，当行为人明知他人感染且自己已经出现类似发病症状时，仍然出入公共场所，并实际造成他人感染的，应当结合事实情况来判断行为人是否有危害公共安全的故意,进而选择合适的罪名。

三是关于犯罪的主观要件。除以危险方法危害公共安全罪外,刑法第一百一十五条第二款还规定有过失以危险方法危害公共安全罪。质言之,行为人危害公共安全的罪过,既可能出于故意,亦可能出于过失。但如前文所述,此次《意见》在明确了以危险方法危害公共安全罪的故意要件外,基本排除了过失以危险方法危害公共安全罪的适用空间,统一以妨害传染病防治罪代之。

三、在疫情防控期间仍然要依据刑法的基本理论理解并适用以危险方法危害公共安全罪

当前,疫情的防控正进入关键阶段,对各类涉疫犯罪的惩治需秉持"严"字当头,时刻绷紧法律红线,以保障人民群众的生命健康与财产安全。特殊时期实行严厉的刑事政策无疑是必要的,但也要协调好政策与法律的平衡关系,政策不能逾越法律底线,更不能取代法律。罪刑法定仍然是定罪量刑的基本原则。司法实践中适用以危险方法危害公共安全罪时,尤其应当注意以下几个方面:

首先,适用以危险方法危害公共安全罪与其他罪名的关系。尽管《意见》对疫情防控中的九类罪名的适用已经作出了较为明确的规定,但具体适用中应切忌生搬硬套,仍要充分考察行为人的主客观方面,科学把握罪与非罪、此罪与彼罪的界限:(1)对于已经确诊的行为人,拒接或擅自脱离隔离治疗,故意出入公共场所的,危及公共安全的,应当构成以危险方法危害公共安全罪;(2)对于经医疗机构诊断为疑似病例者,拒接或擅自脱离隔离治疗,故意出入公共场所,对病毒传播持放任态度,也客观造成了病毒传播的,仍应以以危险方法危害公共安全罪定罪处罚;(3)疑似病人拒绝或擅自脱离隔离治疗,但出入公共场所时佩戴口罩等防护用品,未主动与不特定群体接触时,即便客观上造成了他人感染,也不能一律认为其主观上持间接故意,应保留过失形态的可能性,对此仍应坚持具体案件具体分析。

其次,关于本罪的危害行为形式,应当包括作为与不作为两种形式。就刑法第一百一十四条所列举的放火罪、决水罪、爆炸罪和投放危险物质罪而言,放火、决水、爆炸和投放危险物质当然只能以作为的形式实施。但抗拒疫情防控以危害公共安全却可以呈现出不作为的形式。不作为并不是行为人没有任何身体上的物理活动,而是对作为义务的违反,即应当履行某一义务而未履行。根据《传染病防治法》第十二条的规定,疫情防控中,任何单位和个人都有接受疾病预防控制机构、医疗机构有关传染病的调查、检验、采集样本、隔离治疗等预防、控制措施的义务。因此,抗拒隔离治疗当然可以以不作为的形式作出。另外,与非法侵入住宅罪类似,"进入公共场所"同样可以表现为不作为,即原本处于公共场所之中的确诊患者、疑似病人仍然停留其中、拒绝离开。

最后,关于本罪的犯罪停止形态。刑法通说认为,以危险方法危害公共安全罪属具体危险犯,不以对法益产生实际的侵害作为构成要件要素,只要对不特定公众的安全产生现实的危险就属于既遂。然而,如前文所述,《意见》依据疫病主体的不同,规定了两种危害行为类型:一类是已经确诊的新冠肺炎病人、病原携带者,拒绝隔离治疗或者隔离期未满擅自脱离隔离治疗,并进入公共场所或者公共交通工具的,对于这种情形,一旦犯罪主体拒绝隔离治疗或者隔离期未满擅自脱离隔离治疗,意图进入公共场所或者公共交通工具,却被及时制止而未成的,不排除适用本罪未遂犯定罪处罚。另一类是新冠肺炎疑似病人拒绝隔离治疗或擅自脱离隔离治疗,并进入公共场所或者公共交通工具,造成新型冠状病毒传播的。问题是,对这类必须造成实害的危害公共安全的犯罪,若未实际造成病毒传播的结果,是以妨害传染病防治罪论处,还是以以危险方法危害公共安全罪的未遂论处呢?可能有观点认为,如果我们强调对公共卫生管理秩序的维护,即应将该行为认定为妨害传染病防治罪；如果我们强调对公众生命健康的保护，即应将该行为认定为以危险方法危害公共安全罪的未遂。笔者则认为，依据《意见》的规定，对于疑似病人，构成以危险方法危害公共安全罪，必须以进入公共场所或者公共交通工具，且造成新型冠状病毒传播为条件。“造成新型冠状病毒传播”之结果是该类型的危害公共安全罪成立的必要条件，如未造成病毒传播结果的，则不能构成本罪。所以，该类型犯罪基本不存在未遂犯的可能。

第三部分

侵犯公民人身权利、民主权利罪

指导案例

[第74号]孟铁保等赌博、绑架、敲诈勒索、故意伤害、非法拘禁案

——扣押、拘禁他人强索赌债的行为如何定罪处罚

【关键词】 非法拘禁罪 绑架罪 索取债务

一、基本案情

被告人孟铁保,男,1968年出生,山西省清徐县西谷乡人,农民。因涉嫌犯故意伤害罪、赌博罪、绑架罪、敲诈勒索罪、非法拘禁罪,于1998年6月1日被逮捕。

被告人梁宪刚,男,1966年出生,山西省清徐县西谷乡人,农民。因涉嫌犯绑架罪、非法拘禁罪,于1998年6月13日被逮捕。

被告人牛志明,男,1968年出生,山西省清徐县西谷乡人,农民。因涉嫌犯绑架罪,于1998年6月13日被逮捕。

被告人陈治忠,男,1966年出生,山西省清徐县西谷乡人,农民。因涉嫌非法拘禁罪,于1998年6月13日被逮捕。

被告人庞利民,男,1964年出生,山西省清徐县西谷乡人,农民。因涉嫌绑架罪、赌博罪,于1998年6月13日被逮捕。

被告人孟中有,男,1967年出生,山西省清徐县西谷乡人,农民。因涉嫌犯绑架罪,于1998年6月13日被逮捕。

被告人孟宪亮,男,1962年出生,山西省清徐县西谷乡人,农民。因涉嫌犯绑架罪,于1998年6月13日被逮捕。1998年12月11日被取保候审。

被告人薛建平,男,1955年出生,山西省清徐县西谷乡人,农民。因涉嫌犯故意伤害罪、赌博罪、绑架罪、敲诈勒索罪、非法拘禁罪,于1998年6月13日被逮捕。

被告人段青山,男,1956年出生,山西省清徐县西谷乡人,农民。因涉嫌犯故意伤害罪、赌博罪、绑架罪、敲诈勒索罪、非法拘禁罪,于1998年6月13日被逮捕。

被告人张永强,男,1968年出生,山西省清徐县西谷乡人,农民。因涉嫌犯故意伤害罪、赌博罪、绑架罪、敲诈勒索罪、非法拘禁罪,于1998年6月13日被逮捕。1998年12月11日被取保候审。

山西省太原市人民检察院以被告人孟铁保、梁宪刚、孟有中、庞利民、牛志明、孟宪亮、薛建平、陈治忠、段青山、张永强犯绑架罪、敲诈勒索罪、故意伤害罪、赌博罪、非法拘禁罪,向太原市中级人民法院提起公诉。

太原市中级人民法院经公开审理查明:

1994年冬的一天晚上,被告人孟铁保因赌博纠纷,纠集被告人薛建平等人到马跃发家,向马跃发索要人民币3 000元。孟分给薛建平100元。

1995年8月的一天,孟铁保怀疑在清徐县徐沟镇开歌厅的林连发挖走其歌厅的人,向林连发敲诈人民币1 400元。

1996年2月10日晚,孟铁保为向陈云锁索要赌债7万元,纠集被告人梁宪刚、薛建平、孟宪亮等人,在一饭店门口将陈云锁拦住,孟铁保用火枪托将陈头部打破,又将陈劫持到太原。陈的亲友送来5.5万元后被放回家。事后梁宪刚、薛建平、孟宪亮各得人民币1 000元。

1995年11月至1997年间,孟铁保以营利为目的,在被告人庞利民协助下,设赌抽头,多次在徐沟和文水县谢家寨放资抵和,投入12万余元资金,非法获利40万元。

1996年3月28日晚八时许,孟铁保、梁宪刚、孟中有为向杜俊杰索要其欠孟铁保的赌债7万元,将杜俊杰劫持到太原市一楼内,用皮带、折叠椅、轮流对杜殴打,杜答应将其重庆长安汽车抵折3万元,其余4万元每月还5 000元后,才放杜回家。

1996年3月30日,孟铁保因与本村村民孟铁生有矛盾,将孟铁生劫持到太原市用木棍和皮带殴打孟铁生,致孟铁生轻伤。

1996年4月的一天下午,孟铁保、梁宪刚、孟中有向王铁牛索要其欠孟铁保的赌债1.2万元,三人在徐沟镇将王铁牛劫持到汾河二坝水文部屋内,让王跪下,并分别用手、脚、打气筒轮流对王殴打,王被迫交给孟铁保人民币1万元。

1997年9月,孟铁保在文水县谢家寨放赌时,该村村民岳建唐欠孟赌债9 900余元。同年11月4日凌晨,孟铁保指使他人将岳建唐及其子岳永刚劫持到太原体育馆澡堂,孟铁保对岳建唐殴打后,逼岳永刚拿3万元赎人,后岳的亲属将2.6万元和传呼机一部交给庞利民后,孟铁保放岳建唐回家。

1997年11月的一天下午,孟铁保伙同他人将麻耀强劫持到太原市一空房内,向其索要麻欠孟铁保的赌债3万元。孟铁保用桌腿打麻,威逼麻给其家人打电话拿6万元赎人,麻的亲属交给孟铁保3万元后才将麻放回家。

1998年2月24日晚9时,孟铁保与张和平赌博时发生争执,庞利民伙同他人将张和平劫持交给孟铁保,孟铁保又将张劫持到太原市南郊区一村民家中,对张进行殴打,并要求与张和平同行的郑树清拿3.5万元赎人。后张和平的亲属拿2.4万元交给孟铁保,孟放张和平回家。事后,张又交给孟铁保3 000元及金戒指一枚。

1998年2月11日和3月的一天晚上,孟铁保纠集"虎儿"(在逃),两次爬墙进入焦铁忠家中,向焦索要赌债1.4万元。在孟铁保的威逼下,焦让他人将1.4万元交给孟铁保。

1998年4月4日晚11时许,孟铁保伙同牛志明向岳国庆索要其欠孟铁保的赌债8 000元,并将岳劫持到太原市一招待所内控制3天,岳的妹妹交出4 700元后才放岳回家。

1998年5月20日晚,被告人陈治忠、梁宪刚、段青山、张永强为要回陈治忠付给张托兰为其揽工程的押金1.5万元、价值5 000元的金表一块及其他花费,经预谋将张托兰骗至太原体育场育花基地工棚,对张进行殴打,威逼张给家人打电话拿4万元赎人,陈治忠与张的家人电话约定在金海马歌厅交付。公安人员在金海马歌厅将陈治忠、张永强抓获,后张永强带公安人员到太原体育场育花基地工棚将梁宪刚和段青山抓获。

太原市中级人民法院认为:被告人孟铁保为索要赌债纠集被告人梁宪刚、庞利民、孟中有、孟宪亮、薛建平、牛志明绑架他人的行为构成绑架罪;被告人梁宪刚、陈治忠、段青山、张永强为索取债务而非法扣押、限制他人人身自由,并殴打他人的行为构成非法拘禁罪;被告人孟铁保还构成故意伤害罪、敲诈勒索罪、赌博罪,庞利民构成赌博罪、薛建平构成敲诈勒索罪。孟铁保在绑架、敲诈勒索犯罪中,陈治忠在非法拘禁犯罪中起主要作用,其他各被告人在共同犯罪中起次要作用。孟铁保在羁押期间检举他人犯罪并查证属实,有立功表现,可从轻处罚。孟宪亮、薛建平主动到公安机关投案自首,可从轻或减轻处罚。张永强协助公安机关抓获其他同案被告人,可酌情从轻处罚。依照《中华人民共和国刑法》第十二条第一款，第二百三十九条第一款，第二百三十八条第一款、第三款，1979年《中华人民共和国刑法》第一百五十四条，第一百三十四条第一款，第一百六十八条，第二十二条，第二十三条，第二十四条，第六十三条，第六十四条和第六十七条的规定，于1998年12月3日判决如下：

1. 被告人孟铁保犯绑架罪，判处有期徒刑十三年；犯敲诈勒索罪，判处有期徒刑三年；犯故意伤害罪，判处有期徒刑二年；犯赌博罪，判处有期徒刑二年。决定执行有期徒刑十九年。

2. 被告人梁宪刚犯绑架罪，判处有期徒刑七年；犯非法拘禁罪，判处有期徒刑二年。决定执行有期徒刑八年。

3. 被告人孟中有犯绑架罪，判处有期徒刑五年。

4. 被告人庞利民犯绑架罪，判处有期徒刑三年；犯赌博罪，判处有期徒刑一年。决定执行有期徒刑三年零六个月。

5. 被告人牛志明犯绑架罪，判处有期徒刑三年。

6. 被告人孟宪亮犯绑架罪，判处有期徒刑二年，缓刑二年。

7. 被告人薛建平犯绑架罪，判处有期徒刑二年；犯敲诈勒索罪，判处有期徒刑一年。决定执行有期徒刑二年，缓刑二年。

8. 被告人陈治忠犯非法拘禁罪，判处有期徒刑三年。

9. 被告人段青山犯非法拘禁罪，判处有期徒刑二年。

10. 被告人张永强犯非法拘禁罪，判处有期徒刑一年，缓刑一年。

一审宣判后，孟铁保、孟中有、庞利民、孟宪亮、薛建平、段青山和张永强服判，不上诉。梁宪刚、牛志明和陈治忠不服，向山西省高级人民法院提出上诉。

梁宪刚上诉称：其行为不构成绑架罪；在帮助陈治忠向张托兰要被骗的钱的过程中，只起了非常轻微的作用，非法拘禁罪不能成立；量刑过重。

牛志明上诉称，其犯罪情节较轻，量刑过重。

陈治忠上诉称，以非法拘禁罪定性缺乏事实和法律依据，量刑过重。

山西省高级人民法院经审理认为：原判认定的事实清楚，证据确实、充分。原审被告人孟铁保、庞利民不属明显为了收回赌债，或收回的“债”远远多于赌债而绑架张和平、岳建唐的行为，已构成绑架罪；原审被告人孟铁保劫持、殴打孟铁生的行为，已构成故意伤害罪，进入马跃发、焦铁忠、林连发的住宅强索财物的行为构成敲诈勒索罪，以营利为目的设赌抽头的行为构成赌博罪；原审被告人庞利民参与放赌的行为构成赌博罪，原审被告人薛建平参与入户强索财物的行为构成敲诈勒索罪；上诉人梁宪刚和原审被告人段青山、张永强为索取债务而非法扣押、限制他人人身自由，进行殴打的行为，已构成非法拘禁罪。原审被告人孟铁保在非法拘禁、敲诈勒索共同犯罪中，陈治忠在非法拘禁犯罪中均起主要作用，系主犯，其他各被告人在共同犯罪中起次要作用，系从犯。原审被告人孟铁保在羁押期间能检举揭发他人的犯罪事实，并经查证属实，有立功表现，应当减轻处罚。原审被告人张永强协助公安机关抓获其他同案被告人，应当酌情从轻处罚。但原审被告人孟铁保纠集上诉人梁宪刚、牛志明和原审被告人孟中有、孟宪亮、薛建平劫持并限制陈云锁、杜俊杰、王铁牛、麻耀强、岳国庆等人人身自由，强索赌债的行为，应以非法拘禁罪定罪处刑，原审判决以绑架罪定罪处刑不当；原审被告人孟宪亮、薛建平能主动到公安机关投案自首，应当从轻处罚，但原审被告人薛建平犯数罪，对其适用缓刑不当。上诉人梁宪刚、牛志明关于其行为不构成绑架罪的上诉理由，予以采纳。上诉人陈治忠关于原判认定事实不清、定性不当、量刑过重的上诉理由不能成立，不予采纳。依照1996年《中华人民共和国刑事诉讼法》第一百八十九条第一项、第二项,《中华人民共和国刑法》第十二条第一款,第二百三十九条第一款,第二百三十八条第一、三款,1979年《中华人民共和国刑法》第一百五十四条,第一百三十四条第一款,第一百六十八条,第二十二条,第二十三条,第二十四条,第六十三条,第六十四条和第六十七条的规定,于2000年5月22日判决如下:

1. 维持太原市中级人民法院刑事判决中以被告人孟铁保犯敲诈勒索罪,判处有期徒刑三年,犯故意伤害罪,判处有期徒刑二年,犯赌博罪,判处有期徒刑二年;被告人庞利民犯绑架罪,判处有期徒刑三年,犯赌博罪,判处有期徒刑一年,决定执行有期徒刑三年零六个月;被告人薛建平犯敲诈勒索罪,判处有期徒刑一年;被告人陈治忠犯非法拘禁罪,判处有期徒刑三年;被告人段青山犯非法拘禁罪,判处有期徒刑二年;被告人张永强犯非法拘禁罪,判处有期徒刑一年,缓刑一年的部分。

2. 撤销太原市中级人民法院刑事判决的其他部分。

3. 被告人孟铁保犯绑架罪,判处有期徒刑七年;犯非法拘禁罪,判处有期徒刑三年;与原判其敲诈勒索罪有期徒刑三年、故意伤害罪有期徒刑二年、赌博罪有期徒刑二年并罚,决定执行有期徒刑十四年。

4. 被告人梁宪刚犯非法拘禁罪,判处有期徒刑二年。

5. 被告人孟中有犯非法拘禁罪,判处有期徒刑二年。

6. 被告人牛志明犯非法拘禁罪,判处有期徒刑二年。

7. 被告人孟宪亮犯非法拘禁罪,判处有期徒刑一年,缓刑二年。

8. 被告人薛建平犯非法拘禁罪,判处有期徒刑一年;与原判敲诈勒索罪有期徒刑一年并罚,决定执行有期徒刑一年。

二、主要问题

采取劫持、扣押人质,限制他人人身自由的手段强索赌债的行为应如何定性?

对于为索取法律不予保护的债务而采取扣押、拘禁等非法手段限制他人人身自由的行为,如何适用法律定罪处刑,司法实践中存在两种不同的认识与做法:

一种是认为高利贷、赌债、嫖债等非法债务不受法律保护,故将劫持他人强索非法债务的行为以绑架罪定罪处罚;

另一种则认为,高利贷、赌债、嫖债等虽然不受法律保护,但仍是一种债权债务关系,强索高利贷、赌债、嫖债等与绑架强索不存在债权债务关系的公民财物,是有区别的,故应以非法拘禁罪定罪处罚。

三、裁判理由

(一)被告人孟铁保等人为索要赌债而非法扣押、拘禁他人的行为,应以非法拘禁罪定罪处罚

实际生活中,行为人为索取高利贷、赌债、嫖债等非法债务而扣押、拘禁他人的案件,时有发生。对于被告人孟铁保纠集被告人梁宪刚、牛志明、孟中有、孟宪亮、薛建平等劫持并限制陈云锁、杜俊杰、王铁牛、麻耀强、岳国庆等人人身自由,强索赌债的行为,一审法院认定其构成绑架罪,二审法院则认定其构成非法拘禁罪。产生两种不同的定性,主要是一、二审法院对刑法第二百三十八条第三款的规定理解有分歧。刑法第二百三十八条第三款的规定:"为索取债务非法扣押、拘禁他人的",以非法拘禁罪定罪处罚。这里的"债务",一般理解为合法债务,即民事法律关系上的财产给付义务。这种权利义务关系主要是由民事法律加以调整的。我国刑法第二百三十八条第三款之所以规定为索取债务非法扣押、拘禁他人的,以非法拘禁罪定罪处罚,立法本意并不在于以此来体现对债权的特别保护,而是要强调即使是为了索取正当、合法的债务,也不得采取扣押、拘禁他人等限制人身自由的非法方法。非法拘禁罪属于侵犯公民人身权利的犯罪,刑法

所保护的是公民的人身权利,既然为索取正当、合法的债务非法限制他人人身自由就构成本罪,那么,为索取赌债、高利贷以及嫖资等法律不予保护的非法债务而扣押、拘禁他人的,以非法拘禁罪定罪处罚就更不成问题了。对此,最高人民法院于2000年6月30日通过了《关于对为法律不予保护的债务非法拘禁他人行为如何定罪问题的解释》,明确规定:“行为人为索取高利贷、赌债等法律不予保护的债务,非法拘禁他人的,依照刑法第二百三十八条的规定定罪处罚”。这就为今后司法机关处理类似案件提供了明确的法律依据。

以索取债务为目的的非法拘禁罪和以勒索财物为目的的绑架罪,在客观上均表现为非法剥夺他人人身自由的行为,但两罪还是有本质区别的。

首先,行为人非法限制他人人身自由的主观目的不同。绑架罪是以勒索财物为目的,采取暴力、胁迫、麻醉或者其他方法绑架他人,或者绑架他人作为人质的行为;而为索取债务、非法剥夺他人人身自由的非法拘禁罪,行为人采取非法扣押、拘禁他人的行为,目的是索要债务(包括赌债等法律不予保护的债务),不是无故向“人质”及其家人或单位勒索钱物,非法扣押、拘禁他人是其逼还债务的手段,不具有勒索财物的目的。

其次,从犯罪对象看,为索取债务而非法拘禁他人区别于“以勒索财物为目的”而绑架他人的关键,就在于在行为人实施非法剥夺他人人身自由的行为之前是否存在能够引起“债务”的特定行为或事件。绑架罪是行为人纯粹无中生有地向他人索取财物,双方一般不存在债权债务关系,因此,犯罪对象通常是不特定的、财产上富有的人。而在为索取债务非法拘禁他人的情形中,行为人与被拘禁者之间存在特定的债权债务关系,即使是在赌博、高利贷、嫖娼等非法活动中发生的不受法律保护的“债务”,行为人也是“事出有因”才向他人索取财物,因此,犯罪对象通常是特定的甚至是自身有过错的人。

再次,在客观上,绑架罪中采取的暴力、胁迫、麻醉等犯罪方法,对人的健康、生命有较大的危害。而非法拘禁罪中在实施扣押、拘禁他人的过程中也可能会有捆绑、推搡、殴打等行为,但主要是侵害他人的人身自由,对他人的生命健康造成的损害一般要比绑架罪小。

最后,以强索债务(包括不受法律保护的债务)而扣押、拘禁他人,与单纯以勒索财物为目的绑架他人,给受害人、受害人的近亲属和社会造成的心理影响、不安全感和危害也有很大不同。前者的不利影响、危害性要小些,后者则十分严重。

本案中,被告人孟铁保纠集他人劫持陈云锁、杜俊杰、王铁牛、麻耀强、岳国庆等人并限制其人身自由,目的是强索赌债,虽然其索取的赌债属法律不予保护的债务,但毕竟不是无中生有地勒索财物,而且他们要求给付和实际索取的财物数额也没有超出实际赌债的范围或超出不多,他们非法扣押、拘禁他人,限制他人人身自由的行为,目的在于以此为手段,迫使他人履行“债务”,因此,此种行为不能定绑架罪,应以非法拘禁罪定罪处刑。本案的处理虽然在《最高人民法院关于为索取法律不予保护的债务非法拘禁他人行为如何定罪问题的解释》颁行之前,但二审法院能够准确理解和适用法律,正确定罪量刑,无疑是值得称道的。

(二)被告人孟铁保等人非法劫持并扣押他人后向被害人家属索要大大超出赌债范围的钱物的行为,已构成绑架罪

本案中,被告人孟铁保在与张和平因赌博发生争执后,伙同他人将其劫持、殴打、扣押,并向其家属勒索3.5万元钱财的行为,明显超出了索取赌债的范围,是以赌博纠纷为借口和由来,以勒索财物为目的绑架他人,已构成绑架罪;被告人孟铁保伙同他人,将只欠其9 900元赌债的岳建唐非法扣押后,向其亲属索要3万元的行为,由于其索要财物的金额大大超出了赌债的数额,被告人行为的目的已不再单纯是索要赌债,而转化成以索债为名,采取绑架的手段来勒索他人的财

物，这一行为符合绑架罪以勒索财物为目的绑架他人的特征，应当以绑架罪定罪处罚。一、二审法院对上述两个具体犯罪行为以绑架罪定罪处罚是正确的。

需要指出的是，对这类性质的犯罪行为，以绑架罪定罪处罚时，应当注意，只有行为人勒索的钱财明显大于被害人所欠的法律不予保护的债务，行为的性质已经超出为索取“债务”而非法限制他人人身自由的范围，实质上成为以非法拘禁、扣押人质为手段勒索他人钱财时，才能以绑架罪定罪处罚。如果行为人索要的钱财没有超出被害人所欠的“债务”的范围，或者两者之间差额不大，就不能以绑架罪定罪处罚。如被害人欠行为人 10 万元的赌债，而行为人向被害人索要 12 万元、13 万元，因为毕竟有被害人欠行为人 10 万元赌债这一事实存在，被害人在案件的起因上亦有一定的过错，而且行为人索要超出赌债的部分钱财可能有这样或者那样的一些原因，并不一定全是为了勒索钱财，因此，这种情况一般不宜对行为人以绑架罪定罪处罚。至于行为人索要的钱财与被害人所欠“债务”的差额究竟多大，才以绑架罪定罪处罚，现行刑法和有关司法解释均未予明确，人民法院在处理具体案件时，一般应当综合考虑被告人实际索要钱物的绝对数额是否巨大；索要超出“债务”本身的钱物数额与债务本身的数额差额是否巨大；索要数额虽然特别巨大，当实际得到的与所欠“债务”数额相当，是否将所扣押的人放走等实际情况，依法认定。

（执笔：韩晋萍
审编：裴显鼎）

[第943号]冯维达、周峰故意杀人案

——行为人对其主观心态的辩解是否影响自首的成立

【关键词】 故意杀人罪　对主观心态的辩解　如实供述　自首

一、基本案情

被告人冯维达，男，汉族，1979 年 11 月 8 日出生，农民。2005 年 9 月因犯非法拘禁罪被判处拘役六个月；2011 年 7 月 22 日因涉嫌故意杀人罪被逮捕。

被告人周峰，男，汉族，1984 年 12 月 21 日出生，农民。2011 年 7 月 22 日因涉嫌故意杀人罪被逮捕。

浙江省杭州市人民检察院以被告人冯维达、周峰犯故意杀人罪，向杭州市中级人民法院提起公诉。

被告人冯维达辩称，在与二被害人发生冲突的过程中，其并非有意追赶二被害人，因被害人砍其轿车，其为向二被害人索赔而在追赶过程中不小心撞上被害人的摩托车。其辩护人提出，被告人冯维达只想逼停被害人要求赔偿，发生碰撞时冯维达踩了刹车，本案应当定性为交通肇事逃逸，冯维达自动投案并如实供述自己的罪行，应当认定为自首。

被告人周峰辩称，其没有让冯维达摆平被害人，当看到二被害人驾驶摩托车经过时其也没有让冯维达追赶，故其行为不构成故意杀人罪。其辩护人基于以下理由请求法庭对周峰从轻处罚：本案系冯维达临时起意追赶被害人，周峰不构成故意杀人罪的共犯；周峰对犯罪性质的辩解不影响自首的成立；被害人具有过错。

杭州市中级人民法院经公开审理查明：2011 年 6 月 17 日凌晨 2 时许，被告人周峰驾驶牌号

为“浙 A7226P”的雪佛兰轿车至浙江省杭州市余杭区崇贤镇众望街“星期八烧烤店”吃夜宵时遇到其熟悉的被害人祁亮(殁年27岁)等人。祁亮遂通知范玉民(另案处理)过来持刀挑衅。周峰驾车离开时打电话让被告人冯维达开车前来摆平此事。祁亮听到周峰打电话联系他人,遂打电话纠集被害人侯树伟(殁年19岁)、祈雷(另案处理)等人前来,并持砍刀、木棍围住周峰的轿车,祁亮还持械砍砸周峰的轿车。周峰驾车冲出并赶到崇贤镇农业银行附近与驾驶凯迪拉克轿车前来的冯维达会合。此时,寻找周峰的祁亮驾驶摩托车搭载侯树伟携带砍刀、木棍正好从周峰、冯维达汇合处经过,周峰即向冯维达指认祁亮、侯树伟系欺负他之人,并率先驾驶轿车顶上摩托车。祁亮、侯树伟驾乘摩托车转弯,冯维达即驾驶凯迪拉克轿车调头追赶,周峰驾车紧随其后。追逐过程中,冯维达加速行驶,在崇贤镇众望街94号路段撞上摩托车,致摩托车倒地滑行数米,祁亮、侯树伟被撞倒在人行道上,撞击后冯维达又驾车行驶数十米,后因轮胎严重破损无法行驶而弃车换乘周峰驾驶的轿车逃离现场。祁亮、侯树伟均因与地面撞击、摩擦致颅脑损伤死亡。

杭州市中级人民法院认为,被告人周峰遭到他人寻衅后,为泄愤报复而纠集被告人冯维达并指认对方人员,冯维达、周峰先后驾驶汽车高速追逐对方人员,由冯维达不计后果地高速猛烈撞击被害人驾驶的摩托车,致二被害人死亡,其行为均构成故意杀人罪。公诉机关指控的罪名成立。现场痕迹反映出冯维达在撞击摩托车之前车速快且未刹车,且撞击之后继续驾车行驶100余米,因车胎爆破无法前行才停止,因此,冯维达对二被害人的死亡后果持希望或者放任的态度,符合故意杀人罪的构成特征。周峰虽未明确指使冯维达撞击二被害人,但其纠集冯维达驾车前来目的是泄愤报复对方,明知冯维达驾车高速追逐的行为可能导致二被害人伤亡结果的发生,非但未制止反而驾车紧跟,且在冯维达撞击二被害人后,驾车带冯维达逃离现场,逃离途中也未对冯维达的撞击行为表示任何反对或者不满,由此体现出冯维达高速撞击二被害人的行为并未超出周峰报复、摆平对方的概括性故意。故相关辩护意见与查证的事实不符,不予采纳。冯维达、周峰投案后能够如实供述本人实施的主要客观犯罪行为,符合自首条件;但二被告人未如实供述本人主观故意的内容,实际未真诚悔罪。二被害人在本案起因上有一定过错,辩护人所提被害人有过错的辩护意见予以采纳。鉴于冯维达故意杀人犯罪的社会危害性极大,犯罪后果极其严重,根据被害人的过错程度以及冯维达的自首程度,尚不足以对冯维达从宽处罚。鉴于周峰未直接加害二被害人,可视其自首情节、赔偿情况以及被害人过错的程度,依法可以从轻处罚。据此,依照《中华人民共和国刑法》第二百三十二条、第二十五条第一款、第六十七条第一款、第五十七条第一款、第五十六条第一款、第五十五条第一款之规定,判决如下:

1. 被告人冯维达犯故意杀人罪,判处死刑,剥夺政治权利终身。

2. 被告人周峰犯故意杀人罪,判处有期徒刑十五年,剥夺政治权利三年。

一审宣判后,被告人冯维达不服,向浙江省高级人民法院提起上诉。冯维达及其辩护人基于以下理由提出原判量刑过重,请求法庭对冯维达从轻处罚:冯维达没有杀人的故意及动机;原判认定二被害人未砍击冯维达所开车辆及车挡风玻璃破裂是碰撞后碎裂的证据不足;即使冯维达驾车追逐放任危害结果发生,也系间接故意;被害人具有过错;冯维达具有自首情节。

被告人周峰不服,向浙江省高级人民法院提起上诉。冯维达及其辩护人基于以下理由提出原判量刑过重,请求法庭对周峰从轻处罚:周峰没有实施共同杀害被害人的行为;周峰具有自首情节。

二审出庭检察员认为,原判认定的事实清楚,证据确实、充分,定性准确,量刑适当,二上诉人的上诉理由及辩护意见均不能成立,遂建议驳回上诉,维持原判。

浙江省高级人民法院经公开审理认为,原判认定上诉人冯维达、周峰故意杀人的事实清楚,证据确实、充分。冯维达、周峰虽然均系主动投案,但并未如实供述自己的主要犯罪事实,原判认定二上诉人构成自首不当,应予更正。原判定罪正确,量刑适当,审判程序合法。冯维达、周峰要求改判的理由不足,不予采纳。据此,浙江省高级人民法院依法裁定驳回被告人冯维达、周峰的上诉,维持原判,并将判处被告人冯维达死刑的裁定依法报请最高人民法院核准。

最高人民法院复核认为,被告人冯维达受同案被告人周峰纠集,故意非法剥夺他人生命,其行为构成故意杀人罪。在共同犯罪中,冯维达直接实施致死二被害人的行为,系罪责最为严重的主犯。冯维达被纠集至现场后即在居民区驾驶轿车高速行驶,故意撞击二被害人驾乘的摩托车致二被害人死亡,犯罪情节特别恶劣,犯罪后果特别严重,罪行极其严重,依法应当严惩。第一审判决、第二审裁定认定的事实清楚,证据确实、充分,定罪准确,量刑适当,审判程序合法。据此,最高人民法院依法裁定核准浙江省高级人民法院维持第一审以故意杀人罪判处被告人冯维达死刑,剥夺政治权利终身的刑事裁定。

二、主要问题

行为人对其主观心态的辩解是否影响自首的成立?

三、裁判理由

本案一审认定被告人冯维达、周峰在犯罪后自动投案,如实供述自己的罪行,构成自首;二审则认为二被告人虽然均系自动投案,但并未如实供述自己的主要犯罪事实,不能认定为自首。因周峰一直否认纠集冯维达来现场摆平被害人,且否认指使冯维达驾车追赶被害人,周峰的上述辩解已经否认了自己的客观犯罪事实,系未如实供述主要犯罪事实,二审依法认定周峰不构成自首有充分的法律依据。而冯维达虽然一直如实供述其驾车撞死二被害人的客观犯罪事实,但始终否认其具有故意杀人的主观心态。由于一审、二审对行为人仅从主观心态进行辩解是否影响自首的成立认识不一,故对冯维达是否构成自首存在不同认定。

对于如何理解“如实供述自己的罪行(主要犯罪事实)”及“对行为性质的辩解不影响自首的成立”这两个有关自首认定的重要问题,理论界和实务界均有不同意见。一种意见认为,“如实供述自己的罪行(主要犯罪事实)”是指如实供述自己犯罪的客观行为,并不要求如实供述作案时的主观心态(罪过),行为人只要供述客观行为是其所为就应当认定其供述了主要犯罪事实;对主观心态的辩解属于对行为性质的辩解,这是行为人行使刑事诉讼法所赋予的辩护权的当然要求。另一种意见则认为,“如实供述自己的罪行(主要犯罪事实)”是指如实供述自己的“主要(基本)犯罪构成事实”,犯罪构成事实不仅包括主体、客体和客观方面的事实,还包括主观方面的事实,是主客观方面的统一,因此,“如实供述自己的罪行(主要犯罪事实)”不仅要求行为人如实供述客观行为,还要求如实供述其犯罪时的主观心态,否则就不能认定为自首。

我们同意后一种意见。上述两种意见的分歧焦点在于如何理解“主观心态”与“主要犯罪事实”及“对主观心态的辩解”与“对行为性质的辩解”之间的关系。具体分析如下:

(一)主观心态属于“主要犯罪事实”

刑法理论将成立犯罪所必须具备的条件称为“犯罪构成要件”。犯罪构成要件是刑法规定的,决定某一行为的社会危害性及其程度,而为成立犯罪所必需的一切客观主观要件的有机统一。[①] 犯罪构成由犯罪客体、犯罪客观要件、犯罪主体和犯罪主观要件组成。犯罪事实是指客观

① 张明楷:《刑法学》,法律出版社2011年版,第98~99页。

存在的犯罪的一切实际情况的总和,包括犯罪的全部活动及其结果。① 犯罪事实包括犯罪构成事实和非犯罪构成事实。② 犯罪构成事实包括犯罪客体要件、犯罪客观要件、犯罪主体要件、犯罪客观要件的事实。③ 犯罪构成事实是认定犯罪所必须具备的事实,因此,它属于主要犯罪事实。在犯罪构成事实中,尽管犯罪客观要件事实(危害行为、危害结果、行为的时间、地点、方法等)是定罪的基础,但犯罪主观要件事实(行为人对实施的危害行为及其危害结果所持的主观心理态度)对区分罪与非罪、一罪与数罪、轻罪与重罪具有重要意义。罪过的形式和内容,直接反映出行为人主观上对危害行为及危害结果的态度。既然犯罪构成事实是主要犯罪事实,那么,行为人主观心态作为犯罪主观要件事实,当然属于"主要犯罪事实"。因此,行为人自动投案后是否如实供述犯罪主观心态,必然影响自首的认定。

(二)"对行为性质的辩解"与"是否如实供述主观心态"本质上是两个层面的问题

有观点认为,对行为性质的辩解通常是针对主观心态进行,行为人针对主观心态的辩解属于对行为性质的辩解,更何况主观心态可以通过客观行为表现出来,行为人即使不如实交代犯罪时的主观心态,也可以结合在案证据通过其实施的客观行为来认定,因此,行为人是否如实供述作案时的主观心态并不影响自首的认定。

我们认为这种认识值得商榷。理由如下:

首先,"对行为性质的辩解"与"对主观心态的辩解"存在质的区别。"对行为性质的辩解"是对犯罪行为的定性,即犯罪行为在法律上是否应当被认定为犯罪所作的辩解,而不是对主观心态内容(是故意还是过失、是直接故意还是间接故意等)的辩解。主张对主观心态进行辩解不影响自首成立的观点,最有力的理由是,根据最高人民法院2004年下发的《关于被告人对行为性质的辩解是否影响自首成立问题的批复》(以下简称《批复》)的规定,对行为性质的辩解不影响自首的成立。然而,有必要强调的是,《批复》是最高人民法院对广西壮族自治区高级人民法院《关于被告人对事实性质的辩解是否影响投案自首的成立的请示》作出的有针对性的批复。《批复》所规定的对自己行为的性质进行辩解,必须是在行为人已经"如实供述自己的罪行"的前提下,即在本质上是对法律适用方面的辩解,而不是对犯罪事实本身是否存在的辩解。对行为性质的辩解与对主观心态的辩解是两个不同层次的问题。因为"对于自己的行为是否构成犯罪,是一个主观认识问题,法律只强调自首要求犯罪嫌疑人把自己的行为事实如实地交代,至于是否对自己的行为有正确的法律认识,在自首的认定中是不需要加以评价的"。④ 举例而言,行为人在自动投案后如实交代了持刀取得被害人财物的犯罪事实,但辩解其行为不构成抢劫罪,而是抢夺罪,这其实是行为人对行为法律性质的一种主观认识,认识的对错不能否认其如实供述了犯罪事实。反之,如果行为人自动投案后虽然承认从被害人处取得财物,但辩称是被害人归还给他的欠款,否认具有非法占有被害人财物的主观心态,则属于未如实供述主要犯罪事实,不能认定为自首。

其次,主观心态固然可以通过行为人的客观行为以及在案证据进行认定,但不能据此认为,认定自首可以不必要求行为人如实供述自己的主观心态。正如,行为人的客观行为虽然通常能够通过行为人口供之外的其他证据予以证实(如目击证人证言),但不能据此认为,认定自首行为人亦无须如实供述自己的客观行为。

---

① 参见高铭暄、马克昌:《刑法学》,中国法制出版社1999年版,第71~78页;莫洪宪:《论自首和立功》,载《法学评论》1996年第2期。

② 参见赵廷光:《论定罪剩余的犯罪构成事实转化为量刑情节》,载《湖北警官学院学报》2005年第1期。

③ 参见罗国良:《论非法证据排除规则中口供合法性的证明责任》,载《中国刑事法杂志》2006年第6期。

④ 赵秉志、肖中华、左坚卫:《刑法问题对谈录》,北京大学出版社2007年版,第227~228页。

(三)"如实供述"的认定

"如实供述",顾名思义,是指实事求是地、客观地供述犯罪事实。如实供述自己的罪行,要求行为人真实、完整地交代自己的主要犯罪事实。具体包括三层含义:其一,行为人供述的内容应当是犯罪事实。其二,行为人供述的内容应当是本人的犯罪事实。即是由行为人自己实施,并由其自己承担刑事责任的罪行(共同犯罪中还包括其知道的共同犯罪人的犯罪事实)。其三,行为人供述的内容应当是主要犯罪事实。如果行为人只交代自己次要的犯罪事实而回避主要犯罪事实,则不能认定为"如实供述"。司法实践中,"如实供述"的认定是一个非常复杂的问题。如对行为人将故意杀人辩解为过失致人死亡的情形,因为罪过的形式和内容有巨大反差(将故意辩解为过失),一般认定行为人没有如实供述主要犯罪事实没有争议。但在行为人承认其罪过形式是故意,辩称只是伤害故意,而没有杀人故意的情况下,对这种将重罪故意辩解为轻罪故意的情形,是否认定为如实供述主要犯罪事实存在一定分歧。

目前,刑法和相关司法解释均未对"如实"的判断标准作出规定。虽然最高人民法院2010年出台的《关于处理自首和立功若干问题的意见》以"真实情况"来解释"如实",①但"真实情况"的表述仍然过于模糊。对此,我们认为,"如实供述"的认定虽然是刑事实体法要研究的问题,但犯罪事实的认定和定罪量刑必需依靠刑事诉讼法解决,脱离案件证据和程序规范,对"如实供述"的认定就会陷入纯理论探讨的泥沼。因此,"如实供述"的判断应当以根据在案证据查明的案件事实为认定标准。限于人的认识能力、认识水平以及客观实际,绝对的犯罪客观真实是无法复原的,但依照法定程序,通过在案证据"重现"的犯罪事实,就应当视为案件事实。

具体到对行为人主观心态的认定上,我们认为,应当按照主客观相统一原则把握行为人是否"如实供述"犯罪主观心态,即以行为人对主观心态的辩解是否改变或者否定依照在案证据认定的案件事实为标准:如果行为人的辩解具有合理的根据能够成立,或者不能被在案证据排除的,就属于没有改变或者否定案件事实,不影响"如实供述"的成立;反之,则影响"如实供述"的成立。对于上述将重罪故意辩解为轻罪故意的情形,可以通过这个标准来分析行为人对主观心态的辩解是否影响"如实供述"的成立:根据行为人和被害人的关系(是否有矛盾,矛盾大小)、行为人作案时的行为表现(是否扬言杀人,是否追杀)、被害人的创口部位(要害部位还是非要害部位)、创口数量(多处创口还是一处创口)、行为人作案后的态度(是否有抢救被害人的行为)等在案证据证实的情节,若在案证据足以认定行为人实施的是重罪故意行为,则行为人的辩解不能成立,不能认定其构成自首;反之,若在案证据不能认定行为人实施了重罪故意行为,或者不能排除其有实施轻罪故意行为可能的,则应当认定行为人的辩解成立,认定其构成自首。

本案中,被告人冯维达自动投案后供述的犯罪事实有以下变化:其首次供述不承认驾车转弯是为了追赶被害人,在整个侦查阶段否认两次撞击被害人的摩托车,且至二审庭审均否认有撞击被害人摩托车的主观故意,辩称撞击前踩了刹车但没刹住,是不小心撞到了摩托车。但同案被告人周峰的供述、多名目击证人的证言及监控录像均证实,冯维达在看到二被害人后即驾车追赶,两次撞击被害人驾乘的摩托车;交通事故勘查笔录亦证实,冯维达作案时所驾凯迪拉克轿车的制动痕迹开始于撞击点(说明撞击前没有刹车),而技术验证报告证实,该凯迪拉克轿车的制动性能

---

① 最高人民法院《关于处理自首和立功若干具体问题的意见》第二条规定,《解释》第一条第(二)项规定如实供述自己的罪行,除供述自己的主要犯罪事实外,还应包括姓名、年龄、职业、住址、前科等情况。犯罪嫌疑人供述的身份等情况与"真实情况"(注:引号系作者加)虽有差别,但不影响定罪量刑的,应认定为如实供述自己的罪行。

正常,证明冯维达所提"撞击前踩了刹车但没刹住"的辩解不能成立。上述在案证据足以证明冯维达是故意撞击被害人的摩托车,其是精神和智力正常的成年人,对驾驶轿车高速撞击二轮摩托车可能造成被害人死亡这一结果是明知的,至少有放任被害人死亡的故意。因此,冯维达一直否认有故意杀人的主观心态,与庭审查明的案件事实不符,其对主观心态的辩解(将故意辩解为过失)已经达到了否定案件事实的程度,属于未如实供述自己的主要犯罪事实,二审认定其不能构成自首是正确的。

(撰稿:最高人民法院刑三庭　陈　攀
审编:最高人民法院刑三庭　罗国良)

[第944号]张芳元故意杀人案

——如何区分"形迹可疑人"与"犯罪嫌疑人"

【关键词】 故意杀人罪　形迹可疑　罪行尚未被发觉　自首

一、基本案情

被告人张芳元,男,1968年8月27日出生,农民。2012年1月4日因涉嫌故意杀人罪被逮捕。

贵州省安顺市人民检察院以被告人张芳元犯故意杀人罪向安顺市中级人民法院提起公诉。附带民事诉讼原告人梁兵、梁芳、梁建提起附带民事诉讼。

被告人张芳元对指控的犯罪事实及罪名无异议。其辩护人提出张芳元在接受公安机关传唤时主动供述犯罪事实,应当认定具有自首情节。

安顺市中级人民法院经公开审理查明:被告人张芳元与被害人朱勤芬(女,殁年40岁)有不正当男女关系。2011年11月15日,二人经电话联系,相约于当日19时30分许在安顺市西秀区大西桥镇小屯关贵黄公路旁见面。后双方因琐事争吵,继而发生撕扯。其间,张芳元用双手掐住朱勤芬的颈部,致其停止挣扎后,又从地上捡起一根摩托车用皮带缠绕其颈部,致其机械性窒息死亡。随后,张芳元将朱勤芬的尸体扛到附近的贾郭山,置放于两块岩石间的岩缝中,并用周围的土、树枝、树叶等物掩盖。同月21日上午,朱勤芬的亲属到公安机关报案称朱勤芬失踪。张芳元于同年12月19日晚被公安机关传唤,次日如实供述其杀害朱勤芬并将尸体藏匿的犯罪事实,并带领公安机关找到尸体。

安顺市中级人民法院认为,被告人张芳元与被害人朱勤芬因婚外不正当男女关系引发矛盾后,残忍杀害朱勤芬,其行为构成故意杀人罪。张芳元被公安机关作为犯罪嫌疑人传唤后,第一次询问时并未如实供述其杀人的犯罪事实,其系在公安机关对其作法律、政策宣传后才供认犯罪事实的,故其不具有自首情节,辩护人所提相关辩护意见不予采纳。张芳元能够如实供述犯罪事实,并带领公安机关找到被害人的尸体,故对其判处死刑,可不立即执行,但应当限制减刑。据此,依照《中华人民共和国刑法》第二百三十二条、第四十八条第一款、第五十条第二款、第五十七条第一款、第六十七条第三款和《中华人民共和国民法通则》第一百一十九条之规定,安顺市中级人民法院判决如下:

1. 被告人张芳元犯故意杀人罪,判处死刑,缓期二年执行,剥夺政治权利终身;

2. 对被告人张芳元限制减刑；

3. 被告人张芳元赔偿附带民事诉讼原告人梁兵、梁芳、梁建经济损失28 409.35元。

一审宣判后，被告人张芳元未上诉，安顺市中级人民法院依法报请贵州省高级人民法院复核。附带民事诉讼原告人不服，以民事赔偿数额过低和应当判处被告人张芳元死刑立即执行为由提出上诉。

贵州省高级人民法院经公开审理认为，现场勘验检查笔录、抓获经过、报案笔录、被告人张芳元的供述等证据证实，公安机关传唤张芳元时并未掌握本案犯罪线索，系张芳元供述其杀害被害人朱勤芬的犯罪事实并带领公安机关找到被害人尸体后，此案才被发现。张芳元在公安机关未发觉犯罪事实，尚在一般性排查询问时主动如实供述自己的罪行，足以体现其投案的自愿性、主动性，应当认定具有自首情节。张芳元罪行极其严重，论罪应当判处死刑，但鉴于其有自首情节，可不立即执行，且根据张芳元的犯罪情节及认罪态度，可对其不限制减刑。原判对张芳元限制减刑不当，应予纠正。原判定罪准确，审判程序合法，但量刑不当，赔偿抚育费计算有误，予以改判。据此，依照《中华人民共和国刑法》第二百三十二条、第六十七条第一款、第四十八条第一款、第五十七条第一款，《中华人民共和国民法通则》第一百一十九条，《中华人民共和国刑事诉讼法》第二百二十五条第一款第(一)项、第(二)项以及《中华人民共和国民事诉讼法》第一百七十条第一款第(二)项之规定，贵州省高级人民法院判决如下：

1. 维持贵州省安顺市中级人民法院(2012)安市刑一初字第83号刑事附带民事判决主文第一项，即被告人张芳元犯故意杀人罪，判处死刑，缓期二年执行，剥夺政治权利终身；

2. 撤销贵州省安顺市中级人民法院(2012)安市刑一初字第83号刑事附带民事判决主文第二项、第三项；

3. 原审被告人张芳元赔偿上诉人(原审附带民事诉讼原告人)梁兵、梁芳、梁建经济损失共计29 767.5元。

二、主要问题

如何正确区分“形迹可疑人”和“犯罪嫌疑人”？

三、裁判理由

刑法第六十七条第一款规定：“犯罪以后自动投案，如实供述自己的罪行的，是自首。”根据这一规定，成立自首应当同时具备“自动投案”和“如实供述自己的罪行”两个要件。行为人在犯罪后主动到司法机关投案的，属于“自动投案”的典型情形。而对于被司法机关传唤后如实交代自己罪行的行为能否认定为自首，关键要看行为人经传唤到案是否属于“自动投案”。根据《最高人民法院关于处理自首和立功具体应用法律若干问题的解释》(以下简称《解释》)第一条的规定，自动投案，是指犯罪事实或者犯罪嫌疑人未被司法机关发觉，或者虽被发觉，但犯罪嫌疑人尚未受到讯问、未被采取强制措施时，主动、直接向公安机关、人民检察院或者人民法院投案。罪行尚未被司法机关发觉，仅因形迹可疑，被有关组织或者司法机关盘问、教育后，主动交代自己的罪行的，应当视为自动投案。《解释》对经司法机关询问而交代罪行的行为人规定了“形迹可疑人”和“犯罪嫌疑人”两种情形。

司法实践中，“形迹可疑”主要表现有两种情形：一是司法机关尚未掌握行为人犯罪的任何线索、证据，而仅凭行为人当时的举动、神色等异常而判断其可能实施犯罪行为。这种情形的“形迹可疑”是一种纯粹的基于常理、常情或者特定的工作经验所形成的主观判断。二是司法机关已经掌握了据以推测行为人可能与某起案件有一定联系的线索、证据，但这些线索和证据尚不足以将行为人确定为该起案件的犯罪嫌疑人。这种情形的“形迹可疑”虽然不属于纯粹的主观判断，但仍主要是一种带有臆测性的心理判断。而“犯罪嫌疑”则是指司法机关凭借一定的线索或者事实依据,认定行为人有作案的嫌疑,这通常是办案人员根据一定线索和证据,以一定的客观事实为依据,通过逻辑判断,足以认定行为人与某起案件有关联及作案的可能。

“形迹可疑”和“犯罪嫌疑”之间的区别主要在于:一是产生怀疑的依据不同。对“形迹可疑”的判断主要是依据工作经验和常识、常情、常理,有时甚至是依据直觉所形成的猜测;“犯罪嫌疑”则是对所掌握的证据分析、判断后形成的推定,有被合理怀疑的事实根据。二是对证据和线索的要求程度不同。“形迹可疑”仅是针对特定行为人的衣着、举止、言谈或者表情而产生的一般性怀疑,司法人员无须掌握任何与特定案件相关联的证据或线索;而“犯罪嫌疑”则是有针对性的怀疑,强调司法人员必须以一定的线索、证据为依据,将行为人与某种具体犯罪相联系。简言之,行为人如实供述罪行之前司法机关是否已经掌握足以合理怀疑行为人实施某种犯罪的证据或者线索,从而在行为人与具体案件之间建立起直接、明确的联系,是区分“形迹可疑”与“犯罪嫌疑”的关键。

需要强调的是,在认定“形迹可疑人”和“犯罪嫌疑人”时应当注意两个方面的问题:一方面,在司法机关将行为人与待侦案件相联系并将其列为侦查对象时,并不一定意味着司法机关已经掌握了足以合理怀疑行为人犯罪的线索和证据,即不能认为行为人一旦被司法机关认定为与待侦案件有一定的联系,此时其犯罪事实就属于被司法机关发觉,行为人就成了“犯罪嫌疑人”;另一方面,也不能片面认为,在司法机关尚不知道是否有案件发生的情况下,凡是在例行盘查中发现的犯罪人都一概属于“形迹可疑人”。因为在某些场合,即便司法机关对行为人的盘查属于例行盘查,但若凭例行盘查出的某种线索或者证据已足以合理怀疑行为人实施某种犯罪时,即使此时尚不能确定行为人具体实施何种犯罪,也应当认定行为人是“犯罪嫌疑人”,而非“形迹可疑人”。如公安人员在深夜巡逻过程中对一携带旅行箱的人员进行盘查时,在旅行箱搜出枪支弹药、毒品、大量假币等违禁物品,在此种情形下,不能仅因公安人员尚不知道是否有案件(盗窃、抢劫等)发生而认定被盘查人是“形迹可疑人”,而不是“犯罪嫌疑人”。①

基于上述思路,我们认为,对行为人因被传唤到案而交代罪行的行为是否构成“自动投案”,要审查司法机关对行为人的怀疑是否属于“司法机关已经掌握足以合理怀疑行为人实施某种犯罪的证据或者线索,从而在行为人与具体案件之间建立起直接、明确的联系”的情形。当然,对“形迹可疑人”和“犯罪嫌疑人”的认定并非一个非此即彼的问题,司法实践中还可能存在模棱两可的情形。如司法机关根据已经掌握的线索、证据,虽然尚不足以认定行为人系待侦案件的犯罪嫌疑人,但这些线索、证据已经超出了通常认定“形迹可疑”所要求的线索、证据,即司法机关认定行为人系“犯罪嫌疑人”的内心确信比认定其系“形迹可疑人”更强。我们认为,在这种难以确切判断行为人是“形迹可疑人”还是“犯罪嫌疑人”的情况下,应当本着有利于被告人原则的现代刑法理念和鼓励犯罪人自首的刑事政策精神,认定行为人属于“形迹可疑人”。

本案中,根据在案证据及被告人张芳元的具体归案情况,应当认定其是“仅因形迹可疑”被司法机关盘问、教育后,主动交代自己罪行,属于自动投案,构成自首。理由是:第一,被害人朱勤芬的亲属报案时并不知道朱勤芬是否被害,公安机关传唤张芳元时也不知道朱勤芬已经被害,更没有掌握张芳元杀害朱勤芬的任何证据,仅是因为二人之间存在不正当男女关系、近期通话频繁而对其产生了怀疑,并根据主观经验对其进行一般性排查询问后,张芳元即主动交代了罪行,并带领公安机关找到了被害人尸体、作案工具(缠绕于被害人颈部的摩托车皮带)等客观性证据,进而

---

① 参见周加海:《自首制度研究》,中国人民公安大学出版社2004年版,第51~53页。

确定本案系张芳元所为。上述情况足以表明张芳元具有投案的自愿性、主动性，因此，张芳元在公安机关尚未掌握相关证据的情况下，主动向公安机关交代杀害被害人的行为应当视为自动投案。第二，张芳元在公安机关第一次询问时虽然没有供述杀人犯罪，但其如实供述了自身基本情况，并在当晚第二次询问时如实供述了整个作案经过、藏尸地点等主要犯罪事实，且带领公安人员找到了被害人的尸体。张芳元是在公安机关掌握其犯罪证据之前即供述了主要犯罪事实，且之后供述一直稳定，根据《最高人民法院关于处理自首和立功若干具体问题的意见》第二条第三款的规定，“犯罪嫌疑人自动投案时虽然没有交代自己的主要犯罪事实，但在公安机关掌握其主要犯罪事实之前主动交代的，应认定为如实供述自己罪行”，依法应当认定张芳元具有自首情节。

综上，贵州省高级人民法院复核认定被告人张芳元构成自首，并根据其犯罪情节及认罪态度，依法对其不限制减刑的判决是正确的。

（撰稿：贵州省高级人民法院　孔德伦
最高人民法院刑三庭　陈　攀
审编：最高人民法院刑三庭　罗国良）

[第945号]林捷波故意伤害案

——被害人在追诉期限内提出控告，公安机关应当立案而未立案的案件，是否受追诉时效的限制

【关键词】 故意伤害罪　追诉期限　应当立案而未立案　追诉时效规定的溯及力　控告

一、基本案情

被告人林捷波，男，1969年1月5日出生。2013年1月10日因涉嫌故意伤害罪被逮捕。

广东省饶平县人民检察院以被告人林捷波犯故意伤害罪，向饶平县人民法院提起公诉。

被告人林捷波及其辩护人辩称：(1)本案已经超过追诉时效；(2)林捷波针对被害人黄泽填正在进行的行凶行为而采取的持刀阻止行为符合正当防卫具备的构成条件。

饶平县人民法院经审理查明：1998年5月10日3时许，被告人林捷波在饶平县钱东镇钱东车站附近其经营的冷饮摊，与到其冷饮摊消费的黄国勇等人因消费的收费问题发生纠纷，黄国勇掀翻桌子打碎桌上杯子和碟子，双方遂发生冲突。被害人黄泽填闻讯来到冷饮摊，后因与林捷波言语不和，继而引发双方推搡打架。林捷波从其冷饮摊内拿起一把水果刀，持刀砍中黄泽填的右小腿，致其受伤，后被在场群众劝止。案发后，林捷波即潜逃。黄泽填向公安机关报案，要求追究林捷波的刑事责任，但公安机关一直未予立案，黄泽填为此多次向有关部门上访、控告。2012年8月，公安机关对黄泽填进行司法鉴定，结论为黄泽填的伤情属轻伤，构成十级伤残。公安机关于同年9月10日立案，同年12月28日将林捷波抓获。

饶平县人民法院认为，被告人林捷波故意持械伤害他人身体，致一人轻伤，其行为构成故意伤害罪，应当依法惩处。依照《中华人民共和国刑法》第二百三十四条第一款、第八十八条第二款之规定，饶平县人民法院于2013年8月12日以被告人林捷波犯故意伤害罪，判处其有期徒刑一年二个月。

一审宣判后，被告人林捷波提出上诉，称其行为是正当防卫，一审以故意伤害罪追究其刑事责任是错误的。其辩护人提出：(1)本案已经超过刑事追诉时效；(2)林捷波针对被害人黄泽填正在进行的行凶行为而采取的持刀阻止行为，系正当防卫，故林捷波无罪；(3)黄泽填的伤情并未构成轻伤。

广东省潮州市中级人民法院经审理认为，原审判决认定的事实清楚，定罪准确，量刑适当，审判程序合法。依照《中华人民共和国刑事诉讼法》第二百二十五条第一款第(一)项之规定，潮州市中级人民法院于2013年12月19日裁定驳回上诉，维持原判。

二、主要问题

1. 如何理解和适用刑法第八十八条第二款中追诉时效延长的规定？

2. 刑法中追诉时效的规定是否具有溯及力？

三、裁判理由

(一)被害人在追诉时效内提出控告，人民法院、人民检察院、公安机关应当立案而不予立案，不受追诉时效的限制

本案案发于1998年5月10日，公安机关在案发后虽有对本案展开初查，但一直没有对被害人黄泽填的伤情进行鉴定，也没有立案。2012年8月29日，公安机关对黄泽填的伤情进行了鉴定并确定为轻伤，同年9月10日，公安机关决定对本案进行立案。此时距案发已逾14年之久。因此，本案在审理过程中对被告人林捷波的行为是否超过追诉期限，存在不同意见：

一种意见认为，本案于1998年5月10日发生后，公安机关没有及时对被害人黄泽填的伤情进行鉴定，并由此导致本案因黄泽填的伤情无法确定是否构成轻伤而无法确定本案是否属于应当立案的情形。公安机关于2012年8月29日经鉴定后确定黄泽填的伤情为轻伤，并于同年9月10日立案，但已超过5年的追诉时效，因此本案已超过追诉期限。

另一种意见认为，本案属于刑法第八十八条第二款规定的"被害人在追诉期限内提出控告，公安机关应当立案而不予立案"的情形，不受追诉时效的限制，因此应当追究被告人林捷波的刑事责任。

我们同意后一种意见。追诉时效是刑法规定的，对犯罪人进行刑事追诉的有效期限。超过法定追诉期限，司法机关或者有告诉权的人不再对犯罪人进行追诉，已经追诉的，应当撤销案件或者不起诉，或者终止审判。追诉时效完成，是刑罚请求权消灭的重要事由之一。根据刑法第八十八条、第八十九条的规定，追诉期限的计算有四种情况：(1)一般犯罪追诉期限的计算；(2)连续或继续犯罪追诉期限的计算；(3)追诉时效的延长；(4)追诉时效的中断。本案主要涉及追诉时效的延长。

关于追诉时效的延长，1979年刑法第七十七条只规定了一种情形，即"在人民法院、人民检察院、公安机关采取强制措施以后，逃避侦查或者审判的，不受追诉期限的限制"。1997年刑法修订时，第八十八条第一款对追诉时效延长制度进行了修改，即："在人民检察院、公安机关、国家安全机关立案侦查或者在人民法院受理案件以后，逃避侦查或者审判的，不受追诉期限的限制。"并增加了一款，即第八十八条第二款："被害人在追诉期限内提出控告，人民法院、人民检察院、公安机关应当立案而不予立案的，不受追诉期限的限制。"理论上一般认为，现行刑法在修订时之所以增加这一规定，从立法意图分析，主要是为了保证有罪必究，及时有效地保障被害人的合法权益。

刑法第八十八条第二款的适用，必须同时具备以下条件：

1. 被害人在追诉时效内提出控告

首先，这里的被害人不能狭义地理解为被害人本人，而应理解为包括被害人本人及其法定代

理人、近亲属。因为现实中被害人可能会因本人身体原因或者受到强制、威吓而不能或者不敢提出控告,此时若不允许被害人的法定代理人或者近亲属代为控告,便与立法精神相悖,也不符合我国刑法增设该款保障被害人权益的目的。

其次,被害人必须在追诉期限内提出控告,该追诉期限是指刑法第八十七条所规定的期限,即"犯罪经过下列期限不再追诉:(一)法定最高刑为不满五年有期徒刑的,经过五年;(二)法定最高刑为五年以上不满十年有期徒刑的,经过十年;(三)法定最高刑为十年以上有期徒刑的,经过十五年;(四)法定最高刑为无期徒刑、死刑的,经过二十年。如果二十年以后认为必须追诉的,须报请最高人民检察院核准。"如果被害人没有在追诉期限内提出控告,即使其合法权益受到犯罪人侵害,也不能对犯罪人适用追诉时效的无限延长。

最后,刑事诉讼法第一百零八条第二款规定:"被害人对侵犯其人身、财产权利的犯罪事实或者犯罪嫌疑人,有权向公安机关、人民检察院或者人民法院报案或者控告。""报案"指任何单位和个人(不限于被害人)发现犯罪事实后,向有关司法机关报告,请求审查处理的行为,通常报案人在报案时不知道犯罪嫌疑人是谁。"控告"则一般指被害人或者其法定代理人、近亲属为了维护被害人的权益,向有关司法机关指控具体的犯罪嫌疑人及其犯罪事实,请求追究犯罪嫌疑人的刑事责任的行为。被害人进行控告的前提是必须知道具体的犯罪嫌疑人,如果被害人不知道犯罪嫌疑人是谁,而只是报案反映自己被侵害的事实的,则不能适用刑法第八十八条第二款的规定。

2. 人民法院、人民检察院、公安机关应当立案而不予立案

立案是刑事诉讼开始的第一个独立的诉讼阶段,对刑事诉讼案件的进行具有决定性意义。除公安机关、人民检察院自行发现或获取的材料是立案的材料来源外,报案、控告、举报和自首是司法机关立案材料中的主要来源。刑事诉讼法第一百一十条规定:"人民法院、人民检察院或者公安机关对于报案、控告、举报和自首的材料,应当按照管辖范围,迅速进行审查,认为有犯罪事实需要追究刑事责任的时候,应当立案;认为没有犯罪事实,或者犯罪事实显著轻微,不需要追究刑事责任的时候,不予立案,并且将不立案的原因通知控告人。控告人如果不服,可以申请复议。"根据本条规定,刑事立案必须具备两个条件:一是有犯罪事实发生,二是需要追究刑事责任。所谓"应当立案",是指符合上述规定的立案条件;所谓"应当立案而不立案",是指对符合立案条件的,并不具有"没有犯罪事实,或者犯罪事实显著轻微,不需要追究刑事责任的"不予立案情况,人民法院、人民检察院、公安机关却未予立案的情形。

司法实践中,对立案材料的审查,通常采用如下步骤和方法:首先,对材料所反映的事实进行审查。审查事实,首先要审查有无事件发生,然后审查已发生的事件是否属于犯罪案件。如果属于犯罪案件,还要审查是否需要追究行为人的法律责任,其中包括根据法律规定审查行为人有无不需要追究责任的法定情形。其次,对材料所反映的犯罪事实有无确凿的证据或证据线索进行审查或进行必要的调查。审查或调查证据,一般采用如下几种方法:一是向控告、检举的机关、团体或个人调阅与犯罪事实及犯罪人有关的材料;二是委托控告、检举单位对某些问题进行调查,对于重大、复杂的案件或线索,根据需要或可能,还可以商情其派员协助调查;三是派人到发案地进行个别访问或调查,对特殊案件在紧急情况下还可以采取必不可少的特殊调查措施。公、检、法对立案材料进行审查后,应当作出立案或者不立案两种决定。

人民法院、人民检察院、公安机关对控告人的控告进行审查后,必须给控告人一个明确的结果,要么立案,要么不予立案。决定不立案的,应将不立案的原因及时通知控告人,控告人如果不服,可以申请复议,有关司法机关应予复议,并将复议结果通知控告人。《公安机关办理刑事案件程序规定》(2012年修订)和《人民检察院刑事诉讼规则》(试行)(2012年修订)都要求制作《不立

案通知书》。如果既没有立案，又迟迟不出具《不立案通知书》，不仅侵犯了控告人申请复议权，也影响到控告人行使其他救济权，而且如果属于应当立案而不立案的案件，还会导致对犯罪人追诉时效的延长。

在实践中，为了保证正确认定“应当立案而不予立案”的情形，必须对接受案件且有管辖权的机关作出相关要求，否则，容易破坏追诉时效制度，不能充分保护另一方的合法权利。应当在程序上和法律文书上有所规定，一方面证明被害人在法定期限内提出控告的事实存在，另一方面证明受案机关不予立案的事实存在。比如受案机关应保存受案记录，包括口述笔录，控告书副本、收文登记、受案登记、不予立案的决定书、复函、通知书等，既可防止受案机关不答复被害人，不作任何决定、消极拖延，同时也可防止个别人无理缠讼。至于被害人是以口头或者书面形式提出控告不应受到限制。无论采取哪种形式，接受控告的机关都要有记录，为防止个别机关推卸责任，不做任何记载，控告人只要提供相关证据能够证明曾向某机关提出控告，控告行为就成立。

因此，只要被害人在追诉期限内提出控告的，遇有该立案而不予立案的情况，对犯罪人的追诉就不受刑法第八十七条规定的追诉期限的限制。在这种情形下，不管司法机关出于何种原因没有立案，不论行为人是否逃避侦查或者审判，不论经过多长时间，任何时候都可以对其进行追诉。即使被害人在追诉期限内的控告不符合管辖规定，也不妨碍追诉时效的延长。但其后的犯罪行为仍然受追诉期限的限制。例如，行为人的甲罪被被害人控告，应当立案而未立案，其后又犯了乙罪，先前的甲罪虽然不受追诉期限的限制，但后来的乙罪仍然受追诉期限的限制。

本案属于刑法第八十八条第二款规定的“被害人在追诉期限内提出控告，公安机关应当立案而不立案”的情形，不受诉讼时效的限制，一审、二审法院认为本案没有超过追诉期限是正确的。具体理由如下：

（1）被害人黄泽填及其亲属自 1998 年 5 月 10 日案发后即向公安机关报案，在追诉期限内多次向相关政法部门提出控告，并多次上访和信访，要求追究持刀伤人者林捷波的刑事责任。

（2）被害人黄泽填的伤情在 1998 年案发后已于 1999 年经医院诊断为：右小腿刀伤，右腓骨总神经完全离断，右腓骨小头骨折。公安机关本应对黄泽填的伤情进行鉴定并进行立案，但由于历史原因，而且原钱东派出所领导、干警人员多次调整、变动，致使当时未能及时对黄泽填的伤情进行鉴定。根据我国刑法规定，故意伤害罪必须经法医作出伤情鉴定并达到轻伤等级后，才能确定行为人的行为构成犯罪。由于对被害人的伤情进行鉴定系公安机关内部工作机制，是应不应当立案的一个必要环节，因此对于公安机关未及时进行伤情鉴定从而导致无法及时立案的后果，不能由被害人承担，并使被告人获利。本案中后来所做的伤情鉴定意见证实黄泽填的损伤程度属轻伤，被告人林捷波的行为已涉嫌刑事犯罪。

（3）公安机关在案发后虽没有及时立案并制作立案决定书随案附卷，但在案证据证实公安机关在案发后已及时展开实质性的调查工作，并已确定林捷波就是持刀伤害被害人黄泽填的犯罪嫌疑人。如公安机关在案发后的 1 个月内就已经对黄泽填和 8 个证人进行了调查取证，并制作询问笔录附卷，查清了林捷波持刀伤害黄泽填的事实；公安机关于 1999 年 10 月发出协查通报，要求饶平县公安局各单位一经发现故意伤害犯罪嫌疑人林捷波即予（刑事）拘留；饶平县公安局信访股于 1999 年 2 月 18 日在答复有关部门的信件中称案发后钱东派出所对所有参与者都进行传讯，经调查取证，拟依法追究持刀伤害他人的犯罪嫌疑人林捷波的刑事责任。

需要注意的是，由于本案案发当时有关规定尚不完善，缺乏有效的督促机制，导致因未及时进行伤情鉴定而迟迟不予立案。此后，随着相关规定的完善，伤害案件不立案问题得到了较好的解决。公安部于 2005 年颁布的《公安机关办理伤害案件规定》第十七条规定：“公安机关办理伤害案件，应当对人身损伤程度和用作证据的痕迹、物证、致伤工具等进行检验、鉴定。”第十八条规定：“公安机关受理伤害案件后，应当在24小时内开具伤情鉴定委托书，告知被害人到指定的鉴定机构进行伤情鉴定。”

（二）刑法中追诉时效的规定具有溯及力

1997年刑法在1979年刑法基础上对追诉时效问题作了修改，此后我国接连出台了多个刑法修正案，但对于追诉时效未再作改动。刑事诉讼法于2012年修订时对立案部分（包括被害人控告方面）也没有进行任何修改。

由于本案发生于1998年，追诉时效的适用问题相对容易把握，但对于发生在1997年9月30日之前、诉讼延续到1997年刑法生效以后的案件，如何确定新旧刑法的适用则较为复杂。鉴于该问题比较重要，故在此顺便论及。

1997年刑法第十二条规定：“中华人民共和国成立以后本法施行以前的行为，如果当时的法律不认为是犯罪的，适用当时的法律；如果当时的法律认为是犯罪的，依照本法总则第四章第八节的规定应当追诉的，按照当时的法律追究刑事责任，但是如果本法不认为是犯罪或者处刑较轻的，适用本法。”该条规定对定罪量刑适用的是有利于被告人的从旧兼从轻原则，但在旧法认为是犯罪的前提下，对追诉时效则适用的是从新原则，即在确定是否追诉时，应当适用1997年刑法总则第四章第八节的规定，而不适用1979年刑法的规定。关于适用刑法溯及力与追诉时效的先后顺序问题，如果1979年刑法没有认为行为无罪，那么应当先按照1997年刑法总则第四章第八节规定的追诉时效制度判断是否已过追诉时效，如果超过，则没有再进行判断的必要；如果仍在追诉时效内，再比较新旧刑法的轻重，适用从旧兼从轻的原则。

由于新旧刑法关于追诉时效存在不同规定，1997年9月25日，最高人民法院颁布的《关于适用刑法时间效力规定若干问题的解释》（1997年10月1日施行）第一条规定：“对于行为人1997年9月30日以前实施的犯罪行为，在人民检察院、公安机关、国家安全机关立案侦查或者在人民法院受理案件以后，行为人逃避侦查或者审判，超过追诉期限或者被害人在追诉期限内提出控告，人民法院、人民检察院、公安机关应当立案而不予立案，超过追诉期限的，是否追究行为人的刑事责任，适用修订前的刑法第七十七条的规定。”因该司法解释是从1997年刑法颁布之际的定位来论述的，对于其中“超过追诉时效的”这句话，应当理解为仅包括在1997年刑法颁布前已经超过追诉时效的情形。也就是说，对在此之前的行为超过追诉时效的，包括存在被害人控告而司法机关未予立案导致诉讼时效丧失，适用1979年刑法的规定；如果1997年刑法颁布之际尚未超过追诉时效则不适用该司法解释，即该法条未对此时尚未丧失追诉时效的情形进行规定的，应当适用1997年刑法的规定。

（撰稿：广东省潮州市中级人民法院　江　谨
最高人民法院刑一庭　高明黎
审编：最高人民法院刑一庭　冉　容）

[第946号]李振国强奸案

——采取足以致人伤亡的暴力手段实施强奸，并最终导致被害人死亡的，是以强奸罪一罪论处还是以强奸罪、故意杀人罪数罪并罚

【关键词】 强奸罪 故意杀人罪 暴力手段 致人死亡 罪数

一、基本案情

被告人李振国，男，1968年12月14日出生，农民。2011年12月27日因涉嫌犯故意杀人罪被逮捕。

山东省日照市人民检察院以被告人李振国犯故意杀人罪、强奸罪，向日照市中级人民法院提起公诉。

被告人李振国对指控的事实无异议。其辩护人提出，李振国为逃跑而杀人，与预谋杀人相比主观恶性较小。

日照市中级人民法院经审理查明：被告人李振国系日照市岚山区中楼镇月庄村村民。1998年1月5日下午，李振国得知同村女青年李某独自在家，遂产生强奸念头。当日19时许，李振国打开李某家的大门后进入，李某发现李振国后喊叫。李振国将李某摔倒，并用石块、手电筒、拳头击打其头部，后掐其颈部，致李某昏迷。随即，李振国将李某抱至堂屋床上强奸。后李振国发现李某已死亡，遂将其尸体藏于现场地窖内。经鉴定，李某系被他人用质地较硬的钝器打击头部致严重颅脑损伤而死亡。

日照市中级人民法院认为，被告人李振国为实施强奸进入被害人家中，采用暴力手段强奸妇女，其行为构成强奸罪。公诉机关指控李振国构成强奸罪的罪名成立，予以支持；李振国强奸妇女并致被害人死亡，属于强奸罪的结果加重情形，公诉机关指控其构成故意杀人罪的罪名不成立，不予支持。鉴于李振国归案后能够如实供述犯罪事实，认罪态度较好，并积极赔偿被害人亲属部分经济损失，对李振国可以酌情从轻处罚。据此，依照《中华人民共和国刑法》第二百三十六条、第五十条第二款、第五十七条第一款之规定，日照市中级人民法院判决如下：

1. 被告人李振国犯强奸罪，判处死刑，缓期二年执行，剥夺政治权利终身。

2. 对被告人李振国限制减刑。

一审宣判后，被告人李振国在法定期限内没有上诉，检察机关亦未抗诉。日照市中级人民法院依法将本案报请山东省高级人民法院复核。

山东省高级人民法院经复核认为，被告人李振国以暴力手段强奸妇女，其行为构成强奸罪。鉴于其认罪态度较好，并赔偿被害人亲属部分经济损失，故对其判处死刑，可不立即执行。但李振国在强奸犯罪中使用暴力致被害人死亡，情节极其恶劣、后果极其严重，应当限制减刑。原审判决认定的事实清楚，证据确实、充分，定罪准确，量刑适当，审判程序合法。据此，依照《中华人民共和国刑法》第二百三十六条、第五十条第二款、第五十七条第一款和《中华人民共和国刑事诉讼法》第二百三十七条之规定，山东省高级人民法院裁定核准原判。

二、主要问题

采取足以致人伤亡的暴力手段实施强奸，并最终导致被害人死亡的，是以强奸罪一罪论处还

是以强奸罪、故意杀人罪数罪并罚?

三、裁判理由

在本案审理过程中,对被告人李振国实施的犯罪行为构成强奸罪一罪还是构成强奸罪、故意杀人罪两罪,大致形成两种意见。一种意见认为,李振国出于灭口动机,在实施强奸过程中杀死被害人,其行为分别构成故意杀人罪和强奸罪。另一种意见认为,李振国为达到奸淫被害人的目的采取足以致死被害人的暴力手段,其实施的暴力行为系强奸罪的手段行为,故其行为构成强奸(致人死亡)罪一罪。我们赞同后一种意见。具体分析如下:

(一)采取足以致人伤亡的暴力手段实施强奸,暴力手段行为造成的伤亡后果属于强奸罪的加重构成要件要素

行为人采取足以致人伤亡的暴力手段意图实现奸淫目的的,该暴力手段与奸淫目的并不矛盾,仍属于强奸罪范畴内的暴力手段,不另外构成故意杀人罪。该暴力手段导致被害人伤亡的,构成强奸罪的加重犯。首先,强奸行为人使用暴力或者其他手段对被害人进行加害,其目的是压制被害人的反抗,使其奸淫得逞。因此,通常情况下,行为人不会采用足以致死的暴力或者其他手段,先杀死被害人与后实施奸淫行为在逻辑上存在一定矛盾。但是,如果行为人使用的暴力或者其他手段并未立刻导致被害人死亡,则行为人完全可以在被害人丧失反抗能力但未死亡时实施奸淫行为,此时先实施的手段行为与后实施的目的行为并不矛盾。其次,刑法将强奸"致使被害人重伤、死亡"的情形规定为强奸罪的加重犯,意味着立法上已将足以致使他人伤亡的暴力或者其他手段纳入强奸罪的范畴。与抢劫、绑架等犯罪一样,强奸罪也是典型的复合行为犯,即由数个相对独立的行为复合而成的犯罪形态。强奸罪包括手段行为和目的行为,手段行为即使用暴力、胁迫或者其他手段压制被害人反抗的行为,目的行为即行为人对反抗能力被抑制的被害人实施奸淫的行为,二者共同构成了完整意义上的强奸行为。刑法规定的强奸"致使被害人重伤、死亡",既包括目的(奸淫)行为导致被害人重伤、死亡的情形,也包括手段行为导致被害人重伤、死亡的情形。前者主要指因强奸妇女、奸淫幼女导致被害人性器官严重损伤,或者造成其他严重伤害,甚至当场死亡或者因治疗无效死亡等情形,后者主要指因对被害人实施殴打、勒颈、麻醉等行为致被害人重伤、死亡。从行为人的主观心态分析,其对致被害人重伤、死亡的结果可能出于过失,也可能出于间接故意,个别情况下不排除行为人具有直接故意。如行为人明知注射过量麻醉药会致人死亡,为奸淫被害人而对其进行过量注射,并在其死亡前实施奸淫,此时行为人采取的麻醉手段兼具压制反抗和灭口的性质,对死亡结果持直接故意的心态。值得注意的是,一般情况下手段行为实施在前,目的行为实施在后,但在强奸行为达到既遂后实施完毕前行为人仍有可能使用暴力或者其他手段持续压制被害人的反抗,使其强奸行为得以完成。此时行为人使用的暴力或者其他手段与目的行为并存,并且服务于目的行为,故仍属强奸罪的手段行为,由此造成被害人伤亡的,属于强奸罪的加重犯。例如,行为人在奸淫被害人时为阻止其呼救,持续捂压其口鼻致被害人死亡,构成强奸罪的加重犯。

本案中,被告人李振国预谋入室强奸,被被害人李某发现后将李某打昏,而后实施奸淫行为。鉴定意见证实李某系被质地较硬的钝器打击头部致严重颅脑损伤死亡,李某死亡的结果系强奸罪的手段行为导致,行为人对被害人死亡的结果持间接故意心态,属于刑法规定的强奸致人死亡的情形,不应再认定为故意杀人罪。

(二)在强奸案件中认定行为人是否构成数罪,需结合是否有报复、灭口的动机及暴力、其他手段的具体实施情况综合判断

首先,关于强奸犯罪的罪数认定,司法实践中长期以来遵循的标准是,对于强奸犯出于报复、

灭口等动机,在实施强奸的过程中杀死或者伤害被害妇女、幼女的,应当分别认定为强奸罪、故意杀人罪或者故意伤害罪,数罪并罚。此处的强奸过程,既包括实施强奸罪的手段行为的过程,如行为人因被害人反抗激烈,在实施奸淫前即将被害人杀害,也包括实施目的行为的过程,如奸淫过程中为灭口将被害人杀害,此种情形在实践中更为多见。也就是说,因实施强奸犯罪构成数罪的,一般均具有报复、灭口的动机,该动机是认定数罪的必要条件。其次,行为人具有报复、灭口动机的,并非一律构成数罪,需结合其采取的暴力、其他手段的具体实施情况综合判断构成一罪还是数罪。认定强奸行为构成数罪,原则上要求行为人实施了数个暴力或者其他行为,分别服务于奸淫目的和灭口动机,如果行为人仅实施了一个手段行为,即使该行为同时服务于奸淫目的和灭口动机,也只构成强奸罪一罪,否则便是对该行为的重复评价。例如,行为人将被害人捆绑至偏僻山区的树上,实施奸淫后故意不放开被害人而自行离去,被害人因得不到救助而死亡,其行为仅构成强奸罪一罪。前文所举的对被害人过量注射麻醉药的例子也属于这种情况。

本案中,被告人李振国潜入被害人李某家中意图强奸,其与李某素无仇怨,也没有证据显示其有报复动机。李振国被李某发现后立即将李某打昏,进而对其实施奸淫,奸淫后并未对李某实施进一步的加害,对李某的死亡持放任心态。其实施的暴力行为仅服务于奸淫目的,无论从报复、灭口动机的有无,还是从实施的暴力行为的个数分析,均达不到构成数罪的要求,故仅构成强奸罪一罪。

综上,在强奸犯罪案件中采取暴力手段造成被害人死亡是认定一罪还是数罪,应当根据暴力行为实施的具体情况,结合是否具有报复、灭口等动机综合判定。日照市中级人民法院原审、山东省高级人民法院复核认定被告人李振国构成强奸罪一罪,是正确的。李振国采取暴力手段强奸被害人致人死亡,罪行十分严重。鉴于在其作案后潜逃十余年期间未发现有新的违法犯罪行为,到案后认罪、悔罪,且取得了被害人亲属一定程度的谅解,根据《最高人民法院关于贯彻宽严相济刑事政策的若干意见》的有关规定,对其判处死刑,可不立即执行。但是,根据其犯罪的具体情节,对其限制减刑有利于体现罪刑均衡原则,也有利于案件的处理效果。

(撰稿:山东省高级人民法院　辛丽英
审编:最高人民法院刑五庭　马　岩)

[第947号]孙家洪、濮剑鸣等绑架、抢劫、故意杀人案

——在绑架案件中,能否仅依据行为人对被害人实施了人身控制行为就认定其具有"以勒索财物为目的"以及绑架罪中的"情节较轻"是否包括未遂情节

【关键词】　绑架罪　绑架罪的罪名认定　抢劫罪　罪名区分　绑架罪的情节较轻　绑架罪的未遂　禁止重复评价

一、基本案情

被告人孙家洪(又名孙家红),男,1979年9月4日出生,农民。曾因犯抢劫罪于2000年12月被浙江省瑞安市人民法院判处有期徒刑三年,2002年12月24日释放;2010年10月28日因涉

嫌犯故意杀人罪被逮捕。

被告人濮剑鸣,男,1978 年 5 月 4 日出生,原系上海浦东新区创盈房产有限公司员工。2010 年 10 月 28 日因涉嫌犯故意杀人罪被逮捕。

被告人夏福军,男,1979 年 5 月 14 日出生,无业。2010 年 10 月 28 日因涉嫌犯故意杀人罪被逮捕。

被告人吴桂林,男,1974 年 10 月 1 日出生,农民。2010 年 10 月 28 日因涉嫌犯故意杀人罪被逮捕。

上海市人民检察院第一分院以被告人孙家洪、濮剑鸣、夏福军、吴桂林犯绑架罪,向上海市第一中级人民法院提起公诉。

被告人孙家洪、濮剑鸣、夏福军、吴桂林及其辩护人对起诉书指控的事实及罪名均没有异议。

上海市第一中级人民法院经公开审理查明:

(一)绑架事实

被告人濮剑鸣、夏福军同在上海从事房屋中介工作。因经济拮据,濮剑鸣起意以熟人南非籍华人毕某之子为绑架目标,向毕某勒索钱财 200 万美元。濮纠集了老乡被告人孙家洪、吴桂林共同参与,并事先勘察毕某住处,准备了电击棍、塑料胶带等作案工具。2010 年 6 月某天,濮剑鸣、夏福军、孙家洪、吴桂林等人携带作案工具,由濮驾车至毕家所住大楼地下车库接应,夏、孙望风,吴等人冒充物业人员以检查热水器之名进入毕某家欲绑架毕某之子,适逢毕家有成年男子在场而未能得逞。同年 9 月 8 日,濮剑鸣等人再次实施绑架行为,但又因在毕家走廊遭他人盘问而未得逞。

(二)抢劫、故意杀人事实

因两次绑架毕某之子未果,濮剑鸣、夏福军、孙家洪、吴桂林经预谋将作案目标改为驾驶高档轿车的人,意图将被害人带到浙江省平湖市乍浦镇一出租房,逼问出其随身携带的银行卡密码,再让被害人告知家人其去了外地,要求家人汇钱至银行卡,后去银行 ATM 机取款,并将作案地点定为上海市浦东新区高档社区停车场。2010 年 9 月 15 日下午,吴桂林与孙家洪、夏福军驾车至浦东新区金桥镇一停车场伺机作案。当晚 10 时许,适逢被害人燕某停车离开其驾驶的奥迪 Q5 越野车(价值人民币 612 398 元),孙、夏、吴即采用捂嘴、用塑料胶带封口、眼及捆绑四肢等方法将燕拖入奥迪车内,随即开车至浦星公路一偏僻处,与濮剑鸣会合。孙家洪、夏福军、吴桂林等人把燕某拖移至濮的轿车上,并搜走燕随身携带的现金人民币 1 000 余元及手机。吴桂林按照濮剑鸣指令将燕某奥迪车开往浦东机场方向丢弃。濮剑鸣驾车与孙家洪、夏福军劫持燕某开往浙江省平湖市乍浦镇,途中向燕某索要钱款和银行卡,因发现燕某随身无银行卡,怕事情暴露,经与吴桂林电话商量后一致决定杀害燕某。濮剑鸣驾车开往浙江省钱塘江大桥途中数次催促孙家洪、夏福军动手,孙遂用塑料胶带封堵燕的口鼻,并与夏合力用毛巾将燕勒死,最后将尸体装入编织袋抛入钱塘江中。

上海市第一中级人民法院认为,被告人孙家洪等人的作案动机是劫持有钱人后当场取其钱财并限制其人身自由,让其骗家人汇款至银行卡,后到银行 ATM 机上取款。犯罪对象为被害人的随身财物,四被告人并无向被害人家属发出威胁、索取赎金的意思表示。孙家洪等人在劫持燕某后仅从其身上劫取少量现金,却无银行卡,与期望目标相去甚远,因担心燕某报警,为灭口而故意杀害燕某。燕某所驾奥迪车系孙家洪等人在停车场劫持燕某后开至浦星公路转移至濮轿车的作案工具,其价值依法应当计入抢劫数额。综上,孙家洪、濮剑鸣、夏福军、吴桂林以暴力劫持燕某财物后杀害燕某的行为分别构成抢劫罪和故意杀人罪;孙家洪等人以勒索财物为目的,共同绑架毕某之子的行为构成绑架罪(未遂)。孙家洪、濮剑鸣、夏福军在故意杀人共同犯罪中起主要作用,系主犯;吴桂林起辅助作用,系从犯。孙家洪、濮剑鸣等人主观恶性极大,犯罪手段残忍,犯罪后果极其严重,依法应予严惩。据此,依照《中华人民共和国刑法》有关规定,上海市第一中级人民法院判决如下:

1. 被告人孙家洪犯绑架罪,判处有期徒刑七年,并处罚金人民币五千元;犯抢劫罪,判处有期徒刑十三年,剥夺政治权利三年,并处罚金人民币二万元;犯故意杀人罪,判处死刑,剥夺政治权利终身,决定执行死刑,剥夺政治权利终身,并处罚金人民币二万五千元。

2. 被告人濮剑鸣犯绑架罪,判处有期徒刑八年,并处罚金人民币六千元;犯抢劫罪,判处有期徒刑十五年,剥夺政治权利四年,并处罚金人民币二万元;犯故意杀人罪,判处死刑,剥夺政治权利终身,决定执行死刑,剥夺政治权利终身,并处罚金人民币二万六千元。

3. 被告人夏福军犯绑架罪,判处有期徒刑五年,并处罚金人民币三千元;犯抢劫罪,判处有期徒刑十三年,剥夺政治权利三年,并处罚金人民币二万元;犯故意杀人罪,判处死刑,缓期二年执行,剥夺政治权利终身,决定执行死刑,缓期二年执行,剥夺政治权利终身,并处罚金人民币二万三千元。

4. 被告人吴桂林犯绑架罪,判处有期徒刑五年,并处罚金人民币三千元;犯抢劫罪,判处有期徒刑十二年,剥夺政治权利三年,并处罚金人民币二万元;犯故意杀人罪,判处有期徒刑十五年,剥夺政治权利四年,决定执行有期徒刑二十年,剥夺政治权利五年,并处罚金人民币二万三千元。

5. 被告人孙家洪、濮剑鸣、夏福军、吴桂林赔偿附带民事诉讼原告人陈秀荣、燕芝梅、燕艳丽、燕华、燕守会、李希英经济损失共计人民币七十二万九千一百五十八元五角。

6. 作案工具予以没收。

一审判决后,被告人孙家洪、濮剑鸣、吴桂林不服,向上海市高级人民法院提起上诉。

上海市高级人民法院经公开审理,认定一审判决认定的事实清楚,证据确实充分,定罪准确,量刑适当,程序合法,遂裁定驳回上诉,维持原判,并将复核孙家洪、濮剑鸣死刑的裁定依法报请最高人民法院核准。

最高人民法院经复核核准上海市高级人民法院维持第一审以绑架、抢劫、故意杀人罪判处孙家洪、濮剑鸣死刑的刑事裁定。

二、主要问题

1. 在绑架案件中,能否仅依据行为人对被害人实施了人身控制行为就认定其具有“以勒索财物为目的”?

2. 绑架罪中的“情节较轻”是否包括未遂情节?

三、裁判理由

(一)在绑架案件中,不能仅依据行为人对被害人实施了人身控制行为就认定其“以勒索财物为目的”,还相应要求行为人向被害人之外的第三人提出了勒索财物的意思表示或者具有证明行为人该目的存在的其他证据

绑架罪在主观方面要求行为人具有利用第三人对人质安危的忧虑,勒索财物或者满足其他不法要求的目的,已在理论界和实务界达成共识。但该罪在客观方面除了要求行为人对被害人实施了人身控制行为外,是否还要求其向第三人提出了勒索财物的意思表示,目前仍然存有争议。对此,目前主要有“复合行为说”和“单一行为说”两种观点。

“复合行为说”认为,绑架罪的客观行为是由人身控制或者偷盗婴幼儿和勒索财物或者提出

不法要求行为两方面组成。[①] 完整的绑架行为，是由控制被害人的人身自由和向第三人勒索财物两个行为复合构成，且两个行为之间通常呈现出时间上的递延和空间上的转换。[②] 行为人只实施了控制被害人的人身自由行为或者偷盗婴幼儿行为，没有向第三人实施勒索财物或者提出不法要求的行为，不能认定为绑架罪。同理，从犯罪停止形态分析，如果行为人实施了控制被害人的人身自由行为或者偷盗婴幼儿行为，但未来得及向第三人实施勒索财物或者提出不法要求的行为，则也不能认定为绑架犯罪既遂。因为如果绑架罪既遂以行为人实施绑架行为完毕为标准，将产生两个难以解决的问题：(1)犯罪中止问题。行为人在对被害人实施人身控制后突因害怕或者懊悔而自动放弃犯罪，没有向第三人勒索财物而将被害人放走，如根据行为人一经实施完毕人身控制行为就构成犯罪既遂的观点，则没有成立犯罪中止的余地，这显然不合情理，也不利于激励犯罪人争取从宽处理。(2)共同犯罪问题。如按照一经实施人身控制行为就成立犯罪既遂，勒索财物不是绑架罪客观要件行为的观点，行为人在其他犯罪人实施人身控制行为之后参与实施勒索财物的，因行为人事先没有与实施者通谋，故不能以绑架罪的共犯论处。然而，对于这类情形不按照绑架罪共犯处理，于法于理说服力都不强。[③]

"单一行为说"认为，刑法对绑架罪明确规定的客观行为只有"绑架他人"和"偷盗婴幼儿"两种，所以严格从法条的规定分析，绑架罪的客观要件行为是单一的，即只要行为人将控制被害人人身自由或者偷盗婴幼儿的行为实施完毕，就符合绑架罪的客观行为特征。同理，从犯罪停止形态分析，只要行为人将控制被害人人身自由或者偷盗婴幼儿的行为实施完毕，就构成绑架罪的既遂。至于行为人在控制被害人的人身自由或者偷盗婴幼儿后是否实施了勒索财物或者提出不法要求的行为，只是犯罪情节，而非客观方面构成要件的行为，不影响犯罪既遂的成立。[④] 主要理由是：(1)刑法将绑架罪规定在侵犯人身权利一类中，而不规定在侵犯财产罪或者其他类罪中，体现出重在保护公民人身自由的倾向，虽然突出强调勒索的目的性，但并非必须以实施勒索行为为构成要件。[⑤] (2)把犯罪目的理解为目的行为，混淆了主客观要件的关系，无根据地增加了客观要件的内容，缩小了绑架罪既遂的范围。(3)行为人在绑架行为完成以前，在准备过程中以及在着手实施绑架时完全可以中止犯罪，绑架行为完成即既遂不会发生中止，但对行为人可以适度从宽处罚。(4)绑架行为实施完毕即既遂并不否认中途参与实行勒索财物者成立共犯，因为既然存在中途参与勒索财物的行为就证明行为人对于他人先前的绑架行为是明知的，勒索财物不过是犯罪的延续行为，中途参与者实际上是"承继的共犯"，对先前的绑架行为也要负责。[⑥]

我们不赞同"单一行为说"，但与"复合行为说"又有所不同，主张在绑架案件中，不能仅依据行为人对被害人实施了人身控制行为就认定其"以勒索财物为目的"，还相应要求行为人向第三人提出了勒索财物的意思表示或者具有证明行为人该目的存在的其他证据。理由是：(1)绑架罪侵犯的是复杂客体，既侵犯了他人的人身权利，同时也侵犯了他人的财产权利，虽然刑法将绑架罪规定在侵犯人身权利罪一类中，但绑架罪的本质特征是利用第三人对人质安全的担忧来实现勒索财物或者达到其他非法目的，因而，不仅侵害了被害人的人身自由，而且侵犯了第三人的自

---

① 参见赵秉志主编：《中国刑法案例与学理研究》(第4版)，法律出版社2004年版，第133页。
② 参见《中国刑事审判指导案例》[第272号]"杨保营等抢劫、绑架案"，法律出版社2009年版，第477页。
③ 参见肖中华观点，原载《检察日报》2002年1月15日、22日，2月5日。
④ 参见赵秉志：《刑法分则专论》，法律出版社2004年版，第343页。
⑤ 参见王作富主编：《刑法分则实务研究》(第4版)，中国方正出版社2010年版，第879页。
⑥ 参见赵秉志、肖中华、左坚卫：《刑法问题对谈录》，北京大学出版社2007年版，第339页。

决权。① 第三人必须在满足犯罪人非法要求与解救人质之间作出艰难选择。(2)刑法分则对绑架罪罪状的规定,不是对具体犯罪的定义,而是对犯罪类型的描述。刑法第二百三十九条采用了一些抽象性、概括性比较强的表述,②将这种表述模式下的绑架行为解释为人身控制行为和勒索财物行为的有机结合,能够被一般人接受,没有超出国民的预测可能性。③ "单一行为说"拘泥于条文中"绑架他人"的规定,割裂了人身控制行为与勒索财物行为相互依存的内在联系,故不可取。④ (3)根据主客观相统一原则,主观必定见之于客观。"以勒索财物为目的"的主观直接故意必须要有勒索财物之行为或者具有相关证据(非行为)予以证明。如行为人已向被绑架人亲属或者其他人索要过财物,因其向他人索取钱财的客观行为已充分证明勒索财物的主观目的,即构成绑架罪既遂;如行为人仅实施了对被害人的人身控制行为,但有充分证据(被告人供述、被害人陈述、证人证言、物证、书证等)能够证明其主观上是以勒索财物为目的的,亦可以构成绑架罪。但如果行为人仅实施了对被害人的人身控制行为,行为人否认具有勒索目的,现有证据亦不能证明其有勒索目的的,则不能认定构成绑架罪。

本案中,公诉机关认为被告人孙家洪、濮剑鸣、夏福军、吴桂林以勒索财物为目的绑架他人并杀害被绑架人燕某,其行为均构成绑架罪。一审法院认为,孙家洪、濮剑鸣等人意图绑架毕某之子向毕某勒索未果,但劫持燕某并将其杀害之行为是否构成绑架罪,应当从被告人主观上是否以勒索财物为目的,客观上是否向第三人勒索财物行为等具体分析:(1)孙家洪、濮剑鸣等人主观上没有利用第三人对燕某人身安危的担忧而勒索财物的故意。孙、濮等人之前绑架毕某之子未遂并不能推断出其劫持燕某的目的即为勒索财物。孙、濮等人供述将作案目标选择为驾驶高档轿车的人,劫持被害人后逼问出其随身携带的银行卡密码,让被害人告知家人汇钱至银行卡,后去银行 ATM 机取款。四被告人供述稳定一致,相互印证,足以证明谋财对象为驾驶高档轿车的不特定被害人,且让被害人本人通知其家人汇款,并未侵犯第三人的自决权。(2)孙家洪、濮剑鸣等人客观上没有实施向第三人勒索财物的行为。⑤ 孙、濮等人劫持燕某后仅从其身上搜取现金人民币 1 000 余元和手机,与其期望劫得的财物相距甚远,仅因担心被害人报警,遂起杀人灭口的犯

---

① 司法实践中,行为人绑架他人后,没有使第三人为人质安危担忧勒索财物的意思,只是向被绑架人勒索财物,被绑架人被迫答应给予财物并指令第三人交付财物,但未告知被绑架的事实或处境,第三人遵照指令交付财物。这种情形,因第三人不知发生绑架的事实,不存在为人质安危担忧的问题,第三人的自决权未受到可能的或实际的侵犯,行为人应构成抢劫罪。

② 绑架行为因其严重危害社会稳定和阶级统治,自汉代以来的历代统治者都将其归为严重刑事犯罪类,且科以较重刑罚。《晋书·刑法志》记载"有劫略、恐渴、和卖买人,科有持质,皆非盗事,故分以为"。"持质"就是"持质者执持人为质,以求财也"。《唐律》中规定有"略人",疏文解释:不和为略,设方略而取之,即使用方法以强力支配其人身。略人,略卖人为奴婢者,绞;为部曲的,流三千里;为妻妾子孙者,徒三年。和诱儿童(10 岁以下)以略人罪论。《宋刑统》基本上继承了《唐律》的法律内容。明清的司法实践中,一般以"恐吓取财罪"或者"强盗罪"对"持质"者进行惩治。1935 年,国民党政府颁布并实施的刑法第三百四十七条第一款中规定:"意图勒赎而掳人者,处死刑、无期徒刑或七年以上有期徒刑。因而致人于死或重伤者,处死刑或无期徒刑。"第三百四十八条规定:"犯前条第一项之罪而故意杀害被害人者,处死刑。犯前条第一项之罪而强奸被害人者,处死刑或者无期徒刑。"该法律经过修改仍存在台湾地区司法实践中。新民主主义革命时期的革命根据地政府制定的《惩治盗匪条例》规定如下:"以掳人勒赎者,皆以盗匪论"。

③ 参见张明楷:《刑法分则的解释原理》,中国人民大学出版社 2004 年版,第 19 页。

④ 《刑事审判参考》总第 63 集第 496 号俞志刚绑架案,作者认为绑架犯罪既遂标准为"单一行为说",主张只要行为人以勒索财物或其他非法目的,实施了绑架并控制他人的行为,即属犯罪既遂。但仔细审阅该案例,被告人俞志刚实际上实施了向被害人父亲电话勒索 5 万元人民币的行为,即实践中还是要有勒索财物的行为或证明勒索财物目的的证据。

⑤ 绑架罪与抢劫罪的一大区别在于犯罪对象的相异性和同一性。

意。燕某曾陈述其家中银行卡上有20万元,孙、濮等人认为钱太少且有风险,不愿通过燕某的家属或者朋友间接取财。可见,孙、濮等人未实施以杀害、伤害燕某等方式向其亲友勒索财物的意思表示和行为。孙、濮等人劫取燕某钱财后为灭口杀害燕某的行为,符合抢劫后故意杀人的行为特征。① 因此,孙家洪、濮剑鸣等人劫持燕某并将其杀害行为不构成绑架罪,而构成抢劫罪、故意杀人罪,两罪应当并罚。

(二)刑法总则规定的犯罪未遂等量刑情节不应适用绑架罪中"情节较轻"情形

1997年刑法第二百三十九条仅规定了十年以上有期徒刑或者无期徒刑和死刑两个量刑幅度。鉴于实践中绑架的情形比较复杂,一律对绑架行为处以十年以上有期徒刑,刑罚明显畸重,故不少观点建议在绑架罪中增设情节较轻的规定。2009年通过的《中华人民共和国刑法修正案(七)》(以下简称《刑法修正案(七)》)采纳了这一意见,在第六条对绑架罪的法定刑增设了如下规定:"情节较轻的,处五年以上十年以下有期徒刑,并处罚金。"②由于对"情节较轻"的认定缺少明确的标准,故实践中存在一定争议。

在《刑法修正案(七)》施行之前,对确实需要在十年有期徒刑以下从轻处罚的绑架犯罪案件,一般是通过法定刑以下量刑报核程序层报最高人民法院核准。如被告人程乃伟绑架案、俞志刚绑架案两则刊载在《刑事审判参考》的案例,③均发生在《刑法修正案(七)》施行之前。按照当时绑架罪的规定应当判处十年以上有期徒刑,但最后都层报最高人民法院在法定刑以下进行判罚。

上述案例具有如下特征:(1)行为人控制被绑架人的时间较短,没有实施殴打伤害行为,放弃勒索赎金并将被绑架人安全送回,没有造成严重后果;(2)发生在亲属之间的绑架,主观恶性较小,没有造成严重后果。上述案例的处理原则对于"情节较轻"的认定具有一定的参考意义。

"情节较轻"的衡量标准应当是司法者运用一定的价值标准对确定的事实基础进行综合判断所得出的结论。由于"情节较轻"具有高度的概括性、抽象性,只有在对影响绑架罪社会危害性程度的各种主客观事实进行综合评价的基础上,才能得出某一个案是否属于"情节较轻"的结论。④我们认为,影响绑架罪社会危害性轻重的事实要素大致有以下几个方面:(1)犯罪手段。绑架罪采用暴力、胁迫、诱骗等方法控制被绑架人人身自由,拘禁时间有长短之分,暴力、胁迫、诱骗等手段各不相同亦直接影响到该罪的社会危害程度;(2)犯罪后果。从人身损害方面看,是否造成了被绑架人重伤、轻伤、轻微伤或严重的精神伤害;从财产损害方面看,赎金数额有数额巨大、数额较大或未获取分文的区别,犯罪后果直接反映了行为的社会危害程度;(3)犯罪动机。行为人的动机或出于满足个人私利,或迫于生活压力,或因合法权益不能保障,或出于特定政治目的等,动机不同体现出行为主观恶性程度的差异;(4)犯罪情节。行为人是否放弃勒索赎金、是否主动释放人质;行为人与被害人是否系亲属或熟人关系;行为人是否选择以老人、妇女、儿童或者社会知

---

① 2001年5月,最高人民法院《关于抢劫过程中故意杀人案件如何定罪问题的批复》认为,行为人实施抢劫后,为灭口而故意杀人的,以抢劫罪和故意杀人罪定罪,实行数罪并罚。

② 立法者认为,近年来,绑架犯罪活动发生了很大变化,无论是犯罪形式还是犯罪危害程度都呈现多种形态。过去,绑架行为人一般都是些亡命之徒,现在有些案件是好逸恶劳之徒实施的恶性不大、勒索小额财务的行为。相对于变化了的客观环境,绑架罪过高的法定刑起点显得罪责不相适应。同时,绑架罪法定刑的层次性不足,对实践中多种常见的并有明显差异的情况没有体现出区别对待,刑罚档次设置难以适应犯罪复杂的情况。对绑架他人后没有对人质进行人身伤害,又主动释放的规定了较轻刑罚,体现了宽严相济的刑事政策。参见黄太云:《中华人民共和国刑法修正案(七)的理解与适用》,载《刑事审判参考》总第68集,第95页。

③ 参见《刑事审判参考》总第63集,第496号;《中国刑事审判指导案例》第182号,法律出版社2009年版。

④ 参见杨志国:《认定绑架罪"情节较轻"的几个理论问题》,载《中国刑事法杂志》2009年第11期。

名人士作为绑架对象等，上述情节对绑架罪的社会危害程度具有直接影响。在正确认定了影响绑架罪社会危害性轻重的事实要素后，还有必要探寻“情节较轻”与侵害法益的实质联系，对“情节较轻”作出价值判断。绑架罪侵害的法益在司法实践中通常表现为：人身法益（人身自由与安全）、财产法益（他人财产所有权）、社会法益（社会秩序与公共安全）。人身法益是刑法保护的重点，绑架罪必然侵犯人身自由，但在人身安全方面却客观存在着侵害程度的差异，被绑架人的人身安全未受实质侵犯，人身自由限制程度较轻等因素，是认定“情节较轻”的首要判断。财产法益、社会法益虽然对判断绑架罪罪质轻重而言不具有决定性意义，但仍会对绑架罪的社会危害性程度产生重要影响。如绑架行为虽然未给被绑架人的人身安全造成严重威胁，但勒索财物数额巨大，手段卑劣，社会影响恶劣，也不能认定为“情节较轻”。

刑法总则规定的犯罪预备、未遂、中止等从轻减轻情节基于刑事立法模式以及禁止重复评价的原则，不应适用绑架罪“情节较轻”条款。我国刑法分则罪状的立法模式以单独犯的完成形态为基准，任何罪质轻重的评价都是建立在对犯罪完成形态的考察基础上，犯罪的未完成形态对罪质的轻重不能产生实质影响。犯罪预备、未遂、中止等未完成形态是刑法总则规定的法定量刑情节，对犯罪的社会危害性程度会产生很大影响，但并不能成为影响罪质轻重的因素，如果将其作为“情节较轻”的判断基础，然后再作为量刑情节适用，显然属于对同一情节的重复评价，违反了禁止重复评价的原则。① 本案中，被告人濮剑鸣、夏福军等人以毕某之子为绑架目标意图向毕某勒索200万美元，事先勘查住处并准备电击棍等作案工具，在实施作案过程中已进入毕某家中，但由于意志以外的原因而未得逞，系绑架未遂，不应适用“情节较轻”条款。

另外，如果某一事实因素不能反映绑架罪社会危害性程度，自然不能成为“情节较轻”的判断基础。如一些纯粹反映行为人人身危险性程度的事实因素就不能成为判断是否属于“情节较轻”的基础，主要包括行为人的一贯表现，是否属于初犯、偶犯以及前科情况，犯罪后的认罪、悔罪态度，是否具有自首、立功情节等。上述事实因素虽然最后会影响到行为人的刑罚裁量，但它们都不能反映和体现绑架罪社会危害性程度，对绑架罪罪质轻重没有影响，因此不能成为“情节较轻”的判断基础。

（撰稿：上海市第一中级人民法院　张华松
审编：最高人民法院刑二庭　王晓东）

［第964号］郭春故意杀人案
——如何认定故意杀人未遂情形下行为人的主观心态

【关键词】　故意杀人罪　未遂　中止　主观罪过

一、基本案情

被告人郭春，男，1962年6月6日出生。2012年12月20日因涉嫌犯故意伤害罪被刑事拘留，2013年3月22日因涉嫌犯故意杀人罪被逮捕。

上海市虹口区人民检察院以被告人郭春犯故意杀人罪，向虹口区人民法院提起公诉，同时提

① 参见朱艳萍、应金鑫：《对绑架罪“情节较轻”的理解》，载《法律适用》2010年第11期。

出，本案因郭春意志以外的原因而使犯罪未能得逞，系未遂，建议对郭春从轻处罚。

被告人郭春对起诉书指控的主要事实无异议，但辩称，案发时，因姚么妹摔其手机又咬其一口，并要离开他，其即拿刀砍姚么妹，但并未想杀她。辩护人基于以下理由建议对郭春判处十年以下有期徒刑：郭春不具有杀人故意，其行为构成故意伤害罪；即使郭春构成故意杀人罪，也属犯罪中止；郭春具有自首情节。

上海市虹口区人民法院经公开审理查明：2012年12月19日23时许，被告人郭春酒后在上海市唐山路952弄28号底楼处（系与其朋友法吉成共同承租），因琐事与女朋友姚么妹发生争执后，郭春强行将姚么妹从床上拖拉到地上，并从厨房取出两把菜刀，先用刀背敲击姚么妹头部及肩部两下，致姚么妹头部流血后，继而用刀刃朝姚么妹头部、面部猛砍数刀。后见姚么妹头、面部大量流血，倒地后不再挣扎，即弃刀逃离现场。次日凌晨，郭春在朋友吴兴根的陪同下主动至上海市公安局虹口分局提篮桥派出所投案，并如实供述了上述犯罪事实。案发后，经司法鉴定科学技术研究所司法鉴定中心鉴定：被鉴定人姚么妹被他人砍伤，致颅面部多处软组织创，致容貌毁损及7枚以上牙齿脱落或者折断，构成重伤。

上海市虹口区人民法院认为，被害人姚么妹的陈述，以及证人法吉成、张宏英、吴兴根的证言证实，当被告人郭春持刀对姚行凶，证人法吉成进行劝阻时，郭春称别管，否则连其一起杀；当郭春持刀猛砍姚么妹头面部数刀后逃离现场至表妹张宏英处时，又对张称其用刀杀了姚么妹；《验伤通知书》、《鉴定意见书》等书证证实，姚么妹的受伤部位均在头、面部等人体的要害部位，且从姚的伤势程度来看，也足以证实郭春行凶时用力之猛，欲置姚于死地的心态。故郭春的客观行为反映出其主观上具有非法剥夺他人生命的故意，而非故意伤害他人身体的故意。郭春主动投案后曾多次交代，由于其患有癌症，案发时姚么妹与其发生争吵后提出分手并要离开他，其受不了折磨，认为自己活不长了，也不想让她活了，因此持刀砍杀姚么妹。郭春的上述犯罪动机的供述与其客观行为相吻合，系其真实意思的流露，且与证人证言及书证等证据相互印证，充分证实了郭春故意杀人的犯罪主观故意。因此，郭春的犯罪行为符合故意杀人罪的主、客观构成要件，关于其不想杀人的辩解及辩护人相关辩护意见，与事实、法律不符，不予采纳。郭春持刀砍杀姚么妹的行为一气呵成，直至姚倒在血泊中不再挣扎后扬长而去，郭行凶后逃至其表妹张宏英住处时也称自己杀了姚么妹，可见，郭春故意杀人的犯罪行为已实施完毕，其误以为已杀害姚么妹，而逃离现场。由于他人报警，姚么妹及时被送往医院抢救，才未造成死亡结果的发生，并非郭春自动放弃犯罪，也非其自动有效地防止犯罪结果的发生。质言之，姚么妹未被杀死的结果系郭春意志以外的原因，即违背郭春砍死姚么妹本意的客观障碍因素造成，郭春的行为符合故意杀人犯罪实行终了的未遂的构成特征，应当以犯罪未遂论处。故辩护人关于郭春的行为系犯罪中止的辩护意见，与事实、法律不符，不予采纳。被告人郭春犯罪后主动至公安机关投案自首，如实供述了犯罪事实，庭审中，其对自己的客观行为予以了供认，仅对本案的定性提出了辩解，不影响对其自首的认定，可以从轻处罚。据此，依照《中华人民共和国刑法》第二百三十二条、第二十三条、第六十七条第一款、第五十五条第一款、第五十六条第一款及第六十四条之规定，虹口区人民法院以被告人郭春犯故意杀人罪，判处有期徒刑十二年，剥夺政治权利三年。缴获的犯罪工具菜刀二把予以没收。

一审判决后，被告人郭春没有提起上诉，检察院亦未抗诉，该判决已发生法律效力。

二、主要问题

如何认定故意杀人未遂情形下行为人的主观心态？

三、裁判理由

本案在审理过程中,存在两个方面的争议:一是被告人郭春主观上是否具有剥夺被害人姚么妹生命的故意,这直接关系到其用菜刀砍被害人的行为是构成故意杀人罪还是故意伤害罪;二是如果认定郭春构成故意杀人罪,那么杀人结果未发生系违背其本意的客观障碍因素引起还是因其主动放弃继续加害行为而导致,关系到其故意杀人犯罪成立未遂还是中止。具体分析如下:

(一)郭春是否以剥夺他人生命为故意内容

根据刑法的规定,故意伤害罪是指故意非法损害他人身体健康的行为,故意杀人罪是指故意非法剥夺他人生命的行为。故意伤害罪与故意杀人罪(未遂或中止)的相同之处表现为故意实施了侵害他人身体的行为,区别在于两者故意的内容不同。故意伤害罪的行为人主观上仅追求损害他人身体健康的结果发生,而并不希望甚至排斥死亡结果发生;故意杀人罪的行为人实施侵害行为时则积极追求或者放任死亡结果发生。本案被告人郭春刀砍被害人姚么妹的行为系杀人还是伤害,关键在于对其主观内容的认定。

郭春与姚么妹系男女朋友关系,且有足够证据证实郭春对姚么妹具有较深的感情基础。从常理分析,说被害人的死亡结果违背被告人意志,有较强的可信度,也正是从这个角度,本案辩护人认为被告人仅具有伤害而不具有杀人的故意。我们认为,仅以此认定被告人不具有杀人故意,理由并不充分,也于法无据。关于行为人的主观故意内容,必须将行为人置于行为实施时的特定情境中,综合各种情节要素进行认定。

主观内容包含认识因素和意志因素两个方面。前者体现行为人对行为结果的预见情况,后者体现行为人对该结果所持态度。在主客观相统一的刑事司法原则的要求之下,主观故意的内容只有外化为行为人具体的外在行动才具有刑法评价的意义,而这也恰为刑事司法实践中认定行为人的主观故意内容提供了可能。具体到本案中,被告人郭春所持的工具系足以剥夺他人生命的菜刀,伤害的部位为头面部等人体要害部位,行为方式为连续多次砍击。如果被告人仅是使用菜刀刀背敲击被害人,那么推定杀人故意尚存合理怀疑之处,但是被告人后来连续多次使用菜刀刀刃砍杀被害人的行为,足以使该怀疑得以排除。从被害人的伤势情况来看,相关证据足以证实郭春行凶时用力之猛,具有欲置被害人于死地的主观心态。综合以上客观事实,足以认定被告人砍人时具有剥夺他人生命的故意。且从作案动机分析,正是因为被告人对被害人具有较深的感情基础,被害人提出分手,被告人又身患绝症,故被告人自己活不了、"也不想让她活"的供述符合常理,足以使法官形成其具有剥夺他人生命故意的内心确信。即使由于被害人得到及时救治,故意杀人的结果并未发生,但这仅影响故意杀人罪犯罪停止形态的判断,而不影响对被告人实施砍人行为时主观心态的认定。

(二)死亡结果未发生是否在被告人意志之外

本案被告人郭春的杀人行为并未最终引起被害人姚么妹死亡结果的发生,判断被告人系犯罪中止还是未遂,关键在于判断阻却被害人死亡结果发生的因素是被告人的主观意志还是其意志以外的因素。

根据刑法理论,犯罪中止包括自动放弃犯罪和自动有效防止犯罪结果的发生两种情形。前者是在犯罪行为实施终了前,行为人主动停止本可继续实施的加害行为;后者是在犯罪行为实施完毕后、犯罪结果尚未发生时,行为人自动有效地防止了犯罪结果的发生。而本案该两种情形均不具备。被告人在其追求的杀人结果发生之前并未自动停止实施侵害行为,直到被害人头面部大量出血,倒地后不再挣扎,其误认为被害人已经死亡才停止侵害行为,也即被告人停止本可继续实施的加害行为并非出于其对犯罪故意的自动放弃。在行为实施完毕后,被告人迅速逃离现场,对其行为所导致的后果即被害人的死亡置之不顾,没有采取任何的救助措施避免死亡结果发生,因而亦不能认定其自动有效地防止了犯罪结果的发生。被害人之所以未死亡,是因为他人报警,及时被送往医院抢救。基于上述分析,我们认为,被害人未死亡的结果系被告人意志以外的原因造成,被告人的行为符合故意杀人犯罪实行终了的未遂的构成特征。理由如下:

第一,被害人死亡结果未发生这一客观事实存在于被告人意志以外,且不以其意志为转移。从性质上看,犯罪未遂中"意志以外的原因"应当与行为人完成犯罪的愿望相矛盾,本案被告人在其认定被害人已死亡、不可能再被"救活"的情况下,才停止其加害行为并逃离现场,这一点在其行凶后逃至其表妹张宏英住处时称自己杀了姚么妹等相关供述中可以得到印证。

第二,对被害人被"有效施救"这一客观事实,被告人没有预见,也不可能预见。本案属于典型的事实认识错误,具体而言,属于对因果关系的认识错误,即特定的犯罪结果未发生而行为人误以为已经发生,从而停止犯罪活动。根据刑法理论,判断"意志以外的原因"不要求其客观上足以阻止犯罪结果发生,而应当以行为人主观感受为标准。在被告人拒不认罪的案件中,还要适度参考平均人的主观认知标准。尽管本案被告人客观上本可继续实施导致死亡结果发生的杀人行为,但其因认识错误而"放弃"犯罪,符合未遂犯的本质特征。

第三,被害人被"有效施救"这一介入因素一经成为现实,被告人故意杀人的行为就无法达到既遂,这正是犯罪未遂成立的应有之义。从作用上看,"意志以外的原因"应当与犯罪行为的发展和完成的进程相冲突。本案中,对被害人的相关施救行为无疑切断了被告人的客观杀人行为与死亡结果之间的自然发展进程,使行为人在该次杀人意志支配下的犯罪行为所指向的逻辑结果最终无法实现。

综上,本案被告人郭春具有剥夺他人生命的故意,但由于意志以外的原因而使其犯罪行为未能得逞,应当按照故意杀人罪(未遂)的罪责定罪量刑。

(撰稿:上海市虹口区人民法院　杨凤英　葛立刚
审编:最高人民法院刑四庭　陆建红)

[第965号]孟令廷故意杀人、故意伤害案

——在被采取强制措施期间,向司法机关主动如实供述本人真实身份及所犯不同种余罪的,对余罪能否认定为自首

【关键词】　故意杀人罪　故意伤害罪　余罪　自首

一、基本案情

被告人孟令廷(化名孟令敏),男,1962年9月5日出生,原系长沟峪煤矿干部。2010年7月8日因涉嫌犯故意伤害罪被逮捕。

北京市人民检察院第一分院以被告人孟令廷犯故意杀人罪、伪造居民身份证罪、故意伤害罪,向北京市第一中级人民法院提起公诉。

被告人孟令廷对公诉机关指控的犯罪事实未提出异议。其辩护人提出,孟令廷在廊坊市公安局看守所羁押期间主动交代了自己的杀人事实,应当认定具有自首情节。

北京市第一中级人民法院经公开审理查明:

被告人孟令廷因不能正确处理邻里纠纷，于 1997 年 7 月 26 日 5 时许，持菜刀等作案工具来到北京市房山区佛子庄乡北窖村安立东家，持菜刀猛砍安立东的长子安庆兵（殁年 22 岁）、次子安庆忠及女儿安庆红，致安庆兵死亡，安庆忠、安庆红轻伤。而后，孟令廷又因怀疑其弟媳刘某（殁年 32 岁）与他人有不正当男女关系而携带菜刀来到该村刘某家中，持刀猛砍刘某的头面部等处 20 余刀，致刘某死亡。

孟令廷在逃期间，使用其弟"孟令敏"的身份信息，通过他人伪造居民身份证两张并使用。2010 年 6 月 11 日 1 时许，孟令廷在河北省廊坊市广阳区南尖塔镇，因琐事与合租一个单元房的任某发生矛盾。孟令廷持菜刀砍击任的朋友许振发，致许轻伤（偏重）。同月 28 日，孟令廷以"孟令敏"的身份被廊坊市公安机关刑事拘留。同年 7 月 4 日，孟令廷主动交代了其真实身份及 1997 年 7 月 26 日故意杀人的犯罪事实。

北京市第一中级人民法院经审理认为，被告人孟令廷故意非法剥夺他人生命的行为，已构成故意杀人罪；其逃匿期间伪造居民身份证的行为，又构成伪造居民身份证罪；其逃匿期间故意损害他人身体健康致人轻伤的行为，还构成故意伤害罪。对孟令廷所犯数罪依法应予并罚。关于辩护人所提孟令廷在廊坊市公安局看守所羁押期间主动交代了自己的杀人事实，应当认定具有自首情节的辩护意见，经查，依据相关司法解释的规定，孟令廷杀人的罪行已被录入全国公安信息网络在逃人员信息数据库，应当视为公安机关已经掌握，故孟令廷的上述行为不构成自首。孟令廷不能正确解决问题，持刀连砍 4 人，造成 2 人死亡、2 人轻伤的严重后果，犯罪手段凶残，情节恶劣，后果和罪行极其严重。孟令廷犯罪后不思悔改，畏罪潜逃多年又接连犯新罪，主观恶性深，人身危险性大，依法应当严惩。据此，依照《中华人民共和国刑法》第十二条第一款，1979 年《中华人民共和国刑法》第一百三十二条、第四十三条、第五十三条第一款，《中华人民共和国刑法》第二百八十条第三款、第二百三十四条第一款、第六十七条、第六十一条、第六十九条，《最高人民法院关于处理自首和立功具体应用法律若干问题的解释》第二条之规定，北京市第一中级人民法院判决如下：

被告人孟令廷犯故意杀人罪，判处死刑，剥夺政治权利终身；犯伪造居民身份证罪，判处有期徒刑一年六个月；犯故意伤害罪，判处有期徒刑一年六个月；决定执行死刑，剥夺政治权利终身。

一审宣判后，被告人孟令廷提出上诉。北京市高级人民法院经审理，裁定驳回孟令廷的上诉，维持原判。最高人民法院经复核于 2012 年 8 月 15 日核准了北京市高级人民法院关于维持判处上诉人孟令廷死刑的裁定。

二、主要问题

杀人潜逃后使用化名，后又因犯新罪被采取强制措施期间，向司法机关主动交代真实身份及所犯故意杀人罪的，对于前罪能否认定为自首？

三、裁判理由

本案的争议焦点是，被告人孟令廷以前所犯故意杀人罪已被公安机关上网通缉，而孟令廷因故意伤害以"孟令敏"的化名被廊坊市公安机关羁押期间，又主动交代其真实身份，供认冒用其弟"孟令敏"的身份信息，以及其于 1997 年故意杀人的犯罪事实。对于孟令廷在被采取强制措施期间，向司法机关主动交代真实身份，如实供述故意杀人的行为，能否认定为自首，本案审理过程中存在不同认识。一种观点认为构成自首，另一种观点认为不构成自首，仅属于坦白。我们赞同后一种意见，具体分析如下：

对于在被采取强制措施期间，如实供述司法机关尚未掌握的本人其他罪行的情况，理论界一般称为余罪自首。对于余罪自首的认定，应当从以下三个方面进行审查：

第一，必须是如实供述余罪。《最高人民法院关于处理自首和立功若干具体问题的意见》(以下简称《意见》)规定，如实供述自己的罪行，“除供述自己的主要犯罪事实外，还应包括姓名、年龄、职业、住址、前科等情况”。该规定要求行为人不仅要供述所犯余罪罪行，还要交代其真实身份。对于隐瞒自己的真实身份等情况，影响对其定罪量刑的，不能认定为如实供述自己的罪行。被告人盂令廷因故意伤害被公安机关刑事拘留，在羁押期间向公安机关不仅主动交代了自己故意杀人的罪行，还如实供述了自己的真实身份，即之前是冒用其弟“盂令敏”的姓名等身份情况，其真实身份是盂令廷。

第二，所供余罪必须是本人的其他罪行，与所犯新罪不属于选择性罪名或者不存在事实、法律上的关联。《最高人民法院关于处理自首和立功具体应用法律若干问题的解释》第二条规定，“被采取强制措施的犯罪嫌疑人、被告人和已宣判的罪犯，如实供述司法机关尚未掌握的罪行，与司法机关已掌握的或者判决确定的罪行属不同种罪行的，以自首论”。《意见》对“不同种罪行”的认定又作了进一步规定：“犯罪嫌疑人、被告人在被采取强制措施期间如实供述本人其他罪行，该罪行与司法机关已掌握的罪行属同种罪行还是不同种罪行，一般应以罪名区分。虽然如实供述的其他罪行的罪名与司法机关已掌握犯罪的罪名不同，但如实供述的其他犯罪与司法机关已掌握的犯罪属选择性罪名或者在法律、事实上密切关联……应认定为同种罪行。”虽然盂令廷如实供述的故意杀人犯罪与司法机关已掌握的故意伤害犯罪，犯罪事实均系盂令廷因与被害人产生矛盾后，持菜刀砍击被害人，但两者分属不同罪名，且不存在法律或事实上的关联，属于不同种罪行。

第三，所供述余罪必须为司法机关不掌握。该条件是认定此类情形是否构成余罪自首的关键。对何为“司法机关还未掌握的本人其他罪行”，《意见》规定：“犯罪嫌疑人、被告人在被采取强制措施期间，向司法机关主动如实供述本人的其他罪行，该罪行能否认定为司法机关已掌握，应根据不同情形区别对待。如果该罪行已被通缉，一般应以该司法机关是否在通缉令发布范围内作出判断，不在通缉令发布范围内的，应当认定为还未掌握，在通缉令发布范围内的，应视为已掌握；如果该罪行已录入全国公安信息网络在逃人员信息数据库，应视为已掌握。如果该罪行未被通缉、也未录入全国公安信息网络在逃人员信息数据库，应以该司法机关是否已实际掌握该罪行为标准。”需要指出的是，该条意见针对的是行为人身份信息明确的情形。如果行为人潜逃期间或者因新罪到案后为掩盖漏罪或者前科，长期使用化名或者自报虚假身份，即便该行为人被公安机关上网通缉，该余罪亦难以为司法机关所掌握。因此，不能简单以“是否在司法机关通缉令发布范围内”或“该罪行是否录入全国公安信息网络在逃人员信息数据库”作为司法机关是否掌握的标准，而应本着实事求是、具体情况具体分析的态度审查判断，不宜搞“一刀切”。认定司机机关是否掌握余罪罪行，既不能把握得过窄，影响行为人交代余罪的积极性，又不能放得过宽，导致行为人借助余罪自首减轻罪责。对于行为人采用化名的情形，司法审判中应当综合审查在案证据，结合公安机关侦查惯例等情况，具体分析司法机关有无掌握其余罪的条件与可能，对于行为人外逃后长期使用化名，司法机关对其真实身份的查证又无其他任何线索的，如果行为人因实施其他犯罪到案后如实交代真实身份信息及所犯余罪，可以认定构成余罪自首。如果司法机关有明确、清晰的查证身份线索，不宜认定行为人对余罪构成自首。

就本案而言，首先，根据公安机关出具的《在逃人员登记/撤销表》及《协查通报》，被告人盂令廷因故意杀人逃跑后，公安机关于1997年10月7日向各地公安机关、看守所等发布了抓捕盂令廷的协查通报；于2002年4月1日又在全国范围内对盂令廷上网追逃。虽然盂令廷因故意伤害在廊坊市公安局看守所羁押期间，如实供述了自己的杀人罪行，但公安机关具备了解和掌握其所犯余罪的客观条件和正规途径。其次,孟令廷使用“孟令敏”的化名已有数年,并以“孟令敏”的身份信息伪造了身份证。公安机关在孟令廷主动交代前,并不掌握其真实身份信息,但孟令廷所持有的第一、二代身份证,均系伪造且被公安机关起获,其冒充他人身份信息的情况已露出破绽。同时,孟令廷冒充的是其弟“孟令敏”的身份信息,根据公安机关侦查惯例,公安人员按照正常的工作程序,在调取“孟令敏”的户籍材料,查证行为人与“孟令敏”身份关系的活动中,亦能了解孟令廷的真实身份及所犯余罪罪行。由此可见,孟令廷使用“孟令敏”化名,对公安机关掌握其余罪罪行并不构成实质障碍。故孟令廷在廊坊公安局看守所羁押期间,如实供述自己真实身份及杀人罪行的行为不符合“如实供述司法机关还未掌握的本人其他罪行”的规定,不应认定为自首。

需要说明的是,之所以对余罪自首采用比一般自首更为严格的认定标准,主要考虑到犯罪嫌疑人已被采取强制措施,属被动归案,司法机关有深挖余罪的职责,犯罪嫌疑人有如实回答的义务。当然,上述对“司法机关是否掌握”认定标准的界定,并不会造成变相鼓励犯罪嫌疑人、被告人编造和使用没有任何查证线索的化名的情况。就孟令廷而言,其主动交代真实身份,如实供述其以前所犯罪行的行为,虽不能认定为余罪自首,但已构成坦白。2011 年施行的刑法修正案(八)已将坦白上升为法定从宽处罚情节,审判机关可以根据其坦白价值大小、所犯罪行严重程度等情节,在量刑时决定对其是否予以从轻。孟令廷故意杀人,致 2 人死亡、2 人轻伤,在逃期间又犯故意伤害罪,主观恶性与人身危险性大,虽有坦白情节,不足以从宽处罚,故法院判处并核准死刑。

(撰稿:北京市第一中级人民法院　王雪枫
审编:最高人民法院刑五庭　马　岩)

[第 966 号]秦志晖诽谤、寻衅滋事案

——利用信息网络实施诽谤、寻衅滋事犯罪的司法认定*

【关键词】 诽谤罪　寻衅滋事罪　罪数的认定　利用信息网络　诽谤罪的“明知”　程序的适用

一、基本案情

被告人秦志晖,微博名称“秦火火”,男,1983 年 12 月 27 日出生,北京华迅天下信息技术有限公司职工。2013 年 9 月 18 日因涉嫌寻衅滋事罪被逮捕。

北京市朝阳区人民检察院以被告人秦志晖犯诽谤罪、寻衅滋事罪,向朝阳区人民法院提起公诉。

北京市朝阳区人民法院经公开审理查明:

(一)诽谤的事实

1. 被告人秦志晖明知罗援(男,中国战略文化促进会常务副会长兼秘书长)系军人,于 2013 年 2 月 25 日使用昵称为“东土秦火火”的新浪微博账户(UID 号:3198027857),捏造“罗援之兄罗

---

* 本文撰写得到了以最高人民法院刑三庭副庭长李睿懿为主的司法解释起草人员的帮助,在此致谢。

抗在德国西门子公司任职”的事实，无端质疑罗援及其家人搞“利益交换关系”，并在信息网络上散布。该信息被转发2500余次，引发大量网民对罗援的负面评价。

2. 被告人秦志晖明知“杨澜（女，阳光媒体集团控股有限公司董事局主席）向希望工程虚假捐赠”系捏造的事实，于2013年7月15日使用昵称为“淮上秦火火”的新浪微博账户（UID号：3621506850）在信息网络上散布。该信息被转发700余次，引发大量网民对杨澜的负面评价。

3. 被告人秦志晖在信息网络上看到了“兰和（男，35岁）被老女人包养”的不实信息后，将上述信息篡改为“兰和被老女人周某某包养”，并于2013年7月至8月间使用昵称为“3662708323_307”的新浪微博账户（UID号：3662708323，昵称又曾为“江淮秦火火”）多次在信息网络上散布。该信息累计被转发900余次，引发大量网民对兰和的负面评价。

4. 被告人秦志晖于2012年11月27日，使用昵称为“炎黄秦火火”的新浪微博账户（UID号：2930912765），捏造“张海迪（女，中国残疾人联合会主席）具有德国国籍”的事实并散布。后经网友举报，新浪公司判定上述信息为不实信息。张海迪亦于2012年11月28日通过微博发布澄清声明。秦志晖又于2012年12月31日使用“炎黄秦火火”的新浪微博账户再次发布有关上述信息的博文，在短时间内被转发20余次，引发网民对张海迪的负面评价。

（二）寻衅滋事的事实

2011年7月23日，甬温铁路浙江省温州市相关路段发生特别重大铁路交通事故（即“7·23”甬温线动车事故）。在事故善后处理期间，被告人秦志晖为了利用热点事件进行自我炒作，提高网络关注度，于2011年8月20日使用昵称为“中国秦火火_f92”的新浪微博账户（UID号：1746609413）编造并散布虚假信息，称原铁道部向“7·23”甬温线动车事故中的外籍遇难旅客支付3000万欧元高额赔偿金。该微博被转发11 000次，评论3300余次，引发大量网民对国家机关公信力的质疑，原铁道部被迫于当夜辟谣。秦志晖的行为对事故善后工作的开展造成了不良影响。

北京市朝阳区人民法院认为，被告人秦志晖无视法律规定，在信息网络上捏造事实诽谤他人，情节严重，且系诽谤多人，造成恶劣社会影响，其行为构成诽谤罪；秦志晖在重大突发事件期间，在信息网络上编造、散布对国家机关产生不良影响的虚假信息，起哄闹事，造成公共秩序严重混乱，其行为还构成寻衅滋事罪，依法应予数罪并罚。北京市朝阳区人民检察院指控秦志晖犯诽谤罪、寻衅滋事罪的事实清楚，证据确实、充分，指控的罪名成立。秦志晖在较长时间段内在信息网络上多次肆意实施违法犯罪行为，根据其所犯诽谤罪、寻衅滋事罪的事实、性质、情节和社会危害程度，本应对其酌情从重处罚，但鉴于秦志晖归案后能够如实供述所犯罪行，认罪悔罪态度较好，可以对其从轻处罚。据此，依照《中华人民共和国刑法》第二百四十六条、第二百九十三条第一款第四项、第六十七条第三款、第六十一条、第六十九条第一款以及《最高人民法院、最高人民检察院关于办理利用信息网络实施诽谤等刑事案件适用法律若干问题的解释》第一条、第二条、第三条、第四条、第五条第二款之规定，北京市朝阳区人民法院以被告人秦志晖犯诽谤罪，判处有期徒刑二年；犯寻衅滋事罪，判处有期徒刑一年六个月；决定执行有期徒刑三年。

一审宣判后，被告人秦志晖未提起上诉，公诉机关亦未抗诉，该判决已发生法律效力。

二、主要问题

1. 利用信息网络实施的诽谤罪与寻衅滋事罪如何区别？

2. 对利用信息网络实施的诽谤罪适用公诉程序需要具备哪些条件？

3. 利用信息网络实施的诽谤罪有哪些行为方式，行为人的主观“明知”如何认定？

三、裁判理由

2013年9月，最高人民法院、最高人民检察院联合出台了《关于办理利用信息网络实施诽谤等刑事案件适用法律若干问题的解释》(以下简称《解释》)，对利用信息网络实施诽谤、寻衅滋事等犯罪适用法律问题进行了规定。本案是《解释》施行以来全国首例网络诽谤、寻衅滋事案件，该案的审理对于如何适用《解释》有关条款，如何认定利用信息网络实施的诽谤罪和寻衅滋事罪具有重要指导意义。

(一)对利用信息网络实施的诽谤罪和寻衅滋事罪，要准确区分二者的犯罪构成条件

本案发生后，对于如何定性存在不同意见。有意见认为，应当全案定寻衅滋事罪一罪。主要理由是：(1)秦志晖编造、捏造虚假信息在网络上散布，目的是自我炒作，其通过随意攻击名人和有关单位的手段，扰乱民心，谋取关注，主观心态、行为方式具有内在一致性。秦志晖具有诽谤杨澜等公民的事实，但诽谤的目的不明显。(2)秦志晖攻击的对象是不特定的社会名人、单位并涉及有关国家机关、公共单位的公信，如秦志晖编造虚假信息，在"7·23"动车事件中造成了网民对原铁道部的质疑；诽谤张海迪，张代表残联；诽谤罗援，罗代表军队机关；诽谤杨澜，同时攻击了希望工程等。《解释》实际上已将网络空间解释为公共场所，对网络秩序的损害也可以视为现实社会危害。秦志晖的上述行为扰乱了社会公共秩序，构成寻衅滋事罪。秦志晖利用网络谣言攻击、诽谤杨澜等人，同时构成寻衅滋事罪、诽谤罪，属于想象竞合，应当择一重罪认定为寻衅滋事罪。

经研究，公诉机关、审判机关均认为应当认定诽谤罪、寻衅滋事罪，并将两罪并罚。主要理由如下：

第一，秦志晖的行为分别符合诽谤罪与寻衅滋事罪的构成条件。准确把握刑法规定的诽谤罪、寻衅滋事罪的犯罪构成，是正确理解利用信息网络实施的诽谤罪、寻衅滋事罪的前提条件。根据刑法第二百四十六条和第二百九十三条的规定，捏造事实诽谤他人，情节严重的，构成诽谤罪；实施在公共场所起哄闹事，造成公共场所秩序严重混乱等寻衅滋事行为，破坏社会秩序的，构成寻衅滋事罪。从犯罪客体来看，诽谤罪侵犯的客体是公民的人格和名誉，寻衅滋事罪侵犯的客体是社会秩序。从罪状及行为特征来看，寻衅滋事罪规定的"在公共场所起哄闹事，造成公共场所秩序严重混乱"，通常是指行为人的起哄闹事行为扰乱了某一具体公共场所秩序，或者使该公共场所的相关活动不能顺利进行。在信息网络普及之前，"在公共场所起哄闹事"行为的实施地与危害后果发生地一般都在该公共场所。但随着信息网络的迅速发展，互联网、通信网、广播电视传输覆盖网呈现出"三网合一"的趋势，信息网络与人们的现实生活融为一体，其"工具属性"、"公共属性"凸显，利用信息网络实施寻衅滋事的行为方式及危害后果与传统的寻衅滋事呈现出不同特征。基于现实情况，《解释》第五条第二款将刑法条文中"在公共场所起哄闹事"解释为"编造虚假信息，或者明知是编造的虚假信息，在信息网络上散布，或者组织、指使人员在信息网络上散布，起哄闹事"，将"造成公共场所秩序严重混乱"解释为"造成公共秩序严重混乱"。对于第一处解释，我们认为，是合理的。例如，行为人虽然不在公共场所，但其利用信息网络散布虚假信息，造成了公共秩序严重混乱，当然可以解释为"在公共场所起哄闹事"。对于第二处解释，我们认为，根据信息网络社会的发展程度，该解释具有现实必要性。例如，行为人利用信息网络散布地震谣言，导致多地大量群众外出"避难"；散布核泄漏谣言，导致大范围的"抢盐"。上述危害后果明显严重扰乱了生产、生活、工作、营业等社会公共秩序，与寻衅滋事罪有关危害后果的立法本意相符，但又不宜概括为造成某一具体公共场所秩序混乱，而用"公共秩序混乱"则能较好解释该问题。但是，对于上述解释，一定要注意保持《解释》与刑法条文规定内涵的一致性，要根据刑法立法本意对《解释》的规定做限制性理解。《解释》第五条第二款规定的利用信息网络实施的

寻衅滋事罪要求造成"公共秩序严重混乱",不仅指虚假信息被大量转发、评论等造成的网络秩序混乱,同时也要求造成生产、生活、工作、营业、教学等现实社会公共秩序的严重混乱。对于虚假信息被及时、有效删除,未被大量转发、评论等,尚未造成广泛影响的,或者仅仅是对网络秩序造成了影响,不宜认定为"造成公共秩序严重混乱"。本案中,被告人秦志晖捏造损害杨澜等公民人格、名誉的事实,在信息网络上被广泛散布,其行为构成诽谤罪;在"7·23"动车事故发生后,编造政府机关天价赔偿外籍乘客的虚假信息,在信息网络上散布,起哄闹事,该虚假信息被转发11 000次,评论3300余次,造成网络空间的混乱,同时在现实社会引发不明真相群众的不满,扰乱了政府机关善后工作,造成社会公共秩序严重混乱,其行为构成寻衅滋事罪。

第二,将秦志晖的行为认定为诽谤罪、寻衅滋事罪两罪,符合《解释》的原意。《解释》最初起草时是为了规范适用利用信息网络实施的诽谤罪的认定问题,后来增加了利用信息网络实施的寻衅滋事、敲诈勒索、非法经营犯罪的相关条款。由于寻衅滋事罪是从1979年刑法规定的流氓罪这一"口袋罪"中分解出来的罪名,《解释》在制定有关利用信息网络实施的寻衅滋事罪条款时特别审慎。根据《解释》在制定时的原意,利用信息网络实施的诽谤罪的对象是特定的自然人,而寻衅滋事罪一般针对的是单位、不特定的多人或者公共事件。如果将利用信息网络诽谤特定自然人的事实,也以破坏网络秩序等为由纳入寻衅滋事罪,则易使寻衅滋事罪演变为"口袋罪",与罪刑法定基本原则相悖。故要区别对待,不宜一概认定为寻衅滋事罪。

第三,对诽谤杨澜等公民的事实以诽谤罪起诉、审理,可以依法保障被害人的附带民事诉讼权利。同时,通过审判,也可以有效恢复被害人的人格、名誉。

综上,将本案不同性质的犯罪事实,分别认定为诽谤罪、寻衅滋事罪,定性准确,符合刑法规定的犯罪构成和《解释》的制定原意。

(二)利用信息网络实施的诽谤罪符合刑法与《解释》规定的公诉案件情形的,应当依法适用公诉程序

根据刑法第二百四十六条的规定,捏造事实诽谤他人,情节严重的,构成诽谤罪;诽谤罪,告诉的才处理,但是严重危害社会秩序和国家利益的除外。《解释》第二条采用列举的方式,从"数量"、"危害后果"、"主观恶性"三方面的标准对"情节严重"加以具体化。根据该条规定的数量标准,"同一诽谤信息实际被点击、浏览次数达到五千次以上,或者被转发次数达到五百次以上的",应当认定为"情节严重"。同时,根据《解释》第四条的规定,"一年内多次实施利用信息网络诽谤他人行为未经处理,诽谤信息实际被转发次数累计计算构成犯罪的,应当依法定罪处罚"。关于适用公诉程序的条件,《解释》第三条第一至七项列举了七种"严重危害社会秩序和国家利益"的情形,其中第四项为"诽谤多人,造成恶劣社会影响"。

本案案发后,对部分诽谤事实能否适用公诉程序和《解释》第三条、第四条相关条款的含义存在不同意见。

一种意见认为,诽谤罪属于告诉才处理的自诉案件,公权力介入提起公诉要符合刑法的谦抑原理,只有在每一起诽谤事实都构成诽谤罪的情况下,才能适用《解释》第三条诽谤多人的条款提起公诉。本案诽谤张海迪的信息只被转发25次,不属"情节严重",社会危害程度较轻,缺乏自诉转公诉的必要性。此外,诽谤信息针对的是个人人格和名誉,有个人属性,不宜类比盗窃等犯罪,将诽谤不同人的信息转发等次数进行累加。《解释》第四条累计计算转发等次数情形中的"诽谤他人",应当是指诽谤同一人、同一诽谤信息的情形。《解释》第二条规定的入罪情形,针对的是同一人、同一诽谤信息的情形;到了第四条,却针对不同的人和不同的诽谤事实,逻辑上也有些不通。故不能对诽谤张海迪的事实提起公诉。

另一种意见认为，秦志晖利用信息网络，分别诽谤罗援、杨澜、兰和、张海迪四名公民，其中关于罗援、杨澜、兰和等三人的诽谤信息被转发次数均达到500次以上，应当认定为“情节严重”；关于张海迪的诽谤信息被转发次数虽然未达到500次，但根据《解释》第四条的规定，秦志晖系在一年内分别诽谤罗援等四人，应当对上述诽谤信息的被转发次数累计计算。据此，秦志晖诽谤罗援、杨澜、兰和、张海迪的行为构成诽谤罪，且系诽谤多人并造成了恶劣的社会影响，应当适用公诉程序追究秦志晖所犯诽谤罪的刑事责任。

经研究，本案公诉机关、审判机关均同意后一种意见。主要理由是：

第一，关于诽谤多人、多次的理解，《解释》最初起草时在第二条中规定了相关情形，认为只要诽谤多人、多次就可以认定为“情节严重”。考虑到该情形与第三条适用公诉条件的情形有重复，因体例、法理等原因，后来《解释》第二条未规定诽谤多人、多次的情形，另外增加规定了第四条，即一年内多次利用信息网络诽谤他人行为未经处理，诽谤信息被实际转发等次数累计计算构成犯罪的，应当依法定罪处罚。根据《解释》制定原意，第四条中的“诽谤他人”针对的主要就是诽谤不同的人、不同诽谤信息，当然也包括诽谤同一人、同一诽谤信息的情形。具体到本案中，秦志晖在一年内诽谤杨澜等四名公民，应当累计计算上述诽谤信息的转发次数，依法认定构成诽谤罪。

第二，被害人对网络诽谤事实往往难以取证，提起自诉较为困难。对于类似秦志晖等不间断诽谤他人的情况，让多个受害人分别提起自诉，不切合实际。适用公诉程序则能有效打击此类犯罪，保护公民的人格、名誉权。那种认为只有在实施了多次诽谤且每一起诽谤事实都构成诽谤罪的情况下，才能提起公诉的观点，与《解释》原意不符，也使网络诽谤公诉程序失去了应有的意义。例如，行为人利用信息网络连续诽谤多人，造成了恶劣的社会影响，其中2起事实的诽谤信息达到转发500次的“情节严重”标准，其余事实未达到该标准，据此便认为不属于诽谤多人，不能适用公诉程序，显然是忽视了此类网络诽谤行为的社会危害性和行为人的主观恶性。

（三）在网络诽谤案件中，认定行为人主观明知是诽谤事实时，应当根据证据材料，结合被告人的身份、职业、生活经历、一贯表现等因素进行综合判断

《解释》第一条对刑法第二百四十六条中“捏造事实诽谤他人”的规定进行了类型化，具体包括三种行为方式：一是“捏造并散布”，这是最典型的诽谤行为方式。二是“篡改并散布”，指将信息网络上涉及他人的原始信息内容篡改为损害他人名誉的事实，在信息网络上散布，或者组织、指使人员在信息网络上散布。所谓“篡改”是指实质性的修改，而且篡改后的内容达到了损害他人名誉的程度。三是“明知虚假事实而散布”，指明知是捏造的损害他人名誉的事实，在信息网络上散布，情节恶劣的行为。与前两类行为方式针对造谣者、信息源头不同，第三类行为方式针对的是利用信息来达到个人诽谤目的的恶意传谣者。实践中，对此类行为方式，要准确把握行为人的主观明知。明知包括“知道”和“应当知道”两种情形。“知道”意味着诽谤信息的散布者对于其他人捏造的诽谤被害人名誉的事实是确切知道的，双方甚至可能存在事先或者事中通谋的情况。“应当知道”即根据证据推定行为人知道。推定“应当知道”必须依据各方面的证据材料，综合行为人的身份、职业、生活经历、一贯表现等因素，进行综合分析判断。当前，广大网民转发网络信息的情况非常普遍，其中可能就有不实信息或者诽谤信息。在认定“明知”时应当特别慎重，必须严格把握，不能过高要求普通网民对所转发信息真实性的审查义务。但对于行为人有特定身份，根据法律法规延伸出特定义务的情况，比如新闻从业人员对所发消息真实性没有尽审查义务，短期内大量发布诽谤不同自然人的信息，就可以认定其具有诽谤的主观“明知”。

具体到本案，通过微博账户注册IP地址或者涉案微博文发布IP地址查询及UID号码比对，

并综合秦志晖的供述及微博账户所发布的微博文内容，可以确定涉案微博文均系秦志晖所发布。秦志晖在信息网络上看到罗援之兄罗抗在西门公司任职的信息后，捏造罗援之兄在德国西门子公司任职的事实，无端质疑罗援及其家人搞“利益交换关系”，并在信息网络上散布；秦志晖在信息网络上看到张海迪在德国小住的文章后，捏造张海迪具有德国国籍的事实并在信息网络上散布，并于该信息被新浪公司判定为不实信息以及张海迪做出澄清声明后，仍予以散布。此二者均系无中生有，属于“捏造并散布”。秦志晖在信息网络上看到了“兰和被老女人包养”的不实信息后，在此类信息中加入了周某某的姓名并在信息网络上散布，使得原始信息更具有针对性和欺骗性，已构成对原始信息的实质性修改，属于“篡改并散布”。秦志晖作为网络从业人员，对所发信息的真实性应有基本的核实义务。“杨澜向希望工程虚假捐款”的不实信息虽然在互联网上曾有流传，但在杨澜及中国青少年发展基金会做出澄清的情况下，秦志晖不仅没有尽到基本的核实义务，仍然增添内容在信息网络上予以散布，结合其一贯捏造、编造虚假事实并散布的情况，足以认定其具有诽谤的“明知”，属于“明知虚假事实而散布”。

最后，需要说明的是，诽谤罪是告诉才处理的犯罪，该罪可能涉及个人隐私。即使是诽谤公诉案件，也要依法充分研判是否可以公开审理，必要时应当征求被害人本人的意见。如果有关诽谤事实的审理涉及个人隐私，应当进行不公开审理或者局部不公开审理。决定进行公开审理的，也要做好根据庭审实际情况转为不公开审理和局部不公开审理的预案。具体到本案，根据公诉机关指控的诽谤案情和被害人、被告人的态度等情况，合议庭认为，本案公开审理不会侵犯个人隐私，也不会因公开审理对被害人造成再次侵害，反而通过公开审理，可以为被害人恢复名誉，故依法进行了公开开庭审理。为充分保护个人隐私和被害人的名誉等权利，合议庭在开庭前，特别告知旁听的媒体在报道本案时要注意保护公民的人格、名誉权利；在判决书相关部分，隐去了有关诽谤对象的姓名及信息。

（撰稿：最高人民法院刑五庭　林　涛
北京市朝阳区人民法院　李　晓　吴小军
审编：最高人民法院刑五庭　韩维中）

［第967号］法兰克·巴沙勒·米伦等重婚案

——外籍被告人与外籍配偶在境外结婚后，在我国境内与他人以夫妻名义同居的，是否构成重婚罪

【关键词】　重婚罪　外国人　境外的婚姻关系　事实婚姻　刑法的效力　以夫妻名义非法同居

一、基本案情

被告人法兰克·巴沙勒·米伦（英文名FRANK BESHARA MILLEN），男，1965年7月23日出生，国籍大不列颠及北爱尔兰联合王国，护照号码504893503，暂住广东省广州市越秀区淘金东路116号606房。2013年3月27日，因涉嫌犯重婚罪被广州市公安局取保候审，2013年7月22日，被广州市越秀区人民法院继续取保候审。

被告人罗敏婷，女，1980年3月16日出生，汉族。2013年2月26日因涉嫌犯重婚罪被广州

市公安局取保候审,2013 年 7 月 22 日被广州市越秀区人民法院继续取保候审。

广东省广州市越秀区人民检察院以被告人法兰克·巴沙勒·米伦、被告人罗敏婷犯重婚罪向广州市越秀区人民法院提起公诉,同时,提出法兰克·巴沙勒·米伦、罗敏婷犯罪以后能自动投案,如实供述自己罪行,是自首,提请越秀区人民法院依法从轻或者减轻处罚。

被告人法兰克·巴沙勒·米伦对公诉机关指控的事实和罪名均无异议,但辩称其认为自己与被告人罗敏婷的关系是"COUPLE(情侣)",但不是婚姻意义上的"COUPLE(夫妻)"。其辩护人的主要辩护意见是:(1)本案指控法兰克·巴沙勒·米伦构成重婚罪的法律依据值得商榷。我国的婚姻采取登记制,目前我国的法律是不承认事实婚姻的。现行法律规定,有配偶与他人同居并不构成重婚罪。《最高人民法院关于〈婚姻登记管理条例〉施行后发生的以夫妻名义非法同居的重婚案件是否以重婚罪定罪处罚的批复》(法复〔1994〕10 号),已于 2013 年 1 月 14 日被废止(法释〔2013〕2 号)。即使指控的行为发生在该批复废除之前,但是其批复本身不是法律,与我国的法律相冲突的,根据我国适用法律的从旧兼从轻原则,该批复不能作为指控依据。(2)法兰克·巴沙勒·米伦有自首情节,有悔罪表现,其并无故意触犯中国刑法的恶意,在法兰克·巴沙勒·米伦的认识中,在英国只有在教堂中行礼才成立婚姻关系,其亦不知道我国的司法解释,不知道其与被告人罗敏婷的行为会构成重婚罪,请法庭给予被告人一个改过的机会。(3)法兰克·巴沙勒·米伦已经得到英国妻子的谅解,之前其妻子也表示撤回指控。(4)法兰克·巴沙勒·米伦一向遵纪守法,行为良好,是初犯。(5)指控的行为所侵犯的客体是英国的婚姻制度,且被害人是英国人,法兰克·巴沙勒·米伦的行为没有给被害人造成什么严重的后果。因此,请求法庭对法兰克·巴沙勒·米伦从轻处罚并适用缓刑。

被告人罗敏婷对公诉机关指控的事实及罪名均无异议。其当庭供称:2006 年下半年,其明知被告人法兰克·巴沙勒·米伦已在英国登记结婚仍和法兰克·巴沙勒·米伦在亚洲国际酒店设宴宴请亲戚。宴席上挂了"马罗婚宴"的横幅,罗代表其,马代表法兰克。他们两人还照了婚纱照。法兰克·巴沙勒·米伦对其通过举办婚宴方式向双方亲朋好友公开他们之间夫妻关系的行为予以认可。其辩护人基于以下理由请求法庭认定罗敏婷的行为情节轻微,对其适用缓刑:(1)罗敏婷与法兰克·巴沙勒·米伦并没有登记结婚。(2)罗敏婷是主动投案自首,并有悔改意愿,而且案发后已经与法兰克分开居住,以实际行动纠正自己的错误。从被害人的陈述及撤诉的意思,可知被害人是谅解罗敏婷的,罗敏婷也并没有对被害人造成实质伤害。(3)罗敏婷系初犯,且是两个孩子的母亲。

被害人 JOSEPHINE MILLEN 要求法庭判决驱逐法兰克·巴沙勒·米伦出境,与英国家人团聚。

广州市越秀区人民法院经审理查明:

被告人法兰克·巴沙勒·米伦于 1991 年 8 月 24 日在英国与被害人 JOSEPHINE MILLEN 注册结婚且婚姻关系一直延续至今。2005 年,法兰克·巴沙勒·米伦到广东省广州市做生意期间,认识被告人罗敏婷并产生感情。罗敏婷在明知法兰克·巴沙勒·米伦已经注册结婚的情况下,双方仍以夫妻名义同居于广州市越秀区淘金东路 112 号(即御龙亭 C 座)805 房。2006 年下半年,法兰克·巴沙勒·米伦、罗敏婷举办婚宴,宴请双方亲朋好友,公开他们之间的夫妻关系。后法兰克·巴沙勒·米伦和罗敏婷在广州市生育 2 名儿女。2013 年 2 月 26 日,法兰克·巴沙勒·米伦、罗敏婷向公安机关投案。

法兰克·巴沙勒·米伦归案后,被害人 JOSEPHINE MILLEN 于 2013 年 3 月向公安机关表示谅解法兰克·巴沙勒·米伦,请求司法机关对其从轻处理。

广州市越秀区人民法院认为,被告人法兰克·巴沙勒·米伦,有配偶仍与他人以夫妻名义共同生活,被告人罗敏婷明知他人有配偶而与他人以夫妻名义共同生活,其行为均构成重婚罪。公诉机关指控法兰克·巴沙勒·米伦、罗敏婷犯重婚罪的事实清楚,证据确实、充分,罪名成立。法兰克·巴沙勒·米伦、罗敏婷犯罪后能自动投案,如实供述自己的罪行,构成自首,依法可以从轻处罚。辩护人关于法兰克·巴沙勒·米伦及罗敏婷的认罪态度、悔罪表现较好以及以法兰克·巴沙勒·米伦已得到被害人谅解等为由,建议对法兰克·巴沙勒·米伦、罗敏婷从轻处罚的辩护意见,予以采纳。据此,依照《中华人民共和国刑法》第六条,第二百五十八条,第六十七条第一款,第七十二条第一款、第三款,第七十三条第一款、第三款的规定,广州市越秀区人民法院判决如下:

1. 被告人法兰克·巴沙勒·米伦犯重婚罪,判处拘役六个月,缓刑六个月。

2. 被告人罗敏婷犯重婚罪,判处拘役六个月,缓刑六个月。

二、主要问题

外籍被告人与外籍配偶在境外结婚后,在我国境内与他人以夫妻名义同居的,是否构成重婚罪?

三、裁判理由

本案在审理过程中,对于被告人法兰克·巴沙勒·米伦与被告人罗敏婷在我国境内以夫妻名义同居的行为是否构成重婚罪,形成两种意见:一种意见认为,法兰克·巴沙勒·米伦与罗敏婷的行为不构成重婚罪。法兰克·巴沙勒·米伦与罗敏婷在我国境内的同居行为仅侵犯了英国的婚姻制度,没有侵犯我国刑法保护的犯罪客体,不具有刑事可罚性。另一种意见认为,法兰克·巴沙勒·米伦与罗敏婷的行为构成重婚罪。法兰克·巴沙勒·米伦有配偶仍与他人以夫妻名义共同生活,罗敏婷明知他人有配偶而与之以夫妻名义共同生活,符合重婚罪的构成特征,应当构成重婚罪。

我们赞同后一种意见。具体理由如下:

(一)外国人在我国境内与他人以夫妻名义同居的行为是否构成重婚罪应当适用我国的法律规定

本案事实清楚,被告人法兰克·巴沙勒·米伦在英国有一个合法的登记婚姻,有合法的妻子和儿女。在该婚姻关系存续期内,法兰克·巴沙勒·米伦在我国境内又和被告人罗敏婷同居。二被告人虽然未在我国民政部门正式登记结婚,但他们通过摆婚宴等方式对外宣布并以夫妻名义共同生活,后共同生育2名儿女。首先,二被告人的行为是否构成犯罪,应当适用我国刑法的规定。我国刑法第六条第一款规定:"凡在中华人民共和国领域内犯罪的,除法律有特别规定的以外,都适用本法。"该条第三款规定:"犯罪的行为或者结果有一项发生在中华人民共和国领域内的,就认为是在中华人民共和国领域内犯罪。"本案中,法兰克·巴沙勒·米伦与罗敏婷的重婚行为发生在我国境内,应当认定为在我国领域内实施的行为,依法应当适用我国刑法的规定。

(二)外籍被告人在我国境内与他人以夫妻名义同居的行为符合重婚罪的构成特征

法兰克·巴沙勒·米伦在英国的婚姻关系,被我国法律所承认,其在我国境内的重婚行为,客观上已导致其同时拥有"两个妻子",其行为明显侵犯了我国的"一夫一妻制度",依法应当纳入我国刑法的规制范围。罗敏婷明知对方有被我国法律所承认的合法婚姻关系,仍与之以夫妻名义公开同居生活,造成对方"一夫两妻"客观事实,其行为亦侵犯了我国刑法所保护的"一夫一妻"制度,依法亦应纳入我国刑法的规制范围。

我国刑法第二百五十八条规定:"有配偶而重婚的,或者明知他人有配偶而与之结婚的,处二年以下有期徒刑或者拘役。”对于重婚行为,《中华人民共和国婚姻法释义》称,所谓重婚,是指有配偶的人又与他人结婚的违法行为。有配偶的人,未办理离婚手续又与他人登记结婚,即重婚;虽未登记结婚,但事实上与他人以夫妻名义而公开同居生活的,亦构成重婚。明知他人有配偶而与之登记结婚,或者虽未登记结婚,但事实上与他人以夫妻名义同居生活,也构成重婚。最高人民法院于2001年出台的《关于适用〈中华人民共和国婚姻法〉若干问题的解释(一)》(以下简称《婚姻法解释(一)》)第二条规定,婚姻法第三条规定的“有配偶者与他人同居”的情形,是指有配偶者与婚外异性,不以夫妻名义,持续、稳定地共同居住。故婚姻法第三条第二款规定的“重婚”,包含了《中华人民共和国婚姻法释义》中所称的“虽未登记结婚,但事实上与他人以夫妻名义而公开同居生活”。综上分析,即重婚行为有两种:一种是“有配偶而重婚”,即指已经结婚的人,在婚姻关系存续期间,又与他人结婚;另一种是“明知他人有配偶而与之结婚”,是指本人明知他人有配偶而仍然与他人结婚。这里规定的“结婚”,既包括骗取合法手续登记结婚,又包括虽未登记结婚,但以夫妻名义共同生活的。只要是有配偶而又结婚,或者是明知他人有配偶而与之结婚的,无论是骗取合法手续登记结婚,还是未登记结婚,但以夫妻名义共同生活的,都属于重婚。

基于上述分析,本案中,被告人法兰克·巴沙勒·米伦有配偶仍与他人以夫妻名义共同生活,被告人罗敏婷明知他人有配偶而与他人以夫妻名义共同生活,均符合刑法第二百五十八条规定中的重婚罪构成特征。

(三)相关批复的废止不影响重婚罪的认定

对于一方结婚后与他人在未经登记的情况下以夫妻名义共同生活的情形,被告人往往会提出如下抗辩,《最高人民法院关于〈婚姻登记管理条例〉施行后发生的以夫妻名义非法同居的重婚案件是否以重婚罪定罪处罚的批复》(法复〔1994〕10号,以下简称《1994年重婚定罪批复》)已于2013年1月14日由最高法院以法释〔2013〕2号所废止,故根据该批复认定一方结婚后与他人在未经登记的情况下以夫妻名义共同生活的构成重婚罪,无法律依据。

如前所述,《中华人民共和国婚姻法》区分了“重婚”与“有配偶者与他人同居”。根据《婚姻法解释(一)》第二条的规定,“有配偶者与他人同居”是指有配偶者与婚外异性,不以夫妻名义,持续、稳定地共同居住。由此可以得出“有配偶者与婚外异性,以夫妻名义,持续、稳定地共同居住”属于“重婚”的结论。而根据我国刑法第二百五十八条的规定,“有配偶而重婚的,或者明知他人有配偶而与之结婚的”,构成重婚罪。可见,综合婚姻法及相关司法解释、刑法关于重婚行为的规定来看,我国法律对“以夫妻名义非法同居的重婚案件”已经作出了明确规定,《1994年重婚定罪批复》是否被废止,不影响对“以夫妻名义非法同居的重婚案件”的认定。事实上,《1994年重婚定罪批复》被废止的主要理由即《婚姻登记管理条例》已废止,刑法已有明确规定。因此,我们认为,《1994年重婚定罪批复》的废止,并不意味着对重婚罪的认定发生根本变化,不影响对本案二被告人的行为构成重婚罪的定性。

(撰稿:广东省广州市越秀区人民法院　林旭群　潘文杰

审编:最高人民法院刑二庭　尚晓阳)

[第978号]何某强奸案

——奸淫幼女案件中如何判断行为人"应当知道"被害人系幼女

【关键词】 强奸罪 奸淫幼女 明知 推定

一、基本案情

被告人何某,男,1993年9月13日出生,无业。2012年3月21日因涉嫌犯强奸罪被逮捕。

湖北省C市X区人民检察院以被告人何某犯强奸罪,向X区人民法院提起公诉。

X区人民法院经不公开审理查明:2012年2月中旬,被告人何某通过网络登录其堂妹的QQ号,结识被害人徐某(女,1998年4月5日出生)。何某分别于同年3月3日、4日在家中、宾馆与徐某发生性关系。同月5日,何某在明知徐某不满14周岁后,仍与徐某再次发生性关系。

被告人何某及其辩护人提出,何某与被害人徐某发生三次性关系均得到了被害人的同意,在第二次发生性关系后才知道被害人不满14周岁。

X区人民法院认为,被告人何某明知被害人系幼女,仍与其发生性关系,其行为构成强奸罪。公诉机关指控的罪名成立。但公诉机关指控何某第一、二次与被害人发生性关系时已明知被害人系幼女的证据不足,对该部分指控事实不予认定。何某当庭自愿认罪,可以酌情从轻处罚。依照《中华人民共和国刑法》第二百三十六条第一款、第二款之规定,X区人民法院以被告人何某犯强奸罪,判处有期徒刑三年。

一审宣判后,检察机关提出抗诉,认为指控被告人何某强奸幼女三次的证据确实、充分,但原判仅认定强奸一次,属于事实认定错误,提请二审予以改判。

C市中级人民法院经不公开审理认为,二审中控辩双方均未提出新的证据,检察机关抗诉认为原审被告人何某与被害人发生三次性关系时,均系明知被害人不满14周岁的证据不足,故不予采纳。原判根据本案的事实情节,适用法律正确,定罪量刑并无不当。检察机关的抗诉理由不能成立。据此,C市中级人民法院裁定驳回抗诉,维持原判。

二、主要问题

奸淫幼女案件中如何判断行为人"应当知道"被害人系幼女?

三、裁判理由

根据我国刑法第二百三十六条的规定,强奸罪分两种类型,即以暴力、胁迫或者其他手段强奸妇女和奸淫不满14周岁的幼女。后一种情形构成强奸罪,不要求采取强制手段实施。对于使用强制手段的,无论是否"明知"被害人系幼女,都应当以强奸论。对于采取非强制手段与幼女发生性关系构成强奸罪,是否以行为人"明知"被害人系幼女为构成犯罪的必要要件,以及如何认定"明知",司法实践和理论中一直存在较大争议。本案中,被告人何某与幼女被害人徐某双方出于自愿发生性关系,审理过程中,检察机关与法院对何某与徐某三次发生性关系时是否均明知徐某不满14周岁,存在不同认识。由于该问题严重影响到犯罪事实的认定以及对何某的量刑,故有必要分析讨论。

(一)采取非强制手段与幼女发生性关系构成强奸罪,要求行为人"明知"被害人是不满14周岁的幼女

有观点认为,刑法第二百三十六第二款仅规定,"奸淫不满十四周岁的幼女的,以强奸论",并

未要求行为人应当“明知”对方系幼女。我们认为,对此不能局限于刑法分则条文的字面规定作简单文义理解,而应当结合刑法总则关于犯罪故意的规定进行分析。

首先,刑法总则第十四条规定,犯罪故意是指“明知自己的行为会发生危害社会的结果,并且希望或者放任这种结果发生”的主观心理态度。犯罪故意是认识因素与意志因素的统一。在刑法分则中,针对故意犯罪,有些条款明文规定了“明知”,如窝藏、包庇罪;而大部分条文未明文规定“明知”,如猥亵儿童罪、引诱幼女卖淫罪、拐骗儿童罪等。分则条文明文规定“明知”,主要是为了特别突出和强调,而不是分则没有明文规定“明知”的,构成犯罪就不要求具备“明知”。强奸罪系故意犯罪,因此,刑法总则关于故意犯罪“明知”的规定也必然适用于强奸罪。

其次,关于“明知”的内容,应当结合刑法分则罪名的具体罪状来判断。普通强奸罪中,行为人认识到自己的行为是违背妇女意志的,即符合主观要件,不需要特别认识对方年龄;强行与幼女发生性关系构成强奸罪,自然也不要求明知被害人系幼女。出于对幼女的特殊保护,即使幼女自愿与其发生性关系,也可能构成强奸罪,而此种情况下要构成强奸罪,“不满14周岁的幼女”这一客观要件就成为行为人必须认识的主观内容。如果行为人确系与幼女自愿发生性关系,且行为人确实根本不可能知道对方系幼女,那么行为人主观上就缺乏可谴责性,即不具备犯罪故意所要求的“明知自己的行为会发生危害社会的结果,并且希望或者放任这种结果发生”的主观心理态度,从主客观相统一原则出发,对行为人不应以强奸罪论处。

基于上述分析,对于采取非强制手段与幼女发生性关系的,“明知”被害人系幼女是构成强奸罪的主观构成特征。最高人民法院、最高人民检察院、公安部、司法部2013年联合下发的《关于依法惩治性侵害未成年人犯罪的意见》(以下简称《性侵意见》)第十九条“知道或者应当知道对方是不满十四周岁的幼女,而实施奸淫等性侵害行为的,应当认定行为人‘明知’对方是幼女”的规定,再次肯定了“明知”被害人是幼女系构成该类强奸罪的主观要件。

(二)与不满12周岁的被害人发生性关系的,一律认定行为人“应当知道”对方是幼女

根据相关司法解释和刑法理论通说,“明知”分为“知道”和“应当知道”。“知道”是指行为人确然知道,对于这一主观心态,直接通过在案证据予以证实即可,无须参考一般人的意识能力。而是否“应当知道”,一般要参考一般人的意识能力,通过各种情状一般人均会确然知道,从而认定行为人应当知道。

通常而言,认定行为人是否“应当知道”被害人系不满14周岁的幼女,应当考虑行为人和一般人的认知能力水平,结合行为人作案时存在的各种客观情况,进行综合分析判断。《性侵意见》第十九条第二款规定,对不满12周岁的被害人实施奸淫等性侵害行为的,应当认定行为人“明知”对方是幼女。可以认为该司法解释性文件根据被害人不满12周岁这一基础事实创设了一项“推定明知”。究其原因,主要是:12周岁以下幼女基本都处在接受小学或者幼儿园教育阶段以及家庭看护中,社会关系简单,外在幼女特征相对较为明显;即使极个别幼女身体发育早于同龄人,但一般人从其言谈举止、生活作息规律等其他方面通常也能够判断出其可能是幼女,而且从对幼女进行特殊保护的立场考虑,也不应存在争议。故推定该情形中行为人知道被害人可能属于不满14周岁的幼女,是合乎经验常识的,也不违背刑法总则对犯罪故意的一般界定。也就是说,凡是对实际不满12周岁的被害人实施奸淫等性侵害行为的,无论行为人提出何种辩解理由,均应当认定行为人“应当知道”对方是幼女。

(三)与已满12周岁不满14周岁的被害人发生性关系案件中,对行为人辩解“不明知”被害人是幼女的例外情况应当从严把握

根据《性侵意见》第十九条第三款的规定,对实际年龄已满12周岁不满14周岁的被害人,如

果从其身体发育状况、言谈举止、衣着特征、生活作息规律等观察，该被害人可能是幼女，而实施奸淫等性侵害行为的，也应当认定行为人“明知”对方是幼女。我们认为，从司法解释性文件的条款设置及文字表述来看，该款属于对“明知”认定相对确定的规范指引，对已满12周岁不满14周岁的幼女实施奸淫等性侵害行为，若无极其特殊的例外情况，一般都应当认定行为人“明知”被害人是幼女，具体可以从以下三个方面把握：一是必须确有证据或者合理依据证明行为人根本不可能知道被害人是幼女；二是行为人已经足够谨慎行事，仍然对幼女年龄产生了误认，即使其他一般人处在行为人的场合，也难以避免这种错误判断；三是客观上被害人身体发育状况、言谈举止、衣着、生活作息规律等特征明显更像已满14周岁。例如，与发育较早、貌似成人、虚报年龄的已满12周岁不满14周岁的幼女在谈恋爱和正常交往过程中，双方自愿发生了性行为，确有证据证实行为人不可能知道对方是幼女的，才可以采纳其不明知的辩解。相反，如果行为人采取引诱、欺骗等方式，或者根本不考虑被害人是否是幼女，而甘冒风险对被害人进行奸淫等性侵害行为的，一般都应当认定行为人明知被害人是幼女，以实现对幼女的特殊保护，堵塞惩治犯罪的漏洞。

本案中，被告人何某辩称自己在第二次与被害人发生性关系后才知道被害人的生日为1998年4月5日（即不满14周岁）。公诉机关则认为，何某是通过网络登录其堂妹的QQ号结识的被害人，知道被害人系其堂妹的同学，而其堂妹比其小5岁；何某还与被害人通过QQ聊天交流，被害人QQ个人资料显示为13周岁，因此何某与被害人发生三次性关系均应明知被害人不满14周岁。在本案审理过程中，有意见认为，刑事案件的证据不仅要符合客观真实，而且要足以充分证明客观事实，排除一切合理怀疑，结论达到唯一性；公诉机关提供的证据不能达到这个标准，只是一个推断，不能合理解释和排除疑点、矛盾，况且QQ个人资料一般并不完全真实，行为人也未必查看，初二学生也有很多已满14周岁，故公诉机关指控何某作案次数为三次的证据不充分，不能认定何某与被害人发生三次性关系时均明知被害人不满14周岁。

我们认为，刑事诉讼法规定的有罪判决证明标准是案件事实清楚，证据确实、充分，这是对事实认定和证据审查一般，也是最高的要求。但司法实践经验表明，对犯罪构成的不同事实要素，在证明程度上是可以存在差异的。特别是诸如毒品犯罪、奸淫幼女等性侵害犯罪，实务部门对主观构成要素证明标准的把握，相对其他犯罪而言，可能略显宽松，这是由此类犯罪的特殊性决定的，同时也受到从严惩治此类犯罪的刑事政策的导向影响。在此类案件中，案件事实认定并不是一项纯粹的探寻客观事实真相的科学求证活动，而是以追寻客观真相为指引，同时又受价值取向、价值判断影响的事实重构和再现的过程。就奸淫幼女犯罪主观明知要件的立法定位和司法证明标准而言，无论是一些国家采取严格责任标准，还是一些国家对“明知”认定实务操作中一般采取相对比较宽松的证明标准，均体现了在被告人人权保障与保护幼女公共政策之间的权衡，选择的结果通常是向特殊保护幼女的公共政策适度倾斜，尽可能堵塞惩治犯罪的漏洞。《性侵意见》对“明知”问题所作的规定，体现了我国最高司法机关对这一主流政策价值取向的认同与坚守。

就本案而言，公诉机关与法院对“明知”的认定显然存在分歧。从现有证据来看，公诉机关提供的证据只能证实被告人何某第三次与被害人发生性关系时，确然知道被害人实际不满14周岁。而最初认识被害人并在第一次、第二次与被害人发生性关系时，何某掌握的信息包括：其一，被害人系其堂妹的初中二年级同学，而其堂妹比其小5岁（即其堂妹13周岁），根据一般人的常识，初二学生可能已满14周岁，也可能不满14周岁，但大体在14周岁左右。其二，何某与被害人通过QQ聊天交流，被害人的QQ个人资料显示为13周岁，根据一般人的常识，网友之间聊天大多会查看对方QQ个人资料信息，但也不排除不查看的可能；另外QQ个人资料填写的年龄可能是真实的，也可能不真实。因此，现有证据的确不能排除所有怀疑，证实何某前两次与被害人发生性关系时确然知道被害人不满 14 周岁。但是，诸多证据或者信息表明，作为一个已满 18 周岁、具有正常认知判断能力的男子，何某并非根本不可能知道被害人是不满 14 周岁的幼女，而只要稍加谨慎、注意，完全可以认识到对方可能是幼女；此外，何某在确然知道被害人实际年龄不满 14 周岁时，仍然继续与被害人发生性关系，反映出何某在整个与被害人交往并发生性关系的过程中，对被害人是否系幼女持无所谓的放任态度。暂且不论被害人身体发育状况、言谈举止、衣着、生活作息规律等外在特征是否确实更像已满 14 周岁，仅依现有证据并没有充足理由将何某归属于"根本不可能判断出被害人是幼女的极其特殊的例外情形"。一、二审法院以本案不能完全排除被告人前两次与被害人发生性关系时可能不知道被害人系幼女，而对相关事实不予认定，似与对奸淫幼女"明知"认定应当坚持的政策导向有所偏离。虽然不能据此认定是一个错判，但有必要在今后的司法实践中加以注意。

（撰稿：最高人民法院刑一庭　赵俊甫
审编：最高人民法院刑一庭　冉　容）

[第 979 号]卓智成等强奸案

——行为人明知他人系采取暴力、胁迫手段迫使被害人表面"同意"与其发生性关系的，如何定性，以及指使他人物色幼女供其奸淫后给付金钱财物的行为如何定性

【关键词】　强奸罪　强迫卖淫罪　违背意志　奸淫幼女　明知

一、基本案情

被告人卓智成，男，1977 年 10 月 30 日出生，无业。2001 年 8 月 6 日因犯故意伤害罪被判处有期徒刑五年，2005 年 9 月 10 日刑满释放。2010 年 1 月 14 日因涉嫌犯强奸罪被刑事拘留，同年 2 月 11 日因涉嫌犯嫖宿幼女罪被逮捕。

被告人周某，男，1991 年 6 月 23 日出生，无业。2009 年 9 月 4 日因犯寻衅滋事罪被判处拘役四个月，同年 9 月 28 日刑满释放。2010 年 2 月 11 日因涉嫌犯强迫卖淫罪、强奸罪被逮捕。

被告人钱志，男，1990 年 12 月 2 日出生，无业。2010 年 7 月 30 日因涉嫌犯强迫卖淫罪被逮捕。

福建省建阳市人民检察院以被告人周某犯强迫卖淫罪、强奸罪，被告人钱志犯强迫卖淫罪，被告人卓智成犯嫖宿幼女罪，向建阳市人民法院提起公诉，后变更起诉，指控卓智成、周某、钱志犯强奸罪。

被告人卓智成辩称，其没有同被害人黄某、刘某发生性关系。刘某身材高大、发育正常，其不知道刘某系幼女，公诉机关指控的事实不清，证据不足。

被告人周某、钱志提出二人没有殴打、威胁被害人以迫使被害人与卓智成发生性关系等辩解意见。

建阳市人民法院经审理查明：

2009 年 4 月初的一天中午，因被告人卓智成要找女孩陪睡，被告人周某联系范某（未满 14

岁,未追究刑事责任)帮助物色。在建阳市某中学门口,范某将初二女学生被害人黄某(时年13岁)强行带走。被告人周某、钱志、范某将黄某带到建阳花园酒店内,在房间门口威胁黄某陪卓智成睡觉。黄某不从,范某遂殴打黄某,与周某一起强行将黄某拉进房间。因黄某不配合,卓智成走出房间责备周某等人。范某又进入房内卫生间威胁、殴打黄某,黄某被迫与卓智成发生了性关系。事后卓智成付给周某现金700元。

数日后,卓智成又要周某等人帮其找女孩陪睡。2009年4月的一天下午,在建阳市华荣金座公交站,钱志、周某与范某强行将女学生被害人陈某(时年16岁)带到建阳花园酒店内,威胁陈某,要陈某陪卓智成睡觉。陈某不从,范某、钱志、周某便殴打、威胁陈某,陈某只好同意。范某将陈某带入卓智成的房间后与周某等人守在门口,陈某被迫与卓智成发生了性关系。事后,卓智成付给周某现金600元。十几天后,钱志应卓智成要求,再次要陈某陪卓智成睡觉。陈某不从,钱志遂言语威胁,迫使陈某到建阳花园酒店房内与卓智成发生了性关系。事后卓智成付给钱志现金300元。

2010年1月7日下午,卓智成又要周某找女孩与其发生性关系。周某便与陈某玲(未满14岁,未追究刑事责任)到建阳某中学初二年段,将站在教室门口的女学生被害人刘某(时年13岁)强行带到建阳花园酒店进行恐吓,又按卓智成要求把刘某带到建阳华荣金座大厅,卓智成看后表示满意。周某遂威胁刘某与卓智成发生性关系。回到花园酒店后,刘某被迫到卓智成开的815房,卓智成亲吻、抚摸刘某,且双方性器官有接触。事后卓智成付给周某现金700元,周某分给陈某玲100元。之后,周某、陈某玲又将刘某带至建阳朝晖宾馆,周某强行与刘某发生了性关系。

建阳市人民法院认为,被告人卓智成为满足个人淫欲,多次要求被告人周某、钱志寻找女孩与其发生性关系,周某、钱志等人为获取卓智成给予的好处费,违背他人意志,先后以暴力、胁迫手段迫使被害人黄某、陈某、刘某与卓智成发生性关系,周某强行与刘某发生性关系,三被告人的行为均构成强奸罪。公诉机关指控的罪名成立。卓智成、周某强奸妇女、奸淫幼女三人四次,均属强奸妇女、奸淫幼女多人,钱志强奸妇女、奸淫幼女二人三次。卓智成、周某、钱志在共同犯罪中均系主犯,均应按照其所实施的全部犯罪处罚。卓智成系累犯,依法应当从重处罚。周某曾因犯寻衅滋事罪被判刑,释放后仍不思悔改,依法可以酌情从重处罚;周某在强迫黄某、陈某与卓智成发生性关系时未满18周岁,依法应当从轻或者减轻处罚;周某归案后如实供述罪行,且自愿认罪,依法可以从轻处罚。钱志归案后如实供述罪行,自愿认罪,且在共同犯罪中的作用相对较小,依法可以从轻处罚。据此,依照《中华人民共和国刑法》第二百三十六条第一款、第二款、第三款第二项,第二十五条第一款,第十七条第一款、第三款,第六十五条第一款,第六十七条第三款之规定,建阳市人民法院判决如下:

1. 被告人卓智成犯强奸罪,判处有期徒刑十三年。
2. 被告人周某犯强奸罪,判处有期徒刑十年。
3. 被告人钱志犯强奸罪,判处有期徒刑五年。

一审宣判后,被告人卓智成、周某、钱志均不服,均向南平市中级人民法院提起上诉。卓智成的上诉理由是未与被害人黄某、陈某发生过性关系,不知被害人刘某是幼女,也无法知道刘某是非自愿的。周某的上诉理由是其没有实施暴力、威胁被害人的行为,是在刘某同意的情况下与刘某发生性关系的。钱志的上诉理由是没有殴打、威胁黄某,也没有威胁陈某。

南平市中级人民法院认为,被告人卓智成、周某、钱志基于共同的犯罪认识,违背妇女意志,迫使本案三名未成年被害人与卓智成发生性关系,周某亦强行与其中一名被害人发生性关系,其行为均构成强奸罪。原判认定的事实清楚,证据确实、充分,定罪准确,量刑适当,审判程序合法。

据此，依照1996年《中华人民共和国刑事诉讼法》第一百八十九条第一项之规定，南平市中级人民法院裁定驳回上诉，维持原判。

二、主要问题

1. 行为人明知他人系采取暴力、胁迫手段迫使被害人表面“同意”与其发生性关系的，如何定性？

2. 与已满12周岁不满14周岁的幼女发生性关系，若非采取强制手段，是否要求行为人主观明知？

3. 指使他人物色幼女供其奸淫后给付金钱财物的行为如何定性？

三、裁判理由

（一）行为人明知他人系采取暴力、胁迫手段迫使被害人表面“同意”与其发生性关系的，视为行为人违背被害人意志发生性关系

奸淫不满14周岁的幼女构成强奸罪，不要求采取强制手段实施，而对于使用暴力、胁迫或者其他强制手段与不满14周岁的幼女发生性关系的，无论是否“明知”被害人为幼女，都应当以强奸罪论处。只有在采取非强制手段与幼女发生性关系的案件中，才需考虑行为人是否明知被害人为幼女。

本案第一起事实中，被告人卓智成强制与被害人黄某发生性关系的事实清楚，证据确实，分析如下：被害人黄某的陈述和被告人周某、钱志的供述以及证人范某的证言均证实：黄某在房间门口受到范某、周某等人威胁、殴打后被拉进房间。当时，卓智成已在房内，因黄某在房间内不配合，卓智成又走出房间责备周某等人不会办事。范某遂进入房内卫生间再次威胁、殴打黄某，并拿走黄某的衣物。从上述情况来看，系周某等人使用了暴力、威胁手段强迫黄某与卓智成发生性关系。卓智成虽然未直接指使周某等人殴打、威胁黄某，但对周某等人采取何种方法让黄某与其发生性关系持放任态度。根据当时的特殊场合和空间情况，卓智成对周某、范某等人对黄某实施的一系列暴力、胁迫行为应当是明知的，且其特意责备周某等人不会办事，说明其有纵容甚至暗示周某进一步实施强制行为之意。因此，卓智成明知他人系采取暴力、胁迫手段而迫使被害人表面“同意”与其发生性关系，应视为卓智成违背被害人意志发生性关系，构成强奸罪。刑法第二百三十六条第二款规定：“奸淫不满十四周岁的幼女的，以强奸论，从重处罚。”本起事实中，因存在暴力、胁迫手段，卓智成是否“明知”黄某系幼女，均不影响强奸罪的认定，且依法应当从重处罚。

（二）与已满12周岁不满14周岁的幼女发生性关系，若非采取强制手段，要求行为人对幼女未满14周岁的情况应当明知

对于本案中被告人卓智成奸淫被害人刘某的事实，在案证据显示卓智成没有对刘某实施强制行为，且对之前被告人周某、陈某玲威胁刘某的行为亦不知情。对此，认定卓智成与刘某发生性关系的行为性质，首先就要审查判断卓智成是否明知刘某系幼女。案发后拍摄的照片、疾病证明书及女性生殖系统生理知识材料证实：刘某的外貌符合幼女、青春期前期的特征。建阳市某中学出具的证明证实：刘某系初二学生。刘某的陈述、证人陈某玲的证言证实：刘某告诉周某自己14岁。周某的供述证实：卓智成要找年纪小点的女孩陪睡觉；听刘某讲是14岁，应当是虚岁，其明知刘某具有的幼女特征。被告人钱志的供述证实：卓智成说过一定要处女。可见，卓智成具有明确的要与年幼女性发生性关系的特殊要求，且指明要求是处女，即具有专门“买处”的故意，至于对方是不是幼女则在所不问，即对此持无所谓的放任态度。虽然卓智成没有亲自询问过刘某的年龄，但卓智成时年32岁，作为心智正常的成年人，根据已有的信息应当能够判断出刘某可能是幼女，且不存在根本不可能知道刘某是幼女的特殊情形，但其为满足淫欲，不考虑刘某是否为

幼女,而甘冒风险对刘某进行奸淫。因此,卓智成应当知道刘某可能是幼女仍予以奸淫,符合奸淫幼女罪中“明知”的认定条件。

值得注意的是,在个别情况下,对于行为人“明知”的认定区别于一般情形。根据最高人民法院、最高人民检察院、公安部、司法部联合下发《关于依法惩治性侵害未成年人犯罪的意见》(以下简称《性侵意见》)第十九条第三款的规定,对实际年龄已满12周岁不满14周岁的被害人,如果从其身体发育状况、言谈举止、衣着特征、生活作息规律等观察,该被害人可能是幼女,而实施奸淫等性侵害行为的,也应当认定行为人“明知”对方是幼女。当然,与已满12周岁不满14周岁的被害人发生性关系的案件中,对行为人辩解“不明知”被害人是幼女的例外情况应当从严把握。

(三)指使他人物色幼女供其奸淫,事后给付中间人金钱财物的行为构成强奸罪,中间人构成强奸罪的共犯

本案中,公诉机关最初以周某犯强迫卖淫罪、强奸罪,钱志犯强迫卖淫罪,被告人卓智成犯嫖宿幼女罪提起公诉,第一次庭审后又变更起诉,指控三人均犯强奸罪。可见,准确区分强奸罪(特指奸淫幼女型强奸罪)与嫖宿幼女罪,强奸罪(共犯)与强迫卖淫罪,系对本案正确定性的关键前提。

与不满14周岁的幼女发生性关系并存在一定金钱财物的给付行为,在现行法律框架下,存在既可定强奸罪也可定嫖宿幼女罪的问题。根据《性侵意见》第二十条的规定,以金钱财物等方式引诱幼女与自己发生性关系的,以强奸罪论处,由此可见,不能以是否给付金钱财物作为区分嫖宿幼女罪与强奸罪的界限,区分两罪的标准仍是幼女是否已实际从事卖淫活动。如果幼女此前并未从事卖淫活动,而行为人以给付金钱财物为手段,引诱幼女与自己发生性关系的,不论其采取什么手段,也不论是事前给付幼女钱财还是事后给予物质补偿,只是外表上具有“钱色交易”的特征,其实质仍是一种奸淫行为,对行为人应当以强奸罪论处。

司法实践中,行为人为达到奸淫幼女的欲望,以提供金钱、玩乐等为诱饵,唆使中间人包括一些十四五岁的中学生帮助物色幼女甚至是女同学,由中间人逼迫或者引诱、说服幼女同意与其发生性关系,尔后向中间人或者幼女给付金钱财物的现象,时有发生。根据《性侵意见》关于“以金钱财物等方式引诱幼女与自己发生性关系的以强奸罪论处”的规定,此种情形下,对与幼女发生性关系的行为人既然以强奸罪论处,意味着《性侵意见》明确不认同此类行为属于嫖宿,从而对中间人就应当以强奸罪的共犯论处。《性侵意见》第二十四条亦明确规定:介绍、帮助他人奸淫幼女的,以强奸罪的共犯论处。

强迫卖淫罪与强奸罪共犯(即帮助犯)易发生混淆。强迫卖淫罪是迫使他人向不特定人员提供性服务以牟利的行为,行为对象不限于妇女(幼女),还包括男子;强奸罪的帮助犯是帮助实行犯排除妨碍或者不利条件,便于实行犯完成奸淫妇女(幼女)行为。两者的主要区别在于:

在强迫妇女卖淫的情况下,嫖客与强迫妇女卖淫者之间没有犯意联络,嫖客主观上是通过支付金钱财物换取性服务,没有强行与他人发生性关系的犯罪意图,客观上没有强行实施性行为;而强迫者一般具有通过被控制妇女的卖淫行为营利的目的,客观上对妇女实施暴力、胁迫是为了迫使妇女答应从事卖淫活动,嫖客与强迫者的主观故意内容和实施的行为相对独立,不构成共同犯罪。多数情况下,被迫卖淫的妇女与他人发生性行为时具有表面“同意”的特征,且被迫卖淫的对象具有人数多、不特定的特征,卖淫行为具有持续性。

在帮助实行犯强奸的情况下,实行犯主观上具有强行与妇女发生性关系,或者明知被害人是幼女而与其发生性关系的犯罪意图,帮助犯对此情况亦知晓,但仍对被害妇女施以强制,或者对被害幼女施以介绍、引诱、欺骗等行为,目的在于为实行犯实现奸淫行为扫除障碍或者提供便利,

帮助犯与实行犯之间有犯意联络，客观上促成了奸淫行为的实施，故属于共同强奸犯罪。在帮助实行犯强奸的场合，帮助犯的帮助对象是特定的，一般是威逼利诱妇女、幼女与特定对象发生性关系，即使实行犯给予帮助犯一定金钱财物作为"酬劳"，但收取金钱财物并非必要条件，有别于强迫卖淫中迫使被害人与不特定人员发生性关系必然存在金钱财物对价，且强迫卖淫者通常以此作为相对稳定的牟利手段。

本案中，被告人卓智成为满足淫欲，以提供金钱财物为诱饵指使被告人周某、钱志等人为其物色未成年少女特别是处女，其中，明知周某等人殴打、威胁被害人黄某、陈某与其发生性关系，明知被害人刘某系幼女，仍先后对三被害人实施奸淫，其行为构成强奸罪。黄某、陈某、刘某均为在校女中学生，与卓智成发生性关系系被迫，并不是为了以此换取金钱财物，卓智成主观上也并非出于"嫖宿"目的，故虽然其事后给予周某、钱志等人一定钱款，但不能认定为"嫖资"，其行为也不属于"嫖宿"。

被告人周某、钱志为牟取物质利益，根据被告人卓智成的授意和要求，积极为卓智成物色在校少女供卓智成奸淫，并在三被害人不同意的情况下，以言语威胁、实施暴力等强制手段为卓智成的奸淫行为扫清障碍，使得强奸行为最终都得以顺利进行。故周某、钱志的行为完全符合强奸共犯的特征，均构成强奸罪。周某、钱志并非强迫三被害人与不特定的人发生性关系以牟取利益，故不构成强迫卖淫罪。周某另有一起单独强奸刘某的事实。因此，法院依法以强奸罪追究三被告人的刑事责任，定性是准确的。

（撰稿：最高人民法院刑一庭　高明黎
福建省建阳市人民法院　黄佶喆
审编：最高人民法院刑一庭　冉　容）

[第980号]谈朝贵强奸案

——如何界定"共同家庭生活关系"以及与幼女有共同家庭生活关系的人多次奸淫幼女致其怀孕，是否属于奸淫幼女"情节恶劣"

【关键词】　强奸罪　共同家庭生活关系　奸淫幼女　情节恶劣

一、基本案情

被告人谈朝贵，男，1966年8月20日出生，无业。2012年9月29日因涉嫌犯强奸罪被逮捕。

上海市金山区人民检察院以被告人谈朝贵犯强奸罪，向金山区人民法院提起公诉。

上海市金山区人民法院经审理查明：2011年七八月至2012年8月间，被告人谈朝贵与其女友孙某及孙某的女儿被害人廖某（1999年7月25日出生）在同一暂住地共同生活。其间，谈朝贵趁与廖某单独相处之机，对廖某多次实施奸淫。2012年8月底，廖某被查出怀孕，后到医院引产。经对廖某引产后的胚胎组织进行DNA鉴定，确认不排除廖某和谈朝贵为廖某引产后的胚胎组织所属个体的生身父母。

上海市金山区人民法院认为，被告人谈朝贵多次奸淫幼女，致幼女怀孕，情节恶劣，其行为构成强奸罪，且依法应当从严惩处。公诉机关指控谈朝贵犯强奸罪的事实清楚，证据确实、充分，指控的罪名成立。据此,依照《中华人民共和国刑法》第二百三十六条、第五十五条第一款、第五十六条第一款之规定,金山区人民法院以被告人谈朝贵犯强奸罪,判处有期徒刑十三年,剥夺政治权利二年。

一审宣判后,被告人谈朝贵没有提起上诉,检察机关亦未抗诉,该判决已发生法律效力。

二、主要问题

1. 如何界定"共同家庭生活关系"?

2. 与幼女有共同家庭生活关系的人多次奸淫幼女致其怀孕,是否属于奸淫幼女"情节恶劣"?

三、裁判理由

(一)关于"共同家庭生活关系"的界定

根据最高人民法院、最高人民检察院、公安部、司法部联合下发的《关于依法惩治性侵害未成年人犯罪的意见》(以下简称《性侵意见》)第二十五条的规定:"针对未成年人实施强奸、猥亵犯罪的,应当从重处罚,具有下列情形之一的,更要依法从严惩处:(1)对未成年人负有特殊职责的人员、与未成年人有共同家庭生活关系的人员、国家工作人员或者冒充国家工作人员,实施强奸、猥亵犯罪的……"可见,有"共同家庭生活关系"的人对幼女实施强奸、猥亵犯罪的,是应当从重从严处罚的情节之一。如此规定,主要是考虑到此类人员对未成年人实施性侵害犯罪,严重挑战社会伦理道德底线;同时,此类人员具有接触未成年人的便利条件,实施性侵害行为更为隐蔽,一般人难以发现,持续时间通常更长,未成年被害人更难以抗拒和向有关部门揭露,社会危害更大。但是,对于何谓"共同家庭生活关系",刑法和相关司法解释均没有作出明确界定,由于该情节关系到对行为人的量刑,因此,对其内涵必须准确把握。

与幼女具有"共同家庭生活关系",顾名思义,也就是与幼女具有在一个家庭中共同生活的关系。而所谓"家庭",一般认为是指在婚姻关系、血缘关系、收养关系等基础上产生的,共同生活的人们所构成的社会生活单位,是具有血缘、婚姻、收养等关系的人们长期居住的共同群体。比较典型的是由法定关系组成的家庭,即由夫与妻,父母与子女(包括婚生或非婚生子女、合法的养子女和继子女)等。除了上述典型的家庭关系以外,现实中还有与之相当但是又不存在上述法定关系的人组成的共同生活单位。如孤儿或者生父母无力抚养的子女,由生父母的亲属、朋友抚养。上述人员共同生活在一起,相互之间也会产生与法定权利和义务类似的权利和义务,具备家庭的形式与实质。因此,在实践中,考察是否具有"共同家庭生活关系",应当立足家庭的概念,准确把握"共同家庭生活关系"内涵中具有的"质"和"量"的要求。从"质"上来说,需要形成实际上的共同生活关系,如事实上的抚养关系、监护关系等;从"量"上来说,需要具有共同生活的长期性、确定性和稳定性,如果仅有几次的共同居住或者较短时间的共同居住就不属于这里所指的"共同家庭生活关系"。

本案中,被告人谈朝贵和被害人廖某的母亲孙某是男女朋友关系,二人虽然未办理正式结婚手续,不是合法夫妻,但是二人从2011年七八月至2012年8月这一期间同居,廖某跟随孙某共同生活,也与谈朝贵在同一住所共同居住,这种共同的生活单位实质上形成了家庭关系。谈朝贵在这种较长时间稳定的共同生活期间,与廖某形成了事实上的抚养关系,即与廖某具有了共同生活关系。因此,无论从"质"上还是"量"上,谈朝贵均属于与廖某具有"共同家庭生活关系"的人。

(二)与幼女有"共同家庭生活关系"的成年人多次奸淫幼女致其怀孕,应当认定为奸淫幼女"情节恶劣"

刑法第二百三十六条第三款规定:"强奸妇女、奸淫幼女,有下列情形之一的,处十年以上有期徒刑、无期徒刑或者死刑:(一)强奸妇女、奸淫幼女情节恶劣的;(二)强奸妇女、奸淫幼女多人的;(三)在公共场所当众强奸妇女的;(四)二人以上轮奸的;(五)致使被害人重伤、死亡或者造成其他严重后果的。"其中,对于第二项至四项加重处罚情节,刑法规定较为明确,而对奸淫幼女致幼女怀孕,是否可以认定为第五项规定的"其他严重后果",或第一项规定的"情节恶劣",由于刑法没有明确,相关司法解释亦未规定,各地法院理解掌握的标准不尽相同。

有种观点认为,奸淫幼女致其怀孕对被害人伤害大,会给幼女身心健康带来严重创伤,对幼女健康成长产生恶劣影响,甚至会带来一系列的社会问题,其危害性的严重程度并不比刑法明确规定的加重处罚情节轻。因此,可以将奸淫幼女致其怀孕解释为"其他严重后果"进行加重处罚。

我们认为,奸淫幼女造成幼女怀孕,确实会给被害人造成很大的身心创伤,影响幼女的健康成长。但同时还要看到,怀孕系强奸的附随后果,且发现怀孕的阶段及采取干预措施的不同,对被害人身心伤害大小存在很大差异,严重程度也有很大区别,不同情况下的严重程度与刑法所明确列举的应当判处十年以上有期徒刑的情形并不是完全相当。如果不加以区分,一概将奸淫幼女致其怀孕解释为"其他严重后果",未免失之于绝对,同时也违反了罪责刑相适应原则。

《性侵意见》第二十五条从特殊身份犯罪主体、特定犯罪场所、危害性大的犯罪手段及行为、特别弱势犯罪对象、相对严重犯罪后果、被告人有性侵前科劣迹等方面,对强奸、猥亵未成年人犯罪的一些酌定从严处罚情节作了明确。这些情形与普通的奸淫幼女相比,或者严重挑战社会伦理道德底线,或者更加隐蔽,未成年被害人更难以抗拒和向有关部门揭露,或者更加严重冲击被害人的心理安全感,或者社会影响更为恶劣,甚至在一定范围内造成社会恐慌,或者危害后果更严重,对被害人伤害更大,或者行为人主观恶性更深、人身危险性更大。其中,该条第六项规定,造成未成年被害人怀孕等后果的情形,是"更要依法从严惩处"的情形之一。因此,根据上述规定,如果单纯就奸淫幼女致其怀孕来说,该种情况属于"更要依法从严惩处",但并不意味着一定要加重处罚,在何种情况下加重处罚,应当根据案件的具体情况判断,原则上应当与刑法第二百六十三条第三款第二至四项所列情节严重性相当。实践中,一般而言,对于奸淫幼女致其怀孕的情况,如果同时还具有《性侵意见》第二十五条所列的其他"更要依法从严惩处"的某一项或者某几项情形,可以考虑认定为属于"情节恶劣",予以加重处罚。如对幼女负有特殊职责的人员、与幼女有共同家庭生活关系的人员,长期多次奸淫幼女致其怀孕的;有强奸、猥亵犯罪前科劣迹的人,奸淫幼女致其怀孕的;或者奸淫幼女致其轻伤、感染性病,同时导致幼女怀孕的,可以认定为属于"情节恶劣"。但并不是说,只要奸淫幼女致其怀孕,并同时具有《性侵意见》第二十五条所列的某一项情节,就必然认定为"情节恶劣"。如进入学生集体宿舍奸淫一名幼女,致该幼女怀孕,如果作案手段一般,也没有其他严重情形,就未必达到"情节恶劣"的程度。总之,因司法实践的复杂性,"奸淫幼女致其怀孕"在何种情况下属于"情节恶劣",应当根据社会常识、常情,综合考虑犯罪主体、犯罪对象、犯罪地点、犯罪手段、犯罪后果等诸多因素,准确判断,以确保罪责刑相适应。

本案中,被告人谈朝贵多次趁与廖某单独相处之机,对廖某实施奸淫,严重挑战社会伦理道德底线,同时,谈朝贵对廖某多次实施奸淫,持续时间长,其行为社会危害性大,社会影响特别恶劣。谈朝贵的行为不但造成廖某怀孕,且同时符合《性侵意见》第二十五条第一项规定的"与未成年人有共同家庭生活关系的人员实施强奸犯罪"和第五项规定的"多次实施强奸"的两种"更要依法从严惩处"的情形,可以认定为属于"情节恶劣"。谈朝贵实施犯罪的整个过程体现出较深的主观恶性和较大的社会危害性,总体上与刑法第二百三十六第三款第二项至第四项所列的单项加重情节的危害程度相当。也就是说，与幼女有共同家庭生活关系的人员多次奸淫被害人致其怀孕的，应当认定属于"情节恶劣"。人民法院以强奸罪判处谈朝贵有期徒刑十三年，定罪准确，量刑适当。

（撰稿：最高人民法院刑一庭　贾　伟
审编：最高人民法院刑一庭　冉　容）

[第981号]刘某强奸案

——对未成年人与幼女正常交往过程中自愿发生性关系案件的政策把握与缓刑适用

【关键词】 强奸罪　未成年人　自愿发生性行为　奸淫幼女　情节轻微　缓刑　量刑

一、基本案情

被告人刘某，男，1994年12月15日出生，学生。2011年4月20日因涉嫌犯强奸罪被逮捕。

江西省S县人民检察院以被告人刘某犯强奸罪，向S县人民法院提起公诉。

被告人刘某及其辩护人提出：刘某系未成年人，与被害人自愿发生性关系，情节较轻，归案后认罪态度好，有悔罪表现，请求从轻、减轻处罚。

S县人民法院经审理查明：被告人刘某与被害人赖某某（1997年5月10日出生）系S县某中学初三年级同学，自2010年上半年认识后成为男女朋友。2011年2月至4月4日期间，刘某在明知赖某某不满14周岁的情况下，仍多次与其发生性关系，之后被赖某某的父母发现报案而案发。

S县人民法院认为，被告人刘某明知被害人赖某某不满14周岁仍与其发生性关系，其行为已构成强奸罪，公诉机关指控的犯罪事实清楚，证据确实、充分，指控的罪名成立。刘某在犯罪时不满18周岁，系未成年人，依法应当从轻或者减轻处罚。且刘某在归案后如实供述罪行，认罪态度好，可以从轻处罚。刘某犯罪情节较轻，有悔罪表现，没有再犯罪危险，宣告缓刑对所居住社区没有重大不良影响，依法可以对其宣告缓刑。据此，S县人民法院依照《中华人民共和国刑法》第二百三十六条第一款、第二款，第十七条第三款，第六十七条第三款，第七十二条第一款，第七十三条第二款、第三款之规定，以被告人刘某犯强奸罪，判处有期徒刑二年六个月，缓刑三年。

一审宣判后，被告人没有提出上诉，检察机关亦未提出抗诉，判决已发生法律效力。

二、主要问题

1. 对未成年人与幼女正常交往过程中自愿发生性关系的案件，如何把握罪与非罪的界限？

2. 对奸淫幼女案件适用缓刑应当考虑哪些因素？

三、裁判理由

（一）对未成年人与幼女正常交往过程中自愿发生性关系的，在确定罪与非罪的界限时应当把握的原则和要素

未成年人保护法第三条规定："未成年人享有生存权、发展权、受保护权、参与权等权利，国家根据未成年人身心发展特点给予特殊、优先保护，保障未成年人的合法权益不受侵犯。"从刑法第

二百三十六条关于性犯罪的规定分析，对儿童的特殊、优先保护体现在，构成强奸罪，一般要求以暴力、胁迫或者其他手段对妇女进行奸淫，而奸淫不满14周岁的幼女的，不论是否采取强制手段实施，即不论幼女是否自愿，均以强奸论，并从重处罚。由此可见，在我国，14周岁是法律认可的幼女可以作出同意发生性行为决定的法定年龄界限。行为人与不满14周岁的幼女发生性关系，即使幼女同意，也应当认定其同意无效，行为人的行为仍然构成强奸罪。由此带来的一个问题是，作为被害人的幼女与可能成为刑事被告人的未成年人，身心发育、认知能力均未成熟，均属于法律应予特殊保护的对象。对于已满14周岁的未成年人与幼女自愿发生性关系，是否均应按照刑法第二百三十六条第二款的规定以强奸论处，的确有深入探讨的必要。

最高人民法院在《1955年以来奸淫幼女案件检查总结》中曾明确指出："对奸淫幼女的未成年犯，应从轻或减轻处理，情节轻微的可以免予刑事处分；对年幼无知的男童，不应追究刑事责任，但应责令他的家长或者监护人加以管教。"该份文件在总结部分地区法院办理此类案件的经验时进一步指出："至于个别幼女虽未满14周岁，但身心发育早熟，确系自愿与人发生性行为的，法院对被告人酌情从轻或减轻处理，如果男方年龄也很轻，双方确系在恋爱中自愿发生性行为的，则不追究刑事责任。上述经验我们认为是适当的，各地法院可以根据具体情况参酌运用。"

《最高人民法院关于审理未成年人刑事案件具体应用法律若干问题的解释》（法释〔2006〕1号）第六条明确规定："已满十四周岁不满十六周岁的人偶尔与幼女发生性行为，情节轻微、未造成严重后果的，不认为是犯罪。"2013年《最高人民法院、最高人民检察院、公安部、司法部关于依法惩治性侵害未成年人犯罪的意见》（以下简称《性侵意见》）第二十七条再次重申了上述原则。由此可见，司法机关在处理青少年之间自愿发生性关系问题上，一直坚持适度介入、慎重干预的刑事政策。

在适用《性侵意见》第二十七条的相关规定，对未成年人与幼女在正常交往过程中自愿发生性关系，在确定罪与非罪的界限时，应当注意把握以下三点：

其一，行为人一般应当处于已满14周岁不满16周岁的年龄阶段。之所以限定行为人为已满14周岁不满16周岁，而不是已满16周岁不满18周岁。主要考虑的是，基于特别保护不满14周岁幼女身心健康的立场，对与之自愿发生性关系不以犯罪论处的范围应当严格把握，不能放得过宽。而已满14周岁不满16周岁系刑法确定的相对负刑事责任年龄界限，故对不以犯罪论处的主体范围掌握在此年龄段较为妥当。当然，考虑司法实际情况的复杂性，并非已满16周岁的未成年人与幼女发生性关系的，就一律以强奸罪论处。如行为人不满16周岁时与已满13周岁不满14周岁的幼女在恋爱交往中自愿发生性关系，至行为人刚满16周岁时，二人仍然保持两性关系，后因幼女父母报案而案发。如果综合全案考察，我们认为，不宜机械地以16周岁为界限，对16周岁前的行为不以犯罪论处，而对刚满16周岁以后实施的行为即以强奸罪论处。但对于已满16周岁的未成年人实施类似行为的案件认定不构成强奸罪，相对于不满16周岁的人，在把握上应当更为严格。

其二，行为人应当是与年龄相当的幼女在正常交往、恋爱过程中基于幼女自愿而与之发生性关系。对于行为人使用暴力、胁迫或者诱骗等手段奸淫幼女的，即使其不满16周岁，对其也不宜排除在刑事处罚范围之外。对于不满16周岁的未成年人与幼女之间的年龄究竟相差几岁才能认定为双方年龄相当，各国规定不一。有的国家明确规定为3周岁，而有的国家则规定为4周岁或者5周岁。我国相关司法文件对此没有明确规定，主要由司法机关根据具体案件情况把握。鉴于在我国对此种不以强奸论处的男方年龄限定为已满14周岁不满16周岁，而幼女的年龄界限是14周岁，10周岁以下在民法上属于无行为能力人，加上《性侵意见》强调了对12周岁以下幼女更要特殊保护的精神,我们认为,此处适当的年龄差距限定在4周岁左右相对较为合理。举例而言,已满14周岁的男方与不满10周岁的幼女发生性关系,或者已满15周岁不满16周岁的男方与不满12周岁且双方年龄差距在4岁以上的幼女发生性关系,即使男方辩称系与幼女正常恋爱交往,一般也不宜适用《性侵意见》第二十七条的规定,对男方不以犯罪论处。值得强调的是,《性侵意见》规定对不满12周岁的幼女实施性侵害的,应当一律认定行为人明知被害人系幼女,主要是为了解决主观明知的认定问题,并不是指所有行为人与不满12周岁的幼女发生性关系,都应当以强奸罪论处;对已满14周岁不满16周岁的行为人与不满12周岁的幼女在正常交往过程中自愿发生性关系,如果双方年龄差距不大,行为情节轻微的,也可以不以强奸论处。这一认定原则体现了对未成年人实行双向保护的政策精神。

其三,综合考察,未成年人与幼女发生性关系情节轻微、未造成严重后果。《性侵意见》的相关表述虽是"偶尔"发生性关系,但主要是为了与此前司法解释的规定保持一致,实践中并不能简单以次数论。也就是说,发生性关系的次数是判断行为情节是否轻微的其中一项因素,但并非决定性因素,决定性因素是行为人是否是与年龄相当的幼女在正常交往、恋爱过程中基于幼女自愿而与之发生性关系,如果是,一般可以认定为情节轻微。

值得注意的是,对于不满16周岁的行为人在与幼女正常交往恋爱过程中基于幼女自愿与其发生性关系致幼女怀孕引产、流产,单就后果来看,不能说不严重,但是否一律认为行为人的行为不属于"情节轻微、不以犯罪论处",不宜一概而论。类似案件,如果双方确实存在正常恋爱交往关系,年龄差距也不大,如差距小于1周岁或者2周岁,司法机关判断对行为人是否以强奸罪论处,要特别慎重。对于双方成年亲属自行协商,被害人及其法定代理人不要求追究行为人刑事责任的,司法机关没有必要主动干预,启动司法程序。

本案中,被告人刘某与被害人赖某均系初中同学,二人产生早恋,时年刘某已满16周岁,明知赖某不满14周岁,仍多次与其发生了性关系,后因赖某父母发现报案而案发。相较于强行奸淫幼女,刘某所实施的行为虽不属十分严重,但从维护对幼女特殊保护的更高原则立场考虑,其已不属《最高人民法院关于审理未成年人刑事案件具体应用法律若干问题的解释》和《性侵意见》中对未成年行为人可不以强奸犯罪论处的情形。法院依法认定刘某构成强奸罪,对刑事政策的把握是准确的。

(二)对奸淫幼女案件适用缓刑应当考虑哪些因素

强奸、猥亵未成年人犯罪社会危害性大,《性侵意见》第二条明确规定:"对于性侵害未成年人犯罪,应当依法从严惩治。"该条明确了办理此类案件应当坚持的总体政策基调。为了体现对强奸未成年人犯罪的依法严惩,并有效预防犯罪,《性侵意见》第二十八条进一步规定:"对于强奸未成年人的成年犯罪分子判处刑罚时,一般不适用缓刑。"因此,对于奸淫幼女案件是否适用缓刑,应当把握如下两点:

其一,成年犯罪分子强奸幼女,包括强行与幼女发生性关系和基于幼女自愿与幼女发生性关系,一般情况下不适用缓刑,特殊情形例外。如对于自动中止强奸行为,地位、作用明显较小的从犯等具有法定从轻、减轻处罚情节,判处拘役、三年以下有期徒刑,同时符合刑法规定的"犯罪情节较轻;有悔罪表现;没有再犯罪的危险;宣告缓刑对所居住的社区没有重大不良影响"等缓刑适用条件的,在总体从严把握的前提下,也可以适用缓刑,以体现罪责刑相适应。

其二,关于未成年犯罪分子奸淫幼女案件是否适用缓刑。《最高人民法院关于审理未成年人刑事案件具体应用法律若干问题的解释》、《最高人民法院关于贯彻宽严相济刑事政策的若干意见》等一系列文件均规定了对未成年犯罪要坚持"教育为主,惩罚为辅"的原则和"教育、感化、挽救”的方针。而奸淫幼女、猥亵儿童等性侵害儿童犯罪,属于刑法规定的法定从重处罚情形,甚至有的还需要加重处罚。因此,这里就存在从宽与从严情节并存时如何把握量刑尺度的问题。对未成年人奸淫幼女案件,鉴于未成年人身心发育不成熟、易冲动、好奇心强、易受外界不良影响,同时也相对易教育、改造等特点,从严的幅度要明显有别于成年被告人,能够从宽处罚的要依法从宽。因此,奸淫幼女情节较轻,符合缓刑适用条件的,可以依法适用缓刑。在判断是否属于情节较轻时,要综合考虑是否使用暴力、胁迫等强制手段或者利诱、欺骗等不正当手段,对幼女身心健康是否造成严重伤害,案发后是否取得被害人及其亲属真诚谅解等因素。对于未成年人与年龄相当的幼女在正常交往恋爱过程中,因懵懂无知,一时冲动,自愿发生性关系,没有对幼女身心造成严重伤害的,如果构成强奸罪,确属情节较轻,有悔罪表现,没有再犯罪危险,宣告缓刑对所居住社区没有重大不良影响的,一般可以宣告缓刑。

本案中,被告人刘某与被害人赖某系同学,二人自 2010 年上半年即成为男女朋友,2011 年 2 月至 4 月间多次自愿发生性关系,刘某时年刚满 16 周岁(2 个月),赖某已满 13 周岁(差 3 个月满 14 周岁),二人均属懵懂少年。刘某所犯强奸罪情节较轻,且认罪态度好,有悔罪表现,没有再犯罪危险,宣告缓刑对所居住社区没有重大不良影响,故人民法院依法认定其构成强奸罪,同时宣告缓刑,较好把握了对未成年被告人和未成年被害人进行双向保护的刑事政策。

（撰稿:最高人民法院刑一庭　赵俊甫　高明黎
审编:最高人民法院刑一庭　冉　容）

[第 982 号]王某强奸案

——因欲实施强奸导致被害人落水,被告人不实施救助,致使被害人溺水死亡的,被告人是构成故意杀人罪还是以“强奸致使被害人死亡”论处

【关键词】　强奸致使被害人死亡　加重情节　故意杀人

一、基本案情

被告人王某,男,1975 年 1 月 18 日出生,农民。2011 年 1 月 21 日因涉嫌犯故意杀人罪被逮捕。

某省某市人民检察院以被告人王某犯故意杀人罪、强奸罪,向某市中级人民法院提起公诉。

被告人王某及其辩护人提出如下意见:王某没有推熊某下河,不构成故意杀人罪;被害人熊某掉入河中时,王某没有拉住;王某不会游泳,所以没有救熊某。公诉机关指控王某犯强奸罪、故意杀人罪证据不足。

某市中级人民法院经审理查明:2010 年 12 月 28 日 19 时许,黄某(同案被告人,已判刑)邀约袁某(同案被告人,已判刑)骑摩托车到某省某市 × ×路附近,将被害人熊某(女,殁年 19 岁)、陈某(女,15 岁)接到位于 × ×镇 × ×村黄某家二楼卧室内,途中袁某在一家超市买得一瓶“遂州八珍”牌泡酒和花生等食物。黄某、袁某共谋诱骗熊某、陈某喝酒,灌醉后实施奸淫。四人饮完第一瓶酒后,黄某从袁某处拿钱又购买一瓶“丰谷”牌白酒,其间黄某言语威胁熊某、陈某不准离开。当晚 9 时许,被告人王某在外饮酒后回到家中,黄某将与袁某的犯意告诉王某,王某即拿出 100

元给黄某再购买了2瓶“丰谷”牌白酒，王某、黄某、袁某与熊某、陈某一起继续喝酒。当饮至第四瓶酒时，陈某因酒醉要求休息，黄某即将陈某带到隔壁卧室，王某亦示意袁某离开黄某的卧室。王某趁熊某酒醉昏睡无力反抗之机脱去其衣裤，将熊某强奸并射精在地上。王某将地上的精液擦洗干净后，又用水清洗自己生殖器和熊某的生殖器，熊某被冷水惊醒后即穿上衣服哭着跑出该房屋。王某之母陶某正好在门外窥看到该经过，进入房间打王某耳光，并叫其将熊某追回来。王某遂追赶熊某至屋后的河边，将熊某抱住摸其胸部欲再施奸淫，熊某反抗并称要告发王某。慌逃中，熊某掉入2米深左右的河里，王某等待其沉水后离开。经鉴定，熊某系溺水死亡，会阴部可见充血。

某市中级人民法院认为，被告人王某违背妇女意志强行与妇女发生性关系，其行为构成强奸罪。经查：(1)公诉机关指控王某犯强奸罪证据充分，能够形成证据链证明其指控犯罪事实。主观上王某强奸犯意明确，违背妇女意志证据充分。王某强奸熊某后仍欲再次强奸，致熊某掉入河中，王某无任何施救行为，亦未告诉他人帮助救人，对熊某的死亡持放任态度，应当对熊某的死亡承担法律后果，符合“强奸造成其他严重后果”的情况，应当认定为强奸罪的加重处罚情节。(2)公诉机关指控王某构成故意杀人罪的证据未形成完整的证据锁链，未达到排他性、唯一性的标准，故指控的罪名不能成立，不予支持。王某在强奸共同犯罪中起主要作用，系主犯；王某伙同他人采取灌酒方式致使被害人熊某失去反抗能力进而实施强奸，后欲再次实施强奸时致熊某溺水，其不施救助致人死亡，主观恶性深，后果极为严重，社会影响恶劣，依法应当予以严惩。据此，依照《中华人民共和国刑法》第二百三十六条第五项、第二十五条第一款、第二十六条第一款、第五十七条第一款之规定，某市中级人民法院以被告人王某犯强奸罪，判处死刑，剥夺政治权利终身。

一审宣判后，被告人王某不服，提出上诉。

某省高级人民法院审理期间，被告人亲属积极赔偿被害人亲属经济损失，得到被害人亲属的谅解。某省高级人民法院依照《中华人民共和国刑事诉讼法》(1996年)第一百八十九条第二项之规定，改判被告人王某犯强奸罪，判处死刑，缓期二年执行，剥夺政治权利终身。同时，对王某限制减刑。

二、主要问题

因实施强奸导致被害人落水，被告人不实施救助，致使被害人溺水死亡的，被告人是构成故意杀人罪还是以“强奸致使被害人死亡”论处？

三、裁判理由

刑法第二百三十六条第三款第五项中的“致使被害人重伤、死亡或者造成其他严重后果”是典型的结果加重犯规定。审判实践中，对“强奸致使被害人重伤、死亡”的理解，通常依据的文件是最高人民法院、最高人民检察院、公安部1984年联合发布的《关于当前办理强奸案件中具体应用法律的若干问题的解答》(以下简称《解答》)。《解答》第四条规定：“强奸‘致人重伤、死亡’，是指因强奸妇女、奸淫幼女导致被害人性器官严重损伤，或者造成其他严重伤害，甚至当场死亡或者经治疗无效死亡的。对于强奸犯出于报复、灭口等动机，在实施强奸的过程中，杀死或者伤害被害妇女、幼女的，应分别定为强奸罪、故意杀人罪或者故意伤害罪，按数罪并罚惩处。”虽然《解答》已于2013年1月18日起失效，但是鉴于修订后的刑法对此问题并无新的具体规定，且原《解答》既符合立法本意，也符合刑法的罪刑相适应原则，故实践中对“强奸致使被害人重伤、死亡”的理解与适用仍可参照《解答》的部分内容。从《解答》的规定可以看出，对于被告人强奸致人死亡的案件不能一概而论，既可能按照强奸罪一罪的结果加重犯论处，也可能同时成立强奸罪与其他犯罪,在具体案件中应当视不同情况详加分析。

就本案而言,被告人王某在同案被告人黄某的居住地第一次强奸被害人熊某成立既遂不存在争议。在熊某逃离黄某住所后,王某追赶熊某并欲再次强奸熊某(此起未遂),该行为亦可作为从重情节纳入强奸罪一并评价。本案的特殊之处在于,熊某因逃避强奸落水后,王某未实施救助,坐视熊某溺亡方才离去。王某的这种"见死不救"的不作为行为是否属于强奸致使被害人死亡,是按照故意杀人罪论处还是按照强奸罪的结果加重犯论处,实践中存在分歧意见。

我们认为,王某的不作为行为可以单独构成故意杀人罪。具体理由如下:

(一)对被害人的死亡持放任结果发生,符合间接故意杀人的主观特征

犯罪故意分为直接故意和间接故意。两者的区别首先在于意志要素不同。直接故意的意志要素是希望,即积极追求危害结果的发生;而间接故意的意志要素是放任,即对结果的发生持无所谓的态度,不希望,也不反对。其次,直接故意和间接故意在意识要素上也存在一定区别。一般情况下,直接故意要求行为人对行为产生危害结果的认识程度更高,而间接故意仅要求行为人对行为产生危害结果的可能性存在一定认识即可。当然,在个别情况下,间接故意是否包括行为人认识到危害结果必然发生的情形,理论界和实务界均存在争议。

本案中,被害人熊某在逃避强奸的反抗过程中曾称要告发被告人王某,而王某对其是否由此产生杀人灭口的作案动机始终没有供述,认定熊某落水之前王某即具有杀死熊某的主观故意较为牵强。但熊某落水时正值深夜,河边行人罕至,王某应当知道不及时救助熊某,就会产生熊某溺水死亡的后果,在此情况下,王某既不亲自实施救助,也不寻求他人帮助,坐视熊某溺亡后转身离去,属于刑法上典型的不作为行为。这种不作为的行为表明,王某对熊某死亡的结果持无所谓的态度,熊某死亡并不违背王某的本意,故王某在主观上符合杀人(间接故意)的主观特征。

(二)因先行行为而负有特定救助义务,违反了这一救助义务而不作为的,具有刑法上的可罚性

在不作为犯罪理论中,特定义务是其中的重要构成要素,没有特定义务就不可能成立不作为犯罪。虽然理论上对特定义务的产生根据尚未形成统一认识,但普遍认为通常包含以下几种情形:一是基于亲缘关系而产生的特定义务,例如父母对未成年子女有扶养教育的权利和义务,此种扶养教育义务即属于特定作为义务。二是基于工作、职业关系形成的特定义务,例如医生与其诊疗的病人之间、保姆与其照料的婴儿之间,属于在工作中形成的依赖或依存关系,医生、保姆负有保护对方的特定作为义务。三是行为人与他人虽然不存在上述两种关系,但由于行为人的行为给他人制造了危险,也可产生行为人对他人的特定作为义务。此种作为义务的成立有赖于两个条件:行为人的行为是否引发了危险及行为人对危险后果是否有控制能力。以下具体联系本案进行分析:

1. 被告人王某为强奸而实施了暴力手段,这一先行行为客观上引发了被害人熊某落水的危险。本案中王某在黄某居住地第一次强奸熊某后,熊某逃离黄某的居住地,王某随后追赶熊某并欲在河边再次强奸熊某。虽然现有证据不能证实王某推熊某落水,但熊某是在受到王某犯罪行为威胁的情况下落水的事实足以认定。王某在河岸第二次着手实施的强奸行为,产生了熊某因抗拒性侵而落水的危险;由于熊某抗拒和逃避他人的性侵系其自然的反应和维护自身正当权利所必需的,故该危险不能归咎于熊某。正是由于王某制造出熊某落水的危险,故王某理应承担随之产生的救助义务。基于此,王某不实施救助行为与普通路人对于无关的人见死不救的行为本质上存在差异,王某应当承担相关刑事法律后果。

2. 被告人王某对深夜在河边追逐被害人熊某所可能产生的危险后果,具备充分的预见和控

制能力。一方面,王某与同案被告人黄某系亲戚关系和近邻,王某对黄某居住地及其周围环境特别是河道的情况都非常熟悉,具备判断和预见危险的条件。另一方面,在案证据证实,王某实施第一次强奸行为时,熊某发觉后即坚决反对;后王某欲第二次强奸熊某时,熊某反抗不让王某碰她,两人在河边发生拉扯,故王某对于熊某不同意与其发生性关系而反抗,也是心知肚明的,熊某的反抗不属于王某难以预料的过激反应。在双方的冲突中,王某的犯罪行为无疑是矛盾的主要、积极的方面。在当时的情况下,如果王某及时停止强奸行为,就完全可能避免危险进一步发展。王某即使不会游泳,也可以通过喊人等方式向其他人求助,可见王某具备履行相关救助义务的条件和可能,赋予其承担救助的作为义务顺理成章。

(三)不作为型杀人与通常的作为型杀人在社会危害性、主观恶性、人身危险性方面具有相当性

我国刑法理论目前虽然对不作为犯罪理论尚未形成共识,但是这并不妨碍法官依据主客观相统一的原则,根据犯罪构成原理探索不作为犯的等价性问题。换言之,法官一方面可以根据犯罪的具体事实、行为方式和危害程度进行事实判断;另一方面还可以根据犯罪涉及作为、不作为的复杂现实,结合有关立法精神进行价值判断,进而作出正确的裁判。

具体到本案中,我们认为,被告人王某的不作为杀人与通常的作为杀人在社会危害性、主观恶性、人身危险性方面具有相当性。一是王某的在先行为制造了可能侵害法益的现实危险,其有义务同时也具备条件和能力避免该危险。二是王某的不作为具有独立的主观罪过形式,该罪过的内容与支配其在先行为的罪过内容存在明显差异。三是王某的不作为行为与其先行行为在行为方式上可以作出明确区分,具有相对独立性。四是王某的不作为行为直接导致了死亡结果的发生,在危害结果上与作为型的故意杀人行为并无二致。五是王某的在先行为所构成的强奸罪,在犯罪构成方面难以涵盖不作为行为,仅认定强奸罪一罪将导致遗漏评价。故综合分析,应当认定王某的行为构成独立的故意杀人罪。

有观点认为,若以强奸罪和故意杀人罪并罚,可能会降低王某的量刑:其强奸罪不足以判死刑,其故意杀人罪因系不作为犯罪,也不足以判死刑。我们认为,上述观点值得商榷。理由是:首先,罪刑法定原则是刑法基本原则,若行为人的数个罪名本不足以判处死刑,就绝不能将本不应判处死刑的数罪合并为一罪处理,人为地将刑罚加重到死刑。其次,不作为的故意杀人行为的社会危害性,并不必然小于作为的故意杀人,其区别仅在于杀人行为的方式不一样,但其危害后果、社会危害性、行为人的主观恶性和人身危险性等基本相当,因此在量刑时,法律没有规定不作为的故意杀人就要轻于作为的故意杀人。对行为人具体判处刑罚的轻重,仍应当依据犯罪情节、后果、社会危害程度、主观恶性、人身危险性等方面来综合考虑。就本案被告人王某的全案行为看,其先强奸,而后又追赶被害人熊某到河边并欲再次强奸,致熊某逃避中掉入河中,在能够施救的情况下不但不予施救,反倒坐观熊某沉入水中,确认其溺水死亡后才离开现场,足见其主观恶性深、社会危害性大,对其强奸罪依法虽然判处不了十年以上有期徒刑,但其后阶段的不作为杀人可以依法酌情从重判处。因此,即使是对王某以强奸罪和故意杀人罪依法并罚,也不会出现对其量刑有大的偏差的情况。

综上,一、二审法院认定被告人王某构成强奸一罪有误,认定王某分别构成强奸罪和故意杀人罪,依法予以并罚,更符合罪刑法定和罪责刑相适应原则。

(撰稿:最高人民法院刑一庭　周　军
审编:最高人民法院刑一庭　冉　容)

[第983号]李明明强奸案

——共同犯罪人未经共谋在不同地点先后强奸同一被害人的是否构成轮奸以及如何认定强奸罪中的"情节恶劣"

【关键词】 强奸罪 轮奸 奸淫幼女 主观罪过 情节恶劣

一、基本案情

被告人李明明,男,1988年12月5日出生,农民。2011年11月30日因涉嫌犯强奸罪被逮捕。

河南省宜阳县人民检察院以被告人李明明犯强奸罪,向宜阳县人民法院提起公诉。

宜阳县人民法院经审理查明:2008年5月8日晚,被告人李明明伙同同案被告人楚海洋(已判刑)酒后骑摩托车在宜阳县某镇一村庄附近见到初中生陈某(女,时年13岁)、孙某(女,时年14岁)及孙某的弟弟,李明明和楚海洋采取持棍棒及语言威胁的方法赶走孙某的弟弟及闻讯赶来寻找陈、孙二人的多名教师,强行将陈、孙二人带到一旅社。李明明在108房间对陈某实施了强奸,楚海洋在105房间欲对孙某实施强奸,因自身原因未得逞。李明明得知已有人报警后,骑摩托车送陈、孙二人返回,途中强奸了孙某。

宜阳县人民法院认为,被告人李明明违背妇女意志,以暴力、胁迫手段,强行与妇女发生性关系的行为构成强奸罪。李明明强奸二人,其中一人还系幼女,依法应当从重处罚。据此,依照《中华人民共和国刑法》第二百三十六条第一款、第二款之规定,宜阳县人民法院以被告人李明明犯强奸罪,判处有期徒刑八年。

一审宣判后,宜阳县人民检察院提起抗诉,主要理由是:被告人李明明伙同楚海洋分别强奸陈某和孙某,其后李明明知道楚海洋在旅社内强奸了孙某,在送二被害人回去的路上又强奸孙某,构成轮奸,李明明还属于强奸犯罪情节恶劣,对其应当在十年有期徒刑以上量刑。

洛阳市中级人民法院经审理认为,被告人李明明在得知已有人报警的情况下,将二被害人送走,楚海洋亦明确表示让李明明将二被害人送走,现有证据证实楚海洋不知晓李明明在回去的途中还要强奸孙某,二人之间缺乏共同强奸孙某的故意,不构成轮奸。李明明伙同楚海洋采取持棍棒及语言威胁的方法在学校附近赶走多名教师及孙某的弟弟,将两名初中学生带走强奸,李明明已知有人报警,仍在送返二被害人的途中强奸孙某,情节恶劣,宜阳县人民检察院提出的李明明强奸行为属于情节恶劣的抗诉意见,予以采纳。原审认定的事实清楚,证据确实、充分,定罪准确,审判程序合法,但适用法律错误,且量刑不当,应予改判。据此,依照《中华人民共和国刑法》第二百三十六第一款、第二款、第三款第一项和《中华人民共和国刑事诉讼法》(1996年)第一百八十九条第二项之规定,判决如下:

1. 撤销宜阳县人民法院(2012)宜刑初字第37号刑事判决;
2. 被告人李明明犯强奸罪,判处有期徒刑十年。

二、主要问题

1. 共同犯罪人未经共谋在不同地点先后强奸同一被害人的是否构成轮奸?
2. 如何认定强奸罪中的"情节恶劣"?

三、裁判理由

本案在审理过程中,对被告人李明明的行为构成强奸罪没有异议,但二被告人是否构成轮奸,是否属于强奸罪中的情节恶劣存在争议。第一种意见认为,李明明的行为不构成轮奸,属于强奸情节恶劣;第二种意见认为,李明明的行为既不构成轮奸,也不属于强奸情节恶劣;第三种意见认为,李明明的行为构成轮奸,亦属于强奸情节恶劣。

我们赞同第一种意见。具体分析如下:

(一)同案犯未经共谋在不同地点先后强奸同一被害人的不构成轮奸

通说认为,轮奸指二人或者二人以上在同一时间段内,基于共同强奸同一妇女或者幼女的故意而轮流实施奸淫的行为。轮奸犯罪的行为人之间意思的沟通和行为的分担,强化了个体的犯罪决意,使得行为人更加胆大妄为,更易摧毁被害人反抗的精神意志,排除障碍,强奸更易得逞。从犯罪人的角度来看,轮奸犯罪完全无视被害人的自由与尊严,无视社会伦理规范的约束,侵犯妇女的性的自主权,主观恶性较一般强奸犯罪更深,人身危险性更大;对被害人而言,相对于遭受一人强奸,轮流遭受两人两次以上的强奸所受到的侵害,无论在身体上还是在精神上,都更为严重,社会危害性更大,刑法规定为加重处罚情节,是罪刑相适应原则的必然要求。因此,准确界定二人以上的行为是否构成轮奸,既是保护被害人合法权益,从严打击此类犯罪的需要,也是保障被告人合法权利,避免罪刑失衡的要求。

刑法第二百三十六条第一款规定:"以暴力、胁迫或者其他手段强奸妇女的,处三年以上十年以下有期徒刑。"第三款第四项规定,二人以上轮奸,处十年以上有期徒刑、无期徒刑或者死刑。在我国刑法中,轮奸的法律性质有两个方面的特征:其一,轮奸是强奸罪的共同犯罪形态,需要依照共同犯罪的构成要件加以判断,同时轮奸还是强奸罪的共同实行犯的唯一形式,即每个共同犯罪人均应是实行犯;其二,轮奸是强奸罪的加重处罚事由,一旦具备,即对被告人在十年以上有期徒刑、无期徒刑或者死刑的刑罚幅度内量刑。上述对轮奸的概念及其法律性质的分析,为认定具体强奸犯罪中是否有轮奸情节,提出了具体的判断标准,包括:(1)主观要件。各共同犯罪人必须具有共同实行犯罪的故意,各共同犯罪人的行为在它的支配下成为一个统一整体,即均有共同实施强奸的故意,不但本人有强奸的故意,还应知道自己与他人共同直接实行犯罪。(2)客观要件。各共同犯罪人必须实行同一犯罪构成客观要件的行为,即均对同一对象实施了强奸,并且行为人的行为在时间、空间上是有联系的,或相互补充、或相互协助,与犯罪结果之间都存在因果关系。共同犯罪故意支配着客观行为,客观行为体现了共同犯罪故意。本案中,被告人李明明、楚海洋的行为均构成强奸罪,但主观上和客观上不符合轮奸的要件,理由如下:

1. 李明明和楚海洋主观上未有强奸孙某的共同故意。共同实行犯要求各行为人之间有共同实施实行行为的意思,即有为了实现某种犯罪,而相互利用、补充对方的行为的意思联络。意思联络是共同犯罪人以明示或者暗示的方法表明愿意共同实施某种犯罪。就轮奸而言,各共同犯罪人在预谋阶段或者实施犯罪过程中达成或者默认共同强奸的故意,可以是有预谋的,也可以是临时起意,甚至可能是在轮奸之前或者过程中形成的心照不宣。但要求不仅自己具有强奸被害人的故意,同时明知其他人也有强奸被害人的故意。二者只要基于概括故意即可。

本案中,李明明和楚海洋共同将陈某、孙某带至旅社,并分别强奸陈、孙,二人的行为构成强奸罪。其后李明明在得知已有人报警的情况下,送返陈、孙二人,楚海洋亦明确表示同意。无证据证实李明明在旅馆时即有强奸孙某的意图;李明明在返回途中将孙某强奸,楚海洋并不知情,也不能认定楚海洋在强奸孙某之后,其还知晓李明明此后还会强奸孙某,故李明明强奸孙某的故意超出了此前其和楚海洋分别强奸陈某和孙某的共同故意界限。综上,李明明和楚海洋不论在旅馆时,还是在送返二被害人途中,均无共同强奸孙某的意思联络,不具备成立轮奸所要求的主观要件。

2. 李明明和楚海洋的行为不具备成立轮奸的时空要件。无论是单独犯罪还是共同犯罪,行为人对法益侵害结果承担责任均是因为自己的行为与法益侵害结果之间存在因果关系,轮奸也不例外。让行为人对轮奸结果负责,承担因具备轮奸情节而加重处罚的刑事责任,行为人的行为必须与轮奸的结果之间具有因果关系。换言之,因各共犯的行为紧密相连,相互协助或者相互补充,对轮流奸淫行为的完成具有原因力,故而行为人既要对自己直接实施的奸淫行为与结果承担责任,也要对共同故意涵盖范围内其他共同实行犯的奸淫行为承担责任。反之,如果各共同犯罪人的行为之间无关联,不是作为一个有机、统一的犯罪活动,认定为轮奸以加重处罚,则失之公平。

不可否认,实践中,共同犯罪人基于共同强奸同一被害人的故意,在多个地点分别实施强奸的情况的确存在。因此,在同一地点强奸并非认定构成轮奸的必要条件,在不同地点强奸也不能绝对排除构成轮奸的可能。这就要求从时间和空间的角度,考察各共同犯罪人的行为之间是否具有接续性,是否相互补充或者相互协助。只要各共同犯罪人具有轮流奸淫同一妇女的共同故意,对该妇女进行不间断的控制,即使二人或者多人前后实施奸淫时间间隔相对较长,甚至不在同一地点实施奸淫行为,其犯罪的社会危害性、主观恶性、人身危险性程度同被害人在同一地点、同一时间段受到多人强奸的犯罪情形是相当的,被害人所遭受的痛苦和恐惧亦是相当的,故应视为与同一地点轮奸情形无异。

本案中,被告人李明明伙同楚海洋以暴力手段将两名被害人带至旅社,李明明将陈某强奸,楚海洋将孙某强奸。后李明明送二被害人回家,至此,二人共谋的强奸行为已告终结,李、明二人已经成立强奸罪的共同犯罪。其后李明明的送返行为割断了此前的共同犯罪和此后李明明强奸孙某的行为在时间、空间上的联系。楚海洋未与李明明进行过共谋,主观上不知晓李明明在送二被害人回家途中的行为,客观上未参与,亦未对李明明的继续强奸起到任何协助作用。李明明之后的行为与楚、李二人之前的共同犯罪行为已无任何关联。

(二)公然暴力劫持二名未成年少女,且对二名未成年少女先后实施强奸,符合认定强奸罪"情节恶劣"的标准

刑法第二百三十六条第三款第一项规定的"强奸妇女、奸淫幼女情节恶劣"属于情节加重犯的内容。与该款第二至五项明确列举加重情节或者加重后果不同,第一项属于原则性规定。基于实际发生案件的复杂性、多样性,过于具体的列举式规定难以涵盖所有需要予以加重处罚的情节,原则性的规定给予法官一定的自由裁量权,在审理案件时对需要加重量刑的行为科以同其犯罪的严重性相适应的刑罚。但是由于原则性规定本身内在的模糊性,具体适用时容易产生争议,需要确定一定的标准。

根据罪责刑相适应原则,同一法定刑档次内的量刑情节所体现的罪责应当相当,故认定"情节恶劣"的标准,应当与刑法第二百三十六条第三款第二至五项所列情形的严重性相当,实践中可以从以下几个方面来把握:(1)选择特定犯罪对象实施强奸,被害人不具有一般人的反抗能力或者反抗能力极弱,如强奸无辨认能力的精神病人,强奸行动不便的孕妇,强奸身患重病、无法抵抗的患者;(2)在公共场所公然劫持被害人后实施强奸,对抗社会意图明显;(3)采用残忍的暴力手段或者在强奸过程中以十分下流的手段肆意蹂躏等损害被害人身心健康的方式实施强奸,如强奸被害人过程中施以凌辱、虐待等;(4)长期多次对同一被害人进行强奸,即行为人在某段相对较长时期内连续多次反复强奸同一人,通常有"霸占"被害人为自己性工具的意图;(5)其他具有相当危害程度的情形,如最高人民法院、最高人民检察院、公安部、司法部联合下发的《关于依法惩治性侵害未成年人犯罪的意见》第二十五条所规定的对未成年人负有特殊职责的人员、与未成

年人有共同家庭生活关系的人员、国家工作人员利用职务便利强奸未成年人，造成未成年被害人轻伤、怀孕、感染性病等后果；等等。总之，因司法实践的复杂性，判断是否属于强奸"情节恶劣"，应当结合案件具体事实、情节，社会危害程度，从犯罪主体、犯罪对象、犯罪地点、犯罪手段、犯罪后果等诸多方面综合判断。

本案中，被告人李明明伙同楚海洋公然采取持棍棒及语言威胁的方式，在学校附近赶走多名教师及被害人孙某的弟弟，强行将两名未成年女学生劫持，李明明先强奸其中一名幼女，在得知有人报警后，又强奸另一未成年被害人。李明明的强奸行为虽然不符合"强奸多人"、"在公共场所强奸"、"二人以上轮奸"等刑法明确列举的加重情形，但是，综合考察，李明明公然暴力劫持二被害人后实施强奸，且针对的对象是两名未成年少女（分别系13岁、14岁），且在已知晓有人报警的情况下，仍在"送返"被害人途中强奸了第二名被害人，其实施犯罪的整个过程体现出较深的主观恶性和较大的社会危害性，总体上与刑法第二百三十六第三款第二至第五项所列的单项加重情节的危害程度相当，二审认定李明明强奸犯罪"情节恶劣"，依法改判其有期徒刑十年，量刑是适当的。

（撰稿：最高人民法院刑一庭　李　晖
河南省洛阳市中级人民法院　李丽君
审编：最高人民法院刑一庭　冉　容）

[第984号]王某某强奸案

——对既无被害人陈述也未提取到直接指向被告人强奸的物证，且被告人翻供的性侵智障幼女案件，如何审查判断证据

【关键词】 强奸罪　奸淫幼女　证据审查判断　性侵智障幼女　供述的审查

一、基本案情

被告人王某某，男，1944年8月13日出生，农民。2013年7月22日因涉嫌犯强奸罪被逮捕。

湖北省汉川市人民检察院以被告人王某某犯强奸罪，向汉川市人民法院提起公诉。

被告人王某某否认强奸王甲，辩称其生殖器仅与被害人大腿摩擦。其辩护人辩称，指控王某某奸淫幼女的事实仅有王某某在侦查阶段的供述为证，但王某某当庭否认强奸，其他证人均未目睹王某某强奸王甲，故指控王某某犯强奸罪的证据不足。

汉川市人民法院经不公开审理查明：2013年7月8日15时许，王乙带着智障的孙女王甲（被害人，2001年12月出生，多年不说话）到同村被告人王某某家。王某某趁王乙到菜园摘菜时，将留在其家中的王甲奸淫。王某某正穿裤子时，被返回的王乙推窗发现并责骂。2日后，王甲的父亲得知此事并报案，王某某被抓获。

汉川市人民法院认为，被告人王某某奸淫不满12周岁的智障幼女，其行为已构成强奸罪，且应当从重处罚。王某某系65周岁以上、不满75周岁的老年犯，可以酌情从轻处罚。辩护人关于指控王某某犯强奸罪证据不足的意见，经查，本案虽然无物证和被害人陈述，但有王某某在侦查阶段对奸淫事实多次稳定的供述，且其被当场发现并被责骂，以及为此赔礼求私了的供述，且与多名证人的证言能够相互印证，相关事实能够相互衔接，证供符合常理，且案发自然，故起诉书指

控王某某的罪名成立，辩护人所提证据不足的意见不予采纳。据此，依照《中华人民共和国刑事诉讼法》第二百三十六条第一款、第二款之规定，汉川市人民法院以被告人王某某犯强奸罪，判处有期徒刑五年九个月。

一审宣判后，被告人王某某以指控证据不足为由，向孝感市中级人民法院提起上诉。

孝感市中级人民法院经审理认为，被告人王某某在侦查阶段多次供认了奸淫幼女的犯罪事实，证人王乙目睹了王某某在作案现场穿裤子的情节并当场责骂，证人余某某路过现场听说后也当面责骂王某某。本案案发自然，证供相互衔接印证，能够形成完整的证据链。原审判决认定的犯罪事实清楚，证据确实、充分，量刑适当，程序合法。据此，依照《中华人民共和国刑法》第二百二十五条第一款第一项之规定，孝感市中级人民法院裁定驳回上诉，维持原判。

二、主要问题

对既无被害人陈述也未提取到直接指向被告人强奸的物证，且被告人翻供的性侵智障幼女案件，如何审查判断证据？

三、裁判理由

本案是一起性侵智障幼女的犯罪案件，在证据上“先天不足”。一是被害人是一名多年未曾说话的智障幼女，不能表达自己被奸淫的情况，故本案无被害人陈述这一直接证据；二是案发2日之后被害人亲属才报案，故未能提取到直接指向被告人作案的客观性物证；三是没有目击证人证实被告人奸淫被害人的作案过程；四是被告人虽在侦查阶段承认作案，但当庭翻供，否认奸淫的关键情节。因为上述证据问题，本案审理过程中，对本案的处理形成三种意见：第一种意见认为，本案只有被告人王某某的供述和证人证言（传来证据）等，被告人当庭否认双方性器官相接触，控方指控被告人犯强奸罪的证据不足，应当宣告无罪。第二种意见认为，被告人虽然当庭否认双方性器官相接触，但供称其猥亵被害人的事实，结合在案其他证据，按照有利于被告人的原则，应当定性为猥亵儿童罪。第三种意见认为，本案虽然无物证和被害人陈述，但被告人在侦查阶段多次详细、稳定供述了强奸被害人的过程，以及被发现后企图私了的情节，与多名证人的证言能够相互印证，证供符合常理，能够形成完整的证据锁链，结合案发自然的情况，应当以强奸罪论处。

我们同意第三种意见。具体理由如下：强奸、猥亵等性侵案件，历来因犯罪过程隐蔽、发案不及时，物证不能及时提取，导致证据类型较为单一，多为被害人陈述和被告人供述等“一对一”的言词证据，因此，审查判断证据和认定事实是审理此类案件的难点。特别是性侵未成年人的案件，又因被害人年幼、智障等特殊原因，不能完整、清晰表达被性侵的具体情节，导致被害人陈述与被告人供述常常不一致，甚至相互矛盾。因此，对此类案件的言词证据审查，更需兼顾证据正向的证实和反向的证伪。实践中，一般需要结合被害人自身特点，以及发案、破案过程，重点审查被害人陈述与被告人供述间的印证和矛盾处，并从间接证据寻找突破口，去伪求真，得出结论。本案属于典型的证据“先天不足”的性侵案件，但通过重点审查被告人在侦查阶段供述的真实性、合法性，与其他证据的印证性，及其翻供的理由，并对间接证据进行推理判断，能够弥补证据的缺憾，准确认定案件事实。

（一）本案案发过程自然，指向明确

发案和破案经过虽不能作为认定被告人有罪的证据，但在性侵未成年人案件缺乏客观物证的情况下，发案和破案经过自然、正常而且及时，有助于办案人员形成内心确信。本案中，王乙到王某某家菜地摘菜，将孙女王甲留在王某某家，约半小时后返回王某某家时，发现该房屋前后门都关着，拉开王某某卧室窗户后，看见王某某、王甲站在床尾，王某某正在穿裤子，遂当场指责王某某强奸。王某某当即道歉并请求王乙不要声张此事。王某某的嫂子余某某碰巧路过，听闻此事后亦当面责骂王某某。当晚，王某某本人及其兄王某绍先后找到王乙的弟媳刘某某，求其帮忙私了此事。2日后，刘某某将此事告诉其子王丙，王丙又告诉王甲的父亲王丁，王丁遂向王乙、刘某某求证，确认王甲被王某某奸淫后报案。随后，王某某被抓获归案，并在侦查阶段多次供认了奸淫事实。因此，本案的发案、破案过程自然，符合常理，指向明确，具有可信性。

（二）本案虽无证人目睹王某某强奸王甲的具体情节和过程，但各证人证言之间环环相扣，均指向王某某强奸王甲，对间接证据的推理符合逻辑和经验判断

一是被害人的爷爷王乙证实，其目睹王某某与王甲共处一封闭的场所，并看见王某某在床尾穿裤子，其当即指责王某某强奸，王某某并未辩解，并开门求情。二是王某某的嫂子余某某证实，王乙指责王某某强奸王甲时，余某某恰好路过王某某家，也跟着责骂了王某某，王某某并未表示否认。随后，余某某将此事告知其夫王某绍。三是王乙的弟媳刘某某证实，案发1小时之后，王某某找到刘某某，承认酒后与王甲发生了性关系，求其帮忙平息此事。当晚王某绍也到其家赔礼道歉。2日后，刘某某将此事告诉儿子王丙。四是王某某之兄王某绍证实，其为平息此事，先后到王乙、刘某某家协商私了。五是被害人父亲王丁证实，其从王丙处得知此事后，又向王乙、刘某某求证，确认王甲遭王某某强奸，遂报案。上述证人证言互相衔接，完整反映了王某某被发现作案、赔礼道歉、承认奸淫并企图私了，最终因被害人父亲报案而案发的经过，与被告人的供述相互印证。

（三）王某某在侦查阶段的供述具有真实性、合法性和印证性，其在审理阶段翻供不具有合理性

首先，王某某被抓获后，在第一次讯问时即详细供述了其酒后临时起意并实施奸淫的细节，此后也作了多次稳定的供述。其供称案发当日王乙去菜园后，王甲走到其的卧室，当时喝了酒，起了想和王甲发生性关系的心思，便关门进了卧室，将王甲的裤子往下拉，并做手势让王甲脱裤子，王甲遂把裤子脱到膝盖，躺在床上，其即奸淫了王甲，并详细交代了强奸细节，包括生殖器接触、部分插入王甲阴道及射精的过程。而且，王某某供称王甲下穿青色裤子，没有穿内裤的情节与王甲的爷爷王乙关于此节的证言相吻合。其次，《最高人民法院关于适用〈中华人民共和国刑事诉讼法〉的解释》第八十三条第二款规定："被告人庭审中翻供，但不能合理说明翻供原因或者其辩解与全案证据矛盾，而其庭前供述与其他证据相互印证的，可以采信其庭前供述。"王某某在侦查阶段多次稳定供认作案，与在案的其他证据相互印证。王某某虽在庭审时对奸淫的关键情节予以否认，辩称仅用生殖器蹭了被害人腿部，此前的供述系诱骗形成，但未提供相关线索，也不能合理说明原因。同时，经查阅王某某在侦查阶段讯问的同步录像，显示其供认强奸时并未受到刑讯逼供或者诱供，故其供述具有合法性。此外，从情理分析，王某某若未强奸王甲，其在王乙、余某某指责其强奸时，完全有机会辩解，但其当即认错，事后还专门到王甲亲属家承认奸淫事实并赔礼道歉，企图私了，被抓获到案后至一审开庭前，始终承认强奸事实，并供述了他人并不知晓的诸多强奸细节，内容具体、全面，合乎事情发生、发展的演进过程，符合生活常理和经验逻辑，具有可信性。

综上，虽然本案的直接证据仅有被告人在侦查阶段的供述，但该供述真实、完整、合法、合理，与证人证言等间接证据能够相互印证，形成完整的证据链，足以认定王某某强奸王甲的事实，故人民法院认定王某某的行为构成强奸罪是正确的。

（撰稿：湖北省汉川市人民法院　余穗军
审编：最高人民法院刑五庭　马　岩）

[第985号]淡某甲强奸、猥亵儿童案

——如何准确把握奸幼型强奸罪的死刑适用标准

【关键词】 强奸罪 猥亵儿童罪 奸淫幼女 罪行极其严重 死刑的适用

一、基本案情

被告人淡某甲,男,1971年3月7日出生,劳务人员。2008年5月27日因涉嫌犯强奸罪被逮捕。

某市人民检察院以被告人淡某甲犯强奸罪、猥亵儿童罪,向某市中级人民法院提起公诉。

被告人淡某甲否认指控的犯罪事实,辩称其与被害人淡某乙发生性关系是基于金钱关系,且当时问过淡某乙已满14周岁;起诉书指控的其他罪行均不是事实。其辩护人提出,起诉书指控淡某甲强奸、猥亵儿童的事实不清、证据不足。

某市中级人民法院经不公开审理查明:

被告人淡某甲从1989年至2008年期间,采用给零食、给零钱、公开"丑闻"、逼写欠条等手段,引诱、胁迫被害人,在自己家中、公园等处先后多次对幼女黎某某、蒙某甲、淡某乙、蒙某乙实施猥亵、奸淫;对幼女周某某实施奸淫;多次对幼女淡某丙实施猥亵。具体事实如下:

1. 1989年至1991年,被告人淡某甲在自己房间内每隔几天猥亵黎某某一次;1991年至2004年,淡某甲在自己房间内每隔几天奸淫黎某某一次。

2. 1998年下半年至2000年,被告人淡某甲在自己房间内每隔几天猥亵蒙某甲一次;2000年至2006年,淡某甲在自己房间内每隔几天奸淫蒙某甲一次。

3. 2000年下半年至2004年,被告人淡某甲在自己房间每隔几天猥亵淡某乙一次;2004年至2008年5月,淡某甲在自己房间每隔几天奸淫淡某乙一次;2008年5月,淡某甲在某公园猥亵淡某乙一次。

4. 2006年下半年至2008年春节,被告人淡某甲在自己房间内分别或者同时猥亵淡某乙、淡某丙,每人约被猥亵5次。

5. 2007年5月至6月,被告人淡某甲在自己房间内猥亵蒙某乙约3次;2007年6月至2008年4月,淡某甲在自己房间内每隔几天奸淫蒙某乙一次。

6. 2008年1月下旬,被告人淡某甲在自己房间内奸淫周某某一次。

某市中级人民法院认为,被告人淡某甲目无国法,以胁迫或者其他手段,多次违背妇女意志,强行对多名幼女实施猥亵、奸淫,侵害幼女的身心健康,其行为构成强奸罪、猥亵儿童罪。淡某甲一人犯数罪,依法应当并罚。认定淡某甲实施猥亵、强奸犯罪的证据,不仅有各被害人的陈述、医疗诊断证明书,而且有淡某甲书写的威胁信、被害人书写的欠条和保证书等。上述威胁信、欠条、保证书从被告人住所提取,经鉴定确认分别为被告人、被害人所写。故本案证据已经形成稳固的证据锁链。淡某甲长期、多次奸淫多名幼女,犯罪性质和情节极其恶劣,主观恶性极深,罪行极其严重,依法应当严惩。据此,依照《中华人民共和国刑法》第二百三十六条第二款,第三款第一项、第二项,第二百三十七条第一款、第三款,第六十九条,第五十七条第一款,第六十四条,第十二条之规定,某市中级人民法院于2011年6月30日判决如下:

淡某甲犯强奸罪,判处死刑,剥夺政治权利终身;犯猥亵儿童罪,判处有期徒刑五年;决定执

行死刑，剥夺政治权利终身。

宣判后，被告人淡某甲不服，向某省高级人民法院提起上诉。

某省高级人民法院经审理认为，上诉人淡某甲的行为构成强奸罪、猥亵儿童罪，依法应当并罚。淡某甲长期引诱、胁迫、控制并多次奸淫多名幼女，给被害人的身心健康和未来生活带来严重损害，并造成恶劣的社会影响，犯罪动机卑劣，情节特别恶劣，后果特别严重，主观恶性极大，且没有任何法定从轻、减轻情节，依法应当严惩。淡某甲提出的上诉理由和指定辩护人提出的辩护意见与查明的事实不符，不予采纳。原判认定的事实清楚，证据确实、充分，定性准确，量刑适当，审判程序合法。据此，依照《中华人民共和国刑事诉讼法》(1996年)第一百八十九条第一项之规定，某省高级人民法院于2012年5月2日裁定驳回上诉，维持原判，并依法报请最高人民法院核准。

最高人民法院经复核认为，被告人淡某甲长期猥亵、奸淫幼女多人，对被害人的身心健康造成严重损害，犯罪情节特别恶劣，社会危害性大，罪行极其严重，依法应当从重处罚。对淡某甲所犯数罪，依法应当并罚。第一审判决、第二审裁定认定的事实清楚，证据确实、充分，定罪准确，量刑适当，审判程序合法。据此，依照《中华人民共和国刑事诉讼法》(1996年)第一百九十九条和《最高人民法院关于复核死刑案件若干问题的规定》第二条第一款之规定，于2012年12月11日裁定核准被告人淡某甲死刑。

二、主要问题

如何准确把握奸幼型强奸罪的死刑适用标准?

三、裁判理由

(一)判断奸幼型强奸案件是否属于“罪行极其严重”应当考虑的因素

近年来，以不满14周岁的幼女作为犯罪对象的强奸罪在司法实践中时有发生。在此类奸幼型强奸案件中，部分案件没有出现被害人重伤、死亡的危害后果，但存在行为人长期奸淫多名幼女、对幼女使用胁迫手段、严重损害幼女身心健康等情节。此类案件是否属于“罪行极其严重”，如何把握死刑适用标准，司法实践中认识不一致。我们认为，判断奸幼型强奸案件是否达到“罪行极其严重”的死刑适用标准，应当依照刑法、司法解释的相关规定并结合司法审判经验，根据具体案件的事实、犯罪性质、情节和社会危害程度，着重从侵害对象、侵害人数、侵害次数或者持续时间、作案手段、危害后果等方面综合分析判断。

关于侵害对象。刑法第二百三十六条第二项规定，奸淫不满14周岁的幼女的以强奸论处，从重处罚，体现了严厉惩罚奸淫幼女犯罪的立法态度。幼女正处于身心成长发育期，身体器官和心智水平尚未发育成熟，不能正确理解性行为的社会性质、意义和后果，在面对性侵害时缺乏自我保护的意识和能力，与成年妇女相比更容易遭受性侵害。因此，立法者对幼女给予了特殊的保护，相应地，在司法环节对奸淫幼女犯罪也应当从重处罚。一般来说，幼女年龄越小，身体发育越不成熟，受到的伤害越大，故对被告人的惩罚相应也应越严厉。

关于侵害人数。强奸罪侵害的人数越多，则罪行越严重。根据刑法第二百三十六条第三款第二项的规定，强奸罪的加重情节包括“强奸妇女、奸淫幼女多人”。司法实践中，一般认为强奸妇女、奸淫幼女3人以上，属于“强奸妇女、奸淫幼女多人”。这里的“多人”是指被某一行为人强奸的不同个体的总人数，而非“人次”。下列情况属于“强奸妇女、奸淫幼女多人”:(1)单独计算强奸妇女人数或者奸淫幼女人数不满3人，但两者之和达到3人以上的;(2)每次强奸妇女、奸淫幼女的人数不满3人，但累计人数达到3人以上的;(3)强奸既遂的人数不满3人，但加上强奸预备、未遂或者中止的人数达到3人以上的;(4)作为实行犯强奸的人数不满3人，但加上作为帮助犯、教唆犯强奸的人数达到3人以上的。对于奸幼型强奸案件，侵害人数达到3人以上的，应在“十年以上有期徒刑、无期徒刑或者死刑”的量刑档次内从重量刑。是否适用死刑，应从奸淫的幼女人数、强奸既遂人数、作为实行犯强奸的人数等方面具体分析。

关于作案次数或者持续时间。刑法第二百三十六条没有把强奸妇女、奸淫幼女的次数或者持续时间明确规定为强奸罪的加重情节，但通常认为，对被害人多次或者长期奸淫的，属于刑法第二百三十六条第三款第一项规定的“强奸妇女、奸淫幼女情节恶劣”。行为人在长达数月、数年甚至更长时间内多次对被害人进行强奸，既反映了犯罪行为极其严重的客观危害，也表明行为人具有极深的主观恶性。对于奸幼型强奸案件，如果行为人多次或者长期奸淫幼女，次数越多，连续作案时间越长，则罪行越严重，从重处罚乃至适用死刑的根据就越充分。至于达到何种作案次数或者持续时间可以考虑判处死刑，则应根据具体案情综合分析。

关于作案手段。作案手段是行为人为了达到犯罪目的而采取的具体犯罪方法。不同的作案手段对于能否顺利实现犯罪目的所起的作用不同，使被害人遭受痛苦的严重程度也不同，能够体现出犯罪行为的客观危害及行为人的主观恶性。虽然刑法第二百三十六条将强奸妇女和奸淫幼女规定在同一个法律条文中，都规定为强奸罪并配置了相同的法定刑，但在犯罪构成要件特别是犯罪手段方面，二者有明显区别。强奸妇女犯罪必须是行为人违背妇女意志，采取暴力、胁迫或者其他手段，强行与妇女发生性关系的行为。而奸淫幼女犯罪的成立，不要求行为人采取特定手段，也不论幼女是否自愿，只要行为人明知是不满14周岁的幼女而与其发生性关系的，都应当以强奸罪论处。如果采取暴力、胁迫手段奸淫幼女，或者当着幼女亲属、熟人的面奸淫幼女，或者使用残酷、变态手段奸淫幼女的，一般都应当作为强奸罪的酌定从重处罚情节考虑。

关于危害后果。强奸罪侵犯的客体是妇女的性自由权利和幼女的身心健康权利，其危害程度是由被害人遭受的身体或精神损害大小决定的。虽然刑法第二百三十六条第三款第五项将“致使被害人重伤、死亡或者造成其他严重后果”规定为强奸罪的加重情节之一，但不能片面地认为只有强奸致被害人重伤、死亡才属于“罪行极其严重”。对于奸幼型强奸案件来说，即使没有出现幼女重伤、死亡后果，但随着被害人年龄增长，被强奸的经历将长期、严重地损害其身心健康，给幼女造成严重的心理创伤，留下挥之不去的心理阴影。其危害性主要表现在：一是由于行为人违背幼女意志，强行与幼女发生性行为，直接侵害了被害人的身心健康、性羞耻心理。二是在行为人以揭发隐私的胁迫手段长期奸淫幼女的情况下，幼女整日生活在担心“丑闻败露”的恐惧之中，不敢违抗行为人的意愿，也不敢将遭受强奸之事告诉任何人，承担着巨大的心理压力。三是幼女在今后的生活中，受到亲属的责骂以及来自社会的嘲讽、歧视后，会产生深深的自责心理和负罪感，极端情况下可能导致自杀，或者产生“破罐破摔”心理，不再珍惜自己的名誉、家庭，或者对男性产生仇视、报复心理，成为潜在的犯罪人。因此，在对奸幼型强奸案件决定是否适用死刑时，要特别重视被害人遭受的心理创伤程度，全面、客观地评价强奸罪行是否属于“罪行极其严重”。

（二）对本案是否属于“罪行极其严重”的分析

本案中，被告人淡某甲从1989年至2008年案发期间，采取引诱、胁迫等手段多次对幼女黎某某、蒙某甲、淡某乙、蒙某乙实施猥亵、奸淫，对幼女周某某奸淫一次，多次对幼女淡某丙实施猥亵。第一，从侵害对象看，黎某某、蒙某甲、淡某乙、蒙某乙首次被奸淫的年龄为6岁至11岁不等，周某某被奸淫时为12岁，均为不满14周岁的幼女。第二，从侵害人数看，淡某甲奸淫幼女5人，均已强奸既遂，属于“强奸妇女、奸淫幼女多人”的情形。第三，从作案次数和持续时间看，虽然周某某仅被奸淫1次，但黎某某、蒙某甲、淡某乙、蒙某乙均被长期奸淫，持续时间从10个月到

12年不等,其中黎某某、蒙某甲、淡某乙在已满14周岁以后仍被继续奸淫,黎某某甚至被奸淫至18岁为止。从淡某甲的角度看,其奸淫全部被害人的持续时间从1991年开始,到2008年结束,长达17年之久。因持续时间较长,黎某某、蒙某甲、淡某乙、蒙某乙均不能准确回忆自己被奸淫的次数,但均陈述几乎每周都被淡某甲奸淫1次或者2次,与医疗诊断证明书证实4人处女膜均呈陈旧性破裂的情节相印证,故可以认定淡某甲强奸妇女、奸淫幼女的次数非常多、持续时间特别长。第四,从作案手段看,淡某甲在被害人幼小无知时采取用鞭炮恐吓、给零食吃、给零钱花、给游戏机玩等手段相胁迫、引诱,让被害人为其口交,长期、多次对被害人实施猥亵。随着被害人年龄逐渐增长,身体有了一定程度发育之后,淡某甲开始对被害人实施奸淫。当被害人懂事后不愿到淡某甲的房间被其奸淫时,淡某甲以给被害人写威胁信等方法,扬言公开被害人被其奸淫之事或者告诉被害人家长,对被害人进行精神强制,迫使被害人忍辱屈从,实现了对被害人的长期奸淫。淡某甲采取的胁迫手段还有逼迫被害人书写借贷关系根本不存在的巨额"欠条",如果被害人不愿意被奸淫,就逼迫被害人还债;逼迫被害人书写按时到淡某甲房间供其奸淫的保证书;对奸淫被害人的过程进行录像,以公开奸淫录像继续胁迫被害人;扬言用注射器给被害人注射药物,逼迫被害人就范;等等。为了长期奸淫,淡某甲还采取"以旧骗新"的手段,胁迫已被其奸淫的幼女将毫不知情的其他幼女骗到自己房间内进行猥亵、奸淫,再以胁迫手段控制被骗幼女继续供其猥亵、奸淫。其中,黎某某、淡某乙都曾被胁迫充当过淡某甲的诱骗工具,而蒙某甲、蒙某乙、周某某都是以此方式被骗后遭到猥亵、强奸的。第五,淡某甲还多次对两名甚至三名幼女同时进行猥亵或者奸淫。第六,从危害后果看,据以上被害人亲属反映,这些被害人平时都沉默寡言,成天心事重重,学习成绩下降,特别不愿意和男性相处,甚至不与自己的父亲说话。有的被害人因被奸淫,经常很晚回家,甚至整晚不回家,回家之后无论被父母怎样问、怎样打都默不作声,不敢说出自己去了哪里。有些被害人性格孤僻,怕外人的眼光和议论,以致案发后举家迁往外地租房居住,不敢回老家。案发当日,淡某乙在长达8年被猥亵、奸淫之后,面对淡某甲再次到学校门口相逼时,终于无法忍受而痛哭起来。其同学将此事告诉了淡某乙的母亲,在母亲再三追问下淡某乙才说出了其被淡某甲强奸的事实,至此才案发。由此可见,被害人的身心健康因淡某甲的长期奸淫而受到严重摧残。综上所述,被告人淡某甲人格极其卑劣,主观恶性极大,所犯强奸罪行极其严重,依法应当判处死刑立即执行。

(撰稿:最高人民法院刑五庭　章　政
审编:最高人民法院刑五庭　马　岩)

[第986号]杜周兵强奸、强制猥亵妇女、猥亵儿童案

——行为人因涉嫌强制猥亵妇女到案后如实供述司法机关尚未掌握的猥亵儿童事实的,不构成自首

【关键词】　强奸罪　强制猥亵罪　猥亵儿童罪　自首　同种罪行　量刑

一、基本案情

被告人杜周兵,男,1982年2月6日出生。2013年9月30日因涉嫌犯强奸罪被逮捕。

浙江省宁波市人民检察院以被告人杜周兵犯强奸罪、强制猥亵妇女罪、猥亵儿童罪,向宁波

市中级人民法院提起公诉。

被告人杜周兵的辩护人提出，杜周兵因涉嫌犯强奸罪、强制猥亵妇女罪接受公安机关讯问时，主动交代其还猥亵幼女黎某某的事实，构成猥亵儿童罪的自首。

宁波市中级人民法院经不公开审理查明：2009 年至 2013 年期间，被告人杜周兵在宁波市鄞州区塘溪镇内，多次借故进入多名幼女或者妇女的家中，采用暴力、胁迫等手段对被害人实施奸淫或者强制猥亵。杜周兵被抓获后，除交代上述事实外，还主动供述其在 2010 年或者 2011 年的一天猥亵黎某某（女，1999 年 5 月 23 日出生）的事实。

宁波市中级人民法院认为，被告人杜周兵以暴力、胁迫等手段奸淫不满 14 周岁的幼女，以暴力、胁迫等手段强制猥亵妇女和猥亵儿童，其行为分别构成强奸罪、强制猥亵妇女罪和猥亵儿童罪，应当数罪并罚。杜周兵奸淫幼女多人，并强制猥亵妇女、猥亵儿童，犯罪性质恶劣，社会危害大，依法应当严惩。杜周兵归案后如实供述主要犯罪事实，可以从轻处罚。杜周兵如实供述司法机关尚未掌握的猥亵儿童的犯罪事实，与司法机关已经掌握的强制猥亵妇女的犯罪事实属于同种罪行，可以酌情从轻处罚。据此，依照《中华人民共和国刑法》第二百三十六条，第二百三十七条第一款、第三款，第六十七条第三款，第五十七条第一款，第六十九条之规定，宁波市中级人民法院判决如下：

被告人杜周兵犯强奸罪，判处无期徒刑，剥夺政治权利终身；犯强制猥亵妇女罪，判处有期徒刑三年；犯猥亵儿童罪，判处有期徒刑一年；决定执行无期徒刑，剥夺政治权利终身。

一审宣判后，被告人杜周兵未提起上诉，公诉机关亦未抗诉，该判决已发生法律效力。

二、主要问题

因涉嫌强制猥亵妇女而被采取强制措施的犯罪嫌疑人，如实供述司法机关尚未掌握的猥亵儿童事实的，是否构成自首？

三、裁判理由

本案在审理过程中，对被告人杜周兵到案后主动供述司法机关尚未掌握的猥亵儿童事实是否构成自首，有两种意见：一种意见认为，猥亵儿童罪与强制猥亵妇女罪不同，两罪的犯罪对象、行为特征亦有差异，属于不同种罪行，杜周兵到案后供述猥亵儿童事实构成自首。另一种意见认为，在认定自首问题上，强制猥亵妇女罪与猥亵儿童罪应当视为同种罪行。杜周兵到案后主动供述猥亵儿童事实，不以自首论，但可以酌情从轻处罚。

我们同意后一种意见。具体理由如下：

最高人民法院 1998 年出台的《关于处理自首和立功具体应用法律若干问题的解释》规定："被采取强制措施的犯罪嫌疑人、被告人和已宣判的罪犯，如实供述司法机关尚未掌握的罪行，与司法机关已掌握的或者判决确定的罪行属不同种罪行的，以自首论。被采取强制措施的犯罪嫌疑人、被告人和已宣判的罪犯，如实供述司法机关尚未掌握的罪行，与司法机关已掌握的或者判决确定的罪行属同种罪行的，可以酌情从轻处罚；如实供述的同种罪行较重的，一般应当从轻处罚。"实践中对哪些罪行属于同种罪行，存在不同认识。为解决这一问题，最高人民法院 2010 年下发的《关于处理自首和立功若干具体问题的意见》（以下简称《意见》）规定，犯罪嫌疑人、被告人在被采取强制措施期间如实供述本人其他罪行，该罪行与司法机关已经掌握的罪行属于同种罪行还是不同种罪行，一般应当以罪名区分。虽然如实供述的其他罪行的罪名与司法机关已掌握犯罪的罪名不同，但如实供述的其他犯罪与司法机关已掌握的犯罪属选择性罪名或者在法律、事实上密切关联，如因受贿被采取强制措施后，又交代因受贿为他人谋取利益行为，构成滥用职权罪的，应当认定为同种罪行。根据《意见》的上述规定，"同种罪行"包括三种情况：罪名相同的罪行、属于同一选择性罪名的罪行以及法律或者事实上密切关联的罪行。

强制猥亵妇女罪与猥亵儿童罪罪名不同,也不属于选择性罪名,但是两种犯罪在法律上、事实上均具有密切关联,可以视为同种罪行。具体理由是:第一,强制猥亵妇女罪与猥亵儿童罪在法律上具有密切关联。认定数种罪行在法律上具有密切关联,一般应当以犯罪构成要件为依据,考察数种罪行在犯罪主体、客体、客观方面的行为、结果、对象要素等方面是否具有相近性、包容性。强制猥亵妇女罪与猥亵儿童罪在客观方面均包含违背被害人意志,采用抠摸、搂抱、手淫、鸡奸等淫秽下流手段进行猥亵等行为。构成猥亵儿童罪虽然不要求行为人采用暴力、胁迫手段,但实践中对陌生儿童进行猥亵时往往也会采取一定的暴力、胁迫手段。从主观方面看,两罪均有满足不正常性欲的动机,行为人受性欲驱动对女性被害人实施猥亵时,往往对被害人是否属于幼女不加以区分,只要能满足其性欲即可。第二,强制猥亵妇女罪与猥亵儿童罪在事实上具有密切关联。认定数种罪行在事实上具有密切关联,一般应当依托司法实践,结合日常生活经验,考察数种行为在发生的概率、逻辑以及关系上是否具有关联性。在某些猥亵犯罪中行为人基于满足特殊性需求,犯罪易于得逞等考虑,随机选择某一年龄段的陌生被害人作案,其对被害人的年龄只有大致的判断。对于行为人而言,先后对两名十几岁的年幼女性实施猥亵,其犯罪手段以及犯罪目的是没有差别的,即使因被害人不满或者超过14周岁而分别构成强制猥亵妇女罪、猥亵儿童罪,仍然是两起性质基本相同的事实。

本案中,被告人杜周兵在近5年的时间里,在同一地区多次采取路边拦截、跟随被害人进入其住处等方式,使用暴力、胁迫手段对3名妇女、儿童强行抚摸胸部、阴部等部位实施猥亵。杜周兵选择的作案目标,基本都是年龄较小、反抗能力较弱的女性,至于被害人是否属于幼女,并不影响其实施犯罪计划。受到杜周兵强制猥亵的3名被害人分别为14岁、17岁和12岁的女性。可见,杜周兵所犯强制猥亵妇女罪和猥亵儿童罪在实施的时间、地点、对象及手段上具有连贯性和一致性,属于在法律、事实上有密切关联的同种罪行。故人民法院认定杜周兵对猥亵儿童罪不构成自首是正确的。

(撰稿:浙江省宁波市中级人民法院　袁益波
审编:最高人民法院刑五庭　马　岩)

[第987号]王晓鹏强制猥亵妇女、猥亵儿童案

——如何界分正常医疗检查与猥亵犯罪行为以及强制猥亵对象中既包括已满14周岁女性又包括未满14周岁女童的,对所犯数罪是否并罚

【关键词】　强制猥亵罪　猥亵儿童罪　医疗检查与猥亵行为的界分　犯罪对象罪数

一、基本案情

被告人王晓鹏,男,1977年1月23日出生,医生。2013年6月12日因涉嫌犯强制猥亵妇女罪、猥亵儿童罪被逮捕。

甘肃省肃北蒙古族自治县人民检察院以被告人王晓鹏犯强制猥亵妇女罪、猥亵儿童罪,向肃

北蒙古族自治县人民法院提起公诉。

被告人王晓鹏及其辩护人提出如下意见:王晓鹏超出职权范围进行检查是为了对学生负责,出发点是想把病因查清楚,并无猥亵之念,现有证据不足以证明王晓鹏具有强制猥亵妇女和猥亵儿童的动机与目的,王晓鹏的行为不符合猥亵犯罪的构成要件。

肃北蒙古族自治县人民法院经审理查明:2012 年 5 月 28 日至 31 日,甘肃省肃北县某中学组织学生在肃北县医院体检。被告人王晓鹏利用自己作为尿检项目检验医生的便利,超出尿检医生的职责范围,以"体检复查"为名,对 14 名已满 14 周岁的女学生和 7 名不满 14 周岁的女学生抚摸胸腋部和下腹部、腹股沟区,将裤子脱至大腿根部查看生殖器,用手在阴部进行按压抚摸,对个别女学生以棉签插入阴部擦拭的方式提取所谓"分泌物",进行猥亵。

肃北蒙古族自治县人民法院认为,被告人王晓鹏利用职务上的便利,以"体检复查"为名对 14 名已满 14 周岁女学生和 7 名不满 14 周岁女学生,进行了不同程度的猥亵,其行为分别构成强制猥亵妇女罪和猥亵儿童罪,应当予以并罚。公诉机关指控的犯罪事实清楚,证据确实、充分,指控的罪名成立。王晓鹏及其辩护人的意见没有事实和法律依据,不予采纳。本案被害人人数多且使未成年女学生的人格、名誉及身心健康受到了极大伤害,社会影响恶劣。据此,依照《中华人民共和国刑法》第二百三十七条第一款、第三款,第六十九条之规定,肃北蒙古族自治县人民法院判决如下:

被告人王晓鹏犯强制猥亵妇女罪,判处有期徒刑三年;犯猥亵儿童罪,判处有期徒刑四年;决定执行有期徒刑六年。

一审宣判后,被告人王晓鹏提出上诉,称没有猥亵的动机与目的,原判将违反医疗规程的医疗检查认定为犯罪行为,属于定性错误。

酒泉市中级人民法院经审理认为,被害人陈述、证人证言、医院尿检常规步骤说明、王晓鹏的供述等证据证实,王晓鹏利用给学生作尿检的职务之便,超越尿检医生职责范围,趁大多数被害女学生从未接受过体检的机会,实施了猥亵行为,且 21 名女学生均向公安机关陈述了其不知抗拒和无法抗拒而使自己的身体遭受不法侵害的事实,王晓鹏的行为违背了她们的意志,是变相的强制,王晓鹏的行为符合强制猥亵妇女罪和猥亵儿童罪的构成要件,其上诉理由不能成立。原判认定的犯罪事实清楚,证据确实、充分,定罪准确,量刑适当,审判程序合法。据此,酒泉市中级人民法院依法裁定驳回上诉,维持原判。

二、主要问题

1. 如何界分正常医疗检查与猥亵犯罪行为?

2. 强制猥亵对象中既包括已满 14 周岁女性又包括未满 14 周岁女童的,对所犯数罪是否并罚?

三、裁判理由

本案是一起医生利用职务之便,以身体检查为名对众多女学生实施猥亵的案件。案件审理的争议点主要有两个:一是如何界分正常的医疗检查与猥亵犯罪行为;二是对被告人王晓鹏的行为是以强制猥亵妇女罪或者猥亵儿童罪一罪从重处罚,还是实行并罚。具体分析如下:

(一)关于正常医疗检查与猥亵犯罪行为的界分

由于医生职业的特殊性,需要对医疗对象的身体进行专业检查,故区分医疗检查与猥亵犯罪行为的确有一定难度。实践中,首先要厘清该行为是否具备犯罪的特征,即严重的社会危害性、刑事违法性和应受刑罚惩罚性,具体而言,主要从行为人的主观和客观两个方面进行甄别:

1. 关于犯罪主观方面。医疗检查应当是以治病救人为目的,在遵循相关医疗规范的前提下,对病人进行必要、科学的医务检查和诊治;而猥亵犯罪行为的主观方面需要具备猥亵的故意。强制猥亵妇女罪的故意,即行为人明知自己的行为违背妇女的意志,侵犯了妇女性的自主权和羞耻心,而希望或者放任这一危害结果的发生;猥亵儿童罪的故意,即行为人明知自己的行为侵犯了儿童不受性侵犯的权利,并希望此危害结果的发生。实践中,对于犯罪主观方面的证明,通常有赖于对客观行为的分析判断。因此,即使行为人辩解不具有猥亵故意,但可以通过对该"医疗检查"行为是否明显超越职责范围,是否系医疗诊治所必需的检查手段等因素,来分析行为人的主观故意。

2. 关于犯罪客观方面,又需要注意考察以下两个方面的因素:

(1)是否使用了强制或者欺骗等不正当手段。虽然猥亵儿童罪对行为手段没有限制,儿童是否出于自愿不影响犯罪的成立,但行为人是否使用强制或者欺骗等不正当手段,可以作为区分正常医疗行为与猥亵行为的一个重要参考因素。强制手段通常包括暴力、胁迫或者其他手段,医务人员直接使用有形暴力进行猥亵的,因为有被害人陈述可加以证明,部分情况下还会有活体检验意见等证据加以佐证,故在实践中比较容易认定。而由于医务工作的特殊性,是否使用了胁迫或者其他不正当手段在认定时确有一定困难。医务人员通常要对医疗对象的身体进行检查,而医疗对象一般对专业医学知识不知或者所知不多,出于对自己身体健康状况的关切、担忧,以及对医务人员专业性的信任、敬畏,在心理上处于一定弱势地位。医务人员如利用其特殊身份和优势地位,在医院检查治疗室这一特定场所,通过有针对性的语言或者行为暗示等方式,即可对妇女、儿童的身体或者精神形成强制力,使其不能、不敢或者不知反抗。实践中,也有部分医生欺骗被害人接受非诊疗所必需的身体检查,借机实施猥亵。因此,不能完全以被害人是否明显反抗作为认定其是否自愿接受身体检查的依据。在实践中,可参考被害人所陈述的内心感受,是否感觉受到侵犯或者猥亵加以辅助认定。

本案中,被告人王晓鹏利用未成年女学生对医生权威的信任,以及对体检流程不了解等认识能力的限制,在医院诊室这一特定的封闭场所,使女学生在精神上受到强制,不能或者不知反抗,进而实施猥亵;多名女学生亦证明,在接受身体检查过程中感觉受到了侵犯。故由此可以认定王晓鹏使用了强制手段。

(2)是否明显超越了职责范围、是否系诊疗所必需。医疗检查是一种专业技术活动,因其注重可操作性和实效性,故专业操作规范绝大多数并不为法律法规所规定,只是行业内的规程,有些只是本行业从业人员的共识。通常来讲,甄别正常医疗检查与猥亵行为需要具有一定的医学知识,作为未受过专业医学教育的司法工作人员,可从以下几个层面进行审查:首先,以一般人的认识为标准,分析诊疗行为是否明显超越职责范围,比如对骨折的病人进行妇科检查,显然非诊疗所必需。其次,结合医院关于岗位职责以及检验流程的规定加以判断。由于医生的专业性强、分工细致,医院对相关流程和规范均进行了细化规定,这些规定可用作判别检查是否明显超越了职责范围、是否系诊疗所必需的依据。最后,参考专业人士的意见。在一些简单的专科检查中,依据医院的相关规定即可判断是否超出职责范畴,但对于一些较为复杂的病症需要进行详细或者有针对性的全科检查时,机械地以医院的规范来衡量难免会有所疏漏,此时就需借助医院其他医务人员的证言甚至是相关医疗机构出具的意见,进行综合判断。

本案中,提取在案的医院尿检常规步骤材料证明,正常的尿检步骤系由受检者将尿液标本送检验室,检验工作人员进行常规检验,并出具报告单,对尿检结果异常需要镜检者,检验人员提取尿液标本做镜检,对分泌物的检验由患者到相关科室由专业技术人员提供分泌物标本送检。依据该规定进行分析,被告人王晓鹏抚摸女生胸腋部、查看女生生殖器、用手在女生阴部按压等行为明显超越了其职责范围,应当认定其不属于正常的医学检查手段。

综上,王晓鹏利用给学生作尿检的职务之便,超越尿检医生职责范围,对21名女学生进行变相强制,实施猥亵,人民法院认定其行为已构成猥亵犯罪,是正确的。

(二)强制猥亵对象中既包括已满14周岁的妇女又包括未满14周岁女童的,对所犯数罪应当并罚

刑事司法实践中,通常将妇女的年龄解释为已满14周岁,故当猥亵对象中既包括已满14周岁的妇女又包括未满14周岁的女童时,就涉及既构成强制猥亵妇女罪又构成猥亵儿童罪,两罪是否并罚的问题。有观点认为,强制猥亵妇女罪与猥亵儿童罪虽属不同罪名,但两罪属同一法条规定,两罪的主观方面相同,基本性质相同,侵犯的客体或者法益相似,可以参照同种数罪的处罚原则,不予并罚。我们认为,此种情形应当以强制猥亵妇女罪与猥亵儿童罪并罚。理由如下:

1. 根据罪刑法定原则应当并罚。罪刑法定原则要求刑法规范的内容必须清楚明确,也被称为"刑法规范的明确性原则"。法官虽然不可机械适用法律,但亦应同等地对待事实上相同的案件,使每个人都能够预先知道何种行为是被禁止的并应受到何种刑事处罚。我国刑法第二百三十七条明确将强制猥亵妇女罪与猥亵儿童罪规定为两个独立的罪名,表明侵犯的是不同客体,是两罪而非一罪。虽然理论上确实存在判决宣告前的同种数罪是否并罚的争议,但强制猥亵妇女罪与猥亵儿童罪系同一法条下规定的不同罪名,并非同种数罪,予以并罚是有法律依据的。

2. 依据犯罪构成理论应当并罚。以犯罪构成作为罪数判断的标准是我国刑法学界的通说,在实践中也容易为多数司法工作人员所理解和接受。强制猥亵妇女罪与猥亵儿童罪在犯罪主体和主观方面的内容基本一致,从客观方面来看,区别主要体现在强制猥亵妇女罪要求行为具有强制性,而猥亵儿童罪则不要求必须使用强制手段。不论行为人采用暴力、胁迫手段猥亵儿童,还是征得儿童的同意对其进行猥亵,都构成猥亵儿童罪。强制猥亵妇女罪与猥亵儿童罪的主要区别还体现在犯罪对象方面:强制猥亵妇女罪的对象只能是年满14周岁的女性,猥亵儿童罪的对象为儿童,即不满14周岁的人,主要是女童,也包括男童。因此,如果仅认定为一罪从重处罚,就存在究竟认定为强制猥亵妇女罪,还是猥亵儿童罪的难题。

3. 数罪并罚更符合立法精神,也便于实践操作。从我国整个立法体系看,保护未成年人权益的法律体系日益健全,司法保护力度不断增强,将儿童的身心健康作为一个重大的法益加以特殊保护,符合刑事政策和立法精神。我国刑法将妇女的性权利与儿童的身心健康作为不同的法益加以保护,并将儿童的身心健康作为特殊的法益加以重点保护。实践中,在没有"聚众或者在公共场所当众实施"这两项加重情节的情况下,强制猥亵妇女的最高仅能判处五年有期徒刑,最低可能判处拘役;而以强制猥亵妇女罪与猥亵儿童罪并罚,则最高可判处十年以下有期徒刑,量刑幅度更宽,从某种意义上更能贯彻罪责刑相适应原则,并体现从严惩治性侵害儿童的刑事政策精神。

综上,被告人王晓鹏的猥亵行为既侵犯了妇女性的自主权,又侵犯了儿童不受性侵犯的权利,分别符合强制猥亵妇女罪和猥亵儿童罪的构成特征,人民法院认定其构成数罪,依法实行并罚,是正确的。值得强调的是,根据《最高人民法院、最高人民检察院、公安部、司法部关于依法惩治性侵害未成年人犯罪的意见》第二十五条的规定,医生作为对未成年人负有特殊职责的人员,对未成年人实施性侵害犯罪的,应当从严惩处,这一精神应当在今后的办案实践中加以体现。

(撰稿:最高人民法院刑一庭　崔祥莲
审编:最高人民法院刑一庭　冉　容)

[第988号]林求平猥亵儿童案

——猥亵儿童犯罪案件的证据审查以及零口供、零直接客观证据的猥亵儿童案件中犯罪事实的认定

【关键词】 猥亵儿童罪 证据审查判断 零口供 间接证据

一、基本案情

被告人林求平,男,1950年1月19日出生,农民。2008年9月11日因涉嫌犯猥亵儿童罪被逮捕。

福建省平潭县人民检察院以被告人林求平犯猥亵儿童罪,向平潭县人民法院提起公诉。

平潭县人民检察院指控:2008年8月27日中午,被告人林求平为寻求性刺激,趁被害人江某(女,2004年1月20日出生)等四个小孩在其经营的代售店玩耍之机,把江某抱到店内床铺上,将江某短裤脱到大腿处,用手指抓摸江某的阴部,被江某的亲属周某当场发现。

平潭县人民法院经审理认为,公诉机关指控被告人林求平犯猥亵儿童罪的证据主要是被害人江某的陈述和证人陈某、周某的证言,而林求平始终否认有猥亵江某的行为。江某和陈某均为未满5周岁的幼儿,其辨别是非和表达能力尚不完全,周某系江某的舅妈,与江某有利害关系。根据现有证据不足以认定林求平有猥亵被害人的行为,本案事实不清,证据不足,指控的罪名不能成立。据此,平潭县人民法院判决被告人林求平无罪。

一审宣判后,平潭县人民检察院提出抗诉。具体抗诉意见是:一审法院以被害人江某和证人陈某均未满5岁,辨别是非和表达能力尚不完全,以周某系江某舅妈,与江某有利害关系,从而不采信控罪证据,显属错误;周某和陈某均为目击证人,其证言应当与其他证据进行综合分析,以确定其真实性,而一审法院仅以双方存在亲属关系,就简单将证据予以排除不妥;证人陈某虽然未满5岁,但对林求平触摸的基本部位还是具备辨别是非和表达能力的。江某作为被害人,不应受刑事诉讼法有关证人资格的约束;公安办案人员对江某和陈某的询问均是在其法定代理人陪同下进行,证据收集程序合法,江某和陈某的回答均明显带有孩子口气并附随动作,客观地反映出案发时的情况。

福州市人民检察院支持抗诉。

福州市中级人民法院经审理认为,被害人江某、证人陈某虽系幼儿,辨别是非、表达能力尚不完全,但从其对案发过程描述的内容和方式分析,能够与其年龄、认知和表达能力相适应,其陈述和证言可以作为证据予以采信。证人周某的证言及办案人员对现场的模拟实验证实周某在代售店门口能够看清被告人林求平在床铺上的动作,周某虽系江某亲属,但其所述过程客观,且与江某陈述及其他证人证言能够吻合,可予采信。江某就诊的病历记录及医生陈兰钦的证言也证实,江某在案发前两日复查外阴炎症已有好转,之后阴部又受到侵犯,上述证据以及证人陈某云、林某的证言、现场勘查笔录等能够相互印证,形成证据锁链,足以证实林求平为寻求性刺激,采取手指抓摸阴部的方式猥亵幼女江某的犯罪事实,林求平的行为构成猥亵儿童罪。据此,依照《中华人民共和国刑法》第二百三十七条第一款、第三款和《中华人民共和国刑事诉讼法》(1996年)第一百八十九条第三项之规定,福州市中级人民法院判决如下:

1. 撤销福建省平潭县人民法院(2009)岚刑初字第104号刑事附带民事判决;

2. 原审被告人林求平犯猥亵儿童罪，判处有期徒刑三年。

二、主要问题

1. 针对猥亵儿童犯罪案件的特点，如何进行证据审查？

2. 在猥亵儿童犯罪案件中，被害幼女的陈述、幼女的目击证言以及其他与被害人有利害关系的亲属的证言是否可以作为定案证据？

3. 在零口供、零直接客观证据的猥亵儿童犯罪案件中，被害幼女的陈述与其他证人证言以及间接客观性证据等能够相互印证的，是否可以认定犯罪事实？

三、裁判理由

（一）猥亵幼儿案件的证据特点和审查判断证据应注意的问题

猥亵类犯罪通常隐蔽性较强，针对幼儿实施的猥亵尤甚。因幼儿尚不能理解这种带有性象征意义的行为方式，也无性的自我保护意识，认知和语言表达能力受限，多数情况下不会主动把受到猥亵的情况告诉家人，而且如果猥亵手段未在幼儿身体上留下明显损伤痕迹，也很难被幼儿的家人及时发现。因此，在侦查取证方面，这类案件的证据往往“先天不足”。一方面很难取得关联性的客观物证，基本上靠言词证据定案。另一方面作为被害人的幼儿，因年幼对于所受猥亵的具体情况，包括时间、地点、次数、具体侵害方式等难以准确、完整陈述，加之猥亵行为人也很可能心存侥幸，拒不供认犯罪，导致此类案件取证非常困难。在我国传统观念中，与性相关的隐私十分重要，直接关涉被害人的名誉，加上猥亵儿童类案件中熟人作案的比例较高，因此，被侵害幼儿的亲属（主要是父母）在控告犯罪时通常会非常慎重，恶意诬告陷害的情况较少发生。由于上述诸多因素的影响，此类案件的证据审查判断和定案标准也有独特性，所以在审查判断证据时，应当特别注意把握好以下几个方面：

1. 要认真审查案件的发、破案经过是否自然。案件的发、破案经过，虽然不能作为认定被告人有罪的关键性证据，但是在性侵害未成年人案件缺乏客观性物证的情况下，如果发、破案经过自然、正常、及时，则有助于法官形成内心确信。在猥亵幼儿案件中，通常是幼儿的亲属报案，此时要特别注意审查双方的关系，是否存在矛盾或者债务关系，以分析判断是否存在诬告、陷害的可能。

2. 要慎重判断被害人陈述的客观真实性。在猥亵幼儿案件中，被害幼儿对于事情经过的陈述是否符合其年龄特点、认知水平和表达能力是判断的核心，哪怕其陈述不尽完整或者多次表述可能在细节方面有所差异，只要被害人所述的基本情况是其有能力认知和表达，并且是经过合法程序收集的，应当认定其陈述具有证据资格和证明力。

3. 要仔细分析供证关系。通常情况下，如果被告人供认犯罪，供证之间在“存在猥亵事实”这一主要事实方面能够相印证，在多次猥亵情况下即使供证之间对猥亵行为实施的时间、地点、次数等具体细节不能一一对应，也不影响对整体犯罪事实的认定。在被告人先供认犯罪后又翻供的情况下，需要重点审查被告人翻供的原因是否合理，否认犯罪的理由是否充分或者有证据支持。如果被告人不能合理说明翻供的原因或者所作无罪辩解与全案证据矛盾，而其有罪供述与其他在案证据能够相互印证，可以采信其有罪供述。

4. 要充分考察间接证据对案件事实的印证作用。在被害人陈述和被告人供述“一对一”，且二者之间存在一定矛盾，或者被告人拒不供认犯罪的情况下，为了查清事实，排除合理怀疑，还应当着重考虑间接证据对案件事实的印证作用。如被告人是否有性侵犯罪前科，案发前后被告人与被害人接触的情况，被告人是否有异常表现，是否存在不能解释的证据疑点或者反证等。以是否存在猥亵行为为中心，通过认真梳理证据之间的印证关系，仔细分析和论证，必要时可以运用合乎规律的推理。如果间接证据对被害人陈述能起到补强作用,足以排除合理怀疑,即使被告人拒不供认,亦不影响对猥亵犯罪事实的认定。

(二)被害幼女的陈述、幼女的目击证言以及其他有利害关系亲属的证言在一定条件下可以作为定案证据

1. 被害人江某的陈述及目击证人陈某的证言具有证据资格,可以作为定案证据

根据1996年刑事诉讼法第四十八条第二款(现行刑事诉讼法第六十条第二款)的规定,"生理上、精神上有缺陷或者年幼,不能辨别是非、不能正确表达的人,不能作证人"。同时,根据新旧刑事诉讼法及相关司法解释的规定,对证人证言和被害人陈述的审查判断,基本遵循同样的适用原则。本案中,被害人江某、证人陈某年幼,是否依照刑事诉讼法的规定将江某的陈述、陈某的目击证言排除在定罪证据之外,第一审、第二审法院对此存在不同的意见。我们认为,对刑事诉讼法的上述条款,不能机械理解与适用。对于幼儿的陈述、证言是否予以采信,关键在于其对所发生的事实能否作出与其年龄相符的判断和表述。实践中应当区分不同情形,综合考虑案件的具体情况,尤其是幼儿所作陈述、证言的内容以及与其他证据的印证情况,相关陈述、证言是在什么情况下收集等因素,作出准确判断。

本案中,被害人江某时年4岁半,证人陈某将近5岁,二人关于被告人林求平"将江某的短裤拉下来一点,用手在江某的下体(小便的地方)抓"的描述一致。该描述中涉及的人物具体、行为方式简单。一方面,这个年龄阶段的孩子虽然理解和表达能力有限,对林求平抓摸江某阴部的行为所代表的性象征意义不能完整理解,但二幼女对于身体部位(小便的地方)的认知能力和简单行为方式(用手摸)的表述能力显然已经具备,二幼女对林求平行为的描述符合其年龄阶段的认知水平。江某的陈述和陈某的证言即体现出这一特征,诚如二审裁定书中的分析,"二人在回答时均明显带有孩子口气并附随动作"。另一方面,从证据收集程序看,侦查人员询问是在江某和陈某的监护人陪同下进行的,证据收集程序合法。因此,江某的陈述和陈某的证言具有客观性、关联性、合法性,可以作为定案证据。

2. 目击证人周某虽然与被害人具有利害关系,但其证言具有证据资格,可以作为定案证据

目击证人周某在目睹林求平猥亵江某后,制止了林求平的行为,并将此事告知了江某的母亲陈某云。周某系江某的舅妈,其与陈某云均系被害人的近亲属,即利害关系人,但这种与被害人的利害关系并不能成为否定二人证言证据资格和证据效力的理由。我们认为,遭受性侵害对儿童的身心是极大的伤害,基于常理分析,被害人的亲属通常不会愿意以牺牲孩子的名誉,甚至是正常的人生为代价,作虚假的控告。当然,基于证人与被害人利益的一致性,为慎重起见,也应当通过分析被害方与被告方的关系、案发前有无其他矛盾等背景情况,排除诬告、陷害的可能。本案中,周某系目击证人,其证实的情况与被害人江某的陈述及另一名目击证人陈某的证言相互吻合。周某目睹后告诉江某的母亲陈某云,周某的证言系直接证据,证明力强;陈某云的证言虽系传来证据,但听到周某所讲后即报案,表明发、破案经过自然,而且江某的陈述、陈某的证言均属于初始证据,证明效力较高。另查明,林求平与江某家案发前并无矛盾,林求平在归案之初主动供述两家关系很好,不存在江某亲属诬告林求平的迹象。因此,二人的证言尤其是周某的证言对于本案的认定具有关键作用。

(三)在零口供、零客观证据的强制猥亵案件中,被害幼女的陈述与其他证人证言以及间接客观性证据等能够相互印证的,可以认定犯罪事实

本案系零口供案件,且未能提取到任何关联性的直接客观物证,一审、二审法院在对同样的证据进行审查判断过程中,对于本案是否达到定案的证据标准存在不同意见,同一法院内部在讨

论过程中,也存在不同意见。

我们认为,依据现有证据认定林求平猥亵江某的事实清楚,证据确实、充分。除了被害幼女的陈述、同行幼女的目击证言以及有利害关系亲属的证言(本案裁判理由第二部分的证据)外,还有以下证据补充证实:

1. 被害人江某因阴部疾患诊疗的情况间接印证了林求平猥亵江某的事实。江某陈述此前林求平也对其实施过同类行为。根据医院病历的原始记载,江某在案发前一个半月即因患阴道炎就诊,病情于本案事发前两日好转。但事发次日,经医院诊断,江某"小阴唇红,少许血迹",此后几日施用抗生素治疗。虽然不能根据上述情况直接认定江某患病系林求平猥亵造成,但江某发病的时段,尤其是事发次日诊断的情况与本案事实的关联度较高,系增强法官认定犯罪事实内心确信的有力佐证。

2. 被告人林求平虽然始终不供认实施过猥亵行为,但其承认当时脱了江某的裤子,而且其关于此节的解释前后不一,自相矛盾。最初林求平供述因为江某摔倒了,称腿疼,其帮助查看,发现江某右大腿外侧有红肿,正在揉摸之时周某刚好走进来。之后,林求平在一审期间提交了题为"关于要求立即纠正冤案的呼吁"的书面意见,其中的描述是:"江某说腿部会痒,我想用药替她擦痒,便将她的裤子一边拉下一点看什么原因造成";在二审庭审中则称在周某进来之前其已将江某的裤子穿好,周某不可能看到。关于江某摔倒致大腿部位红肿一节,江某和陈某均否认,侦查人员则证实,案发次日在江某母亲陈某云陪同下,侦查人员查看了江某腿部,未发现异常之处。林求平关于此节的辩解自相矛盾,且与在案证据相矛盾,不应采纳。林求平虽然始终不供认犯罪,但其承认脱了江某的裤子,并对此行为的原因无法自圆其说,在此情况下,结合在案其他证据,可依常理作出对其不利的推断,进一步增强了法官认定林求平对江某实施了猥亵行为这一犯罪事实的内心确信。

3. 本案并不存在明显的不可解释的疑点或者反证。(1)针对周某在代售店门口是否能够一眼看到在屋内床上的人的行为,侦查机关、检察机关、人民法院共同组织人员在被告人亲属及被害人亲属的见证下,到现场进行模拟实验,参与实验的所有人一致认同在门口能够看到人在屋内床上实施的行为。(2)关于被害人江某对林求平是否用手指插入其阴道的两次陈述不一的问题,因江某尚年幼,其对于具体细节的描述往往达不到准确的程度,但不能因此否定其陈述的真实性、客观性,不构成不可解释的疑点。(3)关于是否存在江某家为侵吞借款而诬告林求平的情况。江某的父亲此前曾向林求平借款3万元,并约定了利息。林求平在侦查阶段和两次一审庭审中从未提及江家为侵吞借款而以此事为由对其进行敲诈,二审庭审中关于此节的供述无证据证实,且江家所借3万元已于案发后本息如数归还。江、林两家素无矛盾,江某系幼女,江家为侵吞3万元借款而以江某的名誉为代价,并冒险诬告陷害林求平,显然不符合常理。

综合上述分析,本案在案证据已形成完整证据链,认定被告人林求平猥亵江某的犯罪事实清楚,证据确实、充分。二审法院撤销原审的无罪判决,按照猥亵儿童罪对被告人林求平定罪处罚是正确的。

(撰稿:最高人民法院刑一庭　魏　磊
审编:最高人民法院刑一庭　冉　容)

[第989号]吴茂东猥亵儿童案

——如何认定“猥亵”和界分猥亵犯罪行为与猥亵违法行为以及在教室讲台实施的猥亵是否属于“在公共场所当众猥亵”

【关键词】 猥亵儿童罪 猥亵犯罪与违法行为的界分 公共场所当众猥亵

一、基本案情

被告人吴茂东,男,1971年3月7日出生,教师。2013年6月19日因涉嫌犯猥亵儿童罪被逮捕。

广东省深圳市南山区人民检察院以被告人吴茂东犯猥亵儿童罪,向南山区人民法院提起公诉。

被告人吴茂东及其辩护人提出如下意见:吴茂东亲吻被害人L某脸部的行为不属于猥亵行为;吴茂东没有使用暴力或者威胁手段,未造成被害人身体上的实质损害,犯罪情节相对较轻,社会危害不大;吴茂东认罪态度好,有悔罪表现,愿意积极对被害人予以民事补偿;请求法庭对吴茂东判处三年以下有期徒刑。

深圳市南山区人民法院经审理查明:被告人吴茂东系深圳市南山区某小学语文教师。自2012年11月至2013年5月23日期间,吴茂东利用周一至周五在班级教室内管理学生午休之机,多次将协助其管理午休纪律的被害人Z某、C某、H某(女,时年均7岁)等女学生,叫到讲台上,采用哄、骗、吓等手段,以将手伸进被害人衣裤内抠摸敏感部位等方式进行猥亵;吴茂东还多次利用周五放学后无人之机,以亲吻脸部的方式对被害人L某(女,时年8岁)进行猥亵。吴茂东在实施上述猥亵行为后哄骗被害人不能将事情告诉家长。5月23日中午,吴茂东采用上述方式又一次猥亵被害人C某。5月26日,C某的父母发现被害人行为异常,在向其他被害人了解情况后于5月27日向公安机关报案。报案当日,Z某、C某、H某在其家长的陪同下就医,其中Z某经检验后诊断为细菌性阴道炎。经司法鉴定,Z某、C某、H某会阴、体表均未检见明显暴力损伤痕迹。

深圳市南山区人民法院认为,被告人吴茂东猥亵儿童,其行为构成猥亵儿童罪。公诉机关指控的犯罪事实清楚,证据确实、充分,指控的罪名成立。吴茂东对上述被害人实施猥亵行为的场所是教室内,实施猥亵行为的时间是中午,教室内仍有部分学生午休,且有部分学生曾发现其实施的猥亵行为,故该猥亵行为应当认定为刑法第二百三十七条第二款规定的“在公共场所当众”猥亵儿童,应当判处五年以上有期徒刑。吴茂东还多次利用放学后无人之机,亲吻被害人L某脸部,哄骗被害人不要让他人,尤其是被害人父母知晓,说明其主观上具有猥亵的故意,并非一般成年人对孩童喜爱之情的自然流露,应当认定为猥亵行为,故辩护人所提该行为不是猥亵行为的意见,不予采纳。吴茂东身为人民教师,本应是教书育人、遵纪守法的榜样,但却利用教师身份在较长时间内多次猥亵多名学生,不仅给被害人幼小的心灵及其家庭带来难以愈合的创伤,而且严重损害了人民教师的形象,行为性质恶劣,社会影响极坏,对其应当从重处罚。辩护人所提吴茂东犯罪情节较轻,请求对其从轻处罚的辩护意见,不予采纳。吴茂东归案后如实供述自己的罪行,并当庭认罪,依法可以从轻处罚。综合吴茂东的犯罪情节、社会危害程度,依照《中华人民共和国刑法》第二百三十七条、第六十七条第三款之规定,南山区人民法院以被告人吴茂东犯猥亵儿童罪，判处有期徒刑八年。

一审宣判后，被告人吴茂东以原判量刑过重为由提出上诉。

深圳市中级人民法院经审理认为，一审认定的事实清楚，证据确实、充分，上诉人吴茂东关于原判量刑过重的理由不成立，遂依法裁定驳回上诉，维持原判。

二、主要问题

1. 如何认定“猥亵”以及如何界分猥亵犯罪行为与猥亵违法行为？

2. 在教室讲台实施的猥亵是否属于“在公共场所当众猥亵”？

三、裁判理由

（一）关于“猥亵”的认定以及猥亵儿童犯罪行为与猥亵违法行为的界分

我国刑法第二百三十七条规定了强制猥亵、侮辱妇女罪、猥亵儿童罪，在不具有“聚众或者在公共场所当众实施”的严重情节情况下，应当在五年以下有期徒刑或者拘役幅度内处罚。我国治安管理处罚法第四十四条规定：猥亵他人的，处五日以上十日以下拘留；猥亵智力残疾人、精神病人、不满十四周岁的人或者有其他严重情节的，处十日以上十五日以下拘留。因此，尽管刑法规定猥亵儿童的，应当从重处罚，但并非只要存在猥亵儿童行为，就必然构成猥亵儿童罪。首先必须准确认定是否属于“猥亵”，其次必须准确界分猥亵儿童是构成犯罪，还是属于一般违法行为。

对于何谓“猥亵”，刑法及相关司法解释、治安管理法均没有作出明确界定。通常理解，猥亵是指以刺激或者满足性欲为动机，用性交以外的方式对被害人实施的淫秽行为，客观上包括抠摸、舌舔、吮吸、亲吻、手淫、鸡奸等行为方式。但是，这种理解较为宽泛，实践中仍存在争议。例如，本案中，被告人吴茂东辩称其亲吻被害人L脸部不是猥亵行为。我们认为，认定“猥亵”行为，必须综合考虑主观和客观两个方面的因素：

从主观方面来看，行为人主观上通常具有刺激、满足性欲的动机。有些行为人出于使被害人出丑、羞辱被害人等卑劣动机，偷剪或者脱光被害人衣服，对被害人进行凌辱，根据刑法第二百三十七条第一款的规定，属于强制侮辱妇女犯罪行为，但如果上述行为是针对儿童实施的，因刑法未规定“侮辱儿童罪”，故也可以认定属于“猥亵儿童”。

从客观方面来看，猥亵应当是足以刺激或者满足性欲，并冒犯普通公民性的羞耻心或者引起其厌恶感的行为。判断是否系“猥亵”，应当考虑行为所侵害的身体部位是否具有性象征意义。如男女下体隐私处、臀部及与臀部密接的大腿，以及女性之胸部等。行为侵害具有性象征意义以外的身体部位，比如脸部、背部、胳臂等，认定是否属于猥亵应当慎重，通常可以理解为“性骚扰”行为。值得注意的是，男性以生殖器侵入女性生殖器的行为，属于强奸罪规制的范围，故不属于“猥亵”的范围。

如果综合考虑行为人的主观动机、行为手段等因素，行为人的行为应当认定为“猥亵”，那么对该行为是否构成犯罪，还要从严把握。具体而言，在区分猥亵一般违法行为与猥亵犯罪行为时，需要着重考虑以下几个方面的因素：(1)猥亵行为侵害的身体部位所代表的性象征意义明显与否；(2)猥亵行为是否伴随暴力、胁迫等强制手段；(3)猥亵行为持续时间的长短；(4)其他能反映猥亵行为对被害人身心伤害大小，对普通公民性的羞耻心冒犯程度大小的情节；(5)行为人是否具有前科劣迹以及其他反映行为人主观恶性、人身危险性大小的情节。考虑上述某一项或者某几项因素，如果猥亵行为情节轻微，危害不大，可以不以犯罪论处。为体现对儿童的特殊保护，对猥亵行为严重程度的判断，与针对妇女实施的强制猥亵行为，也可以有所不同，针对儿童实施的，入罪标准的门槛可适当降低一些。

一般而言，出于亲昵、戏谑，亲吻他人脸部，不属于“猥亵”；强行亲吻被害人脸部，结合其他情节,如果确有必要认定属于猥亵行为的,对行为人进行治安管理处罚即可做到"罚"当其"罪"。本案中,被告人吴茂东实施亲吻被害人L脸部这一行为,单从其侵害的身体部位而言,并不属于典型的猥亵方式,但吴茂东多次利用其他学生放学离开教室之际,亲吻被害人L脸部,并且在半年多时间内以将手伸进被害人衣裤内抠摸敏感部位等方式猥亵Z某、C某、H某等女学生,可见其亲吻L脸部,主观上具有强烈的刺激、满足性欲动机,因而增强了对其亲吻L脸部的行为进行刑事处罚的必要性。原审法院据此认为,吴茂东亲吻被害人L脸部的行为,非一般成年人对孩童喜爱之情的自然流露,将其认定为猥亵犯罪行为,是正确的。

(二)在教室讲台猥亵儿童应当认定为在"公共场所当众"实施猥亵

我国刑法第二百三十七条第二款规定了聚众或者在公共场所当众实施猥亵两种加重处罚情节。其中,对于认定是否属于在公共场所当众实施猥亵犯罪,实践中存在不同看法。例如,本案审理过程中,对于"教室"这一既供多数人使用但同时又相对封闭的特殊场所,能否认定为"公共场所",以及是否要求其他在场人员实际看到猥亵行为,才能认定为"当众"猥亵,争议较大。

刑法第二百九十一条规定,聚众扰乱车站、码头、民用航空站、商场、公园、影剧院、展览会、运动场或者其他公共场所秩序,情节严重的,构成聚众扰乱公共场所秩序罪。该条以列举的方式明确了几种典型公共场所的范围。根据《辞海》的解释,公共场所是指公众可以去的地方或者对公众开放的地方;公众是指社会上大多数的人或者大众。因此,仅从文义解释的角度分析,公共场所就是指供社会上大多数的人从事工作、学习、文化、娱乐、体育、社交、参观、旅游和满足部分生活需求的一切公用建筑物、场所及其设施的总称。这一解释突出了公共场所系相对于私人场所而言及可由多数人进出、使用的功能特征。从对"公共场所"的最狭义理解来看,一般应当强调该场所"供非固定人员进出、使用"的功能特征,唯此方能体现公共场所的涉众性。学校教室是供学生学习的专门设施,一定时期内使用教室的学生范围相对固定,因此,仅从狭义解释的角度考察,似与一般意义上的公共场所有所不同。但学校教室并非私人场所,而且是供多数学生使用,具有相对的涉众性。考虑到这一点,将教室解释为"公共场所"并未超出"公共场所"概念所能包含的最广含义,也符合一般公民的理解和认知,属于合理的扩大解释。

关于"当众"实施猥亵的认定问题。一种观点认为,"当众"猥亵应当包含行为人公然实施猥亵,不惧怕其犯罪行为被公众发现的意思;另一种观点认为,"当众"猥亵就是当着众人的面实施猥亵。这两种观点或侧重于行为人的主观方面,或侧重于客观方面,都属于对"当众"的狭隘文义解释,脱离了对法条适用合目的性的考量,未必妥当。

就性侵害犯罪而言,刑法将在公共场所当众实施强奸、猥亵规定为强奸、猥亵犯罪的法定加重处罚情节,主要是因为,性活动具有高度的私密性,而当众对被害人实施强奸、猥亵,既侵犯了普通公民最基本的性羞耻心和道德情感,更重要的是,此种情形对被害人身心造成的伤害更严重,社会影响更恶劣,需要对此类猥亵犯罪配置与其严重性相适应的更高法定刑。因此,最高人民法院、最高人民检察院、公安部、司法部联合下发的《关于依法惩治性侵害未成年人犯罪的意见》(以下简称《性侵意见》)第二十三条规定,在校园、游泳馆、儿童游乐场等公共场所对未成年人实施强奸、猥亵犯罪,只要有其他多人在场,不论在场人员是否实际看到,均可以认定为在公共场所"当众"强制猥亵、侮辱妇女,猥亵儿童。由此可见,《性侵意见》第二十三条基于从严惩治发生在校园等儿童集中的特殊场所的性侵害犯罪的政策考量,对"当众"概念并没有局限于最狭义的文义解释。也就是说,"当众"并不要求在场人员实际看到。在适用该条规定时有必要注意:认定为"当众"实施性侵害犯罪虽不要求其他在场的多人实际看到,但基于"当众"概念的一般语义及具有"当众"情节即升格法定刑幅度的严厉性,从空间上来讲,其他在场的多人一般要在行为人实施犯罪地点视力所及的范围之内。也就是说，性侵害行为处于其他在场人员随时可能发现、可以发现的状况。

本案中，被告人吴茂东趁中午学生在教室内午休，将被害人叫到讲台上对被害人进行猥亵，虽然利用了课桌等物体的遮挡，手段相对隐蔽，但此种猥亵行为处于教室内其他学生随时可能发现、可以发现的状况。而且根据法院审理查明的事实，实际上也有部分被害学生曾发现吴茂东将其他被害人叫到讲台上，并知道吴茂东在实施猥亵。因此，人民法院认定被告人吴茂东属于在公共场所当众实施猥亵是正确的。

（撰稿：最高人民法院刑一庭　赵俊甫
辽宁省高级人民法院　王　钰
审编：最高人民法院刑一庭　薛淑兰）

[第 991 号]龚绍吴收买被拐卖的妇女、儿童，强迫卖淫案

——收买被拐卖的妇女、儿童后，又强迫其卖淫的，如何定罪处罚

【关键词】 收买被拐卖的妇女、儿童罪　强迫卖淫罪　牵连犯　罪数

一、基本案情

被告人龚绍吴，男，1977 年 9 月 7 日出生，农民。2012 年 1 月 12 日因涉嫌犯强迫卖淫罪被逮捕。

天津市静海县人民检察院以被告人龚绍吴犯拐卖妇女、儿童罪，强迫卖淫罪，向静海县人民法院提起公诉。

静海县人民法院经审理查明：2009 年 4 月初，被告人龚绍吴在浙江省温州市通过一个叫“阿飞”（另案处理）的人以人民币（以下币种同）7 000 元的价格，收买了被拐骗的河南籍被害人苏某（女，时年 18 岁），将苏某带到汪祥国、龚花弟夫妇（同案被告人，均已判刑）在天津市东丽区的暂住处予以控制。之后，龚绍吴又回到温州市通过他人以 6 500 元的价格，从李帮福（已判刑）手中收买了广东籍幼女刘某（时年 13 岁），亦将刘某带到汪祥国、龚花弟的暂住处予以控制。其间，龚绍吴多次将苏某带到天津市河北区五马路东段与其妻子谷国飞（同案被告人，已判刑）经营的洗头房内，强迫苏某卖淫。为防止苏某逃跑，龚绍吴与谷国飞强行给苏某拍摄了裸体照片，威胁其如果逃跑就将照片放到网上或者寄到苏某家中。为防止刘某逃跑，龚绍吴让刘某观看了存放在汪祥国家电脑里的苏某的裸体照片，并对刘某进行威胁，强迫刘某进行卖淫。2009 年 5 月，龚绍吴与汪祥国来到天津市静海县，租用静海镇南纬二路的门市房，强迫苏某、刘某二人在该门市房多次卖淫。

静海县人民法院认为，被告人龚绍吴的行为分别构成收买被拐卖的妇女、儿童罪和强迫卖淫罪，依法应予并罚。公诉机关指控的犯罪事实清楚，证据确实、充分，指控的罪名成立。依照《中华人民共和国刑法》第二百四十一条，第三百五十八条第一款第二项、第三项，第二十五条，第二十六条，第五十五条，第五十六条，第六十九条之规定，静海县判决如下：

被告人龚绍吴犯收买被拐卖的妇女、儿童罪，判处有期徒刑二年；犯强迫卖淫罪，判处有期徒刑十五年，并处罚金人民币一万元，剥夺政治权利四年；决定执行有期徒刑十六年，并处罚金人民

币一万元，剥夺政治权利四年。

一审宣判后，被告人龚绍吴以量刑过重为由提出上诉。

天津市第一中级人民法院经审理认为，原审判决认定的事实清楚，证据确实、充分，定罪准确，量刑适当，遂裁定驳回上诉，维持原判。

二、主要问题

收买被拐卖的妇女、儿童后，又强迫其卖淫的，如何定罪处罚？

三、裁判理由

本案审理过程中，对于被告人龚绍吴在收买被拐卖的妇女、儿童后又强迫其卖淫的，如何定罪处罚，形成两种意见：一种意见认为，龚绍吴为了控制妇女卖淫谋利而从他人手中收买被拐卖的妇女、儿童，与之后的强迫卖淫行为是方法行为和结果行为的关系，二者存在牵连关系，应当认定为强迫卖淫一罪，在量刑上体现从重即可。另一种意见认为，被告人收买被拐卖的妇女、儿童的行为和强迫卖淫的行为之间虽然存在一定的牵连关系，但依照有关法律和司法解释，应当予以并罚。

我们赞同后一种意见，具体理由如下：

（一）收买被拐卖的妇女、儿童后，强迫其卖淫的，分别构成收买被拐卖的妇女、儿童罪和强迫卖淫罪

1. 被告人龚绍吴收买被害人苏某、刘某的行为构成收买被拐卖的妇女、儿童罪

拐卖妇女、儿童犯罪严重侵犯被拐卖妇女、儿童的人身权利，致使许多家庭骨肉分离，甚至家破人亡，严重危害社会和谐稳定，一向是我国刑法重点打击的对象。与拐卖犯罪相对应，收买被拐妇女、儿童行为的危害性亦不容忽视，拐卖犯罪屡禁不绝，一个很重要的原因就是存在买方市场。如果不对收买行为加以遏制，就无法从根源上预防、减少拐卖犯罪的发生。为此，刑法第二百四十一条规定，收买被拐卖的妇女、儿童的，处三年以下有期徒刑、拘役或者管制。同时，鉴于收买被拐卖的妇女、儿童犯罪的特殊性，有相当一部分人收买妇女、儿童的原因是想将被拐卖的妇女作为妻子或者将被拐卖的儿童作为儿女等家庭成员共同生活。为了减少解救阻力，避免对被拐妇女、儿童造成其他伤害，刑法第二百四十一条第六款规定，收买被拐卖的妇女、儿童，按照被买妇女的意愿，不阻碍其返回原居住地的，对被买儿童没有虐待行为，不阻碍对其进行解救的，可以不追究刑事责任。由此可见，不追究收买人刑事责任是有条件的，主要是出于我国人口性别出生比例和刑事政策的考虑。对于出于迫使妇女、儿童卖淫、乞讨等卑劣动机实施的收买行为，相比上述情形情节显然更为恶劣，即使收买人不阻碍解救或者没有实施虐待行为，也应当依法追究其刑事责任。《最高人民法院、最高人民检察院、公安部、司法部关于依法惩治拐卖妇女儿童犯罪的意见》（以下简称《拐卖意见》）第二十条明确列举了应当追究收买人刑事责任的七种情形，其中第五项即规定了组织、强迫被收买的妇女、儿童从事乞讨或卖淫活动。

本案中，被告人龚绍吴明知被害人苏某、刘某是被人拐卖的妇女、儿童而予以收买，龚绍吴是出于控制被害人从事卖淫活动以牟利的目的而收买被拐卖的苏某、刘某，且刘某当时还是未满14周岁的幼女，表明龚绍吴的犯罪动机极为恶劣，所带来的后果也更加严重。可见，无论是从刑法规定还是刑事政策角度考虑，被告人龚绍吴的行为都属于应当从严打击的对象，构成收买被拐卖的妇女、儿童罪不容争议。

2. 被告人龚绍吴强迫两名被害人卖淫的行为构成强迫卖淫罪。刑法第三百五十八条并列规定了组织卖淫罪和强迫卖淫罪。通常认为，组织卖淫是指采取招募、雇佣、强迫、引诱、容留等手段，控制他人从事卖淫活动的行为；强迫卖淫是指采取暴力、胁迫或者其他方式等迫使被害人违

背意愿从事卖淫活动的行为。由于在组织卖淫的过程中也可能会采取强迫的手段实施，因此，如何区分组织卖淫罪和强迫卖淫罪，实践中存在一定争议。我们认为，组织卖淫罪与强迫卖淫罪的犯罪客体和客观方面有所不同，具体表现在：

（1）在犯罪客体方面，组织卖淫犯罪侵犯的是社会良好风尚，强迫卖淫犯罪不仅侵犯了社会良好风尚，而且还严重侵害他人性自主权和身心健康。组织卖淫罪以组织多人从事卖淫活动为构成犯罪的条件，强迫卖淫罪则没有人数的限制，强迫一名被害人卖淫也构成此罪。

（2）在犯罪客观方面，组织卖淫罪主要是组织、策划、指挥多人进行卖淫的行为，其中组织行为主要是指利用招募、雇佣、引诱、容留、介绍等非强迫手段，发起、建立卖淫集团或卖淫窝点，将分散的卖淫人员集中、控制；通常被组织者出于自愿，即使对少部分被组织卖淫者有强迫行为，但整体上仍应以被组织者自愿卖淫为主。强迫卖淫罪客观方面也可能表现为控制多人从事卖淫活动，并实施一定的经营卖淫场所、管理“卖淫人员”、统一收取嫖资等“组织”行为，但其本质上是违背被害人意愿迫使被害人卖淫，主要以强迫手段为主，该类行为比单纯的组织人员自愿卖淫的行为的社会危害性更严重，将该类行为整体评价为强迫卖淫罪更为准确。

本案中，被告人龚绍吴收买二被害人之后，分别将二被害人从温州带至天津交给共同犯罪人进行控制，采取给被害人苏某拍裸照、给被害人刘某看裸照等威胁的方式，限制二被害人的人身自由，后又违背二被害人的意愿，强迫二被害人多次从事卖淫活动，其协调共同犯罪人、安排二被害人从事卖淫活动的行为具有一定的组织性，但考虑到被告人强迫卖淫的行为特征更突出，认定其构成强迫卖淫罪更能反映其主观恶性和社会危害性。值得注意的是，龚绍吴在收买二被害人后，为防止二被害人逃跑，采取给被害人拍裸照、看裸照等威胁的方式限制被害人的人身自由，使二被害人陷入隐私泄露的恐惧而不敢逃跑，这种心理强制的行为从客观上看属于非法拘禁的一种手段，但同时也是强迫卖淫罪实行行为的一部分，故无须再单独评价。

（二）收买被拐卖的妇女、儿童后，又强迫其卖淫的，对所犯二罪应当并罚

本案中，被告人龚绍吴采取收买被拐卖的妇女、儿童的方式，获取、控制两名被害人，继而强迫其卖淫，以谋取非法利益。龚绍吴收买被拐妇女、儿童，与强迫其卖淫之间，存在手段与目的的牵连关系。关于牵连犯的处罚，我国刑法没有明确规定。理论界对于牵连犯的处罚也存在不同认识。有观点认为，牵连犯分别侵犯了不同的法益，属于实质的数罪，应当取消牵连犯的概念，一概实行数罪并罚。但通说仍主张，对于牵连犯的处理原则，如果法律有明确规定的，依照法律的规定数罪并罚，如果法律没有明确规定的，应择一重罪从重处罚。

我国刑法对收买被拐卖的妇女、儿童罪规定的法定刑是三年以下有期徒刑、拘役或者管制，相对于拐卖妇女、儿童罪的法定刑，明显要轻。刑法将收买被拐卖妇女、儿童本身规定为独立的犯罪，配置的法定刑较低，但对被收买的妇女、儿童实施其他犯罪的，应当予以并罚。刑法第二百四十一条第二款至第四款规定：“收买被拐卖的妇女，强行与其发生性关系的，依照本法第二百三十六条的规定定罪处罚。收买被拐卖的妇女、儿童，非法剥夺、限制其人身自由或者有伤害、侮辱等犯罪行为的，依照本法的有关规定定罪处罚。收买被拐卖的妇女、儿童，并有第二款、第三款规定的犯罪行为的，依照数罪并罚的规定处罚。”《拐卖意见》第二十条第五项规定，强迫被收买的妇女、儿童从事卖淫等违法犯罪活动同时构成其他犯罪的，依照数罪并罚的规定处罚。

就本案而言，虽然被告人龚绍吴收买被拐妇女、儿童与强迫其卖淫之间，存在手段与目的的牵连关系，但其行为分别侵犯了妇女、儿童独立人格尊严和不受非法买卖的权利，以及被害人的性自主权和社会良好风尚，已经构成数罪，在相关法律及司法解释性文件对此有相应规定的情况下，应当对龚绍吴所犯数罪予以并罚。一、二审法院依法对被告人龚绍吴以收买被拐卖的妇

女、儿童罪,强迫卖淫罪实行并罚,并综合龚绍吴收买被拐卖的妇女、儿童后,伙同他人强迫二被害人多次卖淫、强迫幼女卖淫等多个从重处罚情节,决定执行有期徒刑十六年,定罪正确,量刑适当。

(撰稿:最高人民法院刑一庭　包长拯
审编:最高人民法院刑一庭　冉　容)

[第992号]乐燕故意杀人案

——具有抚养义务的人,因防止婴幼儿外出将婴幼儿留置在与外界完全隔绝的房间,为了满足其他欲求而放任婴幼儿死亡危险的,如何定罪处罚

【关键词】 故意杀人罪　遗弃罪　虐待罪　罪名　不作为　量刑

一、基本案情

被告人乐燕,女,1991年12月19日生,无业。2013年6月22日因涉嫌犯故意杀人罪被刑事拘留,同月26日被指定监视居住。

江苏省南京市人民检察院以被告人乐燕犯故意杀人罪,向南京市中级人民法院提起公诉。

被告人乐燕的辩护人提出以下辩护意见:乐燕在其同居男友李某被判刑后履行了对幼儿的抚养责任,并非一直怠于履行抚养义务;乐燕对两个亲生女儿的死亡主观上是过失心态,不构成故意杀人罪;乐燕自幼未受到父母的关爱,未接受良好的教育,归案后认罪态度较好,可以对其从轻处罚。

南京市中级人民法院经审理查明:被告人乐燕系非婚生子女,自幼由其祖父母抚养,16岁左右离家独自生活,有多年吸毒史,曾因吸毒被行政处罚。2011年1月乐燕生育一女李梦某(殁年2岁,生父不详)后,与李文某同居。2012年3月乐燕再生育一女李某(殁年1岁)。在李文某于2013年2月27日因犯罪被羁押后,乐燕依靠社区发放的救助和亲友、邻居的帮扶,抚养两个女儿。乐燕因沉溺于毒品,疏于照料女儿。2013年4月17日,乐燕离家数日,李梦某由于饥饿独自跑出家门,社区干部及邻居发现后将两幼女送往医院救治,后乐燕于当日将两女儿接回。2013年4月底的一天下午,乐燕将两幼女置于其住所的主卧室内,留下少量食物、饮水,用布条反复缠裹窗户锁扣并用尿不湿夹紧主卧室房门以防止小孩跑出,之后即离家不归。乐燕离家后曾多次向当地有关部门索要救助金,领取后即用于在外吸食毒品、玩乐,直至案发仍未曾回家。2013年6月21日,社区民警至乐燕家探望时,通过锁匠打开房门后发现李梦某、李某已死于主卧室内。经法医鉴定,两被害人无机械性损伤和常见毒物中毒致死的依据,不排除其因脱水、饥饿、疾病等因素衰竭死亡。当日14时许,公安机关将乐燕抓获归案。经司法鉴定,乐燕系精神活性物质(毒品)所致精神障碍,作案时有完全刑事责任能力。

南京市中级人民法院认为,被告人乐燕身为被害人李梦某、李某的生母,对被害人负有法定的抚养义务。乐燕明知将两名年幼的孩子留置在封闭房间内,在缺乏食物和饮水且无外援的情况下会饿死,仍离家一个多月,不回家照料女儿,其主观上具有放任两女儿死亡的故意,客观上也实施了不抚养、不照料并断绝二被害人获取外援的可能性,最终致使二人死亡,其行为构成故意

杀人罪。乐燕多次放弃抚养义务，多次置被害人于危险境地，并屡教不改，其犯罪情节特别恶劣，犯罪后果特别严重。鉴于乐燕审判时已怀孕，归案后认罪态度较好，依照《中华人民共和国刑法》第二百三十二条、第十四条第一款、第二款，第四十九条第一款，第五十七条第一款之规定，南京市中级人民法院以被告人乐燕犯故意杀人罪，判处无期徒刑，剥夺政治权利终身。

一审宣判后，被告人乐燕未提起上诉，检察机关亦未抗诉，该判决已发生法律效力。

二、主要问题

具有抚养义务的人，因防止婴幼儿外出将婴幼儿留置在与外界完全隔绝的房间，为了满足其他欲求而放任婴幼儿死亡危险的，如何定罪处罚？

三、裁判理由

（一）具有抚养义务的人，因防止婴幼儿外出将婴幼儿留置在与外界完全隔绝的房间，为了满足其他欲求而放任婴幼儿死亡危险的，应当以故意杀人罪定性

在本案审理过程中，对被告人乐燕的不作为行为构成何罪，存在四种不同意见：第一种意见认为，乐燕具有杀人的主观故意，其通过不作为放任危害结果的发生，构成故意杀人罪；第二种意见认为，乐燕的行为属于遗弃家庭成员，并造成严重后果，应认定为遗弃罪；第三种意见认为，被害人系被告人的亲生女儿，被告人并无杀人故意，其少给被害人食物、饮水，造成严重后果，系虐待行为，应构成虐待罪；第四种意见认为，乐燕作为两被害人的生母，虽有抚养义务，但主观上并无杀害被害人的故意，其行为属于过失犯罪，应认定为过失致人死亡罪。

我们赞同第一种意见，具体理由如下：

1. 应当准确区分不作为故意杀人与虐待、遗弃这几类“形同实异”的犯罪行为

遗弃罪是指对于年老、年幼、患病或者其他没有独立生活能力的人，负有抚养义务而拒绝抚养，情节恶劣的行为；而故意杀人是非法剥夺他人生命的行为。遗弃罪侵犯的是没有独立生活能力的被害人依法受扶助、照顾的权利，故意杀人侵犯的是被害人的生命权；在被告人与被害人具有特定抚养、照顾义务的情况下，应当作为而不作为，情节恶劣的，属于遗弃，但不会使被害人陷入生命危险境地，而应当作为而不作为，可能使被害人生命被剥夺的，属于不作为型的故意杀人罪；实施遗弃行为的行为人主观上并无追求或放任被害人死亡的故意。正是因为两种行为的客观危害不同、侵害的法益不同、行为人主观故意内容不同，刑法为遗弃罪和故意杀人罪配置了轻重差别十分明显的刑罚种类。在“遗弃”没有独立生活能力婴幼儿的情形下，遗弃罪与故意杀人罪的区别主要在于：在特定的时空条件下，被害人之生命安危是否依赖于对其负有特定抚养义务的行为人，如果存在这种支配依赖关系，而行为人不仅自己不履行抚养义务，还切断、排除了其他人对被害人进行救助的可能，主观上对被害人死亡结果持放任态度，那么行为人就构成故意杀人罪；相反，抚养义务的不履行如果不会给被害人生命带来必然的、紧迫的现实危险，客观上仍存在其他人介入履行抚养义务的可能，行为人主观上既不希望也不放任死亡结果的发生，那么行为人就属于遗弃罪。例如，将婴儿扔在有人经常路过的地方，婴儿有可能被人施救，生命面临的危险尚不紧迫，行为人有合理依据相信婴儿无生命危险的，就属于遗弃行为；反之，如果将婴儿扔在偏僻处所，婴儿难以被人施救，生命面临必然、紧迫的现实危险的，那么行为人对可能造成的婴儿死亡后果持无所谓的放任态度，就应当认定属故意杀人。本案被告人乐燕将两名年幼子女放在家里后独自离家，仅留下少量食物和饮水，外出一个多月不归，必然使两名年幼子女面临紧迫的生命危险，并且将门、窗封死，也排除了孩子外出获得他人实施救助的可能，所以，乐燕的行为不属于遗弃罪。

虐待罪是指对共同生活的家庭成员，经常以打骂、冻饿、禁闭、有病不给治疗或者强迫从事过

度劳动等各种手段，从肉体上和精神上进行摧残迫害，情节恶劣的行为。虐待罪既可能以积极行为实施，如经常肉体折磨、精神摧残，也可能以不作为方式实施，如有病不给医治。根据刑法第二百六十条的规定，虐待家庭成员情节恶劣的，处二年以下有期徒刑、拘役或者管制，可见，虐待罪是一种相对较轻的罪行，不会侵犯被害人的生命权利，一般表现为经常或者连续折磨、摧残家庭成员身心的行为。在本案中，被告人乐燕曾经离家数日，致两名幼女因饥饿被送往医院治疗，并于最后一次离家外出达一个多月，致使独自在家的两名幼女被活活饿死，其行为已非折磨、摧残幼女身心，而是使幼女生命面临被剥夺的严重危险，已超出虐待罪所能调整的范畴。

2. 被告人乐燕的行为属于不作为故意杀人

任何犯罪的成立，均需符合犯罪构成要件。本案中，被告人乐燕因未尽照料义务，致两年幼被害人死亡，属不作为犯罪。所谓不作为，是指行为人有法定义务实施并且能够实施某种积极的行为而未实施。不作为犯罪应当具备三个条件：(1)行为人负有某种特定的义务。特定义务一般有三个来源：一是法律明文规定的特定义务；二是职务上或者业务上要求履行的义务；三是由行为人先行的行为使法律所保护的某种利益处于危险状态所产生的义务。(2)行为人有履行特定义务的实际可能性而未履行。(3)因行为人不履行该项义务，造成严重后果。乐燕的不作为行为包括以下四方面：

一是乐燕有抚养义务。乐燕作为被害人李梦某和李某的生母，对两幼女有抚养义务，自2013年2月27日起，其男友李文某因容留他人吸毒服刑，乐燕独自承担对李梦某、李某的抚养义务。乐燕在李文某被羁押后独自承担抚养义务期间，怠于履行抚养义务，曾致两幼女处于饥饿和不健康状态。

二是乐燕有抚养能力。乐燕案发前虽无固定工作，但每月有村委会的救济以及亲戚朋友的扶助，有八九百元的收入，具有抚养被害人的经济能力。

三是乐燕最后一次离家后一直未履行抚养义务。乐燕最后一次离家时仅为孩子预留了三四天的饮水和食物，为防止孩子独自跑出家门，用布条将卧室内窗户锁死，并用尿不湿将卧室房门夹紧，使孩子处于封闭的房间内无法外出。乐燕离家后主要在江宁区麒麟街道附近吸毒、上网、玩游戏机，并在足疗店、网吧、旅馆等处留宿，直至6月21日案发，长达一个多月没有回家。乐燕于5月初把家门钥匙丢在朋友孟某家，案发前一直没有取回钥匙，且没有通过找锁匠、报警等其他方式开门回家，离家后也未曾到之前常去的社区小卖部买过食物。需要指出的是，通过法庭调查，虽然认定乐燕未曾回家照料幼女的证据均为间接证据，但乐燕活动轨迹、通话记录、此间交往的证人的证言等证据相印证，能够证明其在离家后未曾回家。同时，现场勘验、检查笔录证实，该房屋的大门没有被撬动的痕迹，主卧室的门窗状况与乐燕离家前的一致，且乐燕离家三天即将钥匙遗落在朋友家，常联系的两位锁匠在此期间也均未帮其开锁，亦可证实乐燕未曾回家。故法院认定现有证据足以证实乐燕未履行对两名幼女的抚养照料义务。

四是由于乐燕故意不履行抚养义务，客观上导致两被害人死亡。乐燕的不作为，是一个多月的持续过程。据乐燕本人供述，其知道在这么长的时间内两幼女缺少食物、饮水，必然导致死亡结果的发生，这种不作为的行为，与作为形式的故意杀人，行为后果具有负面的等价值性。经法医鉴定，两被害人无机械性损伤和常见毒物中毒致死的依据，不排除其因脱水、饥饿、疾病等因素衰竭死亡，即乐燕的行为与危害后果的发生存在直接因果关系。

综上，客观上，被告人乐燕既有抚养义务，也有抚养能力，将两名幼儿置于封闭房间内，仅预留少量饮食，且排除了幼女得到其他救助而生存下去的可能，对两幼女生命安危处于具有支配关系的保证人地位；主观上，乐燕为了外出吸毒、玩耍娱乐而离家长期不归，完全置子女生命安危于不顾，最终导致两名子女因缺少食物和饮水而死亡，即对死亡结果的发生持放任态度，故乐燕的行为并非过失致人死亡，完全符合故意杀人罪的构成要件。需要强调的是，不作为犯罪是应作为而不作为，主要是从违反作为义务的角度对犯罪类型进行的区分，不排除行为人会实施一些积极的举动。本案中，虽然被告人乐燕实施了封堵窗户、锁闭卧室门等积极行为，但主要是为了防止其外出期间亲生女儿跑出，并非要置女儿于死地，其行为之所以构成故意杀人罪，主要是因为其不仅实施了上述积极行为，还外出长期不归，致使家中所留少量食物、饮水不足以支撑年幼子女生存需要，以致子女饥渴而死，其不作为行为对本案性质起决定作用，故认定其系不作为故意杀人。

（二）对不作为方式故意杀人的量刑把握

对不作为犯罪案件中被告人的量刑，应当结合被告人的动机、手段、侵害的对象、危害后果、被告人一贯表现及犯罪后的态度等因素综合考量。被告人乐燕自幼未受到父母的关爱，未接受良好的教育，归案后认罪态度较好，在庭审时已经怀孕。对于乐燕的量刑，有两种意见：一种意见认为，应当从轻处罚，理由是：乐燕系非婚生子女，自幼主要由其祖父母抚养，未接受应有的学校教育，16 岁左右即离家独自生活，其本人的成长经历值得同情，同时其又为怀孕的妇女，对其判处有期徒刑较为合适。另一种意见认为，乐燕作为心智正常的成年人，为吸毒和游玩而置一个母亲的责任于不顾，多次将本应用于孩子基本生活的救济金，用于自己吸毒和消费；其外出期间的基本活动领域经查都离家很近，但仍长期不回家照料孩子，同时在民警、社区干部和亲友询问孩子情况时，其也以谎言敷衍以对，乐燕的不作为情节是十分恶劣的，应当从严处罚，鉴于其系怀孕妇女，可判处无期徒刑。

对此，我们赞同后一种意见。抚育未成年子女不但是人类社会得以繁衍发展所必须遵循的最基本的人伦准则，更是每一位父母应尽的法定义务与责任，个人的文化、受教育程度、经济条件乃至境遇的不同，均不能成为逃避义务的理由。刑事法律的价值不仅在于惩治犯罪，修复被破坏的社会关系，补偿被侵害的法益客体，同时，维护人类的基本道德底线，也是刑事法律不言而喻的基本价值功能。在当前各国均不遗余力地全面保护未成年人权益的潮流下，严厉打击违反基本伦理准则、严重摧残未成年人生命的行为，符合人类普遍的价值标准。本案受害对象是不满 3 岁的儿童，两被害人均系幼年，在独立的封闭空间内，因缺少食物和饮水饥渴致死，其尸体被发现时已呈干尸状态，死状惨烈。虽然本案系不作为犯罪，被告人主观恶性程度相对直接故意剥夺他人生命的犯罪稍轻，但毕竟造成了两名幼童死亡结果的发生，其行为不仅违背了人类社会的基本伦理道德，同时也造成了极其严重的犯罪后果。因此，虽然乐燕认罪态度较好，但无任何法定从轻情节，总体上情节特别恶劣，后果特别严重，社会影响也十分恶劣，论罪应当严惩。鉴于乐燕系审判时怀孕的妇女，依照刑法规定，人民法院依法以故意杀人罪判处被告人乐燕无期徒刑，剥夺政治权利终身是适当的。

（撰稿：南京市中级人民法院　周　侃　徐松松
审编：最高人民法院刑一庭　冉　容）

[第993号]万道龙等故意杀人案

——拒不履行扶养义务，将出生不久的女婴遗弃在获救希望渺茫的深山野林的，如何定性

【关键词】 故意杀人罪 遗弃罪 罪名

一、基本案情

被告人万道龙，男，1982年4月24日出生，农民。2010年8月3日因涉嫌犯故意杀人罪被逮捕。

被告人徐爱霞，女，1987年3月25日出生，农民。2010年7月17日因涉嫌犯故意杀人罪被取保候审。

黑龙江省宝清县人民检察院以被告人万道龙、徐爱霞犯故意杀人罪，向宝清县人民法院提起公诉。

被告人万道龙、徐爱霞均无辩解。万道龙的辩护人提出，万道龙的行为系犯罪未遂，且系初犯，犯罪后具有明显悔罪表现，请求对其从轻或者减轻处罚。

宝清县人民法院经审理查明：2010年7月16日，被告人万道龙、徐爱霞得知自己刚出生4天的女儿万某某被确诊为梅毒携带者且治愈后将留有残疾时，决定遗弃万某某。当日下午，万道龙将万某某弃于黑龙江省宝清县妇幼保健院北面路边菜园内。因担心过路行人发现抱走万某某，万道龙与徐爱霞商定将万某某捡回扔到宝清县人烟稀少的龙头桥水库。当晚，万道龙驾驶摩托车载着万某某前往龙头桥水库，途经宝清县小城子镇东泉村小西山时，发现山中有片林地，便将万某某弃于林地后驾车回家。次日晨，一村民上山采蘑菇时发现尚存活的万某某，将其救回并报案。

宝清县人民法院认为，被告人万道龙、徐爱霞采用将出生仅4天的女婴遗弃深山野林的手段，非法剥夺他人生命，其行为构成故意杀人罪。公诉机关指控的事实清楚，证据确实、充分，指控罪名成立。二被告人系共同犯罪，在实施故意杀人犯罪过程中，因意志以外的原因而未得逞，系犯罪未遂，可比照既遂犯从轻或减轻处罚。二被告人庭审中认罪态度好，有悔罪表现，酌情可以从轻处罚，对万道龙辩护人提出的意见予以采纳。据此，宝清县人民法院以故意杀人罪分别判处万道龙有期徒刑四年、徐爱霞有期徒刑二年。

一审宣判后，二被告人没有提起上诉，检察机关亦未抗诉，该判决已发生法律效力。

二、主要问题

拒不履行扶养义务，将出生不久的女婴遗弃在获救希望渺茫的深山野林的，如何定性？

三、裁判理由

本案审理过程中，对被告人万道龙、徐爱霞将出生仅4天的女婴遗弃深山野林的行为如何定性，存在不同意见：一种意见认为，二被告人的行为构成遗弃罪。作为女婴的亲生父母，其二人有义务履行却拒不履行抚养义务，情节恶劣，符合遗弃罪的构成要件，应当以遗弃罪论处。另一种意见认为，二被告人的行为构成故意杀人罪（未遂）。二被告人是以遗弃为手段来实施故意杀人行为的，只是因为意志以外的原因未得逞。

我们同意后一种意见。区分遗弃罪和采取遗弃手段实施的故意杀人罪，是处理本案的关键。

遗弃罪，是指对于年老、幼小、患病或者其他没有独立生活能力的人，负有扶养义务而拒绝扶

养，情节恶劣的行为。故意杀人罪，是指故意非法剥夺他人生命的行为。两罪性质与危害程度相差较大，一般情况下不易混淆。但是，对于具有扶养义务的行为人拒不履行扶养义务，如不给新生儿喂奶、不给重病人治病、将婴幼儿遗弃在无法获救的地点等，导致或可能导致上述被害人死亡的行为，是以遗弃罪论处，还是以故意杀人罪定罪处罚，实践中容易混淆。两罪的法定刑差异很大，遗弃罪为五年以下有期徒刑、拘役或者管制；而故意杀人罪可判处死刑、无期徒刑或者十年以上有期徒刑，情节较轻的，处三年以上十年以下有期徒刑。因此，有必要对此类案件予以厘清，准确定罪，确保罪责刑相适应。

区分遗弃罪与采取遗弃手段实施的故意杀人罪，主要可从行为人的主观故意和客观行为两方面来分析。通常，故意杀人的行为人主观上对自己的遗弃行为会导致被遗弃人死亡的危害后果有明确认识，并且对死亡结果的发生持希望或者放任态度。而遗弃的行为人可能认识到，也可能没有认识到自己的遗弃行为会给被害人的生命、健康带来危险，其主观上并不希望、不愿意、不放纵被害人死亡或者伤害的结果发生，即如果被害人死亡或者受伤，都是违背其意愿的。

理论上区分两种行为似乎不难，但实践中却容易混淆。行为人在供述其主观意图时往往会避重就轻，因此，要准确判断行为人主观上是遗弃故意还是杀人故意，还应当根据主客观相一致的原则，结合具体案情和行为人实施的客观行为来综合分析。一般可从行为人遗弃的原因、动机、时间、地点、对象、手段、后果、事后表现等情节进行研判。

第一，考察遗弃行为的原因和动机。当下，受我国经济发展水平的制约，因家庭经济困难、无力负担医疗费用而遗弃重病婴幼儿的现象时有发生。对于此类案件，应当查明行为人是出于何种动机实施遗弃行为，是希望孩子得到他人关注并获得有效救助，还是狠心抛弃任其自生自灭，抑或欲置其死地以求解脱。例如，父母将重病婴儿弃于医院或者民政局门口，附上婴儿病历或者介绍病情的字条，这明显是希望婴儿能够得到及时的关注和救治，此类行为，应当认定为遗弃；反之，父母将重病婴儿扔到车辆穿行的高速公路或者荒郊野外，明显表明其主观上不期望婴儿获救并且希望或者放任婴儿死亡，因此，应当认定其主观上具有杀害婴儿的故意，其行为构成故意杀人罪。

第二，考察遗弃的时间、地点、对象、手段、后果等客观要件。遗弃罪与故意杀人罪在客观方面的最重要区别在于"遗弃"行为是否会使被遗弃者面临生命被剥夺的紧迫危险，因此，遗弃的时间、地点、对象、手段就影响到对行为性质的判断。实践中，遗弃既可以采取积极的行为实施，也可以消极不作为实施，如果构成遗弃罪，本质上必须是对作为义务的违反，且不会使被遗弃者的命运处于行为人排他性的支配之下。例如，父母将新生婴儿弃于超市入口、车站站台、集市路边等地，这些地方人流量大，婴儿获得他人救助而存活下来的可能性较大，此种遗弃行为就构成遗弃罪而非故意杀人罪；反之，故意将无自主行为能力的被害人遗弃在不能获救或获救希望渺茫地点的，此种"遗弃"行为就属于故意杀人。

第三，考察行为人的案后表现。案后表现是考察行为人主观意愿的又一重要方面，发现遗弃行为导致被害人生命、健康受威胁后，行为人是置之不理，还是积极施救，抑或二次加害，可以反映其有无致死被遗弃人的主观故意，也是量刑时应当考虑的重要因素。例如，父母将婴幼儿遗弃路边后躲到附近角落观察，直至孩子被人抱走才离去；或者发现无人注意，又将孩子带到市政办事大厅内遗弃，虽属二次遗弃，但其变更遗弃地点，是希望幼儿能够得到他人关注、救助，关心幼儿性命安全，采取措施减少伤害。对于这样的行为，应当定性为遗弃。反之，父母将盲童带到河边后径直离去，导致盲童在摸索中掉入河内淹死，行为人主观上应当预见到盲童有掉入河中淹死的可能性，但其不管不顾，径直离去；或者发现盲童自己爬上岸后，又将盲童带至河边，最终导致盲童掉入河中被淹死的，可以认定其主观上有放任甚至追求盲童死亡的故意，应当以故意杀人罪论处。

综上,区分遗弃罪与以遗弃方式的故意杀人罪的关键点在于:行为人实施遗弃行为时,其是否考虑并给予了被害人获得救助的机会。如果是,则可以遗弃罪定罪;否则,应当以故意杀人罪来定罪。

具体到本案,被告人万道龙、徐爱霞获悉自己刚出生4天的女儿罹患重病,不仅不予救治,反而狠心抛弃,先是遗弃在医院附近的菜园里,因担心过路行人发现并施救,又将女婴载至深山野林中予以遗弃,二被告人不愿意让女婴获救、希望女婴死亡的主观故意十分明显。因此,本案以故意杀人罪定性是准确的。由于女婴被群众及时发现救回,二被告人系故意杀人未遂,可以比照既遂犯从轻或者减轻处罚。归案后,二被告人认罪态度好,具有悔罪表现。据此,人民法院对二被告人依法减轻处罚,以故意杀人罪(未遂)分别判处有期徒刑四年、二年,定罪准确,量刑适当。

(撰稿:最高人民法院刑一庭　冉　容　何东青
审编:最高人民法院刑一庭　周　峰)

[第994号]黄志坚故意杀人案

——逆向情节并存时如何把握量刑的一般原则以及因民间纠纷激化行凶杀人,既具有杀死纠纷一方成年人,杀死、杀伤无辜儿童等从重处罚情节,又具有自首等从轻处罚情节的,如何准确把握量刑尺度

【关键词】　故意杀人罪　逆向情节　量刑　死刑的适用

一、基本案情

被告人黄志坚,男,1975年9月1日出生,个体户。2010年4月30日因涉嫌犯故意杀人罪被逮捕。

福建省厦门市人民检察院以被告人黄志坚犯故意杀人罪,向厦门市中级人民法院提起公诉。

被告人黄志坚及其辩护人基于以下理由提请法庭对其从轻处罚:本案系事出有因,黄志坚系义愤杀人;被害人具有过错且对矛盾激化负有主要责任;黄志坚具有自首情节,且有认罪、悔罪表现,能够部分赔偿给被害人家属造成的经济损失。

厦门市中级人民法院经审理查明:2009年以来,被告人黄志坚与被害人黄朝法(殁年61岁)两家人因土地租金、饲料款、邻里纠纷等矛盾经常吵架。在黄朝法的儿子黄某敏自杀后,黄朝法的儿媳吴某某认为是黄志坚夫妇造成的,因此经常到黄志坚的养猪场吵闹,两家之间的矛盾进一步加深。2010年4月18日16时许,吴某某与黄志坚的妻子王某某发生争吵进而打斗,双方均受伤。之后,黄朝法到黄志坚的养猪场找黄志坚理论并发生争执,黄志坚即持钢管多次击打黄朝法头部,致黄朝法受伤倒地。随后,黄志坚又冲到黄朝法家中,持钢管击打黄朝法的孙子被害人黄以轩(殁年4岁)、孙女黄以晴(时年9岁)、妻子李劝(时年54岁),致三人先后受伤倒地。尔后,黄志坚返回其养猪场,见受伤的黄朝法欲起身离开,再次持钢管击打其头部、颈部,致黄朝法当场死亡。黄以轩经送医院抢救无效于同月26日死亡。经鉴定,黄朝法、黄以轩均系因头部遭钝性物体打击致重度颅脑损伤死亡,黄以晴所受损伤为重伤,伤残等级为九级,李劝所受损伤系轻伤,伤残等级为八级。黄志坚作案后即拨打110报警并带领公安人员到案发现场,向公安人员如实

供述了犯罪事实。

厦门市中级人民法院认为,被告人黄志坚因民间矛盾纠纷,采用持钢管击打头部的方式故意非法剥夺他人生命,致二人死亡、一人重伤、一人轻伤的严重后果,其行为构成故意杀人罪。公诉机关指控的犯罪事实清楚,证据确实、充分,指控的罪名成立。虽然黄志坚犯罪后自动投案并如实供述罪行,具有自首情节,且其家属能代为赔偿被害人家属的部分经济损失,但黄志坚除杀害与其有矛盾纠纷的被害人外,还将无辜幼童作为犯罪对象,造成两名未成年被害人一死、一重伤的严重后果,犯罪手段极其残忍,后果极其严重,不足以从轻处罚。据此,依照《中华人民共和国刑法》第二百三十二条、第六十七条第一款、第五十七条第一款、第六十四条、第三十六条第一款之规定,厦门市中级人民法院以被告人黄志坚犯故意杀人罪,判处死刑,剥夺政治权利终身。

一审宣判后,被告人黄志坚不服,向福建省高级人民法院提起上诉。

福建省高级人民法院经审理认为,原判认定的事实清楚,证据确实、充分,定罪准确,量刑适当,审判程序合法,遂裁定驳回上诉,维持原判,并将维持判处上诉人黄志坚死刑的裁定部分依法报请最高人民法院核准。

最高人民法院经复核审理认为,被告人黄志坚因不能正确处理邻里纠纷,持金属水管故意剥夺他人生命,其行为构成故意杀人罪,且致二人死亡,一人重伤,一人轻伤,犯罪手段极其残忍,后果和罪行极其严重,依法应当严惩。其虽有自首情节,但不足以从轻处罚。第一审判决、第二审裁定认定的事实清楚,证据确实、充分,定罪准确,量刑适当,审判程序合法。据此,最高人民法院依法裁定核准被告人黄志坚死刑。

二、主要问题

1. 逆向情节并存时如何把握量刑的一般原则?

2. 因民间纠纷激化行凶杀人,既具有杀死纠纷一方成年人,杀死、杀伤无辜儿童等从重处罚情节,又具有自首等从轻处罚情节的,如何准确把握量刑尺度?

三、裁判理由

刑事审判实践中,一案具有多种量刑情节的现象并不鲜见,而且具体形态较为复杂。混合的多种量刑情节既可能是同向的,如都是从宽情节,或都是从严情节,也可能是逆向的,如从严与从宽情节并存。进一步细分,同向或逆向量刑情节又有从轻、减轻和免除处罚情节,从重和加重处罚情节,法定和酌定情节,应当情节和可以情节,罪前、罪中与罪后情节等种种区别。本案即是多个逆向情节(或称冲突情节)并存,争议焦点在于,本案既存在从严情节,又有从宽情节,量刑时如何把握从宽与从严的尺度。

(一)逆向情节并存时量刑把握的一般原则

1. 逆向情节并存时量刑的基本步骤

《最高人民法院关于常见犯罪的量刑指导意见》(以下简称《量刑意见》)规定:"量刑时要充分考虑各种法定和酌定量刑情节,根据案件的全部犯罪事实以及量刑情节的不同情形,依法确定量刑情节的适用及其调节比例……具体确定各个量刑情节的调节比例时,应当综合平衡调节幅度与实际增减刑罚量的关系,确保罪责刑相适应。"虽然《量刑意见》主要是用于规范有期徒刑刑罚裁量时的标准,在拟适用死刑、无期徒刑刑种时无法体现各量刑情节的调节比例,但《量刑意见》所体现的罪责刑相适应等量刑基本原则和综合分析平衡的基本方法,对包括死刑案件在内的所有刑事案件,均具有参考和借鉴意义。

根据上述精神,基于量刑情节的复杂性,就本案所涉及的逆向情节并存的情况而言,我们认为,应当综合比较分析后予以判断。具体而言,包括三个步骤:一是考察案件各量刑情节对于量刑的影响程度。二是将这些情节对量刑的影响程度的大小进行分析比较，考察是否有一方情节占据较显著的优势。对于显著优势情节，一般应当在综合案情的前提下优先适用。三是如果逆向情节相互间并无优势而大致相当（主要是指只有从轻情节和从重情节并存的情形），则先考虑从重情节估量出刑种与刑度，然后考虑从轻情节，确定最终的刑罚。

2. 准确适用优势量刑情节应当把握以下原则

（1）罪中情节一般优于罪前、罪后情节。以犯罪情节与犯罪行为在时间上的先后关系为准，可分为罪前情节、罪中情节、罪后情节。罪前情节一般是指犯罪实施前的情节，如案发起因、一贯表现等；罪中情节一般是指犯罪过程中的各种情节，如犯罪手段、犯罪后果等；罪后情节一般是指犯罪后的态度，如案发后行为、悔罪态度等。罪中情节与犯罪构成紧密相关，是影响罪行的情节，反映了犯罪行为的事实要素，直接体现了犯罪行为社会危害性的大小。罪前、罪后情节主要是反映行为人主观恶性与人身危险性的情节，体现犯罪起因、动机、悔罪态度等。一般情况下，罪中情节对量刑的影响更为关键和重要。

（2）单一的应当型情节与可以型情节相比，单一的法定情节与酌定情节相比，前者一般为优势情节。应当型情节是对法定情节必须适用的绝对性规定，可以型情节则仍然有一定选择适用的余地；法定情节是刑法明文规定需要在量刑时考虑的情节，而酌定情节则是根据刑事政策和刑法精神，在量刑酌定考虑的情节。

（3）从重与减轻情节并存时，减轻情节一般为优势情节。因为从重只能在法定刑幅度内从重，而减轻则是在法定刑以下判处。不论犯罪的情节多么严重，在法定刑以内应当判处多重的刑罚，一旦适用减轻处罚，就应当依法在法定刑以下判处。此种情况下，即使有从重情节，也不应改变在法定刑以下判处刑罚的情况。因此，减轻情节对于从重处罚而言属于优势情节。具体操作时，应当在与罪行相应的法定刑最低刑的下一格量刑幅度内，估量出一定的刑罚，而后在该量刑幅度内，再从重处罚。

（4）从重与免刑情节并存时，免刑情节一般为优势情节。有观点认为，免刑情节是对一切可罚情节的彻底否定，是对任何法定刑罚的免除，故在从重与免刑情节并存时，应当不考虑从重处罚而直接裁量决定免除处罚。我们认为，对此应当综合分析，不宜过于绝对。我国刑法没有规定免刑的单一功能情节，免刑情节多以“从轻、减轻或者免除处罚”的多功能情节出现，可见立法者对免刑情节的规定较为慎重。在同时存在免除处罚和从重情节的情况下，一般应当慎用免刑情节。一般情况下，在多功能情节中选择是否免除处罚时，应当首先估量免刑情节对量刑结果的影响，而后再考虑从重情节，并“尽可能缩小从重处罚的分量”，以罪刑相适应原则为指引，谨慎决定是否免除处罚。另外，虽然从重情节与免刑情节并存时，是否免除刑罚应当慎重，但最终的量刑一般应当轻于从重与减轻情节并存的情形。

（5）优势情节可以由多个同向情节累积形成。如行为人实施诈骗行为刚达到当地数额巨大的标准，又系累犯，应当在三年以上有期徒刑从重处罚，但又存在自首和重大立功情节，且在共同诈骗中系从犯，则应当将以上从宽情节与从严情节各自累积后比较，相较之下从宽的情节占据优势，综合衡量后，对行为人可判处三年以下有期徒刑。

（6）应当型情节相对于可以型情节、法定情节相对于酌定情节的优势不是绝对的。我们认为，优势情节是相对而言，优势一方必须要综合全案不同情节的地位作用加以分析判断，一般不存在只要单一出现就完全排除其他任何逆向情节适用的绝对优势情节。优势情节的确立及其适用，必须牢牢把握罪责刑相适应原则，依据法律规定，通过综合分析来比较各种量刑情节对量刑结果的影响，最终决定实际的刑罚。

3. 关于从重与从轻情节并存难以确定优势情节时的量刑适用

从重情节与从轻情节并存的情况比较常见,这种逆向情节并存的情况往往难以确定优势一方。此种情况下,一般应当先考虑所有的从重处罚的情节,在此基础上先拟定一个要判处的刑罚,之后在从重处罚的基础上再考虑所有的从轻处罚情节,将拟处的刑罚幅度向下适当降低,即"先从重再从轻"。

有观点认为,先考虑从重情节,会导致在任何情况下,趋严的情节都是优先的、首要的情节,因此不利于被告人,也不利于司法机关公正合理地量刑。其实,这种观点是对本方法的误读。因为,并非先考虑哪个情节,哪个情节就更重要:先考虑从重情节,可在法定刑内确定上限,使裁判者明晓本案所能判处刑罚或者刑期的顶点;再从轻,可以使从轻情节得到充分体现。在此种方法下可以出现在法定刑下限判处的情况,有利于被告人。反之,如果采用先从轻后从重的方法,貌似优先考虑和趋向于从轻,但实际上则不利于从轻情节的体现:一是即使裁判者在先考虑从轻时已到了法定刑下限,再考虑从重则势必要在刑罚或者刑期上予以提升,难以出现在法定刑下限判处的情况;二是采取先轻后重往往在实际考虑从重情节时难以把握限度,有"上浮过限"的可能,导致从轻情节作用被弱化。综上,采取"先从重再从轻",相较之下对被告人更为有利,符合刑法的谦抑性。

需要指出的是,从重、从轻的量刑适用顺序,不仅在操作上应当准确,而且在裁判文书中也应当清晰反映。否则,就可能造成量刑不当的误读。如某被告人参与抢劫,系共同犯罪中的从犯,但系累犯,一审判决表述为:被告人系从犯,应当从轻处罚,又系累犯,应当从重处罚,最终对其判处有期徒刑三年。检察机关认为,既然从犯应当从轻,从轻到了法定刑下限就是三年有期徒刑,那么之后表述的累犯这一从重情节根本没有体现,于是提起抗诉。此系文书表述中的"近因效应",如果先表述从重再表述从轻,则从逻辑上在法定刑下限判处也就能够成立,不至于造成逻辑上的混乱和理解上的偏差。

(二)本案中逆向情节并存时如何考量

本案即是一起从宽情节与从严情节逆向并存的案件。我们认为,应当以综合比较的方法对本案并存的逆向情节加以分析,最终确定应当判处的刑罚。

本案的从严情节包括:(1)被告人黄志坚在与邻居发生矛盾时不能以合法方式正确对待和处理,以无辜妇孺为泄愤对象,致二死(含一幼童)、一重伤(幼童)、一轻伤(妇女、八级伤残),罪行及后果极为严重,社会危害极大。(2)黄志坚在整个作案过程中有二次加害、入户杀人、杀害无辜妇孺等情节,均体现了黄志坚极为坚决的杀人犯意,以及为泄愤而滥杀无辜的极深的主观恶性。

本案的从宽情节包括:(1)案发起因是由于民间矛盾、邻里纠纷激化引发,属于《最高人民法院关于贯彻宽严相济刑事政策的若干意见》中所列可以酌定从轻处罚的情节;(2)被告人作案后具有自首情节,系法定的从轻处罚情节。

经对本案两种逆向情节加以综合分析判断,我们认为,本案中从严情节具有比较明显的优势,理由如下:

1. 本案的从重情节多属于罪中情节,而从宽情节多属于罪前、罪后情节。如前所述,罪中情节更能直接体现犯罪行为本身的危害性,在犯罪构成上起决定作用,对量刑的影响至关重要。本案的从宽情节如民间矛盾引发、自首,均属于罪前或者罪后情节,而从严情节如作案手段极其残忍、持凶器入户行凶、二次加害、杀人意志极为坚决、犯罪后果极其严重等均为罪中情节。相比之下,从严情节对于量刑的影响更大。

2. 本案的从宽情节程度及价值均有限。"因民间矛盾引发"只是酌定从轻情节,是否从轻处罚需要综合全案考量。经查,被告人黄志坚不仅杀死了与其有矛盾的黄朝法,还迁怒于黄朝法亲属而滥杀无辜,黄志坚与黄朝法之间矛盾的是非曲直暂且不论,年仅4岁的被害人黄以轩、年仅9岁的被害人黄以晴与本案没有任何牵涉,纯属因黄志坚泄愤而无辜遇害,黄志坚犯罪的恶劣程度已超过民间矛盾的范畴。

3. 被告人黄志坚的自首价值有限。刑法规定对于自首的犯罪分子,可以从轻、减轻或者免除处罚。自首制度一方面旨在鼓励犯罪人认罪、悔罪,实现刑罚惩罚和教育的目的,投案主动性、自动性即体现了犯罪人人身危险性的减少;另一方面自首有利于节约司法资源,提高办案效率,减少诉讼成本。本案中,现场幸存的两名被害人均认识被告人且目击了被告人作案,犯罪嫌疑人明确,即使被告人不报案公安人员亦可马上确定其嫌疑并展开抓捕。因此,被告人的投案自首,对于侦破案件的价值相对有限。另外,被告人作案过程中有若干停止继续实施犯罪的节点,如打倒黄朝法后本可不闯入黄朝法家行凶,在黄家行凶后见黄朝法未死时,亦可不予二次侵害,但被告人在各节点均未停止犯罪,反而以坚决的犯意继续行凶杀人,造成极其严重的后果,体现了极深的主观恶性和人身危险性。故被告人自首价值有限,可以不从轻处罚。

4. 本案从严处罚符合相关法律规定及刑事政策的要求。(1)从保护未成年人的角度,本案从重惩处符合当前刑事司法政策。2004年立法者将“国家尊重和保障人权”写入宪法,保障人权的理念已成社会共识,而包括未成年人在内的弱势群体权益的保障,则属于人权保障中更需要关注的方面。下一代的健康成长,是国家和社会有序、正常发展的基础,未成年人体力和智力不及成人,自我保护和防范能力差,刑法对此特殊群体规定了特殊的保护制度。《关于依法惩治性侵害未成年人犯罪的意见》等一系列司法解释性文件的出台,亦表明我国对于未成年人的刑事司法保护力度在不断增强。(2)从打击严重暴力犯罪的角度分析,对本案被告人黄志坚从重处罚与刑事政策的精神要求一致。严重暴力犯罪危害人民群众的生命健康,一直是我国司法机关打击的重点。《关于贯彻宽严相济刑事政策的若干意见》指出:“对于……严重暴力犯罪……该重判的要坚决依法重判,该判处死刑的要坚决依法判处死刑”、“对于罪行十分严重,社会危害性极大,依法应当判处重刑或死刑的,要坚决地判处重刑或死刑”、“严惩严重刑事犯罪,必须充分考虑被告人的主观恶性和人身危险性”。《量刑意见》亦规定:“对严重暴力犯罪、毒品犯罪等严重危害社会治安犯罪,在确定从宽的幅度时,应当从严掌握。”可见,以未成年人等弱势群体为犯罪对象的严重暴力犯罪,极大威胁了人民群众安全感,社会危害性极大,社会影响极为恶劣,必须依法严惩。而本案即是一起严重暴力侵害包括未成年人在内的公民生命权及健康权的案件,属于依法应予从严打击的范围。

通过对上述从严情节与从宽情节的综合比较,本案从宽情节在程度和对量刑的影响方面较为有限,相对而言,从严情节性质明确、程度强烈,在对量刑的影响力上占据了较为明显的优势。一、二审法院以被告人黄志坚犯故意杀人罪,依法判处死刑,剥夺政治权利终身,定罪正确,量刑适当。

(撰稿:最高人民法院刑一庭　渠　帆
审编:最高人民法院刑一庭　冉　容)

[第995号]李艳勤故意伤害案

——对家庭成员长期实施虐待,虐待过程中又实施暴力殴打直接造成家庭成员重伤、死亡的,如何定罪处罚

【关键词】 故意伤害罪 虐待罪 罪数 虐待罪的主体 主观罪过 告诉才处理

一、基本案情

被告人李艳勤,女,1983年4月5日出生,农民。2012年5月17日因涉嫌犯虐待罪被逮捕。

山西省长治市人民检察院以被告人李艳勤犯故意伤害罪,向长治市中级人民法院提起公诉。

被告人李艳勤对指控的事实无异议。其辩护人提出,起诉书指控李艳勤的行为构成故意伤害罪的定性不准,应当构成虐待罪。

长治市中级人民法院经审理查明:被告人李艳勤与申某某于2010年9月开始同居生活。2011年2月申某某的女儿申某然(被害人,殁年5岁)开始与李艳勤、申某某一起生活。李艳勤常以申某然不写作业、不听话为借口,采用掐、拧、踢、烫、殴打或者使其挨冻等方式虐待申某然,致申某然头面部、颈部、胸腹部、四肢经常受伤。2012年3月27日申某某到外地打工,李艳勤与申某然到山西省平顺县租房共同生活。同年4月29日晚,李艳勤在其租住处,因琐事殴打申某然,致其腹部受伤。申某然告知李艳勤腹部疼痛,李艳勤看到申某然腹部有擦伤,且有血液渗出,但置之不理,并于次日中午再次用拳头朝申某然的腹部使劲击打,致申某然腹部伤情加重。同年5月3日下午,李艳勤又殴打申某然背部,脚踢申某然臀部,致使申某然跪倒在地。同月4日晚,申某然开始出现呕吐症状。5日,在申某然病情加重体力不支的情况下,李艳勤仍让双手有伤的申某然洗衣服、倒脏水。6日19时许,李艳勤发现申某然躺在床下,身体发凉,李艳勤拨打了120急救电话,但申某然因身体遭到钝性暴力作用导致肠管破裂,继发腹腔感染,致感染性休克死亡。

长治市中级人民法院认为,被告人李艳勤对被害人申某然长期进行殴打且最终导致其死亡的行为,构成故意伤害罪。李艳勤在长达一年多的时间里,借"教育"之名,对申某然进行了残酷的殴打,申某然身心遭受了巨大伤害,并最终导致了申某然死亡结果的发生。李艳勤作案手段残忍,后果严重,其行为泯灭了人性良知,严重违反了社会道德和公序良俗,社会影响极坏,为切实保护少年儿童的合法权益不受侵犯,对其应当依法严惩。鉴于李艳勤能够承认其主要犯罪事实,并有抢救被害人的行为,对其判处死刑,可不立即执行。据此,依照《中华人民共和国刑法》第二百三十四条第二款、第五十七条第一款之规定,长治市中级人民法院判处被告人李艳勤犯故意伤害罪,判处死刑,缓期二年执行,剥夺政治权利终身。

一审宣判后,被告人李艳勤向山西省高级人民法院提起上诉。其上诉理由为:(1)一审判决定性错误,应当以虐待罪定罪处罚,而非故意伤害罪;(2)故意伤害的事实不清,造成被害人肠管破裂的原因不明;(3)一审判决量刑过重,提请对其从轻处罚。

山西省高级人民法院经审理认为,一审认定的事实清楚,证据确实、充分,定罪准确,量刑适当,遂裁定驳回上诉,维持原判。

二、主要问题

对家庭成员长期实施虐待,虐待过程中又实施暴力殴打直接造成家庭成员重伤、死亡的,如何定罪处罚?

三、裁判理由

本案审理过程中,对被告人李艳勤的行为是构成虐待罪还是故意伤害罪,主要形成两种意见:一种意见认为,李艳勤的行为构成虐待罪;另一种意见认为,李艳勤的行为构成故意杀人罪。我们认为,虐待罪与故意伤害罪都是侵犯被害人人身权利的犯罪,在行为方面有共同特点,通常会对被害人身体造成不同程度的伤害,甚至会出现被害人重伤、死亡的后果,要准确区分虐待罪与故意伤害罪要从以下五个方面进行分析:

(一)关于犯罪主体方面

故意伤害罪的主体是一般主体,任何人都可以构成故意伤害罪。而虐待罪的主体刑法有特殊规定,即家庭成员,有必要对此加以分析。家庭成员是指在一个家庭中共同生活的成员。比较典型的是由法定关系组成的家庭,如夫妻之间;由血亲组成的家庭,如父母与子女、祖父母与孙子女、兄弟姐妹之间等;由拟制血亲形成的家庭,如养父母与养子女、继父母与继子女。这些关系都要求成员在一起共同生活。除了上述典型的家庭关系外,当今社会不乏同居者,具有这样关系的行为人能否构成虐待罪的主体,我们认为,需要视具体情况而定。现实生活中的虐待行为不仅发生在家庭成员之间,还会发生在师生、雇主与雇员之间等,刑法之所以只规定家庭成员之间的虐待才构成犯罪,旨在特殊保护处于婚姻、家庭关系中的成员。因为,婚姻家庭中受虐待的被害人,通常无法挣脱或者很难挣脱这种家庭关系的束缚,在这种关系中往往处于弱势的一方。居于优势一方可能会借助家庭的掩护,长期对被害人进行虐待,家庭以外的人难以干预,导致被害人缺乏有力的救济途经,且长期的虐待对被害人、对家庭乃至对社会都会产生负面效应。鉴于此,刑法将发生在家庭成员之间的虐待行为规定为虐待罪。我们认为,从这一角度出发,虽然同居二人没有办理正式结婚手续,不是合法夫妻,与对方子女未能形成法定的继子女关系,但实际上,同居者的双方以同居的形成组成了家庭并且共同生活在一起,具备了家庭的形式与实质,同居者及其子女应当视为家庭成员,发生在这些家庭成员之间的虐待行为,其危害与发生在典型的家庭成员之间的虐待并无本质区别,应当属于刑法调整的对象。非婚同居者之间系家庭成员,同居双方抚养的未成年子女若共同生活,也与同居者之间构成家庭成员关系。因此,对与其同居者子女长期虐待的,亦构成本罪。

本案中,被告人李艳勤与被害人申某然的父亲申某某同居生活,在申某某外出打工时,李艳勤负责料理小孩的日常生活,双方已经形成了实质上的家庭关系,李艳勤可以成为虐待罪的主体。同时,故意伤害罪的主体为一般主体,即具有刑事责任能力的自然人,李艳勤亦属于故意伤害罪的主体。

(二)关于犯罪主观方面

虐待罪的主观方面是其区别于故意伤害罪、故意杀人罪的重要特征之一,也是区分的难点。虐待罪的主观上要求是故意,且是直接故意,即故意对被害人进行肉体上、精神上的摧残、折磨,使被害人遭受痛苦。值得注意的是,这种痛苦通常不会直接造成被害人重伤或死亡的结果,行为人并不追求也不放任被害人重伤或死亡结果的发生,即便虐待造成被害人重伤或死亡,也不是某次虐待行为直接导致的,而是长期虐待的结果。这是其与故意伤害罪、乃至故意杀人罪在主观方面的重要区别。故意伤害罪存在直接故意和间接故意之分,直接故意的内容为通过实施伤害行为,直接导致被害人身体健康(功能、器质受损)受到伤害(轻伤以上);间接故意伤害是明知自己的行为可能会造成被害人身体健康受到伤害,而放任这种结果的发生。无论直接故意还是间接故意,都要求明知其行为会(可能会)对被害人身体健康造成伤害。

本案中,被告人李艳勤对被害人申某然长期进行殴打、冻饿,就其在致死被害人之前的行为而言，已具备虐待罪的主观方面特征。但李艳勤最后几次连续殴打被害人腹部致被害人死亡的行为，其主观已经超出虐待的范畴，具备了伤害的主观故意。理由是：李艳勤虽然不能明确认知到其殴打行为会造成被害人肠管破裂这一具体后果，但应当能认识到连续殴打幼童腹部，很可能会使幼童的身体健康受到严重伤害，且在明知被害人已经受伤的情况下还继续殴打，并已发现被害人出现身体不适的状态下不及时送医，显然是对其行为可能造成的后果持放任态度，已具备了伤害的主观故意（间接故意）。

（三）关于犯罪客观方面

虐待罪与故意伤害罪的客观行为表现有所不同。虐待罪是长期以殴打、拧掐、烫、冻饿、捆绑、强迫超体力劳动、限制自由、凌辱人格等各种方法，对被害人进行肉体上、精神上的折磨和摧残。需要注意的是，构成虐待罪的行为是长期的、相对连续的进行，而不是偶然一次实施殴打、冻饿等虐待行为。虐待罪的一般犯罪构成，并不要求造成被害人重伤、死亡的后果，情节恶劣即可构罪。所谓“情节恶劣”，是指虐待年老、年幼、病残的家庭成员，或者长期虐待家庭成员，屡教不改的，或者虐待动机卑劣、手段凶残等。长期虐待造成被害人重伤、死亡后果的，是虐待罪的加重处罚情节。这里所指的造成重伤、死亡后果与故意伤害罪致人重伤、死亡的后果有着本质区别。虐待罪的加重后果，不是由某次或某几次虐待行为单独、直接造成的，而是因被害人长期受到虐待，逐步导致身体状况不佳、营养不良、病情恶化、精神受到严重刺激等情况而致重伤、死亡，或者被害人因不堪忍受虐待而自杀所致。重伤或者死亡结果一般是长期虐待行为积累所致。故意伤害罪的重伤或者死亡结果是一次或者连续几次故意伤害行为直接造成的后果，伤害行为与重伤、死亡结果之间存在十分紧密的客观联系，存在必然的因果关系。

本案中，被告人李艳勤于2011年2月开始与被害人申某然共同生活后，长期对被害人实施打骂、冻饿等虐待行为，情节恶劣，已经符合虐待罪的客观要件。从2012年4月29日晚开始至5月3日，李艳勤对被害人申某然连续进行暴力殴打，并且殴打部位都在腹部，直接造成被害人肠管破裂，继发腹腔感染，造成被害人死亡的结果。由此可见，尽管被害人申某然长期遭受李艳勤的虐待，但被害人最终死亡是被李艳勤的殴打行为直接造成的，其若没有实施该行为，申某然此前遭受的虐待行为即便累加也不致致其死亡。因此，李艳勤之前实施的虐待行为，已经符合虐待罪的构成要件，但致被害人死亡这一行为应当割裂出来单独评价，已符合故意伤害罪的要件。

（四）关于犯罪客体方面

如前所述，虐待罪的行为方式多种多样，不仅仅是对被害人身体进行殴打，侵犯人身健康权利。因虐待罪是发生在家庭成员之间，还侵犯了家庭成员之间的平等权利。对于不同行为方式的虐待罪，其侵犯的客体又会有所不同，如限制人身自由的虐待行为，侵犯了被害人的人身自由权；对被害人进行人格凌辱，侵犯了被害人的人格权等。由此可见虐待罪侵犯的客体是复杂客体。而故意伤害侵犯的是单一客体，即被害人的人身健康权利。

被告人李艳勤在2012年4月29日之前，对被害人申某然实施的长期殴打等虐待行为符合刑法规定的虐待罪的犯罪构成，已经构成虐待罪。而从2012年4月29日当晚开始至被害人死亡前，李艳勤对被害人连续实施的殴打腹部的行为又构成故意伤害罪。

（五）同时构成虐待罪和故意伤害等罪的，应当数罪并罚

本案中，李艳勤的行为应当择一重罪即故意伤害罪定罪处罚，还是应将虐待罪与故意伤害罪实行并罚，在实践中存在不同观点。我们认为，这两个犯罪行为是在被告人不同的、独立的主观故意下先后实施的，侵害了不同的客体，李艳勤的行为从犯罪构成上说，已经构成了两罪，且构成要件之间不存在交叉、包容或者吸收关系，不属于法条竞合、想象竞合或者行为吸收关系，不存在

必须选择适用一个罪名而排除其他罪名的情形。因此,对李艳勤本应当以虐待罪和故意伤害罪数罪并罚。但根据刑法第二百六十条的规定:虐待罪尚未致被害人重伤或死亡的,必须要告诉后才能处理。本案被害人死亡是因最后一次故意伤害行为所致,无证据表明此前的虐待行为有致被害人重伤的严重后果,被害人、其法定代理人以及其近亲属在本案中未就虐待罪提起告诉,故根据“不告不理”的原则,不能对被告人之前的虐待行为追究刑事责任。因此,法院仅以故意伤害罪对被告人李艳勤定罪量刑是正确的。

（撰稿:最高人民法院刑一庭　张　眉
审编:最高人民法院刑一庭　冉　容）

[第996号] 肖某过失致人死亡案

——对家长体罚子女致子女死亡的行为如何定罪处罚

【关键词】 过失致人死亡罪　故意伤害罪　虐待罪　罪名　主观罪过　量刑　缓刑的适用

一、基本案情

被告人肖某,女,1985年10月17日出生,个体户。2012年7月6日因涉嫌犯虐待罪被逮捕。

H市区人民检察院以被告人肖某犯过失致人死亡罪,向H市区人民法院提起公诉。

被告人肖某对指控的事实无异议。其辩护人提出,肖某是初犯、认罪态度较好,得到被害人家属的谅解,且仍有一名年幼女儿需要照顾,建议法庭对其从轻处罚。

H市区人民法院经审理查明:被告人肖某与被害人庄某某(殁年3岁)系母子关系。2011年年底,肖某和丈夫将儿子庄某某从老家接到H市的家中抚养。2012年5月30日21时许,因庄某某说谎不听话,肖某用衣架殴打庄某某大腿内侧位置并罚跪约一个小时。次日1时许,因庄某某在床上小便,肖某又用衣架殴打庄某某的大腿内侧,用脚踢其臀部。当日5时许,肖某和丈夫发现庄某某呼吸困难,即将庄某某送到H市人民医院抢救,庄某某经抢救无效于当日死亡。医院警务室报案后,公安人员赶到医院将肖某带回公安机关处理。经鉴定,庄某某符合被巨大钝性暴力打击致胰腺搓碎、睾丸挫碎、双侧后腹膜积血、全身多处皮下组织出血引起失血性休克合并创伤性休克死亡。案发后,被害人的父亲、祖父母对肖某的行为表示谅解,请求对肖某从轻处罚。

H市区人民法院审理认为,被告人肖某在管教孩子过程中,过失致小孩死亡,其行为构成过失致人死亡罪,依法应当惩处。鉴于肖某发现被害人呼吸困难后,主动送被害人到医院抢救,且明知医院警务室报案后,仍在现场等候处理,归案后亦能如实供述其犯罪事实,可以认定为自首;肖某由于生活、工作上的各种压力,致使其与儿子之间缺乏沟通,采取错误、粗暴的方式教育小孩,导致悲剧的发生;被害人的父亲、祖父母对肖某的行为表示谅解。综合肖某的具体犯罪情节以及尚有一年幼女儿需要照顾的情况,对肖某从轻处罚并适用缓刑。据此,依照《中华人民共和国刑法》第二百三十三条,第六十七条第一款,第七十二条第一款,第七十三条第二款、第三款之规定,H市区人民法院以被告人肖某犯过失致人死亡罪,判处有期徒刑三年,缓刑四年。

一审宣判后,被告人肖某未提起上诉,检察机关亦未抗诉,该判决已发生法律效力。

二、主要问题

对家长体罚子女致子女死亡的行为如何定罪处罚?

三、裁判理由

对于家长殴打体罚子女等家庭成员造成其死亡的案件，如何定罪处罚，实践中存在一定争议，主要涉及虐待罪、故意伤害罪、过失致人死亡罪的准确区分。本案审理过程中，对被告人肖某体罚庄某某导致被害人庄某某死亡的行为如何定性，存在以下三种意见：

第一种意见认为，肖某的行为构成虐待罪。肖某案发前为惩罚共同生活的被害人而多次对被害人打骂，采取罚跪、打大腿、踢臀部等手段，均非有意致人死伤的故意伤害行为，而是从肉体上虐打、折磨家庭成员以达到惩罚的目的，最终致被害人死亡，符合虐待罪的特征。

第二种意见认为，肖某对庄某某平时较为疼爱，无虐待行为，肖某是因为庄某某说谎、尿床，为达到教育、惩戒目的而进行体罚，犯罪行为的客观表现是罚跪、用衣架打大腿、踢臀部，发现庄某某有生命危险后立即送医抢救。综合来看，其主观上未预见到行为会产生致死被害人的结果，属于疏忽大意的过失，应当以过失致人死亡罪追究其刑事责任。

第三种意见认为，肖某的行为构成故意伤害罪。肖某明知其行为会造成被害人身体受伤害的后果，还放任危害结果的发生，主观上具有故意伤害他人身体的间接故意，被害人的死亡也是由于肖某连续持衣架殴打其大腿等行为所致，符合故意伤害致人死亡，另无证据证实肖某对被害人存在长期虐待行为，故本案构成故意伤害罪。

我们同意第三种意见，故意伤害罪、过失致人死亡罪的客观方面都可以表现为伤害行为致人死亡，虐待罪的客观方面也包含在肉体上虐待、摧残致被害人死亡的情况。实践中，应当细致考察客观行为的特征，根据案件具体情况分析被告人主观意图，准确定罪；量刑时充分考虑其动机、对象、后果等方面的特殊性，力求罪责刑相适应。具体分析如下：

（一）家长体罚子女致子女死亡的行为不构成虐待罪

虐待罪是指经常以打骂、冻饿、禁闭、有病不予治疗、强迫过度劳动或限制人身自由、凌辱人格等方法，对共同生活的家庭成员进行肉体上、精神上的摧残和折磨，情节恶劣的行为。一般认为，虐待罪中的致被害人重伤、死亡，包括两种情况，即被害人经常受虐待而导致重伤、死亡；被害人因受虐待而自杀、自残导致重伤、死亡。第一种情况定性容易出现争议。虐待致死与故意伤害致死、过失致人死亡最突出的区别就是，虐待行为具有“持续性”、“表现形式多样性”，而故意伤害致死、过失致人死亡，都是因果关系明确的某一次或几次行为直接导致死亡。虐待罪的暴力可以包括直接的暴力行为，但这些行为单独来看一般都不构成犯罪，而是在一定时期内具有多发性、持续性，虐待致人死伤的结果一般是由于长期累积而逐渐导致的。换言之，表现为在一定时期内行为人持续不断地实施虐待行为，如果把这些连续的行为割裂看，单次行为很难达到犯罪的程度，一般不具备独立评价的意义。因此，偶尔的殴打行为、体罚行为以及因为家庭纠纷而动辄打骂等行为，不能认定为虐待行为。

从本案来看，被告人肖某长期在外打工，被害人庄某某一直在老家生活，肖某将孩子接来一起生活后，案发前对孩子并无虐待行为。由于长期分开生活而造成的生活习惯等方面的差异，以及肖某自身教育方法失当，导致其在出现问题后采取了简单粗暴的体罚方法来教育被害人，但这种偶发性的、非持续性的体罚行为不符合虐待罪的客观特征，且被害人死因经鉴定为胰腺搓碎、睾丸挫碎、双侧后腹膜积血、全身多处皮下组织出血引起失血性休克合并创伤性休克死亡，也不是长期虐打累积的结果。因此，肖某的行为不构成虐待罪。

（二）准确区分故意伤害罪与过失致人死亡罪

1. 应以犯罪客观方面为基准，结合动机和案发后行为综合判断其罪过

罪过，是指行为人对其实施的侵害法益的行为及结果所持的心理态度，包括犯罪故意和犯罪

过失。过失犯罪中,行为人对于危害结果既不追求,也不放任,而是应当预见而未预见,或者已预见却轻信能避免,主观上不希望危害结果发生,若发生则违背其主观意愿。故意犯罪中,行为人对于危害结果的发生或是追求或是放任,主观上是不反对的。过失致人死亡与故意伤害致死区分的关键,即在于行为人是否存在伤害他人身体健康的故意。司法实践中,对于家长体罚致死子女的案件,基于彼此间身份的特殊性,且案发于封闭环境缺乏旁证等原因,使得对行为人作案时主观意图的判断常陷入较大的分歧,导致定罪上的差异。我们认为,审查此类案件时,应从以下几方面,在考察客观行为的基础上,结合动机和案发后的表现来分析研判被告人的主观意图,最终准确定性。

首先,考察客观行为特征。客观行为是行为人基于其主观意识而实施的具体行为,是犯罪主观意图的外在表现。因此,查明、辨析具体行为特征,是区分此罪与彼罪的前提和基础。在体罚致子女重伤、死亡的案件中,要着重考察行为本身的危险性和强度,是否足以造成致人伤亡的后果。具体而言,应审查行为的打击强度、持续时间、是否使用工具、所使用工具致人伤亡的危险程度、打击方式、击打部位等。审查时应以凶器等物证、尸体鉴定意见、现场勘验检查笔录为依据,结合被告人供述及证人证言等证据加以分析研判。在综合上述因素的基础上,判断行为的危险性和强度,考量其有无超出社会大众理解的管教子女体罚行为应有的限度。

其次,查明案发起因及家庭环境。考察行为人出于何动机,是为了管教,还是肆意打骂凌虐,抑或出于个人泄愤等原因,还应查明行为人与被害人的身份关系、生活中的相处关系,是否存在经常性打骂、虐待,综合上述情况以确定案发起因。囿于我国传统文化观念等因素制约,“棍棒之下出孝子”、“不打不成器”等简单粗暴的教育观念和方式仍然存在,不能因为出现了伤亡结果,就将家长出于管教子女的善良动机而采取的一般程度的殴打、体罚,均认定为故意伤害犯罪。

最后,分析案发后行为。案发后行为是反映行为人作案时主观心态的一项参考因素。例如,在发现行为导致被害人生命健康受损害后,是予以二次加害,还是置之不理,抑或是马上积极施救,可不同程度反映行为人实施体罚时的主观心态。

在综合前述三方面予以判断的基础上,尤其要注重对实行行为特征的考察,此系定性的最重要因素。案发动机与案发后态度,并不具有单独的证明意义,只有与客观行为相结合才对定性有辅助的证明价值。具体而言,对出于恶意动机而以较大强度暴力殴打子女,导致子女伤亡的,无疑应认定为故意伤害罪甚至故意杀人罪。对于因管教目的实施体罚,发现子女伤亡后积极施救的,虽然从情理上分析,一般可反映出行为人不追求故意伤害的结果,但不能一概对具有类似情节的均认定为过失致人死亡罪,还应结合客观行为分情况处理:(1)在行为人动机无恶意,造成伤亡后果后悔罪救助的前提下,若体罚子女的手段毫无节制,大大超出了年幼子女所能承受的程度,足以造成重伤或死亡后果的,就不排除认定行为人主观上对伤害结果具有间接故意,从而认定为故意伤害罪,本案即属此种情况。(2)在无恶意动机且案后悔罪救助的前提下,如果体罚子女只是一般的轻微殴打行为,本不足以导致轻伤以上后果,但由于被害人自身隐性体质问题或者其他偶然因素介入导致重伤或死亡的情况下(如被害人患有心脏疾病受激下致心功能衰竭,或掌推被害人跌倒后磕碰石块),若行为人对此并不明知,则一般应认定为过失致人死亡;即使行为人知道被害人有疾病,但若之前曾有过轻微的打骂行为并未造成被害人身体伤害,而案发时类似的行为却发生了伤亡后果(如被害人该段时间感染心肌炎,行为人的强烈呵斥或轻微击打导致其心梗死亡),则无法认定行为人具有追求和放任危害结果发生的意图,通常也认为构成过失致人死亡。

2. 被告人肖某的行为属于故意伤害致人死亡

基于上述分析，我们认为，本案被告人肖某的行为应属于故意伤害致人死亡。理由如下：

首先，从客观行为分析。被告人肖某先是为惩戒被害人的说谎行为而用衣架打被害人大腿内侧并罚跪，后又因被害人尿床而用衣架殴打大腿内侧、踢臀部等方法再次体罚。认定肖某构成过失致人死亡罪的观点认为，本案犯罪手段强度有限，以一般人认知标准判断，踢臀部、打大腿内侧和罚跪的体罚方式通常不会具有致人重伤乃至死亡的危险性，所使用的衣架也只是日常生活用品，从工具危险性、击打部位而言，一般不会造成对人身的重大伤害，因此肖某属于疏忽大意的过失致人死亡。我们认为，此观点值得商榷。本案法院认定被告人的犯罪手段为“用衣架殴打大腿内侧、踢臀部、罚跪”等，然而，从法医学常识判断，“胰腺搓碎、睾丸挫碎、双侧后腹膜积血”的伤情，绝不仅仅是“衣架打大腿内侧、罚跪、踢臀部”就能够形成的。鉴定意见亦载明，被害人“系被巨大钝性暴力打击致胰腺搓碎、睾丸挫碎、双侧后腹膜积血、全身多处皮下组织出血引起失血性休克合并创伤性休克死亡”。此外，体罚程度的轻重不仅需要考虑工具危险性和击打部位，还需考量犯罪对象、行为的持续时间等。本案中，肖某先是当晚 21 时许用衣架殴打庄某某并罚跪约一个小时，仅隔数小时后的次日 1 时许，又用衣架长时间殴打并用脚踢庄某某。被害人年仅 3 岁，即使一般不具有致死危险性的衣架，在持续长时间的击打下，亦足以对其造成伤亡危险，何况其所遭到的较长时间、较大强度的体罚殴打，已大大超出了一个 3 岁幼童所能承受的限度。

其次，从案发起因和家庭情况分析。被害人庄某某是被告人肖某亲生子，肖某平时对其较疼爱，并无虐待行为，但因孩子长期未与其共同生活，沟通较少，故其对孩子管教较严，而本案的诱因也是因为小孩撒谎和尿床，因此本案的动机是为了管教子女，从侧面证实被告人并不希望出现被害人伤亡的结果。

最后，从案发后表现分析。殴打实施数小时后，被告人肖某发现被害人呼吸困难，立即送被害人到医院抢救，证实其并非追求死亡结果的发生。

综合全案情节，通过考察案发起因和案发后行为可知，肖某应不具有致被害人死亡的故意。但肖某本身即是有意识的通过体罚以达到惩罚、警戒被害人的目的，其对于行为会造成被害人身体的不适甚至伤害，是有认识且不排斥的。根据客观上较长时间、较密集频率的体罚行为、被害人伤情及死因，足以证实被害人生前遭受了较大强度的暴力。肖某明知被害人作为年仅 3 岁的幼童，体质及抗击力相当柔弱，仍实施了足以造成严重后果的体罚殴打，故肖某对伤害结果持有放任心态是能够认定的。综上，本案应认定肖某构成故意伤害罪，原审法院认定为过失致人死亡罪，有待商榷。

（三）对家长暴力管教子女致死案件，量刑时应考虑案件特殊性，做到罪责刑相适应

除了惩罚犯罪，刑罚亦有教育、感化功能，亦应体现其人文关怀。本案属于家长管教子女过程中发生的暴力致死案件，量刑时应当充分考虑其特殊性。首先，就社会危害性和主观恶性而言，此类案件发生在家庭成员间，是在教子心切、过于苛责的心态驱使下，因管教方法简单粗暴所导致的人伦悲剧，成因上离不开社会文化的背景，动机上包含善意因素，且犯罪对象特定，行为人案发后多极为悔恨自责，社会危害性、主观恶性、人身危险性相对较小。其次，就当前的刑事政策而言，最高人民法院《全国法院维护农村稳定刑事审判工作座谈会纪要》以及《关于贯彻宽严相济刑事政策的若干意见》，都体现了对婚姻家庭纠纷引发案件的处理，应当有别于社会上针对不特定对象所实施的同种犯罪，该从宽的要依法体现从宽。最后，就社会效果而言，此类案件的犯罪动机较容易得到社会大众的理解和宽恕，对此类案件酌情适度从宽处罚不至于造成不良影响，且从宽处罚有利于修复受损的家庭关系，促进家庭及社会正常生活秩序的重归融合。

对于此类父母因教育子女方式不当引发的案件，如果根据案件情况应认定为故意伤害罪的，除了伤害后果因素外，还要充分考虑犯罪动机、伤害手段，具备从宽处罚情节的，一般应从宽处罚。需要指出的是，对于体罚构成故意伤害致人死亡，如果根据具体案情，即使从轻判处十年有期徒刑仍明显过重，导致罪责刑不相适应的，可依据刑法第六十三条的规定，在法定刑以下判处刑罚并层报最高人民法院核准。

本案中，量刑时还有以下从轻情节需考虑：一是被告人肖某明知医院警务室报案后，仍在现场等候处理，归案后亦能如实供述其犯罪事实，成立自首，存在法定从轻情节；二是肖某发现被害人呼吸困难后立即主动送被害人抢救，且被害人的父亲、祖父母对肖某的行为表示谅解，肖某有一幼女需照顾，存在酌定从轻情节。总之，家长体罚子女致死的案件，应在综合考察的前提下，把握案件特殊性，准确定罪、量刑。

（撰稿：最高人民法院刑一庭　渠　帆
审编：最高人民法院刑一庭　冉　容）

[第997号]贾斌非法拘禁案

——抱走年幼继女向欲离婚的妻子索要所支出的抚养费、彩礼费的行为，如何定性

【关键词】　非法拘禁罪　绑架罪　拐骗儿童罪　拐卖儿童罪　罪名　挟持幼年继女　索取债务

一、基本案情

被告人贾斌，男，1987年2月20日出生，无业。2012年10月12日因涉嫌犯绑架罪被逮捕。

山西省山阴县人民检察院以被告人贾斌犯绑架罪，向山阴县人民法院提起公诉。

被告人贾斌辩称：其不构成绑架罪；其向妻子李宝珠索要人民币（以下币种同）8万元离婚赔偿款并无不当；李欺骗其感情，有过错在先。其辩护人提出：贾斌抱走继女不属于绑架，即使构成犯罪，也属于非法拘禁罪。

山阴县人民法院经审理查明：

2011年3月25日，被告人贾斌与李宝珠结婚。婚后二人共同抚养李宝珠与前男友李宝所生女儿李某某（女，时年3岁）。2012年9月27日，李宝珠欲与李宝复合，遂向贾斌提出离婚。贾斌要求李宝珠退还其为李某某所支出的抚养费、结婚彩礼等共5万元。二人协商未果，当日李宝珠带李某某回娘家居住。次日9时许，贾斌乘出租车到山西省山阴县西沟村李宝珠的娘家，看望继女李某某，并带李某某到附近小卖部购买零食，返回家中发现无人后，便带李某某离开，乘车前往山西省大同市。途中，贾斌给李宝珠发信息、打电话，要求李宝珠准备8万元现金来交换女儿李某某，后又要求李宝珠到大同市见面。李宝珠即报警。当晚23时许，贾斌被公安人员抓获。其间，贾斌对李某某未实施伤害行为。

另查明，2013年2月4日，贾斌与李宝珠就婚姻纠纷向山阴县人民提起诉讼，经该院主持调解，双方达成离婚协议，李宝珠对贾斌的行为表示谅解。

山阴县人民法院认为，被告人贾斌挟持其继女李某某的行为构成非法拘禁罪。公诉机关指

控贾斌的犯罪事实清楚,但指控贾斌构成绑架罪的罪名不当。贾斌主观上是为解决与妻子的婚姻问题而实施该行为,系事出有因,不符合绑架罪中以勒索财物为目的的特征,且行为上没有采取暴力强制手段,也未造成任何后果,考虑其与继女有别于亲生子女的法律关系,抱走继女远离家庭居所,已形成对受害人人身自由的限制,具有一定的危险性,故认定贾斌构成非法拘禁罪。鉴于本案系因婚姻家庭纠纷引发,贾斌未对被害人实施伤害行为,已取得被害人亲属的谅解,在量刑时应予以考虑。据此,山阴县人民法院以被告人贾斌犯非法拘禁罪,判处有期徒刑八个月。

一审宣判后,被告人贾斌未提起上诉,检察机关亦未抗诉,该判决已发生法律效力。

二、主要问题

抱走年幼继女向欲离婚的妻子索要所支出的抚养费、彩礼费的行为,如何定性?

三、裁判理由

本案审理过程中,对被告人贾斌的行为如何定性,存在不同意见。第一种意见认为,贾斌挟持继女,主观上是为解决其与妻子的离婚纠纷,索要的财物属于离婚纠纷范畴,故不属于绑架罪中以勒索财物为目的的情形,符合“索债型”非法拘禁罪的特点,应当以非法拘禁罪定罪处罚。第二种意见认为,贾斌将孩子带往远离山阴县的大同市,孩子完全置于其个人的实际控制之下,并以对孩子实施伤害行为相要挟,提出勒索财物的非法要求,应当以绑架罪论处。部分持该意见的同时认为,贾斌索要婚姻存续期间孩子的抚养费、结婚彩礼等财物的行为,并非非法要求,不属于绑架罪中的“勒索”财物,不属于“索财型”绑架罪。但是贾斌为了让李宝珠到大同市与其见面,而以孩子为要挟,属于以绑架他人作为人质的情形,即构成“人质型”绑架罪。第三种意见认为,贾斌拐骗不满 14 周岁的未成年人,使其脱离家庭或者监护人,构成拐骗儿童罪。

我们同意第一种意见,即被告人贾斌擅自将李某某带走的行为,构成非法拘禁罪。非法拘禁罪、绑架罪以及拐骗儿童罪,这三个罪名在客观方面的一个突出的共同点是都存在对人身自由的非法剥夺行为。这一共同点是造成司法实践中这三个罪名容易被混淆的主要原因。结合对上述三种罪名的辨析,对被告人贾斌的行为定性分析如下:

(一)离婚分居期间私自带走继女的行为具有严重违法性,具有应受刑罚处罚性

婚姻法第二十七条第二款规定:“继父或继母和受其抚养教育的继子女间的权利和义务,适用本法对父母子女关系的有关规定。”可见,继父母与继子女的法律关系是建立在继父母与继子女生父母的婚姻基础上,并且继父母要对继子女形成抚养、教育关系,才能与继子女形成拟制血亲,具有与生父母同等的权利义务。当上述两个条件同时存在时,这种父母子女法律关系就不会改变。但是,如果继父母与继子女的生父母离婚,那么这种拟制血亲就会随着婚姻的解体而结束。结合本案,被告人贾斌在与继女共同生活期间,对继女尽了抚养教育义务,其对继子女的权利、义务等同于生父母,也就是说贾斌对继女具有监护权。在此情况下,贾斌将继女擅自带走的行为是否违法?如果贾斌在婚姻关系正常时期将继女私自带走,因其对继女有监护权,只要其对继女无伤害行为,就不违法。但是本案的特殊性在于,其是发生在贾斌与其妻李宝珠协议离婚并已分居期间。虽然从法律形式上说,婚姻关系仍存续,但是双方对结束婚姻的意向已达成一致,只是还存在财产上的纠纷未能解决,导致无法办理离婚手续。从法律角度以及社会习俗等来看,分居后对未成年子女,尤其是幼女的监护权理所当然应归其生母行使。在离婚程序启动后,婚姻双方的权利、义务处于未决状态,相应地,以婚姻关系为基础的其他权利、义务亦应处于未决状态。这种情况下,当事人只应在合理范围内行使必要的权利。此时,当事人对离婚后将会发生改变的权利、义务应暂停行使或者只在必要的、合理的限度内行使。而贾斌出于要挟其妻的目的,私自带走继女,同时索要离婚纠纷所涉财物,该行为已经明显超出其待定监护权的应有的合理限

度,使年幼的继女脱离生母照管,侵犯了继女的人身自由权利和儿童的合法权益,其行为具有严重的违法性,具有应受刑罚处罚性。

（二）抱走继女并以继女的人身安全为要挟,向欲离婚妻子索要已支付的抚养费、彩礼费的,构成非法拘禁罪

1. 贾斌的行为不构成绑架罪。根据刑法第二百三十九条的规定,绑架罪是指以勒索财物为目的绑架他人,或者绑架他人作为人质的行为,即绑架罪分为“索财型”与“人质型”两种。刑法对绑架罪的主观方面明确规定为两种目的:一种是索财型,就是以被绑架人的人身安全为要挟,目的是向他人勒索钱财,即通常所说的掳人勒赎或者“绑票”。此种行为中,被勒索人通常是被绑架人的亲友,行为人正是利用了被勒索人对被绑架人的人身安危的高度担忧,而以被绑架人的人身安危作为筹码,以换取不义之财。另一种是指行为人出于勒索钱财以外的其他目的,而劫持被绑架人作为人质的行为。这里所说的其他目的是指除勒索财物以外的其他非法目的,如出于政治目的,或者为了逃避追捕或者请求释放罪犯等都可以成为人质型绑架罪的目的。值得注意的是,无论是“索财型”绑架还是“人质型”绑架,都是一种严重侵犯公民人身安全的犯罪,行为人都是以被绑架人的生命健康作为威胁,当其非法目的不能实现时,可能会危及被绑架人的人身安全。故绑架犯罪属于从严打击的对象。刑法规定,绑架罪处十年以上有期徒刑或者无期徒刑;对于情节较轻的,处五年以上十年以下有期徒刑。司法实践中,对于行为人具有以下行为的一般认定为“情节较轻”:主动释放被绑架人;未对被绑架人有殴打、伤害等行为;善待被绑架人;勒索赎金数额不高;等等。当然,要认定是否属于“情节较轻”还要结合行为人的主观恶性、人身危险性等诸多因素综合判断。需要强调的是,有时在民间矛盾冲突过程中,当事人因一时冲动,不能理性处理问题,为了达到己方目的,迫使对方当事人妥协,而将他人予以扣留或者关押的,但其并未以他人生命安全作为威胁,一般不宜作绑架罪处理。

本案中,被告人贾斌抱走继女,以索要离婚纠纷中所涉财物的行为,既不构成“索财型”绑架罪也不构成“人质型”绑架罪。首先,在主观要件上,贾斌索要的财产是夫妻在离婚纠纷中,双方存有争议、尚未达成一致意见的财产,其索要财产的数额并未超过合理限度,其主观上不具备“索财型”绑架罪中的恶意勒索他人财物、获取不义之财的目的,故不构成“索财型”绑架罪。其次,贾斌在将其继女挟持期间,并没有以继女的生命安全威胁其妻,也没有以继女的生命相要挟提出其他非法要求,不具有“人质型”绑架罪中为实现非法目的,以被绑架人的生命安全相要挟的客观行为,故不构成“人质型”绑架罪。

2. 贾斌的行为不构成拐骗儿童罪。根据刑法第二百六十二条的规定,拐骗儿童罪是指拐骗不满14周岁的未成年人,脱离家庭或者监护人的行为。这里所说的“拐骗”,主要是指用欺骗、利诱或者其他手段将不满14周岁的儿童带走,使其脱离家庭或者监护人。刑法没有规定拐骗儿童的目的是什么,也就是说,刑法对拐骗儿童的目的没有特殊要求,这是拐骗儿童罪与绑架罪的区别。但是,实践中拐骗儿童通常都是有其目的的,探究刑法关于拐骗儿童罪的立法本意,是对此类行为准确定性的基础,也是界定此罪与彼罪的关键。理论界和实务界普遍认为,拐骗儿童罪往往是以收养为目的,或者以奴役、使唤为目的。我们认为,这种对拐骗儿童行为的目的的解读符合刑法对拐骗儿童罪的立法本意,同时也有助于区分拐骗儿童罪和以儿童为犯罪对象的非法拘禁罪。以法律条文在法律体系中的地位,依其编、章、节、条、款项之关联位置,阐明规范的意旨,这种方法即体系解释法。刑法罪名的排列,是按照犯罪侵犯的不同法益而分类排列的。非法拘禁罪、绑架罪和拐骗儿童罪都是刑法分则第四章侵犯公民人身权利、民主权利犯罪中的罪名。但具体到不同罪名,其各自侵犯的法益又有所不同。从非法拘禁罪、绑架罪、拐骗儿童罪的罪名排

列情况看，非法拘禁罪与绑架罪紧随杀人、伤害、强奸等以侵犯公民生命、身体健康权利为主的犯罪之后，非法拘禁罪侵犯的是人身自由权，绑架罪侵犯的人身自由权与生命健康权，二罪侵犯的客体都是公民的人身（自由、安全）权利。而拐骗儿童罪是与暴力干涉婚姻自由罪、破坏军婚罪、重婚罪、虐待罪、遗弃罪等破坏婚姻、家庭关系的犯罪规定在一起，作为破坏家庭关系犯罪的一部分。可见，刑法规定拐骗儿童罪的目的，侧重的是对家庭关系的保护。行为人实施的拐骗儿童行为，导致整个家庭关系受到严重破坏，家庭成员的情感受到极大伤害，同时也侵犯了儿童在合法监护人身边成长的合法权益，这些是拐骗儿童罪所侵犯的客体。由此，行为人实施拐骗儿童的行为，应当是以收养、役使为目的，以使儿童长期或者永久脱离家庭或者监护人。这是拐骗儿童罪的一个重要特征。当然，若以出卖或者获利为目的将儿童拐骗的行为，则应当以拐卖儿童罪论处。

本案中，被告人贾斌与其妻离婚期间，双方因对支付离婚补偿款（包括继女的抚养费等）未达成一致，离婚未果，其妻将她亲生女儿带回娘家生活。贾斌为迫使其妻答应离婚条件以及与其见面，而将时年 3 岁的继女带至外地，并以此为要挟，若其妻不答应他的要求，便不送还继女。贾斌带走继女，并非出于自己收养或者奴役、使唤的目的，不具备使继女长期脱离家庭的意图，仅是通过暂时限制继女的人身自由，来迫使其妻在离婚纠纷中妥协。因此，贾斌的行为不具有收养、奴役等目的，不符合拐骗儿童犯罪的主观要件。

3. 根据刑法第二百三十八条的规定，非法拘禁罪是指非法拘禁或者以其他方法非法剥夺他人人身自由的行为。刑法并未规定非法拘禁的目的，主观方面上不要求有特定目的，即只要具备非法剥夺他人人身自由的直接故意并且实施了拘禁行为即可构成本罪。这是非法拘禁罪与绑架罪在主观方面的显著区别。关于客观方面，所谓拘禁行为，其方式可以是多种多样的，典型的拘禁方式有捆绑、扣留、关押等。刑法条文中还规定了其他非法剥夺人身自由的方式，虽然没有明确列举，但是只要是客观上剥夺了人身自由的即可构成本罪。这种剥夺包括对儿童以哄骗的方式进行“软禁”，给被害人喂食安眠药，使得被害人无法知晓自身处境等，只要是非法剥夺了公民的人身自由权即构成本罪，对行为方式并无限定。另外，刑法第二百三十八条第三款规定，为索取债务非法扣押、拘禁他人的，依照非法拘禁罪处罚；《最高人民法院关于对为索取法律不予保护的债务非法拘禁他人行为如何定罪问题的解释》规定，行为人为索取高利贷、赌债等法律不予保护的债务，非法扣押、拘禁他人的，依照非法拘禁罪定罪处罚。由此可见，对索债型非法拘禁的行为，无论其债务是否合法，只要有债权债务关系存在，即以非法拘禁罪定罪处罚。

本案中，被告人贾斌为解决离婚财产纠纷，向其妻索要婚姻存续期间对其继女的抚养费、二人结婚时的彩礼等费用，而将继女擅自带至外地，并以此胁迫其妻支付上述费用，否则不送还继女。贾斌的行为符合为索要债务而非法扣押他人的情形，依法构成非法拘禁罪。

（撰稿：最高人民法院刑一庭　张　眉
山西省山阴县人民法院　赵清库
审编：最高人民法院刑一庭　冉　容）

[第998号]朱朝春虐待案

——夫妻离婚后仍然共同生活的,属于虐待罪犯罪主体构成要件中的"家庭成员"

【关键词】 虐待罪 虐待罪的主体 离婚后共同生活 家庭成员的认定

一、基本案情

被告人朱朝春,男,1974年1月15日出生,无业。2011年8月17日因涉嫌犯虐待罪被逮捕。

湖北省武汉市汉阳区人民检察院以被告人朱朝春犯虐待罪,向汉阳区人民法院提起公诉。

被告人朱朝春及其辩护人基于以下理由均提出对朱朝春不应适用刑法第二百六十条第二款以及即使构成犯罪也应当从轻处罚的意见:朱朝春殴打刘祎的行为不具有经常性、持续性的特点;刘祎与朱朝春不属于同一家庭成员;刘祎自杀的原因无法查清,不应认定系朱朝春的行为致使刘祎自杀;朱朝春的行为即使构成犯罪,也应当认定为具有自首情节,且其采取积极措施救治刘祎,认罪态度好,请求从轻处罚。

武汉市汉阳区人民法院经公开审理查明:

1998年9月,被告人朱朝春与被害人刘祎(女,殁年31岁)结婚。2007年11月,二人协议离婚,但仍以夫妻名义共同生活。2006年至2011年期间,朱朝春多次因感情问题以及家庭琐事对刘祎进行殴打,致使刘祎多次受伤。2011年7月11日,朱朝春又因女儿教育问题和怀疑女儿非自己亲生等事项再次与刘祎发生争执。朱朝春拿皮带对刘祎进行殴打,致使刘祎持匕首自杀。朱朝春随即将刘祎送医院抢救。经鉴定,刘祎体表多处挫伤,因被锐器刺中左胸部致心脏破裂大失血,抢救无效死亡。

另查明,朱朝春在将刘祎送往医院后,主动打电话报警,后公安人员将朱朝春带回审查,朱朝春如实供述了殴打刘祎的犯罪事实。

武汉市汉阳区人民法院认为,被告人朱朝春经常性、持续性地采取殴打等手段损害家庭成员身心健康,致使被害人刘祎不堪忍受身体上和精神上的摧残而自杀身亡,朱朝春的行为构成虐待罪。关于朱朝春及其辩护人所提朱朝春不构成虐待罪的相关辩解、辩护意见,经查:(1)刘祎手写的1998年至2005年期间被朱朝春多次殴打及精神虐待的记录;证人朱世清、许惠芳、刘练、周安定等的证言,均证明朱朝春长期殴打刘祎致使其身体和精神受到侵害;2001年1月、2006年1月、2011年3月和6月朱朝春实施的几次比较严重的殴打行为,有刘祎的伤情照片以及刘祎受伤后至医院治疗的数份门诊病历、出院记录、出院诊断证明等证据予以证实,故朱朝春对刘祎的虐待具有经常性、持续性。(2)朱朝春与刘祎于2007年10月协议离婚后,仍以夫妻名义共同生活,共同抚养子女,相互之间存在扶养关系,双方亲属和周围群众也认为二人是夫妻,故刘祎与朱朝春应当认定为同一家庭成员。(3)由于朱朝春长期、多次对刘祎进行虐待,致使刘祎无法忍受而自杀死亡,朱朝春的虐待行为与刘祎的死亡结果之间具有刑法上的因果关系。综上,对上述辩解、辩护意见不予采纳。关于朱朝春及其辩护人所提请求从轻处罚的意见,情况属实,理由成立,予以采纳。据此,依照《中华人民共和国刑法》第二百六十条第二款、第六十七条第一款以及《最高人民法院关于处理自首和立功具体应用法律若干问题的解释》第一条之规定,武汉市汉阳区人民法院以被告人朱朝春犯虐待罪,判处有期徒刑五年。

一审宣判后，被告人朱朝春不服，以“没有实施虐待行为，一审判决定罪不准，量刑过重等”为由向武汉市中级人民法院提起上诉。

武汉市中级人民法院经审理认为，被告人朱朝春虐待共同生活的家庭成员刘祎，致使刘祎自杀身亡，其行为构成虐待罪。作案后朱朝春具有自首情节，一审已对其依法从轻处罚，故朱朝春所提上诉理由不能成立。一审判决认定的事实清楚，证据确实、充分，定罪准确，量刑适当，审判程序合法。依照《中华人民共和国刑事诉讼法》(1996 年)第一百八十九条第一项之规定，武汉市中级人民法院裁定驳回上诉，维持原判。

二、主要问题

夫妻离婚后仍然共同生活的，是否属于虐待罪主体构成要件中的“家庭成员”？

三、裁判理由

根据刑法第二百六十条的规定，虐待家庭成员情节恶劣的，构成虐待罪；犯虐待罪，致使被害人重伤、死亡的，属于加重情节。虐待罪对犯罪主体和犯罪对象的身份有特别要求，只能发生在家庭成员之间。本案被告人朱朝春长期、多次对被害人刘祎实施身体上和精神上的摧残与折磨，致使刘祎不堪忍受而自杀身亡。由于朱朝春与刘祎在案发三年前就已离婚，此后虽然仍在一起共同生活，但是否能够认定为家庭成员，合议庭存在不同看法，主要形成两种意见：一种意见认为，朱朝春、刘祎不属于同一家庭成员，理由是二人已经离婚，即使仍在一起共同生活，也只能认定二人系同居关系，而不属于家庭成员；另一种意见认为，朱朝春、刘祎属于同一家庭成员，理由是二人虽已离婚，但仍以夫妻名义在同一家庭中共同生活、共同扶养子女、购置房产、履行夫妻间的权利义务，无论是朱朝春还是刘祎，以及双方的亲属和周围群众，都认为二人仍然是夫妻，故应当将刘祎认定为朱朝春的家庭成员。

我们赞同后一种意见，理由如下：

(一)关于“家庭成员”的法律规定及其理解

关于“家庭成员”的具体含义，刑法及相关司法解释均未明确作出规定。从立法沿革分析，1979 年刑法将虐待罪设立在妨碍婚姻家庭罪一章，主要的考虑在于该罪属于与婚姻家庭有关的犯罪，处罚的是严重破坏婚姻家庭关系的行为。1997 年刑法将该罪设立在侵犯公民人身权利民主权利罪一章，但该罪的犯罪主体和犯罪对象仍然限定为家庭成员，调整的仍然是发生在家庭内部的、侵害家庭关系的行为。

我国民法关于家庭成员的规定也不明确、完整。如婚姻法没有对家庭成员的具体含义作出明确规定。该法第三章“家庭关系”，列举了夫与妻，父母与子女(包括婚生或非婚生子女，合法的养子女和继子女)，祖父母、外祖父母与孙子女、外孙子女以及兄姐弟妹四类家庭关系，但除了这四类家庭关系外，是否还有其他主体之间的关系也属于家庭关系，婚姻法没有作出规定。从大众的通常观念来看，婚姻法没有将儿媳与公婆、女婿与岳父母等关系作为家庭成员关系予以规定，似有不足。再如，根据收养法第十七条的规定，孤儿或者生父母无力抚养的子女，可以由生父母的亲属、朋友抚养，且这种关系不适用收养关系。如果具有这种事实抚养关系的主体之间，一方对另一方实施虐待行为，对侵害人不以虐待罪处罚，难以被社会所接受，也不符合公平正义理念。因此，我们认为，这种具有事实抚养关系的主体之间，也应当认定为家庭成员。

由此可见，对于家庭成员的认定，不能仅限于具有婚姻法规定的基于婚姻和血亲基础形成的四类家庭关系的主体，对于具有同居、扶养、寄养等“类家庭”关系的主体，也应纳入家庭成员的范畴。事实上，联合国文件以及很多国家、地区的立法规定，都已经把具有“类家庭”关系的主体规定为家庭成员。如联合国《反对针对妇女暴力的立法框架》规定，反对家庭暴力的立法应该至少适用于:目前正处于或曾经有过亲密关系的个人,包括婚姻、非婚、同居关系;与他人有家庭关系的个人;同一住户的成员。我国台湾地区家庭暴力防治方面的规定,将家庭成员定义为下列各种人员及其未成年子女:(1)配偶或前配偶。(2)现有或曾有同居关系、家长家属或家属间关系者。(3)现为或曾为直系血亲或直系姻亲。(4)现为或曾为四亲等以内之旁系血亲或旁系姻亲。上述规定关于家庭成员的定义,不只是为了与公众的通常观念保持一致,而是为了更好地解决传统意义上的家庭成员以及"类家庭"成员之间出现的法律问题,保护儿童、老人和妇女等弱势群体的权利,促进家庭和谐,维护社会稳定。这种立法规定既是社会文明进步的标志,也是维护和保障人权的一项措施。因此,我们认为,在司法实践中,对家庭成员的界定宜作宽泛理解,除了婚姻法规定的具有四类家庭关系的主体外,具有恋爱、同居、扶养等关系的主体,也应当视为"家庭成员"。

(二)夫妻离婚后仍然在一起共同生活的,应当认定为家庭成员

夫妻离婚后仍然在一起共同生活的,二人之间的关系与婚姻法规定的夫妻关系相比,除了没有履行婚姻登记手续以及其在民事法律关系上有别于夫妻之外,其余方面差别不大。双方具有夫妻之间特有的亲密关系,无论是从大众的通常观念来看,还是出于司法实践的需要,都应当将之认定为家庭成员:

1. 从通常观念来看,夫妻离婚后仍然在一起共同生活的,二人之间的情感关系和社会关系都体现出家庭成员的特征,夫妻关系也得到社会明示或者默许的认同,离婚前形成的家庭关系仍然在延续。本案被告人朱朝春和被害人刘祎,虽然二人已协议离婚,但此后一直以夫妻名义在同一家庭中共同生活、共同抚养子女、共同购置房产,相互履行夫妻之间的权利和义务。无论是当事人自己,还是双方亲属及周围群众,都认为二人仍然是夫妻,故朱朝春和刘祎应当认定为同一家庭成员。

2. 从司法实践需要来看,夫妻离婚后仍然在一起共同生活的,如果一方对另一方实施虐待行为,采取各种手段对被害人进行身体和精神上的摧残,这种虐待行为与法定夫妻之间的虐待行为并无差异。如果不将侵害人和被害人认定为家庭成员,势必出现同样严重的虐待行为,若是发生在法定夫妻之间,则被害人可以虐待罪追究侵害人的刑事责任;但若二人离婚,则被害人无权就虐待行为提起告诉,无法追究侵害人的刑事责任。同样的侵害行为,同样的侵害主体,仅因一张离婚证书之故,就可能出现罪与非罪的迥然不同的结果,这严重违背了任何人犯罪都应平等适用法律的基本原则。因此,为了保护被害人的合法权益,夫妻离婚后仍然在一起共同生活的,如果一方对另一方实施虐待,只要达到了情节恶劣的程度,就应当以虐待罪对侵害人进行惩处,而不能因一张离婚证书就免受刑事责任追究。本案中,无论是在被告人朱朝春和被害人刘祎婚姻关系存续期间还是在二人协议离婚之后,朱朝春均对刘祎实施过多次殴打,对刘祎造成了严重的身体和精神侵害。案发当日,朱朝春再次对刘祎进行殴打,致使刘祎因无法继续忍受而自杀身亡。朱朝春对刘祎的死亡后果承担刑事责任符合法理常情。

综上,一、二审法院将被害人刘祎认定为被告人朱朝春的家庭成员,对朱朝春以虐待罪判处有期徒刑五年是正确的。

(撰稿:湖北省武汉市中级人民法院　孔　磊
最高人民法院刑一庭　唐俊杰
审编:最高人民法院刑一庭　冉　容)

[第999号]任福文拐骗儿童案

——采取欺骗方式使儿童脱离家庭以供役使的行为如何定性

【关键词】 拐骗儿童罪 雇用童工从事危重劳动罪 拐骗的行为表现 家庭寄养协议 欺骗儿童 脱离家庭 犯罪目的

一、基本案情

被告人任福文,男,1975年2月22日出生,无业。2010年4月1日因涉嫌犯拐骗儿童罪被逮捕。

四川省雷波县人民检察院以被告人任福文犯拐骗儿童罪,向雷波县人民法院提起公诉。

被告人任福文辩称:其为救助孤儿,按照民政局提供的寄养协议进行寄养,是慈善行为,其兑现承诺,没有骗人钱财,无犯罪目的、动机和后果,不构成犯罪。其辩护人提出:任福文提供给儿童家长的身份证、住址、手机、银行卡、寄养场所均真实存在,其目的是使贫困儿童能学习文化、技术,勤工俭学获得补助,拥有生存本领,在带走儿童前与儿童家长签订"家庭寄养协议",没有欺骗、引诱行为,应当对任福文宣告无罪。

雷波县人民法院经审理查明:被告人任福文通过互联网结识四川省昭觉县人勒伍阿机(另案处理),以救助孤儿为名让勒伍阿机为其在昭觉县招收20名孤儿带往山东省某地寄养,称孤儿可学习挖野菜、包包子、在餐馆帮忙,并由大学生或者志愿者为孤儿补习文化课。勒伍阿机找到四川省雷波县咪姑乡人熊某某(在校大学生、另案处理),让熊某某放假回乡时宣传此事,并将任福文的QQ号告诉熊某某,方便二人联系。三人商议,任福文负责将招来的儿童带回山东省某地,承担衣、食、住、行等开支,勒伍阿机、熊某某负责在当地宣传,勒伍阿机还负责翻译和管理儿童,熊某某负责联系。任福文承诺,勒伍阿机每介绍一名儿童每年给其人民币(以下币种同)1000元及一定工资,熊某某每介绍一名儿童给其500元。勒伍阿机、熊某某按照任福文的要求向儿童监护人进行宣传,任福文向儿童监护人许诺,其将为儿童提供教育、代为抚养、送儿童学习技术,每年春节送儿童回家过年时给予2500元补助,并赠送电视机、手机或者摩托车作年货,共骗取8名未满14周岁儿童的监护人签订了"家庭寄养协议"。同月15日,任福文租车将8名儿童带至雷波县汽车站,准备乘车前往山东,因形迹可疑被抓获,8名儿童均被解救回家。

雷波县人民法院认为,被告人任福文以家庭寄养为名,采取蒙骗、利诱的方法,使8名不满14周岁的儿童脱离家庭和监护人,其行为构成拐骗儿童罪。雷波县人民检察院指控罪名成立。关于任福文的辩解,经查,其属无业人员,无固定收入和较好的经济来源,根据《家庭寄养管理暂行办法》规定,其根本不具备家庭寄养条件,无能力供养多名儿童,其与儿童监护人签订的家庭寄养协议是采用利诱和蒙骗方法取得,并非监护人真实意思表示,具有社会危害性,构成犯罪。任福文提供真实的身份证、住址、手机号等给儿童监护人,对外宣传为贫困儿童提供各种优厚条件,是为了获取监护人的信任并自愿将儿童交给其带走所采取的必要手段,目的是拐骗儿童供其使唤。故任福文的辩解和其辩护人的意见均不能成立,不予采纳。据此,依照《中华人民共和国刑法》第二百六十二条,雷波县人民法院以被告人任福文犯拐骗儿童罪,判处有期徒刑三年。

一审宣判后,被告人任福文不服,以其行为不构成犯罪为由向四川省凉山彝族自治州中级人民法院提出上诉。

凉山彝族自治州中级人民法院经审理认为，被告人任福文并无相关资质，以家庭寄养为名，采取欺骗、利诱的方法，骗取被拐骗儿童监护人的信任，使8名不满14周岁的未成年人脱离家庭和监护人，其行为构成拐骗儿童罪。任福文的上诉理由不能成立，不予采纳。据此，凉山彝族自治州中级人民法院裁定驳回上诉，维持原判。

二、主要问题

采取欺骗方式使儿童脱离家庭以供役使的行为如何定性？

三、裁判理由

拐骗儿童罪，是指采取蒙骗、利诱或者其他方法，使不满14周岁的未成年人脱离家庭或者监护人的行为。对于如何认定行为人的主观目的和客观上的拐骗行为，实践中存在一定争议。以下结合本案进行具体分析：

（一）拐骗儿童罪的犯罪目的

犯罪目的在一定程度上反映了行为人的主观恶性，并且通常是区分罪与非罪、此罪与彼罪的一个重要因素。拐骗儿童罪是侵犯公民人身权利的犯罪，刑法没有明文规定构成该罪需要具备特别目的要件，但理论界通说认为，行为人实施拐骗行为主观上一般具有收养或者役使等目的，以此区别于以勒索财物为目的的绑架罪和以出卖为目的的拐卖儿童罪。

本案中，被告人任福文在山东省某地承租房屋准备经营包子店后，千里迢迢前往四川省梁山彝族自治州招募儿童，利用当地交通不便，信息相对闭塞，民众思想单纯等客观条件，欺骗儿童家长或者监护人，以寄养为名，实为使儿童脱离家庭到其包子店打工，主观上具有拐骗儿童供其役使的犯罪目的。故符合拐骗儿童罪的主观特征。

（二）“拐骗”概念的界定与行为表现

拐骗儿童，一般是指用欺骗、利诱等手段，使不满14周岁的未成年人脱离家庭或者监护人。关于拐骗是否包含偷盗、强抢等手段，实践中存在一定争议。我们认为，“拐骗”有“偷偷摸摸”、“欺骗”的含义，从文义解释角度看，“拐骗”不包含暴力等强制性手段。然而，从司法实际出发，基于对儿童权益的全面保护，应当对拐骗儿童罪中的“拐骗”概念予以扩张解释。如以收养为目的，偷盗、抢夺他人婴幼儿的，并不符合“拐骗”的文义解释特征，也无法以拐卖儿童罪或者绑架罪处理，严格遵从文义解释，则势必造成刑法惩治的漏洞。因此，拐骗儿童罪中的“拐骗”，即泛指一切违背儿童监护人意愿使儿童脱离家庭或者监护的行为，既包括欺骗性手段，也包括偷盗、强抢等手段。

欺骗是拐骗儿童的常用手段，行为人通过虚构事实、隐瞒真相，达到欺骗的目的。所谓“虚构事实”，就是行为人凭空捏造根本不存在的事实或者夸大事实，故意使对方产生与事实不符的错误判断。所谓“隐瞒真相”，就是行为人有意掩盖客观事物的本来面目，将本应告诉对方的真实情况有意不告诉对方，使对方在不知底细的情况下陷入行为人设置的圈套。上述两种欺骗方法的不同点是，前者是凭空虚构某种根本不存在的事实，后者是以某种已经存在的事实来掩盖另一种根本不存在的事实。行为人无论使用虚构事实还是隐瞒真相的欺骗方法，或者二者同时或者交叉使用，其本质都是制造假象，蒙骗被害人，结果都是让被害人陷入一种错误认识，进而做出违背本人真实意愿的行为。鉴于不满14周岁的儿童中，既包括不具有独立、自主意识思维能力的婴幼儿，也包括具有一定独立判断能力的儿童。因此，拐骗行为既可能针对儿童实施，也可能针对儿童的监护人或者看护人实施。

本案中，被告人任福文正是交叉使用了虚构事实和隐瞒真相两种欺骗方法来实施拐骗儿童的行为：

一方面,任福文虚构了其具有儿童家庭寄养的资质和条件。根据民政部于2003年10月27日印发的《家庭寄养管理暂行办法》[本案发生时该文件未失效,现已被《家庭寄养管理办法(2014年)》替代并废止]的规定,儿童家庭寄养,是指经过规定程序,将民政部门监护的儿童委托在家庭中养育的照料模式。被寄养儿童,是指监护权在县级以上地方人民政府民政部门,被民政部门或者民政部门批准的家庭寄养服务机构委托在符合条件的家庭中养育的、不满18周岁的孤儿、查找不到生父母的弃婴和儿童。寄养家庭应当有寄养服务机构所在地的常住户口和固定住所,有稳定的经济收入,家庭成员人均收入水平在当地人均收入中处于中等水平以上。

本案中,任福文既未经当地民政部门批准,也未接受民政部门批准的家庭寄养服务机构委托,不具备法定家庭寄养资质。故其与儿童监护人签订的"家庭寄养协议"不合法。同时,任福文并无固定工作,没有稳定的收入来源和可供寄养儿童正常生活居住的场所,任福文家庭的经济状况在烟台当地处于中下水平,其本人不务正业,也不具备法定家庭寄养条件。相反,从任福文本人及其家庭的经济条件看,其关于为每名儿童承担衣、食、住、行以及回家时给儿童家庭金钱和物质上的资助等承诺,根本无法实现。因此,任福文在本案中采用了虚构事实的欺骗手段。

另一方面,任福文隐瞒了招募儿童供其役使的真实目的。根据国务院2002年10月1日印发的《禁止使用童工规定》第二条、第十一条的规定,国家机关、社会团体、企业事业单位、民办非企业单位或者个体工商户均不得招用不满16周岁的未成年人(招用不满16周岁的未成年人,以下统称使用童工);拐骗童工、强迫童工劳动……使用不满14周岁的童工……依照刑法规定追究刑事责任。

虽然任福文提供了身份证、住址、手机、银行卡、寄养场所等真实信息,获得了不满14周岁未成年人的监护人的信任,与之签订"家庭寄养协议",同意将未成年人交由任福文带往山东省某地。但是,任福文并没有透露欲将招募的儿童带到山东其经营的包子店内从事体力劳动,即其行为实质上是拐骗并使这些不满14周岁的儿童做童工供其驱使,侵犯了他人的家庭关系和儿童的合法权益。因此,任福文采用了隐瞒事实真相的欺骗手段。

(三)对"脱离家庭或者监护人"的理解

构成拐骗儿童罪,要求客观上使儿童脱离家庭或者监护人。脱离家庭或者监护人,是指使儿童脱离家庭或者离开父母或者其他监护人,致使儿童的父母或者监护人不能继续对该未成年人行使监护权。监护权是监护人对未成年人等无民事行为能力人或者限制民事行为能力人的人身权益、财产权益所享有的监督、保护的身份权。拐骗儿童罪所保护的客体是儿童的人身、财产等合法权益及儿童所在家庭以对儿童教养保护为目的的监护关系,一旦拐骗儿童行为造成监护人不能继续行使监护权,就构成拐骗儿童罪。如果行为人主观上并无使儿童长时间与其监护人或者家庭脱离的故意或者其他卑劣动机,客观上将儿童带离时间较短即将儿童送还,社会危害不大,是否认定构成拐骗儿童罪,应当慎重处理。

本案中,被告人任福文通过与儿童家长或者监护人签订所谓"家庭寄养协议",将儿童带离家庭并前往雷波县车站,准备乘车离开四川省前往山东省,造成儿童离开各自的父母或者其他监护人,脱离了家庭或者监护人教养保护的范围,致使其父母或者监护人不能继续对该儿童行使监护权,无论从其主观目的还是客观行为来看,其拐骗儿童的行为都具有较大社会危害性,已构成拐骗儿童罪。

此外,值得注意的是,刑法第二百四十四条之一[刑法修正案(四)第四条增加]规定了雇用童工从事危重劳动罪。该罪名体现的禁止性规定是不能雇用不满16周岁的未成年人从事超强度的体力劳动,或者从事高空、井下作业,或者在爆炸性、易燃性、放射性、毒害性等危险环境下从事劳动。其中,超强度体力劳动是指超过劳动者正常体能所能合理承受的强度。故虽然雇用童工从事体力劳动本身属于非法行为,但其违法程度与童工所具体从事的劳动的强度大小、从事的岗位对技能的要求和工作环境是密切相关的。在此基础上,情节严重的,构成雇用童工从事危重劳动罪。本案中,被告人任福文招募不满14周岁的儿童到其经营的包子店做工,既不属于从事超强度的体力劳动,也不属于从事高空、井下作业或者在爆炸性、易燃性、放射性、毒害性等危险环境下从事劳动,故不构成雇用童工从事危重劳动罪。不过,现实中存在拐骗儿童脱离家庭或者监护人从事危重劳动的情形,该行为同时触犯拐骗儿童罪和雇用童工从事危重劳动罪,其中拐骗是手段行为,雇用童工从事危重劳动是目的行为,构成牵连犯,应当从一重罪处断。

(撰稿:最高人民法院刑一庭　曲晶晶
四川省雷波县人民法院　徐立才　余忠洪
审编:最高人民法院刑一庭　冉　容)

[第1000号]郑明寿拐卖儿童案

——如何理解偷盗型拐卖儿童罪中的"以出卖为目的"和"偷盗婴幼儿"中的"偷盗"

【关键词】 拐卖儿童罪　偷盗婴幼儿　以出卖为目的

一、基本案情

被告人郑明寿,男,1963年1月14日出生,农民。2008年11月19日因涉嫌犯拐卖儿童罪被逮捕。

福建省浦城县人民检察院以被告人郑明寿犯拐卖儿童罪,向浦城县人民法院提起公诉。

被告人郑明寿辩称:其虽然抱走了男婴,但没有出卖该男婴的目的,更未实际出卖,不构成拐卖儿童罪。

浦城县人民法院经审理查明:被告人郑明寿系福建省浦城县石陂镇碓下村村民。2008年7月24日左右,郑明寿产生将同村吴翠玲代为照料的尚未满月的男婴予以拐卖的念头。同月26日下午,郑明寿到吴翠玲家谈及男婴在闽南可卖到人民币(以下币种同)一两万元。27日20时许,郑明寿趁吴翠玲外出,把躺在婴儿车上的男婴抱走并逃离当地。28日1时许,公安人员抓获郑明寿,将男婴解救。

浦城县人民法院认为,被告人郑明寿以出卖为目的,偷盗婴幼儿的行为构成拐卖儿童罪。公诉机关指控的罪名成立。郑明寿所提没有出卖婴儿的目的的辩解理由,与其作案前告知他人男婴可卖得一两万元及其趁无人之机抱走男婴后沿小路外逃的主客观表现不符,不予采信。据此,依照《中华人民共和国刑法》第二百四十条第六项、第五十二条、第五十三条之规定,浦城县人民法院以被告人郑明寿犯拐卖儿童罪,判处有期徒刑十年,并处罚金人民币一千元。

一审宣判后,被告人郑明寿未提起上诉,检察机关亦未抗诉,该判决已发生法律效力。

二、主要问题

1. 如何理解偷盗型拐卖儿童罪中的"以出卖为目的"?
2. 如何理解"偷盗婴幼儿"中的"偷盗"?

三、裁判理由

根据我国刑法第二百四十条的规定，拐卖妇女、儿童的，处五年以上十年以下有期徒刑，并处罚金；具有“以出卖为目的，偷盗婴幼儿”等加重情节的，处十年以上有期徒刑或者无期徒刑，并处罚金或没收财产；情节特别严重的，处死刑，并处没收财产。从上述规定可知，如何准确理解“以出卖为目的，偷盗婴幼儿”，关系到法定加重处罚情节的适用，因此有必要明确。

（一）关于“以出卖为目的”的理解

有观点认为，“以出卖为目的”，是指在出卖目的的支配下实施出卖行为。我们认为，这种理解值得商榷。理由是：第一，犯罪目的是犯罪的主观要件，把“以出卖为目的”理解成出卖行为，混淆了主客观要件的关系。第二，这种观点增加了本罪客观要件的内容，按此观点，如果行为人未实施出卖行为，就只能认定为未遂，显然不符合立法原意，也不利于保护被拐妇女、儿童。第三，在没有实施出卖行为的情况下，仍然可以通过查证，仔细分析案件情况来认定是否具有出卖目的，不会扩大打击面。因此“以出卖为目的”仅指行为人的主观方面，不要求有实际的出卖行为。

本案中，虽然被告人郑明寿未来得及实施出卖行为即被抓获，但郑明寿到被拐男婴家中与看护人吴翠玲曾谈及男婴在闽南可卖到一两万元，反映出其具有出卖男婴的目的，其在出卖目的支配下实施了将婴幼儿从家中偷走的行为，已构成拐卖儿童罪，且属犯罪既遂。

（二）关于“偷盗婴幼儿”的理解

1. 关于“婴幼儿”的界定。根据《最高人民法院、最高人民检察院关于执行〈全国人民代表大会常务委员会关于严惩拐卖、绑架妇女、儿童的犯罪分子的决定〉的若干问题的解答》（已失效，可作为参考）第八条的规定，儿童是指不满 14 岁的人，其中不满 1 岁的为婴儿，1 岁以上不满 6 岁的为幼儿。对此有两点需要注意：第一，儿童包括婴幼儿，即婴幼儿必然属于儿童，儿童属于上位概念，婴幼儿属于下位概念。第二，这里的“岁”是指“周岁”，鉴于实践中有些地方户籍年龄较为混乱的情况，在具体案件中，对周岁要结合其他证据，加以准确认定。

2. 关于“偷盗”的界定。实践中，趁婴幼儿熟睡或者无法察觉，将婴幼儿抱走，属于典型的“偷盗”婴幼儿。但对行为人以出卖为目的，以给付玩具、外出游玩等欺骗、利诱手段拐走婴幼儿（实践中主要是针对有一定自主活动能力的幼儿）的行为，是认定为一般情节的拐骗婴幼儿，还是认定为加重情节的“偷盗婴幼儿”，存在较大争议：一种观点认为，刑法中“偷盗”的本质特征是秘密性，“偷盗婴幼儿”则指趁婴幼儿监护人或者看护人不备，秘密窃取婴幼儿，以欺骗、利诱等手段拐走婴幼儿的行为属于“拐骗”。另一种观点认为，以欺骗、利诱等手段拐走婴幼儿，与秘密窃取婴幼儿无本质区别，应当将欺骗、利诱等手段理解为“偷盗”的表现形式。

我们同意后一种观点，同时还认为，“偷盗婴幼儿”是指以暴力、胁迫或者麻醉以外的平和方法控制婴幼儿的行为，即“偷盗”的外延不仅包括秘密窃取，还包括欺骗、利诱等其他手段。具体理由如下：

第一，根据刑法第二百四十条的规定，一般的采取拐骗方式拐卖儿童，基本法定刑幅度是五至十年有期徒刑，而采取暴力、胁迫或者麻醉方法绑架儿童予以拐卖，或者“偷盗婴幼儿”拐卖的，则加重法定刑至十年有期徒刑以上刑罚，体现出刑法对采取后两种方式拐卖儿童的严惩立场。因此，首先有必要准确区分“拐骗”儿童与“偷盗”婴幼儿。我们认为，一般的采取拐骗方式拐卖儿童，其中的“儿童”应当理解为 6 岁以上，换言之，采取欺骗、利诱等方式拐走不满 6 岁的婴幼儿的（通过欺骗、利诱婴幼儿家长或者其他监护人进而拐走婴幼儿的不在此范围），应当认定为“偷盗婴幼儿”。主要理由是：不满 6 岁的婴幼儿根本没有或者缺少基本的辨别是非和自保、自救能力，极易成为拐卖对象，且较之 6 岁以上儿童和成年人，被拐卖后解救难度更大。因此，对不满 6

岁的婴幼儿应当给予更为严格的特殊保护。例如,行为人以小恩小惠为诱饵,将正在玩耍的两三岁幼儿哄骗离开看护人视线,进而加以控制,意欲出卖,此种行为与利用看护人疏于防范,抱走熟睡的幼儿相比,行为方式的共同特征是趁看护人或者监护人不备将幼儿拐走,且两者的社会危害性没有什么本质区别,体现在刑罚裁量上,亦均应加重法定刑至十年以上有期徒刑。而6岁以上的儿童,自我防护意识和能力有所提高,一般而言,脱离看护人独立活动的范围也有所扩大,可能基于行为人蒙骗产生错误判断,进而被行为人拐走出卖,对该种行为,根据刑法规定在五年以上十年以下有期徒刑幅度内判处刑罚,可以做到罪责刑相适应。

第二,把本罪中的“偷盗”理解为“暴力、胁迫或者麻醉以外的平和方法”,有利于与刑法第二百四十条第一款第五项相区分。该项规定了“使用暴力、胁迫或者麻醉方法绑架儿童”,这里的“儿童”包括婴幼儿。实践中,行为人的暴力、胁迫或针对婴幼儿实施,或针对婴幼儿的看护人实施以排除其反抗将婴幼儿抢走均时有发生。同时,具备该种情节应当加重法定刑,与“偷盗婴幼儿”出卖法定刑幅度相同,故将“偷盗”理解为“暴力、胁迫或者麻醉”以外的方法,可以实现对婴幼儿和6岁以上儿童的全面保护,避免出现量刑失衡。

综上,“偷盗婴幼儿”是指以暴力、胁迫或者麻醉以外的平和方法直接控制婴幼儿的行为(通过欺骗、利诱婴幼儿家长或者其他监护人进而拐走婴幼儿的不在此范围),这既是特殊保护婴幼儿,从严打击拐卖婴幼儿犯罪分子的需要,也是确保罪责刑相适应,避免出现罪刑失衡的需要。就本案而言,被告人郑明寿趁男婴的看护人吴翠玲离家外出,潜入家中将男婴偷走,属于典型的“偷盗婴幼儿”。法院综合考虑婴儿被拐走不久即得到解救、未受到其他人身伤害等情节,在第二档加重法定刑幅度内对其判处有期徒刑十年,并处罚金,是正确的。

(撰稿:最高人民法院刑一庭　耿　磊
审编:最高人民法院刑一庭　冉　容)

[第1001号]翟雪峰、魏翠英组织儿童乞讨案

——如何认定组织儿童乞讨罪中的“暴力、胁迫”手段、“组织”行为、乞讨形式以及“情节严重”

【关键词】　组织儿童乞讨罪　暴力　胁迫　组织行为的认定　乞讨形式的认定　情节严重

一、基本案情

被告人翟雪峰,男,1967年4月20日出生,农民。2011年3月30日因涉嫌犯组织儿童乞讨罪被逮捕。

被告人魏翠英(别名位翠英,与被告人翟雪峰系夫妻),女,1965年3月26日出生,农民。2011年3月30日因涉嫌犯组织儿童乞讨罪被逮捕。

河南省太康县人民检察院以被告人翟雪峰、魏翠英犯组织儿童乞讨罪,向太康县人民法院提起公诉。

被告人翟雪峰及其辩护人提出:翟雪峰组织儿童外出卖艺,不是沿街乞讨;外出时其与儿童家长都一一签订了合同,交了定金;儿童是自愿跟随其卖艺,在卖艺过程中没有对儿童使用过暴

力、胁迫;被害人冯某某是被翟满响打死的,翟雪峰没有责任;被害人朱某某的失踪与翟雪峰无关;翟雪峰没有殴打过被害人任某某,其对任某某耳朵、舌头、鼻子等部位的伤不知情;翟雪峰不构成犯罪。

被告人魏翠英提出,其没有组织儿童乞讨,只是帮助翟雪峰和他带的儿童做饭、洗衣服。

太康县人民法院经审理查明:2005 年至 2009 年期间,被告人翟雪峰伙同其妻魏翠英先后组织被害人冯某某、朱某某、任某某等多名五六岁的儿童,分别到河南、湖南、广西等地,以演杂技为名,利用暴力、胁迫手段让其沿街乞讨。翟雪峰将儿童分组,其中,让翟满响协助管理被害人冯某某等儿童。翟满响在带冯某某外出乞讨时,因冯某某对其言语顶撞,遂将冯某某伤害致死。被害人朱某某被带出乞讨时丢失,下落不明。同时,造成任某某身体多处受伤的严重后果。

太康县人民法院认为,被告人翟雪峰、魏翠英以演杂技为名,利用暴力、胁迫等手段组织多名儿童乞讨,其行为构成组织儿童乞讨罪,且系共同犯罪。其间,乞讨儿童冯某某被他人伤害致死,朱某某失踪,任某某身体多处受损伤,翟雪峰及其妻子魏翠英负有不可推卸的责任。二被告人组织儿童乞讨情节严重,社会影响恶劣,依法应当惩处。魏翠英在共同犯罪中所起作用相对较小,依法可以对其酌情从轻处罚。据此,依照《中华人民共和国刑法》第二百六十二条之一、第二十五条第一款、第五十二条、第五十三条之规定,太康县人民法院判决如下:

1. 被告人翟雪峰犯组织儿童乞讨罪,判处有期徒刑六年,并处罚金人民币五千元;

2. 被告人魏翠英犯组织儿童乞讨罪,判处有期徒刑四年,并处罚金人民币五千元。

宣判后,被告人翟雪峰、魏翠英以其行为不构成组织儿童乞讨罪、原判量刑过重为由向周口市中级人民法院提出上诉。

周口市中级人民法院经审理认为,上诉人翟雪峰、魏翠英利用暴力、胁迫手段组织多名儿童沿街乞讨的事实清楚,证据确实、充分,其行为构成组织儿童乞讨罪。二上诉人关于其行为不构成组织儿童乞讨罪的意见,不予支持。关于上诉人魏翠英提出原判量刑过重的意见,经查,证明魏翠英参与殴打被害人的证据中,只有夏某某、李某二人的证言,且后者证言只提到"魏翠英有时也骂他们",二审中提交的有关证据也证实魏翠英只是农闲时间跟着丈夫崔雪峰外出,大部分时间在家务农,因此,魏翠英在共同犯罪中所起作用较小,系从犯,依法应当从轻处罚。据此,依照《中华人民共和国刑事诉讼法》(1996 年)第一百八十九条第二项之规定,周口市中级人民法院判决如下:

1. 维持太康县人民法院(2011)太少刑初字第 20 号刑事判决第一项关于被告人翟雪峰的定罪、量刑部分以及第二项关于被告人魏翠英的定罪部分;

2. 撤销太康县人民法院(2011)太少刑初字第 20 号刑事判决第二项关于被告人魏翠英的量刑部分;

3. 被告人魏翠英犯组织儿童乞讨罪,判处有期徒刑三年,并处罚金人民币五千元。

二、主要问题

1. 如何认定组织儿童乞讨罪中的"暴力、胁迫"手段?
2. 如何认定组织儿童乞讨罪中的"组织"行为?
3. 如何认定组织乞讨罪中的"乞讨"形式?
4. 如何认定组织儿童乞讨罪中的"情节严重"?

三、裁判理由

乞讨是长期存在的社会历史现象,乞讨是否属于公民的权利、自由,历来存在不同的观点,但对于非法控制、利用他人乞讨的行为进行法律规制,却是社会共识。据调查,当前社会中儿童被乞讨集团控制、成为乞讨工具的现象非常严重,被控儿童受到虐待、伤害,甚至被直接致残以便博取同情、骗取施舍的事件时有发生。针对此现象,2006 年颁布的《中华人民共和国刑法修正案(六)》增设了组织残疾人、儿童乞讨罪的规定:“以暴力、胁迫手段组织残疾人或者不满十四周岁的未成年人乞讨的,处三年以下有期徒刑或者拘役,并处罚金;情节严重的,处三年以上七年以下有期徒刑,并处罚金。”由于实践中司法机关对该罪的理解存在较大争议,导致此类案件进入司法程序的数量寥寥无几,故亟待明确和规范。以下结合本案,对相关问题进行具体分析。

(一)组织儿童乞讨罪中的“暴力、胁迫”不需以压制儿童反抗为必要,只要足以让儿童产生恐惧心理即可

治安管理处罚法第四十一条第一款规定:“胁迫、诱骗或者利用他人乞讨的,处十日以上十五日以下拘留……”;刑法第二百六十二条之一的规定:“以暴力、胁迫手段组织残疾人或者不满十四周岁的未成年人乞讨的,处……”。从上述规定可知,在现行法律框架下,组织儿童乞讨罪的行为方式仅限于暴力、胁迫手段,诱骗或者利用儿童乞讨的,只能处以治安管理处罚。从司法实践来看,过于严格的入罪条件制约了对组织残疾人、儿童乞讨行为的打击,已不能充分保护残疾人、儿童的合法权益。教唆、组织、利用儿童和残疾人乞讨行为的犯罪化规定,在许多国家和地区的刑法典中都有体现,如法国、意大利、西班牙、我国澳门地区均存在“利用儿童或者严重残疾人乞讨”构成犯罪的类似规定。因此,在现行法律框架下,对“暴力、胁迫”手段不宜作过于严格的理解。

我国刑法分则多处使用“暴力”的表述,“暴力”一般是指造成被害人生理或者心理上的强制状态的有形强制力或者武力,“胁迫”(有时称为“威胁”)常与“暴力”同时使用,一般是指以将要实施暴力或者其他恶害为内容使被害人受到精神强制的行为。从程度上来讲,“暴力”的上限最高可达到故意杀人的程度,其下限通常必须达到足以妨碍被害人的意志自由;而“胁迫”通常使被害人产生恐惧心理,并在一定程度上影响其意志自由。

当前,被不法分子操纵的乞讨儿童特别是病残乞儿,大多来自五个渠道,即租借、拐骗、购买、收留、捡拾。一些儿童被不法分子带到陌生地区,脱离了家庭或者监护人的保护,加之生活难以独立自理,不知该如何求助,行为人往往不需要实施明显的暴力、胁迫手段,或者只要实施轻微的暴力、胁迫行为,就可以轻而易举地控制这些儿童。因此,我们认为,在认定是否构成组织儿童乞讨罪中的“暴力、胁迫”时,应当充分考虑儿童身心脆弱、易受伤害等特点,程度标准不宜要求过高,无须达到足以压制儿童反抗的程度,只要在常人看来,足以使儿童产生恐惧心理即满足客观入罪条件。一般而言,对儿童实施抽耳光、踢打等轻微暴力,或者采取冻饿、凌辱、言语恐吓、精神折磨、有病不给治疗、限制人身自由、灌服精神镇定麻醉类药物等方式,组织儿童乞讨的,均符合组织儿童乞讨罪的入罪条件。

受控乞讨的儿童多是孤儿、弃儿、病残儿,他们远离主流社会,处于一个相对封闭的“丐帮”亚社会圈子,与主流社会的“交流”仅仅是街面上的乞讨行为。因此,如何从证据审查角度准确认定“暴力、胁迫”手段,是困扰司法实践的另一个突出问题。我们认为,既然刑法规定“暴力、胁迫”是组织儿童乞讨罪的行为方式,那么,在立法未修改前,司法实务部门仍要注意全面收集、认真审查此方面的证据。但是,对“暴力、胁迫”这一客观要素的证明标准,不宜僵化理解。特别是在乞讨儿童有一定辨别和表述能力的情况下,不能因为儿童年幼,对受到暴力、胁迫的陈述可能不够全面,或者被告人断然否认,形成证据“一对一”的局面,就一概认为证明“暴力、胁迫”的证据没有达到排除合理怀疑的刑事案件证明标准,而对相关事实不予认定。审理中,我们认为,应当以对儿童进行特殊保护的政策为导向,注意通过被害儿童陈述、证人证言等有限的证据材料,充分

结合常识、常理、常情，对案件事实作出合理认定。其中，对于乞讨儿童被发现、解救时，经身体检查存在外伤，被灌服精神类、麻醉类药物，或者身体畸形状况经鉴定系人为外力、灌服药物等导致，而组织、操纵者拒不或者不能作出合理解释、提供相应依据的，可以结合具体案情认定系组织、操纵者“暴力、胁迫”所致，以实现对儿童最大利益保护的政策目标。

本案中，被告人翟雪峰辩称其带儿童外出时都一一与儿童家长签订了合同，交了定金，儿童是自愿跟随其卖艺，在卖艺过程中没有对儿童使用过暴力、胁迫，也没有殴打过被害人任某某，其对任某某耳朵、舌头、鼻子等部位的伤不知情。但从法院审理查明的事实来看，被害人任某某、夏某某证实，在外出表演杂技期间，翟雪峰、魏翠英经常对小孩包括任某某进行殴打，组织他们乞讨；协助翟雪峰管理乞讨儿童的证人李超义证实，跟随翟雪峰演杂技期间，小孩们乞讨来的钱都交给翟雪峰，如果乞讨的钱少，翟雪峰就用三角皮带打人，朝身上、腿上、屁股上抽，用巴掌朝头上、脸上打；曾被组织乞讨的证人李秀、协助翟雪峰管理乞讨儿童的翟满响也有类似的证言。故本案现有证据足以认定二被告人采取暴力、胁迫手段组织儿童乞讨的事实。

（二）组织儿童乞讨罪中的“组织”不以被组织乞讨的人员达 3 人为入罪条件

组织儿童乞讨罪中的组织对象是否必须达 3 人以上才能认定为“组织”，司法实务部门和理论界一直存在争议：一种观点认为，不应将“组织”概念解释为被组织的对象达到 3 人以上；而另一种观点则认为，被组织乞讨的人员必须是多人，即 3 人以上。

我们认为，组织儿童乞讨罪的“组织”不以被组织乞讨的人员达 3 人为入罪条件，具体理由如下：

《现代汉语词典》（商务印书馆出版）对“组织”概念的界定，主要有动词和名词两种用法：作为动词，是指“安排分散的人或事物使具有一定的系统性或整体性”，如组织一场比赛，这篇文章组织得很好；作为名词，组织是指“由诸多要素按照一定方式相互联系起来的系统”，比如党团组织、工会组织、企业组织等。经梳理，我国刑法规定的罪名中，罪状和罪名明文使用“组织”概念的罪名主要有 14 个，根据对“组织”词性搭配方式不同，大体可分为三类：一是动词“组织” + 名词“组织”式，如组织、领导、参加恐怖组织罪，组织、领导、参加黑社会性质组织罪，组织、利用会道门、邪教组织、利用迷信破坏法律实施罪。二是其他动词 + 名词“组织”式，如入境发展黑社会组织罪，包庇、纵容黑社会性质组织罪。三是动词“组织” + “活动”式，如组织、领导传销活动罪，组织残疾人、儿童乞讨罪，组织未成年人进行违反治安管理活动罪，组织淫秽表演罪，组织卖淫罪，组织越狱罪，组织他人偷越国（边）境罪，非法组织卖血罪（强迫卖血罪），组织卖淫罪（强迫卖淫罪），组织播放淫秽音像制品罪，组织淫秽表演罪。在该类罪名中，“组织”强调的是发起、策划、指导、安排等组织性的行为方式，对组织对象的人数并不必然有限制性要求。

我们认为，在第一类和第二类的罪状中包含的名词意义上的“组织”，就是“由诸多要素按照一定方式相互联系起来的系统”，应当遵循对“组织”概念的一般文义解释，即组织对象或者成员应当达到 3 人以上，否则，难以称其为“黑社会性质组织”或者“恐怖组织”。

第三类情况相对复杂。其中，有些罪状本身暗含了对组织对象的最低人数要求，例如组织、领导传销活动罪，如果成员少于 3 人，显然不符合传销活动的本质。有些罪状虽未对组织对象的人数提出明确要求，但是基于法益侵害的严重程度差别较大，为了限制刑事处罚范围，故在不具备其他严重情节的情况下，可以对人数作出限制性解释，即通常被组织者达 3 人以上，才构成犯罪。这些罪名主要规定在妨害社会管理秩序罪一章中，如组织他人偷越国（边）境罪、组织越狱罪、非法组织卖血罪、组织卖淫罪等，由于这些组织犯罪的共同特点是侵犯的客体为社会管理秩序，因此，组织对象的人数是反映社会危害性程度的重要因素。一般情况下，只有被组织的人数达3人以上,才能说明组织行为的社会危害性已达到危害社会管理秩序的程度,才符合该罪的认定标准。例如,最高人民法院、最高人民检察院1992年联合下发的《关于执行〈全国人民代表大会常务委员会关于严禁卖淫嫖娼的决定〉的若干问题的解答》(该解答目前已失效,仅作参考)即将“组织卖淫”解释为组织多人从事卖淫活动。正因如此,有观点认为组织残疾人、儿童乞讨也必须要求被组织者达到3人以上才构成犯罪。我们认为,这种认识有失偏颇,不当地抬高了组织残疾人、儿童乞讨罪的入罪门槛。

组织残疾人、儿童乞讨罪与上述妨害社会管理秩序的组织犯罪不同,由于该罪的行为对象是特定的“弱者”,即使通过暴力、胁迫,发起、策划、指导、安排1名残疾人、儿童乞讨,也会贬损其人格尊严,助长儿童形成好逸恶劳或反社会性格,对残疾人、儿童身心健康造成严重伤害,同时还易诱发被组织者实施其他违法犯罪,妨害社会管理秩序,社会危害性大,因此,即使组织1名残疾人、儿童乞讨也构成犯罪,有必要予以刑事制裁。那种要求被组织乞讨者达3人以上才构成犯罪的观点,显然忽视了该类犯罪社会危害的严重性。与对组织卖淫等犯罪中的“组织”概念进行限制解释不同,对组织残疾人、儿童乞讨罪的“组织”作适度的扩大解释,避免因该罪门槛过高而放纵部分犯罪分子,合乎该罪最大限度保护社会弱势群体权益的立法宗旨,亦未超出“组织”概念文义的涵摄范围和正常公民的预测可能性。

本案中,判决书列举认定了被告人翟雪峰、魏翠香将被害人冯某某、朱某某、任某某等3名儿童带至外地乞讨的事实,除此以外,被害人夏某某、证人李某(时年均不满14周岁)证实二人亦曾被翟雪峰、魏翠香带至外地强迫乞讨,夏某某还证实翟雪峰的3个儿子、徐某某、翟某洁、马某某、翟某强等多名儿童也被二被告人组织乞讨。翟雪峰将儿童分组,交予翟满响等人协助管理,负责指挥儿童卖艺、乞求施舍,对不顺从的儿童进行殴打、胁迫,并将所收取的钱财统一交给翟雪峰,魏翠香协助提供儿童食宿。因此,无论从何种意义上解释“组织”概念,本案被告人的行为均符合组织儿童乞讨罪的“组织”要件特征。

(三)对组织儿童乞讨罪中“乞讨”形式的认定

乞讨是指“某一社会成员远离社会主流生活以苦难遭遇的叙述或者表演等为手段而换取施舍的行为”。实践中,乞讨的方式形形色色,例如,以哀求哭讨为主行乞;依靠本身的一点专长或者力所能及的技艺为资本,用以招徕或者博人欢心而换取施舍;依靠老弱病残等自身状况唤起他人同情怜悯而乞求施舍;靠各种歪门邪道如编造惨况、丢失车票等事由骗讨、诈讨,或者拦路、拉扯行人强行讨要等。根据乞讨是否以牟利为目的,可以分为生存性乞讨和职业性乞讨,前者系为解决生活困境而乞讨,后者则是将乞讨作为主要生活来源乃至发财致富的手段。

本案中,被告人翟雪峰辩称其系组织儿童外出卖艺,不是沿街乞讨;被害人任某某、夏某某、李某的陈述证实其在翟雪峰组织下沿街表演杂技,并向观看者乞求施舍,事实证明,翟雪峰组织儿童卖艺是手段,换取他人施舍是目的,且常年组织诸多儿童外出乞讨,将此作为发财致富的手段,属于职业性乞讨,翟雪峰关于其行为不属于组织乞讨的辩解理由不能成立。

(四)对组织儿童乞讨罪中的“情节严重”应当如何把握

对组织儿童乞讨情节严重的,刑法第二百六十二条之一规定了法定加重刑,但何谓“情节严重”,尚没有司法解释作出过规定或者指引。实践中,法院审理此类案件数量极其有限,根据数量有限的生效案例和近年来组织儿童乞讨违法犯罪情况,我们认为,组织儿童乞讨构成犯罪,具有下列情形之一的,可以认定为情节严重,处三年以上七年以下有期徒刑:(1)组织不满6周岁的儿童1人以上或者已满6周岁的儿童3人以上乞讨的;(2)组织儿童采取有伤风化、严重损害儿童身心健康的方式进行乞讨的;(3)采取药物麻醉等严重损害儿童身心健康的方式迫使其乞讨的;

(4)暴力迫使儿童乞讨致使乞讨儿童受轻微伤的;(5)组织儿童乞讨达1个月以上的;(6)被组织乞讨的儿童经查证系被偷盗、拐卖、拐骗的;(7)遗弃所组织的儿童或者致使被组织乞讨的儿童下落不明的;(8)组织儿童乞讨期间,因疏于照料看护,致儿童营养不良达中度以上,罹患严重疾病,伤残或者死亡的;(9)具有其他严重情节的。

组织儿童乞讨中,对儿童实施暴力造成儿童轻伤以上后果的,应当以故意伤害罪或故意杀人罪,与组织儿童乞讨罪予以并罚。此外,为组织儿童乞讨,故意致儿童残疾、畸形,符合刑法第二百三十四条规定的,对行为人应当以故意伤害罪从重处罚,其组织儿童乞讨行为另构成组织儿童乞讨罪的,依照数罪并罚的规定处罚。

本案中,被告人翟雪峰、魏翠英在2005年至2009年期间,先后组织多名年幼儿童乞讨,根据已查明的事实,虽然判决书只明确罗列认定了3名,但根据被害人陈述和相关证人证言,二人实际组织乞讨的儿童多达6名以上,只是因客观原因,部分被组织乞讨的儿童未到案提供证言。翟雪峰将儿童分组,其中,让翟满响协助管理被害人冯某某等儿童。翟满响在带冯某某外出乞讨时,因冯某某对其言语顶撞,遂将冯某某伤害致死。翟雪峰虽然与冯某某不构成共同故意伤害罪,其组织乞讨行为不必然导致冯某某的死亡,即不具有刑法上的因果关系,故不承担故意伤害罪的刑事责任,但毕竟冯某某被故意伤害致死的事实发生在其组织乞讨期间,与其组织乞讨行为具有一定的关联,故其对冯某某的死亡负有不可推卸的责任。被害人朱某某被带出乞讨时丢失,下落不明。证人李某证实其2003年十二三岁时跟随翟雪峰外出到湖南乞讨期间,翟雪峰丢下自己不管了,后来在当地公安机关的帮助下才回到河南老家。综上,法院依法认定翟雪峰组织儿童乞讨属"情节严重",对其加重处罚,判处有期徒刑六年,并处罚金,是正确的。

值得注意的是,实践中,监护人出于非法获利目的,将儿童"出租"、"出借"给组织乞讨者的现象时有发生。但因组织儿童乞讨罪要求行为人以"暴力、胁迫"手段组织儿童乞讨,而要证明监护人知道组织者"暴力、胁迫"儿童乞讨,通常较为困难,因此,监护人几乎从未被追究过刑事责任。我们认为,如果有证据证明监护人明知自己的年幼子女是被带出行乞仍"出租"、"出借"给乞讨的组织者,其主观上对于组织者是否使用"暴力"、"胁迫"手段往往持放任心态,可以组织儿童乞讨罪追究监护人的刑事责任。对于为获利而将儿童"出租"、"出借"给他人,监护人对子女系被带出行乞确实不知情的,如果该儿童被组织乞讨期间致伤、致残,下落不明,或者身心受到其他严重伤害的,可以以遗弃罪追究监护人的刑事责任,以有效保护儿童权益不受侵犯。

(撰稿:最高人民法院刑一庭　赵俊甫
审编:最高人民法院刑一庭　冉　容)

[第1006号]扎西杰参等故意杀人、非法持有枪支、包庇案

——上诉人在二审期间脱逃,仅有原审被告人在案的,应当如何处理

【关键词】　故意杀人罪　共同犯罪部分被告人脱逃　中止审理　法院裁判的生效时间

一、基本案情

被告人扎西杰参,男,1980年9月1日出生。2003年4月18日因犯故意伤害罪被判处有期

徒刑二年,2005年11月18日刑满释放;2008年12月13日因涉嫌犯故意杀人罪被逮捕。

被告人呷马意西,男,1984年5月19日出生。2008年12月3日因涉嫌犯故意杀人罪被逮捕。

被告人同珠,男,1973年5月14日出生。2009年1月20日因涉嫌犯故意杀人罪被逮捕。

被告人扎西赤美,男,1980年12月11日出生。2008年12月23日因涉嫌犯包庇罪被逮捕。

西藏自治区人民检察院那曲分院以被告人扎西杰参犯故意杀人和非法持有枪支罪、被告人呷马意西及被告人同珠犯故意杀人罪、被告人扎西赤美犯包庇罪,向那曲地区中级人民法院提起公诉。

被告人扎西杰参、呷马意西、同珠及辩护人均提出,其主观上没有杀人故意,不构成故意杀人罪;被告人扎西赤美辩称,其事先不知道扎西赤美让其藏匿的长刀是杀人所用凶器,不构成包庇罪。

那曲地区中级人民法院经公开审理查明:被告人扎西杰参因与被害人拥有存在矛盾而预谋杀害拥有,并纠集被告人呷马意西和同珠参与。2008年11月16日19时许,扎西杰参在西藏自治区那曲县罗马镇附近找到正在朝圣途中的拥有后,安排同珠在附近路段驾车等候,扎西杰参持手枪和长刀、呷马意西持长刀追上拥有,扎西杰参持长刀劈砍拥有双上肢数刀,呷马意西持长刀劈砍拥有头部一刀,并将拥有的右手割下,致拥有颅脑开放性骨折、脑组织损伤伴肢体横断分离骨折失血性休克死亡。扎西杰参、呷马意西乘坐同珠驾驶的汽车逃离现场后,告知被告人扎西赤美称三人持刀将人砍伤,并将凶器长刀交给扎西赤美保管。

那曲地区中级人民法院认为,被告人扎西杰参、呷马意西、同珠结伙故意非法剥夺他人生命,其行为均构成故意杀人罪;扎西杰参违反法律规定持有枪支,其行为另构成非法持有枪支罪;扎西赤美在明知涉案刀具是犯罪人所用凶器的情况下,帮助扎西杰参藏匿刀具掩盖罪行,企图使犯罪人逃避法律制裁,其行为构成包庇罪。公诉机关指控的罪名成立。其中,扎西杰参、呷马意西直接实施杀人行为,在共同犯罪中均起主要作用,均系主犯;同珠在犯罪过程中起辅助作用,系从犯。本案是有预谋的暴力犯罪,社会影响较大,扎西杰参还系累犯,依法应当严惩。据此,依照《中华人民共和国刑法》第二百三十二条、第一百二十八条第一款、第三百一十条第一款、第五十七条第一款、第二十五条、第二十六条、第二十七条、第六十五条第一款、第六十四条之规定,那曲地区中级人民法院判决如下:

1. 被告人扎西杰参犯故意杀人罪,判处死刑,剥夺政治权利终身;犯非法持有枪支罪,判处有期徒刑三年;决定执行死刑,剥夺政治权利终身。

2. 被告人呷马意西犯故意杀人罪,判处死刑,剥夺政治权利终身。

3. 被告人同珠犯故意杀人罪,判处有期徒刑六年。

4. 被告人扎西赤美犯包庇罪,判处有期徒刑二年。

一审宣判后,被告人扎西杰参、呷马意西分别以不具有杀人故意、一审量刑过重为由提出上诉。

西藏自治区高级人民法院审理过程中,上诉人扎西杰参、呷马意西借机脱逃,至今未能归案。

西藏自治区高级人民法院经审理认为,鉴于二审期间上诉人扎西杰参、呷马意西脱逃,长时间未归案,致使案件无法继续审理。依照《中华人民共和国刑事诉讼》(1996年)第一百八十九条第一项和《最高人民法院关于执行〈中华人民共和国刑事诉讼〉若干问题的解释》(以下简称《1998年解释》)第一百八十一条之规定,裁定如下:

1. 对上诉人扎西杰参、呷马意西中止审理。

2. 维持原判对原审被告人同珠、扎西赤美的定罪量刑。

二、主要问题

上诉人在二审期间脱逃，仅有原审被告人在案的，应当如何处理？

三、裁判理由

本案由于上诉人在二审期间脱逃，二审法院长时间未能作出裁判，羁押机关排查发现原审被告人同珠、扎西赤美久押不决，督促二审法院尽快作出处理，及时将同珠、扎西赤美送监执行。二审法院对本案应当如何处理，主要形成两种意见：一种意见认为，由于上诉人扎西杰参、呷马意西提出上诉后又脱逃，造成二审阶段上诉人不在案，在案的原审被告人同珠、扎西赤美均服判，未对一审判决提出上诉。在此情况下，可视为一审判决中针对同珠、扎西赤美的部分已经生效，直接依据一审判决将同珠、扎西赤美送监执行即可，二审法院仅需裁定对上诉人扎西杰参、呷马意西中止审理；另一种意见认为，由于一审判决宣判后有被告人提出上诉，导致一审判决未能生效，故不能将一审判决作为执行依据，二审法院需裁定对在逃的扎西杰参、呷马意西中止审理，同时还必须继续审理涉及原审被告人同珠、扎西赤美的部分，对二人的事实认定、定罪量刑和审理程序依法作出裁判。

我们同意后一种意见，具体理由如下：

（一）上诉人在二审期间脱逃，仅有原审被告人在案的，一审判决不能作为交付执行依据，二审法院仍需对在案原审被告人作出处理

人民法院发生法律效力的判决和裁定，是执行机关对罪犯实施惩罚和改造的执法依据，判决和裁定只有在发生效力后才能送交执行机关。本案二审裁定作出时，刑事诉讼法尚未进行修改，根据当时有效的1996年刑事诉讼法第二百零八条（2012年修订的刑事诉讼法第二百四十八条）第二款第一项的规定，已过法定期限没有上诉、抗诉的判决和裁定属于发生法律效力的判决和裁定。根据该规定，一审判决送达之后，如果有被告人在法定期限内提出上诉，或者公诉机关在法定期限内提出抗诉，则一审判决即属于不发生法律效力的判决。本案即属于判决不发生法律效力的情形，被告人扎西杰参、呷马意西已在法定期限内提出上诉，一审判决不能作为交付执行的依据。

上述前一种意见认为，由于本案中不服一审判决的两名上诉人已悉数脱逃，表明二人不愿意通过二审法院对一审判决的内容是否正确进行审理，在案的两名原审被告人均服判不上诉。在此情况下，二审法院已无必要对一审判决的内容进行审查处理，直接裁定对脱逃上诉人中止审理即可。我们认为，首先，根据1996年刑事诉讼法第一百八十六条（2012年修订的刑事诉讼法第二百二十二条）的规定，第二审法院应当就第一审判决认定的事实和适用法律进行全面审查，不受上诉或者抗诉范围的限制；共同犯罪的案件只有部分被告人上诉的，应当对全案进行审查，一并处理。根据该规定，我国的二审程序采取全面审查原则，在共同犯罪案件中有部分被告人提出上诉、部分被告人服判不上诉的情况下，二审法院不仅要审理提出上诉的被告人所涉事实证据、法律适用和审理程序问题，同时要一并审理未提出上诉的被告人所涉事实证据、法律适用和审理程序问题，由二审法院就原判对未提出上诉的被告人所作判决结果进行审查并作出处理。二审法院不能以部分被告人未提出上诉为由，对其所涉原判中的判决内容不作处理。其次，1996年刑事诉讼法及《1998年解释》虽未对上诉人脱逃情况下应当如何处理进行明确规定，但《1998年解释》第二百四十八条关于二审期间上诉人死亡情况下应当如何处理的规定为上诉人脱逃情形的审理提供了最权威的参考。该条规定："共同犯罪案件，如果提出上诉的被告人死亡，其他被告人没有提出上诉，第二审法院仍应当对全案进行审查。死亡的被告人不构成犯罪的，应当宣告无罪；审查后认为构成犯罪的，应当宣布终止审理。对其他同案被告人仍应当作出判决或者裁定。"上诉

人脱逃的情形与此情形类似，不同点在于，死亡上诉人已经永远无法参加刑事诉讼活动，而脱逃上诉人还有被抓获归案的可能性，并可能在归案后对在案原审被告人的犯罪事实认定和定罪量刑产生影响。在此情况下，二审法院需要综合考虑案件情况，决定对在案原审被告人是径行作出实体处理，还是待在逃上诉人归案后一并处理。

根据以上分析，本案中的上诉人虽然已悉数脱逃，但二审法院仍必须对在案原审被告人作出处理，否则将造成一审判决未生效、二审法院又无有效处理结果的尴尬局面。

（二）二审期间上诉人脱逃、原审被告人在案的，应当区分不同情况，采取不同处理方式

中止审理，是指人民法院在审理刑事案件的过程中，由于出现了某种导致案件在较长时间无法继续进行审判的原因，而由人民法院决定暂时停止审判活动，待中止审判的原因消失后再恢复审判活动的一项法律制度。1996 年刑事诉讼法对中止审理制度无明文规定，但《1998 年解释》对此作出了明确规定。《1998 年解释》第一百八十一条规定："在审判过程中，自诉人或者被告人患精神病或者其他严重疾病，以及案件起诉到人民法院后被告人脱逃，致使案件在较长时间内无法继续审理的，人民法院应当裁定中止审理。由于其他不能抗拒的原因，使案件无法继续审理的，可以裁定中止审理；中止审理的原因消失后，应当恢复审理。中止审理的期间不计入审理期限。"此条文明确规定了中止审理的条件，确定被告人在审理过程中脱逃属于中止审理的充分条件之一。然而，对于不同类型的刑事案件，《1998 年解释》关于中止审理具体方式的选择仍然规定得比较原则。对于实践中存在的各种情况，特别是类似本案共同犯罪的二审案件，上诉人脱逃、原审被告人在案的情况应当如何处理，有必要作进一步研究。我们认为，类似情况下应当根据已有法律规定，坚持公平优先、兼顾效率的原则，区分不同情况，分别作出处理。

首先，如果上诉人在二审开庭结束之后脱逃，或者虽然在二审开庭结束之前脱逃，但经二审法院审查，上诉人在逃不足以影响到对在案原审被告人所犯罪行的认定，为保证案件得到及时处理，应当裁定对在逃上诉人中止审理，对在案原审被告人继续进行审理，作出是否维持原判的判决或者裁定，并及时交付执行。日后在逃上诉人如果被抓获归案，可以裁定对其恢复审理。这种情况下，对在案原审被告人先行作出实体处理可以有效防止案件久拖不决，且不会影响案件处理结果的公平、公正。

其次，如果上诉人在二审开庭结束之前即脱逃，且经二审法院审查，在逃上诉人所涉事实证据与在案原审被告人所涉事实证据密切相关，上诉人不在案将影响对在案原审被告人所犯罪行的正确认定，处理这种情况应当特别慎重。原则上，为确保案件处理的公平、公正，二审法院应当裁定对全案中止审理，待在逃上诉人归案后一并处理，同时，为防止对在案原审被告人长期羁押，可将强制措施变更为取保候审或者监视居住。但如果在逃上诉人踪迹全无、未来一段时间内根本无归案希望，为防止案件久拖不决和对在案原审被告人人身自由的长期限制，也可以根据已有证据，对在案原审被告人先行作出生效判决或者裁定，及时送交执行；在逃上诉人归案后，如果有新的证据证实原判决或者裁定认定有误，可以通过审判监督程序予以纠正。当然，上诉人在逃期间，如果根据已有证据可能判处在案原审被告人死刑的，原则上量刑应当留有余地，以免造成不可挽回的后果。这种情况下，可以按照同案犯没有到案的量刑原则和刑事政策进行处理。

本案中，西藏自治区高级人民法院经审查认为，在逃上诉人扎西杰参、呷马意西在案件侦查期间对作案经过有过多次稳定供述，所供与其他证据可以相互印证，一审开庭中亦未翻供，二人虽然在二审期间脱逃，无法继续参加刑事诉讼活动，但不会对在案的原审被告人同珠、扎西赤美的事实认定和定罪量刑造成影响，故对原判中涉及同珠、扎西赤美的部分继续进行审理，依法作出维持原判对二人定罪量刑部分的裁定，并及时将二人送监执行，这种处理方式是正确的。

（三）2012 年修订的刑事诉讼法生效后类似情况的处理方式

针对 1996 年刑事诉讼法无中止审理制度的明文规定所造成的司法实践问题，2012 年修订的刑事诉讼法第二百条专门规定了中止审理的问题，2012 年《最高人民法院关于适用〈中华人民共和国刑事诉讼法〉的解释》第二百五十七条又对共同犯罪案件中的中止审理问题作了进一步明确。根据该条的规定，共同犯罪中部分被告人具有法定中止审理情形的情况下，应当根据案件情况，决定对全案中止审理；或者仅对部分被告人中止审理，对其余被告人继续审理。我们认为，该条规定的处理方式在所谓"根据案件情况"，主要是指部分被告人因身患严重疾病或者脱逃等原因不能参加刑事诉讼活动的情况下，人民法院是否可以正确认定其余在案被告人所犯罪行的问题。如果在部分被告人不参加刑事诉讼活动的情况下，仍然可以正确认定其余在案被告人所犯罪行，则可以仅对部分被告人中止审理、对其余被告人继续审理；反之，原则上应当对全案中止审理。故 2012 年修订的刑事诉讼法生效后，对于共同犯罪中部分被告人或者上诉人具备法定中止审理情形的案件，可以直接引用相关规定，根据上述原则，分情况作出处理。

（撰稿：最高人民法院刑四庭　李加玺
西藏自治区高级人民法院　格桑旺姆
审编：最高人民法院刑四庭　陆建红）

[第 1007 号]孙连义故意杀人案

——如何把握投毒案件中的证据确实、充分标准以及投毒后造成目标之外他人死亡发生的，如何定性

【关键词】　故意杀人罪　投毒　证据审查判断　证明标准　死因的认定　间接故意杀人　过失致人死亡　罪数

一、基本案情

被告人孙连义，男，汉族，1958 年 5 月 10 日出生，个体经营户。2012 年 4 月 13 日因犯故意杀人罪被逮捕。

被告人边振凤，女，汉族，1964 年 9 月 21 日出生，无业。2012 年 4 月 13 日因犯非法买卖危险物质罪被逮捕，后被取保候审。

被告人董书成，男，汉族，1954 年 4 月 14 日出生，无业。2012 年 3 月 10 日因犯非法买卖危险物质罪被刑事拘留，后被取保候审。

吉林省辽源市人民检察院以被告人孙连义犯故意杀人罪，向辽源市中级人民法院提起公诉。

孙连义对指控的犯罪事实予以否认，称有毒物质（野鸡药）是自己所买，但并未投放于被害人孟淑兰的保健药中。

辽源市中级人民法院经公开审理查明：被告人孙连义与妻子谢玉华均系再婚，二人与谢玉华的父亲谢长有、母亲孟淑兰（被害人，殁年 71 岁）和女儿谢欣（被害人，殁年 23 岁）共同生活。后孙连义因琐事与孟淑兰产生矛盾，遂产生杀害孟淑兰之念。2012 年春节前的一天上午 10 时许，孙连义到辽源市西安区建材道口宠物交易市场，从摊主董书成、边振凤夫妇处购得野鸡药（氰化钠和二水合氰化钠），带回其经营并居住的辽源市西安区泰安街 15 委"军人服务社"商店，后将部

分野鸡药砸成粉末包好，并将剩余野鸡药藏进商店后楼二楼走廊装防火栓的铁箱内。同年2月27日下午3时许，孙连义见店内无人，便从孟淑兰平时服用的保健药“茯苓复合颗粒胶囊”药瓶里取出4粒胶囊，倒出药物并灌入粉末状的野鸡药。同月29日下午4时许，孟淑兰在商店二楼服过胶囊后倒地呕吐，身体抽搐，继而死亡。因孟淑兰年事已高，家人未怀疑其系非正常死亡，即将尸体火化。同年3月6日晚，谢玉华发现孟淑兰未用完的胶囊，为避免浪费，便于次日早7时许让谢欣服用。谢欣服后亦死亡。经鉴定，谢欣系氰化物中毒死亡。

辽源市中级人民法院认为，被告人孙连义因与被害人孟淑兰素有矛盾，而心生怨恨，遂产生杀人之念。孙连义将含有氰化物成分的有毒物质，装入孟淑兰平时服用的保健品胶囊中，导致孟淑兰、谢欣服用后中毒死亡，其行为构成故意杀人罪。孙连义犯罪动机卑劣，手段隐蔽，后果特别严重，应予从严惩处。被告人边振凤、董书成未经国家有关部门批准，非法买卖毒害性物质，被他人利用进行犯罪活动，其行为构成非法买卖危险物质罪。鉴于二被告人主观恶性不深，无前科劣迹，当庭认罪，可以从宽处罚。根据各被告人犯罪的事实、情节、认罪态度以及其行为对社会的危害程度，依照《中华人民共和国刑法》第二百三十二条、第五十七条、第一百二十五条、第七十二条、第七十三条以及《中华人民共和国民法通则》第一百一十九条之规定，辽源市中级人民法院判决如下：

1. 被告人孙连义犯故意杀人罪，判处死刑，剥夺政治权利终身；

2. 被告人边振凤犯非法买卖危险物质罪，判处有期徒刑三年，缓刑四年；

3. 被告人董书成犯非法买卖危险物质罪，判处有期徒刑三年，缓刑三年；

4. 被告人孙连义赔偿附带民事诉讼原告人谢长有经济损失人民币177 267.63元；赔偿附带民事诉讼原告人谢玉华经济损失人民币373 029.90元。

一审宣判后，被告人孙连义不服，以被害人孟淑兰是否死于氰化物中毒的事实不清、证据不足和有罪供述系刑讯逼供取得等为由提出上诉。

其辩护人提出的主要辩护意见是：认定上诉人孙连义杀害孟淑兰、谢欣的事实不清、证据不足；上诉人孙连义主观上不存在杀人动机。

吉林省人民检察院提出如下意见：一审判决认定的犯罪事实清楚，证据确实、充分；一审程序合法，适用法律正确；上诉人的上诉理由没有事实和法律依据，不能成立。

吉林省高级人民法院经公开审理认为，上诉人孙连义使用投放毒药的方法杀死孟淑兰、谢欣的行为构成故意杀人罪；被告人边振凤、董书成未经国家有关部门批准，非法买卖毒害物质，被他人利用进行犯罪活动，构成非法买卖危险物质罪。孙连义故意杀人犯罪致二人死亡，犯罪手段特别残忍，情节特别恶劣，后果极其严重，依法应当判处死刑立即执行。原审判决认定的犯罪事实清楚，证据确实、充分，定罪准确，量刑适当，审判程序合法。据此，依照《中华人民共和国刑事诉讼法》第二百二十五条第一项和《中华人民共和国刑法》第二百三十二条、第一百二十五条第一款、第五十七条、第七十二条、第七十三条第一款之规定，吉林省高级人民法院裁定驳回上诉，维持原判，并就裁定核准判处上诉人孙连义死刑的部分依法报请最高人民法院核准。

最高人民法院经复核确认的事实与一、二审一致。最高人民法院认为，被告人孙连义因家庭琐事，采用投毒方式故意非法剥夺他人生命，其行为构成故意杀人罪。孙连义犯罪情节恶劣，致二人死亡，后果特别严重，依法应当严惩。第一审判决、第二审裁定认定的事实清楚，证据确实、充分，定罪准确，量刑适当，审判程序合法。据此，依照《中华人民共和国刑事诉讼法》第二百三十五条、第二百三十九条以及《最高人民法院关于适用〈中华人民共和国刑事诉讼法〉的解释》第三百五十条第一项之规定，最高人民法院裁定核准吉林省高级人民法院(2013)吉刑一终字第38号维持第一审对被告人孙连义以故意杀人罪判处死刑，剥夺政治权利终身的刑事裁定。

二、主要问题

1. 如何把握投毒案件中的证据确实、充分标准？

2. 投毒后造成目标之外他人死亡的，其行为如何定性？

三、裁判理由

（一）综合全案证据可以认定被害人孟淑兰之死系被告人孙连义所为

本案证实被害人谢欣之死系孙连义投毒所致的证据是确实、充分的：根据孙连义的供认提取到剩余有毒物质（野鸡药）；根据孙连义的指认找到有毒物质销售者董书成、边振凤夫妇，二人也供述是将有毒物质卖给了孙连义；孙连义在侦查阶段的有罪供述与其他证据互相印证，并属于先供后证的情形。

本案审理过程中，对被害人孟淑兰之死，能否认定系孙连义投毒所致，存在两种意见。一种意见认为，因尸体已被火化，孟淑兰的死因不明，认定系孙连义投毒杀害孟淑兰的证据不足；另一种意见认为，对孟淑兰死因的证据分析不能孤立进行，要结合全案证据分析，可以认定孟淑兰之死系孙连义投毒所致。

我们同意后一种意见。理由是：

2010 年最高人民法院、最高人民检察院、公安部、国家安全部、司法部联合发布的《关于办理死刑案件审查判断证据若干问题的规定》（以下简称《死刑案件证据规定》）第三十三条规定："没有直接证据证明犯罪行为系被告人实施，但同时符合下列条件的可以认定被告人有罪：（一）据以定案的间接证据已经查证属实；（二）据以定案的间接证据之间相互印证，不存在无法排除的矛盾和无法解释的疑问；（三）据以定案的间接证据已经形成完整的证明体系；（四）依据间接证据认定的案件事实，结论是唯一的，足以排除一切合理怀疑；（五）运用间接证据进行的推理符合逻辑和经验判断。根据间接证据定案的，判处死刑应当特别慎重。"即对于没有直接证据的，要通过分解验证、审查判断全案证据材料，从全案出发，将各项证据有机结合为一个证据体系，从而达到对案件事实的完整、准确的认定。

本案中，认定被害人孟淑兰之死系被告人孙连义投毒所致，除了孙连义的口供外，并无其他直接证据，只能通过运用间接证据，结合孙连义的有罪供述进行分析、判断来认定。对于孟淑兰与谢欣的死亡，在证据认定上应当按照上述原则，将二人之死逻辑地联系起来进行分析认定。根据现有证据，我们认为，可以确定孟淑兰之死系孙连义的投毒行为所致：

1. 经对被害人谢欣的呕吐物和生前所服用的保健药进行检验，从中均检出氰化物成分，尸体鉴定意见也证实谢欣系氰化物中毒死亡，故能够确认谢欣系生前服用含有氰化物成分的保健药（宝甘灵茯苓复合颗粒胶囊）而死亡。

2. 证人谢玉华证实谢欣服用的保健药系孟淑兰生前服用，故可以证实谢欣、孟淑兰服用了同一药瓶中的保健药。而证人谢长有、谢子娟等人及孟淑兰的门诊记录证实，孟淑兰服用保健药后即出现呕吐、抽搐、呼吸困难、因呼吸循环衰竭而死亡等症状，与谢欣死亡前的症状相同，也与辽源市公安局法医鉴定中心出具的《氰化物中毒的症状》相符，故可以确定孟淑兰系因与谢欣服用了同一药瓶中含有氰化物成分的保健药而中毒死亡。

3. 氰化物系被灌入孟淑兰平时服用的保健药胶囊中，孟淑兰、谢欣先后服用保健药而死亡，说明孟淑兰为被投毒的对象。谢玉华的证言证实，该保健药是孟淑兰平时服用的，谢长有、谢子娟等证实能进入被害人家中二楼（生活居住场所）的只有家里人，故投毒人应对孟淑兰服用什么保健药非常了解，也能随意出入孟淑兰居住的商店二楼，系熟人作案。而孙连义案发前与孟淑兰有矛盾，具备作案动机，其在谢欣死后又坚持反对尸检，行为反常。

4. 孙连义在侦查阶段供述了因与孟淑兰有矛盾而产生杀人之念，后购买毒药投毒杀人的经过，其供述得到其他证据的印证：

（1）关于毒药的来源。孙连义被抓获后带领公安机关指认了卖主，公安机关当场扣押了卖主边振凤夫妇的野鸡药。边振凤也证实带领公安对其进行指认的男子（孙连义）在2012年春节前的一天上午10点多钟，在其和丈夫共同经营的仙城街狗市的一个摊位买了人民币10元钱的野鸡药，与孙连义在侦查阶段的有罪供述相符，系先供后证。

（2）关于剩余的毒药。孙连义带领公安机关指认了藏匿在其经营居住的商店二楼走廊南侧墙壁防火栓箱处的剩余野鸡药，经检验该野鸡药与从边振凤夫妇处扣押的野鸡药、孟淑兰保健胶囊中的氰化物主要成分相同、浓度相近，佐证了其所供从狗市购买野鸡药、毒药装入胶囊后将剩余的毒药藏匿的情节。

（3）孙连义在侦查阶段第一次讯问时（2012年3月8日20时1分至21时30分）就供述了隐蔽性极强的细节：其将野鸡药投入"宝甘什么颗粒，中间字不认识""四颗胶囊中"（即宝甘灵茯苓复合颗粒胶囊）。而公安机关在3月7日提取了被害人家三种保健药物（"宝甘灵茯苓复合颗粒"10粒、"银耳复合颗粒"12粒、"牛初乳片"1瓶）送检，在3月8日时尚未得出鉴定结果，鉴定意见（证实其中有二颗宝甘灵茯苓复合颗粒中含有氰化物）系3月19日作出。该鉴定意见证实从送检的"宝甘灵茯苓复合颗粒"中的二颗中检出氰化物，与孙连义供述投毒四颗胶囊相符（二被害人各服一颗，剩余二颗有毒胶囊）。此外，公安机关在2012年5月29日、7月30日的鉴定意见也证实，根据孙连义指认提取的剩余野鸡药、从卖主边振凤处提取的野鸡药和二颗"宝甘灵茯苓复合颗粒"内白色粉末的主要成分均为氰化钠和二水合氰化钠，氰离子浓度相近，这也佐证了孙连义关于该细节的供述。

故在公安机关3月7日扣押的三种保健药中，究竟哪种药里含有毒物、有几颗含有毒物，是先有被告人孙连义供述隐蔽性细节，后有鉴定意见证实的。《死刑案件证据规定》第三十四条规定："根据被告人的供述、指认提取到了隐蔽性很强的物证、书证，且与其他证明犯罪事实发生的证据互相印证，并排除串供、逼供、诱供等可能性的，可以认定有罪。"本案虽非根据被告人供述提取到隐蔽性很强的物证、书证，但其供述的隐蔽性细节，得到十余天后作出的鉴定意见的印证，这是非常有证明力的，也说明孙连义的有罪供述是可信的。尽管孙连义后来翻供，但其翻供无其他任何证据的佐证，不具有可采信性。

综上，根据现有证据分析，虽然孟淑兰的尸体已经火化，无法确定死因，但谢欣的死亡原因是清楚的，且谢欣所服用的含有氰化物成分的胶囊就是孟淑兰平时服用的。从投毒的空间、工具、死亡的原因等来看，这两起犯罪事实是完全一样的。将二人的死亡结果结合孙连义的有罪供述进行分析，尽管没有孟淑兰死因的鉴定意见，但可以确定孟淑兰的死亡系孙连义的投毒行为所致。

（二）投毒后放任目标之外他人死亡的，应当认定为间接故意杀人

本案审理过程中，如何确定被告人孙连义对谢欣死亡的刑事责任，主要形成两种意见：一种意见认为，孙连义投毒后，放任他人（孟淑兰以外的人）死亡，应当认定孙连义主观上具有间接故意，构成故意杀人罪；另一种意见认为，孙连义主观上并不希望造成谢欣死亡的结果，在孟淑兰死亡后也曾问过剩余药物的下落，故可以认定为过于自信的过失，构成过失致人死亡罪。

我们同意前一种意见。理由是：

间接故意是指行为人已经预见到自己的行为会导致某种结果发生而放任该结果的发生（结果的发生并不违背其主观意志），而过于自信的过失是指行为人已经预见到自己的行为会导致某

种结果发生而轻信可以避免(结果的发生是违背其主观意志的)。二者区分的关键在于是否违背行为人的意愿。在具体案件中,对行为人主观的认定非常复杂,尤其是间接故意和过于自信的过失的区分更加复杂,一般要通过行为人具体的行为来分析其主观心态。从本案来看,对孙连义主观心态的认定可以从以下几个方面进行分析:

1. 孙连义投毒到茯苓复合颗粒胶囊中,而该胶囊系保健药物,用于提高人体免疫力,并非某类病人专用,其他人也有可能服用,即服用人是非特定的,实际上也是如此,在孟淑兰死后谢欣也服用了该胶囊。孙连义在实施投毒行为时,就应当知道不仅被害人孟淑兰可能服用该胶囊,其他人也是有可能服用的,而其并未因此放弃投毒,故可以认定其对其他人是否服用该胶囊是持无所谓、放任的态度。

2. 从投毒之后的行为分析,根据孙连义的供述,其在孟淑兰死后,曾询问过药物下落,但在未查明具体下落时,孙连义并未继续采取其他有效措施防止他人服用这一后果的发生,实际上还是听之任之,放任结果的发生;而且,从谢玉华的证言来看,孙连义并未有过询问药物下落的行为。无论如何,孙连义在孟淑兰死亡后,并未采取有效措施预防其他后果的发生,应当认定其对其他后果的发生持放任态度。

综上,本案一、二审法院对各被告人的行为定性准确,处罚适当,很好地贯彻体现了罪责刑相适应原则。

(撰稿:最高人民法院刑四庭　张　剑
审编:最高人民法院刑四庭　陆建红)

[第1008号]罗灵伟、蒋鼎非法拘禁案

——无法查清被害人是否存在债务的情况下,如何认定行为人为索取债务而非法拘禁他人的行为性质

【关键词】 非法拘禁罪　索取债务　债权债务不明确　主客观相统一　有利于被告人　主观认识

一、基本案情

被告人罗灵伟,男,1983年4月9日出生,商贩,住浙江省台州市路桥区螺洋街道樟岙村1区28号。2014年1月22日因吸毒被行政拘留十五日。2014年3月6日因涉嫌犯非法拘禁罪被逮捕。

被告人蒋鼎,男,1986年1月17日出生,驾驶员,住浙江省台州市黄岩区西城街道雅林村65号。2005年3月24日因吸毒被强制戒毒六个月。2007年4月26日因吸毒被行政拘留十五日。2009年12月3日因吸毒被行政拘留十五日,后被强制隔离戒毒二年。2014年1月22日因吸毒被行政拘留十五日,后被强制隔离戒毒二年。2014年3月6日因涉嫌犯非法拘禁罪被逮捕。

浙江省台州市黄岩区人民检察院以被告人罗灵伟、蒋鼎犯非法拘禁罪,向台州市黄岩区人民法院提起公诉。

被告人罗灵伟、蒋鼎对公诉机关指控的犯罪事实和罪名不持异议。罗灵伟的辩护人认为本案系民间账目纠纷引起,罗灵伟归案后如实供述犯罪事实,认罪态度较好,并赔偿了被害人的经济损失并取得谅解,且系初犯、偶犯,提请法庭对罗灵伟从轻处罚。

台州市黄岩区人民法院经公开审理查明:2014 年 1 月 3 日 19 时许,被告人罗灵伟因怀疑王华祥、陈仙兵、潘岩根在管理其经营的石渣生意期间,在账目上造假侵吞款项,遂与被告人蒋鼎、"阿三"等人将王华祥、陈仙兵、潘岩根三人从台州市路桥区螺洋街道园珠屿村带至黄岩区沙埠镇佛岭水库洋山庙边上,质询账目收支情况,并使用拳脚及持棍殴打王华祥、陈仙兵等人,致王华祥构成轻伤二级。后罗灵伟与王华祥达成协议,将罗灵伟怀疑的账目上被侵吞的 3 万余元与其欠王华祥的 3 万余元抵销。整个过程持续 4 个小时左右。案发后,在刑事诉讼过程中,被害人王华祥提起刑事附带民事诉讼。后经和解,罗灵伟、蒋鼎赔偿了王华祥的医药费等各项经济损失并取得了被害人的谅解。王华祥撤回了刑事附带民事诉讼。

台州市黄岩区人民法院认为,被告人罗灵伟、蒋鼎为索取债务,非法限制他人人身自由并进行殴打,致人轻伤,其行为均构成非法拘禁罪。罗灵伟曾因吸毒被行政处罚、蒋鼎曾因吸毒被行政处罚及强制戒毒,酌情均可以从重处罚。罗灵伟的辩护人所提对罗灵伟从轻处罚的相关辩护意见,与本案查明的事实及相关的法律规定相符,应予采纳。蒋鼎归案后如实供述犯罪事实,认罪态度较好,并赔偿了被害人的经济损失且取得了谅解,酌情可以从轻处罚。据此,依照《中华人民共和国刑法》第二百三十八条第一款、第三款,第二十五条第一款,第六十七条第三款以及《中华人民共和国刑事诉讼法》第二百七十九条之规定,台州市黄岩区人民法院以被告人罗灵伟犯非法拘禁罪,判处有期徒刑九个月;以被告人蒋鼎犯非法拘禁罪,判处有期徒刑九个月。

一审宣判后,被告人罗灵伟、蒋鼎均未提起上诉,检察机关亦未抗诉,该判决已发生法律效力。

二、主要问题

无法查清被害人是否存在债务的情况下,如何认定行为人为索取债务而非法拘禁他人的行为性质?

三、裁判理由

(一)无法查清被害人是否存在债务的情况下,应当从被告人的真实故意出发,认定行为人是否为索取债务而非法拘禁他人

本案审理过程中,对被告人罗灵伟、蒋鼎的行为定性,最关键的争议点在于无法查清被害人是否存在侵吞账款的情况下,能否认定被告人系为索取债务而对被害人实施非法拘禁及殴打等行为。一种观点认为,无法查清被害人是否存在侵吞账款,就应当认定被害人不存在侵吞账款;另一种观点认为,无法查清被害人是否存在侵吞账款,要根据被告人真实的意思,审查是否存在认识错误。如果被告人确实认为被害人存在侵吞账款的,从有利于被告人和坚持主客观相统一原则出发,应当认定被告人是为索取债务而非法拘禁他人。

我们赞同后一种意见。具体理由如下:

依据犯罪构成理论,认定行为人的行为性质,应当综合行为人的主观犯罪故意和客观犯罪行为两个方面进行判定。如果行为人主观上确实是为索取债务而扣押、拘禁他人的,即使债务关系难以查清或者根本不存在,只是行为人认识错误的,仍然应当认定行为人系为索取债务而实施非法拘禁行为。因为在此种情况下,无论债务是否真实存在,行为人主观上是出于"索债"的目的而实施对他人的扣押、拘禁行为的,其没有产生其他诸如勒索、抢劫犯罪中非法占有他人财物的故意。从另一角度考虑,这种认定是从有利于被告人的原则出发的,符合刑法谦抑性的要求。

值得强调的是,在无法查清被害人是否存在侵吞账款的情况下,从被告人的真实故意出发,认定被告人是为索取债务而非法拘禁他人,并不意味着认定债务真实存在。即认定行为人的主观故意内容,不等于认定债务客观上的存在。这一点务必要区分开来,否则被告人可能会基于这一认定反过来在附带民事诉讼中提出反诉或者另行以索债为内容提起诉讼。

在司法实践中，索债型非法拘禁行为涉及的债务，主要存在以下几种：

1. 合法债务。被告人与被害人存在合法的民事法律关系上的债权债务关系，被告人实施扣押、拘禁他人行为的目的是追讨自己的债务，但在进行私力救济、解决问题的过程中，采用了非法途径，具备了相应的犯罪构成，而转化为刑事案件。对于此类行为，应当认定行为人构成非法拘禁罪，同时确认其主观上的索债目的。

2. 非法债务。被告人与被害人间存在债务，但该债务系赌债、高利贷或者嫖资等法律不予保护的非法债务，行为人为索取此类非法债务而实施扣押、拘禁他人的行为，系“事出有因”。只要债务是客观存在的，应当以非法拘禁罪定罪处罚，同时也应确认行为人主观上的索债目的。对此，《最高人民法院关于对为索取法律不予保护的债务非法拘禁他人行为如何定罪问题的解释》已作了专门明确。

3. 数额超过实际债务。被告人与被害人间存在合法或者非法债务，行为人为索取债务对被害人实施了扣押、拘禁行为，但行为人在追索债务的过程中，索取的债务数额大于实际存在的债务。此种情况下，应当从被告人的真实主观犯意出发进行分析判断。如果被告人的主观目的是索取债务，而不是为了非法占有他人财物，其之所以超额索取，可能是在对债务范围、数目的理解、认定上存在误解、异议，其主观恶性并没有实质性的改变，那么仍然应当认定其行为构成非法拘禁罪，同时确认其主观上的索债目的。反之，如果被告人以索取“债务”为名，实施绑架、殴打、拘禁他人的行为，以实现其非法占有他人财物的目的的，则应按照其行为相应的后果，以绑架罪、抢劫罪等，予以定罪处罚。

4. 债权债务关系不明确的债务。被告人与被害人之间的债权债务关系缺乏足够的证据予以查清，从民事法律关系角度出发，债权债务关系因被告人举证不能而不存在；或者被告人的利益确实受到了损失，但该损失与被害人的言行并无明确的因果关系，双方之间并不存在实际的债权债务关系；或者被告人与被害人之间实际上没有债权债务关系，行为人误认为被害人与之有债权债务关系。以上几种情形，行为人主观上均是为了索取“债务”对被害人实施扣押、拘禁等行为，因此仍然应当以非法拘禁罪定罪处罚，同时确认其主观上的索债目的。

本案中，被告人罗灵伟的行为性质就属于以上第四种情形。罗灵伟因为怀疑王华祥、陈仙兵、潘岩根在管理其经营的石渣生意期间，在账目上造假侵吞款项，认为王华祥侵吞了其3万余元的货款。为了向王华祥等人索取该笔债务，罗灵伟遂与蒋鼎等人将王华祥、陈仙兵、潘岩根三人强行带上汽车，后在水库庙边对三人实施殴打等行为，非法限制王华祥等人的人身自由4个小时左右。后来罗灵伟与王华祥达成口头协议，将自己欠王华祥的3万余元欠款与该3万余元货款相抵销。综合上述案情分析，罗灵伟主观上确实是为了索要其自认为的“债务”而实施了非法拘禁及殴打等行为。该债务能否查清并不影响其主观上的索债目的。蒋鼎为帮助罗灵伟实现索债的目的，与罗灵伟一起共同实施非法扣押、拘禁他人的行为，亦应确认其主观上的索债目的。

（二）主观上为索取债务而非法拘禁他人，构成犯罪的，应当以非法拘禁罪论处

索债型非法拘禁行为的定性，应当从犯罪构成的角度出发，综合犯罪动机、情节轻重、危害大小、拘禁时间长短等因素进行分析判断。对于那些拘禁时间较短，没有使用暴力或者侮辱、殴打行为或者尚未造成严重后果的，可以不作犯罪处理。如果行为情节严重，达到构成犯罪标准的，则应当依法追究刑事责任。至于构成何种犯罪，应当根据行为人的主观故意及具体的犯罪行为、犯罪后果等综合判断。在司法实践中，索债型非法拘禁行为易与抢劫、绑架等行为发生混淆，只有准确认定各犯罪的构成要件，才能作出准确区分。

非法拘禁罪属于侵犯公民人身自由的犯罪，表现为持续性地故意非法剥夺他人身体自由。

就索债型非法拘禁行为而言，行为人实施扣押、拘禁他人等限制人身自由的非法方法，目的是索取债务，可以当场取得也可以事后取得。抢劫罪是侵犯公民人身权利与财产权利的犯罪，行为人为了实现非法占有他人财产的目的，而使用暴力或以暴力相威胁的方法，当场劫取他人的财物。而绑架罪是侵害他人人身自由权利的犯罪，为了勒索财物或满足其他非法目的，使用暴力、胁迫或者其他方法劫持他人，而后以人质为筹码向被绑架人的亲属勒索财物或者向有关方面提出非法要求。

抢劫罪与绑架罪在犯罪手段、犯罪客体等方面都较为相似。主要区别在于：第一，主观方面不尽相同。抢劫罪中，行为人一般出于非法占有他人财物的故意实施抢劫行为；绑架罪中，行为人既可能为勒索他人财物而实施绑架行为，也可能出于其他非经济目的（如基于政治等方面的原因）实施绑架行为。第二，行为手段不尽相同。抢劫罪表现为行为人劫取财物一般应当在同一时间、同一地点，具有"当场性"；绑架罪表现为行为人以杀害、伤害等方式向被绑架人的亲属或者其他人或者单位发出威胁，索取赎金或者提出其他非法要求，劫取财物一般不具有"当场性"。二者的关键区别在于是否"当场"，而且后者只能是向被绑架人的近亲属或者其他有关人员勒索财物；前者是直接迫使被绑架人交付财物，而不是向第三者勒索财物。

普通的非法拘禁罪与抢劫罪、绑架罪有明显的区别，认定上不存在争议。然而，索债型的非法拘禁行为因为中间混杂了限制人身自由、暴力殴打以及索取债务等行为，使其在表现形式上出现与抢劫、绑架行为交叉的要素，从而为认定带来困难。但索债型非法拘禁罪的行为人主观上不具有非法占有他人财物的故意，客观行为上不要求索取财物的当场性，也不要求给付对象的确定性，其形式可以多种多样，既可以要求债务人直接给付，也可以要求债务人由其亲戚朋友代为给付。在行为手段上，可能是单纯地非法限制他人人身自由，也可能在非法剥夺他人人身自由过程中实施殴打、侮辱、虐待或者捆绑等行为。

就本案而言，被告人罗灵伟、蒋鼎的行为应当认定为非法拘禁罪。罗灵伟为了索取其内心确认的债务，与蒋鼎等人一起限制王华祥等人的人身自由4个小时左右。而在此过程中，罗灵伟等人对王华祥进行了殴打，并与王华祥达成口头协议，将其欠王华祥的3万余元款项与其怀疑的数目相当的债务数额予以抵销。该抵销行为可视为罗灵伟索回了自己的债务，而非为勒索王华祥的财物，其内心没有非法占有的故意。经由上述分析，罗灵伟、蒋鼎的行为在犯罪主观、客观方面均符合索债型非法拘禁罪的特征，应当以非法拘禁罪论处。

（撰稿：浙江省台州市黄岩区人民法院　胡尚慧
审编：最高人民法院刑二庭）

[第1022号]尹宝书故意杀人案

——如何理解和适用审判的时候已满75周岁的人一般不判处死刑的法律规定

【关键词】　故意杀人罪　老年人犯罪　特别残忍的手段　审判的时候　死刑的适用

一、基本案情

被告人尹宝书，男，1938年2月12日出生。2011年4月13日因涉嫌犯故意杀人罪被逮捕。

辽宁省沈阳市人民检察院以被告人尹宝书犯故意杀人罪，向沈阳市中级人民法院提起公诉。

被告人尹宝书对指控的犯罪事实无异议，但辩称其行为不构成故意杀人罪。其辩护人提出，尹宝书具有自首情节，对其可以从轻或者减轻处罚。同时，本案系邻里纠纷激化引发，被害人存在过错，尹宝书系防卫过当。

沈阳市中级人民法院经公开审理查明：被告人尹宝书与被害人吴兆义（男，殁年65岁）、被害人王玉瑛（女，殁年62岁）夫妇同住沈阳市苏家屯区十里河镇柳三家子村，系邻居关系，两家因栅栏占道及堆放粪堆问题产生矛盾。2011年4月2日6时许，尹宝书发现其栽种在吴兆义家粪堆附近的两棵柳树棒被人拔掉，质问吴兆义时双方发生口角，继而厮打。厮打中，尹宝书用其栽种的柳树棒击打吴兆义头面部数下，致吴兆义因头面部损伤导致颅脑损伤当场死亡。嗣后，尹宝书到吴兆义家将吴的妻子王玉瑛叫到粪堆附近。王玉瑛发现吴兆义倒地后，与尹宝书发生厮打，尹宝书用柳树棒击打王玉瑛头面部数下，致王玉瑛因头面部损伤导致颅脑损伤当场死亡。当日，尹宝书委托其表弟尹宝伦代为报案，后在家中被公安机关抓获。

沈阳市中级人民法院认为，被告人尹宝书的行为构成故意杀人罪。关于尹宝书所提其不构成故意杀人罪的辩解，经查，尹宝书与被害人吴兆义发生口角后，持柳树棒击打吴兆义头面部数下，致吴兆义当场死亡，尹宝书对吴兆义行凶后未有悔过之意，将被害人王玉瑛叫到案发现场后，又持柳树棒击打王玉瑛头面部，致其死亡。从尹宝书使用的凶器类型、致伤部位、力度及造成的后果来看，尹宝书客观上实施的行为反映其具备故意杀人的主观故意，其行为符合故意杀人罪的构成要件，应当认定为故意杀人罪，故对尹宝书的辩解不予采纳。关于其辩护人提出尹宝书具有自首情节，可对其从轻或者减轻处罚的辩护意见，经查，公诉机关提供的刑事案件登记表、案件来源、侦破报告及证人尹宝伦、关玉坤的证言可以证实尹宝书案发后委托尹宝伦代为报警，且庭审时如实供述主要犯罪事实，应当认定为自首，但尹宝书连续杀害两名被害人，后果特别严重，不予从轻处罚。关于其辩护人所提本案系邻里纠纷激化引发，被害人存在过错，尹宝书系防卫过当的辩护意见，经查，尹宝书与被害人吴兆义因粪堆及栅栏占道问题产生矛盾后，本应妥善解决，但尹宝书采取极端方式，被害人在本案中无过错，尹宝书的行为亦不符合防卫过当的构成要件，故对辩护人所提辩护意见不予采纳。尹宝书仅因邻里纠纷而剥夺二被害人生命，虽然具有自首情节，但不足以对其从轻处罚。尹宝书故意杀人，犯罪后果特别严重，应予严惩。据此，依照《中华人民共和国刑法》第二百三十二条、第五十七条第一款、第六十七条第一款之规定，沈阳市中级人民法院以被告人尹宝书犯故意杀人罪，判处死刑，剥夺政治权利终身。

一审宣判后，被告人尹宝书不服，向辽宁省高级人民法院提起上诉，称其行为不构成故意杀人罪，且有自首情节，一审量刑过重。其辩护人提出，本案系邻里纠纷引发，被害人存在过错，尹宝书有自首情节，且其无前科，系初犯，并系老年人犯罪。

辽宁省高级人民法院经公开审理后认为，上诉人尹宝书因邻里纠纷而与被害人产生矛盾，持柳树棒连续击打二被害人头部，其行为构成故意杀人罪。尹宝书犯罪手段残忍，致二人死亡，犯罪后果和罪行极其严重，依法应当判处死刑。关于尹宝书及其辩护人所提尹宝书具有自首情节，本案系邻里纠纷引发，尹宝书无前科，系初犯，并系老年人犯罪的辩护意见，经查属实，但不足以对其从轻处罚。关于尹宝书所提不构成故意杀人罪，一审量刑过重的上诉理由，经查没有法律依据，不予采纳。关于其辩护人所提被害人存在过错的辩护意见，经查没有事实依据，不予采纳。原判认定事实清楚，证据确实、充分，定罪准确，量刑适当，审判程序合法。据此，依照《中华人民共和国刑事诉讼法》（1996年）第一百八十九条第一项之规定，辽宁省高级人民法院裁定驳回上诉，维持原判，并依法报请最高人民法院核准。

最高人民法院经复核认为，被告人尹宝书故意非法剥夺他人生命，其行为构成故意杀人罪。尹宝书仅因邻里纠纷，连续杀死二人，犯罪情节恶劣，后果和罪行极其严重，依法应当严惩。鉴于尹宝书作案后委托他人报案，并在家中等候公安人员抓捕，到案后如实供认犯罪事实，有自首情节，且在本院复核期间已年满75周岁，依法对其可不判处死刑立即执行。第一审判决、第二审裁定认定的事实清楚，证据确实、充分，定罪准确，审判程序合法。据此，依照《中华人民共和国刑事诉讼法》(2012年)第二百三十五条、第二百三十九条和《最高人民法院关于适用〈中华人民共和国刑事诉讼法〉的解释》第三百五十条第五项、第三百五十三条第一款之规定，裁定不核准并撤销辽宁省高级人民法院维持第一审以故意杀人罪判处被告人尹宝书死刑，剥夺政治权利终身的刑事裁定；发回辽宁省高级人民法院重新审判。

二、主要问题

如何理解和适用审判的时候已满75周岁的人一般不判处死刑的法律规定？

三、裁判理由

2011年施行的刑法修正案(八)在刑法第四十九条中增设的第二款规定：“审判的时候已满七十五周岁的人，不适用死刑，但以特别残忍手段致人死亡的除外。”该条文完善了刑法在死刑适用方面对特殊年龄主体的规定，体现了刑罚人道主义和尊老的传统文化，也是对严格控制和慎重适用死刑政策的深入贯彻，符合刑事立法的文明进步趋势。

社会生活中，年满75周岁的老年人犯严重暴力犯罪的情形较为少见，如何准确理解和适用刑法第四十九条第二款的规定，特别是如何认定“特别残忍手段”，是一个重要的实践问题。本案一审法院判处被告人尹宝书死刑，二审法院裁定维持原判，最高人民法院复核后不予核准死刑，所涉及的问题主要就是如何理解刑法第四十九条第二款的规定。以下从两个方面加以分析：

首先，死刑复核阶段属于刑法第四十九条第二款规定的“审判的时候”。我国的刑事案件审判实行两审终审制，但死刑案件有特殊性，除一审、二审程序外，还有死刑复核程序，只有经过最高人民法院适用死刑复核程序审理并裁定核准后，死刑案件的判决才发生法律效力。尽管死刑复核程序不采取开庭审理方式，检察机关和辩护律师的介入方式也与一审、二审有所区别，但死刑复核程序无疑仍然属于“审判的时候”。被告人在侦查、起诉，以及一审、二审期间未满75周岁，但经过一段时间的诉讼期间后，在死刑复核程序中年龄达到75周岁的，仍然应当认定为在“审判的时候”年满75周岁。本案中，被告人尹宝书作案时的年龄是73周岁，一审、二审时均未满75周岁，但在报请最高人民法院复核时已年满75周岁，故符合刑法第四十九条第二款的规定，原则上不适用死刑。

其次，对“特别残忍手段”的认定不能泛化。“特别残忍手段”，是刑事司法实践中的常用词，在暴力犯罪案件中尤为常见，存在泛化适用的问题。究竟哪些情形可以称得上“特别残忍手段”，需要逐步统一认识、加强规范。全国人大常委会法制工作委员会刑法室编著的《中华人民共和国刑法释义》对“特别残忍手段”的释义是：采用毁容、挖人眼睛、砍掉双脚等特别残忍的行为。实践中，一般认为，出自冷酷坚决的犯意，给被害人的肉体和精神造成特别严重的痛苦、折磨、恐惧的，可视为特别残忍手段。例如，使用焚烧、冷冻、泼洒强酸强碱等强腐蚀物品致人死亡的；砍下被害人四肢或者挑断被害人筋脉的；以挖眼睛、割耳鼻等手段毁损被害人容颜的；砍击、刺扎被害人生殖部位的；用尖刀等利器捅刺被害人要害部位数十刀，或者用铁锤、砖块等钝器反复击打被害人头部致人死亡的；活埋被害人致人窒息死亡的；杀死被害人后肢解其尸体的；长时间暴力折磨被害人肉体的，等等。“特别残忍手段”都应当是给被害人肉体上带来极大痛苦、公众心理上难以接受的作案手段。因此，不能认为只要使用了暴力手段，就属于手段特别残忍。

本案中，被告人尹宝书从现场随手捡起柳树棒，先后击打两名被害人的头部，致二人死亡。从尹宝书的作案工具、击打方式看，其作案手段尚不属于刑法规定的“特别残忍手段”，故不宜认定为刑法第四十九条第二款规定的“以特别残忍手段致人死亡”。在这种情况下，综合考虑本案系农村邻里纠纷引发，尹宝书具有自首情节，归案后认罪态度较好等多种因素，对尹宝书不应判处死刑。值得注意的是，对审判时已满75周岁的人不适用死刑是一项原则性规定，实践中若出现被告人以特别残忍手段致人死亡，且主观恶性和人身危险性很大的，即使审判时已满75周岁，也仍可以判处死刑。

（撰稿：辽宁省高级人民法院　张怡嘉　赵英东
审编：最高人民法院刑五庭　马　岩）

[第1024号]李万华故意杀人、盗窃案
——对无法排除其他人作案可能的案件能否核准死刑

【关键词】　故意杀人罪　证据审查判断　事实不清、证据不足

一、基本案情

被告人李万华，男，1988年11月22日出生，农民工。2009年10月1日因涉嫌犯故意杀人罪、盗窃罪被逮捕。

四川省凉山彝族自治州人民检察院以被告人李万华犯故意杀人罪、盗窃罪，向凉山彝族自治州中级人民法院提起公诉。

被告人李万华对起诉书指控的故意杀人、盗窃犯罪事实无异议。李万华的辩护人提出本案属于激情犯罪，李万华主观上没有致人死亡的故意，应当认定为故意伤害致人死亡，不构成故意杀人罪。

凉山彝族自治州中级人民法院经公开审理查明：

2009年3月27日下午2时许，被告人李万华在四川省西昌市“锦绣华都”小区2单元11楼3号房做墙面装修时，同楼层1号房主袁天秀（被害人，女，殁年37岁）请李万华帮其查看卫生间水管安装情况，后因袁天秀拒绝再让李万华为其家墙面刷漆，双方发生口角并抓扯。李万华将袁天秀按倒在卫生间到客厅的通道上，双手掐住袁天秀颈部并从地上捡起电话线紧勒其颈部，致袁天秀机械性窒息死亡。李万华窃取袁天秀人民币（以下币种同）5 000元及粉红色三星翻盖手机后逃离现场。

凉山彝族自治州中级人民法院认定上述事实的证据有现场提取的电线等物证，小区监控录像照片等书证，证人李某某、姚某某、罗某某、施某某、李某某等的证言，现场勘验、检查笔录，尸体鉴定意见，被告人供述等。

凉山彝族自治州中级人民法院认为，被告人李万华的行为构成故意杀人罪、盗窃罪。依照《中华人民共和国刑法》第二百三十二条、第二百六十四条、第五十七条第一款、第六十四条、第六十九条之规定，对李万华以故意杀人罪判处死刑，剥夺政治权利终身；以盗窃罪判处有期徒刑二年，并处罚金人民币二千元；决定执行死刑，剥夺政治权利终身，并处罚金人民币二千元。

宣判后，被告人李万华不服，向四川省高级人民法院提起上诉。具体理由是：其没有杀人的

主观故意，不是故意杀人；其认罪态度好，量刑过重。其辩护人提出的主要辩护理由和意见与一审相同。

四川省人民检察院认为，一审判决认定的事实清楚，证据确实、充分，定罪和适用法律正确，量刑适当，审判程序合法，建议驳回上诉，维持原判。

四川省高级人民法院经审理认为，上诉人李万华因纠纷将被害人袁天秀掐压致死，后窃取5 000元及一部手机的行为已构成故意杀人罪、盗窃罪。罪行严重，依法应予处罚。李万华作为成年人，明知掐压颈部会致人死亡，依然长时间掐压被害人颈部，最终致其死亡，其主观上非法剥夺他人生命的故意明显，一审判决认定李万华犯故意杀人罪并无不当。李万华上诉提出没有杀人故意，不是故意杀人的理由不能成立，辩护人以此为由提出的意见不予采纳。二审出庭履行职务的检察员认为原判认定的事实清楚，证据确实、充分，定罪和适用法律正确，量刑适当，审判程序合法的意见予以采纳。据此，依照《中华人民共和国刑法》第二百三十二条、第二百六十四条、第五十七条第一款、第六十四条、第六十九条，《中华人民共和国刑事诉讼法》(1996 年)第一百八十九条第一项之规定，四川省高级人民法院裁定驳回上诉，维持原判，并依法报请最高人民法院核准。

最高人民法院经复核认为，第一审判决、第二审裁定认定被告人李万华犯故意杀人罪、盗窃罪的部分事实不清，证据尚不够确实、充分，依照《中华人民共和国刑事诉讼法》(1996 年)第一百九十九条和《最高人民法院关于复核死刑案件若干问题的规定》第三条之规定，裁定如下：

1. 不核准四川省高级人民法院(2011)川刑终字第 227 号维持第一审对被告人李万华以故意杀人罪判处死刑，剥夺政治权利终身；以盗窃罪判处有期徒刑二年，并处罚金人民币二千元；决定执行死刑，剥夺政治权利终身，并处罚金人民币二千元的刑事裁定。

2. 撤销四川省高级人民法院(2011)川刑终字第 227 号维持第一审对被告人李万华以故意杀人罪判处死刑，剥夺政治权利终身；以盗窃罪判处有期徒刑二年，并处罚金人民币二千元；决定执行死刑，剥夺政治权利终身，并处罚金人民币二千元的刑事裁定。

3. 发回四川省高级人民法院重新审判。

二、主要问题

对无法排除其他人作案可能的案件能否核准死刑？

三、裁判理由

在死刑复核过程中发现新的证据，无法排除第三人作案可能，且全案主要依靠言词证据定案，没有有力的客观性证据的，应当认定证据无法达到死刑案件的标准，不予核准死刑。

刑事诉讼法第五十三条第二款规定："证据确实、充分，应当符合以下条件：(一)定罪量刑的事实都有证据证明；(二)据以定案的证据均经法定程序查证属实；(三)综合全案证据，对所认定事实已排除合理怀疑。"这里的"合理怀疑"是指以证据、逻辑、经验法则为根据的怀疑，即案件存在被告人无罪的可能性。没有根据的怀疑，以及对与犯罪无关事实的怀疑，不影响对案件犯罪事实的认定。

本案主要是依靠言词证据定案，故关键是现有证据要能形成一个完整的证据链条，排除其他人的作案嫌疑，绝不允许存在"合理怀疑"。

(一)证明被告人李万华实施抢劫犯罪的证据尚未达到确实、充分的程度

1. 本案证实李万华抢劫杀人的证据如下：(1)本案破案比较自然。公安机关出具的抓获经过证实，公安机关在将案发现场同一层楼搞装修的有作案时间的务工人员作为重点排查对象时，李万华逃避公安机关的调查，由此锁定李万华有重大作案嫌疑，抓获李万华后其供认犯罪。(2)李

万华之兄李某某证实案发后见过李万华脸部、手上有伤痕,与李万华所供作案时受伤相印证;李万华还将在“锦绣华都”小区掐死一妇女,并窃走被害人5 000元及一部手机的事实告诉过兄长李某某,并告诉过其母亲施某某“当时人死没死我不知道就跑了”。李某某系李万华之兄、施某某系李万华之母,作为近亲属提供不利于李万华的证言,能排除故意陷害李万华的可能性,因此证言可信度很高。(3)DNA鉴定意见证实,从现场电话线上检出被害人DNA,与李万华所供用电话线勒颈的情节相印证。(4)李万华供认主要犯罪事实,其供述的很多细节还得到其他证据印证。

2. 直接证实李万华实施犯罪的证据,除李万华的供述外,只有其兄李某某、其母施某某的证言。而其兄、其母的证言源自于李万华,属于传来证据,故直接证明李万华犯罪的证据仍然只有李万华的供述。

(二)现有证据无法排除合理怀疑

1. 存在第三人作案的可能性。案发时在同楼层另一房间进行装修的周某某只有一人在场施工,同样有作案时间。周某某案发后也曾被公安机关讯问并作出了有罪供述,后周某某翻供,由于其后侦查无实质性进展,公安机关对周某某刑事拘留后又取保候审,直至李万华归案后才解除对周某某的取保候审。因周某某在被拘留期间也曾作过有罪供述,并始终称侦查机关没有刑讯逼供,故周某某的犯罪嫌疑并未完全排除。

2. 供证矛盾较多。李万华在侦查阶段第一、二次询问时并未供认犯罪,其后的供述也前后矛盾,部分供述与证人证言有矛盾。(1)对自己是否曾用电话线勒被害人颈部,李万华供述前后不一。侦查阶段第一次讯问时其没有供述该情节,在第四次讯问时才开始供述该节事实,但一审时其又否认,二审则又承认有该情节,复核提讯时其对该节再次予以否认。其供述反反复复,且公安机关组织其对作案工具电话线进行了辨认,最终未能辨认出来。(2)对被害人手机去向,李万华供述前后不一,且手机未能提取到案。其先供称案发当天下午将被害人手机扔进河里,后供称将手机放在一个纸箱内,直至被他人发现后才扔弃。(3)对盗窃现金数目供述前后不一。李万华先供称从被害人处盗得3 800元现金,后改供盗得5 000元现金。(4)李万华在供述中曾提及,案发后其编造谎言“我在长安用砖头将一个男子的头部打出血”并告诉李某某、杨某、罗某等人,但李某某等人均未证实该情节。

3. 部分关键证据证明力不强。李万华所供窃取的金钱数额与被害人取款凭证及明细账单一致,但该取款凭证、明细账单系在李万华供述之前提取,证明力不强;李万华所供将盗窃所得款项中的1 500元用于支付姚某某工资一节得到姚某某证言印证,系先供后证,但该钱款也有可能系李万华本身所有,不能肯定系盗窃所得;李万华所供手机去向,与证人李某某、罗某证实的案发后看见过被害人手机相印证,李某某、罗某对该手机图片进行了辨认,但并未提取到被盗手机;同时,李某某、罗某二人证实的看见李万华持有手机的时间、地点不一致,李某某称是与李万华、罗某一起乘车时看见,而罗某否认该节,称是在装修工地李万华的纸箱内看见。

4. 全案缺乏李万华出现在现场的客观性证据。现场既未提取到李万华的衣物、相关指印、脚印等与李万华有关的物证,又未在被害人的双手甲床内检出异物,也无证人证实李万华进入过现场。

为切实防范冤假错案发生,对死刑案件要严格把握证据标准。对不能排除第三人作案可能、现有证据之间存在矛盾,证据达不到“排除合理怀疑”程度的,应当依法不予核准死刑。本案综合全案证据,无法排除合理怀疑,最高人民法院依法发回重审是适当的。

(撰稿:最高人民法院刑四庭　张　剑
审编:最高人民法院刑四庭　陆建红)

[第1025号]钟兆桂、伍斯云等故意伤害案

——原判因错误认定被告人具有自首或者立功情节而减轻处罚的，重审纠正后能否据此加重被告人的刑罚

【关键词】 故意伤害罪 自首 立功 上诉不加刑 新的犯罪事实 补充起诉

一、基本案情

被告人李亚明，男，1969年12月25日出生，无业。2011年11月30日因涉嫌犯故意伤害罪被逮捕。

被告人钟兆桂，男，1976年4月18日出生，无业。2011年12月11日因涉嫌犯故意伤害罪被逮捕。

被告人伍斯云，男，1969年4月21日出生，无业。2011年12月9日因涉嫌犯故意伤害罪被逮捕。

广东省茂名市人民检察院以被告人李亚明、钟兆桂、伍斯云犯故意伤害罪，向茂名市中级人民法院提起公诉。

被告人李亚明、钟兆桂均辩称，没有参与打架。被告人伍斯云对起诉书指控的事实和罪名未提出异议。

茂名市中级人民法院经公开审理查明：2000年1月24日下午，被告人李亚明、钟兆桂、伍斯云与杨亚喜（已另案判刑）、伍真等人到茂名市电白县马踏镇新城阁酒店北京房吃饭。杨亚喜获知赵鹏翔（被害人，男，殁年38岁）、全明强、叶兴、梁友在该酒店上海房聚赌后，到上海房参与赌博。在赌博期间杨亚喜因与赵鹏翔产生矛盾，回北京房叫了李亚明、钟兆佳、伍斯云等人到酒店大厅内，对正要离开的赵鹏翔实施殴打。旁观人员将杨亚喜等人拉开，赵鹏翔离开酒店大厅。杨亚喜、李亚明、钟兆桂、伍斯云又追到酒店外路边，继续殴打赵鹏翔，将其打倒在地。赵鹏翔因抢救无效于同月26日死亡。经鉴定，赵鹏翔系因头部等多处被钝器（如棍棒类）打击引起颅骨骨折，硬膜外血肿、脑挫裂伤并形成脑疝导致死亡。

茂名市中级人民法院认为，被告人李亚明、钟兆桂、伍斯云伙同他人故意非法伤害被害人身体，致被害人死亡，其行为均构成故意伤害罪，依法应当惩处。在共同犯罪中，李亚明、钟兆桂、伍斯云在共同作案人杨亚喜的纠集下，对被害人采用拳打脚踢的手段实施殴打，为积极实施者，均系主犯；杨亚喜用啤酒瓶击打被害人的头部，是致被害人死亡的主要行为人，李亚明、钟兆桂、伍斯云在共同犯罪中起到的作用次于杨亚喜。伍斯云犯罪后自动投案，具有自首情节；其积极劝说钟兆桂的家属动员钟投案自首，具有立功表现，依法可以对其从轻或者减轻处罚。伍斯云通过家属积极赔偿被害人家属经济损失人民币5万元，认罪、悔罪态度好，酌情可以从轻处罚。钟兆桂犯罪后自动投案，具有自首情节，依法可以对其从轻或者减轻处罚。据此，依照《中华人民共和国刑法》第二百三十四条第二款、第二十五条、第二十六条之规定，茂名市中级人民法院判决如下：

1. 被告人李亚明犯故意伤害罪，判处有期徒刑十三年，剥夺政治权利四年。

2. 被告人钟兆桂犯故意伤害罪，判处有期徒刑八年。

3. 被告人伍斯云犯故意伤害罪，判处有期徒刑四年。

宣判后,被告人李亚明、钟兆桂不服,以原判量刑过重为由向广东省高级人民法院提出上诉。

广东省高级人民法院经审理后认为,原审判决认定被告人伍斯云具有自首、立功情节,被告人钟兆桂具有自首情节的事实不清,依照《中华人民共和国刑事诉讼法》第二百二十五条第一款第三项之规定,于2013年6月3日裁定发回茂名市中级人民法院重新审判。

茂名市中级人民法院经重新审理后认为,被告人李亚明、钟兆桂、伍斯云的行为均构成故意伤害罪。钟兆桂、伍斯云虽然自动投案,但未如实供述其所犯罪行,依法不能认定具有自首情节。伍斯云劝说钟兆桂的家属动员钟投案自首,与法律规定的协助公安机关抓捕同案犯而构成立功的要求不符,依法不能认定有立功表现。钟兆桂、伍斯云伙同他人故意非法伤害被害人身体致其死亡,且均系主犯,应当按照各自所参与的全部犯罪处罚。钟兆桂、伍斯云均无法定减轻处罚情节。根据《中华人民共和国刑法》第二百三十四条的规定,本应判处十年有期徒刑以上刑罚。但根据《中华人民共和国刑事诉讼法》第二百二十六条的规定,第二审人民法院发回原审人民法院重新审判的案件,除有新的犯罪事实,人民检察院补充起诉的以外,原审人民法院不得加重被告人的刑罚。故本案重审时不得加重钟兆桂、伍斯云的刑罚。据此,依照《中华人民共和国刑法》第二百三十四条第二款,第二十五条第一款,第二十六条第一款、第四款,第五十五条第一款,第五十六条第一款以及《中华人民共和国刑事诉讼法》第二百二十六条之规定,茂名市中级人民法院判决如下:

1. 被告人李亚明犯故意伤害罪,判处有期徒刑十三年,剥夺政治权利四年。

2. 被告人钟兆桂犯故意伤害罪,判处有期徒刑八年。

3. 被告人伍斯云犯故意伤害罪,判处有期徒刑四年。

宣判后,被告人李亚明、钟兆桂、伍斯云均未提起上诉,检察机关亦未抗诉,该判决已发生法律效力。

二、主要问题

原判因错误认定被告人具有自首或者立功情节而减轻处罚的,重审纠正后能否据此加重被告人的刑罚?

三、裁判理由

2012年修订的刑事诉讼法第二百二十六条第一款规定:"第二审人民法院审理被告人或者他的法定代理人、辩护人、近亲属上诉的案件,不得加重被告人的刑罚。第二审人民法院发回原审人民法院重新审判的案件,除有新的犯罪事实,人民检察院补充起诉的以外,原审人民法院也不得加重被告人的刑罚。"与修订前的刑事诉讼法相比,修订后的刑事诉讼法明确规定了"发回重审不加刑"的内容,其目的是更好贯彻"上诉不加刑"的原则,避免二审法院以发回重审的形式变相加重对被告人的刑罚。

同时,修订后的刑事诉讼法对"发回重审不加刑"原则规定了例外情形,即"有新的犯罪事实,人民检察院补充起诉"。对这一例外情形如何理解,实践中存在一定争议。有观点认为,"新的犯罪事实"指的是案件事实,包括定罪事实和量刑事实,对于发回重审的案件,如出现新的量刑事实,应当根据重审查明的事实对被告人定罪量刑,不受发回重审不加刑的限制。我们认为,上述观点不可取,应当从立法本意出发正确理解上述例外规定。

第一,新的犯罪事实是指原起诉书中没有指控的犯罪事实。根据通常及字义的理解,结合法条上下文,新的犯罪事实应当是指原起诉书中没有指控的犯罪事实,既包括定罪事实,也包括量刑情节的事实。

第二,必须是人民检察院补充起诉的新的事实。如果人民检察院没有补充起诉,即使有新的犯罪事实,也不得加重被告人的刑罚。根据刑事公诉案件不诉不理的诉讼原则,人民法院不能审理人民检察院没有起诉指控的犯罪事实。只有同时具备上述两个条件,原审法院根据重审时查明的新的犯罪事实,才能对被告人加重刑罚;如果新的犯罪事实不成立,亦不能加重被告人的刑罚。对于原判决中认定数额有误、自首、立功、主从犯、既未遂等量刑情节不当的情况,均不属于发现了"新的犯罪事实",一律不得加重刑罚。

第三,如果允许纠正后改判,会导致处理不平衡与不公平的情况发生。根据刑事诉讼法第二百二十五条第一款第三项的规定,原判决事实不清楚或者证据不足的,第二审法院可以在查清事实后改判,也可以裁定撤销原判,发回原审人民法院重新审判。也就是说,对于"原判决事实不清楚"的案件,第二审法院有两种结案方式:一是查清事实后改判。在这种情况下,根据上诉不加刑原则,无论是原判决认定的犯罪事实不清,还是认定的量刑情节事实有误,二审法院查清事实后,均不得加重被告人的刑罚。二是发回原审人民法院重新审判。二审法院基于原判决认定被告人的量刑情节事实有误而将案件发回重审,原审法院重新审理时就可能加重被告人的刑罚。如果二审法院选择不同的结案方式,就会产生两种明显不同的结果,这样的裁判结果实质上有悖于上诉不加刑原则,不利于当事人上诉权的行使,有损法律的权威和公正。从这一角度考虑,重新审理时不能仅因变更认定被告人的量刑情节而加重被告人的刑罚。

本案中,被告人伍斯云、钟兆桂作案后均自动投案,但都始终未如实供述伙同杨亚喜等人在酒店路边殴打被害人赵鹏翔致死的事实,而该事实系本案的主要犯罪事实,伍斯云、钟兆桂投案后未如实供述主要犯罪事实,依法不能认定其具有自首情节。此外,伍斯云到案后虽然积极动员钟兆桂的家属劝说钟兆桂投案,对本案的侦破起到了一定的积极作用,但伍斯云的行为不符合立功的成立要件,依法不能认定其构成立功。茂名市中级人民法院在重新审理时,严格依照修订后刑事诉讼法的规定,未加重被告人钟兆桂、伍斯云的刑罚,切实保障了被告人的合法权益,维护了程序公正,处理适当。不过,从实体公正方面考虑,因被告人不具有自首、立功等法定减轻处罚情节,重审后可能出现的量刑偏轻的情况,对此是否需要启动审判监督程序予以纠正,可由相关法院自行决定。

(撰稿:中国社科院法学所 钟 莉
最高人民法院刑五庭 范冬明
审编:最高人民法院刑五庭 韩维中)

[第1026号]肖胜故意伤害案

——因不满医院治疗效果而持刀伤害医护人员的,如何定性

【关键词】 故意伤害罪 寻衅滋事罪 罪名 医疗纠纷 作案对象的特定性

一、基本案情

被告人肖胜,男,1984年12月17日出生。2013年10月11日因涉嫌犯寻衅滋事罪被逮捕。

湖南省长沙市岳麓区人民检察院以被告人肖胜犯寻衅滋事罪,向岳麓区人民法院提起公诉。

长沙市岳麓区人民法院经公开审理查明:2013年9月23日9时许,被告人肖胜对其在湖南省中医研究院附属医院美容科所做的胡须移植手术效果不满意,携带一把菜刀来到该院美容科

导诊台,持菜刀朝参与过其手术的护士彭芬以及站在彭芬附近的冯苗苗、李海兰身上砍击,致3名被害人先后倒地。冯苗苗起身逃跑,肖胜追上冯苗苗,又持菜刀朝冯苗苗头部、手部砍击数刀。经鉴定,彭芬、冯苗苗、李海兰均受轻伤。

长沙市岳麓区人民法院认为,被告人肖胜因对美容手术效果及医生、护士的解释不满意,感觉受到欺骗,遂产生报复动机,持刀对参与手术的护士及另外两名护士行凶,致三人轻伤,犯罪动机和目的明确,犯罪对象具有针对性,并非随意殴打,故其行为构成故意伤害罪。公诉机关指控的事实成立,但指控的罪名不当,应予变更。据此,依照《中华人民共和国刑法》第二百三十四条第一款之规定,以被告人肖胜犯故意伤害罪,判处有期徒刑三年。

宣判后,被告人肖胜未提起上诉,公诉机关亦未抗诉,该判决已发生法律效力。

二、主要问题

因不满医院治疗效果而持刀伤害医护人员的,如何定性?

三、裁判理由

近年来,因医疗纠纷引发的刑事案件不断发生,其中部分案件涉及如何准确定性问题。本案在定性上主要涉及如何区别寻衅滋事罪与故意伤害罪问题。寻衅滋事罪在行为方式上与故意伤害罪、故意毁坏财物罪、抢劫罪等存在重合与交叉,实践中对如何区分是构成寻衅滋事罪还是构成其他犯罪有不同认识。在本案审理过程中,对被告人肖胜行为的定性存在不同意见:一种意见认为,肖胜因对医院为其所做的美容手术效果不满,预谋报复,持刀到医院对参与手术的护士行凶,并对制止其行为的另外两名护士行凶,主观上伤害故意明确,客观上伤害对象特定,其行为符合故意伤害罪的构成要件;另一种意见认为,肖胜为发泄不满情绪,在公共场所(医疗机构候诊室)持械行凶,其伤害的三名护士中只有一名参与治疗,故其伤害行为具有随意性,且造成医疗机构诊疗秩序严重混乱,其行为符合寻衅滋事罪的构成要件。

我们同意前一种意见。对于此类犯罪,应当结合案发起因、犯罪对象、侵犯客体等因素进行判断。具体可以从以下几个方面进行分析:

第一,对于事出有因的殴打他人行为,案发起因影响对该行为是否属于"寻衅滋事"的认定。2013年发布的《最高人民法院、最高人民检察院关于办理寻衅滋事刑事案件适用法律若干问题的解释》(以下简称《寻衅滋事解释》)第一条第二款、第三款规定:"行为人因日常生活中的偶发矛盾纠纷,借故生非,实施刑法第二百九十三条规定的行为的,应当认定为'寻衅滋事',但矛盾系由被害人故意引发或者被害人对矛盾激化负有主要责任的除外。行为人因婚恋、家庭、邻里、债务等纠纷,实施殴打、辱骂、恐吓他人或者损毁、占用他人财物等行为的,一般不认定为'寻衅滋事',但经有关部门批评制止或者处理处罚后,继续实施前列行为,破坏社会秩序的除外。"根据该规定,对于事出有因的殴打他人行为,如果起因是与他人肢体碰撞、言语不和等日常生活中的偶发矛盾,属于小题大做、借题发挥的寻衅滋事,除非该矛盾是被害人故意引发或者被害人对矛盾激化负有主要责任,即以认定寻衅滋事为原则,不认定为例外。如果起因是婚恋、家庭、邻里、债务等纠纷,行为人并非"寻衅"而是基于积怨殴打他人的,一般不认定为"寻衅滋事",但行为人经有关部门批评制止或者处理处罚后拒不改正,继续殴打他人,破坏社会秩序的,可认定为"寻衅滋事",即以不认定寻衅滋事为原则,认定为例外。

本案中,被告人肖胜在湖南中医研究院附属医院美容科做了胡须移植手术后,手术部位皮肤发炎、长痘,其对术后效果不满,两次到该医院美容科向医务人员"要说法",对医务人员称发炎是正常现象、涂点消炎药可好的解释也不满意,属于典型的医疗纠纷,与《寻衅滋事解释》规定的婚恋、家庭、邻里、债务等纠纷的性质类似,而非在就诊过程中因言语不和等日常琐事与医务人员偶发矛盾。肖胜出于积怨报复行凶，属于有预谋的故意伤害，而非借故生事的寻衅滋事。

第二，作案对象是否特定并非判断该行为是否构成"寻衅滋事"的标准，但对分析行为性质有重要价值。典型的寻衅滋事行为，是指行为人为寻求刺激、发泄情绪、逞强耍横等，无事生非，实施刑法第二百九十三条规定的随意殴打他人等行为。此类"无事生非"型寻衅滋事，作案对象往往具有不特定性。但事出有因的"借故生非"型寻衅滋事行为，以及因婚恋、家庭、邻里、债务等纠纷而引发的寻衅滋事行为，作案对象一般相对特定。故作案对象是否特定，并非判断此类行为是否构成"寻衅滋事"的标准。作案对象不特定的，一般构成寻衅滋事；作案对象特定的，既可能构成寻衅滋事，也可能构成其他犯罪，需要具体情况具体分析。以医疗纠纷引发的殴打他人案件为例，如果行为人殴打对象是为其治疗的医务人员，或者是其误认为参与治疗的医务人员，作案对象相对特定，一般不认定为"寻衅滋事"，若经有关部门批评制止或者处理处罚后，继续殴打医务人员，破坏公共场所秩序的，才可构成"寻衅滋事"。如果行为人进入医疗机构后不加区分，见医务人员就动手殴打，作案对象具有随意性，"滋事"的故意十分明显，则应认定为"寻衅滋事"。

本案中，被告人肖胜预谋泄愤报复的对象是为其做手术的医生，其来到该院美容科后，首先持刀砍击的对象是参与手术的护士彭芬，之后又持刀砍击站在彭芬身边的两名导诊台护士冯苗苗、李海兰。上述作案经过表明，肖胜实施犯罪行为的对象相对特定。虽然冯苗苗、李海兰并未参与对其的手术治疗，但也是该医院美容科护士，且案发时恰好站在彭芬身边，故肖胜出于伤害该科室医务人员的概括故意，持刀砍击冯、李二人，其并非不加选择地随意伤害他人。

第三，殴打他人造成公共场所秩序严重混乱，其行为同时符合寻衅滋事罪、故意伤害罪构成要件的，依照处罚较重的犯罪定罪处罚；虽在公共场所殴打他人，但未破坏社会秩序的，不构成寻衅滋事罪。寻衅滋事罪和故意伤害罪侵犯的客体不同，前者是社会秩序，后者是人身权利。对于发生在公共场所的殴打他人行为，如果造成公共场所秩序严重混乱，同时符合寻衅滋事罪和故意杀人罪、故意伤害罪等罪的构成要件的，根据《寻衅滋事解释》第七条的规定，依照处罚较重的犯罪定罪处罚。本案案发地为医院美容科导诊台至诊室外的走廊，走廊放有患者等候就诊的椅子，属候诊区域。根据《公共场所卫生管理条例》（国发〔1987〕24号）第二条的规定，医疗机构候诊室属于公共场所。如果被告人肖胜持刀行凶的行为造成医院秩序严重混乱，符合寻衅滋事罪的客体要件。但从相关证人证言看，肖胜持刀追砍护士时，附近排队等候做B超的数名患者立即逃离现场，肖胜作案后，医院立即组织抢救受伤的三名护士，肖胜的行为对医院工作秩序虽造成一定影响，但没有达到影响该医院或者该院美容科正常运营的严重程度。故肖胜持刀行凶的行为侵犯的客体主要是他人的身体健康权，而非社会秩序，其行为更符合故意伤害罪的客体要件。

综上，本案被告人肖胜因不满医治效果而蓄意报复，持刀捅伤医院三名护士，其行为认定为故意伤害罪更为准确。一审法院将公诉机关指控的寻衅滋事罪变更为故意伤害罪是正确的。

（撰稿：最高人民法院刑五庭　曾　琳
审编：最高人民法院刑五庭　马　岩）

[第1044号]黄光故意杀人、诈骗案

——打电话报警但未承认自己实施犯罪行为的是否认定为自首以及如何审查判断经鉴定属于被害人真实签名的保证书等书证的真实性

【关键词】 故意杀人罪 诈骗罪 投毒 证据审查判断 自首

一、基本案情

被告人黄光,男,原系广东省阳春市八甲镇政府农办副主任。2012年1月17日因涉嫌犯故意杀人罪、诈骗罪被逮捕。

广东省阳江市人民检察院以被告人黄光犯故意杀人罪、诈骗罪,向阳江市中级人民法院提起公诉。

被告人黄光对起诉书指控其以投毒方式杀害被害人龙利源的事实无异议,但辩称指控其诈骗龙利源钱财,不是事实。其辩护人提出:(1)黄光在阳春市公安局因涉嫌犯诈骗罪被刑事拘留后,如实供述了司法机关尚未掌握的其故意杀人犯罪事实,具有自首情节;(2)起诉书指控黄光诈骗罪的证据不足。保证书证明黄光与龙利源之间债务已经结清。

阳江市中级人民法院经公开审理查明:

(一)诈骗事实

被告人黄光担任广东省阳春市八甲镇人民政府农办副主任期间具体负责林业工作,经人介绍与广东省高州市源兴林业有限公司总经理龙利源(被害人,殁年38岁)结识。2009年9月至2011年12月间,黄光谎称能帮助承包电站周边林木、向电站供应沙石和办理建筑企业资质证书,先后以需支付承包款、办事费、押金等名义骗取龙利源钱款共计人民币(以下币种同)135.5万元。

(二)故意杀人事实

龙利源发觉被骗,多次向被告人黄光索要钱款,黄光遂产生杀害龙利源的念头。2011年12月23日11时许,龙利源与生意伙伴黄文一起到阳春市八甲镇八甲火锅城预订了猫肉火锅,后打电话约黄光到八甲镇合路村委会查看山林。当日13时许,三人看完山林回到镇上,一起到八甲火锅城201包房就餐。等餐期间,黄光借故离开,到其轿车上取出事先准备的一包片状大茶药(钩吻,俗称"断肠草",有剧毒),然后进入火锅城厨房假意试吃猫肉,又借故将店老板吴万夫妇支开。见厨房只剩自己,黄光取出部分大茶药放上漏勺,先将漏勺放进烹煮猫肉的火锅浸泡数分钟,再捞出大茶药倒掉冲走。猫肉火锅端上桌,龙利源、黄文和黄光开始食用。龙利源、黄文喝过汤说有苦味,黄光即谎称系猫胆破裂或者所配药材过多所致,还食用少量猫肉和火锅汤以遮掩真相。稍后,龙利源、黄文、黄光均出现中毒症状,被送到镇卫生院进行治疗和抢救。在医院期间,黄光打电话报警,但隐瞒了其投放大茶药的事实。龙利源因为食用过多大茶药而中毒太深经抢救无效当日下午死亡,黄文、黄光经抢救脱险。经鉴定,龙利源因钩吻中毒死亡。

阳江市中级人民法院认为,被告人黄光以投毒手段故意杀害一人,还以虚构事实的手段骗取他人财物135.5万元,数额特别巨大,其行为分别构成故意杀人罪和诈骗罪,依法应当并罚。该案后果严重,社会影响恶劣。据此,阳江市中级人民法院依照《中华人民共和国刑法》第二百三十

二条、第二百六十六条、第五十七条、第六十四条、第六十九条之规定，阳江市中级人民法院判决如下：

被告人黄光犯故意杀人罪，判处死刑，剥夺政治权利终身；犯诈骗罪，判处有期徒刑十二年，并处罚金十万元；决定执行死刑，剥夺政治权利终身，并处罚金十万元。

一审宣判后，被告人黄光不服，向广东省高级人民法院提起上诉。黄光及其辩护人均基于以下理由请求二审对黄光所犯故意杀人罪从轻处罚和撤销诈骗罪认定：(1)被害人龙利源以暴力威胁方法向其催收已结清的70万元，从而引发了本案，龙有重大过错；(2)其有自首情节和防止危害后果扩大的犯罪中止行为；(3)其与龙利源之间书写的保证书是真实有效的，可以证实其与被害人之间的债务已经结清，其没有诈骗被害人的财物，不构成诈骗罪。

广东省高级人民经开庭审理查明的事实、证据与一审无异。

广东省高级人民法院认为，上诉人黄光以投毒方法故意杀人，致一人死亡，还以虚构事实的手段骗取他人财物135.5万元，数额特别巨大，其行为分别构成故意杀人罪和诈骗罪，依法应当并罚。黄光诈骗被害人巨款后，因为赌六合彩输钱、斥巨资购房等原因而不能归还诈骗被害人的巨款，便产生了在食物中投毒杀害被害人的想法，其作案动机卑劣；在被害人等发现食用的猫汤异常时，还说谎骗被害人等放心食用，在医院抢救被害人时，也拒不说明或者提示被害人所中毒的类型，足见其决意要杀害被害人；同时，黄光还罔顾其他无关人员的生命安全，其主观恶性极深。黄光的投毒行为造成被害人死亡，后果极其严重；本案社会影响恶劣。综上，黄光所犯罪行极其严重，依法应当判处死刑。原审判决认定的事实清楚，证据确实、充分，定罪准确，量刑适当，审判程序合法。据此，广东省高级人民法院依照《中华人民共和国刑事诉讼法》第二百二十五条第一款第一项、第二百三十五条之规定，裁定驳回上诉，维持原判，并依法报请最高人民法院核准。

最高人民法院经复核认为，被告人黄光虚构事实，骗取他人数额特别巨大的财物，其行为构成诈骗罪；诈骗后为杀人灭口，采用投毒方法故意非法剥夺他人生命，致一人死亡，其行为构成故意杀人罪，依法应当并罚。故意杀人犯罪性质恶劣，情节、后果严重，依法应当惩处。第一审判决、第二审裁定认定的事实清楚，证据确实、充分，定罪准确，量刑适当，审判程序合法。据此，依照《中华人民共和国刑事诉讼法》第二百三十五条、第二百三十九条和《最高人民法院关于适用〈中华人民共和国刑事诉讼法〉的解释》第三百五十条第一项之规定，最高人民法院裁定如下：

核准广东省高级人民法院(2013)粤高法刑四终字第61号维持第一审对被告人黄光以故意杀人罪判处死刑，剥夺政治权利终身；以诈骗罪判处有期徒刑十二年，并处罚金人民币十万元；决定执行死刑，剥夺政治权利终身，并处罚金人民币十万元的刑事裁定。

二、主要问题

1. 打电话报警但未承认自己实施犯罪行为的是否认定为自首？

2. 如何审查判断经鉴定属于被害人真实签名的保证书等书证的真实性？

三、裁判理由

(一)打电话报警但未承认自己实施犯罪行为的不构成自首

根据刑法第六十七条的规定，自首，是指犯罪以后自动投案，如实供述自己罪行的行为。自首的成立，必须同时符合自动投案和如实供述两个要件。综观本案全案，被告人黄光打电话报警但未承认自己实施的犯罪事实，不构成自首。

1. 黄光缺少自动投案的要件。自动投案，一般是指犯罪事实或者犯罪嫌疑人未被司法机关发觉，或者虽然被发觉，但犯罪嫌疑人尚未受到办案机关的调查、谈话、讯问，或者未被宣布采取调查措施或者强制措施、未被群众扭送时,主动将自己置于办案机关的合法控制下,接受审查与裁判的行为。就本案而言,被害人龙利源、黄文及黄光本人食用有毒猫汤后均呈中毒状,送往医院抢救。在医院,黄光打电话报警称三人食物中毒,要求出警。但报警时并未称其投毒,且自始至终没有告知或者提示医生三人系因服用大茶药而中毒,致被害人龙利源因抢救无效而死亡。如果黄光告知或者提示医生三人系因服用大茶药而中毒,或许龙利源不致死亡。而且,公安机关出警后,仍不能明确谁是投毒行为实施人,黄光的报警,并不必然将自己置于犯罪嫌疑人的地位。案件事实也表明,2011 年 12 月 23 日发生的中毒事件,龙利源当天就死亡,黄光当天报警,但公安机关直到经过大量调查工作,取得一定证据后,才于同月 30 日对黄光刑事拘留。从 23 日至 30 日的 7 天中,公安机关曾 4 次对黄光调查询问,但黄光均未如实交代其投毒杀人的事实。公安机关的 4 次调查,均属于排查性质,并未将黄光列为犯罪嫌疑人。因此,黄光的报警与公安机关将黄光作为犯罪嫌疑人采取强制措施之间没有关联性,黄光缺乏自动投案的要件。

2. 黄光的到案不属于视为自动投案的情形。自动投案,是犯罪人基于自己的意志积极主动地投案。但实践中存在许多非典型地反映行为人积极主动投案,却符合自首的立法宗旨的行为,对于此类行为,可以视为自动投案。最高人民法院 1998 年出台的《关于处理自首和立功具体应用法律若干问题的解释》规定了七种视为自动投案的情形。经过长期的司法实践,最高人民法院于 2010 年 12 月 22 日下发的《关于处理自首和立功若干具体问题的意见》,对视为自动投案的情形作了进一步补充和完善。从上述解释性文件可知,视为自动投案的情形,必须体现行为人投案的主动性和自愿性。

本案中,被告人黄光不具有主动性和自愿性的要件。公安机关对黄光刑事拘留时的案由是诈骗,并非故意杀人。黄光在刑事拘留后的第二天如实供述了投毒杀人的事实。表面看,似乎符合刑法第六十七条第二款的规定构成自首。① 但根据本案的实际情况,公安机关虽然以诈骗罪立案并拘留黄光,但实际上已经掌握了相当证据证明黄光实施了投毒杀人的行为。理由如下:(1)公安机关一直是围绕投毒案件开展前期调查的,这从刑拘之前对黄光的几次询问笔录中清晰可见。(2)在黄光供述投毒杀人罪行之前,侦查机关从火锅店业主及一同食用猫汤的黄文处获悉,龙利源在抢救期间情绪激动并用手指着黄光;黄光当天行为反常,并在厨房进出频繁,特别是在火锅城厨房消毒柜顶上提取了剩余的大茶药片。同时,证人提交了龙利源与黄光有经济往来的相关票据,据此确定黄光有投毒的重大作案嫌疑。也就是说,侦查机关在黄光交代之前就已经掌握了黄光投毒的事实,并掌握了相当的证据。(3)公安机关之所以未以故意杀人罪立案而以诈骗罪立案并拘留黄光,一方面由于黄光犯诈骗罪的证据已经收集得比较充分,而诈骗罪正是黄光故意杀人罪的前因;另一方面公安机关已将相关物证送检,但检验报告未出正式结果。为了防止黄光毁灭证据、逃跑,故先以诈骗罪立案侦查。综上,黄光在被以诈骗罪立案并刑事拘留后交代的投毒杀人犯罪,不属于交代公安机关尚未掌握的犯罪事实。

(二)经鉴定属于被害人真实签名的保证书等书证亦必须依照证据规则进行审查质证才能作为定案的依据

本案中,认定被告人黄光虚构事实,从被害人龙利源处骗取巨额款项的证据充分。首先,龙利源转款给黄光的证据充分。银行提供的转账单、查询存款通知书(回执)、银行凭条,高州市源兴林业发展有限公司提供的日记账、支付证明单、收据等书证证实龙利源以转账及支付现金的方

① 刑法第六十七条第二款规定:"被采取强制措施的犯罪嫌疑人、被告人和正在服刑的罪犯,如实供述司法机关还未掌握的本人其他罪行的,以自首论。"

式给付了黄光300多万元。一、二审就低仅认定135.5万元。黄光对其收到135.5万元也予以承认。其次，黄光虚构事实的证据充分。委托书、伪造的工程合作协议书、伪造的建筑企业资质证书、省住建厅和高州市住建局提供的证明、阳春市八甲镇政府提供的证明、黄光发给龙利源的短信等证据，证明黄光所称的工程项目不存在，建筑企业资质证书、工程合作协议书系伪造。龙利源所在公司的员工及龙利源的亲友等均证实，龙利源基于相信黄光虚构的上述事实将巨款交给黄光。最后，黄光巨额支出及参与六合彩赌博的证据充分，证明其从龙利源处取得款项后，不仅没有将其用于所谓的"项目"，也没有归还给龙利源的意思。

审理过程中，黄光辩称其和龙利源之间的债务已经结清。为证实此一事实，其前妻徐永洁在一审期间提交一份打印的保证书。内容如下："本人与黄光同志之间的数目已于2011年11月20日结算清楚，除以前已还款外，本人尚欠黄光（人民币）叁拾贰万元整，定于2011年12月6日前还清，如未能按时还清，则每超期一天按所欠款项千分之五交滞纳金。特此保证。保证人：二〇一一年十一月二十日。"保证人处签有"龙利源"，还有手写字体"数目属实，保证书各存一份。黄光"和"数目已全部还清。本保证书作废。黄光"。

因保证书中"龙利源"的字迹经鉴定是龙利源所写。因此，该份保证书成为认定黄光的行为是否构成诈骗罪的关键。这一争议的焦点在于，该保证书上的签名经过痕迹鉴定系龙利源亲笔签名，且对鉴定程序、鉴定依据、鉴定方法及鉴定人的资质审查后，均没发现问题。一般情况下，真实签名的字据，其证明力极强，高于证人证言的证明力。但我们认为，即使签名为真的字据，也并非一定能成为认定案件事实的依据，必须从形式要件和实质要件进行审查，并结合案情和其他证据来判断其真伪和证明力。

1. 关于该保证书的形式要件。经过审查，该收据系黄光前妻徐永洁提供，但徐永洁不能说明该证据形成的来龙去脉。因此，对收据的真实性应当进行审查。该保证书的纸张形式也有可疑之处。依照黄光供述，"龙利源就自己去打了一张保证书，是打在一张A4纸上的，分上下两节，一式两份，我与他各取一份"。但从保证书原件看，与正常情况下将一张纸一分为二明显有异。A4纸的标准高度（长度）和宽度分别为297mm×210mm。如果一分为二，则每张高度（长度）和宽度分别为148mm（左右）×210mm。但该保证书为173mm×210mm。由此推论，如果龙利源手上有另一份保证书，则规格为124mm×210mm。这种两分法与一般人在正常情况下的做法有明显不同。并且，该份保证书的下行处几乎没有空白处。既然是一式两份，那么在黄光所称的另一份保证书上的内容与徐永洁提供的保证书的内容应该是相同的。徐永洁提供的保证书，其内容占了A4纸五分之三面积，且下行处无空白，在另一份仅占A4纸五分之二面积的纸张上，依此保证书的样子打印和书写同样的内容便很困难。即使勉强可以，肯定形式上与在案保证书具有巨大差别。因此，可以认为，该保证书在纸张形式上存疑。当然，仅凭此存疑，不能认定保证书系伪造。还得根据内容结合案情分析保证书的真实性。

2. 关于保证书的实质要件。对保证书的实质内容的审查，应当从在案证据，并结合日常生活常识去分析。

第一，与黄光开支及收入不符。黄光替龙利源办事，并收取了龙的巨款，龙利源再向黄光借32万元不符合常理。黄光作为一名公务员，2009年购买小车，2010年分别为前妻徐永洁出资30余万元、为同居女友出资13余万元购买了住房，还往徐永洁账户上存款10万元以帮助其在信用社完成储蓄任务，特别是和同居女友一起参加六合彩赌博，输了180余万元。黄光的上述巨额支出的收入来源不明。此外，另一份保证书无从查找，龙利源所在公司及家人均不知此份保证书，也不知保证书所说的款项结清一事。保证书签署后至案发前，黄光仍然在向龙利源所在公司汇钱还款。如果按照黄光所辩解的账已结清,此保证书日期为2011年11月20日,那么黄光就没有必要再向龙利源所在公司还款。但是,龙利源所在公司的员工李锋证实,其出差到东莞办事经费不够,向龙利源要钱时,龙利源称有钱在黄光处,让黄光汇3万元给李锋。而银行明细证实,2011年12月12日黄光账户转账3万元到李锋账户。

第二,缺乏黄光归还龙利源巨款或者黄光将巨款用于其所称的工程等方面的证据,而黄光收取龙利源巨额资金的证据却非常充分。黄光巨额开支的证据特别是其参与六合彩赌博输巨款的证据非常充分。也就是说,保证书所称的款项已结清,没有依据。(1)黄光称70万元已经结清,但如何结清却没有具体的供述和辩解,而对此70万元尚在其处则有数次供述。(2)黄光供述的支付官河村委会保背村38万元,与官河村委会相关人员的证言及证人黄文关于龙利源与保背村的款项均系龙利源自己所付,未经黄光之手的证言不符。(3)黄光关于支付龙利源承包联合村山林中介费20万元的辩解,与联合村相关证人关于此项承包没有中介费一事的证言相矛盾。(4)龙利源给黄光9万元用于办理资质证,黄光仅花了1 500元从网上买了一个假的资质证,余款黄光仅称已结清,但无法说明如何结清,也没有相关证据。(5)龙利源所在公司财务没有结清款项的记载,众多证人也证明从未听龙利源说过与黄光结清经济往来一事。(6)黄光关于龙利源向其借钱的理由与本案证据相冲突。首先,黄光称龙利源与妻子有矛盾,龙的妻子想当老板,故龙利源向其借钱的说法不成立。龙利源妻子从不管企业财务,对龙利源与黄光之间的巨额财务往来也仅知道龙利源因让黄光办理资质证给黄光款项一事,其他款项来往均不知,且本人称2011年11月20日前后没有与龙利源闹意见。其次,黄光所称的其借给龙利源32万元中部分来源于徐永洁10万元、徐永娟6万元的借款,与徐永洁、徐永娟证实的情况不符,二人均证明未借钱给黄光。

综上分析,一审判决、二审裁定和最高人民法院复核裁定未将本案被告人黄光提供的保证书作为认定黄光与龙利源之间款项已经结清的依据,是正确的。

(撰稿:最高人民法院刑四庭　陆建红
审编:最高人民法院刑四庭　周　峰)

[第1045号]张静故意杀人案

——玩"危险游戏"致人死亡案件中行为人主观心态的认定

【关键词】 故意杀人罪　过失致人死亡罪　罪名　主观罪过　间接故意

一、基本案情

被告人张静,女,1992年9月15日出生,农民工。2012年8月23日因涉嫌犯故意杀人罪被逮捕。

浙江省宁波市人民检察院以被告人张静犯故意杀人罪,向宁波市中级人民法院提起公诉。

被告人张静辩称其没有杀死被害人的故意。张静的辩护人认为张静的行为仅构成过失致人死亡罪,不构成故意杀人罪,请求法庭对张静从轻处罚。

宁波市中级人民法院经公开审理查明:被告人张静与被害人张丽敏均在浙江省慈溪市务工,二人共同租住于慈溪市周巷镇城中村傅家兴二弄14号102室。2012年8月13日1时许,张静用手机上网时发现一条“用绳子勒脖子会让人产生快感”的信息，决定与张丽敏尝试一下，并准备了裙带作为勒颈工具。随后，张静与张丽敏面对面躺在床上，张静将裙带缠系在张丽敏的颈部，用双手牵拉裙带的两端勒颈。其间，张丽敏挣扎、呼救。两人的亲友、邻居等人闻声而至，在外敲窗询问，张静答称张丽敏在说梦话。后张静发现张丽敏已窒息死亡，遂割腕自杀，未果。当日8时许，张静苏醒后报警求救，经民警询问，其交代了自己的犯罪事实。案发后双方家属达成赔偿和解协议。

宁波市中级人民法院认为，被告人张静与被害人张丽敏相约做“用绳子勒脖子产生快感”的游戏，张静用裙带勒张丽敏颈部，且在张丽敏呼救时依然勒颈，放任张丽敏死亡结果的发生，其行为构成故意杀人罪。公诉机关指控的罪名成立。张静作为成年人，理应对勒颈可以致人死亡的常识有所认识，且当被害人被勒颈产生激烈反应，伴有脚踢床板，喊叫救命等行为时，张静更应明知其行为可能会产生致人死亡的结果，但仍放任被害人死亡结果的发生，其行为符合故意杀人罪的特征。鉴于张静案发后主动报警，如实供认自己的犯罪事实，构成自首，并积极向被害人的亲属赔偿经济损失且获得谅解，依法可以减轻处罚。据此，依照《中华人民共和国刑法》第二百三十二条、第六十七条第一款之规定，宁波市中级人民法院以被告人张静犯故意杀人罪，判处有期徒刑七年。

一审宣判后，被告人张静以定性不当为由，向浙江省高级人民法院提起上诉。

浙江省高级人民法院经公开审理认为，原判认定的事实清楚，证据确实、充分，定罪和适用法律正确，量刑适当，审判程序合法，遂裁定驳回上诉，维持原判。

二、主要问题

如何认定玩“危险游戏”致人死亡案件中行为人的主观心态？

三、裁判理由

当前，随着网络信息的高速发展，在一些不健康、不理性信息的暗示和刺激下，一些人为追求刺激，利用网络获得的信息尝试所谓“危险游戏”，如勒颈、上吊之类，试图让参与者通过窒息造成的死亡临界状态而体验某种快感。但此类“游戏”实际上已脱离了游戏本身娱乐、放松的属性，具有相当的危险性，对参与者的生命安全构成了现实威胁。更有甚者，利用参与者的游戏心态非法剥夺他人生命，看似游戏，实则暗藏“杀机”。因“危险游戏”当事人多为自愿参与，在危险后果发生后对被告人主观心态的认定存在一定困难和争议。

本案就是一起因玩“危险游戏”致人死亡的案件，对于被告人张静的主观心态和行为性质的认定，存在两种不同意见。

一种意见认为，张静的行为仅构成过失致人死亡罪。理由主要有三点：(1)从张静犯罪的动机、目的角度分析，可以完全排除其杀人的直接故意，其动机是为了帮助被害人追求快感，该行为本身不具有违法性，且对死亡的结果没有追求，故可以排除直接故意的犯罪心态。(2)张静也没有杀人的间接故意，张静在被害人挣扎、呼救时以为被害人得到了快感，其为了让被害人体验快感的时间更久些，没有即时停止游戏。当其发现被害人死亡后一直处于恐惧、后悔之中，甚至选择自杀，由此可见，被害人的死亡超出了张静的预判，是违背其意愿的。(3)张静在进行危险游戏前，预见到自己的行为可能会造成被害人受伤或者发生其他结果，但其轻信能够避免。在此心态下，张静的行为客观上造成了死亡的后果，故其行为更符合过失致人死亡罪的特征。

另一种意见认为，张静作为成年人，理应对勒颈可致人死亡的常识有所认识，且当被害人被勒颈时反应激烈，伴有脚踢床板，喊叫救命等行为时，其更应明知其行为可能会产生致人死亡的结果，但其仍放任被害人死亡结果的发生，其行为符合故意杀人罪的特征，应当以(间接)故意杀人罪对其定罪处罚。

我们赞同后一种意见。本案中对于被告人张静主观心态的认定，应结合在案证据、游戏本身的危险程度、日常生活经验等综合分析判断。

其一，游戏进行前，被告人张静对其行为所面临的高度危险是明知的。张静和被害人相约进行勒颈游戏，虽出于追求刺激、快感的本意，但用绳索、衣带勒颈具有高度的危险性，可致人死亡，是人所共知的常识。张静作为一个正常的成年人，不存在对此种情况认识上的障碍，而理应对此有充分认识。从在案证据看，对绳勒脖颈会致人死亡这一常识的明知，亦有张静的供述予以印证。张静供述称“用裙带勒颈会把人勒死我是知道的”，故在游戏进行前，张静对其所进行的勒颈游戏可能会造成他人死亡的后果是明知的。这是认定其对被害人死亡后果所持主观心态的基础。

其二，游戏进行时，张静对其行为的现实危险性是明知的。张静供述，在勒之前被害人与其约定，如果受不了的话就喊一下“救命”，被害人如果喊“救命”，张静就不再用力了。当游戏进行了一分钟左右，被害人就有反抗和挣扎行为，且被害人喊了张静的名字，还叫了一声“救命”，双手也在乱抓张静。根据二人事先的约定，此时张静应当明知自己的勒颈行为已经给被害人带来了无法承受的痛苦和生命危险。况且，被害人当时的痛苦反应是异常激烈的，在隔壁居住的证人都听到了被害人的呼救声以及脚踢床板的声音，如此强烈的挣扎，如此大力度的反抗是完全可以为张静所感知的，也足以促使张静作出理性的判断。因此，在游戏进行中，张静对勒颈行为已现实威胁到被害人的生命安全应当是明知的。

其三，被告人张静放任了危害结果的发生。根据上述分析，张静无论是游戏前对勒颈行为可能面临的危险，还是游戏中对勒颈的现实危险性，都是明知的。在此情况下，张静是否放弃继续勒颈，表明了其对危害结果发生的主观心态。而在被害人已经出现挣扎、呼救等激烈的异常反应的情况下，张静以所谓使被害人体验快感的时间更久些为由，不但没有松手解开缠在被害人颈部的裙带，而且持续用力使被害人较长时间处于呼吸不畅的状态，最终导致被害人机械性窒息死亡。由此可见，张静在追求让被害人产生“快感”的同时，放任了被害人死亡结果的发生，其主观上更符合间接故意犯罪的特征。

此外，当被告人张静发现被害人死亡后，确实存在恐惧、后悔、愧疚等复杂心理，并自杀未果，这种犯罪后的心理变化与行为表现，对于认定其作案时放任被害人死亡结果发生的主观心态和行为性质也有一定作用。

综上，本案被告人张静原本出于玩乐、追求刺激的心态与被害人相约进行具有一定人身危险性的游戏，但在游戏过程中不顾被害人激烈挣扎、呼救等异常反应，仍继续进行游戏，放任被害人死亡结果的发生，其行为构成(间接)故意杀人罪。鉴于本案的杀人情节与一般的严重暴力犯罪相比具有一定的特殊性，同时，被告人具有自首情节，并积极向被害人的亲属赔偿经济损失且获得谅解，法院依法对其减轻处罚是适当的。

（撰稿：浙江省宁波市中级人民法院　万仁赞　孔　飞
审编：最高人民法院刑五庭　马　岩）

[第1046号]蔡晓青侮辱案

——如何认定“人肉搜索”致人自杀死亡的行为性质以及如何认定侮辱罪中“严重危害社会秩序和国家利益”提起公诉的情形

【关键词】 侮辱罪 诽谤罪 罪名区分 人肉搜索 利用信息网络 因果关系 情节严重 严重危害社会秩序和国家利益 程序的适用

一、基本案情

被告人蔡晓青，女，1991年7月9日出生，个体经营者。2013年12月20日因涉嫌犯侮辱罪被逮捕。

广东省陆丰市人民检察院以被告人蔡晓青犯侮辱罪，向陆丰市人民法院提起公诉。

被告人蔡晓青对公诉机关指控的犯罪事实无异议。其辩护人提出侮辱罪是自诉案件，对蔡晓青提起公诉属于程序不当；被害人徐某自杀与蔡晓青发布微博不存在刑法上的因果关系，蔡晓青不具有法定的严重情节，不构成侮辱罪。

陆丰市人民法院经公开审理查明：被告人蔡晓青因怀疑徐某在陆丰市东海镇金碣路32号其“格仔店”服装店试衣服时偷了一件衣服，于2013年12月2日18时许将徐某在该店的视频截图配上“穿花花衣服的是小偷”等字幕后，上传到其新浪微博上，并以求“人肉搜索”等方式对徐某进行侮辱。同月4日，徐某因不堪受辱在陆丰市东海镇茫洋河跳水自杀。案发后，蔡晓青的父母与徐某父母达成和解协议，蔡晓青父母一次性赔偿徐某父母人民币（以下币种同）12万元，徐某父母出具谅解书，请求司法机关对蔡晓青从轻处罚。

陆丰市人民法院认为，被告人蔡晓青因怀疑徐某在其经营的服装店试衣服时偷了一件衣服，在该店的视频截图配上“穿花花衣服的是小偷”等字幕后，上传到其新浪微博上，公然对她人进行侮辱，致徐某因不堪受辱跳水自杀，情节严重，其行为构成侮辱罪。案发后被告人亲属与被害人亲属达成调解协议，被告人亲属对被害人亲属的经济损失进行赔偿，取得被害人家属的谅解。被告人当庭认罪，确有悔罪表现，依法可以从轻处罚。根据被告人的犯罪事实、情节及对社会的危害程度，依照《中华人民共和国刑法》第二百四十六条之规定，陆丰市人民法院以侮辱罪判处被告人蔡晓青有期徒刑一年。

一审宣判后，被告人蔡晓青不服，向汕尾市中级人民法院提起上诉。蔡晓青上诉提出，其发微博的行为属于正常寻人，不构成犯罪；没有足够证据证明其行为与徐某的自杀行为之间存在因果关系；一审法院量刑过重。其辩护人提出，一审法院认定本案可以提起公诉，属于程序不当，适用法律错误。一审认定上诉人犯侮辱罪的证据不足。

汕尾市中级人民法院经审理认为，上诉人蔡晓青无视国家法律，因怀疑被害人徐某在其经营的服装店试衣服时偷衣服，遂在该店的视频截图配上“穿花花衣服的是小偷”等字幕后，上传到其新浪微博上，公然对他人进行侮辱，致徐某因不堪受辱跳水自杀身亡，情节严重，其行为构成侮辱罪，依法应当惩处。上诉人利用网络侮辱他人，造成的影响大，范围广，并造成了被害人死亡的严重后果，属于严重危害社会秩序，陆丰市人民检察院提起公诉并无不当。一审法院鉴于案发后上诉人亲属与被害人亲属达成调解协议，上诉人亲属对被害人亲属进行经济赔偿并取得被害人亲属的谅解，已依法予以从轻处罚。上诉人及其辩护人所提上诉意见，经查不能成立，不予采纳。

一审判决认定的事实清楚，证据确实、充分，适用法律正确，审判程序合法，量刑适当，应予维持。据此，依照《中华人民共和国刑事诉讼法》第二百二十五条第一款第一项之规定，汕尾市中级人民法院裁定驳回上诉，维持原判。

二、主要问题

1. 如何认定“人肉搜索”致人自杀死亡的行为性质？

2. 如何认定侮辱罪中“严重危害社会秩序和国家利益”提起公诉的情形？

三、裁判理由

（一）如何认定“人肉搜索”致人自杀死亡的行为性质

本案在审理过程中，被害人徐某的家属提出，被告人蔡晓青的行为构成诽谤罪。我们认为，蔡晓青的行为构成侮辱罪。理由如下：

1. 因被害人死亡无法查清被告人是否实施捏造、虚构事实行为的，不能构成诽谤罪

根据刑法第二百四十六条的规定，侮辱罪是指使用暴力或者以其他方法，公然贬损他人人格，破坏他人名誉，情节严重的行为；诽谤罪是指故意捏造并散布虚构的事实，足以贬损他人人格，破坏他人名誉，情节严重的行为。侮辱罪和诽谤罪最重要的区别在于诽谤是捏造并散布有损于他人名誉权的虚假事实来对他人的人格进行侵犯；而侮辱是利用当事人的某种情况，公然地对他人人格进行损害，并未限定必须是真实的情况。本案中，虽然徐某的父亲认为蔡晓青发微博进行“人肉搜索”指责其女儿是偷衣服的小偷属于无中生有，但由于徐某已逝，无法查清其是否有盗窃行为，不能认定蔡晓青有捏造、虚构事实的行为，故不构成诽谤罪。

2. 发微博要求“人肉搜索”的行为侵犯他人名誉权，属于侮辱行为

侮辱罪侵犯的客体为公民的名誉权，名誉权是指公民或者法人对自己在社会生活中所获得的社会评价即自己的名誉，依法所享有的不可侵犯的权利。侮辱的方法有使用暴力、使用言词、使用图像文字等。就本案来看，被告人蔡晓青把被害人徐某购物的视频监控截图发到微博上，且明确指明徐某是小偷并要求“人肉搜索”，这种方式利用了互联网这一新兴媒体，虽然与传统方式不同，但本质上仍属于公然侮辱他人人格的行为。众所周知，在网络发达的当今社会，“人肉搜索”具有非常强烈的放大功能，可以把模糊、分散的线索迅速清晰、集中起来，在趋向集中的过程中可能失控。当被搜索的人是和某个具有消极影响的事件联系在一起时，社会舆论的内容往往是消极为主的，负面影响远大于正面影响，被搜索人的品德、才干、信誉等在社会中所获得的评价明显降低，致使当事人无法在现实社会中正常的工作、学习和生活，名誉权受到严重损害。因此，蔡晓青发微博要求“人肉搜索”的行为属于侮辱行为。

3. 本案被告人的侮辱行为与被害人的死亡结果具有刑法上的因果关系

刑法上的因果关系，是指危害行为与危害结果之间的因果关系，是一种引起与被引起的关系。一般表现为原因在先，结果在后，当没有前行为就没有后结果时，前者就是后者的原因，但如果有介入因素，则要考虑介入因素异常性的大小和介入情况对结果发生作用的大小，来判断是否阻断行为与结果的因果关系。本案中，被告人蔡晓青认为其发微博的行为是正常的网络寻人行为，现有证据只能说明其行为和被害人徐某的自杀结果在时间上有先后关系，无法直接证明二者存在刑法上的因果关系。但从蔡晓青的行为来看，其不仅发布微博称“穿花花衣服的是小偷。求人肉，经常带只博美小狗逛街。麻烦帮忙转发”，还附上徐某购物时的多张监控视频截图。该微博发出仅一个多小时，网友迅即展开的“人肉搜索”就将徐某的个人信息，包括姓名、所在学校、家庭住址和个人照片全部曝光，蔡晓青又把这些信息在微博上曝光。一时间，在网络上对徐某的各种批评甚至辱骂开始蔓延。从蔡晓青要求“人肉搜索”的第一条微博发布，到第二天晚上徐某在

河边发出最后一条微博后自杀，仅持续了20多个小时。多名证人证言证实，这次微博事件对被害人伤害很大，明显感觉徐某情绪低落。徐某作为一个尚未步入社会、生活在经济不发达小镇的在校未成年少女，面对“人肉搜索”的网络放大效应及众多网民先入为主的道德审判，对未来生活产生极端恐惧，最终导致了自杀身亡的严重后果，故蔡晓青发微博的行为与徐某的自杀具有刑法上的因果关系。

4. 被告人侮辱他人的行为达到“情节严重”的程度

根据刑法规定，只有情节严重的侮辱行为才构成侮辱罪。所谓情节严重，通说一般认为主要是指手段恶劣，后果严重等情形，如强令被害人当众爬过自己的胯下；当众撕光被害人衣服；给被害人抹黑脸、挂破鞋、戴绿帽强拉游街示众；当众胁迫被害人吞食或者向其身上泼洒粪便等污秽之物；当众胁迫被害人与尸体进行接吻、手淫等猥亵行为；当众胁迫被害人向致死的宠物下跪磕头；因公然侮辱他人致其精神失常或者自杀身亡；多次侮辱他人，使其人格、名誉受到极大损害；对执行公务的人员、妇女甚至外宾进行侮辱，造成恶劣的影响；等等。本案中，被害人徐某不堪“人肉搜索”受辱而跳河自杀身亡，明显属于“情节严重”的情形。

（二）如何认定侮辱罪中“严重危害社会秩序和国家利益”可以提起公诉的情形

1. 如何理解侮辱罪中“严重危害社会秩序和国家利益”所指的严重程度

依照刑法第二百四十六条的规定，犯侮辱罪“告诉的才处理，但是严重危害社会秩序和国家利益的除外”。之所以规定侮辱罪要告诉才处理，主要是考虑到侮辱行为大都发生在家庭成员、邻居、同事之间或者日常生活之中，属于人民内部矛盾，且社会危害性不是很大，多数场合下可以通过调解等缓和方式来解决。此外，被害人可能不愿意让更多的人知道自己受到侮辱的事实，如果采用刑事制裁的方法解决反而会产生不好的效果。但如果属于严重危害社会秩序和国家利益的情形，则应当由检察机关提起公诉。

刑法所规定的“严重危害社会秩序和国家利益”主要是指侮辱、诽谤行为造成被害人精神失常或者自杀的；侮辱、诽谤党和国家领导人、外国元首、外交代表，严重损害国家形象或者造成恶劣国际影响的等情形。“严重危害社会秩序和国家利益”中的社会秩序和国家利益，不是特指危害结果或者特定对象，而应当将其视为一个综合性的标准，扩展到从侮辱的手段、方法、内容和主观目的等角度来进行全面考量。结合全案的案情、危害后果和情节等，进行整体分析，综合判断是否达到了“严重危害社会秩序和国家利益”的程度。

2. “严重危害社会秩序”和“国家利益”两者是否必须同时具备

一般来说，刑法典分则条文在两个要素之间使用“和”字时，并不一定表明同时具备的关系，而是需要从实质上进行考察，综合作出判断。如刑法第二百五十一条规定：“国家机关工作人员非法剥夺公民的宗教信仰自由和侵犯少数民族风俗习惯，情节严重的，处二年以下有期徒刑或者拘役。”该条中的“和”字表示的就是一种选择关系而非并列关系。不论国家机关工作人员非法剥夺公民的宗教信仰自由抑或是侵犯少数民族风俗习惯，只要具备其中之一，情节严重，都构成犯罪。同理，刑法第二百四十六条第二款中的“严重危害社会秩序和国家利益”，两者不必要同时具备，只要具备其一即可。

众所周知，互联网作为信息时代的新兴媒体，其传播之快、影响之大、受众主动性和参与程度之高，远非传统媒体所能够比拟。不少“人肉搜索”等网络暴力不仅给当事人造成了恶劣的负面影响，还严重危害互联网的安全与管理秩序。本案中，被告人蔡晓青在新浪微博这一主流网络媒体上发布微博对被害人徐某进行侮辱，引发网友对徐某的谩骂，使得徐某的社会评价明显降低，最终导致徐某不堪受辱自杀身亡的严重后果，而该后果又引发社会广泛关注和讨论，严重危害了互联网的安全与管理秩序,属于严重危害社会秩序的情形,应当由检察机关提起公诉。

综上,在信息时代,利用网络搜索功能是一把“双刃剑”。如果使用得当,可以为生活提供便利,也为人民群众的言论自由提供广阔的平台,为监督政府行为提供更多途径。但如果使用不当,网络搜索则容易变成网络暴力,网络监督则容易成为“私刑”的化身。因此,为最大限度地发扬“人肉搜索”的优点,应当为其画好警戒线,才能够更好地保障公民的权益。“人肉搜索”致人自杀获刑具有标本意义,有了本案作为前鉴,相信大多数网络使用者在准备作出类似行为时,会顾忌到由此造成的后果,从而更加理性地使用“人肉搜索”。

(撰稿:广东省汕尾市中级人民法院　黄海钦　曾向虹
审编:最高人民法院刑四庭　陆建红)

[第1058号]任海玲故意杀人案
——如何把握“疑罪”的认定标准

【关键词】　故意杀人罪　证据审查判断　疑罪从无　无罪

一、基本案情

被告人任海玲,女,1979年6月16日出生,农民。2008年6月16日因涉嫌犯故意杀人罪被逮捕。

陕西省西安市人民检察院以被告人任海玲犯故意杀人罪,向西安市中级人民法院提起公诉。

西安市人民检察院指控:2005年,被告人任海玲与华某某相识并租房同居。2007年,华某某与被害人弥某某相识并有暧昧关系。华某某向任海玲提出分手,任海玲因此嫉恨弥某某。2008年5月14时22时许,任海玲谎称系华某某之妹,来到陕西省西安市雁塔区铁炉庙二村76号102室弥某某租房内。任海玲在与弥某某闲聊过程中,将事先准备的添加镇静药物的咖啡奶茶让弥某某喝下。随后,任海玲趁弥某某昏睡之际,持刀捅刺弥某某之子计某某颈部,致计某某椎动脉破裂大量失血而死亡,又持刀割伤弥某某左腕部,致弥某某轻微伤。任海玲作案后随即逃离现场。

针对上述指控,西安市人民检察院提供了以下证据:

1. 证人文利贤(房东)证实,2008年5月15日早,听见弥某某呼救,来到弥某某房间后,见弥某某左手腕部有一处伤口;现场茶几上放着一把水果刀,文利贤把水果刀拨到地上,随即报警。

2. 现场勘查笔录、照片及示意图证实,现场室内靠南墙放有一双人床,在床外沿处躺有一小男孩尸体,小孩上身穿背心,下身穿灰色长裤,赤脚。在小孩尸体上可见一处刀口,床单上有血迹。在进房门左侧有一白色小木柜,上面放有一把水果刀,刀上有血迹。现场勘查提取木柜上水果刀一把、弥某某睡衣一件和床单、茶几等处的血迹。经DNA鉴定证实,床单上的血迹、茶几上的血迹、水果刀上的血迹及弥某某睡衣衣襟正中的血迹为弥某某所留。

3. 法医鉴定意见证实,死者计某某颈部正中见一6cm×5cm范围的皮下淤血,在其上部可见一1×0.2cm横行创口,创缘较齐,可见血液溢出,其左侧见一皮瓣形成。打开颈部,可见颈前肌肉软组织大量淤血,颈椎2、3椎体间可见一1.2cm×0.3cm创口,左侧椎间动脉断裂。结论:计某某系在被他人扼压颈部致机械性窒息的状态下,又被刺伤颈部致椎动脉破裂大量失血而死亡。

鉴定意见还证实,计某某颈部创口皮瓣可由现场提取的水果刀两次抽动形成。

被害人弥某某左腕部见3条略平行的皮肤裂痕,分别为6.5cm、3cm、2cm,均已拆线,愈合良好,左腕部及各指活动、感觉无异常。结论:弥某某损伤为轻微伤。

4. 公安部物证检验报告证实,弥某某睡衣及现场床单上的血迹中检出地西泮及阿普唑仑成分(该两种药具有抗焦虑、镇静催眠作用)。

5. 被害人弥某某陈述,其和华某某是情人关系,任海玲也是华某某的情人。2008年5月14日22时许,任海玲来到弥某某住处,提了一个白色的塑料袋,里面装着豆腐干、火腿肠、两杯咖啡奶茶饮品等食品。弥某某向任海玲谈起她和华某某之间的感情。弥某某还把华某某以前送给她的一把水果刀拿出来让任海玲看。弥某某喝了任海玲带来的奶茶后觉得头晕,就躺下睡了。5月15日上午,弥某某不知道几点醒来后,发现左胳膊在流血,身边的孩子头上有血,鼻子往外冒血泡样东西。弥某某在一审庭审中另陈述,自己苏醒过来时,发现刀子在自己手中。

6. 证人罗海棋(房东)证实,案发前日晚,他看见弥某某和一个女的在说话。23时许,他关大门时,看见弥某某家的灯还亮着。

7. 证人王军民证实,2008年5月14日,王军民开车带任海玲和弥某某到蓝田玩。当天任海玲心情很不好。

8. 证人华某某证实,华某某和任海玲、弥某某均系情人关系。任海玲见弥某某时自称是他妹妹。2008年5月13日,华某某向任海玲提出分手,任海玲不同意。华某某曾送给弥某某一把银色金属刀,是买三圈霸道电池带的赠品。

9. 证人计某宏(弥某某之夫)证实,2008年5月15日9时许,计某宏接到房东电话称家里出事。计某宏发现弥某某黑色CECT直板手机和家里及院子大门的钥匙都不见了。房东一般是22时许关大门,大门是反锁的,没有院大门钥匙无法出去。

10. 现场指认笔录及照片证实,被告人任海玲辨认丢弃案发时所穿衣物地点位于铁炉庙二村村口"黄河湾饺子馆"门前;去弥某某家时购买食物的商店系铁炉庙二村"春辉小家电""祥意商店";作案现场系铁炉庙二村76号1楼进门西侧弥某某租住房;丢弃手机地点系铁炉庙二村90号公共厕所。

11. 辨认笔录及照片证实,被告人任海玲从7把刀具辨认出4号(即从现场提取的刀具)为其作案工具。

12. 通话清单证实,被告人任海玲手机号13072907587与弥某某的手机号1582971243于2008年5月14日(案发当日)18:54、21:06、22:02、22:18、22:27多次通话。

13. 被告人任海玲在公安机关曾作过9次供述。第一次供称:她和华某某同居三四年,华某某承诺离婚后和她结婚,但她发现弥某某和华某某有染,华某某还提出要与她分手。2008年4月,她在火车站办了一张手机卡,卡号为13072907587(未用身份证)专门用于和弥某某联系。她曾以华某某妻子和妹妹的身份劝弥某某离开华某某未果,遂产生杀死弥某某的念头。5月14日白天,她让朋友王军民开车载她和弥某某一起去蓝田玩。当日晚10时许,她通过电话联系后去了弥某某的家,去之前在村路边小超市买了奶茶饮料、鸡爪子、豆腐干。在弥某某家,她换了弥某某的睡裙,她俩就坐在床上聊,主要聊弥某某和华某某的感情问题。在聊的过程中,弥某某从床头柜里拿出一把折叠刀说是华某某送给自己的。她们在聊天时,抽了很多哈德门烟(后称是猴王香烟),又一起喝了奶茶,喝完后就睡了,弥某某将吃过的空袋子收拾到垃圾袋里扔到外面。任海玲睡觉时越想越生气,就拿起床头柜上的刀子在弥某某左胳膊上划了两刀,弥某某也没什么反应,流了很多血。她想可能是因为二人抽了很多烟,而且她枕着弥某某的左胳膊,把弥某某的胳膊枕麻了，弥某某才没有反应。这时，弥某某的孩子起来小便，她抱着孩子小便后孩子又叫妈妈，她当时想将错就错，就用手掐住孩子的脖子，孩子喊了两声，因她手上没劲，孩子又在哭闹，她就用刀在孩子脖子上戳了两刀，直到孩子不动了。她怕弥某某死不了，又用刀在弥某某的左手腕上割了一刀。刀子用完后，她就放在床头柜上了。天亮后，她听到外边有人开门，因为衣服上沾了很多血，就换上干净的衣服，拿了弥某某的手机，用塑料袋装了沾血的睡衣，出了弥某某家门，走到村里街上，把装衣服的塑料袋扔到垃圾筐，把手机扔进一个公共厕所冲掉。

被告人任海玲前五次供述与第一次供述基本相同。第二次供述还提到，她与弥某某发生争吵，弥某某先拿出刀，她拿了一根木棍打在弥某某后脑将其打晕，然后用刀子割弥某某手腕。此后，任海玲翻供称，她和弥某某发生争执后，弥某某用刀捅她，她抱起计某某抵挡，弥某某用刀刺中计某某。

被告人任海玲在一审庭审中辩称，案发当晚弥某某得知她是华某某情妇后，持刀要杀她，她将计某某抱起来抵挡，弥某某持刀戳中计某某，致计某某死亡。其辩护人提出，起诉书指控任海玲在弥某某所喝的咖啡奶茶中投放具有镇静作用的药物并持刀杀死计某某的证据不足，公诉机关的指控不能成立。

西安市中级人民法院经审理认为，公诉机关指控被告人任海玲因感情纠葛而报复杀害计某某的事实不清，证据之间存在的疑点和矛盾无法排除，现有证据不能证明起诉书指控的犯罪事实，也不能完全排除他人作案的可能。被告人任海玲的辩护人所提本案证据不足、公诉机关指控不能成立的辩护意见，予以采纳。具体如下：第一，公诉机关当庭出示的被害人弥某某陈述、证人华某某、计某宏、王军民等的证言、手机通话记录等证据，仅能证明任海玲与华某某、弥某某三人存在感情纠葛，任海玲得知华某某因弥某某要与其分手而产生怨恨心理，具有作案动机；任海玲与弥某某在案发当日多次电话联系，并去过作案现场，具有作案时间。第二，被害人弥某某的睡衣及床单上的血迹中检出地西泮及阿普唑仑成分，但含有地西泮及阿普唑仑成分的镇静药物来源及残留物去向，缺乏相应的证据证实。任海玲归案后虽作过有罪供述，但从侦查到审判阶段从未供述过使用镇静药物的情况。第三，任海玲供述中提到的咖啡奶茶杯、烟头、手机、钥匙、血衣等物证，均未提取到案，无法印证其供述的真实性。第四，现场提取的刀具未作指纹鉴定，且刀具上未检出死者计某某的血迹，不能确定该刀具是作案工具，也不能确定任海玲曾持有该刀具。第五，侦查机关对现场周围住户没有系统排查，不能确定被害人弥某某所住院子的大门在案发当晚是否关闭、是否反锁，无法排除案发当晚有其他人进入案发现场。第六，在案证据之间还存在以下矛盾：(1)证人文利贤证实，其进入现场后，看见弥某某房中茶几上放着一把水果刀，其把水果刀拨到地上，但现场勘查笔录显示，在进房门左侧白色木柜上放着一把水果刀，刀上有血迹。(2)被害人弥某某称计某某睡前穿白色T恤、裤头，但现场勘查笔录和照片显示，计某某穿的是长裤。(3)任海玲归案后的多次供述存在矛盾。据此，依照《中华人民共和国刑事诉讼法》第一百九十五条第三项和《最高人民法院关于适用〈中华人民共和国刑事诉讼法〉的解释》第二百四十一条第一款第四项之规定，西安市中级人民法院判决宣告被告人任海玲无罪。

一审宣判后，西安市人民检察院提出抗诉。理由如下：第一，本案有被害人弥某某陈述，证人华某某、王军民等的证言证实被告人任海玲有作案动机和作案时间。第二，弥某某称饮用任海玲带来的饮料后昏睡，对自己手腕被割以及儿子计某某被杀等一概不知，与鉴定意见证实的从床单上弥某某的血迹中检出地西泮及阿普唑仑成分相印证，足以认定任海玲在其带到现场的饮料中投放有镇静类药物。第三，任海玲供称用手卡住计某某的脖子，用刀在计某某颈部连续捅刺两下，与鉴定意见证实的计某某系在被他人扼压颈部致机械性窒息的状态下又被刺伤颈部致椎动脉破裂大量失血，以及计某某颈部创口皮瓣可由现场提取的水果刀两次抽动形成等情况相印证。第四，本案案发时现场只有任海玲及弥某某、计某某三人，不存在他人作案的可能。综上，应认定任海玲的行为构成故意杀人罪。

陕西省人民检察院认为，西安市人民检察院的抗诉理由成立，被告人任海玲持刀杀害计某某的基本事实清楚，基本证据确实，原审判决错误。

陕西省高级人民法院经审理认为，公诉机关提供的证据能够证实被害人计某某遇害，被告人任海玲有作案动机，去过犯罪现场，具有作案时间。但公诉机关证明任海玲杀害计某某的证据不充分，主要依据的是任海玲的供述，而任海玲的供述前后不一，诸多内容不合情理，且未得到其他证据印证。由于案件证据之间存在的矛盾无法排除，依据现有证据不能得出任海玲杀害计某某的唯一结论。据此，陕西省高级人民法院依法裁定驳回抗诉，维持原判。

二、主要问题

坚持疑罪从无原则，如何把握"疑罪"的认定标准？

三、裁判理由

疑罪从无，是司法机关认定刑事案件待证事实应当遵循的重要证据法则。坚持疑罪从无原则，要准确把握疑罪的认定标准。特别是当公诉机关对案件是否属于疑罪存在分歧意见时，法院要结合证明责任和证明标准充分说明认定疑罪的理由。

（一）对疑罪的认定应当紧扣法律规定的证明责任和证明标准，有针对性地说明理由

一般认为，"疑罪"是指定罪的事实不清、证据不足；案件中一般的细枝末节问题和不影响定罪事实的疑点，不可轻率适用疑罪从无原则。① 这是认定疑罪的基本原则。具体到个案，对疑罪的认定，要注意结合证明责任和证明标准充分说明理由。

1. 疑罪是公诉机关未能实现法定证明责任的结果

根据刑事诉讼法的规定，公诉案件中被告人有罪的举证责任由人民检察院承担。据此，人民检察院应当提供确实、充分的证据证明被告人有罪，否则，一旦因举证不力而导致疑罪，就应当承担败诉的后果。此外，疑罪的产生还有另外一个重要原因，即被告人针对指控提出合理的辩解。一旦被告人提出的辩解理由形成对犯罪事实的合理怀疑，也将导致疑罪。这种疑罪在本质上仍然是公诉机关未能实现法定证明责任所致。

从证明责任的角度，对疑罪的认定应当注意以下问题：第一，疑罪不同于有证据证明无罪的案件，如有证据证明被告人是无辜者，就该被告人而言，案件显然不是疑罪，应当宣告被告人无罪。这种无罪宣告不是基于疑罪从无原则所宣告的无罪，而是事实上的无罪。第二，疑罪不以被告人翻供或者提出辩解为前提，即使被告人笼统认罪，如其认罪供述的真实性缺乏保障，在案证据不能达到法定证明标准，也不能认定被告人有罪。因此，疑罪是公诉机关未能履行证明责任的结果，法院对疑罪的认定，应当结合公诉机关的证明责任说明理由。

2. 疑罪是指定罪事实未能达到法定证明标准

疑罪是指定罪的事实不清、证据不足，不能将疑罪等同于事实证据有瑕疵的案件。根据"两高三部"发布的《关于办理死刑案件审查判断证据若干问题的规定》对"证据确实、充分"证明标准的界定，所谓定罪的事实不清、证据不足，从诉讼证明的角度主要是指证据与证据之间、证据与案件事实之间存在矛盾，根据证据认定案件事实的过程不符合逻辑和经验规则，由证据得出的结论不是唯一结论。

---

① 沈德咏：《论疑罪从无》，载《中国法学》2013年第5期。

实践中,疑罪有不同的表现形式,比较常见的就是以非法收集或者真实性缺乏保障的被告人口供作为定案根据的疑罪案件。有的案件,人民检察院提供的证据材料很多,但这些证据材料大多仅能证明犯罪事实存在,不能证明被告人与犯罪事实之间的关联,实际上主要是以被告人口供作为指控犯罪的根据。由于一旦被告人口供属于非法证据,依法应当予以排除,或者被告人口供缺乏其他证据的有效印证,真实性缺乏保障,则不能作为定案的根据,并最终会导致证据不足,不能认定被告人有罪。法院对疑罪的认定,应当立足个案特点,结合法定证明标准说明理由。

(二)对疑罪的认定应当注重审查证据,特别是被告人口供的真实性,以及现有证据能否证明被告人与犯罪事实之间的关联性

本案中,公诉机关对指控的犯罪事实提供了大量证据,但除被告人任海玲曾作出的认罪供述外,其他证据只能证明犯罪事实发生,任海玲有犯罪嫌疑,不能证明犯罪行为系任海玲所为。本案的关键定罪证据就是任海玲的认罪供述,但因侦查取证不够全面、细致,导致任海玲的认罪供述缺乏其他证据的有效印证,真实性缺乏保障,不能作为定案的根据。此外,在案证据之间存在一些重要的矛盾和疑点,无法作出合理解释。除去任海玲的认罪供述,公诉机关指控的犯罪事实显然达不到证据确实、充分的证明标准,对此类疑罪案件,依法不能认定任海玲有罪。具体分析如下:

第一,弥某某的陈述、证人华某某、王军民等的证言和手机通话清单等证据,能够证明被告人任海玲有作案动机和作案时空条件,但这些证据只能表明任海玲有犯罪嫌疑甚至重大犯罪嫌疑,不能直接建立任海玲与犯罪行为之间的关联。

第二,现场提取的血迹、刀具等证据,未检出被告人任海玲的指纹、DNA,不能建立任海玲与犯罪行为之间的关联。换言之,现场证据只能证明犯罪事实发生,无法证明犯罪行为系任海玲所为,实际上也无法证明任海玲在案发时身处犯罪现场。

第三,除被告人任海玲在侦查阶段的认罪供述外,只有弥某某陈述反映,任海玲案发前曾出现在犯罪现场。弥某某证实,2008 年 5 月 14 日 22 时许,任海玲来到其住处,提了一个白色的塑料袋,里面装着豆腐干、火腿肠、两杯咖啡奶茶饮品等食品;其向任海玲谈起她和华某某之间的感情,还把华某某以前送给她的一把水果刀拿出来让任海玲看;其喝了任海玲带来的咖啡奶茶后觉得头晕,就躺下睡了;5 月 15 日上午,不知道几点醒来后,其发现左胳膊在流血,身边的孩子头上有血,鼻子往外冒血泡样的东西。弥某某的陈述表明,其并未目睹犯罪过程,尽管其陈述反映任海玲有重大作案嫌疑,即任海玲具有作案时空条件,但该陈述只能证明案发前任海玲曾在犯罪现场停留,不能证明任海玲就是作案人。

需要指出的是,公诉机关指控的事实中提到,被告人任海玲将事先准备的添加了镇静药物的咖啡奶茶让弥某某喝下,导致弥某某昏睡。相关鉴定意见显示,弥某某睡衣及现场床单上的血迹中检出地西泮及阿普唑仑成分,似乎印证了弥某某所称其饮用任海玲带来的饮料后昏睡的说法和公诉机关指控的上述事实。但任海玲从未供述其向饮料中投放安眠镇定类药物并给弥某某服用的细节。更重要的是,案发次日,侦查机关将弥某某静脉血以及尿液送检,鉴定意见显示,上述检材中均未检出安眠镇定类药物。该证据与公诉机关指控的上述事实存在直接矛盾,如果弥某某案发前饮用添加安眠镇定类药物的饮料,案发次日在其静脉血和尿液中应当能够检出该类药物的成分。在弥某某静脉血和尿液中未检出安眠镇定类药物的鉴定意见,直接否定了公诉机关指控的上述事实,并且反映出弥某某所称其饮用任海玲带来的饮料后昏睡的说法存在重大疑点。同时,现场床单上有多处血迹,侦查机关只提取一处血迹送检,无法确定其他血迹是否含有安眠镇定类药物。此外,现场勘查笔录没有提到现场有咖啡奶茶饮料瓶,相关证据也未提取在案,无

法确定现场是否有弥某某所称的饮料瓶，也无法进一步确定饮料瓶中是否有安眠镇定类药物。最后，任海玲曾供称其是在一家超市买的小零食，并带领公安人员指认了超市，但侦查人员未让超市工作人员辨认任海玲，未调取超市的销售记录、小票等证据，故现有证据无法确定任海玲购买饮料并向饮料中投放安眠镇定类药物。根据在案证据，关于弥某某所称其饮用任海玲带来的饮料后昏睡的说法，并未得到确证，进一步讲，弥某某为何对犯罪行为毫无知觉，缺乏合理解释。

第四，本案的关键证据是被告人任海玲曾在侦查阶段作出的认罪供述。但任海玲供述的关键细节均未得到其他证据印证，真实性无法确认，不能仅凭该供述认定任海玲有罪。关于任海玲供述与其他证据的关系及供述的证明价值，具体分析如下：

一是被告人任海玲供述的诸多细节均未得到相关物证的佐证。任海玲曾供称，作案后拿走被害人的手机以及沾血的睡衣，将睡衣扔到垃圾堆，将手机扔到村内的一个公共厕所内，并指认了抛弃上述物品的地点，但侦查人员没有提取到沾血的睡衣，也没有找到被抛弃的手机，仅在任海玲指认抛弃手机的地点进行拍照记录。任海玲还曾供称（弥某某也曾陈述），弥某某在家中吃了任海玲买的小食品，喝了任海玲买的饮料，包装袋扔在门外的垃圾堆，饮料杯放在桌子上，二人抽了很多香烟，但现场勘查笔录没有记载上述物证，现已丧失补查条件。

二是被告人任海玲曾供述，其到弥某某家时就准备报复杀人，但却未携带任何作案工具，不符合常理。

三是被告人任海玲供述的作案手段不具有特殊性，且属先证后供，可信度不高。任海玲曾供称，用手卡住计某某的脖子，用刀在计某某的颈部连续捅了两下，该供述得到尸检报告的印证，但该作案方式比较常见，不具有特殊性，且侦查人员在讯问任海玲之前，已对尸体进行检验，了解被害人的身体损伤及死因。

四是被告人任海玲翻供，辩称其和弥某某发生争执后，弥某某用刀捅她，她抱起计某某抵挡，弥某某用刀刺中计某某，尽管这一辩解比较牵强，但不能仅凭此证明或反推其具有杀人的犯罪事实。

第五，本案证据之间的重要矛盾和疑点缺乏合理解释。具体分析如下：

一是弥某某曾陈述，计某某睡前穿黑色印花图案的白色无袖衫、下身穿和上衣一套的短裤，但现场勘查笔录和照片均显示，计某某穿的是咖啡色中长裤。弥某某称案发后其没有给计某某换裤子，任海玲从未供述其杀死计某某后又给计换上长裤。计某某的衣服为何有变化，现有证据无法作出合理解释。

二是弥某某手部的刀伤究竟如何形成，现有证据并不能确定。弥某某在一审庭审中另陈述，自己苏醒过来时，发现刀子在自己手中，该情况无法作出合理解释。

三是关于作案工具水果刀在现场所处位置的证据之间存在矛盾。被告人任海玲曾供称作案后将刀子放在桌子上。弥某某则称其醒来后发现刀子在自己手中。证人文利贤证明，她进入现场后，见弥某某房中的茶几上放着一把水果刀，她把水果刀拨到地上。但现场勘查笔录显示，在进房门的左侧白色木柜上放着一把水果刀，刀上有血迹。上述四份证据证明的作案工具放置位置均不相同，无法作出合理解释。

四是弥某某丈夫计某宏称其家院子的大门钥匙和家里的钥匙不见了，侦查人员并未就此情况向弥某某、计某宏、房东等相关人员进行核实，无法确定是否有其他人持有弥某某家的钥匙。本案案发于2008年5月15日，正是汶川地震后第三天，西安震感明显，各个院落住户为躲震便利，不关闭大门。当时案发现场铁炉庙二村76号住有十余租住户，案发后侦查人员没有对住户进行调查,无法排除他人作案或进入现场的可能性。

综上,本案虽有一些证据表明被告人任海玲有作案动机和作案嫌疑,但因侦查取证较为粗疏,未能收集固定相关物证等客观证据。尽管公诉机关当庭出示大量证据,但除任海玲曾作出的有罪供述外,其他证据只能证明犯罪事实发生,不能建立任海玲与杀人行为之间的关联。同时,任海玲供述的细节缺乏其他证据印证,真实性缺乏保障,任海玲翻供的理由虽显牵强,但不能反推其翻供具有真实性,任海玲的供述不能作为定案的根据。最后,在案证据之间存在的重要矛盾和疑点缺乏合理解释,上述问题最终导致指控任海玲实施杀人行为的犯罪事实未能达到证据确实、充分的证明标准,一、二审法院坚持证据裁判和疑罪从无原则,作出证据不足、指控的犯罪不能成立的无罪判决是依法有据的。

（撰稿:陕西省高级人民法院　尤　青　王　勇
审编:最高人民法院刑三庭　罗国良）

[第1059号]韩永仁故意伤害案

——“明知他人报案而在现场等待”情形的具体认定

【关键词】 故意伤害罪　现场待捕　自首

一、基本案情

被告人韩永仁,男,1944年3月7日出生,工人。2013年7月31日因涉嫌犯故意伤害罪被逮捕。

吉林省长春市人民检察院以被告人韩永仁犯故意伤害罪,向长春市中级人民法院提起公诉。

长春市中级人民法院经审理查明:被告人韩永仁与被害人逯永君均系长春市雪月山饭店的锅炉工,二人轮流值班,因韩永仁到雪月山饭店工作的时间早于逯永君,涉及锅炉房的事情饭店人员就交代给韩永仁,但未明确二人之间存在管理关系。2013年7月19日晚,逯永君值班。韩永仁供述称“21时许,我看见逯永君将锅炉水加冒,他还在休息室听收音机,我就批评他,他不服还骂我,我用手扒拉他一下,他将我推倒,我右侧胳膊磕到凳子上,我激了,想他平时就不好好烧锅炉,我一说他,他就骂骂咧咧,我想教训他,就从休息室的碗架子上拿起一把尖刀”。韩永仁持刀扎逯永君左大腿上段前内侧及前胸正中平乳头处各一刀,后逯永君抢下尖刀,持刀追撵韩永仁至雪月山饭店一楼大厅,逯永君因伤情较重倒地,尖刀脱手,被在大厅值班的服务员金岚捡起,韩永仁见状回到锅炉房休息室。金岚随即拨打“120”急救电话,并电话告知经理庞秀平。后韩永仁再次来到大厅,见逯永君趴在地上不动,地上有不少血,询问金岚是否报“120”,得到答允后回到锅炉房休息室。后庞秀平拨打“110”报警电话,并派饭店员工赵立东、方强到锅炉房看锅炉的运转情况及韩永仁的动向,韩永仁始终在锅炉房休息室待着,直至被公安人员带走。经法医鉴定:逯永君系因左大腿单刃锐器刺创造成股动脉离断致失血死亡。

长春市中级人民法院认为,被告人韩永仁故意伤害他人身体,致逯永君死亡,其行为已构成故意伤害罪,应依法惩处。鉴于案发后,韩永仁有合理依据相信会有人及时报案,客观上有足够时间、条件逃跑而未逃跑,待在锅炉房休息室,归案后认罪、悔罪,应视为自首,对韩永仁依法可从轻处罚;韩永仁与逯永君又系工友关系,二人因工作问题产生矛盾进而引发本案,韩永仁有让他人打电话救助逯永君的意思表示，对韩永仁又可酌情从轻处罚。依照《中华人民共和国刑法》第二百三十四条第二款、第六十七条第一款、第五十七条第一款、第三十六条第一款，判决如下：

1. 被告人韩永仁犯故意伤害罪，判处无期徒刑，剥夺政治权利终身。

2. 被告人韩永仁赔偿附带民事诉讼原告人胡凤春经济损失人民币29 305.5元。

宣判后，被告人韩永仁未上诉，检察机关也未抗诉，判决已发生法律效力。

二、主要问题

如何理解和把握“明知他人报案而在现场等待”构成自动投案的具体认定条件？

三、裁判理由

最高人民法院为明确认定自首的条件，先后出台了《最高人民法院关于处理自首和立功具体应用法律若干问题的解释》（以下简称《解释》）及《最高人民法院关于处理自首和立功若干问题的意见》（以下简称《意见》）。《解释》第一条第一项规定：“自动投案，是指犯罪事实或者犯罪嫌疑人未被司法机关发觉，或者虽被发觉，但犯罪嫌疑人尚未受到讯问，未被采取强制措施时，主动、直接向公安机关、人民检察院或者人民法院投案。”这一规定反映了典型的自动投案所应具备的四个要素：投案时间、投案意志、投案对象、投案方式。结合司法实践中出现的问题，从鼓励行为人主动投案、节约司法资源的角度考虑，《解释》和《意见》又分别列举了多种视为自动投案的情形，其中《意见》规定了五类应该视为自动投案的情形，包括“明知他人报案而在现场等待，抓捕时无拒捕行为，供认犯罪事实”的情形。而在司法实践中，行为人犯罪后到案的过程较为复杂，有些行为并不完全符合自首的法律规定，但是符合自首的立法本意，对这些非典型的自首行为是否能够认定为自动投案，产生了很多争议。

在本案的审理过程中，对被告人韩永仁是否属于“明知他人报案而在现场等待，抓捕时无拒捕行为，供认犯罪事实”的情形，从而认定为自动投案，有两种不同意见：第一种意见认为，韩永仁查看被害人伤情后询问他人是否报“120”，仅可视为韩永仁对被害人有救治的意思，但“120”属于医疗机构，并非司法机关，韩永仁对现场有人拨打“110”报警并不知情，不能认定为自动投案。第二种意见认为，韩永仁虽然没有在现场看到他人报案，但结合案发现场情况，其有合理依据判断会有人及时报案，客观上有足够时间、条件逃跑而未逃跑，符合立法本意，应视为自动投案的情形。

我们同意第二种意见，理由如下：

（一）行为人根据现场情况，有合理依据判断有人及时报案的，属于“明知他人报案”

我们认为，《意见》规定的“明知他人报案”包括两种情况：一种是行为人作案后在现场等待，现场有人报案，行为人看到或者听到他人报案，当然属于“明知他人报案”；另一种是行为人虽然没有亲眼看到或者亲耳听到他人报案，但根据当时情况可以认定为“明知他人报案”的情形。判断后一种情形下的“明知他人报案”，主要是结合案件的具体情况和行为人的自身情况，推断其主观上是否“明知”。

本案中证人金岚首先拨打“120”急救电话，证人庞秀平来到现场后拨打“110”报案。那么被告人韩永仁是否“明知他人报案”？我们认为，从以下三个方面可以判断出被告人“明知他人报案”：

第一，金岚拨打“120”急救电话后，韩永仁再次来到大厅，询问金岚是否报“120”，得到答允后回到锅炉房休息室。韩永仁供述“我从锅炉房回到大厅是想看看逯永君怎样了，别人是否报警”。证人金岚证实“在救护车没来之前，韩永仁从锅炉房出来问报没报警，我说报警了，他就回锅炉房了”“我分不清报‘110’和‘120’”。从以上证据可以看出，虽然金岚拨打的是“120”急救电话，但无论是金岚还是韩永仁对于“110”与“120”的区别都不是很清楚，认为打“120”也是报警。

第二，在刑事案件发生后拨打“120”急救电话抢救被害人的过程中，需要将案发现场的地点，被害人受伤的原因和程度向急救中心详细说明，虽然急救中心没有处理刑事案件的职能，但根据实际情况，“120”与“110”一般都有联动关系，很多命案的报案人员都是急救医生。本案系证人庞秀平到现场后报案，但被害人已当场死亡，如果急救医生到现场发现被害人被他人伤害致死而没有报案，也会立即报案。

第三，韩永仁持刀捅刺被害人后，被害人持刀追撵韩永仁至饭店一楼大厅，被害人倒在大厅地上，尖刀则被在大厅值班的金岚捡起，其看到了这些情况，知道已经有人发现其犯罪事实，还掌握了作案工具。此后韩永仁再次来到饭店大厅，确认已经拨打“120”电话才回到第一作案现场——锅炉房。对于当时的被告人来说，犯罪事实已经昭然若揭，在场证人还打了电话，无论是拨打“110”还是“120”，韩永仁都有合理的依据相信警察会赶到现场，所以韩永仁供述“我没报警，我寻思应该有人报警”的情况是真实可信的。

（二）行为人在案发后有足够的时间、条件能逃跑而未逃跑，自愿在现场等待被抓捕的，属于“在现场等待”

广义上讲，“在现场等待”包括三种情况：一是行为人作案后无法离开现场，不得不在现场等待；二是行为人作案后有条件逃走，但为了毁灭证据、继续作案、观察四周情况等而留在现场；三是行为人有条件逃走而未逃走，自愿在现场等待被抓捕。

我们认为，“明知他人报案而在现场等待，抓捕时无拒捕行为，供认犯罪事实”的情形之所以能认定为自动投案，在于其具备自动投案的本质特征：投案的主动性和自愿性。而投案的主动性和自愿性集中体现在“在现场等待”这一行为中。故此处的“在现场等待”只能是上述第三种情况，即行为人有机会逃走而未逃走，留在现场等待抓捕，主动、自愿地将自己交付法律制裁。具体来说，首先需要判断行为人在当时的情况下是否有条件逃走，如果行为人因为受伤、意识不清、被群众包围等客观因素而不得不留在现场，并非能够自由选择是否留在现场，则不能认定为自动投案。其次需要判断行为人不逃走的主观目的是什么，如果滞留现场是为了寻找作案机会、继续作案等而非等待抓捕，则不能认定为自动投案。

本案中，被告人韩永仁在刺伤逯永君后，人身自由并未受到限制，其自行回到锅炉房的过程中没有任何人阻拦、包围，虽然经理庞秀平到达现场后派饭店两名员工到锅炉房看锅炉的运转情况及韩永仁的动向，但韩永仁在庞秀平及其他员工到来之前，仍有足够的时间逃走而未逃走，始终在锅炉房休息室待着直至被公安人员带走。根据现场客观情况，韩永仁系在作案后完全有条件逃离现场而未逃离。此外，韩永仁留在现场没有任何毁灭证据、试图再次作案的行为，在意识到他人已经知道自己的犯罪行为、会去报案的情况下，韩永仁对公安机关会对自己采取人身控制措施有充分的认识，在这种情况下留在现场，被抓捕时没有拒捕行为，应认定其自愿在现场等待被抓捕。

综上，被告人韩永仁明知他人报案而自愿在现场等待被抓捕，被抓捕时没有拒捕行为，具有自动投案的主动性和自愿性，应认定为自动投案。

（三）对并未主动报案，在现场等待抓捕型的自首，从宽幅度不宜过大

从鼓励行为人主动投案、节约司法资源的角度考虑，对自首认定的条件可以做适度的放宽。但在准确认定是否成立自首的同时，对不同形式的自首在量刑时考虑的从宽幅度应当有所区别。自首制度的功能主要体现在节约司法资源和被告人本身人身危险性的降低两个方面，应该结合被告人到案的经过，到案后的表现，对犯罪行为的认识，认罪、悔罪的程度等多个方面综合判断其

自首的价值。对于自己并未主动报案，现场等待抓捕型的自首，虽也具有投案的主动性和自愿性，但和主动到公安机关投案的典型自首相比，在考虑从轻时应当有所区别，以确实做到量刑均衡。

综上，一审法院认定被告人韩永仁构成自首，并依法从轻处罚是适当的。

（撰稿：最高人民法院刑四庭　杨　华
吉林省长春市中级人民法院　季　昊
审编：最高人民法院刑四庭　陆建红）

[第1060号]周凯章等人组织出卖人体器官案
——在获得被害人承诺的犯罪案件中，如何确定被告人的附带民事赔偿责任

【关键词】 组织出卖人体器官罪　被害人承诺　附带民事诉讼　赔偿范围　死亡赔偿金　残疾赔偿金

一、基本案情

附带民事诉讼原告人欧阳某某，男，1992年2月7日生，湖北省十堰市人。

附带民事诉讼原告人舒某，男，1983年3月7日生，重庆市涪陵区人。

附带民事诉讼原告人丁某某，男，1980年3月30日生，安徽省安庆市人。

被告人周凯章，男，1956年3月29日生，医生。因涉嫌犯组织出卖人体器官罪于2012年3月30日被逮捕。

被告人张玉鑫，男，1975年10月8日生，麻醉师。因涉嫌犯组织出卖人体器官罪于2012年3月30日被逮捕。

被告人张伟荣，男，1963年4月21日生，无业。因涉嫌犯组织出卖人体器官罪于2012年3月30日被逮捕。

被告人赵英强，男，1987年10月21日生，无业。因涉嫌犯组织出卖人体器官罪于2012年3月30日被逮捕。

被告人叶杰龙，男，1968年9月14日出生，无业。因涉嫌犯组织出卖人体器官罪于2012年12月19日被逮捕。

被告人陈秀琴，女，1978年9月11日生，护士。因涉嫌犯组织出卖人体器官罪于2012年3月30日被逮捕。

被告人陈玉高，男，1956年6月21日生，退休医生。因涉嫌犯组织出卖人体器官罪于2012年3月30日被逮捕。

被告人钟晨，男，1980年11月14日生，原系广州某医院血透中心员工。因涉嫌犯组织出卖人体器官罪于2012年3月30日被逮捕。

广东省东莞市第一市区人民检察院以被告人周凯章等8人犯组织出卖人体器官罪，向东莞市第一市区人民法院提起公诉。在本案审理过程中，附带民事诉讼原告人欧阳某某、舒某、丁某某提起附带民事诉讼。

东莞市第一市区人民法院经公开审理查明：

2011年，被告人周凯章、张伟荣和孙珂（另案处理）经商量后，出资购买手术设备、汽车等作案工具，伙同被告人张玉鑫、赵英强、陈秀琴、钟晨、陈玉高、叶杰龙及龙海燕、高峰、“赖院长”、梁宏基（均另案处理）等人从事肾脏买卖及非法移植活动。其中，周凯章系主刀医生，负责移植手术和手术指导；张玉鑫系手术麻醉师，负责手术安排、手术麻醉，承租广东省佛山市一处住所供卖肾者术后休养并做术后护理，同时还负责居间联系及分发卖肾者、医生助手、护士等人员的费用；张伟荣负责开车接送卖肾者、购肾者及同案人员，与卖肾者中介联系，与购肾者中介洽谈价格，收取并分发费用；钟晨系医生助手，协助周凯章进行移植手术；陈秀琴、龙海燕系护士，负责手术协助，其中陈秀琴还负责手术前抽取卖肾者血液样本；孙珂、赵英强系卖肾者中介，负责联系卖肾者，其中赵英强受孙珂指挥，还负责安排卖肾者在佛山市、东莞市等地的出租屋等待卖肾，以及卖肾者在此期间的食宿和身体检查；陈玉高、叶杰龙系购肾者中介，负责寻找购肾者，与周凯章等人联系手术事宜，并在手术前联系张伟荣拿卖肾者的血液样本到医院与购肾者的血液样本配对，陈玉高还负责安排购肾者手术后在其承包的广州某医院休养。

2012年1月，被告人张伟荣将被告人赵英强介绍的卖肾者被害人欧阳某某送到佛山市某医院，被告人周凯章等人通过手术将欧阳某某的肾脏移植到购肾者宋某某体内。同年2月初，被害人舒某、丁某某通过某网站联系上赵英强，并商定以2万元出卖肾脏。赵英强安排舒某、丁某某住在东莞市一出租屋，并到医院检查身体。后被告人张伟荣、张玉鑫等给舒某、丁某某抽血，经化验，舒某与被告人陈玉高介绍的购肾者黄某配型成功。同月21日，赵英强让舒某签下自愿卖肾协议，后将舒某带至广东省广州市某别墅，周凯章等人将舒某的肾脏移植到黄某体内。同月23日，陈玉高通知张伟荣有一名患者与丁某某配型成功。赵英强让丁某某签下自愿卖肾协议后，将其带至上述广州市某别墅，周凯章等人将丁某某的肾脏移植到购肾者体内。经鉴定，被害人欧阳某某右肾被切除，系七级伤残；被害人舒某左肾被切除，系八级伤残；被害人丁某某左肾被切除，系八级伤残。

东莞市第一市区人民法院认为，被告人周凯章、张玉鑫、张伟荣、赵英强、叶杰龙、陈秀琴、陈玉高、钟晨的行为均已构成组织出卖人体器官罪。周凯章、张玉鑫、张伟荣、赵英强、叶杰龙、陈秀琴多次组织出卖人体器官，情节严重。周凯章、张玉鑫、张伟荣、赵英强、叶杰龙、陈玉高在各自所参与的共同犯罪中均起主要作用，是主犯，依法按其参与的全部犯罪处罚；陈秀琴、钟晨在各自所参与的共同犯罪中起次要作用，是从犯，依法对其从轻处罚。周凯章、张玉鑫、张伟荣、赵英强、陈秀琴、钟晨归案后如实供述自己的罪行，依法对其从轻处罚。周凯章等被告人明知缺乏器官移植的相关资质，为牟利仍违法实施器官移植手术，并利用部分被害人急需用钱的心理和生活困难的处境，与被害人达成出卖器官协议，协议签订时双方的信息、地位并不对等，其行为违反公序良俗，主观恶性明显，且对被害人的健康造成了损害，应当承担民事赔偿责任。对各被害人提出的残疾赔偿金、伤残鉴定费、交通费、误工费、营养费等赔偿请求，予以支持。但各被害人明知被告人的行为违法，为获得报酬而自愿出卖器官，具有一定过错，应自行承担40%的责任。依照《中华人民共和国刑法》第二百三十四条之一第一款，第二十五条第一款，第二十六条第一款、第四款，第二十七条，第六十七条第三款，第五十三条，第五十五条第一款，第五十六条第一款，第三十六条第一款，《中华人民共和国刑事诉讼法》第九十九条第一款、第一百零二条，《中华人民共和国民事诉讼法》第六十四条、第一百四十二条，《中华人民共和国民法通则》第一百零六条第二款、第一百一十九条、第一百三十条，《中华人民共和国侵权责任法》第四条、第六条、第八条、第十六条，《最高人民法院关于审理人身损害赔偿案件适用法律若干问题的解释》第三条、第十七条、第二十

条、第二十一条、第二十二条、第二十四条、第二十五条的规定,判决如下:

1. 被告人周凯章犯组织出卖人体器官罪,判处有期徒刑十年,剥夺政治权利一年,并处罚金人民币50万元。

2. 被告人张玉鑫犯组织出卖人体器官罪,判处有期徒刑九年,并处罚金人民币30万元。

3. 被告人张伟荣犯组织出卖人体器官罪,判处有期徒刑八年六个月,并处罚金人民币20万元。

4. 被告人赵英强犯组织出卖人体器官罪,判处有期徒刑七年,并处罚金人民币10万元。

5. 被告人叶杰龙犯组织出卖人体器官罪,判处有期徒刑六年,并处罚金人民币15万元。

6. 被告人陈秀琴犯组织出卖人体器官罪,判处有期徒刑五年,并处罚金人民币10万元。

7. 被告人陈玉高犯组织出卖人体器官罪,判处有期徒刑三年,并处罚金人民币6万元。

8. 被告人钟晨犯组织出卖人体器官罪,判处有期徒刑二年,并处罚金人民币2万元。

9. 被告人周凯章、张玉鑫、张伟荣、赵英强、叶杰龙、陈秀琴连带赔偿附带民事诉讼原告人欧阳某某88 800元。

10. 被告人周凯章、张玉鑫、张伟荣、赵英强、陈秀琴、陈玉高、钟晨连带赔偿附带民事诉讼原告人舒某101 612.93元。

11. 被告人周凯章、张玉鑫、张伟荣、赵英强、陈秀琴、陈玉高、钟晨连带赔偿附带民事诉讼原告人丁某某34 931.82元。

宣判后,被告人周凯章上诉提出,本案赔偿主体应为接受器官移植的病人,原审认定的赔偿主体错误;本案应做医疗事故鉴定。

东莞市中级人民法院经二审审理认为,被告人周凯章等人的犯罪行为致使被害人欧阳某某、舒某、丁某某遭受经济损失,除承担刑事责任外,依法还应承担相应的民事赔偿责任。考虑到各被害人自身的过错,其应自行承担40%的经济损失。原审判决附带民事部分认定事实清楚,证据确实、充分,审判程序合法,责任划分准确,处理适当,依照《中华人民共和国刑事诉讼法》第二百二十五条第一款第一项的规定,裁定驳回上诉,维持原判。

二、主要问题

1. 取得被害人承诺的犯罪行为,被害人能否在刑事诉讼中提起附带民事诉讼?

2. 如何确定附带民事诉讼的赔偿范围?

3. 如何确定被告人在此类犯罪中承担的民事赔偿责任的比例?

三、裁判理由

近年来,组织出卖人体器官犯罪案件时有发生,人们在对此类犯罪分子表达痛恨之情和严惩的意愿之余,也对被害人仅为了几万元甚至更少之利而出卖自己器官的做法感到不解。在审判实践中,除依法追究被告人的刑事责任外,对于被害人提起的附带民事诉讼如何判处民事赔偿责任,特别是如何看待被害人自身的过错问题,存在一定争议。本文就此从三个层面加以分析。

(一)对获得被害人承诺的犯罪,被害人仍可提起附带民事诉讼

罗马法中有"得承诺的行为不违法"的格言。一般来说,被害人请求或者许可行为人侵害其法益,表明其放弃了该法益,既然如此,法律就没有必要对该法益进行保护。在我国刑法中,被害人的承诺若符合一定条件,也可以排除侵害行为的违法性。在以违反被害人意志为前提的犯罪中,如非法侵入住宅罪、故意毁坏财物罪等,被害人的承诺可以使上述行为消除社会危害性,从而不构成犯罪。而有些情形下,被害人承诺因被害人不具有承诺能力或被害人所作承诺违反法律的禁止性规定及公序良俗而无效,该承诺不影响犯罪的成立。如在拐卖、拐骗儿童犯罪或组织出

卖人体器官犯罪中,即使得到被拐卖儿童或器官出售人的承诺,仍可能构成犯罪。我国法律不认可人体器官买卖具有合法性,相反,刑法将组织出卖人体器官的行为规定为犯罪。

本案中,被告人周凯章等人虽然获得了被害人关于出售器官的口头或书面同意,但该被害人承诺只表明被害人愿意接受器官被摘除、健康受损的结果,仅具有否定故意伤害罪成立的作用。公民自愿出售器官的承诺违反了《人体器官移植条例》关于严禁买卖人体器官的规定和公序良俗,对周凯章等人的行为构成组织出卖人体器官罪并无实质影响。在周凯章等人的组织安排下,被害人的肾脏被割除并移入他人体内,自身健康严重受损,该犯罪后果的发生与周凯章等人的组织安排和实施器官割除手术的行为有直接因果关系,周凯章等人应该对此另行承担民事赔偿责任。因此,被害人在本案中可以提起附带民事诉讼,要求周凯章等人承担赔偿责任。关于周凯章提出赔偿义务主体应为接受器官移植人员的上诉理由,我们认为,虽然被害人的器官被周凯章等人分别植入他人体内,但接受器官移植的人并未直接实施侵害被害人身体健康的行为,与周凯章等人也并无共同犯罪故意,并未直接对被害人的身体健康构成侵害,故无须承担民事赔偿责任。

(二)附带民事诉讼赔偿范围的确定,在现行法律框架内可适当体现原则性与灵活性的统一

刑事附带民事诉讼的赔偿范围一直是困扰刑事司法工作的一个突出问题。我国刑事诉讼法及相关司法解释将刑事附带民事诉讼的赔偿范围限定于物质损失,这与刑法总则中对犯罪分子根据情况判处赔偿经济损失的规定一致,但立法并未对"物质损失"或"经济损失"作出明确界定。最高人民法院2000年制定的《关于刑事附带民事诉讼范围问题的规定》(已废止)第二条规定:被害人因犯罪行为遭受的物质损失,是指被害人因犯罪行为已经遭受的实际损失和必然遭受的损失。但关于死亡赔偿金和残疾赔偿金(以下简称"两金")是否属于物质损失的问题,在以往争议较大。根据最高人民法院2001年制定的《关于确定民事侵权精神损害赔偿责任若干问题的解释》第九条的规定,"两金"属于精神损害抚慰金,故不属于附带民事诉讼的赔偿范围。但最高人民法院2004年制定的《关于审理人身损害赔偿案件适用法律若干问题的解释》(以下简称《人身损害赔偿解释》)又将死亡赔偿金、残疾赔偿金界定为物质损失,是对未来可期待收入损失的赔偿,因而属于财产损害赔偿。2007年7月1日施行的《中华人民共和国侵权责任法》(以下简称《侵权责任法》)第十六条也再次确认了"两金"属于物质损失的范围,至此,"两金"属于物质损失获得了法律上的依据。

但在司法实践中,各地法院对刑事附带民事诉讼中是否判赔"两金"仍把握不一。最高人民法院对该问题采取的是"原则不判 + 例外可判"的政策立场,即在刑事附带民事诉讼中原则上不判赔"两金",但被告人有赔偿能力的或驾驶机动车构成犯罪的除外。主要理由有以下两方面:一是我国刑事犯罪案件中,被告人大多经济条件较差,无赔偿能力或赔偿能力很低,若不加区分地一律判赔"两金",势必会造成大量"空判",引发缠讼、闹访,不利于维护社会稳定。二是在刑事附带民事诉讼中,判决被告人承担刑事责任是对被害方进行抚慰和救济的主要方式,民事赔偿是补充方式。被告人已经因为犯罪被判刑,在此情况下仍要求被告人承担高额的赔偿责任,一定程度上会造成双重处罚的问题。但从法理上讲,赔偿责任和赔偿能力是两回事,是否具有赔偿能力不应成为决定被告人是否承担赔偿责任的前提。因此,最高人民法院在2013年实施的《关于适用〈中华人民共和国刑事诉讼法〉的解释》(以下简称《解释》)中对此作了相对模糊的规定,即在附带民事诉讼的赔偿范围中未明确列明"两金",而是在列明其他赔偿事项后用一个"等"字兜底,允许法院在审理案件时灵活把握。

我们认为,本案中,相关法院判决被告人周凯章等人赔偿3名附带民事诉讼原告人主张的残疾赔偿金是正确的,主要理由如下:

第一,将残疾赔偿金纳入物质损失有合法依据。从立法上看,《侵权责任法》已将“两金”纳入物质损失的范围,将“两金”认定为对被害人未来可期待收入损失的赔偿。虽然《解释》第一百五十五条第二款中未明确列明“两金”属于附带民事诉讼的赔偿范围,但根据第三款之规定,对于驾驶机动车致人伤亡构成犯罪的,附带民事诉讼的赔偿范围包括“两金”。这表明最高人民法院在《解释》中明确认可“两金”属于附带民事诉讼中的物质损失的范围,否则该条款就违反了刑事诉讼法关于附带民事诉讼只应赔偿物质损失的规定。根据《解释》第一百五十五条第二款,犯罪行为造成被害人人身损害的,应当赔偿医疗费、护理费、交通费等为治疗和康复支付的合理费用,以及因误工减少的收入;造成被害人残疾的,还应当赔偿残疾生活辅助具费等费用;造成被害人死亡的,还应当赔偿丧葬费等费用。此处的“残疾生活辅助具费等费用”,可以理解为除了残疾生活辅助具费以外还有其他费用,如残疾赔偿金。

第二,本案中判赔残疾赔偿金有利于最大限度地维护被害方合法权益。现有证据证实,被告人周凯章等人通过组织贩卖3名被害人暨附带民事诉讼原告人的器官获利78万元,却仅支付给上述3名原告人共6万元,周凯章等人实际获利70余万元。而3名原告人因犯罪所受的直接物质损失总共仅有数千元,在此情况下,如果法院不判令周凯章等人赔偿3名原告人的残疾赔偿金,则周凯章等人的大部分获利将作为违法所得被罚没,上交国库,这无疑不利于保护3名原告人的合法权益。可见,本案将残疾赔偿金纳入附带民事诉讼的赔偿范围有法律依据,并有利于最大限度地维护被害人的合法权益,也不会造成“空判”,影响法院生效判决的权威。

(三)取得被害人承诺的犯罪案件中,可以适当减轻被告人的附带民事赔偿责任

在组织出卖人体器官犯罪案件中,被告人取得被害人的书面或口头承诺并不影响其行为构成本罪,但被害人作为成年人,明知国家禁止买卖人体器官,为获得金钱仍同意被告人摘除其器官,对自己重伤结果的发生也存在一定过错,应承担相应的责任。根据《侵权责任法》第二十六条之规定,被侵权人对损害的发生也有过错的,可以减轻侵权人的责任,故被告人周凯章等人不应对3名附带民事诉讼原告人的全部损失承担赔偿责任。关于被害人的过错可以在多大程度上减轻侵权人的责任,相关司法解释并无明确规定,个别省制定的地方性法规对此有所涉及。例如,2014年的《广东省道路交通安全条例》(已废止)第四十六条第一款规定,机动车与非机动车驾驶人、行人之间发生交通事故,非机动车驾驶人、行人负事故次要责任的,由机动车一方承担80%的赔偿责任。目前,实践中主要由法院根据双方的过错程度自由裁量,合理确定分担比例。通常,若双方对损害结果的发生负同等责任,则双方各承担50%的赔偿责任,若侵权人负主要责任,被侵权人负次要责任,则侵权人承担60%~90%的赔偿责任是合理的。本案中,周凯章等人为谋取非法利润,通过网站、中介等发布买卖器官广告,被害人为获得小额金钱,即同意将自己的器官出卖给周凯章等人用于移植给他人,虽然被害人的行为也违反公序良俗,甚至也具有一定的违法性,但被告人的违法程度更高,且已经构成犯罪,直接造成了被害人重伤的损害结果。综合分析,周凯章等人应对损害结果的发生承担主要责任,附带民事原告人对此应承担次要责任。一审法院判决周凯章等人承担60%的责任,3名附带民事诉讼原告人承担40%的责任,是妥当的。

(撰稿:最高人民法院刑五庭　张建英
广东省东莞市中级人民法院　尹巧华
审编:最高人民法院刑五庭　马　岩)

[第1061号]孟某等强奸案

——被害人无明显反抗行为或意思表示时,如何认定强奸罪中的"违背妇女意志"

【关键词】 强奸罪 违背妇女意志

一、基本案情

被告人孟某,男,1992年2月18日生,学生。2014年4月25日因涉嫌犯强奸罪被逮捕。

被告人次某,男,1990年1月3日生,学生。2014年4月25日因涉嫌犯强奸罪被逮捕。

被告人索某,男,1992年12月8日生,学生。2014年4月25日因涉嫌犯强奸罪被逮捕。

被告人拉某,男,1993年1月13日生,学生。2014年4月25日因涉嫌犯强奸罪被逮捕。

被告人多某,男,1991年10月11日生,学生。2014年4月25日因涉嫌犯强奸罪被逮捕。

湖北省武汉市人民检察院以被告人孟某、次某、索某、多某、拉某犯强奸罪,向湖北省武汉市中级人民法院提起公诉。

被告人孟某、索某、多某及其辩护人提出,被害人在整个过程中没有拒绝、反抗、呼救,系自愿与被告人发生性行为。被告人次某的辩护人亦提出不能排除被害人系自愿与次某发生性关系的可能性。被告人拉某的辩护人提出拉某系从犯等辩解意见,请求减轻或从轻处罚。

湖北省武汉市中级人民法院经审理查明:2014年3月16日凌晨3时许,被告人孟某在武汉市洪山区鲁磨路的VOX酒吧内与被害人朗某(美国籍)跳舞相识,后孟某趁朗某醉酒不省人事之际,骗取酒吧管理人员和服务员的信任,将朗某带出酒吧。随后,孟某伙同被告人次某、索某、多某、拉某将朗某带至武汉东湖新技术开发区政苑小区"星光大道KTV"的202包房。接着,多某购买避孕套,并向次某、索某和拉某分发。次某、索某和拉某趁朗某神志不清,先后在包房内与其发生性关系。孟某和多某欲与朗某发生性关系,但因故未得逞。当日,朗某回到任教学校后,即向公安机关报警。经鉴定,被害人朗某双上臂及臀部多处软组织挫伤。

同年3月18日,被告人孟某、次某、索某、多某、拉某分别在其学生公寓内被公安机关抓获。

湖北省武汉市中级人民法院一审认为,被告人孟某等五人在被害人处于醉酒无意识状态下,骗取酒吧工作人员的信任,谎称系被害人的朋友,从酒吧带走被害人,预谋实施性侵害,并利用被害人不知反抗、不能反抗的状态和不敢反抗的心理,违背被害人意志,共同对被害人实施了性侵行为,其行为均已构成强奸罪。公诉机关指控的罪名成立。被告人孟某、次某、索某、拉某在共同犯罪中起主要作用,系主犯。被告人多某在共同犯罪中起次要作用,系从犯,依法应当对其从轻处罚。依据《中华人民共和国刑法》第二百三十六条第三款第一项及第四项、第二十五条第一款、第二十六条第一款、第二十七条第一款、第五十五条、第五十六条、第六十七条第三款的规定,判决如下:

1. 被告人孟某犯强奸罪,判处有期徒刑十五年,剥夺政治权利三年。
2. 被告人次某犯强奸罪,判处有期徒刑十三年,剥夺政治权利二年。
3. 被告人索某犯强奸罪,判处有期徒刑十三年,剥夺政治权利二年。
4. 被告人拉某犯强奸罪,判处有期徒刑十二年,剥夺政治权利一年。
5. 被告人多某犯强奸罪,判处有期徒刑十年,剥夺政治权利一年。

一审宣判后,五被告人均不服,以被害人无明显反抗行为,系自愿与其发生性关系为由,向湖北省高级人民法院提出上诉。

湖北省高级人民法院二审认为,一审认定的事实清楚,证据确实充分,定罪准确,审判程序合法。裁定驳回上诉,维持原判。

二、主要问题

被害人无明显反抗行为或意思表示时,如何认定强奸罪中的"违背妇女意志"?

三、裁判理由

强奸罪是指违背妇女意志,使用暴力、胁迫或者其他手段,强行与妇女发生性交的行为。强奸罪侵犯的是妇女性的不可侵犯的权利,即妇女按照自己的意志决定自己性行为的权利。因此,是否违背妇女意志是强奸罪犯罪构成的关键要素,也是司法实务中较难判断和把握的情节。

违背妇女意志,是指未经妇女同意而强行与之发生性交的行为。判断是否违背妇女意志,关键要看妇女对发生性行为是否同意,至于妇女表示同意是发生性交之前还是性交过程中,均不影响同意的成立。但女方无明显反抗行为或反抗意思表示时,不得据此推定为默示状态下的不违背妇女意志。我们认为,对妇女是否同意不能以其有无反抗为标准。由于犯罪分子在实施强奸时的客观条件和采用的手段不同,对被害妇女的强制程度也相应的有所不同,因而被害妇女对犯罪行为的反抗形式和其他表现形式也会各有所异,有的因害怕或精神受到强制而不能反抗、不敢反抗或不知反抗。因此,不能简单地以被害妇女当时有无反抗意思表示,作为认定其是否同意的唯一条件。对妇女未作反抗或者反抗表示不明显的,要通观全案,具体分析,综合认定。一般而言,可以从以下三个方面来分析判断被告人的行为是否"违背妇女意志":

(一)案发时被害妇女的认知能力

被害人的认知能力是被害人意思表示的前提。在强奸犯罪中,被害人的意思表示直接影响犯罪的成立与否,但在判断其意思表示之前,首先需要对被害人的认知能力进行判断和识别。我国刑法学界的通说认为,不满 14 周岁的幼女和精神障碍者对性权利无承诺能力,即使存在承诺也不能阻却行为人构成强奸罪。这主要是由于幼女和精神障碍者存在心智方面的不足,不能正确理解对性权利承诺的内容和意义。同样,对于年龄、智力和精神状况足以作出本人真实意思表示的被害人,也要考虑其案发当时的神志状况能否正确表达其内心真实意愿。

本案中,从被害人自身年龄和正常状态下的智力、精神状况来看,并不存在心智认知能力方面的不足。但是,案发当晚,多名证人证实被害人在酒吧中由于饮酒过量而呕吐不止,这说明其已明显处于醉酒状态;被告人孟某寻找各种理由,欺骗酒吧管理、服务人员,伙同其他被告人将被害人带出酒吧。被害人被五名被告人带到案发现场时,需要由两名被告人搀扶才能行走。此时,被害人因为醉酒已失去了正常的分辨能力和认知能力,不能正确认知自身处境,不能正确表达内心真实意愿,其间可能对被告人的一些言行产生错误的理解和反应,但不应据此认定被害人对被告人要求发生性行为默示同意。

(二)案发时被害妇女的反抗能力

强奸罪客观上通常表现为,行为人使用暴力、胁迫或者其他手段,使妇女处于不能反抗、不敢反抗、不知反抗状态或者利用妇女处于不知、无法反抗的状态而乘机实行奸淫。司法实践中,不同的被害妇女由于各自的生理、心理、性格等个人特征的不同,对暴力、胁迫或者其他手段的反应及其程度也不相同。妇女能否抗拒,或是否敢于抗拒不可能有一个统一的认定标准。妇女有无反抗能力,不能单纯地从行为人使用暴力、胁迫手段的程度来评价,还要结合妇女自身对所处环境的认知和可能遭遇更大伤害的风险预估心理,以及妇女自身身体状况等因素综合考虑。

本案被害人系外籍妇女,即便在受到性侵的后阶段可能慢慢恢复意识,但其酒醒后身体控制能力弱,面对多名陌生异性青年,极易产生不敢反抗的心理,进而导致反抗不能。且根据各被告人供述,被害人在受到性侵的过程中神情呆滞,一直在哭泣,在事后乘坐出租车返校途中仍在哭泣,这些情况足以印证其不敢反抗的心理状态。综合全案情况判断,被害人陈述所言"我当时很害怕,而且很醉,感觉没有力气""我怕反抗了之后他们会伤害我,我只希望这个过程快结束"等,反映了被害人当时的真实心理状况。

(三)被害人未作明确意思表示的客观原因

在被害人未作明确意思表示的情形下,应当对其客观原因进行具体分析。由于实践中存在未作意思表示情形下的"半推半就"、默示同意和不敢反抗、不能反抗下的未作意思表示两种性质不同的现象,我们认为应当结合案件具体事实和相关证据,对其客观原因予以分析,进而对行为人的行为作出准确评价。应当从案发当时的环境、双方是否熟人关系、被害人的身体状况、行为人的人数等因素,综合判定被害妇女是否具有选择表达不同意的意思自由。例如,行为人利用职权引诱女方,女方受到了一定程度的要挟,后在未作明确意思表示的情形下,基于互相利用之动机与行为人发生性行为。在此情形下,女方并未完全丧失意思自由,结合其"利用"之动机,即使发生女方被欺骗的情况,行为人也不构成强奸罪。也就是说,在有证据证明女方对发生性行为存有心理上的自愿认可时,可以阻却行为人构成强奸罪。本案中,被害人在到达案发现场前后,因醉酒对自身所处的环境、状况以及可能遭遇的危险并不能正确认知;在案发过程中神情呆滞伴有哭泣;在案发清醒后立即报案。这些情况可以证实被害人在心理上对性行为的发生并非持有自愿认可的态度。被害人之所以未作明确意思表示,是因为客观上不具备明确表达不同意的条件。

综上,本案被害人无明示反抗行为和反抗意思表示的情形不能推定为默示的同意。五被告人明知被害人处于认知能力减弱的醉酒状态,利用被害人不知反抗、不能亦不敢反抗的状态,与被害人发生性关系,其行为已违背被害妇女意志。法院依法以强奸罪追究五被告人的刑事责任,定性是准确的。

(撰稿:湖北省高级人民法院　郑　娟
湖北省武汉市中级人民法院　李济森
审编:最高人民法院刑二庭)

[第1062号]田某某重婚案

——已婚的被告人与他人建立事实婚姻关系后,又单方终止事实婚姻关系的,如何计算重婚犯罪行为的追诉期限

【关键词】 重婚罪　事实婚姻　继续犯　犯罪行为终了之日　事实婚姻关系的解除　追诉期限

一、基本案情

被告人田某某,男,1963年11月29日出生,无业。因涉嫌犯重婚罪于2012年3月21日被刑事拘留,同年4月1日被取保候审。

北京市朝阳区人民检察院以被告人田某某犯重婚罪,向朝阳区人民法院提起公诉。

被告人田某某对公诉机关指控的罪名没有异议,但辩称其2006年年底即与杨某结束同居关系,2012年3月20日杨某报案时已过了5年的追诉时效。

北京市朝阳区人民法院经不公开开庭审理查明:1988年1月18日被告人田某某与董某某登记结婚。2004年4月,田某某与杨某确定男女朋友关系并同居,同年8月,二人在天津市举办了婚礼。后二人在北京市朝阳区购买了一套房产用于居住,并育有一子。2006年,田某某前往辽宁省大连市工作,且未告知杨某。2007年,杨某到大连市找到田某某,要求与田某某办理结婚登记,田某某表示不能与杨某结婚,并再次离开杨某。2008年年初,田某某回到董某某处生活;同年5月,在未通知杨某的情况下,田某某将登记在其名下的富东家园房产出售。2012年3月20日杨某找到田某某并报警,公安人员接报后将田某某抓获。

北京市朝阳区人民法院经审理认为,被告人田某某有配偶而与他人以夫妻名义共同生活,其行为构成重婚罪。关于田某某所提其重婚行为已过追诉时效的辩解,经查,田某某与杨某自2004年9月起以夫妻名义共同生活并育有一子,属于事实婚姻。田某某虽于2006年独自前往外地工作,但其离家后杨某多方寻找,二人的事实婚姻仍处于持续状态,并未解除。田某某于2008年年初才回到妻子董某某处生活,故认定2006年年底田某某的重婚行为并未终了,本案尚在追诉期限内,对田某某当庭的辩解,不予采纳。鉴于田某某对指控的基本犯罪事实能够如实供述,对其依法从轻处罚并适用缓刑。据此,依照《中华人民共和国刑法》第二百五十八条,第六十七条第三款,第六十一条,第七十二条第一款,第七十三条第二款、第三款之规定,朝阳区人民法院以被告人田某某犯重婚罪,判处有期徒刑十个月,缓刑一年。

一审宣判后,被告人田某某提出上诉,上诉理由同一审辩解意见。北京市第二中级人民法院经审理,裁定驳回田某某的上诉,维持原判。

二、主要问题

已婚的被告人与他人建立事实婚姻关系后,又单方终止事实婚姻关系的,如何计算重婚犯罪行为的追诉期限?

三、裁判理由

本案中,被告人田某某先与董某某登记结婚,在婚姻关系存续期间,又与杨某以夫妻名义共同生活,属于前法律婚、后事实婚的情形。田某某的行为构成重婚罪,对此并无争议。但是,对田某某的重婚行为是否已过追诉时效,存在不同认识:一种意见认为,重婚罪的法定最高刑为2年有期徒刑,根据刑法的有关规定,该罪的追诉期限为5年。田某某2006年即离开杨某,到外地工作、定居,应当从此时开始计算追诉期限,至2012年杨某报案时已超过5年,对被告人不应再追究刑事责任。另一种意见认为,2006年田某某离开杨某独自到外地工作,不能认定事实婚姻关系自此终止。至案发时被告人的重婚行为未超过追诉期限。我们同意第二种意见,具体分析如下:

(一)重婚罪属继续犯,其追诉期限应当从犯罪行为终了之日起计算

继续犯,又称持续犯,是指行为从着手实行到由于某种原因终止以前,一直处于持续状态的犯罪。从客观上讲,继续犯的犯罪行为与不法状态必须同时持续,即犯罪行为的持续导致不法状态的持续。从时间上讲,继续犯必须是在一定时间内不间断的持续存在,即行为从开始到结束没有间断。就重婚罪而言,重婚不法行为和不法状态自始至终同时存在,持续侵害一夫一妻制的婚姻制度,完全符合继续犯的特征,属于继续犯。重婚登记或者事实婚姻关系的确立只意味着重婚行为的开始而不是终了,不应把后婚婚姻关系的确立与以后的以夫妻名义共同生活行为割裂开来,而应当将二者视为完整统一的重婚行为,前者是后者开始的标志。刑法第八十九条规定,“追诉期限……犯罪行为有连续或者继续状态的,从犯罪行为终了之日起计算”。因此,重婚罪的追

诉期限应当从重婚行为终了之日起计算。

（二）后婚系事实婚姻的，重婚行为是否终了，应当以一方作出解除事实婚姻关系的意思表示，且婚姻关系因该意思表示实质上得以解除为判断标准

后婚系登记结婚的，重婚行为终了的时间节点比较容易判断，一般以婚姻关系经法定程序解除为准。但对于后婚系事实婚姻的，重婚行为终了的时间节点，则因个案案情复杂、多样，认定难度较大。我们认为，认定该类重婚行为是否终了应当着重考虑两个因素：一是行为人是否作出解除事实婚姻的意思表示；二是该意思表示实质上是否起到解除婚姻关系的作用。

事实重婚关系的解除一般要求行为人有相对明确的意思表示，包括以口头形式、书面形式通知对方解除婚姻关系，还包括以实际行动表明解除婚姻关系的意思。前者一般是指行为人通过口头或者书面直接向对方表示不再以夫妻名义共同生活等情形。后者一般是指行为人通过躲藏、更换联系方式、住址等方式拒绝与对方接触，对婚姻关系的继续持排斥态度的行为表现。后种意思表示方式较为隐晦，据此认定行为人表明解除婚姻关系意图须十分慎重。本案中，被告人田某某在未告知杨某的情况下，即离开二人在北京的共同居住地，前往外地工作，被杨某找到后其又再次不告而别，并将自己购买的用于二人共同生活的房屋出售。虽然从田某某离京以后的一系列行为可以推断出，其自离京起即打算解除与杨某的婚姻关系，此后也一直持此态度，但其离京时并未向杨某说明离京原因，当时其是否已决意解除事实婚姻关系没有有力证据证实。杨某到大连市找到田某某并要求办理结婚登记时，田某某表示不能与杨某结婚，并再次离开杨某，此时田某某不仅有了口头意思表示，且以实际行动表明了该意思。综合考虑本案具体情节，可认定2007年田某某在大连市拒绝与杨某办理结婚登记，并再次离开杨某时，向杨某表达了解除婚姻关系的意思。

但是，无论是法律婚姻还是事实婚姻，婚姻关系毕竟由男女双方结成，一方作出解除婚姻关系的意思表示，并不必然导致婚姻关系自此解除，另一方是否愿意维持婚姻关系，双方是否解决财产分割、子女抚养等重大问题等因素，在认定婚姻关系是否解除时也要予以考虑。后婚系事实婚姻的，行为人单方作出解除婚姻关系的意思表示后，如另一方对此予以认可，二人不再以夫妻名义共同生活，此种情况下即可认定事实婚姻关系自此解除，如有遗留的财产分割、子女抚养问题，可在日后通过民事纠纷解决渠道解决；如另一方对此不予认可，则说明双方对是否继续保持事实婚姻关系存在争议，从保护弱势群体、维护社会公序良俗的角度出发，应综合考虑夫妻双方的态度，财产分割、子女抚养等问题的解决情况等因素判断婚姻关系是否解除。本案中，被告人田某某与杨某举行婚礼后同居二年，共同购买了住房并育有一子，双方形成了较为紧密的事实婚姻关系。杨某在大连市找到离京的田某某后要求登记结婚，说明杨某仍愿意与田某某保持婚姻关系，田某某再次离开杨某时并未妥善解决财产分割、子女抚养等问题，二人的婚姻关系何去何从具有一定的不确定性。在此情况下，不能轻易认定二人的事实婚姻关系自2007年田某某在大连市再次离开杨某起解除，否则既不利于保护婚姻关系中的弱者、打击犯罪，也不符合社会公众对婚姻关系的一般认知。田某某于2008年秘密将购买的二人共同居住的房屋出售，并回到其妻子董某某处生活，自此时起其与杨某的事实婚姻关系已不可能继续存在，故可认定二人的事实婚姻关系自此解除，田某某的重婚行为实施终了。因此，被告人所犯重婚罪的追诉期限应自2008年起计算，至杨某报案时尚在追诉时效之内，一、二审法院对被告人以重婚罪定罪量刑是正确的。

（撰稿：北京市朝阳区人民法院　李　铁　张济坤

审编：最高人民法院刑五庭　马　岩）

[第1078号]徐勇故意杀人案

——关于自首情节中“确已准备去投案”的认定

【关键词】 故意杀人罪 确已准备投案 自动投案 亲友协助抓捕 自首

一、基本案情

被告人徐勇，男，1982年11月4日出生，农民。2013年9月13日因涉嫌犯故意杀人罪被逮捕。

浙江省绍兴市人民检察院以被告人徐勇犯故意杀人罪，向绍兴市中级人民法院提起公诉。

被告人徐勇对指控的事实无异议。其辩护人提出，徐勇作案后自首，建议从轻处罚。

绍兴市中级人民法院经公开审理查明：2013年9月1日19时许，被告人徐勇与其表兄陈文贤（被害人，殁年34岁）等人在浙江省嵊州市浦口街道东郭村陈文贤家饮酒时，因陈文贤怀疑徐勇此前想偷陈文贤妻子的电瓶车，二人发生争执并扭打。陈文贤持啤酒瓶击打徐勇头部，徐勇遂拔出随身携带的弹簧刀捅刺陈文贤胸、腹部数刀，致其右心房破裂而失血性休克死亡。

另查明：被告人徐勇作案后在亲属的规劝下，表示先回家与妻子告别再去投案，但回家后即醉倒，其亲属主动报案后，协助公安人员将昏睡的徐勇带至公安机关。次日，徐勇醒酒后即如实供述了犯罪事实。

绍兴市中级人民法院认为，被告人徐勇持刀连续捅刺他人要害部位并致人死亡，其行为已构成故意杀人罪。检察机关指控的罪名成立，应予支持。被害人在本案中有一定过错，且徐勇犯罪后有投案意思表示并确已准备去投案，归案后能如实供述罪行，系自首，依法予以从轻处罚。据此，依照《中华人民共和国刑法》第二百三十二条、第六十七条第一款、第五十七条第一款之规定，以故意杀人罪判处被告人徐勇无期徒刑，剥夺政治权利终身。

宣判后，被告人徐勇以原判量刑过重为由提出上诉。

浙江省高级人民法院经审理认为，原判认定的事实清楚，证据确实、充分，定罪准确，量刑适当，审判程序合法，裁定驳回上诉，维持原判。

二、主要问题

酒后作案，准备回家与亲属告别后再去投案，但回家后即醉倒，最终被公安人员抓获的，能否认定为“确已准备去投案”？

三、裁判理由

本案中，被告人徐勇的亲属报案后，协助公安人员将因醉酒昏睡的徐勇带至公安机关，徐勇醒来后即如实供述了自己的犯罪事实，故能否认定为自首，关键在于其是否构成“自动投案”。根据《最高人民法院关于处理自首和立功具体应用法律若干问题的解释》（以下简称《解释》）第一条的规定，自动投案除主动、直接向司法机关投案这种典型形式外，还包括“经查实确已准备去投案，或者正在投案途中，被公安机关捕获”等情形。该规定将各种虽然不完全具备典型自动投案特征，但同样体现了投案主动性和自愿性的投案形式规定为自动投案，有利于鼓励犯罪分子悔过自新，有利于侦查机关及时破案，有效节约司法资源，符合刑法设立自首制度的宗旨。但在司法实践中，对于“确已准备去投案”如何认定，往往存在一定难度。主要原因在于，与被告人在投案途中被抓获等情形不同，“准备去投案”的被告人虽然有投案意愿，但仅仅实施了准备投案行为、尚未来得及投案即被抓获,此时必须通过其准备行为来判断是否确有投案意愿。

我们认为,对这种“准备投案”的认定,应当强调的不仅仅是被告人的心理活动,更重要的是已经为投案实施了一定的准备活动,客观行为已经能够清楚地反映准备投案的主观心态。具体而言,可以从以下几个方面认定被告人是否“确已准备去投案”:

(一)必须有准备投案的客观行为

正如仅有犯意表示不构成犯罪一样,准备投案不能仅仅是被告人的一种纯粹的心理活动或者单纯的意思表示。原因在于,主观意愿如果没有外化为客观行为,并不具有法律意义,不仅如此,由于缺乏客观行为,司法机关对于被告人的心理活动也无从查证。这就要求,被告人必须在投案意愿的支配下,为投案实施了一定的准备行为,并且有客观的事实、证据来加以证明。例如,被告人已向他人表示将要投案,但在时间和条件允许的情况下,却一直没有任何为投案做准备的行为,这种情形就不能认定为准备投案。

(二)准备行为必须是与投案相关的必要行为

被告人作案后总会实施一系列活动,有的被告人归案后则辩称这些活动是为投案做准备。在这种情况下,就需要准确界定准备行为的范围。从司法实践来看,可以归入投案准备的行为主要有两类:一是为投案准备工具、创造条件的情形,如了解投案对象和场所路线,为投案准备交通工具、生活用具,请求父母、亲友陪同投案,正在书写供词准备带去投案,因受伤等原因正在寻找他人代为投案,等等;二是为投案解除后顾之忧、安排后事的情形,如投案前与亲友告别,交代债权债务,安排赡养老人、抚养子女事宜,等等。一般来说,以上情形都可以认定为是与投案相关的必要行为。反之,对那些与投案并无直接关系亦非必要的情形,则不能认定为准备投案。如被告人归案后辩称,归案前正在四处查找同案犯下落,准备找到之后带着立功线索投案的,即便该辩解有其他证据支持,但由于此情形并非投案的必要准备行为,在投案时间上也不可预期,故一般不能认定为准备投案。

(三)准备行为必须能够清楚地反映投案意愿

即便准备行为是与投案相关的必要行为,也要对是否能够清楚地反映出被告人的投案意愿进行审查。有的准备行为能够较为明显地反映出被告人的投案意愿,如请求亲友陪同投案,但也有一些准备行为具有双重性质,如准备交通工具、与家人告别,既可能是为投案创造条件或者解除后顾之忧,也可能是为潜逃做准备。对这种情形,如果仅有被告人供述,缺乏其他证据有力印证的,由于所谓的准备行为并不能清楚地反映出投案意愿,一般就不能认定为准备投案。

(四)投案意愿必须具有连续性

准备投案的情形之所以能认定为自动投案,是因为被告人确实在投案意愿的支配下实施了准备投案的行为,只是由于被公安机关及时抓获等意志以外的原因,才未能进一步实施投案行为。易言之,如果没有客观因素介入,被告人将会最终实际投案。这就要求,被告人的投案意愿必须具有连续性,产生投案意愿、准备投案之后又改变初衷的,或者犹豫不决的,一般不能认定为准备投案。例如,被告人在原籍地作案后外逃,在亲属的劝说下准备投案而返回原籍地,但返回后一个月一直未去投案,后被公安机关抓获,被告人辩称准备投案,其亲属也能证明说服被告人返回原籍地准备投案的过程。但是,所谓的“准备投案”竟然准备了一个月,这说明其投案意愿发生了变化。实际上,从客观行为看,被告人返回原籍地时确实是准备投案,但之后又放弃了投案意愿,所以不能认定为准备投案。又如,被告人确实是在准备投案途中被公安人员抓获,但在讯问时未能及时、如实供述犯罪事实,在多次讯问后才如实供述的,或者在抓捕时拒捕、逃跑的,都说明其投案意愿存在反复，一般也不能认定为准备投案。

（五）准备投案必须有相应的证据加以证明

对前述四个方面的审查认定，都离不开相应的证据。根据《解释》的规定，构成"准备投案"，必须要求"经查实确已准备去投案"，这里就存在一个证明标准的问题。对准备投案的证明标准当然不能要求过高，不能以"事实清楚，证据确实、充分"的定罪标准来衡量，但也不能动辄以有利于被告人为由，对其辩解在既无法查实也无法排除的情况下一概采信。因为《解释》强调，必须是"经查实确已准备去投案"，一方面要求"经查实"，另一方面要求被告人"确已"准备投案。对此，可以从被告人准备投案行为的客观表现、归案后供述的主动性和及时性、相关证人对被告人归案前言行的证言等方面进行综合审查判断。一般来说，被告人辩称准备投案，却提不出相应的证据线索，司法机关经查证也未发现确能证明其已为投案做准备的证据的，不能认定为准备投案。在有被告人供述及相关证人证言等证据证明被告人准备投案的情形下，必须认真审查言词证据的客观性、真实性、关联性，如分析供述与证言的印证关系、有无矛盾之处、供述与证言是否稳定、证言的制作时间、证人与被告人的亲疏利害关系，同时将言词证据与其他证据进行比对，审慎作出判断。

本案中，被告人徐勇作案后回家途中，姐夫刘俊及外甥媳妇陈选洪均打电话劝徐勇自首，徐勇称先回家与妻子陈红燕告别再去投案，关于此节相关证人证言及徐勇的供述可相互印证；徐勇回家后因酒性发作，未来得及安排善后即醉倒昏睡，此时刘俊报案并带领公安人员赶来；公安人员赶到徐勇家时，发现徐勇烂醉如泥，陈红燕称本想用三轮车送徐勇去投案，但力气不够，公安人员遂将徐勇带回派出所，徐勇醒酒后即如实供述了犯罪事实。可见，徐勇作案后准备回家与家人告别后再去投案，有准备投案的客观行为，而且此行为系为投案解除后顾之忧、安排后事，属于与投案相关的必要行为，徐勇醒来后即如实供述了犯罪事实，其投案意愿是明确的、连续的，以上事实除徐勇的供述外，还得到了其亲属和公安人员证言的印证。故一、二审法院根据已查明的事实、证据认定徐勇的行为属于"经查实确已准备去投案"，并结合其如实供述罪行，而依法认定为自首，是正确的。

（撰稿：浙江省高级人民法院　聂昭伟
最高人民法院刑一庭　孟　伟
审编：最高人民法院刑一庭　冉　容）

[第1079号]都某过失致人死亡案

——实施一般殴打导致特异体质被害人死亡的行为如何定性

【关键词】　过失致人死亡罪　故意伤害罪　一般殴打　特异体质　因果关系

一、基本案情

被告人都某，男，1963年1月1日出生，原系某市供销总公司业务员。2012年3月16日因涉嫌犯故意伤害罪被逮捕。

某市某区人民检察院以被告人都某犯过失致人死亡罪，向某区人民法院提起公诉。附带民事诉讼原告人邵某等提起附带民事诉讼。

某市某区人民法院经公开审理查明:2011 年 9 月 30 日 19 时许,被告人都某及其子都某乙在某市一高校宿舍区亲属家中吃过晚饭后,都某准备驾驶轿车回家。其间,适逢住在该宿舍区另一幢楼房的该高校教授陈某(被害人,殁年 48 岁)驾车回家取物。陈某将其驾驶的车辆停在宿舍区两幢楼房前方路口,堵住了车辆行进通道,致都某所驾车辆无法驶出。双方遂发生口角,继而打斗在一起。在打斗过程中,都某拳击、脚踹陈某头部、腹部,致其鼻腔出血。后陈某报警。在此过程中,都某乙与陈某的妻子邵某发生拉扯,并将邵某推倒在地。民警赶到现场后将都某父子带上警车,由陈某驾车与其妻跟随警车一起到派出所接受处理。双方在派出所大厅等候处理期间,陈某突然倒地,后经送医院抢救无效于当日死亡。经鉴定,陈某有高血压并冠状动脉粥样硬化性心脏病,因纠纷后情绪激动、头面部(鼻根部)受外力作用等导致机体应激反应,促发有病变的心脏骤停而死亡。

某市某区人民法院认为,被告人都某过失致人死亡,其行为构成过失致人死亡罪,同时,都某依法应当承担民事赔偿责任。因被害人在案发起因上有一定责任,故都某仅应当承担主要民事赔偿责任。据此,依照《中华人民共和国刑法》第二百三十三条、《中华人民共和国刑事诉讼法》第九十九条第一款以及《最高人民法院关于适用〈中华人民共和国刑事诉讼法〉的解释》第一百五十五条第一款、第二款之规定,以过失致人死亡罪判处被告人都某有期徒刑三年,并判处都某赔偿附带民事诉讼原告人医药费、丧葬费、交通费、住宿费等各项经济损失共计人民币 23 425.19 元。

一审宣判后,被告人都某不服,向某市中级人民法院提起上诉。都某及其辩护人的主要上诉理由和辩护意见是:原审法院适用法律不当,应当依法改判都某无罪,并依照双方责任大小重新确定民事赔偿数额。

某市中级人民法院经审理认为,被告人都某应当预见击打他人头部、腹部可能导致他人死亡的危害后果,因为疏忽大意而没有预见,仍拳击、脚踹被害人头部、腹部,以致发生被害人死亡的危害后果,行为和结果之间存在因果关系,其行为符合过失致人死亡罪的构成要件。相关上诉理由和辩护意见不能成立。原审判决认定的事实清楚,证据确实、充分,定罪准确,量刑适当,审判程序合法,裁定驳回上诉,维持原判。

二、主要问题

行为人因民间纠纷与被害人互相厮打,对被害人实施轻微暴力,导致有特异体质的被害人发病死亡,对该行为应当如何定性?

三、裁判理由

在本案诉讼过程中,针对被告人都某的行为如何定性,主要存在以下三种意见:

第一种意见认为,被害人死亡的直接原因是有高血压并冠状动脉粥样硬化性心脏病,被告人的行为与被害人的死亡结果之间不存在刑法上的因果关系,被告人也不可能预见到被害人的特异体质进而预见到危害结果的发生,因此,本案属于意外事件,被告人的行为不构成犯罪,不应当负刑事责任。

第二种意见认为,被告人对被害人实施了故意伤害的行为,并产生了致人死亡的后果,行为与后果之间存在刑法上的因果关系,其行为符合故意伤害罪的结果加重构成要件,因此,应当以故意伤害罪定罪处罚。

第三种意见认为,被告人作为一名具备相当社会生活经验的成年人,应当能够预见拳击他人头部可能导致他人死亡的危害后果,但因为疏忽大意而没有预见到,导致发生了被害人死亡的危害后果,故应当以过失致人死亡罪定罪处罚。

我们同意第三种意见,对被告人都某应当以过失致人死亡罪定罪处罚。具体理由如下:

(一)被告人都某的行为与被害人的死亡结果之间具有刑法上的因果关系

本案的尸体鉴定意见表明,被害人陈某死亡的原因是有高血压性并冠状动脉粥样硬化性心脏病,因纠纷后情绪激动、头面部(鼻根部)受外力作用等导致机体应激反应,促发有病变的心脏骤停而死亡。由该鉴定意见可知,本案被害人的死亡属于多因一果情形。死亡的直接原因是心脏病,而引发心脏病的原因是纠纷后情绪激动,以及头面部(鼻根部)受外力作用等导致机体应激反应。因此,虽然被害人的特异体质是其死亡的内在原因,但不可否认的是,正是因为被告人的暴力行为导致被害人的身体产生应急反应,促发病变心脏骤停而死亡,并非被害人自身原因促发死亡。因此,被告人的行为是被害人死亡结果发生的必要条件,两者具有刑法上的因果关系。

(二)被告人都某没有造成他人身体器官损伤的主观故意

司法实践中,常见的攻击、打斗行为表现为两种不同的情形:一种是一般争执过程中旨在造成他人身体一时疼痛的一般殴打行为;另一种是意图造成他人身体器官损伤的故意伤害行为。实践中,不能将所有的"故意"殴打致人死亡的案件,都认定为故意伤害致死。如有学者所言:"一般生活意义上的'故意'不等同于刑法上的故意。行为人只具有一般殴打的意图,并无伤害的故意,由于某种原因或者条件引起了被害人死亡的,不能认定为故意伤害致死;如果行为人对死亡结果有过失,就应认定为过失致人死亡罪。"①

综合本案主客观方面的情况来看,被告人的行为属于一般殴打行为,并不属于意图造成他人身体器官损伤的故意伤害行为,因此,不宜认定被告人存在造成他人身体器官损伤的主观故意。具体理由是,从被告人的行为及其造成的后果来看,被告人在与被害人发生争执后互相殴打,被告人拳击、脚踹被害人头部、腹部,其中用拳头殴打被害人鼻根部的行为导致被害人鼻根部及右眼下方见软组织出血,上述身体损伤只是一般的损伤,后果并不严重,鉴定意见也显示,被告人的行为并未造成严重的伤害结果。打斗结束后,被害人抓住被告人衣领不放,不让被告人离开,被告人也并未继续实施殴打行为,可见,从被告人打击被害人的部位、力度和造成的后果来看,被告人实施的尚属一般殴打行为,这表明被告人并没有积极追求造成被害人身体器官损伤的主观故意。综上,可以认定被告人只有殴打他人的故意,但不能认定被告人存在意图造成被害人身体器官损伤的刑法上的伤害故意,故不能认定被告人的行为构成故意伤害罪。如果行为人对被害人故意施暴,力度失控进而导致被害人死亡,就要结合案件情况承担故意伤害(致死)罪相应的刑事责任。本案不属于此种情形。

(三)被告人都某对其行为导致被害人死亡的结果存在疏忽大意的过失

被告人对其行为导致被害人死亡的结果存在疏忽大意的过失。具体理由如下:

在一般争执过程中,行为人实施的暴力行为属于带有加害风险的行为,行为人通过殴打他人发泄愤怒情绪的同时,伴有导致他人受伤或死亡的可能。由于此类殴打行为源于愤怒情绪,不仅具有攻击性且力度容易失控,故致人受伤或者死亡的风险具有客观性,加之行为人通过殴打他人发泄情绪的行为应受谴责,不具有合法性,因此必然要求行为人承担避免因殴打行为力度较大而导致对方处于危险状态的注意义务,一旦发生危害结果,行为人就可能因未履行注意义务而构成过失犯罪。从本案情况来看,人的头部是敏感且较为脆弱的区域,被告人作为一个精神健全、身体健硕的成年人,应当预见到用拳头击打他人头部可能造成他人受伤或者死亡的风险,但其由于疏忽大意没有预见,最终导致被害人因纠纷后情绪激动、头面部(鼻根部)受外力作用等导致机体

---

① 张明楷:《刑法学》(第4版),法律出版社2011年版,第771页。

应激反应,促发有病变的心脏骤停而死亡,故被告人应当承担过失致人死亡的责任。也正是基于此,被告人都某提出的无罪主张不能成立。当然,如果行为人只有一般的殴打行为,并未殴打被害人重要部位且殴打力度轻微,并未导致被害人产生机体应激反应并促发特殊疾病等原因死亡的,结合案件具体情况,行为人对被害人死亡结果没有过失的,则应当认定被告人无罪。

(四)认定被告人的行为构成过失致人死亡罪更符合公众的一般心理预期

为了合理明确刑法处罚范围,对于处在罪与非罪、重罪与轻罪边缘的行为,应适当结合一般人的生活和社会常理作出判断。在一般争执和殴打致人死亡案件中,被告人的行为并未直接造成被害人轻伤以上的后果,而是因被害人原有病症发作等复杂因素导致死亡,因果关系方面具有"多因一果"的特征,死亡结果具有某种程度的偶发性,对此种情形以过失致人死亡罪定罪处罚更能获得社会认同。

(撰稿:江苏省高级人民法院　叶　巍　陈亚鸣
审编:最高人民法院刑三庭　罗国良)

[第1080号]张润博过失致人死亡案
——轻微暴力致人死亡案件如何定性

【关键词】 过失致人死亡罪　故意伤害罪　轻微暴力　罪名　主观罪过　因果关系

一、基本案情

被告人张润博,男,1963年11月17日出生。2013年7月11日因涉嫌犯故意伤害罪被逮捕。

北京市人民检察院第二分院以被告人张润博犯故意伤害罪,向北京市第二中级人民法院提起公诉。

被告人张润博对指控的犯罪事实无异议,但辩称其没有伤害被害人的故意。其辩护人提出,张润博的行为不构成故意伤害罪,应以过失致人死亡罪对其从轻处罚。

北京市第二中级人民法院经公开审理查明:2013年5月13日14时许,被告人张润博在北京市西城区白纸坊东街十字路口东北角,因骑电动自行车自南向北险些与自西向东骑自行车的被害人甘永龙(男,殁年53岁)相撞,两人为此发生口角。其间,甘永龙先动手击打张润博,张润博使用拳头还击,打到甘永龙面部致其倒地摔伤头部。甘永龙于同月27日在医院经抢救无效死亡。经鉴定,甘永龙系重度颅脑损伤死亡。

在一审期间,经法院主持调解,张润博的近亲属自愿代为一次性赔偿被害人家属各项经济损失人民币50万元。被害人家属对张润博的行为表示谅解,同意对张润博从宽处罚,并撤回附带民事诉讼。

北京市第二中级人民法院认为,被告人张润博在因琐事与被害人发生争执并相互殴打时,应当预见自己的行为可能造成被害人伤亡的后果,由于疏忽大意未能预见,致被害人倒地后因颅脑损伤死亡,其行为已构成过失致人死亡罪。鉴于张润博具有到案后如实供述犯罪事实,且积极赔偿被害方经济损失,取得被害方谅解等情节,对其从轻处罚。公诉机关指控张润博犯罪的事实清楚,证据确实、充分,但指控其犯故意伤害罪的证据不足,应根据在案证据依法认定张润博犯罪行为的性质。据此,以过失致人死亡罪判处被告人张润博有期徒刑六年。

宣判后,被告人张润博未上诉,原公诉机关提出抗诉,北京市人民检察院支持抗诉。

检察机关抗诉认为:原判认定事实清楚,证据确实、充分,程序合法,量刑适当,但定性错误,应认定为故意伤害罪。主要理由:一是被告人张润博具有预见自身行为可能造成他人身体受到伤害的认识因素,且具有预见的能力;二是张润博基于该认识因素实施了击打被害人头面部的行为,体现了故意伤害他人身体的意志因素,其对伤害行为造成的后果持放任心态;三是张润博的行为客观上造成被害人受到伤害的后果,被害人被打后头部触地,其死亡的后果系被告人拳打后触地直接造成,故被害人的死亡结果与张润博的拳击行为存在因果关系;四是在案证据能够充分证明被告人的故意伤害行为,被告人亦有伤害他人的故意,不符合过失致人死亡罪的构成要件,依法应认定为故意伤害罪。

原审被告人张润博及其辩护人在二审中辩称,原判认定事实清楚,定罪准确,量刑适当,建议维持原判。主要理由:一是被告人在行为发生时其客观表现反映主观上不具有主动攻击、伤害他人身体的故意;二是被告人在受到对方殴打,为防止有病身体遭受撞击而推挡对方,亦不符合故意犯罪的要件;三是将双方临时因为口角而发生的撕扯认定为互殴,进而认为被告人具有伤害他人的故意不准确;四是被告人的行为在客观上并未直接造成被害人身体的伤害,被告人打到被害人脸颊仅是被害人摔倒的部分原因,还受到被害人案发前饮酒、争吵情绪激动、患有糖尿病等因素影响;五是因摔伤而导致的重度颅脑损伤及脑疝不是被害人的全部死因,死因还包括肺部感染等并发症。

北京市高级人民法院经审理认为,被告人张润博在因琐事与被害人发生争执中,使用拳头击打被害人面部时,应当预见其行为可能发生被害人伤亡的后果,由于疏忽大意未能预见,造成被害人倒地致颅脑损伤死亡,其行为符合过失致人死亡罪的构成要件,原判依法认定过失致人死亡罪并无不当。北京市人民检察院第二分院以及北京市人民检察院关于本案构成故意伤害罪的抗诉意见和支持抗诉、出庭意见,不予采纳。张润博关于其没有伤害被害人故意的辩解以及辩护人所提本案成立过失致人死亡罪的辩护意见,酌予采纳。鉴于张润博到案后能如实供述犯罪事实,积极赔偿被害方经济损失,取得被害方谅解等情节,对其可酌予从轻处罚。原审人民法院根据张润博犯罪的事实,犯罪的性质、情节和对于社会的危害程度所作的判决,定罪和适用法律正确,量刑适当,审判程序合法,应予维持。据此,依法裁定驳回北京市人民检察院第二分院的抗诉,维持原判。

二、主要问题

对轻微殴打行为导致被害人倒地磕碰死亡的情形,应认定为故意伤害(致死)罪还是过失致人死亡罪?

三、裁判理由

实施拳打脚踢等轻微殴打行为导致被害人摔倒磕碰死亡或者原有病症发作而死亡的案件,在现实生活中时有发生。对此如何定性,具体案件处理上有差异。有的认定故意伤害(致人死亡)罪,有的认定过失致人死亡罪,还有个别案件未作刑事处理。这种情况比较复杂,如何准确定性,需结合个案事实具体分析。

我们认为,正确认定此类案件,首先要从事实层面入手,分析、判断涉案行为与死亡结果之间是否存在因果关系。如果因果关系得以确认,则要从规范层面入手结合行为人的主观罪过来确定其是否应当对死亡结果承担刑事责任,以及承担何种刑事责任。

在刑法理论中,因果关系是指危害行为与危害结果之间是否有"引起与被引起"的关系。一般来说,只要涉案行为对危害结果的发生具有原因作用力,就可以认定二者存在刑法上的因果关系。就本案而言,被告人张润博在与被害人发生争执中击打被害人致其倒地,造成被害人重度颅脑损伤,就诊治疗两周后死亡。从在案证据来看,被害人在案发后的入院治疗过程正常,也不存在其他明显的介入因素(辩护人所提死因中的肺部感染等并发症,亦主要由颅脑损伤所致),所以,应当认定被告人的行为与被害人的死亡结果之间存在"引起与被引起"的关系。

综合全案来看,被告人虽然并不希望被害人死亡的结果发生,主观上缺乏致死的直接故意,但其明显具有实施击打行为对被害人造成轻微痛苦的意图。并且,其行为受制于愤怒情绪,具有攻击性且力度容易失控,所以,其应当承担避免对方因攻击行为而摔倒磕碰致死的注意义务。一旦危害结果发生,则依法要承担相应的刑事责任。这里的主要问题是,对被告人认定放任的故意犯罪还是疏忽大意的过失犯罪。我们认为,宜认定过失致人死亡罪,主要理由如下:

第一,故意犯罪的成立不仅要求有故意行为存在,行为人还要对行为的危害后果有认知或预见(结果加重犯则要对加重结果有所认知或预见),并且希望或者放任该结果发生。该主观故意往往通过客观行为体现出来。对此,可以结合案发起因、被告人与被害人的关系、打击工具、打击部位、打击力度、双方力量对比和介入因素等综合分析判断。从实践来看,故意伤害行为往往表现为行为人积极主动实施伤害行为,为追求伤害后果的发生,通常会持续或连续实施攻击行为(甚至不惜使用杀伤性工具),并且直接造成轻伤以上后果,行为表现出一定的严重伤害性。就本案而言,被告人确实是故意实施打击行为,但是对被害人死亡的危害后果是否预见并放任该后果发生呢?从事实和证据来看,本案属于典型的激情犯罪,双方均为年过五旬的人,无冤无仇,虽因琐事引发矛盾,但双方之间没有激烈的矛盾或利益冲突。在起因上,因缺乏监控录像无法确定两者谁违规行车,但可以确定的是被害人先停车骂人并动手,对被告人来说,事发突然,本身又患有肝脏血管瘤,在遭受对方推打时实施回击行为,实施行为时没有使用任何工具,且打中被害人一下,见被害人倒地后即停止侵害,行为较为克制,没有进一步伤害行为,这与一般的积极追求、连续攻击、直接造成危害后果的具有一定严重伤害性的故意伤害行为明显不同。目击证人均证实被告人走时并不慌张,归案后一直供称其对死亡后果"根本没有想到",连证人也以为被害人倒地不起"是装的"。所以,认定本案被告人对被害人死亡后果有明知或预见,进而认为被告人故意放任危害后果发生,过于勉强;认定其犯罪属于过失致人死亡,更符合实际。

第二,构成故意伤害(致人死亡)罪的行为,应当在客观上具有高度的致害危险性。从法理上讲,故意伤害致人死亡是故意伤害罪的结果加重犯。结果加重犯是刑法规定的一种特殊犯罪类型,一般以行为人对加重结果的发生"有客观的预见可能性"而"主观上却没有预见"作为构成要件。既然加重结果发生有着"客观的预见可能性",则意味着基本行为应当具有引发严重伤害甚至可能导致死亡结果发生的高度危险性。从立法上看,刑法对故意伤害致死行为规定了"有期徒刑十年以上、无期徒刑或者死刑"这样严厉的法定刑,其处罚的对象也理应是在客观上具有高度危险性的暴力行为,而不可能是轻微的暴力行为。就本案而言,被告人确实用拳头打到了被害人,也应有一定力度,但是没有证据显示直接打击部位有伤害后果。特别是被告人打击的是被害人脸睑部,此部位较为脆弱,从以往的案件来看,稍微严重的击打就可能造成骨折等伤害后果。但从本案的尸检鉴定来看,不仅此处没有任何受伤骨折的情况,连面部皮肤亦未发现损伤痕迹,由此可见,被告人实施的拳打行为,应不具有高度致害(即致人死亡)的危险性,有别于刑法上较为严重的"故意伤害(致人死亡)行为"。并且,尸检鉴定也显示死因系摔倒造成,而非被告人直接打击形成。打击是摔倒的主要原因,但也不能排除被害人饮酒影响身体平衡、情绪激动等方面的因素影响。

第三，对轻微暴力致人死亡行为以过失致人死亡罪定罪处罚，有助于贯彻罪刑相当原则。罪刑相当原则是刑法的基本原则，司法层面解释刑法时亦应当遵循。如前所述，刑法对故意伤害（致人死亡）行为配置了十年有期徒刑以上的重刑，在解释故意伤害（致人死亡）罪条款时应当坚持从严掌握，尽可能排除从主客观两方面衡量均属轻微，只是由于其他原因或介入其他因素才导致死亡结果发生的行为。所以，在认定轻微暴力致人死亡案件时，应当注意区分生活中的一般的殴打故意及行为与刑法上的伤害故意及行为。日常的攻击、打人行为基于罪刑相当原则和结果加重犯理论，在一般人看来具有高度致害危险性的，才可以认定故意伤害（致人死亡）罪；否则，宜认定过失致人死亡罪。就本案而言，被告人在受到对方攻击的情况下出拳击打被害人，打中被害人一下，被害人倒地后即停止侵害，其直接打击部位也未见任何伤害后果，故其行为仍应属于"日常的攻击"的范畴，不宜等同于刑法上的"故意伤害（致人死亡）行为"。

第四，对轻微暴力致人死亡行为以过失致人死亡罪定罪处罚，更符合公众的一般判断。运用刑法裁判案件要考虑社会公众的接受程度。对于介于罪与非罪、重罪与轻罪之间的行为，应当立足于社会一般认知心理作出合理判断。从实践来看，多数拳打脚踢等轻微殴打行为致人死亡的案件中，被告人的行为并未直接造成被害人轻伤以上的后果，而是多因被害人倒地磕碰或者原有病症发作等复杂原因导致死亡，类似于民间的"失手打死人"情形，将此认定过失致人死亡罪，更易为社会公众接受。就本案而言，被害人在起因上有一定责任，被告人在对方先辱骂、动手的情况下出手打中被害人一下，行为比较克制，到案后即交代犯罪事实并一直如实供述，认罪、悔罪态度好，双方就民事赔偿问题已达成协议，并取得被害人亲属的谅解，对此案以过失致人死亡罪认定，不仅能够做到罚当其罪，社会上也易于接受。

值得注意的是，轻微暴力致人死亡的案件较为复杂，除了类似本案的行为人意图对被害人造成轻微痛苦而实施攻击行为的情况外，还有行为人意图摆脱被害人控制或拉扯而实施的强力甩手、转身等防御行为造成他人倒地磕碰或引起原有病症发作死亡的情况。一般而言，后者的危险性较小，有的属于本能之举，亦可能不以犯罪论处，除非争执发生在马路边、行进的公共交通工具中等极易摔倒磕碰的场合或者对年老体弱者及幼童等特殊对象实施。此外，虽然是采用拳打脚踢掌推等徒手方式殴打被害人，但打击没有节制或者当时场所特殊而具有高度危险性的，如长时间殴打，或者在楼梯口、车辆穿行的马路边猛推、追赶被害人的，在一定情况下也可以认定行为人具有伤害故意。

（撰稿：最高人民法院刑二庭　于同志
审编：最高人民法院刑二庭　康　瑛）

[第1123号]马某某故意杀人案

——限制民事行为能力人、无民事行为能力人参加刑事附带民事诉讼的若干问题

【关键词】　故意杀人罪　限制刑事责任能力人的民事行为能力

一、基本案情

被告人暨附带民事诉讼被告人马某某，男，1942年5月30日出生。2013年9月13日被逮捕。

附带民事诉讼原告人翟某某,女,系被害人之妻。

附带民事诉讼原告人张某发,男,系被害人之子。

附带民事诉讼原告人张某琴,女,系被害人之长女。

附带民事诉讼原告人张某辉,女,系被害人之次女。

某检察院以被告人马某某犯故意杀人罪,向某法院提起公诉。在诉讼过程中,附带民事诉讼原告人翟某某等人向某法院提起附带民事诉讼,并在审理过程中,向法院申请追加马某某的监护人为附带民事诉讼的共同被告,法院未作答复。

附带民事诉讼原告人及其诉讼代理人提出:追究马某某的刑事责任;依法判令马某某赔偿死亡赔偿金、丧葬费、被抚养人生活费、精神赔偿金共计人民币 94.728 万元。

被告人马某某对指控的犯罪事实不持异议。其辩护人提出:马某某案发时为限制刑事责任能力,有自首情节且案发时已年满 71 周岁,案发后其亲属已赔偿被害方 3 万元。

某法院经审理查明:被告人马某某与被害人张某某系邻居,二人因建房等问题素有矛盾。案发前,马某某怀疑张某某砸其家的土房,遂在张某某家房东侧挖了一条沟。2013 年 8 月 29 日 16 时许,马某某在其家房屋西侧过道内与张某某因为此事发生口角,马某某用铁锹连续击打张某某头部,致张某某颅脑损伤死亡。经鉴定,马某某案发时为偏执性精神病,评定为限制刑事责任能力。案发后,马某某到公安机关投案。因马某某的行为给附带民事诉讼原告人造成物质损失丧葬费等共计人民币 21 266 元,案发后被告人马某某的亲属已赔偿被害方人民币 30 000 元。

某法院认为,被告人马某某因建房等问题与被害人发生纠纷并争吵,后持铁锹连续击打被害人头部,致被害人死亡,其行为已构成故意杀人罪,且犯罪后果特别严重,公诉机关指控的罪名成立。马某某患有偏执型精神病,案发时为限制刑事责任能力;案发后主动到公安机关投案,至庭审时能如实供述主要犯罪事实,构成自首,可对其从轻处罚。附带民事诉讼原告人及其诉讼代理人提出,依法判令马某某赔偿附带民事诉讼原告人因被害人死亡导致的死亡赔偿金 41 万元、丧葬费 3 万元、被扶养人生活费 107 280 元、精神赔偿金 40 万元。经查,因马某某对其犯罪行为给被害方造成的物质损失应予赔偿。附带民事诉讼原告人所提死亡赔偿金、精神赔偿金不属于刑事附带民事诉讼的赔偿范围,不予支持;所提翟某某的扶养费,因被害人案发时已年满 60 周岁,且没有证据证明其还有劳动能力和收入足以扶养他人,其妻子的扶养责任应由其子女承担,故所提该项费用不予支持。所提丧葬费,应按照本地上一年度职工月平均工资标准以六个月总额计算,计人民币 21 266 元,予以支持。案发后,马某亲属通过村委会赔偿被害人亲属丧葬费共计人民币 30 000 元,予以确认。据此,依照《中华人民共和国刑法》第二百三十二条、第五十六条第一款、第十八条第三款、第六十七条第一款、第三十六条第一款及《中华人民共和国民法通则》第一百一十九条的规定,判决如下:

1. 被告人马某某犯故意杀人罪,判处有期徒刑十五年,剥夺政治权利五年;

2. 被告人马某某赔偿附带民事诉讼原告人因被害人死亡产生的丧葬费人民币 21 266 元(已付清)。

一审宣判后,附带民事诉讼原告人翟某某等人不服,以原审法院诉讼程序违法,适用法律错误,判赔项目、数额不正确为由,提出上诉。

某高级人民法院经审理认为,原审法院在刑事附带民事诉讼中违反了法律规定的诉讼程序。依照《中华人民共和国刑事诉讼法》第二百二十七条第三项、第二百三十三条之规定,裁定将本案附带民事部分发回一审法院重新审判。

二、主要问题

1. 限制民事行为能力人、无民事行为能力人能否独立参加刑事附带民事诉讼?

2. 限制民事行为能力人、无民事行为能力人在刑事附带民事诉讼中能否承担民事责任?

三、裁判理由

(一)限制民事行为能力人、无民事行为能力人不能独立地以附带民事被告身份参加附带民事诉讼,应由其监护人作为法定代理人代为诉讼

关于限制民事行为能力人、无民事行为能力人参加刑事附带民事诉讼的问题,刑事诉讼法没有明确的规定。按照《最高人民法院关于适用〈中华人民共和国刑事诉讼法〉的解释》第一百六十三条的规定,应当适用民法通则、民事诉讼法的有关规定。

按照民法学的理论,公民的民事行为能力与其诉讼行为能力有着密切的联系,但在分类上,二者又不完全一致。公民的民事行为能力采用三分法:完全民事行为能力(年满18周岁或者年满16周岁不满18周岁,但是以自己的劳动收入为主要生活来源的)、限制民事行为能力(10周岁至18或16周岁,以及不能完全辨认自己行为的精神病人)和无民事行为能力(不满10周岁,以及不能辨认自己行为的精神病人)。而公民的诉讼行为能力则采用两分法:有诉讼行为能力和无诉讼行为能力。在民事诉讼中,只有具有完全民事行为能力的公民才具有诉讼行为能力,无民事行为能力和限制民事行为能力的公民都没有诉讼行为能力。

无民事行为能力人,属于不负刑事责任的人,依法不能成为刑事诉讼中的被告人,但其仍然能够介入到刑事诉讼中成为附带民事诉讼被告人,这主要是指符合《最高人民法院关于适用〈中华人民共和国刑事诉讼法〉的解释》第一百四十三条第一款第一项情形,即未被追究刑事责任的其他共同侵害人,包括该共同侵害人系不负刑事责任的未成年人、无刑事责任能力的精神病人。需要说明的是,这两类人如果单独实施"犯罪"行为,因其不能成为刑事被告人,因而不能对其提起附带民事诉讼诉讼人,对其侵权行为造成的损失只能单独提起民事诉讼。限制民事行为能力人在以下两种情况下可以成为刑事被告人并同时可以成为附带民事诉讼被告人:一是已满十四周岁不满十六周岁的人犯刑法第十七条列举的故意杀人、故意伤害致人重伤或者死亡、强奸、抢劫、贩卖毒品、放火、爆炸、投毒罪的;二是已满十六周岁不满十八周岁的人犯罪以及刑法第十八条第三款规定的"尚未完全丧失辨认或者控制自己行为能力的精神病人犯罪的"。

限制民事行为能力人、无民事行为能力人介入到刑事诉讼中成为附带民事诉讼被告人时,如何参与诉讼?《中华人民共和国民事诉讼法》第五十七条规定:"无诉讼行为能力人由他的监护人作为法定代理人代为诉讼。法定代理人之间互相推诿代理责任的,由人民法院指定其中一人代为诉讼。"《最高人民法院关于适用〈中华人民共和国民事诉讼法〉的解释》第八十三条规定,在诉讼中,无民事行为能力人、限制民事行为能力人的监护人是他的法定代理人。事先没有确定监护人的,可以由有监护资格的人协商确定;协商不成的,由人民法院在他们之间指定诉讼中的法定代理人。因此,在附带民事诉讼中,应由限制民事行为能力人、无民事行为能力人的监护人为其法定代理人代为诉讼,否则,其所为的诉讼行为或者针对其所为的诉讼行为都是无效诉讼行为。

本案中,附带民事诉讼被告人马某是否是限制民事行为能力人呢?按照《中华人民共和国民法通则》的相关规定,不能完全辨认自己行为的精神病人是限制民事行为能力人。被告人是不是不能完全辨认自己行为的精神病人需要进行司法鉴定。对精神病人的司法鉴定,根据鉴定目的,鉴定机构可进行有无刑事责任能力的鉴定和有无民事行为能力的鉴定。要判断精神病人的民事行为能力,当然是进行有无民事行为能力的司法鉴定较为合适。但是,在刑事附带民事诉讼案件的审判实践中,对被告人所作的精神疾病鉴定往往是基于审理刑事部分的需要,鉴定通常只针对

被告人是否具有刑事责任能力的问题，而不涉及对民事行为能力的鉴定。因此，多数情况下，刑事附带民事诉讼案件中公安机关只是委托鉴定机构进行刑事责任能力鉴定，而不做民事行为能力鉴定，本案亦是如此。在此情况下，如何认定患有精神疾病的被告人的民事行为能力？我们认为，本案中虽然只对被告人进行了是否具有刑事责任能力的鉴定，认定被告人为限制刑事责任能力，但是在鉴定的过程中对被告人患有精神疾病这一事实，已经在医学上进行了肯定的判断，在确定被告人是精神病人的基础上，结合本案其他关于被告人平时表现的证据，可以认定其为限制民事行为能力人，作出这样的判断是符合逻辑和法律规定的。

综上，本案被告人暨附带民事诉讼被告人马某某系限制民事行为能力人，没有民事诉讼行为能力，应由其监护人作为法定代理人代为参加附带民事诉讼，以更好地维护当事人的合法权益。

（二）限制民事行为能力人、无民事行为能力人在刑事附带民事诉讼中属于无民事责任能力人，应由其监护人承担民事责任

当刑事附带民事诉讼中的被告人为限制民事行为能力人、无民事行为能力人时，谁来承担民事赔偿责任？《中华人民共和国民法通则》第一百三十三条的规定："无民事行为能力人、限制民事行为能力人造成他人损害的，由监护人承担民事责任。监护人尽了监护责任的，可以适当减轻他的民事责任。有财产的无民事行为能力人、限制民事行为能力人造成他人损害的，从本人财产中支付赔偿费用。不足部分，由监护人适当赔偿，但单位担任监护人的除外。"《中华人民共和国侵权责任法》第三十二条也明确规定："无民事行为能力人、限制民事行为能力人造成他人损害的，由监护人承担侵权责任。监护人尽到监护责任的，可以减轻其侵权责任。有财产的无民事行为能力人、限制民事行为能力人造成他人损害的，从本人财产中支付赔偿费用。不足部分，由监护人赔偿。"在刑事案件中，侵权行为就是犯罪行为，侵权责任与刑事责任以外的附带民事赔偿责任竞合。因此，根据我国民法的相关规定，如果限制民事行为能力人、无民事行为能力人参与刑事附带民事诉讼，其监护人依法应当对其犯罪行为造成的损害承担民事赔偿责任，其监护人才是附带民事诉讼中依法负有赔偿责任的人，理应被列为附带民事诉讼的被告人。否则，针对刑事被告人所为的附带民事诉讼行为是无效诉讼行为。本案被告人马某某为限制民事行为能力人，其监护人应对马某某的犯罪行为给他人造成的损害承担民事赔偿责任。当然，根据前述民法的相关规定，马某某本人如果有财产的，赔偿费用应首先从其本人财产中支付，不足部分，由其监护人承担。

综上，一审法院在附带民事诉讼中没有为马某某确定法定代理人，对附带民事诉讼原告人申请追加被告人的监护人为共同被告人的请求不予支持不当，未将限制民事行为能力被告人的监护人列为共同被告，违反了法定诉讼程序。为严格遵守诉讼程序，保障双方当事人的合法权益，二审法院裁定原审法院在刑事附带民事诉讼中程序违法，将附带民事部分发回一审法院重新审判是适当的。

（撰稿：河北省高级人民法院　魏保国
审编：最高人民法院刑四庭　陆建红）

[第1124号]吴某某、郑某某故意杀人案

——被告人因本人及家人长期遭受被害人家庭暴力而不堪忍受，在被害人再次实施家庭暴力时杀害被害人，能否认定为故意杀人罪情节较轻的情形

【关键词】 故意杀人罪 被害人过错 情节较轻

一、基本案情

被告人吴某某，男，1989年4月22日生。2013年6月24日因涉嫌犯故意杀人罪被逮捕。

被告人郑某某，女，1972年8月24日生。2013年6月24日因涉嫌犯故意杀人罪被逮捕。

江苏省淮安市人民检察院以吴某某、郑某某犯故意杀人罪，向淮安市中级人民法院提起公诉。

淮安市中级人民法院经公开审理查明：被害人吴某军（男，殁年44岁）与被告人吴某某、郑某某分别系父子、夫妻关系。吴某军婚后经常酗酒闹事、欺负村邻，其父母、兄弟、妻儿均曾遭其辱骂或者殴打致伤。郑某某右眼被吴某军脚踢失明。吴某军之女吴某因不堪忍受虐打曾割腕自杀，后离家外出。2011年1月一天晚上，吴某军在江苏省淮安市淮阴区渔沟镇朱湖村（现韩圩村）家中酒后闹事，无故用农具砸打吴某某头部，致吴某某额部受伤出血。吴某某负气离家外出，后被郑某某劝回。吴某军见郑某某母子二人回家后，找茬儿辱骂、殴打郑某某。吴某某心生气愤，尾随吴某军至屋外将其推倒，并与吴某军厮打。因吴某军在厮打过程中声称报复，吴某某拾起地上一根废弃电线缠绕吴某军颈部进行勒拽，郑某某在拉拽吴某某时发现该情形，想到已不堪忍受吴某军打骂，便帮助吴某某一起勒拽电线，致吴某军机械性窒息当场死亡。当晚，郑某某、吴某某将吴某军的尸体埋藏于自家主屋东北角的小棚内。2013年5月23日，吴某某在浙江省湖州市南浔镇被公安机关抓获归案。次日，郑某某到公安机关投案，如实供述了犯罪事实。吴某军的近亲属均对吴某某、郑某某的犯罪行为表示谅解。

淮安市中级人民法院认为，被告人吴某某、郑某某共同以暴力手段非法剥夺他人生命，其行为均已构成故意杀人罪。二被告人系因不堪忍受被害人吴某军的暴戾，出于激愤实施犯罪行为，可以认定为故意杀人罪情节较轻的情形。吴某某首先产生犯意并实施杀人行为，在共同犯罪中起主要作用，系主犯。郑某某在共同犯罪中起次要作用，系从犯，依法予以从轻处罚。郑某某在案发后主动到公安机关投案，如实供述犯罪事实，系自首，依法予以从轻处罚。吴某某在得知郑某某归案后如实供述犯罪事实，依法予以从轻处罚。吴某军长期虐待、打骂家人，其行为违背公序良俗，严重破坏家庭关系，在案发起因上存在重大过错；吴某某、郑某某素无劣迹，是家庭暴力的受害者，因心中积怨爆发失去理智而实施杀人行为，其犯罪行为得到被害人近亲属的谅解及居住地群众的同情，对二被告人从轻处罚符合法律规定及宽严相济刑事政策。吴某某、郑某某犯罪情节较轻，社会危害性相对较小，依法对二被告人在三年以上十年以下有期徒刑的量刑幅度内处罚。根据郑某某的犯罪情节和悔罪表现，对其宣告缓刑不致再危害社会。据此，依照《中华人民共和国刑法》第二百三十二条，第二十五条第一款，第二十六条第一款、第四款，第二十七条，第六十七条第一款、第三款，第七十二条第一款之规定，淮安市中级人民法院以故意杀人罪，分别判处被告人吴某某有期徒刑七年；判处被告人郑某某有期徒刑三年，缓刑四年。

一审宣判后，被告人吴某某、郑某某均未提出上诉，检察机关亦未抗诉，该判决已发生法律

效力。

二、主要问题

被告人因本人及家人长期遭受被害人家庭暴力而不堪忍受，在被害人再次实施家庭暴力时杀害被害人，能否认定为故意杀人罪情节较轻的情形？

三、裁判理由

刑法第二百三十二条对故意杀人罪的规定，设定了两个法定刑幅度，其中情节较轻的，处三年以上十年以下有期徒刑。本案中，被告人郑某某因长期受被害人虐待，在其子被告人吴某某故意杀害被害人过程中提供帮助，共同致被害人死亡，结合该案情况，可以认定郑某某的行为属于故意杀人罪情节较轻的情形。但对吴某某的行为能否认定为故意杀人罪情节较轻的情形，存在两种意见：一种意见认为，吴某某在遭到其父吴某军殴打，其母郑某某亦受吴某军辱骂和殴打后，将吴某军推倒，在吴某军扬言报复时，吴某某拾起地上的废弃电线勒拽吴某军颈部，在郑某某帮助下杀害吴某某，属于故意杀人罪情节较轻的情形。另一种意见认为，吴某某本人受虐并不严重，其是以卑犯上，杀害尊亲属，最先产生犯意，在共同犯罪中起主要作用，杀人后掩埋尸体，因此，对吴某某的行为不应认定为故意杀人罪情节较轻的情形。

我们同意前一种意见，即被告人因本人及家人长期遭受被害人家庭暴力而不堪忍受，在被害人再次实施家庭暴力时杀害被害人，可以认定为故意杀人罪情节较轻的情形。具体分析如下：

故意杀人罪中的“情节较轻”，需由法官结合个案情况具体裁量。从以往的案例来看，对于激情杀人或者义愤杀人等情形，能否认定为“情节较轻”，通常要考虑以下几个因素：一是被告人的主观恶性，包括被害人在案发起因上是否有重大过错、被告人犯罪动机是否卑劣等；二是杀人手段属于一般还是残忍，如以特别残忍手段杀人，则通常不宜认定为情节较轻；三是犯罪后果是否严重，如导致二人以上死亡的严重后果，通常不能认定为情节较轻；四是被害方及社会公众特别是当地群众对被告人行为作出的社会评价。例如，被告人姚国英故意杀人案，被害人徐树生与姚国英系夫妻关系，婚后多年中，姚国英频繁受到徐树生严重虐待。在徐树生再次打骂姚国英后，姚国英趁徐树生熟睡将其杀害，后姚国英自首。法院认为，被告人姚国英杀人故意系因不堪忍受徐树生的长期虐待和家庭暴力而引发，综合考虑上述几个方面的因素，认定姚国英的行为属于故意杀人罪中情节较轻的情形，据此判处姚国英有期徒刑三年，并适用缓刑。①

就本案而言，被告人吴某某及其母郑某某、其妹吴某，均长期遭到其父吴某军虐待，郑某某一只眼睛被吴某军殴打失明，吴某因不堪忍受吴某军虐待曾割腕自杀，后离家外出，吴某军的其他家人亦曾遭到吴某军打骂，案发当日，吴某军又对二被告人打骂施虐。因此，从案发起因来看，被害人吴某军存在严重过错，二被告人并无过错。从吴某某的犯罪行为来看，可以认定其系因不堪忍受吴某军长期家庭暴力以及再次施暴报复的现实威胁，激愤之下而杀害吴某军，既无卑劣的犯罪动机，犯罪情节也无特别恶劣之处。吴某某随手从地上捡起废弃的电线勒死吴某军，犯罪手段一般，犯罪后果也不属于特别严重。当地村民对二被告人均持同情态度，对吴某军的施虐言行均表示谴责，要求对二被告人从宽处罚，吴某军的父母兄弟也均对二被告人表示谅解。综合考量以上因素，对吴某某和郑某某的故意杀人犯罪行为均可认定为情节较轻。

关于本案处理，需要注意以下两点：第一，对此类案件，并非被告人本人受到严重虐待才可认

---

① 该案具体情形，参见金玉棠、汪琳：《姚国英故意杀人案——因长期遭受虐待和家庭暴力而杀夫能否认定为故意杀人罪中的“情节较轻”？对此类故意杀人犯能否适用缓刑》，载最高人民法院刑事审判一至五庭主办：《刑事审判参考》（总第76集），法律出版社2011年版，第30页。

定为情节较轻。吴某某本人受到吴某军虐待，其母、其妹受到的虐待更为严重，吴某军的行为甚至已经达到犯罪的程度。吴某某及郑某某、吴某均系家庭成员，在共同受到虐待时有目共睹，作为子女，吴某某对母亲受虐无法视而不见，因此，不能认为只有家庭暴力中受虐最严重的人实施故意杀人行为才能认定为情节较轻，否则，刑事司法就可能会脱离社会普遍认知和评价标准。第二，对于涉及严重家庭暴力的故意杀人案件，卑亲属杀害尊亲属并不是认定情节较轻的障碍。本案中，吴某某系因其及家人长期遭受其父吴某军家庭暴力，在激情或义愤之下加以反抗而实施故意杀人行为，其行为本身就具有一定的防卫性质，依法应予从宽处罚。如果囿于被告人与被害人的身份尊卑关系而不顾案件本身的事实、情节，就将陷入以伦理道德替代法治的误区，这既在理念上违背了现代法治精神，在实践中也不利于贯彻宽严相济刑事政策。

（撰稿：江苏省高级人民法院　陈亚鸣
江苏省淮安市中级人民法院　欧海鸥
审编：最高人民法院刑三庭　罗国良）

［第1125号］李虎、李善东等故意伤害案

——故意隐瞒自己参与共同犯罪的事实而以“证人”身份按照司法机关安排指认同案犯的行为是否构成立功

【关键词】 故意伤害罪　隐瞒身份　指认同案犯　立功的条件

一、基本案情

被告人李虎，男，1982年12月29日出生。2014年9月26日因涉嫌犯故意伤害罪被逮捕。

被告人李善东，男，1985年7月10日出生。2014年9月26日因涉嫌犯故意伤害罪被逮捕。

被告人吴贵德，男，1977年1月10日出生。2015年4月10日因涉嫌犯故意伤害罪被逮捕。

被告人姜庭、杨华军、黄民赛（基本身份情况略），均于2014年9月26日因涉嫌犯故意伤害罪被逮捕。

浙江省宁波市人民检察院指控被告人李虎、李善东、吴贵德、姜庭、杨华军、黄民赛犯故意伤害罪，向宁波市中级人民法院提起公诉。

被告人李虎的辩护人提出李虎有协助公安机关抓获同案犯的立功表现等法定从轻处罚情节。

宁波市中级人民法院经审理查明：2014年8月22日凌晨1时许，被告人李虎、李善东、吴贵德、姜庭、杨华军、黄民赛在浙江省宁波市镇海区骆驼街道山外山酒店对面用餐后，李善东、姜庭、杨华军、黄民赛沿骆驼街道兴业路步行返回住处。李虎和吴贵德在山外山酒店门口因故同醉酒的被害人方裕（殁年44岁）发生争执。后李虎、吴贵德上车沿兴业路行驶至骆驼街道宜家商务宾馆门口遇见李善东等人。吴贵德停车后，李虎唆使李善东、姜庭、杨华军、黄民赛去教训方裕。该六人返回至兴业路180号东辉羽毛球馆门口附近时，吴贵德发现方裕即向李善东等人指认。李善东、姜庭、黄民赛、杨华军遂上前对方裕拳打脚踢。其间，李善东捡起路边的砖头猛击方裕头部致其重度颅脑损伤死亡。

另查明，公安机关于同日8时许抓获被告人姜庭、杨华军、黄民赛，根据调取的视频监控录像，初步确定共同殴打被害人方裕的有四人（另一人即被告人李善东），而案发前被告人李虎与李

善东等人一起就餐，遂将李虎作为知情人员传唤至公安机关询问，李虎未供述指使他人殴打被害人的犯罪事实，但提供了李善东在曙光丽亭酒店附近的饭店工作的信息，后公安机关因证据不足让李虎离开公安机关。同日，公安机关通过调查发现曙光丽亭酒店附近粒粒香饭店内的一名厨师的体貌特征与监控视频中的一名嫌疑人相似，遂秘密对该饭店进行布控，并将李虎带至该饭店进行指认。李虎确认该嫌疑人即是李善东，公安机关将李抓获归案。经审讯，李善东供述了受李虎指使殴打被害人的犯罪事实，公安机关遂于同日13时许将李虎抓获归案。

宁波市中级人民法院认为，被告人李虎、李善东、吴贵德、姜庭、杨华军、黄民赛的行为均已构成故意伤害罪。公安机关经侦查发现李善东有犯罪嫌疑，并在李善东工作单位将其控制。在此情况下，将李虎带至该饭店对李善东进行指认，李虎只是指认以确定同案犯李善东的身份，不属于协助公安机关抓获同案犯。故李虎的行为不构成立功。在共同犯罪中，李善东、李虎起主要作用，系主犯；吴贵德、姜庭、杨华军、黄民赛起次要作用，系从犯。李善东、李虎能如实供述犯罪事实，并有一定的赔偿表现，均予以从轻处罚。吴贵德系从犯，予以减轻处罚。姜庭、杨华军、黄民赛系从犯，并能如实供述犯罪事实，有一定的赔偿表现，均予以减轻处罚。依照《中华人民共和国刑法》第二百三十四条，第二十五条第一款，第二十六条第一款、第四款，第二十七条，第六十七条第三款，第四十八条第一款，第五十七条第一款，第五十五条第一款，第五十六条第一款，《最高人民法院关于对故意伤害、盗窃等严重破坏社会秩序的犯罪分子能否附加剥夺政治权利问题的批复》之规定，以故意伤害罪分别判处被告人李善东死刑，缓期二年执行，剥夺政治权利终身；判处被告人李虎有期徒刑十三年，剥夺政治权利三年；判处被告人吴贵德有期徒刑九年；判处被告人姜庭、杨华军、黄民赛各有期徒刑五年。

宣判后，被告人李虎、李善东、吴贵德均不服，分别提出上诉。其中，李虎提出其具有立功表现等上诉理由。

浙江省高级人民法院经审理认为，上诉人李虎、李善东、吴贵德及原审被告人姜庭、杨华军、黄民赛故意伤害致人死亡的事实清楚，证据确实、充分，其行为均已构成故意伤害罪。关于李虎所提构成立功的上诉理由，经查，李虎在接受公安机关询问时故意隐瞒其指使他人殴打被害人的事实，公安机关亦未掌握其犯罪事实，故李虎协助司法机关指认同案犯的行为系作为证人身份所为，彼时其尚未归案，因而不构成立功。二审期间，李虎、吴贵德家属分别代为赔偿被害人家属经济损失人民币五万元、二万元，获得被害人亲属的谅解，可在原判基础上再予从宽处罚。据此，以故意伤害罪改判李虎有期徒刑十年，剥夺政治权利一年；吴贵德有期徒刑七年。

二、主要问题

故意隐瞒自己参与共同犯罪的事实，按照司法机关安排以“证人”身份指认同案犯的行为是否构成立功？

三、裁判理由

（一）如何理解把握“协助司法机关抓捕其他犯罪嫌疑人”

刑法第六十八条规定了立功制度，但条文规定比较原则，在司法实践中出现了适用标准不统一等问题。为此，最高人民法院陆续颁布了多个司法解释或规范性文件予以规范指导。其中，《最高人民法院关于处理自首和立功具体应用法律若干问题的解释》（以下简称《解释》）第五条将“协助司法机关抓捕其他犯罪嫌疑人（包括同案犯）”作为立功表现的一种类型加以规定，2010年出台的《最高人民法院关于处理自首和立功若干具体问题的意见》（以下简称《意见》）进一步明确协助抓捕其他犯罪嫌疑人主要包括：(1)按照司法机关的安排，以打电话、发信息等方式将其他犯罪嫌疑人（包括同案犯）约至指定地点；(2)按照司法机关的安排，当场指认、辨认其他犯罪嫌疑人（包括同案犯）；（3）带领侦查人员抓获其他犯罪嫌疑人（包括同案犯）；（4）提供司法机关尚未掌握的其他案件犯罪嫌疑人的联络方式、藏匿地址的，等等。《解释》和《意见》的出台，为司法机关准确认定“协助司法机关抓捕其他犯罪嫌疑人”型立功起到了重要指导作用。我们认为，鉴于立功情节作为法定从宽处罚情节的重要性，而实践中协助抓捕的情形又千差万别，因此，对《意见》所列部分协助行为，不能仅作形式上或类型性的把握，还要同时从实质上予以“量”的把握。换言之，虽然协助行为对司法机关抓捕其他犯罪嫌疑人的确起到了一定作用，但不具有决定作用，而是可有可无，那么，就不宜不加区分，简单援引《意见》的规定一律认定构成立功。例如，公安机关实际上已经控制犯罪嫌疑人，但为防止错误抓捕，遂安排行为人进行指认以进一步核实确定嫌疑人身份的，不能说行为人的指认不起任何作用，但不宜认定其构成立功。

本案中，公安机关经侦查发现被告人李善东涉嫌犯罪，但不了解李善东的具体身份情况。公安机关根据李虎提供的李善东工作单位等信息，进一步调查发现该单位一名厨师的体貌特征与监控视频中的一名嫌疑人相似，于是秘密对该饭店进行布控。但是公安机关尚未确认该厨师就是李善东，也没有控制李善东。在这种情况下，李虎按照公安机关安排，到该饭店进行指认。经李虎指认，公安机关始确认李善东身份并将其抓获。应该说，李虎所实施的一系列协助行为，对公安机关顺利抓捕李善东具有一定实质作用，属于《意见》所列立功行为类型。

（二）如何理解把握构成立功所要求的“到案后”

刑法第六十八条并未对构成立功时间条件进行限定，根据《解释》第五条的规定，“犯罪分子到案后有检举、揭发他人犯罪行为……应当认定为有立功表现”，由此可见，司法解释采取了限制解释的立场，只有“到案后”才可能构成立功。本案中，在认定被告人李虎指认同案犯的行为属于“协助抓捕其他犯罪嫌疑人”的前提下，对该行为是否能够认定为发生在“到案后”有较大分歧：

一种意见认为，被告人李虎在接受公安机关第一次询问时，已经在司法机关的控制之下，此时李虎已经归案，其后协助司法机关抓捕同案犯的行为应当认定为立功。

另一种意见认为，被告人李虎协助司法机关抓捕同案犯时，司法机关尚未掌握其涉案，李虎有完全的人身自由。故李虎协助司法机关抓捕同案犯的行为并非在“到案后”实施，其行为不构成立功。

我们同意第二种意见，即被告人李虎实施的协助抓捕行为并非发生在到案后，不符合构成立功的时间条件，具体理由如下：

立功制度蕴含的功利主义价值取向更为突出，其基本出发点就在于，通过对立功的犯罪分子在量刑时从宽处罚，鼓励犯罪分子检举、揭发他人犯罪，协助司法机关侦破案件，抓获其他犯罪嫌疑人，或者做出其他对社会有贡献的行为。换言之，立功是一种“将功赎罪”的刑罚奖励制度。为了克服追求功利主义可能带来的负面影响，对可构成立功的领域范围（主要限于与查缉犯罪相关）及时间条件予以限制，以体现公正价值，确有必要性。特别是从司法实践来看，因《解释》将“其他有利于国家和社会的突出表现”也视为立功，如果不将立功限定为“到案后”，则立功的范围漫无边际、认定上流于随意，将给犯罪分子逃避法律制裁以可乘之机，有损法律的权威和公正。“到案后”一般情况下，意味着犯罪分子的人身自由已受到一定程度的控制，犯罪分子将功赎罪的主观愿望才明晰化，也能防止立功制度的滥用。因此，《解释》将立功的起始时间明确为“到案后”，是科学的。“到案后”一般应理解为犯罪分子在被有关机关或个人控制之下或者其自愿置于有关机关或个人的控制之下。当然，对“到案后”也不能机械地理解为司法机关为办案之目的而控制犯罪分子之后，还可以包括其他有关机关、单位等发现犯罪分子有违法犯罪嫌疑而接触、控制犯罪分子之后。实践中，犯罪分子主动到有关机关投案交代自己的罪行并揭发他人犯罪，只是由于种种原因公安司法机关对其犯罪行为未予及时立案的,也不影响对其立功情节的认定。①《解释》所规定的"到案后"虽然主要是限定立功成立的时间要件,但从一定程度上,也可体现犯罪分子"将功赎罪"的主观意愿。对实践中存在的犯罪分子虽尚未置于有关机关控制之下(即现实到案),但有证据证实其确已准备投案或者在投案途中,其实施协助抓捕同案犯、向司法机关提供侦破其他案件的线索等符合立功客观要件行为的,对其应当认定为立功。例如,被告人伙同同案犯实施抢劫后潜逃,得知被通缉后,向公安机关打电话表示准备投案,同时应公安机关要求,与同案犯进行联系并会面,配合公安机关抓获同案犯的,对被告人上述协助抓捕行为可以解释为是"到案后"所实施。

本案中,被告人李虎在第一次接受询问时,公安机关虽然有条件对李虎进行约束、控制,但因未发现其有犯罪嫌疑而在客观上没有对李虎采取强制措施,而是让其自行离开,李虎故意隐瞒涉案事实,也没有任何投案的意愿。因此,李虎在接受公安机关第一次询问时,不属于"到案"。李虎故意隐瞒自己指使李善东等人殴打被害人的犯罪事实,有逃避法律追究的意图;其后以"证人"身份协助司法机关对同案犯李善东进行指认,也未体现任何"将功赎罪"的意愿。因此,严格来讲,即使被告人李虎指认同案犯的行为对司法机关抓捕同案犯起到一定协助作用,也不能认定是发生在"到案后"。法院对其协助抓捕行为不认定为立功,是正确的。

需要指出的是,还有一种意见认为,被告人李虎的行为可以构成重大立功,其理由是:《解释》第五条对立功的认定有"到案后"的明确规定,而《解释》第七条对重大立功没有规定"到案后",按照罪刑法定原则,构成重大立功不需要"到案后"。因此,李虎协助抓捕的同案犯李善东依法被判处死刑,缓期二年执行,其协助抓捕行为虽发生在到案前,但仍然构成重大立功。

我们认为,被告人李虎的行为不构成立功,更不构成重大立功。理由是:从逻辑上分析,立功与重大立功的区别主要在于所起作用的大小不同,但在构成立功的最低条件要求上,二者不存在也不应有区别。从法律效果方面分析,构成重大立功对犯罪分子从宽处罚的力度更大,那么对重大立功的限制条件亦应当更加严格,才符合逻辑和常理。在《解释》第五条已经规定了犯罪分子"到案后"才能构成立功的情况下,举轻以明重,《解释》第七条的规定虽无"到案后"的表述,但只有理解为同样要求"到案后"方为符合体系解释原则的妥当结论。

(撰稿:浙江省高级人民法院　侯天柱
审编:最高人民法院刑一庭　杜国强)

[第1126号]李英俊故意伤害案

——在自家院内搜寻藏匿的不法侵害人时发生打斗,致人死亡的,构成正当防卫

【关键词】　故意伤害罪　正当防卫　无过当防卫　正在行凶　自行扭送

一、基本案情

被告人李英俊,男,1966年10月20日出生。2011年9月30日因涉嫌犯故意伤害罪被逮捕。

① 赵俊甫:《张俊兰受贿案——投案后、立案前协助公安机关抓获其他犯罪嫌疑人的,可以认定为立功》,载张军、黄尔梅主编:《最高人民法院自首、立功司法解释案例指导与理解适用》,法律出版社2012年版。

辽宁省抚顺市人民检察院以被告人李英俊犯故意伤害罪,向抚顺市中级人民法院提起公诉。

被告人李英俊辩称其系为了保护家人的安全才持铁管打了被害人,没有伤害被害人的故意。

抚顺市中级人民法院经公开审理查明:被告人李英俊系辽宁省抚顺市顺城区会元乡马金村村民。2011年8月26日4时许,李英俊夫妇在家中睡觉时被院内狗叫声吵醒,其妻刘占元走到院门口,看见刘振强(被害人,男,殁年42岁)持尖刀刺其院门,并声称要"劫道"。李英俊随后赶来,见状立即回院内取来一根铁管,并打电话通知村治保主任刘首钢等人前来帮忙。刘振强又来到李英俊家厨房外,用尖刀割开厨房纱窗,被刘占元发现后躲进院内玉米地。李英俊持铁管进玉米地寻找刘振强,在玉米地里与持尖刀的刘振强相遇,二人发生打斗。李英俊持铁管击打刘振强头部,致其倒地。后刘振强被送往医院救治,因颅脑损伤于次日死亡。

抚顺市中级人民法院认为,被害人刘振强在凌晨4时许持刀砍击被告人李英俊家大门并声称要"劫道",后又闯入李家带有围墙的后院,划开厨房纱窗,其行为已经严重危害李家人的人身和财产安全。李英俊为保护自己及家人的安全持铁管击打刘振强,致其死亡,该行为符合无过当防卫的条件,构成正当防卫。公诉机关指控李英俊犯故意伤害罪的罪名不能成立。据此,依照《中华人民共和国刑法》第二十条第三款之规定,判决如下:被告人李英俊无罪。

一审宣判后,抚顺市人民检察院提出抗诉。其抗诉意见是:(1)被害人躲进玉米地后,不法侵害的现实威胁已消失,不存在实施防卫的紧迫性,被告人李英俊的行为不具有防卫性质。(2)李英俊系故意伤害未对其与家人实施任何不法侵害的被害人,不具备正当防卫的前提条件。(3)李英俊主观上具有主动加害意图,不具有防卫目的。

二审中,辽宁省人民检察院提出如下意见:(1)本案不属于无过当防卫。被害人刘振强在凌晨到被告人李英俊家用刀劈刺大门,并闯入李家后院划开纱窗,其行为已严重危及李英俊及其家人的人身安全。数名村民闻讯赶到李家后,能够控制现场局势,且刘振强已躲进李家玉米地,严重危及人身安全的危险及防卫的紧迫性均已消失,因而不构成无过当防卫。(2)本案属一般的正当防卫,但防卫明显过当。刘振强持刀劈刺李家院门并进入李家院内后,不法侵害已经开始,刘振强躲进院内玉米地后,李英俊持铁管进入玉米地搜索时,对可能发生的致人伤亡的后果持希望或放任态度,二人相遇后李英俊持铁管击打刘振强头部,致刘振强死亡,防卫明显超过必要限度,但应当减轻或免除处罚。

被告人李英俊及其辩护人提出,其为了保护家人的安全持铁管击打被害人,没有伤害故意,其行为构成正当防卫。

辽宁省高级人民法院经公开审理认为,被告人李英俊对正在进行的行凶暴力犯罪采取防卫行为,造成不法侵害人死亡,不属于防卫过当,不负刑事责任。李英俊持铁管进玉米地寻找被害人刘振强时,虽然在场人员已经报警,但现场局势并未得到控制,持刀藏匿在李家封闭院落内的刘振强依然对李家人构成现实威胁,且其后续行为足以证实其并未放弃实施不法侵害。李英俊持械进入玉米地寻找刘振强,属于公民依法行使保护自身权利的行为,不能据此认定李英俊有加害故意。刘振强藏匿在李家封闭院落内的玉米地里,并持尖刀刺扎李英俊,故其行为属于正在进行的严重危及人身安全的行凶暴力犯罪,李英俊的防卫行为应适用刑法关于无过当防卫的规定,构成正当防卫。据此,依照《中华人民共和国刑事诉讼法》第二百二十五条第一款第一项之规定,裁定驳回抗诉,维持原判。

二、主要问题

不法侵害人持刀闯进院内并躲进玉米地后,被告人搜寻不法侵害人时发生打斗,造成不法侵害人死亡的,是否构成正当防卫?

三、裁判理由

如何认定正当防卫，是司法实践中的一个难题。尽管近年来已出现一些认定为正当防卫的案件，但由于案件之间的差别较大，分析案件性质的视角又各有不同，故对于新出现的案件，认定上仍然容易引发争议。本案审理过程中，对被告人李英俊的行为是否构成正当防卫有三种意见：第一种意见认为，被害人躲进玉米地后，不法侵害的现实威胁已消失，不具备构成正当防卫的前提条件。李英俊持铁管寻找被害人时有加害故意，故其构成故意伤害罪。第二种意见认为，被害人躲进玉米地后不法侵害仍在继续，但并未严重危及李家人的人身安全，李英俊寻找被害人时对可能发生的危害后果持希望或放任态度，后在打斗中打死被害人，其防卫明显超过必要限度，构成防卫过当。第三种意见认为，被害人躲在玉米地内对李家仍有现实威胁，李英俊持械进入玉米地寻找被害人的行为具有正当性、合理性，其在遭到被害人持刀攻击时击打被害人致死，符合刑法关于无过当防卫的规定，构成正当防卫。

根据刑法第二十条第三款的规定，对正在进行行凶、杀人、抢劫、强奸、绑架以及其他严重危及人身安全的暴力犯罪，采取防卫行为，造成不法侵害人伤亡的，不属于防卫过当，不负刑事责任。刑法理论上一般将这种情形称为无过当防卫或特殊防卫。构成无过当防卫，除了在防卫目的、防卫起因、防卫客体、防卫时间等方面要符合正当防卫的一般要求外，还要具备两个条件：一是行为人面临行凶、杀人、抢劫、强奸、绑架以及与前述行为危害程度相当的严重暴力犯罪，行为人的人身安全受到严重威胁，甚至是侵害；二是行为人实施防卫不受防卫限度条件的限制，即使造成不法侵害人伤亡，也不属于防卫过当。结合本案的具体情况，我们认为被告人李英俊的行为构成无过当防卫，具体分析如下：

（一）被害人刘振强躲进玉米地后其实施的不法侵害并未结束

刘振强凌晨持刺刀砍击被告人李英俊家大门，后翻墙进入李家院内划割厨房纱窗，其行为严重威胁李英俊及家人的人身安全，属正在进行的不法侵害。刘振强划割纱窗被李英俊妻子发现后躲入院内的玉米地，虽未继续行凶，但其躲避的目的是准备逃离现场还是伺机行凶，根据现有证据无法查明。同时，在案证据证实刘振强患有精神病，案发时处于精神异常状态，攻击他人的可能性较大。由于该玉米地与李家住房均用围墙围在一个大院落内，且玉米地与住房距离较近，刘振强躲在玉米地内对李家人仍有现实威胁，也可认为是侵害状态的延续，故认为被害人躲入玉米地后不法侵害仍然存在的意见有一定道理。

（二）被告人李英俊在多名村民前来帮助的情况下持械进入玉米地寻找被害人刘振强的行为具有正当性、合理性，不应认定其具有加害故意

面对躲在自家院内玉米地里的持刀男子，由于不能确定其是否再次实施侵害，李英俊有权利保护自身及家人的安全，其进玉米地搜寻持刀人的目的是排除现实危险，携带铁管防身也是人之常情，即使其认识到可能与对方发生打斗，对对方造成伤害，也不影响其目的的正当性。刑事诉讼法第八十二条规定，对正在实行犯罪或者在犯罪后即时被发觉的人，任何公民都可以立即扭送公安机关、人民检察院或者人民法院处理。如将在自家院内搜捕潜在侵害人的行为认定为意图加害他人的行为，则是对公民自行抓捕、扭送犯罪嫌疑人权利的不当限制，与刑法鼓励、提倡同犯罪分子作斗争的立法目的不符。有意见认为，多名村民到场后李家人的安全已有保证，李英俊应等待警察到场处置，其直接持械进入玉米地进行搜索，处理不当，应承担相应的法律责任。我们认为，选择等待警察到场处置虽然也是一种处理方式，但在自家院内搜捕潜在侵害人是公民应有的权利，况且案发时为凌晨，光线较暗，刘振强躲过在场人员的监控潜入室内行凶的可能性是客观存在的。因此，李英俊在警察到来之前自行搜捕不法侵害人，既是合法的，也是合理的。

(三)被告人李英俊在玉米地中与被害人刘振强发生打斗,并将刘振强打倒的行为属于无过当防卫

根据李英俊的供述,二人相遇后刘振强首先持刀攻击,李英俊在还击中将刘振强打倒。李英俊供述的二人在玉米地里发生打斗的情节无其他人目击,但当时在院内的多名证人均证实李英俊进入玉米地后听到铁器撞击声,一定程度上印证了李英俊所供打斗情节。结合李英俊打倒刘振强后立即呼叫他人,其家人积极协助救治的情节看,其在打斗中无明显的杀伤意图,打击手段亦有节制,对其供述应予采信。因此,李英俊在遭到刘振强持刀攻击的情况下持铁管还击并将刘振强打倒的行为,符合刑法第二十条第三款规定的无过当防卫的构成要件,系正当防卫,依法不负刑事责任。一、二审法院认定李英俊无罪是正确的。

(撰稿:辽宁省高级人民法院　欧阳宁疆　张利晨
审编:最高人民法院刑五庭　马　岩)

[第1164号]郑建昌故意杀人案

——对于被告方提出的排除非法证据申请,法庭应当如何审查并依法作出处理

【关键词】　故意杀人罪　证据合法性调查程序　排除非法证据

一、基本案情

被告人郑建昌,男,1978年11月2日出生。2013年6月21日因涉嫌犯故意杀人罪被逮捕。

福建省福州市人民检察院以被告人郑建昌犯故意杀人罪,向福州市中级人民法院提起公诉。

被告人郑建昌否认起诉书指控的犯罪事实。其辩护人作无罪辩护,并提出,即使郑建昌构成故意杀人罪,但本案系家庭矛盾引发,属激情犯罪,建议从轻处罚。

福建省福州市中级人民法院经审理查明:被告人郑建昌与妻子严淑娟感情不和,经常争吵。2013年5月23日7时许,郑建昌在福建省福州市晋安区福飞北路362号小康佳园5号楼501室家中与严淑娟争吵后,持铁锤猛砸严淑娟头部,后用手猛掐严淑娟颈部直至严淑娟死亡。事后,郑建昌为掩盖罪行,肢解严淑娟的尸体,用高压锅等容器烹煮尸块,驾车将尸块、作案工具等丢弃于鼓岭一带的山路和闽江内。

福建省福州市中级人民法院认为,被告人郑建昌故意非法剥夺他人生命,致一人死亡,其行为已构成故意杀人罪。据此,依照《中华人民共和国刑法》第二百三十二条、第五十七条第一款之规定,以故意杀人罪判处被告人郑建昌死刑,剥夺政治权利终身。

一审宣判后,被告人郑建昌不服,提出上诉。

被告人郑建昌的上诉理由是:其与被害人严淑娟感情好,没有杀人动机;有罪供述系刑讯逼供所得,在案证据不足以证实其杀害严淑娟;即便认定构成犯罪,因本案是临时起意,又是家庭矛盾引发,请求予以改判。其辩护人提出,原判认定郑建昌杀妻的证据不足,请求改判,宣告郑建昌无罪。

福建省高级人民法院经审理认为,原判认定上诉人郑建昌故意杀人的事实清楚,证据确实、充分,定罪准确,量刑适当,审判程序合法。据此,依照《中华人民共和国刑法》第二百三十二条、

第五十七条第一款、《中华人民共和国刑事诉讼法》第二百二十五条第一款第一项之规定，驳回上诉人郑建昌对刑事部分的上诉，维持原判对上诉人郑建昌的刑事判决。

最高人民法院复核认为，被告人郑建昌因家庭纠纷而采取锤击头部等方式将妻子杀害，其行为已构成故意杀人罪，犯罪手段残忍，情节恶劣，后果特别严重，应依法惩处。第一审判决、第二审判决认定的事实清楚，证据确实、充分，定罪准确，量刑适当，审判程序合法。依照《中华人民共和国刑事诉讼法》第二百三十五条、第二百三十九条和《最高人民法院关于适用〈中华人民共和国刑事诉讼法〉的解释》第三百五十条第一项的规定，裁定核准被告人郑建昌死刑，剥夺政治权利终身的刑事判决。

二、主要问题

1. 被告方提供的相关线索或材料达到何种标准，法院才能启动证据收集合法性的调查程序？

2. 被告方申请排除非法证据，应当提供相关线索或材料，如何理解被告方的提供证据责任？

三、裁判理由

（一）对于被告方提出非法证据排除申请的情形，法院并非一律启动证据收集合法性调查程序

在司法实践中，一些案件的被告方基于诉讼策略等方面的考虑，经常会以有罪供述系刑讯逼供所得为由，向法庭提出排除非法证据申请。对此，法院应当进行审查，只有经审查后对证据收集的合法性存在疑问，才有必要启动专门调查程序。根据2012年刑事诉讼法及相关司法解释的规定，被告方申请排除非法证据，应当提供涉嫌非法取证的人员、时间、地点、方式、内容等材料或者线索。之所以规定被告方承担提供材料或线索的责任，主要是基于以下考虑：

首先，基于司法成本考虑。控诉方的证据体系涉及诸多证据，并非每个案件都会发生非法取证问题。考虑到控诉方在审查起诉时已经对证据收集的合法性进行了审查，如果要求控诉方逐一证明每个证据的合法性，既浪费诉讼资源，也没有现实必要。这既是检察机关客观公正义务的要求，也是提高诉讼效率的内在要求。相比之下，从提供有关非法取证的证据的便利程度看，被告人亲历取证过程，如侦查人员确有违法取证行为，被告人可以有针对性地提供相关的线索或者材料；同时，基于辩护的考虑，被告人及其辩护人会注意收集关于非法取证的线索或者材料，因此，要求被告方提供相关线索或者材料较为便利。

其次，基于平衡控辩双方诉讼权利考虑。司法实践中，被告方有时基于辩护策略的需要，可能会随意提出排除非法证据申请。如果被告方动辄以侦查人员采用刑讯逼供等非法方法取得供述为由申请排除有关证据，而不承担任何提供线索或材料的责任，将导致控诉方疲于应付，增加不必要的诉讼证明成本，同时也将导致法庭的精力主要用于证据收集合法性的审查，不利于集中审理定罪量刑等核心争议问题。鉴于此，要求被告方在申请排除非法证据时承担初步的提供证据责任，有助于督促被告方依法行使诉讼权利，防止其随意提出申请，避免浪费司法资源，兼顾司法的公正和效率。

最后，基于明确争点、解决争议考虑。被告方申请排除非法证据时，要求其承担提供相关线索或者材料的责任，有助于确保检察机关的举证和法庭的审理更加具有针对性，提高诉讼效率。

综上，对于被告方提出的排除非法证据申请，法庭并非一律启动证据收集合法性调查程序，而是首先要对被告方的申请及其提供的相关线索或者材料进行审查，经审查认为，被告方提供的相关线索或者材料有据可查，召开庭前会议听取控辩双方意见后，对证据收集的合法性有疑问的，应当进行调查；对证据收集的合法性没有疑问，且没有新的线索或者材料表明可能存在非法取证的，可以决定不再进行调查。

在司法实践中,法庭对被告方提出的排除非法证据申请及其提供的相关线索或者材料,可从以下方面进行审查:一是看是否存在刑讯逼供等非法取证行为的可能性。例如,被告人是否杜撰非法取证人员姓名,是否虚构根本不可能发生刑讯逼供的时间、地点、方式和相关情节等。二是看被告人的申请理由和相关线索、材料是否有据可查。例如,被告人对非法取证行为的描述是否具体和详细,尤其是要注意被告人所描述的非法取证细节,并注意审查其所提供的线索或者材料是否能够得到其他证据的印证等。法庭经审查认为,被告方提出的非法取证情形或者提供的线索、材料明显不成立,就可以决定不再进行调查。

(二)被告方承担提供相关线索或者材料的责任,只需使法庭对证据收集合法性产生疑问即可,不同于检察机关承担取证合法性的举证责任

2012年刑事诉讼法规定,在对证据收集的合法性进行法庭调查的过程中,人民检察院应当对证据收集的合法性加以证明。在非法证据排除程序中,由检察机关承担取证合法性的举证责任,符合刑事诉讼领域证明责任分配的基本原理。

需要指出的是,根据法律要求,被告方提出排除非法证据申请时,需要承担提供相关线索或者材料的责任,该责任不同于检察机关证明被告人有罪的证明责任,而仅仅是争点形成责任,或者称为初步的提供证据责任。具体言之,证明责任是指检察机关提供相应的证据来证明被告人有罪的法定负担,一旦举证不能,或举证达不到法定的证明标准,则要承担指控的犯罪不能成立的法律后果。相比之下,争点形成责任或者初步的提供证据责任,则是指被告方申请排除非法证据后,提供相关线索或者材料促使法庭对有关指控证据的合法性产生怀疑,进而使证据收集合法性争议成为诉讼的争点。进一步来讲,被告方不承担证明侦查人员刑讯逼供的证明责任,其所提交的线索或者材料只需要使法庭对有关证据的合法性产生怀疑即可,不要求达到"事实清楚,证据确实、充分"的证明标准。

被告方申请排除非法证据,并提供相关线索或者材料,促使法庭对有关指控证据收集的合法性产生疑问,并依法启动专门调查程序的,检察机关需要承担证据收集合法性的证明责任。基于证据裁判原则的要求,指控的犯罪事实必须有证据证实,犯罪事实与指控犯罪的证据之间具有直接对应关系,而证明证据收集合法性的事实又与指控犯罪的证据直接相关,据此,证据收集合法性事实可以被视为指控的犯罪事实所附带的事实。鉴于法律要求对犯罪事实的证明需要达到"证据确实、充分"的证明标准,检察机关对证据收集合法性的证明也应当达到这一证明标准。鉴于此,法庭启动证据收集合法性调查程序后,检察机关未能提供证据证明取证合法性,或者提供的证据未能达到法定证明标准,不能排除以非法方法收集证据情形的,对有关证据应当依法予以排除。

此外需要明确的是,被告方提出排除非法证据申请后,其所提供的线索或者材料应当有具体的指向性。所谓"相关线索",主要是指被告方提供的涉嫌刑讯逼供等非法取证情形的人员、时间、地点、方式等细节信息,例如,被告人明确提出讯问人员于特定时间在看守所以外的特定场所对其实施刑讯逼供,或者提供能够证明非法取证的在场人员、同监羁押人员信息等。所谓"相关材料",主要指被告方提供的反映被告人因刑讯逼供致伤的病历、看守所体检证明、被告人体表损伤及衣物损坏情况;反映被告人遭受刑讯逼供的看守所看管人员及被告人同监羁押人员的书面证言;反映讯问程序违反法律规定的讯问笔录和录音录像等。如果被告方仅是泛泛辩称自己受到刑讯逼供,而不能提供涉嫌对其刑讯逼供的人员、时间、地点、方式等线索或者材料,就意味着其未能履行争点形成责任或者初步的提供证据责任,法庭应当依法驳回其申请。

本案中,被告人郑建昌辩称其有罪供述系刑讯逼供所得,但其对刑讯逼供的时间、地点、参与

人员及刑讯逼供的方式、手段等相关问题无法作出清楚说明，不能提供相关的线索或者材料。同时，法庭经审查发现，被告人郑建昌到案后作出多次有罪供述，相关讯问笔录均经其本人签名确认，在案的审讯光盘亦证实讯问过程中没有发现诱供、逼供情形。综上，郑建昌提出的其有罪供述系刑讯逼供所得的辩解理由不能成立，法庭不予采纳，并结合在案证据依法作出判决。

（撰稿：北京市高级人民法院　温小洁
审编：最高人民法院刑三庭　罗国良）

[第1168号]杨增龙故意杀人案

——被告方申请排除非法证据的情形，如何把握证据收集合法性的证明责任，以及二审法院如何贯彻疑罪从无原则

【关键词】　故意杀人罪　证据审查判断　排除非法证据　疑罪从无　无罪

一、基本案情

被告人杨增龙，又名杨龙，男，1976年1月11日出生。2005年12月28日因犯收购赃物罪被判处罚金人民币三千元。2009年2月18日因涉嫌犯故意杀人罪被逮捕。

河北省保定市中级人民法院审理保定市人民检察院指控被告人杨增龙犯故意杀人罪一案，于2010年8月30日以故意杀人罪判处被告人杨增龙无期徒刑，剥夺政治权利终身。宣判后，附带民事诉讼原告人提出上诉。河北省高级人民法院于2010年12月15日裁定撤销原判，发回重审。保定市中级人民法院依法重新审理后，于2011年9月14日以故意杀人罪判处被告人杨增龙无期徒刑，剥夺政治权利终身。宣判后，附带民事诉讼原告人提出上诉。河北省高级人民法院于2012年3月29日再次裁定撤销原判，发回重审。保定市中级人民法院于2013年1月30日对该案依法重新审理。

保定市人民检察院指控被告人杨增龙的行为构成故意杀人罪。

被告人杨增龙当庭否认杀害被害人，辩称其有罪供述系侦查人员对其刑讯逼供所得。杨增龙的辩护人提出，本案事实不清、证据不足，被告人供述与现场勘查笔录、尸检报告等证据相互矛盾，请求宣告杨增龙无罪。

保定市中级人民法院经审理认定的事实与前两次审理认定的事实基本相同，具体如下：被告人杨增龙与被害人郭某某有不正当男女关系。2009年1月13日19时许，杨增龙因欲与前妻复婚，约郭某某到河北省定州市韩家庄村西砖窑西侧谈分手之事，二人因此发生争执，杨增龙将郭某某打晕，后用刀将郭某某头颅割下，埋到附近小麦田里。

保定市中级人民法院认为，被告人杨增龙故意非法剥夺郭某某生命，其行为已构成故意杀人罪。关于杨增龙提出的有罪供述系侦查人员对其刑讯逼供所得的辩解理由，经查，杨增龙在侦查阶段所作的有罪供述和其主动向公安机关提交的悔过书相同；杨增龙当庭承认作出有罪供述时对其讯问的两名侦查人员郝某某、陆某未对其刑讯逼供，并有庭审录像为证；杨增龙所称刑讯逼供的侦查人员均出庭作证，并称没有对其实施刑讯逼供；看守所体检记录记载杨增龙入所时体表无外伤；除杨增龙供述外，无其他证据证实侦查人员对其有刑讯逼供行为；综上，对该辩解理由不予采纳。杨增龙故意杀害郭某某的事实，有其在侦查阶段的供述及尸检报告、现场勘查笔录、证

人证言等证据证实，证据之间能相互印证，本案基本事实清楚，基本证据确实、充分。据此，依照《中华人民共和国刑法》第二百三十二条、第五十七条第一款之规定，保定市中级人民法院以故意杀人罪判处被告人杨增龙无期徒刑，剥夺政治权利终身。

一审宣判后，被告人杨增龙不服，提出上诉。其上诉理由及其辩护人的辩护意见如下：原判认定事实不清，证据不足，现有证据不能形成完整证据链条；公安机关存在刑讯逼供，有罪供述不能作为定案的证据，应当宣告杨增龙无罪。

河北省人民检察院认为，上诉人杨增龙有作案动机；有罪供述部分细节与现场勘查笔录、尸检报告、手机通话记录及基站信息显示一致，无罪辩解与基站信息及手机通话记录不符。但讯问录像没有同步，指认现场过程不完整，没有提取到指向杨增龙实施犯罪的相关物证。综上，除供述以外的间接证据达不到法律规定的证据确实、充分的证明标准，建议二审法院依法判决。

河北省高级人民法院经审理认为，原判据以定案的证据主要是上诉人杨增龙的有罪供述，杨增龙写的悔过书虽明确承认实施了犯罪，但悔过书从证据分类来看也属于被告人供述的一种方式。杨增龙在侦查期间曾作过有罪供述，但对检察机关推翻有罪供述，称有罪供述系侦查人员刑讯逼供取得，现公安机关讯问录像和指认现场录像均存在瑕疵，讯问录像不是同步录制，指认现场录像中显示指认过程也不完整，未能体现杨增龙指示侦查人员寻找杀人现场和掩埋被害人头颅的地点，指认过程的客观性存疑。杨增龙的有罪供述没有其他客观物证印证，间接证据也未能形成完整的证明体系，二审期间检察机关亦没有补充证明杨增龙犯罪的新证据。原判认定杨增龙于2009年1月13日杀害被害人郭某某的事实不清，证据不足，不能认定杨增龙有罪。据此，依照《中华人民共和国刑事诉讼法》第二百二十五条第一款第三项、第二百三十三条之规定，河北省高级人民法院判决撤销原判，宣告上诉人杨增龙无罪。

二、主要问题

1. 被告方申请排除非法证据的情形，如何把握证据收集合法性的证明责任？

2. 二审法院如何贯彻疑罪从无原则？

三、裁判理由

（一）被告方申请排除非法证据的情形，应当由人民检察院承担证据收集合法性的证明责任，不能让被告人变相承担证明责任

本案一审期间，被告人杨增龙提出其有罪供述系侦查人员刑讯逼供所得，并提供了讯问人员的姓名、相关情况等线索。一审法院对证据收集的合法性启动了专门调查程序，但在某种程度上让被告方承担了证明侦查人员刑讯逼供的证明责任，这种做法并不符合法律规定由人民检察院证明取证合法性的要求，也不符合非法证据排除规则的基本原理。例如，首先，一审法院指出，杨增龙在侦查阶段所作的有罪供述和其主动向公安机关提交的悔过书相同；杨增龙当庭承认作出有罪供述时对其讯问的两名侦查人员郝某某、陆某未对其刑讯逼供，并有录像为证，这实际上是通过杨增龙的有罪供述本身来证明取证合法性，但这些有罪供述恰恰是杨增龙申请排除的证据，并不能作为证明取证合法性的根据。其次，一审法院指出，杨增龙所称对其刑讯逼供的侦查人员均出庭作证，并称没有对其实施刑讯逼供。实践中，侦查人员出庭鲜有承认非法取证的情形，但侦查人员出庭作证并不能仅是简单地否定没有刑讯逼供，而是应当阐述取证细节，并对被告人提供的线索或者材料作出合理的解释。如果被告人与侦查人员对取证合法性问题各执一词，在缺乏其他证据特别是讯问录音录像等客观证据佐证的情况下，简单地采信侦查人员的供述并不妥当。再次，一审法院指出，看守所体检记录记载杨增龙入所时体表无外伤，但实际上，2009年1月16日1时的讯问录像显示，杨增龙额头上有明显的伤痕，这与看守所体检记录记载的情况存在矛

盾，对于该问题，应当由侦查人员作出合理的解释。最后，一审法院指出，除杨增龙供述外，无其他证据证实侦查人员对其有刑讯逼供行为，这明显是要求被告人承担侦查人员刑讯逼供的证明责任。

被告人杨增龙提出上诉后，再次提出有罪供述系侦查人员刑讯逼供取得，申请排除非法证据。二审法院经审查后，启动了证据收集合法性调查程序，要求检察机关提供证明取证合法性的证据材料。检察机关向法庭出示了讯问笔录、羁押记录、体检记录等材料，有针对性地播放了相关讯问过程的录音录像，提请法院通知侦查人员出庭说明证据收集的合法性。二审法院对证据收集的合法性进行调查过程中，上诉方和检察机关对供述取得的合法性问题进行了质证、辩论，经过法庭调查，发现取证工作存在以下问题：

一是有关被告人供述的录音录像不完整。从被告人杨增龙第一次供述的讯问笔录记载来看，讯问时间为2009年1月15日22时30分至2009年1月16日1时0分，而相关录像的讯问时长仅为47分18秒，录音录像不完整。

二是相关指认录像不完整。经审查，被告人杨增龙对现场的指认录像未能完整还原指认经过，特别是缺失了杨增龙对杀人现场和掩埋被害人头颅地点的指认细节，指认过程的客观性存疑，使得指认的证明价值大打折扣。

三是被告人杨增龙的健康检查笔录与相关讯问录像存在矛盾。据看守所健康检查笔录记载，2009年1月16日及同年1月20日对杨增龙健康检查，体表无外伤。而在2009年1月16日1时0分的讯问录像中，则显示杨增龙额头上有明显的伤痕，二者存在明显矛盾。

四是取证工作存在其他违反法定程序的行为。例如，在提讯证上没有写明提讯的时间、事由，侦查人员也未签字。

基于上述问题，检察机关对供述合法性的证明未能达到证据确实、充分的证明标准，不能排除存在以非法方法收集证据的情形，上诉人杨增龙的有罪供述应当予以排除，不得作为定案的根据。

需要指出的是，二审法院并未就证据收集合法性问题作出明确的结论，而是在裁判文书中指出，上诉人杨增龙在公安机关侦查期间曾作过有罪供述，但对检察机关推翻有罪供述，称有罪供述系侦查人员刑讯逼供取得，现讯问录像和指认现场录像均存在瑕疵，讯问录像不是同步录制，指认现场录像中显示指认过程也不完整，未能体现杨增龙指示侦查人员寻找杀人现场和掩埋被害人头颅的地点，指认过程的客观性存疑。同时，杨增龙的有罪供述没有得到客观物证印证，一是其供述作案用的凶器刀子和拿走被害人的手机没有提取在案；二是根据杨增龙供述提取的其作案时所穿衣服上没有检出血迹；三是上诉人杨增龙所作有罪供述中提到的砖坯和烟蒂，现场勘查中均没有提取在案；四是在现场没有提取到和杨增龙特征相吻合的足迹、指纹等痕迹物证。

二审法院的上述意见实际上表明取证的合法性存在疑问，但并没有明确写明排除非法证据，最终是从供述及指认过程客观性存疑的角度决定不将有关证据作为定案的根据。需要指出的是，此前法院基于各种考虑一般未对证据收集合法性问题作出明确的结论，而是将证据合法性与客观性捆绑到一起加以分析，进而通常以证据不具有客观性为由不将其作为定案的根据。在非法证据排除规则确立前，这种做法具有一定的合理性。对于2012年刑事诉讼法施行后的案件，如果有关证据被认定为非法证据，就应当予以排除，即使其可能是客观真实的，也不能作为定案的根据。换言之，法院认定有关证据属于应当排除的非法证据后，不应再继续讨论其客观真实性问题。

（二）二审法院依法排除非法证据后，其他证据达不到法定证明标准的，应当坚持疑罪从无原则，依法宣告上诉人无罪

为了避免二审法院反复发回重审导致案件久拖不决，造成超期羁押，2012 年刑事诉讼法规定，二审法院以事实不清、证据不足为由发回重审的案件，原审法院作出判决后，被告人提出上诉或者人民检察院提出抗诉的，二审法院应当依法作出判决或者裁定，不得再发回原审法院重新审判。根据该规定，二审法院对于事实不清、证据不足的案件，要严格贯彻疑罪从无原则，不得二次发回重审，对于曾发回重审的案件，二审法院依法排除非法证据后，其他证据不足以认定上诉人有罪的，或者是检察机关补充证据材料后仍不足以认定上诉人有罪的，应当依法宣告上诉人无罪。

需要强调的是，被告人供述通常是公诉机关指控和一审法院定案的关键证据，一旦二审法院将被告人供述认定为非法证据并依法排除，其他证据就达不到事实清楚，证据确实、充分的证明标准，针对此类案件，二审法院此前往往会选择将案件发回重审。为了依法保障当事人合法权益，避免超期羁押，对于二审法院经审查后认为事实不清、证据不足的案件，如果不具备补查补正条件，发回重审亦无助于查清案件事实的，就应当严格落实疑罪从无原则，依法宣告上诉人无罪。

本案中，原判据以定案的证据主要是被告人杨增龙的有罪供述，但该有罪供述不能排除非法取证的可能性，依法应当予以排除（二审法院表述为，被告人杨增龙的有罪供述没有其他客观证据加以印证），间接证据未能形成完整的证明体系，二审期间检察机关亦没有补充证明杨增龙犯罪的新证据，在案证据达不到法定的定罪标准。二审期间，检察机关也认为，讯问录像没有同步，指认现场过程不完整，没有提取到指向杨增龙的相关物证，除口供以外的以上间接证据达不到法律规定的证据确实、充分的证明标准，建议二审法院依法判决。

综上，二审法院依法排除上诉人杨增龙的有罪供述后，其他证据达不到法定的证明标准，不能认定杨增龙有罪。二审法院贯彻疑罪从无原则，依法宣告上诉人杨增龙无罪，是妥当的。

（撰稿：最高人民法院刑三庭　刘静坤
北京市高级人民法院　温小洁
审编：最高人民法院刑三庭　罗国良）

[第 1169 号]赵双江故意杀人、赵文齐交通肇事案

——车辆所有人在交通肇事后将被害人隐藏致使被害人无法得到救助而死亡的，如何定性

【关键词】　故意杀人罪　交通肇事罪　逃逸　交通肇事罪共犯　转化犯　移置性逃逸

一、基本案情

被告人赵双江，男，1992 年 1 月 29 日出生。因涉嫌犯故意杀人罪于 2013 年 11 月 14 日被逮捕。

被告人赵文齐，男，1995 年 3 月 2 日出生。因涉嫌犯交通肇事罪于 2014 年 7 月 2 日被逮捕。

河北省保定市人民检察院以被告人赵双江犯故意杀人罪、被告人赵文齐犯交通肇事罪，向保

定市中级人民法院提起公诉。

被告人赵双江对公诉机关的指控予以供认,未提辩解意见。其辩护人提出,赵双江向公安机关提供赵文齐的联络方式和地址,构成立功;赵双江积极赔偿被害方的经济损失,得到了被害方的谅解。

被告人赵文齐对公诉机关的指控予以供认,未提辩解意见。

保定市中级人民法院经审理查明:2013 年 10 月 29 日 22 时 30 分许,被告人赵文齐驾驶被告人赵双江所购二手摩托车(牌照号为冀 RMY929)并搭载赵双江沿容贾公路由南向北行驶,车行驶到河北省贾光乡贾光网通营业厅门口处时,撞倒行人徐占齐,摩托车倒地,赵文齐亦当场昏迷。赵双江拨打 120 急救电话后,将徐占齐拽入路边沟中,后驾驶该摩托车载着赵文齐逃离现场。后抢救人员到达现场,因没发现被害人而拨打赵双江报警时所用手机号码,赵双江明知可能是医生所打电话而不接听。经鉴定,徐占齐因交通事故所致颅脑损伤死亡。案发后,被告人赵双江亲属、赵文齐亲属分别与被害人亲属达成调解协议,被害人亲属对二被告人的犯罪行为予以谅解。

保定市中级人民法院认为,被告人赵双江作为肇事车辆所有者,明知被撞倒在地的徐占齐伤势严重,仍将徐占齐拽入沟中,使徐占齐得不到救治而死亡,其行为已构成故意杀人罪;被告人赵文齐违反交通运输管理法规,造成徐占齐死亡的重大交通事故,且负事故全部责任,其行为构成交通肇事罪。公诉机关指控二被告人的罪名成立。赵文齐被公安机关抓获前,能报警而未报警,其行为构成肇事后逃逸。事故发生后,赵双江曾拨打 120 急救电话,但因赵双江的行为,使急救人员到达现场后,未能找到被害人,从而无法对被害人进行救治。本案中,赵双江归案后如实供述赵文齐的藏匿地点从而使公安机关及时抓获在医院治疗的赵文齐,属于如实供述同案被告人的基本情况,不构成立功。辩护人所提赵双江具有立功情节的意见,不予采纳。案发后,被告人赵双江亲属、赵文齐亲属分别与被害人亲属达成调解协议,被害人亲属对二被告人的犯罪行为予以谅解。据此,依照《中华人民共和国刑法》第二百三十二条、第一百三十三条、第五十六条第一款、第五十五条第一款之规定,判决如下:

1. 被告人赵双江犯故意杀人罪,判处有期徒刑十年,剥夺政治权利一年。

2. 被告人赵文齐犯交通肇事罪,判处有期徒刑三年。

宣判后,赵双江提出上诉称,其具有立功情节,且犯罪情节较轻,应在三至十年有期徒刑的幅度内量刑。赵文齐提出上诉称,其不构成逃逸,其对被害人进行了民事赔偿,应适用缓刑。

河北省高级人民法院经审理查明的事实与一审相同。

河北省高级人民法院认为,上诉人赵双江作为肇事车辆的所有者,在明知被害人徐占齐有呼吸的情况下,仍将徐占齐拽入沟中,使徐占齐得不到及时救治而死亡,其行为已构成故意杀人罪。上诉人赵文齐违反交通运输管理法规,无证驾驶摩托车造成徐占齐死亡的重大交通事故,负事故全部责任,其行为构成交通肇事罪。赵文齐被公安机关抓获前,能报警而未报警,其行为构成肇事后逃逸。本案中,公安机关根据赵双江供述将赵文齐抓获,赵文齐的藏匿地点属于赵双江在犯罪中掌握的同案犯藏匿地址,不能认定为协助司法机关抓捕同案犯,赵双江依法不构成立功。案发后,赵双江、赵文齐有悔罪表现,被害人亲属对二上诉人的犯罪行为予以谅解,对此情节原判决在量刑时已予考虑。上诉人赵双江、赵文齐上诉请求从轻处罚的理由,不予采纳。原判决认定事实清楚,证据确实、充分,定罪准确,量刑适当,审判程序合法。依照《中华人民共和国刑事诉讼法》第二百二十五条第一款第一项、第二百三十三条之规定,于 2015 年 6 月 15 日裁定如下:

驳回赵双江、赵文齐的上诉,维持原判。

二、主要问题

1. 如何理解和适用“交通运输肇事后逃逸”中“为逃避法律追究而逃跑”的要件？

2. 车辆所有人在交通肇事后将被害人隐藏致使被害人无法得到救助而死亡的，如何定性？

三、裁判理由

（一）认定“交通运输肇事后逃逸”，应当定位于为“逃避法律追究而逃跑”，且“逃跑”并不限于“当即从现场逃跑”

“交通运输肇事后逃逸”是1997年刑法修订时增加规定的加重处罚情节。实践中，交通肇事后逃逸的行为具有较大的危害性，往往导致被害人无法得到救助、损失无法得到赔偿、案件查处难度增大等。

刑法第一百三十三条规定了构成交通肇事罪的一般情形、“交通运输肇事后逃逸或者有其他特别恶劣情节”和“因逃逸致人死亡”两种特殊情形。根据《最高人民法院关于审理交通肇事刑事案件具体应用法律若干问题的解释》（以下简称《解释》）第三条的规定，“交通运输肇事后逃逸”，是指行为人具有该解释第二条第一款规定和第二款第一至五项规定的情形之一，在发生交通事故后，为逃避法律追究而逃跑的行为。

据此，构成交通肇事后逃逸的条件包括以下几方面：一是有交通肇事行为的发生，且符合《解释》第二条第一款规定和第二款第一至五项规定的情形之一。二是为逃避法律追究而逃逸。这里的法律追究包括刑事追究、民事追究、行政追究。实践中，肇事人逃跑的目的大多是想逃避法律追究，但也有少数肇事人逃跑的目的是怕受害方或者其他围观群众因激愤而对其进行报复、殴打等。如果是后者，在逃离现场后，通常能够通过报告单位领导或者报警等方式，自愿接受法律处理。因此，不能推定所有逃离现场的行为都是为逃避法律追究。对逃跑行为作出上述必要的限制，是为了保证准确适用法律，不枉不纵。三是《解释》规定的“逃跑”，并没有固定时间和场所的限定。有意见认为，交通肇事后逃逸，应当理解为“逃离事故现场”的行为，实践中大多也属于这种情况。但是，有的肇事人并未在肇事后立即逃离现场（有的是不可能逃跑），而是在将伤者送到医院后或者在等待交通管理部门处理的时候逃跑，类似的情形有很多。如果仅将逃逸界定为当即逃离现场，那么性质同样恶劣的逃避法律追究的行为就得不到相应的追责，可能会影响对这类犯罪行为的惩处。因此，只要是在肇事后为逃避法律追究而逃跑的行为，都应视为“交通肇事后逃逸”。

从刑法和《解释》的意图来看，立足点在于鼓励行为人在发生交通事故后，采取积极措施对被害人进行救助。如果没有逃逸，因被害人救治及时，行为人则存在不构成犯罪的可能性。但如果行为人在交通事故后逃逸，致被害人因得不到救助而死亡，则行为人构成交通肇事罪（特殊情形的重罪）。简言之，如果交通事故发生后，被害人已经死亡，行为人逃逸的，则只构成《解释》第三条规定的法定加重情节，对行为人应当在三年以上七年以下有期徒刑的法定刑范围内处罚；如果被害人没有死亡，但由于行为人的逃逸而致使被害人因得不到救助而死亡的，则行为人的行为构成交通肇事罪的重罪情形，应在七年以上有期徒刑的法定刑范围内处罚。

就本案而言，被告人赵文齐无证驾驶摩托车并载人，发生交通事故，致行人徐占齐被撞倒而造成颅脑损伤死亡，应负事故的全部责任，其行为构成交通肇事罪。存在争议的问题是，赵文齐在肇事后，是否属于为逃避法律责任而逃跑？按照赵文齐自己的供述，其“在去西各庄村的公路上发生了交通事故，当时不知道撞的什么，在医院醒来才知道撞了人。当时撞了人之后，就没意识了”。也就是说，其离开现场不具有主动性，而是被动的。但是，同案被告人赵双江供述，事故发生后，“赵文齐脸部受伤了，也流了很多血。我叫了几次才把赵文齐叫醒，赵文齐问怎么回事，我告诉赵文齐撞了一个人”；“我提议把被撞的人弄到公路旁边，赵文齐同意，由于赵文齐受伤动不了,我把被撞的人拽到公路西侧坑边的坡上”;“我和赵文齐商量后,就骑摩托车载着赵文齐逃跑了”。如果按照赵双江的供述认定,那么赵文齐的行为是典型的肇事后逃逸行为。但是由于赵文齐不承认此节,而现场又没有其他证人,因此,就证据的充分性层面而言,无法认定赵文齐在肇事后与赵双江共同商量逃逸。但是,如前所述,“交通运输肇事后逃逸”中的“逃逸”没有严格的时间和场所的限制。即使如赵文齐所言,其肇事后在医院醒来才知道撞了人,也应当在知情后立即报警,但其醒来后有条件报警却未选择报警,而是选择继续在医院接受治疗,其治疗所在的医院系同案被告人赵双江供述后公安机关才掌握。因此,应当认定赵文齐在肇事后实施了“为逃避法律追究而逃逸”的行为。

此外,被害人的死亡原因系“因交通事故致颅脑损伤死亡”。被害人的死亡是否系“因逃逸致人死亡”?按照《解释》第五条第一款的规定,“因逃逸致人死亡”,是指行为人在交通肇事后为逃避法律追究而逃逸,致使被害人因得不到救助而死亡的情形。本案中,被害人徐占齐即使得到及时救治,被救活的可能性也很小,其死亡原因主要是交通肇事所致。特别是就被告人赵文齐而言,其逃逸行为在前期不具有主动性,而是被赵双江搭载离开现场。其在医院醒来后,即使报了警,也已经无法救活被害人。据此,我们认为,对赵文齐而言,其逃逸行为与被害人的死亡结果之间没有因果关系,因而对赵文齐不能认定“因逃逸致人死亡”,而只能就低认定为“交通运输肇事后逃逸”。也就是说,认定赵文齐构成“交通肇事逃逸”是因为其在醒来后有条件报警而不报警,但其醒来后的报警对已经死亡的被害人徐占齐而言没有“救助”的意义,不属于“因逃逸致人死亡”的情形。

(二)车辆所有人在交通肇事后将被害人隐藏致使被害人无法得到救助而死亡的,应当以故意杀人罪论处

本案在审理过程中,对被告人赵双江的行为如何定罪,有两种意见:

第一种意见认为,被害人徐占齐的死亡原因是交通事故所致颅脑损伤,而不是赵双江将徐占齐拖拽到沟里而使其得不到救治而死亡,因此,赵双江的行为不构成犯罪。理由是:(1)赵双江将徐占齐拖拽到沟里的行为与徐占齐的死亡结果之间没有必然因果关系。(2)赵双江藏匿被害人的行为不属于交通肇事逃逸致人死亡而转化为故意杀人罪的情形。《解释》第五条规定,“因逃逸致人死亡”,是指行为人在交通肇事后为逃避法律追究而逃逸,致使被害人因得不到救助而死亡的情形。交通肇事后,单位主管人员、机动车所有人、承包人或者乘车人指使肇事人逃逸,致使被害人因得不到救助而死亡的,以交通肇事罪的共犯论处。赵双江没有指使赵文齐逃逸的行为,因而不构成交通肇事罪的共犯。既然赵双江不构成交通肇事罪,也就不能适用《解释》第六条规定的交通肇事逃逸转化为故意杀人罪的规定。

第二种意见认为,赵双江的行为构成故意杀人罪。理由是:(1)赵双江作为肇事车辆所有者,虽然没有指使肇事人逃逸,但其载搭交通肇事直接行为人赵文齐逃逸,应当以交通肇事罪的共犯论处。(2)由于被害人徐占齐的死亡主要是由于交通肇事所致,徐占齐即使得到及时救助,也基本没有被救活的可能性,因此,赵双江藏匿被害人的行为并不必然造成被害人死亡结果的发生。赵双江只是实施了法律拟制的“故意杀人”行为,但依法仍应构成故意杀人罪。鉴于被害人死亡主要是交通事故所致,可对赵双江在量刑上酌予考虑。

我们同意第二种意见。

首先,赵双江的行为应当认定为交通肇事罪的共犯。《解释》第五条对单位主管人员、机动车辆所有人、承包人或者乘车人(以下简称主管人员等)设置了一个特别义务,即不得指使肇事人逃逸,否则,致使被害人因得不到救助而死亡的,以交通肇事论。这里,对主管人员等构成交通肇事

罪规定了两个前因条件:(1)指使肇事人逃逸。本案中,赵双江自己供述和赵文齐商量过将被害人拽到公路边,但没有得到赵文齐供述的印证。但是,赵双江实施了主动搭载赵文齐逃离现场的行为。举轻以明重,既然指使逃逸的行为都可认定为共犯,那么,比指使逃逸性质更严重的搭载肇事人逃逸的行为,更应以交通肇事的共犯论处。(2)致使被害人因得不到救助而死亡。如前所述,虽然本案中,被害人死亡的原因主要是交通事故,被害人即使得到救助也可能死亡,但是被害人得不到救助是肯定存在的,而且,即使徐占齐因得到救助而没有死亡的概率极低,也不等于绝对没有。赵双江与发生交通事故后已经昏迷的赵文齐不同,其是在明知徐占齐还有呼吸的情况下,将徐占齐拽入沟中从而使其完全失去了被抢救的可能。因此,对赵双江而言,可以认定为"致使被害人因得不到救助而死亡"。

其次,对赵双江可以适用《解释》第六条的规定,以"交通肇事"转化为"故意杀人"论,主要原因就是其在构成交通肇事罪的共犯后,必然随之产生行政法上对交通肇事行为人规定的一些附随义务,主要是抢救的义务。《解释》第六条也是针对这一附随义务而作出禁止性规定的,即行为人不得将被害人带离事故现场隐藏或者遗弃,否则,就要转化为故意杀人罪或者故意伤害罪(转化为何罪以结果论)。但赵双江正是实施了《解释》第六条规定的禁止性行为,将徐占齐拽入沟中,致救护人员到事故现场后找不到被害人。更为恶劣的是,在救护人员因找不到被害人而打赵双江电话时,赵双江明知可能是救护人员的电话,却不接听。

综上,法院认定赵文齐的行为构成交通肇事逃逸,并考虑到其逃离肇事现场是被赵双江搭载离开,具有一定的被动性,其逃逸行为与被害人徐占齐的死亡结果之间没有必然因果关系,因而不认定其具有"逃逸致人死亡"情节;认定赵双江的行为构成交通肇事共犯,并且因为其实施了将被害人拽入路边沟中,致被害人得不到救助,因而依法转化为故意杀人罪,在定性上是正确的。在量刑上,考虑到被害人的死亡原因主要不是两被告人的逃逸行为所致,而是交通事故所致,且被害人亲属分别与赵双江亲属、赵文齐亲属达成调解协议,被害人亲属对二被告人的犯罪行为予以谅解;赵双江在交通肇事后曾打过120急救电话,客观上有利于案件的侦破,因而均予以从轻处罚,是适当的。

(撰稿:最高人民法院刑四庭　陆建红
河北省保定市中级人民法院　郭宏伟　詹　勇
审编:最高人民法院刑四庭　周　峰)

[第1170号]曹显深、杨永旭、张剑等故意伤害案

——被告人投案后,委托家属动员同案人投案的,能否认定为立功

【关键词】　故意伤害罪　委托亲属动员同案犯自首　协助抓捕其他犯罪嫌疑人　立功

一、基本案情

被告人曹显深,男,1983年9月28日出生,无业。2015年7月17日被逮捕。

被告人杨永旭,男,1984年2月12日出生,无业。2015年7月17日被逮捕。

被告人张剑,男,1986年9月23日出生,无业。2015年7月17日被逮捕。

（其他被告人基本情况略）

广西壮族自治区防城港市人民检察院以被告人曹显深、杨永旭、张剑等人犯故意伤害罪，向防城港市中级人民法院提起公诉。

被告人曹显深对公诉机关指控的罪名无异议，辩称被害人卢德福曾叫人对其殴打，其一时冲动才找人去教训卢德福；对民事赔偿部分，表示尽力赔偿。辩护人提出以下辩护意见：(1)被害人卢德福多次无端殴打被告人曹显深是本案发生的诱因，卢德福对本案的发生存在过错；(2)被害人卢德福的死亡结果系多因导致，不能排除医院抢救不及时的合理怀疑；(3)被告人曹显深主观上没有报复被害人的故意，且愿意尽力赔偿被害人的经济损失，该案的发生具有一定的偶然性；(4)被告人曹显深具有自首和立功情节，请求对曹显深从轻、减轻处罚。

被告人杨永旭对公诉机关指控的犯罪事实和罪名均无异议；对民事赔偿部分，表示尽力赔偿。辩护人提出以下辩护意见：(1)被告人杨永旭具有自首情节；(2)被害人卢德福的死亡是多处刀伤所致，不能直接认定是被告人杨永旭所为，请求对杨永旭从轻、减轻处罚。

被告人张剑对公诉机关指控的犯罪事实和罪名均无异议，辩称其不是主犯；对民事赔偿部分，表示尽力赔偿。辩护人提出以下辩护意见：(1)被害人卢德福对本案发生存在过错；(2)被告人张剑不是犯意提起者和策划者，张剑砍了一刀后没有继续追砍被害人，应认定为从犯；(3)被害人卢德福的致命伤不是张剑所致；(4)被告人张剑具有自首情节，请求对张剑从轻、减轻处罚。

防城港市中级人民法院经审理查明：

2015年6月11日凌晨，被告人曹显深看见与其有矛盾的卢德福（被害人，男，殁年34岁）在东兴市V12娱乐城玩耍，遂产生报复的念头，随后纠集被告人杨永旭、张剑等人守候。当日6时许，卢德福从V12娱乐城出来后，曹显深驾车搭乘同案被告人尾随其至东兴市安得花园六区大门附近。杨永旭、张剑分别从杨永旭带上车的纸箱内拿出砍刀并戴上头套后下车追打卢德福。杨永旭持砍刀砍卢德福的背部、腿部各一刀，张剑持砍刀砍卢德福右腿一刀，后逃离现场。卢德福受伤后被送往医院经抢救无效于当日死亡。经鉴定，被害人卢德福系被锐器暴力砍击全身多处并造成左腘动脉静脉完全断裂致失血性休克而死亡。

2015年6月14日曹显深到公安机关投案，并让其哥哥曹显林寻找、劝说在逃人员张剑和杨永旭归案，其亲属还代为赔偿了被害人亲属经济损失并取得谅解。张剑和杨永旭分别于同年6月14日和7月9日到公安机关投案自首。

防城港市中级人民法院认为，被告人曹显深、杨永旭、张剑故意伤害他人身体，致人死亡，其行为已构成故意伤害罪，均应对各自行为造成被害人卢德福死亡的结果承担刑事责任。案件的发生系曹显深主动寻仇所致，被害人并无过错。但鉴于本案事出有因，在量刑时酌情予以考虑。在共同犯罪中，曹显深纠集同伙，指认被害人，是犯意提出者和组织指挥者；杨永旭提供作案工具，持砍刀砍击卢德福的背部和腿部；张剑持砍刀砍击卢德福的右腿，作案后藏匿处理作案工具，三人均起主要作用，系主犯。曹显深、杨永旭、张剑自动投案并如实供述自己的罪行，是自首。曹显深投案自首后，请求其兄曹显林协助动员同案犯张剑和杨永旭投案，仅是一种协助抓捕的意思表示，不属具体协助公安机关抓获同案犯的行为，不应认定为立功，但该行为反映出其将功赎罪的主观意愿，在量刑上可酌情从轻处罚。曹显深积极赔偿被害人家属经济损失并取得谅解，依法可以酌情从轻处罚。根据各被告人的犯罪事实、性质、情节和对于社会的危害程度，决定对曹显深、杨永旭、张剑从轻处罚。据此，依照《中华人民共和国刑法》第二百三十四条第二款、第二十五条第一款、第二十六条第一款和第四款、第六十七条第一款和第三款，《中华人民共和国民法通则》第一百一十九条、第一百三十条和《最高人民法院关于适用〈中华人民共和国刑事诉讼法〉的

解释》第一百三十八条、第一百五十五条第一款、第二款之规定,判决如下:

1. 被告人曹显深犯故意伤害罪,判处有期徒刑十五年,剥夺政治权利四年。

2. 被告人杨永旭犯故意伤害罪,判处有期徒刑十五年,剥夺政治权利四年。

3. 被告人张剑犯故意伤害罪,判处有期徒刑十三年,剥夺政治权利三年。

宣判后,三被告人提出上诉,均认为被害人存在过错。曹显深还提出其投案后委托其兄动员在逃同案犯杨永旭、张剑投案自首系立功表现的上诉意见。

广西壮族自治区高级人民法院经审理后认为,上诉人曹显深纠集上诉人杨永旭、张剑等人持械对被害人卢德福追砍殴打,致其死亡,各上诉人的行为已构成故意伤害罪,均应依法惩处。曹显深组织他人伺机报复,在共同犯罪中罪责最为严重;杨永旭为帮曹显深出气,准备犯罪工具、持砍刀暴力砍击卢德福,其行为与卢德福的死亡具有直接因果关系,系致死卢德福的直接凶手;张剑接受曹显深的指派,持砍刀严重伤害卢德福,案发后又藏匿作案凶器,其行为与被害人死亡亦有一定的因果关系;上述三人均系主犯。上诉人曹显深、杨永旭、张剑作案后能自首,依法可以从轻或减轻处罚。虽然卢德福两次殴打曹显深,是本案的诱因,但被害人卢德福在本案案发时,不存在刑法上的过错,仅属事出有因。曹显深归案后确有委托其兄曹显林动员上诉人杨永旭、张剑投案自首的行为,对张、杨二人先后到公安机关自首起了一定的作用。该行为表明曹显深有悔罪表现,但曹显深并不知道杨永旭、张剑的藏匿地点等具体信息,而是其兄曹显林及杨永旭、张剑的亲属代为找到此二上诉人并动员他们投案的,故不属刑法上的立功行为。因此,曹显深亲属曹显林代为动员同案犯归案的行为,不能视为曹显深的立功表现。故曹显深不具有立功表现,原判对该行为不认定为立功,但酌情从轻处罚正确,对其判处有期徒刑十五年,已充分体现从宽。杨永旭直接致死卢德福,张剑严重伤害卢德福,原判虽未查明直接致死者,但对二人分别判处有期徒刑十五年、十三年,罪罚相当,应予维持。根据《中华人民共和国刑法》第二百三十四条第二款、第二十六条第一款和第四款、第二十七条、第六十七条第一款、第五十五条第一款、第五十六条第一款和《中华人民共和国刑事诉讼法》第二百二十五条第一款第一项、第二百三十三条之规定,判决维持原审对曹显深、杨永旭、张剑的定罪量刑。

二、主要问题

被告人投案以后,委托亲属动员在逃的同案犯投案自首,该行为能否认定为立功?

三、裁判理由

本案中,被告人曹显深犯罪以后逃到越南,其兄曹显林找到其并讲明"跑得了一时,逃不了一世",曹显深遂到公安机关投案自首。之后,曹显深让曹显林去找杨永旭、张剑回来投案。经曹显林寻找,张、杨二人的亲属协助寻找并动员,张、杨二人先后投案。据此,曹显深是否属于《最高人民法院关于处理自首和立功具体应用法律若干问题的解释》(以下简称《解释》)第五条中的"协助司法机关抓捕其他犯罪嫌疑人"的情形,从而认定为立功呢?有以下两种不同的意见:

第一种意见认为,《最高人民法院关于处理自首和立功若干具体问题的意见》(以下简称《意见》)对《解释》第五条规定的"协助司法机关抓捕其他犯罪嫌疑人"提供了具体认定的标准,并列举了四种主要情形。虽然本案中曹显深委托亲属动员同案犯前来投案不属于这四种具体情形,但是《意见》对"协助"的情形是列举式的,并不排除其他情形,且在第四种情形"提供司法机关尚未掌握的其他案件犯罪嫌疑人的联络方式、藏匿地址的"之后,写有"等等"二字。该"等"无疑是"等外等"之意。这表明协助的具体方式包括但不限于上述四种,只要确实起到了协助作用就应当认定为立功。那么,在具体认定的时候,可以"举轻以明重",即协助的情形比《意见》明确的四种主要协助情形所起作用要大的,就应当认定为"协助司法机关抓捕其他犯罪嫌疑人",从而认定为立功。本案中，杨永旭、张剑二人作案后跑到山上藏匿，司法机关一时半会难以抓获二人。曹显深因为本人已投案，无法直接动员杨、张二人投案自首，故委托其兄代为寻找。其兄前往寻找，并成功动员了二名在逃同案犯前来投案，确实节省了司法资源，相比"带领侦查人员抓获其他犯罪嫌疑人(包括同案犯)的"和"提供司法机关尚未掌握的其他案件犯罪嫌疑人的联络方式、藏匿地址的"这两种协助情形，对案件的侦破工作所起作用更大，应当鼓励这种行为。因此，可以认定曹显深具有立功表现。

第二种意见则认为，本案中杨永旭、张剑系在曹显深亲属曹显林的动员、规劝下投案，不能认定为曹显深本人立功。

我们同意第二种意见，理由如下：

(一)立功的主体原则上应限定为犯罪嫌疑人、被告人本人

无论是刑法还是《解释》《意见》，所规定的立功的主体都是"犯罪分子"。如果是在侦查、审查起诉阶段检举、揭发他人犯罪行为的，立功的主体就是犯罪嫌疑人；如果是在审判阶段提供重要线索从而得以侦破其他案件的，立功的主体就是被告人。因此，刑法上的立功的主体，原则上应限定为犯罪嫌疑人、被告人本人。这就是学理上讲的立功具有"亲为性"的特征。犯罪分子的亲属"协助立功"的，不符合立功的主体要件，因此，不能认定为犯罪分子具有立功表现。

(二)对《意见》所列举的"协助抓捕其他犯罪嫌疑人"的理解与适用，应当采取缩小解释

《意见》虽然在列举了四种常见"协助抓捕其他犯罪嫌疑人"的情形后，加上了"等等"二字，但对"等等"应当进行严格的限制解释，不能认为凡是对侦破案件起到一定的协助作用，节约了一定的司法资源就一律认定为立功。在具体情形的认定上，应当坚持两点：一看是否按照司法机关的安排而配合作出相应行为；二看将重要信息提供的对象是否是司法机关。前者的要点是，提供的协助行为是依照司法机关的安排所为，表明其有配合司法机关侦破案件的意愿和行为，如《意见》列举的第一、第二种协助方式，即"按照司法机关的安排，以打电话、发信息等方式将其他犯罪嫌疑人(包括同案犯)约至指定地点的"和"按照司法机关的安排，当场指认、辨认其他犯罪嫌疑人(包括同案犯)的"，无不强调是按照司法机关的安排而为。后者的要点是将重要信息向司法机关提供，如《意见》列举的第三、第四种协助方式，即"带领侦查人员抓获其他犯罪嫌疑人(包括同案犯)的"和"提供司法机关尚未掌握的其他案件犯罪嫌疑人的联络方式、藏匿地址的"，均要求是将重要信息向司法机关提供，之后由司法机关前往抓获。这体现出对立功持谨慎认定的态度，一方面，立法不鼓励"私力缉凶"这一冒险方式，以免发生新的悲剧；另一方面，也是为了防止饱受诟病的"串通买功"现象发生，人为制造不公正的量刑。

本案中，被告人曹显深规劝同案犯投案，既非是在司法机关的安排下进行，也非是将杨永旭、张剑二人的藏匿信息告知司法机关，由司法机关前往抓获。曹显深是将该想法告诉其兄长曹显林，由曹显林与张剑、杨永旭的亲属共同寻找、动员，之后，张剑、杨永旭才先后投案的。曹显深供述，其不知道杨永旭在哪里，仅猜测张剑躲在附近的山上。张剑则供述，曹显林与其父亲张某某一起找到其后，共同做其思想工作，之后才自动投案的。杨永旭亦供述，其哥哥杨某某找到其后，动员其去自首。之后，其哥哥拨打曹显林先前留下的纸条上的电话号码，由曹显林陪同投案。曹显林则对上述动员经过进行了证实。可见，曹显深并不能提供杨永旭、张剑的详细、具体、准确的藏匿地址，其仅仅是有规劝杨、张二人投案的意愿。杨永旭、张剑的投案，系曹显林与杨、张的亲属共同寻找、动员的结果，并非曹显深直接动员所致，不能认定为曹显深具有立功表现。

试想,假若将本案中曹显深的协助动员同案犯投案的意思表示认定为立功表现,则曹显深、杨永旭、张剑三人均有自首情节,曹显深还另有立功表现,且是重大立功表现,三人均可从轻甚至减轻处罚。但如果曹显深将杨永旭、张剑的准确藏匿地址提供给司法机关,由司法机关抓获杨、张,则杨、张二人不可能成立自首,仅有曹显深一人能得到减轻处罚。因此,不宜对曹显深提供信息的对象不加区分,认为只要是起到了一定的协助抓捕作用,就一律认定为立功。否则,将导致量刑失衡,也不符合宽严相济刑事政策的要求。

(三)曹显深的行为虽不认定立功,但可作为悔罪表现,酌情从轻处罚

如前所述,被告人曹显深的行为虽然不构成立功,但考虑到曹显深在投案以后,人身自由受限,确实不能亲自前往动员同案犯投案,其委托亲属代为动员的行为,表明了其将功赎罪的意愿,应认定为具有悔罪表现,可以酌情从轻处罚。

综上,一审法院不认定曹显深委托亲属代为动员在逃同案犯投案的行为为立功是准确的,同时考虑到曹显深有自首情节,本案事出有因,案发后又积极赔偿了被害人亲属经济损失并取得谅解,对其从轻处罚,以故意伤害罪判处有期徒刑十五年,剥夺政治权利四年是适当的。

(撰稿:广西壮族自治区高级人民法院　唐玉迪
审编:最高人民法院刑四庭　陆建红)

[第1171号]庞易浑等故意伤害案

——附带民事诉讼原告人因部分被告人赔偿而对其撤诉后,其余被告人尚应承担赔偿责任的,应如何处理

【关键词】　故意伤害罪　附带民事诉讼　部分撤诉　责任分担

一、基本案情

被告人庞易浑,男,1993年1月29日出生。2010年10月26日因犯盗窃罪被判处有期徒刑一年,并处罚金人民币一千元,2011年1月29日刑满释放。2012年11月24日因涉嫌犯故意伤害罪被逮捕。

被告人庞盛文,男,1988年12月3日出生。2006年2月7日因犯抢劫罪被判处有期徒刑九个月,并处罚金人民币一千元,2006年4月19日刑满释放;2007年5月25日又因犯抢劫罪被判处有期徒刑四年,并处罚金人民币四千元,2010年6月2日刑满释放。2012年11月24日因涉嫌犯故意伤害罪被逮捕。

被告人李奉君,男,1994年1月29日出生。2012年6月20日因犯抢劫罪被判处有期徒刑三年,并处罚金人民币五千元,2012年9月24日因病暂予监外执行。2012年11月24日因涉嫌犯故意伤害罪被逮捕。

同案人暨附带民事诉讼被告人许某某(系未成年人,分案审理)。

附带民事诉讼原告人陈秀英,女,1932年1月21日出生,系被害人郑中看之母。

附带民事诉讼原告人暨被害人杨宜杰,男,1987年8月7日出生。

广东省湛江市人民检察院以被告人庞易浑、庞盛文、李奉君犯故意伤害罪,向湛江市中级人民法院提起公诉。因许某某系未成年人,由湛江市赤坎区人民检察院以许某某犯故意伤害罪,分

案向赤坎区人民法院提起公诉。

湛江市中级人民法院经审理查明：2012 年 11 月 6 日 16 时许，被害人郑中看与杨宜杰到湛江市赤坎区军民堤水闸买鱼时与被告人庞盛文发生争执打斗，后被旁人劝开。随后庞盛文离开水闸并打电话给其胞弟庞易浑告知其被打伤之事，让庞易浑帮忙报复对方。庞易浑随即驾驶一辆摩托车搭载被告人李奉君和许某某与庞盛文会合，一起商量报复之事。在商量过程中，庞盛文发现郑中看正好驾驶电动车搭载杨宜杰经过，庞易浑即提议殴打报复郑、杨两人，其他三人均表示同意。随后，由李奉君驾车搭载庞盛文、庞易浑、许某某追赶郑中看和杨宜杰，后将郑、杨二人拦停。接着庞易浑持向许某某要来的一把弹簧刀先后刺了杨宜杰肩背部一刀，腰腹部两刀；追赶并刺中郑中看胸腹部两刀。庞盛文则殴打郑中看一拳，并持李奉君给的另一把弹簧刀追赶杨宜杰，但没追上。许某某徒手追上杨宜杰并踢其腰部一脚。然后三人搭乘李奉君驾驶的摩托车逃离现场。经鉴定，郑中看系被他人用单刃锐器刺伤左胸部致心脏破裂死亡；杨宜杰的损伤程度为重伤，伤残等级为九级。

案件审理过程中，经法院主持调解，附带民事诉讼原告人陈秀英与被告人李奉君及其亲属达成调解协议，被告人李奉君的亲属自愿代李奉君赔偿陈秀英经济损失人民币 35 000 元，已当场履行完毕。陈秀英向法院提出申请撤回对李奉君的附带民事诉讼的起诉，并表示愿意对李奉君予以谅解。此外，李奉君亲属还自愿代李奉君赔偿杨宜杰经济损失人民币 5000 元。

同案人许某某及其亲属与杨宜杰达成谅解协议，同案人许某某的亲属一次性赔偿杨宜杰经济损失人民币 45 000 元，已当场履行完毕。杨宜杰向法院提出申请撤回对许某某及其父母的附带民事诉讼的起诉，并表示愿意对许某某予以谅解。

湛江市中级人民法院认为，被告人庞易浑、庞盛文、李奉君结伙故意伤害他人身体，致一人死亡，一人重伤，其行为均已构成故意伤害罪。在共同故意伤害犯罪中，被告人庞易浑纠集被告人李奉君及同案人许某某，提起犯意，并直接实施持刀捅刺两名被害人的行为，起最主要作用，是主犯；被告人庞盛文纠集被告人庞易浑，并积极实施追打两名被害人的行为，亦起主要作用，亦是主犯之一，对该两名被告人应根据其各自所参与的全部犯罪处罚。被告人李奉君在共同故意伤害犯罪中起次要作用，是从犯，且其亲属积极代为赔偿被害方经济损失，并取得被害人郑中看亲属的谅解，依法可减轻处罚。被告人庞易浑有前科，具有酌定从重情节；被告人庞盛文、庞易浑是累犯，依法应从重处罚；被告人李奉君是在犯抢劫罪因病暂予监外执行期间重新犯罪，应对其实行数罪并罚。被告人庞易浑、庞盛文、李奉君及同案人许某某因共同故意伤害行为造成附带民事诉讼原告人陈秀英、杨宜杰经济损失，应依法承担相应赔偿责任。根据各被告人犯罪的事实，犯罪的性质、情节及对社会的危害程度，并结合部分被告人、同案人赔偿，部分原告人撤回对部分被告人附带民事诉讼的情况，依法作出如下判决：

1. 被告人庞易浑犯故意伤害罪，判处死刑，缓期二年执行，剥夺政治权利终身。

2. 被告人庞盛文犯故意伤害罪，判处有期徒刑十五年，剥夺政治权利五年。

3. 被告人李奉君犯故意伤害罪，判处有期徒刑五年；犯抢劫罪余刑二年三个月零二十四天，并处罚金人民币 5000 元；数罪并罚，决定执行有期徒刑六年，并处罚金人民币 5000 元。

4. 被告人庞易浑、庞盛文与同案人许某某共同赔偿附带民事诉讼原告人陈秀英经济损失人民币 655 131.05 元的 90%，即 589 617.95 元，其中被告人庞易浑承担赔偿总额 655 131.05 元的 50%，即 327 565.53 元，被告人庞盛文承担赔偿总额 655 131.05 元的 30%，即 196 539.32 元，被告人庞易浑、庞盛文与同案人许某某对 589 617.95 元（扣除被告人李奉君应承担的 10%，即 65 513.11元）互负连带赔偿责任。

5. 被告人庞易浑、庞盛文、李奉君与同案人许某某共同赔偿附带民事诉讼原告人杨宜杰经济损失人民币107 810.03元,其中被告人庞易浑承担赔偿总额107 810.03元的50%,即53 905.02元,被告人庞盛文承担赔偿总额107 810.03元的30%,即32 343.01元,被告人李奉君承担赔偿总额107 810.03元的10%,即10 781元,同案人许某某亦承担赔偿总额107 810.03元的10%,即10 781元,四人互负连带赔偿责任;因同案人许某某已赔偿45 000元,被告人李奉君已赔偿5000元,且原告人杨宜杰放弃对许某某附带民事部分的追诉,故被告人庞易浑、庞盛文、李奉君尚应赔偿57 810.03元给原告人杨宜杰;各人赔偿超出自己应承担份额的,可向其他被告人追偿。

6. 驳回附带民事诉讼原告人陈秀英、杨宜杰其他诉讼请求。

一审宣判后,在法定期限内没有上诉、抗诉,湛江市中级人民法院就判决判处被告人庞易浑死刑,缓刑二年执行的部分依法报请广东省高级人民法院核准。广东省高级人民法院经复核查明的事实与原审一致,并裁定核准湛江市中级人民法院以故意伤害罪判处被告人庞易浑死刑,缓期二年执行,剥夺政治权利终身的刑事判决。

二、主要问题

在共同犯罪案件的附带民事诉讼审理中,部分被告人赔偿并与附带民事诉讼原告人达成调解协议,当该部分被告人赔偿数额与其应承担份额不符时,该如何认定其他被告人应承担的具体赔偿数额?

三、裁判理由

本案在附带民事诉讼案件审理过程中,被告人李奉君、许某某分别与附带民事诉讼原告人陈秀英、杨宜杰达成调解协议,且当场履行完毕,陈秀英申请法院对与之达成调解协议的李奉君撤回要求赔偿经济损失的起诉,杨宜杰申请法院对与之达成调解协议的许某某撤回要求赔偿经济损失的起诉。尽管同为达成调解协议,原告人申请撤诉,但本案中,根据过错责任大小等所决定的应当赔偿的份额,李奉君实际支付给陈秀英的赔偿款达不到其应当承担的赔偿份额,而许某某支付给杨宜杰的赔偿款则已超出其应当承担的赔偿份额。李奉君亲属自愿代李奉君赔偿杨宜杰部分经济损失,但未能达成调解协议。在这种情况下,对同案其他被告人应承担赔偿额的计算方法是否一样,如何裁判,在审理中存在以下两种不同意见:

第一种意见认为,根据意思自治原则,只要和附带民事诉讼原告人达成调解协议,附带民事诉讼原告人放弃对其诉讼请求,则不论被告人赔偿是否超出其应承担的份额,均应视为被告人自愿所赔,计算其他被告人应承担赔偿额,一律按赔偿总额扣减该被告人赔偿所占份额。

第二种意见,即原审法院认为,由于各被告人与附带民事诉讼原告人达成调解协议的实际赔偿数额各不相同,从而对同案其他被告人赔偿额所适用的计算方法亦相应不同,不能一概而论。即就陈秀英而言,其所实际获得的赔偿数额,因其放弃对李奉君的诉讼请求,应小于应当获得的赔偿数额。就杨宜杰而言,其虽然放弃了对许某某的诉讼请求,但因许某某已经承担了超过其应当承担的份额,故杨宜杰所实际获得赔偿的总数额,仍然等于其应当获得的赔偿总数额。

我们同意第二种意见。

本案所涉及的法律问题是《中华人民共和国侵权责任法》(以下简称《侵权责任法》)中的连带责任问题。这里的连带责任,是指受害人(被侵权人)有权向共同侵权人或共同危险行为人等责任主体中的部分或全部请求赔偿损失,而责任主体中的任何一员均有对外向被侵权人承担赔偿全部损失的责任和义务;若部分责任人向被侵权人承担了全部赔偿责任,则其他责任人对被侵权人应负的赔偿责任相应予以免除。《侵权责任法》第八条、第十四条第一款和《最高人民法院关于审理人身损害赔偿案件适用法律若干问题的解释》(以下简称《侵权解释》)第五条规定,二人以上共同侵权致人损害的，应当承担连带责任；而各连带责任人赔偿的数额则是根据各自责任大小按份划分确定的；如赔偿权利人在诉讼中放弃对部分共同侵权人的诉讼请求的，其他共同侵权人对被放弃诉讼请求的侵权人应当承担的赔偿份额不承担连带责任。

就本案而言，被告人庞易浑、庞盛文、李奉君伙同同案人许某某共同故意伤害他人，致郑中看死亡、杨宜杰重伤达九级伤残。郑中看之母陈秀英、杨宜杰均提起附带民事诉讼，要求三被告人及同案人许某某承担共同侵权赔偿责任。经审理查明，三被告人及同案人许某某应共同赔偿陈秀英经济损失 655 131.05 元，赔偿杨宜杰经济损失 107 810.03 元，并互负连带赔偿责任。同时，根据各被告人及同案人在共同犯罪中的地位、作用，庞易浑、庞盛文、李奉君、许某某均应分别承担死、伤者赔偿总额的 50%、30%、10%、10% 的赔偿责任。在部分被告人、同案人赔偿，部分原告人撤回对部分被告人附带民事诉讼起诉的情况下，各被告人对陈秀英、杨宜杰的赔偿数额及连带责任的承担，应区分以下三种情形：

（一）被告人李奉君与附带民事诉讼原告人陈秀英达成调解协议，在李奉君的实际赔偿额不足其应承担的赔偿份额的情形下，其他被告人赔偿数额和连带责任的范围确定

根据法律规定，李奉君应按份赔偿给陈秀英 65 513.11 元，并应对赔偿总额 655 131.05 元负连带赔偿责任。但在案件审理过程中，李奉君及其亲属与附带民事诉讼原告人陈秀英达成调解协议，赔偿陈秀英经济损失 35 000 元，陈秀英向法院申请撤回对李奉君附带民事诉讼的起诉。李奉君及其亲属赔偿之数额虽然不足李奉君按份应承担的数额，但鉴于陈秀英已对其表示谅解，并向法院申请撤诉，根据意思自治的原则及《侵权解释》第五条的规定，该情形可视为陈秀英在诉讼中放弃对李奉君的诉讼请求，则庞易浑、庞盛文、许某某可对李奉君应当承担的 10% 的赔偿份额不再承担连带责任，只需共同赔偿陈秀英经济损失 655 131.05 元的 90%，即 589 617.95 元，并互负连带赔偿责任即可。

同样，由于陈秀英放弃对李奉君的诉讼请求，在执行程序中，如果其他被告人无能力赔偿自己应承担的赔偿份额，则侵权人李奉君也不再对其他被告人应承担的赔偿份额承担赔偿责任。

（二）被告人许某某与附带民事诉讼原告人杨宜杰达成调解协议，在许某某的实际赔偿额超出其应承担的赔偿份额的情形下，其他被告人赔偿数额和连带责任的范围确定

我们认为，如果某个被告人与原告人达成调解协议，且该被告人实际赔偿数额已超出其应承担的赔偿总额中的份额的，根据该被告人对超出其应承担份额的部分的不同意思表示，对其他被告人的赔偿数额确定亦应有两种不同处理结果：

1. 该被告人没有明确放弃对超出其本人应承担份额的追偿权的，对其赔偿超出其应承担份额的部分，可视为代其他被告人赔偿，其支付赔偿款后有权就超出本人应担份额的部分向其他被告人追偿；其他被告人则应就扣除该被告人已赔偿部分后的赔偿余额承担赔偿责任，并互负连带责任。

《侵权责任法》第十四条第二款明确规定："支付超出自己赔偿数额的连带责任人，有权向其他连带责任人追偿。"这里虽然未明确是否包括部分连带责任人在调解中支付超出其本人应赔偿份额的情形，但我们认为，该规定同样适用于本文所述情形。理由如下：首先，民事侵权赔偿的主要目的是恢复原状，弥补被害人的损失，即权利人实际损失多少，侵权人就赔偿多少，理论上称之为"填平原则"，附带民事赔偿亦遵循该原则，民事赔偿权利人不能因为损害赔偿而获利。其次，由于被告人赔偿被害人物质损失的情况直接影响到被告人悔罪表现的认定，法院在量刑时需结合赔偿情况予以考虑，故部分被告人的亲属往往争取在一审判决前与被害方达成调解协议，希望法院在对被告人量刑时能够予以从轻处罚。而此时由于判决未下，民事赔偿总额以及各被告人

应承担的赔偿份额均未明确，部分被告人及其亲属对被告人应承担的赔偿权利义务也不一定了解，但为了能够与被害方达成调解协议，可能实际赔偿的数额超出被告人自己应承担的份额。这种情况不能一概视为被告人自由处分了自己的权益，仍应保障该部分被告人对赔偿超出其本人应承担份额的部分享有对其他被告人的追偿权，至于该部分被告人是否行使该追偿权，则属于其自由处分的权利。最后，保障该部分被告人的追偿权，亦是为了防止其他被告人逃避其应承担的民事赔偿责任。

本案中，同案人暨附带民事诉讼被告人许某某应按份赔偿给杨宜杰 10 781 元，并应对赔偿总额 107 810.03 元负连带赔偿责任。在案件审理过程中，许某某亲属自愿代许某某赔偿给杨宜杰经济损失人民币 45 000 元，杨宜杰放弃对许某某的附带民事部分的追诉，双方达成调解协议。此时，许某某所赔偿的数额已超出其本人应承担的赔偿份额，对其他被告人的民事赔偿额的处理就应适用上述方法。即许某某虽然赔偿超出其本人承担的份额，但因其并没有明确放弃追偿权，可视为许某某代庞易浑、庞盛文、李奉君所赔，许某某可就超出其本人承担份额部分的赔偿款向庞易浑、庞盛文、李奉君追偿，庞易浑、庞盛文、李奉君应就给杨宜杰造成的损失总额减去许某某已赔偿额的剩余部分承担共同赔偿责任，并互负连带赔偿责任。

2. 被告人如明确放弃对超出其本人应承担份额赔偿款的追偿权，则对其他被告人赔偿数额的计算与本文(一)相同，即其他被告人对该被告人应当承担的赔偿份额不再承担连带责任，只需共同赔偿给附带民事诉讼原告人赔偿总额扣除该被告人已赔偿额的剩余部分，并互负连带赔偿责任即可。

(三)被告人李奉君对附带民事诉讼原告人杨宜杰赔偿其本人应承担份额的一部分后，没有取得杨宜杰谅解而放弃对其追诉的，李奉君及其他被告人赔偿数额和连带责任范围的确定

本案中，李奉君亲属自愿代李奉君赔偿杨宜杰经济损失人民币 5000 元，但未能与杨宜杰达成调解协议，在这种情况下，其应与其他被告人继续共同赔偿剩余部分，并对该剩余部分互负连带赔偿责任。即先以赔偿总额 107 810.03 元减去许某某赔偿的 45 000 元，再减去李奉君所赔 5000 元，得 57 810.03 元，即为被告人李奉君与庞易浑、庞盛文应共同赔偿给杨宜杰的经济损失，且三被告人对该 57 810.03 元互负连带赔偿责任。综上，一审裁判适当。

(撰稿：广东省湛江市中级人民法院　李非白　武丹莉
审编：最高人民法院刑四庭　陆建红)

[第 1172 号]郑师武非法拘禁案

——吸毒致幻挟持他人，不具有真实的绑架犯罪目的，不应认定构成绑架罪

【关键词】 非法拘禁罪　绑架罪　吸毒致幻挟持他人　原因自由行为　绑架犯罪目的

一、基本案情

被告人郑师武，男，1988 年 8 月 5 日出生，汉族，2011 年 12 月 29 日因犯贩卖毒品罪被广东省广州市白云区人民法院判处有期徒刑二年，2013 年 3 月 20 日刑满释放。因本案于 2014 年 6 月 12

日被逮捕。

广州市越秀区人民检察院以被告人郑师武犯绑架罪,向越秀区人民法院提起公诉。

被告人郑师武辩称:其因吸食大量冰毒产生幻觉,进而导致后续行为。其实施涉案行为时,意识混乱。其辩护人的主要辩护意见是:郑师武因吸毒过量而产生幻觉,导致发生本案,其在作案时的意识与正常人的认识不同。郑师武并未向被害人提出任何非法要求,故其行为只构成非法拘禁罪,不构成绑架罪。

越秀区人民法院经审理查明:2014 年 6 月 1 日 17 时许,被告人郑师武吸食甲基苯丙胺(冰毒)后,出现被警察追捕的幻觉,便闯入广州市越秀区瑶池大街 20 巷 7 号首层 10 号白氏化妆品有限公司的仓库,手持一把西瓜刀劫持了仓库管理员被害人李文珍,将仓库卷闸门锁上,企图"躲避警察追捕",并恐吓李文珍不要报警。群众发现上述情况后,将李文珍被劫持的消息通知该公司负责人白霜。白霜到场后询问郑师武有无需求。郑师武提出让白霜开车护送其与李文珍到广州市海珠区的要求,遭到了白霜的拒绝。当日 22 时,民警接到白霜报警后到达现场与郑师武谈判,一直用刀劫持、殴打李文珍的郑师武与民警陷入对峙。次日 1 时 30 分许,白霜寻机将卷闸门打开,民警立即冲入仓库将郑师武制服并抓获归案,缴获其西瓜刀,解救出李文珍。在上述过程中,郑师武造成李文珍背部、左中指、右肘部受伤,经鉴定属轻微伤。案发后经法医鉴定,郑师武案发时患"精神活性物质(甲基苯丙胺)所致精神障碍"。

越秀区人民法院认为,被告人郑师武非法拘禁他人,非法剥夺他人人身自由,其行为构成非法拘禁罪。公诉机关指控郑师武犯罪的事实清楚,证据确实、充分,法院予以支持。指控郑师武构成绑架罪不当,法院予以纠正。郑师武因吸毒患"精神活性物质(甲基苯丙胺)所致精神障碍",作案时无辨认能力并产生幻觉,其持刀挟持李文珍的绑架犯罪目的不具有客观真实性,故郑师武的行为不构成绑架罪,依法只构成非法拘禁罪。辩护人所提的郑师武只构成非法拘禁罪的辩护意见成立,法院予以采纳。郑师武非法拘禁他人,依法应当对其适用"三年以下有期徒刑、拘役、管制或者剥夺政治权利"的量刑幅度予以处罚。郑师武曾因故意犯罪被判处有期徒刑,刑罚执行完毕后五年内再犯罪,是累犯,依法应当从重处罚。郑师武在非法拘禁被害人李文珍过程中,殴打李文珍,依法应予从重处罚。综合考虑郑师武作案的具体事实、性质、情节、对社会的危害程度及认罪态度等因素,根据前述法定刑幅度、法定的量刑情节,依照《中华人民共和国刑法》第二百三十八条第一款、第六十五条第一款之规定,判决如下:

被告人郑师武犯非法拘禁罪,判处有期徒刑二年六个月。

一审宣判后,被告人郑师武没有提出上诉,检察院亦未抗诉,判决已发生法律效力。

二、主要问题

行为人吸毒致幻,产生精神障碍,在幻觉下挟持他人意图逃避"警察抓捕",是否可以认定其"绑架他人作为人质",从而构成绑架罪?

三、裁判理由

在本案中,被告人郑师武因吸毒患"精神活性物质(甲基苯丙胺)所致精神障碍",在作案时郑师武并无辨认能力,且产生了与现实情况不相符的"被警察追捕"的幻觉。郑师武在幻觉的影响下,为"躲避警察追捕"而进入案发地仓库、持刀挟持李文珍,并试图向他人"索车逃离现场"。对于郑师武吸毒致幻后实施的上述行为如何处理,在司法实践中存在三种不同观点:

第一种观点认为,被告人郑师武作案时因吸毒患"精神活性物质所致精神障碍",其所实施的行为完全系幻觉所致,郑师武并无辨认能力,不应承担刑事责任。第二种观点认为,郑师武在客观上已经实施了挟持他人作为人质的绑架行为,理应构成绑架罪,吸毒致幻并不影响对该罪的认定。第三种观点认为，郑师武因吸毒致幻实施的挟持他人的行为，并不具有实施绑架犯罪的真实目的，不构成绑架罪而构成非法拘禁罪。上述的"绑架犯罪目的"并不具有客观真实性，故不能认定郑师武绑架他人作为人质是出于某种"绑架犯罪的目的"，其行为不构成绑架罪，依法应认定为非法拘禁罪。

我们同意第三种观点，理由如下：

（一）吸毒致幻实施犯罪的行为人应承担刑事责任

被告人郑师武在作案时处于丧失实质性辨认及控制能力的精神病性障碍状态，按照我国刑法规定的主客观相统一原则，责任能力必须存在于行为之时，不能追究行为人在无责任能力状态下所实施行为的刑事责任，那么追究被告人刑事责任的依据何在？此处需要引入刑法上的"原因自由行为"理论。原因自由行为，是指具有责任能力的行为人，故意或者过失使自己一时陷入丧失或者尚未完全丧失责任能力的状态，并在该状态下实施了符合犯罪构成要件的行为。该理论认为，如果是故意或者过失使自己处于无责任能力或限定责任能力状态，则行为人应承担刑事责任，且不能适用从轻或者减轻处罚的规定。其依据在于，"行为人在实施与结果的发生具有因果关系的行为时具有责任能力，而且具有故意或者过失，就具有非难可能性"。①

我国刑法虽然没有规定原因自由行为，但刑法第十八条第四款规定"醉酒的人犯罪，应当负刑事责任"，可视为肯定原因自由行为理论的类似规定。司法部《精神障碍者刑事责任能力评定指南》第4.2.5条规定："对毒品所致精神障碍者，如为非自愿摄入者按4.1条款评定其刑事责任能力；对自愿摄入者，暂不宜评定其刑事责任能力，可进行医学诊断并说明其案发时精神状态。"这也反映出从刑事责任能力评定角度讲，我国司法实务界是承认原因自由行为理论的，并没有将吸毒致幻者视为无刑事责任能力或限制刑事责任能力的病理性精神病人。

根据原因自由行为理论，对于自愿吸毒者，其有正常的辨认能力和控制能力，明知吸食毒品可以导致自身出现精神活动的变化，在吸食前本可以自由决定自己是否陷入丧失或不完全丧失辨认、控制能力状态，而仍然放纵自己的吸毒行为，其理应对吸毒后实施的犯罪行为承担刑事责任。被告人郑师武在犯罪时，由于吸毒导致精神障碍，作案时无辨认能力，但由于其出于自由选择吸食毒品，其吸毒时知道或应该知道可能会有其他不良后果发生，故其吸毒后产生的精神障碍状态不能阻却罪责，其应对自己随后实施的犯罪行为负刑事责任。前述第一种不应承担刑事责任观点的理由不成立。

（二）依据主客观相一致的原则，被告人郑师武的行为不构成绑架罪

根据刑法第二百三十九条第一款的规定，绑架罪是指行为人以勒索财物或者满足其他不法要求为目的，使用暴力、胁迫或者其他方法，挟持或拘禁他人的行为。该罪的犯罪主体是一般主体，客体是他人的人身权利；主观方面是行为人主观上具有以勒索财物或者满足其他不法要求的目的而扣押他人为人质的故意；客观方面是行为人使用暴力、胁迫或者其他方法，绑架他人的行为。绑架罪要求行为人主观上不仅要有侵害他人人身安全与行动自由的犯罪故意，还需要特定的犯罪目的，即以"勒索财物"或"以人质安全为挟，谋取财物之外利益"之犯罪目的。"勒索财物"或"以人质安全为挟，谋取财物之外利益"是认定绑架罪不可或缺的构成要件要素。

从主观方面来看，被告人郑师武为了躲避警察追捕，进入案发仓库持刀挟持被害人李文珍，意图通过绑架被害人作为人质来向他人索要车辆，从而驾驶车辆逃避追捕，其主观方面形式上似乎符合绑架罪所要求的"以人质安全为挟，谋取财物之外利益"的特定犯罪目的。但根据我国刑

---

① 参见张明楷：《刑法学》（第4版），法律出版社2011年版，第287页。

法主客观相一致原则,构成要件要素中的每一个要素都应该是客观存在的,故"绑架他人作为人质,谋取财物之外利益"应为真实明确之目的而非虚构之目的。郑师武因吸毒产生精神障碍,作案时产生了与现实情况不相符的幻觉,其被警察追捕的状态是不真实、非客观存在的,仅存在于其自己的幻觉中,故此引起的为了"躲避警察追捕"而进入案发仓库、持刀挟持李文珍欲"逃避追捕"并向他人"索车逃离现场"的所谓犯罪目的并不具有客观真实性,即郑师武事实上并不具备绑架李文珍作为人质以满足其不法要求的目的。故前述第二种观点仅凭郑师武在不真实的"犯罪目的"支配之下所产生的挟持他人的拘禁行为,便武断地认定郑师武具备绑架罪的主观方面构成要件的理由不充分。

(三)被告人郑师武的行为符合非法拘禁罪的构成要件

绑架罪的主观方面要件是一个复合要件,行为人既有非法拘禁他人而限制人身自由的主观故意,又有通过控制人质而企图实现勒索钱财或者其他目的的主观故意。本案中,被告人郑师武的行为虽然在客观上符合绑架罪的特征,但因其不具有绑架罪所要求的特定犯罪目的,即其犯绑架罪的主观方面构成要件不存在,因而不构成绑架罪。但是对郑师武所实施的挟持他人并将他人囚禁控制在仓库中的行为仍然能够进行刑法意义上的评价,因为该行为符合刑法第二百三十八条"非法拘禁他人或者以其他方法非法剥夺他人人身自由"的规定。郑师武非法剥夺了他人的人身自由,客观上实施了非法拘禁他人的行为,其主观上虽然是为了"躲避警察追捕"而持刀挟持人质欲"索车逃离现场",但该主观故意中包含非法拘禁罪的故意内容,即郑师武亦具备非法剥夺他人人身自由的故意,符合非法拘禁罪的构成要件,构成非法拘禁罪。

综上,法院认定被告人郑师武的行为不构成绑架罪而构成非法拘禁罪,结合郑师武系累犯,在非法拘禁被害人的过程中有殴打被害人的行为等情节,判处其有期徒刑二年六个月是适当的。

(撰稿:广东省广州市越秀区人民法院　林旭群
中山大学法学院硕士研究生　林子淇
审编:最高人民法院刑四庭　陆建红)

[第 1190 号]李征琴故意伤害案

——轻微家庭暴力犯罪案件中未成年被害人的法定代理人的程序选择权如何适用

【关键词】 故意伤害罪　家庭暴力犯罪　程序选择　未成年人利益最大化

一、基本案情

被告人李征琴,女,1965 年 8 月 18 日出生。2015 年 9 月 29 日因涉嫌犯故意伤害罪被逮捕。

江苏省南京市浦口区人民检察院以被告人李征琴犯故意伤害罪,向南京市浦口区人民法院提起公诉。

被告人李征琴对指控其多次殴打被害人施某某的主要事实不持异议,提出本案鉴定程序违法、鉴定意见错误,其不构成犯罪。另提出,根据《最高人民法院、最高人民检察院、公安部、司法部关于依法办理家庭暴力犯罪案件的意见》(以下简称《反家暴意见》)中关于被害人程序选择权的规定,应当撤销对其指控。

浦口区人民法院经公开审理查明：

被告人李征琴与施某斌于2010年登记结婚，婚前双方各有一女。2012年下半年，李征琴夫妇将李征琴表妹张某某的儿子即被害人施某某（案发时8周岁）从安徽省带至南京市抚养，施某某自此即处于李征琴的实际监护之下。2013年6月，李征琴夫妇至民政机关办理了收养施某某的手续（公安机关调取的收养材料显示，“收养当事人无子女证明”所盖印章与有权作出证明的单位印章不一致）。2015年3月31日晚，李征琴认为施某某撒谎，在家中先后使用竹制抓痒耙、塑料制跳绳对其抽打，造成施某某体表出现范围较广泛的挫伤达150余处。经法医鉴定，施某某躯干、四肢等部位挫伤面积为体表面积的10%，其所受损伤已构成轻伤一级。

另查明：案发后，被告人李征琴经公安机关电话通知后主动到案接受调查，如实交代了主要事实。被害人施某某的生父母桂某某、张某某与李征琴达成和解协议，并对李征琴的行为表示谅解。

浦口区人民法院认为，被告人李征琴在对被害人施某某实际监护过程中，故意伤害施某某身体，造成施某某轻伤一级的严重后果，其行为已构成故意伤害罪。综合考虑李征琴的犯罪动机、暴力手段、侵害对象、危害后果，以及其具有自首、取得被害人生父母谅解等法定及酌定情节，依照《中华人民共和国刑法》第二百三十四条第一款、第六十七条第一款，《中华人民共和国刑事诉讼法》第二百七十九条之规定，以故意伤害罪判处被告人李征琴有期徒刑六个月。

宣判后，被告人李征琴不服，提出上诉，认为一审判决所采信的法医学人体损伤程度鉴定书程序违法、鉴定标准错误；一审判决违反了家庭暴力犯罪案件中被害人程序选择权的规定；一审判决不符合未成年人利益最大化的要求。

南京市中级人民法院经审理认为，被告人李征琴故意损害他人身体健康的行为已构成故意伤害罪。一审认定李征琴犯故意伤害罪的事实清楚，定罪准确，结合李征琴犯罪的事实、性质、情节和对社会的危害程度对其所处刑罚适当。据此，依照《中华人民共和国刑事诉讼法》第二百二十五条第一款第一项之规定，裁定驳回上诉，维持原判。

二、主要问题

1. 如何把握被害人在轻微家庭暴力犯罪案件中的程序选择权？

2. 家庭暴力犯罪案件审判中如何体现未成年人利益最大化原则？

三、裁判理由

（一）如何理解轻微家庭暴力犯罪案件中的被害人程序选择权

本案审理过程中，被告人李征琴及其辩护人、被害人的诉讼代理人提出，本案属于轻微刑事案件，被害人依法享有程序选择权，一审法院无视被害人及其生父母不追究李征琴刑事责任的意志，属于适用法律错误，其所提具体理由包括：其一，《反家暴意见》规定了被害人在轻微家庭暴力案件中有程序选择权，即使考虑到被害人程序选择权对被害人有行为能力的要求，但本案被害人已是八周岁的儿童，有自主思维和判断，故应当适用程序选择权。其二，本案被害人的生父母可以代其作出程序选择，依据是《最高人民法院关于适用〈中华人民共和国刑事诉讼法〉的解释》（以下简称《刑事诉讼法解释》）第四百九十七条第二款的规定，即被害人系无行为能力或者限制行为能力人的，其法定代理人、近亲属可以代为和解。

本案审理中，对上述问题主要形成以下两种意见：

第一种意见认为，《反家暴意见》属于指导办案的司法政策文件，该文件第八条规定，对于被害人有证据证明的轻微家庭暴力犯罪案件，在立案审查时，应当尊重被害人选择公诉或者自诉的权利。被害人要求公安机关处理的，公安机关应当依法立案、侦查。在侦查过程中，被害人不再要求公安机关处理或者要求转为自诉案件的，应当告知被害人向公安机关提交书面申请。经审查确系被害人自愿提出的，公安机关应当依法撤销案件。被害人就这类案件向人民法院提起自诉的，人民法院应当依法受理。该意见所规定的被害人程序选择权的前提是轻微家庭暴力犯罪案件，而本案中，被告人李征琴故意伤害被害人施某某的身体，构成轻伤一级的严重伤害结果，已不属于轻微家庭暴力犯罪案件，故不应适用被害人程序选择权。

第二种意见认为，《反家暴意见》所规定的被害人程序选择权并不是绝对的，应受行为能力的限制，本案被害人尚未满十周岁，行为能力受限，故本案不应适用被害人程序选择权的规定，检察机关就本案提起公诉与被害人程序选择权并不冲突。

我们原则同意第二种意见，具体理由如下：

1. 本案属于轻微家庭暴力犯罪案件

《反家暴意见》第八条规定了在轻微家庭暴力犯罪案件中，应尊重被害人的程序选择权。根据《刑事诉讼法解释》第一条第二项的规定，刑法分则第四章、第五章规定的，对被告人可能判处三年有期徒刑以下刑罚的案件应属轻微刑事案件范畴。本案被告人的犯罪事实和情节符合刑法第二百三十四条第一款的规定，即可能判处三年有期徒刑以下刑罚，属轻微刑事案件，且本案系发生在家庭内部的暴力犯罪，故应属《反家暴意见》第八条所规定的轻微家庭暴力犯罪案件。

2. 被害人程序选择权的行使应受行为能力的限制

《反家暴意见》第三条规定了尊重被害人意愿原则，第八条规定了轻微家庭暴力犯罪案件中的被害人程序选择权，前后呼应，共同强调在作出对被害人利益具有重大影响的处理决定时，应当充分听取并尊重被害人的意见。但无论是尊重被害人意愿原则，还是具体到尊重被害人程序选择权，均不是绝对的，应有一定限度。

其一，从法律文义来看。被害人程序选择权实际上是被害人的诉讼处分权利，是被害人在法律规定的范围内依据自己的意愿决定程序利益的取舍，是意思自治原则在刑事诉讼领域的运用。显然，被害人进行程序选择系权利处分，这就当然要求其具有行为能力，行为能力是独立行使权利、承担义务的基础。而本案被害人系未满十周岁的未成年人，其在法律上系无行为能力人，不具备权利处分能力，其亦无法认识到该项程序选择的法律后果。因此，我们认为，本案被害人本人所作出的不追究李征琴责任的意思表示，不具有程序选择的法律意义。

其二，从司法政策文件的精神来看。《反家暴意见》第八条规定被害人有程序选择权，主要是基于家庭暴力犯罪案件不同于其他刑事案件，犯罪行为发生在家庭内部，从促进家庭和谐、维系家庭关系来说，被害人有时出于感情、经济等因素的考虑，会选择对轻微家庭暴力犯罪行为不予追究，其意愿有可能更符合家庭实际情况，更有利于解决家庭成员之间矛盾，修复家庭关系。因此，《反家暴意见》所规定的程序选择权应当是针对具备独立判断能力的被害人而言，否则，《反家暴意见》体现的公权力依法介入、干预家庭暴力的政策目标将会落空。本案被害人尚年幼，心智尚未成熟，本案所涉刑事犯罪与人伦亲情的取舍已超出其能够独立判断的认知范围，不应支持其可以独立行使不追究被告人刑事责任的程序选择权。

其三，被害人谅解与被害人行使程序选择权的法律后果不同。根据程序选择权，被害人在立案、侦查阶段即可要求撤销案件，直接涉及是否启动诉讼程序追究犯罪嫌疑人、被告人刑事责任的问题，被害人程序选择权的权利处分范围要远远大于公诉案件的和解。因此，考虑家庭暴力案件大多发生在亲属之间的特殊性，不可当然依据《刑事诉讼法解释》第四百九十七条第二款的规定，一概赋予家庭暴力案件中被害人的法定代理人、近亲属代为程序选择的权利。特别是对受虐待、伤害的儿童的父亲或母亲又系被告人的，更应慎重考虑其他监护人代行程序选择权是否可能侵犯未成年被害人的合法权益。本案被害人的生父母表达了对被告人李征琴的谅解，法院可在量刑时作为酌定情节予以考虑，但不宜以此作为不追究被告人刑事责任，要求宣判无罪的依据。

其四，从司法政策文件规定的逻辑体系来看。《反家暴意见》第八条与第九条相互呼应，无论从逻辑关系，还是从内在价值判断来看，两者关于强化对家暴被害人保护的内在精神均是一致的。第八条规定了被害人的程序选择权，第九条则规定了通过代为告诉保障被害人的诉讼权利。根据第九条的规定，检察机关对于家庭暴力犯罪案件的被害人系无行为能力人、限制行为能力人，其法定代理人、近亲属没有告诉或代为告诉的，可以代为告诉。该条规定从内在价值判断来看，更强调对无行为能力及限制行为能力被害人的特殊保护。本案中，被害人遭受家庭暴力已构成轻伤一级，虽然其养父及生父母均不要求追究被告人的刑事责任，但检察机关基于对未成年被害人特殊保护原则而提起公诉，是完全符合法律规定的。

（二）家庭暴力犯罪案件审判中如何体现未成年人利益最大化原则

1. 未成年人利益最大化原则是审理涉未成年人案件的基本准则。联合国《儿童权利公约》确立了儿童利益最大化原则，要求“关于儿童的一切行为，不论是由公私社会福利机构、法院、行政当局或立法机构执行，均应以儿童的最大利益为一种首要考虑。”我国已于1990年签署该公约，这一原则也已成为国际社会处理儿童问题时的基本准则。同时，未成年人保护法亦明确规定了未成年人享有生存权、发展权、受保护权、参与权等权利，国家根据未成年人身心发展特点给予特殊、优先保护，保障未成年人的合法权益不受侵犯。本案被害人施某某系未成年人，身心尚未成熟，缺乏独立生活能力，应予以特殊保护和照料，本案的审理亦应遵循未成年人利益最大化原则。

2. 应在法律框架下给予未成年人最大限度保护。被告人李征琴及其辩护人提出，李征琴平时对施某某关爱有加，施某某在本案审理期间亦表达了其思念李征琴，想继续与李征琴共同生活的愿望，一审法院判处李征琴刑罚，将施某某与李征琴分离，造成施某某在二审期间辍学，缺乏人文关怀，违背了未成年人利益最大化原则。

我们认为，本案的审理结果符合未成年人利益最大化原则，系在法律框架下对未成年人的最大限度保护。第一，本案系发生在家庭内部的故意伤害刑事案件，李征琴虽在平时的生活中对施某某较为关心、爱护，但其以暴力手段摧残施某某的身心健康，造成严重后果，已构成犯罪，具有社会危害性，应受到国家法律的惩处。第二，未成年人的父母或其他监护人依法对其有抚养教育的权利和义务，但该项权利的行使不得超越法律边界，应受到国家法律的监督。未成年人系具有独立人格的生命体，并非父母的私有财产，其生命健康权不应以任何理由受到侵害。国家作为未成年人的最终监护人，有权力亦有责任对侵害未成年人合法权利的行为进行监督、干预，此系国家公权力的合法行使，符合未成年人利益最大化原则的要求。第三，应全面考量未成年人利益最大化原则。具体到本案，从被害人施某某个体角度来看，未成年人利益最大化并不等同于物质利益最大化。李征琴虽为施某某提供了较好的物质生活、学习条件，但物质生活的优越性并非未成年人健康成长的唯一保障及衡量标准，物质条件不应亦无法替代对未成年人生命健康及人格尊严的权利保障。法律不外乎人情，但情感亦不能僭越法律。从全社会未成年人群体角度来看，本案反映了社会传统教育理念与现代法治文明的碰撞，本案的审理结果向社会传达了未成年人权利保护的理念，批判传统家长权威主义教育方式，倡导亲子之间科学良性沟通，长远来看，是对全社会未成年人群体利益的最好保护。

此外，据了解，本案二审期间，相关部门已为被害人施某某提供了基本的住房、生活、教育保障，施某某亦表达了希望回原学校继续就读的愿望，李征琴及其辩护人所述一审判决造成施某某辍学的意见与事实不符。对于施某某，国家、社会，尤其是施某某亲属，应给予充分关爱，对其正面引导、纾解其负面情绪，使其尽早回归正常学习生活。

综上，人民法院以故意伤害罪对被告人李征琴进行定罪判刑，较好体现了法律与政策、依法惩处犯罪与最大限度保护未成年被害人的有机统一。

需要指出的是，在本案审理过程中，被告人李征琴及其辩护人提出“皮内出血”不属于“挫伤”，认为被害人施某某所受损伤不符合轻伤一级的认定标准。我们认为，挫伤系法医学术语，通常是指由钝器作用造成的以皮内和（或）皮下及软组织出血为主要改变的闭合性损伤，两种情况经常相伴发生，挫伤包含“皮内出血”的情形，但通常来看，以皮内出血为主的损伤程度相对轻一些，但施某某所受损伤已经法定程序鉴定为轻伤，故法院未采纳被告人的相关辩解意见。

（撰稿：江苏省南京市中级人民法院　周　侃　徐聪萍
审编：最高人民法院刑一庭　杜国强）

[第1200号]袁明祥、王汉恩故意杀人案

——如何理解“被采取强制措施以后，逃避侦查或者审判的，不受追诉期限的限制”

【关键词】　故意杀人罪　追诉期限　被采取强制措施　逃避侦查　共同犯罪被告人追诉时效的计算　终止审理

一、基本案情

被告人袁明祥，男，1971年4月24日出生。1993年4月5日因涉嫌犯故意杀人罪被逮捕，1994年10月26日被取保候审，2015年8月17日因本案再次被取保候审。

被告人王汉恩，男，1971年11月7日出生。1993年4月2日因涉嫌犯故意杀人罪被批准逮捕，因潜逃直至2015年7月6日被公安机关抓获归案，同年7月16日被执行逮捕。

贵州省黔南布依族苗族自治州人民检察院于2016年4月18日以被告人袁明祥、王汉恩犯故意杀人罪向黔南布依族苗族自治州中级人民法院提起公诉。

黔南布依族苗族自治州中级人民法院经审理查明：

1993年3月4日晚，被告人袁明祥从父亲潘益群处获知，当日下午村民罗灿平（被害人，殁年22岁）携刀在其家门口徘徊。袁明祥认为罗灿平要报复自己，遂于当日21时许邀约被告人王汉恩打罗灿平，后二人各携带一把菜刀，在福泉市凤山镇牛角田村一油菜田中守候。当日23时许，罗灿平回家路过油菜田，袁明祥拦住罗灿平，二人发生争执扭打。袁明祥按倒罗灿平并骑压在罗身上，王汉恩随后用手殴打罗灿平，后又拿出携带的菜刀乱砍罗灿平头部、脖颈等部位。袁明祥发现罗灿平不再挣扎后，与王汉恩一起逃离现场。经鉴定，罗灿平系被锐器砍伤头、颈部，致右颈部总动脉破损而大失血死亡。

另查明：袁明祥1993年3月5日外逃至福泉市兴隆乡时被公安机关抓获，同年4月5日被逮捕。因同案犯在逃，案件事实无法查清，1994年10月26日袁明祥被取保候审。王汉恩作案后潜逃，1993年4月2日被批准逮捕。2015年7月6日，王汉恩被抓获归案。2015年8月17日，袁明祥被取保候审。

黔南布依族苗族自治州中级人民法院认为，被告人袁明祥被采取强制措施后没有逃避侦查、

审判，其犯罪行为已过20年的追诉期限，如果公诉机关认为必须追诉，须报请最高人民检察院核准，而本案公诉机关并未履行此程序。据此，依照《中华人民共和国刑法》第十二条、第八十七条及《中华人民共和国刑事诉讼法》第十五条第一款第二项之规定，裁定对被告人袁明祥终止审理。被告人王汉恩持刀杀死被害人罗灿平的行为构成故意杀人罪，王汉恩在案发被批捕后逃避侦查和审判，其犯罪行为未过追诉期限，依照《中华人民共和国刑法》第十二条及1979年《中华人民共和国刑法》第一百三十二条、第二十二条、第二十四条、第六十三条之规定，以故意杀人罪判处被告人王汉恩有期徒刑十年。

宣判后，二被告人均服判，检察机关亦未提出抗诉，判决、裁定已发生法律效力。

二、主要问题

1. 如何理解1979年刑法所规定的不受追诉期限限制情形中的“被采取强制措施以后，逃避侦查或者审判”？

2. 对共同犯罪案件如何分别确定被告人的追诉期限？

三、裁判理由

本案中，被告人袁明祥、王汉恩1993年实施共同故意杀人犯罪后，袁明祥曾被采取强制措施，后因证据不足一直未得到依法审判；王汉恩负案潜逃20余年后被抓获归案。1979年和1997年颁布的刑法，对于犯罪追诉期限的规定基本相同，两者均规定被告人“逃避侦查或者审判”的，不受追诉期限限制。但对该例外情况的前提规定有所不同：1979年刑法规定为“采取强制措施以后”；1997年刑法为“立案侦查或者人民法院受理案件以后”，由此导致部分发生在1997年刑法颁布以前的案件，对犯罪是否超过追诉期限的问题出现不同认识。同时，对共同犯罪中部分被告人不受追诉期限限制的，是否引起其他被告人追诉期限的变化，刑法未明确规定，实践中认识不一。本案审理过程中，对二被告人故意杀人犯罪是否已超过追诉期限，存在不同意见：

第一种意见认为，袁明祥、王汉恩1993年3月4日犯罪，至2015年二被告人被采取强制措施追诉，已经超过20年的犯罪最长追诉期限，应裁定对二被告人终止审理。

第二种意见认为，袁明祥、王汉恩1993年3月4日犯罪后，侦查机关即立案侦查，二被告人的犯罪均未过追诉期限，应对二被告人继续审理。

第三种意见认为，袁明祥、王汉恩1993年3月4日实施犯罪，根据刑法从旧兼从轻的处罚原则及1997年《最高人民法院关于适用刑法时间效力规定若干问题的解释》（以下简称《刑法时间效力解释》）第一条之规定，对二被告人犯罪追诉期限的判断，应适用1979年刑法。据此，袁明祥犯罪后虽被采取逮捕、取保候审等强制措施，但未逃避侦查和审判，受追诉时效期限限制，袁明祥被起诉时已过20年追诉期限。根据1979年刑法第七十六条之规定，检察机关追诉袁明祥，须报请最高人民检察院核准。故根据《最高人民法院关于适用〈中华人民共和国刑事诉讼法〉的解释》第一百八十一条第一款第六项之规定，应裁定终止审理或者退回检察机关处理。王汉恩犯罪后，检察机关对王汉恩批准逮捕，因其潜逃未能执行，王汉恩的行为符合1979年刑法第七十七条规定的不受追诉期限限制的情形，对其应继续审理。

我们原则同意第三种意见。具体理由如下：

（一）判断追诉期限问题适用的法律依据

《刑法时间效力解释》第一条规定：“对于行为人1997年9月30日以前实施的犯罪行为，在人民检察院、公安机关、国家安全机关立案侦查或者在人民法院受理案件以后，行为人逃避侦查或者审判，超过追诉期限……是否追究行为人的刑事责任，适用修订前的刑法第七十七条的规定。”故对本案中被告人袁明祥、王汉恩的犯罪行为是否超过追诉期限，判断的法律依据应为1979

年刑法第七十六条、第七十七条。

（二）袁明祥、王汉恩的犯罪行为是否超过追诉期限

本案袁明祥、王汉恩殴打罗灿平并致其死亡，涉及犯罪的法定最高刑为无期徒刑、死刑，根据1979年刑法第七十六条的规定，追诉时效期限为20年。本案从案发到二被告人被追诉，已经超过了20年。但同时根据1979年刑法第七十七条“在人民法院、人民检察院、公安机关采取强制措施以后，逃避侦查或者审判的，不受追诉期限的限制”的规定，袁明祥、王汉恩的行为若符合第七十七条规定的情形，则二人不受追诉期限限制。判断犯罪行为是否不受追诉期限的限制，需考虑两个方面：一是被告人是否曾被采取强制措施；二是在被采取强制措施之后，是否逃避侦查或者审判。袁明祥犯罪后虽被采取逮捕、取保候审等强制措施，但未逃避侦查和审判，不符合第七十七条规定的情形，应受追诉时效期限限制，袁明祥被起诉时已过20年追诉期限。

案发后，检察机关决定对王汉恩批准逮捕，但因王汉恩作案后潜逃，未能执行逮捕，则对王汉恩批准逮捕是否属于对王汉恩采取强制措施，即成为确认王汉恩的犯罪是否受追诉时效期限限制的关键。1992年4月9日《最高人民检察院关于刑法第七十七条有关采取强制措施的规定应如何适用的批复》（高检发研字〔1992〕4号，以下简称《批复》）明确规定，刑法第七十七条所规定的不受追诉期限限制的情形，既适用于已经执行强制措施后逃避侦查或者审判的，也适用于人民法院、人民检察院、公安机关决定（批准）采取强制措施后，由于犯罪分子逃避而无法执行，以及犯罪分子在逃，经决定（批准）逮捕并发布通缉令后拒不到案的。人民检察院对符合上述情况的犯罪分子，应当依法追诉。因此，根据本案的具体情况，王汉恩所实施的故意杀人犯罪不受追诉时效限制，应当追诉。

值得注意的是，2002年2月25日《最高人民检察院关于废止部分司法解释和规范性文件的决定》废止了《批复》，有观点据此认为该批复已经失效，王汉恩被批捕不应视为已被采取强制措施，而由于王汉恩被抓获时距离实施犯罪已超过20年，也没有经最高人民检察院核准继续追诉，其犯罪行为的追诉期限已过。我们认为，废止《批复》的原因表述为“该批复中的相关内容已在刑法第八十八条、第八十九条中作出明确规定”；刑法第八十八条规定，不受追诉期限限制的前提条件是“立案侦查或者人民法院受理案件以后”，“立案侦查以后”涵盖的情形范围显然宽于“被批准逮捕以后”。因此，该《批复》被废止是因内容已涵盖在刑法第八十八条的规定中，而非与现行刑法相悖，对其所明确的批准逮捕属于采取强制措施，应视为有权机关为明确特定法律适用问题而作出的权威解释。在没有其他法律法规对该问题作出相反规定的情况下，《批复》的精神仍可参照适用。故王汉恩在1993年犯罪后被批准逮捕，应视为被采取强制措施，王汉恩的行为符合1979年刑法第七十七条不受追诉期限限制的情形。

（三）对共同犯罪中部分被告人已过追诉期限的如何处理

对于共同犯罪中，部分被告人的追诉期限延长或中断，或者不受追诉期限限制，是否必然影响共同犯罪中其他被告人的追诉期限，法律没有明确规定。我们认为，应当对共同犯罪中各被告人的追诉时效分别评价判断，主要理由是：追诉时效是依照法律规定对犯罪分子追究刑事责任的有效期限，是解决某一犯罪行为经过一定的时限，是否还需要对犯罪分子起诉追究其刑事责任，设立时效制度的一项重要考虑是稳定既有的社会关系。追诉时效期限的长短，是根据犯罪分子所犯罪行对应的法定最高刑进行确定。是否受追诉期限限制，考察的是犯罪分子是否具有逃避侦查或者审判的情形，必然要求结合各被告人的具体情况进行个别化判断。本案中，袁明祥、王汉恩系共同犯罪，二人作案后，袁明祥未逃避侦查，而王汉恩在被批捕的情况下一直负案潜逃，故王汉恩犯罪不受追诉期限限制，不必然引起袁明祥也不受追诉期限的限制。

本案中，袁明祥的犯罪已过追诉期限，王汉恩不受追诉期限的限制，二被告人均被提起公诉，法院应当如何处理？我们认为，刑法对法定最高刑为有期徒刑的，规定了确定的追诉时效期限，超过了就不能再追诉；但对法定最高刑为无期徒刑、死刑的，除规定20年追诉时效期限外，还规定"如果二十年以后认为必须追诉的，须报请最高人民检察院核准"。就本案而言，袁明祥犯罪已经超过20年追诉时效期限，根据《最高人民法院关于适用〈中华人民共和国刑事诉讼法〉的解释》第一百八十一条第一款第六项以及《中华人民共和国刑事诉讼法》第十五条之规定，应裁定终止审理，或者若认为必须追诉，则退回检察机关，报请最高人民检察院核准后再依法起诉。在本案审理过程中，袁明祥、王汉恩就死亡赔偿问题与被害人亲属达成调解协议，取得一定程度的谅解；公诉机关亦未启动对袁明祥报请最高人民检察院核准追诉的程序，故法院依法裁定对袁明祥终止审理，对王汉恩依法定罪判刑，是合适的。

（撰稿：贵州省高级人民法院刑一庭　饶　星　杨雪梅
审编：最高人民法院刑一庭　管应时）

[第1212号]孟庆宝故意杀人案

——作案后逃往他处自杀被救起后主动交代罪行的，能否成立自首

【关键词】　故意杀人罪　形迹可疑　罪行未被司法机关发觉　自首

一、基本案情

被告人孟庆宝，男，1983年2月22日出生，农民。2013年8月16日因涉嫌犯故意杀人罪被逮捕。

辽宁省沈阳市人民检察院以被告人孟庆宝犯故意杀人罪，向沈阳市中级人民法院提起公诉。

被告人孟庆宝对指控事实及罪名无异议。其辩护人提出，孟庆宝杀人后逃离犯罪地至他处欲投湖自尽，后被湖边散步的群众救起，湖区所在的派出所未掌握孟庆宝杀人的案情，该所公安人员在接到群众的救人报警电话，赶至现场对孟进行询问时，其主动、如实供述犯罪事实，依法构成自首，应对其从轻处罚。

沈阳市中级人民法院经审理查明：

被告人孟庆宝与被害人王某某系夫妻关系。被告人孟庆宝因反对王某某与其他人交往而与王某某产生矛盾，王某某提出离婚，遭到孟庆宝拒绝。2013年7月24日11时许，孟庆宝在沈阳市于洪区黄河北大街环北家园的家中，与王某某发生口角，孟庆宝用双手掐住王某某颈部，致王某某因颈部受钝性外力作用导致机械性窒息而死亡。案发后，孟庆宝在家中企图自杀，未果。次日16时许，孟庆宝拨打其岳父王家某的电话，告知其将王某某杀害并准备自杀，后王家某向沈阳市皇姑区北陵派出所报警。

同年7月26日5时22分，沈阳市于洪区造化派出所民警接到有人投湖自杀的报警电话，到达现场后，投湖自杀男子已被群众救起。民警询问其投湖原因，该男子称其将妻子杀害，后又昏迷。民警待其苏醒后将其带至造化派出所，根据身份证件获知该男子为被告人孟庆宝，并通过孟庆宝的手机联系到其姐姐孟某某，了解到孟庆宝的妻子已在家中被害死亡。民警遂再次询问孟

庆宝，孟庆宝详细交代了故意杀人的犯罪事实，后被移送至案发地的公安机关。

沈阳市中级人民法院认为，被告人孟庆宝的行为构成故意杀人罪。关于辩护人所提孟庆宝构成自首的辩护意见，经查，2013 年 7 月 25 日 17 时许，孟庆宝的岳父王家某虽向沈阳市公安局于洪分局北陵派出所报案，但当晚公安机关现场勘查直至 23 时结束，当日未正式立案，亦未把孟庆宝列为犯罪嫌疑人进行通缉，2013 年 7 月 26 日沈阳市公安局于洪分局对该案正式立案，故在此之前孟庆宝的犯罪事实尚未被除北陵派出所以外的其他区域的公安机关掌握。2013 年 7 月 26 日清晨，被告人孟庆宝投湖自杀被救起时，沈阳市公安局于洪分局造化派出所出警民警尚未掌握其杀人罪行，在询问投湖原因时，孟庆宝即在投湖现场交代其杀害妻子的犯罪事实，后造化派出所民警根据此线索进一步核实了被告人身份及所涉案件侦破情况，并将孟庆宝移送至北陵派出所。被告人孟庆宝的行为符合形迹可疑型自首的构成要件，成立自首，故对此辩护意见予以采纳。鉴于本案系因婚姻、家庭琐事引发，被告人认罪悔罪，有自首情节，且取得了被害人家属的谅解，对其从轻处罚。依据《中华人民共和国刑法》第二百三十二条、第五十五条第一款、第五十六条第一款、第六十七条第一款之规定，以故意杀人罪，判处被告人孟庆宝有期徒刑十五年，剥夺政治权利五年。

二、主要问题

作案后逃往他处自杀被救起后，接受当地公安人员盘问时主动如实供述自己罪行的，能否成立自首?

三、裁判理由

本案审理中，对被告人作案后逃往他处自杀被救起后如实供述罪行的行为是否构成自首的问题，有两种不同意见：第一种意见认为，自首应具备自动投案和如实供述两个条件，缺一不可。2013 年 7 月 25 日 17 时许，公安人员接到孟庆宝岳父的报警电话，称女儿被女婿孟庆宝杀害，警察对现场勘查并走访涉案人员的亲属，获知孟庆宝曾给其岳父打电话，告知系其杀死了被害人。此时，公安人员已掌握了孟庆宝杀人的事实。孟庆宝在杀人后逃离案发地，并于 7 月 26 日凌晨在他处畏罪自杀，目的是想逃避法律的追究，并无投案意愿，也缺少投案的主动性。孟庆宝自杀未遂后交代的犯罪事实已被公安人员掌握，其投案行为对案件的侦破亦无实质作用，故孟的行为不构成自首。此意见也是公诉机关的指控意见。第二种意见认为，本案符合“罪行未被司法机关发觉，仅因形迹可疑受到盘问而主动投案”的情形，依法可认定为自首。

我们同意第二种意见。理由如下：

根据刑法第六十七条的规定，成立自首需要具备“主动投案”和“如实供述自己的罪行”两个条件。关于何为“主动投案”，2010 年 12 月 22 日《最高人民法院关于处理自首和立功若干具体问题的意见》(以下简称《自首和立功意见》)第一条以列举的方式对此作了细化，其中第三种主动投案情形是“在司法机关未确定犯罪嫌疑人，尚在一般性排查询问时主动交代自己罪行的”。《自首和立功意见》还进一步指出，“罪行未被有关部门、司法机关发觉，仅因形迹可疑被盘问、教育后，主动交代了犯罪事实的，应当视为主动投案”。根据该意见的细化释明，上述第三种情形成立自首应当满足以下条件。

(一)进行盘问的司法机关尚未掌握犯罪人的罪行

司法实务中，犯罪人实施罪行后，多会选择逃离案发现场，甚至逃到外地，或至隐蔽场所藏匿。公安机关接警后会开展相应的侦查工作，只有在查明犯罪事实、确定犯罪嫌疑人后，才会逐级上报发布不同级别的通缉令，相应区域的公安部门方能了解到犯罪人的信息，这在不同的公安部门之间会形成一个客观存在的获知犯罪人身份的时间差。一般来讲，犯罪行为地的公安机关最先获得案件线索，而后开展侦查工作，在犯罪事实明朗之前，除可能涉及协查配合等例外情况外，具体侦查部门以外的他处公安机关很难获知犯罪人的身份情况，即使他处公安人员遇到犯罪人，如果犯罪人不主动交代，公安人员也很难查获其罪行。因此，进行盘查的公安人员未掌握犯罪人的信息，是体现其投案主动性的必备条件。

这里的主要问题是，何为“司法机关未掌握犯罪事实”。《自首和立功意见》对犯罪嫌疑人、被告人被采取强制措施期间如实供述司法机关还未掌握的本人其他罪行成立自首的情形进行了解释，认为“该罪行能否认定为司法机关已掌握，应根据不同情形区别对待。如果该罪行已被通缉，一般应以该司法机关是否在通缉令发布范围内作出判断，不在通缉令发布范围的，应认定为还未掌握，在通缉令发布范围内的，应视为已掌握；如果该罪行已录入全国公安信息网络在逃人员信息数据库，应视为已掌握。如果该罪行未被通缉、也未录入全国公安信息网络在逃人员信息数据库，应以该司法机关是否已实际掌握该罪行为标准”。

参考此规定，司法机关未掌握犯罪事实应包括两种情形：(1)犯罪事实尚未被司法机关发现；(2)犯罪事实虽已被发现，但司法机关尚未通过相关法律程序将被盘问人确定为犯罪嫌疑人。这两种情形的共同点就是被盘问人与具体案件之间的客观联系尚未被司法机关明确。一般来说，下列情形应属于罪行已被司法机关掌握：(1)根据案件相关线索，司法机关已经将被盘问人与特定的犯罪事实相联系，将其确定为犯罪嫌疑人，如已发布通缉令，且接受投案的部门在通缉令发布的区域内，以及该罪行已录入全国公安信息网络在逃人员信息数据库；(2)属于现行犯可以被采取拘留等强制措施的；(3)采取传唤或者其他强制措施，要求行为人到案接受讯问、调查的，等等。

（二）犯罪人仅因形迹可疑接受一般性的盘问，而非有针对性的盘查

公安人员依职责常处理警情、例行检查等各种警务，在此过程中，会对涉及的相关人员进行一般性的盘问，被询问人因为神态异常或形迹可疑会接受询问。从实际来看，犯罪人涉罪后，心理会有敏感、多疑等变化，外表举止亦呈现出有别于常人的举动，如避开公安人员或公众场所，面对盘查神色慌张等。但这种接受询问只是回答一般性的查询，公安人员没有事实根据确定犯罪人实施了何种罪行，犯罪人就具有了可主动供述或不如实供述的选择，此种情形下的如实供述便具有了主动投案性质。如果公安人员接到通缉令或协查通报，对犯罪人的身份信息或相貌特征有了初步的了解，而有针对性地对相关人员进行排查，此种情形下犯罪人已丧失了投案的主动性，查获的结果也是犯罪人因被动接受盘查而形成的，故不能成立“自动投案”。

（三）犯罪人主动、如实供述犯罪事实

犯罪人犯罪后，其罪行虽被公安机关发现，但罪行和犯罪人之间的关联尚不明朗，或者存在前文中提到的获知犯罪人身份时间差的问题。此时，犯罪人面对公安人员的一般性盘查，如实供述犯罪事实，表明其自愿归于公安机关控制之下，这将会对案件的侦破起到实质的作用，亦是犯罪人主动投案欲实现认罪、悔罪目的的直接体现，故1998年4月17日《最高人民法院关于处理自首和立功具体应用法律若干问题的解释》第一条规定了包括“形迹可疑自首”在内的七种情形，应当视为“自动投案”。

鉴于前述分析，对于畏罪自杀被救起后向不知晓具体案情的公安人员主动供述犯罪事实的行为，是否认定为自首，应当按照形迹可疑型自首的上述构成要件，综合考虑犯罪人的自杀动机、行凶与自杀的时间空间距离、侦查人员与盘问人员的同一关系、案件事实的知晓范围与程度等予以客观认定，而不能将犯罪人放弃生命的行为简单等同于逃避法律制裁，从而一概地排除适用自首制度。

就本案而言，2013年7月25日晚，被告人的岳父王家某虽向沈阳市公安局于洪分局北陵派

出所报案，但当晚公安机关现场勘查直至23时结束，未正式立案，亦未把孟庆宝列为犯罪嫌疑人进行通缉或者录入全国公安信息网络在逃人员信息数据库，直至2013年7月26日，沈阳市公安局于洪分局才对该案正式立案。故在此之前，应当认为孟庆宝的犯罪事实尚未被除北陵派出所以外的其他地区公安机关掌握。2013年7月26日清晨，造化派出所接到报警，报警人称有一男子投湖，造化派出所民警出警时并不知投湖男子身份及其罪行，投湖行为本身亦无法与杀人犯罪建立联系，即行为人与具体案件之间的客观联系尚未被公安机关明确，应属于“犯罪事实尚未被司法机关发现”的情形。被告人孟庆宝投湖自杀被救起后，造化派出所的出警民警对其进行盘问的主要内容为投湖原因，属于因形迹可疑而盘问，孟庆宝在投湖现场即主动交代了自己的杀人罪行，虽杀人的细节并不完整，但不能否认造化派出所民警知悉孟庆宝杀害妻子事实的源头系孟庆宝自述，应当视为自动投案。被带至造化派出所后，孟庆宝如实供述了犯罪事实，其行为符合形迹可疑型自首的上述构成要件，依法成立自首。

此外，被告人孟庆宝作案后投湖自杀，表明其未能及时将自己置于国家法律有效管控之下，但不能简单认为其就是在逃避法律制裁，从而据此改变其后投案行为的性质。犯罪人作案后的行为是否成立自首，应当严格按照刑法及司法解释来认定。从实际来看，被告人自首的情况是多种多样的，该行为对司法机关侦破案件所起到的作用也会有所不同，有的效果明显，有的作用一般，所以，刑法规定“对自首的犯罪分子，可以从轻或者减轻处罚”，至于是从轻处罚还是减轻处罚，以及从轻、减轻处罚的具体幅度，由司法机关根据案件实际情况来判定。例如，本案被告人的自首情节对案件侦破的实际意义相对较弱，这一点可在量刑从轻处罚的具体幅度上去体现，但不能据此否定其行为构成自首。故法院判决认定被告人具有自首情节，是正确的。

（编写：辽宁省沈阳市中级人民法院　边　锋　袁俊峰
审编：最高人民法院刑二庭　韩维中）

[第1213号]王某某故意伤害案
——如何运用间接证据认定被告人否认犯罪的案件

【关键词】　故意伤害罪　证据审查判断　间接证据

一、基本案情

被告人王某某，男，1971年10月18日出生，无业。因涉嫌犯故意伤害罪于2015年8月22日被逮捕。

北京市人民检察院第二分院以被告人王某某犯故意伤害罪，向北京市第二中级人民法院提起公诉。

被告人王某某辩称，被害人持刀扎其时，其在抢刀的过程中无意伤到被害人，其愿意依法赔偿。

王某某的辩护人提出：公诉机关指控的事实不清，证据不足，被害人具有重大过错，王某某系过失犯罪，到案后能主动交代罪行，认罪态度好，积极赔偿被害方，请求法院予以从轻、减轻处罚。

北京市第二中级人民法院经审理查明：1997年5月29日19时许，在北京市西城区北礼士路西四条西侧路南福展旅社（已拆迁）附近，被告人王某某因琐事与被害人许某（男，殁年25岁）发生口角后互殴。其间，王某某持尖刀刺击许某的腹部等处，刺破许某腹主动脉致急性失血性休克死亡。王某某作案后即潜逃，后于2015年7月15日被公安机关查获归案。

北京市第二中级人民法院认为，被告人王某某遇事不能正确处理，故意伤害他人身体，致人死亡，其行为已构成故意伤害罪，依法应予惩处。关于王某某所提系在许某持刀扎其时，在抢刀的过程中无意伤到许某的辩解，以及辩护人所提公诉机关指控的事实不清，证据不足的辩护意见，经查，王某某持刀刺扎许某腹部等处的事实，有证人沃某某、唐某某、王某某、付某证言及辨认笔录，证人张某证言，现场勘查笔录，书证，视听资料等证据证实，且与鉴定意见相互印证，足以认定，故上述辩解及辩护意见均不能成立。辩护人所提被告人系过失犯罪、认罪态度好、被害人有重大过错等辩护意见与本案查明的事实不符，不予采纳；所提被告人积极赔偿损失的意见，酌予采纳并在量刑时考虑。依照《中华人民共和国刑法》第二百三十四条第一款，1979年《中华人民共和国刑法》第一百三十四条第二款、第四十条、第四十二条、第五十一条第一款、第五十二条、第五十七条，《最高人民法院关于适用〈中华人民共和国刑事诉讼法〉的解释》第一百五十五条第一款、第二款之规定，依法以故意伤害罪，判处被告人王某某有期徒刑十四年，剥夺政治权利三年。

一审宣判后，王某某以原判事实不清，刀是被害人的，量刑过重等理由提出上诉。其辩护人提出：本案原始伤情证据材料即医院抢救病历及原侦查材料丢失，被害人的伤情存在疑点，不排除案外案的可能，建议二审法院依法改判。

北京市高级人民法院认为，原审人民法院根据王某某犯罪的事实、犯罪的性质、情节及对于社会的危害程度所作的判决，定罪及适用法律正确，量刑适当，审判程序合法，应予维持。据此，依照《中华人民共和国刑事诉讼法》第二百二十五条第一款第一项之规定，裁定驳回王某某的上诉，维持原审刑事部分判决。

二、主要问题

在被告人拒不供认犯罪事实，且缺乏其他直接证据的情况下，如何运用间接证据认定犯罪事实？

三、裁判理由

王某某故意伤害案发生于近20年前且原始侦查材料较为有限，系一起典型的疑难复杂案件，具有以下特点：一是被告人作无罪辩解。王某某从到案至开庭审理，拒不供认实施伤害行为，始终辩称被害人许某首先持刀对其扎刺，后于抢刀过程中自行受伤倒地。如果采信王某某的辩解，将得出该案系过失犯罪或正当防卫的结论。二是无目击证人证言等直接证据。福展旅社经营者付某证言，能够证明被告人王某某与被害人许某打架，但付某距离案发现场较远，无法准确描述两人发生纠纷的具体过程，且未发现有人手持凶器，难以建立王某某与犯罪事实之间的直接联系。除此之外，在案没有其他目击证人证言、监控录像、血迹等直接证据。三是缺乏调取新证据的空间。由于案发时间过于久远，尽管有人指出旅馆服务员看到了案发过程，但由于案发地点已经拆迁、相关人员难以查找，既无法通过补充侦查继续查找目击证人，也不可能对案发现场再次勘验进行血迹形态分析，或是提取作案凶器等物证。

关于被告人王某某是否构成故意伤害罪，审理过程中存在两种意见：一种意见认为，本案缺乏证明王某某实施伤害行为的直接证据，且补充完善证据的空间不大，不能排除王某某辩解的合理性，属于事实不清、证据不足。另一种意见认为，综合分析本案间接证据，能够形成完整的证明体系，达到证据确实、充分的标准，认定王某某构成故意伤害罪。

我们赞同后一种意见。根据《最高人民法院关于适用〈中华人民共和国刑事诉讼法〉的解释》第一百零五条的规定，没有直接证据，但间接证据同时符合下列条件的，可以认定被告人有罪：（1）证据已经查证属实；（2）证据之间相互印证，不存在无法排除的矛盾和无法解释的疑问；（3）全案证据已经形成完整的证明体系；（4）根据证据认定案件事实足以排除合理怀疑，结论具有唯一性;(5)运用证据进行的推理符合逻辑和经验。在司法实践中,缺乏直接证据的被告人否认犯罪的案件对办案人员的要求,就是不能再主要依靠口供来侦破案件和定罪量刑,而是要重视尸体鉴定意见、证人证言等证据的精细化运用,通过间接证据建立完整的证明体系。

(一)注重审查客观性证据

客观性证据是指以人以外之物为证据内容载体的证据,这些证据内容的载体通常是客观之物,虽然也会受到自然环境等因素的影响,但是在有限的诉讼时限内,在没有人为因素介入的情况下,其外部特征、性状及内容等基本稳定,所包含的证据内容受人的主观意志的影响较小,因而客观性较强。[①] 为适应以审判为中心的诉讼制度改革,对被告人不认罪案件的证据收集和审查应当优先围绕客观性证据展开,以证明力、稳定性较强的客观性证据为中心构建刑事证明体系。对于命案而言,尸检照片能够直接、客观反映尸体的情况与特征,属于客观性证据;尸体检验报告虽然是依靠鉴定人的认知判断而作出,但鉴定人是根据法医学知识对尸体进行鉴定形成的意见,其判断的来源是尸体的性状与特征,具有较强的证明力。因此,应当重视审查尸体检验照片等客观性证据,充分挖掘上述证据所蕴含的案件事实信息,确认被告人与犯罪行为之间的排他性关联。

在本案中,由于缺乏目击证人证言和其他直接证据,从而形成了"一对一"作案的局面:被告人王某某承认用力夺刀,但否认持刀扎刺被害人;据以定案的尸体检验报告系十余年前制作且内容粗略,没有对被害人伤情进行详细描述,使如实还原犯罪现场变得异常困难。因此,需要通过学习法医学知识、邀请侦查人员和鉴定人员共同研讨、向技术部门的专家进行咨询等方式,从伤口形态、深度等方面深入分析,以对被害人死因及损伤机制进行有力证明。

综合在案尸检照片和尸体检验报告,能够认定被害人身体所受两处锐器伤,其中右乳头上5厘米处划伤一处,长1.5厘米;剑突偏右向下至脐右侧缝合创口一处,长21.5厘米,其间于剑突下伴有挫伤一处,长2.5厘米。经尸表及尸体解剖检验,被害人腹部损伤已扩创并缝合,后腹膜可见血肿,腹主动脉破口一处,长1.5厘米。因被害人左心室内膜下可见出血斑,腹腔积血约500毫升,各脏器呈贫血貌,脾脏被膜皱缩,系急性失血征象,故确定为急性失血性休克死亡。根据上述伤情,案件办理中从以下三个方面进行证据审查:一是伤口深度。通过分析被害人伤口的长度、部位和皮肤破损状况,可以看出被害人腹主动脉所受1.5厘米划伤系横行伤口,基本处于一个平面,且对皮肤造成的破损深度为左侧较右侧深,参照被告人王某某亲笔所画的致伤工具——尖刀图形,能够认定该处划伤可以由近刀尖部形成,证明两人相向站立时刀尖朝向被害人一方。二是伤口位置。被害人所受致命伤位于腹主动脉,腹主动脉作为人体的大动脉,直接延续于发自左心室的主动脉、胸主动脉,沿脊柱左侧下行,主要负责腹腔脏器和腹壁的血液供应。通过对致命伤的具体位置进行细化,可以看出破裂的腹主动脉位于人体近脊柱前侧,即在腹腔很深的解剖位置,证明尖刀应系被他人用力刺入被害人腹部。三是伤口形状。根据法医学常识,双方相互夺刀时,如果一方在力量上具有明显的优势,则力量弱的一方更容易受伤或受伤较重,形成的刀伤相对比较稳定;如果双方力量相当,由于双方对刀的作用力大小和作用力方向不同,加之双方夺刀时的体位的变化,此过程中形成的刀伤多不稳定,且伤口方向多不一,创道方向也可以发生较大变化。王某某与许某案发时均系20多岁的成年男子,二人身高、体重相仿,在双方相向站立且同时发力夺刀的情况下,伤口、创道必然呈现明显的不规则形态。然而,从尸体检验照片可以看出,被害人所受致命伤的形状规则、创道稳定,并不符合双方夺刀过程中形成的刀伤特征。

通过对尸体检验报告、照片等客观证据的分析,可以推断出王某某是在刀尖朝向被害人的情

---

① 樊崇义、赵培显:《论客观性证据审查模式》,载《中国刑事法杂志》2014年第1期。

况下,以极大力量持刀向被害人胸腹部扎刺,由此也就否定了王某某所提其在抢刀过程中无意伤到被害人的辩解,故法院最终判决认定"王某某持刀刺击被害人的腹部等处"。

(二)注重证据审查的亲历性

司法亲历性,是指司法人员应当亲身经历案件审理的全过程,直接接触和审查各种证据,特别是直接听取诉讼双方的主张、理由、依据和质辩,直接听取其他诉讼参与人的言词陈述,并对案件作出裁判。① 根据刑事诉讼法第一百七十一条的规定,人民检察院审查案件,对于需要补充侦查的,可以退回公安机关补充侦查,也可以自行侦查。在案件办理过程中,应当破除"卷宗中心主义"的传统观念,充分运用自行侦查和退回补充侦查这两种手段,收集与犯罪事实有关的一切证据,特别是对于足以影响定罪量刑的关键证言应当亲自核实,直接感知证人的神态、语调、动作等信息,以鉴别其证言的真伪,并从中获取卷宗笔录无法体现的重要信息。

本案办理的难点之一在于随案移送的证据之间存在矛盾,导致认定被告人王某某伤害行为与被害人致命伤之间的因果关系存疑。一方面,尸检照片和尸体检验报告显示,被害人上身共有两处锐器伤,其中右乳头上一处划伤较浅,胸腹部的一处刺创较深,贯入腹主动脉致被害人急性失血性休克死亡。另一方面,案发后先后赶到现场的两名证人均证明,许某身上伤口仅有一处。如"许某窝跪在地上,上身穿长袖白色衬衫,衬衫胸口正中处有个被扎开的刀口"。"护士掀开许某的上衣,我看到许某的胸口位置有一处长约1厘米刀口,身体的其他地方没受伤。"由于被害人身负两处刀伤但证人看到的伤口只有一处,且关于"胸口位置"的表述模糊,不能排除王某某刺击仅造成轻微划伤的合理怀疑,难以得出被害人致命伤系王某某造成的唯一结论。

为了排除客观性证据和言词证据之间的矛盾,需要在核实案卷笔录的基础上,积极向本案的两名关键证人询问被害人受伤的具体部位,以及被害人送医救治的经过,从而对案件事实作出准确的认定。本案中,两名关键证人案发后即来到现场,且两人与被告人王某某、被害人许某均系朋友关系,属于较为中立的第三方,所作证言具有较强的证明力。在审查起诉期间,检察机关对两位证人进行了取证。其中,一名参与救治的证人在距案发十余年后仍能够清晰记忆案发细节,立刻以肯定的语气描述其看到的伤口位置:"在急诊室的时候,护士把许某的上衣掀开,我看到被害人的乳头下方位置有一处刀伤,长约1厘米。"由于被害人所受两处伤口分别位于胸部以上和胸部以下,上述证言与尸体检验报告显示的致命伤位置相符合,从而建立了扎刺行为与致命伤之间的因果关系。

此外,有两位证人均证实案发后立即将被害人送往附近的医院救治,被害人因救治无效于次日早晨死亡。在询问中,两人均回忆起救治的细节,如"护士让我们赶紧到医院二楼的血库去催血,赶紧把血送到手术室,后血库的护士说,手术医生通知不用取血了","大夫说手术时许某的腹腔内都是血,已经抢救不过来了"等。这些证人证言,有助于证明被告人的扎刺行为与被害人死亡结果之间的因果关系,排除被害人伤情存在的疑点。故法院最终采信了新调取的证人证言,认定王某某刺破被害人腹部主动脉致急性失血性休克死亡。

(三)注重对证据的综合分析

据以定案的间接证据之间应当相互印证,形成一个完整的证明体系或称证据锁链,这要求案件事实中的每一事实环节都需要相应的间接证据予以证明。在庭审中,公诉人的举证责任应包括示证、论证、质证三方面内容,仅仅示证、质证而不论证,举证往往达不到预期的效果。② 对于被

① 朱孝清:《与司法亲历性有关的两个问题》,载《人民检察》2015年第19期。

② 蔡宗斌、郑光:《如何搞好庭审举证》,载《检察实践》1999年第4期。

告人否认犯罪的案件,公诉人不能仅仅对证据进行简单列举,而且要向法庭说明证据确实、充分的理由,通过综合归纳间接证据、对认定事实进行演绎推理等手段进行分析论证,强化指控犯罪的效果。在本案中,被告人王某某当庭认可其与被害人发生口角并互殴,但继续辩称被害人首先持尖刀对其进行扎刺,系抢刀过程中受伤,自己没有伤害他人的主观故意;辩护人则提出公诉机关指控事实不清、证据不足,被害人具有重大过错,王某某应构成过失犯罪等辩护意见。

由于被告人拒不承认实施犯罪行为,公诉人需要在向法庭出示全案证据的基础上,对多个间接证据进行分析推理,使证据共同指向待证事实,形成一个完整的证明体系。主要方法包括:一是认真梳理案件起因。王某某与被害人许某在吃饭时即因琐事发生冲突,后在旅社门前互殴,由于案发地点同一、过程短暂,两人互殴与其后的持刀扎刺行为是连续、流畅的,应当整体评价而不是割裂评价。二是准确还原案发过程。综合全案证据,能够证明王某某在刀尖朝向被害人许某的情况下,以极大力量持刀向其腹部稳定发力,贯入被害人腹腔很深的位置。王某某到案后所做的“夺刀误伤”辩解,与被害人的伤口深度、位置和形态均不符,明显违背了生活常识和经验法则。三是注重分析案后表现。案发后,两名证人赶到现场,立即将被害人许某送至医院抢救,后被害人因救治无效死亡,并未介入第三方的加害行为。王某某在案发后即行潜逃,并通过更改姓名、户籍等方式逃避侦查近二十年,到案当天还意图歪曲、隐瞒事实。例如,抓捕录像显示,王某某在警车上声称“许某首先拿刀扎我,我用力将尖刀夺过来,被害人许某直接扑到刀上,后倒了下去”,该辩解与讯问笔录中的辩解并不相同,能够证明其对犯罪行为的社会危害性具有明确认知,意图逃避法律追究。四是综合其他在案证据判定。被告人持刀刺击被害人的具体过程虽然缺乏直接人证,但该犯罪事实有相关的证人证言可以佐证。例如,案发地旅馆经营者证明“两人互相揪打起来,其中一人倒地”;两位证人证明案发后被告人跟其说过当时“拿刀往许某身上捅了一刀”“在旅馆外用刀把许某捅了”。对在案证据进行综合分析论证,能够建立起证明被告人故意伤害他人致死的证据链条,排除了该案属于过失犯罪或正当防卫的合理怀疑,故法院最终认定被告人王某某故意伤害他人身体致人死亡,构成故意伤害罪。

综上,被告人否认犯罪的案件,虽然证据审查工作充满挑战,但如果通过强化对间接证据的分析、论证,使其相互印证并形成证据锁链,足以排除合理怀疑得出唯一结论的,应当依法对被告人定罪量刑。

(撰稿:北京市人民检察院第二分院　杜　邈
审编:最高人民法院刑二庭　刘为波)

[第1222号]秦电志故意杀人、故意伤害、放火、抢劫、盗窃案

——行为人短时间内实施一系列具有关联性犯罪行为的如何认定

【关键词】　故意杀人罪　故意伤害罪　放火罪　抢劫罪　盗窃罪　罪数　法院变更起诉罪名

一、基本案情

被告人秦电志,男,1984年5月15日出生。2008年10月23日因犯抢劫罪被判处有期徒刑

一年六个月，并处罚金人民币一千元，2009 年 12 月 8 日刑满释放；2010 年 11 月 26 日因犯盗窃罪被判处有期徒刑七个月，并处罚金人民币一千元，2011 年 1 月 17 日刑满释放。2015 年 2 月 11 日因本案被逮捕。

天津市人民检察院第一分院以被告人秦电志犯故意杀人罪、抢劫罪、放火罪，向天津市第一中级人民法院提起公诉。

天津市第一中级人民法院经审理查明：2015 年 1 月 28 日 7 时许，被告人秦电志携带尖刀至天津市武清区王庆坨镇寻找盗窃目标未果。当日 17 时许，秦电志途经王庆坨镇四合庄村被害人李丽经营的体育彩票店，进入该店购买"十一选五"体育彩票，至当日 23 时许，秦电志累计赊欠约人民币 1 万元。后秦电志提出将其身份证、银行卡抵押在李丽处，次日偿还欠款，被李丽及其丈夫王建光拒绝，并要求秦电志到银行取款。秦电志假意应承，骗得王建光驾驶吉利牌汽车载其到王庆坨镇。当车行至王庆坨镇中国邮政储蓄银行附近时，秦电志掏出随身携带的尖刀朝王建光面部、颈部捅刺数刀，劫得人民币 200 余元。秦电志逼迫王建光脱光上衣，用放在车内的两根手机数据线将王建光双手手腕并拢捆绑。其间，李丽见王建光不归，致电王建光询问情况，秦电志逼迫王建光撒谎搪塞，为防止王建光报警，将王建光的手机拿走。随后，秦电志用王建光脱下的秋衣、工作服，将王建光上身捆绑于驾驶座椅靠背上，用王建光的防寒服蒙住王建光面部，为泄愤，又持刀朝王建光腹部捅刺一刀。唯恐李丽察觉报警，秦电志将王建光挪至副驾驶座椅予以捆绑，后自己驾车返回体育彩票店。行驶至一高速桥涵洞旁无名路上时，秦电志误认为王建光欲抢刀反抗，再次持刀朝王建光胸部捅刺数刀，致王建光昏厥。秦电志驾车拉载王建光到体育彩票店附近后，将王建光留在车内，携带尖刀返回体育彩票店，将王建光的手机交予李丽，并告知李丽其已将王建光捅伤。李丽掏出手机准备报警，秦电志恐罪行败露上前阻止，厮打过程中李丽倒地，秦电志遂掏出随身携带的尖刀，朝李丽头、颈、胸、腹部及背部猛捅数十刀，致李丽受伤倒于室内东侧床与冰柜夹角处。其间，王建光恢复意识，驾车逃离，秦电志发现后持刀追截未果，再次返回体育彩票店。为毁灭罪证，秦电志将所购体育彩票堆放于室内单人床上，用打火机引燃彩票及床单，秦电志发现放在床上一黑色女士书包内装有大量现金，遂将该包盗走，窃得人民币 4 000 余元。后秦电志为防止火情被人发现，将室外卷帘门关闭并逃离作案现场，造成体育彩票店内空调、液晶电视、冰箱、冰柜、彩票机、电脑等物品损毁。因民警及时发现火情，组织群众迅速扑救，未造成周围居民伤亡和重大财产损失。作案后，秦电志逃匿并于同年 1 月 29 日 21 时许被抓获归案。经鉴定，李丽系被他人用单刃刺器刺破心脏、双肺致失血性休克死亡。王建光胸部、腹部的损伤程度分别构成重伤二级；面部的损伤程度构成轻伤一级；颈部的损伤程度构成轻微伤。

天津市第一中级人民法院认为，被告人秦电志赊账购买体育彩票后，因被追要欠款而不满，为报复泄愤，编造谎言，欺哄被害人王建光一同离开体育彩票店到银行取款，并在途中持刀行凶抢劫王建光财物，后为泄愤及唯恐王建光反抗两次持刀行凶，致被害人王建光重伤；唯恐罪行败露，返回体育彩票店将被害人李丽杀害，还临时起意窃取李丽数额较大的财物；后为毁灭罪证，又纵火，危害公共安全。依照法律规定，公诉机关指控被告人秦电志故意杀人、放火犯罪及部分抢劫犯罪的事实清楚，证据确实、充分，罪名成立，法院予以确认。被告人秦电志出于报复的目的，持刀行凶致被害人王建光轻伤，并临时起意当场劫取被害人王建光财物后，其抢劫实行行为已经结束，为泄愤又持刀朝王建光腹部捅刺一刀，后误认为王建光欲抢刀反抗，再次持刀朝王建光胸部捅刺数刀，致被害人王建光重伤，并不是为了再次获取被害人王建光钱财，而是出于伤害的犯罪故意，实施了故意伤害的犯罪行为，应当以故意伤害罪追究其刑事责任。被告人秦电志持刀连续捅刺被害人李丽数十刀后，李丽心脏、双肺、肝脏均被刺破，李丽在遭受如此重创的情况下，出现呻吟或抖动，只是一种在不自主状态下的生理反应，并不意味着此时李丽还存在清醒意识，现有证据亦不能证明李丽在被告人秦电志拿走其财物时仍有清醒意识，被告人秦电志在被害人李丽不知晓的情况下，临时起意拿走李丽财物的行为系盗窃行为，应当以盗窃罪追究其刑事责任。综上，被告人秦电志的行为已分别构成故意杀人罪、故意伤害罪、放火罪、抢劫罪、盗窃罪，且故意杀人犯罪手段特别残忍，情节特别恶劣，后果特别严重，属罪行极其严重，应依法予以处罚。其犯数罪，应依法实行数罪并罚。被告人秦电志刑满释放后五年以内再犯应当判处有期徒刑以上刑罚之罪，系累犯，依法应从重处罚。依照《中华人民共和国刑法》第二百三十二条、第二百三十四条第二款、第一百一十四条、第二百六十三条、第二百六十四条、第五十七条第一款、第六十五条第一款、第六十九条，《最高人民法院关于适用〈中华人民共和国刑事诉讼法〉的解释》第二百四十一条第一款第二项之规定，判决被告人秦电志犯故意杀人罪，判处死刑，剥夺政治权利终身；犯故意伤害罪，判处有期徒刑九年；犯放火罪，判处有期徒刑五年；犯抢劫罪，判处有期徒刑五年，并处罚金人民币一千元；犯盗窃罪，判处有期徒刑二年，并处罚金人民币一千元；决定执行死刑，剥夺政治权利终身，并处罚金人民币六千元。

宣判后，被告人秦电志以原判量刑过重为由提出上诉，其辩护人提出，被害人在案件起因上存在过错；秦电志事先无预谋，属于激情犯罪，希望对其从轻处罚。

天津市高级人民法院经审理认为，被告人秦电志因被害人王建光、李丽夫妇向其追要彩票欠款而心生怨恨，为报复泄愤，编造谎言欺骗王建光到银行取款，驾车途中持刀对王建光行凶抢劫；为泄愤及误认为王建光反抗两次捅刺王建光，致王建光重伤；唯恐罪行败露，返回彩票店内持刀捅刺李丽数十刀，将李丽当场杀害；还临时起意窃取李丽数额较大财物；为毁灭罪证，又纵火危害公共安全，其行为已分别构成抢劫罪、故意伤害罪、故意杀人罪、盗窃罪、放火罪。原审判决认定事实清楚，证据确实、充分，定罪准确，量刑适当，审判程序合法。依照《中华人民共和国刑事诉讼法》第二百二十五条第一款第一项、第二百三十五条之规定，裁定驳回上诉，维持原判，并依法报最高人民法院核准。

最高人民法院经复核后认为，第一审判决、第二审裁定认定的事实清楚，证据确实、充分，定罪准确，量刑适当，审判程序合法。据此裁定核准天津市高级人民法院上述裁定。

二、主要问题

1. 行为人实施一系列具有关联性犯罪行为的，如何定罪？

2. 人民法院认定事实与公诉机关指控事实一致的，能否改变罪名？

三、裁判理由

（一）行为人实施一系列具有关联性犯罪行为的，应当遵循主客观一致的原则，依法、科学地确定罪名

行为人实施一系列具有关联性的犯罪行为，往往是在多个犯罪目的、动机临时产生的情况下实施的，甚至其中的一些行为，表面上看并无明确的犯罪目的。但是，由于人的客观行为都是具有主观内容的行为，哪怕一些看似无意识的行为，其实也是有潜意识内容的，因此，只要认真研究案情，仔细区分，就能够甄别出一系列犯罪行为中每个犯罪行为的具体犯罪目的。当然，有的犯罪目的，是在系列关联犯罪行为实施之前就已经存在于行为人主观意识中，而有的犯罪目的则临时产生于系列犯罪行为过程中，即通常所说的“临时起意”。能否正确区分存在于系列犯罪行为中的不同犯罪目的，关系到能否对行为人的犯罪行为正确定罪以及准确确定罪数的问题，也关系到最终能否对行为人的犯罪行为准确科学地量刑，从而实现罪责刑相一致的问题。在司法实务

中，我们既不能机械地套用标准犯罪构成要件认定罪数，亦不能不顾行为人的具体犯罪目的和动机想当然地确定罪数，而应当严格遵循主客观相一致的原则，根据刑法学定罪理论，依据刑法的具体规定，结合系列犯罪行为人的主观心理状态，确定每个行为的性质及行为实施时的客观环境等，认真分析，准确定罪并科学确定罪数。

在本案中，被告人秦电志所实施的一系列犯罪行为，可以分为两类：一类是针对被害人王建光所实施的系列犯罪行为；另一类则是针对被害人李丽所实施的系列犯罪行为。并且，两类犯罪行为之间不是完全孤立、分离的，而是相互间存在关联性的，即实施两类系列犯罪行为的前因是秦电志购买李丽经营的体育彩票店中的体育彩票，累计共赊欠 1 万元后，秦电志提出将身份证、银行卡抵押在李丽处，但遭王建光、李丽拒绝。在明确本案基本背景和系列犯罪行为的分类后，我们再对两类犯罪的罪名、罪数问题进行如下分析：

1. 关于秦电志针对王建光所实施的系列犯罪行为的定罪问题

秦电志针对王建光实施的先持刀捅刺，后劫取财物，又再次实施暴力，持刀捅刺，致王建光重伤等系列犯罪行为，应定抢劫罪一罪还是以抢劫罪、故意伤害罪实施并罚，在审理中存在两种不同意见：

第一种意见认为应定抢劫罪一罪。理由是：秦电志基于报复的意图，先对王建光施暴，后劫取财物，而后持续控制王建光并再次捅刺的行为，应作为一个整体的抢劫行为评价。

第二种意见认为应以抢劫罪、故意伤害罪实行并罚。理由是：在劫取财物行为完成后，其抢劫犯罪已经完成。之后实施的暴力并致王建光重伤的行为，于抢劫而言已无必要，该暴力行为本身有自己独立的犯罪构成，即基于对被害人的怨恨及误认为被害人欲反抗而产生的报复心理驱使下实施的故意伤害行为。

我们同意第二种意见。理由如下：

（1）在施暴过程中临时起意劫取财物的，该暴力行为应评价为抢劫罪的胁迫行为

在本案中，被告人秦电志对王建光的暴力行为可以分为报复施暴、劫取财物、劫财后的施暴三个阶段。秦电志最初对王建光施暴时并无劫财目的，并不是为了非法占有财物，而仅仅是为了报复。因此，如何对第一阶段即初始的暴力行为定性就成为关键。我们认为，第一阶段的暴力并非与秦电志的劫财行为毫无关系。秦电志劫财的故意内容产生于其第一阶段的暴力实施过程中，而基于第一阶段的暴力所形成的对被害人精神上的胁迫，足以满足抢劫罪的“胁迫”这一手段要件。“胁迫”作用与取得财物之间存在因果关系，因此，秦电志的劫财行为构成抢劫罪。不能因为秦电志实施第一阶段的暴力行为时仅有报复故意没有劫财故意而无视其犯意的发展变化。犯意由报复变化为劫财，是其主观故意的完整内容。定罪的主客观一致原则，应当包括主客观内容发展变化后，以变化后的主观、客观内容作为定罪的事实基础的内容。

（2）抢劫既遂后，又实施的故意伤害行为，应另行定故意伤害罪

秦电志第三阶段的暴力行为如何定性，是将其作为抢劫犯罪的后续行为还是作为单独的犯罪行为？我们认为，应当区分“犯罪的后续行为”与“罪后的独立犯罪行为”。前者，如犯罪人本身所实施的掩饰、隐瞒犯罪所得行为，毁灭罪证行为，由于该后续行为没有侵犯新的法益，缺乏期待可能性，因而是不可罚的行为。后者，则是侵犯了新的法益并且独立于前罪的犯罪行为，虽然与前罪具有时间上的连续性甚至内容上的关联性，但行为人的主观内容、客观行为都是独立的，由于行为人的前罪行为与罪后的独立犯罪行为都有各自独立的犯罪故意和客观行为，因而符合数罪的构成条件。

就本案而言，秦电志从王建光处劫得 200 余元后，其抢劫犯罪就属于既遂状态，也就是说，秦

电志的抢劫行为已经实行终了，且在客观上已经完全排除了被害人夺回财物的可能性，其对财物的控制具有不可逆性。首先，被害人被捅刺后，向被告人求饶，慑于被告人的暴力行为，已放弃取回财物的意愿；其次，被害人受伤后被捆绑双手，并被捆绑于驾驶座椅靠背上，客观上已丧失反抗能力。按照《最高人民法院关于审理抢劫、抢夺刑事案件适用法律若干问题的意见》的规定，抢劫罪具备劫取财物或者造成他人轻伤以上后果两者之一的，属于抢劫既遂。按照我国刑法理论通说观点，行为人控制被害人财物为既遂标准，秦电志的行为符合上述标准，抢劫已既遂。此后，秦电志在抢劫现场即被害人的汽车内持续控制被害人，实际于抢劫罪而言已经是没有意义的行为。在抢劫行为已经完成且既遂的前提下，该客观状态的持续不构成抢劫行为的延续和抢劫现场的延伸。其再次实施的暴力行为与已经完成的劫取财物状态之间不存在关联，亦非为了再次劫取被害人的财物，而是基于对被害人的怨恨及误认为被害人反抗而产生的报复泄愤心理，在该心理驱使下两次对被害人实施了捅刺行为，属于另起犯意，且造成了被害人重伤的后果，侵犯的法益具有独立性，应当单独评价为故意伤害罪。在这方面，最高人民法院的有关司法解释是有先例的。《最高人民法院关于抢劫过程中故意杀人案件如何定罪问题的批复》规定："行为人实施抢劫后，为灭口而故意杀人的，以抢劫罪和故意杀人罪定罪，实行数罪并罚。"

2. 关于秦电志针对李丽所实施的系列犯罪行为的定罪问题

秦电志对王建光实施抢劫、故意伤害犯罪行为后，唯恐罪行败露，遂持刀捅刺王建光的妻子李丽要害部位数十刀致李丽倒地，后又纵火焚烧现场，在焚烧时发现现场床上装有现金的女士包，又实施了将现金占为己有的行为。秦电志实施的上述行为中，危害李丽的行为构成故意杀人罪，纵火焚烧现场的行为构成放火罪没有争议。但其占有被害人李丽钱款的行为应认定为抢劫罪还是盗窃罪，存在不同的观点。

我们认为，秦电志从现场取款的行为应当认定为盗窃罪。认定取款行为是抢劫罪还是盗窃罪，关键在于秦电志的取款行为属于秘密窃取还是暴力劫取，是在被害人不敢反抗、不能反抗的情况下劫取财物，还是在被害人已经失去知觉甚至已经死亡的情况下获取财物。被害人在现场，并不能当然地成为认定被告人行为属于暴力劫取的理由。因为此时的被害人不是一般意义上的被害人，而是头、颈、胸、腹及背部被捅刺了数十刀的人，且倒于现场室内东侧床与冰柜夹角处。结合本案证据，可以认定秦电志实施取款的行为系"秘密窃取"。

首先，被告人秦电志系出于担心罪行败露的故意为灭口而持刀连续捅刺被害人李丽数十刀，李丽心脏、双肺、肝脏均被刺破，遭受重创后奄奄一息。尸体检验报告显示被害人李丽系死后被焚尸，即被害人死于被捅刺倒地至被告人放火焚烧现场后的较短时间内。据被告人供述，在其点火焚烧现场并取得财物时，李丽尚未死亡，仍有呻吟或抖动。被告人在全案中的供述自然稳定，供述的犯罪事实与其他证据相互印证，可信度较高。然而，此时被害人的呻吟或抖动，不是一个有正常反抗能力但不敢反抗、无法反抗的被害人的反应，而是濒死时无意识的生理反应，这一生理反应不属于对被告人取走现金的反抗行为。因此，可以认定被告人取走现金时，被害人已处于濒死状态，已丧失反抗意识，被告人的行为符合盗窃罪秘密窃取的行为特征。

其次，认定被告人构成盗窃罪，符合有利于被告人的原则。在本案中，被告人基于杀人故意捅刺被害人李丽，后又非法占有被害人的财物，依照法律规定，只能得出故意杀人罪与抢劫罪数罪并罚或故意杀人罪与盗窃罪数罪并罚的结论。根据刑法规定，盗窃罪相较于抢劫罪，系轻罪。退一步讲，如果现有证据不能证明被告人取财时是秘密窃取，还是利用先前暴力行为导致被害人不敢反抗或不能反抗的状态而劫取，那么，应按照有利于被告人的原则，认定被告人构成盗窃罪，与故意杀人罪数罪并罚。

最后,认定秦电志取款行为构成盗窃罪,符合司法解释的规定。《最高人民法院关于审理抢劫、抢夺刑事案件适用法律若干问题的意见》第八条规定:“行为人实施伤害、强奸等犯罪行为,在被害人未失去知觉,利用被害人不能反抗、不敢反抗的处境,临时起意劫取他人财物的,应以此前所实施的具体犯罪与抢劫罪实行数罪并罚;在被害人失去知觉或者没有发觉的情形下,以及实施故意杀人犯罪行为之后,临时起意拿走他人财物的,应以此前所实施的具体犯罪与盗窃罪实行数罪并罚。”

(二)人民法院认定事实与公诉机关指控事实一致的,人民法院可以改变罪名

根据刑事诉讼法第一百九十五条第一项的规定,对于案件事实清楚,证据确实、充分,依据法律认定被告人有罪的,人民法院应当作出有罪判决。根据《最高人民法院关于适用〈中华人民共和国刑事诉讼法〉的解释》第二百四十一条第一款第二项规定,起诉指控的事实清楚,证据确实、充分,指控的罪名与审理认定的罪名不一致的,应当按照审理认定的罪名作出有罪判决。我们认为,公诉机关指控罪名与人民法院认定罪名不一致时如何判决的问题,实际上就是审判权由何种机关行使的问题。判决是人民法院依据审理查明的案件事实,依法对案件作出的实体认定,认定的主体是人民法院。因此,判决认定的罪名不受起诉指控罪名的限制,包括两种情形:(1)指控甲罪名,判决认定为乙罪名的;(2)判决认定罪名数少于指控罪名数的。

需要注意的是,由于法庭审理是围绕指控的犯罪进行,特别是控辩双方主要围绕指控的罪名能否成立开展辩论,因此,人民法院作出与指控的罪名不一致的有罪判决,应当设法保障被告方的辩护权。基于这一考虑,《最高人民法院关于适用〈中华人民共和国刑事诉讼法〉的解释》第二百四十一条第二款规定:“具有前款第二项规定情形的,人民法院应当在判决前听取控辩双方的意见,保障被告人、辩护人充分行使辩护权。必要时,可以重新开庭,组织控辩双方围绕被告人的行为构成何罪进行辩论。”在审判实践中,人民法院拟根据审判认定的罪名作出有罪判决前,应当采取多种方式就变更罪名问题听取控辩双方的意见,既可以召集控辩双方在庭外共同听取意见,也可以在庭外分别听取控辩双方的意见。对于那些社会影响大或拟认定的罪名重于指控的罪名等案件,必要时,可以重新开庭,组织控辩双方围绕罪名确定问题进行辩论。

综上所述,公诉机关指控被告人秦电志犯故意杀人罪、抢劫罪、放火罪,而人民法院经开庭审理后,认定秦电志的行为构成故意杀人罪、故意伤害罪、放火罪、抢劫罪、盗窃罪,既符合案件的客观事实和被告人的主观故意内容,在程序上也是符合刑事诉讼法规定的。

(撰稿:天津市第一中级人民法院　张立新　梁　勤　王少兵
审编:最高人民法院刑四庭　陆建红)

[第1223号]王宪梓故意杀人案

——亲属主动报案并带领民警抓获被告人的如何量刑

【关键词】　故意杀人罪　亲属协助抓捕　大义灭亲　量刑

一、基本案情

被告人王宪梓,男,1992年9月22日出生,无业。2013年2月1日因本案被逮捕。

黑龙江省哈尔滨市人民检察院以被告人王宪梓犯故意杀人罪,向哈尔滨市中级人民法院提

起公诉。

被告人王宪梓对指控的犯罪事实予以供认，辩解称其租赁的房屋是给他人租的，其能揭发他人犯罪，有立功表现。其辩护人提出，被害人对本案的起因存在一定过错，且被告人具有自首情节，主观恶性较小，认罪态度好，无前科劣迹，可从轻处罚。

哈尔滨市中级人民法院经审理查明：2009 年，被告人王宪梓与被害人何云圣（男，殁年 20 岁）相识并成为朋友，后二人因琐事产生矛盾。2013 年 1 月 17 日上午，王宪梓以王鑫的名字承租黑龙江省双城市双城镇洗涤剂家属楼一套房屋。当日 17 时许，王宪梓将何云圣约至该房，二人发生争执，王宪梓用腰带勒何云圣颈部，致何云圣机械性窒息死亡。次日，王宪梓购买电锯、手锯、尖刀等工具，在租房内将何云圣的尸体肢解，后将装有尸块的三个拉杆箱等物掩埋至双城市双城镇通达路西侧树林内。经王宪梓亲属举报，公安人员于 2013 年 1 月 21 日在双城市将王宪梓抓获。

哈尔滨市中级人民法院认为，被告人王宪梓故意非法剥夺他人生命，其行为构成故意杀人罪。王宪梓犯罪动机卑劣，为毁灭罪证将被害人尸体肢解，罪行极其严重，人身危险性大，其母亲的举报行为不足以对其从轻处罚。依照《中华人民共和国刑法》第二百三十二条、第五十七条第一款之规定，以故意杀人罪，判处被告人王宪梓死刑，剥夺政治权利终身。

一审宣判后，被告人王宪梓以有自首情节、亲属愿意赔偿被害人亲属经济损失等为由提出上诉。其辩护人还提出王宪梓在与被害人争吵情况下一时激愤，临时起意犯罪，且系初犯，一审量刑过重。

黑龙江省高级人民法院经审理认为，被告人王宪梓的行为构成故意杀人罪。王宪梓作案后虽然没有逃跑，且其母报案并带领公安人员将其抓获，但王宪梓并不知道其母报案，亦没有主动投案的意思表示和行为，故王宪梓及辩护人所提王宪梓具有自首情节的上诉理由及辩护意见，不能成立。王宪梓采取勒扼颈部手段致死被害人后，又肢解、掩埋尸体，毁尸灭迹，犯罪动机卑劣，手段十分凶残，情节特别恶劣，罪行和后果极其严重。依照《中华人民共和国刑事诉讼法》第二百二十五条第一款第一项、第二百三十五条的规定，裁定驳回上诉，维持原判，并依法报请最高人民法院核准。

最高人民法院经复核认为，被告人王宪梓故意非法剥夺他人生命，其行为已构成故意杀人罪。犯罪情节、后果严重，应依法惩处。第一审判决、第二审裁定认定的事实清楚，证据确实、充分，定罪准确，审判程序合法。鉴于王宪梓的母亲举报并带领公安人员抓获王宪梓，对王宪梓判处死刑，可不立即执行。依照《中华人民共和国刑事诉讼法》第二百三十五条、第二百三十九条和《最高人民法院关于适用〈中华人民共和国刑事诉讼法〉的解释》第三百五十条第五项、第三百五十三条第一款的规定，裁定不核准黑龙江省高级人民法院维持第一审对被告人王宪梓以故意杀人罪判处死刑，剥夺政治权利终身的刑事裁定。

二、主要问题

被告人亲属主动报案并带领公安人员抓获被告人的，能否据此认定被告人具有自首情节？是否影响对被告人的量刑？

三、裁判理由

（一）亲属主动报案并带领公安人员抓获被告人，被告人并非自动投案，不构成自首

自动投案是成立自首的必备条件。根据最高人民法院于 1998 年发布的《关于处理自首和立功具体应用法律若干问题的解释》（以下简称《自首立功解释》）、2010 年发布的《关于处理自首和立功若干具体问题的意见》（以下简称《自首立功意见》），自动投案分为典型的自动投案和应当

视为自动投案两种。

首先,《自首立功解释》第一条第一项规定,自动投案,是指犯罪事实或者犯罪嫌疑人未被司法机关发觉,或者虽被发觉,但犯罪嫌疑人尚未受到讯问、未被采取强制措施时,主动、直接向公安机关、人民检察院或者人民法院投案。本案中被告人王宪梓显然不属于此种典型的自动投案。

其次,《自首立功解释》列举了七种应当视为自动投案的情形,其中第七种情形为"公安机关通知犯罪嫌疑人的亲友,或者亲友主动报案后,将犯罪嫌疑人送去投案"。本案中,被告人王宪梓的母亲虽然主动向公安机关报案,但未送王宪梓投案,故不属于此种应当视为自动投案的情形。

再次,《自首立功意见》在《自首立功解释》的基础上,增加四种应当视为自动投案的情形,还设立了兜底条款。其中第二种情形为"明知他人报案而在现场等待,抓捕时无拒捕行为,供认犯罪事实"。本案中,被告人王宪梓并不知道母亲报案,更不知道母亲带领公安人员对他进行抓捕,因此王宪梓也不符合此种应当视为自动投案的情形。

最后,从《自首立功解释》和《自首立功意见》中列举的应当视为自动投案的情形来看,《自首立功解释》和《自首立功意见》虽然对自动投案采取了较为宽松的认定标准,但没有也不可能突破自动投案应具有的主动性和自愿性要求。正是根据此要求,《自首立功意见》将犯罪嫌疑人没有投案主动性和自愿性的行为,认为是被动归案的情形,即被亲友采取捆绑等手段送到司法机关,或者在亲友带领侦查人员前来抓捕时无拒捕行为的,均不能认定为自动投案。本案中,被告人王宪梓的母亲报案并带领公安人员抓获王宪梓,在整个过程中,王宪梓没有主动投案、自愿投案的意思表示和行为,而是被动归案,故王宪梓及其辩护人所提王宪梓具有自首情节不能成立。

(二)亲属主动报案并带领公安人员抓获被告人的,可据此对被告人从轻处罚

本案在审理中,对于被告人王宪梓不具有自首情节的问题,没有分歧。但对于王宪梓母亲报案并带领公安人员将其抓获这一情节,能否据此对王宪梓从轻处罚,存在两种不同观点。

第一种观点认为,王宪梓杀人后肢解尸体,情节恶劣,后果严重,虽然王宪梓的母亲"大义灭亲",不足以从轻处罚,判处王宪梓死刑适当。

第二种观点认为,王宪梓杀人后分尸、埋尸,性质恶劣,手段残忍,后果严重,论罪本应判处王宪梓死刑,但鉴于王宪梓的母亲在犯罪事实未被发现,仅怀疑王宪梓杀人的情况下,即主动到公安机关举报,并带领公安人员抓获王宪梓,对王宪梓判处死刑,可不立即执行。

我们同意第二种观点,理由如下:

1. 被告人王宪梓亲属举报王宪梓并带领公安人员抓获王宪梓的行为,属于"大义灭亲"。史料记载的"大义灭亲"最早见诸于春秋时期。① "大义灭亲"的最初渊源,指为君臣大义而断绝父子私情,现多指为维护公义或正义而舍弃亲情血缘关系的举动或行为。现代法治社会所说的大义灭亲,是狭义上的概念,指犯罪人亲属在法定程序范围内作出指证犯罪人的行为,包括检举揭发犯罪行为、将犯罪人送交司法机关、出庭指证犯罪事实等。犯罪人亲友带领公安人员抓获犯罪人,可以使犯罪人及时归案,避免犯罪人实施其他危害社会的行为,有助于提高司法机关办案效率,节约司法资源;同时,我国是一个非常重视亲情的国家,亲属能够舍弃亲情主动将犯罪人交付

① 《左传·隐公》记载:春秋时期卫大夫石碏之子石厚与公子州吁杀桓公,而立州吁为君。石碏非常痛恨两人大逆不道的行为,就趁两人向自己请教治国安邦之策时设计将两人杀死,故而被称为"大义灭亲"。

国家审判，表明其对党和国家政策法律高度信任，这是两权相衡下的一种正义选择，理应得到司法机关的认可和实际响应。

2. 对具有“大义灭亲”情形的被告人予以从宽处罚，符合现行刑事政策精神。《最高人民法院关于贯彻宽严相济刑事政策的若干意见》中规定：“对于亲属以不同形式送被告人归案或协助司法机关抓获被告人而认定为自首的，原则上都应当依法从宽处罚；有的虽然不能认定为自首，但考虑到被告人亲属支持司法机关工作，促使被告人到案、认罪、悔罪，在决定对被告人具体处罚时，也应当予以充分考虑。”《自首立功意见》更是明确规定：“犯罪嫌疑人被亲友采用捆绑等手段送到司法机关，或者在亲友带领侦查人员前来抓捕时无拒捕行为，并如实供认犯罪事实的，虽然不能认定为自动投案，但可以参照法律对自首的有关规定酌情从轻处罚。”从实际来看，“送子归案”虽不能认定被告人构成自首，但其价值通常高于一般自首，在量刑上应予以充分考虑，尤其在是否适用死刑立即执行的问题上，需要特别慎重。

本案中，被告人王宪梓的母亲报案时称：“我想了一天，决定来报案，如果王宪梓真的把何云圣杀了，我做母亲的也想给儿子争取一个宽大处理的机会。”这句话充分体现了王宪梓母亲的纠结、抉择和希望的心路历程。被告人王宪梓系独生子，王宪梓的母亲向公安机关举报并带领公安人员抓获王宪梓的举动更为难得。从司法的社会价值取向和人文关怀考虑，不核准王宪梓死刑，社会效果和法律效果更好，更能充分体现政策导向。

（撰稿：最高人民法院刑一庭　冯　姗
审编：最高人民法院刑四庭　陆建红）

[第1239号]被告人胡方权故意杀人、非法拘禁案

——对严重危害社会治安和影响人民群众安全感的犯罪，应慎重把握被告人亲属代为赔偿情节对被告人量刑的影响

【关键词】 故意杀人罪　非法拘禁罪　被害人亲属谅解　死刑的适用

一、基本案情

被告人胡方权，男，1962年7月19日出生，个体经商。1994年8月1日因犯流氓罪、赌博罪被判处有期徒刑八年六个月；2006年9月20日因犯赌博罪被判处有期徒刑九个月，2007年6月11日刑满释放。2013年4月10日因本案被逮捕。

浙江省杭州市人民检察院指控被告人胡方权犯非法拘禁罪、故意杀人罪，向杭州市中级人民法院提起公诉。

杭州市中级人民法院经公开审理查明：

（一）关于非法拘禁事实

2012年6月10日19时许，被告人胡方权为向被害人张宏（殁年44岁）索债，纠集李国成（另案处理）等人将张宏从浙江省杭州市某酒店带离杭州市。同年6月11日至8月31日间，胡方权分别指使或雇用同案被告人张崇宣、金朝国、傅雄武及曾方照、陈晓貌、马兵、金震寰、李英等多人（均已判刑）先后在浙江省温州市永嘉县某街道某村、永嘉县某镇某村及浙江省丽水市青田县方山乡某村等多处租房关押、看管张宏。其间，胡方权多次逼迫张宏电话联系亲友，索要5 000余万

元。因张宏亲属未按胡方权要求的金额及期限汇款,胡方权多次威胁、殴打张宏,并让看管人员用手铐、铁笼拘束张宏。截至2012年8月15日,胡方权共计向张宏亲友索得620万元。

(二)关于故意杀人事实

2012年8月31日深夜,被告人胡方权和金朝国驾车来到浙江省青田县某村关押被害人张宏的地点,伙同金震寰等人将张宏关进一个铁笼,装入所驾驶的奥迪Q7轿车后备箱内运往青田县滩坑水库。途中,奥迪Q7轿车爆胎,胡方权联系在附近探路的张崇宣驾驶英菲尼迪轿车前来,因该车无法装运铁笼,胡方权又电话联系傅雄武驾驶尼桑皮卡车前来。胡方权等人将关着张宏的铁笼抬到尼桑皮卡车上。然后,胡方权、金朝国乘坐由傅雄武驾驶的尼桑皮卡车,与张崇宣驾驶的英菲尼迪轿车一同驶往青田县滩坑水库。9月1日凌晨,当二车临近水库时,胡方权让傅雄武到英菲尼迪车上停留等候,并让张崇宣换乘到尼桑皮卡车上,然后由金朝国驾驶该皮卡车至滩坑水库北山大桥上调头后靠桥栏杆停下。胡方权、张崇宣、金朝国一起将关着张宏的铁笼从皮卡车上抬起,抛入距离桥面20多米的滩坑水库中,致张宏死亡。而后,胡方权等三人与傅雄武会合并逃离现场。胡方权于2012年9月潜逃偷渡出境,2013年2月27日在泰国曼谷被泰国警方抓获,同年3月6日被押解回国。

杭州市中级人民法院认为,被告人胡方权的行为已构成非法拘禁罪、故意杀人罪。在共同故意杀人犯罪中,胡方权起组织、指挥作用,系主犯,且系累犯,应从重处罚。据此,依法判决被告人胡方权犯故意杀人罪,判处死刑,剥夺政治权利终身;犯非法拘禁罪,判处有期徒刑三年;决定执行死刑,剥夺政治权利终身。

一审宣判后,被告人胡方权不服,提出上诉。

浙江省高级人民法院经审理认为,原审判决定罪和适用法律准确,量刑和民事赔偿得当。审判程序合法。据此,依法裁定驳回上诉,维持原判,并报请最高人民法院核准。

最高人民法院经复核认为,被告人胡方权为索债,纠集、雇用他人非法限制债务人的人身自由,其行为构成非法拘禁罪;在索债未能如愿的情况下,纠集、雇用他人将被害人关入铁笼抛入水库致死,其行为又构成故意杀人罪,应依法并罚。胡方权犯罪性质特别恶劣,手段残忍,情节、后果严重,社会危害性大,且在共同犯罪中系罪行最严重的主犯,又系累犯,主观恶性深,应依法从重处罚。第一审判决、第二审裁定认定的事实清楚,证据确实、充分,定罪准确,量刑适当,审判程序合法。依照《中华人民共和国刑事诉讼法》第二百三十五条①、第二百三十九条②和《最高人民法院关于适用〈中华人民共和国刑事诉讼法〉的解释》第三百五十条第一项的规定,裁定核准浙江省高级人民法院维持第一审对被告人胡方权以故意杀人罪判处死刑,剥夺政治权利终身;以非法拘禁罪判处有期徒刑三年,决定执行死刑,剥夺政治权利终身的刑事附带民事裁定。

二、主要问题

对严重危害社会治安和人民群众安全感的故意杀人案件,被告人亲属积极代为赔偿,被害人亲属表示接受,予以谅解的,如何准确把握死刑政策?

三、裁判理由

本案二审期间,被告人亲属代为赔偿,取得了被害人的谅解。在此种情况下,能否对罪行极其严重的被告人从宽处罚,不适用死刑立即执行,二审及死刑复核审理中有两种不同意见:第一种意见持肯定立场,认为应据此改判被告人死刑缓期二年执行;第二种意见持否定立场,认为此

---

① 2018年《中华人民共和国刑事诉讼法》第二百四十六条。

② 2018年《中华人民共和国刑事诉讼法》第二百五十条。

案不适宜对被告人从宽判处,应当维持、核准死刑判决。

我们同意第二种意见,理由如下:

宽严相济是我国的基本刑事政策,即根据犯罪的具体情况,实行区别对待,做到该严则严,当宽则宽,宽严相济,罚当其罪。既要防止片面从严,也要避免一味从宽。《最高人民法院关于贯彻宽严相济刑事政策的若干意见》(以下简称《意见》)指出:"对于被告人同时具有法定、酌定从严和法定、酌定从宽处罚情节的案件,要在全面考察犯罪的事实、性质、情节和对社会危害程度的基础上,结合被告人的主观恶性、人身危险性、社会治安状况等因素,综合作出分析判断,总体从严,或者总体从宽。"《意见》同时指出:"被告人案发后对被害人积极进行赔偿,并认罪、悔罪的,依法可以作为酌定量刑情节予以考虑。因婚姻家庭等民间纠纷激化引发的犯罪,被害人及其亲属对被告人表示谅解的,应当作为酌定量刑情节考虑。"

据此,被告人积极赔偿和被害人及其亲属谅解是重要的酌定从宽处罚情节,但要注意准确、全面把握:第一,被告人案发后对被害人积极进行赔偿,"可以"从宽量刑,而非必须从宽处罚;并且,根据此情节对被告人从宽处罚,被告人不仅要有实际的赔偿,还应当认罪、悔罪。第二,被害人及其亲属谅解而对被告人从轻处罚的上述规定,一般适用于"因婚姻家庭等民间纠纷激化引发的犯罪"。第三,被害人及其亲属谅解的本质是被告人与被害人及其亲属双方在自愿协商一致的基础上,通过被告人真诚悔罪,赔礼道歉并支付被害人的损失,以此来取得被害人及其亲属的谅解,从而修复被破坏的社会关系。在被害人死亡或者无法独立表达意志的情况下,对被害人亲属谅解的背景、原因是否确系真实、自愿,更要从严审查和把握,要注意审查是否违背社会良好风尚和公众朴素的正义情感。第四,被告人积极赔偿和被害人及其亲属谅解虽然是重要的酌定从宽处罚情节,但在严重刑事犯罪中,是否对被告人从宽及从宽的幅度,必须结合犯罪事实、性质及其他情节进行综合衡量,给予适当、准确的评价。

本案中,既有可考虑从严惩处的情节,如系有预谋的直接故意杀人,性质特别恶劣,情节、后果严重,社会危害性大,被告人系累犯,人身危险性大,主观恶性深等;又有可考虑从宽处罚的情节,如二审期间,被告人胡方权的亲属积极代为赔偿,取得被害人亲属谅解。如何评价从严与从宽情节,需要准确把握以下三个方面的因素:

首先,从案件性质来看,本案最初起因虽系民间借贷纠纷,但后期发展已明显超出简单的借贷纠纷的性质,演变成严重暴力犯罪。被告人胡方权将被害人张宏从酒店带走后,先后花钱雇用多名社会闲散人员、有犯罪前科的人员,转换多个地点关押被害人长达两个多月,索债不能如愿后,又纠集他人故意杀害被害人,性质特别恶劣。故意杀人系极为严重的暴力犯罪,不但严重侵犯公民个人的人身权利,也严重危及正常的社会秩序,一向是我国刑法严厉打击的重点。在决定对这类案件被告人的刑罚时,一方面要考虑实现特殊预防目的,即防止被告人本人的再犯可能性;另一方面还要考虑实现一般预防,即防止潜在的犯罪发生,在发挥对被害人的安抚补偿功能的基础上,注重发挥对社会的一般威慑、强化规范意识的功能,而不应片面强调被害人一方的感受和态度。

其次,从犯罪情节、后果来看,被告人胡方权采用将被害人张宏装入专门制作的铁笼后沉入水库的方式杀人,作案手段残忍,情节特别恶劣,严重危害当地社会治安,影响人民群众安全感。

最后,从被告人的主观恶性及人身危险性来看,被告人胡方权经过预谋,选好地点后纠集他人共同作案。被害人张宏被抛入水库的地点距水面 20 余米,水面距库底 80 余米,打捞极为困难,公安机关曾两次打捞无果。作案后,胡方权潜逃境外,被抓捕归案后,仅供认非法拘禁事实,否认故意杀人事实,且供述屡屡改变:在张宏尸体被打捞上来之前,称在浙江省温州市将张宏放走了；在同案被告人翻供后，供称在北山大桥附近将张宏释放了；在打捞到张宏尸体后，又称在北山大桥上将张宏释放后同案被告人曾经返回，暗示铁笼是被同案被告人抛入水库的；在二审开庭时又称发现张宏死亡后才"抛尸"。可见，胡方权口供随着司法机关掌握证据的变化而一变再变，百般抵赖，并无认罪、悔罪态度，主观恶性深。《意见》指出，"被告人案发后对被害人积极进行赔偿，并认罪、悔罪的，依法可以作为酌定量刑情节予以考虑。因婚姻家庭等民间纠纷激化引发的犯罪，被害人及其亲属对被告人表示谅解的，应当作为酌定量刑情节考虑"。胡方权的亲属虽然愿意代为赔偿，但胡方权并无认罪、悔罪态度；被害人亲属虽然对被告人表示谅解，但本案并不属于"因婚姻家庭等民间纠纷激化引发的犯罪"。概言之，被告人不具备对其从轻处罚的必要条件。另外，被告人还有两次犯罪前科，系累犯，人身危险性大，具有法定从重处罚情节。

综上，对于犯罪性质、情节特别恶劣，后果特别严重，严重危害社会治安和影响人民群众安全感的故意杀人案件，被告人主观恶性深、人身危险性大的，即使被告人积极赔偿，得到被害人亲属谅解，法院也要掌握好宽严尺度，从宽判处仍应当特别慎重，做到罪责刑相适应，不能过于偏离社会公众的朴素道德情感，防止死刑政策出现偏差。尤其是对于并未认罪、悔罪的被告人，不能仅因积极赔偿、取得谅解而从轻处罚。本案中，经综合考量从严与从宽情节，最高人民法院对本案总体从严，认定被告人胡方权虽然就民事赔偿与被害人亲属达成了协议，但尚不足以对其从轻处罚，故依法核准被告人胡方权死刑。

（撰稿：最高人民法院刑一庭　张昊权
审编：最高人民法院刑一庭　管应时）

[第1240号]张士禄故意杀人案

——对于依法可以不核准死刑但被害方强烈要求核准死刑的案件如何裁判

【关键词】　故意杀人罪　亲属协助抓捕　被害人责任　不核准死刑

一、基本案情

被告人张士禄，男，1983年12月8日出生，农民。2007年10月22日因涉嫌犯故意杀人罪被逮捕。

河南省南阳市人民检察院以被告人张士禄犯故意杀人罪，向南阳市中级人民法院提起公诉。

被告人张士禄对公诉机关指控的事实无异议，辩称不是有意杀人，不构成故意杀人罪。其辩护人提出，张士禄认罪态度较好，请求从轻处罚。

南阳市中级人民法院经审理查明：被告人张士禄与被害人张文平（殁年69岁）均系河南省方城县二郎庙乡安楼村村民。2007年秋，因张文平饲养的牛吃了张士禄家的庄稼，二人发生纠纷。张文平之子张留江得知此事后曾携刀找过张士禄，因张士禄当时不在家而未找到。张士禄得知此事后，心中恼怒。2007年10月9日18时许，张士禄酒后持杀猪刀至张文平家，持刀朝张文平胸部捅刺一刀，致张文平心脏被刺破大失血而死亡。张文平之妻贾书琴（时年66岁）见状上前阻拦，张士禄又持刀刺扎贾书琴背部、左前臂致其轻微伤。后张士禄又刺扎张文平儿媳郭丽肖（时年22岁）右臂一刀致其轻微伤。此时，张士禄亲属赶到现场将杀猪刀夺下，并将张士禄拖走。次日凌晨,公安人员在张士禄亲属的带领下在一机井房内将张士禄抓获。

南阳市中级人民法院认为,被告人张士禄故意非法剥夺他人生命的行为已构成故意杀人罪,且造成一人死亡,二人轻微伤,罪行极其严重,应依法惩处。关于被告人张士禄的辩解,经查,张士禄持刀冲入张文平家,言称想死想活,说明其主观上有杀人的故意,客观上猛刺张文平胸部,致张文平心脏贯通伤当场死亡,又刺扎贾书琴、郭丽肖,致二人受伤,其行为已构成故意杀人罪,其辩解理由不能成立,不予采纳。依照《中华人民共和国刑法》第二百三十二条、第五十七条第一款之规定,南阳市中级人民法院以故意杀人罪判处被告人张士禄死刑,剥夺政治权利终身。

一审宣判后,张士禄上诉提出其无杀人故意,案发时张文平先持木棍对其击打,被害方有过错,被抓获时正准备去投案,原判量刑重。

河南省高级人民法院经审理认为,被告人张士禄的行为已构成故意杀人罪。张士禄杀死一人,杀伤二人,情节恶劣,罪行极其严重,应依法惩处。关于张士禄及其辩护人所提被害人张文平先持木棍击打张士禄及张士禄无杀人故意的上诉理由,经查,现场目击者贾书琴、郭丽肖均证明案发时张士禄持刀进院后在楼梯上直接持杀猪刀猛扎张文平胸部,张士禄归案后亦供述其见张文平从房顶下来走到楼梯口时直接持杀猪刀朝张文平胸部"用力扎了一下"。在案证据证明张文平并未持木棍击打张士禄,且张士禄持长达一尺的杀猪刀直接猛扎张文平胸部,致张文平心脏被刺破导致大失血而死亡,其非法剥夺他人生命的主观故意明显,故该上诉理由和辩护意见不能成立。关于张士禄及其辩护人所提被害方在案发前因上有一定过错的上诉理由,经查,本案确因张文平家的牛吃张士禄家的庄稼这一民间纠纷引发,但事隔数日后,张士禄酒后持刀到被害人家中报复,不能认定被害方在案发前因上有过错,故该上诉理由不能成立。关于张士禄所提案发后其准备投案的上诉理由,经查,案发后,张士禄向亲友索要钱财,并向亲友表示要去广州打工,且躲藏在村外机井房内直至被公安机关抓获,张士禄并未有投案的意思表示及行为,故该上诉理由亦不能成立。据此,依法裁定驳回上诉,维持原判,并报请最高人民法院核准。

最高人民法院经复核认为,被告人张士禄故意非法剥夺他人生命的行为,已构成故意杀人罪。张士禄因琐事持刀杀人,致一人死亡、二人轻微伤,罪行极其严重,应依法惩处。鉴于本案系因民间矛盾引发,被害方在案件起因上负有一定责任,被告人亲属有协助抓捕情节,故对张士禄判处死刑,可不立即执行。第一审判决、第二审裁定认定的事实清楚,证据确实、充分,定罪准确,审判程序合法,但量刑不当。据此,依法裁定不核准河南省高级人民法院维持第一审对被告人张士禄以故意杀人罪判处死刑,剥夺政治权利终身的刑事裁定。

二、主要问题

对因民间矛盾激化引发,被害方在案件前因上负有一定责任,但被害方要求判处死刑的情绪特别激烈的案件,如何准确贯彻我国的死刑政策?

三、裁判理由

(一)因民间矛盾激化引发、被害方在案件前因上负有一定责任的,在量刑时应酌情从宽处罚

根据《最高人民法院关于贯彻宽严相济刑事政策的若干意见》(以下简称《意见》)第二十二条的规定,对于因恋爱、婚姻、家庭、邻里纠纷等民间矛盾激化引发的犯罪,因被害方过错或者基于义愤引发的或者具有防卫因素的突发性犯罪,应酌情从宽处罚。此类被告人犯罪系事出有因,与发生在社会上针对不特定多数人的严重危害社会治安的暴力犯罪,在主观恶性、人身危险性和社会危害性上有明显差别,故在对被告人量刑时应体现差别。总体而言,对此类犯罪应酌情从宽,充分体现宽严相济刑事政策中区别对待的精神,从而更加有效地改造罪犯和预防犯罪。本案中,被告人张士禄及被害人亲属均证实因被害人张文平家的牛吃了张士禄家的庄稼,双方发生纠

纷,属于民间矛盾引发的案件;且张文平之子张留江为此曾携刀找过张士禄,虽然二人当时未碰面,但此举具有挑衅性质,引起张士禄的不满,村干部亦反映张文平经常将牛放到他人庄稼地里,村民对此也多有不满。故被害人张文平在案件起因上虽不构成过错,但亦负有一定的责任,且在一定程度上激化了双方的矛盾。因此,在量刑时,对被告人张士禄应酌情从宽处罚。

(二)对被告人亲属协助司法机关抓获被告人,虽不构成自首,但在量刑时应予充分考虑

根据《意见》第十七条的规定,对于亲属以不同形式送被告人归案或协助司法机关抓获被告人而认定自首的,原则上都应依法从宽处罚;有的虽然不能认定自首,但考虑到被告人亲属支持司法机关工作,促使被告人到案、认罪、悔罪,在决定对被告人具体处罚时,也应当予以充分考虑。《意见》既规定了对自首从宽处罚的基本要求,也提出了在特殊情况下,被告人亲属"大义灭亲",协助司法机关抓获被告人,虽由于被告人系被动归案,不能认定为自首,但对亲属"大义灭亲"的行为应给予肯定,在对被告人量刑时亦应予以充分考虑。本案中,被告人张士禄的亲属先有在犯罪现场阻止张士禄继续实施犯罪的行为,后有带领公安人员将张士禄抓获的行为,张士禄归案后,如实供述持刀杀害张文平的事实,认罪、悔罪,根据《意见》的规定,此情节应在量刑上加以体现。

(三)对依法可不判处死刑立即执行的案件,应当妥善处理被害方要求严惩的意愿与严格控制和慎重适用死刑政策之间的关系

《意见》第二十九条规定,要准确理解和严格执行"保留死刑,严格控制和慎重适用死刑"的政策。对于罪行极其严重的犯罪分子,只要是依法可不立即执行的,就不应当判处死刑立即执行。严格控制死刑是对死刑适用总体上、战略上、趋势上的严格把握,就是要防止任何不必要的适用甚至滥用。严格适用死刑,一方面必须严格统一地坚持证据裁判的最高标准和最严要求;另一方面必须严格统一地把握法律政策标准。对不应当判处死刑的案件,无论面对多大的压力,都不能违法适用死刑。在审理死刑案件时,应当考虑社情民意,但是当部分群众尤其是部分被害人亲属的要求带有强烈的个人感情色彩,背离法律、政策精神,甚至无原则地上访、闹访时,则不能一味地退让,对不应当判处死刑立即执行的案件,绝不能作出违反法律政策的判决,要坚决维护法治的权威。

在本案审理过程中,河南省高级人民法院曾两次发回南阳市中级人民法院重新审判。因本案系民间矛盾引发,被害方在案件的前因上负有一定责任,被告人近亲属有协助司法机关抓捕的情节,属于应酌情从宽处罚、从严控制死刑的范畴。为此,两级法院在数次审理中,多次深入案发地做民事调解和民意调查工作。由于被告方赔偿能力有限,被害方坚决不同意调解,强烈要求判处被告人死刑,还曾进京上访,并扬言若愿望得不到满足,将杀掉被告人一家。当地村干部和村邻均认为,被告人幼年丧母,无兄弟姐妹,相对而言处于弱势,并非罪大恶极。综上,从本案的起因、犯罪情节、被告人认罪态度、案发地群众意见等方面综合考虑,被告人张士禄属于可不判处死刑立即执行的犯罪分子。虽然被告人及其亲属赔偿能力有限,被害人亲属不予谅解,且要求严惩的意愿强烈,但在全面考察本案的犯罪事实、性质、情节的基础上,结合被告人的主观恶性、人身危险性、社会危害性等因素,根据"严格控制和慎重适用死刑"的刑事政策要求,最高人民法院依法作出了不核准被告人张士禄死刑的裁定。

(撰稿:最高人民法院刑一庭　谢　颖　彭　凌
审编:最高人民法院刑一庭　管应时)

[第 1241 号]张保林故意杀人案

——民间矛盾引发的死刑案件中,如何做好民事调解工作化解矛盾

【关键词】 故意杀人罪 民事调解 化解矛盾 死刑的适用

一、基本案情

被告人张保林,男,1964 年 2 月 10 日出生,农民。2013 年 3 月 15 日因涉嫌犯故意杀人罪被逮捕。

安徽省蚌埠市人民检察院以被告人张保林犯故意杀人罪,向蚌埠市中级人民法院提起公诉。

被告人张保林辩称,被害人张东亚两次到其家门口辱骂,其去张东亚家问究竟,遭被害人张保亮持棍打骂,其才夺棍打张保亮一棍,张东亚过来用棍打在其肩上,其才与之对打。其辩护人提出,被害人张东亚两次辱骂张保林引发本案,应适当减轻张保林责任;被害人张保亮患有其他疾病,是外力作用导致脑瘤破裂而死;张保林没有打在场的张东亚的妻子、孩子,没有犯罪前科,潜逃期间没有犯罪,认罪态度好,主观恶性相对较小,请求对张保林从轻处罚。

蚌埠市中级人民法院经审理查明:被告人张保林与被害人张东亚(殁年 37 岁)均系安徽省固镇县任桥镇清凉村张南组村民,两家平时没有矛盾。2005 年 11 月 3 日下午,张保林与张东亚等人到安徽省宿州市芦岭街吃饭喝酒。酒后,张保林骑摩托车带张东亚回村,快到村口时,因道路不平,张保林要张东亚下车步行,自己先骑车回家。张东亚对此不满,当晚先后两次到张保林家外长时间辱骂张保林。当日 23 时许,张保林驾驶摩托车、提着矿灯到张东亚家院内,遇到张东亚的父亲张保亮(殁年 60 岁),因言语不和,张保林持铁棍朝张保亮头面部猛击,张东亚的母亲冯立英(时年 57 岁)从屋内出来,张保林又持铁棍击打冯立英头面部,致其轻伤。随后,张东亚进入院内,张保林持铁棍对张东亚头面部等处击打数下,致张东亚因急性外伤性蛛网膜下腔出血当场死亡,张保亮经送医院抢救无效于同月 15 日死亡。经鉴定,张保亮死因系头部受重击引发脉络丛乳头瘤血管破裂造成广泛性脑室系统出血。作案后张保林长期潜逃。

蚌埠市中级人民法院认为,被告人张保林在因琐事遭被害人张东亚两次辱骂后,即恼羞成怒,深夜闯入张东亚家中,遇到人搭话即用矿灯照射,持棍猛力击打三人头面等要害部位,置死伤后果于不顾,致一人当场死亡、一人经抢救无效死亡、一人轻伤,其行为构成故意杀人罪。虽然张东亚在案发原因上存在过错,张保亮系外力作用于疾患经抢救无效死亡,但综合本案的犯罪性质、犯罪情节及对社会的危害程度等因素,不足以对张保林从轻处罚。据此,依照《中华人民共和国刑法》第二百三十二条、第五十七条第一款之规定,以故意杀人罪判处张保林死刑,剥夺政治权利终身。

一审宣判后,被告人张保林提出上诉,所提上诉理由及辩护人所提辩护意见与一审时的意见一致。

安徽省高级人民法院经审理认为,被告人张保林因琐事遭被害人张东亚两次辱骂后,不能冷静对待,深夜闯入张东亚家中,持棍猛力击打三人头面等要害部位,致一人当场死亡、一人抢救无效死亡、一人轻伤,其行为构成故意杀人罪。犯罪性质恶劣,手段残忍,后果严重,应依法严惩。原判认定的事实清楚,证据确实、充分,定罪正确,量刑适当,审判程序合法。据此,依法裁定驳回

上诉,维持原判,并报请最高人民法院核准。

最高人民法院经复核认为,被告人张保林故意非法剥夺他人生命的行为已构成故意杀人罪。张保林因琐事遭被害人张东亚辱骂后,持铁棍击打张东亚及其父母张保亮、冯立英头面部,致二人死亡、一人轻伤,情节恶劣,后果特别严重,应依法惩处。鉴于本案系民间矛盾激化引发,张东亚对引发本案负有责任;被害人张保亮的死亡主要由其自身患有的脑瘤疾病引发,张保林的击打行为只是张保亮死亡的诱因之一,张保林不应对张保亮的死亡结果承担全部责任;张保林归案后认罪、悔罪,对其判处死刑,可不立即执行。第一审判决、第二审裁定认定的事实清楚,证据确实、充分,定罪准确,审判程序合法。依照《中华人民共和国刑事诉讼法》第二百三十五条①、第二百三十九条②和《最高人民法院关于适用〈中华人民共和国刑事诉讼法〉的解释》第三百五十条第五项、第三百五十三条第一款的规定,裁定不核准安徽省高级人民法院维持第一审以故意杀人罪判处被告人张保林死刑,剥夺政治权利终身的刑事附带民事裁定。

二、主要问题

1. 对造成二死一伤严重危害后果的故意杀人案件,能否开展民事调解工作?

2. 如何有的放矢地做好民事调解工作,实现法律效果和社会效果的统一?

三、裁判理由

被告人张保林故意杀人一案起因于琐事,属于因民间矛盾激化引发,但张保林致二人死亡、一人轻伤,后果严重。第一、二审期间,被害人亲属拒绝接受民事赔偿,坚决要求判处张保林死刑。最高人民法院复核期间,承办法官在吃透案情的基础上,严格贯彻宽严相济刑事政策,耐心细致地进行民事调解工作,最终促成双方以现金和土地使用权相结合的赔偿方式达成赔偿谅解协议,据此依法裁定不核准被告人张保林死刑。

(一)审理民间矛盾引发的死刑案件,不能仅看危害后果,还应综合考虑全案因素,严格贯彻宽严相济刑事政策,依法、谨慎作出裁判

案件性质不同,被告人是否具有从轻、从重处罚情节,直接决定法院能否主动出面做民事调解工作,以及调解的力度和方式方法。因此,吃透案情,区分案件性质,判明被告人具有的量刑情节,是确定能否调解、如何调解的基础。

最高人民法院复核的死刑案件中,因民间矛盾激化引发的故意杀人案件占相当比例。对这类案件适用死刑,应当与诸如抢劫杀人、强奸杀人等严重危害社会治安的案件加以区别。所谓民间矛盾,主要指在普通老百姓之间,因为日常生活、生产中的具体琐事引发的矛盾纠纷。比如,家庭亲属因矛盾引发的纠纷,婚恋关系矛盾引发的纠纷,邻里之间因宅基地、山墙、道路等引发的纠纷,民间债权债务引发的纠纷,个人之间因说闲话、家长里短等引发的恩怨纠纷,等等。民间矛盾的主要特点,一是作案人一般都是普通百姓,常常是初犯、偶犯;二是一般发生在熟人之间,对象特定;三是作案人往往因为性格、认知和控制力上的弱点导致犯罪,具有突发性、偶然性。总之,民间矛盾引发的犯罪一般被告人主观恶性、人身危险性与严重危害社会治安的犯罪分子明显不同,对社会治安的危害相对较小,适用死刑立即执行应当慎重。

对于因民间矛盾激化引发的故意杀人案件,审理中要注重以下两方面工作:

一是重视对案发起因及双方责任大小的审查。案发起因可以反映被告人的主观恶性、人身危险性和罪责大小,直接关乎对被告人应否适用死刑,因此要重视对案件起因事实的审查,必要

---

① 2018 年《中华人民共和国刑事诉讼法》第二百四十六条。

② 2018 年《中华人民共和国刑事诉讼法》第二百五十条。

时要到案发地深入实地进行查证或者要求公安机关进行补查，同时了解当地群众对案件的反映情况。对被害人有明显过错、对矛盾激化负有主要责任，当地群众对被告人表示同情的，即使未最终达成调解，也可以不判处被告人死刑立即执行。

二是充分体现政策，加大民事调解工作力度。对于因婚姻家庭、邻里纠纷等民间矛盾激化引发，以及被告人具有自首等法定从轻处罚情节的案件，应充分体现政策。这些案件如果把工作真正做到家，把政策落实到位，不仅能够化解当事人之间的矛盾，维护社会和谐稳定，还有助于推动“严格控制和慎重适用死刑”的刑事政策的贯彻落实，社会意义重大。审判实践中，对民间矛盾引发的犯罪，不能因为案件复杂、被害人反应强烈，看似没有调解希望，就产生畏难情绪，应当积极地开展矛盾化解、调解工作，尽力去做、努力做好。

本案中，被告人张保林虽然造成二人死亡、一人轻伤的严重后果，但本案属于因民间矛盾引发的案件，被告人和被害人系同村村民，平时无矛盾，案发前张保林邀被害人张东亚外出喝酒，关系友好；张东亚因琐事两次辱骂张保林对引发案件有过错；被害人张保亮死亡主要由其自身患有脑瘤疾病所致，张保林的击打行为仅造成张保亮轻度脑损伤，只是张保亮死亡的诱因，张保林对张保亮的死亡不应承担全部责任；张保林一贯表现良好，没有前科劣迹。综合案件情况，本案具有开展调解工作的基础，而且从正确贯彻死刑政策的角度，法院也应当积极介入调解，并加大调解力度，努力化解社会矛盾。

（二）审理民间矛盾引发的故意杀人案件，要根据案件具体情况，有的放矢地做好民事调解工作，达到法律效果和社会效果的统一

本案中，对被告人张保林既有核准死刑的理由，也有可以考虑不核准的诸多因素，如果简单地裁定核准或者不核准，可能在法律效果或者社会效果上只能取得单一的效果。为了实现法律效果和社会效果的统一，最高人民法院复核承办法官倾注大量精力和智慧，最终促使双方达成赔偿谅解协议。

1. 了解情况，确定调解工作主要对象和赔偿大致数额。（1）了解被告方的赔偿意愿和赔偿能力，以及此前双方未达成调解的原因。被告方表达了积极代为赔偿的意愿，表示可以赔偿数十万元现金，并将全家的承包地转让给被害方使用；被害方要求赔偿至少两倍的现金，并长期使用被告方的承包地；被告方现金筹集达不到被害方要求的数额，致使调解未成。（2）确定被害方调解的主要对象。被害方有 10 人提起附带民事诉讼，其中 9 人一致委托张某代理，张某是调解中的核心人物。

2. 有的放矢，打消被害方的思想顾虑。经与张某交谈，了解到案发后张某一直抚养被害人张东亚的 4 个子女和自己的 2 个孩子，负担很重，有接受赔偿意愿，但部分亲属不同意调解，为此张某思想上有顾虑。承办法官与张某一道分析事情的利弊得失：接受赔偿是为了更好地抚养张东亚的子女，让他们能够获得更好的受教育机会和成长条件，这也是对死者最大的安慰。张某对接受赔偿获得了道义支持，由此解开了一直以来瞻前顾后的心结。

3. 辨法析理，缩小双方有关赔偿数额的差距。在调解之初，被害方和被告方所提现金赔偿数额有数十万元的差距。承办法官根据被告方的经济状况以及救人心切的心态，相信他们提出的是尽最大努力筹集的数额，因此将工作重点放在说服被害方适当降低赔偿数额上。一是从案件事实和量刑情节入手，指出在案发起因上张东亚有过错，张保亮的死亡也有其自身疾患介入因素；二是介绍近年来调解的案例，提示被害方要考虑对方实际赔偿能力。被害方的心理预期渐趋理性，最终对现金的赔偿数额与被告方达成一致。

4. 打破僵局，使调解重新走上正轨。调解过程中，双方态度均有反复，赔偿方案多次调整，被

害方对此心生不满，认为被告方没有诚意，并有放弃调解的情绪，调解一度陷入僵局。经承办法官"背靠背"做工作，向被害方解释，被告方几次改变赔偿方案是因救人心切，作出超出赔偿能力的承诺，并非没有诚意；向被告方指出必须信守承诺，即使有客观原因不能兑现承诺，改变的幅度也不能过大，应当照顾被害方的感受。终于双方就现金赔偿具体数额及流转家庭承包的部分土地40年的使用权达成一致意见。

5. 研究法律、政策，确定土地赔偿方案细节。本案的特殊性在于除了现金赔偿外，还涉及用土地使用权进行补偿。对流转承包土地40年使用权是否符合法律、政策，将来是否存在相关风险，包括本轮承包期届满后土地政策是否变化，承包期届满后是否还需要被告方出具手续，如果被告方反悔是否影响手续办理，将来被告方的土地随人口变化是否会减少，如何办理手续等问题，承办法官查阅了相关法律法规，并咨询了双方所在镇的副镇长和所在村的村支书，确保了调解方案在法律层面具有可行性。鉴于土地日渐增值的一般趋势以及流转期长达40年所潜藏的风险，双方可能因土地升值发生新矛盾，甚至引发新祸端，承办法官还引导双方就提前"赎回"土地事宜进行反复协商、沟通，包括国家征收涉案土地时补偿款如何分配，确定被告方可以提前"赎回"土地的条件以及"赎回"土地的计价方法，根据现行政策涉案土地享有的各项补贴的归属等，最终双方就上述事项也达成一致意见。双方均深受感动，说他们自己没有考虑到的问题，法官都为他们想好了。

6. 充分准备，促成调解圆满达成。为确保双方最后顺利签署调解协议，承办法官在赴当地之前进行了充分的准备：(1)要求被告方先将筹集的全部现金存入一审法院账户。(2)事先拟订调解协议书草案。(3)通知双方所有当事人到场签署协议，要求不能到场的当事人依法办理委托手续。(4)预判签署协议时，当事人可能提出新的调解要求，对此做好应急预案。(5)邀请村镇两级部门派员参加、见证协议签署，并当面请托村镇干部协助办理流转土地使用权的相关手续。(6)通知一审法院对协议签署过程进行全程录音录像，使双方当事人感受到调解协议书签署的严肃性和法律效力，以防发生变故。(7)将签署协议地点选在县法院，为双方当事人和参加签署工作的村镇干部带来便利。最终双方签署了调解协议书，在协议中被害人亲属表达了服从法院裁判的意见，实现了案结事了的效果。

鉴于被告人与被害人亲属达成了赔偿协议，并获得被害方的谅解，并考虑到本案系民间矛盾激化引发，被害方在案件起因上负有责任，被告人归案后认罪、悔罪等情节，对罪行极其严重的被告人判处死刑，可不立即执行，故最高人民法院依法不予核准被告人死刑。

（撰稿：最高人民法院刑一庭　肖　凤
审编：最高人民法院刑一庭　管应时）

[第1242号]陈万寿故意杀人案

——吸食毒品致精神障碍后故意杀人案件的处理原则

【关键词】 故意杀人罪　吸毒致精神障碍　原因自由行为　自陷行为　死刑

一、基本案情

被告人陈万寿，男，1979年10月17日出生。2013年10月1日因本案被逮捕。

广东省湛江市人民检察院以被告人陈万寿犯故意杀人罪，向湛江市中级人民法院提起公诉。

被告人陈万寿对指控的犯罪事实、罪名均无异议。其辩护人提出，被告人陈万寿对被害人的死亡持放任的故意，且认罪态度好，可以从轻处罚；陈万寿因吸毒产生精神障碍，作案时患有精神活性物质所致精神障碍症，其意志能力受到限制，关于被告人作案时具有完全刑事责任能力的鉴定意见不应采纳。

湛江市中级人民法院经审理查明：被告人陈万寿因常年吸毒，导致精神障碍，被强制戒毒二年后仍复吸毒品。2013 年 9 月 20 日 12 时许，陈万寿在湛江市麻章区太平镇岭头村家中产生幻觉后，持菜刀闯入邻居陈某某住宅，将陈某某之子陈安某（殁年 3 岁）挟持，威胁在一旁劝阻的群众。公安人员接警赶到后，陈万寿将陈安某挟持至陈某某家院内，不顾众人的劝解，持菜刀砍切陈安某颈部一刀，致陈安某左颈总动脉、颈内静脉断裂失血性休克当场死亡。

湛江市中级人民法院认为，被告人陈万寿无视国家法律，因常年吸毒导致精神障碍，产生幻觉后，无故持刀砍切幼童的颈部，致一人死亡，其行为已构成故意杀人罪。公诉机关指控被告人陈万寿的犯罪事实清楚，证据确实、充分，指控罪名成立。据此，依法以故意杀人罪，判处被告人陈万寿死刑，剥夺政治权利终身。

一审宣判后，被告人陈万寿提出上诉。

陈万寿上诉辩称，其因长期吸毒致精神恍惚，失去理智一时冲动犯下罪行，有悔罪表现，请求改判。其辩护人提出，陈万寿认罪态度好，主观恶性不深，无犯罪前科，本案事出有因，陈万寿对被害人死亡仅有放任的故意，且系吸毒后患有精神活性物质致精神障碍症，是精神疾病，意志能力受到限制，应当认定为间接故意杀人罪，请求法院从轻处罚。

广东省高级人民法院经审理认为，上诉人陈万寿无视国家法律，因常年吸毒导致精神障碍，产生幻觉后，无故持刀砍切幼童的颈部，致一人死亡，其行为已构成故意杀人罪。陈万寿犯罪主观恶性大，犯罪手段残忍，后果严重，影响恶劣，无从轻处罚情节。原判认定事实清楚，证据确实、充分，定罪准确，量刑适当，审判程序合法。陈万寿及辩护人所提理由不能成立，请求从轻处罚的意见，不予采纳。依照《中华人民共和国刑法》第二百三十二条、第五十七条第一款、第六十四条以及《中华人民共和国刑事诉讼法》第二百二十五条①第一款第一项、第二百三十五条②之规定，裁定驳回上诉，维持原判，并依法报请最高人民法院核准。

最高人民法院经复核认为，被告人陈万寿持刀行凶，非法剥夺他人生命，其行为已构成故意杀人罪，犯罪手段残忍，情节、后果严重，应依法予以惩处。第一审判决、第二审裁定认定的事实清楚，证据确实、充分，定罪准确，量刑适当，审判程序合法。依照《中华人民共和国刑事诉讼法》第二百三十五条、第二百三十九条和《最高人民法院关于适用〈中华人民共和国刑事诉讼法〉的解释》第三百五十条第一项的规定，裁定核准广东省高级人民法院维持第一审以故意杀人罪判处被告人陈万寿死刑，剥夺政治权利终身的刑事裁定。

二、主要问题

吸食毒品致精神障碍后实施杀人行为的，如何裁量刑罚？

三、裁判理由

本案在审理过程中形成两种意见：

第一种意见认为，本案案发时被告人陈万寿的精神状态与精神病患者相同，对自己的行为完

① 2018 年《中华人民共和国刑事诉讼法》第二百三十六条。

② 2018 年《中华人民共和国刑事诉讼法》第二百四十六条。

全丧失控制能力,事后亦不知自己所为。陈万寿系在妄想支配下作案,此类案发时精神状态异常的被告人,属于控制适用死刑的范围,可不判处死刑立即执行,判处死刑缓期执行并限制减刑即可。

第二种意见认为,被告人陈万寿常年吸食毒品,曾因吸毒被强制戒毒,后又复吸,其对吸食毒品系违法行为有明确认知,且曾多次出现幻觉后打骂他人的现象,对吸食毒品会造成的危害后果可以预见,其吸食毒品是原因自由行为。陈万寿吸食毒品导致的精神障碍与精神病有显著区别,精神病系被动的受害者,吸食毒品所致精神障碍系自陷行为所致,具有主动性。吸食毒品导致精神障碍后犯罪与醉酒后犯罪类似,刑法明确规定"醉酒的人犯罪,应负刑事责任",且吸食毒品本已违法,故吸毒致幻后犯罪更应负刑事责任。陈万寿吸毒致幻后,当众无故持刀砍切幼童的颈部,致一人死亡,犯罪手段残忍,情节、后果严重,无任何从轻情节,可依法判处死刑立即执行。

我们倾向于第二种意见,主要理由如下:

被告人陈万寿作案时,处于精神活性物质所致精神障碍发病期,其发病主要原因是其常年吸食毒品所致。其吸毒行为属于可控制行为,具有违法性和自陷性,其因常年吸毒而产生幻觉实施故意杀人的行为,属刑法理论上的"原因自由行为",也称"自陷行为"。

原因自由行为,是指具有责任能力的行为人,故意或者过失使自己一时陷入丧失或者尚未完全丧失责任能力的状态,并在该状态下实施了符合客观构成要件的违法行为。使自己陷入丧失或者尚未完全丧失责任能力状态的行为,称为原因行为;在该状态下实施的符合客观构成要件的违法行为,称为结果行为。由于行为人可以自由决定自己是否陷入上述状态,故称为原因自由行为。例如,行为人明知自己有病理性醉酒的历史,醉酒后极易实施暴力行为致伤他人,仍故意大量饮酒而致自己呈现病理性醉酒状态,随即实施了暴力行为造成伤害他人的危害后果的,即属于原因自由行为。我国刑法没有对原因自由行为作出专门规定,但规定了醉酒人的刑事责任问题。1979 年刑法第十五条第三款规定:"醉酒的人犯罪,应当负刑事责任。"1997 年刑法沿用了这一规定,在第十八条第四款作出了同样的表述,这就在刑事立法上确立了"醉酒人应当对其触犯刑事法律的危害行为负刑事责任"的原则。

按照我国刑法学界的通说,主客观相统一的原则是认定刑事责任的基本原则。主观罪过是行为人对自己行为的危害结果的心理态度,危害行为是行为人在自己意志支配下的身体动静,主观罪过和危害行为是有机统一的。而在原因自由行为的场合下,行为人的主观罪过与结果行为是"脱节"的。在原因行为时,行为人有责任能力,对将要实施的行为造成的危害结果有罪过;但在行为人实施结果行为时,处在无责任能力状态,自然也谈不上罪过的问题。为什么要追究陷入无责任能力状态的行为人的刑事责任呢?我们认为,从因果关系的角度来解释,行为人的结果行为纯粹是其实施犯罪的工具。行为人故意或过失造成自己的无责任能力状态并且在这种状态下造成了危害结果,这种利用自己为工具的行为应当被看作其实行行为,与利用物理工具的行为(如驱赶猛兽杀人)具有相同的刑法意义。在行为人起先没有实施暴行等结果行为的意思,但由于饮酒、吸毒等原因行为而产生了该意思时,可以肯定原因行为与结果之间存在因果关系。在行为人事先就有实施结果行为的意思,出于鼓起勇气等动机而饮酒、吸毒导致丧失责任能力,进而在该状态下实施了结果行为时,也可以肯定原因行为与结果之间的因果关系。既然行为人在实施与结果的发生具有因果关系的行为时具有责任能力,而且具有故意或者过失,就具有了可罚性。因此,根据原因自由行为的法理,对于故意或者过失导致自己陷入限定责任能力状态进而实施犯罪的,应当追究刑事责任,而且不能适用从轻或者减轻处罚的规定。

本案中,被告人陈万寿常年吸毒,2008 年曾被强制戒毒,其对吸食毒品系违法行为有明确的认知,且曾多次出现幻觉,仍不知悔改,自愿选择继续吸食毒品。陈万寿产生幻觉因长期吸毒所致，属原因自由行为，其因吸毒行为导致精神障碍与被害人的死亡结果存在刑法上的因果关系，其对死亡结果的发生具有支配力。陈万寿虽然因吸毒导致其辨认、控制能力受损，但其自愿吸毒使自己陷入精神障碍而实施杀人行为，与被迫、被诱骗吸毒而实施犯罪的情况不同，其对于危害结果的发生持放任态度，具有完全责任能力，应承担故意杀人罪的刑事责任。

一般来说，原因自由行为引起的犯罪，在处罚上可作为酌定从宽处罚的情节。毕竟这种情形下实施的犯罪行为与正常情况下实施的犯罪行为，在罪质上特别是主观恶性上还是有一定区别的。但是，原因自由行为产生的原因，行为人对原因自由行为的态度及行为所造成的危害后果也是必须考虑的因素。原因自由行为不能成为一律从宽处罚的理由。本案中，被告人陈万寿产生幻觉因长期吸毒所致，不仅属于自陷行为，且其对该自陷行为毫无节制，甚至故意放纵。在这种情况下，原因自由行为就不能成为从宽处罚的理由。人民法院的判决在社会生活中所发挥的行为规范和引领作用，决定了法院可以对一般的原因自由行为作出相对宽宥的裁判，但对诸如本案被告人这种放任自流、毫无节制的情形，如果也予以宽宥处理，则会在社会上起到不好的误导效果。加之本案被告人的犯罪性质恶劣、手段残忍，犯罪情节、后果均极其严重，对被告人是否作出宽宥的处理更应持十分慎重的态度。

综上，被告人陈万寿挟持幼童并不顾他人劝阻当众加以杀害，作案手段残忍，情节、后果严重；经司法精神病鉴定，陈万寿具有完全刑事责任能力，亦没有其他从轻处罚情节，依法判处其死刑是适当的。

（撰稿：最高人民法院刑四庭　杨占富　胡　凌
审编：最高人民法院刑四庭　陆建红）

[第1243号]张志明故意杀人案

——概括故意下实施的连续行为可认定为一罪

【关键词】　故意杀人罪　故意伤害罪　罪数　主观罪过　概括的犯罪故意

一、基本案情

被告人张志明，男，1963年1月29日出生，无业。因涉嫌犯故意伤害罪于2014年1月11日被逮捕。

北京市人民检察院第三分院以被告人张志明犯故意杀人罪，向北京市第三中级人民法院提起公诉。

被告人张志明及其辩护人提出，现有证据材料不能证明张志明有杀人故意；被害人存在过错；被告人家属积极赔偿被害人经济损失，请求对张志明从轻处罚。

北京市第三中级人民法院经审理查明：2013年7月25日2时许，被告人张志明酒后在北京市朝阳区西大望路与光华路交叉路口附近，因琐事与被害人赵奎（男，殁年27岁）、董金虎二人发生争执。其间，张志明用尖刀向董金虎左面部猛砍一刀，又在路口东侧辅路上用尖刀向赵奎的颈、左肩、胸及左臂等部位猛刺数刀，赵奎因左腋动脉离断及右肺破裂致失血性休克死亡，董金虎面部所受损伤经鉴定为轻伤（一级）。当日，张志明被公安机关查获归案。

北京市第三中级人民法院认为，被告人张志明故意非法剥夺他人生命，致一人死亡、一人轻伤,其行为已构成故意杀人罪。根据张志明犯罪的事实、性质、情节和对于社会的危害程度,依照《中华人民共和国刑法》第二百三十二条、第四十八条、第五十一条、第五十七条第一款、第六十一条之规定,以被告人张志明犯故意杀人罪,判处死刑,缓期二年执行,剥夺政治权利终身。

宣判后,被告人张志明对刑事部分判决不服,提出上诉。

北京市高级人民法院经二审审理,裁定驳回张志明的上诉,维持原审刑事部分判决,并核准北京市第三中级人民法院对被告人张志明以故意杀人罪判处死刑,缓期二年执行,剥夺政治权利终身的刑事判决。

二、主要问题

被告人持刀连续捅刺他人,致一死一伤的行为,成立故意杀人一罪还是故意杀人和故意伤害两罪?

三、裁判理由

本案审理中的焦点是被告人张志明行为的定性问题。基于张志明在短时间内持刀连续刺、扎两名被害人,致一人死亡、一人轻伤的犯罪事实,公诉机关指控张志明犯故意杀人罪,张志明及其辩护人均否认张志明具有杀人的主观故意。合议庭对张志明的行为性质有两种意见:一种意见认为,公诉机关指控张志明实施的是故意杀人行为,该行为虽导致两种危害后果,但宜认定为故意杀人罪一罪,轻伤结果可作为量刑情节考虑。另一种意见认为,张志明针对不同的犯罪对象实施了两种不同的行为,应分别定故意杀人罪和故意伤害罪,实行数罪并罚。我们同意第一种意见,即以故意杀人罪一罪追究张志明的刑事责任。

(一)一罪与数罪的认定并非以单纯的行为个数为标准,而是行为人外在的客观行为与内在的主观犯意的结合

区分一罪与数罪的标准,刑法理论上存在各种学说,其中的犯罪构成标准说系通说,亦为司法实践所认可。依据犯罪构成标准说,确定犯罪的单复,即一罪还是数罪,应以犯罪构成的个数为标准:具备一个犯罪构成的,构成一罪;具备数个犯罪构成的,构成数罪。犯罪构成的标准强调的是主观要件和客观要件的统一,故该标准又称为主客观相统一的标准。其中,作为犯罪的主观要件的犯罪心态(故意和过失)以及在该犯罪心态支配下的犯罪的客观要件(行为和结果)在犯罪构成中居于主导地位。在一定意义上可以说,犯罪构成的标准就是行为人在主观心态支配下实施客观行为的认定标准,不同主观心态与不同客观行为的结合决定了某一犯罪行为究竟是一罪还是数罪。其中尤其是客观行为,在区分一罪与数罪中具有举足轻重的意义,它在很大程度上决定着犯罪的个数。但刑法意义上的一罪与数罪并非以单纯的行为个数为标准,客观行为必须与主观犯意相结合,即刑法意义上的行为必须是行为人在主观犯意支配下的身体举止。

主观犯意是行为人实施特定行为时的主观心理状态。就故意犯罪而言,在行为人实施单一的自然行为(物理意义上的行为)的情形下,支配他的是单一的主观心理状态。而在行为人实施多个连续的、近似的自然行为时,其主观心理有两种表现形式:同一的犯罪故意或概括的犯罪故意。同一的犯罪故意是指行为人具有数次实施同一犯罪的故意,刑法理论上所称的连续犯多是基于同一的犯罪故意(少部分是概括的犯罪故意),即犯罪心态同一,在该犯罪心态支配下的犯罪行为所触犯的罪名亦同一(其实是犯罪行为同一)。概括的犯罪故意则是指行为人对于认识的具体内容并不明确,但明知自己的行为会发生危害社会的结果,而希望或者放任该结果发生的心理态度。根据行为人认识的具体内容的不同,概括故意可以分为对行为性质认识不明确的概括故意、对行为对象认识不明确的概括故意以及对危害结果认识不明确的概括故意三种。对行为性

质和对行为对象认识不明确一般不影响犯罪的成立,此种犯罪心态支配下的行为仍可构成数罪,这便是我们通常所称的概括的犯罪故意作用下的连续犯。

对危害结果认识不明确的概括故意,具体是指行为人故意实施危害行为,明知自己的行为会导致某种危害结果的发生,但对于自己的行为会造成多大的危害结果,波及多少犯罪对象,其认识处于不确定状态,即属于对危害结果范围认识不明确的概括故意。如果行为人实施犯罪行为时对其行为造成多大的危害结果以及波及的犯罪对象并无明确认识,这种概括故意作用下的行为人实施行为时的客观表现以及危害后果可用一罪进行综合评判。换言之,在一定的概括故意下实施的连续行为,如果行为人对行为性质和行为对象均有明确认识,仅对危害结果存在不明确认识的情形下,可认定为系在一个主观犯意下实施的整体行为,构成处断的一罪。

(二)本案是在概括故意支配下的同一行为,行为人对危害结果范围认识不明确不影响定罪

本案被告人张志明与两名被害人素昧平生,酒后因琐事发生争执,进而引发命案。从本案证据来看,案发现场尽管没有监控录像、有关证人亦未对被告人进行指认或辨认,但综合现有证据足以认定张志明的犯罪事实。其中,证人郑义、范桂平、张长利从各自的视角对案发经过作了描述,综合三人的描述基本能还原案发的大致经过,更为关键的是据此锁定了作案人的突出特征(如作案人系光头、操北京口音等),这些证人证言与被害人董金虎的陈述在案发经过及作案人特征上相互印证,证明了案发当时董金虎、赵奎二人与作案人酒后因琐事发生争执,进而被该人持刀砍刺的事实经过。张志明遗留在作案现场的本人身份证作为案发现场提取的重要物证,与张志明的供述及其母亲的证言相互印证。张志明虽否认持刀扎死、扎伤二被害人,但一直承认其到过案发现场,与他人发生冲突,以及持刀伤人的事实,从而再次证明了案发经过及其作案人的身份。至于张志明的精神状态,在案证据证明被告人虽是酒后作案,但案发后回家洗手、换衣服、扔衣服、给女儿打电话嘱咐等一系列行为足以证明其思路清晰,在案发时应具有完全的刑事责任能力。

从两名被害人的死因及伤情鉴定意见来看,死者赵奎受伤部位集中在颈项部、胸部等致命部位,其死因符合被单刃锐器刺击造成左腋动脉离断及右肺破裂致失血性休克死亡;伤者董金虎受伤部位头面部亦为要害部位,损伤程度构成轻伤一级。被告人张志明酒后与被害人董金虎、赵奎发生争执,即持刀砍刺被害人,虽没有预谋杀人,但其是将两名被害人作为一个整体予以攻击的。从其攻击被害人的部位来看,张志明先是砍击董金虎,且砍击的是要害部位脸部。在董逃离现场后,其随即将攻击的目标转向赵奎,对赵的要害部位连续猛刺七刀。由此可以看出,张志明对其行为的性质及行为对象均有明确的认识,故支配张志明行为的主观心态不属于对行为性质认识不明确的概括故意,亦不属于对行为对象认识不明确的概括故意。

从概括故意的角度来看,被告人张志明在作案过程中系对危害结果的认识不明确,即其对于自己的行为会造成多大的危害结果在当时特定环境下处于不确定状态,属于对危害结果范围认识不明确的概括故意。对这种概括故意作用下的行为人行为的定性,应结合其实施行为时的客观表现以及危害后果进行综合评判。如前所述,在案证据证明,张志明作案时是将两名被害人作为一个整体,对其要害部位实施不间断的攻击,在被害人董金虎被攻击逃离现场后,张志明将其攻击行为在被害人赵奎身上实施完毕,故在张志明对危害结果认识不明确的情形下,应以其行为最终实施完毕的结果作为其应当承担刑事责任的结果。换言之,在一定的概括故意下实施的连续行为,如行为人对行为性质和行为对象均有明确认识,仅对危害结果不明确的情形下,可认定为系在一个主观犯意下实施的整体行为,构成处断的一罪。因此,从张志明客观行为和主观故意

结合的角度来看,对其以故意杀人罪定罪处罚具有法理上的依据。

值得注意的是,被告人张志明虽有连续的行为,但与通常所称的连续犯不同。连续犯是处断的一罪,连续犯的行为虽具有连续性,但数次行为必须触犯同一具体罪名,如果不是触犯同一具体罪名,则不成立连续犯。连续犯事实上已经具备了数个犯罪构成,是不典型的数罪,实践中一般按一罪定罪,在量刑时再对犯罪人已构成数罪的情形予以考虑。与连续犯异曲同工之处在于,本案以故意杀人罪定性,一方面与公诉机关对本案指控的罪名相一致,另一方面能够涵盖整个犯罪过程。反之,如果将被告人的行为分开定性,有伤害结果的定故意伤害罪,有死亡结果的定故意杀人罪,仅仅着眼于被告人独立的两个自然行为及其结果,不但与本案实际发生和发展的过程不符,也很难证明被告人作案过程中存在两个不同的主观心理过程。

综上,法院对被告人张志明以故意杀人罪定罪处罚,是适当的。

(撰稿:北京市第三中级人民法院刑一庭　余　净
审编:最高人民法院刑五庭　方文军)

[第1244号]许涛故意杀人案

——自动投案后将性质恶劣的故意杀人行为编造为相约自杀,能否成立自首

【关键词】 故意杀人罪　自动投案　如实供述　如实供述的时间节点　司法机关掌握主要犯罪事实前　自首

一、基本案情

被告人许涛,男,1983年3月24日出生。因涉嫌犯故意杀人罪于2013年9月30日被逮捕。

陕西省西安市人民检察院以被告人许涛犯故意杀人罪,向西安市中级人民法院提起公诉。

被告人许涛辩称,其与被害人任某某系因恋爱关系遭到父母反对及偿还高利贷借款压力而相约自杀,任某某自愿让其掐死。其辩护人提出,许涛具有自首情节,认罪态度较好,有悔罪表现,请求对其从轻或减轻处罚。

西安市中级人民法院经公开审理查明:2011年4月,被告人许涛与被害人任某某通过网络相识,许涛采取欺骗手段取得任某某好感后二人建立恋爱关系。其间,许涛与任某某高息借款12万元,全部被许涛使用,尚余部分借款许涛无力偿还。2012年12月,许涛、任某某分手后,许涛仍纠缠任某某并对其实施暴力行为。2013年5月,任某某与他人确定恋爱关系。同年7月,许涛在网络上虚构"高利贷要账人员",使用注册名为"任某某许涛不要脸还钱"的QQ号,散布任某某个人及家庭成员信息、欠款未还等情况。同年8月,许涛以"高利贷要账人员"名义,以电子邮件的方式威胁、恐吓任某某限期还款。8月29日,许涛谎称已准备好钱款,让任某某与许涛假扮的"高利贷要账人员"约定当晚在许涛家中还款。当许涛与任某某来到陕西省西安市灞桥区狄寨街道潘村三队许涛家的在建房屋后,许涛用力扼压任某某颈部,致任某某机械性窒息死亡。次日,许涛到公安机关投案,供称其与任某某相约自杀,致任某某死亡。

西安市中级人民法院认为,被告人许涛因债务压力,精心预谋,虚构事实,威胁、纠缠被害人任某某,欺骗任某某见面后杀死任某某,其行为已构成故意杀人罪。对于许涛提出其与任某某系

因父母反对二人的恋爱关系及偿还借款压力而相约自杀，任某某自愿让其掐死的辩解，经查，任某某于2012年12月同许涛分手，2013年5月与他人确立恋爱关系，且感情稳定，不存在与许涛相约自杀的感情因素；任某某有固定工作，家庭条件较好，且许涛在网络上欺骗任某某已准备好9万元用于还款，任某某亦相信许涛所言，任某某显然亦不具有因债务压力自杀的因素，故许涛的辩解与案件事实不符，不能成立。对于许涛的辩护人提出许涛具有自首情节，依法应从轻处罚的辩护意见，经查，许涛主动投案，承认掐死任某某，在开庭时供认其在网上虚构"高利贷要账人员"威胁恐吓任某某等主要犯罪事实，依法构成自首。但许涛在侦查阶段及审判阶段均拒不指认犯罪现场，编造相约自杀情节，隐瞒真实杀人动机，无真诚认罪悔罪表现，故许涛的自首行为不足以从轻处罚。依照《中华人民共和国刑法》第二百三十二条、第五十七条第一款、第六十一条之规定，判决如下：

被告人许涛犯故意杀人罪，判处死刑，剥夺政治权利终身。

宣判后，被告人许涛未提出上诉。陕西省高级人民法院复核提讯时，许涛对掐死被害人任某某的事实供认不讳，但又供称其掐压任某某颈部时，任某某肯定不想跟其一起死。许涛的辩护人提出，许涛具有自首情节；许涛在原审庭审时承认自己的所有行为，未作辩解及推卸罪责，且接受原审判决，未提出上诉，体现其认罪悔罪态度；许涛拒绝指认现场，系因不能面对父母和乡亲，并非掩盖罪行、逃避责任；许涛并未否认其杀人行为，请求对许涛从轻处罚。

陕西省高级人民法院经复核认为，被告人许涛故意杀人后主动向公安机关投案，在原审庭审中供认了主要犯罪事实，其行为构成自首。但许涛精心预谋全部作案过程，犯罪手段狡猾且卑劣，归案后编造相约自杀的情节，隐瞒真实犯罪动机，对其自首情节不能从轻处罚，故对辩护人的辩护意见不予采纳。依照《中华人民共和国刑事诉讼法》第二百三十六条之规定，同意原判，并依法报请最高人民法院核准。

最高人民法院经复核认为，被告人许涛因债务及感情纠葛，经预谋后采用虚构网名、冒充债主身份、通过网络向被害人催要债务的方式纠缠被害人，并以偿还债务为由将被害人骗至家中在建房屋内杀害，犯罪情节恶劣，手段残忍，罪行极其严重，应依法惩处。许涛虽能主动投案，但未如实供述主要犯罪事实，不构成自首。西安市中级人民法院原审判决、陕西省高级人民法院复核裁定认定的事实清楚，证据确实、充分，定罪准确，量刑适当，审判程序合法。但西安市中级人民法院原审判决、陕西省高级人民法院复核裁定认定许涛具有自首情节不当，依法应予纠正。依照《中华人民共和国刑法》第六十七条、《中华人民共和国刑事诉讼法》第二百三十五条①、第二百三十九条②和《最高人民法院关于适用〈中华人民共和国刑事诉讼法〉的解释》第三百五十条第二项的规定，裁定如下：

核准陕西省高级人民法院(2015)陕刑三终字第00013号同意原审以故意杀人罪判处被告人许涛死刑，剥夺政治权利终身的刑事附带民事裁定。

二、主要问题

自动投案后掩盖案发起因，虚构作案动机，将性质恶劣的故意杀人行为编造为相约自杀，能否成立自首？

三、裁判理由

根据刑法第六十七条的规定，自首是指犯罪分子犯罪以后自动投案，如实供述自己的罪行的

---

① 2018年《中华人民共和国刑事诉讼法》第二百四十六条。

② 2018年《中华人民共和国刑事诉讼法》第二百五十条。

行为。其中,自动投案是自首成立的前提条件,如实供述自己的罪行则是构成自首的核心要件。尽管上述规定较为明确,但由于司法实践中案件的情况差异较大,对于自首的认定仍时常存在理解分歧甚至认识误区。本案就是一个典型例证。在案件审理过程中,上下级法院之间以及同级法院审判组织内部对被告人许涛是否构成自首都存在不同认识,主要有两种观点:第一种观点认为,许涛作案后主动向公安机关投案,供述了采用扼颈方式致死被害人任某某的犯罪事实,并在原审庭审时供认在网上虚构"高利贷要账人员"威胁恐吓任某某等主要犯罪事实,应当认定构成自首。许涛所作其和任某某相约自杀的辩解,属于对行为性质的辩解,不影响自首的成立。第二种观点认为,许涛虽然主动投案并供认杀死任某某的事实,但掩饰案发起因,隐瞒真实作案动机,将性质恶劣的故意杀人行为虚构为与任某某相约自杀,该情节对其定罪量刑具有重大影响,不应认定其具有自首情节。我们赞同第二种观点,分析如下:

(一)被告人没有如实供述主要犯罪事实

自首的成立要求自动投案以后,必须"如实供述自己的罪行"。根据《最高人民法院关于处理自首和立功具体应用法律若干问题的解释》(以下简称《自首解释》)第一条第二项的规定,如实供述自己的罪行,是指犯罪嫌疑人自动投案后,如实交代自己的主要犯罪事实。《自首解释》对如实供述的范围和程度提出了定量要求,即不要求犯罪嫌疑人必须交代全部犯罪事实,特别是细枝末节的边缘事实,而是将如实供述的内容限定于"主要犯罪事实"的范畴。犯罪嫌疑人对于主要犯罪事实需要如实供述,不能避重就轻,更不能刻意隐瞒、歪曲编造。对于主要犯罪事实的界定,目前学界和实务界观点较为一致,即对行为性质认定有决定意义及对量刑有重大影响的案件事实、情节。简言之,主要犯罪事实包括定罪事实和重大量刑事实两部分。因为有犯罪构成要件框定,对于定罪事实的理解不存在多大难度,争议相对较少,但对于对量刑有重大影响的事实、情节的认定极易产生分歧。对量刑有重大影响的事实、情节,通常是指决定对犯罪嫌疑人应当适用的法定刑档次是否升格的情节,以及在总体危害程度上比其他部分事实、情节更重大的事实、情节。对于刑法规定的法定量刑情节,认定其是否对量刑有重大影响较为容易,但对于酌定量刑情节及多个量刑情节竞合的情形,操作起来相对困难。一般而言,"主要"是相对于"次要"而言的,根据2010年制定的《最高人民法院关于处理自首和立功若干具体问题的意见》(以下简称《自首意见》)的相关规定,如实交代的犯罪情节重于未交代的犯罪情节,或者如实交代的犯罪数额多于未交代的犯罪数额,一般应认定为如实供述自己的主要犯罪事实。

本案中,被告人许涛投案后主动交代了故意杀人事实,仅是隐瞒了案发起因及杀人动机,看似供述了主要犯罪事实,实则不然。故意杀人案件的案发起因及犯罪嫌疑人的作案动机可以反映其主观恶性与人身危险性的大小,属于重要的酌定量刑情节。但在多数情况下,案发起因及作案动机对量刑不会产生重大影响。因此,犯罪嫌疑人只要如实供述了故意杀人罪的要件事实,即便对案发起因事实或作案动机情节有所隐瞒、编造,亦不影响自首的成立。许涛隐瞒其冒充债主身份,以还债为由将任某某骗至案发现场,并编造与任某某相约自杀的虚假案情,上述情况是否影响许涛自首的认定,需要考量所编造的相约自杀情节是否会对量刑产生重大影响。相约自杀是二人以上互相约定自愿共同自杀的行为。司法实践中,相约自杀案件中以故意杀人罪追究未自杀者刑事责任的,主要存在于教唆自杀、帮助自杀及直接杀死对方三种情形之中。但是,除特定情况下的教唆自杀外,其他相约自杀的行为通常被认定为情节较轻的杀人行为,一般适用三年以上十年以下有期徒刑的法定刑幅度。依照许涛的辩解,本案中的相约自杀行为从性质上讲是一种得承诺(受托)杀人,量刑通常较轻,与有预谋的故意杀人相比,适用轻重明显有别的法定刑档次,许涛所隐瞒的事实情节显然对量刑有重大影响。因此,对于隐瞒编造案发起因与作案动机的情形，是否影响自首的认定不能一概而论，而应当仔细考察、判断该情节是否对量刑有重大影响。许涛为减轻罪责，隐瞒重要量刑情节，并故意歪曲案件事实，对其冒充债主身份，以还债为由将任某某骗至案发现场及真实杀人动机等主要犯罪事实未予供认，企图蒙混过关，不符合构成自首所要求的“如实供述自己的罪行”的条件。

（二）被告人所作其与被害人系相约自杀的辩解不属于对行为性质的辩解

2004年制定的《最高人民法院关于被告人对行为性质的辩解是否影响自首成立问题的批复》规定，被告人对行为性质的辩解不影响自首的成立。因此，对于自动投案的犯罪嫌疑人对罪责进行辩解的情况，应当注意将如实供述与合理辩解加以区分，不能因为犯罪嫌疑人对犯罪行为有所辩解，就认为其认罪态度不好，进而否定自首的成立；也不能因为犯罪嫌疑人总体上承认“事是自己干的”，就罔顾辩解的性质与内容，而一概认定自首成立。关键是要审查犯罪嫌疑人所作辩解内容关涉事实叙述还是规范判断。如实供述属于事实判断，要求犯罪嫌疑人对作案过程的叙述与客观情况相符合，不得虚构事实、隐瞒真相以逃避或包揽罪责。只要犯罪嫌疑人的供述与经审理查明的事实一致，就应当认定为如实供述。而对行为性质的辩解属于规范判断，是犯罪嫌疑人对其行为的法律意义和价值的个人见解，涉及其行为是否构成犯罪、此罪彼罪及罪轻罪重等方面。因此，对行为性质的辩解是犯罪嫌疑人在客观地供述自己罪行的基础上，对其罪责有无及大小所作出的阐释、主张。如果犯罪嫌疑人投案以后，编造事实为自己开脱罪行，则不符合如实供述自己罪行的条件，且使其对行为性质的辩解丧失事实基础。

本案中，被告人许涛在事实叙述中隐瞒冒充债主身份，以还债为由将任某某骗至案发现场的事实，并编造与任某某相约自杀的情节，从而将典型的、性质恶劣的故意杀人行为辩解为相约自杀行为，属于对犯罪事实的直接否认，而非对行为性质的辩解。一旦司法机关采信其辩解，将直接使其获得不应有的大幅度从宽处罚，从而逃避法律的严惩。

（三）被告人如实供述部分案发起因情节系在司法机关掌握其相关犯罪事实之后

司法实践中，犯罪嫌疑人投案后如实供述犯罪事实的时段各有不同，有的是在侦查机关掌握相关证据后才交代，有的是在一审庭审时交代，有的是在二审庭审时交代，还有的在最高人民法院复核提讯时交代，也有一直不交代主要犯罪事实的。刑法第六十七条将如实供述的时间起点规定为投案以后，但对后续截止时间并非没有限制。根据《自首解释》的规定，犯罪嫌疑人自动投案并如实供述自己的罪行后又翻供，但在一审判决前又能如实供述的，应当认定为自首。那么，在投案以后至一审判决前，是否犯罪嫌疑人只要如实供述自己的罪行，即可以认定为自首呢？对此，司法实践中存在争议。《自首意见》对上述问题予以明确，即犯罪嫌疑人自动投案时虽然没有交代自己的主要犯罪事实，但在司法机关掌握其主要犯罪事实之前主动交代的，应认定为如实供述自己的罪行。《自首意见》没有要求犯罪嫌疑人到案之初即交代主要犯罪事实，但基于自首制度的价值和立法本意，犯罪嫌疑人如果如实供述过迟，既影响其投案的价值，增加司法机关的办案负担，亦体现不出其认罪悔罪的态度，故将如实供述的截止时间限定在司法机关掌握其主要犯罪事实之前合乎情理与法理。由此，《自首解释》和《自首意见》为犯罪嫌疑人如实供述自己罪行设定了一个重要时间节点，即从案件侦破进度上要求在司法机关掌握其主要犯罪事实前。犯罪嫌疑人逾越该时间节点，即使再如实供述，亦不能认定为自首。

本案中，被告人许涛杀害前女友任某某后，删除了其电脑中存储的其冒充债主向任某某讨债，及散布任某某个人及家庭信息的重要电子数据，投案后又谎称和任某某因恋爱关系遭到父母反对和尚欠高额外债，生活倍感压力而相约自杀，其便按照任某某的意愿而将任某某掐死。该行为主观上掩盖了许涛真实的作案动机，客观上误导了侦查机关的侦查方向，以致侦查机关作出许涛和任某某系相约自杀的错误认定。在本案审查起诉期间，检察机关审查后认为案情蹊跷，经补查补正并退回补充侦查，在耗费大量司法资源的情况下才将真实案情查清。在事实证据面前，在司法机关已掌握其冒名讨债的情况下，许涛直到原审庭审时才承认其虚构网名、冒充债主向任某某讨债等事实。故许涛虽在一审判决前对冒充债主身份等事实予以供认，但系在公安机关、检察机关收集到相关证据、掌握其主要犯罪事实之后才交代，不符合如实供述自己罪行的时机条件。西安市中级人民法院原审判决、陕西省高级人民法院复核裁定将许涛在原审庭审中供认其在网上虚构"高利贷要账人员"威胁恐吓任某某等事实，作为认定其构成自首的理由之一并不适当。

综上，无论从供述内容还是供述时机来看，被告人许涛既无如实供述的意愿，又无如实供述的主动行为，而是在案发后将被害人扼颈致死、陈尸其家中的事实向司法机关作出了大幅度地推卸罪责的供述，故依法不应当认定许涛构成自首。

（撰稿：最高人民法院刑五庭　姜远亮　党　进
审编：最高人民法院刑五庭　方文军）

[第1245号]卢荣新故意杀人、强奸案

——在刑事二审程序中如何审查和认定证据

【关键词】　故意杀人罪　强奸罪　证据审查判断　DNA鉴定意见　非法证据排除　证据不足　无罪

一、基本案情

被告人卢荣新，男，1972年8月25日出生，农民。因本案于2012年9月30日被逮捕。

云南省西双版纳傣族自治州人民检察院以被告人卢荣新犯故意杀人罪、强奸罪，于2013年4月26日向云南省西双版纳傣族自治州中级人民法院（以下简称西双版纳中院）提起公诉。

被告人卢荣新对指控的事实和罪名予以否认，辩称其没有强奸杀害被害人，案发当天其没有去过案发现场，应宣告其无罪。

西双版纳中院于2014年6月9日作出（2013）西刑初字第213号刑事附带民事判决，以故意杀人罪判处被告人卢荣新死刑，缓期二年执行，剥夺政治权利终身；以强奸罪判处有期徒刑十年；决定执行死刑，缓期二年执行，剥夺政治权利终身。宣判后，卢荣新提出上诉。云南省高级人民法院于2015年4月2日作出（2014）云高刑终字第1061号刑事附带民事裁定，以部分事实不清、证据不足为由裁定发回重审。

西双版纳中院经重新审理查明：2012年9月10日18时30分许，被告人卢荣新在勐腊县瑶区乡沙仁村委会补角村看见被害人邓某某（女，殁年28岁）在田里劳作，遂通过小路来到李福生家稻田南侧等候邓某某，待邓某某准备回家时，卢荣新尾随邓某某，并强行将邓某某拖至草丛中强奸。在邓某某反抗过程中，卢荣新为掩盖罪行采取用手扼颈、捂口等暴力手段致邓某某死亡，并使用被害人劳作的锄头挖坑将尸体掩埋，后把锄头丢弃在附近小河中逃离现场。同月19日18时许，卢荣新在家中被公安机关抓获。经鉴定，被害人邓某某系机械性窒息死亡。

西双版纳中院认为，被告人卢荣新的供述能够和证人证言、现场勘查笔录、鉴定意见等证据相印证，足以认定其犯罪事实。卢荣新违背妇女意志，采用暴力手段强奸妇女，并在被害人反抗

过程中非法剥夺被害人生命，其行为构成故意杀人罪、强奸罪。公诉机关指控卢荣新犯故意杀人罪、强奸罪的事实清楚，予以支持。卢荣新在实施强奸过程中由于意志以外的因素未能得逞，系犯罪未遂。根据卢荣新犯罪的事实、性质、情节和社会危害程度，依照《中华人民共和国刑法》第二百三十二条、第二百三十六条、第二十三条、第六十九条、第四十八条第一款、第五十七条第一款的规定，判决如下：

被告人卢荣新犯故意杀人罪，判处死刑，缓期二年执行，剥夺政治权利终身；犯强奸罪，判处有期徒刑三年；决定执行死刑，缓期二年执行，剥夺政治权利终身。

宣判后，被告人卢荣新提出上诉，认为原判认定其犯故意杀人罪和强奸罪的事实不清、证据不足，并请求对非法证据予以排除，宣告其无罪。其辩护人提出相同辩护意见。

云南省高级人民法院在二审审理中发现，原判据以定案的主要证据的收集程序不符合法律规定，可能严重影响司法公正，遂依法向云南省人民检察院提出补正。检察机关、公安机关分别委托司法鉴定机构对相关检材重新进行了鉴定。云南省公安司法鉴定中心经鉴定，从被害人邓某某的阴道、外阴擦拭物上检出了邓某某及其丈夫和第三人的生物物质；公安部物证鉴定中心经鉴定，从邓某某阴道擦拭物上检出邓某某及其丈夫和第三人的生物物质，从邓某某内裤上检出其丈夫和第三人的生物物质，上述鉴定均未检出上诉人卢荣新的生物物质。经上述鉴定机构对现场提取的锄头重新鉴定，均未检出阳性 DNA 扩增产物。

云南省人民检察院出庭检察员认为，上诉人卢荣新没有作案时间，原审指控卢荣新犯故意杀人罪、强奸罪的有罪供述、现场指认记录、从锄头柄上检测出卢荣新 DNA 的鉴定意见三份证据应依法排除，当庭出示的新证据证实犯罪的是卢荣新之外的其他人。建议二审法院依法撤销一审判决，对卢荣新宣告无罪。

云南省高级人民法院经二审审理查明：2012 年 9 月 10 日下午，云南省勐腊县瑶区乡沙仁村委会补角村村民邓某某（女，殁年 28 岁）在自家地里劳作至 19 时未归，亲属查找后在地里发现被掩埋的邓某某尸体。公安机关现场勘查时在附近小河中发现一把锄头。

云南省高级人民法院认为，原判据以定案的从锄头柄部检出上诉人卢荣新 DNA 的鉴定意见、卢荣新的有罪供述、现场指认录像、指认笔录均不能作为定案的根据；其他在案证据均不能证实卢荣新与被害人邓某某被强奸、杀害的事实之间存在关联性；二审期间出现了新的证据，不能排除他人作案的可能。原审认定上诉人卢荣新强奸、杀害被害人邓某某的事实不清、证据不足，不能认定卢荣新有罪，应依法改判。依照《中华人民共和国刑事诉讼法》第二百二十五条①第一款第三项之规定，判决如下：

1. 撤销西双版纳中院（2015）西刑初字第 160 号刑事附带民事判决；

2. 上诉人卢荣新无罪。

二、主要问题

在刑事二审程序中如何审查和认定证据？

三、裁判理由

本案是近年来较为少见的二审法院经严格审查，依法排除原审部分定案证据，并通过补充核实证据发现“真凶”的案件，二审法院依法宣告被告人无罪，并使“真凶”受到法律惩处。案件的审判效果得到业界和社会的认可，被媒体评为“2017 年度人民法院十大刑事案件”。本案在二审程序中要处理的主要问题是如何认定和排除不合法证据，对此作如下分析。

---

① 2018 年《中华人民共和国刑事诉讼法》第二百三十六条。

（一）二审法院在依法排除不合法证据后认为本案达不到定案标准，依法改判被告人无罪

本案在二审改判前，经历两次一审、一次二审，相关证据已多次经庭审举证、质证，被告方也提出过非法证据排除的请求，但均未被采纳。云南省高级人民法院在第二次二审中经审查发现，原判依据的锄头柄上提取物的DNA鉴定意见、卢荣新的有罪供述、现场指认资料、作案时间、卢荣新身上伤痕等证据均存在重大问题，不足以证实卢荣新实施了故意杀人、强奸行为。鉴于本案证据存在重大问题，特别是关键证据可能系非法证据，二审法院经初步研究，梳理出25项证据问题要求检察机关核查补正。检察机关、公安机关为补强证据，委托公安部、云南省公安厅司法鉴定机构对关键检材进行重新鉴定，结果证实不能排除系他人作案。如何有效审查和准确认定原审据以定案的证据，便成为二审法院面临的重大难题。

本案中，原判据以定案的关键证据有三项：锄头柄上提取物的DNA鉴定意见、有罪供述、现场指认录像和指认笔录。对这三项证据，被告人卢荣新均不认可，称其未接触过锄头，不可能有其DNA；有罪供述不是其所作，其只是签过字；现场指认系在诱导下进行。云南省高级人民法院在初查中也发现这三项证据存在重大问题，不能作为定案的根据。实践中，刑事案件排除不合法证据的路径主要有两条：一是以程序违法而予以排除，二是以证据实体（内容）矛盾而予以排除。就本案三项关键证据而言，对锄头柄上提取物的DNA鉴定意见证实发现卢荣新的DNA，从内容上无法认定该鉴定意见存在错误；有罪供述的笔录上有卢荣新的签字，且与其他在案证据相印证，很难证实有罪供述不是卢荣新所作；指认现场有录像、笔录等证据证实，指认的真实性也无法直接予以否定。因此，本案要排除不合法证据，只能从取证程序方面着手。但本案的特殊之处在于，案发时间为2012年9月，而修正后的刑事诉讼法及《公安机关办理刑事案件程序规定》均自2013年1月1日起施行，要从程序违法角度排除相关证据需要依据当时有效的法律和规范性文件进行。

1. 关于DNA鉴定意见

本案中，对定案起到重要作用的DNA鉴定意见主要有三项：一是被害人体内提取物，鉴定出被害人及其丈夫的DNA；二是从埋藏尸体的泥土中提取到一根阴毛（无毛囊，不能作同一性认定），鉴定意见是该毛发不属于被害人也不属于卢荣新；三是案发现场锄头柄上的提取物，鉴定出卢荣新的DNA。其中，锄头系侦查机关在案发现场附近的小河中提取，经鉴定，锄头可形成被害人头部的两处伤痕；该锄头宽度与埋尸现场挖土痕迹宽度一致；经被害人家属辨认，该锄头系被害人当天带上山劳动的工具。从这三个方面基本证实该锄头就是作案工具，在该锄头柄上检出卢荣新的DNA，也就直接证实卢荣新是重大犯罪嫌疑人，这是本案的核心证据。

二审法院在审查时发现，上诉人卢荣新否认接触过该锄头，从该锄头提取照片并结合案发时当地天气，可推断锄头在水中浸泡过最少十几个小时，能检出DNA物质的可能性很小。与此同时，卢荣新供述曾对被害人实施了两次强奸，在被害人体内提取物能检出被害人丈夫DNA的情况下，却未检出卢荣新的DNA，显与常理不符。经公安部物证鉴定中心检测，埋尸泥土中提取的毛发不属于卢荣新，但侦查机关出具说明称，清洗泥土是用河水，毛发可能是在河中洗澡的人留下，这一解释更显牵强。经向DNA鉴定专家咨询，答复称DNA鉴定具有科学性和一定的偶然性，由于检材提取的位置等多方面因素的影响，在被害人体内未检出卢荣新的DNA是可能的；虽然锄头柄浸泡在水中再检出DNA物质的可能性很小，但只要出检出DNA，就可证实卢荣新接触过锄头；线粒体DNA鉴定不能作同一性认定，但可从卢荣新母系方面作出排除性结论。

尽管有相关专家的解释，但二审合议庭仍对原DNA鉴定意见存在疑问，遂对DNA鉴定的检材提取过程进行审查，发现锄头柄检材的提取存在重大问题。一是，其他DNA检材均系2012年9月11日送检，而锄头柄上的检材系9月18日送检，此前卢荣新血样已送检；二是，鉴定委托书

上显示9月11日对卢荣新血样送检,但公安机关在9月12日上午才找到卢荣新,公安机关出具情况说明称是记录错误;三是,在案材料中公安机关对锄头擦拭物的提取存在三种以上的不同说法;四是,公安机关对上述锄头柄物证提取的情况说明前后矛盾,且无经办人签字。

根据最高人民法院、最高人民检察院、公安部、国家安全部和司法部2010年制定的《关于办理死刑案件审查判断证据若干问题的规定》(以下简称《死刑案件证据规定》)和《关于办理刑事案件排除非法证据若干问题的规定》(以下简称《排除非法证据规定》),对鉴定意见应当着重审查检材的来源、取得、保管、送检是否符合法律及有关规定,与相关提取笔录、扣押物品清单等记载的内容是否相符,检材是否充足、可靠;鉴定意见具有送检材料、样本来源不明或者确实被污染且不具备鉴定条件情形的,不能作为定案的根据;公诉人提交加盖公章的说明材料,未经有关讯问人员签名或者盖章的,不能作为证明取证合法性的证据。根据上述规定,由于原审依据的DNA鉴定证据取证、送检情况不明且存在瑕疵,不能作为定案证据,故应将锄头柄上提取物的DNA鉴定意见予以排除。

二审法院以程序事项违法将DNA鉴定意见排除后,继续对原锄头柄上物质的DNA鉴定内容进行查证,向检察机关发函调取原锄头柄DNA鉴定图谱。因锄头系被害人使用的劳动工具,且长时间在水中浸泡,这种情况下图谱应是混合型DNA图谱或有污染的图谱。检察机关调取图谱后,DNA鉴定专家发现锄头柄DNA图谱与卢荣新血样图谱高度一致且十分清晰,认为不符合本案情况,鉴定可能出错,后对本案检材启动了重新鉴定程序。[①] 公安部物证鉴定中心、云南省公安司法鉴定中心均未在锄头柄上检出卢荣新的DNA,却均在被害人体内检出另一人(非死者丈夫)的DNA,从而也增强了审判人员排除非法证据的内心确信。

2. 关于有罪供述与指认录像、指认笔录

被告人卢荣新在公安机关共有八次讯问笔录,只在第七次作了有罪供述,随后就翻供,称供述不是其所作。二审法院对其唯一一次有罪供述的内容进行审查时发现,本案证据体系均围绕卢荣新的有罪供述展开,虽然存在较多不合常理的疑点,但卢荣新的有罪供述内容与现场勘查情况、尸体检验报告高度一致,基本上能解答所有的主要疑问。例如,尸检报告指出被害人头顶、耳朵后各有一处伤口,卢荣新则称其用锄头打了被害人头顶一下、耳朵附近一下;被害人的死因系被人扼颈、机械性窒息死亡,卢荣新则供述其曾用手掐住被害人脖子把她掐晕;被害人阴道没有检出卢荣新的DNA,卢荣新则供述其因害怕警察查出来,就射精在旁边的沙地上;埋尸现场被害人只有头部露在外面,卢荣新则供述系因当时其很急,就没有把被害人的头埋起来。上述供述表面上与现场情况相符,但综合其他证据加以分析,其明显不合常理,体现在:一是,在锄头上没有检出被害人的DNA,且从尸检照片来看,两处伤口呈"Y"形开放状,创口较浅且没有骨折,不应是现场发现的那把锄头所形成的,且卢荣新在慌乱的情况下,是否能对打击位置记得那么清楚,不无疑问。二是,卢荣新称其将被害人掐昏后进行了强奸,其间被害人醒过来大叫,其就用锄头打了被害人两下,把被害人打晕继续强奸后就用锄头把被害人埋了,没有再掐,但被害人死因是窒息,即在强奸前被害人就已死亡,被害人中途怎能醒来?三是,作为一个醉酒状态下的中年农民,是否有丰富的DNA知识和逃避打击的意识,从而采取体外射精?既然卢荣新有很强的反侦查经验,为何其案发当天穿着有血迹的长袖T恤直到9月12日被公安机关传唤,都不更换或是丢弃?四是,从现场照片看,犯罪嫌疑人只要再挖几下就可把被害人全部埋起来,其供述的掩埋尸体情

---

① 值得肯定的是,本案相关鉴定检材被侦查机关保留下来,为重新鉴定打下了良好基础。

况不符合正常人的思维和做法。[①] 五是，卢荣新供述在强奸过程中将被害人拖到另一个地方，但尸检报告却反映出被害人全身只有少量皮下出血。六是，现场指认录像、指认笔录作为有罪供述的辅助证据，与有罪供述中的作案细节有很大出入。在指认录像中可明显看出卢荣新在整个指认过程中表情很茫然，指认也比较被动，数次出现指认不下去，经现场人员提醒才继续指认的情况，且指认录像与指认笔录也存在较大差异。

二审法院经审查发现，即使按照公诉机关出具的证据，被告人卢荣新于9月19日17时被抓获，9月20日送看守所（无具体时间）后，于9月20日19时50分、9月21日0时40分、9月22日9时40分三次被提出看守所，均无县级以上公安机关负责人审批；其作出有罪供述的时间（9月21日22时47分至22日1时08分）、地点（看守所第二审讯室）与公安机关提供的讯问录像存在明显差距；公安机关提供的第七次供述录像没有声音，公安机关出具说明称是因拾音器损坏（第一次二审期间，公安机关出具情况说明称，因当时进行设备改造，没有及时安装录音设备），但合议庭发现该录像是用卢荣新背后的监控摄像机拍摄的，正对卢荣新的还有一部录像机，但公安机关没有提供该摄像机拍摄的资料；从讯问记录、出入所记录看，卢荣新在作出有罪供述前，留在公安机关50多个小时，也没有得到充分休息。

二审中，考虑到法庭无法根据在案证据证实有罪供述不是卢荣新所作，只能从取得供述的程序违法上着手。因案发时间在新刑事诉讼法生效前，二审法院的主要依据，一是《中华人民共和国看守所条例实施办法（试行）》第二十三条的规定，即“提讯人犯，除人民法院开庭审理或者审判外，一般应当在看守所讯问室。提讯人员不得少于二人。因侦查工作需要，提人犯出所辨认罪犯、罪证或者起赃的，必须持有县级以上公安机关、国家安全机关或者人民检察院领导的批示，凭加盖看守所公章的《提讯证》或《提票》，由二名以上办案人员提解”。二是《排除非法证据规定》第七条第三款的规定，即“公诉人提交加盖公章的说明材料，未经有关讯问人员签名或者盖章的，不能作为证明取证合法性的证据”。三是《排除非法证据规定》第十二条的规定，即“对于被告人及其辩护人提出的被告人审判前供述是非法取得的意见，第一审人民法院没有审查，并以被告人审判前供述作为定案根据的，第二审人民法院应当对被告人审判前供述取得的合法性进行审查。检察人员不提供证据加以证明，或者已提供的证据不够确实、充分的，被告人该供述不能作为定案的根据”。根据上述规定，二审法院认定卢荣新的有罪供述不能作为定案的依据。

3. 对作案时间和被告人身上伤痕的查证情况

原判据以定案的证据除上述三项关键证据外，还有两项重要依据：一是卢荣新有作案时间，二是卢荣新对其身上的28处伤痕不能作出合理解释。经审查发现，卢荣新供述的当天活动时间、证人看见卢荣新的时间，以及被害人在案发当天的活动时间、死亡时间都是估计所得。根据上述证据推断，卢荣新在18时30分至19时，19时至19时30分都存在时间空当。二审合议庭认为卢荣新在半小时内不可能完成整个作案过程。此外，经过审查，二审合议庭认为卢荣新关于身上伤痕系醉酒后摔跤、碰柱子、摔下床等原因造成的解释具有合理性（被害人指甲内未检出卢荣新的DNA）。不过，鉴于排除锄头柄上提取物的DNA鉴定意见、有罪供述和指认录像、指认笔录后，已切断了卢荣新与被害人被强奸杀害之间的关联性，全案证据链条已经不完整，故关于卢荣新是否有作案时间、身上伤痕究竟如何形成的问题已经不十分重要。

---

① 抓获真凶洪树华后，据洪树华供述，其把死者掩埋后把锄头丢进河水里，在准备离开现场时想起其勒死者颈部的裤带还在她脖子上，就把她脖子上的土扒开，把裤带拉出来，把裤带也丢到河里面，后又折回死者身边，随手掐了一点龙爪菜盖在她头上。该供述的情况相对较为可信。

4. 排除非法证据程序启动问题

本案在2016年二审时，最高人民法院制定的“三项规程”尚未出台，关于如何在二审程序中启动排除非法证据程序没有明确的法律规定，合议庭对此进行了探索。一是，收到辩护人、检察机关的排非申请后，召开了庭前会议，听取双方的排非要求和争议重点，接收了双方在二审期间提交的新证据。二是，在二审庭审中审判长先介绍了庭前会议情况，启动了排非调查，在充分听取了检、辩双方的意见后，宣布休庭；随后合议庭对排非要求进行合议，决定将原锄头柄上提取物的DNA鉴定意见、被告人的有罪供述、指认录像及指认笔录予以排除。三是，继续开庭后审判长宣布排非决定，明确经排除的证据不再进入庭审后续环节；对检方提交的对锄头柄的新DNA鉴定意见、对被害人体内提取物的新DNA鉴定意见，辩护人提交的毛发DNA鉴定意见（未经前续审判程序举证、质证）作为新证据进行举证、质证；在检察人员和辩护方达成一致意见的基础上，简化了法庭辩论环节。四是，再次休庭后，合议庭进行合议，形成决议并报院审判委员会讨论通过，开庭后对本案进行公开当庭宣判，认定卢荣新无罪、不承担民事赔偿责任并当庭释放。从后来最高人民法院发布的“三项规程”看，本案的排非程序完全符合“三项规程”的相关规定。

综上，本案在二审期间通过初审发现问题，在补查补正中查获“真凶”，探索、实践了非法证据排除程序在二审程序中的适用，发挥了非法证据排除程序在防范冤假错案方面的重要作用，确保了审判程序公正和案件办理质量，取得了良好的法律效果和社会效果。

（二）关于“真凶”的判决情况

本案二审期间通过重做DNA鉴定，发现被害人体内有同村村民洪树华留下的物质，侦查机关于2016年8月3日晚将洪树华传唤到案，洪树华一开始供称与卢荣新共同实施犯罪，但其所供内容与在案证据存在明显矛盾。洪树华在后续讯问中如实供述了其一个人作案的过程，还主动提出要与上诉人卢荣新见面，向卢荣新道歉。

经指定管辖，洪树华强奸杀人一案由云南省普洱市中级人民法院审理。该院经审理查明：2012年9月10日17时许，被告人洪树华在被害人邓某某（女，殁年28岁）家苞谷地西侧的草丛旁，遇到回家途中的被害人，洪树华即产生与被害人发生性关系的冲动，便上前抱住被害人，在遭到被害人反抗后，洪树华将被害人胁迫到一荒废的鱼塘内强行与被害人发生性关系。因害怕事情败露，洪树华先用石头击打被害人头部，接着用自己的裤带勒住被害人的颈部致其死亡，又用被害人的锄头将其尸体掩埋，并采摘旁边的蕨菜（又名龙爪菜）盖在被害人的头面部，随后将锄头丢弃在会都河中逃离现场。

普洱市中级人民法院认为，关于被告人洪树华所提被害人邓某某自愿与其发生性关系，公诉机关指控其犯强奸罪不能成立的辩解及其辩护人所提本案事实不清、证据不足的辩护意见，经审查，本案在邓某某体内、体表擦拭物上检出洪树华的生物物质，且邓某某所穿内裤上亦检出精斑反应，混合STR峰谱不排除包含洪树华的DNA分型，足以认定洪树华与邓某某在案发前有过性行为。据洪树华供述，其因冲动在田间草丛旁搂抱邓某某，后二人发生性行为，结合案发时间及案发地点，洪树华在偏僻地点的搂抱行为足以对邓某某造成胁迫。另据洪树华供述，其为防止邓某某报警而杀人并埋尸，洪树华的杀人灭口行为，足以证实其明知违背邓某某意愿而强行与邓某某发生性行为，应认定洪树华具有强奸故意。洪树华供认采取用石头击打、勒颈的方式杀害邓某某，其供述与尸体检验报告、现场勘验照片等证据相吻合，且洪树华亦辨认出邓某某随身携带的物品，足以证实洪树华实施的杀人行为。综上，洪树华的辩解及辩护人的辩护意见均不成立，不予采纳。被告人洪树华犯故意杀人罪、强奸罪的事实清楚，证据确实、充分，足以认定。

普洱市中级人民法院认为，被告人洪树华使用胁迫手段强行与被害人邓某某发生性关系，其行为构成强奸罪;其故意非法剥夺邓某某生命的行为还构成故意杀人罪。鉴于洪树华犯罪时未满十八周岁(1994年12月9日出生),对洪树华应当从轻或减轻处罚。公诉机关指控洪树华犯强奸罪、故意杀人罪的事实清楚、证据确实、充分,罪名成立,予以支持。据此判决:被告人洪树华犯故意杀人罪,判处无期徒刑,剥夺政治权利终身;犯强奸罪判处有期徒刑七年;决定执行无期徒刑,剥夺政治权利终身。

(撰稿:云南省高级人民法院 李红斌 汤 宁
审编:最高人民法院刑五庭 方文军)

[第1254号]陈锦国故意杀人案

——对暴力抗拒行政执法致死案件,如何判定被害人是否有过错

【关键词】 故意杀人罪 抗拒执法 行政执法 被害人过错

一、基本案情

被告人陈锦国,男,1983年10月16日出生,农民。因涉嫌犯故意杀人罪于2015年7月28日被逮捕。

浙江省金华市人民检察院以被告人陈锦国犯故意杀人罪,向金华市中级人民法院提起公诉。

被告人陈锦国否认其有杀人故意,辩称系误伤被害人。其辩护人提出,不排除陈锦国后退时身体失衡误伤被害人的可能性;檀溪镇政府对激化矛盾、引发本案有责任,应对被告人从轻处罚。

金华市中级人民法院经公开审理查明:案发前,被告人陈锦国在浙江省浦江县檀溪镇盘山村月牙湖畔经营烧烤摊。2015年7月24日12时许,浦江县檀溪镇人民政府为举办美食节,组织曹红岩、陈新荣等工作人员前往盘山村月牙湖畔进行摊位搬移规劝工作。工作人员在对陈锦国劝说时,陈锦国右手持菜刀、左手持尖刀威胁、阻止工作人员搬移摊位。后陈锦国乘曹红岩不备,持刀朝曹红岩脸部等处砍击多刀,致曹红岩受伤。陈新荣等其他工作人员见状劝陈锦国把刀放下,陈锦国又持尖刀朝上前劝阻的陈新荣腹部捅刺一刀,致陈新荣经抢救无效死亡。经鉴定,陈新荣系因被他人用锐器刺伤腹部致腹腔大血管破裂、急性大出血而死亡;曹红岩所受损伤构成轻伤。

金华市中级人民法院认为,被告人陈锦国采用持刀砍、刺的方式故意非法剥夺他人生命,致一人死亡、一人轻伤,其行为已构成故意杀人罪。陈锦国在公共场所持刀砍伤一人后,不顾其亲属及在场人员的再三劝阻,继续持刀捅刺,又致一人死亡,犯罪情节极其恶劣,后果极其严重,应依法惩处。檀溪镇人民政府因举办美食节需要对月牙湖畔的摊位进行搬迁,且事前进行了通知,陈锦国不愿意搬迁并持刀伤害两名镇政府工作人员,不能认定镇政府及工作人员对本案的发生存在过错。辩护人所提镇政府对本案矛盾激化负有相应责任的辩护意见不能成立,不予采纳。据此,依照《中华人民共和国刑法》第二百三十二条、第五十七条第一款等规定,于2015年11月25日作出刑事附带民事判决,以故意杀人罪判处被告人陈锦国死刑,剥夺政治权利终身。

宣判后,被告人陈锦国提出上诉。陈锦国及其辩护人提出,陈锦国没有杀人故意和杀人行为,不排除后退时身体失衡误伤被害人的可能性;陈锦国有自首情节;镇政府有过错,请求改判。

浙江省高级人民法院经二审审理认为,上诉人陈锦国因不愿意搬离摊位,在公共场所持刀将一名政府工作人员砍致轻伤后,不顾其亲属及在场人员的劝阻,继续持刀捅刺政府工作人员并致一人死亡,其行为已构成故意杀人罪。浦江县檀溪镇政府决定在月牙湖畔举办美食节,需要对月

牙湖畔美食节涉及地点的摊位进行搬迁，对场地进行整治，属于镇政府对辖区事务的正常管理范畴。为此，镇政府事前进行了通知，并且安排了地方让需要搬移摊位的村民另行摆放摊位。摆摊的村民包括被告人陈锦国及其前妻黄巧红对此都知道。至于陈锦国称其听盘山村会计黄正平说过他们盘山村村民之前在那里摆的摊位不用搬到镇政府统一规划的地方去，虽能得到黄正平证言印证，但黄正平讲他是听村书记陈云峰说的，而陈云峰并没有相关证言，镇政府也没有相关表态。案发当天，虽然镇政府及其工作人员态度比较强硬，但尚不能认定镇政府及工作人员对本案的发生存在过错。陈锦国不愿意搬迁摊位并持刀伤害劝其搬迁的两名镇政府工作人员，致一人死亡、一人轻伤，陈锦国称镇政府有明显过错及其辩护人所提镇政府对本案矛盾激化负有相应责任的理由均不成立，不予采纳。原判认定事实清楚，证据确实、充分，定性准确，量刑适当，审判程序合法。据此，依照《中华人民共和国刑事诉讼法》第二百二十五条[①]第一款第(一)项之规定，于2016年6月27日裁定驳回上诉，维持原判，并依法报请最高人民法院核准。

最高人民法院经复核认为，被告人陈锦国故意非法剥夺他人生命，其行为已构成故意杀人罪。陈锦国暴力抗拒行政执法，持刀连续捅刺执法人员，致一人死亡、一人轻伤，犯罪情节恶劣，手段残忍，罪行极其严重，应依法惩处。第一审判决、第二审裁定认定的事实清楚，证据确实、充分，定罪准确，量刑适当。审判程序合法。据此，依照《中华人民共和国刑事诉讼法》第二百三十五条[②]、第二百三十九条[③]和《最高人民法院关于适用〈中华人民共和国刑事诉讼法〉的解释》第三百五十条第(一)项的规定，于2017年7月17日裁定核准被告人陈锦国死刑。

二、主要问题

对暴力抗拒行政执法的故意杀人、伤害案件，如何认定被害人是否有过错?

三、裁判理由

近年来，在城市管理、房屋拆迁、土地征用、环境保护等行政执法过程中，行政执法相对人采用暴力手段抗拒行政执法，造成执法人员伤亡的案件时有发生，往往也成为社会舆论关注的热点。行政执法人员作为被害人，对于引发犯罪是否存在过错，通常是控辩双方争议的焦点，对于刑罚裁量特别是适用死刑有重大影响。对于以暴力手段抗拒合法的行政执法行为，造成执法人员伤亡的，司法实践中历来将其作为犯罪情节恶劣的情形依法予以严惩。但如果行政执法行为本身严重违法，甚至是个别执法人员假公济私，严重侵犯公民合法权益的，则可认定对引发案件具有过错，进而影响对被告人的量刑。在审判实践中，对此类故意杀人、伤害案件是否适用死刑，需要在查清案件起因的基础上，准确分析被害人有无过错，从而作出公正判决。结合本案的情况，可以从以下几个方面分析被害人有无过错问题。

(一)行政管理的目的与动机是否正当

为了保障社会生产、生活的正常进行，保障公民的合法权益，维持一个安定良好的社会秩序十分必要。行政管理是政府相关部门对社会公共事务进行的一种有组织的管理活动，目的是维护安定有序的社会环境，并非谋求行政机关或公务人员的特殊利益。服从行政管理是行政执法相对人应当履行的法定义务，相关公民即使认为行政执法人员的具体行政行为侵犯了其合法权益，也应当通过行政复议、行政诉讼等合法途径进行维权，而不应采取暴力手段直接妨碍、抗拒行政管理。一般来说，采用暴力手段抗拒行政执法的行为不仅干扰和破坏了正常的行政管理活动，

---

① 2018年《中华人民共和国刑事诉讼法》第二百三十六条。

② 2018年《中华人民共和国刑事诉讼法》第二百四十六条。

③ 2018年《中华人民共和国刑事诉讼法》第二百五十条。

也侵犯了行政执法人员的人身权利,具有较为严重的社会危害性。对合法的行政管理进行抗拒,主要是因为有的行政相对人法制观念淡薄,有的人性格冲动或者不明真相,有的则是妄图通过对抗来满足自己的不正当利益诉求。在这种情况下,行政执法者当然不存在过错。因此,对于被告人采用暴力手段抗拒行政执法引发的故意杀人、伤害案件,在判断被害人是否存在过错时应当重视对行政管理目的和动机的审查,具体分析案发起因,准确判断被害人是否存在过错。

本案中,被害人陈新荣、曹红岩所在的檀溪镇人民政府为了发展地方经济,利用当地自然条件,出资在辖区盘山村罗家源河的河滩边修建了天然游泳场,即月牙湖。根据地方各级人民代表大会和地方各级人民政府组织法第六十一条的规定,乡、民族乡、镇的人民政府行使的职权包括"管理本行政区域内的经济、教育、科学、文化、卫生、体育事业"。根据檀溪镇人民政府的会议记录、活动方案和证人证言,为了扩大月牙湖景点的知名度,吸引更多游客到当地旅游消费,增加群众收入,檀溪镇人民政府多次开会集体研究决定在月牙湖畔举办"铜罐饭大赛"美食节活动,并进行宣传报道。多名证人包括被告人陈锦国均表示,村民支持镇政府举办美食节,因为此举能让村民多赚钱。案发后,村干部介绍称当地以前很穷,自从镇政府投资建设月牙湖游泳场后,前来游玩的人多了,村民通过从事经营活动普遍提高了收入。檀溪镇人民政府要求在月牙湖游泳场擅自占位摆摊的村民将摊位搬移至统一规划的摆摊区域,主要是依据以往举办类似美食节参加人数众多的经验,为了维持活动现场的良好秩序,以实现宣传旅游资源目的。为此,檀溪镇人民政府决定在辖区内举办美食节、决定整治摆摊秩序,被害人陈新荣、曹红岩等执法人员根据镇政府决定要求陈锦国等村民搬移摊位,在行政管理目的和动机上均具有正当性、必要性、合法性。

(二)行政强制程序是否规范

行政强制是行政执法的方式之一。根据行政强制法第二条的规定,行政强制包括行政强制措施和行政强制执行。其中,行政强制措施是指行政机关在行政管理过程中为制止违法行为、防止证据损毁、避免危害发生、控制危险扩大等情形,依法对公民的人身自由实施暂时性限制,或者对公民、法人或者其他组织的财物实施暂时性控制的行为。行政强制执行是指行政机关或者行政机关申请人民法院,对不履行行政决定的公民、法人或者其他组织,依法强制履行义务的行为。本案中,檀溪镇人民政府决定整治月牙湖游泳场的村民摆摊秩序,在多次通知村民搬移摊位无效的情况下,派行政执法人员到场规劝村民履行搬移摊位的义务,应属于行政强制执行。行政强制法第四章规定了行政强制执行的程序,其中第三十五条规定,行政机关作出强制执行决定前,应当事先催告当事人履行义务。催告应当以书面形式作出。本案中,檀溪镇人民政府没有采用书面形式催告陈锦国搬移摊位,在程序上有一定瑕疵,但檀溪镇人民政府已经事先口头或打电话多次通知被告人陈锦国挑选、搬移摊位,陈锦国对此亦不否认。陈锦国私自占用公共场所无证经营,即使镇政府以前没有禁止,陈锦国也不可能取得摊位的合法使用权,故镇政府以口头方式通知陈锦国搬移摊位,并未限制、剥夺陈锦国的合法权利,与书面形式催告具有相同的效果。因此,檀溪镇人民政府及其执法人员未书面通知陈锦国搬移摊位的瑕疵,并不构成陈锦国暴力抗拒执法的正当理由。

(三)暴力抗法行为是否具有防卫因素

在暴力抗法引发的故意杀人、伤害案件中,被告人及其辩护人往往提出被告人遭到执法人员辱骂、殴打、伤害或者毁损财物等的辩护意见,主张被告人的犯罪行为具有防卫因素,被害人具有过错。行政强制法规定的行政强制措施包括对人身自由的暂时性限制和对物的暂时性控制,但仅限于为了制止违法行为、防止证据损毁、避免危害发生、控制危险扩大等合法目的。行政执法人员在执法过程中出于逞强、泄愤等原因,在没有行政强制的合理需要情况下,故意伤害、杀害行政相对人或者毁损行政相对人财物的,在性质上应属于其个人的违法犯罪行为。对此,行政相对人作为公民依法享有正当防卫的权利。即使行政相对人的正当防卫超过必要限度,也可以认为具有防卫因素,依法予以从宽处罚。反过来,如果行政执法人员正常执行公务时遭到行政相对人暴力抗法,在人身、财产安全受到不法侵害时,不仅拥有采取行政强制措施的职权,而且作为公民个人也同样享有采取正当防卫的权利。实践中,应当根据行政强制措施的实施情况、双方肢体冲突发生的原因、双方的损伤特征和损伤程度、财物毁损的原因和损失价值等实际情况,具体分析判断被告人的暴力抗法行为是否具有防卫因素。

本案中,被告人陈锦国经檀溪镇人民政府多次通知均拒绝搬移摊位。案发当日,被害人曹红岩等执法人员在劝说陈锦国自行搬移摊位未果、次日即将举办美食节而舞台尚未搭建的情况下,为排除妨碍而强行搬移陈锦国的摊位,没有粗暴野蛮行为,未造成陈锦国人身或者财产损害,属于行政强制的合理需要,行政强制执行方式合法规范。对此,在场村民包括陈锦国家人均证实执法人员没有辱骂、推搡、殴打陈锦国或者打砸财物行为。陈锦国为了阻止执法人员搬移其摊位,持刀砍、划曹红岩面部、颈部等处多下,致曹红岩轻伤,属于对曹红岩人身权利的非法侵害,不具有防卫因素。陈锦国行凶伤害曹红岩之后,不听其家人及村、镇干部劝阻,拒绝放下凶器,还向上前劝阻的一名执法人员颈部挥刀,被执法人员及时躲开,可见其不法侵害行为尚未结束。此时,被害人陈新荣认为自己年纪大且认识陈锦国的父亲,上前劝说陈锦国放下刀。陈锦国见陈新荣走近,即持尖刀猛刺陈新荣腹部一刀,致陈新荣受伤倒地,后经抢救无效死亡。执法人员报警并与陈锦国对峙,后公安人员到场将陈锦国抓获,当日对陈锦国人身检查时未发现陈锦国身体有伤。可见,陈新荣劝说陈锦国放下凶器,甚至抢夺陈锦国手中的凶器,目的都是制止陈锦国的不法侵害行为。相关目击证人也证实,陈锦国捅刺陈新荣后持刀指向执法人员说"你们还有谁不服的",足见陈锦国捅刺陈新荣不可能是出于防卫目的,其暴力抗法行为不具有防卫因素。

综上,本案中行政执法人员没有过错,陈锦国的暴力抗拒行为不具有正当性,法院根据其故意杀人犯罪的性质、情节和危害后果,最终判处并核准了死刑。

(撰稿:最高人民法院刑五庭　章　政
审编:最高人民法院刑五庭　马　岩)

[第1255号]金建伟故意杀人、抢夺、非法侵入住宅案

——从案发现场检出了第三人的DNA,如何排除其他人参与作案的可能

【关键词】　故意杀人罪　证据审查判断　死刑

一、基本案情

被告人金建伟,男,1970年1月4日出生,农民。1989年3月1日因犯盗窃罪被判处有期徒刑三年六个月,1991年9月20日刑满释放;2006年1月5日因犯盗窃罪被判处有期徒刑四年六个月,并处罚金人民币一万元,2008年8月26日刑满释放,2011年2月1日因本案被逮捕。

浙江省湖州市人民检察院以被告人金建伟犯故意杀人罪、抢夺罪、盗窃罪,向湖州市中级人

民法院提起公诉。

被告人金建伟对公诉机关指控的犯罪事实没有异议,但辩称没有杀害被害人的故意。其辩护人提出,金建伟系间接故意杀人,其归案后认罪态度好,可以从轻处罚;金建伟盗窃所得不足2 000元,其行为不构成盗窃罪。

湖州市中级人民法院经审理查明:2011年1月25日17时许,被告人金建伟在浙江省安吉县递铺镇万亩村坝头自然村×号租房内与被害人姚某某(女,殁年58岁)发生性关系后因琐事与姚某某发生争执。为制止姚某某反抗呼救,金建伟用手掐姚某某颈部,致姚某某机械性窒息死亡。之后,金建伟用绳子、床单布条捆绑姚某某手脚,用布条缠绕姚某某嘴部,后离开现场。

……(关于抢夺事实和非法侵入住宅事实略)

湖州市中级人民法院认为,被告人金建伟故意非法剥夺他人生命,致一人死亡,其行为已构成故意杀人罪;金建伟以非法占有为目的,乘人不备,公然夺取他人财物,数额较大,其行为已构成抢夺罪;金建伟以非法占有为目的,非法强行侵入他人住宅实施盗窃,其行为已构成非法侵入住宅罪,应依法数罪并罚。金建伟掐被害人颈部,又用绳子捆绑被害人手脚,用布条缠绕被害人嘴部,后离开现场,该行为表明其主观上希望并追求被害人死亡结果的发生。金建伟所犯故意杀人罪情节恶劣,后果严重,且系累犯,应依法严惩。依照《中华人民共和国刑法》第二百三十二条、第二百六十七条第一款、第二百四十五条第一款、第六十五条第一款、第五十七条第一款、第六十九条之规定,判决被告人金建伟犯故意杀人罪,判处死刑,剥夺政治权利终身;犯抢夺罪,判处有期徒刑二年,并处罚金人民币五千元;犯非法侵入住宅罪,判处有期徒刑六个月,决定执行死刑,剥夺政治权利终身,并处罚金人民币五千元。

宣判后,被告人金建伟上诉提出,其主观上没有致被害人死亡的故意,其长期心理抑郁,请求对其做司法精神病鉴定。其辩护人提出,金建伟事先不具备杀人动机,主观上属间接故意,犯罪手段并非特别残忍,案发后坦白认罪,其家属积极筹措钱款愿意赔偿被害人家属经济损失,请求从轻处罚。

浙江省高级人民法院经依法审理认为,被告人金建伟的行为构成故意杀人罪、非法侵入住宅罪和抢夺罪,依法应对其数罪并罚。金建伟曾有两次盗窃犯罪被判处刑罚,又系累犯,依法应从重处罚。本案中又犯数罪,故意杀人犯罪后果极其严重,主观恶性、社会危害性和人身危险性极大,依法应予严惩。其家属虽有筹措钱款代为赔偿的意愿,但不能取得被害人家属谅解。原判定罪和适用法律正确,量刑适当。审判程序合法。依照《中华人民共和国刑事诉讼法》(1996年)第一百八十九条①第(一)项之规定,裁定驳回上诉,维持原判,并依法报送最高人民法院核准。

最高人民法院经复核认为,被告人金建伟故意非法剥夺他人生命,其行为已构成故意杀人罪;其以非法占有为目的,乘人不备公然夺取他人数额较大的财物和非法强行侵入住宅实施盗窃的行为还构成抢夺罪和非法侵入住宅罪,应依法数罪并罚。金建伟在嫖娼后为琐事杀人,犯罪情节恶劣,所犯罪行极其严重,又系累犯,应依法从重处罚。第一审判决、第二审裁定认定的事实清楚,证据确实、充分,定罪准确,量刑适当。审判程序合法。依照《中华人民共和国刑事诉讼法》(1996年)第一百九十九条②和《最高人民法院关于复核死刑案件若干问题的规定》第二条第一款的规定,裁定核准浙江省高级人民法院(2012)浙刑一终字第59号维持第一审对被告人金建伟以故意杀人罪判处死刑,剥夺政治权利终身;以抢夺罪判处有期徒刑二年,并处罚金人民币五千元;

① 2018年《中华人民共和国刑事诉讼法》第二百三十六条。
② 2018年《中华人民共和国刑事诉讼法》第二百四十六条。

以非法侵入住宅罪判处有期徒刑六个月，决定执行死刑，剥夺政治权利终身，并处罚金人民币五千元的刑事裁定。

二、主要问题

本案中，从被告人金建伟实施故意杀人犯罪的案发现场检出了除金建伟、姚某某外第三人的DNA，如何判断是否有其他人参与作案？

三、裁判理由

在我国，鉴定结论一直属于法定的证据种类，通常被冠以"科学证据"的美誉，在司法实践中备受重视，往往被赋予较大的证明价值。但近年来的刑事审判工作也反映出，司法鉴定的程序、依据、过程和结论等方面还存在一些不容忽视的问题，影响了鉴定结论的真实可靠性。有鉴于此，2005年10月1日起实施的《关于司法鉴定管理问题的决定》首次将刑事诉讼法所确立的"鉴定结论"修改为"鉴定意见"，2010年7月1日起实施的《关于办理死刑案件审查判断证据若干问题的规定》沿用了这样的表述。2012年刑事诉讼法修改，对这一概念从立法角度正式予以了确认。

这一修改，要求我们不能盲目依赖鉴定意见，必须对其证据能力进行严格的审查，当然也不能因噎废食，忽视了其在司法实践中不可替代的证明价值。在具体案件中，由于鉴定意见往往只涉及案件事实的一部分内容，我们应当综合全案事实和证据对其证据能力和证明力作出判断，确定鉴定意见与其他证据之间是否有矛盾，能否作为定案的根据。

我们认为，本案中虽然从被告人金建伟实施故意杀人犯罪的案发现场检出了除金建伟、姚某某以外第三人的DNA，但综合全案证据来看，认定被告人金建伟实施故意杀人犯罪，事实清楚，证据确实、充分。分析如下：

1. 本案破案经过清楚

2011年1月25日，安吉县公安局接到安吉县递铺镇万亩村村民郑某报警称，在其家中的出租房内发现一具女性尸体。经现场初步勘查，确定死者系姚某某。根据郑某母亲蒋某和周围邻居石某、潘某等人提供的证言，可基本确认系该出租房房客作案。因蒋某不能提供租客身份资料，公安机关现场勘查后从一张光碟上提取到相关可疑指纹，并通过指纹库比对确定被告人金建伟有重大作案嫌疑，蒋某和其女儿郑某1月26日亦辨认出金建伟即为该出租房房客。2011年1月27日通过技术手段在金建伟女友施某的租房处将金建伟抓获。经讯问，金建伟对犯罪事实供认不讳。

2. 有客观性证据指向被告人作案

送检的被害人姚某某五个指甲擦拭物检出了被告人金建伟的DNA物质，姚某某四个指甲擦拭物、现场一只水杯、一只避孕套上检出了金建伟和姚某某的混合DNA，与金建伟所供案发前与姚某某发生性关系、作案期间被姚某某抓伤的情节及对金建伟的人身检查笔录吻合。

3. 被告人金建伟对犯罪事实始终供认不讳，与在案证据相互印证

(1)根据被告人邻居石某、潘某和房东蒋某等人的证言，2011年1月25日下午5点多，石某听到隔壁租房里有女子喊救命和砸东西的声音，之后就没人讲话了，十多分钟后，其告诉了回到家中的母亲潘某，潘某马上告诉了在附近小店的蒋某(路上没有发现其他人)，蒋某即回家拿身份证登记簿并让另一租客王某在门口盯着，蒋某返回后敲金建伟房门，金建伟未开门，回答身份证在厂里，过十分钟左右，金建伟开门与蒋某说了几句话后锁门独自骑车离开，潘某透过门缝发现地上有人，告诉蒋某，蒋某打电话给儿子郑某，郑某回家踢门入内发现姚某某躺在地上后报案，此时是下午6点多。这一经过与金建伟所供作案时间、作案期间被害人呼救并踹墙、房东过来敲门

要登记身份证、作案后其独自锁门离开及离开时被害人的状态等情节均能吻合。(2)金建伟所供作案期间抽烟、吃橘子、使用三只避孕套及发生性关系后曾用餐巾纸擦拭等情节，均有现场勘查笔录和相关DNA鉴定结论的印证;所供捆绑被害人的方式与现场勘查所证情况吻合;据现场勘查提取了姚某某的戒指和钱包等物品，可排除金建伟劫财的作案动机，其所供因姚某某不愿意留下来聊天，二人遂发生争执的案发起因具有可信性。

但同时，从案发现场也检出了男子B(据侦查人员对蒋某的调查访问，金建伟于2011年1月4日承租案发租房，原来承租人为一对云南籍务工人员。警方分析认为，原来承租人在现场遗留精液、唾液、脱落细胞组织等生物物质的可能性是存在的，并在2011年4月18日找到云南籍承租人徐某，经抽取徐某血样送检比对，确认了徐某与男子B为同一人)和男子C(目前身份无法查明)的DNA，具体如下:(1)所送检的现场烟蒂2号、现场烟蒂3号、现场烟蒂4号、现场水杯3号、现场橘子核2枚均检出混合DNA分型图谱，可以由金建伟和徐某混合而成。(2)所送检的现场地上避孕套1号内侧斑迹、现场地上3号避孕套内侧斑迹均检出人精斑，检出混合DNA分型图谱，可以由金建伟和徐某混合而成。(3)所送检现场地上避孕套3号外侧斑迹检出混合DNA分型图谱，可以由姚某某和徐某混合而成。(4)所送检死者右乳头擦拭物检出混合DNA分型图谱，可以由金建伟和其他男子(排除徐某)混合而成。因此，能否排除其他人参与作案成了本案的焦点问题。

案件审理中，合议庭结合在案证据和浙江省公安厅相关专家出具的DNA检验结果进行深入分析，确认了本案应系被告人金建伟一人所为。主要理由是:

1. 现场出现徐某的DNA可得到合理解释，同时徐某也没有作案时间和作案动机

(1)现场出现徐某的DNA可以得到合理解释。公安技术人员到达现场时距案件发生有1个多小时的时间，但现场地上有多处明显的水迹，从地上提取的5枚烟蒂、3只避孕套、2粒橘子核中，有3枚烟蒂、2只避孕套、2粒橘子核存在明显被水浸泡、染有污渍的现象。根据DNA检验结果，现场提取的3枚烟蒂、2粒橘子核、2只避孕套和1只水杯上均检出金建伟和徐某两人的混合DNA，应当说这个现象是不符合常理的，结合送检的所有检材中徐某的DNA都是伴随金建伟或姚某某共同存在的，因此该问题应是现场检材遭徐某的DNA生物物质污染所致，污染的媒介是地上的水，而检出金建伟和徐某混合DNA的水杯虽是从床边柜子上提取，因徐某使用过该柜子，不排除柜子上留有其DNA生物物质的可能性。

复核期间咨询相关专家，其认可了公安机关出具的DNA检验结果分析说明，认为徐某刚搬离出租房一个月，现场留有其DNA物质是很有可能的，并且现场的水迹可以形成DNA物质的扩散，当然也不排除公安机关提取证据不规范造成检材污染的可能，本案关键是确认徐某不具有作案时间。

(2)徐某没有作案时间和作案动机。根据房东蒋某的证言，徐某从2010年4月左右租住该出租房，2010年12月底退租离开。徐某陈述，其与妻子2010年4月在递铺镇万亩村坝头自然村租房，2010年12月离开安吉回云南过年，2011年2月又到安吉打工。同时，警方经对徐某所在村村长姚某、徐某父亲徐某某、妻子孙某调查取证，姚某证实徐某大概在腊月初四(2011年1月7日)回家过年，好像正月二十三(2011年2月25日)外出打工;徐某某证实徐某是去年腊月初回家，具体哪天记不清，直至今年正月十四(2011年2月16日)那天出去打工;孙某证实和徐某2010年12月退租之后回云南老家，直至2011年2月才从老家回安吉。虽然证人所证时间在细节上存在差异，但均可排除徐某2011年1月25日在现场出租房参与作案的可能，同时徐某也没有从云南再回到浙江杀害一个年近60岁卖淫女的作案动机。

2. 男子 C 未到过现场,男子 C 的生物物质是姚某某案前接待的嫖客遗留的可能性极大

据 DNA 检验结果分析说明记载,姚某某案发当日全部 13 条通话记录,除 5 条与丈夫女儿通话外,其余 8 条中,2 条是与金建伟通话,5 条是与以前 4 名嫖客通话(后警方根据通话记录显示的号码找到嫖客,提取到相关嫖客证言并均抽血化验,4 人当天都未与姚某某发生性关系),1 条是当天上午8:35安吉车站附近的公用电话,无法查清打电话人的情况。基于被害人姚某某系卖淫女,卖淫后大多没有清洗的习惯等情况,姚某某阴道内、乳房等部位留有其他嫖客部分精液、唾液等生物物质可能性很大。因男子 C 的 DNA 伴随金建伟的 DNA 仅出现在姚某某右乳头,而没有在现场送检的其他检材中出现,由此可基本确定男子 C 未到过现场,男子 C 的生物物质是姚某某随身带来的。

3. 根据在案证据,可排除其他人参与作案的可能

(1)金建伟生活圈子狭窄,多是一个人活动。根据金建伟供述,其出于欺骗女友施某在外面已经找到工作的目的,瞒着施某另外租房,白天谎称上班而基本上在万亩村租房里看看电视、睡睡觉,晚上再回施某租房,其没有什么朋友,施某也不知道其在外面租房,万亩村租房除姚某某外没有其他人来过。据施某反映金建伟平时没有什么朋友,蒋某、潘某也反映,金建伟租住该出租房以来,基本上没看见有人来找过他,都是一个人来、一个人走,不怎么与别人接触,这与金建伟的租房目的也是吻合的。

(2)案发时段没有他人出入金建伟的出租房。根据金建伟多名邻居的证言,在案发时段的一个多小时中,所有证人均证实没有看到有他人出入金建伟的租房。同时,有充分证据证明本案是在双方卖淫嫖娼过程中发生的,结合金建伟案发当天的通话记录都是与姚某某的,姚某某案发当日 12 点多钟离开其朋友陈某之后的通话对象也均已查清,可排除其他人参与作案的可能性。

(3)从尸体解剖情况来看,被害人姚某某系被掐颈致机械性窒息死亡,一人能够完成作案。金建伟作案时年仅 41 岁,正当壮年,且为男性,而姚某某为 58 岁的女性,从年龄、力量对比等方面来看,金建伟一人完全能完成作案。此外,被害人姚某某的十个手指指甲的 DNA 检验,除左手小指未检出外,其余均为金建伟和姚某某的 DNA,没有其他人的 DNA,姚某某指甲内金建伟的 DNA 生物物质应该是搏斗时遗留,如果现场有其他人参与打斗掐颈,姚某某反抗又是如此激烈,不可能在其指甲中不发现其他人的 DNA。

(4)被告人金建伟归案后一直供认仅一人作案,所供内容与在案证据相互印证,没有出现矛盾之处。金建伟归案后在第 1 次供述中即详细供述了作案过程,供述内容非常自然,所供内容包括细节情况都能与在案证据吻合,而且至复核阶段一直供称不认识之前租房的人,也没有其他人参与作案。

值得关注的是,2012 年刑事诉讼法第一百九十二条增加一款规定:“公诉人、当事人和辩护人、诉讼代理人可以申请法庭通知有专门知识的人出庭,就鉴定人作出的鉴定意见提出意见。”《关于推进以审判为中心的刑事诉讼制度改革的意见》进一步强调,落实鉴定人出庭作证制度,提高出庭作证率。在以后的司法实践中,我们要积极适用这一规定,进一步正确、科学地对鉴定意见的证据能力和证明力作出审查判断,使之发挥越来越重要的证明作用。

(撰稿:最高人民法院刑三庭　朱晶晶
审编:最高人民法院刑三庭　周　川)

[第1256号]白云江、谭蓓蓓故意杀人、抢劫、强奸案

——共同故意杀人犯罪中各被告人地位、作用的区分

【关键词】 故意杀人罪 抢劫罪 强奸罪 多人致一人死亡 共同犯罪 罪责 死刑的适用

一、基本案情

被告人白云江,男,1976年5月8日出生,农民。2013年8月12日因涉嫌犯故意杀人罪、抢劫罪、强奸罪被逮捕。

被告人谭蓓蓓,女,1981年3月14日出生,无业。2013年9月7日因涉嫌犯故意杀人罪、抢劫罪、强奸罪被逮捕。

黑龙江省佳木斯市人民检察院以被告人白云江、谭蓓蓓犯故意杀人罪、抢劫罪、强奸罪,向佳木斯市中级人民法院提起公诉。

被告人白云江对杀害被害人胡某某的犯罪事实供认不讳,辩解称没有强奸胡某某。其辩护人提出,白云江认罪态度较好,有酌情从轻处罚情节。被告人谭蓓蓓对指控事实未持异议。

佳木斯市中级人民法院经审理查明:

2013年5月,被告人白云江从他人处获知被告人谭蓓蓓(白云江之妻)在与其恋爱期间还曾与多名男子发生两性关系。白云江为此很生气,经常打骂谭蓓蓓,谭蓓蓓遂产生寻找少女供白云江奸淫,使白云江达到心理平衡之念。同年6月25日18时许,白云江之女白某甲将同学苏某某(被害人,女,时年16岁)带回位于黑龙江省桦南县白云江夫妇的住处留宿。当日21时许,白云江、谭蓓蓓将以前购买的数片氯硝安定片剂碾碎后放入两盒酸奶中,谭蓓蓓将酸奶给苏某某、白某甲喝下,致苏某某、白某甲昏迷。白云江欲奸淫苏某某,后自动放弃。次日,苏某某、白某甲参加中考时在考场中分别出现昏睡、呕吐等症状,不能正常考试。

2013年7月,被告人白云江又购买了一瓶氯硝安定,并与谭蓓蓓将数片氯硝安定片剂碾碎后掺入一盒酸奶,伺机作案。同月24日15时许,怀孕八个多月的谭蓓蓓在桦南县文林街遇到被害人胡某某(女,殁年16岁),即以腹痛需要帮助为由,将胡某某骗至其住处。白云江假装感谢胡某某,让胡某某喝下掺入氯硝安定的酸奶,致胡某某昏迷,并用此前购买的手铐将胡某某铐在床头栏杆上。白云江欲对胡某某实施奸淫,因胡某某正值经期及白云江的生理原因而未得逞。白云江、谭蓓蓓因恐罪行败露决定杀人灭口,共同采用枕头捂压口鼻、按压手脚的方法致胡某某窒息死亡,并将胡某某的尸体装入旅行箱,驾车运至桦南县福山村西南勃利铁路林场松林掩埋。

被告人白云江、谭蓓蓓见白云江的同学康某某佩戴价值较高的首饰(共计价值56 829元),产生抢劫之念。白云江、谭蓓蓓预谋将康某某骗至住处抢劫后杀害,并购买了编织袋、胶带、手机卡等物,将数片氯硝安定片剂碾碎后用注射器注入一罐易拉罐啤酒和一瓶饮料。2013年7月19日16时许,白云江、谭蓓蓓以请吃饭为名邀请康某某及妻子董某某到二人住处。席间,因白云江不断问及康某某、董某某的经济状况,引起康某某反感,白云江、谭蓓蓓尚未将注入氯硝安定的啤酒让康某某饮用,康某某即带着董某某离开。后白云江、谭蓓蓓为继续实施抢劫,还多次分别邀约康某某、董某某,康某某、董某某均未前往。

佳木斯市中级人民法院认为,被告人白云江、谭蓓蓓共同故意非法剥夺他人生命,致一人死

亡;违背妇女意志,采取具有镇静催眠作用的药物致人昏迷的手段强奸两名妇女;以具有镇静催眠作用的药物致人昏迷的方法抢劫他人财物,指向财物数额巨大,并意欲杀害被害人,其行为均已构成故意杀人罪、强奸罪、抢劫罪,应依法予以并罚。二被告人在共同犯罪中均积极实施犯罪行为,起主要作用,均系主犯。故意杀人犯罪罪行极其严重,应当判处白云江死刑并立即执行;谭蓓蓓在被采取监视居住强制措施时系已怀孕数月的妇女,属于"审判的时候怀孕的妇女",对其依法不能适用死刑。二被告人实施的强奸犯罪一起为犯罪中止、一起为犯罪未遂,实施的抢劫犯罪系犯罪预备,依法可从轻或减轻处罚。谭蓓蓓在被采取强制措施后,如实供述司法机关还未掌握的伙同白云江抢劫康某某、董某某的罪行,应以自首论;供述强奸苏某某的事实系坦白,可从轻处罚。据此,依法判决如下:

1. 被告人白云江犯故意杀人罪,判处死刑,剥夺政治权利终身;犯强奸罪,判处有期徒刑六年;犯抢劫罪,判处有期徒刑八年,并处罚金人民币五千元,决定执行死刑,剥夺政治权利终身,并处罚金人民币五千元。

2. 被告人谭蓓蓓犯故意杀人罪,判处无期徒刑,剥夺政治权利终身;犯强奸罪,判处有期徒刑五年;犯抢劫罪,判处有期徒刑六年,并处罚金人民币三千元,决定执行无期徒刑,剥夺政治权利终身,并处罚金人民币三千元。

一审宣判后,被告人白云江以在共同犯罪中系从犯为由提出上诉。其辩护人提出,白云江在强奸、杀害胡某某的犯罪中属强奸未遂,在抢劫犯罪中属犯罪中止,应从轻处罚。

黑龙江省高级人民法院经审理认为,上诉人白云江、原审被告人谭蓓蓓故意非法剥夺他人生命的行为均已构成故意杀人罪;白云江在谭蓓蓓的帮助下,违背女性意志,利用药物麻醉的手段奸淫女性,二人的行为均已构成强奸罪;二人以非法占有为目的,采用药物麻醉的方法欲使他人丧失反抗能力,当场劫取财物的行为,均已构成抢劫罪。在强奸犯罪中,被告人谭蓓蓓率先提出强奸犯意,但此后被告人白云江不但与谭蓓蓓共同预谋,又化名购买氯硝安定片剂、手铐等作案工具,在与谭蓓蓓共同致胡某某昏迷后,随即实施强奸行为;在抢劫犯罪中,白云江与谭蓓蓓共同购买不记名的手机卡、胶带、编织袋等犯罪工具,积极邀请被害人康某某、董某某来自家就餐,抢劫未成后,又单独打电话给康某某并伙同谭蓓蓓以谭的口吻给董某某发信息,意欲继续实施抢劫犯罪;在故意杀人犯罪中,与谭蓓蓓共同致被害人胡某某死亡。白云江在三起犯罪中均起主要作用,系主犯。白云江上诉所提自己是从犯的理由不能成立,不予采纳。白云江和谭蓓蓓共同实施的强奸犯罪一起为犯罪中止、一起为犯罪未遂,实施的抢劫犯罪系犯罪预备,依法可从轻或减轻处罚。对上述情节一审法院判决时已予考虑,对辩护人的相关辩护意见,不予采纳。一审判决认定的事实清楚,证据确实、充分,定罪准确,量刑适当。审判程序合法。依照《中华人民共和国刑事诉讼法》第二百二十五条①第一款第(一)项的规定,裁定驳回上诉,维持原判,并将白云江的死刑判决依法报请最高人民法院核准。

最高人民法院复核认为,被告人白云江结伙利用药物麻醉手段奸淫少女,其行为已构成强奸罪;为灭口,将被害少女杀害,其行为已构成故意杀人罪;以非法占有为目的,采用药物麻醉方法劫取他人财物,其行为已构成抢劫罪,应依法予以并罚。被告人白云江犯罪动机卑劣,情节、后果严重,社会影响极其恶劣,系共同犯罪中罪行最为严重的主犯,应依法惩处。白云江实施的强奸犯罪一起为犯罪中止、一起为犯罪未遂,实施的抢劫犯罪系犯罪预备,原判已对其依法从轻或减轻处罚。第一审判决、第二审裁定认定的事实清楚,证据确实、充分,定罪准确,量刑适当。审判

① 2018年《中华人民共和国刑事诉讼法》第二百三十六条。

程序合法。依照《中华人民共和国刑事诉讼法》第二百三十五条①、第二百三十九条②和《最高人民法院关于适用〈中华人民共和国刑事诉讼法〉的解释》第三百五十条第(一)项的规定,裁定核准黑龙江省高级人民法院维持第一审对被告人白云江以故意杀人罪判处死刑,剥夺政治权利终身;以抢劫罪判处有期徒刑八年,并处罚金人民币五千元;以强奸罪判处有期徒刑六年,决定执行死刑,剥夺政治权利终身,并处罚金人民币五千元的刑事裁定。

二、主要问题

共同故意杀人犯罪中各被告人地位、作用如何区分?如何正确适用死刑?

三、裁判理由

(一)故意杀人案件适用死刑的基本原则

在宽严相济刑事政策的指引下,准确理解和严格执行好"保留死刑,严格控制和慎重适用死刑"的一贯政策,是把握死刑案件量刑标准的关键。对特定故意杀人案件是否适用死刑,需要严格依照法律规定,并综合考虑案件性质,犯罪的起因、动机、目的、手段等情节,犯罪的后果,被告人的主观恶性和人身危险性等因素,全面分析影响量刑的各种情节、因素后审慎作出裁判。就案件性质而言,故意杀人案件大体可分为严重危害社会治安、严重影响人民群众安全感的案件和因婚姻家庭、邻里纠纷等民间矛盾激化引发的案件两类。对于后一类案件,在适用死刑时应特别慎重。而对于前一类案件,要依法从严惩处,该判处死刑的要坚决依法判处死刑,以维护秩序,伸张正义。

共同致一人死亡的,原则上判处一人死刑,这是司法实践和刑法理论界已经普遍认同的原则。这个原则也适用于严重危害社会治安、严重影响人民群众安全感的故意杀人案件。我们认为,在办理各类共同故意杀人案件时首先应当明确该原则,该原则对于共同故意杀人案中判处死刑人数能够起到有效的控制作用,是准确贯彻"严格控制和慎重适用死刑"政策的体现和要求。换言之,共同故意杀人致一人死亡的,判处两人死刑应当作为例外情况。即,对于共同故意杀人致一人死亡的案件,如果杀人手段特别残忍,情节特别恶劣,被害人家属、当地群众或者社会舆论反应很强烈的,也可以判处两人死刑,但作出判决时一定要慎之又慎。

本案中,被告人白云江和谭蓓蓓为实施强奸,利用谭蓓蓓的孕妇身份及被害少女的善良,将助人为乐的被害少女骗至家中强奸并杀害。该案受到媒体广泛关注,并冠以"孕妇为夫猎艳杀人案"加以报道,人民群众纷纷呼吁严惩被告人。二被告人实施强奸犯罪后为灭口将被害少女杀害,犯罪动机卑劣,情节、后果特别严重,社会影响极其恶劣,属于应当适用死刑予以严惩的案件。但由于被告人谭蓓蓓在被采取强制措施时已怀孕数月,根据刑法第四十九条第一款的规定,属于"审判的时候怀孕的妇女",对其依法不能适用死刑,故本案不存在判处两名被告人死刑的必要性。

(二)在共同故意杀人犯罪中,有两名以上主犯的,应进一步细分其地位、作用

在共同犯罪中,准确认定各被告人的地位、作用,区分主从犯,并在此基础上更进一步区分各主犯之间或各从犯之间作用大小,对最终确定各被告人的量刑至关重要。在一些故意杀人的共同犯罪案件,特别是两人共同犯罪的案件中,被告人共同预谋,分工配合,共同实施杀人行为,均系主犯。对这种案件,如果仅致一人死亡又依法应当判处死刑的,原则上不能同时判处两名被告人死刑,而应当仔细区分、综合判定各被告人在共同犯罪中的地位、作用,尽可能进一步区分罪责大小,只对其中地位、作用最突出,罪责最严重者判处死刑。审判中要防止为了追求严惩,以难以分清罪责为由,简单地一律判处死刑的做法。同时,需要注意的是,有的案件中,罪责相对较大的

① 2018年《中华人民共和国刑事诉讼法》第二百四十六条。

② 2018年《中华人民共和国刑事诉讼法》第二百五十条。

被告人因具有法定从宽处罚情节而不能判处死刑的，如犯罪时未成年或者系怀孕的妇女，作案后自首、立功等，此时不能为了追求适用死刑，而把共犯中罪责相对较轻又没有法定从宽处罚情节的被告人升格判处死刑。

有意见认为，既然都是主犯，地位和作用基本相同，技术上很难再进一步区分罪责大小。我们认为，尽管这种区分确实有困难，但仍可以从犯罪过程的各个阶段对各被告人的作用进行综合分析、认定。就故意杀人犯罪而言，主要有提起犯意，纠集同案人，准备作案工具，选择、确定犯罪目标，制定犯罪计划，对参与人员进行分工，实施具体犯罪过程中的行为（如实施直接致人死亡的行为），资助同案人出逃等环节。具体到个案，上述情节的认定，主要依靠各被告人的供述，在各被告人利益存在冲突的情况下，很可能存在互相推诿的情况，这就需要对各被告人的供述进行认真分析，对供述真伪作出判断，进而对各被告人的地位、作用进行区分。

本案有三起犯罪事实，最主要的一起是强奸、杀害被害人胡某某的事实，这也是判处被告人白云江极刑、被告人谭蓓蓓重刑的原因。在该起犯罪中，谭蓓蓓最先提出骗少女到家里供白云江强奸的犯意，白云江同意并购买氯硝安定，谭蓓蓓将胡某某骗回家后，白云江让胡某某喝下放有氯硝安定的酸奶，白云江强奸胡某某未遂，二人共同将被害人杀害。白云江、谭蓓蓓均起主要作用，均系主犯。再对二被告人的作用大小进行比较，白云江、谭蓓蓓虽然对参与本案的基本事实供认，但对于一些具体行为，如谁提议杀人、谁为主致被害人死亡供述不一。谭蓓蓓供述较为稳定，一直称白云江提议杀人，白云江用枕头捂胡某某头，她按脚。白云江供述前后有变化，侦查阶段接受讯问时称谭蓓蓓提议杀人，他先用手捂胡某某口鼻，谭蓓蓓按腿，被害人反抗，他将枕头放在胡某某脸上，让谭蓓蓓按着，他帮着按腿；一审庭审中白云江先是称没人提议杀人，后又称谭蓓蓓提议，同时承认他用枕头捂胡某某口鼻、谭蓓蓓按腿；二审庭审中则称，谭蓓蓓用枕头捂胡某某，他按胡某某的手腿。从谭蓓蓓供述稳定、白云江供述变化来看，谭蓓蓓供述更为可信；白云江在一审庭审中所供他用枕头捂胡某某口鼻、谭蓓蓓按腿的情节与谭蓓蓓的稳定供述一致；从作案时谭蓓蓓怀有八个多月身孕的具体情况分析，白云江所称谭蓓蓓为主杀人的可能性不大。综合二被告人的供述及二人个体特征来分析，白云江在共同犯罪中的作用较谭蓓蓓更大，应对其适用死刑。如果本案中谭蓓蓓比白云江在共同犯罪中的作用更大，则不能因为谭蓓蓓系孕妇，依法不能判处死刑，而将作用较小的白云江判处死刑。这也是对这起性质、情节极其恶劣、严重的犯罪依法应当适用死刑的情况下，仍需要比较二被告人的地位、作用的重要原因。

综上，法院根据本案性质、情节、后果对罪行最为严重的被告人白云江适用死刑是适当的。

（撰稿：最高人民法院刑四庭　冯　珊
审编：最高人民法院刑四庭　陆建红）

[第1257号]崔小虎故意杀人案

——被告人始终供述伙同他人作案，且在案证据不排除他人参与共同犯罪的，能否对其适用死刑

【关键词】　故意杀人罪　证据审查判断　死刑案件的证明标准　死刑的适用

一、基本案情

被告人崔小虎，男，1984年4月26日出生，农民。2012年9月7日因涉嫌故意杀人罪被

逮捕。

某某人民检察院以被告人崔小虎犯故意杀人罪向某某中级人民法院提起公诉。

被告人崔小虎对公诉机关指控的犯罪事实不持异议，但辩解张某某也参与作案，并先后用匕首和菜刀捅刺、砍击了被害人。其辩护人的辩护意见是，崔小虎在吸毒被拘留后主动供述犯罪事实，具有投案自首情节，且有悔过表现，请求依法从轻处罚。

某某中级人民法院经审理查明：2012 年 7 月 24 日 19 时许，被告人崔小虎携带菜刀，租乘被害人马某某（男，殁年 22 岁）驾驶的奇瑞 QQ 微型车外出购买毒品，二人于途中因租车费用发生争执。坐在车后排座的崔小虎从车内拿起一根细绳勒住马某某脖颈，被马某某挣脱，崔小虎又持菜刀朝马某某颈部、臂部等处连砍数刀。马某某趁机打开车门逃至路旁田地时摔倒，崔小虎追上持菜刀等工具连续砍切马某某，致马某某因急性创伤性失血休克死亡。崔小虎从马某某身上搜得现金约 200 元后驾车逃离现场，途中因车陷入淤泥而弃车逃走。

某某中级人民法院认为，被告人崔小虎因租车费用与被害人发生争执，便持随身携带菜刀，砍切被害人马某某脖颈、臂部等处数刀，致被害人当场死亡，其行为构成故意杀人罪，且犯罪情节特别恶劣，手段特别残忍，依法应予以严惩。崔小虎虽供称伙同张某某共同作案，但经公安机关侦查后，现有证据只有崔小虎的供述，没有其他证据证明张某某伙同崔小虎作案，被告人的辩解不能成立。现有证据可以证明崔小虎故意杀人的犯罪事实。关于被告人的辩护人所辩崔小虎主动供述犯罪事实，有投案自首情节的辩护意见，经查，在公安机关确认崔小虎有重大作案嫌疑，并对其采取了强制措施后，崔小虎才供述其犯罪事实，其行为不符合投案自首的构成要件，其辩护意见不予采纳。据此，依法以故意杀人罪，判处被告人崔小虎死刑，剥夺政治权利终身。

宣判后，被告人崔小虎提出上诉称：其主观上没有故意杀人的意图；被害人索要车钱与实际不符，被害人有过错；其是吸毒人员，神志不清；其有自首情节；本案的主犯是张某某。其辩护人提出：崔小虎的行为是故意伤害致死，而非故意杀人；崔小虎主动交代犯罪事实，有悔罪表现；且因多年吸毒存在一定精神障碍；崔小虎系与张某某共同作案，请求二审法院改判。

某某高级人民法院经审理认为，上诉人崔小虎故意非法剥夺他人生命的行为，确已构成故意杀人罪。崔小虎犯罪手段极其残忍，犯罪情节极其恶劣，犯罪后果严重，也表明其主观恶性深。崔小虎有吸毒恶习，社会可造性差，也表明其人身危险性大。此外，本案的发生严重影响到当地的社会治安和当地群众的安全感，社会危害性大。因此崔小虎属罪行极其严重的犯罪分子，依法应予严惩。崔小虎的上诉理由及其辩护人的辩护意见均不能成立，不予采纳。原判定罪准确，量刑适当，审判程序合法。依照《中华人民共和国刑事诉讼法》第二百二十五条①第一款第（一）项之规定，裁定驳回上诉，维持原判，并依法报请最高人民法院核准。

最高人民法院经复核认为，第一审判决、第二审裁定认定被告人崔小虎犯故意杀人罪的部分事实不清，证据不足。依照《中华人民共和国刑事诉讼法》第二百三十五条②、第二百三十九条③和《最高人民法院关于适用〈中华人民共和国刑事诉讼法〉的解释》第三百五十条第（三）项、第三百五十三条第一款的规定，裁定不核准某某高级人民法院维持第一审以故意杀人罪判处被告人崔小虎死刑，剥夺政治权利终身的刑事裁定，并撤销第一审判决和第二审裁定，发回某某中级人民法院重新审判。

---

① 2018 年《中华人民共和国刑事诉讼法》第二百三十六条。

② 2018 年《中华人民共和国刑事诉讼法》第二百四十六条。

③ 2018 年《中华人民共和国刑事诉讼法》第二百五十条。

二、主要问题

被告人始终供认伙同他人共同实施犯罪，且在案证据证明不能排除他人参与共同犯罪，能否对其适用死刑?

三、裁判理由

本案中认定崔小虎实施故意杀人犯罪事实的证据，主要有从被害人马某某的奇瑞QQ微型车右后门玻璃上检出的被告人的血迹、根据被告人指认提取的其丢弃的奇瑞QQ微型车车牌一副及车坐垫套两个等物证，手机通话记录等书证，证人马春丽、危连生、史三翠、王艳林等证言，尸检鉴定意见、DNA鉴定意见，勘验、检查笔录，辨认笔录等。被告人崔小虎亦予供认。

本案的关键问题是，被告人崔小虎是否伙同张某某共同实施杀人？崔小虎归案后，自始供认张某某参与共同作案。从在案证据来看，不能排除张某某参与作案的可能性。但张某某却始终不承认自己参与作案，认定其参与犯罪的证据不足。对此，如何处理本案，有以下两种不同意见：

第一种意见认为，虽然崔小虎自始供认张某某参与作案，但是，认定张某某参与共同犯罪的证据不足，故应当对证据充分的崔小虎故意杀人犯罪事实依法作出裁判，而不认定张某某参与共同犯罪。理由如下：一是认定张某某参与共同犯罪的证据，只有崔小虎供述，没有其他证据，且张某某始终不承认参与作案。二是案发现场，包括被害人被杀现场、弃车现场及车内均没有张某某留下的任何痕迹，如血迹、毛发等。三是对张某某是否参与共同犯罪已经经过补充侦查，但仍然没有新的证据。本案第一次一审后，二审法院经审理裁定发回一审法院重新审理。后侦查机关依法进行补充侦查工作，但并未取得实质性进展，对张某某是否参与共同犯罪的事实依然不能确定。

第二种意见认为，虽然在案证据及经过补充侦查，仍然不能证明张某某参与共同杀人行为，但是，根据本案证据情况，无法排除张某某参与共同犯罪的可能性。被告人崔小虎从侦查机关第一次讯问起始终供认，其于2012年7月24日晚上，伙同张某某在租乘马某某的车去九姑村途中将马某某杀害。公安机关将张某某传唤到案后对张某某进行两次询问，张某某均称其案发当晚在岳父家，经向其岳父母及妻子核实，证实张某某当晚并没有去岳父家。因此，侦查机关以崔小虎与张某某（无法查证该人）共同作案提出起诉意见，移送检察机关。检察机关则在起诉书中明确指控，崔小虎伙同张某某（暂未查实）共同作案，并认为崔小虎杀人犯罪事实清楚，证据确实、充分。本案二审期间，省人民检察院出庭意见也认为，本案认定崔小虎犯罪事实清楚，证据确实、充分，但不排除张某某参与作案，建议法院综合本案证据依法裁判。综上，本案无法排除张某某参与作案的可能性，因而全案证据尚未达到死刑案件的证明标准，因此，不宜判处被告人崔小虎死刑立即执行。

我们同意第二种意见，理由如下：

我国刑事法律和刑事政策，对刑事案件的证明要求，始终坚持高标准、严要求的宗旨，即要求侦查终结移送审查起诉、提起公诉、作出有罪判决的证明标准都要达到"犯罪事实清楚，证据确实、充分"。而对死刑案件的证据要求，更是坚守"经得起历史检验"的底线和"必须得出唯一性结论"的红线。《最高人民法院关于贯彻宽严相济刑事政策的若干意见》第二十九条中明确规定："拟判处死刑的具体案件定罪或者量刑的证据必须确实、充分，得出唯一结论。"刑事诉讼法第五十五条第二款对证明标准问题作出了进一步的解释："证据确实、充分，应当符合以下条件：（一）定罪量刑的事实都有证据证明；（二）据以定案的证据均经法定程序查证属实；（三）综合全案证据，对所认定事实已排除合理怀疑。"综上，根据法定的证明标准要求，对于定罪事实以及对被告人从重处罚的事实，都应当达到证据确实、充分的证明标准。这些事实主要包括"被指控的犯罪事实的发生；被告人实施了犯罪行为与被告人实施犯罪行为的时间、地点、手段、后果以及其他情节；影响被告人定罪的身份情况；被告人有刑事责任能力；被告人的罪过；是否共同犯罪及被告人在共同犯罪中的地位、作用；其他与定罪有关的事实；对被告人从重处罚的事实”。

具体到本案，认定被告人崔小虎作案的证据，不仅有从被害人马某某的奇瑞QQ微型车右后门玻璃上检出的崔小虎的血迹，而且根据崔小虎指认提取了其丢弃的奇瑞QQ微型车车牌一副及车坐垫套两个等物证，且崔小虎归案后对其持菜刀杀害被害人马某某并弃车的犯罪事实始终供认，并与现场勘验、检查笔录、指认笔录，尸体检验意见、DNA鉴定意见，证人证言相印证，足以认定。但崔小虎在始终供认其持菜刀杀害马某某的同时，也始终供述张某某参与共同作案，并称张某某先后用匕首和菜刀捅刺、砍击了被害人。而且从在案证据来看，崔小虎有关其与张某某共同作案的供述，并有部分证据印证，以致崔小虎伙同张某某作案的可能性不能排除，全案证据尚未达到死刑案件的证明标准。

1. 被告人崔小虎从侦查阶段至复核提讯中始终供述其与张某某共同作案，并有部分证据印证其供述，因此不能否定其供述的真实性。公安机关根据崔小虎供述其案发当晚与张某某的行走路线，调取了当时的路面监控视频资料。经查看，确有两名可疑男子经过该专卖店前。该监控视频经张某某的朋友吕某某辨认，确认其中个头较高的男子是张某某，另一名男子认不出来。此情况不仅有辨认笔录为证，吕某某同时出具了自己书写的证明予以佐证。该监控视频经张某某的女友郭某某观看，认为其中大个子的很像张某某，但因录像效果不好，不能确定。根据公安机关提供的地图显示，该地点离崔小虎所述其与张某某坐上被害人车的地点电力公司仅150米。综合这些证据，基本可以确定崔小虎与张某某当晚作案前在一起，具有作案时间。

2. 尸体检验报告载明，死者马某某主要损伤在头面部、颈部、双上肢及后上背部，有砍切创和捅刺创两类创口，而砍切创创口长而深，捅刺创短而浅，分析作案凶器一个系刃口较长，并有一定重量的砍切类器具，如菜刀；另一个系尖刀类，宽度在2cm左右，刃口较短。而崔小虎始终供认其作案只拿菜刀，未拿匕首，那么匕首捅刺伤何来，值得怀疑。尸检鉴定意见还显示，根据死者损伤部位比较集中，损伤系两种形状不同的工具形成的情况，分析作案人数为2人或2人以上，且死者死前有过抵抗搏斗，死者右前臂形成的大量砍伤即系抵抗伤。据卷内材料反映，案发后，侦查机关从张某某处提取了匕首。复核期间，根据最高人民法院补查要求，当地公安机关委托省公安厅司法鉴定中心三名法医、痕迹检验专家和市公安局司法鉴定中心两名专家对本案进行了会诊分析。经复查车辆、查阅相关案卷、检验照片，形成结论性意见是，根据车辆勘验及尸体损伤情况，不排除两人作案的可能性。其中关于作案工具形成创伤一节认为，根据原尸检照片所见，死者马某某损伤主要集中在头部、上背部及双上肢，多数损伤为砍切伤（如菜刀），结合死者短袖T恤破口情况，分析死者右眼、左右上背部损伤为刺创（如单刃刺器），说明死者损伤符合两种工具形成。结合发现尸体时姿势体位，死者右眼刺创不排除在车内副驾驶位置的嫌疑人用锐器捅刺形成。此节与崔小虎所供其与张某某坐上被害人的车后，张某某坐副驾驶位，其坐后排座，且其看见在张某某和那个司机争吵起来时，张某某侧过身来拿刀朝那名司机腹部捅了好几下的作案情节相互印证。据此不能排除崔小虎所供张某某作案可能。

3. 案发后，侦查机关在对张某某询问时，其对自己在案发时段的行踪撒谎，且其行为有异常表现。根据崔小虎有关其与张某某共同作案的供述，公安机关将张某某抓获归案，并对张某某进行了两次问话，张某某均称案发当晚其在岳父家，不承认与崔小虎在一起。经调查张某某岳父母和妻子，均证明张某某案发当晚并未到过岳父家。张某某显然是撒谎，但公安机关对其撒谎行为没有进一步深究而将张某某释放。结合张某某的妻子和同居女友证明，张某某案发后在家中烧衣服，且在第二天把衣服鞋子全换了的表现，可见张某某案发前后举动反常，作案嫌疑进一步加大。

4. 公安机关出具说明称，张某某的通话信号反映手机基站信号不能覆盖到被害人被杀现场和弃车现场，但有证据反映张某某在当晚有一段时间关机并没有与外人通话，加之因当时案发地没有安装手机在关机状态下的运行轨迹监测设备，故无法提供犯罪嫌疑人张某某的手机在案发时段处于关机状态下的运行轨迹。因此，不能据此得出张某某不在案发现场的结论。

综上所述，本案证据不排除被告人崔小虎伙同他人共同犯罪的可能性，不能得出崔小虎是唯一作案人的结论。若本案有共同犯罪嫌疑人存在，那么就需要对崔小虎在共同犯罪当中的地位、作用加以证明。根据崔小虎的供述，其在犯罪过程中，只持菜刀作案，并未使用匕首，并辩称张某某在共同犯罪中先后持匕首和菜刀砍刺了被害人。从尸检鉴定情况来看，死者死于菜刀和单刃刺器创伤，倘若崔小虎与张某某都使用过菜刀作案，且张某某又可能持单刃刺器作案，两人的作用孰轻孰重就需要经过侦查、起诉和审判，根据证据加以甄别判断。因此，一、二审法院在现有证据证明不排除崔小虎伙同张某某共同犯罪，不能得出崔小虎是唯一作案人结论的情况下，认定崔小虎单独作案，继而以故意杀人罪判处崔小虎死刑显然不妥。最高人民法院根据死刑案件证据裁判原则和证明标准，以在案证据不能排除他人参与共同犯罪，依法不核准被告人崔小虎死刑，发回一审法院重新审判，是适当的。

（撰稿：最高人民法院刑四庭　白继明
审编：最高人民法院刑四庭　周　峰）

[第1258号] 张洁清故意杀人案

——故意杀人犯罪事实清楚，但不能排除其行为具有防卫性质的，能否适用死刑

【关键词】 故意杀人罪　证据审查判断　防卫情节　死刑的适用

一、基本案情

被告人张洁清，男，汉族，1969年7月2日出生，系黑龙江省呼兰监狱服刑人员。1999年12月23日因犯信用卡诈骗罪被判处有期徒刑十一年，并处罚金人民币五万元，2001年6月6日在服刑期间脱逃。2004年5月18日因犯信用卡诈骗罪被判处无期徒刑，剥夺政治权利终身，并处没收个人全部财产。2006年8月17日因犯脱逃罪、非法持有枪支罪、故意伤害罪，与前罪未执行完毕的刑罚并罚判处无期徒刑，剥夺政治权利终身。2009年3月24日被减刑为有期徒刑二十年，剥夺政治权利八年。

黑龙江省哈尔滨市人民检察院以被告人张洁清犯故意伤害罪向哈尔滨市中级人民法院提起公诉。

被告人张洁清辩称，被害人邢某某先拿刀砍，其是防卫过当。其辩护人提出，张洁清属于防卫过当，被害人邢某某首先使用菜刀自伤，不能排除邢某某用刀伤及张洁清，张洁清作案后认罪、悔罪，请求对张洁清减轻处罚。

哈尔滨市中级人民法院经审理查明：被告人张洁清与被害人邢某某（男，殁年56岁）均系黑龙江省呼兰监狱二监区服刑人员，二人平素关系较好。2011年5月22日中午，张洁清与邢某某在黑龙江省呼兰监狱二监区生产车间下料操作间内午餐饮酒后，躺在地铺休息时，因琐事发生争

执。张洁清持下料操作间内的一把木槌击打邢某某头部数下，致邢某某当场死亡。张洁清又用一把自制菜刀割划自身颈部，自杀未果。邢某某系生前头面部被钝性物体打击致颅脑损伤死亡；邢某某右颈部锐器切割创是生前非致命性损伤，倾向意见是其本人自伤形成。张洁清损伤程度属轻伤，其颈部损伤自伤可以形成。

哈尔滨市中级人民法院认为，被告人张洁清因琐事与被害人发生争吵，持木槌击打被害人头部，明知自己的行为会造成被害人死亡的结果，并希望这种结果的发生，其行为已构成故意杀人罪。公诉机关指控罪名不当，应予以纠正。张洁清及其辩护人提出的张洁清属于防卫过当及被害人有过错的辩解和辩护意见没有证据支持，不予采纳。张洁清曾多次被判刑，屡教不改，服刑期间持械杀死一人，罪行、情节极其严重，应依法予以严惩。张洁清系判决宣告以后，刑罚执行完毕前又犯罪，应将前罪没有执行完毕的刑罚和后罪所判处的刑罚并罚。据此，依法以故意杀人罪，判处被告人张洁清死刑，剥夺政治权利终身，与前罪没有执行的刑罚十七年十个月零一天，剥夺政治权利八年，并处没收个人全部财产并罚。决定执行死刑，剥夺政治权利终身，并处没收个人全部财产。

宣判后，被告人张洁清提出上诉，辩称其是在被害人先持刀对其实施伤害的情况下实施自卫行为，没有杀人及伤害的故意。其辩护人提出：被害人邢某某及被告人张洁清颈部创口是如何形成的事实认定不清；张洁清到案后能如实供述，可以从轻处罚。

黑龙江省高级人民法院经审理认为，张洁清故意非法剥夺他人生命的行为，构成故意杀人罪。在案法医学鉴定书证实，张洁清颈部创口自伤可以形成，且除其本人辩解外，无其他证据证实被害人先持刀对其实施加害行为。张洁清持木槌连续多次击打被害人身体要害部位，致被害人颅脑损伤死亡，其杀人的主观故意明显。张洁清所提其实施的是自卫行为，没有杀人或伤害故意的上诉理由，不能成立。相关鉴定意见能够证实，张洁清及被害人颈部创口的形成原因，辩护人所提一审判决对此情节事实认定不清的辩护意见，不能成立。张洁清虽能如实供述其持木槌致死被害人的事实，但其因琐事即持械杀死一人，犯罪手段凶残，后果极其严重，且曾因多次犯罪被判处刑罚，并在服刑期间再犯罪，主观恶性极深，人身危险性极大，应依法惩处。张洁清及其辩护人请求二审法院对张洁清从轻处罚的上诉理由和辩护意见，不予采纳。一审判决认定的事实清楚，证据确实、充分，定罪准确，量刑适当。审判程序合法。依照《中华人民共和国刑事诉讼法》第二百二十五条①第一款第（一）项、第二百三十五条②的规定，裁定驳回上诉，维持原判，并依法报请最高人民法院核准。

最高人民法院经复核认为，第一审判决、第二审裁定认定被告人张洁清犯故意杀人罪的部分事实不清，证据尚不够确实、充分。依照《中华人民共和国刑事诉讼法》第二百三十五条③、第二百三十九条④和《最高人民法院关于适用〈中华人民共和国刑事诉讼法〉的解释》第三百五十条第（三）项、第三百五十三条第一款的规定，裁定不核准黑龙江省高级人民法院维持第一审以故意杀人罪判处被告人张洁清死刑，剥夺政治权利终身，与前罪没有执行的刑罚十七年十个月零一天，剥夺政治权利八年，并处没收个人全部财产并罚，决定执行死刑，剥夺政治权利终身，并处没收个人全部财产的刑事裁定。并撤销第二审裁定，发回黑龙江省高级人民法院重新审判。

---

① 2018年《中华人民共和国刑事诉讼法》第二百三十六条。
② 2018年《中华人民共和国刑事诉讼法》第二百四十六条。
③ 2018年《中华人民共和国刑事诉讼法》第二百四十六条。
④ 2018年《中华人民共和国刑事诉讼法》第二百五十条。

二、主要问题

被告人故意杀人的事实清楚，但在案证据不能排除其行为存在防卫性质的可能，能否适用死刑？

三、裁判理由

本案在审理过程中，对于被告人张洁清实施的故意杀人行为是否达到死刑案件证据确实、充分的标准，存在以下两种不同意见：

第一种意见认为，本案认定张洁清实施故意杀人的证据确实、充分，理由有五点：一是，本案系在监狱内发生，场所相对封闭，张洁清与被害人邢某某一同在操作间被发现，当时邢某某已死亡，张洁清则受伤昏迷。一起在操作间劳动的其他服刑人员均证实案发当天午餐时看到张洁清和邢某某一起在操作间吃饭，饭后其他服刑人员出去活动，操作间只剩张洁清和邢某某在搭地铺准备睡觉，其他服刑人员活动回来后发现张洁清和邢某某并排躺在地铺上，旁边都是血。案发时只有邢某某和张洁清二人在场，可排除其他人作案的可能。二是，尸体鉴定意见证实，邢某某系生前头面部被钝器物体打击致颅脑损伤死亡，头面部损伤符合具有一定平面的木质物体重复打击形成。现场勘查笔录及扣押物品文件清单证实，侦查人员在现场提取到木槌1把，经DNA鉴定和手印鉴定，从该木槌槌头上检出邢某某的血迹、槌柄上检出张洁清的右手掌纹。与张洁清供述的持该木槌击打邢某某头面部的作案手段相符。三是，现场勘查笔录及扣押物品文件清单证实，侦查人员在现场提取到铁柄菜刀1把，经DNA鉴定，从该菜刀刀刃部提取的6处血迹中有5处系张洁清的血迹、1处系张洁清和邢某某的混合血迹，与张洁清供述的邢某某持该菜刀自伤、其持木槌杀死邢某某后又持该菜刀自杀的情节相符。四是，DNA鉴定意见证实，分别在张洁清所穿上衣、绒衣的右袖口处检出张洁清和邢某某的混合血迹。五是，张洁清经抢救苏醒后即向侦查人员供述了持木槌杀害邢某某后持菜刀自杀的事实，此后供述一直稳定，与在案其他证据印证。上述证据已形成完整证据锁链，足以认定张洁清故意杀人的犯罪事实。

第二种意见认为，前述本案现有证据仅能证实被告人张洁清持木槌打击被害人邢某某头部致邢某某死亡这一基本事实，证实该基本事实的证据确实、充分，但张洁清到案后始终稳定供述因被害人邢某某持菜刀划其颈部，其才就地持木槌打击邢某某头部，在案证据不能排除张洁清有防卫的可能性，故全案证据没有达到确实、充分的标准，不能排除合理怀疑。

我们同意第二种意见，理由如下：

（一）防卫行为属于阻却犯罪事由，是应当有证据证明的定罪量刑事实

在我国的刑事诉讼中，认定被告人有罪的证明标准是案件事实清楚，证据确实、充分。关于“证据确实、充分”的内涵，刑事诉讼法第五十五条第二款规定：“证据确实、充分，应当符合以下条件：（一）定罪量刑的事实都有证据证明；（二）据以定案的证据均经法定程序查证属实；（三）综合全案证据，对所认定事实已排除合理怀疑。”一般而言，定罪量刑的事实包括犯罪构成要件事实及影响刑罚裁量的事实，具体是指以下事实：（1）被指控的犯罪事实的发生；（2）被告人实施了犯罪行为及被告人实施犯罪行为的时间、地点、手段、后果以及其他情节；（3）影响被告人定罪的身份情况；（4）被告人有刑事责任能力；（5）被告人的罪过；（6）是否共同犯罪及被告人在共同犯罪中的地位、作用；（7）对被告人从重处罚的事实；（8）其他影响对被告人定罪量刑的事实。

本案中，虽然认定被告人张洁清持木槌杀死被害人邢某某的证据已经确实、充分，但是对于张洁清到案后所供述的因被害人邢某某持菜刀划其颈部，其才就地持木槌打击邢某某头部的情节亦需要进行判断和证明。张洁清的行为是否存在防卫性质，直接关系到本案是否存在阻却犯罪事由，张洁清是否受到被害人的不法侵害，是否具有犯罪的主观罪过？如果存在防卫性质，是

否属于防卫过当,能否成立特殊防卫?上述问题必然会对张洁清行为的定性及对其量刑产生重大影响。因此,上述事实也是本案认定被告人实施故意杀人所必须证明的事实。

(二)在案证据不能排除被告人的行为存在防卫性质的可能性

被告人张洁清自第一次接受讯问时起,始终稳定供述因被害人邢某某持菜刀划张洁清颈部,张洁清才就地持木槌打击邢某某头部。一、二审庭审中辩解称自己是在被害人先持刀对其实施伤害的情况下实施的自卫行为,没有杀人及伤害的故意。其辩护人提出,邢某某及张洁清颈部创口是如何形成的事实认定不清,不能排除邢某某用刀伤及被告人。关于上述辩解和辩护意见,一审法院认为没有证据支持,故不予采纳。二审法院认为,在案法医学鉴定书证实,张洁清颈部创口自伤可以形成,且除其本人辩解外,无其他证据证实被害人先持刀对其实施加害行为。张洁清所提其实施的是自卫行为,没有杀人或伤害故意的上诉理由,不能成立。一、二审法院均未采纳张洁清及其辩护人的辩解和辩护理由,认为张洁清供述的该情节没有得到其他证据佐证,不予认定。

我们认为,一、二审在审判过程中对尸体鉴定意见中记载“邢某某颈部切割创口是在颅脑损伤之前形成,倾向于自己形成”这一关键证据重视程度不够,且对供证细节未能综合分析,对该节事实的判断过于草率,本案现有证据不能排除张洁清的行为存在防卫性质的可能。主要理由如下:

第一,被害人邢某某的尸体鉴定意见载明,死者颈部有10处横行切割创口,上述切割创口是生前伤,系菜刀类锐器切割所致,在颅脑损伤之前形成,倾向于自己形成。由于该鉴定意见对死者颈部损伤成因只有倾向性意见,为进一步查清该损伤成因,最高人民法院复核期间,经向法医专家咨询,得到的答复意见是:死者颈部创口均在颈部右侧,特征为浅表、平行、拖刀痕大部分向右,符合试切创的特征,为其本人形成。该鉴定意见和专家咨询意见与张洁清供述其在持木槌打击邢某某头部之前,邢某某持菜刀切割自己颈部的供述印证,可证实邢某某应有先用菜刀切割自己颈部的自伤行为。那么,如果邢某某仅仅是拿菜刀自伤,并未侵害到张洁清的安全,张洁清又何必以槌击之?这难免会使人产生邢某某是否对张洁清实施侵害的疑问。

第二,被告人张洁清的活体鉴定意见记载,张洁清颈部甲状软骨上至颌下在长18.8cm×5.0cm范围内有(右)11条、(中)6条、(左)10条缝合创,创缘整齐。各创横行,规律性排列。上述创中除一处较深创口外,多数创口深度较浅,各创创角具有右侧创角较左侧创角锐利或左侧创角较右侧创角锐利并拖带延长的特征,符合试刀形成试刀痕及左右切割、拖刀形成拖刀痕等形态特征。根据上述损伤的形态特征分析,其损伤自伤可以形成。虽然该鉴定意见证明张洁清颈部的创口自伤可以形成,但没有完全排除他伤的可能。为了弄清是否存在他伤的可能性,最高人民法院复核期间,经向法医专家咨询,得到的答复意见是:根据鉴定书记载及照片显示,被告人颈部创口在右、中、左侧均有分布,根据一般情况,自伤形成的创口由本人右手或左手拿刀在一侧用力,很难形成颈部正中的平行创口,分布情况应在颈部右侧或左侧,故颈部正中喉结处及喉结下方的创口系他人形成的可能性大,被告人颈部最深的一处创口在颈部正中稍偏右,应系其本人在他伤创口的基础上再次用力切割所致,其他创口为其本人形成的可能性大。专家咨询意见虽未给出明确的结论,但提出张洁清颈部正中的平行创口系他伤的可能性大,其他创口为其本人形成的可能性大,与张洁清始终供述邢某某持菜刀划张洁清颈部,其反抗杀了邢某某后又持刀割颈自杀的情节并不矛盾。

第三,从现场勘验、检查笔录及照片可见,现场的喷溅血迹主要集中分布于地铺北头西边的料堆、北边的木板、东边的操作案台侧面的下部,操作案台侧面喷溅血迹较少,料堆和木板上喷溅血迹较多且有一块颅骨碎片。现场方位和血迹分布情况与被告人张洁清所供案发时其躺在操作案台一侧,邢某某半侧身压在其身上持菜刀对其行凶,其用左手从操作台下拿了木槌击打邢某某头部脑门处一下，邢某某一愣，其又将木槌换到右手朝邢某某头部脑门处打了一下（前两次击打时距操作案台较近，血可以喷溅到操作案台侧面，打击次数较少，喷溅血迹较少），之后邢某某倒在靠近料堆的地铺西侧，其又持木槌猛击邢某某头面部数下（后几次击打距料堆较近，距操作案台较远，血可以喷溅到料堆和木板上，打击次数较多，喷溅血迹较多）的供述吻合，说明张洁清的供述具有一定的真实可信度。

根据以上事实、证据和综合分析，被告人张洁清供述的邢某某持刀先对其实施侵害，其为自卫才就地持木槌打击邢某某头部的情节，能够得到尸体鉴定意见、现场勘验、检查笔录的部分印证，且与在案的活体鉴定意见等证据没有矛盾。在有一定客观性证据予以印证，且没有足够的反向证据能够推翻被告人供述的情况下，现有证据不能排除被告人供述的真实性，不能排除邢某某持刀对张洁清实施侵害在先的合理怀疑。换言之，即不能排除张洁清的行为存在防卫性质的可能。在这一影响定罪量刑的重大情节尚未查清，证据未达确实、充分的情况下，以故意杀人罪判处被告人张洁清死刑显然有违刑事诉讼法要求。

综上，最高人民法院按照死刑案件证据裁判原则，严格适用刑事诉讼证明标准，以本案部分事实不清，证据尚不够确实、充分为由，依法作出不核准张洁清死刑的刑事裁定，是适当的。

（撰稿：最高人民法院刑四庭　许　昱
审编：最高人民法院刑四庭　陆建红）

[第1259号]张杰、曲建宇等故意杀人案

——虽然现场指认同案犯，但对抓捕未起到实际作用的，不构成立功

【关键词】　故意杀人罪　指认同案犯　立功

一、基本案情

被告人张杰，女，1987年6月10日出生。2013年5月24日因涉嫌犯故意杀人罪被逮捕。

被告人王国兴，男，1973年10月10日出生。2013年5月24日因涉嫌犯故意杀人罪被逮捕。

被告人高长江，男，1990年11月22日出生。2013年5月24日因涉嫌犯故意杀人罪被逮捕。

被告人孟繁旭，男，1983年3月25日出生。2013年5月24日因涉嫌犯故意杀人罪被逮捕。

被告人曲建宇，男，1995年4月9日出生。2013年5月24日因涉嫌犯故意杀人罪被逮捕。

吉林省长春市人民检察院以被告人张杰、王国兴、高长江、孟繁旭、曲建宇犯故意杀人罪，向长春市中级人民法院提起公诉。

各被告人及其辩护人分别提出了辩解和辩护意见。其中，被告人曲建宇及其辩护人提出：曲建宇明知亲友报案而未离开现场，亦无拒捕行为，可视为自动投案，依法构成自首；曲建宇现场指认被告人张杰、王国兴，协助抓获被告人高长江、孟繁旭，属重大立功。

长春市中级人民法院经公开审理查明：被告人张杰与被害人杨立邦（男，殁年28岁）举行婚礼后同居，但未办理结婚登记手续。杨立邦吸食毒品，二人发生矛盾，张杰起意杀害杨立邦。被告人高长江、孟繁旭、曲建宇曾跟被告人王国兴学习汽车喷漆技术。2013年，张杰与王国兴相识后发生性关系。同年2月，张杰两次提出让王国兴帮忙杀害杨立邦，王国兴均未同意，并劝张杰

通过法律途径解决。同年4月18日，张杰又提出让王国兴找人杀害杨立邦，王国兴同意，并纠集了高长江、孟繁旭、曲建宇，要求该三人帮忙教训杨立邦。当晚，王国兴驾车载张杰、高长江、孟繁旭、曲建宇来到张杰、杨立邦家楼下。张杰与王国兴商定，张杰先回家查看情况，再给王国兴发短信。王国兴要求高长江、孟繁旭、曲建宇作案时帮助按住杨立邦，该三人均未反对。次日零时许，张杰在家待杨立邦入睡后发短信给王国兴，王国兴等人上楼进入张杰、杨立邦家。王国兴持事先准备的金属管击打杨立邦头部，高长江、孟繁旭、曲建宇按照王国兴和张杰的要求按住杨立邦，张杰将陆眠宁药注入杨立邦体内，高长江、孟繁旭、曲建宇松手后，王国兴又持金属管击打杨立邦头部，致杨立邦颅脑损伤死亡。此后，王国兴让孟繁旭到楼下车内取袋子，曲建宇趁机逃离现场。因孟繁旭取来的袋子太小，张杰、王国兴、高长江、孟繁旭用棉被、电线等将杨立邦尸体包裹捆绑后抬到楼下，此时曲建宇带领亲友刘井海等人亦来到楼下，高长江、孟繁旭见状逃走。张杰、王国兴将杨立邦尸体放入王国兴驾驶的轿车内，欲驾车逃跑时车轮卡在路面，刘井海电话报警称有人打架受伤，曲建宇未离开现场。公安人员赶来后，曲建宇指认正在清理障碍准备逃走的张杰、王国兴涉案，公安人员遂将张杰、王国兴抓获。曲建宇归案后给高长江打电话，得知高长江在工作单位后，带领公安人员到高长江单位将其抓获。途中，曲建宇又将孟繁旭的工作单位告诉公安人员，公安人员到孟繁旭单位将其抓获。

长春市中级人民法院经审理认为，被告人张杰、王国兴、高长江、孟繁旭、曲建宇故意非法剥夺他人生命，其行为均已构成故意杀人罪。在共同犯罪中，张杰、王国兴系主犯，主观恶性深，社会危害性大，但能如实供述主要犯罪事实，认罪悔罪，可酌情从轻处罚；高长江、孟繁旭、曲建宇系从犯，高长江、孟繁旭归案后认罪悔罪，可减轻处罚。曲建宇明知亲友报案而未离开现场，亦无拒捕行为，但其否认作案时曾按住被害人这一主要犯罪事实，依法不构成自首，但鉴于曲建宇作案后带领亲友回到现场，其亲友报案对及时侦破本案起到一定作用，对曲建宇量刑时可酌情考虑。虽然曲建宇在公安人员抓获张杰和王国兴时有指认行为，但综合分析当时被害人尸体在王国兴驾驶的轿车内，现场除张杰、王国兴、曲建宇及其亲友外并无他人等情况，曲建宇的指认行为对抓获张杰、王国兴不具有实际作用，不能认定为立功。曲建宇归案后给高长江打电话，得知高长江在单位，即带领公安人员到高长江单位将其抓获，该行为属于立功。曲建宇在带领公安人员抓捕高长江途中路过孟繁旭的单位时，将案发前知晓的孟繁旭的单位告诉公安人员，该行为系如实交代同案犯基本情况，不属于立功，但可酌情从轻处罚。鉴于曲建宇系从犯，有立功情节，且其亲友能及时报案，可对曲建宇免予刑事处罚。依照《中华人民共和国刑法》第二百三十二条，第二十六条第一款、第四款，第二十七条，第六十八条，第四十八条第一款，第五十七条第一款，第五十一条，第四十七条之规定，判决如下：

1. 被告人张杰犯故意杀人罪，判处死刑，缓期二年执行，剥夺政治权利终身。
2. 被告人王国兴犯故意杀人罪，判处死刑，缓期二年执行，剥夺政治权利终身。
3. 被告人高长江犯故意杀人罪，判处有期徒刑五年。
4. 被告人孟繁旭犯故意杀人罪，判处有期徒刑四年。
5. 被告人曲建宇犯故意杀人罪，免予刑事处罚。

宣判后，五被告人均未上诉，检察机关未抗诉。吉林省高级人民法院依法核准了对被告人张杰、王国兴分别以故意杀人罪判处死刑，缓期二年执行，剥夺政治权利终身的刑事判决。

二、主要问题

如何认定协助司法机关抓捕其他犯罪嫌疑人？如何判断协助行为对抓捕是否起到实际作用？

三、裁判理由

本案审理中的主要争议问题是，被告人曲建宇现场指认同案被告人张杰、王国兴的行为能否构成立功。对此有两种意见：一种意见认为，按照《最高人民法院关于处理自首和立功若干具体问题的意见》（法发〔2010〕60号，以下简称《自首立功意见》）关于当场指认、辨认其他犯罪嫌疑人（包括同案犯）属于“协助抓获其他犯罪嫌疑人”的规定，曲建宇的上述行为应构成立功。另一种意见则认为，在当时情形下，曲建宇的现场指认行为对公安机关抓获犯罪嫌疑人不具有实际作用，不宜认定立功。我们同意后一种意见，具体分析如下：

协助司法机关抓捕其他犯罪嫌疑人，是司法实践中最常见的立功类型之一。刑法第六十八条规定：“犯罪分子有揭发他人犯罪行为，查证属实的，或者提供重要线索，从而得以侦破其他案件等立功表现的，可以从轻或者减轻处罚；有重大立功表现的，可以减轻或者免除处罚。”鉴于刑法对“协助抓捕”等各种立功类型规定得相对原则，司法解释及其他规范性司法文件作了进一步明确。根据《最高人民法院关于处理自首和立功具体应用法律若干问题的解释》（法释〔1998〕8号）第五条的规定，犯罪分子到案后协助司法机关抓捕其他犯罪嫌疑人（包括同案犯）的，应当认定为有立功表现。《全国部分法院审理毒品犯罪案件工作座谈会纪要》（法〔2008〕324号，以下简称《大连会议纪要》）指出，“被告人在公安机关抓获同案犯过程中确实起到协助作用的，例如，经被告人现场指认、辨认抓获了同案犯；被告人带领公安人员抓获了同案犯；被告人提供了不为有关机关掌握或者有关机关按照正常工作程序无法掌握的同案犯藏匿的线索，有关机关据此抓获了同案犯；被告人交代了与同案犯的联系方式，又按要求与对方联络，积极协助公安机关抓获了同案犯等，属于协助司法机关抓获同案犯，应认定为立功”。《最高人民法院、最高人民检察院关于办理职务犯罪案件认定自首、立功等量刑情节若干问题的意见》（法发〔2009〕13号，以下简称《职务犯罪自首立功意见》）明确规定，协助行为对于抓捕犯罪嫌疑人要有实际作用，协助行为对于其他犯罪嫌疑人的抓捕不具有实际作用的，不能认定为立功表现。

在此基础上，《自首立功意见》对协助抓捕型立功作了更加详细的规定。按《自首立功意见》，典型的协助抓捕型立功有四种情形：一是诱捕，即“按照司法机关的安排，以打电话、发信息等方式将其他犯罪嫌疑人（包括同案犯）约至指定地点的”。常见的如公安机关将被告人抓获后，安排其打电话约同案犯到指定地点见面，进而将同案犯抓获。二是当场指认，即“按照司法机关的安排，当场指认、辨认其他犯罪嫌疑人（包括同案犯）的”。常见的如公安机关已经掌握了其他犯罪嫌疑人将在火车站乘车的线索，但火车站系开放空间，人来人往，遂安排被告人当场指认进而将其他犯罪嫌疑人抓获。三是带领抓捕，即“带领侦查人员抓获其他犯罪嫌疑人（包括同案犯）的”。如本案中曲建宇带领公安人员到高长江单位将其抓获。四是提供线索，即“提供司法机关尚未掌握的其他案件犯罪嫌疑人的联络方式、藏匿地址的”。需要注意的是，《自首立功意见》仅仅列举了四种典型形式，但法有限而情无穷，并不排除其他非典型形式也可构成协助抓捕型立功。例如，毒品上下家约定要定时联络“报平安”，公安机关抓获下家后，为免打草惊蛇，安排其打电话稳住上家，进而采取技术侦查手段将上家抓获的，虽然不属于将上家“约至指定地点”，但一般也可以认定为立功。

不论哪种形式的协助抓捕型立功，都必须符合以下三个条件：一是客观上有协助行为，这一点无须解释。需要注意的是，如果是通过提供各类抓捕线索进行协助，线索来源应当有正当性，不能是通过贿买、胁迫、违反监规等途径获取的线索。此外，也不能是犯罪前、犯罪中掌握或者使用的同案犯联络方式、藏匿地址，以及同案犯的基本情况（姓名、住址、体貌特征等）。如本案中曲建宇主动提供同案犯孟繁旭的工作单位，就属于如实交代同案犯基本情况，不构成立功。二是成功抓获其他犯罪嫌疑人。若未能抓获其他犯罪嫌疑人,不能认定为立功,即便被告人的配合诱捕、当场指认、带领抓捕、提供线索等协助行为准确到位,但因抓捕措施不力或者出现意外情况等原因而未能实际抓获的,不能认定为立功,但可酌情从轻处罚。三是协助行为确实起到实际作用。这一点是判断是否构成立功的关键,也往往容易产生分歧。有意见认为,可以根据协助作用的大小来区分一般立功和重大立功,作用小的可认定为一般立功,此观点没有法律依据。还有意见认为,协助作用是指"主导、关键性作用",但是,即便从字面含义来理解,"协助"作用也不应限定为"主导"作用或者"关键"作用。从现有规范性文件来看,无论是刑法规定的"提供重要线索,从而得以侦破其他案件",还是《大连会议纪要》规定的"确实起到协助作用",抑或《职务犯罪自首立功意见》规定的"要有实际作用",都强调协助行为必须起到实际作用,而非可有可无、无关紧要。换言之,如果没有被告人的协助,公安机关难以抓获其他犯罪嫌疑人,正是有了被告人的协助,公安机关才能顺利抓获。因此,对于协助行为,不仅要从形式上或者类型上进行把握,还要从实质上对协助作用的有无和大小进行"量"的把握,而不宜不加区分,简单援引相关规范性文件规定的协助行为类型一律认定为立功。协助行为没有实际作用的,不构成立功;协助行为起到实际作用的,可以构成立功,具体作用大小在确定从宽幅度时要有所考虑。

本案中,虽然曲建宇在公安人员抓获张杰和王国兴时有现场指认这一协助行为,但当时现场的情况是:曲建宇的亲友刘井海已电话报警,公安人员赶到现场时已有明确抓捕对象,当时系凌晨,现场除张杰、王国兴、曲建宇及曲建宇亲友外,并无他人,被害人的尸体在王国兴驾驶的轿车内,张杰和王国兴正在用铁锹清理障碍准备驾车逃走。在当时特定时空环境下,即便没有曲建宇的指认,公安人员也很容易辨识并抓获张杰、王国兴,因此,曲建宇的指认行为对抓获同案犯不具有实质作用,不宜认定有立功表现。

(撰稿:吉林省长春市中级人民法院　訾效云
最高人民法院刑一庭　孟　伟
审编:最高人民法院刑一庭　管应时)

[第1260号]于书祥猥亵儿童案

——从罪刑相适应的角度准确认定"在公共场所当众猥亵"

【关键词】　猥亵儿童罪　公共场所当众猥亵　性侵害未成年人　犯罪罪刑相适应

一、基本案情

被告人于书祥,男,汉族,1967年9月28日出生,公园保安。2014年10月21日因涉嫌犯猥亵儿童罪被逮捕。

广东省东莞市第三市区人民检察院以被告人于书祥犯猥亵儿童罪,向东莞市第三人民法院提起公诉。

东莞市第三人民法院经不公开开庭审理查明:被告人于书祥原系东莞市某公园保安队长。2014年9月14日14时许,于书祥在该公园内上班时,见被害人张某某(女,11岁)、吴某某(女,11岁)、李某某(女,11岁)、杨某(女,12岁)、刘某某(女,9岁)等人在娱乐设施"恐怖城"外不敢进入,便假意提出带领张某某等人进入"恐怖城"。在张某某等人同意后,于书祥便带张某某等人进入“恐怖城”内游玩。进入“恐怖城”后，张某某等人出于害怕而围在于书祥身边，于书祥见状便先后伸手搂住张某某、吴某某、李某某、杨某等人的肩膀、腰部，并乘机用手抚摸张某某、吴某某、李某某等人的胸部，后被张某某等人挣脱。14 时 30 分许，于书祥见张某某等人到该公园内“青蛙跳”处游玩，又假意上前帮刘某某系安全带，并乘机用双手推挤压刘某某胸部。

东莞市第三人民法院认为，被告人于书祥在游乐场这一公共场所，在多名被害人及他人在场的情况下，分别对被害人进行猥亵，其行为已构成猥亵儿童罪，且属当众猥亵儿童，应依法惩处。依照《中华人民共和国刑法》第二百三十七条的规定，认定被告人于书祥犯猥亵儿童罪，判处有期徒刑五年六个月。

宣判后，被告人于书祥以原判认定的事实不清、本人无罪为由提出上诉。

东莞市中级人民法院经依法审理认为，被告人于书祥无视国法，猥亵多名儿童，其行为已构成猥亵儿童罪，依法应予惩处。本案主要发生在游乐场恐怖屋内，空间相对封闭，现场除于书祥和被害人外，缺乏充分证据证实有多人在场；且于书祥系在带被害人进入恐怖城、帮忙系安全带的过程中，乘机短暂猥亵被害人，其作案手段、危害程度并非十分恶劣、严重，原判认定于书祥属“在公共场所当众猥亵儿童”不当，判处其有期徒刑五年六个月，量刑过重，应依法予以纠正。据此，依照《中华人民共和国刑事诉讼法》第二百二十五条①第一款第（二）项，《中华人民共和国刑法》第二百三十七条、第四十七条的规定，以猥亵儿童罪改判被告人于书祥有期徒刑一年四个月。

二、主要问题

如何准确认定“在公共场所当众猥亵”？

三、裁判理由

在本案审理过程中，对被告人于书祥的行为构成猥亵儿童罪并无异议，但对其是否属于“在公共场所当众猥亵”，一、二审法院存在不同意见：

一审法院认为，被告人在多名被害人及他人在场的情况下，分别对被害人进行猥亵，其行为属当众猥亵儿童。

二审法院则从两个方面对此持否定态度：从事实证据角度，认为现场空间相对封闭，除被告人和被害人外，缺乏充分证据证实有多人在场；从量刑角度，认为被告人实施猥亵的时间短暂、猥亵手段一般、危害程度并非十分严重，认定被告人属公共场所当众猥亵会导致量刑过重，综合考虑，予以从轻改判。

我们同意二审法院不认定“在公共场所当众猥亵”的处理结论，同时认为，主要理由除事实证据在认定“当众”方面存在疑点外，也应当从罪刑相适应的角度对该情节进行实质解释和把握。具体阐述如下：

根据刑法第二百三十七条的规定，普通情节的猥亵犯罪，应当判处五年以下有期徒刑或者拘役，具有“聚众或者在公共场所当众实施”两项加重处罚情节的，应当判处五年以上有期徒刑。2015 年出台的刑法修正案（九）在该条第二款增加规定了“有其他恶劣情节的”，也应当判处五年以上有期徒刑。其中，对于认定是否属于“在公共场所当众猥亵”，司法实践中时常出现争议。2013 年颁布的《最高人民法院、最高人民检察院、公安部、司法部关于依法惩治性侵害未成年人犯罪的意见》（以下简称《性侵意见》）第二十三条对“在公共场所当众猥亵”的含义进行了明确，即“在校园、游泳馆、儿童游乐场等公共场所对未成年人实施强奸、猥亵犯罪，只要有其他多人在场，不论在场人员是否实际看到，均可以依照刑法第二百三十六条第三款、第二百三十七条的规定，

① 2018 年《中华人民共和国刑事诉讼法》第二百三十六条。

认定为在公共场所'当众'强奸妇女,强制猥亵、侮辱妇女,猥亵儿童"。但是,从本案审理过程中一审、二审法院产生重大分歧意见,以及类似案件的司法处理情况来看,实践中仍然存在机械理解形式标准而忽视行为实质危害性,从而可能导致罪刑失衡的问题。

刑法对"在公共场所当众猥亵"之所以加重处罚,其原因既在于该行为对被害人性的自主权及羞耻心伤害更大、对社会良好风尚冒犯程度更大,又能反映行为人置他人在场于不顾,目无国法,肆意妄为,主观恶性深。《性侵意见》对"当众"实施猥亵等性侵害犯罪虽不要求其他多人实际看到,但明确要求必须有其他多人"在场"。所谓"在场",从空间上讲,就必然要求其他多人在行为人实施犯罪地点视力所及的范围之内。换言之,猥亵行为处于其他在场人员随时可能发现、可以发现的状况,这是基于"当众"概念的一般语义及具有"当众"情节就升格法定刑的严厉性所决定的。尤需指出的是,《性侵意见》解释的侧重点在于何为"公共场所"和"当众",但并未涉及何为刑法意义上的"猥亵",而这一概念的明确,关系到能否准确认定"在公共场所当众猥亵"的加重处罚情节。

猥亵犯罪脱胎于1979年刑法规定的流氓罪。1979年刑法第一百六十条规定:"聚众斗殴,寻衅滋事,侮辱妇女或者进行其他流氓活动,破坏公共秩序,情节恶劣的,处七年以下有期徒刑、拘役或者管制。流氓集团的首要分子,处七年以上有期徒刑。"1984年颁布的《最高人民法院、最高人民检察院关于当前办理流氓案件中具体应用法律的若干问题的解答》(以下简称《解答》,目前已失效)特别强调,要把流氓罪同一般流氓违法行为严格加以区别,而情节是否恶劣,是区分流氓罪的罪与非罪界限的关键,并列举指出部分恶劣情节。例如,在公共场所多次偷剪妇女的发辫、衣服,向妇女身上泼洒腐蚀物,涂抹污物,或者在侮辱妇女时造成轻伤的;在公共场所故意向妇女显露生殖器或者用生殖器顶擦妇女身体,屡教不改的;用淫秽行为或暴力、胁迫的手段,侮辱、猥亵妇女多人,或人数虽少,后果严重的,以及在公共场所公开猥亵妇女引起公愤的。"情节恶劣"是猥亵行为构成犯罪的必备要素,而在公共场所实施猥亵、侮辱属"情节恶劣"的情形之一,系入罪必要条件。

1997年刑法修改,将流氓罪进行拆分,其中分离出来的罪名之一即是强制猥亵、侮辱妇女罪及猥亵儿童罪(2015年刑法修订为强制猥亵、侮辱罪及猥亵儿童罪),并删除了"情节恶劣"的限定条件,同时将"在公共场所当众猥亵"规定为加重处罚情节。我国治安管理处罚法第四十四条规定,猥亵他人的,处五日以上十日以下拘留;猥亵智力残疾人、精神病人、不满十四周岁的人或者有其他严重情节的,处十日以上十五日以下拘留。可见,尽管刑法删除了"情节恶劣"的限定条件,但同属猥亵行为,引起的法律责任并不相同。在刑事司法适用时仍应秉持谦抑性原则,对刑法意义上的"猥亵"概念予以适度的限制解释。综合考虑猥亵手段、针对的身体部位性象征意义的大小、持续时间长短、对被害人身心伤害大小、对社会风尚的冒犯程度等因素,对刑事处罚的必要性予以实质把握。我国没有性骚扰的法定概念,但对于一些情节显著轻微的性冒犯行为,如在地铁、公交车等公共场所,利用人多拥挤,短暂地隔衣服抚摸、顶擦他人臀部、胸部等,作为治安违法的猥亵行为予以处罚是适当的。

对"猥亵"概念予以适度限制解释的精神,既要体现在入罪标准的把握上,也要体现在对刑法第二百三十七条第二款所规定的"在公共场所当众猥亵"这一加重处罚情节的理解方面。2000年颁布的《最高人民法院关于审理交通肇事刑事案件具体应用法律若干问题的解释》(以下简称《交通肇事解释》)第二条规定,交通肇事致一人以上重伤,负事故全部或者主要责任,并具有酒后驾驶、严重超载驾驶或者为逃避法律追究逃离事故现场等六种情形之一的,以交通肇事罪定罪处罚。《交通肇事解释》第三条对刑法所规定的"交通运输肇事后逃逸"这一法定加重处罚情节进行解释时,明确将"交通肇事致一人以上重伤,负事故全部或者主要责任,并具有为逃避法律追究逃离事故现场"的情形排除在外,概因该情形已作为交通肇事罪入罪情节进行法律评价,故不能将其作为"交通肇事逃逸"的加重处罚情节再予重复评价。我们认为,对"在公共场所当众猥亵"中"猥亵"概念的解释,也理当遵循同样的原则。简言之,该加重情节中的"猥亵"是本身单独评价即足以构成犯罪的严重猥亵行为,而不包括轻微的治安处罚意义上的猥亵违法行为。只有行为人在公共场所当众实施了足以构成犯罪的猥亵行为,才能适用加重处罚情节。

实践中,猥亵行为样态各异,有些本身已达到刑事处罚程度,如手指侵入他人阴道抠摸,或者压制他人反抗抚摸他人胸部持续时间较长,如系在公共场所当众实施,对被告人适用加重情节予以重罚,罚当其罪。而有些猥亵行为则显著轻微,如在地铁车厢利用乘客拥挤恶意触碰他人胸、臀,本属治安管理处罚的对象,只有同时考虑具有在公共场所当众实施、持续时间较长或者其他情节,才可能具有刑事处罚的必要性。因此,如果将那些相对轻微的当众猥亵行为作为加重情节对被告人判处五年以上有期徒刑,就会罪刑失衡,也有违社会一般人的法感情。此外,从强奸罪与猥亵犯罪的严重性程度来看,通常情况下强奸重于猥亵,故刑法为强奸罪设置的最低法定刑为有期徒刑三年,而普通情节的猥亵犯罪是五年以下有期徒刑或者拘役,如将上述在地铁车厢实施的较为轻微的猥亵行为认定具有加重情节,判处五年以上有期徒刑,亦明显重于普通情节强奸既遂的最低法定刑,有失妥当。概言之,对那些手段、情节、危害一般、介于违法与犯罪之间的猥亵行为样态,宜突出"在公共场所当众实施"对考量行为是否值得入罪进行刑事处罚方面的影响,避免越过对"猥亵"本身是否构成犯罪的基础判断,而简单化地以形式上具有当众实施情节,即对被告人升格加重处罚。

本案中,根据审理查明的事实,被告人于书祥利用女童年幼胆怯,在游乐场这一公共场所带被害人游玩期间,趁机触碰、抚摸被害人肩膀、腰部、胸部,属于对儿童的猥亵,其中部分被害人被猥亵时,被其他在场被害人看到。从被告人猥亵手段、方式、持续时间、猥亵人数等方面,结合考虑部分猥亵行为被在场人员目睹等情节,综合衡量,可以对其以猥亵儿童罪予以惩处。虽然被告人的部分猥亵行为形式上似也符合"在公共场所当众实施"的规定,但论其猥亵罪行的严重性,尚未达到应判处五年以上有期徒刑的程度。抛开事实证据因素不论,从罪刑相适应的实质角度考察,二审法院对被告人于书祥从轻改判,是合法、合理的。

(撰稿:最高人民法院刑一庭　赵俊甫
审编:最高人民法院刑一庭　管应时)

[第1272号]康文良故意杀人案

——如何审查判断DNA鉴定意见的关联性及被告人的翻供

【关键词】 故意杀人罪　证据审查判断　DNA鉴定意见的关联性　证据不足无罪

一、基本案情

被告人康文良,男,1969年10月9日出生,农民。2010年10月12日因涉嫌犯故意杀人罪被逮捕。

安徽省亳州市人民检察院以被告人康文良犯故意杀人罪，向亳州市中级人民法院提起公诉。

被告人康文良及其指定辩护人提出：康文良受到刑讯逼供才在侦查阶段作出有罪供述，认定康文良故意杀人的证据不足，请求宣告康文良无罪。

亳州市中级人民法院经审理查明：2010年9月4日凌晨，被告人康文良到本村村民徐某某（被害人，女，殁年41岁）家附近，发现徐某某家堂屋西间南侧窗户未关严，遂产生与徐某某发生性关系之念，便翻窗入室。徐某某被惊醒后从卧室出来，发现康文良后与之厮打，康文良用马扎（用绳子编制的木板凳）猛击徐某某头面部数下，又将徐某某推倒在地扼住颈部致徐死亡。经法医鉴定，徐某某系被他人用木质钝器打击头面部致重度颅脑损伤合并机械性窒息死亡。

亳州市中级人民法院认为，被告人康文良采用暴力手段剥夺徐某某的生命，其行为构成故意杀人罪。公诉机关指控罪名成立。对康文良提出其在侦查阶段的供述系刑讯逼供，徐某某不是其杀害的辩解及其辩护人的无罪辩护意见，经查，侦查机关同步录音录像及检察机关相关证明证实在侦查阶段公安机关未采取非法手段对康文良进行讯问，康文良的有罪供述与证人证言、马扎上检出康文良与徐某某混合DNA的鉴定意见、法医鉴定意见等证据相互印证，足以认定康文良故意杀害徐某某的犯罪事实，相关辩解及辩护意见与事实不符，不予采纳。据此，依照《中华人民共和国刑法》第二百三十二条、第五十七条第一款之规定，以故意杀人罪判处康文良死刑，剥夺政治权利终身。

一审宣判后，被告人康文良以受到刑讯逼供才在侦查阶段作出有罪供述，认定其作案证据不足为由，向安徽省高级人民法院提出上诉，请求宣告其无罪。

安徽省人民检察院出庭检察员认为，本案有充分证据证明被害人徐某某系他杀，对物证马扎上的DNA的鉴定意见能够认定康文良接触过徐某某家的马扎，康文良在侦查机关和检察机关的有罪供述部分细节与在案证人证言印证，有一定证据证明康文良杀害徐某某的犯罪事实，但还有待进一步证明，建议二审法院在进一步查清事实的基础上依法作出公正裁决。安徽省高级人民法院经审理认为，本案事实不清，证据不足，裁定撤销原判，发回亳州市中级人民法院重新审判。

亳州市中级人民法院经重新审理，再次以故意杀人罪判处被告人康文良死刑，剥夺政治权利终身。

被告人康文良以认定其作案证据不足为由，向安徽省高级人民法院提出上诉，请求宣告其无罪。

安徽省高级人民法院经审理认为，原判认定事实清楚，证据确实、充分，定性准确，量刑适当，审判程序合法。裁定驳回上诉，维持原判，并依法报请最高人民法院核准。

最高人民法院复核认为，第一审判决、第二审裁定认定被告人康文良犯故意杀人罪的事实不清，证据不足，裁定不核准康文良死刑，发回安徽省高级人民法院重新审判。

安徽省高级人民法院经审理，将本案发回亳州市中级人民法院重新审判。

亳州市中级人民法院经重新审理，第三次以故意杀人罪判处被告人康文良死刑，剥夺政治权利终身。

被告人康文良以认定其作案证据不足为由，向安徽省高级人民法院提出上诉，请求宣告其无罪。

安徽省高级人民法院经审理认为，认定被告人康文良犯故意杀人罪的事实不清，证据不足，裁定撤销原判，宣告康文良无罪。

二、主要问题

1. 如何审查判断DNA鉴定意见的关联性？

2. 如何审查判断被告人的有罪供述和翻供?

三、裁判理由

本案是最高人民法院收回死刑复核权后,以事实不清、证据不足为由不予核准、发回重审,下级法院经重审宣告无罪的案件。对本案及案件审理过程进行全面深入地剖析和总结,既有值得借鉴的经验,也有需要反思的教训,给人诸多启示。

(一)审查认证DNA鉴定意见,不仅要审查其客观性、合法性,更要审查其与案件事实的关联性以及关联程度

在颠覆“口供为王”的刑事司法理念变革中,对DNA鉴定意见、物证、书证等客观性特征更为突出的证据的证明作用的认识得到显著提升。在很多刑事审判人员看来,那是客观的“不变”证据,但没有认识到DNA鉴定意见相对于言词证据而言,虽客观性、合法性可以得到较高程度的保障,但关联性及关联程度需要审判人员认真深入地审查认证,尤其不能将DNA鉴定意见与案件事实存在的一般关联性当作排他性,从而作为定案的依据。

本案现场破坏严重,现场情况广为周围村民知晓。案发之初,徐某某的亲属以为徐是高血压病发作后摔倒死亡,故没有及时报警和保护现场,包括邻居康文良在内的众多村民进入现场或到场围观、议论,现场包括徐某某遇害位置、死亡时的身体状态、头面部流血、尸体旁边有损坏的马扎、马扎上沾有大量血迹、发现尸体的人是爬西窗进入徐家、徐家其他门窗被反锁等情况均为村民所知晓。村民从现场情况已经推断出徐某某是被现场的马扎击打头面部致死。在案发及侦查之初,没有发现指向康文良作案的证据,在现场马扎上检出康文良DNA的鉴定意见出来后,才锁定康文良为重要嫌疑人予以羁押。

本案除了康文良在侦查阶段的有罪供述外,认定其作案的证据主要是从现场的马扎上检出了其和徐某某的混合DNA。而且,公安机关在获悉该鉴定意见后,讯问康文良是否接触过徐家的马扎,康文良作出了否定回答,明确表示他不仅案发前后没有接触过徐家的马扎,而且根本没见过徐家的马扎。按照一般逻辑,上述证据可以推断出在凶器马扎上检出的康文良的DNA便是其作案时所遗留,可以作为定案的重要证据。

一审法院对该DNA鉴定意见高度重视,在第一次一审和第二次一审期间先后就康文良没有受伤流血,如何能检出其DNA,以及马扎上的混合图谱中是否仅检出康文良和徐某某的基因分型,是否可以排除包含其他人的DNA的问题电话咨询了公安部物证鉴定中心法医,得到的答复是:不是只有血迹才能检出DNA,非血迹,如汗液、细胞等也能检出DNA,专业上叫接触DNA;从马扎上检出的混合图谱中能看出康文良和徐某某的基因分型,看不出其他人的DNA分型,但看不出不等于不包含,只是概率较低。一审法院根据鉴定和咨询意见以及康文良关于“不仅案发前后没有接触过徐家马扎,而且根本不知道徐家有马扎”等供述,认定在凶器马扎上检出的其DNA便是其作案时遗留,并以此作为关键的定案依据判处康文良死刑。

最高人民法院复核阶段对本案中的DNA鉴定意见,特别是其关联性进行了重点审查,并综合案件其他证据,认为不能依据该鉴定意见得出上述具有排他性的唯一结论,主要理由是:

1. 康文良家与徐某某家是对过邻居,徐家的马扎曾出借给其他邻居使用,马扎本身是能随意搬动之物,按照农村人经常搬动马扎或小凳随地而坐的生活习惯,难以全面彻底排除作为邻居的康文良接触徐家马扎的可能性。

2. 康文良在审判阶段辩解称,案发前一两个月,其路过徐某某家门口,徐要把借他家的铁锹还给他,叫他在门口坐一会儿,他不知道当时坐的是不是涉案马扎。现有证据无法排除康文良当时曾接触该马扎的可能性。

3. 康文良的上述辩解与其在侦查阶段关于不知道徐某某家有马扎，更没接触过徐家马扎的供述相矛盾，但不能据此就认定其没有见过、接触过徐家马扎：一是接触马扎是生活中的小事，未留下深刻记忆也属正常；二是徐某某被发现遇害时，康文良也到场围观，知道马扎是作案凶器，因此其在侦查阶段声称自己从未见过、接触过徐家马扎，不排除基于避祸心理，对马扎避而远之，以免引火烧身。

4. 一审法院的两次咨询未针对康文良"在案发前一两个月曾接触过马扎"的辩解进行。在复核阶段，承办法官就涉案混合 DNA 能否检出先后附着的时间，以及接触 DNA 能在物体表面保存多久的问题进一步咨询了公安部出具该鉴定意见的鉴定人员，得到的答复是：保存时间取决于保存条件等因素，有的汗斑、唾液可以保存几个月甚至几年，他们曾从一枚烟头上检出嫌疑人几年前留下的唾液；康文良和徐某某先后接触马扎，也可能从马扎上检出该两人的混合 DNA，且检验不出附着的先后顺序。因此，DNA 鉴定意见仅仅表明康文良曾经接触过马扎，而不能从科学层面否定康文良有关案发前一两个月曾接触过马扎的辩解。故该鉴定意见与案件事实的关联性很弱。

5. 证据材料显示，可以确定案发后至少有三人接触过涉案马扎，而 DNA 鉴定却未检出该三人的 DNA，说明在马扎上未检出 DNA 并不代表未接触马扎。也就是说，如果另有真凶，虽然使用了马扎作案，也可能检不出其 DNA，这从另一方面说明该 DNA 鉴定意见对证明案件事实不具有排他性。

综上，在马扎上检出康文良和徐某某的混合 DNA，只能表明康文良曾经接触过该马扎，不能得出康文良使用该马扎杀害徐某某的唯一结论。

（二）对于被告人曾做过有罪供述，后又翻供的，要高度重视审查翻供理由和有罪供述的证明力

在刑事司法实践中，有时仍然存在过于相信和重视公安机关、检察机关收集的有罪证据和提出的有罪指控，包括不尽规范的情况说明，而忽视被告方的辩解、辩护意见；在被告人作出有罪供述后，对其后来的翻供不加认真审查，简单地视为狡辩；只注重有罪供述与其他证据的印证情况，而忽视其中不能印证以及供述不自然、不合理的部分，为错误认定案件事实埋下隐患等问题。

本案中，被告人康文良在审判阶段开始翻供，否认作案，并对原先所作有罪供述进行解释，辩护人始终为其做无罪辩护。三次一审和第二次二审均认为康文良的翻供不成立，依据是公安机关出具了没有刑讯逼供的证明，讯问时制作了同步录音录像，入所身体检查记录显示康文良健康无损伤，在审查起诉阶段仍承认有罪等。

最高人民法院经审查发现，本案只有一次供述有同步录音录像；康文良供述其在作出有罪供述前已被羁押于刑事侦查部门多日，受到变相刑讯逼供，公安机关对此未予正面回应；康文良称其将公诉人当成侦查人员，所以在审查起诉阶段也不敢改变原有供述。而且，康文良的有罪供述不稳定，证明力不强，具体表现如下：

1. 供述不能得到其他证据印证或者前后供述不一致。例如，康文良供称喝酒后去徐家作案，但其儿子和妻姐均证明康文良自妻子卧病在床到病死期间（本案发生于该时间段内）没有喝过酒；康文良供称被徐某某发现后，被徐用马扎砸了后背，但经人身检查，康文良身体没有伤痕；康文良供称作案后手上沾血爬西窗逃离徐家，回家后关门再去洗手，而在徐家西窗上没有提取到康文良的指纹、血迹，在康家大门上也没有提取到血迹；康文良第一次供认时称潜入徐家是为了偷窃棉被，后供称是想与徐某某发生性关系；康文良起初供称用马扎砸了几下徐某某就倒地，而后则供称徐某某躲避被砸，他随后追打。

2. 供述逐步与在案证据相印证。康文良在接受三次询问和第一次讯问时未承认作案，其最初几次供称用马扎砸徐某某三下，后来才供称连续砸击，不知砸了多少下，与尸检鉴定意见显示徐某某尸体头面部有十六处创伤、全身共有数十处伤痕的情况基本印证；第一次供认时没有提到掐徐某某脖子，后来才做此供述，与尸检鉴定意见关于徐某某重度颅脑损伤合并扼颈窒息死亡的意见相印证；第一次供认时没有提到徐家有一闪一闪的亮光，第二次供认时提到徐家西窗玻璃没关严，窗户缝有闪烁的亮光，第三次供认时又提到徐家屋内有一闪一闪的灯光，不知从哪个地方发出的，这与证人康桂亭、杨玉真在康文良供述之前即证明案发后他们在徐家东屋拔下了徐某某正在充电的万能充电器存在印证之处。

3. 案件的部分重要情节得不到康文良供述或与康有关联的证据印证。从现场勘验和尸检情况来看，徐某某进行了较为激烈的搏斗，行为人身上应当沾染血迹，而在现场没有提取到康文良指纹、鞋印等关联性痕迹物证，在康文良的家中和衣服上没有提取到可疑血迹，案发当晚与康文良居住的儿子、妻姐均证明未听见康文良离家出去，也未看见康文良在次日洗过衣服等情况。

综上，康文良的供述与其他证据之间有相当一部分得不到印证，对关键性情节的供述呈现出与已在案证据逐渐印证的特点，有的供述不自然、不合理，自始就能得到印证的供述则是康文良到现场围观时就已经看见或者听到的内容，上述供证关系和供证的印证情况严重影响了康文良有罪供述的证明力。

本案中，除关联性弱的DNA鉴定意见和证明力弱的有罪供述，没有其他证据证明康文良作案。最高人民法院经复核，以案件事实不清、证据不足为由，发回安徽省高级人民法院重新审判。安徽省高级人民法院经重新审判，最终宣告康文良无罪。

（撰稿：最高人民法院刑一庭　肖　凤
审编：最高人民法院刑一庭　管应时）

[第1273号]刘宏伟故意伤害案

——故意伤害致人死亡且被告人有多次前科的，如何正确适用死刑

【关键词】　故意伤害罪　琐事纠纷　前科　量刑　死刑的适用

一、基本案情

被告人刘宏伟，男，1978年4月18日出生，无业。1998年2月24日因犯诈骗罪被判处有期徒刑一年六个月，并处罚金人民币一万五千元；2000年7月27日因犯盗窃罪被判处有期徒刑三年，并处罚金人民币二千元；2005年4月15日因犯盗窃罪、诈骗罪被判处有期徒刑一年六个月，并处罚金人民币五千元，2006年6月15日刑满释放。因涉嫌犯故意伤害罪于2013年11月5日被逮捕。

河南省郑州市人民检察院以被告人刘宏伟犯故意伤害罪，向郑州市中级人民法院提起公诉。

郑州市中级人民法院经公开审理查明：2013年10月22日14时许，被害人刘成（男，殁年48岁）约被告人刘宏伟一起到郑州市中原区国棉四厂杨惠康家中喝酒。刘宏伟在杨家楼下的地摊上随手购买了一把水果刀，并携带此刀进入杨家。其间，刘宏伟和刘成酒后发生言语冲突，后刘宏伟拿起其刚刚购买的水果刀捅向刘成胸部，致刘成肺脏被刺破造成失血性休克死亡。

郑州市中级人民法院认为,被告人刘宏伟故意伤害他人身体,致一人死亡,其行为已构成故意伤害罪。刘宏伟随身携带刀具,动辄行凶,不计后果,致一人死亡,罪行极其严重,应依法严惩。刘宏伟曾因犯罪被多次判刑,人身危险性极大。刘宏伟虽愿意赔偿,但并无赔偿能力,也未实际赔付。依照《中华人民共和国刑法》第二百三十四条第二款、第五十七条第一款之规定,判决被告人刘宏伟犯故意伤害罪,判处死刑,剥夺政治权利终身。

被告人刘宏伟上诉称,其事后让人帮忙拨打"120",积极抢救被害人,原判量刑过重。

河南省高级人民法院经二审审理认为,被告人刘宏伟故意伤害罪行极其严重,且其曾三次被判刑,应依法严惩。虽然刘宏伟事后让他人拨打"120",但其在救护车到来前即逃离现场。刘宏伟人身危险性和社会危害性大,原审对其量刑并无不当。裁定驳回上诉,维持原判,并依法报请最高人民法院核准。

最高人民法院经复核认为,被告人刘宏伟故意伤害他人身体,其行为已构成故意伤害罪。刘宏伟酒后因言语不和而持刀捅刺被害人一刀,致其死亡,犯罪情节恶劣,罪行严重,应依法惩处。鉴于本案系琐事纠纷引发,刘宏伟作案后让他人打电话救治被害人,归案后认罪、悔罪,综合考虑其犯罪的事实、性质、情节和对社会的危害程度,对其可不判处死刑立即执行。第一审判决、第二审裁定认定的事实清楚,证据确实、充分,定罪准确,审判程序合法。依法裁定如下:

1. 不核准并撤销河南省高级人民法院维持第一审以故意伤害罪判处被告人刘宏伟死刑,剥夺政治权利终身的刑事裁定;

2. 发回河南省高级人民法院重新审判。

河南省高级人民法院经重新审判于2015年12月12日判处被告人刘宏伟死刑,缓期二年执行。

二、主要问题

故意伤害致人死亡,且被告人有多次前科的,如何准确适用死刑?

三、裁判理由

故意伤害犯罪侵犯公民的身体健康,社会危害较大,而故意伤害致人重伤、死亡属于严重危害社会治安的暴力犯罪,一直是人民法院依法严惩的犯罪类型。但是,在造成被害人死亡的情况下,故意伤害致人死亡与故意杀人相比,被告人的主观恶性及人身危险性都有所不同,量刑时也需要予以区别对待,特别是对故意伤害致人死亡的被告人考虑适用死刑时,应格外慎重。从立法来看,故意伤害致人死亡犯罪和故意杀人犯罪,对应的法定刑都是十年以上有期徒刑、无期徒刑和死刑;从危害后果来看,二者均造成被害人死亡,判处死刑都符合"杀人偿命"的传统报应观念。因此,在司法实践中,如何正确区分二者的犯罪性质,对故意伤害致人死亡案件准确适用死刑,有一定难度。

本案是一起比较典型的因琐事纠纷引发的故意伤害致人死亡案件。在审理过程中对被告人刘宏伟是否应判处死刑存在两种意见:一种意见认为,刘宏伟随身携带刀具,动辄行凶,致一人死亡,且其曾因多次犯罪被判刑,人身危险性极大,应当判处其死刑。另一种意见认为,刘宏伟因琐事纠纷持随身携带的刀具行凶,致一人死亡,其虽有多次前科,但均属非暴力且被判处轻刑的犯罪,综合考虑其系酒后行为失控下作案、作案后对被害人有救助举动等因素,对其可不判处死刑立即执行。我们认为第二种意见更符合当前执行的死刑政策,具体分析如下:

(一)对故意伤害致人死亡的案件,犯罪手段特别残忍,情节特别恶劣的,才可以考虑判处被告人死刑

刑法第二百三十四条第二款规定,故意伤害致人死亡的,处十年以上有期徒刑、无期徒刑或

者死刑。该条对三种不同刑罚由轻到重进行排列,从中可以看出,对于故意伤害致人死亡的,立法上要求首先考虑适用十年以上有期徒刑、无期徒刑,死刑是排在最后的,故只有在极个别情况下才可以考虑适用死刑。这与刑法第二百三十二条对故意杀人罪规定的刑罚由重到轻进行排列的情况正好相反,即故意杀人的,处死刑、无期徒刑或者十年以上有期徒刑,两个条款所反映出的立法意图存在明显区别。1999 年印发的《全国法院维护农村稳定刑事审判工作座谈会纪要》规定,故意伤害致人死亡,手段特别残忍,情节特别恶劣的,才可以判处死刑。这说明,在司法实践中,对故意伤害致人死亡案件要更加严格执行死刑政策,在把握是否适用死刑时也要更加严格。最高人民法院 2007 年统一行使死刑核准权后,严格控制故意伤害罪的死刑适用,一般仅对犯罪情节特别恶劣、手段特别残忍、造成特别严重后果的情形适用死刑,如以特别残忍的手段进行伤害并致被害人死亡或者严重残疾,为报复社会而伤害不特定人员致人死亡等情形。在个案中决定能否适用死刑,应对被告人的全部犯罪情节进行综合分析判断,以确定是否具备适用死刑的基础。

对于本案的犯罪情节,可以从以下几个角度进行分析:首先,从案发起因来看,被告人刘宏伟与被害人刘成系朋友关系,当日刘宏伟应刘成之约共同到另一朋友家喝酒,刘宏伟酒后因琐事与刘成发生口角,引发本案。本案属于典型的因琐事纠纷引发的案件,刘宏伟系酒后一时冲动作案。虽然刘宏伟在前往喝酒途中购买了水果刀并带至现场,但买刀时其与刘成并未发生矛盾,也没有证据证实其买刀时有犯罪的预谋,其主观恶性与预谋犯罪相比,相对较小。其次,从作案手段来看,刘宏伟仅捅刺被害人一刀,不属于作案手段特别残忍。刘宏伟发现刘成受伤后,并未继续捅刺,作案手段有所节制。再次,从作案对象来看,刘宏伟与被害人刘成系朋友关系,平时并无矛盾,刘宏伟因酒后偶发口角而持刀作案,作案对象特定,这与故意伤害不特定人员意图报复社会的犯罪相比,主观恶性和社会危害性都相对较小。最后,从刘宏伟作案后的表现来看,其在逃离现场前让朋友打"120"救治被害人,逃离后又通过他人打电话询问被害人伤情,这都反映出刘宏伟并不希望发生被害人死亡的结果,主观恶性相对较小。综合考虑上述情节以及本案致一人死亡的犯罪后果,可以认定本案属于情节一般的故意伤害致人死亡案件,不属于必须判处死刑立即执行的情形。

(二)对于被告人具有前科的,要根据前科的具体情形客观评估其人身危险性,不能一概而论

被告人的前科反映出的人身危险性,是量刑时需要予以考虑的情节。被告人构成累犯,应当依法从重处罚,尤其构成累犯的前罪是暴力性犯罪或者严重的非暴力性犯罪的,说明其人身危险性较大,对死刑适用的影响更大。如果被告人的前科不构成累犯,其前科情况也反映出其既往表现不佳,再犯可能性较大,可酌情从重处罚,但在决定是否适用死刑时应对前科做客观分析,综合前罪和后罪的具体情况评估被告人的人身危险性,特别是再次实施严重暴力犯罪的可能性。也就是说,有前科不能当然成为适用死刑的理由,不能简单因被告人有前科就对原本可以不适用死刑的犯罪"升格"适用死刑。本案被告人刘宏伟有三次前科,但均系判处刑罚不超过三年有期徒刑的盗窃罪、诈骗罪等非暴力性犯罪,与其本次实施的故意伤害犯罪在性质和严重程度上都有明显不同,不能据此认定被告人再次实施严重暴力犯罪的可能性明显大于没有前科的被告人。即刘宏伟的三次较轻前科尚不足以导致对其"从重"至判处死刑立即执行。

综合上述理由,最高人民法院复核后依法裁定不核准被告人刘宏伟死刑,发回二审法院重新审判。

(撰稿:最高人民法院刑四庭　张建英
审编:最高人民法院刑五庭　欧阳南平)

[第1274号]周天武故意伤害案

——明知自己感染艾滋病病毒，故意不采取保护措施与他人发生性关系，致使他人感染艾滋病病毒的，如何定罪处罚

【关键词】 故意伤害罪 故意杀人罪 故意传播艾滋病病毒 其他对于人体健康有重大伤害的损伤 重伤

一、基本案情

被告人周天武，男，汉族，1989年7月22日出生，初中文化，农民。2015年4月16日因涉嫌犯故意伤害罪被逮捕。

四川省攀枝花市东区人民检察院以被告人周天武犯故意杀人罪向攀枝花市东区人民法院提起公诉。

被告人周天武对公诉机关指控的事实无异议，辩称其行为不构成故意杀人罪，而构成故意伤害罪。

攀枝花市东区人民法院经审理查明：2013年1月16日，被告人周天武因母亲住院去献血，被攀枝花市疾病预防控制中心检测出是艾滋病患者。2013年7月，周天武与吴某某在四川省会东县相识并确立了恋爱关系。2013年8月至2014年6月间，周天武在攀枝花市东区五十四、盐边县新九乡等地与吴某某以男女朋友关系同居。其间，周天武为达到与吴某某长期交往的目的，不但没有告诉吴某某自己患有艾滋病，还在明知自己系艾滋病患者以及该病的传播途径的情况下，故意不采取任何保护措施与吴某某发生性关系，致吴某某于2014年6月20日被确诊为艾滋病患者。案发后，被告人周天武能如实供述上述事实。

攀枝花市东区人民法院认为，被告人周天武故意伤害他人身体，致一人感染艾滋病，其行为已构成故意伤害罪，依法应当处罚。公诉机关指控被告人周天武犯罪的事实清楚，证据确实、充分，予以确认。但本案中，被告人周天武主观上没有剥夺他人生命的故意，只有伤害他人身体的主观故意，因此公诉机关指控的罪名不当。对被告人周天武提出其行为不构成故意杀人罪，而构成故意伤害罪的辩解予以采纳。鉴于被告人周天武归案后能如实供述自己的罪行，依法对其从轻处罚。据此，依照《中华人民共和国刑法》第二百三十四条、第六十七条第三款、第六十一条之规定，判决如下：被告人周天武犯故意伤害罪，判处有期徒刑五年。

一审宣判后，被告人周天武未上诉，检察机关亦未抗诉，判决已发生法律效力。

二、主要问题

1.明知自己感染艾滋病病毒，故意不采取保护措施与他人发生性关系，致使他人感染艾滋病病毒的，应定何罪？

2.将故意传播艾滋病病毒的行为定性为故意伤害罪的，如何确定伤情等级？如何量刑？

三、裁判理由

（一）明知自己感染艾滋病病毒，故意不采取保护措施与他人发生性关系，致使他人感染艾滋病病毒的，应定故意伤害罪

艾滋病，即获得性免疫缺陷综合征，又称后天性免疫缺陷症候群（Acquired Immune Deficiency Syndrome，AIDS），是因人体感染艾滋病病毒所导致的传染病。艾滋病是一种目前既

无有效疫苗预防，又无特效药物治愈的疾病。近年来，司法实践中出现了明知自己感染艾滋病病毒，故意不采取保护措施与他人发生性关系，致使他人感染艾滋病病毒的案件。对于此类案件如何定罪，在刑法理论界和司法实务界存在争议，归纳起来有两种不同观点：

第一种观点认为，应认定为故意杀人罪。理由有三：一是艾滋病是不治之症，一旦被传染则无疑被剥夺了继续生存的权利，因此，将艾滋病传染给他人，就侵犯了他人的生命权，这与故意杀人罪的客体特征完全相符。二是实践中，剥夺他人生命的方式有多种多样，只要足以造成死亡结果的都是杀人行为，故意将艾滋病病毒传染给特定他人的行为，是剥夺他人生命的一种特殊方式，这与故意杀人罪的客观方面也是相同的。三是艾滋病会致人死亡的事实是人人皆知的，因此故意传播艾滋病病毒的行为人杀人的目的是很明显的。即使不是出于直接故意，放任他人因传染上艾滋病病毒而死亡的心态也是很显然的，这样也就具有了间接的杀人故意。

第二种观点认为，应认定为故意伤害罪。理由是，人体感染上艾滋病病毒后，肌体免疫系统被破坏，容易患上正常人能够轻松克服的各种疾病，但并不会立即导致死亡，在艾滋病漫长的发病过程中可能因为其他原因导致死亡，而在死亡之前被害者的身体健康却必然遭受严重摧残。因此，感染艾滋病病毒意味着身体健康遭受严重威胁，此种行为属于一种故意伤害他人身体健康的行为，应以故意伤害罪定罪。

由于故意传播艾滋病病毒的行为严重侵害了他人的生命与健康，受害人一旦感染就处于长期的恐惧和痛苦之中，且极易造成死亡，具有极为严重的社会危害性。2017 年 7 月 25 日起施行的《最高人民法院、最高人民检察院关于办理组织、强迫、引诱、容留、介绍卖淫刑事案件适用法律若干问题的解释》(以下简称《涉卖淫刑案解释》)第十二条第二款规定："具有下列情形之一，致使他人感染艾滋病病毒的，认定为刑法第九十五条第三项'其他对于人身健康有重大伤害'所指的'重伤'，依照刑法第二百三十四条第二款的规定，以故意伤害罪定罪处罚：(一)明知自己感染艾滋病病毒而卖淫、嫖娼的；(二)明知自己感染艾滋病病毒，故意不采取防范措施而与他人发生性关系的。"

由上述规定可以看出，《涉卖淫刑案解释》采纳了前述第二种观点。主要理由如下：首先，艾滋病和艾滋病病毒是不同的概念。艾滋病病毒代表的是人类免疫缺陷病毒(HIV)，它在侵入人体后即开始攻击人体免疫系统。经过数年，当人体免疫系统被削弱后，人体就会感染上机会性感染病。一旦机会性感染发生，就可以认为患了艾滋病(AIDS)。艾滋病代表的是获得性免疫缺陷综合征，它是导致人体无法抵御其他疾病的状态或综合征。人不会死于艾滋病，而是死于与艾滋病相关的疾病。我们通常所说的感染艾滋病大多是指感染上艾滋病病毒。艾滋病病毒有三种传播途径，即性传播、血液传播和母婴传播，本案即是通过性传播方式致使他人感染艾滋病病毒。

其次，此类情况不宜认定为故意杀人罪。虽然至今全世界范围内尚未研制出根治艾滋病的特效药物，也还没有可用于预防的有效疫苗，但是在我国已经广泛采用了"鸡尾酒"疗法，这种治疗方法能够压制艾滋病病毒、不断清除艾滋病病毒。早期艾滋病病毒感染者用药后病毒可以被清除到几乎检测不到，普通的艾滋病病毒感染者终身服药能存活到正常人的平均寿命。因此，从医学的角度来看，感染上艾滋病病毒并不必然导致死亡，事实上，由于我国实施的免费检测、免费治疗政策，大部分艾滋病病毒感染者能够获得及时治疗而不会危及生命，以故意杀人罪来认定类似本案的行为，与故意杀人罪的构成要件不相符。此外，故意杀人罪是结果犯，而从感染艾滋病病毒到发病一般为 8 ~ 10 年，在审理期限内很难认定故意杀人的危害结果是否发生。如果审判案件时被害人仍然存活，判处故意杀人罪未遂，则有可能纵容了部分犯罪人，因为少数艾滋病病毒的感染者可能因得不到及时治疗等原因而发病，发病后最长一年内肯定死亡；如果判处故意杀人罪既遂,那么这与被害人在审判时仍然存活的事实又不相符。

最后,以故意伤害罪定罪更合理。如前所述,艾滋病病毒对人体免疫系统的损害十分致命,但艾滋病病毒又不具有直接致命性,它是通过损害人体免疫系统,降低人体的免疫力,进而构成对人体的危害。艾滋病病人死亡的直接原因通常都是其他的疾病或损伤。对类似本案的行为认定为故意伤害罪将使定罪量刑的标准很统一。行为人一旦把艾滋病病毒传染给他人,那就肯定对他人的身体造成了伤害,从被害人感染艾滋病病毒的那一刻起,故意伤害罪就已经既遂,而不会像认定为故意杀人罪那样出现未遂与既遂不确定的问题。

本案中,被告人周天武因去医院献血而被确诊感染艾滋病病毒,其明知自己感染艾滋病病毒,而故意不采取任何防护措施与被害人多次发生性关系,主观上具有通过让被害人感染艾滋病病毒的方式伤害其身体健康的故意,客观上所实施的不采取任何防护措施而与被害人多次发生性行为的行为,已经造成被害人感染上艾滋病病毒的危害后果,给被害人的人身健康造成重大伤害,完全符合故意伤害罪的构成要件。本案虽然发生在《涉卖淫刑案解释》实施之前,但是原审法院认定被告人周天武构成故意伤害罪是与《涉卖淫刑案解释》的规定一致的。

(二)本案认定为故意伤害罪后,应按照致人重伤的标准量刑

本案的情形被认定为故意伤害罪之后,必然面临量刑的问题。根据刑法第二百三十四条的规定,故意伤害他人身体,致人轻伤的,处三年以下有期徒刑、拘役或者管制;致人重伤的,处三年以上十年以下有期徒刑;致人死亡或者以特别残忍手段致人重伤造成严重残疾的,处十年以上有期徒刑、无期徒刑或者死刑。那么,致使他人感染艾滋病病毒的应如何认定伤情等级呢?对此,《涉卖淫刑案解释》也作出了明确规定,即此种情形下一般认定为"重伤",在"三年到十年有期徒刑"幅度内量刑。其理由在于:首先,与艾滋病病毒的损伤特点相符。如前所述,艾滋病病毒以对人体免疫系统的损害构成对人体健康的严重危害,但艾滋病病毒的这种损害是一个渐进的过程,并不具有直接致命性。在现代医疗条件下,艾滋病病毒虽不能根除但在终身服药的情况下可以控制病毒的发展,因此,感染艾滋病病毒的患者不是必然死亡,但身体健康会受到极大的伤害,这种伤害既包括艾滋病病毒本身对身体的损害,也包括长期服药导致的大量副作用,而患者为了维持生命必须终身忍受这种痛苦,因此,感染艾滋病病毒对被害人身体健康的损伤程度与重伤的损伤程度是相当的。其次,与相关司法解释的规定一致。刑法第九十五条对重伤的定义是"使人肢体残废或者毁人容貌的;使人丧失听觉、视觉或者其他器官机能的;以及其他对于人身健康有重大伤害的",根据最高人民法院、最高人民检察院、公安部、国家安全部、司法部2013年8月30日发布的《人体损伤程度鉴定标准》第三条的规定,重伤是指"使人肢体残废、毁人容貌、丧失听觉、丧失视觉、丧失其他器官功能或者其他对于人身健康有重大伤害的损伤,包括重伤一级和重伤二级"。其第六条规定:"未列入本标准中的物理性、化学性和生物性等致伤因素造成的人体损伤,比照本标准中的相应条款综合鉴定。"根据上述规定,感染艾滋病病毒可视为因"生物性因素"导致的"其他对于人体健康有重大伤害"的情形。因此,在目前的立法和司法解释框架内,对于明知自己感染艾滋病病毒,故意不采取保护措施与他人发生性关系,致使他人感染艾滋病病毒的行为,认定为故意伤害罪并按照"重伤"的量刑档次量刑是最为合适的。当然,如果确实致人死亡的,可在"十年以上有期徒刑、无期徒刑或者死刑"的幅度内量刑,但适用死刑应当格外慎重。

综上,原审法院认定被告人周天武构成故意伤害罪,并在重伤的量刑档次内判处其五年有期徒刑是符合刑法规定的。

(撰稿:最高人民法院刑四庭　杨　华
审编:最高人民法院刑四庭　陆建红)

[第1275号]牛旭旭、张延明、郭华涛等人绑架案

——对多人共同致死一人的严重暴力犯罪案件,如何准确把握宽严相济刑事政策和死刑政策

【关键词】 绑架罪 共同犯罪 致一人死亡 宽严相济 死刑的适用

一、基本案情

被告人牛旭旭,男,1981年11月20日出生,无业。1997年12月10日因犯抢劫罪被判处有期徒刑二年;2001年4月13日因犯故意伤害罪被判处有期徒刑七年,2006年9月9日刑满释放。因涉嫌犯绑架罪于2009年6月12日被逮捕。

被告人张延明,男,1980年8月6日出生,无业。因涉嫌犯绑架罪于2009年6月12日被逮捕。

被告人郭华涛,男,1984年6月29日出生,无业。因涉嫌犯绑架罪于2009年6月12日被逮捕。

河南省洛阳市人民检察院以被告人牛旭旭、郭华涛、张延明①、宋林杰②犯绑架罪,向洛阳市中级人民法院提起公诉。

洛阳市中级人民法院经公开审理查明:2009年4月初,被告人牛旭旭提议并伙同被告人张延明、郭华涛、宋林杰准备了手铐、胶带等作案工具,预谋绑架河南省某中学初一学生李某某(被害人,男,殁年13岁),向其家人勒索钱财。4月16日,牛旭旭伙同张延明到汽车租赁公司租赁了一辆现代轿车,并购买假车牌换上。次日7时许,牛旭旭等四人驾车来到该中学门口,牛旭旭向张延明等三人指认了李某某,后张延明等人按预谋诱骗李某某上车,由于李某某警觉,未能得逞。后张延明又到汽车租赁公司租赁了一辆桑塔纳轿车,换上假车牌豫CR2168,与郭华涛、宋林杰在牛旭旭的授意下多次驾车到学校门口附近守候,伺机绑架李某某,因人多一直未能得逞。4月24日7时许,张延明、郭华涛、宋林杰再次来到学校门口,发现李某某单独一人,便开车尾随其后,在学校门口东侧慢车道上强行将李某某绑至车内,迅速逃离现场。途中,张延明等三人用手铐铐住李某某手脚、用胶带封住李某某的嘴,将李某某塞进车后备厢内。李某某被绑架后,牛旭旭负责打探消息及时通报给张延明等人。由于李某某亲属报案,牛旭旭等人未敢打电话勒索钱财。当日傍晚,牛旭旭与张延明等约定见面,由于担心被李某某认出,牛旭旭与张延明商量后决定将李某某杀死。之后牛旭旭出资让宋林杰购买了两把铁锹和一桶汽油,将车开至河南某村附近,由张延明按住李某某,郭华涛将李某某掐死。后郭华涛和宋林杰将李某某的尸体抬到事先挖好的土坑内,浇上汽油焚烧后掩埋。经法医鉴定,李某某系被他人扼颈致机械性窒息死亡。

洛阳市中级人民法院认为,被告人牛旭旭、张延明、郭华涛的行为均已构成绑架罪。在共同绑架犯罪中,牛旭旭、张延明、郭华涛起主要作用,均系主犯,且所犯罪行极其严重,牛旭旭又系累

---

① 被告人张延明同时犯有绑架罪和贩卖毒品罪,贩卖毒品罪被判处有期徒刑二年,并处罚金五千元。因贩卖毒品罪非本文讨论的问题,故不予详述。

② 被告人宋林杰亦为本案共同犯罪人之一,法院认定其系绑架罪和贩卖毒品罪中的从犯,两罪并罚,决定执行有期徒刑十六年,剥夺政治权利三年,并处罚金人民币二万三千元。因其在绑架罪中的罪责明显小于另三人,不涉及本文讨论的问题,故对其身份和处理情况不专门叙述。

犯，对该三人依法应予严惩。依法判决：被告人牛旭旭、张延明、郭华涛犯绑架罪，均判处死刑，剥夺政治权利终身，并处没收个人全部财产。

一审宣判后，被告人牛旭旭、张延明、郭华涛分别提出上诉。被告人牛旭旭上诉提出，其不愿意杀死被害人，没有参与杀人过程，请求从轻处罚。其辩护人提出，牛旭旭刚开始指使绑架，但后来并未亲自参与杀人，并非绑架案主导者，主观恶性相对较小；牛旭旭认罪态度较好，有悔罪表现，希望从轻处罚。被告人张延明上诉提出，其在共同犯罪中起次要作用，原判量刑过重。其辩护人提出，张延明只实施了开车等辅助行为，原判认定张系主犯不当；张延明系初犯，认罪悔罪态度好，希望依法改判。被告人郭华涛上诉提出，其在绑架中所起作用较小，不应认定为主犯；郭华涛系初犯，判处死刑过重。其辩护人提出，郭华涛在绑架案中居于从属地位，一贯表现较好，到案后真诚悔罪，依法可不判处死刑立即执行。

河南省高级人民法院经二审审理认为，上诉人牛旭旭、张延明、郭华涛的行为均已构成绑架罪，且手段残忍，后果极其严重，应依法严惩。原判事实清楚，证据确实、充分，定罪准确，对被告人牛旭旭、张延明、郭华涛的主刑量刑适当，审判程序合法，但对张延明判处的附加刑没收个人全部财产及罚金数罪并罚计算有误。上诉人牛旭旭、张延明、郭华涛的上诉理由及其辩护人的辩护意见均不能成立，不予采纳。依法判决：

1. 维持原审判决中对被告人牛旭旭、郭华涛的定罪量刑部分及对被告人张延明的定罪部分。

2. 撤销原审判决中对被告人张延明的刑罚部分。

3. 上诉人张延明犯绑架罪，判处死刑，剥夺政治权利终身，并处没收个人全部财产；犯贩卖毒品罪，判处有期徒刑二年，并处罚金人民币五千元；决定执行死刑，剥夺政治权利终身，并处没收个人全部财产。对上诉人牛旭旭、张延明、郭华涛的死刑判决，依法报请最高人民法院核准。

最高人民法院经复核认为，被告人牛旭旭、张延明、郭华涛以勒索财物为目的绑架他人，其行为均已构成绑架罪。在共同绑架犯罪中，牛旭旭提议绑架，出资并与张延明共同租赁作案用车，与张延明一同购买假车牌，指认被害人李某某及其学校，策划绑架方案并幕后指挥，打探消息提供给张延明等人，与张延明商议决定杀死李某某灭口，对杀人、埋尸作出分工，出资并指使同案被告人宋林杰购买手机卡和埋尸、焚尸工具，起主要作用，系主犯，应按照其所参与和组织、指挥的全部犯罪处罚。张延明积极参与绑架预谋，准备作案所用手铐，单独或伙同牛旭旭租赁作案用车，先后伙同牛旭旭和郭华涛购买假车牌，多次驾车伺机作案并组织郭华涛、宋林杰到学校门口绑架李某某，参与控制李某某，与牛旭旭商议决定杀人灭口，协助郭华涛杀死李某某，起主要作用，系主犯，应按照其所参与和组织的全部犯罪处罚。郭华涛参与绑架预谋，与张延明一同购买假车牌，多次参与伺机绑架李某某，强行将李某某推上车并伙同张延明、宋林杰控制李某某，根据牛旭旭授意购买手机卡和焚尸、埋尸工具，与宋林杰挖掘埋尸土坑，扼掐李某某颈部致死，与宋林杰焚烧并掩埋尸体，起主要作用，系主犯，应按照其所参与的全部犯罪处罚。牛旭旭、张延明、郭华涛结伙精心策划绑架方案，在绑架中杀死未成年被害人，又焚烧、掩埋尸体以湮灭罪证，犯罪手段残忍，情节特别恶劣，社会危害大，罪行极其严重，应依法惩处。牛旭旭曾因抢劫、故意伤害犯罪被判处刑罚，在刑罚执行完毕后五年内又犯罪，系累犯，主观恶性深，人身危险性大，应依法从重处罚。鉴于郭华涛系被纠集参与作案，在共同绑架犯罪中所起作用略次于牛旭旭和张延明，认罪态度较好，对其判处死刑，可不立即执行。根据郭华涛的犯罪情节和主观恶性，应当对其限制减刑。一、二审判决认定牛旭旭、张延明、郭华涛绑架的事实清楚，证据确实、充分，定罪准确，对牛旭旭量刑适当；第二审判决对张延明量刑适当，审判程序合法。2013 年 4 月 22 日，最高人民法院判决如下：

1. 核准被告人牛旭旭、张延明死刑。

2. 撤销对被告人郭华涛的死刑判决。

3. 被告人郭华涛犯绑架罪,判处死刑,缓期二年执行,剥夺政治权利终身,并处没收个人全部财产;对被告人郭华涛限制减刑。

二、主要问题

审理多人共同致死一人的严重暴力犯罪案件,如何准确把握宽严相济刑事政策和死刑政策?

三、裁判理由

本案是一起以在校中学生为侵害对象的恶性绑架犯罪案件,曾在当地学生、家长中引发了一定程度的恐慌,社会影响恶劣,群众关注度高,被害人亲属强烈要求严惩凶手。案件裁判结果也备受瞩目。一、二审期间,省市两级法院对于被告人牛旭旭、张延明和郭华涛均系共同绑架犯罪之主犯及对牛旭旭判处死刑没有争议,但对同时判处张延明和郭华涛死刑还是仅判处张、郭之中一人死刑有一定分歧。归纳起来,共有四种意见:

第一种意见认为,被告人张延明在决定和实施杀死人质过程中所起作用相对较小,被告人郭华涛虽然直接杀死了人质,但是在他人决定后实施的,且认罪态度好,有悔罪表现,应判处该二人死缓。

第二种意见认为,被告人牛旭旭、郭华涛对人质死亡起决定作用,所犯罪行极其严重,且牛旭旭又系累犯,应判处该二人死刑;被告人张延明虽属罪行极其严重,但在杀害人质的过程中所起作用相对较小,应对其判处死缓并限制减刑。

第三种意见认为,被告人郭华涛按照分工直接动手杀人,相比牛旭旭、张延明的作用较小;张延明在杀人时也动手按住被害人;牛旭旭系累犯,张延明还犯有贩卖毒品罪,主观恶性及社会危害性相比郭华涛更大,应对牛旭旭、张延明判处死刑,对郭华涛判处死缓并限制减刑。

第四种意见认为,被告人牛旭旭作用最为突出,被告人张延明、郭华涛作用相当,各有侧重;本案是犯罪性质特别恶劣的暴力犯罪案件,在学生中容易形成恐慌性影响,牛旭旭、张延明和郭华涛均属罪行特别严重者,郭华涛直接掐死被害人,牛旭旭又系累犯,张延明还犯有贩卖毒品罪,对三人均应判处死刑。

从上述分歧意见可以看出,本案的焦点问题是对罪行极其严重的多名被告人如何适用死刑,即审理多人共同致死一人的严重暴力犯罪案件,如何准确把握宽严相济刑事政策和死刑政策。我们认为,对于此类案件,应当充分考虑宽严相济和"严格控制、慎重适用死刑"的政策要求,在准确认定全案整体罪质和各被告人各自罪责大小的前提下,准确适用死刑,实现法律效果与社会效果的有机统一。下面对此从两个层面进行分析。

(一)对严重暴力犯罪案件的裁判,整体上要体现宽严相济刑事政策中依法"从严"的政策要求

2010 年 2 月,最高人民法院印发了《关于贯彻宽严相济刑事政策的若干意见》(以下简称《意见》),对各级人民法院在刑事审判工作中贯彻落实宽严相济刑事政策提出了具体要求。这项政策的关键是,根据犯罪的具体情况,做到该宽则宽、当严则严、宽严相济、罚当其罪。在"从严"方面,需要注意三点要求:一是毫不动摇地坚持依法严惩严重刑事犯罪的方针,始终将绑架、抢劫、故意杀人等严重暴力犯罪和严重影响人民群众安全感的犯罪作为打击重点;二是对于罪行十分严重、社会危害性极大,依法应当判处重刑或死刑的,要坚决地判处重刑或死刑;三是对于社会危害大或者具有法定、酌定从重处罚情节,以及主观恶性深、人身危险性大的被告人,要依法从严惩处。绑架属于严重暴力犯罪,它不仅直接侵犯被绑架人的人身自由甚至生命权利,还往往侵犯被

绑架人近亲属的财产权利，严重影响人民群众的安全感，具有极大的社会危害性，因此历来属于刑法严厉打击的对象，也是宽严相济刑事政策中"从严"惩处的重点。

本案裁判时，《刑法修正案（九）》尚未施行，当时刑法第二百三十九条第二款规定，犯绑架罪，致使被绑架人死亡或者杀害绑架人，处死刑，并处没收财产。《刑法修正案（九）》将此款改为，犯绑架罪，杀害被绑架人的，或者故意伤害被绑架人，致人重伤、死亡的，处无期徒刑或者死刑，并处没收财产。事实上，修订前后的法条都充分体现了刑法对侵犯被绑架人生命权的行为的否定性评价。通过对此类犯罪给予严厉惩罚，可以有效地震慑犯罪分子和社会不稳定分子，达到有效遏制犯罪、预防犯罪的目的。

就本案而言，以被告人牛旭旭为首的四名无业人员，结伙绑架并杀人灭口，还焚尸、埋尸灭迹，所犯罪行可谓令人发指。具体表现在：第一，牛旭旭等人选择年仅13岁的初中学生作为绑架对象，几人驾车在学校门前的公路上公然强行掳走被害人并将其杀害，在社会上尤其是当地学生、家长中引发了一定恐慌，给人民群众的安全感带来了重大影响，严重危害社会治安。第二，牛旭旭等人系有预谋、有准备地作案，精心策划绑架方案，商定绑架人质后向其家人勒索二三百万元的巨额赎金，在诱骗被害人未果后仍多次驾车到学校门口守候、尾随，伺机作案，充分说明几人犯罪意志坚决，主观恶性极深。第三，牛旭旭等人绑架被害人后长时间控制并伺机向其家人勒索钱财，因怀疑被认出，为掩盖罪行又残忍地将其杀害，还焚烧、掩埋尸体以湮灭罪证，犯罪情节特别恶劣。第四，本案共有四人参与绑架犯罪，分工明确，幕后谋划指挥和具体实施均有一名起组织、领导作用的主犯，其中，牛旭旭提起犯意并组织、策划犯罪，因其与被害人家人熟识，故在犯罪实施阶段主要负责通风报信并遥控指挥；张延明在绑架、控制人质过程中起组织作用。

一、二审法院考虑被告人牛旭旭、张延明、郭华涛所犯罪行的严重程度，依照刑法的规定并根据宽严相济刑事政策的要求，同时判处三名被告人死刑。这表明两级法院充分注意到，审理严重暴力犯罪案件需要贯彻宽严相济刑事政策中依法"从严"的政策要求。这一指导思想和出发点是正确的。

（二）在共同犯罪案件中判处一名以上被告人死刑的，要充分考虑罪行的整体严重程度和各主犯的具体罪责

如上所述，对于绑架等严重暴力犯罪，在政策把握上应当体现"从严"的政策要求，该判处死刑的要坚决依法判处。同时，也需要充分注意到，由于死刑是最为严厉的刑罚，适用时应当贯彻执行"严格控制、慎重适用死刑"政策，防止不必要地过多适用死刑，从而背离宽严相济刑事政策的精神。根据《意见》第三十一条，对于多名被告人共同致死一名被害人的共同犯罪案件，应当充分考虑各被告人在共同犯罪中的地位和作用上的差别以及在主观恶性和人身危险性方面的差异，如果有多名主犯的，还要在主犯中进一步区分出罪行最为严重者。这是对共同犯罪案件各被告人决定刑罚时应当遵循的规则。即便按照"杀人偿命""一命抵一命"的朴素正义观念，对两名以上被告人同时适用死刑也应当特别慎重，原则上不宜同时适用死刑。从近年来的司法实践来看，对于多人共同致死一名被害人的暴力犯罪案件，原则上只判处一人死刑，但是，作为例外，如果某一案件的整体罪行十分严重，各被告人的罪责又确实十分接近，需要通过判处两人死刑来体现严惩并实现量刑平衡的，也可以考虑同时判处两人死刑。

具体到本案，被告人牛旭旭作为犯意提起者和组织、指挥者，是罪行最严重的主犯，且系累犯，一、二审法院一致认为应当依法判处其死刑。争议的焦点在于，是否还应当再判处一人或者二人死刑。如前所述，本起绑架案件犯罪性质恶劣，社会影响极坏，属于应当从严惩处的案件类型；各被告人事先精心预谋、策划犯罪，实行中为防止罪行败露而杀死被害人灭口，后又焚尸、埋

尸灭迹，再判处其中一人死刑，确有事实根据和政策依据，在满足被害人亲属强烈要求的同时，也符合社会公众的期望。但是，如果判处三人死刑，则缺乏充分依据，也违背政策精神，属于过多适用死刑。也就是说，对于本案，判处死刑立即执行的被告人数量不宜超过二人。

在这一前提下，需要细致区分各被告人在共同犯罪中的具体罪责，从而确定对哪些被告人可以适用死刑。显然，共同犯罪案件中组织、指挥他人实施犯罪的被告人，与被纠集和在他人指挥下具体实施犯罪的被告人，其主观恶性和人身危险性是有区别的。一般而言，应根据各被告人在案前、案中、案后阶段对犯罪行为发生、发展的控制程度和参与犯罪行为的主动性等因素，综合评判其主观恶性。具体来讲，主要看其是犯意提起者还是被纠集参与者，是预谋犯罪还是临时起意犯罪，预谋时是否已经决意杀人，是否精心策划犯罪方案，犯罪手段是否特别残忍，是否具有抛尸、分尸、焚尸、埋尸灭迹等恶劣情节，等等。而对各被告人人身危险性的评判，一般主要看其是初犯、偶犯还是惯犯、职业犯，是否同时犯有其他罪行，是否曾因故意犯罪受过刑事处罚，是否在缓刑或者假释考验期内再次犯罪，是主动投案还是被动归案，归案后是否如实认罪、真诚悔罪，等等。

具体到本案，除被告人牛旭旭外，是应当另判处被告人张延明死刑，还是另判处被告人郭华涛死刑，需要对该二人主观恶性和人身危险性方面的差异进行细致分析，从而得出准确判断。通过以下分析，能够认定张延明较郭华涛的主观恶性更深，人身危险性更大：

第一，被告人张延明既是积极参与的实行犯，又是与被告人牛旭旭密切配合的组织犯，对于犯罪的实施、完成具有决定性作用。从在案证据分析，被告人宋林杰参与作案系受张延明邀约的可能性极大；张延明不仅伙同牛旭旭租赁作案所用现代汽车并购买假车牌，还单独租赁作案当天所用桑塔纳汽车并准备了控制被害人时所用的两副手铐，而被告人郭华涛只是参与购买了假车牌；张延明驾车搭载郭华涛和宋林杰多次伺机绑架被害人并在作案当天负责与牛旭旭保持电话联系，而郭华涛是按照事先分工行事。

第二，被告人郭华涛的杀人、埋尸行为系在被告人牛旭旭和张延明的授意下实施的。虽然是郭华涛扼掐被害人颈部致其死亡，但却是牛旭旭与张延明商议杀死被害人灭口并确定由该二人共同实施，后因牛旭旭不愿意亲自动手才授意郭华涛实施，郭华涛遂与被告人张延明共同将被害人杀害；虽然张延明未参与处理被害人尸体，但郭华涛是按照牛旭旭和张延明确定的分工与宋林杰焚尸、埋尸的。

第三，被告人张延明的供述缺乏稳定性，存在避重就轻嫌疑，认罪、悔罪态度差，而被告人郭华涛归案后对共同绑架及杀害被害人的犯罪事实供认不讳且供述稳定，在几名被告人中认罪态度最好，还带领公安人员指认了掩埋被害人尸体的具体地点，公安人员据此挖掘出被害人尸体，及时提取、固定了关键性证据，对定案起到至关重要的作用。

第四，被告人张延明除了绑架作案外，还伙同他人多次贩卖“零包”毒品，且系共同贩卖毒品犯罪中起组织、指挥作用的主犯，主观恶性深，人身危险性大，而被告人郭华涛并无前科劣迹，本次系初次犯罪。

通过上述比较，被告人张延明应该被确定为罪责仅次于被告人牛旭旭而相对大于郭华涛的罪行严重者，对其适用死刑的理由比对被告人郭华涛适用死刑的理由更为充分。同时，考虑到郭华涛的犯罪情节和主观恶性，最高人民法院对其判处死缓的同时决定限制减刑，以更好地实现与牛旭旭、张延明的量刑平衡。

（撰稿：最高人民法院刑五庭　李晓光　邓克珠
审编：最高人民法院刑五庭　马　岩）

[第1276号]宋某胜等故意伤害、故意毁坏财物案
——事出有因非法拘禁他人向其亲属索取赔偿金的行为性质如何认定

【关键词】 非法拘禁罪　绑架罪　罪名认定　事出有因索取赔偿　非法拘禁使用暴力致人死亡

一、基本案情

被告人宋某胜，男，1969年3月12日出生，农民。2015年1月25日被刑事拘留，同年2月13日因涉嫌犯绑架罪被逮捕。

被告人宋某群，男，1958年10月30日出生，农民。2015年1月25日被刑事拘留，同年2月13日因涉嫌犯绑架罪被逮捕。

被告人宋某学，男，1956年5月9日出生，农民。2015年1月25日被刑事拘留，同年2月13日因涉嫌犯绑架罪被逮捕。

被告人宋某山，男，1978年8月8日出生，农民。2015年5月26日被刑事拘留，同年6月12日因涉嫌犯绑架罪被逮捕。

被告人宋某柱，男，1970年11月12日出生，农民。2015年1月25日被刑事拘留，同年2月13日因涉嫌犯绑架罪被逮捕。

被告人李某英，女，1973年5月10日出生，农民。2015年1月25日被刑事拘留，同年2月14日因涉嫌犯绑架罪被逮捕。

河北省某市人民检察院指控，2014年11月，被害人王某与宋某某（女，未成年，另案处理）通过QQ聊天认识，并发生性关系，宋某某将此事告知其父被告人宋某胜。2015年1月23日，被告人宋某胜及妻子李某英决定对此事私了，宋某胜让宋某某将王某叫至本村，宋某胜与其子宋某安（在逃）、侄子宋某柱、宋某山在村口等候，当日13时30分许，王某驾驶冀F0××××长安面包车到达村口，被告人宋某胜、宋某安、宋某山持羊角锤、木棍等工具殴打王某，后将王某带至宋某胜家旧院内。其间，宋某胜、宋某群、宋某学、宋某山、宋某柱、李某英、宋某安持棍棒等工具多次殴打王某，并向其家人索要人民币50万元，后王某死亡。经法医鉴定，王某系创伤性休克死亡。当晚，被告人宋某胜、宋某安、宋某柱等人将王某的面包车及尸体推入邻县道路边悬崖下，造成面包车损毁，经鉴定面包车价值人民币24 300元。

公诉机关认为，被告人宋某胜、宋某柱、宋某山绑架他人，故意毁坏他人财物，数额较大，其行为触犯了《中华人民共和国刑法》第二百三十九条第二款、第二百七十五条之规定，应当以绑架罪、故意毁坏财物罪追究其刑事责任；被告人宋某群、宋某学、李某英绑架他人，其行为触犯了《中华人民共和国刑法》第二百三十九条第二款之规定，应当以绑架罪追究其刑事责任。

河北省某市中级人民法院经过审理认定的事实与公诉机关指控的事实基本一致。

河北省某市中级人民法院认为，被害人王某生前通过QQ聊天和宋某某相识并发生性关系后，又以公开宋某某裸照胁迫宋某某与其继续发生性关系。被告人宋某胜得知后，纠集被告人宋某群、宋某学、宋某山、宋某柱、李某英将王某拘禁，使用暴力致被害人王某死亡，六被告人的行为均构成故意伤害罪；被告人宋某胜、宋某柱、宋某山将王某的面包车推下悬崖，故意毁坏他人财

物，数额较大，三被告人的行为构成故意毁坏财物罪。公诉机关指控三被告人构成故意毁坏财物罪成立，指控各被告人构成绑架罪不当。被告人宋某胜在非法拘禁、暴力伤害致人死亡的犯罪中，直接策划、指挥、参与拘禁、殴打、索赔行为，系主犯；被告人宋某群、宋某学、宋某山、宋某柱、李某英起帮助作用，系从犯；被告人李某英协助侦查机关抓捕同案犯宋某群、宋某学、宋某柱，依法构成立功；对被告人宋某群、宋某学、宋某山、宋某柱、李某英均减轻处罚。宋某胜主动投案，如实供述所犯罪行，依法构成自首。依照《中华人民共和国刑法》第二百三十八条第二款、第二百三十四条、第二百七十五条、第六十九条、第五十七条第一款、第二十五条第一款、第二十六条第一款、第二十七条、第六十七条第一款、第六十八条、第三十六条第一款，《中华人民共和国民法通则》第一百三十条及《最高人民法院关于适用〈中华人民共和国刑事诉讼法〉的解释》第一百五十五条第一款、第二款之规定，判决如下：

1. 被告人宋某胜犯故意伤害罪，判处无期徒刑，剥夺政治权利终身；犯故意毁坏财物罪，判处有期徒刑二年，决定执行无期徒刑，剥夺政治权利终身。

2. 被告人宋某群犯故意伤害罪，判处有期徒刑十一年。

3. 被告人宋某学犯故意伤害罪，判处有期徒刑十一年。

4. 被告人宋某山犯故意伤害罪，判处有期徒刑六年；犯故意毁坏财物罪，判处有期徒刑二年；决定执行有期徒刑七年。

5. 被告人宋某柱犯故意伤害罪，判处有期徒刑四年；犯故意毁坏财物罪，判处有期徒刑二年，决定执行有期徒刑五年。

6. 被告人李某英犯故意伤害罪，判处有期徒刑三年。

一审宣判后，被告人宋某胜等五人不服，向河北省高级人民法院提出上诉。河北省高级人民法院经过阅卷，不开庭审理，认定原判决认定事实清楚，适用法律正确，量刑适当，审判程序合法。裁定驳回上诉，维持原判。

二、主要问题

1. 事出有因将他人非法拘禁，后向其家人索要赔偿金的行为性质如何认定？

2. 将被非法拘禁的被害人殴打致死的行为性质如何认定？

三、裁判理由

（一）事出有因将他人非法拘禁，后向其家人索要赔偿金的行为应定性为非法拘禁罪

公诉机关指控宋某胜等人的行为构成绑架罪，一、二审判决均认为，被告人宋某胜等人的行为构成非法拘禁罪，我们认同法院的裁判意见。理由如下：

《最高人民法院关于审理抢劫、抢夺刑事案件适用法律若干问题的意见》中明确规定，行为人仅以其所输赌资或所赢赌债为抢劫对象，一般不以抢劫罪定罪处罚。构成其他犯罪的，依照刑法的相关规定处罚。该理论也同样适用于为索取非法债务而拘禁他人的情形。最高人民法院在2000年7月13日公布的《关于对为索取法律不予保护的债务非法拘禁他人行为如何定罪问题的解释》规定，行为人为索取高利贷、赌债等法律不予保护的债务，非法扣押、拘禁他人的，依照刑法第二百三十八条定罪处罚，即以非法拘禁罪论处。

设立非法拘禁罪的目的主要在于保护他人的人身权利而非财产权利。依据法律规定，无论行为人索取的是合法债务还是非法债务，一般都定性为非法拘禁。以索取债务为目的的非法拘禁罪与绑架罪的区别在于：一是犯罪对象不同，为索取债务而非法拘禁的对象，与行为人都有某种债权债务关系，表现为“事出有因”，并且被害人通常都有一定过错或责任，犯罪对象比较固定；绑架罪中双方一般不具有债权债务关系，或是以无中生有的借口，或是无缘无故向他

人索取财物,犯罪对象通常是不特定的具有一定经济实力的人,很多时候双方并不认识,没有矛盾纠纷。二是客观方面不同,非法拘禁行为对人身的伤害程度一般远远小于绑架,非法拘禁造成人身伤亡的危险性远低于绑架。三是主观目的、主观恶性不同,非法拘禁索取财物中,行为人的目的是要回认为是自己应得的财物,而非凭空索取;绑架行为多以无故勒索他人财物为目的。

基于上述分析,本案中被告人宋某胜等人因被害人王某与宋某某发生性关系,拘禁王某并向王某的家人索要所谓的赔偿款,其行为符合非法拘禁罪的构成要件,不符合绑架罪的构成要件。

(二)非法拘禁并实施伤害行为,致被害人死亡的,应定性为故意伤害罪

刑法第二百三十八条规定,犯非法拘禁罪,使用暴力致人伤残、死亡的,依照刑法第二百三十四条、第二百三十二条的规定定罪处罚,即转化为故意伤害罪或故意杀人罪,不实行数罪并罚。通常而言,非法拘禁罪必须同时符合以下两个条件才能转化为故意伤害罪或者故意杀人罪:一是在主观故意方面,由非法剥夺他人人身自由的故意转化为非法损害他人身体健康或者非法剥夺他人生命的故意;二是在客观行为方面,必须使用暴力,并因此造成被害人伤残或者死亡的危害结果。在审理过程中有观点认为,依照该规定,非法拘禁使用暴力致人伤残的,对行为人定性为故意伤害罪;致人死亡的,对行为人应以故意杀人罪处罚。我们不同意此观点,对行为人使用暴力致人伤残、死亡的情形,不能单纯地以造成被害人伤残或者死亡的危害结果来确定行为人的罪名,否则容易陷入客观归罪的错误。正确的做法是要区分行为人主观故意的内容是非法剥夺他人生命还是要损害他人身体健康,综合犯罪构成的主客观要件认定罪名,只有这样才符合罪刑相适应原则。

本案中,被告人宋某胜、李某英等人,在得知其未成年女儿与成年男子王某发生性关系之后,基于气愤将被害人王某长时间非法控制之后,对王某进行殴打,向王某及其家人索取赔偿款,虽然上述赔偿款是法律上所不保护的非法债务,但基于有关司法解释的规定,宋某胜等人的行为应构成非法拘禁罪。后宋某胜等人多次殴打王某,致王某创伤性休克死亡,根据刑法的规定,应以故意杀人罪或故意伤害罪定罪处罚。根据本案事实,在王某生命处于危险状态时,有被告人给王某服药,并找来村医给王某治疗。各被告人显然不希望王某死亡,不具有非法剥夺他人生命的故意,各被告人的行为不符合故意杀人罪的构成要件,依法应当认定各被告人的行为由非法拘禁罪转化为故意伤害罪。一、二审法院对各被告人以故意伤害罪定罪处罚是正确的。

(撰稿:河北省保定市中级人民法院　赵雪莲　张胜利
审编:最高人民法院刑二庭　韩维中)

[第1285号]陈君宏故意杀人案

——船舶碰撞发生船只倾覆、船员落水的后果,肇事责任人能够救助而不救助,逃离现场致使落水船员死亡行为的认定

【关键词】　故意杀人罪　先行行为　不作为　交通肇事逃逸

一、基本案情

被告人陈君宏,男,1980年1月5日出生,因本案于2012年3月1日被取保候审,同年8月24

日被逮捕。

浙江省宁波市北仑区人民检察院以陈君宏犯故意杀人罪向宁波市北仑区人民法院提起公诉。公诉机关指控认为,被告人陈君宏在发生船舶碰撞事故,对方船舶倾覆、船员落水后,明知驾船逃逸可能导致他人生命处于危险境地的情况下,不履行救助义务,造成多人因失救而死亡或者失踪的严重后果,其行为已构成故意杀人罪,提请法院依法惩处。

被告人陈君宏辩称,"恒利88"轮在碰撞事故中也有受损,自己系为了避让行船和自救才驾船离开现场,并非逃离现场。其辩护人认为,陈君宏虽是船长,但驾驶船舶的经验并不丰富,虽然事故后处置措施不当,但并没有杀人故意,其行为应当以交通肇事罪论处。另外,陈君宏有自首情节,已与被害方达成调解协议并支付了部分赔偿款,有认罪、悔罪表现,建议法庭对其从轻处罚。

宁波市北仑区人民法院经审理查明:2011年2月27日凌晨0时7分许,被告人陈君宏担任船长的"恒利88"轮在由南通驶往广东途中,因陈君宏指挥不当,在舟山佛渡岛南侧约2海里处与由台州温岭驶往上海的"浙玉机618"轮雾中相遇,"恒利88"轮的艏尖撞进"浙玉机618"轮右舷中间靠前位置。两船发生碰撞事故后,"浙玉机618"轮因严重受损随即沉没,船员落水。陈君宏明知此时落水船员面临生命危险,仍亲自驾船逃离现场,直至同日1时37分,陈君宏才拨打电话向海事部门报告事故。后在"浙玉机618"轮船员家属催促下,陈君宏于当日3时许返回事故现场施救。"浙玉机618"轮上7名船员因得不到及时救助,其中余国云、王春来、余灵龙、郑国祯、徐良平5人落水死亡,潘伯松、潘云军2人失踪。经宁波海事局调查认定,在上述事故中,"恒利88"轮负主要责任,陈君宏是本起事故的主要责任人。事故双方经浙江省高级人民法院调解,已就民事赔偿达成协议,被告人陈君宏一方按协议赔偿对方部分经济损失。

宁波市北仑区人民法院审理认为,被告人陈君宏违反交通安全管理法规,致使发生船舶碰撞事故,在明知对方船员生命处于危险境地的情况下,不及时履行救助义务,造成被撞船只船员因得不到及时救助而溺水死亡5人、失踪2人,其行为已构成故意杀人罪,应追究其刑事责任。被告人陈君宏关于其没有事后逃逸的辩解,与法院经审理查明的事实不符,不予采信。陈君宏的辩护人以陈君宏驾驶船舶驶离现场没有杀人故意,其行为应当以交通肇事罪论处的意见不能成立,法院不予采纳。陈君宏经侦查机关电话通知后能够主动投案,并如实供述自己的罪行,系自首,依法予以从轻处罚。鉴于陈君宏积极履行赔偿义务,酌情予以从轻处罚。辩护人以此为由建议法院对陈君宏从轻处罚的辩护意见,予以采纳。依照《中华人民共和国刑法》第二百三十二条、第六十七条第一款、第五十五条第一款、第五十六条第一款之规定,判决如下:被告人陈君宏犯故意杀人罪,判处有期徒刑十五年,剥夺政治权利三年。

宣判后,被告人陈君宏以自己没有逃避法律追究的犯罪故意,原判定性错误为由提出上诉。

浙江省宁波市中级人民法院经审理认为,上诉人陈君宏明知自己的先前碰撞行为导致对方船员落水,在船员生命处于危险境地的情况下不及时履行救助义务,造成被撞船只船员因得不到及时救助而溺水死亡5人、失踪2人的严重后果,已构成故意杀人罪。陈君宏及其辩护人辩解,事发之后驶离现场是为了避让后面船只和自救的理由不能成立。原判定罪准确,量刑适当,适用法律正确,审判程序合法,据此,宁波市中级人民法院作出维持原判的刑事裁定。

二、主要问题

船舶碰撞发生船只倾覆、船员落水的后果,肇事责任人能够救助而不救助,逃离现场致使落水船员死亡的,能否认定为故意杀人罪?

三、裁判理由

法院认定被告人陈君宏构成故意杀人罪的主要理由是，本案中船舶碰撞事故造成的落水船员溺水死亡后果，系由肇事船舶的先行碰撞行为和被告人不采取救助措施的行为所导致。这一认定不仅符合事实与刑法规定，而且符合刑法理论。由于被告人先行的过失碰撞行为使他人的生命处于危险境地，此时便产生救助义务，不履行救助义务而导致他人死亡的，可以认定为故意杀人罪，即不履行救助义务的间接故意杀人罪。

在本案中，船舶事故发生后，海事执法机关第一时间介入事故调查，最终形成的《浙江宁波"2·27""浙玉机618"与"恒利88"碰撞事故调查报告》（以下简称《调查报告》），对案件事实、证据及事故责任所进行的分析与界定，为认定本案的犯罪性质及其责任划分提供了依据。人民法院据此对被告人定罪量刑，有着确实充分的事实与法律依据。就认定本案而言，必须明确以下几个问题：

（一）船员落水溺亡能否归因于肇事船舶碰撞后的逃逸行为

与车辆肇事的事故不同，船舶碰撞事故无法保留现场，行为人肇事后逃逸通常没有第三方目击证人证实。实践中肇事船舶逃逸现象比较突出，有的一旦被追查到，行为人也往往以自己不知道发生碰撞事故，或者己方船舶也存在翻沉的危险为由开脱罪责。如果受害方船员无一生还，肇事船员再订立攻守同盟，逃脱法律责任的概率便很高。另外，落水人员死于碰撞事故的当场还是死于无人救助的溺水，也是很难证明的事实。因此，船舶肇事发生后，执法部门只能通过比对和分析船身的痕迹、船舶设施的记录信息才能查明事故的起因进而划分出主体的责任。这项工作的专业技术性很强，因而通过严格执法促进行业内部的自律与监督显得非常重要。

通过审查本案"恒利88"轮上的船员自证碰撞事故的相关情况，可以印证《调查报告》认定的"恒利88"轮与"浙玉机618"轮碰撞的以下事实：船长陈君宏在指挥船舶雾中航行时，存在瞭望疏忽、对碰撞危险估计不足、未使用安全航速航行、未及早采取避让行动等过失，违反了《1972年国际海上避碰规则》《中华人民共和国海上交通安全法》的有关规定。"恒利88"轮事发后未及时向主管机关报告、擅自驶离现场，客观上延误了救助"浙玉机618"轮的时间，在本起事故中负主要责任，其船长陈君宏是本起事故的主要责任人；"浙玉机618"轮在本起事故中负次要责任。《调查报告》还载明受害船员落水后还在打电话求救，有关证人证言能够证明至少有3名船员因无人救助而溺水死亡。《调查报告》虽然没有明确认定"恒利88"轮具有逃逸情节，但其认定的"恒利88"轮"擅自驶离现场"和"事发后未及时向主管机关报告"的事实，足以认定被告人主观上对事故的明知以及客观上具有逃逸情节的事实。

宁波市北仑区人民检察院指控，"浙玉机618"轮上几名船员落水后，有的还手抓翻沉的船边给家属打电话求救并报告"恒利88"轮肇事逃逸等情节，有力地佐证了被告人陈君宏在发生船舶碰撞事故，对方船只倾覆、船员落水后，明知驾船逃逸可能导致他人生命处于危险境地的情况下，未采取救助措施，由此造成多人因失救而死亡或者失踪的基本事实。陈君宏以船舶碰撞后因急于自救而驶离现场的辩解没有得到其他证据证实，且与《调查报告》认定的事实不符。宁波市北仑区人民法院在审理案件中查明，船长陈君宏所称"碰撞后实施应急冲滩"的说法不符合事实，依据是：（1）"恒利88"轮未超载，货舱未进水，船舶具有一定的抗沉性。从碰撞后雷达回放来看，该轮在近1小时的航行中状态稳定，船长应该能够判定当时不至于严重危及船舶自身安全，有条件采取救助行动。（2）碰撞发生后，"恒利88"轮按计划航线驶离现场，事故后近2小时才向主管机关报告，约2时30分后才掉头返回，至3时20分后才回到事发水域，客观上延误了救助时间。据此可以认定，被告人在明知事故发生的情况下逃逸并由此导致落水船员无法及时得到救助而溺亡的事实成立。

（二）先行行为致落水船员处于危险境地，行为人不履行救助义务的，能否认定为故意杀人罪

关于本案的定性问题存在两种意见：第一种意见认为，本案构成交通肇事罪，主要理由是，“肇事后逃逸”只能说明被告人具有逃避法律追究的主观动机，不能证明船长具有杀人的故意，具有逃逸情节可在七年以上十五年以下量刑，但是不应改变案件的定性。第二种意见认为，本案构成故意杀人罪，主要理由是，与车辆肇事不同，船舶碰撞一旦造成船员落水，船员的生命当即处于现实危险境地，肇事方不予救助的“逃逸行为”使落水船员失去获救的机会，放任了落水船员死亡后果的发生，认定为故意杀人罪符合刑法理论及相关司法解释的规定。

我们倾向于第二种意见，理由如下：

1. 先行行为是作为义务的来源之一，海上船舶碰撞使对方船员落水而逃逸的，证明肇事者决意拒绝履行救助义务，放弃处于危险境地的船员的生命，依法可构成不作为的故意杀人罪。申言之，海上船舶肇事通常没有第三方救助的可能，逃逸行为使落水人员丧失唯一的获救机会，认定为故意杀人罪符合案件事实与法律规定。本案船舶碰撞发生在2011年2月27日凌晨0时7分许，既是冬季，又是凌晨，海水温度非常低，落水人员通常在15～20分钟之后便会失去知觉。夜间海上能见度较低，即使有船舶经过案发现场也很难发现落水船员，“恒利88”轮肇事逃逸意味着落水船员失去最后一棵“救命稻草”。对于落水船员因得不到救助可能死亡的危害结果，被告人陈君宏主观上应具有明确的认识，其为了逃避法律追究而逃逸的行为，意味着放任落水船员死亡结果的发生，符合故意杀人罪的主客观要件。

2. 对本案被告人以故意杀人罪定罪处罚，符合《最高人民法院关于审理交通肇事刑事案件具体应用法律若干问题的解释》（以下简称《解释》）第六条“行为人在交通肇事后为逃避法律追究，将被害人带离事故现场后隐藏或者遗弃，致使被害人无法得到救助而死亡或者严重残疾的，应当分别依照刑法第二百三十二条、第二百三十四条第二款的规定，以故意杀人罪或者故意伤害罪定罪处罚”规定的内在精神。本案发生在深夜的茫茫大海上，肇事船舶的逃逸行为使落水船员处于无人救助的危险境地，与《解释》中“将被害人带离事故现场后隐藏或者遗弃，致使被害人无法得到救助而死亡”的情形相吻合。《解释》之所以将该种情形定性为故意杀人罪，是因为“隐藏或者遗弃”作为一种先前行为致使受害人处于无人救助的危险境地，不履行救助义务便意味着放任受害人死亡结果的发生，故符合不作为故意杀人罪的构成要件。本案虽无“将被害人带离事故现场后隐藏或者遗弃”的行为，但其逃逸行为造成的实际后果与“将被害人带离事故现场后隐藏或者遗弃”的情况并无本质不同。在司法解释已明确地将交通肇事后为逃避法律追究，将被害人带离事故现场后隐藏或者遗弃，致使被害人无法得到救助而死亡的行为认定为故意杀人的情况下，将本案被告人的行为认定为故意杀人罪，符合司法解释的精神以及刑法原理。

3. 肇事船舶在明知船员落水情况下的逃离现场行为不同于一般的交通肇事逃逸行为。陆上车辆肇事逃逸，被害人会有途经车辆或人员施救的可能，而海上船舶肇事后，被害人很难得到他船的救助，即使附近船舶闻讯赶来，通常也来不及挽回落水人员的生命，即使在水温较高的夏季，海浪、暗流也时刻会吞噬落水人员的生命。相较而言，茫茫大海上发生的逃逸行为，其实际危险性与危害性更为突出，在类似本案的场合下，被告人驾船逃离的行为，几乎意味着宣告落水人员的死亡，对此类行为的定罪处罚应当区别于一般的交通肇事逃逸行为，在其已符合不作为的故意杀人罪构成要件的情况下，应当优先考虑适用该罪名，唯此方能体现罪责刑相适应原则。

本案定性为故意杀人罪是海事刑事司法实践的一个突破。我国是海运大国，船舶肇事逃逸致使落水人员死亡和失踪的案件时有发生，以往的船舶肇事致人死亡案件要么以行政处罚和调

解息事宁人，要么只追究民事侵权责任，以交通肇事罪入刑的案件比较鲜见，本案定性为故意杀人罪系全国首例。本案的示范价值在于：案件定性为故意杀人罪提高了船舶肇事逃逸行为的违法成本，最高刑期能够由交通肇事罪的有期徒刑十五年提升到故意杀人罪的死刑，从而，既可发挥刑罚一般预防的作用，也能为今后审理类似案件提供指引。

需要特别指出的是，肇事船舶的先前碰撞行为使落水人员处于危险境地，即产生救助义务，肇事船舶的逃逸行为背后反映的是不予救助的情节，这也是认定为不作为的故意杀人罪的主要依据，如果行为人虽因过失造成船舶碰撞事故，但能够积极救助遇难人员的，则不能参照本案以故意杀人罪定罪处罚。此外，在个别情况下，大船与小船在海上发生碰撞事故时，大船自身对碰撞的感受并不明显，有的甚至误认为撞到了海上漂浮物。如果能够认定责任人确实不知道本船发生了碰撞事故而驶离现场的，由于其对由此产生的救助义务不明知，即便发生人员溺亡的后果，通常也不能按照故意杀人罪论处。

（撰写：宁波大学法学院　赵　微
审编：最高人民法院刑二庭　于同志）

[第1286号]连恩青故意杀人案

——如何结合临床诊断证明和司法精神病鉴定意见准确认定被告人作案时的刑事责任能力

【关键词】　故意杀人罪　刑事责任能力　证据审查判断　司法精神病鉴定意见　轻度精神障碍

一、基本案情

被告人连恩青，男，1980年6月11日出生，汉族，初中文化，农民。因涉嫌犯故意杀人罪于2013年11月18日被逮捕。

浙江省台州市人民检察院以被告人连恩青犯故意杀人罪，向台州市中级人民法院提起公诉。

台州市中级人民法院经公开审理查明：2012年3月，被告人连恩青因鼻部疾病，在浙江省温岭市第一人民医院就诊时接受了该医院耳鼻喉科医生蔡朝阳的手术治疗。此后，连恩青认为手术后效果不佳，遂多次到该医院复查、投诉，并要求再次手术，未果。其间，连恩青还多次到其他医院就诊，均诊断其鼻部无异常。为此，连恩青对蔡朝阳医生及该医院处理其投诉事宜的耳鼻喉科医生王云杰（被害人，殁年45岁）、为其进行CT检查的医生林海勇心生怨恨，预谋报复杀人。2013年10月25日8时20分许，连恩青携带事先准备的木柄铁锤、尖刀来到温岭市第一人民医院门诊大楼五楼耳鼻喉科门诊，见王云杰、蔡朝阳分别在各自的诊室坐诊，决意作案，遂进入王云杰诊室，站在王云杰背后持铁锤击打王云杰头部。因铁锤木把断裂，铁锤头掉落在地，连恩青丢下铁锤木柄又掏出尖刀捅刺王云杰。王云杰逃离诊室，连恩青即持刀追赶，在同楼层的口腔科门诊室追上王云杰并连续捅刺王云杰胸腹部、背部等处，还持刀捅刺劝阻其行凶的该医院医生王伟杰（被害人，时年59岁）右腋下一刀，在摆脱王伟杰阻拦后再次捅刺王云杰胸部。随后，连恩青持刀返回耳鼻喉科门诊寻找蔡朝阳，见蔡朝阳诊室房门已被锁住无法进入，便用尖刀刀柄敲碎诊室门玻璃后离开。接着，连恩青又持刀来到该医院放射科一楼CT室操作间寻找林海勇，误将该CT

室医生江晓勇（被害人，时年39岁）认作林海勇，上前持刀捅刺江晓勇胸腹部三刀，在得知其捅刺的并非林海勇时即停止了行凶。连恩青随即被在场人员及闻讯赶来的保安当场抓获。王云杰因被刺致心脏、肺动脉及肺破裂，经抢救无效于当日死亡；江晓勇的损伤构成重伤；王伟杰的损伤未达轻伤。经浙江省立同德医院司法鉴定所鉴定，连恩青作案时意识清晰，作案动机现实，辨认和控制能力存在，具有完全刑事责任能力。

台州市中级人民法院认为，被告人连恩青因对手术治疗效果不满意，在多方求医治疗仍未解决其疾病痛苦的情况下，将失望情绪发泄到为其诊治释疑的医生身上，事先预谋并持铁锤和尖刀故意杀害他人，致一人死亡、一人重伤、一人受伤的严重后果，其行为已构成故意杀人罪。其犯罪情节特别严重，依法应予严惩。连恩青及其辩护人申请对其精神疾病重新鉴定，提出医院在手术治疗过程中存在CT片造假、医疗事故，在引发本案上存在过错等意见不成立，不予采纳。本案中，医院在手术治疗过程中不存在医疗事故，并积极协调处理连恩青的术后投诉，尽力诊治连恩青所反映的病症，不存在对连恩青疾病治疗上的过错，也不能认定在引发本案上有过错。虽然医院在对待连恩青的投诉及后续处理上存在瑕疵，连恩青归案后能如实供述犯罪事实，在作案过程中存在发现捅刺对象错误后没有持刀继续捅刺的情况，但鉴于本案所造成的后果特别严重，社会影响恶劣，尚不足以对其从轻处罚。依照《中华人民共和国刑法》第二百三十二条、第五十七条第一款之规定，对被告人连恩青以故意杀人罪判处死刑，剥夺政治权利终身。

一审宣判后，被告人连恩青提出上诉，认为原审判决未查清犯罪诱因，医院在医疗过程中过度修除鼻甲且对鼻黏膜进行了切除，从而导致并发症，医院对其做的手术存在过错，医院在处理其投诉及后续处理过程中也存在过错；精神病司法鉴定意见认为其存在疑病观念不当。其辩护人另提出，连恩青鼻子手术后出现头痛、胸闷、鼻子干燥等，符合空鼻症症状，连恩青行凶时精神已经达到崩溃边缘，要求二审重新对其刑事责任能力作出鉴定，结合本案的犯罪诱因、动机等酌情对其从轻处罚。

浙江省高级人民法院经审理认为，被告人连恩青故意杀人犯罪情节极其恶劣，犯罪后果特别严重，依法应予严惩。连恩青上诉及其辩护人提出要求重新进行精神疾病鉴定及要求从轻处罚的理由不足，不予采纳。原判定罪和适用法律正确，量刑适当，审判程序合法。依照《中华人民共和国刑法》第二百三十二条、第五十七条第一款及《中华人民共和国刑事诉讼法》（2012年修正）第二百二十五条第一款第一项之规定，裁定驳回上诉，维持原判，并依法报请最高人民法院核准。

最高人民法院复核认为，被告人连恩青因对浙江省温岭市第一人民医院的治疗效果和投诉处理事宜不满，到医院持械行凶，故意非法剥夺医生生命，致一人死亡、一人重伤、一人受伤，其行为已构成故意杀人罪。犯罪性质特别恶劣，手段特别残忍，情节、后果特别严重，应依法惩处。第一审判决、第二审裁定认定的事实清楚，证据确实、充分，定罪准确，量刑适当，审判程序合法。依照《中华人民共和国刑事诉讼法》（2012年修正）第二百三十五条、第二百三十九条和《最高人民法院关于适用〈中华人民共和国刑事诉讼法〉的解释》第三百五十条第一项的规定，裁定核准浙江省高级人民法院（2014）浙刑一终字第50号维持第一审以故意杀人罪判处被告人连恩青死刑，剥夺政治权利终身的刑事裁定。

二、主要问题

临床诊断证明与司法精神病鉴定意见中关于被告人精神状态的判断不一致时，如何认定被告人作案时的刑事责任能力？

三、裁判理由

刑事责任能力是指行为人能够辨认或者控制自己行为，并对自己行为负责任的能力。刑法

第十八条规定:精神病人在不能辨认或者不能控制自己行为的时候造成危害结果,经法定程序鉴定确认的,不负刑事责任;间歇性的精神病人在精神正常的时候犯罪,应当负刑事责任;尚未完全丧失辨认或者控制自己行为能力的精神病人犯罪的,应当负刑事责任,但是可以从轻或者减轻处罚。对于有精神障碍的行为人,在医院临床诊断或司法鉴定过程中,可能会因诊断或鉴定角度不同、侧重点不同而得出不同的结论。而且,临床诊断和司法鉴定的思路、方法不同:临床诊断往往是“有病推定”,检查患者或者查看病历时会搜索有病依据;而司法鉴定则是“无病推定”,需全面搜集并审查判断患者的所有情况,审查案情的全部材料,而临床诊断则没有这一过程。故临床诊断结果和司法鉴定意见可能不相一致。当二者关于被告人精神状态的判断不一致时,法官要严格、审慎审查,结合相关证据准确认定被告人作案时的刑事责任能力。

本案中,被告人连恩青作案前曾在其家人劝说下到上海市精神卫生中心进行了为期 2 个多月的精神疾病方面的治疗,被诊断为持久妄想性障碍,作案时距出院 10 天时间。浙江省立同德医院在连恩青归案后对其进行司法精神病鉴定,认为连恩青患有疑病症,未达到妄想的程度;作案时意识清晰,作案动机现实,辨认和控制能力存在,有完全刑事责任能力。可见,连恩青所患是持久妄想性障碍还是疑病症,医院诊断结果与司法鉴定意见并不一致。这就需要法官根据两种精神障碍的不同特征,结合被告人的具体症状作出判定。本案复核阶段,法官曾两次当面提审连恩青,并邀请精神病学专家面对面观察其精神状态,还多次就本案涉及的精神病学方面的专业性问题咨询权威专家,组织专家论证,进行全面、审慎的审查。一般而言,对精神障碍者刑事责任能力进行判断分两个层次:第一层次是判断行为人是否有精神障碍,及患有何种精神障碍;第二层次是进一步判断行为人是否因精神障碍而致辨认或者控制行为的能力减弱或丧失。结合本案分述如下:

(一)连恩青患有属于轻度精神障碍的疑病症,而非持久妄想性障碍

首先,持久妄想性障碍和疑病症的相同之处是患者均怀疑自己患有严重疾病,但二者存在本质区别:持久妄想性障碍又称偏执性精神病,属精神病性障碍,主要特征是患者头脑中存在某些根深蒂固的错误观念,表现为没有事实基础的长期持续性妄想,临床常见被害妄想和关系妄想。疑病妄想患者多坚持认为自己身体有病或某部分有缺陷等,对实际情况歪曲或无中生有,妄想内容较荒谬,无事实根据,一般不积极求治。而疑病症则属非精神病性精神障碍,系神经功能症的一种,表现为患者确实存在一定的疾病或身体不适,其对自身的健康状况或身体的某一部分过分关注,关注程度与实际健康状况很不相称,经常诉不适,并四处求医,希望好转,但各种客观检查的正常结果和医生的解释均不能打消患者的疑虑。疑病症患者疑心的病并非荒谬,其身体某一部分确有不适。本案中,判断连恩青患有的是持久妄想性障碍还是疑病症,关键是看连恩青认为的疾病是否有事实依据,其鼻部是否确有不适。经查,连恩青手术前鼻部患有鼻甲肥大、鼻中隔偏曲造成鼻腔堵塞、呼吸不畅的疾病。连恩青在手术后认为其鼻部的疾病未治愈,且更加严重,导致呼吸困难、胸闷,希望再次对其进行手术,并多次到不同医院就诊。部分医院仍诊断为鼻中隔稍偏曲,两侧下鼻甲稍肥厚。但是,经各医院检查,连恩青的鼻部疾病并未达到其认为的严重程度。因此,温岭市第一人民医院对连恩青的手术有一定效果,但未彻底治愈,仍有相应症状,不适感未完全消除,连恩青认为鼻部仍有疾病有事实根据,符合疑病症的特征。

其次,疑病症患者有焦虑、失眠症状。连恩青亲属反映的连恩青晚上基本只睡两三个小时,醒后在村里转来转去的反常情况也符合疑病症症状。部分疑病症患者感觉身体不适,产生焦虑情绪,导致身体更加不适,焦虑情绪更加严重,恶性循环,从而产生愤怒情绪,甚至会发展到暴力发泄的程度。连恩青偏执、易激动的表现与其日趋严重的疑病症症状有关。

再次，医院临床诊断与司法鉴定意见不一致，是因为诊断与鉴定角度不同、侧重点不同。若仅关注患者"坚信自己患有严重疾病"，而没关注其"身体的某一部分确有不适"，就会诊断为持久妄想性障碍；反之，考虑患者"身体的某一部分确有不适"，只是其关注程度与实际健康状况很不相称，就会诊断为疑病症。

最后，虽然上海市精神卫生中心诊断连恩青患有持久妄想性障碍，但具体检查内容为："连恩青意识清楚，接触尚合作，对答切题，思维连贯，未引出幻觉，存在内感性不适，猜疑，情绪尚平静，有一定兴趣爱好，情感反应尚协调，意志要求存在，智能可，自知力部分经治疗结果为好转。"从表述的病情来看，连恩青只是存在轻度精神障碍，具有辨认和控制能力。

综上所述，连恩青的精神状态更符合疑病症的特征，其所认为疾病的严重程度与实际不符，由心理因素导致，其所患应为非精神病性的轻度精神障碍。

（二）连恩青的辨认和控制能力没有因患属于轻度精神障碍的疑病症而受损，具有完全刑事责任能力

首先，连恩青具有辨认自己行为的能力。辨认能力是控制能力的前提和基础。司法精神医学界普遍采用作案动机理论来判断辨认能力，将作案动机分为四种：病理动机，由妄想或幻觉等认知过程障碍引起，缺少现实目的；现实动机，由需要或现实冲突引起，动机和目的是明确的、现实的；混合动机，病理动机与现实动机兼备；不明动机，此动机是无意识的，行为要达到目的也是无意识的。现实动机属于正常动机，其他三种动机则属于异常动机。一般来说，病理动机即丧失了辨认能力，但对其他几种动机则需要综合分析，应根据行为人的病情严重程度、作案时与作案后的精神状态，分析精神障碍与犯罪行为之间有无潜在的联系，从而评定行为人的辨认能力状况。

本案中，连恩青认为其就医的不同医院的医生通过网络串通，伪造虚假的CT片，掩盖其疾病和医疗黑幕，因此对浙江省温岭市第一人民医院的医生产生怨恨，报复杀人。连恩青的想法虽有不合理因素，但并无病理性作案动机，而具有现实的作案动机。一是连恩青手术后鼻部不适感未完全消失，其感觉鼻部仍有病有一定现实基础，并非凭空想象。二是连恩青认为其就医的不同医院的医生通过网络串通，伪造虚假的CT片，掩盖其疾病和医疗黑幕，既与其内向、孤僻、偏激、多疑的性格及自身对网络不甚了解有直接关系，又与当前网络技术发达，媒体时常报道医院负面新闻的社会背景有关，连恩青的想法并未完全脱离现实生活。三是医院方出具的CT报告单曾将连恩青的名字、年龄、婚姻状况写错，连恩青在投诉期间于2012年12月26日、27日分别进行了两次CT检查，但医院于12月27日对其进行CT检查后却出具了前一天即26日的检查报告，上述瑕疵成为连恩青怀疑医院CT片造假的依据。医院管理和医生工作上的瑕疵是客观存在的，故连恩青的想法有现实基础，并非妄想，其所患疑病症未影响到其作案时的辨认能力。

其次，连恩青的作案过程也反映其具有完整的辨认和控制自己行为的能力。一是连恩青作案对象明确，作案思路清晰。连恩青作案前准备了铁锤和尖刀，确定其要报复的王云杰、蔡朝阳均在医院坐诊后才决定动手；因其认为找王云杰看过病后所拍的CT片都有问题，致无法反映其鼻部问题、无法做手术，故最痛恨王云杰，决定先杀王云杰，再杀蔡朝阳和林海勇，事先确定了报复的对象和顺序；对王云杰动手前先思考了一二分钟，其供称回忆就医过程后才决定杀人；撞不开蔡朝阳诊室的门，就用刀柄敲碎门玻璃，感觉时间不多便赶紧离开；对江晓勇作案时，发现捅刺对象错误后即停止行凶，以上种种行为表现说明连恩青具有清晰的判断自己行为性质的能力，对自己实施的行为能够完全控制。二是连恩青作案时具有很强的自我保护意识。连恩青捅刺王云杰时发现一只鞋子掉了，离开后又返回穿鞋，连恩青供称，如穿一只鞋会引起他人注意、怀疑，可

能会被抓住，故返回穿好鞋离开；连恩青离开捅刺王云杰的现场，准备下楼时将尖刀隐藏，与上楼的保安擦肩而过时对保安说"捅人的人还在楼上"，以误导保安，为自己继续作案争取时间，充分反映连恩青作案时具有很强的自我保护意识。三是连恩青归案后第一次供述就详细交代了作案过程及就医情况，此后供述稳定一致，与在案其他证据证实的情况能相互印证，反映其作案时意识清楚。从法院提讯情况来看，连恩青表现正常，情绪稳定，对答切题，有正常的认知和控制能力，除较偏执之外精神方面并无异常。

综上，被告人连恩青预谋犯罪，有现实的作案动机和明确的作案对象，发现杀错人后能及时中止，并有明显的自我保护意识，在作案过程中存在辨认能力和控制能力，具有完全刑事责任能力。浙江省立同德医院司法鉴定所出具的"连恩青患有疑病症，但作案时意识清晰，作案动机现实，辨认和控制能力存在"的鉴定意见，论证合理，结论客观准确，鉴定程序合法，人民法院审查后依法予以采信，并根据本案的事实、性质、情节，结合被告人的主观恶性，以故意杀人罪判处被告人连恩青死刑。

（撰稿：最高人民法院刑一庭　余　淼　许常海
审编：最高人民法院刑一庭　管应时）

[第1287号]刘传林故意伤害案

——对采用灌、泼硫酸方式故意伤害他人的，如何把握死刑适用标准

【关键词】　故意伤害罪　特别残忍的手段　死刑的适用

一、基本案情

被告人刘传林，男，1954年1月22日出生，农民。因涉嫌犯故意伤害罪于2015年8月26日被逮捕。

湖南省郴州市人民检察院以被告人刘传林犯故意伤害罪，向郴州市中级人民法院提起公诉。

被告人刘传林及其辩护人对公诉机关指控刘传林故意伤害的事实无异议，但辩称事情是由被害人父亲引起。刘传林的辩护人另提出刘传林有自首情节，系初犯、偶犯，认罪态度好，建议对其从轻处罚。

郴州市中级人民法院经公开审理查明：

被告人刘传林与刘元生、刘元生的侄子刘某某均系湖南省永兴县油麻乡高城村老高城组村民。2015年5月，刘传林与刘元生因琐事在刘某某家发生打斗，刘传林受伤。后刘传林要求刘某某赔偿医疗费，经村干部及当地派出所调解未果，遂起意用硫酸泼洒刘某某的孩子。刘传林从他人处骗得硫酸后，将硫酸倒入平时用来喝茶的塑料水壶中，准备作案。同年8月17日11时许，刘传林见刘某某的儿子刘甲（被害人，时年8岁）、女儿刘乙（被害人，殁年5岁）与其孙子在一起玩耍，便赶回家中拿出装有硫酸的塑料水壶，将刘甲、刘乙骗至村后山树林中偏僻处，强行给刘甲灌食硫酸，刘甲反抗，刘传林将刘甲按倒在地，将硫酸泼洒在刘甲的脸上、身上。刘甲挣脱后跑回村中求救。刘传林又强行将硫酸灌入刘乙口中，并朝刘乙的脸上、身上泼洒。作案后，刘传林主动向公安机关投案。刘甲、刘乙相继被送往医院抢救，刘甲经抢救脱险，刘乙经抢救无效于同月19

日死亡。经鉴定,刘乙系被他人用强腐蚀性物质作用于体表和上消化道,致极重度烧伤,因呼吸、循环衰竭死亡;刘甲头面部、胸部、双眼球被硫酸烧伤,现双眼无光感,容貌重度毁损,评定为重伤一级、一级伤残。

郴州市中级人民法院认为,被告人刘传林采取强行灌食和泼洒硫酸的方式故意伤害他人,致一人死亡,一人重伤,其行为已构成故意伤害罪。刘传林因刘某某没有及时劝阻其与他人的厮打而迁怒于刘某某,继而用硫酸报复无辜的被害人,作案动机卑劣,犯罪手段特别残忍,后果特别严重,社会危害性极大,且不悔罪,虽有自首情节,但不足以从轻处罚。据此,依照《中华人民共和国刑法》第二百三十四条第二款、第六十七条第一款、第五十七条第一款之规定,以被告人刘传林犯故意伤害罪,判处死刑,剥夺政治权利终身。

一审宣判后,被告人刘传林未提出上诉,检察机关未抗诉。湖南省高级人民法院经复核,裁定同意原判,并依法报请最高人民法院核准。最高人民法院于2017年4月24日核准了被告人刘传林死刑。

二、主要问题

对采用灌、泼硫酸方式进行故意伤害的案件,如何把握死刑的适用标准?

三、裁判理由

故意伤害罪和故意杀人罪都是侵犯公民人身权利的犯罪,但与故意杀人罪相比,故意伤害罪的社会危害性和被告人的主观恶性有所不同,适用死刑应当比故意杀人罪更加慎重,标准更加严格。从刑法对法定刑的配置看,故意杀人罪是"处死刑、无期徒刑或者十年以上有期徒刑",而对故意伤害犯罪,是在"致人死亡或者以特别残忍的手段致人重伤造成严重残疾的"条件下,"处十年以上有期徒刑、无期徒刑或者死刑"。这种条件配置和轻重不同的法定刑排序,体现了立法对故意杀人罪和故意伤害罪适用死刑的不同态度。

从近年的司法实践来看,对故意伤害案件适用死刑,要综合考虑犯罪的起因、动机、目的、手段等情节,犯罪的后果,被告人的主观恶性和人身危害性等因素,全面分析影响量刑的轻重情节,根据被告人的罪责,并考虑涉案当地的社会治安状况和犯罪行为对人民群众安全感的影响,区分案件的不同情况对待,以确保死刑的慎重适用。其中,对于故意伤害致人死亡的被告人决定是否适用死刑时,要将严重危害社会治安的案件与民间纠纷引发的案件进行区分,将手段特别残忍、情节特别恶劣的与手段、情节一般的进行区分,将预谋犯罪与激情犯罪进行区分,等等。对于以特别残忍手段致人重伤造成严重残疾的故意伤害案件,适用死刑时应当更加严格把握,并不是只要达到"严重残疾"的程度就必须判处被告人死刑,而是要根据致人"严重残疾"的具体情况,综合考虑犯罪情节和"严重残疾"的程度等情况,慎重决定。对于以特别残忍手段造成被害人重伤致特别严重残疾的被告人,可以适用死刑立即执行。

本案是一起采用灌食、泼洒硫酸方式实施的恶性故意伤害犯罪案件。从起因来看,本案属于民间矛盾激化引发,与针对不特定对象实施的严重危害社会治安的故意伤害犯罪有所不同,且被告人作案后投案自首,但是,本案从犯罪性质到犯罪情节、犯罪后果,都需要体现从严惩处:其一,犯罪手段特别残忍,犯罪情节恶劣,后果极其严重。刘传林利用被害人刘甲、刘乙对长辈的信任,将二被害人骗至村外,当着自己孙子(时年5岁)的面,强行向刘甲灌食硫酸,遭到反抗后又朝刘甲身上泼洒,致刘甲面目全非。其孙子吓得大哭后,刘传林仍不罢手,又朝刘乙强行灌食和泼洒硫酸,致刘乙体表和上消化道极重度烧伤死亡。刘甲消化道烧伤,双眼睑外翻、双眼球烧毁,鼻部大部分缺失变平畸形,口唇严重外翻,张口度仅能容二指,颏颈前部瘢痕严重连痂挛缩,左耳廓完全缺失,构成一级重伤、一级伤残。其二,被害方对引发案件没有过错。根据查明的事实,刘某某既未唆使其叔叔刘元生殴打刘传林，也未参与刘元生和刘传林的打斗，对刘传林的损伤无法定赔偿义务。虽然刘某某未主动阻止刘元生与刘传林的打斗，但事发后已因此向刘传林道歉，并被刘传林的亲戚殴打，在情理上也不亏欠刘传林。在此情况下，刘传林仍起意报复刘某某，明知硫酸具有强腐蚀性，能严重毁容或致人死亡，预谋向刘某某的两个年幼的孩子灌食、泼洒硫酸，可谓犯罪动机十分卑劣。其三，刘传林虽投案自首，但认罪态度一般，无明显悔罪表现。刘传林作案后向亲属表示感觉出了气，为家族争了光，归案后也仅承认向二被害人泼洒硫酸，二被害人的损伤是其所致，始终否认向二人强行灌食硫酸的犯罪情节，供述避重就轻，开庭时明确表示无法赔偿。经法院工作，刘传林的亲属仍拒绝代为赔偿，被害方对刘传林也不予谅解。此外，本案性质恶劣、后果极其严重，在当地引起极为恶劣的影响。综合上述理由，最高人民法院认为，本案是以特别残忍手段造成被害人死亡和特别严重残疾的案件，刘传林属罪行极其严重，故依法核准刘传林死刑。

需要指出的是，虽然本案被告人刘传林被核准死刑，但对故意伤害犯罪适用死刑整体上应十分慎重。泼硫酸通常被认为属于特别残忍的犯罪手段，但如在后果不属于极其严重，而只是致一人重伤，残疾等级也不是很高的情况下，则一般不判处死刑立即执行。此外，对于因民间矛盾激化引发的、犯罪情节和后果一般的伤害案件，被害人有过错或者对引发案件负有直接责任的伤害案件，被告人犯罪后对被害人积极施救或者积极赔偿、取得被害方谅解的伤害案件，一般不适用死刑。对于伤害案件，即使犯罪后果严重，只要犯罪手段不是特别残忍、情节不是特别恶劣的，也应本着化解社会矛盾、修复被破坏的社会关系的目的，尽量开展附带民事调解等矛盾化解工作，以确保死刑的慎重适用。

（撰稿：最高人民法院刑五庭　王秋玲　李　彤
审编：最高人民法院刑五庭　欧阳南平）

[第1338号]王秀敏故意杀人案

——共同犯罪人先后归案后被分案起诉，法院能否并案审理

【关键词】　故意杀人罪　再审不加刑的例外　并案审理

一、基本案情

原审被告人王秀敏（先归案），女，汉族，1978年9月15日出生。2004年9月1日被逮捕。

同案被告人王团结（后归案），基本情况略。

河南省周口市人民检察院以周检刑诉（2005）36号起诉书指控被告人王秀敏犯故意杀人罪，向周口市中级人民法院提起公诉。周口市中级人民法院以故意杀人罪判处王秀敏死刑，缓期二年执行，剥夺政治权利终身。宣判后，王秀敏提出上诉，河南省高级人民法院裁定，撤销原判，发回重审。周口市中级人民法院作出与前次相同的判决。在法定期限内没有上诉、抗诉。河南省高级人民法院经复核，裁定撤销原判，发回重审。周口市中级人民法院再次以故意杀人罪判处王秀敏死刑，缓期二年执行，剥夺政治权利终身。宣判后，王秀敏又提出上诉，河南省高级人民法院裁定，驳回上诉，维持原判。附带民事诉讼原告人王某不服，提出申诉。河南省高级人民法院复查期间，同案人王团结归案，周口市人民检察院以周检刑诉（2012）56号起诉书指控被告人王团

结犯故意杀人罪，向周口市中级人民法院提起公诉。河南省高级人民法院对王秀敏故意杀人申诉一案作出由该院再审的决定，并裁定，撤销第一审判决、第二审裁定，发回周口市中级人民法院重新审判。周口市中级人民法院对王秀敏故意杀人再审案与被告人王团结故意杀人案（以下简称“两王案”）并案审理。

被告人王秀敏辩称，是王团结杀死王某某并分尸，自己没有参与杀害王某某，且有自动投案情节。其辩护人辩称，本案事实不清，证据不足；本案定性不妥，应定王秀敏包庇罪为宜；王秀敏有主动投案情节。

周口市中级人民法院经审理查明，自2001年以来，身为河南省沈丘县周营乡政府计生办工作人员的被告人王秀敏与同乡地税所的董某有不正常的男女关系，王秀敏找到同乡黄孟营村计生专干的被告人王团结，要求帮忙杀害董某的妻子被害人王某某。2004年8月18日上午，王秀敏先将王某某骗至沈丘县周营乡政府办公室三楼其住室内，后让王团结来周营乡政府。王团结到周营乡政府王秀敏住室后，王秀敏先掐着王某某的脖子又用被子捂王某某的嘴，王团结也帮忙掐王某某的脖子，二被告人共同将王某某掐死。王秀敏交给王团结5 000元雇金后王团结逃离现场。之后，王秀敏买刀将王某某尸体肢解成六部分。其中王某某尸体腰部以上至头部及腰部以下至两膝盖被王秀敏藏匿于沈丘县周营乡政府高某住室内，左右小腿及左右两脚被王秀敏藏匿至沈丘县周营乡政府后院的草丛中。经鉴定，死者系被人机械性窒息死亡，并被肢解。

周口市中级人民法院认为，被告人王秀敏、王团结共同故意非法剥夺他人生命，其行为均已构成故意杀人罪。公诉机关指控罪名成立。本案系共同犯罪，王秀敏、王团结均系主犯。王秀敏为了达到与被害人王某某丈夫结婚的目的，与王团结事先预谋并与王团结共同实施杀害王某某的行为，后王秀敏肢解被害人王某某尸体，藏匿、抛弃尸块，系犯意的提起者、杀害王某某、肢解王某某尸体、抛弃藏匿尸块的实施者，其犯罪动机卑鄙，手段残忍，性质恶劣，社会影响极其恶劣，罪行极其严重，应予严惩。依照《中华人民共和国刑法》第二百三十二条、第五十七条一款、第三十六条、第二十五条第一款的规定，以故意杀人罪判处被告人王秀敏死刑，剥夺政治权利终身。

（被告人王团结的判决情况略）

宣判后，王秀敏提出上诉。

河南省高级人民法院经审理，依法驳回王秀敏的上诉，并依法报请最高人民法院核准。

二、主要问题

（一）周口市人民检察院没有重新制作起诉书，开庭时分别宣读了针对被告人王秀敏、王团结指控内容不同的起诉书，周口市中级人民法院决定对“两王案”并案审理，这一程序是否适当？

（二）按审判监督程序改判被告人王秀敏死刑是否违反再审不加刑原则？

三、裁判理由

（一）本案并案审理程序适当

第一审人民法院将属于再审程序的王秀敏案和属于普通程序的王团结案按照第一审程序并案审理，检察机关是否应当并案起诉的问题，看似两诉合并为一诉的问题，实质上是涉及共同犯罪的被告人王秀敏、王团结先后被抓获，对先归案的王秀敏的判决业已生效，因而对后归案的王团结是一审，对王秀敏案是再审。对于该问题，《刑事诉讼法》没有规定，《最高人民法院、最高人民检察院、公安部、国家安全部、司法部、全国人大法制工作委员会关于实施刑事诉讼法若干问题的规定》（以下简称《六部委规定》）第三条第（二）项规定，共同犯罪的案件，人民法院、人民检察院、公安机关可以在其职责范围内并案处理。司法实践中，对于同属一个程序的案件，并案处理没有异议，但对分属于不同程序的案件，如本案，一个是再审第一审案件，一个是普通程序第一审案件,能否合并审理意见不甚一致,即便合并审理,案号是使用普通程序的案号,还是使用再审程序的案号也有分歧。

我们认为,不管是普通程序第一审案件,还是再审程序第一审案件,归根到底,都是第一审案件,存在并案审理的程序基础,且并案审理更有利于查明案件事实,可能存在的案号问题只是技术性问题,实践中,有的合并为一个案号,或初字号(普通程序),或再字号(再审程序);有的列两个案号,既有初字号,又有再字号。

就本案而言,周口市人民检察院对"两王案"没有并案起诉,周口市中级人民法院决定并案审理时,该院在开庭中分别宣读了针对王秀敏、王团结指控内容不同的起诉书,程序适当。理由如下:

1. 周口市人民检察院对"两王案"已不具备并案起诉的条件。关于检察机关并案处理的方法,《人民检察院刑事诉讼规则(试行)》第四百五十八条规定,在人民法院宣告判决前,人民检察院发现遗漏的同案犯罪嫌疑人或者罪行可以一并起诉和审理的,可以追加、补充起诉。我们认为,此处一并处理的方法就是在先到案的王秀敏案起诉书的基础上,追加、补充起诉王团结及王秀敏的罪行。然而本案存在的问题是,河南省高级人民法院对王秀敏案提起再审,并于2013年8月30日作出刑事附带民事裁定,撤销原生效裁判,发回周口市中级人民法院重新审判前,周口市人民检察院已于2012年5月21日将王团结案起诉到周口市中级人民法院。只有将王团结案的起诉书撤回,才可以实现"两王案"并案起诉。《人民检察院刑事诉讼规则(试行)》第四百五十九条第一款规定了撤回起诉的七种情形:不存在犯罪事实的;犯罪事实并非被告人所为的;情节显著轻微、危害不大,不认为是犯罪的;证据不足或证据发生变化,不符合起诉条件的;被告人因未达刑事责任年龄,不负刑事责任的;法律、司法解释发生变化导致不应当追究被告人刑事责任的,以及其他不应当追究被告人刑事责任的。而王团结案不符合上述条件,故起诉书不能撤回,"两王案"也就无法实现并案起诉。因而,本案复杂的不是撤回起诉的程序问题,而是撤回起诉没有法律或司法解释上的根据。但该案已经恢复到一审程序,开庭时同时宣读两份起诉书由法院依法认定犯罪事实不违反法律规定。

2. 人民法院可以直接将两案并案审理。在检察机关不能将"两王案"并案起诉的情况下,人民法院直接将两案并案审理,一起开庭,一起作出判决,并不违反法律规定。

综上,在周口市人民检察院不能并案起诉的情况下,周口市中级人民法院决定对"两王案"并案审理,周口市人民检察院在出庭支持公诉同时宣读"两王案"指控内容不同的起诉书,并无不当。

(二)本案判决结果不违背再审不加刑原则

原审被告人王秀敏因犯故意杀人罪,被判处死刑缓期二年执行,剥夺政治权利终身。判决发生法律效力后,因被害人家属申诉,案件进入复查程序,复查期间,因王团结归案,王秀敏案被河南省高级人民法院提审,后又撤销原判,发回重审,在与王团结案并案审理后,王秀敏依法被改判死刑立即执行,剥夺政治权利终身。王秀敏的刑罚由死刑缓期二年执行改判为死刑立即执行是经再审作出的,这就产生了再审判决是否违反了非抗诉再审不得加重原审被告人刑罚原则的问题。因此,有必要对再审不加刑原则及其相关规定作进一步研究。

我国《刑事诉讼法》对再审不加刑并没有明确的规定,只是最高人民法院结合各级人民法院的司法实践,根据我国《刑事诉讼法》规定的上诉不加刑的原则引申出的一条原则规定,通过司法解释回归适用于司法实践中,成为再审程序中应当遵循的一项基本原则。《最高人民法院关于适用〈中华人民共和国刑事诉讼法〉的解释》(以下简称《解释》)第三百八十六条规定,除人民检察院抗诉的以外,再审一般不得加重原审被告人的刑罚。

对此,一种观点认为,此处“一般”应与前句“除检察机关抗诉的以外”相联系,意即除检察机关抗诉的以外,再审一律不得加重原审被告人刑罚;另一种观点认为,“一般”属于哲学名词,是指一切事物,或者许多个别事物所属的一类事物;亦指事物的共性。反义词是突出、特殊、特别。望文生义,既然“一般”不得加重刑罚,那么,在“特殊”情况下则可以加重刑罚。

我们认同第二种观点,这也是解释制定者的本意,如果将再审不加刑的例外情况仅限于人民检察院的抗诉,恐不能适应目前审判实践的需要,在个案的审判中不能实现罪刑相一致的原则,不能实现公平正义。当然,法官也不能对“特殊”进行扩大化理解,应谨慎适用再审不加刑原则之“一般”规定,牢固树立公正司法、尊重和保障人权的理念,吸纳和树立程序安定、禁止双重危险等理念,强化再审不加刑的理念,保证再审不加刑原则在司法实践中的贯彻落实,确保公正司法,切实维护原审被告人的合法权利,不断提高司法的公信力,努力让人民群众在每一个司法案件中感受到公平正义。

本案中,再审是被害人近亲属申诉引发,基于前述理由,本不应加重原审被告人的刑罚。然而,由于本案出现了新的犯罪事实,故再审对王秀敏判处死刑,没有违反再审不加刑原则。理由如下:

1. 再审不加刑适用于再审事实与原判事实相同的情况。再审程序的目的是保障原审被告人的诉讼权利,使原审被告人就此前刑事诉讼产生的错误得到一个特别救济的权利。如果再审确认的事实和生效裁判确认的事实相同,从再审程序设置的目的出发,再审判决不得加重原审被告人的刑罚,这是再审不加刑的应有之义。

2. 当再审出现新的犯罪事实时,可以加重原审被告人刑罚。再审时王秀敏案罪行发生变化,一是犯罪人数由王秀敏一人变为王秀敏与王团结二人。原生效裁判认定王秀敏一人故意杀人致被害人王某某死亡。经再审确认,王秀敏与王团结合伙将王某某杀害。二是王秀敏在犯罪中的地位和作用大于王团结,是罪行最为严重的主犯。对于王秀敏案,在原审中,出于趋利避害的本能,王秀敏将杀害王某某的责任都推给王团结,致原生效裁判对本案是由王秀敏一人作案,还是与王团结共同作案不清,二人的地位和作用不清,故留有余地对王秀敏判处死刑,缓期二年执行。王团结到案后,经再审确认,犯意由王秀敏提起,王团结由王秀敏纠集,王某某也是由王秀敏骗至案发现场沈丘县周营乡政府办公室三楼其住室内,伙同王团结对王某某实施掐脖、绳勒致王某某死亡的是王秀敏。在王团结逃离现场后,买刀并持刀将王某某尸体肢解的还是王秀敏。王秀敏犯罪动机卑劣,手段极其残忍,罪行极其严重,在共同犯罪中属于罪行最为严重的主犯。据此,原生效裁判所裁量的刑罚已经不符合罪责刑相适应的原则,唯有加刑才能体现公平正义,实现案件处理的法律效果和社会效果的有机统一。

这与上诉不加刑原则规定的精神是一致的。我国《刑事诉讼法》第二百二十六条规定①,第二审人民法院审理被告人或者他的法定代理人、辩护人、近亲属上诉的案件,不得加重被告人的刑罚。第二审人民法院发回原审人民法院重新审判的案件,除有新的犯罪事实,人民检察院补充起诉的以外,原审人民法院也不得加重被告人的刑罚。本案再审程序因王团结到案而启动,检察机关虽没有按照并案处理的方式,以王秀敏起诉书为基础追加、补充起诉王团结及其犯罪事实,但其在人民法院决定将“两王案”并案审理时,同时宣读了两案的起诉书,尤其是王团结的起诉书将二人的罪行指控得清晰明确。我们认为,该起诉书尽管不是典型意义补充起诉,但可以视为补

① 此处为2018年修正前的《刑事诉讼法》,对应修正后的《刑事诉讼法》第二百三十七条。

充起诉的一种有效方式。

综上,由于王团结到案,检察机关对王团结、王秀敏二人故意杀人罪行进行了有效的指控,并得到再审确认,故再审判决将王秀敏的刑罚由死刑缓期执行改判为死刑立即执行,符合法律和司法解释规定,并未违反再审不加刑的原则。

(撰稿:最高人民法院审判监督庭　齐　素
审编:最高人民法院刑二庭　韩维中)

[第1339号]被告人梁某强奸案
——如何运用证据认定熟人之间强奸罪与非罪的界限

【关键词】 强奸罪　证据审查判断　因果关系　疑罪从无

一、基本案情

被告人梁某,男,1984年6月23日出生。2016年4月28日被逮捕。

安徽省滁州市南谯区人民检察院指控被告人梁某犯强奸罪,向南谯区人民法院提起公诉。

被告人梁某辩称其没有强奸郭某某。其辩护人提出,指控梁某犯强奸罪的事实不清,证据不足。

滁州市南谯区人民法院经审理查明:被告人梁某与被害人郭某某曾为恋人关系,2015年12月两人关系恶化,郭某某提出与梁某分手,梁某以散发郭某某不雅照片相威胁,并对郭某某进行殴打,逼迫郭某某顺从。至2016年2月,梁某采用上述手段强行与郭某某发生四次性关系。具体的事实如下:

1. 2015年12月中旬的一天,被告人梁某在江苏省南京市桥北锦江之星酒店,殴打郭某某,并强行与郭某某发生性关系。

2. 2015年12月的一天,被告人梁某在滁州市斯亚酒店,强行与郭某某发生性关系。

3. 2015年12月31日晚上,被告人梁某在江苏省南京市桥北锦江之星酒店,对郭某某胸部、手臂处进行撕咬,并强行与郭某某发生性关系。

4. 2016年2月的一天,被告人梁某在滁州市格林豪泰酒店,强行与郭某某发生性关系。

滁州市南谯区人民法院认为,被告人梁某违背妇女意志,强行与他人发生性关系,其行为已构成强奸罪。依照《中华人民共和国刑法》第二百三十六条第一款之规定,判决如下:

被告人梁某犯强奸罪,判处有期徒刑三年。

一审宣判后,被告人梁某提出上诉,称其未强奸郭某某。

安徽省滁州市中级人民法院经审理认为,原判部分事实不清,证据不足,裁定撤销原判,发回重审。

南谯区人民法院重新审理过程中,南谯区人民检察院以证据不足为由,决定撤回对被告人梁某的起诉。

南谯区人民法院经审查,裁定准许公诉机关撤回对被告人梁某的起诉。

二、主要问题

如何运用在案证据判断强奸案件中罪与非罪的界限?

三、裁判理由

本案在审理中,对于被告人是否构成强奸罪存在两种观点:

第一种观点认为,被告人梁某以散发郭某某不雅照片相威胁、对郭某某进行殴打,逼迫郭某某顺从。至2016年2月,被告人梁某多次采用上述手段强行与郭某某发生性关系,其行为已构成强奸罪。

第二种观点认为,本案中被告人确有暴力、胁迫的行为,但其暴力、胁迫行为的目的并非强奸被害人,其暴力、胁迫行为也并非其和被害人发生性关系的手段。本案不宜认定构成强奸罪。

我们同意第二种观点。具体理由如下:

(一)本案被告人的暴力、胁迫行为与被告人、被害人发生性行为之间的因果关系不能证实

刑事案件的办理必须坚持证据裁判原则。刑事诉讼法第五十五条明确规定,认定被告人有罪,应当达到证据确实、充分的证明标准。证据确实、充分应当符合以下条件:(1)定罪量刑的事实都有证据证明;(2)据以定案的证据均经法定程序查证属实;(3)综合全案证据,对所认定事实已排除合理怀疑。上述三者相互衔接,据此最终得出被告人有罪或无罪的结论。而证据证明的对象则是与追究犯罪嫌疑人、被告人刑事责任有关的一切需要证明的事实。这其中包括对因果关系的证明。

就本案而言,综合全案证据,能够证实:成年女性郭某某在某房产公司从事销售工作,工作中与被告人梁某相识,2014年12月二人发展为男女朋友关系,郭某某知道梁某正在与妻子离婚。2015年11月二人前往海南共同生活近一个月并拍摄婚纱照。后因琐事二人发生矛盾并互相提出分手,但未彻底分开。2015年12月开始,梁某多次对外散布郭某某的不雅照片,和郭某某发生争执,殴打郭某某,并和郭某某多次发生性关系。

也就是说,本案现有证据能够证明被告人实施了暴力、胁迫行为,也能够证明被告人和被害人之间发生了性行为。暴力、胁迫行为与二人性关系之间是否存在刑法意义上的因果关系,直接影响到认定被告人与被害人之间的性行为是否违背妇女意志,进而直接关系到被告人是否构成犯罪。

1. 本案存在暴力因素,但暴力因素与发生性行为之间的因果关系不明确

第一,被告人梁某和郭某某的分手并不彻底,二人在提出分手后仍然多次发生性关系。从指控的四次“强奸”行为中,其中两起梁某有殴打、撕咬行为。这两次暴力行为都是发生在宾馆客房,时间段都是深夜,但郭某某陈述其到宾馆就是为了和梁某发生性关系,梁某没必要再使用暴力威胁。如对第一起事实,郭某某陈述称,南京桥北的那次是12月31日晚上,当时公司组织去南京跨年晚会,梁某将其接走直接去了桥北那个宾馆,到宾馆后说其化妆就是要勾搭男人,争吵时他就咬其下巴,其要走,他不让,然后他就去洗澡了。梁某洗澡后看了郭某某手机信息因吃醋打了郭某某并发生性关系。从被害人的陈述可以看出,郭某某对于和梁某发生性关系并不排斥(梁某洗澡时郭某某也没有离开),梁某实施暴力行为也并非为了和郭某某发生性关系。

第二,被告人梁某供述,其殴打郭某某是因为吵架吵不过郭某某,以及吃醋等因素。这一点从二人的正常交往可以得到佐证。梁某、郭某某在正常的男女交往中,梁某也曾对郭某某实施暴力,但二人也曾多次发生正常的性行为。另外,从在案证据判断,梁某的暴力尚未达到严重的程度。

综合上述情况,本案暴力因素与二人性行为之间的因果关系不明确。

2. 被告人实施了散布不雅照片的行为,但该威胁因素与发生性行为之间的因果关系不能证实

第一,被告人梁某散发不雅照片是一个持续的行为。梁某在与郭某某发生矛盾时就已经多

次发了郭某某的不雅照片，但这之后，二人仍多次发生正常的性行为。事实上，梁某第一次散发不雅照片后，郭某某就找了学法律的李某某问梁某的行为犯不犯法，还到派出所报过案，报案只是称梁某发不雅照片，而未提及梁某以散发不雅照片威胁其发生性行为。另外，案卷中微信聊天记录也显示，在梁某发不雅照片之后，郭某某还发了不少暧昧信息给梁某。

第二，如前所述，本案指控的“强奸”行为都是在宾馆，时间都是在深夜，郭某某作为一个成年女性，正如其陈述，其去宾馆就是知道会发生性关系，也并不排斥性关系的发生，很难认定其是被梁某散发不雅照片胁迫而被迫与梁某发生性行为。

第三，被告人梁某始终供述，其散发不雅照片威胁的目的，前期是不想和郭某某分手，分手后是为了泄愤，而并非借此和郭某某发生性关系。该供述也得到了二人微信聊天记录的印证。另外，郭某某也曾威胁梁某，说要把这些事告诉梁某的女儿，实际上二人均有威胁对方的意思表示。

综上，本案被告人梁某确实以散布不雅照片威胁郭某某，但该威胁因素与发生性行为之间的因果关系在证据上无法证实。

（二）结合案件具体情况，准确区分强奸的罪与非罪

刑事案件中的证据证明需要达到“排除合理怀疑”的程度，这是证据法中的一项重要准则，也是诉讼中判断控辩双方证明成效的标准。案件办理中，证据存在疑点属于正常，其中缺乏事实根据、不符合经验法则的疑问，不属于合理怀疑的范畴。而对于部分存在事实根据、符合社会常识常理的怀疑，则要进行细致审查、认真分析。如果确实存在无法排除的矛盾和无法解释的疑问，则应当根据“疑罪从无”原则作出被告人不构成犯罪的结论。

本案中，经过对在案证据全面客观的分析，我们认为，仍然存在以下问题，难以得到合理解释：

1. 从案发经过分析，不排除被害人出于顾虑才报案的可能性

强奸案件由于涉及隐私，很多时候是被害人因为顾虑不愿意报案，但实践中也存在女方在被亲友、家人发现后为顾及颜面、事后反悔以及第三者插足而告发男方强奸的情形，对此必须结合案件具体情况进行分析、判断。

第一，从报案时间来看，郭某某不是在指控的“强奸”行为发生后报案，而是在梁某已经回到黑龙江并将郭某某微信拉黑，不联系郭某某后，郭某某才报案称被梁某强奸。

第二，从报案内容上看，郭某某及其母亲之前多次到公安机关报案，称梁某发不雅照片、梁某找她要钱、梁某殴打她，直到最后报案内容才改称被梁某强奸。

第三，从案发经过看，郭某某称其是因为母亲发现了一件撕破的衣服，之后逼问并打了其，其才说了被强奸之事。

综合以上情节可以看出，本案案发不及时、不自然，不能排除郭某某出于顾虑或者其他考虑才报案的可能性。

2. 应当结合双方感情进行全面分析，不能截取部分性行为认定强奸犯罪

对于男女双方先有性行为，女方决意中断后男方强行发生性行为的，实践中认定强奸罪没有争议。但是本案不属于上述情形。

郭某某在工作中与被告人梁某相识，2014 年 12 月发展为男女朋友关系，一年后二人去海南度假近一个月，并拍摄了婚纱照。2015 年 11 月底，二人开始吵架并提出分手，但并没有断绝男女关系。在指控的强奸行为发生的时间段内，二人的聊天记录上仍然有亲密的言语，并仍处于谈婚论嫁的时期，如 2016 年 2 月 14 日，郭某某发给梁某的微信是“结婚可以按你的计划来，但是必须还我一个完美的婚礼和家庭”。在此期间，二人仍有二十余次的开房记录。即使到了 2016 年 2

月15日郭某某被梁某殴打后，郭某某到派出所报警时仍称，她和梁某曾是男女朋友，因为感情不和闹过分手，后来又和好了。另外，分手也并不是郭某某单方面提出，从微信、短信内容可以看出，梁某也曾多次赶郭某某走，其拉黑郭某某时，反而是郭某某不同意；而且梁某4月被抓获归案，郭某某6月又写了谅解书。由上述事实可见，公诉机关指控的发生强奸行为的时间段内，男女双方并未彻底分手。事实上，双方处于一个时分时合的情形，同时双方在此期间都采取了一系列不理智的行为。男方在此期间的殴打、发不雅照片等行为当然是违背道德的甚至是违法的，但是直接根据被害人后期的陈述简单认定暴力、胁迫因素与发生性行为当然具有因果关系，进而认为被告人构成强奸罪则有失偏颇。

实践中，对于熟人之间发生的强奸行为，尤其是男女双方曾经是恋人关系、通奸关系的强奸行为，应当结合男女双方的感情历程进行全面分析。就本案而言，不宜将男女双方多次发生性行为中的四起事实拿出来单独认定强奸犯罪。

综上，本案一审法院裁定准许公诉机关以证据不足为由撤回起诉，是适当的。

（撰稿：安徽省滁州市中级人民法院　万　杰　宋珺梅　许　汪
审编：最高人民法院刑二庭　韩维中）

[第1366号]李二胜故意杀人案

——死刑案件被告人翻供且缺乏客观证据的审查判断

【关键词】　故意杀人罪　证据审查判断　间接证据　证明标准　翻供　量刑

一、基本案情

被告人李二胜，男，汉族，1991年7月6日出生。2016年9月14日被逮捕。

安徽省滁州市人民检察院指控被告人李二胜犯故意杀人罪，向滁州市中级人民法院提起公诉。

被告人李二胜辩称没有将龚传福推下楼，有罪供述是在侦查人员的诱供、逼供下作出，不知道龚传福如何死亡，请求宣告无罪。李二胜的辩护人提出：(1)李二胜的有罪供述是公安机关采取非法限制人身自由的方法取得，且是在侦查人员的逼供、诱供下作出，不能作为认定李二胜有罪的证据；(2)法医物证鉴定不能证实李二胜与龚传福有过身体接触；(3)专家证人的观点属其推断，不应采信；(4)不能排除龚传福系醉酒后坠落或自杀的可能。公诉机关指控李二胜犯故意杀人罪的事实不清，证据不足，请求宣告李二胜无罪。

滁州市中级人民法院经公开审理查明：被告人李二胜和被害人龚传福均系安徽省定远县润鑫制衣有限公司（以下简称润鑫制衣公司）工人。2016年9月3日21时许，李二胜与龚传福酒后来到润鑫制衣公司四楼车间内休息。23时许，龚传福醉酒呕吐，后龚传福拿李二胜手机玩游戏，因游戏声音嘈杂引起李二胜的不满，双方发生口角。当龚传福走到车间四楼走廊窗户附近，双方又发生争执。李二胜趁龚传福不备，抱住龚传福左腿，将龚传福掀出窗外，致龚传福当场死亡。润鑫制衣公司院内一修理厂员工发现龚传福坠楼后报警。次日凌晨，警察在润鑫制衣公司四楼车间将正在睡觉的李二胜抓获。经定远县公安局司法鉴定中心鉴定，龚传福由于机械性暴力致颅脑损伤引起呼吸循环衰竭，合并腹腔脏器破裂致失血性休克死亡。

滁州市中级人民法院经审理认为,被告人李二胜的行为构成故意杀人罪,鉴于因偶发矛盾临时起意,对李二胜判处死刑,可不立即执行。依照《中华人民共和国刑法》第二百三十二条、第四十八条第一款、第五十七条第一款之规定,认定被告人李二胜犯故意杀人罪,判处死刑,缓期二年执行,剥夺政治权利终身。

一审宣判后,李二胜提起上诉。上诉理由同前辩解。

安徽省高级人民法院经审理认为,上诉人李二胜因琐事与他人发生争执,即故意非法剥夺他人生命,致被害人死亡,其行为已构成故意杀人罪。原判根据李二胜犯罪的事实、犯罪的性质、情节和对社会的危害程度,考虑系因偶发矛盾临时起意,对其判处死刑,可不立即执行。原审判决认定事实清楚,证据确实、充分,定罪准确,量刑适当。审判程序合法。依照《中华人民共和国刑事诉讼法》第二百二十五条第一款第(一)项①的规定,裁定驳回上诉,维持原判。根据《中华人民共和国刑事诉讼法》第二百三十七条②的规定,同时核准李二胜的死缓刑事判决。

二、主要问题

对于被告人翻供且缺乏客观性证据的案件,应当如何审查证据?

三、裁判理由

本案是一个证据“先天不足”的典型。公安人员在案发现场未提取到任何直接证明被告人李二胜到过现场的痕迹、物证;作案过程无目击证人;本案也无作案工具;李二胜又先供后翻,在一审开庭时、二审时均称没有推龚传福,是一个难啃的“骨头案”。对此类案件的证据应如何审查分析?在何种程度上才能达到死刑案件证据确实、充分的证明标准?这些都成为本案审理的难点。对本案的证据审查,审理中形成以下两种意见:

第一种意见认为,被告人李二胜关于将龚传福从四楼推下的有罪供述,无其他证人证言、监控录像、现场勘验检查笔录等主、客观性证据相印证,不能排除龚传福酒后坠楼和他人作案的可能性,应贯彻落实证据裁判、疑罪从无等原则制度,宣告李二胜无罪。

第二种意见认为,通过审查在案间接证据,据以定案的间接证据已经形成完整的证明体系,且与被告人李二胜的有罪供述诸多细节能够相互印证,可排除一切合理怀疑,足以认定李二胜实施了故意杀害龚传福的行为。

我们同意第二种意见。理由如下:

本案的争议焦点是案件证据是否达到确实、充分的证明标准。证据是准确认定事实、正确适用法律、恰当裁量刑罚的基础,是保证案件质量的“生命线”。死刑案件人命关天,在证据问题上容不得丝毫疏漏,必须达到确实、充分的证明程度,在任何时候、任何情况下都不能打折扣。如果一个案件的侦破经过客观、自然,有目击证人、有直接证实被告人作案的客观性证据,被告人又始终供认不讳的,定案比较容易。但是,不是所有的案件都有那么多直接的客观性证据。对这种缺乏客观性证据的案件,审查、分析时不能简单地罗列证据,而是要抓住关键证据深入分析,抓住主要矛盾点,从整体上把握证据。就本案而言,主要应从以下两个方面着手审查证据:

(一)审查判断被告人的有罪供述是否真实、可信,翻供理由是否合理,是否适用非法证据排除

翻供是刑事审判过程中并不罕见的情形。犯罪嫌疑人、被告人翻供,既有据实翻供,也有不实翻供,而且从司法实务的角度以及实践经验判断,不实翻供、真假混杂的翻供并不是少数。在

① 此处引用的是2012年《刑事诉讼法》,对应2018年修正后的《刑事诉讼法》第二百三十六条第一款第(一)项。

② 此处引用的是2012年《刑事诉讼法》,对应2018年修正后的《刑事诉讼法》第二百四十八条。

司法实务中，经侦查审讯，犯罪嫌疑人、被告人往往在意志最薄弱的时刻心理防线被突破，从而全盘交代；而在后来的阶段，随着侦查审讯的压力逐渐减弱，犯罪嫌疑人、被告人趋利避害、最后一搏的心理逐渐加强，在此消彼长的过程中，往往容易出现全盘翻供或部分翻供。尤其在审判阶段，被告人的亲属、被害人或其亲属到庭，被告人当庭翻供的现象更为突出。因此，在司法实务中，如何有效地预防、应对、审查非真实的翻供，成为侦查、起诉、审判阶段不得不面对的重要课题。

在司法审判中，法官处于居中裁判的位置。在面对被告人翻供时，应当客观中立地进行倾听、审查。首先，应当对被告人翻供的言谈、举止、表情、心态、陈述的口气等进行观察，从直觉上对被告人翻供是否有理作出经验判断。其次，为了查清翻供理由是否成立，法官还应充分发挥法庭讯问、举证、质证功能，运用交叉询问规则来查明案件事实。正如美国著名证据法学家威格莫尔所说，"交叉询问无疑是人类迄今为止所发明的发现事实真相的最伟大的法律引擎"。因而，法官可以充分引导控辩双方就翻供是否有理进行举证、质证和辩论，认真听取控辩双方的不同意见，在争辩中发现被告人的前后供述的矛盾之处，并在全面掌握案件的基本事实上，对每一份供述进行认真的审查，最终找出最贴近事实真相的供述。在必要的情况下，法官还可以依职权对被告人就有关的问题进行发问，以此来打消心中的疑虑，增强内心确信。具体到本案：

1. 本案可以排除非法取供的情形

《刑事诉讼法》第五十五条、第五十六条及第五十八条规定，对一切案件的判处都要重证据，重调查研究，不轻信口供；采用刑讯逼供等非法方法收集的犯罪嫌疑人、被告人供述和采用暴力、威胁等非法方法收集的证人证言、被害人陈述，应当予以排除；当事人及其辩护人、诉讼代理人有权申请人民法院对以非法方法收集的证据依法予以排除。《最高人民法院关于适用〈中华人民共和国刑事诉讼法〉的解释》（以下简称《适用解释》）第八十条第（四）项亦规定，对被告人供述和辩解应当着重审查被告人的供述有无以刑讯逼供等非法方法收集的情形。

本案审理期间，辩护人提交排除非法证据的申请及相关材料，认为公安机关在讯问被告人李二胜时程序违法且有逼供、诱供的情形，申请排除李二胜在公安机关的有罪供述、亲笔供词、辨认现场笔录等证据。开庭审理期间，李二胜提出其有罪供述是被警察逼供作出，申请排除其有罪供述。

据此，法庭依法启动非法证据排除程序。公诉人先后出示了被告人李二胜在派出所和看守所的二份有罪供述、李二胜自书的有罪供词、播放了公安机关讯问李二胜的同步录音录像、参与抓捕的警察朱绍红和讯问的警察刘兵出庭作证等证据，用以证明李二胜有罪供述来源的合法性。合议庭组织被告人及其辩护人对上述证据逐一进行了质证，并就相关问题讯问了被告人。经合议庭当庭评议认为，法庭当庭有针对性地播放了公安机关讯问李二胜的同步录音录像，录音录像证实公安机关依法对李二胜进行讯问，没有采用殴打、违法使用戒具、威胁等非法方法。在回答警察讯问时，李二胜神情自然，回答切题，在派出所和看守所内多次供述与龚传福发生争执后将龚推下楼的详细经过。且侦查人员出庭作证时，法庭讯问李二胜出庭侦查人员有无对其进行非法取证时，李二胜表示没有非法取证情形。相关事实并有李二胜的自书供词和在讯问笔录上的签字、捺印等证据证实。

通过对被告人李二胜翻供的形式审查和实质审查，能够认定其翻供系逃避责任的虚假翻供，而非合理辩解性质的真实翻供。李二胜的有罪供述、亲笔供词、辨认现场笔录等证据来源清楚、收集程序合法，可以作为定案证据。李二胜及其辩护人提出有罪供述、亲笔供词、辨认笔录是在侦查人员逼供、诱供下作出的翻供理由和辩护意见与查明的事实不符，合议庭当庭决定对李二胜的有罪供述不予排除。

2. 被告人李二胜作过多次有罪供述，且翻供理由不充分

《适用解释》第八十条第（六）项规定，对被告人供述和辩解应当着重审查被告人的辩解内容是否符合案情和常理，有无矛盾。被告人李二胜被带至派出所后作了三份供述，第一份是无罪辩解，第二份、第三份是有罪供述，供述了因龚传福玩手机游戏产生噪声，双方产生口角，其将龚传福推下楼的整个过程。李二胜被羁押至定远县看守所的第四份是有罪供述，第五份未供述，第六份供述翻供原因，称是因为不知道自己要被判多少年，心里害怕，不想在看守所里面关着，希望能够少判几年。在第七份讯问中李二胜又供述了将龚传福推下楼的起因及过程。

（二）审查其他间接证据是否能与被告人的有罪供述相互印证，形成完整的证据锁链，并排除合理怀疑

1. 结合其他言词证据进行审查判断，主要是将被告人的供述与证人证言等言词证据进行对比、分析，查看是否存在矛盾以及对这些矛盾能否作出合理解释。本案的言词证据主要有李二胜亲属、制衣公司工友、商店经营者等的证言。在被告人李二胜的有罪供述和无罪辩解中，李二胜对其和龚传福二人当晚一起喝酒、一起到制衣公司四楼车间睡觉、遇到制衣公司女工、只有其和龚传福两人在制衣公司四楼车间等事实一直予以认可，而上述相关事实亦有商店经营者关于李二胜和龚传福在商店购买啤酒、零食的证言，有李二胜哥哥嫂子关于李二胜和龚传福喝酒后一起到制衣公司睡觉的证言，有多名工友关于在制衣公司三楼看见李二胜和龚传福并证实二人喝酒的证言等印证。故李二胜关于作案前其和龚传福酒后到制衣公司睡觉的供述可以认定。

2. 将被告人的有罪供述与物证、书证等实物证据对比审查。《适用解释》第一百零六条规定，根据被告人的供述、指认提取到了隐蔽性很强的物证、书证，且被告人的供述与其他证明犯罪事实发生的证据相互印证，并排除串供、逼供、诱供等可能性的，可以认定被告人有罪。因而，审查时要将被告人的多份供述与客观提取的物证、书证等实物证据进行比对，将被告人的每一份供述与现场勘查提取的物证、书证等证据按照时间顺序排列，详细辨明被告人供述与这些客观性证据的先后顺序，分析是“先供后证”还是“先证后供”，以及是否存在人为制造的“先供后证”等情况。一般而言，在排除非法取证的前提下，如果根据被告人的供述提取到隐蔽性很强的实物证据，则被告人的供述具有较强的可信性、真实性。

本案中的物证有被告人李二胜的手机，相关证据有手机检查笔录和照片、讯问李二胜的同步录音录像。李二胜有罪供述中提到其和龚传福发生争执的原因，是因为龚传福玩其手机中的“热血奥特曼”游戏，因游戏声音太大把其吵醒，后双方发生口角。对李二胜供述发生争执的原因，讯问视频反映，在李二胜供述争执的具体原因后，侦查人员将李二胜手机上唯一的游戏“热血奥特曼”打开，进入游戏界面后确实发现游戏音量较大。该过程还有手机检查笔录和照片加以证实。提取手机的过程客观、合法。该份证据属于“先供后证”，具有一定隐蔽性的证据，具有不易被伪造、证明力强的特点。该组证据与李二胜有罪供述中关于双方引发争执的原因一节能够相互印证。

3. 将被告人的有罪供述同尸体检验意见、尸体照片等证据进行比对审查。被告人有罪供述中供认了采取何种方式杀害被害人，在审查证据时着重应对尸体照片、尸体检验意见中有关被害人伤情部位及形成原因等细节进行审查判断，看能否与被告人的有罪供述相互印证，特别是细节之处能否对应。

本案在审理过程中，为查明案件事实、调查核实证据，合议庭依职权通知安徽省公安厅物证鉴定管理处法医病理损伤检验科的秦明法医，作为有专门知识的专家辅助人出庭，就相关专业问

题发表意见。秦明法医当庭陈述:该案经定远县公安局和滁州市公安局向省公安厅申请,对龚传福的尸体进行重新检验。结果和第一次检验结果一致。经检验,死者死亡原因符合颅脑损伤致死,附加性损伤第一处是左腿膝关节内侧数条浅表条索状划痕,清楚的有 3 条,较为浅淡的有 2 条,致伤工具是由末端较为尖锐的条索状钝性物体形成,常见的物体包括手指指甲;第二处是右侧肩前部片状方向性擦挫伤,肩关节自上而下的作用力,此处附加伤起始端整齐,有方向性并可以看出皮纹的断裂,致伤工具是由凸起的钝器轮边刮擦右肩部形成,经过对现场的勘察,窗台上窗轨或墙边可以形成此处创伤。相关伤情亦有尸体照片相印证。根据检验和勘察,死者损伤的形成与他人抱着死者左腿从窗户扔下坠落符合法医学解释。另对于物证检验中没有检验出李二胜手指、指甲有龚传福 DNA 的问题,秦明法医提出 DNA 检测是概率性事件,接触时间短或者洗手后可能检不出基因型。尸检结论、照片、专家证人的证言等证据证实龚传福左腿膝关节内侧有划痕、右侧肩前部有方向性擦挫伤,同李二胜有罪供述中关于抱着龚传福左腿将龚从窗台推下一节能够相互印证。

这里需要注意的是,被告人李二胜的此节供述是在 2016 年 9 月 4 日 9 时至 13 时,龚传福尸体解剖的时间是在 9 月 6 日,警察讯问李二胜作案手段时并不知道龚传福左腿处有伤。此节可以侧面印证李二胜供述取得的客观性、合法性。

4. 将被告人的有罪供述与现场勘验检查笔录等证据进行比对审查。现场勘验检查笔录及照片是能够客观反映案发现场的重要证据,将被告人的有罪供述中对案发现场,特别是细节之处的描述,与现场勘验检查笔录、照片中反映的情况进行细致的比对,看二者能否对应。在办理刑事案件过程中,法官还应视案件情况到案发现场进行查看,身临其境往往能够看到卷宗内现场勘验检查笔录和照片所不能反映的情况。

具体到本案:(1)公安机关经现场勘验,发现过道往南的墙上有一扇四开玻璃推拉窗户,窗户外侧窗台上有呕吐物痕迹,进入室内,西墙上有两扇窗户,在靠南的窗户外侧窗台上有呕吐物。经对两处呕吐物进行检验、鉴定,证实是龚传福所留。上述证据与被告人李二胜关于龚传福在两处窗户台上呕吐的有罪供述能够相互印证。(2)李二胜指认现场的笔录、照片、现场指认视频反映,李二胜对当天晚上二人睡觉的房间、龚传福呕吐的地点、与龚传福发生争执的地点及将龚传福推下四楼的窗户地点均予以指认、辨认,特别是辨认出四楼南面第二扇打开的窗户就是其将龚传福掀下楼的地点。(3)李二胜指认现场时,公安机关进行全程同步录音录像,录音录像显示,在四楼南面的窗前,侦查人员讯问李二胜是如何将龚传福掀下楼,要求李二胜现场模拟案发时情形,并让一名侦查员模拟龚传福站立的位置和姿势。李二胜现场进行了模拟,即龚传福背对着其站在第二扇打开的窗户前,李二胜上前抱住龚传福的左腿,用力向前向上推、掀龚传福,将龚传福掀到楼下。同时,现场同步录音录像也反映了全过程没有侦查人员诱供、指供、威胁等情形。(4)法官查看了案发现场,特别是龚传福坠楼的位置。在案现场勘验检查笔录、照片证实窗台距离地面 94 厘米,窗户内侧窗台宽 9 厘米,外侧窗台宽 41 厘米。经现场勘查,地面距离外侧窗台共 144 厘米,龚传福身高 162 厘米,且从其呕吐物遗留在窗台外侧的位置看,能够排除龚传福是在呕吐过程中不慎坠楼。

上述现场勘验笔录、照片以及被告人指认现场的笔录、同步录音录像等与被告人有罪供述中有关杀害龚传福的细节相互印证,对现场的查看进一步增强了法官的内心确信,反映了被告人翻供的不合理性。

5. 综合全案证据,依照法律程序,排除一切合理怀疑。《适用解释》第八十三条第一款、第二款规定:"审查被告人供述和辩解,应当结合控辩双方提供的所有证据以及被告人的全部供述和辩解进行。被告人庭审中翻供,但不能合理说明翻供原因或者其辩解与全案证据矛盾,而其庭前供述与其他证据相互印证的,可以采信其庭前供述。"虽然本案的证据"先天不足",但是通过重点审查关键证据的客观性、关联性和合法性,可以充分认识并发挥现有证据的证明力;通过查看案发现场、同侦破该案的公安人员座谈、走访部分证人、请专家证人出庭作证等,可以加强对现有证据的内心确认,排除一切合理怀疑。同时,本案的审理切实贯彻最高人民法院"三项规程"的要求,案件审理过程中召开了庭前会议,庭审中启动非法证据排除、侦查人员出庭作证、专家辅助人出庭作证等程序,确保证据出示、查明在法庭、案件事实认定在法庭、诉辩意见发表在法庭,充分体现了庭审实质化的要求。

综上,法院将关键证据与其他相关证据串起来进行综合审查判断,认为被告人翻供内容不属实,其有罪供述真实、可信,且与其他证据相印证,能形成完整的证据锁链,从而得出本案事实清楚,证据确实、充分的结论,最终依法作出有罪判决。

(撰稿:安徽省滁州市中级人民法院　樊朝勇
审编:最高人民法院刑二庭　王晓东)

[第1367号]朱晓东故意杀人案

——对有证据指向是预谋杀人但被告人否认的,如何审查判断证据

【关键词】 故意杀人罪　证据审查判断　犯罪事实的表述　预谋杀人　死刑的适用

一、基本案情

被告人朱晓东,男,1987年11月28日出生。2017年4月28日被逮捕。

上海市人民检察院第二分院指控被告人朱晓东犯故意杀人罪,向上海市第二中级人民法院提起公诉。

被告人朱晓东对公诉机关指控的犯罪事实无异议,但辩称其没有预谋杀人,且具有自首情节。其辩护人提出:(1)本案系婚姻家庭矛盾引发的突发性犯罪,朱晓东是在情绪失控后激情作案而非预谋作案;(2)朱晓东犯罪手段一般,对被害人死亡结果持放任态度,属间接故意杀人,主观恶性较小;(3)朱晓东系自首并系父母陪首,且认罪、悔罪;(4)被告方愿意对被害方进行赔偿。建议对朱晓东从轻处罚。

上海市第二中级人民法院经审理查明:2015年12月31日,被告人朱晓东与被害人杨某某登记结婚。2016年10月17日上午,朱晓东在家中因故用手扼住杨某某的颈部致杨机械性窒息死亡。嗣后,朱晓东将杨某某的尸体用被套包裹并藏于家中阳台的冰柜内。2017年2月1日,朱晓东将其杀害杨某某一事告知父母,并在父母陪同下向公安机关投案,供述了杀害杨某某的犯罪事实。

上海市第二中级人民法院认为,本案虽因婚姻家庭矛盾引发,且被告人朱晓东有自首情节,但朱晓东故意杀人犯罪性质恶劣,作案后长时间藏匿被害人尸体,其间用被害人的钱款、身份证多处旅游,与异性开房约会等,肆意挥霍享乐,无悔罪表现,社会危害极大,罪行极其严重,故依法

不予从轻处罚。对公诉机关所提不予从轻或减轻处罚的建议、诉讼代理人请求对朱晓东严惩的意见，予以采纳。依照《中华人民共和国刑法》第二百三十二条、第五十七条第一款之规定，判决如下：被告人朱晓东犯故意杀人罪，判处死刑，剥夺政治权利终身。

一审宣判后，被告人朱晓东以量刑过重为由提出上诉。其辩护人提出朱晓东有以下可从轻处罚的法定、酌定量刑情节：(1)朱晓东属激情杀人而非预谋杀人；(2)朱晓东有自首情节；(3)朱晓东认罪、悔罪，且系初犯、偶犯；(4)本案社会舆论偏向被害方，但社会影响大不等于社会危害大；(5)朱晓东作案后行为属道德评价层面，不能成为不予从轻处罚的理由。

上海市高级人民法院经二审审理，所查明的事实、证据与一审相同，但在争议焦点评判和裁判理由部分增加认定被告人朱晓东系预谋杀人，认为一审认定朱晓东犯故意杀人罪的事实清楚，证据确实、充分，定性准确，量刑适当。审判程序合法。据此，依法裁定驳回上诉，维持原判，并依法报请最高人民法院核准。

最高人民法院经复核认定：2015 年 12 月 31 日，被告人朱晓东与杨某某(被害人，女，殁年 28 岁)登记结婚。案发前，二人因故产生矛盾。朱晓东先后购买了《死亡解剖台》等书籍和冰柜，并从工作单位离职。其间，杨某某亦以陪同朱晓东赴香港特别行政区培训为由提出辞职，并于 2016 年 10 月 14 日正式离职。同月 17 日上午，朱晓东在家与杨某某发生争执，用手扼掐杨某某的颈部，致杨某某机械性窒息死亡。后朱晓东将杨某某的尸体用被套包裹，藏于家中阳台冰柜内。当日上午，朱晓东将杨某某支付宝账户中的 4.5 万元转至自己账户，并在之后数月内大肆挥霍其与杨某某的钱财用于旅游、消费。2017 年 2 月 1 日，朱晓东将其杀害杨某某一事告知父母，并在父母陪同下投案。

最高人民法院认为，被告人朱晓东故意非法剥夺他人生命，其行为已构成故意杀人罪。朱晓东与妻子杨某某产生矛盾后，经预谋杀害杨某某，并藏尸冰柜三个多月，作案后大肆挥霍其与妻子的钱财，犯罪情节恶劣，罪行极其严重，应依法惩处。朱晓东虽有自首情节，但综合其犯罪的事实、性质、具体情节和社会危害程度，不足以从轻处罚。第一审判决、第二审裁定认定朱晓东故意杀人的事实清楚，证据确实、充分，定罪准确，量刑适当。审判程序合法。依照《中华人民共和国刑事诉讼法》第二百四十六条、第二百五十条和《最高人民法院关于适用〈中华人民共和国刑事诉讼法〉的解释》第三百五十条第(一)项的规定，裁定核准上海市高级人民法院维持第一审以故意杀人罪判处被告人朱晓东死刑，剥夺政治权利终身的刑事裁定。

二、主要问题

(一)对有多项证据指向是预谋杀人的案件，被告人予以否认的，如何通过审查判断证据认定被告人是预谋杀人？

(二)对婚姻家庭矛盾引发，被告人兼具多个从宽、从严处罚情节的故意杀人案件，如何把握死刑适用标准？

三、裁判理由

本案即为近年来引发较高社会关注度的“上海杀妻冰柜藏尸案”。本案发生在夫妻之间，因夫妻矛盾引发，犯罪事实本身并不复杂，但因被告人朱晓东杀妻后藏尸冰柜 105 天，且在该期间恣意玩乐，引起被害人亲属和社会公众的极大愤慨。本案在事实认定上最为突出的问题，就是在案有多项证据显示朱晓东是预谋杀人，但朱晓东始终予以否认，其辩护人也辩称是激情杀人。司法实践中，预谋杀人虽不是法定从重处罚情节，但因其直接体现被告人的主观恶性和人身危险性，故属于对适用死刑有较大影响的情节。预谋杀人所体现的主观恶性和人身危险性要明显大于临时起意杀人特别是激情杀人，对预谋杀人犯罪适用死刑的根据也更加充分。以下就如何认定朱晓东系预谋杀人的证据问题以及对朱晓东核准死刑的理由进行分析。

（一）通过综合审查案发前后被告人朱晓东的一系列行为表现，可以认定其系预谋杀人

被告人朱晓东是否属预谋杀人，是本案审理过程中被告方和被害方的争论焦点，相关司法人员之间也有一定意见分歧。朱晓东及其辩护人始终坚称朱晓东系激情作案，没有预谋；被害人亲属及诉讼代理人则坚称朱晓东系预谋作案。公诉机关、一审法院认为不排除朱晓东预谋杀人的可能，但认定其预谋的证据尚不充分，故未予认定；二审法院明确认定朱晓东系预谋杀人，并在裁判文书中用相当篇幅阐述了朱晓东系预谋杀人的理由。最高人民法院经复核审查，认为本案共有五个方面的证据指向朱晓东系预谋杀人。具体分析如下：

1. 被告人朱晓东具有预谋杀人的动机。朱晓东数次婚内出轨被妻子杨某某发现进而导致二人发生矛盾，是本案最重要的案发起因。朱晓东本人供称，其在与杨某某婚前恋爱期间曾与一公司女同事发生过性关系，婚后又与另一同事发生不正当两性关系，并向对方谎称自己已离婚。朱晓东的朋友证实，朱晓东曾在聚会场合将妻子送回家后带其他女性返回聚会现场，还曾在网上订票带其他女性去外地或看电影，并被其妻子发现。朱晓东亲笔书写的保证书亦反映出朱晓东曾向杨某某承诺不再与其他女人联系。可见，由于朱晓东婚前婚后私生活混乱，其与杨某某婚后矛盾突出。而朱晓东供称，其提出离婚时杨某某称如离婚就自杀，致二人离婚不成。据此分析，由于朱晓东无法通过离婚来摆脱束缚，可能产生通过杀妻以求摆脱、回归自由放荡生活的作案动机。

被告人朱晓东供述的案发起因和作案动机是，妻子杨某某因对案发前两天二人去杭州旅游期间预订酒店、车票等问题不满而多次抱怨并与其争吵，案发当日早晨杨再次为此事与其争吵，其为阻止杨某某继续说下去，用双手掐扼杨某某颈部致杨死亡。在案其他证据可证实朱晓东夫妇案发前两天往返杭州，但无法证实二人是否发生争吵。朱晓东的辩护人提出，因杨某某声称如离婚就自杀，朱晓东反而没有杀人的必要，朱晓东如果想让杨某某死亡，通过离婚即可达到目的，但这一逻辑难以成立。杨某某在发现朱晓东婚内出轨后并未决定放弃婚姻，否则没必要要求朱晓东写保证书等，更不会因即将陪朱晓东赴我国香港特别行政区培训而愉快辞职。因此，杨某某声称的如离婚就自杀只是一种威胁性说辞，不能推断出朱晓东可以顺利通过离婚的方式摆脱杨某某或让杨某某自杀身亡。

2. 案发前购书情节。被告人朱晓东于2016年8月28日（案发前一个多月）凌晨2时许购买包括《死亡哲学》《死亡解剖台》在内的5本书籍，其中《死亡解剖台》的相关内容与朱晓东的杀人手段，特别是藏尸方式（书中第一篇案例）高度相似。其购书行为有如下反常之处：第一，朱晓东购书的时间是在其供称与杨某某离婚未果（因杨某某称如离婚就自杀）2天后的凌晨，使离婚未果与买书之间建立一定关联，且朱晓东自称平时从不看书，其下单买书更显异常。朱晓东辩称该批订单的书籍均系杨某某想买，让其帮忙下订单，但从杨某某卧室内其他书籍来看，反映不出杨某某爱看《死亡解剖台》这类书，杨某某的好友亦证实该书不属于杨某某爱看的类型。第二，朱晓东下单时将收货人信息填写为其父姓名、电话、地址，让其父代为收货，此举也让人生疑，可能是不希望杨某某知道其购买该书。第三，朱晓东上述订单中购买的书籍，唯有《死亡解剖台》一书去向不明，其他4本均在现场找到，朱晓东无法解释该书去向。同时，与《死亡解剖台》有相通之处的《死亡哲学》一书未开封，并被放在家中相对隐蔽、一般不放书的厨房橱柜里，而其他书籍均放在卧室衣柜或杨某某一侧床头柜上，且已拆封，说明本次购书中有部分书籍系杨某某想买、想看，而朱晓东可能刻意隐瞒了其一并购买《死亡解剖台》《死亡哲学》这两本书的事实。结合朱晓东下单购书时间是凌晨2时许，杨某某可能根本不知道这两本书的存在。

3. 夫妻二人双双辞职情节。杨某某于案发前一个月以丈夫朱晓东升职要去香港特别行政区培训，其需陪同赴港为由向任职的学校提出辞职，朱晓东陪同其去与校长谈辞职的事，后于被害前3天正式离职。但朱晓东同事的证言及朱晓东的供述证实，朱晓东不但没有升职去香港特别行政区培训，反而在妻子递交辞职信6天后亦从公司辞职，后一直处于待业状态。显然，系朱晓东向杨某某虚构了其因升职要赴香港特别行政区培训一事，而杨某某信以为真，并辞职准备陪同朱晓东一起赴港。

对此，被告人朱晓东辩称，杨某某因厌烦教师工作想辞职，其便与杨某某编造了其要赴港培训的辞职理由。该辩解与如下证据不符：一是杨某某的同事证实，杨某某平时工作勤恳，学生和家长对其反映都很好，未曾表现出朱晓东所称杨某某觉得小孩很烦、不想工作的迹象。二是杨某某的辞职信情真意切，反映出对与丈夫共同赴港生活的期待和不舍两地分离的依恋，结合杨某某同学所证，杨某某是一个信仰爱情、比较单纯的女孩，看不出其为辞职而编造丈夫赴港谎言的迹象。三是杨某某的同事、同学证实，杨某某提出辞职很坚决，且提到辞职一事时很开心，并发微信朋友圈公布离职一事，这反映杨某某对自己要陪丈夫去香港特别行政区心怀向往，笃信无疑，如仅是为辞职编造的理由，应该不会有如此坚定且开心的反映。四是杨某某的辞职信、同事证言证实，杨某某说出了准确的赴港日期，并在其同事提出要与其吃“散伙饭”时，其称因其办的是旅游签证，两周后肯定会回沪，届时再与同事聚会，如为编造理由，无须编造和计划得如此详细，也不会在同事临时提出吃“散伙饭”的建议时不假思索地说出上述理由。五是出入境管理局的记录证实，朱晓东夫妇于案发前8天一起去申办了港澳通行证，案发次日朱晓东将办好的证件取回，办证时间与杨某某所称与朱晓东一起赴港的时间完全吻合。六是朱晓东母亲证实，朱晓东曾说要带杨某某去香港培训的时间亦与杨某某所称赴港时间吻合，且朱晓东母亲知道朱晓东夫妇为此申办港澳通行证一事。再反观朱晓东的表现，其在妻子辞职一事中起主导作用，且在妻子提出辞职6天后亦向公司提出辞职，并对妻子隐瞒其辞职一事，这极为反常。不排除朱晓东骗杨某某辞职共同赴港是让其淡出亲友视线，以致杨某某被害失联后无人关注。并且，朱晓东夫妇经济条件一般，朱晓东平日开销比较大，其在明知妻子提出辞职的情况下自己也提出辞职，完全不顾二人的经济来源，且在作案前带妻子去杭州旅游，不排除其已决意犯罪、不再顾虑日后的生活开支等问题。而杨某某在正式离职3天后即遇害，在时间上也高度巧合。

4. 案发前购买冰柜情节。被告人朱晓东在案发前20多天（其辞职2天后）购买一台冰柜，即后来藏尸所用冰柜。朱晓东对此辩称，其饲养冷血动物常需冷冻存放喂宠物的食物，家中原有冰箱用来放宠物的食物，购买冰柜用来存放其夫妇二人的食物。该情节有如下反常之处：第一，朱晓东购买冰柜是在其购买《死亡解剖台》一书3周后、杨某某提出辞职8天后、其本人辞职2天后，时间的“巧合性”异常。第二，朱晓东夫妇的住处为一居室（无厅），面积不大，且只有其二人居住生活，即便朱晓东需为宠物冷冻部分食物，也没必要在已有冰箱的情况下购买同款冰柜中容积最大的。事实证明，购买该冰柜后并未储存过多食物。因此，从购买时间和实际需求来看，朱晓东购买冰柜可能系作案后用于藏尸。

5. 被告人朱晓东作案后的行为表现也不支持其系激情杀人。朱晓东掐死妻子杨某某后，不是立即自行施救或拨打120或亲友电话求救，反而很快修改杨某某的支付宝账户密码将杨某某的4.5万元转至自己账户，随后预订韩国首尔的酒店和往返机票，并在下午联系朋友邀约当晚聚会，后清洗现场床单，出门扔弃床垫，当晚与朋友喝酒玩乐至次日凌晨。这一系列行为，与社会生活中冲动下失手杀人后的通常反应存在巨大差异，看不到朱晓东的惊愕、恐慌，也看不到懊悔、愧疚和积极补救。

综上，案发前被告人朱晓东先购买写有杀人手段、冰冻尸体内容的《死亡解剖台》一书，之后虚构其因升职将去香港特别行政区培训的理由让被害人杨某某申请辞职，其本人亦离职并购买冰柜，夫妻二人一起申办港澳通行证，在杨某某正式离职（10月14日）3天后将杨杀死。这一系列行为看似“孤立”“巧合”，但在时间轴上先后发生、紧密衔接，与外围证据也能印证，而朱晓东对上述事件不能作出合理解释，故恰恰成为认定朱晓东系预谋杀妻的证据链条和事实基础。本案一审判决未认定朱晓东系预谋杀人，二审裁定用相当篇幅论证了朱晓东系预谋杀人的理由，并在裁判理由部分明确表述朱晓东属预谋作案，但未将预谋情节写入认定的事实，而是沿用了一审认定的事实。最高人民法院复核审查中，考虑预谋作案是本案事实认定方面的重要问题，故在裁定书中将朱晓东案发前与妻子产生矛盾、购买《死亡解剖台》等书籍及冰柜、与被害人先后辞职、作案后挥霍钱财等证明其系预谋作案的情节，在事实部分予以明确表述，丰富了犯罪事实中具体情节的认定，正面回应了辩护意见和社会关切。

（二）根据被告人朱晓东故意杀人的事实和相关情节，可以依法对其适用死刑

实践中，对于因婚姻家庭等民间矛盾激化引发的故意杀人案件，在适用死刑时十分慎重。最高人民法院2010年印发的《关于贯彻宽严相济刑事政策的若干意见》第二十二条规定，对于因恋爱、婚姻、家庭、邻里纠纷等民间矛盾激化引发的犯罪，应酌情从宽处罚。这是从犯罪性质角度所确立的一项基本的政策原则。其中，对被告人既有从宽处罚情节又有从严处罚情节的，要综合考虑各方面情节后最终决定是否适用死刑。

被告人朱晓东有一些从宽处罚情节，例如，本案系婚姻家庭矛盾引发，朱晓东自首且系父母“陪首”，被告方也有赔偿意愿。但是，综合考虑全案事实和从宽、从严情节，最高人民法院最终核准了朱晓东死刑。主要理由如下：第一，从上文的分析可以看出，朱晓东系精心预谋作案，并非冲动之下临时起意犯罪，体现了比激情犯罪更大的主观恶性。第二，从案发起因看，朱晓东素行不良，对婚姻不忠诚是引发夫妻矛盾的直接原因，被害人杨某某对引发案件没有过错。第三，朱晓东在杀妻后将尸体藏于冰柜三个多月，并在此期间实施了一系列恶劣行径。例如，使用妻子和自己的账户大肆消费、透支、借贷，到处旅游，同其他女性开房；多次使用被害人的微信制造被害人还存活的假象等。这一系列行为反映出其毫无悔罪表现，给被害人亲属造成巨大伤害，也引起社会公众极大愤慨。第四，朱晓东虽有自首情节，但其在作案三个多月后因负债累累、无法继续隐瞒真相的情况下，才在父母陪同下投案，且在投案前一天扔弃被害人的身份证、手机和本人手机以毁灭罪证。这种投案看似“自动”，其实是走投无路所致，与作案后因悔罪而立即主动投案的情形有区别，加之被害人尸体藏于家中冰柜内，一旦有人报案很容易锁定犯罪嫌疑人，故朱晓东自首的价值不大。第五，被害方未提起附带民事诉讼，反应强烈，拒不谅解，坚决要求判处朱晓东死刑。

值得一提的是，罪犯朱晓东已于2020年6月4日被依法执行死刑。执行死刑当日，最高人民法院、《人民法院报》、中央政法委长安剑等多家微信公众号和网络媒体进行了报道，当晚该条新闻长时间在百度热搜榜中排行前十，公众舆论基本“一边倒”地对裁判结果表示支持、肯定。

（撰稿：最高人民法院刑五庭　方文军　刘岩岩
审编：最高人民法院刑五庭　马　岩）

[第 1368 号]余正希故意伤害案

——被害人过错的认定标准

【关键词】 故意伤害罪 被害人过错

一、基本案情

被告人余正希,男,1961 年 4 月 6 日出生。2016 年 8 月 24 日被逮捕。

广东省潮州市潮安区人民检察院指控被告人余正希犯故意伤害罪,向潮州市潮安区人民法院提起公诉。

被告人余正希对公诉机关的指控无异议。

潮州市潮安区人民法院经审理查明:2016 年 7 月 15 日晚,被告人余正希与被害人王某(时年 47 岁)因琐事在潮州市潮安区古巷镇古巷三村美厝公厅前发生口角,后被在场群众劝阻。后余正希为泄愤,持一把菜刀返回现场与王某打架。过程中,余正希持刀砍打王某,致王某的身体多处受伤,余正希也被王某打伤,后余正希逃离现场。案发后,余正希的家属已代其向王某先行支付赔偿款 12 550 元。

经法医鉴定:王某的身体损伤程度评定为轻伤二级,余正希的身体损伤程度评定为轻微伤。

另查明,附带民事诉讼原告人王某共用去医疗费 21 903.32 元。

潮州市潮安区人民法院经审理认为,被告人余正希持械故意伤害他人身体,致一人轻伤,其行为已构成故意伤害罪,依法应予以惩处,并应赔偿被害人王某因本案而遭受的物质损失。鉴于余正希归案后如实供述自己的罪行,且案发后能积极赔偿被害人的部分经济损失,依法予以从轻处罚。王某在本案中有一定过错,依法可以减轻余正希 20% 的民事赔偿责任,即余正希应赔偿王某经济损失共计 43 530.53 元。抵除余正希一方前已支付的 12 550 元,余正希还应当赔偿王某 30 980.53 元。依照《中华人民共和国刑法》第二百三十四条第一款、第六十七条第三款、第三十六条第一款,《中华人民共和国民法通则》第一百三十一条,《最高人民法院关于审理人身损害赔偿案件适用法律若干问题的解释》第十九条、第二十条、第二十一条、第二十二条、第二十三条、第二十四条、第三十五条之规定,判决如下:

1. 被告人余正希犯故意伤害罪,判处有期徒刑一年二个月。

2. 被告人余正希应赔偿附带民事诉讼原告人王某的医疗费、后续治疗费、住院伙食补助费、误工费、护理费、营养费、鉴定费、交通费共计 43 530.53 元,抵除余正希一方前已支付的款项 12 550元,余款 30 980.53 元应于本判决发生法律效力之日起十日内付还。

3. 驳回附带民事诉讼原告人王某的其他诉讼请求。

宣判后,附带民事诉讼原告人王某对该案附带民事部分判决不服,上诉称整个案件都是余正希故意挑起事端,其在本案中没有任何过错,原审判决认定其在本案中有一定过错不当。

潮州市中级人民法院认为,被告人余正希故意伤害他人身体,致一人轻伤,其行为已构成故意伤害罪,应依法予以惩处。余正希故意伤害致王某轻伤,应对王某因此而遭受的物质损失承担相应的民事赔偿责任。原审判决审判程序合法,但认定王某在本案中有一定过错并据此减轻余正希应当承担的民事赔偿责任不当,应予纠正,判决如下:

1. 维持潮州市潮安区人民法院(2016)粤 5103 刑初 524 号刑事附带民事判决的第三项;

2. 撤销潮州市潮安区人民法院(2016)粤5103刑初524号刑事附带民事判决的第二项;

3. 原审被告人余正希应赔偿上诉人王某因本案而遭受的物质损失共计54 413.16元,抵除余正希一方前已支付的款项12 550元,余款41 863.16元应于本判决发生法律效力之日起十日内付还。

二、主要问题

司法实践中如何认定被害人过错?

三、裁判理由

本案中,关于被害人王某是否存在过错的问题,有两种意见:第一种意见认为,虽然被告人余正希持刀砍打王某,但因王某在现场未能冷静处理双方纠纷,且王某在打架过程中也将余正希打致轻微伤,故应认定王某在本案中存在过错;第二种意见认为,在案证据不足以认定王某存在过错。

我们同意第二种意见,理由如下:

被害人过错是司法案件中常见的情形。如《民法通则》第一百三十一条规定,受害人对损害的发生有过错的,可以减轻侵害人的民事责任。在刑事案件中,被害人是否有过错也影响被告人的量刑。但是,刑事案件中的被害人过错不同于一般话语环境中的过错,具有其自身特定的含义。刑法意义上的被害人过错,是指被害人出于主观上的过错实施了错误或不当的行为,且该行为违背了法律或者社会公序良俗、伦理规范等,侵犯了被告人的合法权益或其他正当利益,客观上激发了犯罪行为的发生。

实践中,认定被害人具有刑法意义上的过错,应具备以下条件:

第一,过错行为的实施者是被害人。如果过错行为是第三人所实施的,而被告人却针对被害人实施了犯罪行为,那么不能认定被害人有过错。

第二,被害人实施的行为违反了法律规定,或者违背社会公序良俗、伦理规范,应当受到社会的否定性评价。同时,这种应受谴责性应当达到一定的程度,即并非所有的过错都属于刑法意义上的过错,轻微的过错,不属于刑法意义上的被害人过错。在司法实践中,通常认为,只有被害人的言语或行为对被告人的合法权益或者社会公共利益造成比较恶劣的影响或比较严重的损害,为常人所不能容忍时,才属于刑法评判的范畴。比如,因夫妻矛盾引发的杀妻案件中,如果是因为妻子有婚外性关系,违背夫妻忠诚义务的,通常认为属于被害人过错;如果仅仅因为夫妻双方日常争执引发案件,通常不认为被害人有过错。

第三,被害人主观上具有过错。即被害人主观上是故意或过失的心态,应当受到法律或道德上的谴责。至于不可归咎于被害人的其他行为,则不能认定为被害人过错。

第四,过错行为与犯罪行为的发生之间具有关联性。这表现在以下几个方面:一是时间上的相近性,必须是过错行为在前,犯罪行为在后。同时,如果过错行为已经发生很久,被告人在多年之后实施犯罪行为的,通常情况下不再认定是被害人的过错激发了犯罪的发生。二是利益上的关联性,利益关联性是被害人行为构成过错的事实条件。比如,甲住在乙家与乙同居数年,后二人在生活中发生矛盾,乙欲结束这种同居关系而不让甲在其家继续居住,甲搬出后恼怒,于某夜潜入乙家将乙杀死。本案的诱因是乙不让甲在乙家居住,但乙的行为并未侵犯甲的正当利益因而不构成过错。两人同居关系与案件的发生并没有利益关联性,故而本案中乙与甲同居之后又将甲从其家中赶出,都不属于被害人过错。三是作用上的因果性,即被害人的过错行为与犯罪行为的发生之间具有引起与被引起的因果关系,被害人的行为直接激化或加剧了被告人的犯罪。

本案中,首先,王某的陈述和证人杨某的证言均证实被告人余正希与王某第一次、第二次发生争吵均是由余正希先挑起事端。其次,王某和证人周某、杨某均证实案发时是余正希先持刀砍人,之后王某才拿起凳子抵挡并打余正希,而不是王某先拿凳子打余正希。王某在拿起凳子抵挡的过程中虽然致余正希轻微伤,但这是由于余正希的先行侵犯行为所引起的。王某的行为与余正希的犯罪行为之间不具有因果性,故王某的行为不属于刑法意义上的过错行为。

综上,二审法院依法认定王某在本案中不存在过错,并据此对附带民事诉讼部分进行改判是正确的。

(撰稿:广东省潮州市中级人民法院　江　瑾
审编:最高人民法院刑四庭　叶邵生)

[第1369号]高某某故意伤害案

——死刑缓期执行期间故意犯罪案件"情节恶劣"的把握

【关键词】　故意伤害罪　死缓的执行　故意犯罪情节恶劣

一、基本案情

被告人高某某,男,1985年7月30日出生。2014年1月3日因犯故意杀人罪被河南省许昌市中级人民法院判处死刑,缓期二年执行,剥夺政治权利终身,并限制减刑。2014年7月12日经河南省高级人民法院裁定核准。

河南省许昌市人民检察院指控被告人高某某在死刑缓期执行期间又犯故意伤害罪,向河南省许昌市中级人民法院提起公诉。

河南省许昌市中级人民法院经审理查明:被告人高某某因犯故意杀人罪被判处死刑,缓期二年执行,剥夺政治权利终身,并限制减刑,2014年8月7日入某省第三监狱服刑。2014年8月23日下午,高某某被同监狱罪犯张某某(被害人)打骂,便怀恨在心。2014年8月24日午饭后,高某某趁张某某在监舍休息之际,将放在监舍门口的暖水瓶内的开水,倒在趴在床上睡觉的张某某的面部、颈部、肩部、背部等处,致张某某被烫伤。经鉴定,张某某的损伤程度为轻伤一级。

河南省许昌市中级人民法院认为,被告人高某某主观上有伤害他人的故意,客观上实施了伤害他人的行为,并造成了被害人轻伤一级的后果,其行为已构成故意伤害罪。鉴于被害人对本案的引发存在过错,可以对高某某从轻处罚。依照《中华人民共和国刑法》第二百三十四条第一款、第六十一条之规定,判决如下:

被告人高某某犯故意伤害罪,判处有期徒刑一年;依据《中华人民共和国刑法》第五十条第一款(此处指《刑法修正案(九)》修正前的条款)、《中华人民共和国刑事诉讼法》第二百五十条第二款①、《最高人民法院关于适用〈中华人民共和国刑事诉讼法〉的解释》第四百一十五条第二款之规定,本判决生效以后,层报最高人民法院核准对被告人高某某执行死刑。

一审宣判后,在法定期限内没有上诉、抗诉。河南省许昌市中级人民法院依法报请河南省高级人民法院复核。

河南省高级人民法院裁定同意原判,同时依法报请最高人民法院核准。

---

① 此处引用的是2012年《刑事诉讼法》,对应2018年修正后的《刑事诉讼法》第二百六十一条第二款。

最高人民法院复核认为，被告人高某某在死刑缓期执行期间，用开水浇烫他人身体，致人轻伤一级，其行为构成故意伤害罪，但鉴于被害人在本案起因上具有明显过错等情节，高某某故意犯罪尚未达到情节恶劣的程度，第一审判决和复核审裁定对高某某决定执行死刑的刑罚不当。根据《中华人民共和国刑法》第五十条第一款（此处指经《刑法修正案（九）》修正后的条款）、《中华人民共和国刑事诉讼法》第二百三十九条①和《最高人民法院关于执行〈中华人民共和国刑事诉讼法〉的解释》第三百五十条第（五）项、第三百五十三条第一款之规定，裁定如下：

不核准河南省高级人民法院同意第一审决定对被告人高某某执行死刑，剥夺政治权利终身的刑事裁定，并发回重审。

河南省许昌市中级人民法院经重审后认为，被告人高某某在死刑缓期执行期间，在受到同监室服刑人员被害人张某某打骂后，不通过正当渠道反映，而是伺机报复，致张某某轻伤一级，应以故意伤害罪追究高某某的刑事责任，但鉴于高某某因工作慢受到被害人的打骂，不存在不服管教、故意违反监规的问题；张某某在本案起因上存在明显过错，系引发高某某此次犯罪的主要原因。故对高某某所犯故意伤害罪予以从轻处罚，高某某的行为不属"情节恶劣"。依照《中华人民共和国刑法》第二百三十四条、第七十一条、第五十条第一款、第六十七条第三款、第六十九条、第六十一条之规定，判决如下：

被告人高某某犯故意伤害罪，判处有期徒刑一年；与其前犯故意杀人罪所判处的刑罚并罚，决定执行死刑，缓期二年执行，剥夺政治权利终身，对被告人高某某限制减刑。

宣判后，被告人未提出上诉，检察机关亦未抗诉。判决已发生法律效力。

二、主要问题

（一）《刑法修正案（九）》对死刑缓期执行期间故意犯罪的规定对修正案施行前所判处的死缓罪犯及其于修正案施行前实施的故意犯罪有无溯及力？

（二）死刑缓期执行期间故意犯罪"情节恶劣"应如何把握？

（三）死刑缓期执行期间故意犯罪案件的审理程序应如何适用？

三、裁判理由

（一）《刑法修正案（九）》关于死刑缓期执行期间故意犯罪"情节恶劣的"才能执行死刑的规定，应当适用于该修正案实施之前已经判决并生效的死刑缓期执行罪犯

死刑缓期执行是我国特有的一种刑罚执行制度，自1979年《刑法》实施以来，先后经过两次修改。根据1979年《刑法》第四十六条的规定，对于判处死刑缓期执行的罪犯，在死刑缓期执行期间，"如果抗拒改造情节恶劣，查证属实的，由最高人民法院裁定或者核准，执行死刑"。1997年《刑法》第五十条对死缓罪犯变更执行死刑的条件作出修改，规定"如果故意犯罪，查证属实的，由最高人民法院核准，执行死刑"，限定了死缓罪犯变更为执行死刑的范围，要求抗拒改造的行为表现必须构成故意犯罪，才能考虑执行死刑。2015年11月1日施行的《刑法修正案（九）》对《刑法》第五十条再次作出修改，规定"如果故意犯罪，情节恶劣的，报请最高人民法院核准后执行死刑；对于故意犯罪未执行死刑的，死刑缓期执行的期间重新计算，并报最高人民法院备案"。这一修改，进一步严格了死刑缓期执行罪犯变更执行死刑的条件，要求该罪犯不但要有故意犯罪行为，而且必须达到"情节恶劣"的程度，才能变更为执行死刑。与1997年《刑法》相比，《刑法修正案（九）》的规定对于死刑缓期执行罪犯故意犯罪的刑罚处理更轻，根据《刑法》第十二条"从旧兼从轻"的溯及力原则，该规定对于2015年11月1日之前判处的死刑缓期执行罪犯及这一类罪犯

---

① 此处引用的是2012年《刑事诉讼法》，对应2018年修正后的《刑事诉讼法》第二百五十条。

在2015年11月1日之前实施的故意犯罪行为,均应予以适用。因此,《最高人民法院关于〈中华人民共和国刑法修正案(九)〉时间效力的解释》第二条规定,"对于被判处死刑缓期执行的犯罪分子,在死刑缓期执行期间,且在2015年10月31日以前故意犯罪的,适用修正案刑法第五十条第一款的规定"。

具体到本案中,罪犯高某某于2014年7月12日被河南省高级人民法院裁定核准死刑,缓期二年执行,并限制减刑。2014年8月23日又再犯故意伤害罪,依照当时有效的《刑法》(《刑法修正案(九)》实施之前的1997年《刑法》)第五十条第一款之规定,应当报请最高人民法院核准后执行死刑,故第一审判决和复核审裁定决定对高某某执行死刑在当时是适当的。但在最高人民法院复核期间,《刑法修正案(九)》实施,因高某某的死刑执行裁定尚未生效,根据从旧兼从轻的原则,即应当适用修正后的《刑法》第五十条第一款规定予以审查。在最高人民法院不予核准并发回重审后,某某中级人民法院适用修正后的《刑法》第五十条第一款规定作出判决,也是正确的。

(二)死刑缓期执行期间故意犯罪"情节恶劣"的认定,应当根据故意犯罪的动机、手段、造成的危害后果等犯罪情节,并结合罪犯在缓期执行期间的改造、悔罪表现等,综合作出判断

根据修正后《刑法》第五十条第一款的规定,对于被判处死刑缓期执行的罪犯,如果在死刑缓期执行期间故意犯罪,情节恶劣的,报请最高人民法院核准后执行死刑。这里的"情节恶劣"该如何把握,目前尚没有司法解释予以规定。有观点认为,应当与《刑法》其他故意犯罪条文中规定的"情节恶劣"作同一理解;也有观点认为,应当以其故意犯罪所判处的刑罚为准,凡被判处三年有期徒刑以上刑罚或者五年有期徒刑以上刑罚的,均应当执行死刑。

我们认为,这两种观点均存在不妥之处,理由如下:

第一,现行《刑法》分则中关于"情节恶劣"的规定共有十条,其中危险驾驶罪,出版歧视、侮辱少数民族作品罪,打击报复会计、统计人员罪,虐待罪,遗弃罪,寻衅滋事罪,虐待部属罪,遗弃伤病军人罪,虐待俘虏罪九个条文将"情节恶劣"规定为构成犯罪的基本条件,也就是说,属于入罪条款,针对的是故意犯罪的一般情形;另外,就是强奸罪条文中"强奸妇女、奸淫幼女情节恶劣的"处十年以上有期徒刑、无期徒刑或者死刑的规定。如果将"情节恶劣"理解为故意犯罪的一般情形,意味着所有的故意犯罪都属于"情节恶劣"的情形,就抵消了《刑法修正案(九)》对死缓罪犯故意犯罪执行死刑增加"情节恶劣"这一限制条件的意义,无疑不符合立法的原意。如果将"情节恶劣"理解为强奸罪条文中所规定的可能判处十年有期徒刑以上刑罚的严重情形,则死缓罪犯变更执行死刑的条件过于严格,既不符合民意,也不利于刑罚执行机关对罪犯的改造和管理。

第二,在我国刑法理论中,"情节恶劣"既包括对被告人主观心态或人格的判断,也包括对其客观行为表现的判断。死缓罪犯在监狱的封闭环境中可能实施的犯罪种类有限,但也存在死缓罪犯由于脱逃或者其他原因而脱管于社会的可能性,在后一种情况下,其可能实施一般自然人为主体的大多数种类犯罪。在死缓罪犯是否变更执行死刑的问题上,如果按其故意犯罪可能判处的刑罚搞"一刀切",也不能应对实践中千差万别的情形。

因此,合理的做法是通过追本溯源,从"为什么对被告人缓期执行"出发来寻找"为什么对被告人执行死刑"的答案,换句话说,设置死缓制度的目的决定了死缓的适用条件,同样也就决定了死缓的撤销条件。

死缓制度设置的目的是减少和限制死刑,体现了社会主义人道精神。《刑法》第四十八条规定:"死刑只适用于罪行极其严重的犯罪分子。对于应当判处死刑的犯罪分子,如果不是必须立

即执行的，可以判处死刑同时宣告缓期二年执行。”对该规定应当从以下两个方面理解：一方面，死刑缓期执行不是一种独立的刑种，而是死刑的一种执行方法，是对于本应当判处死刑的犯罪分子，考虑其存在一定情节，因此对其死刑不予立即执行，而是判决缓期二年执行，予以考察，以观后效。这就决定了死缓的适用对象仍是罪行极其严重的犯罪分子。另一方面，刑事责任的评价要素既包括犯罪行为的社会危害性大小，也包括犯罪人的主观恶性和人身危险性大小。死刑适用于社会危害性极为严重的罪行，在判断被告人所判处死刑是否属于“不是必须立即执行”的情形，还要从其主观恶性和人身危险性方面来分析，能否给其一个改过自新、重新做人的机会。因而，对于罪犯在缓期执行期间的故意犯罪，判断是否属于“情节恶劣”应予执行死刑，也应从其所犯新罪体现出来的主观恶性和人身危险性来评价。在司法实践中，判断是否达到“情节恶劣”的程度，可以根据犯罪的动机、手段、造成的危害后果等犯罪情节，并结合罪犯在缓期执行期间的改造、悔罪表现等，综合作出判断。具体而言：

1. 从犯罪原因上看，如果死缓罪犯所犯新罪事出有因，被害人有一定的过错或者责任，或者说系受被害人刺激而为，则说明该罪犯主观上并没有积极地对抗改造；如果其出于狭隘心态而针对他人或者不特定多数人实施犯罪，并且没有可归责于该罪犯以外的原因，则充分说明其主观上仍抱有仇恨社会的心态、抗拒改造。

2. 从犯罪手段及后果上看，如果被告人的犯罪手段节制，未造成特别严重后果，说明其内心对法制尚有敬畏之心，仍有改造余地；如果其行为毫无节制，受制于意外因素才被终止，或者造成特别严重的后果，则说明其行为不计后果，无视甚至蔑视法制，没有再改造的可能性。

3. 从死缓罪犯在缓期执行期间的整体表现来看，如果其在考验期间一贯表现不好，经常有不服管教、故意违反监规的行为，说明其主观上具有拒绝改造的心态，认定其故意犯罪是否属于“情节恶劣”时应当将这些情况考虑进来，从严对待；如果其在考验期间一贯表现良好，积极接受改造，则认定其故意犯罪是否属于情节恶劣时也应当结合其平时表现，从宽对待。

4. 死缓罪犯新犯故意犯罪被判处三年有期徒刑以上刑罚或者五年有期徒刑以上刑罚的，可以作为判断“情节恶劣”的重要参考，但不能一概而论，仍应结合上述三个情节予以综合判断。比如，对于被告人出于正当防卫的目的而实施故意杀人或者故意伤害犯罪，可能也会被判处五年以上有期徒刑，但如果绝对认定这种情况下即应执行死刑，恐怕与社会公众的道德价值观念也相违背；如果死缓罪犯实施以不特定多数人为犯罪对象的故意犯罪，如实施放火、爆炸、决水、投毒等，即使因未遂仅被判处三年以上五年以下有期徒刑的，但犯罪已反映出该罪犯极端仇视社会的心理和反社会人格，主观恶性和人身危险性极大，也应当判决报请最高人民法院核准死刑。

具体到本案中，从犯罪前因上看，罪犯高某某因劳动速度慢而被作为同监罪犯的被害人多次扇耳光并辱骂，并不存在不服管教，故意违反监规、对抗改造的问题，被害人在本案起因上存在明显的过错；从其犯罪表现上看，也是出于泄愤之举，并非要严重伤害被害人；而且高某某于2014年8月7日入监狱服刑，8月24日再犯故意伤害罪，实际接受监狱改造时间很短，就此判定其不服管教、抗拒改造，会有“不教而诛”之嫌。

综合以上考虑，认定高某某的故意犯罪不属于“情节恶劣”，对其不执行死刑，是适当的。

（三）对死刑缓期执行期间故意犯罪决定不执行死刑的，不需再经过高级人民法院的复核程序；决定执行死刑的，则需要经过最高人民法院核准

根据修正后的《刑法》第五十条第一款的规定，对于被判处死刑缓期执行的罪犯，如果在死刑缓期执行期间故意犯罪，情节恶劣的，报请最高人民法院核准后执行死刑；对于故意犯罪未执行死刑的，死刑缓期执行的期间重新计算，并报最高人民法院备案。《最高人民法院关于对死刑缓

期执行期间故意犯罪未执行案件进行备案的通知》第二条指出:“中级人民法院判决对死刑缓期执行期间故意犯罪不执行死刑的,不需要再报高级人民法院核准。”之所以对故意犯罪未执行死刑的不再报高级人民法院核准,是因为死刑(死缓刑)复核的主要目的是确定生效判决所认定死刑罪名的相关事实清楚、适用法律正确、对被告人判处的死缓适当,对于这类罪犯来说,其原来所判处的死缓已经经过高级人民法院的复核程序予以核准,再次上报的话,高级人民法院复核的主要对象仍是原判处死缓刑罪名的事实认定、法律适用及量刑问题,从诉讼经济的角度出发,没有必要再重复一次复核工作。而对于一审、二审裁判决定执行死刑的情形,因为最高人民法院是《刑法》规定的唯一死刑核准机关,而原来的死缓判决并未经最高人民法院复核,因此,应当报请最高人民法院核准。根据上述规定,对于死刑缓期执行期间故意犯罪的案件,在审理程序上应当作如下把握:

1. 如果一审判决不执行死刑,控辩双方不提出上诉、抗诉,或者控辩双方提出上诉(认为自己无罪或者不构成故意犯罪)、抗诉(认为应当执行死刑)而高级人民法院二审维持一审不执行死刑判决的,该一审判决即发生法律效力,不需由高级人民法院进行复核程序;或者一审判决对被告人执行死刑,控辩双方提出上诉或抗诉,高级人民法院二审改判不执行死刑的,即为终审判决;上述情形均应当将被告人移交监狱执行刑罚,同时将判决层报最高人民法院备案审查。如果高级人民法院和最高人民法院在备案审查中认为生效裁判确有错误的,按照审判监督程序予以纠正。

2. 如果一审判决决定对被告人执行死刑,控辩双方不提出上诉,或者控辩双方提出上诉(认为自己无罪、不构成故意犯罪的或者不应当执行死刑)、抗诉(认为不应当执行死刑)而高级人民法院二审维持一审执行死刑判决的;或者一审判决对被告人不执行死刑,检察机关提出抗诉而高级人民法院二审改判对被告人执行死刑的,应当报请最高人民法院核准。

(撰稿:河南省高级人民法院　蔡智玉
审编:最高人民法院刑四庭　周　峰)

糯康犯罪集团故意杀人、运输毒品、劫持船只、绑架案

【关键词】　故意杀人罪　运输毒品罪　劫持船只罪　绑架罪　管辖权　旗国主义　保护主义　证据运用　罪数

一、基本案情

被告人糯康(音译),男,缅甸联邦共和国国籍,掸族,1969 年 11 月 8 日出生。2012 年 5 月 10 日被逮捕。

被告人桑康 · 乍萨(音译),男,泰王国国籍,掸族,1951 年出生。2012 年 7 月 19 日被逮捕。

被告人依莱(音译),男,国籍不明,泰佤族,1957 年 10 月 21 日出生。2012 年 7 月 19 日被逮捕。

被告人扎西卡(音译),男,国籍不明,拉祜族,28 岁。2012 年 7 月 19 日被逮捕。

被告人扎波(音译),又名扎波古、扎波怪,男,国籍不明,拉祜族,35 岁。2012 年 7 月 19 日被逮捕。

被告人扎拖波(音译),男,国籍不明,拉祜族,30 岁。2012 年 7 月 19 日被逮捕。

云南省昆明市人民检察院指控被告人糯康、桑康·乍萨、依莱犯故意杀人罪、运输毒品罪、绑架罪、劫持船只罪，被告人扎西卡、扎波犯故意杀人罪、绑架罪、劫持船只罪，被告人扎拖波犯劫持船只罪，向昆明市中级人民法院提起公诉。

昆明市中级人民法院经公开审理查明：

（一）2011年9月底至10月初，长期盘踞在湄公河流域"散布岛"一带的糯康犯罪集团，为报复中国船只被缅甸军队征用清剿该组织，同时为获取泰国不法军人的支持，被告人糯康先后与被告人桑康·乍萨、依莱、翁蔑（另案处理）、弄罗（另案处理）策划劫持中国船只、杀害中国船员，并在船上放置毒品栽赃陷害船员。按照糯康的安排，依莱在湄公河沿岸布置眼线、选定停船杀人地点，并和弄罗与泰国不法军人具体策划栽赃查船等事宜。

2011年10月5日早，根据糯康的授意，在桑康·乍萨的指挥下，翁蔑带领温那、碗香、岩湍、岩梭等人（均另案处理），携带枪支驾乘快艇，在湄公河"梭崩"与"散布岛"之间的"弄要"附近，劫持了中国船只"玉兴8号""华平号"，捆绑控制了船员，并将事先准备的毒品分别放置在两艘船上。被告人扎西卡、扎波、扎拖波接到翁蔑等人通知后赶到"弄要"参与武装劫船。两船被劫至泰王国清莱府清盛县央区清盛—湄赛路1组湄公河岸边一鸡素果树处停靠，翁蔑、扎西卡、扎波等人在船上迅即向中国船员开枪射击后驾乘快艇逃离。按照与依莱、弄罗的约定，在岸边等候的泰国不法军人随即向两艘中国船只开枪射击，而后登船继续射击，并将中国船员尸体抛入湄公河。此案即是当年的"10·5"惨案。

案发当天经现场勘查，在"玉兴8号"驾驶室发现被害人杨某甲尸体，在"玉兴8号""华平号"上共查获919 600粒毒品可疑物。2011年10月7日至11日，在泰王国清盛港附近陆续打捞出被蒙眼、蒙嘴、捆绑双手的被害人黄某、王某甲、邱某某、蔡某某、杨某乙、李某、杨某丙、文某某、王某乙、曾某某、何某某、陈某某等12具中国船员尸体。经鉴定，被害的13名中国船员均为枪弹伤导致死亡，查获的毒品可疑物系甲基苯丙胺，净重84 516.01克。

（二）糯康犯罪集团长期在湄公河流域非法拦截、检查来往船只、强取财物。2011年4月2日，被告人桑康·乍萨、扎西卡、扎波及犯罪嫌疑人翁蔑等人，在湄公河"挡石栏"滩头，将中国货船"渝西3号"船长冉某某和老挝金木棉公司客船"金木棉3号"船长罗某某劫持为人质。4月3日，又在"孟巴里奥"附近水域将中国货船"正鑫1号""中油1号""渝西3号"劫持至"三颗石"附近，并将张某等15名中国船员扣押为人质。之后，"正鑫1号"船长钟某某被强行带走并与罗某某、冉某某一同关押。罗某某、冉某某在被关押期间，遭到捆绑、殴打，被迫与老挝金木棉公司和"正鑫1号"出资人于某某联系交钱赎人。经于某某与被告人糯康的代表弄罗谈判，4月6日下午，弄罗将收到的赎金2 500万泰铢交付给被告人依莱后，罗某某、冉某某、钟某某获释。三艘中国货船及船员被缅甸政府解救。

2012年11月6日，云南省昆明市中级人民法院作出（2012）昆刑一初字第162号刑事判决，依法判决：被告人糯康犯故意杀人罪，判处死刑；犯运输毒品罪，判处死刑，并处没收个人全部财产；犯绑架罪，判处无期徒刑，并处没收个人全部财产；犯劫持船只罪，判处无期徒刑；决定执行死刑，并处没收个人全部财产。被告人桑康·乍萨犯故意杀人罪，判处死刑；犯运输毒品罪，判处死刑，缓期二年执行，并处没收个人全部财产；犯绑架罪，判处无期徒刑，并处没收个人全部财产；犯劫持船只罪，判处无期徒刑；决定执行死刑，并处没收个人全部财产。被告人依莱犯故意杀人罪，判处死刑；犯运输毒品罪，判处死刑，缓期二年执行，并处没收个人全部财产；犯绑架罪，判处无期徒刑，并处没收个人全部财产；犯劫持船只罪，判处无期徒刑；决定执行死刑，并处没收个人全部财产。被告人扎西卡犯故意杀人罪，判处死刑；犯绑架罪，判处有期徒刑十五年，并处罚金人民币

500 000 元；犯劫持船只罪，判处有期徒刑十五年；决定执行死刑，并处罚金人民币 500 000 元。被告人扎波犯故意杀人罪，判处死刑，缓期二年执行；犯绑架罪，判处有期徒刑十五年，并处罚金人民币 500 000 元；犯劫持船只罪，判处有期徒刑十五年；决定执行死刑，缓期二年执行，并处罚金人民币 500 000 元。被告人扎拖波犯劫持船只罪，判处有期徒刑八年。

一审判决宣判后，被告人糯康、桑康·乍萨、依莱、扎西卡、扎波、扎拖波均以一审判决量刑过重，请求从轻处罚为由提出上诉。

云南省高级人民法院经依法公开开庭审理，于 2012 年 12 月 26 日以(2012)云高刑终字第 1765 号刑事附带民事裁定书驳回上诉，维持原判。并将对被告人糯康、桑康·乍萨、依莱、扎西卡的死刑判决，依法报请最高人民法院核准。

最高人民法院复核认为，被告人糯康、桑康·乍萨、依莱为报复中国船只、陷害中国船员，与泰国不法军人共谋策划，组织、指挥犯罪集团成员武装劫持"玉兴 8 号"和"华平号"货船并故意放置、押运毒品甲基苯丙胺，后将捆绑控制的船员予以杀害。此外，糯康、桑康·乍萨、依莱还曾策划、组织武装劫持中国船只"正鑫 1 号"、"中油 1 号"和"渝西 3 号"，绑架中国公民作为人质勒索赎金，且数额特别巨大，上述三被告人的行为均已构成故意杀人罪、运输毒品罪、绑架罪、劫持船只罪。被告人扎西卡积极参与武装劫持船只、绑架人质勒索赎金，并枪杀中国船员，其行为已构成故意杀人罪、绑架罪、劫持船只罪。糯康、桑康·乍萨、依莱系犯罪集团首要分子，应当按照集团所犯全部罪行处罚；扎西卡作为犯罪集团成员，在其所参与的共同犯罪中起主要作用，系主犯。上述四被告人犯罪手段特别残忍，犯罪情节特别恶劣，犯罪后果特别严重，且均无法定从轻或减轻处罚情节，应依法惩处。第一审判决、第二审裁定认定的事实清楚，证据确实、充分，定罪准确，量刑适当。审判程序合法。

2013 年 1 月 29 日最高人民法院作出(2013)刑二复 72350274 号刑事裁定，依法核准糯康、桑康·乍萨、依莱、扎西卡四人死刑。

二、裁判理由

(一)关于本案管辖权的确定

1. 属地管辖原则的补充

我国《刑法》第六条规定，凡在中华人民共和国领域内犯罪的，除法律有特别规定的以外，都适用本法。此即为我国刑法中的属地管辖原则，该条还同时规定，凡在中华人民共和国船舶或者航空器内犯罪的，也适用本法。但对"中华人民共和国船舶"如何理解，我国目前尚无相关法律、法规及司法解释对此作出具体规定，通行观点包括船籍国主义和旗国主义，前者是指船舶的船籍国为我国，后者是指船舶悬挂了我国国旗。

一般而言，在国际私法中多采用船籍国主义，如在海商事案件中，特别是海损等纠纷中涉及赔偿主体时多与船籍和船东有关；而在国际公法中则多采用旗国主义。这是因为：一是船舶在公海上航行悬挂一国国旗往往表示接受该国的保护并愿意遵守该国相关法律，因此，在此船舶上的犯罪也往往被认为是针对旗帜国的侵犯，旗帜国理所当然对这些犯罪享有管辖权；二是旗国主义是通行的国际惯例，不仅得到了国际法的承认，而且被许多国家规定在其刑法典中。例如，1988 年 12 月 19 日在联合国第 6 次全会上通过的《禁止非法贩运麻醉药品和精神药物公约》(以下简称《公约》)第 4 条规定，犯罪发生在犯罪时悬挂其国旗的船只或按其法律注册的飞行器上时，各缔约国应确立本国的管辖权。在一些国家的国内法中也是如此，例如，《德国刑法典》第 4 条规定，在悬挂德意志联邦共和国国旗或国徽的船舶、航空器内发生的犯罪行为，无论行为地法律如何规定，均适用德国刑法。《法国刑法典》第 113 - 3 条也规定，在悬挂法国国旗的船只上实行的犯罪,或者无论其处于何地,针对此种船只实行的犯罪,适用法国刑法。通常认为,挂有本国国旗的船舶与航空器,属于本国领土,这是属地管辖原则的补充,不管其航行或停放在何处,对在船舶与航空器内的犯罪,都应适用旗国的刑法。本案无论是“华平号”还是“玉兴8号”悬挂的都是中华人民共和国国旗,因此,我国享有刑事管辖权。

2. 保护管辖原则

即使不从属地管辖原则出发,也能确定我国对本案的刑事管辖权。《刑法》第八条规定,外国人在中华人民共和国领域外对中华人民共和国国家或者公民犯罪,而按本法规定的最低刑为三年以上有期徒刑的,可以适用本法,但是按照犯罪地的法律不受处罚的除外。本案中,涉案被害人都是中国人,无论是劫持船只罪、故意杀人罪还是绑架罪,在我国刑法中都是法定最低刑为三年以上有期徒刑的严重犯罪。糯康犯罪集团长期在湄公河流域实施劫船、绑架等行为,严重危害该流域的航行自由与安全,沿岸各国都公认是严重犯罪,并视之为严厉打击对象,这些犯罪行为依犯罪地法律也均应受到处罚。因此,依据保护管辖原则,我国对该案享有刑事管辖权。

3. 国际条约的规定

我国已经签署加入了《公约》,依据《公约》第4条的规定,犯罪发生在犯罪时悬挂其国旗的船只或按其法律注册的飞行器上,该国具有管辖权,我国法院亦对本案中的涉毒犯罪具有管辖权。因而,我国对本案享有无可辩驳的刑事管辖权,法律和法理依据充分。

(二)本案的证据运用

本案由于犯罪地在国外,境外执法主体已先期进行了一部分证据的提取、收集、制作工作,因此,在我国法庭审判中必然面临这些证据的转换问题。

基于国家主权方面的原因,一国执法主体提取、收集、制作的证据并不能在另一国法庭上直接作为证据使用,但这些证据有时又会异常重要不能弃之不顾。因此,为了维护国家主权和诉讼便利,国际惯例通常采取刑事司法协助进行证据交换。我国《刑事诉讼法》第十七条规定,根据中华人民共和国缔结或者参加的国际条约,或者按照互惠原则,我国司法机关和外国司法机关可以相互请求刑事司法协助。本案中,根据《中华人民共和国和泰王国关于刑事司法协助的条约》和《中华人民共和国和老挝人民民主共和国关于民事和刑事司法协助的条约》,涉及泰王国和老挝的证据,经过政府间交换,可以在我国的法庭上直接作为证据进行使用,而且在庭审中不再对证据资格进行质证,但该证据是否具有证明力及是否作为定案之证据则由我国的法庭依照我国相关法律进行最终确认。中缅之间尚无刑事司法协助的条约,因此不能直接在政府层面上进行互换,而只能通过外交途径进行协商。

需要注意的是,并非所有的证据都需要转化为国内证据,对于被告人供述、被害人陈述和证人证言这些言词类证据就可以在国内重新进行提取、收集和制作,例如,可以在国内对被告人进行询问,可以要求被害人和证人前往他国法庭出庭进行陈述。

本案的证据体系具有以下鲜明特征:一是证据体系得以建立,主要依赖我国司法机关依法收集的证据,与外国司法机关依法移交的证据相互支撑、融为整体,形成完整、一致的证明力;二是我国司法机关收集在案的证据,特别是本案七被告人供认犯罪事实的言词证据,与外方移交的现场勘验检查记录、尸体检验记录等客观证据相互印证、结论排他,确定无疑地证明了犯罪事实;三是依照中老、中缅、中泰各方达成的刑事司法合作协议及建立的双边、多边警务合作机制,各方本着尊重主权及平等互利的原则,成功地实现跨国证据调查,保证了各国及时、高效地追诉糯康犯罪集团成员的各项犯罪;四是在此次法庭审理中,由我国司法机关提出申请,经外方有权机关批准,外方证人及物证鉴定专家出席法庭作证,直接、客观、公正地证明了本案七被告人所实施的犯罪事实。

（三）本案罪数的认定

在第一起指控事实中，糯康犯罪集团成员犯劫持船只罪、运输毒品罪、故意杀人罪，多名被告人及辩护人提出属于牵连犯应择一重处的辩解、辩护意见。法院经审理认为，糯康犯罪集团为报复中国船只，也为获取不法泰国军人支持，实施劫持船只、运输毒品、杀害船员的行为，是数犯意、数实行行为、造成数法益侵害的情形，分别触犯不同罪名，构成三个独立的犯罪，应分别评价，数罪并罚。理由如下：首先，糯康集团采用武装暴力劫持正在航行的中国船只，直接对船员人身财产安全及船舶航行安全造成侵害，构成劫持船只罪；同时，被告人等明知是毒品，仍将毒品从散布岛运到我国船舶上再运至泰国清盛港附近，构成运输毒品罪；另外，糯康集团预谋杀害中国船员，并枪击致13名船员死亡，构成故意杀人罪。糯康犯罪集团实施的各项犯罪都具有严重的法益侵害性，都是重罪，只有数罪并罚才能全面、完整评价，才能真正体现罪责相适应原则、罪刑相当原则。其次，虽然几名被告人实施的故意杀人和运输毒品犯罪行为与劫持船只的犯罪行为之间的确存在一定的客观联系，但这种联系并不是牵连关系，被告人实施劫持船只行为在先，行为已经完成，结果已经发生，构成既遂，之后又实施杀人的行为，其劫持船只和故意杀人两个行为具有明显的阶段性和独立性，犯意无直接关联，不成立牵连犯。最后，即使本案各犯罪行为之间存在牵连关系，也应当数罪并罚。牵连犯本质上是数罪，处罚原则也是在不断发展变化的，传统刑法理论认为牵连犯是实质的数罪、处断的一罪；现行刑法规定中对牵连犯既有适用从一重处断，又有适用数罪并罚的，从一罪重处并不是牵连犯处断的唯一原则。当择一重处罚与罪责相适应、罪刑相当原则冲突时，仅依手段行为一罪处断不能反映案件本质性质，作一罪处罚明显评价不足的情况下，就应数罪并罚。本案无论定任何一个罪名对本案都是评价不足的，无法真正体现罪责相适应原则，只有数罪并罚才能完整评价糯康犯罪集团所实施犯罪的社会危害性、行为的严重法益侵害性。

在第二起指控事实中，糯康集团以勒索财物为目的，武装劫持两名中国船长，并将两名人质扣押。2011年4月2日的绑架行为与4月3日劫持中国船只船员的行为属于各自完全独立的犯罪行为，并不存在刑法意义上的手段与目的、原因与结果的牵连关系。首先，4月3日发生的劫持船只和扣押船员犯罪行为，在形式上虽具有时空联系，但实质上并不具有目的行为与手段行为的依附、从属关系，也没有原因行为与结果行为的引起和被引起的合乎逻辑的必然联系。即劫持船只行为与绑架行为之间并不是彼此类型化的行为，劫持船只行为不是绑架罪的必要行为，绑架行为也不是劫持船只罪的必然结果，二者没有牵连关系，不成立牵连犯。其次，劫持船只罪属于我国《刑法》第二章规定的危害公共安全犯罪，绑架罪属于我国《刑法》第四章规定的侵犯公民人身权利犯罪，都属性质严重的犯罪，如果仅认定一罪，无论是绑架罪还是劫持船只罪，都不能客观反映案件全貌，也不足以对本案被告人犯罪行为的社会危害性作出全面评价，从而导致刑罚评价不充分、不全面。

因而，法院最终认定被告人糯康等构成数罪并予以并罚是正确的。

【编后语】

在"10·5"惨案发生后，中、老、缅、泰四方迅速达成共识，发表了《关于湄公河流域执法安全合作的联合声明》，正式建立湄公河流域执法安全合作机制，在最短的时间内恢复流域航行安全秩序。在本案的刑事司法追诉过程中，从老挝人民民主共和国向我国移交糯康犯罪集团的首犯糯康开始，中、老、缅、泰四方积极而富有成效地开展全方位的双边、多边司法合作，充分展现了四方共同打击跨国有组织犯罪的信心与能力，为全球化背景下各国展开警务协作、司法合作，打击跨国犯罪提供了典型范例。我国法院客观、公正、透明的审理本案，不仅打击了国际刑事犯罪，慰藉了案件中的受害人及家属，同时也向国际社会展现了我国法治的良好形象。

（撰稿：云南省高级人民法院　黄为华　后　锋　周岸岽
审编：最高人民法院刑二庭　韩维中）

于英生故意杀人案

【关键词】　故意杀人罪　证据审查判断　证据不足　疑罪从无　无罪

一、基本案情

原审被告人于英生，男，汉族，1962年3月27日出生，原系蚌埠市原东区（现龙子湖区）区长助理。1996年12月22日被逮捕。

1997年，安徽省蚌埠市人民检察院指控被告人于英生犯故意杀人罪，向蚌埠市中级人民法院提起公诉。

于英生辩称其与韩某夫妻关系一直很好，没有杀害妻子韩某的动机，希望能抓到真凶；在公安机关作的有罪供述是公安人员逼供、诱供所致。

蚌埠市中级人民法院一审查明：被告人于英生怀疑妻子韩某与他人关系不正常，因此双方感情不和。1996年12月1日，韩某让于英生将2 800元钱存入银行，于英生问钱是哪来的，韩某不愿说。12月2日7时20分，于英生骑自行车送8岁的儿子于某上学后于7时23分返回家中，再次问韩某钱的来源，并挖苦韩某，为此双方发生争吵厮打。于英生从厨房拿出一根塑料绳，将韩某双手拧到背后捆住，并用被子捂住韩某的口鼻。于英生见韩某倒在床上不动，心里害怕，即逃离现场后上班。同日9时50分，于英生从市政府办完事再次返回家中，用菜刀在韩某颈部割了数刀，解掉韩某手上的塑料绳，并把棉被盖在韩某的尸体上。之后，于英生又将梳妆台和床头柜的抽屉拉开，翻出衣柜里的衣物，割断电话线，用毛巾擦高低柜等处留下的痕迹，又将厨房的液化气钢瓶拎到卧室，打开阀门，点燃蜡烛，企图毁灭现场，后骑车离开现场去上班。当日11时40分，韩某父亲韩玉书接外孙于某回到于英生家，及时关闭液化气，熄灭蜡烛。经鉴定，韩某系口鼻腔在暴力作用下，致机械性窒息死亡。

1998年4月7日，蚌埠市中级人民法院作出（1998）蚌刑初字第5号刑事判决，认定被告人于英生犯故意杀人罪，判处死刑，缓期二年执行，剥夺政治权利终身。

一审宣判后，被告人于英生以没有杀害妻子韩某为由，提出上诉。

1998年9月14日，安徽省高级人民法院作出（1998）皖刑终字第241号刑事裁定，以事实不清、证据不足为由，撤销原判，发回重审。

1999年9月16日，蚌埠市中级人民法院重审后作出（1999）蚌刑初字第53号刑事附带民事判决，再次认定被告人于英生犯故意杀人罪，判处死刑，缓期二年执行，剥夺政治权利终身。

宣判后，被告人于英生仍以没有杀害妻子韩某为由，提出上诉。

2000年5月15日，安徽省高级人民法院作出（1999）皖刑终字第567号刑事附带民事裁定，再次以事实不清、证据不足为由，撤销原判，发回重审。

2000年10月25日，蚌埠市中级人民法院重审后作出（2000）蚌刑初字第59号刑事附带民事判决，认定被告人于英生犯故意杀人罪，判处无期徒刑，剥夺政治权利终身。

宣判后,被告人再次以之前的上诉理由提出上诉。

2002年7月1日,安徽省高级人民法院作出(2001)皖刑终字第28号刑事附带民事裁定,驳回上诉,维持原判。

被告人于英生及其近亲属不服生效刑事裁判,提出申诉。2013年6月27日,安徽省高级人民法院作出(2013)皖刑监字第00032号再审决定书,决定对本案进行再审。

本院再审时,被告人于英生及其辩护人提出,于英生与韩某夫妻关系一直很好,没有杀害韩某的动机;韩某三角内裤及阴道擦拭纱布上的精子,经DNA鉴定不是于英生的,证明有他人作案可能;于英生有罪供述与现场勘查、尸检报告不吻合,与DNA鉴定结论相矛盾,不能作为定案依据;原审判决认定于英生捂死韩某的作案时间经不起推敲,传呼机上的信息,能反映于英生当天上午10时前后没有伪造现场的时间,而公安机关一直没有公开调查结果;原审判决、裁定认定于英生杀害妻子韩某的事实不清,证据不足,应对于英生作出无罪判决。

出庭检察员提出,本案被害人韩某阴道擦拭纱布和三角内裤上检出的精子,经DNA鉴定不是被告人于英生的、现场存在没有比对出结果的外来指纹,他人作案的可能没有得到合理排除;于英生在公安侦查阶段作的有罪供述,部分情节得不到其他证据印证。原审判决、裁定认定事实的证据不确实,不充分,应宣告于英生无罪。

安徽省高级人民法院经再审查明:原审判决、裁定认定被告人于英生杀害其妻韩某的事实,有于英生的供述证实,且其供述部分得到了现场勘查笔录、尸体检验报告的印证。

再审还查明:1996年12月2日11时40分左右,韩某的父亲韩玉书从学校将外孙于某接到于英生家。开门时闻到一股很浓的液化气味,遂进入于英生和韩某的卧室,见室内有一只正在泄气的液化气钢瓶,床头柜上烟灰缸里有一支正在燃烧的蜡烛,衣柜、高低柜、床头柜等被拉开翻动,衣物散落一地。韩玉书即关上液化气瓶,熄灭蜡烛,打开窗户,让于某打于英生传呼机。几分钟后,于英生回家进入卧室看过后又出卧室,在客厅打电话到韩某单位无人接听。后又再次进入卧室,掀开床上棉被,见韩某俯卧在床上,头面部有大量血迹,遂拨打110报警。

安徽省高级人民法院认为,原审判决、裁定根据被告人于英生的有罪供述、现场勘查笔录、尸体检验报告、刑事科学技术鉴定、证人证言等证据,认定原审被告人于英生杀害了韩某。但于英生供述中部分情节与现场勘查笔录、尸体检验报告、刑事科学技术鉴定等证据存在矛盾。且韩某阴道擦拭纱布及三角内裤上的精子经辽宁省公安厅DNA鉴定,不是于英生的,安徽省人民检察院提供的侦查人员从现场提取的没有比对出结果的他人指纹等证据,没有得到合理排除。故原审判决、裁定认定于英生犯故意杀人罪的事实不清,证据不足,指控的犯罪不能成立。

2013年8月8日,安徽省高级人民法院作出(2013)皖刑再终字第00006号刑事附带民事判决,撤销之前的有罪判决,改判被告人于英生无罪。

二、裁判理由

本案不同于"真凶出现"或"亡者归来"等案件,系因证据存疑而宣告无罪的一起案件。最终,人民法院认为案件存在的矛盾和疑点无法得到合理排除,案件事实结论不具有唯一性,认定于英生故意杀人的事实不清,证据不足。

(一)原审判决认定事实的证据不确实、不充分

再审期间,安徽省人民检察院向安徽省高级人民法院提供了蚌埠市公安局勘查现场时提取的两枚没有比对出结果的他人指纹等新证据。新证据能够证实现场存在的2枚指纹不是于英生及其家人所留,但侦查机关之前并未将该情况写入检验报告。原审判决依据原"现场手印检验报告"得出"没有发现外人进入现场的痕迹"的结论与客观事实不符。

关于被告人于英生送孩子上学以及到单位上班的时间，缺少明确证据支持，且证人证言之间存在矛盾。原审判决认定于英生于案发当日9时50分回家伪造现场，10时20分回到单位，而于英生辩解其在10时左右回到单位，后接到传呼并用办公室电话回此传呼，并在侦查阶段将传呼机提交侦查机关。安徽省人民检察院复查及最高人民检察院审查时，相关人员证实侦查机关曾对有关人员及传呼机信息问题进行了调查，并调取了通话记录，但案卷中并没有相关调查材料及通话记录，于英生关于在10时左右回到单位的辩解不能合理排除。因此依据现有证据，原审判决认定于英生具有20分钟作案时间和30分钟伪造现场时间的证据不足。

（二）原审判决定罪的主要证据之间存在矛盾

原审判决认定于英生有罪的证据主要是现场勘查笔录、尸检报告以及于英生曾作过的有罪供述。而于英生在侦查阶段虽曾作过有罪供述，但其有罪供述不稳定，时供时翻，供述前后矛盾。且其有罪供述与现场勘查笔录、尸检报告等证据亦存在诸多不一致的地方，如于英生有罪供述中关于点蜡烛的火柴梗丢弃在卧室地上、电话线是拽断的、用毛巾擦过现场血迹、捆韩某双手的绳索丢弃在窗外院内、作案后与韩某发生过性关系等情节与现场勘查笔录、尸体检验报告不一致，与DNA鉴定结论相矛盾。

（三）原审判决认定于英生故意杀人的结论不具有唯一性

根据从公安机关侦查内卷中调取的手写"手印检验报告"以及DNA鉴定意见，现场提取到外来指纹；韩某三角内裤及阴道擦拭纱布上的精子，经辽宁省公安厅鉴定，其中的DNA分型不是于英生的，因此存在其他人作案的可能。同时，根据侦查机关蜡烛燃烧试验反映的情况，该案存在杀害被害人并伪造现场均在8时之前完成的可能。原审判决认定于英生故意杀害韩某的证据未形成完整的证据链，认定的事实不能排除合理怀疑。

《刑事诉讼法》①第一百九十五条第一项规定，案件事实清楚，证据确实、充分，依据法律认定被告人有罪的，应当作出有罪判决。《刑事诉讼法》第五十三条第二款对于认定"证据确实、充分"的条件进行了规定："（一）定罪量刑的事实都有证据证明；（二）据以定案的证据均经法定程序查证属实；（三）综合全案证据，对所认定的案件事实已排除合理怀疑。"因而，对案件事实结论应当坚持"唯一性"证明标准。排除合理怀疑，要求对于认定的案件事实，从证据角度已经没有符合常理的、有根据的怀疑，特别在是否存在犯罪事实和被告人是否实施了犯罪等关键问题上，确信证据指向的案件结论具有唯一性。只有坚持唯一性标准，才能够保证裁判认定的案件事实与客观事实相符，最大限度地避免冤假错案的发生。

【编后语】

于英生案是人民法院根据"疑罪从无"原则宣告无罪的一起案件。2013年8月13日，安徽省高级人民法院宣告于英生无罪后，向公安机关发出追查真凶的司法建议。公安机关根据司法建议，及时启动侦查程序，并于2014年11月27日抓获真凶犯罪嫌疑人武某某。于英生在17年后终洗清冤屈，但他已在狱中服刑多年，人生、家庭所受到的伤害，是任何赔偿、补偿无法弥补的。安徽省高级人民法院对本案形成冤错案件的原因进行了深入的剖析，认真总结经验，深刻汲取教训，引以为戒。

一是"疑罪从轻"判处无期徒刑埋下祸根。对于于英生案件，法院虽在防止错杀上反复努力，

---

① 此处指2012年修正的《刑事诉讼法》。

如曾因证据问题先后六次审理(安徽省高级人民法院两次发回重审)①,最终根据检察机关和辩护律师提供的新证据,适用"疑罪从无"原则再审改判无罪。但多年前留有余地的无期徒刑判决,不仅有违罪刑法定、疑罪从无原则,而且经不起事实、法律和时间的检验,最终对司法公信力造成了难以弥补的伤害。

二是没有敢于遵循证据裁判规则酿成苦果。司法实践中,一些案件介于罪与非罪之间,法院在事实基本清楚、证据基本充分的情形下定罪,用"两个基本"代替"确实充分"的证据裁判规则,并在量刑时采用留有余地的"疑罪从轻"方式,这种处理绝非个案。观察于英生案件,由于公安机关侦查内卷中有关提取的外来成年人指纹、蜡烛燃烧实验记录等重要证据没有随案移送,法院无从掌握全面的证据情况,虽然在审理中察觉证据存在的问题,但在强调破案率、批捕率、起诉率、定罪率以及片面强调公、检、法协作配合的惯性思维下,最终没有坚持证据裁判规则,留下了"后遗症"。

此案再审不仅是还了被告人于英生一个公道,实现了个案正义,其法治意义也是重大而深远的:一是该案的再审改判该罪,有力践行了实事求是、有错必纠的一贯方针,是全面依法治国战略部署的具体落实,体现了人民法院坚持司法为民的宗旨意识,是社会进步、法治昌明、司法公正的生动体现。二是该案的再审改判,充分彰显了对人权司法保障的高度重视,是坚持以人民为中心的执政理念在司法领域的具体贯彻,是努力让人民群众在每一个司法案件中都感受到公平正义工作目标的有效落实。三是该案的再审改判,是证据裁判、疑罪从无等法律原则的坚定实践,是健全完善冤假错案防范、纠正机制的重要成果,在全社会再次树立起对法治的信仰和对司法公正的信心。

(撰稿:安徽省高级人民法院　周晓冬
审编:最高人民法院刑二庭　韩维中)

王英生故意杀人案

【关键词】　故意杀人罪　暴力伤医　死刑的适用

一、基本案情

被告人王英生,男,汉族,1950 年 12 月 24 日出生。2012 年 12 月 3 日被逮捕。

天津市人民检察院第一分院指控被告人王英生犯故意杀人罪,向天津市第一人民法院提起公诉。

被告人王英生对公诉机关指控的犯罪事实无异议,但辩称被害人康某某给其针灸治疗时有意伤害其身体,存在一定过错。辩护人认为,被告人王英生事发前患有严重的精神障碍,事发后认罪悔罪,有坦白情节,并多次表示愿意积极赔偿被害人亲属的经济损失,请法庭对其依法从轻处罚。

天津市第一中级人民法院公开审理查明:被告人王英生因患脑血栓病曾到天津市多家医院

---

① 2012 年《刑事诉讼法》修正前,立法上对二审法院发回重新审判的次数未作限定,实践中存在类似本案二审法院两次或两次以上发回重审的情形。2012 年《刑事诉讼法》修正时,增加规定了对于因事实不清、增加不足的案件,二审发回重审后,原审法院审理后,被告人上诉或者检察机关抗诉的,二审不得再发回重审。

治疗。2012 年 10 月 14 日，王英生到天津中医药大学第一附属医院针灸科找医生康某某（被害人，女，殁年 46 岁）为其针灸治疗。接受治疗后，王英生自感病痛无缓解，反而有所加重，认为康某某对其治疗不当，并多次向其亲属表示对康的不满。此后，王英生又至其他医院及诊所接受治疗，仍感到身体不适，即认为自身病情加重系康某某针灸治疗所致，遂产生杀害康进行报复之念。为实施报复杀人行为，王英生事先了解康某某的出诊时间并预谋作案。2012 年 11 月 29 日 11 时许，王英生携带其家中的斧子至天津中医药大学第一附属医院针灸科，在康某某工作的诊室外伺机作案。当日 13 时许，王英生见康某某回到诊室，以要求康为其治疗为由随同进入诊室并将房门关闭。趁康某某不备，王英生双手持斧朝康头部猛砍，康受伤后逃向房门，因伤势过重而倒地。王英生唯恐康某某不死，又持斧子朝康头部猛砍数下，致康重度颅脑损伤经抢救无效死亡。作案后，王英生从该诊室的窗户跳下受伤，后被民警抓获。

2013 年 2 月 4 日，天津市第一中级人民法院以（2013）一中刑初字第 18 号刑事附带民事判决，认定被告人王英生犯故意杀人罪，判处死刑，剥夺政治权利终身。

一审宣判后，被告人王英生以量刑过重为由提出上诉。其辩护人提出王英生具有以下可以从轻处罚的量刑情节：1. 王英生在案发前处于严重精神障碍边缘，行为和控制能力有所限制；2. 王英生归案后认罪悔罪，有坦白情节且系初犯；3. 王英生愿意积极赔偿被害人亲属的经济损失。

天津市高级人民法院经依法开庭审理，于 2013 年 4 月 24 日以（2013）津高刑一终字第 74 号刑事附带民事裁定，驳回上诉、维持原判，并依法报请最高人民法院核准死刑。

最高人民法院经复核认为，被告人王英生故意非法剥夺他人生命，其行为已构成故意杀人罪。王英生不能正确对待医患关系，无端怀疑其病症未得到缓解系被害人康某某实施针灸治疗所致，蓄意行凶报复，持斧子闯入医院杀死医生康某某，犯罪手段残忍，情节恶劣，罪行极其严重，应依法惩处。第一审判决、第二审裁定认定的事实清楚，证据确实、充分，定罪准确，量刑适当。审判程序合法。2014 年 4 月 9 日，最高人民法院核准王英生死刑。

二、裁判理由

（一）暴力伤医的含义及构成

世界卫生组织（WHO）于 2002 年 5 月 10 日在公报《新的研究表明工作场所暴力威胁卫生服务》中对“医院工作场所暴力”给出过界定。根据该公报，暴力伤医行为，是指医疗卫生人员在医院工作场所或因医疗关系而遭受到患者、患者家属亲友、第三方的言语侮辱、暴力威胁和攻击，且已经对医护工作人员的身体或精神造成了伤害或威胁。这里的暴力伤医是一个广义上的概念，它包括对医务工作者的暴力威胁和非暴力威胁。

暴力伤医并非一个单独的刑法罪名，在法律语境下的暴力伤医行为通常具有以下特征：第一，暴力伤医的行为主体为不特定的人，可能是接受医疗的患者或者其亲友，也可能是医患关系之外的其他人。第二，暴力伤医行为人的主观方面为故意，即暴力行为的实施者主观上希望、追求或放任特定医护人员的身体健康遭受伤害甚至出现死亡的后果出现。第三，暴力伤医行为侵犯的客体为复合客体，其中既包括被伤害的医护人员的生命安全、身体健康权利，也包括医疗机构的正常医疗秩序甚至是其他患者的正当权益。第四，暴力伤医的客观方面体现为行为人实施了暴力行为，并导致了医护人员的人身安全遭受侵害或者医疗秩序遭到破坏的严重后果。

结合本案，被告人王英生使用暴力手段，故意杀害曾经的主治医师康某某，侵犯了康某某的生命健康权，并导致康某某死亡，符合暴力伤医行为的四个构成要素，是典型的暴力伤医案件。

（二）暴力伤医行为的危害后果分析

暴力伤医案件除了对被害人，即医生的身体健康和生命安全造成直接的危害外，还对医患关系、医疗制度乃至社会的医疗秩序造成了严重的损害，这也是社会一旦发生暴力伤医案件便引起公众普遍关注的原因所在。

1. 对医生的伤害。暴力伤医不同于通常的医患矛盾，从伦理的角度分析，该类行为实质上属于“以怨报德”的行为。暴力伤医行为在对医生的身体健康造成伤害的同时，还严重恶化了执业环境，对医生的职业认同感造成巨大冲击，导致医务人员产生职业倦怠和不安心理，严重影响医生专业水平的发挥，从而又进一步加剧了医患矛盾。

2. 对医院的危害。暴力伤医事件在对医生本身造成伤害的同时，还严重干扰医院正常的医疗秩序，影响其服务供给能力，给医院带来重大损失。医院是事关患者生命安全的公共场所，暴力伤医事件恶化了医疗执业环境，严重干扰了医院的正常诊疗秩序，并且会最终影响医疗质量和医疗安全。

3. 对社会的危害。暴力伤医行为首当其冲的受害者虽然是医务工作者，但如果该类违法犯罪得不到有效遏制，造成医疗卫生人才流失，最终受害者就是全社会。应当形成共识的是，医疗秩序直接关系人们的生命健康权益，良好的医患关系有助于和谐社会的发展，而频发的暴力伤医事件则将医患之间的矛盾进一步尖锐化、白热化，直接影响社会的稳定。

（三）本案的定罪、量刑分析

从在案的证据来看，王英生行凶杀人过程有现场目击证人，其本人在现场被抓获，在其身上检出被害人血斑，现场留有其足迹，在案其他证据与其口供相互吻合，其本人对持斧头多次砍击康某某头部并致康某某死亡的事实亦供认不讳。现有证据能够充分证明王英生所犯的故意杀人犯罪事实，其作案手段之残忍也体现出王英生的主观恶性之深。对于辩护人提出王英生具有精神疾病的辩护意见，司法精神病鉴定专业权威机构对案发前后王英生身体、心理所出现的各种状况进行了翔实的分析和充分论证，在此基础上对王英生精神状况及责任能力作出最终认定，出具了司法精神病鉴定意见，认为能够排除王英生患有精神疾病的可能，王英生在作案时具有完全刑事责任能力。

关于定罪。本案作为一起手段极为残忍、危害后果极其严重的暴力杀医事件，在社会造成了极其恶劣的负面影响，于情于理于法，被告人王英生都应当受到严厉惩处。综观全案，王英生将自身疾病无法治愈的原因，无端归责于作为医生的康某某，故意持斧砍击被害人致死，其行为无疑已构成故意杀人罪。

关于量刑。被告人王英生在报复动机的驱使下，在医院正常的诊疗时间段内，在康某某的诊室持斧子多次砍击康某某的头部，造成康某某死亡的严重后果。王英生系在医院这个特定的场合，假装作为患者进入诊室，在医生毫无防备的情况下对其实施了残忍的杀害行为，不但严重侵犯了被害人的生命健康权，还严重破坏了涉事医院的正常诊疗秩序，伤害了广大医护人员的职业感情和执业信心。案发后，相关媒体，包括天津当地媒体及新华社等均对案件进行了大幅度报道，引发了广泛的社会讨论，在天津地区乃至全国范围内造成了非常恶劣的社会影响。综合全案情节，被告人王英生的犯罪手段极其残忍，情节极其恶劣，罪行极其严重，人民法院依法判处其死刑立即执行是合适的。

【编后语】

近年来，全国各地暴力伤医事件时有发生，该类事件已成为社会高度关注的热点。本应是救死扶伤的医生，却要在弥漫着暴戾之气的氛围中担惊受怕地工作，这不仅伤害了医务人员的感情，也令社会各界深深忧虑。

医生是一个高度特殊性的职业，关系着患者的生命与健康。医者仁心，医生、护士向来是受人尊敬的职业，尊医重卫也是我国社会一直以来秉持的优良传统。医生与患者本是天然利益共同体，尊重医生就是尊重自我，伤医就是伤己。医生的执业安全就是每个患者的生命安全，恶言相向、出手伤人乃至暴力仇杀，将原本的利益共同体推向割裂、甚至仇人的境地，伤害着医务工作者，也是对自身健康权益的自我戕害。暴力伤医事件，不仅是对医护人员的伤害，更是对医患关系和社会信任的伤害。作为人类社会的健康守护神，如果连医护人员的人身安全都得不到保障，最终损害的是每一个人。

保护医护人员就是保护我们自己，为广大医护人员构建、维护一个安全的执业环境也是当前社会的紧迫要求。从刑事审判的角度来说，对涉医的刑事犯罪，尤其是各类侵害医务人员的违法犯罪行为，应坚持从严惩处的基本立场，以形成有力的震慑和遏制。2013年12月，原国家卫计委会同中央综治办、中共中央宣传部、最高人民法院、最高人民检察院等十一个部门联合印发《关于维护医疗秩序打击涉医违法犯罪专项行动方案》，要求通过开展维护医疗秩序打击涉医违法犯罪专项行动，保障医患双方合法权益，为广大患者和医务人员营造良好的医疗环境，切实维护社会和谐稳定。公安部印发了《公安机关维护医院治安秩序六条措施》，要求各地公安机关采取有力措施维护医疗机构的诊疗秩序和保护医护人员的人身安全。2014年，最高人民法院、最高人民检察院、公安部、司法部、国家卫生和计划生育委员会联合印发了《关于依法惩处涉医违法犯罪维护正常医疗秩序的意见》，进一步明确了对六类涉医违法犯罪行为的处罚。审判实践中，人民法院对暴力伤医等严重涉医犯罪保持“零容忍”的态度，依法严肃追究、坚决打击涉医违法犯罪行为。在全面查明案件事实的基础上依法准确定罪量刑，对于犯罪手段残忍、主观恶性深、人身危险性大的被告人或者社会影响恶劣的涉医犯罪行为，依法从严惩处，向社会昭示暴力伤医的恶行定会受到法律的严惩。

（撰稿：天津市高级人民法院　于耀辉　冯　天
审编：最高人民法院刑二庭　叶邵生）

呼格吉勒图故意杀人罪、流氓罪再审改判无罪案

【关键词】　故意杀人罪　证据审查判断　事实不清、证据不足　无罪

一、基本案情

申诉人李三仁，系原审被告人呼格吉勒图父亲。

申诉人尚爱云，系原审被告人呼格吉勒图母亲。

原审被告人呼格吉勒图，男，蒙古族，1977年8月9日出生，原系呼和浩特市卷烟厂工人，1996年5月10日被逮捕，同年6月10日被执行死刑。

内蒙古自治区呼和浩特市人民检察院指控被告人呼格吉勒图犯故意杀人罪、流氓罪一案，向呼和浩特市中级人民法院提起公诉。

呼和浩特市中级人民法院经审理查明：1996年4月9日20时40分许，被告人呼格吉勒图酒后到呼和浩特市新城区诺和木勒大街内蒙古第一毛纺织厂宿舍57栋平房西侧的公共厕所外窥

视，当听到女厕所内有人解手，便进入女厕所内将正在解手的被害人杨某某脖子搂住，后采用捂嘴、扼颈等暴力手段强行将杨某某按倒在厕所便坑的隔墙上对杨某某进行流氓猥亵。当听到厕所外有动静，呼格吉勒图便逃离作案现场。杨某某因呼格吉勒图扼颈致窒息，当场死亡。

呼和浩特市中级人民法院认为，对公诉机关提出的关于被告人呼格吉勒图在公共场所采取暴力手段猥亵妇女并扼颈致杨某某窒息死亡，应依法予以严惩的意见，予以支持；对呼格吉勒图辩护人提出的呼格吉勒图认罪态度好等辩护意见，不予采纳。

1996 年 5 月 17 日，呼和浩特市中级人民法院以(1996)呼刑初字第 37 号刑事判决，认定呼格吉勒图犯故意杀人罪，判处死刑，剥夺政治权利终身；犯流氓罪，判处有期徒刑五年；决定执行死刑，剥夺政治权利终身。

宣判后，被告人呼格吉勒图以没有杀人动机，请求从轻处理等为由，提出上诉。

内蒙古自治区高级人民法院二审认定的犯罪事实、证据与一审判决一致。对呼格吉勒图提出的上诉理由不予采纳，于 1996 年 6 月 5 日作出(1996)内刑终字第 199 号刑事裁定，驳回上诉，维持原判，并根据最高人民法院授权高级人民法院核准部分死刑案件的规定，以故意杀人罪核准呼格吉勒图死刑，剥夺政治权利终身。

1996 年 6 月 10 日呼格吉勒图被执行死刑。

呼格吉勒图父亲李三仁、母亲尚爱云向内蒙古自治区高级人民法院提出申诉。内蒙古自治区高级人民法院于 2014 年 11 月 19 日作出(2014)内刑监字第 00094 号再审决定，对本案进行再审。

再审中，申诉人李三仁、尚爱云请求尽快公平公正对本案作出判决。

辩护人提出原判事实不清，证据不足，应宣告呼格吉勒图无罪的辩护意见。主要理由：(1)杨某某去往案发现场的时间和呼格吉勒图具有的作案时间存在无法合理排除的矛盾，不符合逻辑。(2)呼格吉勒图对实施犯罪行为的手段、情节等有关供述，细节不断变化，难以确定，存在无法合理排除的矛盾。没有直接的书证、物证、检验鉴定等证据证实呼格吉勒图作案。认定杨某某因呼格吉勒图扼颈致窒息死亡的事实不清，证据不足。(3)呼格吉勒图关于杨某某衣着、体貌、口音特征的供述与客观事实存在矛盾，不符合常理。(4)杨某某血型与呼格吉勒图指甲缝中附着物血型鉴定一致，但血型鉴定不具有唯一性和科学性，呼格吉勒图指甲缝内附着物为 O 型人血，难以认定就是杨某某的血迹。

内蒙古自治区人民检察院认为，原判认定呼格吉勒图构成故意杀人罪、流氓罪的事实不清，证据不足，应通过再审程序，作出无罪判决。

内蒙古自治区高级人民法院再审查明：1996 年 4 月 9 日 19 时 45 分左右，被害人杨某某称要去厕所，从呼和浩特市锡林南路千里香饭店离开，当晚 21 时 15 分后被发现因被扼颈窒息死于内蒙古第一毛纺织厂宿舍 57 栋平房西侧的公共厕所女厕所内。原审被告人呼格吉勒图于当晚与其同事闫峰吃完晚饭分手后，到过该女厕所，此后返回工作单位叫上闫峰到案发女厕所内，看到杨某某担在隔墙上的状态后，呼格吉勒图与闫峰跑到附近治安岗亭报案。

内蒙古自治区高级人民法院于 2014 年 12 月 13 日作出(2014)内刑再终字第 00005 号刑事判决，认为原判认定原审被告人呼格吉勒图犯故意杀人罪、流氓罪的事实不清，证据不足。对辩护人的辩护意见、检察机关的检察意见予以采纳。对申诉人的请求予以支持。判决撤销内蒙古自治区高级人民法院(1996)内刑终字第 199 号刑事裁定和内蒙古自治区呼和浩特市中级人民法院(1996)呼刑初字第 37 号刑事判决；原审被告人呼格吉勒图无罪。

二、裁判理由

原判认定原审被告人呼格吉勒图采用捂嘴、扼颈等暴力手段对被害人杨某某进行流氓猥亵，致杨某某窒息死亡的事实，没有确实、充分的证据予以证实。

1. 原审被告人呼格吉勒图供述的犯罪手段与尸体检验报告不符。呼格吉勒图供称从杨某某身后用右手捂杨某某嘴，左手卡其脖子同时向后拖动杨某某两三分钟到隔墙，与尸体检验报告所述“死者后纵隔大面积出血”的伤情不符；呼格吉勒图供称杨某某担在隔墙上，头部悬空的情况下，用左手卡住杨某某脖子十几秒钟，与“杨某某系被扼颈致窒息死亡”的尸体检验报告结论不符；呼格吉勒图供称杨某某担在隔墙上，对杨某某捂嘴时杨某某还有呼吸，也与“杨某某系被扼颈致窒息死亡”的尸体检验报告结论不符。

2. 血型鉴定结论不具有排他性。刑事科学技术鉴定证实呼格吉勒图左手拇指指甲缝内附着物检出O型人血，与杨某某的血型相同；物证检验报告证实呼格吉勒图本人血型为A型。但血型鉴定为种类物鉴定，不具有排他性、唯一性，不能证实呼格吉勒图实施了犯罪行为。案发后，侦查机关提取了受害者体内凶手所留的精斑，但并没有将之与呼格吉勒图的精液进行鉴定对比。

3. 呼格吉勒图的有罪供述不稳定，且与其他证据存在诸多不吻合之处。呼格吉勒图在公安机关侦查阶段、检察机关审查起诉阶段、法院审理阶段均供认采取了卡脖子、捂嘴等暴力方式强行猥亵杨某某，但又有翻供的情形，其有罪供述并不稳定。对于翻供的理由，呼格吉勒图在笔录中数次表示：“今天我说的全是实话，最开始在公安局讲的也是实话……后来，公安局的人非要让我按照他们的话说，还不让我解手……他们说只要我说了是我杀了人，就可以让我去尿尿……他们还说那个女子其实没有死，说了就可以把我立刻放回家……”另外，呼格吉勒图关于杨某某身高、发型、衣着、口音等内容的供述与其他证据不符，其供称杨某某身高1.60米、1.65米，尸体检验报告证实杨某某身高1.55米；其供称杨某某发型是长发、直发，尸体检验报告证实杨某某系短发、烫发；其供称杨某某未穿外套，尸体检验报告证实杨某某穿着外套；其供称杨某某讲普通话与证人证明杨某某讲方言的细节也不吻合。

综上所述，原判认定的呼格吉勒图犯流氓罪除其供述外，没有其他证据予以证明。

【编后语】

党的十八届四中全会把依法治国作为主题，让法治中国的构想更趋清晰与丰满。推进法治中国建设，这其中必须包含着让人民群众在每一个司法案件中感受到公平正义。尽最大努力减少错案发生、实现司法公正，是全面推进依法治国的题中应有之义。在这个时间节点上，内蒙古自治区高级人民法院对本案依法启动再审程序，其意义不只是给了本案的逝者和家属一个交代，更在于通过对这起争议颇大案件的复查和再审，堵住昔日在制度上可能存在的疏漏，坚决避免类似案件再次发生，唤起公众对司法公正、法治社会的信心，确立社会成员对法治的普遍信仰。因而，此案的再审也成为社会广泛关注的对象，也是法治建设的一块试金石。

司法，是维护社会公平正义的最后一道防线。这道防线失守，社会难免陷入“以暴制暴”的困境。这也就是英国哲学家培根所说的：“一次不公正的司法判决其恶果甚于十次犯罪，因为犯罪只是弄脏了水流，而不公正的判决却是弄脏了水源。”这就要求司法机关不管是对每一起新发案件的审理，还是对每一起陈年疑案的复查再审，都要“锱铢必较”，对于每一个疑点都必须慎之又慎，对历史负责、对人民负责、对法律负责，使每一起案件都成为推进我国法治进步的阶梯。

呼案得以纠正，体现的是有错必纠的法治精神。尽管我们也期望公正能即时兑现，但在社会发展中，迟到的公正也是一种进步。错案固然可怕，但更可怕的是没有自我修正的勇气。法治的要义，不在于永远不犯错，而在于它能够给公众以相对稳定的预期，即便犯了错，也能通过自我的良性机制加以纠正，从而不断实现公平正义。有错必纠，既是对法律的尊重，更是对当事人合法权益的尊重。这次呼格吉勒图案的再审判决，充分展现了司法理念的进步。

迟来的正义固然珍贵，但背后的代价实在太大、太沉重，让人反思和警醒。还当事人一个司法公正，不应是呼格吉勒图案的句号，而应该只是一个开始，一个让法律和制度更加完善的开始。只有当法治精神渗透社会的每一个角落，法治真正成为每一位群众的守护神，公平正义才能真正为人们所看见、实实在在感受到。

（撰稿：内蒙古自治区高级人民法院　孙志军　王英杰
审编：最高人民法院刑二庭　韩维中）

被告人张帆、张立冬、吕迎春等故意杀人、利用邪教组织破坏法律实施案

【关键词】　故意杀人罪　利用邪教组织破坏法律实施罪　罪数　共同犯罪　死刑的适用

一、基本案情

被告人张帆，女，1984 年 10 月 24 日出生。2014 年 6 月 2 日被逮捕。

被告人张立冬，男，1959 年 10 月 8 日出生。2014 年 6 月 2 日被逮捕。

被告人吕迎春，女，1975 年 3 月 8 日出生。2014 年 6 月 2 日被逮捕。

被告人张航，女，1996 年 3 月 1 日出生。2014 年 6 月 2 日被逮捕。

被告人张巧联，女，1990 年 8 月 23 日出生。2014 年 6 月 2 日被逮捕。

山东省烟台市人民检察院指控被告人张帆、张立冬、吕迎春、张航、张巧联犯故意杀人罪，吕迎春、张帆、张立冬犯利用邪教组织破坏法律实施罪，向烟台市中级人民法院提起公诉。

被告人张帆、张立冬、吕迎春对公诉机关指控其杀死被害人的事实无异议，但辩称行为是遭受“恶灵”超自然力量袭击后实施的正当防卫，不构成故意杀人罪；并辩解所信奉并参与的“全能神”不属于邪教。张帆、张立冬、吕迎春的辩护人就几名被告人在案发时的精神状态，请求对被告人进行刑事责任能力鉴定。吕迎春、张航、张巧联的辩护人还提出三被告人在故意杀人共同犯罪中系从犯，请求从轻处罚。

烟台市中级人民法院经审理查明：

（一）故意杀人犯罪事实

被告人张帆、张立冬、吕迎春、张航、张巧联及张某（张帆之弟，12 周岁）均系“全能神”邪教组织成员。2014 年 5 月 28 日 15 时许，六人在山东省招远市“麦当劳”府前广场餐厅就餐。其间，张立冬、张巧联到金都购物中心购买了两支拖把、手机等物品。21 时许，张帆、吕迎春授意张航、张巧联、张某向餐厅内其他顾客索要联系方式，为发展“全能神”组织成员做准备。当张航两次向被害人吴某某索要手机号码遭到拒绝后，张帆、吕迎春指认吴某某为“恶灵”，张帆开始咒骂“恶灵”“魔鬼”，上前抢夺吴某某手机并让其离开餐厅。再次遭到拒绝后，张帆遂持餐厅内座椅砸击吴某某。吴某某反抗，在场的张立冬、吕迎春、张航上前与张帆共同将吴某某打倒在地，张帆多次叫嚣“杀了她，她是恶魔”，并用手撑着餐桌反复跳起用力踩踏吴某某头面部。后张帆将张立冬购买的拖把分别递给张立冬和张某，指使张立冬、张航、张巧联、张某上前“诅咒”、殴打吴某某。张立冬抡起拖把连续猛击吴某某头面部，直至将拖把打断，又在吕迎春指使下将吴某某从桌椅之间拖

出，并上前用脚猛力踢、踩、跺吴某某头面部。张航也使用椅子、笤帚殴打吴某某背、腿部，吕迎春踢踹吴某某腰、臀部，并唆使张巧联、张某殴打吴某某。其间，吕迎春用拳头击打餐厅工作人员并扬言"谁管谁死"，阻止餐厅工作人员和其他顾客解救吴某某，还与张帆一起将餐厅柜台上的头盔砸向工作人员阻止报警。公安人员接警到达现场后，张立冬、张某仍殴打吴某某，公安人员上前制止、抓捕张立冬、张某时，张帆、吕迎春、张航、张巧联极力阻挠，后公安人员在周围群众的帮助下，将6人制服并抓获。"120"急救医生到场后确认吴某某已死亡。经鉴定，被害人吴某某系生前头面部遭受有较大面积质地坚硬钝物打击并遭受有一定面积质地较硬钝物多次作用致颅脑损伤死亡。

（二）利用邪教组织破坏法律实施犯罪事实

被告人吕迎春于1998年加入"全能神"邪教组织。2008年始，吕迎春作为"长子"（"全能神"邪教组织头目）纠合在招远的"全能神"教徒进行聚会，宣扬"全能神"教义。

被告人张帆从2007年开始接触并信奉"全能神"，2008年与吕迎春通过互联网结识并频繁联系，多次跟随吕迎春到招远参加"全能神"教徒聚会。2008年年底，张帆先后将张立冬、陈秀娟（张帆之母）、张航、张某等家人发展为"全能神"教徒。2009年，张帆与家人自河北省无极县移居山东省招远市，张帆被"二见证人"（"全能神"邪教组织头目）范龙凤、李有旺（均另案处理）确认为"长子"。此后，张帆与吕迎春在招远市城区及下辖的玲珑镇、蚕庄镇、齐山镇等多地，秘密纠合"全能神"教徒40余名聚会百余次。张立冬积极参加聚会活动。其间，吕迎春、张帆印制、散发了《话在肉身显现》《七雷发声》等"全能神"宣传资料数十册，并利用互联网，先后在境内外网络空间内，制作、传播有关"全能神"的文章97篇，空间访问量总计17万余次。

被告人张立冬还积极出资，在招远市租赁或者购买多处房屋及店面，作为"全能神"教徒住所和活动场所，并出资购买交通工具、电脑、手机，安装宽带，供传播"全能神"使用。此外，张立冬听从被告人吕迎春、张帆指使，将家庭财产1 000余万元以"奉献"给"教会"的名义，存于吕迎春、张帆名下。

烟台市中级人民法院经审理认为，被告人张帆、张立冬、吕迎春、张航、张巧联因被害人吴某某拒绝提供自己的电话号码，即视之为"恶灵"，采取持椅子、拖把打砸、用力踹踏等手段，共同将吴某某残忍杀害，其行为均构成故意杀人罪。吕迎春、张帆、张立冬明知"全能神"系已经被国家取缔的邪教组织，仍然纠合教徒秘密聚会，制作、传播邪教组织信息，发展邪教组织成员，或者为上述行为提供便利条件，破坏国家法律、行政法规实施，其行为又构成利用邪教组织破坏法律实施罪，应当数罪并罚。在故意杀人共同犯罪中，张帆、张立冬、吕迎春系主犯，应当依法严惩。张航、张巧联系从犯，且能够当庭认罪悔罪，依法对张航从轻处罚，对张巧联减轻处罚。

2014年10月11日，烟台市中级人民法院作出（2014）烟刑一初字第48号刑事判决，以故意杀人罪判处被告人张帆死刑，剥夺政治权利终身；以利用邪教组织破坏法律实施罪判处有期徒刑七年；决定执行死刑，剥夺政治权利终身。以故意杀人罪判处被告人张立冬死刑，剥夺政治权利终身；以利用邪教组织破坏法律实施罪判处有期徒刑五年；决定执行死刑，剥夺政治权利终身。以故意杀人罪判处被告人吕迎春无期徒刑，剥夺政治权利终身；以利用邪教组织破坏法律实施罪判处有期徒刑七年；决定执行无期徒刑，剥夺政治权利终身。以故意杀人罪判处被告人张航有期徒刑十年。以故意杀人罪判处被告人张巧联有期徒刑七年。

一审宣判后，五名被告人均不服，提出上诉。被告人张航、张巧联表示认罪、悔罪，请求从宽处罚，其余被告人上诉理由与一审辩解相同。被告人张帆的辩护人提出，尸体检验鉴定不明确，原审未查明被害人致死原因，提请法庭关注张帆的刑事责任能力；被告人张立冬的辩护人提出，尸体检验鉴定书结论不明确，无法确定被害人的死因与各被告人行为的因果关系，张立冬的刑事责任能力值得怀疑；被告人吕迎春的辩护人提出，吕迎春精神状态不正常，质疑其刑事责任能力值得怀疑；被告人张航的辩护人提出，张航所起的作用较小，且认罪悔罪，应减轻处罚。

山东省高级人民法院经开庭审理，于2014年11月27日作出终审裁定，驳回上诉，维持原判，并报请最高人民法院核准张帆、张立冬死刑。

最高人民法院复核认为，第一审判决、第二审裁定认定的事实清楚，证据确实、充分，定罪准确，量刑适当，审判程序合法。2015年1月26日，最高人民法院以（2015）刑二复02209851号刑事裁定，依法核准被告人张帆、张立冬死刑。

二、裁判理由

（一）邪教组织的认定

邪教组织是指冒用宗教、气功或者其他名义建立，神化首要分子，利用制造、散布迷信邪说等手段蛊惑、欺骗他人，发展、控制成员，危害社会的非法组织。早在1999年、2001年和2002年，最高人民法院和最高人民检察院就先后颁布《关于办理组织和利用邪教组织犯罪案件具体应用法律若干问题的解释》（已失效）、《关于办理组织和利用邪教组织犯罪案件具体应用法律若干问题的解释（二）》（已失效）和《关于办理组织和利用邪教组织犯罪案件具体应用法律若干问题的解答》（已失效）[①]，明确了邪教组织的特征，对组织和利用邪教组织犯罪案件的定罪量刑标准作出了具体规定，为打击邪教犯罪提供了充分的法律依据。近年来，人民法院依法审理了一批组织和利用邪教组织犯罪案件，打击了邪教组织的嚣张气焰，但是依然有不法分子躲在阴暗角落里，打着宗教信仰自由、气功强身健体等旗号，将基督教、佛教、道教的一些言论胡乱捆绑上他们的歪理邪说，制造“行善积德”的假象、散布迷信邪说，蛊惑、蒙骗世人，甚至使用恐吓、非法拘禁、绑架乃至杀人等手段发展组织、控制组织成员，严重扰乱正常的社会秩序。

本案中，被告人张帆、吕迎春辩称“全能神”不是邪教。“全能神”邪教组织的头目是赵维山，自称“能力主”“大祭司”“圣灵使用的人”，将自己妻子杨向彬包装为东方道成肉身的“女基督”，其骗取公务护照携杨向彬潜逃日本，后又到美国，遥控指挥国内信徒的活动，宣扬“世界末日论”，严重破坏社会稳定，严重危害人民群众生命财产安全。本案中，吕迎春、张帆信奉“全能神”，冒用基督教名义，编造歪理邪说，将自己神化为“全能神”的“长子”“神自己”，多次纠合教徒秘密聚会，利用各种方式制作、传播邪教组织信息，蛊惑蒙骗他人，发展控制成员，进行非法活动。“全能神”教完全符合相关司法解释关于邪教组织特征的定义。因此，人民法院依法认定吕迎春、张帆所信奉的“全能神”系邪教组织，定性准确。

人民法院审理邪教组织犯罪案件，应坚持区别对待：一方面，要严厉打击各种组织和利用邪教组织犯罪，维护社会稳定。另一方面，要坚持教育与惩罚相结合原则，依法严惩极少数犯罪分子，重点打击组织者、策划者、指挥者和屡教不改的积极参加者，同时团结、教育被蒙骗的群众远离邪教，珍爱生命。

（二）故意杀人罪的认定

依照2017年最高人民法院、最高人民检察院颁布施行的《关于办理组织、利用邪教组织破坏法律实施等刑事案件适用法律若干问题的解释》第七条，《刑法》第三百条第二款规定的组织、利用邪教组织“蒙骗他人，致人重伤、死亡”是指组织、利用邪教组织制造、散布迷信邪说，蒙骗成员或者他人绝食、自虐等，或者蒙骗病人不接受正常治疗，致人重伤、死亡的情形。

---

① 2017年2月1日起施行的《最高人民法院、最高人民检察院关于办理组织、利用邪教组织破坏法律实施等刑事案件适用法律若干问题的解释》（法释〔2017〕3号），上述三个司法解释同时废止。本案审判时适用文中涉及的三个司法解释，且文中所涉及观点与新司法解释一致。

本案中，被告人张帆、张立冬、吕迎春等"全能神"邪教组织成员，因意图发展组织成员而向被害人吴某某索要电话号码遭到拒绝，便在光天化日之下，当着众多就餐人员的面将吴某某殴打致死。事后被告人还口口声声说，"那名女子是恶魔、邪灵，就是要打死她""不害怕法律，我们相信神"。在"全能神"邪教歪理邪说的蛊惑下，张帆、张立冬等人认为，凡是违背其意志的人都是"恶灵""魔鬼"，必欲除之而后快，故而发生仅因被害人吴某某不愿提供电话号码，就被张帆、张立冬等人活活打死在餐厅的惨案。被告人的上述行为不属于《刑法》第三百条第二款规定的情形，不构成认定利用邪教组织致人死亡罪，而应适用《刑法》第三百条第三款的规定，构成故意杀人罪和利用邪教组织破坏法律实施罪，以两罪并罚追究两被告人的刑事责任。

（三）刑事责任能力的确定

我国《刑法》第十八条规定，精神病人在不能辨认或者不能控制自己行为的时候造成危害结果，经法定程序鉴定确认的，不负刑事责任。精神病鉴定问题是刑事审判中经常遇到的问题，被告人及其近亲属、辩护人经常以被告人不具备刑事责任能力为由，申请对被告人进行精神病鉴定。对于这种申请，人民法院应当根据案件具体情况审查被告人有无精神病的可能，对于根据正常人的常识即可判断出明显不属于精神病范畴的，可以不予鉴定。

本案中，张帆、张立冬、吕迎春等人案发前无精神异常史和精神病家族史，日常行为举止和参与社会活动正常，作案时逻辑思维清晰、目的明确，对各自实施行为的性质和危害结果具有完全的辨认和控制能力；归案后及一审、二审庭审中三被告人接受讯问时应答切题，供述符合逻辑，具备自我保护能力。据此，人民法院认定三被告人具有完全刑事责任能力。

（四）共同犯罪中各被告人的罪责认定

正确区分共同犯罪中多名被告人的地位作用，对于准确量刑，正确适用法律具有重要意义。在共同犯罪案件中，各被告人的地位和作用不可能完全相同，即使是主犯之间也有区别，不可能累黍不差，为确保罪责刑相适应，应当对犯罪人的地位、作用进行准确区分。审判实践中，通常可以从犯罪的起因、犯意的提起、犯罪工具的准备、使用、具体加害的手段、部位、犯意的坚决程度以及对其他同案被告人的影响等多个方面综合加以评判。

本案是典型的多人共同施暴致人死亡案件，如何区分各被告人的地位作用，准确定罪量刑是本案的重点。在共同故意杀人犯罪中，张帆授意张航等向他人索要电话号码，又与吕迎春共同指认被害人是"恶灵"，挑起事端后，率先持椅子击打被害人头部，后竭力踩踏被害人头面部，并以言语指使、提供工具、阻止他人解救等方式明确要求张立冬等将被害人杀死，系本案的发起者、主要实施者和组织指挥者，应当认定为主犯。张立冬积极响应张帆的指使，持拖把猛击被害人头部直至拖把断裂，又将被害人从桌椅间拖出，猛力踹踏被害人头面部，系犯罪行为的主要实施者，应当认定为主犯。吕迎春出于发展"全能神"邪教组织成员的动机，与张帆共同授意张航等向他人索要电话号码，继而与张帆共同指认被害人是"恶灵"，挑起事端，引发本案，又后上前踢踹被害人腰臀部，多次指使张立冬、张巧联、张某等人殴打被害人，并暴力阻止他人解救，系共同犯罪的组织指挥者和直接实施者，亦应认定为主犯，予以严惩。张航、张巧联在共同犯罪中均系从犯，且能够当庭认罪悔罪，应从轻或减轻处罚。

我国坚持"保留死刑，严格控制和慎重适用死刑"的刑事政策。人民法院坚决依法从严惩治各类危害国家安全犯罪、恐怖犯罪和黑社会性质组织犯罪以及爆炸、杀人、抢劫、绑架、强奸等严重暴力犯罪。本案发生在人员流动量非常大的公共场所——商场的麦当劳餐厅内，且犯罪手段极其残忍、血腥，造成了恶劣的社会影响，甚至给当地群众造成了一定程度的恐慌。从维护社会大局稳定，保障人民群众生命安全的角度考量，对此类犯罪必须坚决从严惩处，以震慑犯罪，彰显社会正义。

实践中对多人致一人死亡的案件中两名以上被告人同时判处死刑的，法院一直极为慎重。但综观本案，整个故意杀人犯罪过程，张帆、张立冬在公共场所故意杀人，两人打击、踩踏被害人头面部的行为是造成被害人死亡的直接原因。张帆系故意杀人犯罪的发起者、组织指挥者及主要实施者，张立冬系犯罪的主要实施者，均为主犯。二被告人杀人意志坚决，犯罪手段极其残忍，后果极其严重，社会影响极其恶劣，人身危险性极大，应当依法严惩。人民法院依据“宽严相济”刑事政策，根据本案各被告人犯罪的事实、性质和对社会的危害程度以及各种情节，对张帆、张立冬判处死刑，对其他被告人分别判处无期徒刑、有期徒刑（张某因未满14周岁被公安机关处以收容教育），体现了“教育与惩罚相结合，团结、教育绝大多数被蒙骗的群众，依法严惩极少数犯罪分子”的司法理念。

【编后语】

宗教信仰自由是我国公民的基本权利，受到国家保护。正常的宗教活动，如佛教、道教、基督教、天主教、伊斯兰教等，有合法的宗教教义，有一脉相传的宗教典籍，有固定的活动场所，有严格的宗教礼仪。但是宗教与邪教却有本质区别，从“法轮功”到“呼喊派”“灵灵教”“全能神”等邪教组织门类众多，名称各异，但其本质皆是反社会、反人类，欺世盗名、蛊惑人心、危害社会的恶魔。邪教组织在世界范围内均不同程度地存在，对社会的破坏和影响在一些国家已成为不容忽视的问题。

本案系“全能神”邪教组织成员实施的恶性杀人案件，因犯罪分子手段暴力、残忍、血腥，案发过程视频经网络传播后，案件迅速在全国范围内引起广泛关注。因被害人拒绝提供电话号码，被告人等就群起而攻之，残暴地将被害人殴打致死，也反映了“全能神”邪教组织反人类、反社会的邪恶本质。本案也再次警示我们，邪教是社会的“毒瘤”，是对人民群众生命、财产安全的极大威胁，也是对社会发展、稳定大局的极大危害。必须始终保持对邪教的高压态势，予以坚决打击，以维护人民群众生命财产安全。

人民法院公开、公正、高效地审理了本案，庭审过程在官方微博予以公开。案件宣判后，一审、二审法院均第一时间将裁判文书在网上全文公布，满足了人民群众的知情权，社会反响良好。本案的裁判结果也得到了社会的广泛认同，彰显了我国严惩严重邪教犯罪的决心。邪教组织犯罪不仅是依靠公正的审判来严惩凶手、告慰逝者、消除恐慌，更重要的是要打好法治之战，用法治精神引领反邪教斗争，用法治手段开展反邪教斗争，用法治理念指导反邪教教育。人民法院通过依法审理邪教组织犯罪案件，既体现了严厉打击邪教犯罪的法律威严，又严格把握邪教与正常宗教界限的法治精神，让整个社会认清邪教的本质和危害，让人民群众珍爱生命，远离邪教。司法审判过程的公开透明，让正义得到昭示，树立了全社会战胜邪教的信心，引导公众养成社会主义核心价值观，增强了全民识邪、防邪、拒邪的能力。

（撰稿：山东省高级人民法院刑二庭　张运通
审编：最高人民法院刑二庭　王晓东）

范太应故意杀人案

【关键词】　故意杀人罪　证据审查判断　投毒　非法证据排除　证据不足　无罪

一、基本案情

被告人范太应，男，汉族，1954年7月17日出生，陕西省延安市宝塔区太和山道教管理委员会原副主任。2013 年 4 月 3 日被逮捕。

陕西省延安市人民检察院指控原审被告人范太应犯故意杀人罪，向延安市中级人民法院提起公诉。

公诉机关指控：2012 年 8 月，陕西省延安市太和山道教管委会主任冯金海去世后，冯金海大女婿毛敏其（被害人，殁年 43 岁）接任太和山道教管委会主任，身为管委会副主任的被告人范太应因没有当选主任以及与冯金海多年的积怨，产生了报复杀害毛敏其的念头。2012 年 12 月 13 日 18 时许，范太应在自己所占用的库房中取出装在药瓶中的毒药，用纸张包上，放入自己穿的衣服中，来到毛敏其的办公室，准备投毒，因无机会未能实施，之后将毒药放回库房。12 月 14 日 12 时 30 分许，范太应再次从库房拿上毒药，来到毛敏其办公室，当时会计陈某某在毛的办公室。范太应等陈某某离开后，趁毛敏其在电脑上浏览资料不注意之机，将带在身上的毒药拿出，投入毛敏其办公室单人沙发中间茶几上的烧水壶中，而后离开毛敏其的办公室，在厕所将包毒药的小纸片扔弃，回到自己的办公室后又将装毒药的药瓶烧毁。12 月 15 日，毛敏其身体出现不适，17 日到陕西省人民医院治疗，被确诊为急性铊中毒（重度）。12 月 24 日，毛敏其经医治无效死亡。12 月 15 日 12 时 37 分许，延安市太和山道教管委会职工曹博（被害人，时年 21 岁）在毛敏其办公室接了一杯水饮用后，于 12 月 18 日出现身体不适，19 日在西安市中心医院也被确诊为急性铊中毒。经鉴定，毛敏其系铊中毒死亡，曹博之损伤属轻微伤。公诉机关认定被告人范太应犯故意杀人罪，请求依法判处。

被告人范太应辩称其未实施投毒杀人行为。范太应及其辩护人提出：(1) 指控被告人范太应故意杀人无证据支持，依法不能成立。首先，指控范太应所投毒药究竟为何物，是否含有铊元素，无相应证据证明。其次，公诉机关认定被害人毛敏其铊中毒死亡系范太应向其办公室内的烧水壶中投毒所致，但鉴定意见却证明该烧水壶中未检出铊元素，印证了范太应没有投毒杀害毛敏其的供述。最后，侦查机关从被害人毛敏其所喝的中药瓶中和太和山其他道士的衣物上均检出了铊元素，是否与被害人铊中毒有关，无法排除合理怀疑。(2) 公诉机关指控范太应实施了投毒杀人行为的主要证据是范太应在侦查阶段的供述，但该供述明显前后反复，且不能排除范太应遭受刑讯逼供的可能性，供述的真实性、客观性存在重大瑕疵，不应采信。(3) 认定范太应因未当上太和山道教管委会主任而对毛敏其怀恨在心，从而实施投毒杀人行为的犯罪动机与其他证人证言不符，证据不足。综上，现有证据无法证明范太应实施了投毒杀人的犯罪行为，无法证明被害人铊中毒的后果与范太应有刑法上的因果关系，范太应不构成犯罪。

延安市中级人民法院经审理后认为，依据医院诊断证明和鉴定意见，被害人毛敏其、曹博确系急性铊中毒。但被告人范太应在公安机关的供述作为本案的重要证据，前后反复且与其他证据不能相互印证，在取证程序、客观性、真实性等方面存在瑕疵，不能完全排除刑讯逼供的可能性，不足以采信。公诉机关指控范太应在被害人毛敏其办公室烧水壶中投毒导致毛敏其、曹博系饮用烧水壶中水导致中毒的事实缺乏确实依据，证据不足。公诉机关认定毒物来源依据不充分，投毒方式依据不确实，与范太应在公安机关的有罪供述不能相互印证，相关证据矛盾和疑点无法合理解释、排除，全案证据达不到确实、充分的证明标准，不能得出系范太应作案的唯一性结论。公诉机关指控范太应犯故意杀人罪的事实不清、证据不足，指控罪名不能成立。

2014 年 12 月 11 日，延安市中级人民法院作出（2013）延中刑一初字第 00054 号刑事附带民事判决，认定被告人范太应无罪。

宣判后，延安市人民检察院提起抗诉，认为现有证据已形成证据链，足以认定范太应故意杀人的犯罪事实，应以故意杀人罪对范太应定罪量刑。

陕西省高级人民法院经公开审理认为，本案现有证据不能证明被告人范太应实施了投毒杀害毛敏其、并致曹博轻微伤的犯罪行为，故抗诉机关的抗诉意见不能成立。原审判决以公诉机关指控被告人范太应犯故意杀人罪证据不足、宣告范太应无罪适用法律正确，审判程序合法，应予维持。

2015 年 8 月 18 日，陕西省高级人民法院作出（2015）陕刑二终字第 00022 号刑事附带民事裁定，驳回延安市人民检察院的抗诉，维持原判。

二、裁判理由

对于本案的认定，检察机关认为，虽然毒物来源没有查实，被告人供述也前后反复，但其供述的投毒过程、投毒方式等关键情节得到监控视频、现场勘查及检验意见的印证，全案主要证据已形成证据链，足以认定被告人范太应投毒杀人的犯罪事实。一审、二审法院经过审理，并对相关疑点进行查证，认为本案关键证据存在重大矛盾，不能得出被害人毛敏其死亡、曹博轻微伤系范太应投毒所致的唯一性结论，存在他人作案的可能性。具体理由如下：

1. 本案没有锁定被告人范太应投毒的客观证据，关键证据存在矛盾，部分问题无法作出合理解释

（1）公诉机关指控范太应向毛敏其办公室烧水壶中投毒后，毛敏其和曹博均饮用了壶中的水后中毒，但公安部鉴定意见证明未在烧水壶和曹博的水杯中检出铊含量，反而在毛敏其办公室窗台上提取的、毛敏其盛有中药汁的“雪碧”瓶中检出了大量铊元素。同时，公安部未在水壶及水杯中检出铊含量的鉴定意见，与被害人亲属委托国土资源部西安矿产资源监督检测中心检测报告得出的其中铊含量为 $<0.0002mg/L$ 的意见相矛盾，关键证据之间存在明显矛盾。

法院在审理中对于案中出现两个检验报告进行了补充查证，侦查人员解释说，当时提取到检材后，为了更快地获知检验结果，他们在委托公安部进行检验的同时，又将检材分出一部分交给被害人亲属，由被害人亲属委托西安矿产资源监督检测中心进行检验，从而形成两个检验报告；经询问西安矿产资源监督检测中心的工作人员，其称他们的检测结论不能证明两个送检样品中含有铊，只是根据现有技术手段作出一个含量小于 0.0002mg/L 的范围检测，实际上也就相当于未检测出铊含量。因而，案件客观证据不能证明公诉机关指控的范太应在水壶中投毒的事实。

（2）公安部的检测鉴定结果表明，不仅从被告人范太应所穿道衣和范太应库房内物品及抽屉尘土中检出了铊元素，而且还从太和山厕所粪水中、毛敏其办公室已扔弃的纸杯中及太和山其他 6 名道士的道衣上均检出了铊元素，对此情况，侦查机关和鉴定机构均无法作出合理解释。法院在审理中经询问权威专家，称太和山道士道衣及很多地方大范围检测出铊含量的情况很罕见，具体原因无法解释。

2. 被告人供述与在案证据之间存在矛盾

（1）被告人范太应关于所投毒物的性质、来源的供述前后不一，反复不定。关于毒物性质，范太应供述先供是灰褐色粉末状的杀虫剂，又供是黄色颗粒状的老鼠药，最后又说是杀虫剂。关于毒物来源，范太应也供述不一，先说是从延安市东关街狮子巷对面的“兽医器械”门市里买的，后说是他多年前从外地买了带到延安的，又说是在延安东关汽车站附近的街上购买，后侦查机关根据其供述较多的地点，找到了原在延安市东关街狮子巷对面经营“兽药器械”门市部的高某某，但高某某证明其门市部从 1993 年、1994 年之后，按照国家要求就不再经营鼠药、杀虫剂了，也不能印证范太应的供述，毒物究竟从何而来，无法确定。由于侦查机关未能从范太应身上、办公室和库房等与之相关的场所中提取任何毒物，也未能提取与范太应所供相同或类似的毒物让其指认，故在案证据无法证明范太应如何获取、是否存有该毒物，也无法进一步认定该毒物中含有铊元素，不能认定被害人铊中毒的结果是范太应所投毒物所致。

（2）被告人范太应关于作案过程、投毒方式的有罪供述存疑。一是范太应多次供述他从景某某口中得知毛敏其患病正在服用中药的情况后，便认为是其投毒的好机会并决定实施投毒犯罪，但景某某证明她从未将此情况告诉过别人；二是范太应供述作案当天中午，毛敏其打电话叫他到毛的办公室，他去之后实施了投毒，但侦查机关调取范太应、毛敏其2012年12月的手机通话清单后，并未发现二人在12月14日有互相通话的记录；三是虽然范太应供述的作案过程与侦查机关调取的监控视频证明的范太应活动轨迹相符，但侦查机关调取监控视频在先，范太应供述在后，监控视频的证明力有限。由于受监控视线范围的限制，视频只能反应范太应大致的活动方向，不能直接证明范太应供述的其两次进出库房取药的情节，更不能证明其实施投毒的具体过程。

（3）法院经询问相关证人，没有人证明范太应与被害人有矛盾及范太应对被害人当选主任心怀不满的情况，公诉机关指控范太应有作案动机的情节无法印证。

3. 取证手段的合法性不能证明，不能排除被告人供述系非法证据的可能

本案中，被告人范太应共有17次供述，前5次否认作案，第六次开始供认，第八次又否认，从第九次开始稳定，但对其作案过程又有多次反复和不一致，之后从审查起诉开始直到二审庭审，全盘推翻其原来的有罪供述。范太应从审查起诉阶段开始，一直称侦查人员在监视居住期间对其有吊打、捆绑等刑讯逼供的行为，其有罪供述系屈打成招，并提供了刑讯逼供的侦查人员姓名。经法院核查，看守所《入所健康体检表》载明范太应入所时双手腕、双足部水肿。侦查机关出具书面材料证明在讯问过程中严格依法办案，没有刑讯逼供等违法取证手段，但无法对范太应双手腕、双足部水肿的形成原因予以合理解释，存在刑讯逼供的可能。

综上所述，本案关键证据存在重大矛盾，不能得出被害人毛敏其死亡、曹博轻微伤系被告人范太应投毒所致的唯一性结论，无法排除其他人作案的合理怀疑。一审、二审法院严格遵守证据规则，坚持疑罪从无原则，依法宣告被告人范太应无罪。

【编后语】

2014年10月，党的十八届四中全会通过了《中共中央关于全面推进依法治国若干重大问题的决定》，正式提出以审判为中心的诉讼制度改革，这就要求人民法院在审理案件时全面贯彻证据裁判原则，严格审查侦查取证行为，加强审判活动的实质性审查把关作用。

陕西法院在案件扑朔迷离的情况下，严格坚持证据裁判标准和疑罪从无原则，重视被告人及辩护人提出的辩解、辩护意见，核查案件中的疑点，在证据达不到定罪标准的情况下，敢于顶住压力，依法宣告范太应无罪，不仅避免了一起重大冤错案件，也有助于揭开犯罪真相，使真正的犯罪人接受法律应有的惩罚，让无辜的被害人得以安息。① 案件的审理切实取得了良好的法律效果、社会效果与政治效果，实现了三个效果的有机统一。

（撰稿：陕西省高级人民法院刑二庭　赵合理　王海峰
审编：最高人民法院刑二庭　叶邵生）

① 2019年1月3日，公安机关将本案侦查终结，移送审查起诉。犯罪嫌疑人张某某、李某某等被抓获，并供述投毒致闫某某、王某某、冯金海、毛敏其死亡的情节。经鉴定闫某某、王某某均为铊中毒致死。后经开棺验尸，冯金海尸体内含有大量铊元素。目前案件正在审理中。

卢荣新故意杀人、强奸案

【关键词】 故意杀人罪 非法证据排除 疑罪从无

一、基本案情

被告人卢荣新，男，彝族，1972 年 8 月 25 日出生。2012 年 9 月 30 日被逮捕。

云南省西双版纳傣族自治州人民检察院指控被告人卢荣新犯故意杀人罪、强奸罪，2013 年 4 月 26 日向云南省西双版纳傣族自治州中级人民法院提起公诉。

被告人卢荣新辩称，其没有强奸、杀害被害人。其辩护人提出，本案的证据之间不能相互印证，不具有排他性，多项证据存在明显瑕疵，请求对卢荣新宣告无罪。

西双版纳傣族自治州中级人民法院经审理查明：2012 年 9 月 10 日 18 时 30 分许，被告人卢荣新在勐腊县瑶区乡沙仁村委会补角村李福生家稻田南侧，见到劳作后准备回家的被害人邓某某，卢荣新即尾随邓某某并强行将其拖至草丛中强奸，在施暴过程中卢荣新使用邓某某劳作用的锄头两次打击邓某某头部以压制其反抗，为防事情败露，卢荣新用手扼颈、捂嘴的手段致被害人当场死亡。事后卢荣新将被害人尸体掩埋，将作案用的锄头丢弃在附近小河中逃离现场。同月 19 日 18 时许，被告人卢荣新在家中被公安机关抓获。经鉴定，被害人邓某某系机械性窒息死亡。

2014 年 6 月 9 日，西双版纳傣族自治州中级人民法院以(2013)西刑初字第 213 号刑事附带民事判决，认定卢荣新犯故意杀人罪，判处死刑，缓期二年执行，剥夺政治权利终身；犯强奸罪，判处有期徒刑十年。决定执行死刑，缓期二年执行，剥夺政治权利终身。

一审宣判后，被告人卢荣新提出上诉。卢荣新及其辩护人提出，侦查人员有诱供行为，讯问笔录应当予以排除；卢荣新没有作案时间，缺乏实施杀人、强奸的物证；一审认定事实不清，证据不足。

云南省人民检察院提出，本案部分事实不清，证据不足，建议发回重审。

云南省高级人民法院经审理，2015 年 4 月 2 日以(2014)云高刑终字第 1061 号刑事附带民事裁定，认定原判部分事实不清、证据不足，裁定发回重审。

云南省西双版纳傣族自治州中级人民法院经重审查明的事实与第一次一审一致，但认定被告人卢荣新在实施强奸行为的过程中，由于意志以外的因素未能得逞，系犯罪未遂。同时认为，被告人卢荣新的供述能够和证人证言、现场勘查笔录、鉴定意见等证据相印证，足以认定，不采纳卢荣新及其辩护人提出的无罪意见。

2015 年 12 月 20 日，云南省西双版纳傣族自治州中级人民法院以(2015)西刑初字第 160 号刑事附带民事判决，认定卢荣新犯故意杀人罪，判处死刑，缓期二年执行，剥夺政治权利终身；犯强奸罪，判处有期徒刑三年。决定执行死刑，缓期二年执行，剥夺政治权利终身。

宣判后，被告人卢荣新再次提出上诉。上诉理由与之前相同。

云南省高级人民法院经审理查明：2012 年 9 月 10 日下午，云南省勐腊县瑶区乡沙仁村委会补角村村民邓某某(被害人，女，殁年 28 岁)在自家地里劳作至 19 时未归，亲属查找后在地里发现被掩埋的邓某某尸体。公安机关现场勘查时在附近小河中发现 1 把锄头。

原审认定被告人卢荣新于 2012 年 9 月 10 日 18 时 30 分许，在勐腊县瑶区乡沙仁村委会补角村强奸、杀害被害人邓某某的事实不清、证据不足。不予确认。

云南省高级人民法院认为，原判据以定案的从锄头柄部检出被告人卢荣新 DNA 的鉴定意见、卢荣新的有罪供述、现场指认录像、指认笔录均不能作为定案的根据；其他在案证据均不能证实卢荣新与被害人邓某某被强奸、杀害的事实之间存在关联性；二审期间出现了新的证据，不能排除他人作案的可能。原判认定卢荣新故意杀人、强奸的事实不清、证据不足，不能认定卢荣新有罪，应依法予以改判。

2017年1月6日，云南省高级人民法院以(2016)云刑终262号刑事附带民事判决，宣告被告人卢荣新无罪。

二、裁判理由

（一）二审法院在依法排除不合法证据后认为本案达不到定案标准，依法改判被告人无罪

本案在二审改判前，经历两次一审、一次二审，相关证据已多次经庭审举证、质证，被告方也提出过非法证据排除的请求，但均未被采纳。云南省高级人民法院在第二次二审中经审查发现，原判依据的锄头柄DNA鉴定意见、卢荣新的有罪供述、现场指认资料、作案时间、卢荣新身上伤痕等证据均存在重大问题，不足以证实卢荣新实施了故意杀人、强奸行为。鉴于本案证据存在重大问题，特别是关键证据可能系非法证据，二审法院经初步研究，梳理出25项证据问题要求检察机关核查补正。检察机关、公安机关为补强证据，委托公安部、云南省公安厅司法鉴定机构对关键检材进行重新鉴定，结果证实不能排除系他人作案。如何有效审查和准确认定原审据以定案的证据，便成为二审法院面临的重大难题。

本案中，原判据以定案的关键证据有三项：锄头柄上提取物的DNA鉴定意见，有罪供述，现场指认录像和指认笔录。对这三项证据，被告人卢荣新均不认可，称其未接触过锄头，不可能有其DNA；有罪供述不是其所作，其只是签过字；现场指认系在诱导下进行。云南省高级人民法院在初查中也发现这三项证据存在重大问题，不能作为定案的根据。但就这三项关键证据而言，对锄头柄上提取物质的DNA鉴定意见证实发现卢荣新的DNA，从内容上无法认定该鉴定意见存在错误；有罪供述的笔录上有卢荣新的签字，且与其他在案证据相印证，很难证实有罪供述不是卢荣新所作；指认现场有录像、笔录等证据证实，指认的真实性也无法直接予以否定。

1. 关于DNA鉴定意见

本案中，对定案起到重要作用的DNA鉴定意见主要有三项：一是被害人体内提取物，鉴定出被害人及其丈夫的DNA；二是从埋藏尸体的泥土中提取到一根阴毛(无毛囊，不能作同一性认定)，鉴定意见是该毛发不属于被害人也不属于卢荣新；三是案发现场锄头柄上的提取物，鉴定出卢荣新的DNA。其中，锄头系侦查机关在案发现场附近的小河中提取，经鉴定，锄头可形成被害人头部的两处伤痕；该锄头宽度与埋尸现场挖土痕迹宽度一致；经被害人家属辨认，该锄头系被害人当天带上山劳动的工具。从这三个方面基本证实该锄头就是作案工具，在该锄头柄上检出卢荣新的DNA，也就直接证实卢荣新是重大犯罪嫌疑人，这是本案的核心证据。

二审法院在审查时发现，被告人卢荣新否认接触过该锄头，从该锄头提取照片并结合案发时当地天气，可推断锄头在水中浸泡最少十几个小时，能检出DNA物质的可能性很小。与此同时，卢荣新供述曾对被害人实施了两次强奸，在被害人体内提取物能检出被害人丈夫DNA的情况下，却未检出卢荣新的DNA，显与常理不符。经公安部物证鉴定中心检测，埋尸泥土中提取的毛发不属于卢荣新，但侦查机关出具说明称，清洗泥土是用河水，毛发可能是在河中洗澡的人留下，这一解释更显牵强。经向DNA鉴定专家咨询，答复称DNA鉴定具有科学性和一定的偶然性，由于检材提取的位置等多方面因素的影响，在被害人体内未检出卢荣新DNA是可能的；虽然锄头柄浸泡在水中再检出DNA物质的可能性很小，但只要出检出DNA，就可证实卢荣新接触过锄头；线粒体DNA鉴定不能作同一性认定，但可从卢荣新母系方面作出排除性结论。

尽管有相关专家的解释，但二审合议庭仍对原DNA鉴定意见存在疑问，遂对DNA鉴定的检

材提取过程进行审查,发现锄头柄检材的提取存在重大问题。一是其他 DNA 检材均系 2012 年 9 月 11 日送检,而锄头柄上的检材系 9 月 18 日送检,此前卢荣新血样已送检;二是在鉴定委托书上 9 月 11 日对卢荣新血样送检,但公安机关在 9 月 12 日上午才找到卢荣新,公安机关出具情况说明称是记录错误;三是在案材料中公安机关对锄头擦拭物的提取存在三种以上的不同说法;四是公安机关对上述锄头柄物证提取的情况说明前后矛盾,且无经办人签字。

根据最高人民法院、最高人民检察院、公安部、国家安全部和司法部 2010 年制定的《关于办理死刑案件审查判断证据若干问题的规定》(以下简称《死刑案件证据规定》)和《关于办理刑事案件排除非法证据若干问题的规定》(以下简称《排除非法证据规定》),对鉴定意见应当着重审查检材的来源、取得、保管、送检是否符合法律及有关规定,与相关提取笔录、扣押物品清单等记载的内容是否相符,检材是否充足、可靠;鉴定意见具有送检材料、样本来源不明或者确实被污染且不具备鉴定条件情形的,不能作为定案的根据;公诉人提交加盖公章的说明材料,未经有关讯问人员签名或者盖章的,不能作为证明取证合法性的证据。根据上述规定,由于原审依据的 DNA 鉴定证据取证、送检情况不明且存在瑕疵,不能作为定案证据,故应将锄头柄 DNA 鉴定意见予以排除。

二审法院以程序事项违法将 DNA 鉴定意见排除后,继续对原锄头柄上物质的 DNA 鉴定内容进行查证,向检察机关发函调取原锄头柄 DNA 鉴定图谱。因锄头系被害人使用的劳动工具,且长时间在水中浸泡,这种情况下图谱应是混合型 DNA 图谱或有污染的图谱。检察机关调取图谱后,DNA 鉴定专家发现锄头柄 DNA 图谱与卢荣新血样图谱高度一致且十分清晰,认为不符合本案情况,鉴定可能出错,后对本案检材启动了重新鉴定程序①。公安部物证鉴定中心、云南省公安司法鉴定中心均未在锄头柄上检出卢荣新的 DNA,却均在被害人体内检出另一人(非死者丈夫)的 DNA,从而也增强了审判人员排除非法证据的内心确信。

2. 关于有罪供述与指认录像、指认笔录

被告人卢荣新在公安机关共有八次讯问笔录,只在第七次作了有罪供述,随后就翻供,称供述不是其所作。二审法院对其唯一一次有罪供述的内容进行审查时发现,本案证据体系均围绕卢荣新的有罪供述展开,虽然存在较多不合常理的疑点,但卢荣新的有罪供述内容与现场勘查情况、尸体检验报告高度一致,基本上能解答所有的主要疑问。例如,尸检报告中被害人头顶、耳朵后各有一处伤口,卢荣新则称其用锄头打了被害人头顶一下、耳朵附近一下;被害人的死因系被人扼颈、机械窒息死亡,卢荣新则供述其曾用手掐住被害人脖子把她掐晕;被害人阴道没有检出卢荣新的 DNA,卢荣新则供述其因害怕警察查出来,就射精在旁边的沙地上;埋尸现场被害人只有头部露在外面,卢荣新则供述系因当时其很急,就没有把被害人的头埋起来。上述供述表面上与现场情况相符,但综合其他证据加以分析,其供述明显不合常理,体现在:一是在锄头上没有检出被害人的 DNA,且从尸检照片看,两处伤口呈"Y"形开放状,创口较浅且没有骨折,不应是现场发现的那把锄头所形成,且卢荣新在慌乱的情况下,是否能对打击位置记得那么清楚,不无疑问。二是卢荣新称其将被害人掐昏后进行了强奸,其间被害人醒过来大叫,其就用锄头打了被害人两下,把被害人打晕继续强奸后就用锄头把被害人埋了,没有再掐,但被害人死因是窒息,即在强奸前被害人就已死亡,被害人中途怎能醒来?三是作为一个醉酒状态下的中年农民,是否有着丰富的 DNA 知识和逃避打击的意识,从而采取体外射精?既然卢荣新有很强的反侦查经验,为何其案发当天穿着有血迹的长袖 T 恤直到 9 月 12 日被公安机关传唤,都不更换或是丢弃?四是从现

① 值得肯定的是,本案相关鉴定检材被侦查机关保留下来,为重新鉴定打下了良好基础。

场照片看，犯罪嫌疑人只要再挖几下就可把被害人全部埋起来，其供述的掩埋尸体情况不符合正常人的思维和做法。① 五是卢荣新供述在强奸过程中将被害人拖到另一个地方，但尸检报告却反映出被害人全身只有少量皮下出血。六是现场指认录像、指认笔录作为有罪供述的辅助证据，与有罪供述中的作案细节有很大出入。在指认录像中可明显看出卢荣新在整个指认过程中表情很茫然，指认也比较被动，数次出现指认不下去，经现场人员提醒才继续指认的情况，且指认录像与指认笔录也存在较大差异。

二审法院经审查发现，即使按照公诉机关出具的证据，被告人卢荣新于2012年9月19日17时被抓获，9月20日送看守所（无具体时间）后，于9月20日19时50分、9月21日0时40分、9月22日9时40分三次被提出看守所，均无县级以上公安机关负责人审批；其作出有罪供述的时间（21日22时47分至22日1时08分）、地点（看守所第二审讯室）与公安机关提供的讯问录像存在明显差距；公安机关提供的第七次供述录像没有声音，公安机关出具说明称是因拾音器损坏（第一次二审期间，公安机关出具情况说明称，因当时进行设备改造，没有及时安装录音设备），但合议庭发现该录像是用卢荣新背后的监控摄像机拍摄，正对卢荣新还有一部录像机，但公安机关没有提供该摄像机拍摄的资料；从讯问记录、出入所记录看，卢荣新在作出有罪供述前，留在公安机关50多个小时，也没有得到充分休息。

因案发时间在2012年《刑事诉讼法》施行前，二审法院的主要依据，一是《看守所条例实施办法》第二十三条的规定，即“提讯人犯，除人民法院开庭审理或者审判外，一般应当在看守所讯问室。提讯人员不得少于二人。因侦查工作需要，提人犯出所辩认罪犯、罪证或者起赃的，必须持有县级以上公安机关、国家安全机关或者人民检察院领导的批示，凭加盖看守所公章的《提讯证》或《提票》，由二名以上办案人员提解”。二是《排除非法证据规定》第七条第三款的规定，即“公诉人提交加盖公章的说明材料，未经有关讯问人员签名或者盖章的，不能作为证明取证合法性的证据”。三是《排除非法证据规定》第十二条，即“对于被告人及其辩护人提出的被告人审判前供述是非法取得的意见，第一审人民法院没有审查，并以被告人审判前供述作为定案根据的，第二审人民法院应当对被告人审判前供述取得的合法性进行审查。检察人员不提供证据加以证明，或者已提供的证据不够确实、充分的，被告人该供述不能作为定案的根据”。根据上述规定，二审法院认定卢荣新的有罪供述不能作为定案的依据。

3. 对作案时间和被告人身上伤痕的查证情况

原判据以定案的证据除上述三项关键证据外，还有两项重要依据：一是卢荣新有作案时间；二是卢荣新对其身上的28处伤痕不能作出合理解释。经审查发现，卢荣新供述的当天活动时间、证人看见卢荣新的时间，以及被害人在案发当天的活动时间、死亡时间都是估计所得。根据上述证据推断，卢荣新在18时30分至19时，19时至19时30分都存在空档。二审合议庭认为卢荣新在半小时内不可能完成整个作案过程。此外，经过审查，二审合议庭认为卢荣新关于身上伤痕系醉酒后摔跤、碰柱子、摔下床等原因造成的解释具有合理性（被害人指甲内未检出卢荣新DNA）。不过，鉴于排除锄头柄的DNA鉴定意见、有罪供述和指认录像、指认笔录后，已切断了卢荣新与被害人被强奸杀害之间的关联性，全案证据链条已经不完整，故关于卢荣新是否有作案时间、身上伤痕究竟如何形成的问题已经不十分重要。

---

① 抓获真凶洪某某后，据洪某某供述，其把死者掩埋后把锄头丢进河水里，在准备离开现场时想起其勒死者颈部的裤带还在她脖子上，就把她脖子上的土扒开，把裤带拉出来，把裤带也丢到河里面，后又折回死者身边，随手掐了一点龙爪菜盖在她头上。该供述的情况相对较为可信。

4. 排除非法证据程序启动问题

本案2016年二审时，最高人民法院制定的“三项规程[①]”尚未出台，关于如何在二审程序中启动排除非法证据程序没有明确的法律规定，合议庭对此进行了探索。一是收到辩护人、检察机关的排非申请后，召开了庭前会议，听取双方的排非要求和争议重点，接收了双方在二审期间提交的新证据。二是在二审庭审中审判长先介绍了庭前会议情况，启动了排非调查，在充分听取了检、辩双方的意见后，宣布休庭；随后合议庭对排非要求进行合议，决定将原锄头柄的DNA鉴定意见、被告人的有罪供述、指认录像及指认笔录予以排除。三是继续开庭后审判长宣布排非决定，明确经排除的证据不再进入庭审后续环节；对检方提交的对锄头柄的新DNA鉴定意见、对被害人体内提取物的新DNA鉴定意见，辩护人提交的毛发DNA鉴定意见（未经前续审判程序举证、质证）作为新证据进行举证、质证；在检察人员和辩护方达成一致意见的基础上，简化了法庭辩论环节。四是再次休庭后，合议庭进行合议，形成决议并报院审判委员会讨论通过，开庭后对本案进行公开当庭审判，认定卢荣新无罪、不承担民事赔偿责任并当庭释放。从后来最高人民法院发布的“三项规程”看，本案的排非程序完全符合“三项规程”的相关规定。

（二）关于“真凶”的判决情况

本案二审期间通过重做DNA鉴定，发现被害人体内有同村村民洪某某[②]留下的物质，侦查机关于2016年8月3日晚将洪某某传唤到案，洪某某一开始供称与卢荣新共同实施犯罪，但其所供内容与在案证据存在明显矛盾。洪某某在后续讯问中如实供述了其一个人作案的过程，还主动提出要与被告人卢荣新见面，向卢荣新道歉。

经指定管辖，洪某某强奸杀人一案由云南省普洱市中级人民法院审理。该院经审理查明：2012年9月10日17时许，被告人洪某某在被害人邓某某（女，殁年28岁）家苞谷地西侧的草丛旁，遇到回家途中的被害人，洪某某即产生与被害人发生性关系的冲动，便上前抱住被害人，在遭到被害人反抗后，洪某某将被害人胁迫到一荒废的鱼塘内强行与被害人发生性关系。因害怕事情败露，洪某某先用石头击打被害人头部，接着用自己的裤带勒住被害人的颈部致其死亡，又用被害人的锄头将其尸体掩埋，并采摘旁边的蕨菜（又名龙爪菜）盖在被害人的头面部，随后将锄头丢弃在会都河中逃离现场。

普洱市中级人民法院认为，关于被告人洪某某所提被害人邓某某自愿与其发生性关系，公诉机关指控其犯强奸罪不能成立的辩解及其辩护人所提本案事实不清、证据不足的辩护意见，经审查，本案在邓某某体内、体表擦拭物上检出洪某某的生物物质，且邓某某所穿内裤上亦检出精斑反应，混合STR峰谱不排除包含洪某某的DNA分型，足以认定洪某某与邓某某在案发前有过性行为。据洪某某供述，其因冲动在田间草丛旁搂抱邓某某，后二人发生性行为，结合案发时间及案发地点，洪某某在偏僻地点的搂抱行为足以对邓某某造成胁迫。另据洪某某供述，其为防止邓某某报警而杀人并埋尸，洪某某的杀人灭口行为，足以证实其明知违背邓某某意愿而强行与邓某某发生性行为，应认定洪某某具有强奸故意。洪某某供认采取用石头击打、勒颈的方式杀害邓某某，其供述与尸体检验报告、现场勘验照片等证据相吻合，且洪某某亦辨认出邓某某随身携带的物品，足以证实洪某某实施的杀人行为。综上所述，洪某某的辩解及辩护人的辩护意见均不成

① 最高人民法院“三项规程”，即2017年12月11日最高人民法院印发的《人民法院办理刑事案件庭前会议规程（试行）》、《人民法院办理刑事案件排除非法证据规程（试行）》和《人民法院办理刑事案件第一审普通程序法庭调查规程（试行）》。

② 洪某某作案时不满18周岁。

立,不予采纳。被告人洪某某犯故意杀人罪、强奸罪的事实清楚,证据确实、充分,足以认定。

普洱市中级人民法院认为,被告人洪某某使用胁迫手段强行与被害人邓某某发生性关系,其行为构成强奸罪;其故意非法剥夺邓某某生命的行为还构成故意杀人罪。鉴于洪某某犯罪时未满18周岁(1994年12月9日出生),对洪某某应当从轻或减轻处罚。公诉机关指控洪某某犯强奸罪、故意杀人罪的事实清楚、证据确实、充分,罪名成立,予以支持。判决被告人洪某某犯故意杀人罪,判处无期徒刑,剥夺政治权利终身;犯强奸罪,判处有期徒刑七年。决定执行无期徒刑,剥夺政治权利终身。

宣判后,洪某某服判不上诉,判决发生法律效力。

【编后语】

本案不同于近年来披露的以呼格吉勒图案、聂树斌案为代表的、经多年申诉再审才得以纠正的冤假错案,本案是在以审判为中心的诉讼制度改革的背景下,人民法院严格落实司法责任制要求,遵循疑罪从无原则、证据裁判规则,在二审期间发现问题,依法排除原审部分定案证据,并通过补充核实证据发现"真凶"的案件。二审法院依法宣告被告人无罪,并使"真凶"受到法律惩处,使冤假错案得到纠正,公平正义得到彰显。案件的审理,探索、实践了非法证据排除程序在二审程序中的适用,发挥了非法证据排除程序在防范冤假错案方面的重要作用,确保了审判程序公正和案件办理质量,取得了良好的法律效果和社会效果,得到了业界和社会的认可,被媒体评为"2017年度人民法院十大刑事案件""2017年推动法治进程十大案件"。

(撰稿:云南省高级人民法院刑一庭　李红斌　汤　宁
审编:最高人民法院刑二庭　王晓东)

周继坤、周家华、周在春、周正国、周在化故意杀人案

【关键词】 故意杀人罪　证据审查判断　证明标准　事实不清、证据不足　疑罪从无　无罪

一、基本案情

被告人周继坤,男,汉族,1967年8月10日出生,1990年8月因犯诈骗罪被判处有期徒刑二年,缓刑三年。1997年4月23日因本案被逮捕。

被告人周家华,男,汉族,1967年9月5日出生。1997年4月23日被逮捕。

被告人周在春,男,汉族,1973年10月7日出生。1997年4月23日被逮捕。

被告人周正国,男,汉族,1966年7月30日出生。1997年4月23日被逮捕。

被告人周在化,男,汉族,1966年6月15日出生。1997年4月23日被逮捕。

安徽省阜阳市人民检察院指控被告人周继坤、周家华、周在春、周正国、周在化犯故意杀人罪一案,向阜阳市中级人民法院提起公诉。

被告人周继坤、周家华、周在春、周正国、周在化均否认指控的犯罪事实。辩护人均提出,公诉机关指控的犯罪事实不清,没有证据证明五被告人犯有故意杀人罪,应宣告五被告人无罪。

阜阳市中级人民法院一审查明:1994年12月,被告人周家华因超生被人举报,受到撤销行政村青年书记的处分。周家华怀疑是同村的被害人周某甲举报,便对周某甲怀恨在心,产生报复念头。1996年8月25日晚,被告人周家华、周在春、周正国、周在化聚集在周继坤家喝酒。席间,周

家华、周正国等人发泄对周某甲不满的言词，周继坤提出“收拾”周某甲，并分别准备了斧头、菜刀等凶器。当夜12时许，周继坤、周家华、周在春、周正国、周在化分别携带菜刀、斧头等凶器去周某甲家。周家华持斧头、周正国持菜刀、周在化持尖刀分别对周某甲及其妻子刘某某、小儿周某丁头面部砍划，致三人当场昏迷。周继坤、周在春持刀闯入东屋，周继坤对周某甲的大女儿周某乙头部连砍数刀，周在春对周某甲的二女儿周某丙头部砍一刀，接着周家华持斧头闯入东屋又对周某乙、周某丙头部各砍一斧。后五被告人逃离现场。周某乙当场死亡，周某甲、刘某某、周某丙三人重伤，周某丁轻伤。

1999年3月29日，阜阳市中级人民法院作出（1998）阜中刑初字第164号刑事附带民事判决，认定被告人周继坤、周家华、周在春、周正国、周在化犯故意杀人罪，判处周继坤、周家华死刑，剥夺政治权利终身；判处周在春无期徒刑，剥夺政治权利终身；判处周正国、周在化有期徒刑十五年。

一审宣判后，被告人周继坤、周家华、周在春、周正国、周在化均不服，提出上诉。上诉理由与一审辩解相同。

1999年7月6日，安徽省高级人民法院作出（1999）皖刑终字第305号刑事裁定，以原判认定事实不清，证据不足为由，撤销原判，发回重审。

阜阳市中级人民法院重审后，于2000年2月23日作出（1999）阜中刑初字第153号刑事附带民事判决，以故意杀人罪判处被告人周继坤、周家华死刑，缓期二年执行，剥夺政治权利终身，其他判决内容与前次相同。

宣判后，被告人周继坤、周家华、周在春、周正国、周在化及原审附带民事诉讼原告人刘某某均不服，分别提出上诉。

2000年10月8日，安徽省高级人民法院作出（2000）皖刑终字第252号刑事附带民事裁定，驳回上诉，维持原判，并核准对被告人周继坤、周家华判处死刑，缓期二年执行，剥夺政治权利终身的判决部分。

周继坤、周家华、周在春、周正国、周在化不服生效刑事裁判，提出申诉。

2016年10月24日，安徽省高级人民法院作出（2014）皖刑监字第00063号再审决定书，决定对本案进行再审。

再审中，原审被告人周继坤、周家华、周在春、周正国、周在化均提出未实施故意杀人行为，所作的有罪供述系侦查机关通过刑讯逼供等非法手段获取，请求宣告无罪。五原审被告人的辩护人提出：本案没有证实五原审被告人作案的客观性证据；五原审被告人的有罪供述系通过刑讯逼供等非法手段获取，供述的许多情节前后矛盾，且供述相互之间存在矛盾，不能作为定案依据；证人证言前后反复；被害人周某丙的陈述前后矛盾，且与原审被告人供述存在矛盾。原裁判认定周继坤、周家华、周在春、周正国、周在化故意杀人的事实不清、证据不足，应当依法宣告被告人无罪。

出庭检察员提出：本案既有指向五原审被告人作案的有罪证据，又有否认其五人作案的证人证言、无罪辩解等无罪证据，建议法庭全面客观梳理本案的有罪证据和无罪证据，依法作出客观公正的判决。

安徽省高级人民法院经再审查明：1996年8月25日晚，涡阳县新兴镇南张村大周自然村村民周某甲的女儿周某乙在家中被害死亡，周某甲及妻子刘某某、女儿周某丙被害受重伤，儿子周某丁被害受轻伤。

上述事实，有被害人周某甲、刘某某、周某丁、周某丙陈述、现场勘查笔录、鉴定意见等证据证实，法院予以确认。

安徽省高级人民法院再审认为，原判认定1996年8月25日晚，原审被告人周继坤、周家华、周在春、周正国、周在化共同到周某甲家实施故意杀人行为并致周某乙死亡，周某甲、刘某某、周某丙重伤，周某丁轻伤的事实不清、证据不足，不予确认。原判认定原审被告人周继坤、周家华、周在春、周正国、周在化犯故意杀人罪的主要依据是周继坤等五人的有罪供述，以及有罪供述与在案其他证据基本一致。但综观全案，本案缺乏能够锁定周继坤等五人作案的客观性证据；周继坤等五人的有罪供述在作案的重要情节上存在很多矛盾，且供述内容与鉴定意见反映的情况不符，有罪供述的客观性、真实性存疑；证人证言多次反复，且证明内容不能与被告人供述相印证；被害人周某丙的陈述前后不一，且陈述内容与在案其他证据存在诸多矛盾。综上，原裁判据以定案的证据没有形成完整锁链，没有达到证据确实、充分的法定证明标准，不能得出系周继坤等五人作案的唯一结论。故对周继坤等五原审被告人及其辩护人提出的应当改判无罪的意见，予以采纳。

2018 年 1 月 10 日，安徽省高级人民法院作出(2017)皖刑再 1 号刑事附带民事判决：一、撤销安徽省高级人民法院(2000)皖刑终字第 252 号刑事附带民事裁定和阜阳市中级人民法院(1999)阜中刑初字第 153 号刑事附带民事判决；二、原审被告人周继坤、周家华、周在春、周正国、周在化无罪。

二、裁判理由

(一)本案没有证明故意杀人犯罪行为系周继坤等五名原审被告人实施的客观性证据

本案侦查阶段，公安人员没有在案发现场提取血迹、指纹、足迹等与犯罪事实有关的痕迹物证；根据被告人周家华、周在春、周正国、周在化的供述，公安机关从几人家中搜出部分衣服送公安部检验，结论为送检衣服均未检出人血；根据周继坤、周家华、周在春、周正国等人关于将作案凶器及杀人血衣扔在附近河塘、机井等多个地点的供述，公安机关先后组织多次打捞及数次搜查，均未打捞、搜查到与本案有关的物证。综上，本案没有指向周继坤等五人作案、将五人与案发现场之间建立直接联系的任何客观性证据。

(二)原裁判据以定案的主要证据，即周继坤等五名原审被告人的有罪供述，依法不能作为定案根据

五名被告人的有罪供述不稳定。在侦查阶段，周家华仅作过一次有罪供述，其他数次讯问笔录中均否认犯罪，周继坤也曾在讯问笔录中否认犯罪。在检察机关审查起诉阶段和原一审、二审历次审理阶段，周继坤等五人均否认犯罪。综观周继坤等五原审被告人的有罪供述，在作案工具类型、作案工具来源、作案行走路线、具体加害对象等重要情节上，不仅各自供述前后矛盾，各原审被告人供述之间存在矛盾，不能相互印证，而且供述内容与鉴定意见等证据所反映的情况不符。如周继坤既供述过自己的作案工具是菜刀，又供述过作案工具是杀猪刀；周继坤曾供称周正国持匕首、周在化持菜刀作案，后又供称周正国持菜刀，周在化持斧头作案；周家华供称自己作案用的斧头是自带的，而周在化曾供称周家华的斧头从周继坤家拿的；周在春、周正国、周在化均既曾供称所用的作案工具是自带的，又曾供称作案工具是从周继坤家拿的；鉴定意见反映周某甲和刘某某头部均仅有一处损伤，但供述砍击周某甲、刘某某的均为多人。综上，原裁判据以定案的主要证据即周继坤等五人的有罪供述不稳定，在作案的重要情节上存在很多矛盾，且供述内容与鉴定意见反映的情况不符，有罪供述的客观性、真实性存疑，依法不能作为定案根据。

(三)证人证言多次反复，证明内容不能与原审被告人供述相印证，证言的客观真实性存在合理怀疑

证人周杰、周开慧的证言均多次反复，其中周杰在侦查阶段的证言即有反复。本案一审法院第一次开庭审理时，周杰出庭作证称侦查阶段关于案发当晚看到五原审被告人在周继坤家聚集饮酒并拿出作案工具的证言不属实，周开慧出庭作证称侦查阶段关于案发当晚看到周继坤等四人从其睡觉处经过及听到周某甲家传出叫声的证言不属实。本案第一次二审审理期间，证人周

杰、周开慧因涉嫌伪证被刑事拘留，两人在看守所回答公安机关讯问时称开庭时讲了假话。本案发回重审后，一审法院重新开庭审理时，周杰、周开慧出庭作证称原来开庭时所作证言属实。本次再审庭审中，周杰、周开慧出庭所作证言与第一次开庭时证言相同。证人在侦查阶段相关证言的重要情节不能与原审被告人供述相印证，如证人周杰称案发当晚看到五名被告人在周继坤家聚集饮酒并拿出作案工具，但周继坤等五人未供述过此节；证人周开慧称案发当晚看到周继坤等四人一起朝周某甲家方向走，但周继坤等五人未供述过与周开慧证言相同的作案行走路线。综上所述，证人周杰、周开慧的证言多次反复，且证明内容不能与原审被告人供述相印证，证言的客观真实性存在合理怀疑。

（四）被害人周某丙的陈述前后不一且与其他证据相矛盾

被害人周某丙的陈述前后不一，先是称黑狗子作案，而周某甲证明涡阳县新兴镇南张村大周自然村没有叫黑狗子的人；被害人周某丙在 1996 年 10 月 5 日回答公安人员问话时，称看见周继坤、周家华进屋，周继坤捂住其嘴和眼，后来的历次陈述中，有时称周继坤进屋捂住她的嘴和眼，有时称周家华捂住她的嘴和眼，说法不一。被害人周某丙的陈述与其他证据存在诸多矛盾，如周某丙关于看到周继坤、周家华两人进屋的陈述，与周继坤、周在春供述二人先进屋相矛盾；周某丙陈述其嘴和眼被周继坤或周家华捂住，但周继坤、周家华均未供述过此节；周某丙关于作案人穿着黑衣服的陈述，与周继坤、周家华供述其作案时所穿衣服颜色相矛盾；周某丙关于下床找鞋时周继坤等人进屋捂其嘴，姐姐周某乙不在床上等陈述，与周继坤、周家华、周在春供述对睡在床上的被害人周某乙、周某丙砍击相矛盾。综上，被害人周某丙的陈述不仅前后不一，且陈述内容与在案其他证据存在诸多矛盾，依法不能作为定案根据。原一审、二审裁判均未将被害人周某丙的相关陈述作为证据使用。

【编后语】

“五周杀人案”的审理过程一直受到社会的广泛关注。双方当事人多次申诉上访也给案件审理带来压力。本案第一次一审审理期间，因发生周某甲在法院办公室服农药自杀事件，导致案件审理结果发生改变。本案复查及再审期间，被告人一方多名亲属多次到法院表达申诉理由，要求尽快处理本案。被害人一方刘某某、周某丁、周某丙也多次来法院，要求判处被告人死刑，周某丁表示如改判 5 人无罪，将带着其父周某甲的骨灰到北京上访，并扬言以自己的方式解决问题，采取过激方式报复周继坤等人。面对各方压力，安徽省高级人民法院认真贯彻以审判为中心诉讼制度改革要求，坚持证据裁判、疑罪从无原则，依法审理并坚决予以纠正，切实保障无罪的人不受刑事追究，同时建议公安机关对此案重新立案侦查，加大侦查力度，查清案件事实。2018 年 4 月 11 日，本案再审宣判后，《人民日报》、新华社、中央电视台等主流媒体发声，对此案适用疑罪从无原则依法改判五原审被告人无罪予以肯定。如 2018 年 4 月 13 日，《人民日报》刊发《从疑罪从轻到疑罪从无，安徽涡阳“五周杀人案”——21 年后再审改判五人无罪》；同月 18 日，《人民日报》刊发《评“安徽五周案”：纠正冤案，是政法机关须担起的职责》。再审宣判后总体平稳有序，社会效果较好。

“五周杀人案”改判无罪，充分体现了以习近平同志为核心的党中央全面推进依法治国、深入推进司法体制改革的成效，充分体现了我们党实事求是、有错必纠的原则，充分体现了人民法院深入贯彻党的十九大精神，深化司法体制改革、推进以审判为中心的诉讼制度改革，直面历史遗留疑难复杂案件、勇于纠错的司法担当。

（撰稿：安徽省高级人民法院审监庭　周晓冬
审编：最高人民法院刑二庭　叶邵生）

于欢故意伤害案

【关键词】 故意伤害罪 正当防卫 防卫过当 被害人过错 特殊防卫

一、基本案情

被告人于欢,男,汉族,1994年8月23日出生。2016年4月29日被逮捕。

山东省聊城市人民检察院指控被告人于欢犯故意伤害罪,向聊城市中级人民法院提起公诉。

被告人于欢的辩护人提出于欢有正当防卫情节,系防卫过当,要求减轻处罚的意见。

聊城市中级人民法院经审理查明:2014年7月,山东源大工贸有限公司(位于冠县工业园区)负责人苏某某向赵某某借款100万元,双方口头约定月息10%。2016年4月14日16时许,赵某某以欠款未还清为由纠集郭某某、程某某、严某某等十余人先后到山东源大工贸有限公司催要欠款,同日20时左右杜某甲驾车来到该公司,并在该公司办公楼大门外抱厦台上与其他人一起烧烤饮酒。约21时50分,杜某甲等多人来到苏某某和苏某某之子于欢所在的办公楼一楼接待室内催要欠款,并对二人有侮辱言行。22时10分许,冠县公安局经济开发区派出所民警接警后到达接待室,询问情况后到院内进一步了解情况,被告人于欢欲离开接待室被阻止,与杜某甲、郭某某、程某某、严某某等人发生冲突,被告人于欢持尖刀将杜某甲、程某某、严某某、郭某某捅伤,处警民警闻讯后返回接待室,令于欢交出尖刀,将其控制。杜某甲、严某某、郭某某、程某某被送往医院抢救。杜某甲因失血性休克于次日2时许死亡,严某某、郭某某伤情构成重伤二级,程某某伤情构成轻伤二级。

聊城市中级人民法院认为,被告人于欢面对众多讨债人的长时间纠缠,不能正确处理冲突,持尖刀捅刺多人,致一人死亡、二人重伤、一人轻伤,其行为构成故意伤害罪。于欢捅刺被害人不存在正当防卫意义上的不法侵害前提,其所犯故意伤害罪后果严重,应当承担与其犯罪危害后果相当的法律责任。鉴于本案系由被害人一方纠集多人,采取影响企业正常经营秩序、限制他人人身自由、侮辱谩骂他人的不当方式讨债引发,被害人具有过错,且于欢归案后能如实供述自己的罪行,可从轻处罚,依法以故意伤害罪判处被告人于欢无期徒刑,剥夺政治权利终身。

一审宣判后,被告人于欢提出上诉。理由如下:(1)原判认定事实不全面。没有认定吴某某、赵某某此前多次纠集涉黑人员对苏某某进行暴力索债,案发时杜某甲等人对于欢、苏某某及其他员工进行殴打;苏某某实际是向吴某某借钱;杜某甲受伤后自行驾车前往距离较远的冠县人民医院,未去较近的冠县中医院,还与医院门卫发生冲突,导致失血过多死亡。(2)原判适用法律错误、量刑畸重。其行为系正当防卫或防卫过当;其听从民警要求,自动放下刀具,如实供述自己的行为,构成自首。(3)原判违反法定程序。被害人有亲属在当地检察机关、政府部门任职,可能干预审判,原审法院未自行回避。

上诉人于欢的辩护人提出:(1)认定于欢犯故意伤害罪的证据不足。公安机关对现场椅子是否被移动、椅子上是否有指纹、现场是否有信号干扰器、讨债人员驾驶的无牌或套牌车内有无枪支和刀具等事实没有查明;冠县公安局民警有处警不力之嫌,冠县人民检察院有工作人员是杜某甲的亲属,上述两机关均与本案存在利害关系,所收集的证据不应采信;讨债人员除杜某乙外都参与串供,且在案发当天大量饮酒,处于醉酒状态,他们的言词除与于欢一方言词印证的之外,不应采信。(2)于欢的行为系正当防卫。从一般防卫看,于欢身材单薄,虽持有刀具,但相对11名身体粗壮且多人有犯罪前科的不法侵害人,仍不占优势,杜某甲等人还对于欢的要害部位颈部实施了攻击,故于欢的防卫行为没有超过必要限度;从特殊防卫看,于欢的母亲苏某某与吴某某一方签订的书面借款合同约定月息2%,而吴某某一方实际按10%收取,在苏某某按书面合同约定利息还清借款后,讨债人员仍然以暴力方式讨债,根据《最高人民检察院关于强迫借贷行为适用法律问题的批复》,构成抢劫罪,于欢捅刺抢劫者的行为属特殊防卫,不构成犯罪。(3)即使认定于欢构成犯罪,其具有如下量刑情节:属防卫过当、自首,一贯表现良好,缺乏处置突发事件经验;杜某甲等人侮辱苏某某、殴打于欢,有严重过错;杜某甲受伤后自行驾车前往距离相对较远的医院救治,耽误了约5分钟的救治时间,死亡结果不能全部归责于于欢。辩护人当庭出示了讨债人员驾驶无牌或套牌车辆的现场监控录像截图、杜某甲亲属系冠县人民检察院工作人员的网页截图、驾车从现场分别到冠县人民医院和冠县中医院的导航路线截图等3份证据材料。

山东省人民检察院出庭检察员发表以下出庭意见:(1)原判对案件事实认定不全面。一是未认定于欢母亲苏某某、父亲于某甲在向吴某某、赵某某高息借款100万元后,又借款35万元;二是未认定2016年4月1日、13日吴某某、赵某某纠集多人违法索债;三是未认定4月14日下午赵某某等人以盯守、限制离开、扰乱公司秩序等方式索债;四是未具体认定4月14日晚杜某甲等人采取强收手机、弹烟头、辱骂、暴露下体、脱鞋捂嘴、扇拍面颊、揪抓头发、限制人身自由等方式对苏某某和于欢实施的不法侵害。(2)原判认为于欢持尖刀捅刺被害人不具有正当防卫意义上的不法侵害前提,属于适用法律错误。于欢的行为具有防卫性质,但明显超过必要限度造成重大损害,属于防卫过当,应当负刑事责任,但应当减轻或者免除处罚。检察员当庭宣读、出示了新收集、调取的证人证言,侦查实验笔录及行驶路线图,手机通话记录,计划外生育费收据及说明,接处警登记表及说明,有关于某甲曾任冠县国税局柳林分局副局长、因不正常上班于2015年被免职的文件,吴某某因涉嫌非法拘禁被立案侦查的立案登记表,鉴定机构资格证书、鉴定人资格证书复印件,以及证人苏某某等的补充证言,被害人程某某的补充陈述,于欢的补充供述等23份证据材料。

被害人杜某甲近亲属委托的诉讼代理人提出以下意见:(1)原判对作案刀具的认定定性不准、来源有误。于欢使用的尖刀应属管制刀具,被害人郭某某陈述看见于欢拉开衣服拉链从身上拿出刀具。(2)原判定罪量刑不当。于欢的行为构成故意杀人罪;民警处警时,不法侵害已经结束,于欢的捅刺行为不具备正当防卫的前提条件,不构成正当防卫或防卫过当,应当维持原判量刑。

被害人郭某某及其诉讼代理人、被害人严某某的诉讼代理人提出以下意见:(1)作案刀具来源不清。(2)于欢的行为不构成正当防卫或防卫过当,应当维持原判定罪量刑。

山东省高级人民法院经二审查明:上诉人于欢的母亲苏某某在山东省冠县工业园区经营山东源大工贸有限公司(以下简称源大公司),于欢系该公司员工。2014年7月28日,苏某某及丈夫于某甲向吴某某、赵某某借款100万元,双方口头约定月息10%。至2015年10月20日,苏某某共计还款154万元。其间,吴某某、赵某某因苏某某还款不及时,曾指使被害人郭某某(男,时年29岁)等人采取在源大公司车棚内驻扎、在办公楼前支锅做饭等方式催债。2015年11月1日,苏某某、于某甲再向吴某某、赵某某借款35万元。其中10万元,双方口头约定月息10%;另外25万元,通过签订房屋买卖合同,用于某甲名下的一套住房作为抵押,双方约定如逾期还款,则将该住房过户给赵某某。2015年11月2日至2016年1月6日,苏某某共计向赵某某还款29.8万元。吴某某、赵某某认为该29.8万元属于偿还第一笔100万元借款的利息,而苏某某夫妇认为是用于偿还第二笔借款。吴某某、赵某某多次催促苏某某夫妇继续还款或办理住房过户手续,但苏某某夫妇未再还款,亦未办理住房过户。

2016年4月1日,赵某某与被害人杜某甲(男,殁年29岁)、郭某某等人将于某甲上述住房的门锁更换并强行入住，苏某某报警。赵某某出示房屋买卖合同，民警调解后离去。同月13日上午，吴某某、赵某某与杜某甲、郭某某等人将上述住房内的物品搬出，苏某某报警。民警处警时，吴某某称系房屋买卖纠纷，民警告知双方协商或通过诉讼解决。民警离开后，吴某某责骂苏某某，并将苏某某头部按入坐便器接近水面位置。当日下午，赵某某等人将上述住房内物品搬至源大公司门口。其间，苏某某、于某甲多次拨打市长热线求助。当晚，于某甲通过他人调解，与吴某某达成口头协议，约定次日将住房过户给赵某某，此后再付30万元，借款本金及利息即全部结清。

同月14日，于某甲、苏某某未去办理住房过户手续。当日16时许，赵某某纠集郭某某、苗某某等人到源大公司讨债。为找到于某甲、苏某某，郭某某报警称源大公司私刻财务章。民警到达源大公司后，苏某某与赵某某等人因还款纠纷发生争吵。民警告知双方协商解决或到法院起诉后离开。李某接赵某某电话后，伙同被害人严某某（男，时年26岁）、程某某（男，时年22岁）等人到达源大公司。赵某某等人先后在办公楼前呼喊，在财务室内、餐厅外盯守，在办公楼门厅外烧烤、饮酒，催促苏某某还款。其间，赵某某、苗某某离开。20时许，杜某甲、杜某乙赶到源大公司，与李某等人一起饮酒。20时48分，苏某某按郭某某要求到办公楼一楼接待室，于欢及公司员工陪同。21时53分，杜某甲等人进入接待室讨债，将苏某某、于欢的手机收走放在办公桌上。杜某甲用污秽语言辱骂苏某某、于欢及其家人，将烟头弹到苏某某胸前衣服上，将裤子褪至大腿处裸露下体，朝坐在沙发上的苏某某等人左右转动身体。在李某等人劝阻下，杜某甲穿好裤子，又脱下于欢的鞋让苏某某闻，被苏某某打掉。杜某甲还用手拍打于欢面颊，其他讨债人员实施了揪抓于欢头发或按压于欢肩部不准其起身等行为。22时07分，公司员工刘某某打电话报警。22时17分，民警带领2名辅警到达源大公司接待室了解情况，苏某某和于欢指认杜某甲殴打于欢，杜某甲等人否认并称系讨债。22时22分，民警警告双方不能打架，然后带领辅警到院内寻找报警人，并给值班民警打电话通报警情。于欢、苏某某欲随民警离开接待室，杜某甲等人阻拦，并强迫于欢坐下，于欢拒绝。杜某甲等人卡于欢项部，将于欢推拉至接待室东南角。于欢持刃长15.3厘米的单刃尖刀，警告杜某甲等人不要靠近。杜某甲出言挑衅并逼近于欢，于欢遂捅刺杜某甲腹部一刀，又捅刺围逼在其身边的程某某胸部、严某某腹部、郭某某背部各一刀。22时26分，辅警闻声返回接待室。经辅警连续责令，于欢交出尖刀。杜某甲等四人受伤后，分别被杜某乙等人驾车送至冠县人民医院救治。次日2时18分，杜某甲经抢救无效，因腹部损伤造成肝固有动脉裂伤及肝右叶创伤导致失血性休克死亡。严某某、郭某某的损伤均构成重伤二级，程某某的损伤构成轻伤二级。

山东省高级人民法院认为，被告人于欢持刀捅刺杜某甲等四人，属于制止正在进行的不法侵害，其行为具有防卫性质；其防卫行为造成一人死亡、二人重伤、一人轻伤的严重后果，明显超过必要限度造成重大损害，构成故意伤害罪，依法应负刑事责任。鉴于于欢的行为属于防卫过当，于欢归案后能够如实供述主要罪行，且被害方有以恶劣手段侮辱于欢之母的严重过错等情节，对于欢应当减轻处罚。

2017年6月23日，山东省高级人民法院作出（2017）鲁刑终151号刑事附带民事判决，以故意伤害罪改判被告人于欢有期徒刑五年。

二、裁判理由

（一）准确把握正当防卫的认定

《刑法》第二十条第一款规定，为了使国家、公共利益、本人或者他人的人身、财产和其他权利免受正在进行的不法侵害，而采取的制止不法侵害的行为，对不法侵害人造成损害的，属于正当防卫，不负刑事责任。正当防卫的成立应当同时符合起因条件、时间条件、主观条件、对象条件、限度条件五个条件。

对于我国现行《刑法》规定的正当防卫制度,须根据社会变迁和立法精神作出准确把握。一是要认识到正当防卫是法律赋予公民的一项权利。作为法律所赋予的权利,任何公民在面对国家、公共利益、本人或者他人的人身、财产和其他权利遭受正在进行的不法侵害时,均有权针对不法侵害实施正当防卫。二是要认识到正当防卫行为受到法律保护。正当防卫针对的是不法侵害,是"以正对不正",并非一般意义上的"以暴制暴",是正当、合法的行为。正当防卫制度的核心要义在于防卫行为的正当性,因此,正当防卫人实施制止不法侵害的行为,受到刑法的保护,不负刑事责任。三是要认识到正当防卫是与违法犯罪作斗争的积极手段。正当防卫是公民的权利,并非制止不法侵害的最后手段。换言之,我国《刑法》并未将正当防卫规定为一种"不得已"的应急措施,并未要求防卫人穷尽一切手段之后才能实施正当防卫。

本案中,案发当时杜某甲等人对于欢、苏某某实施了限制人身自由的非法拘禁行为,并伴有侮辱行为,对于欢有推搡、拍打、卡项部等肢体行为。当民警到达现场后,于欢和苏某某欲随民警走出接待室时,杜某甲等人阻止二人离开,并对于欢实施推拉、围堵等行为,在于欢持刀警告时仍出言挑衅并逼近,实施正当防卫所要求的不法侵害客观存在并正在进行。于欢是在人身安全面临现实威胁的情况下才持刀捅刺,且其捅刺的对象都是在其警告后仍向前围逼的人,可以认定其行为是为了制止不法侵害。

根据《刑法》第二十条第三款的规定,对正在进行的行凶、杀人、抢劫、强奸、绑架以及其他严重危及人身安全的暴力犯罪,公民有权进行特殊防卫。但本案并不存在适用特殊防卫的前提条件。苏某某、于某甲系主动通过他人协调、担保,向吴某某借贷,自愿接受吴某某所提10%的月息。既不存在苏某某、于某甲被强迫向吴某某高息借贷的事实,也不存在吴某某强迫苏某某、于某甲借贷的事实,与司法解释有关强迫借贷按抢劫罪论处的规定不符。

(二)科学确定防卫过当的定罪量刑

根据《刑法》第二十条第二款的规定,正当防卫明显超过必要限度造成重大损害的,属于防卫过当,应当负刑事责任。对于防卫限度的判断,不仅要理解法律的规定,而且要充分考虑常理常情。其一,要全面整体进行考量。应当在全面分析不法侵害的强度、缓急、性质,侵害方与防卫方的力量对比,现场情势等事实和情节基础上进行综合判断,必须是具体案件具体分析。特别是,对不法侵害要整体看待,要查明防卫行为的前因后果,考虑防卫人对持续侵害累积危险的感受,而不能局部地、孤立地、静止地看待,将防卫行为与防卫瞬间的不法侵害进行简单对比。其二,要设身处地为防卫人考量。一般认为,正当防卫的限度应当以足以制止不法侵害的需要为标准。不能要求防卫人是一个冷静理性的旁观者,而是要还原到防卫人所处的境遇之下,换位思考问问自己"假如我是防卫人我会如何处理",设身处地想想"一般人在此种情况下会如何处理"。其三,要适当作有利于防卫人的考量。正当防卫的实质在于"以正对不正",是正义行为对不法侵害,依据"邪不压正"的常理常情,也不能将二者等量齐观。在防卫过当与正当防卫认定存在争议时,应当适当作有利于防卫人的认定;即使认定防卫过当,也应当充分运用"减轻或者免除处罚"的规定裁量处理。

本案中,杜某甲一方虽然人数较多,但其实施不法侵害的意图是给苏某某夫妇施加压力以催讨债务,在催债过程中未携带、使用任何器械;在民警进入接待室前,杜某甲一方对于欢母子实施的是非法拘禁、侮辱和对于欢拍打面颊、揪抓头发等行为,其目的仍是逼迫苏某某夫妇尽快还款;在民警进入接待室时,双方没有发生激烈对峙和肢体冲突,当民警警告不能打架后,杜某甲一方并无打架的言行;在民警走出接待室寻找报警人期间,于欢和讨债人员均可透过接待室玻璃清晰看见停在院内的警车警灯闪烁，应当知道民警并未离开；在于欢持刀警告不要逼过来时，杜某甲等人虽有出言挑衅并向于欢围逼的行为，但并未实施强烈的攻击行为。即使四人被于欢捅刺后，杜某甲一方也没有人对于欢实施暴力还击行为。于欢的姑母于某乙证明，在民警闻声返回接待室时，其跟着走到大厅前台阶处，见对方一人捂着肚子说“没事没事，来真的了”。因此，于欢面临的不法侵害并不紧迫和严重，而其却持利刃连续捅刺四人，致一人死亡、二人重伤、一人轻伤，且其中一人即郭某某系被背后捅伤，应当认定于欢的防卫行为明显超过必要限度造成重大损害。

对于防卫过当行为的定性，不能采取“唯结果论”，认为“只要打死人就是故意杀人”“只要致人重伤就是故意伤害”，而应该根据主客观相统一原则，对行为进行准确定性。本案中，虽然于欢连续捅刺四人，但捅刺对象都是当时围逼在其身边的人，未对离其较远的其他不法侵害人进行捅刺，亦未对同一不法侵害人连续捅刺。可见，于欢的目的在于制止不法侵害并离开接待室，在案证据不能证实其具有追求或放任致人死亡危害结果发生的故意。

根据《刑法》第二十条第二款的规定，防卫过当的，应当减轻或者免除处罚。本案系由吴某某等人催逼高息借贷引发，苏某某多次报警后，吴某某等人的不法逼债行为并未收敛。案发当日被害人杜某甲曾当着于欢之面公然以裸露下体的方式侮辱其母亲苏某某，严重违法、亵渎人伦，虽然距于欢实施防卫行为已间隔约20分钟，但于欢捅刺杜某甲等人时难免不带有报复杜某甲辱母的情绪，但除杜某甲外，其他三人并未实施侮辱于欢母亲的行为。二审法院对于欢减轻处罚，在三年至十年有期徒刑的幅度内量刑是合适的。

【编后语】

在现代法治社会，私力报复行为是不被允许的，但在公权力“远水救不了近火”的情况下，正当防卫是制止不法侵害、保护合法权益的最直接、最有效的手段。在刑事司法实践中，对于正当防卫制度的适用仍趋保守，不敢或者不善于适用正当防卫制度，将本属于正当防卫的行为认定为防卫过当，甚至认定为普通的故意伤害、故意杀人的现象仍然客观存在。因而有学者批评刑法关于正当防卫制度的规定、特别是无过当防卫的规定，在一定程度上处于“休眠”状态，成为“僵尸”条文，未能发挥其应有的作用。

于欢故意伤害案因“辱母”情节、是否正当防卫、民间高利借贷等社会敏感因素，一审宣判后，经媒体报道，引发了国内舆论，主要围绕于欢的行为是否成立正当防卫，传统媒体与新媒体争相参与，普通民众与专家学者纷纷发声，讨论的热度与参与的人数均创历史记录。

二审过程中，在程序方面，山东省高级人民法院从二审立案、开庭审理到公开宣判，最大限度公开审判信息。在实体方面，在充分调查的基础上，全面认定案件事实，对社会高度关注的“辱母”“高利借贷”等事实进行了准确认定，全面还原了案件起因、经过，尊重民众的朴素情感和道德诉求，依法认定于欢行为构成防卫过当，充分考虑被害人实施严重贬损他人人格尊严或者亵渎人伦的不法侵害在案件中的过错责任，依法对于欢减轻处罚，确保司法裁判既经得起法律检验，也符合社会公平正义观念，为正当防卫的认定、被害人过错在量刑中的考量等提供了参考样本。本案二审裁判体现了人民法院司法裁判遵循国法、合乎人情的要求，对类案的审理将起到重要指引作用，具有重大的法治意义。2018年6月20日，最高人民法院发布第18批指导性案例，于欢故意伤害案作为四个指导案例之一被公布，供全国法院在审判类似案件时参照。

（撰稿：山东省高级人民法院刑四庭　刘振会
审编：最高人民法院刑二庭　王晓东）

最高人民法院　最高人民检察院　公安部　司法部 印发《关于依法惩治性侵害未成年人犯罪的意见》的通知

（2013 年 10 月 23 日　法发〔2013〕12 号）

各省、自治区、直辖市高级人民法院、人民检察院、公安厅（局）、司法厅（局），军事法院、军事检察院，新疆维吾尔自治区高级人民法院生产建设兵团分院，新疆生产建设兵团人民检察院、公安局、司法局：

为依法惩治性侵害未成年人犯罪，加大对未成年人合法权益的司法保护，现将《最高人民法院、最高人民检察院、公安部、司法部关于依法惩治性侵害未成年人犯罪的意见》印发给你们，请认真贯彻执行。

关于依法惩治性侵害未成年人犯罪的意见

为依法惩治性侵害未成年人犯罪，保护未成年人合法权益，根据刑法、刑事诉讼法和未成年人保护法等法律和司法解释的规定，结合司法实践经验，制定本意见。

一、基本要求

1. 本意见所称性侵害未成年人犯罪，包括刑法第二百三十六条、第二百三十七条、第三百五十八条、第三百五十九条、第三百六十条第二款规定的针对未成年人实施的强奸罪，强制猥亵、侮辱妇女罪，猥亵儿童罪，组织卖淫罪，强迫卖淫罪，引诱、容留、介绍卖淫罪，引诱幼女卖淫罪，嫖宿幼女罪等。

2. 对于性侵害未成年人犯罪，应当依法从严惩治。

3. 办理性侵害未成年人犯罪案件，应当充分考虑未成年被害人身心发育尚未成熟、易受伤害等特点，贯彻特殊、优先保护原则，切实保障未成年人的合法权益。

4. 对于未成年人实施性侵害未成年人犯罪的，应当坚持双向保护原则，在依法保护未成年被害人的合法权益时，也要依法保护未成年犯罪嫌疑人、未成年被告人的合法权益。

5. 办理性侵害未成年人犯罪案件，对于涉及未成年被害人、未成年犯罪嫌疑人和未成年被告人的身份信息及可能推断出其身份信息的资料和涉及性侵害的细节等内容，审判人员、检察人员、侦查人员、律师及其他诉讼参与人应当予以保密。

对外公开的诉讼文书，不得披露未成年被害人的身份信息及可能推断出其身份信息的其他资料，对性侵害的事实注意以适当的方式叙述。

6. 性侵害未成年人犯罪案件，应当由熟悉未成年人身心特点的审判人员、检察人员、侦查人员办理，未成年被害人系女性的，应当有女性工作人员参与。

人民法院、人民检察院、公安机关设有办理未成年人刑事案件专门工作机构或者专门工作小组的，可以优先由专门工作机构或者专门工作小组办理性侵害未成年人犯罪案件。

7. 各级人民法院、人民检察院、公安机关和司法行政机关应当加强与民政、教育、妇联、共青团等部门及未成年人保护组织的联系和协作，共同做好性侵害未成年人犯罪预防和未成年被害人的心理安抚、疏导工作，从有利于未成年人身心健康的角度，对其给予必要的帮助。

8. 上级人民法院、人民检察院、公安机关和司法行政机关应当加强对下指导和业务培训。各级人民法院、人民检察院、公安机关和司法行政机关要增强对未成年人予以特殊、优先保护的司法理念，完善工作机制，提高办案能力和水平。

二、办案程序要求

9. 对未成年人负有监护、教育、训练、救助、看护、医疗等特殊职责的人员（以下简称负有特殊职责的人员）以及其他公民和单位，发现未成年人受到性侵害的，有权利也有义务向公安机关、人民检察院、人民法院报案或者举报。

10. 公安机关接到未成年人被性侵害的报案、控告、举报，应当及时受理，迅速进行审查。经审查，符合立案条件的，应当立即立案侦查。

公安机关发现可能有未成年人被性侵害或者接报相关线索的，无论案件是否属于本单位管辖，都应当及时采取制止违法犯罪行为、保护被害人、保护现场等紧急措施，必要时，应当通报有关部门对被害人予以临时安置、救助。

11. 人民检察院认为公安机关应当立案侦查而不立案侦查的，或者被害人及其法定代理人、对未成年人负有特殊职责的人员据此向人民检察院提出异议的，人民检察院应当要求公安机关说明不立案的理由。人民检察院认为不立案理由不成立的，应当通知公安机关立案，公安机关接到通知后应当立案。

12. 公安机关侦查未成年人被性侵害案件，应当依照法定程序，及时、全面收集固定证据。及时对性侵害犯罪现场进行勘查，对未成年被害人、犯罪嫌疑人进行人身检查，提取体液、毛发、被害人和犯罪嫌疑人指甲内的残留物等生物样本，指纹、足迹、鞋印等痕迹，衣物、纽扣等物品；及时提取住宿登记表等书证，现场监控录像等视听资料；及时收集被害人陈述、证人证言和犯罪嫌疑人供述等证据。

13. 办案人员到未成年被害人及其亲属、未成年证人所在学校、单位、居住地调查取证的，应当避免驾驶警车、穿着制服或者采取其他可能暴露被害人身份、影响被害人名誉、隐私的方式。

14. 询问未成年被害人，审判人员、检察人员、侦查人员和律师应当坚持不伤害原则，选择未成年人住所或者其他让未成年人心理上感到安全的场所进行，并通知其法定代理人到场。无法通知、法定代理人不能到场或者法定代理人是性侵害犯罪嫌疑人、被告人的，也可以通知未成年被害人的其他成年亲属或者所在学校、居住地基层组织、未成年人保护组织的代表等有关人员到场，并将相关情况记录在案。

询问未成年被害人，应当考虑其身心特点，采取和缓的方式进行。对与性侵害犯罪有关的事实应当进行全面询问，以一次询问为原则，尽可能避免反复询问。

15. 人民法院、人民检察院办理性侵害未成年人案件，应当及时告知未成年被害人及其法定代理人或者近亲属有权委托诉讼代理人，并告知其如果经济困难，可以向法律援助机构申请法律援助。对需要申请法律援助的，应当帮助其申请法律援助。法律援助机构应当及时指派熟悉未成年人身心特点的律师为其提供法律帮助。

16. 人民法院、人民检察院、公安机关办理性侵害未成年人犯罪案件，除有碍案件办理的情形外，应当将案件进展情况、案件处理结果及时告知被害人及其法定代理人，并对有关情况予以说明。

17. 人民法院确定性侵害未成年人犯罪案件开庭日期后，应当将开庭的时间、地点通知未成年被害人及其法定代理人。未成年被害人的法定代理人可以陪同或者代表未成年被害人参加法庭审理，陈述意见，法定代理人是性侵害犯罪被告人的除外。

18. 人民法院开庭审理性侵害未成年人犯罪案件，未成年被害人、证人确有必要出庭的，应当根据案件情况采取不暴露外貌、真实声音等保护措施。有条件的，可以采取视频等方式播放未成年人的陈述、证言，播放视频亦应采取保护措施。

三、准确适用法律

19. 知道或者应当知道对方是不满十四周岁的幼女，而实施奸淫等性侵害行为的，应当认定行为人"明知"对方是幼女。

对于不满十二周岁的被害人实施奸淫等性侵害行为的，应当认定行为人"明知"对方是幼女。

对于已满十二周岁不满十四周岁的被害人，从其身体发育状况、言谈举止、衣着特征、生活作息规律等观察可能是幼女，而实施奸淫等性侵害行为的，应当认定行为人"明知"对方是幼女。

20. 以金钱财物等方式引诱幼女与自己发生性关系的；知道或者应当知道幼女被他人强迫卖淫而仍与其发生性关系的，均以强奸罪论处。

21. 对幼女负有特殊职责的人员与幼女发生性关系的，以强奸罪论处。

对已满十四周岁的未成年女性负有特殊职责的人员，利用其优势地位或者被害人孤立无援的境地，迫使未成年被害人就范，而与其发生性关系的，以强奸罪定罪处罚。

22. 实施猥亵儿童犯罪，造成儿童轻伤以上后果，同时符合刑法第二百三十四条或者第二百三十二条的规定，构成故意伤害罪、故意杀人罪的，依照处罚较重的规定定罪处罚。

对已满十四周岁的未成年男性实施猥亵，造成被害人轻伤以上后果，符合刑法第二百三十四条或者第二百三十二条规定的，以故意伤害罪或者故意杀人罪定罪处罚。

23. 在校园、游泳馆、儿童游乐场等公共场所对未成年人实施强奸、猥亵犯罪，只要有其他多人在场，不论在场人员是否实际看到，均可以依照刑法第二百三十六条第三款、第二百三十七条的规定，认定为在公共场所"当众"强奸妇女，强制猥亵、侮辱妇女，猥亵儿童。

24. 介绍、帮助他人奸淫幼女、猥亵儿童的，以强奸罪、猥亵儿童罪的共犯论处。

25. 针对未成年人实施强奸、猥亵犯罪的，应当从重处罚，具有下列情形之一的，更要依法从严惩处：

（1）对未成年人负有特殊职责的人员、与未成年人有共同家庭生活关系的人员、国家工作人员或者冒充国家工作人员，实施强奸、猥亵犯罪的；

（2）进入未成年人住所、学生集体宿舍实施强奸、猥亵犯罪的；

（3）采取暴力、胁迫、麻醉等强制手段实施奸淫幼女、猥亵儿童犯罪的；

（4）对不满十二周岁的儿童、农村留守儿童、严重残疾或者精神智力发育迟滞的未成年人，实施强奸、猥亵犯罪的；

（5）猥亵多名未成年人，或者多次实施强奸、猥亵犯罪的；

（6）造成未成年被害人轻伤、怀孕、感染性病等后果的；

（7）有强奸、猥亵犯罪前科劣迹的。

26. 组织、强迫、引诱、容留、介绍未成年人卖淫构成犯罪的，应当从重处罚。强迫幼女卖淫、引诱幼女卖淫的，应当分别按照刑法第三百五十八条第一款第（二）项、第三百五十九条第二款的规定定罪处罚。

对未成年人负有特殊职责的人员、与未成年人有共同家庭生活关系的人员、国家工作人员，实施组织、强迫、引诱、容留、介绍未成年人卖淫等性侵害犯罪的，更要依法从严惩处。

27. 已满十四周岁不满十六周岁的人偶尔与幼女发生性关系，情节轻微、未造成严重后果的，不认为是犯罪。

四、其他事项

28. 对于强奸未成年人的成年犯罪分子判处刑罚时，一般不适用缓刑。

对于性侵害未成年人的犯罪分子确定是否适用缓刑，人民法院、人民检察院可以委托犯罪分子居住地的社区矫正机构，就对其宣告缓刑对所居住社区是否有重大不良影响进行调查。受委托的社区矫正机构应当及时组织调查，在规定的期限内将调查评估意见提交委托机关。

对于判处刑罚同时宣告缓刑的，可以根据犯罪情况，同时宣告禁止令，禁止犯罪分子在缓刑考验期内从事与未成年人有关的工作、活动，禁止其进入中小学校区、幼儿园园区及其他未成年人集中的场所，确因本人就学、居住等原因，经执行机关批准的除外。

29. 外国人在我国领域内实施强奸、猥亵未成年人等犯罪的，应当依法判处，在判处刑罚时，可以独立适用或者附加适用驱逐出境。对于尚不构成犯罪但构成违反治安管理行为的，或者因实施性侵害未成年人犯罪不适宜在中国境内继续停留居留的，公安机关可以依法适用限期出境或者驱逐出境。

30. 对于判决已生效的强奸、猥亵未成年人犯罪案件，人民法院在依法保护被害人隐私的前提下，可以在互联网公布相关裁判文书，未成年人犯罪的除外。

31. 对于未成年人因被性侵害而造成的人身损害，为进行康复治疗所支付的医疗费、护理费、交通费、误工费等合理费用，未成年被害人及其法定代理人、近亲属提出赔偿请求的，人民法院依法予以支持。

32. 未成年人在幼儿园、学校或者其他教育机构学习、生活期间被性侵害而造成人身损害，被害人及其法定代理人、近亲属据此向人民法院起诉要求上述单位承担赔偿责任的，人民法院依法予以支持。

33. 未成年人受到监护人性侵害，其他具有监护资格的人员、民政部门等有关单位和组织向人民法院提出申请，要求撤销监护人资格，另行指定监护人的，人民法院依法予以支持。

34. 对未成年被害人因性侵害犯罪而造成人身损害，不能及时获得有效赔偿，生活困难的，各级人民法院、人民检察院、公安机关可会同有关部门，优先考虑予以司法救助。

《关于依法惩治性侵害未成年人犯罪的意见》的理解与适用

□周　峰　薛淑兰　赵俊甫　肖　凤

2013 年 10 月 24 日，最高人民法院、最高人民检察院、公安部、司法部联合发布了《关于依法惩治性侵害未成年人犯罪的意见》（法发〔2013〕12 号，以下简称《意见》），就办理性侵害未成年人犯罪案件提出了总体要求，并就法律适用和政策把握中的突出问题提出了具体意见。这对于依法惩治性侵害未成年人犯罪，加大对未成年人合法权益的司法保护力度，具有重要的指导意义。为便于正确理解和适用本《意见》，现就《意见》的制定背景和过程、制定原则及主要内容予以说明。

一、制定《意见》的背景和过程

未成年人是祖国的未来、民族的希望。据统计，截至 2012 年年底，我国 18 岁以下的未成年人有 3 亿多，其中 14 岁以下的儿童有 2 亿多。依法保护未成年人特别是儿童健康安全成长，免受违法犯罪侵害，涉及亿万家庭的幸福和谐，事关社会稳定和国家未来发展。改革开放以来，我国保护未成年人权益的法律体系日臻健全,司法保护力度不断增强,未成年人权益保护工作取得积极进展。但是,未成年人身心发育尚不成熟,易受犯罪侵害,特别是遭受性侵害现象突出,这也是当前世界各国共同面临的严峻问题。在我国,近年来,对未成年人实施奸淫、猥亵,诱骗、组织、强迫未成年少女卖淫等违法犯罪活动时有发生,虽然在整个刑事犯罪案件中所占比例不高,但是这些犯罪给未成年人身心健康造成严重伤害,在社会上造成极为恶劣的影响,人民群众反映十分强烈。

今年年初,最高人民法院就侵犯未成年人权益犯罪,重点是性侵害未成年人犯罪,成立调研课题组,向全国各级法院征集近年来审结的性侵害未成年人犯罪典型案例300多件及调研报告数十篇,先后在江苏、浙江、福建、青海、吉林、北京等地进行专题调研,召开研讨会,听取全国人大法工委、最高人民检察院、公安部、司法部、民政部、共青团中央、全国妇联、部分省市法院、检察机关、公安机关及有关未成年人保护组织的意见,全面收集了解情况,包括其他国家和地区惩治性侵害犯罪及保护未成年人权益的有益经验和举措,对法律政策适用等方面存在的问题进行了系统梳理。经与最高人民检察院、公安部、司法部共同深入研究,于8月中旬起草了《意见》初稿。后将《意见》提交专家论证讨论,并多次征求中央各政法部门的意见,根据反馈意见,几经综合研究,反复修改,形成了《意见》(送审稿),分别经过最高人民法院、最高人民检察院、公安部、司法部相关工作程序,通过了本《意见》。

二、制定《意见》的基本原则

总体而言,《意见》的制定贯彻了如下两项基本原则:

1. 突出体现对性侵害犯罪分子的依法严惩。《意见》强化了公安机关及时立案和收集、固定证据职责,重点明确了奸淫幼女等性侵害犯罪的认定原则;对于形式上存在一定金钱财物往来,但本质上为奸淫幼女的行为,明确要求以强奸罪定罪处罚;对于承担教育、监护等特殊职责的人员强奸、猥亵未成年人,进入未成年人住所、学生集体宿舍实施强奸、猥亵,奸淫、猥亵农村留守儿童,以及有性犯罪前科劣迹的行为人再次实施性侵害等严重情形,规定更要从严惩处;对于强奸未成年人的成年犯罪分子,要求一般不得适用缓刑。意见为保护未成年人权益架起一道不容任何不法犯罪分子触碰、逾越的高压线。

2. 突出体现对未成年被害人的特殊、优先保护。《意见》共34条,用近一半的篇幅,从办案工作要求、避免对被害人造成“二次伤害”、为被害人提供法律援助、加大民事赔偿和司法救助力度等10余个方面,为未成年被害人提供最大限度的司法关怀与呵护。

三、对《意见》主要内容的说明

《意见》分四个部分共34条,着重从依法严惩性侵害犯罪、加大对未成年被害人的保护力度两个主要方面,提出了具体意见。

(一)关于立案

实践中,不报案或者报案不及时是导致性侵害未成年人犯罪案件难以及早进入司法程序的主要原因之一。因此,根据刑事诉讼法关于普通公民和单位报案、举报的有关规定,《意见》第九条明确,对未成年人负有监护、教育、训练、救助、看护、医疗等特殊职责的人员(以下简称负有特殊职责的人员)以及其他公民和单位,发现未成年人受到性侵害的,有权利也有义务向有关机关报案或者举报。该条规定旨在突出与未成年人接触密切的人员与机构对发现性侵害事实的报案义务,以使此类案件尽早进入司法程序。《意见》没有规定不报案的法律后果,但对于教师、监护人等负有特殊职责的人员或单位应报案而不报案,造成严重后果的,依据相关行政、民事等法律法规,仍有可能承担相应的行政责任和民事赔偿责任,《意见》的规定具有重要宣示导向作用。

立案是启动刑事诉讼程序的首要环节,立案条件掌握的宽与严,直接关系到对性侵害未成年人的犯罪能否及时进行有效惩治。根据《中华人民共和国刑事诉讼法》(以下简称刑事诉讼法)的规定,公安机关立案的条件是"发现有犯罪事实、需要追究刑事责任",但实践中对于如何把握"发现有犯罪事实"这个条件,易产生不同认识。性侵害未成年人犯罪案件,犯罪方式大多隐蔽,以犯罪嫌疑人、被告人供述与被害人陈述即"一对一"证据居多,未成年被害人由于年幼,有时不敢报案或者无法报案,且一些案件报案不及时,部分证据灭失,对于是否符合立案条件,可能会出现争议。考虑此种情况,《意见》在第九至十一条着重明确了侦查立案问题,目的就是使性侵害未成年人的罪行在第一时间内得到制止和揭露,避免给未成年被害人造成更大的伤害。

《意见》第十条进一步重申和强调了公安机关接到相关报案、控告、举报及时审查、立案的职责,特别是明确规定,公安机关发现可能有未成年人被性侵害或者接报相关线索的,无论对案件是否有管辖权,都应当及时采取制止违法犯罪行为、保护被害人、保护现场等紧急措施,必要时,应当通报有关部门,如民政部门,对未成年被害人予以临时安置、救助。在我国,当前对未成年被害人尚缺少系统的临时庇护、救助机制的情况下,此规定对于解决那些监护人不明确或者直接受到监护人性侵害、不宜继续留在监护人身边的被害人的临时救助等问题,具有现实意义。为防止有案不立现象发生,《意见》第十一条进一步强调了检察机关对公安机关的立案监督职责。其中,除刑事诉讼法第一百一十一条规定的被害人有权申请检察机关进行立案监督外,首次明确了被害人的法定代理人及负有特殊职责的人员也有权申请检察机关进行立案监督,这既符合刑事诉讼法规定立案监督制度的立法精神,也有利于加大对未成年被害人的保护力度。

需要指出的是,在调研过程中,有意见提出,考虑遭受性侵害关系未成年被害人及其亲属名誉隐私,从情理分析,如相关人员主动报案、控告,那么存在犯罪事实的可能性就很大,不能对刑事诉讼法规定的"有犯罪事实发生"的立案条件做过于苛刻的理解,要求必须达到证据确实、充分,才予立案,建议对此类报案、举报、控告,一经提出,公安机关应当立即立案。经研究,考虑到性侵害案件报案、举报、控告情形的复杂性,并与刑事诉讼法的规定保持一致,最终未采纳该种意见。但在办案实践中,对于未成年被害人或者其法定代理人等关系密切人员就未成年人遭到性侵害报案、控告的,公安机关不宜仅以只有被害人陈述,其他证据不足为由不予立案,而应当迅速受理,对有关线索进行初查,调取补充证据,及时决定是否立案,杜绝"不破不立"现象发生。

(二)关于奸淫幼女等性侵害犯罪中主观明知的认定

奸淫幼女、引诱幼女卖淫、嫖宿幼女等性侵害犯罪,是否以行为人明知被害人系幼女为构成犯罪的必要要件,各国规定存在差异。总体而言,英美法系国家针对此类犯罪大多规定了严格责任,即行为人不得以不知被害人系幼女作为无罪的抗辩事由,或者在少数情况下,只有其误认幼女年龄存在真实的、合理的理由时,才可以作为抗辩事由。大陆法系国家,大多排斥严格责任的存在,"明知"被害人系幼女,一般是构成相应性侵害犯罪的明示或默示要件,例如,俄罗斯刑法典即以明示的方式将明知幼女的年龄作为奸淫幼女犯罪的必要要件,但对于认定可构成明知的条件,掌握上一般相对比较宽松。

我国刑法实践及理论通说均坚持罪过责任原则,认为奸淫幼女等性侵害犯罪,"明知"被害人年龄是默示的犯罪构成必要要件。在司法实践中,相关规范性文件亦坚持此种立场。例如,2001年《最高人民检察院关于构成嫖宿幼女罪主观上是否需要具备明知要件的解释》规定:"行为人知道被害人是或者可能是不满14周岁幼女而嫖宿的……以嫖宿幼女罪追究刑事责任。"这一解释表明,嫖宿幼女构成犯罪,需以"明知"为前提。

需要指出的是,对幼女进行特殊保护是世界各国的基本共识。以强奸罪为例,根据我国刑法规定和司法实践，奸淫不满14周岁的幼女构成强奸罪，不要求采取强制手段实施，而对于使用暴力、胁迫或者其他强制手段与不满14周岁的幼女发生性关系的，无论是否“明知”被害人为幼女，都要以强奸罪论处。实践中，有些犯罪嫌疑人、被告人未使用暴力、胁迫或者其他强制手段与幼女发生性关系，而以各种理由辩解是与幼女正常交往，不明知被害人是幼女，给审查认定案件事实造成一定困难。因此，必须明确，只有在采取非强制手段与幼女发生性关系的案件中，如何认定“是否明知被害人为幼女”才会成为需要解决的问题。

《意见》第十九条第一款首先明确，知道或者应当知道对方是不满14周岁的幼女，而实施奸淫等性侵害行为的，应当认定行为人“明知”对方是幼女，这是认定奸淫幼女等性侵害犯罪主观明知问题的总原则。此外，该条第二款、第三款以幼女年龄是否达到12周岁为标准，对如何认定“明知”，分别予以指导和规范。

其中，第二款规定，对于不满12周岁的被害人实施奸淫等性侵害行为的，应当认定行为人“明知”对方是幼女。也就是说，即使被害人身体发育、言谈举止等呈早熟特征，行为人亦辩称其误认被害人已满14周岁，也不应采信其辩解。如此规定主要考虑：经过对大量审结案例进行统计分析，并广泛征求各方意见，12周岁以下幼女基本都处在接受小学教育阶段，社会关系简单，外在幼女特征相对较为明显；即使极个别幼女身体发育早于同龄人，但一般人从其言谈举止、生活作息规律等其他方面通常也足以观察其可能是幼女，而且从对幼女进行特殊保护的立场考虑，也不应存在争议。故《意见》将对不满12周岁的被害人实施奸淫等性侵害行为，规定为“应当”认定行为人“明知”对方是幼女。

考虑到已满12周岁不满14周岁年龄段的幼女，其身心发育特点与已满14周岁的未成年少女较为接近，《意见》第十九条第三款规定，从被害人身体发育状况、言谈举止、衣着特征、生活作息规律等观察可能是幼女，而实施奸淫等性侵害行为的，也应当认定行为人“明知”对方是幼女。需要指出的是，《意见》虽然区分幼女是否已满12周岁，对明知问题予以分别规定，但绝不是厚此薄彼，弱化对已满12周岁幼女的保护力度。第二款、第三款两款均属于对“明知”认定问题的规范指引，不同的是，第二款属于绝对确定的指引，第三款属于相对确定的指引。主要是考虑到司法实践情况的复杂性，不排除存在一般人、行为人根本不可能判断出接近12至14周岁年龄段中的某些被害人是否是幼女的特殊情形存在。换言之，对于已满12周岁的幼女实施奸淫等性侵害行为的，如无极其特殊的例外情况，一般均应当认定行为人明知被害人是幼女。这里的极其特殊的例外情况，具体可从以下三个方面把握：

一是必须确有证据或者合理依据证明行为人根本不可能知道被害人是幼女；二是行为人已经足够谨慎行事，仍然对幼女年龄产生了误认，即使其他正常人处在行为人的场合，也难以避免这种错误判断；三是客观上被害人身体发育状况、言谈举止、衣着、生活作息规律等特征确实明显更像已满14周岁。例如，与发育较早、貌似成人、虚报年龄的已满12周岁不满14周岁的幼女，在谈恋爱和正常交往过程中，双方自愿发生了性行为，确有证据证实行为人不可能知道对方是幼女的，才可以采纳其不明知的辩解，但应特别严格掌握。相反，如果行为人采取引诱、欺骗等方式，或者根本不考虑被害人是否是幼女，而甘冒风险对被害人进行奸淫等性侵害的，一般都应当认定行为人明知被害人是幼女，以实现对幼女的特殊保护，堵塞惩治犯罪的漏洞。

另外需要指出的是，对于已满14周岁不满16周岁的男少年与幼女在正常恋爱交往过程中自愿发生性关系的，如果行为人提出不明知被害人系幼女的辩解，是否采纳其辩解，固然应考虑青少年认知、辨识能力有别于成年人的一面，但同样也应当严格把握，一般不宜以行为人不明知幼女年龄为由，认定其不构成犯罪，对于确属情节轻微，未造成严重后果的，可根据《意见》第二十七条的规定，从政策把握的角度做非罪化处理。

（三）关于形似钱色交易而实为奸淫幼女行为的性质认定

根据我国刑法规定，幼女可以自愿作出性承诺的法定年龄界限为14周岁。也就是说，与不满14周岁的幼女发生性关系，即使幼女“自愿”，刑法也否定其“自愿”的效力，不免除行为人与幼女发生性关系所应当承担的罪责，行为人为此支付金钱财物亦不例外。1991年全国人大常委会通过《关于严禁卖淫嫖娼的决定》，在决定第五条第二款规定：“嫖宿不满十四周岁的幼女的，依照刑法关于强奸罪的规定处罚。”1997年刑法修改时，分别在第二百三十六条第二款规定，“奸淫不满十四周岁的幼女的，以强奸论，从重处罚”；在第三百六十条第二款规定，“嫖宿不满14周岁的幼女的，处五年以上有期徒刑，并处罚金”。由此，与不满十四周岁的幼女发生性关系，在现行法律框架下，存在既可定强奸罪也可定嫖宿幼女罪的问题，区分的标准，根据刑法理论和实务部门的主流观点，即被害幼女是否已主动自愿从事卖淫活动：是，则构成嫖宿幼女罪；不是，则构成强奸罪。

在起草意见过程中，课题组对各级法院近几年来审结的嫖宿幼女犯罪案件进行了初步统计分析。从数据来看，每年此类案件数量不大，即数十件左右，判处五年以上有期徒刑的重刑率在60%以上，法院适用法律总体上是准确和得当的。但考虑此类犯罪发生的隐蔽性，是否有些案件未暴露、未进入司法程序，尚无数据资料证实。课题组广泛听取了团委、妇联和有关部门的意见，普遍反映在既定法律规范框架下，有必要明确嫖宿幼女罪与强奸罪的界限，以指导执法和司法机关准确适用法律，同时回应社会公众所担忧的有些行为人可能以嫖宿为借口逃避承担强奸罪罪责的可能，并震慑性侵害幼女的不法犯罪分子。

根据广泛调研论证，不能以是否给付金钱财物作为区分嫖宿幼女罪与强奸罪的界限。实践中，一些性侵害幼女的行为只是形式上具有钱色交易的外衣，其实质仍是一种奸淫行为，对此类行为的法律评价必须透过现象看清其奸淫幼女的行为本质。鉴于此，《意见》第二十条规定：“以金钱财物等方式引诱幼女与自己发生性关系的；知道或者应当知道幼女被他人强迫卖淫而仍与其发生性关系的，均以强奸罪论处。”在前一种情形中，金钱财物等方式的引诱只是行为人达到奸淫幼女目的的手段，应当认定行为人具有奸淫幼女的故意；在后一种情形中，行为人实际利用了他人的强迫行为所造成的被害幼女非自愿状态而进行奸淫，均与嫖宿幼女罪的本质有异。《意见》针对上述两种情形，明确以强奸罪论处，有利于避免产生不必要的争议。

（四）关于负有特殊职责的人员性侵害未成年人行为性质的认定

监护人、教师、医生、保姆等人员或者与幼女相熟，或者具有了解幼女真实年龄的条件，同时对幼女又负有不同于普通公民的特殊职责，对于此类人员与幼女发生性关系，即使其提出未采取暴力、胁迫等非法手段，主观上不明知被害人为幼女的辩解，司法机关也不应采纳，概因此种情形属于不证自明的事实。有鉴于此，《意见》第二十一条第一款作出了特别规定。

我国刑法对不满14周岁的幼女确立了特殊保护原则。实践中，已满14周岁的未成年少女虽然比幼女的认知、判断能力有所增强，但其身心发育尚未完全成熟，在日常生活、学习和物质条件方面对监护人、教师等负有特殊职责的人员，存在一定的服从、依赖关系，容易在非自愿状态下受到性侵害。有时行为人对此类被害人实施相对于成年被害人而言可能仅是轻微程度的胁迫，即可使未成年被害人不敢反抗、不能反抗，进而达到奸淫目的，对于此类行为，能否认定为强奸罪，实践中存在不同认识。参考最高人民法院、最高人民检察院、公安部1984年发布的《关于当前办理强奸案件中具体应用法律的若干问题的解答》（已失效）的指导精神及相关规定，《意见》第二十一条第二款进一步明确，“对已满十四周岁的未成年女性负有特殊职责的人员，利用其优势地位或者被害人孤立无援的境地，迫使未成年被害人就范，而与其发生性关系的，以强奸罪定罪处罚”。考察域外立法，德国、意大利、俄罗斯、英国、美国以及我国台湾地区均有类似的规定，均体现了对该年龄段未成年少女进行特殊保护的司法理念。

在适用该第二款时应当注意：对于强制手段和程度的认定，应充分考虑未成年被害人身心脆弱，及与特殊职责人员之间存在特殊关系，易受伤害等情况，与针对成年人实施的强制性侵害行为有所区分。其中，所谓“利用优势地位”进行奸淫，是指行为人与未成年被害人之间具有监护、教育、训练、看护、救助、医疗等特殊关系，且行为人故意利用这种特殊关系，以使未成年被害人的生活条件、受教育或训练的机会、接受救助或医疗等方面可能受到影响的方式，对被害人施加压力，使其不得不容忍行为人对其进行奸淫。例如，养（生）父以虐待、克扣生活费迫使养（生）女容忍其奸淫。所谓利用未成年人“孤立无援的境地”进行奸淫，是指由于各种原因，未成年被害人处于不得不依赖于上述特殊职责人员的资助、抚育、照顾和救助等状况，而行为人有意利用此种状况，迫使被害人容忍其奸淫行为。例如，对处于身患严重疾病、流落街头需要接受救助等境地的未成年被害人进行奸淫。

（五）关于“在公共场所当众实施强奸、猥亵、侮辱”加重处罚情节的认定

我国刑法规定，猥亵儿童的，在五年以下有期徒刑或者拘役的量刑幅度内从重处罚，聚众或者在公共场所当众实施的，在五年以上有期徒刑的量刑幅度内从重处罚。奸淫幼女，在不具有刑法规定的法定加重情节的情况下，以强奸罪在三年以上十年以下有期徒刑的量刑幅度内从重处罚，在公共场所当众实施的，应处十年以上有期徒刑、无期徒刑或者死刑。是否认定为在公共场所当众实施性侵害犯罪，关系到加重处罚情节的适用，影响重大。公共场所当众实施性侵害犯罪，仅从文义理解，一般是指在车站、码头、街道及其他不特定人员可以随意进出、使用的场所，当着其他在场人员的面实施性侵害，但这属于对“公共场所”和“当众”的最狭义理解。

调研发现，在一些校园性侵害案件中，个别小学教师在教室内诸多学生在场的情况下借职务之便，以辅导功课、安排任务等名义，将其中部分年幼学生叫到教室某个角落，利用讲台、课桌等物体遮挡，对被害人进行猥亵甚至奸淫，罪行令人发指。对于“教室”这一既供多数人使用但同时又相对封闭的特殊场所，可否理解为“公共场所”，以及是否要求其他在场人员实际看到猥亵、奸淫行为，才能认定为“在公共场所当众猥亵、强奸”，实践中存在一定争议。根据教室（校园）的“涉众性”和“供多数人使用”的功能特征，以及“公共场所”、“当众”概念在广义上理解可能包括的含义，并考虑此类犯罪的严重社会危害性，《意见》第二十三条对“公共场所”和“当众”的含义进行了明确，规定在校园、游泳馆、儿童游乐场等公共场所对未成年人实施强奸、猥亵犯罪，只要有其他多人在场，不论在场人员是否实际看到，均可以认定为在公共场所“当众”强奸妇女，强制猥亵、侮辱妇女，猥亵儿童。在适用该条规定时应注意：认定为“当众”实施性侵害犯罪虽不要求其他在场的多人实际看到，但基于“当众”概念的一般含义及具有“当众”情节处罚的严厉性，从空间上来讲，其他在场的多人一般要在行为人实施犯罪地点视力所及的范围之内，也就是说，性侵害行为处于其他在场人员随时可能发现、可以发现的状态。

（六）关于七种从重从严处罚情节的认定

我国刑法第二百三十六条、第二百三十七条明确规定，奸淫幼女，猥亵儿童的，从重处罚，对于强奸已满十四周岁未成年少女的，人民法院在审判实践中一般也酌定从重处罚。《意见》第二十五条从特殊身份犯罪主体、特定犯罪场所、危害性大的犯罪手段及行为、特别弱势犯罪对象、相对严重犯罪后果、被告人有性侵前科劣迹等方面，对一些酌定从严处罚情节，通过规范性文件的形式首次予以明确，以指导各级司法机关在办理性侵害未成年人犯罪案件，选择从重处罚时，更

加体现依法严惩。例如，奸淫幼女一人一次，根据刑法规定，应在三年以上十年以下有期徒刑幅度内从重处罚，如果根据量刑规范化意见，可能判处四年或者五年有期徒刑，那么，对于具有《意见》第二十五条所列情形之一，如进入学生集体宿舍强奸的，则可判处高于四年或五年有期徒刑的刑罚，也就是在从重的基础上更加体现从严惩处。

1. 监护人、教师、教练、救助人、保姆、医生等对未成年人负有特殊职责的人员，与未成年人有共同家庭生活关系的人员，例如随单身或离异母亲生活的未成年人，其母亲的同居男友对其实施性侵害犯罪，严重挑战社会伦理道德底线；同时，该类人员具有接触未成年人的便利条件，实施性侵害行为更为隐蔽，一般人难以发现，持续时间通常更长，未成年被害人更难以抗拒和向有关部门揭露，社会危害更大。因此，应当依法严惩。国家工作人员理应做模范守法的典范和保护未成年人的表率，而极少数国家工作人员性侵害未成年人，与普通公民实施性侵害相比，社会影响更为恶劣，也应当依法严惩。冒充国家工作人员强奸、猥亵未成年人，易在社会造成不良影响，亦应严惩。

2. 未成年人的住所、学生集体宿舍，是未成年人生活起居的主要场所，也是未成年人最应感到心理安全的场所。进入上述场所实施强奸、猥亵犯罪，严重冲击被害人的心理安全感，甚至在一定范围内造成社会恐慌，危害性大，应当严惩。从其他国家和地区立法例来看，如我国台湾地区刑法规定，违反被害人意愿性交者，构成普通强制性交罪，处三年以上十年以下有期徒刑，侵入住宅或有人居住的建筑物、船舰或隐匿其内实施的，构成加重强制性交罪，处七年以上有期徒刑，亦体现出对在特殊场所实施性侵害犯罪的严惩。

3.《意见》规定，对不满12周岁的儿童、农村留守儿童、严重残疾或者精神智力发育迟滞的未成年人，实施强奸、猥亵，从严惩处，是考虑到上述被害人均属于弱势人群中的底层，更易受犯罪侵害，且危害后果更严重。需要指出的是，被害人特别年幼，在从重程度的把握上可酌情予以考虑。

4. 奸淫幼女、猥亵儿童，构成犯罪，不要求采取暴力、胁迫、麻醉等强制手段实施，但如行为人采取上述强制手段的，对被害人伤害更大，故应从严惩处。

5. 根据刑法第二百三十六条第三款的规定，强奸妇女、奸淫幼女多人的，属加重处罚情节。对同一名被害人多次强奸或者奸淫的，如何体现“从严”惩处，实践中存在争议。起草《意见》过程中，有意见提出，可将其解释为该条第三款规定的“强奸妇女、奸淫幼女情节恶劣”，从而适用加重处罚条款。从刑法条文来看，未将强奸、奸淫“多次”与“多人”并列规定，说明立法乃有意有所区别，即前者系针对同一名被害人实施，侵害客体单一，强奸、奸淫3次以上的社会危害性尚达不到应判处十年以上有期徒刑的严重程度。故《意见》将多次强奸明确为从重处罚情节，针对未成年人实施的，量刑时进一步体现从严。另外，刑法第二百三十七条仅规定了“聚众或者在公共场所当众”实施猥亵、侮辱的加重处罚情节，对于量刑时应予考虑的从重处罚情节未作规定。故《意见》结合司法实践经验，将猥亵多人、多次猥亵这两种多发、常见同时也是危害性更大的情形，明确为从重处罚情节。

6. 造成未成年被害人轻伤、怀孕、感染性病，不属于刑法第二百三十六条第三款第五项规定的“其他严重后果”加重处罚情节，但因对未成年被害人身心伤害大，故量刑时也要体现从严。其中，对造成未成年人怀孕，是否规定为加重处罚情节，起草《意见》阶段，存在不同意见。调研发现，各地法院理解掌握标准不一。经反复研究，强奸造成未成年人怀孕，会给被害人造成很大身心创伤，但怀孕系强奸的附随后果，且发现怀孕的阶段及采取干预措施的不同，对被害人身心伤害大小存在很大差异，如将怀孕解释为“其他严重后果”，未免失之于绝对，与刑法所列举的应当判处十年以上有期徒刑的五种法定情形的严重性程度有别。故将造成未成年被害人怀孕这一情节本身作为从重处罚情节掌握,更妥当一些。但也不排除多次造成未成年被害人怀孕、流产,或者同时具有"特殊职责人员采取强制手段实施"等其他从重处罚情节的,在综合考虑的基础上认定为刑法第二百三十六条第三款第一项规定的"强奸妇女、奸淫幼女情节恶劣",从而加重处罚。

7. 有强奸、猥亵犯罪前科劣迹,又实施强奸、猥亵未成年人犯罪,前后两种行为均属性侵害不法犯罪,反映行为人主观恶性深、人身危险性大,应当从严惩处。

需要指出的是,调研过程中,有意见提出,建议列举具体情形,将刑法第二百三十六条第三款第一项规定的"强奸妇女、奸淫幼女情节恶劣"予以明确化。考虑到司法实践的复杂性,未采纳该种意见。鉴于《意见》第二十五条从犯罪主体、犯罪对象、犯罪地点、犯罪手段、犯罪后果等诸多方面对强奸未成年人犯罪的从重处罚情节作了明确,实践中,可以综合考虑上述所列某几项情形,认定强奸行为是否属于"情节恶劣"。

(七)关于组织、强迫未成年人卖淫等犯罪的从重从严处罚

针对组织、强迫、引诱、容留、介绍未成年人少女卖淫等犯罪,《意见》第二十六条要求从重处罚。也就是说,只要被组织、强迫、引诱、容留、介绍的对象中包括未成年人的,都要从重处罚。强迫幼女卖淫的,则要按照刑法第三百五十八条的规定,对行为人以强迫卖淫罪,判处十年以上有期徒刑或者无期徒刑,并处罚金或者没收财产,情节特别严重的,判处无期徒刑,直至判处死刑,并处没收财产;引诱幼女卖淫的,根据刑法第三百五十九条第二款的规定,判处五年以上有期徒刑,并处罚金。负有特殊职责的人员、与未成年人有共同家庭生活关系的人员、国家工作人员实施组织、强迫、引诱、容留、介绍未成年人卖淫、嫖宿幼女等性侵害犯罪的,更要依法从严惩处,理由不再赘述。

(八)关于依法从严控制缓刑适用

强奸未成年人社会危害性大,为体现对此类犯罪的依法严惩,并有效预防犯罪,同时考虑对符合缓刑适用条件的未成年犯罪分子依法从宽,更好进行挽救、教育、改造,《意见》第二十八条要求,对此类案件的成年犯罪分子,一般不适用缓刑。鉴于不同性质的性侵害犯罪危害性大小存在差异,故《意见》只对强奸未成年人犯罪作了规定,但限制适用缓刑这一精神对于组织、强迫未成年人卖淫,严重的猥亵儿童等性侵害犯罪,同样是适用的。

需要指出的是,对强奸未成年人的成年犯罪分子一般不适用缓刑,是总体要求,但并不绝对排除适用缓刑的可能。例如,对于自动中止强奸行为,地位、作用明显较小的从犯等具有法定从轻、减轻处罚情节,判处拘役、三年以下有期徒刑,同时符合刑法规定的"犯罪情节较轻、有悔罪表现、没有再犯罪危险,宣告缓刑对所居住的社区没有重大不良影响"等条件的,在总体上从严把握的前提下,也可以适用缓刑,以体现罪刑相适应。

对于认定是否符合缓刑适用条件,《意见》规定了社区矫正机构调查的前置程序,并规定宣告缓刑的同时视情对犯罪人宣告禁止令,体现了从严适用缓刑和对特定犯罪人群加强特殊预防的精神。

(九)关于未成年人实施性侵害未成年人案件的政策把握

鉴于当前部分性侵害未成年人违法犯罪呈现低龄化特点,《意见》第四条规定,对于未成年人实施性侵害未成年人犯罪的,应当坚持双向保护原则,在依法保护未成年被害人的合法权益时,也要依法保护未成年犯罪嫌疑人、未成年被告人的合法权益。另外,《意见》第二十七条规定,已满14周岁不满16周岁的人偶尔与幼女发生性关系,情节轻微、未造成严重后果的,不认为是犯罪。该条系对2006年《最高人民法院关于审理未成年人刑事案件具体应用法律若干问题的解

释》相关规定的重申，主要考虑，《意见》强调依法从严惩处性侵害未成年人犯罪，但不能忽视对未成年被告人所具有的法定、酌定从宽情节的应有考量，尤其是对于已满14周岁不满16周岁的男少年，与年龄相当的幼女在正常交往、恋爱过程中自愿发生性关系，情节轻微、未造成严重后果的，不宜作为犯罪处理。此处表述虽是“偶尔”发生性关系，但主要是为了与此前司法解释的规定保持一致，实践中并不能简单以次数论，双方是否自愿、情节是否轻微、是否造成严重后果，是罪与非罪的关键，应严格把握。需要指出的是，对情节轻微及后果严重性的判断，应综合考虑行为人与幼女是否存在正常交往、恋爱关系，及对于幼女的身心影响等因素予以认定；对于行为人采取利诱、欺骗等卑劣方式与幼女发生性关系的，一般不宜认定为“情节轻微”。

上述规定亦是对我国司法机关处理青少年之间自愿发生性关系问题一贯所采取的刑事政策的延续。例如，最高人民法院1957年在《1955年以来奸淫幼女案件检查总结》中曾明确指出：至于个别幼女虽未满14周岁，但身心发育早熟，确系自愿与人发生性行为的，法院对被告人酌情从轻或减轻处理。如果男方年龄也很轻，双方确系在恋爱中自愿发生性行为的，则不追究刑事责任。此后多项司法解释或者司法政策文件亦一直采取这一立场，即在处理青少年与幼女自愿发生性关系问题上，坚持适度介入、慎重干预的刑事政策。

从域外立法来看，对发生在未成年人之间的性侵害案件，处理上也大多采取相对较为宽松的政策。例如，意大利刑法规定：除采取暴力、胁迫等强制手段外，未成年人同不满13周岁的未成年人发生性关系的，如果相互间的年龄差距不超过3年，不予处罚。美国一些司法管辖区将未成年被告人与未成年被害人的年龄差距大小，作为认定被告人构成不同严重等级性侵害犯罪的考量因素。这些对我们处理此类未成年人性侵害未成年人犯罪案件，把握是否属于“情节轻微”，具有参考价值。

（十）关于对未成年被害人的民事赔偿和司法救助

《意见》构建三重保护网络，确保未成年被害人得到必要的经济赔偿和救助：

一是明确了被告人应当承担的民事赔偿责任范围。《意见》第三十一条规定，对于未成年人因被性侵害而造成的人身损害，为进行康复治疗所支付的医疗费、护理费、交通费、误工费等合理费用，未成年被害人及其法定代理人、近亲属提出赔偿请求的，人民法院依法予以支持。其中，康复治疗费用包括进行身体医治和精神诊治所支出的费用。性侵害未成年人犯罪，对被害人最大的伤害往往是精神和心理上的伤害，被害人到医院进行精神康复治疗所支付的医疗费，不同于精神抚慰金，该部分医疗费用，被害人提出赔偿请求并提供相应证据的，如医院病历、收费凭证等，人民法院依法予以支持。

二是明确了相关机构的赔偿责任。考虑到有些性侵害案件发生在校园或者幼儿辅导培训机构，为了保障被害人损失得到有效弥补，《意见》第三十二条规定，未成年人在幼儿园、学校或者其他教育机构学习、生活期间被性侵害而造成人身损害，被害人及其法定代理人、近亲属据此向人民法院起诉要求上述单位承担赔偿责任的，人民法院依法予以支持。其中，涉及两种情况：其一是未成年人遭到上述单位工作人员性侵害；其二是遭到上述单位以外的人员性侵害。侵权责任法根据上述不同情形，就相关单位是否尽到教育、管理职责规定了不同的举证责任，及不同性质的赔偿责任，人民法院审理案件时，应注意准确区分和适用。此外，《意见》通过对上述单位民事赔偿责任的归责，也可在一定程度上督促相关单位对未成年人履行好教育、管理职责，预防、减少性侵害事件的发生。

三是明确了对未成年被害人优先予以司法救助。《意见》第三十四条要求对未成年被害人因性侵害犯罪而造成人身损害，不能及时获得有效赔偿，生活困难的，优先予以司法救助，进一步体现了对未成年被害人的特殊经济救助。

需要附带指出的是,根据《意见》的规定,未成年人受到监护人性侵害,其他具有监护资格的人员和单位向法院提出申请,要求撤销监护人资格,另行指定监护人的,法院应当在刑事案件审结后,根据民事诉讼法所规定的特别程序审理撤销、变更监护资格诉讼请求。

(十一)关于未成年被害人隐私权利保护和裁判文书网上公布

《意见》对于办理性侵害未成年人犯罪案件的隐私保护问题作了规定。对外公开的诉讼文书,不得披露未成年被害人的身份信息及可能推断出其身份信息的其他资料,对性侵害的事实注意以适当的方式叙述。其中,需要特别强调的是裁判文书的撰写。调研中发现,有些性侵害案件的裁判文书,在犯罪事实表述、证人证言、被害人陈述、被告人供述的援引、列举方面,不问是否确有必要,事无巨细,记载了大量性侵害的细节,有损裁判文书的严肃性,且公开后,给未成年被害人造成一定伤害,影响被害人及其家庭的正常生活,产生了不良社会影响,应当切实引起注意,并加以改进。

为震慑性侵害犯罪分子,并确保公众对身边潜在的具有性侵害劣迹人员的知情权,加强犯罪特殊预防,当前世界主要国家和地区,如美国、英国、日本和我国香港特别行政区、台湾地区均通过法案或者单行法律法规,确立了对具有性侵前科的罪犯进行信息登记、公告、追踪识别等制度。

调研过程中,曾有意见提出创设类似性侵罪犯信息公告制度,但考虑《意见》系指导办案的规范性文件,而公告性侵害罪犯信息涉及对公民权利的限制及公告后对特殊人员的监督管理等一系列问题,故未作规定。但根据有关方面建议,《意见》规定在确保被害人隐私的前提下,人民法院可以在互联网公布已审结生效的强奸、猥亵未成年人犯罪案件的裁判文书。在适用时应当注意,必须确保被害人隐私不被泄露,公布裁判文书前,应当对被害人姓名、住址、就学、工作场所等信息及可能推断出其真实身份的其他信息进行相应技术处理;如果进行技术处理仍无法确保被害人隐私不被泄露,或者确有其他不宜公布的特殊情形的,就不应当公布裁判文书。对于未成年人实施性侵害的案件的裁判文书,从最大限度教育、挽救未成年犯罪人的角度考虑,依法不予公布。

(十二)关于未成年被害人诉讼参与权利的保障

《意见》强化了司法机关对案件处理进展的告知义务及人民法院、人民检察院帮助未成年被害人申请法律援助的义务。

根据《最高人民法院关于适用〈中华人民共和国刑事诉讼法〉的解释》(以下简称《刑事诉讼法解释》)第一百八十六条第三款的规定:“不公开审理的案件,任何人不得旁听,但法律另有规定的除外。”性侵害未成年人犯罪案件,因涉及被害人隐私,属于不公开审理的范围,实践中,对于未成年被害人及其法定代理人未提起附带民事诉讼,其近亲属或者法定代理人是否可以参加法庭审理,存在不同认识。

刑事诉讼法第一百八十二条第三款规定,人民法院应当通知开庭的对象包括人民检察院,当事人,辩护人、诉讼代理人、证人、鉴定人和翻译人员。法定代理人既不属于当事人,也非诉讼代理人,故对法定代理人出庭问题,认识不一。但刑事诉讼法第二百七十条规定,对于未成年人刑事案件,在讯问和审判时,应当通知未成年被告人的法定代理人到场;询问未成年被害人、证人,适用该规定。另,《刑事诉讼法解释》在公诉案件一审程序进一步明确、细化了通知被害人的法定代理人出庭及参与法庭调查等问题。故《意见》规定,法定代理人可以在被害人不愿或者因其他原因不能出庭时,代表被害人出庭陈述意见,从而保障未成年被害人的意愿在司法审判中得到充分的尊重和表达。人民法院在办理此类案件时,应当切实保护未成年被害人及其法定代理人参与诉讼尤其是参加法庭审理的权利。

另外，需要附带指出和强调的是，虽然刑事诉讼法第一百九十六条未规定判决书的送达范围包括法定代理人，但《刑事诉讼法解释》第二百四十七条规定，判决书应当送达法定代理人。人民法院在审理性侵害未成年人犯罪案件时，对此应予重视。

（作者单位：最高人民法院刑一庭）

最高人民法院　最高人民检察院　公安部　司法部
印发《关于依法惩治拐卖妇女儿童犯罪的意见》的通知

（2010年3月15日　法发〔2010〕7号）

各省、自治区、直辖市高级人民法院、人民检察院、公安厅（局）、司法厅（局），军事法院、军事检察院，新疆维吾尔自治区高级人民法院生产建设兵团分院，新疆生产建设兵团人民检察院、公安局、司法局：

为加大对妇女、儿童合法权益的司法保护，依法惩治拐卖妇女、儿童犯罪，现将《最高人民法院、最高人民检察院、公安部、司法部关于依法惩治拐卖妇女儿童犯罪的意见》印发给你们，请认真贯彻执行。

关于依法惩治拐卖妇女儿童犯罪的意见

为加大对妇女、儿童合法权益的司法保护力度，贯彻落实《中国反对拐卖妇女儿童行动计划（2008—2012）》，根据刑法、刑事诉讼法等相关法律及司法解释的规定，最高人民法院、最高人民检察院、公安部、司法部就依法惩治拐卖妇女、儿童犯罪提出如下意见：

一、总体要求

1. 依法加大打击力度，确保社会和谐稳定。自1991年全国范围内开展打击拐卖妇女、儿童犯罪专项行动以来，侦破并依法处理了一大批拐卖妇女、儿童犯罪案件，犯罪分子受到依法严惩。2008年，全国法院共审结拐卖妇女、儿童犯罪案件1 353件，比2007年上升9.91%；判决发生法律效力的犯罪分子2 161人，同比增长11.05%，其中，被判处五年以上有期徒刑、无期徒刑至死刑的1 319人，同比增长10.1%，重刑率为61.04%，高出同期全部刑事案件重刑率45.27个百分点。2009年，全国法院共审结拐卖妇女、儿童犯罪案件1 636件，比2008年上升20.9%；判决发生法律效力的犯罪分子2 413人，同比增长11.7%，其中被判处五年以上有期徒刑、无期徒刑至死刑的1 475人，同比增长11.83%。

但是，必须清醒地认识到，由于种种原因，近年来，拐卖妇女、儿童犯罪在部分地区有所上升的势头仍未得到有效遏制。此类犯罪严重侵犯被拐卖妇女、儿童的人身权利，致使许多家庭骨肉分离，甚至家破人亡，严重危害社会和谐稳定。人民法院、人民检察院、公安机关、司法行政机关应当从维护人民群众切身利益、确保社会和谐稳定的大局出发，进一步依法加大打击力度，坚决有效遏制拐卖妇女、儿童犯罪的上升势头。

2. 注重协作配合，形成有效合力。人民法院、人民检察院、公安机关应当各司其职，各负其责，相互支持，相互配合，共同提高案件办理的质量与效率，保证办案的法律效果与社会效果的统一；司法行政机关应当切实做好有关案件的法律援助工作，维护当事人的合法权益。各地司法机关要统一思想认识，进一步加强涉案地域协调和部门配合，努力形成依法严惩拐卖妇女、儿童犯罪的整体合力。

3. 正确贯彻政策，保证办案效果。拐卖妇女、儿童犯罪往往涉及多人、多个环节，要根据宽严相济刑事政策和罪责刑相适应的刑法基本原则，综合考虑犯罪分子在共同犯罪中的地位、作用及人身危险性的大小，依法准确量刑。对于犯罪集团的首要分子、组织策划者、多次参与者、拐卖多人者或者具有累犯等从严、从重处罚情节的，必须重点打击，坚决依法严惩。对于罪行严重，依法应当判处重刑乃至死刑的，坚决依法判处。要注重铲除"买方市场"，从源头上遏制拐卖妇女、儿童犯罪。对于收买被拐卖的妇女、儿童，依法应当追究刑事责任的，坚决依法追究。同时，对于具有从宽处罚情节的，要在综合考虑犯罪事实、性质、情节和危害程度的基础上，依法从宽，体现政策，以分化瓦解犯罪，鼓励犯罪人悔过自新。

二、管辖

4. 拐卖妇女、儿童犯罪案件依法由犯罪地的司法机关管辖。拐卖妇女、儿童犯罪的犯罪地包括拐出地、中转地、拐入地以及拐卖活动的途经地。如果由犯罪嫌疑人、被告人居住地的司法机关管辖更为适宜的，可以由犯罪嫌疑人、被告人居住地的司法机关管辖。

5. 几个地区的司法机关都有权管辖的，一般由最先受理的司法机关管辖。犯罪嫌疑人、被告人或者被拐卖的妇女、儿童人数较多，涉及多个犯罪地的，可以移送主要犯罪地或者主要犯罪嫌疑人、被告人居住地的司法机关管辖。

6. 相对固定的多名犯罪嫌疑人、被告人分别在拐出地、中转地、拐入地实施某一环节的犯罪行为，犯罪所跨地域较广，全案集中管辖有困难的，可以由拐出地、中转地、拐入地的司法机关对不同犯罪分子分别实施的拐出、中转和拐入犯罪行为分别管辖。

7. 对管辖权发生争议的，争议各方应当本着有利于迅速查清犯罪事实，及时解救被拐卖的妇女、儿童，以及便于起诉、审判的原则，在法定期间内尽快协商解决；协商不成的，报请共同的上级机关确定管辖。

正在侦查中的案件发生管辖权争议的，在上级机关作出管辖决定前，受案机关不得停止侦查工作。

三、立案

8. 具有下列情形之一，经审查，符合管辖规定的，公安机关应当立即以刑事案件立案，迅速开展侦查工作：

（1）接到拐卖妇女、儿童的报案、控告、举报的；

（2）接到儿童失踪或者已满十四周岁不满十八周岁的妇女失踪报案的；

（3）接到已满十八周岁的妇女失踪，可能被拐卖的报案的；

（4）发现流浪、乞讨的儿童可能系被拐卖的；

（5）发现有收买被拐卖妇女、儿童行为，依法应当追究刑事责任的；

（6）表明可能有拐卖妇女、儿童犯罪事实发生的其他情形的。

9. 公安机关在工作中发现犯罪嫌疑人或者被拐卖的妇女、儿童，不论案件是否属于自己管辖，都应当首先采取紧急措施。经审查，属于自己管辖的，依法立案侦查；不属于自己管辖的，及时移送有管辖权的公安机关处理。

10. 人民检察院要加强对拐卖妇女、儿童犯罪案件的立案监督，确保有案必立、有案必查。

四、证据

11. 公安机关应当依照法定程序，全面收集能够证实犯罪嫌疑人有罪或者无罪、犯罪情节轻重的各种证据。

要特别重视收集、固定买卖妇女、儿童犯罪行为交易环节中钱款的存取证明、犯罪嫌疑人的通话清单、乘坐交通工具往来有关地方的票证、被拐卖儿童的 DNA 鉴定结论、有关监控录像、电子信息等客观性证据。

取证工作应当及时,防止时过境迁,难以弥补。

12. 公安机关应当高度重视并进一步加强 DNA 数据库的建设和完善。对失踪儿童的父母,或者疑似被拐卖的儿童,应当及时采集血样进行检验,通过全国 DNA 数据库,为查获犯罪,帮助被拐卖的儿童及时回归家庭提供科学依据。

13. 拐卖妇女、儿童犯罪所涉地区的办案单位应当加强协作配合。需要到异地调查取证的,相关司法机关应当密切配合;需要进一步补充查证的,应当积极支持。

五、定性

14. 犯罪嫌疑人、被告人参与拐卖妇女、儿童犯罪活动的多个环节,只有部分环节的犯罪事实查证清楚、证据确实、充分的,可以对该环节的犯罪事实依法予以认定。

15. 以出卖为目的强抢儿童,或者捡拾儿童后予以出卖,符合刑法第二百四十条第二款规定的,应当以拐卖儿童罪论处。

以抚养为目的偷盗婴幼儿或者拐骗儿童,之后予以出卖的,以拐卖儿童罪论处。

16. 以非法获利为目的,出卖亲生子女的,应当以拐卖妇女、儿童罪论处。

17. 要严格区分借送养之名出卖亲生子女与民间送养行为的界限。区分的关键在于行为人是否具有非法获利的目的。应当通过审查将子女"送"人的背景和原因、有无收取钱财及收取钱财的多少、对方是否具有抚养目的及有无抚养能力等事实,综合判断行为人是否具有非法获利的目的。

具有下列情形之一的,可以认定属于出卖亲生子女,应当以拐卖妇女、儿童罪论处:

(1)将生育作为非法获利手段,生育后即出卖子女的;

(2)明知对方不具有抚养目的,或者根本不考虑对方是否具有抚养目的,为收取钱财将子女"送"给他人的;

(3)为收取明显不属于"营养费"、"感谢费"的巨额钱财将子女"送"给他人的;

(4)其他足以反映行为人具有非法获利目的的"送养"行为的。

不是出于非法获利目的,而是迫于生活困难,或者受重男轻女思想影响,私自将没有独立生活能力的子女送给他人抚养,包括收取少量"营养费"、"感谢费"的,属于民间送养行为,不能以拐卖妇女、儿童罪论处。对私自送养导致子女身心健康受到严重损害,或者具有其他恶劣情节,符合遗弃罪特征的,可以遗弃罪论处;情节显著轻微危害不大的,可由公安机关依法予以行政处罚。

18. 将妇女拐卖给有关场所,致使被拐卖的妇女被迫卖淫或者从事其他色情服务的,以拐卖妇女罪论处。

有关场所的经营管理人员事前与拐卖妇女的犯罪人通谋的,对该经营管理人员以拐卖妇女罪的共犯论处;同时构成拐卖妇女罪和组织卖淫罪的,择一重罪论处。

19. 医疗机构、社会福利机构等单位的工作人员以非法获利为目的,将所诊疗、护理、抚养的儿童贩卖给他人的,以拐卖儿童罪论处。

20. 明知是被拐卖的妇女、儿童而收买,具有下列情形之一的,以收买被拐卖的妇女、儿童罪论处;同时构成其他犯罪的,依照数罪并罚的规定处罚:

（1）收买被拐卖的妇女后，违背被收买妇女的意愿，阻碍其返回原居住地的；

（2）阻碍对被收买妇女、儿童进行解救的；

（3）非法剥夺、限制被收买妇女、儿童的人身自由，情节严重，或者对被收买妇女、儿童有强奸、伤害、侮辱、虐待等行为的；

（4）所收买的妇女、儿童被解救后又再次收买，或者收买多名被拐卖的妇女、儿童的；

（5）组织、诱骗、强迫被收买的妇女、儿童从事乞讨、苦役，或者盗窃、传销、卖淫等违法犯罪活动的；

（6）造成被收买妇女、儿童或者其亲属重伤、死亡以及其他严重后果的；

（7）具有其他严重情节的。

被追诉前主动向公安机关报案或者向有关单位反映，愿意让被收买妇女返回原居住地，或者将被收买儿童送回其家庭，或者将被收买妇女、儿童交给公安、民政、妇联等机关、组织，没有其他严重情节的，可以不追究刑事责任。

六、共同犯罪

21. 明知他人拐卖妇女、儿童，仍然向其提供被拐卖妇女、儿童的健康证明、出生证明或者其他帮助的，以拐卖妇女、儿童罪的共犯论处。

明知他人收买被拐卖的妇女、儿童，仍然向其提供被收买妇女、儿童的户籍证明、出生证明或者其他帮助的，以收买被拐卖的妇女、儿童罪的共犯论处，但是，收买人未被追究刑事责任的除外。

认定是否“明知”，应当根据证人证言、犯罪嫌疑人、被告人及其同案人供述和辩解，结合提供帮助的人次，以及是否明显违反相关规章制度、工作流程等，予以综合判断。

22. 明知他人系拐卖儿童的“人贩子”，仍然利用从事诊疗、福利救助等工作的便利或者了解被拐卖方情况的条件，居间介绍的，以拐卖儿童罪的共犯论处。

23. 对于拐卖妇女、儿童犯罪的共犯，应当根据各被告人在共同犯罪中的分工、地位、作用，参与拐卖的人数、次数，以及分赃数额等，准确区分主从犯。

对于组织、领导、指挥拐卖妇女、儿童的某一个或者某几个犯罪环节，或者积极参与实施拐骗、绑架、收买、贩卖、接送、中转妇女、儿童等犯罪行为，起主要作用的，应当认定为主犯。

对于仅提供被拐卖妇女、儿童信息或者相关证明文件，或者进行居间介绍，起辅助或者次要作用，没有获利或者获利较少的，一般可认定为从犯。

对于各被告人在共同犯罪中的地位、作用区别不明显的，可以不区分主从犯。

七、一罪与数罪

24. 拐卖妇女、儿童，又奸淫被拐卖的妇女、儿童，或者诱骗、强迫被拐卖的妇女、儿童卖淫的，以拐卖妇女、儿童罪处罚。

25. 拐卖妇女、儿童，又对被拐卖的妇女、儿童实施故意杀害、伤害、猥亵、侮辱等行为，构成其他犯罪的，依照数罪并罚的规定处罚。

26. 拐卖妇女、儿童或者收买被拐卖的妇女、儿童，又组织、教唆被拐卖、收买的妇女、儿童进行犯罪的，以拐卖妇女、儿童罪或者收买被拐卖的妇女、儿童罪与其所组织、教唆的罪数罪并罚。

27. 拐卖妇女、儿童或者收买被拐卖的妇女、儿童，又组织、教唆被拐卖、收买的未成年妇女、儿童进行盗窃、诈骗、抢夺、敲诈勒索等违反治安管理活动的，以拐卖妇女、儿童罪或者收买被拐卖的妇女、儿童罪与组织未成年人进行违反治安管理活动罪数罪并罚。

八、刑罚适用

28. 对于拐卖妇女、儿童犯罪集团的首要分子，情节严重的主犯，累犯，偷盗婴幼儿、强抢儿童情节严重，将妇女、儿童卖往境外情节严重，拐卖妇女、儿童多人多次，造成伤亡后果，或者具有其他严重情节的，依法从重处罚；情节特别严重的，依法判处死刑。

拐卖妇女、儿童，并对被拐卖的妇女、儿童实施故意杀害、伤害、猥亵、侮辱等行为，数罪并罚决定执行的刑罚应当依法体现从严。

29. 对于拐卖妇女、儿童的犯罪分子，应当注重依法适用财产刑，并切实加大执行力度，以强化刑罚的特殊预防与一般预防效果。

30. 犯收买被拐卖的妇女、儿童罪，对被收买妇女、儿童实施违法犯罪活动或者将其作为牟利工具的，处罚时应当依法体现从严。

收买被拐卖的妇女、儿童，对被收买妇女、儿童没有实施摧残、虐待行为或者与其已形成稳定的婚姻家庭关系，但仍应依法追究刑事责任的，一般应当从轻处罚；符合缓刑条件的，可以依法适用缓刑。

收买被拐卖的妇女、儿童，犯罪情节轻微的，可以依法免予刑事处罚。

31. 多名家庭成员或者亲友共同参与出卖亲生子女，或者“买人为妻”、“买人为子”构成收买被拐卖的妇女、儿童罪的，一般应当在综合考察犯意提起、各行为人在犯罪中所起作用等情节的基础上，依法追究其中罪责较重者的刑事责任。对于其他情节显著轻微危害不大，不认为是犯罪的，依法不追究刑事责任；必要时可以由公安机关予以行政处罚。

32. 具有从犯、自首、立功等法定从宽处罚情节的，依法从轻、减轻或者免除处罚。

对被拐卖的妇女、儿童没有实施摧残、虐待等违法犯罪行为，或者能够协助解救被拐卖的妇女、儿童，或者具有其他酌定从宽处罚情节的，可以依法酌情从轻处罚。

33. 同时具有从严和从宽处罚情节的，要在综合考察拐卖妇女、儿童的手段、拐卖妇女、儿童或者收买被拐卖妇女、儿童的人次、危害后果以及被告人主观恶性、人身危险性等因素的基础上，结合当地此类犯罪发案情况和社会治安状况，决定对被告人总体从严或者从宽处罚。

九、涉外犯罪

34. 要进一步加大对跨国、跨境拐卖妇女、儿童犯罪的打击力度。加强双边或者多边“反拐”国际交流与合作，加强对被跨国、跨境拐卖的妇女、儿童的救助工作。依照我国缔结或者参加的国际条约的规定，积极行使所享有的权利，履行所承担的义务，及时请求或者提供各项司法协助，有效遏制跨国、跨境拐卖妇女、儿童犯罪。

《关于依法惩治拐卖妇女儿童犯罪的意见》的理解与适用

□周　峰　薛淑兰　赵俊甫

2010 年 3 月 15 日，最高人民法院、最高人民检察院、公安部、司法部联合发布了《关于依法惩治拐卖妇女儿童犯罪的意见》（法发〔2010〕7 号，以下简称《意见》），就办理拐卖妇女、儿童犯罪案件提出了总体要求，并对案件管辖、立案、证据收集和法律适用中的突出问题提出了具体意见。这对于依法惩治拐卖妇女、儿童犯罪，加大对妇女、儿童合法权益的司法保护力度，具有重要的指导意义。为便于正确理解和适用本《意见》，现就《意见》的制定背景和过程、制定原则及主要内容予以说明。

一、制定《意见》的背景和过程

拐卖妇女、儿童是严重侵犯妇女、儿童人身权利的恶性犯罪，致使许多家庭骨肉分离，甚至家破人亡，严重危害社会和谐稳定，一直以来都是各级司法机关惩治的重点。近年来，该类犯罪在部分地区呈上升势头，形势严峻。同时，司法实践中围绕管辖、立案、证据收集，一些特殊拐卖行为的定性，对“买方市场”如何打击，如何加大对严重拐卖妇女、儿童犯罪分子的惩治力度等问题，还存在一定争议，亟待规范。

2009年初，最高人民法院成立调研组，与最高人民检察院、公安部、司法部共同派员先后赴河南、广东、安徽、贵州等多个省市调研，掌握了大量一手资料。调研组还通过召开座谈会等多种形式，认真听取全国人大法工委、高检、公安部、司法部、全国妇联及部分省、市级司法机关等单位的意见，经反复论证、修改，起草了本《意见》。

二、制定《意见》的基本原则

《意见》的制定贯彻了如下基本原则：

1. 严密刑事法网，加大惩治犯罪力度，强化对被害人合法权益的保护。《意见》侧重使管辖、立案、证据收集和定罪量刑等多个环节形成整体合力，加大对该类犯罪的侦破和惩治力度。例如，在管辖问题上，《意见》通过对“犯罪地”的界定及优先管辖等原则的明确，进一步堵塞管辖漏洞。又如，在立案问题上，《意见》明确规定凡接报儿童或不满18周岁妇女失踪的，应立即立为刑事案件开展侦查和解救工作。类似规定，加大了惩治犯罪力度，强化了对妇女、儿童合法权益的保护。

2. 坚持宽严相济的刑事政策，立足现实，切实维护社会和谐稳定。一方面，对于具有从严处罚情节的拐卖妇女、儿童的犯罪分子，《意见》要求依法从重处罚，以遏制此类犯罪上升势头。另一方面，对于出卖亲生子女或者收买被拐卖的妇女、儿童“为妻”、“为子”等行为，要区别对待，既强调有罪必罚，又要贯彻好刑事政策，做到罚当其罪，切实防止打击面过宽，以维护家庭及社会的和谐稳定；对于具有从宽处罚情节的犯罪分子，《意见》要求依法从宽，体现政策，以分化瓦解犯罪，鼓励犯罪人悔过自新，减少社会对立面。

三、对《意见》主要内容的说明

《意见》分9个部分共34条。第一部分共3条，在分析拐卖妇女儿童犯罪形势的基础上，对依法惩治该类犯罪提出了总体要求。第二部分至第九部分共8个部分31分别从管辖、立案、证据收集、定性、共同犯罪、一罪与数罪、刑罚适用和涉外犯罪等8个方面，提出了具体适用意见。

（一）关于管辖问题

关于犯罪地的界定。拐卖妇女、儿童犯罪属于行为犯，就地域管辖而言，一般应由犯罪地的司法机关管辖。《意见》第四条通过解释“犯罪地”的形式，规定该类犯罪的犯罪地包括拐出地、中转地、拐入地以及拐卖活动的途经地，以此严密法网，使涉案地区均有权管辖。

关于优先管辖及其例外。拐卖妇女、儿童犯罪案件通常是两个以上地区都有权管辖，为避免一些地区和机关不愿管辖、不积极管辖的情况出现，《意见》第五条根据刑事诉讼法确立的地域管辖、优先管辖等原则，进一步明确，如果几个地区的司法机关都有权管辖的，一般由最先受理的司法机关管辖；如果主要犯罪地或者主要犯罪嫌疑人、被告人居住地的司法机关管辖更为适宜的，也可以由其管辖。

关于集中与分散管辖相结合。为便于起诉、审判，做到同罪同判，确保量刑平衡，同一拐卖妇女、儿童犯罪案件一般应集中由某一地管辖。但因案件涉及地域、人员均较多，如果集中管辖确有困难的，也可以由拐出地、中转地、拐入地分别管辖。这样更有利于及时侦查、起诉和审判，并节约司法资源。因此，《意见》第六条对该情况作了特殊规定。

关于管辖争议及其解决。为及时侦破案件，早日解救被拐卖的妇女、儿童，《意见》第七条要求，正在侦查中的案件发生管辖权争议的，在上级机关作出管辖决定前，受案机关不得停止侦查工作。

（二）关于儿童或不满18周岁妇女失踪等案件的立案问题

立案是开展侦查、追逃和解救被拐卖妇女、儿童的基础。经验表明，儿童失踪、妇女被拐的最初几小时是查找失踪儿童、被拐妇女和发现犯罪线索的黄金时期，及时立案对于打击拐卖犯罪极其重要。但是，鉴于拐卖妇女、儿童犯罪案件的特殊性，各办案部门对立案标准的掌握上不尽一致。

为了震慑犯罪和对妇女、儿童权益进行及时保护，《意见》第八条明确列举6种情形作为立案侦查的参考标准。为了体现对儿童和不满18周岁妇女的特殊保护，其中第二种情形规定，只要有儿童或已满14周岁不满18周岁的妇女失踪报案的，就应当立即立为刑事案件。之所以如此规定，主要是考虑到：儿童或不满18周岁的妇女自我保护意识和能力相对较弱，在其失踪报案之初甚至报案后相当长一段时间内，往往没有目击证人或其他证据证实被害人是被人拐走，还是自行走失，是否不久就能返回家庭。在我国目前寻找失踪妇女、儿童的机制尚不健全的条件下，立为刑事案件对综合运用技侦等措施以查找、解救被拐卖的妇女、儿童具有重要现实意义。而且，立案只是启动刑事侦查程序以进一步查证犯罪事实的第一道环节，能否立案的证据要求不宜过高。对于实践中，有人报案称儿童或不满18周岁的妇女失踪，就不能排除其被拐卖的嫌疑，报案人陈述本身就是表明有犯罪事实发生的证据之一。

此外，部分人对收买拐卖、妇女儿童的社会危害性重视不足，对有群众举报或其他线索表明他人有收买被拐卖的妇女、儿童重大犯罪嫌疑的，没有以刑事案件立案。《意见》强调，发现有收买被拐卖妇女、儿童行为，如果依法应当追究刑事责任的，公安机关必须立案侦查。

（三）关于仅查清拐卖妇女、儿童部分环节犯罪事实的处理

拐卖妇女、儿童犯罪往往涉案环节多，有些拐卖妇女、儿童犯罪集团，网络庞大、人员众多，除部分犯罪集团核心成员组织、领导、指挥、参与了全部或多个环节的犯罪行为外，其他成员只是在某一环节上实施相对固定的犯罪行为，对于只有部分环节或部分人的犯罪事实清楚，证据确实、充分的，在司法实践中应如何处理，存在一定争议。例如，有充分证据证明行为人实施了接送或中转被拐卖儿童的行为，但是被拐儿童未能得到解救，来源地或去向地不明，如何认定行为性质存在争议。为有效打击此类犯罪，根据刑法第二百四十条的规定，《意见》在第十四条进一步明确，凡是以出卖为目的，对妇女、儿童实施拐骗、绑架、收买、贩卖、接送、中转等行为之一的，或者明知他人在拐卖妇女、儿童，而参与上述某一犯罪环节的，即构成拐卖妇女、儿童罪，其他环节的事实不清的，不影响对已经查清的环节的犯罪事实的认定。

（四）关于强抢或捡拾儿童予以出卖行为的性质认定

近年来，强抢或捡拾儿童予以出卖的案件屡有发生，对于该类行为如何定性，认识上存在一定分歧。从刑法第二百四十条的立法原意分析，只要行为人具有出卖目的，至于其采取何种方式取得儿童，均不影响对其行为性质的认定。因此，《意见》第十五条规定，以出卖为目的强抢儿童，或者捡拾儿童后予以出卖的，应当以拐卖儿童罪定罪处罚。

（五）关于出卖亲生子女行为的性质认定

近年来，在部分地区，“人贩子”从贪图钱财的部分父母手中收买其亲生婴幼儿予以贩卖的情况屡有发生，甚至有一些父母将生育作为非法获利手段，生育子女后即出卖，不仅严重侵犯婴幼儿的人身权益，而且败坏社会道德，进一步助长拐卖儿童犯罪的泛滥。对出卖亲生子女的行为如何定性，此前出台的规范性司法文件已有涉及，但是实践中仍存在较大争议，既有以无罪论处的，也有以遗弃罪或拐卖妇女、儿童罪定罪处罚的，因此亟待规范。

从刑法第二百四十条的规定来看，拐卖妇女、儿童罪究其本质，惩治的是那些将人作为商品

买卖,严重侵犯他人人身自由和独立人格尊严的社会危害行为。任何人的人身自由和人格尊严都不容侵犯,虽然父母对亲生子女(未成年子女)享有监护权,但是,子女与父母在法律上同为独立的个体,即使是父母也不能侵犯子女的人身自由和人格尊严。父母为非法获利,将子女作为商品出卖收取钱财,与其他人将其子女拐走出卖,对被拐子女的人身权利侵害并无本质不同,完全符合拐卖妇女、儿童罪的构成要件特征。至于对出卖亲生子女的父母以遗弃罪论处的观点,考虑到遗弃罪是不作为犯罪,侵犯的是被害人受抚养的权利,将亲生子女出卖固然使父母得以逃避抚养义务,但其危害性却不仅仅是子女得不到亲生父母的抚养,而是子女沦落为任人买卖的商品。因此,《意见》第十六条规定,对该类行为应当以拐卖妇女、儿童罪论处。但是,父母出卖亲生子女的行为同其他拐卖犯罪相比,具有一定的特殊性,《意见》要求处理此类案件必须慎重。既要依法惩治那些借送养之名出卖亲生子女的拐卖犯罪行为,又要防止不分性质差异,将只要送子女给他人并收取钱财的行为都认定为拐卖犯罪予以打击。

《意见》提出,是否具有非法获利目的是区分罪与非罪的关键。所谓非法获利,就是把子女当作商品,把收取的钱财作为出卖子女的对价。实践中,可以通过审查将子女"送"人的背景和原因、有无收取钱财及收取钱财的多少、对方是否具有抚养目的及有无抚养能力等事实,综合判断行为人是否具有非法获利的目的。根据司法实践经验,《意见》中具体列举了四种情形,作为认定行为人是否具有非法获利目的的参考:

第一种情形是,为出卖而生育,其非法获利目的最为明显。

第二种情形是,明知对方不具有抚养目的,或者根本不考虑对方是否具有抚养目的,为收取钱财将子女"送"给他人的。"明知"包括"知道"和"应当知道"。实践中,如果是送养的,一般情况下,家庭可能因遭遇重大变故等原因导致经济异常困难,或者存在其他特殊困难,如未婚先育等,在这种背景下,父母首先考虑的是子女以后的生活、教育成长等因素,往往会对收养方是否有抚养目的和抚养能力进行斟酌考量,对方给不给抚养费、给多少抚养费,父母不会特别在意。反之,如果行为人明知对方不具有抚养目的,例如,知道或应当知道对方是人贩子,还将子女"送给"对方,并收取钱财;或者出于偿还赌债、追求挥霍享乐生活等卑劣动机,根本不考虑对方是否具有抚养目的,而将子女"送"人并收取钱财的,可以认定行为人具有非法获利目的,以拐卖犯罪论处。

第三种情形是,为收取明显不属于"营养费"、"感谢费"的巨额钱财将子女"送"给他人,对该种情形适用时应注意:一方面,要考虑收取钱财的数额是否明显超出了抚养养育成本或"感谢费"的范围。另一方面,不能唯数额论,数额大的,未必都能认定行为人具有非法获利目的,例如,收养人经济状况较好,主动支付了数额较大的"感谢费"。而收取钱财数额小的,也未必不能认定具有非法获利目的,例如,父母为了偿还赌债,以极低"价格"将子女"送人",或者父母为卖子女积极讨价还价,但最终只收取到少量钱财,也能反映行为人具有非法获利目的。

其他情形反映行为人具有非法获利目的的,由司法人员根据案件实际情况综合判断。例如,行为人将两名以上亲生子女都以所谓"送养"的名义出卖,也能在一定程度上反映其具有非法获利目的。

总之,实践中一定要结合各种因素综合判断行为人是否具有非法获利目的。如果认定非法获利目的的证据存疑的,就应当本着有利于被告人的原则,根据案件具体情况,或者认定为遗弃罪,或者做无罪处理。

(六)关于收买被拐卖的妇女、儿童行为的定罪与处罚

近年来,收买被拐卖的妇女、儿童活动猖獗,但实际被追究刑事责任的不多,在部分群众中造成"拐卖有罪、收买无罪"的错觉,一定程度上助长了拐卖妇女、儿童犯罪的蔓延,甚至还有一些犯

罪分子为组织、强迫妇女、儿童乞讨、偷盗、从事色情服务等违法犯罪活动而收买被拐卖的妇女、儿童,严重危害妇女、儿童的身心健康,人民群众强烈要求加大对该类犯罪行为的惩处。

考虑到在我国,出于"非法结婚"、"非法收养"动机收买妇女、儿童的占较高比例,同时,为了减少解救阻力,保护被拐妇女、儿童的合法权益,刑法第二百四十一条第六款规定了两种不追究刑事责任的情形。实践中,对该规定的理解与适用存在一定误解,导致对收买行为打击不力。探寻立法原意,刑法第二百四十一条第六款属于授权性条款,并非所有不阻碍返回原住地、不虐待和不阻碍解救的,都不能追究刑事责任,根据案件具体情况,对于收买行为人具有相关恶劣情节,社会危害性较大的,追究其刑事责任并不违背立法精神。因此,为了有效惩治收买犯罪,并合理确定惩治范围,《意见》第二十条根据刑法第二百四十一条的规定,借鉴司法实践经验,列举了七种情形,作为是否追究行为人收买犯罪刑事责任的参考,其中部分情形如果还构成其他犯罪的,对"收买人"应当数罪并罚:

(1)本条第一、二项之情形,属于对刑法第二百四十一条第六款规定的不追究刑事责任情形,从正面所作的解释,具有一、二项规定之情形的,完全符合追究刑事责任的条件。

(2)本条第三项是非法剥夺、限制被收买妇女、儿童的人身自由,情节严重,或者对被收买妇女、儿童有强奸、伤害、侮辱、虐待等行为;第五项是组织、诱骗、强迫被收买的妇女、儿童从事乞讨、苦役,或者盗窃、传销、卖淫等违法犯罪活动。在上述两项情形中,因为行为人严重侵犯被害人的合法权益,即使其事后不阻碍解救,也应该追究其收买行为的刑事责任,同时,因上述情形构成数罪的,还应当依法数罪并罚。其中,第三项规定,非法剥夺、限制被收买人的人身自由,情节严重的,才追究其收买行为的刑事责任,之所以如此规定,主要是考虑到收买妇女、儿童的,难免会有限制其人身自由的行为,若不问情节轻重一律追究,势必导致对收买行为处罚过宽。

(3)本条第四项之情形中,所收买的妇女、儿童被解救后又再次收买的,或者收买多名被拐卖的妇女、儿童,反映收买人严重藐视法律,主观恶性较深,社会危害性较大,均应依法追究其刑事责任。

(4)本条第六项之情形中,导致被收买的妇女、儿童或其亲属自杀的或者因未尽足够注意义务等原因致被收买妇女、儿童受重伤或死亡的,该严重后果与收买者的收买行为有一定关系,对收买者应当追究刑事责任。

(5)本条第七项规定的其他恶劣情节,属于兜底条款,在情节恶劣程度上应相当于本条所列举的其他六项情形。例如,知道或应当知道儿童是被"人贩子"偷盗、强抢、拐骗来的,仍然向"人贩子"收买该儿童,这种情形与那些向"人贩子"收买被亲生父母"自愿"出卖的儿童相比,前者的主观恶性和社会危害性显然大得多,应当依法追究收买行为人的刑事责任。

关于收买被拐卖的妇女、儿童犯罪的刑罚适用,《意见》总的指导思想是有罪必罚,但应区分不同情况,准确量刑:对被收买的妇女、儿童实施违法犯罪活动或者将其作为牟利工具的,处罚时应当依法体现从严,突出刑罚的惩戒功能;其他情节较轻的,依法从轻处罚,情节轻微的,可以依法免予刑事处罚,以突出刑罚的教育、挽救功能。

(七)关于提供出生证明、健康证明等帮助行为的性质认定

近年来,"人贩子"或"收买人"为顺利卖出被拐卖的妇女、儿童,或掩饰收买犯罪事实,大多会通过各种关系开具户口证明、健康证明或儿童的出生证明。对该类行为如何定性,认识上存在一定分歧。根据刑法关于共同犯罪的规定和理论,《意见》第二十一条规定,如果明知他人在进行拐卖或收买妇女、儿童犯罪,仍向"人贩子"、"收买人"提供上述证件或帮助的,构成拐卖妇女、儿童罪或收买被拐卖的妇女、儿童罪的共犯。《意见》就此所作的规定,对于斩断拐卖犯罪链条具有

重要意义。

实践中,“人贩子”通过医院等单位收买遗弃婴幼儿的情况亦时有发生。对于一些人利用从事诊疗、福利救助等工作的便利或者了解情况的条件,在“人贩子”和准备遗弃婴幼儿的父母之间居间介绍,促成买卖婴幼儿的,应当以拐卖儿童罪的共犯论处。但如果只是在“收养人”和准备遗弃婴幼儿的父母之间居间介绍,没有非法获利目的,未收取钱财或仅收取一定“感谢费”,情节显著轻微的,一般不作为犯罪处理。

(八)关于拐卖妇女、儿童罪的刑罚适用

为加大对拐卖妇女、儿童犯罪分子的刑事处罚力度,《意见》第二十八条根据刑法第二百四十条规定的八种法定加重处罚情节,结合当前拐卖妇女、儿童犯罪的形势,强调对首要分子,情节严重的主犯,累犯,偷盗婴幼儿、强抢儿童情节严重的,将妇女、儿童卖往境外情节严重的,拐卖妇女、儿童多人多次、造成伤亡后果的,或者具有其他严重情节的,依法从重处罚;情节特别严重的,依法判处死刑。《意见》第二十八条还规定,在拐卖妇女、儿童过程中,对被拐卖的妇女、儿童实施故意杀害、伤害、猥亵、侮辱等行为的,在数罪并罚决定执行的刑罚时应当依法体现从严,以加大对严重拐卖犯罪的惩治力度。

同时,《意见》坚持区别对待原则,对具有法定或酌定从宽处罚情节的被告人,规定可以从轻、减轻或者免除处罚。

(九)关于多名家庭成员或亲友共同参与出卖亲生子女或收买被拐卖妇女、儿童的刑罚适用

出卖亲生子女的,或者收买妇女、儿童为“人妻”、“人子”需要追究刑事责任的,与其他拐卖、收买犯罪相比,危害后果相对小一些。因此,《意见》第三十一条规定,对该类案件,如果涉及家庭成员或亲友较多的,要注意区别对待,切实防止打击面过大,以维护社会和谐稳定。一般应当在综合考察犯意提起、各行为人在犯罪中所起作用等情节的基础上,依法追究其中罪责较重者的刑事责任。对于其他情节显著轻微危害不大,不认为是犯罪的,依法不追究刑事责任;必要时可以由公安机关予以行政处罚,通过行政处罚措施对违法分子进行惩戒、教育。

(作者单位:最高人民法院刑一庭)

教育部　公安部　共青团中央　全国妇联
关于做好预防少年儿童遭受性侵工作的意见

(2016 年 9 月 3 日　教基一〔2013〕8 号)

各省、自治区、直辖市教育厅(教委)、公安厅(局)、团委、妇联,新疆生产建设兵团教育局、公安局、团委、妇联:

近年来,在党中央、国务院的正确领导下,在各级党委政府及教育、公安、共青团、妇联等有关部门的共同努力下,少年儿童保护工作取得积极进展,少年儿童安全事故数量和非正常死亡人数逐年下降。但是,少年儿童保护工作也出现了一些新情况、新问题,亟待加以研究解决,如寄宿制学校增多导致学校日常安全管理难度加大,留守儿童由于缺乏父母监管容易出现安全问题,社会不良风气影响少年儿童身心发展,特别是今年以来媒体集中曝光的个别地方出现的少年儿童被性侵犯案件,引发社会各界高度关注。为切实预防性侵犯少年儿童案件的发生,进一步加强少年儿童保护工作,确保教育系统和谐稳定,现提出以下意见。

一、科学做好预防性侵犯教育。各地教育部门、共青团、妇联组织要通过课堂教学、讲座、班队会、主题活动、编发手册等多种形式开展性知识教育、预防性侵犯教育，提高师生、家长对性侵犯犯罪的认识。广泛宣传“家长保护儿童须知”及“儿童保护须知”，教育学生特别是女学生提高自我保护意识和能力，了解预防性侵犯的知识，知晓什么是性侵犯，遭遇性侵犯后如何寻求他人帮助。教育学生特别是女学生提高警觉，外出时尽量结伴而行，离家时一定要告诉父母返回时间、和谁在一起、联系方式等，牢记父母电话及报警电话。要运用各类媒体普及有关知识，有条件的地方可设立学生保护热线和网站。

二、定期开展隐患摸底排查。各地教育部门要定期组织力量对中小学校进行拉网式排查，全面检查学校日常安全管理制度是否存在漏洞，重点检查教职工、学生是否有异常情况，特别是要关注班级内学生尤其是女学生有无学习成绩突然下滑、精神恍惚、无故旷课等异常表现及产生的原因。要加强对边远地区、山区学校、教学点的排查，切实做到县不漏校，校不漏人。对排查中发现的安全隐患要及时整改，发现的性侵犯事件线索和苗头要认真核实，涉及违法犯罪的要及时报警并报告上级部门。

三、全面落实日常管理制度。各地教育部门要坚持“谁主管、谁负责，谁开办、谁负责”的原则，落实中小学校长作为校园内部安全管理和学生保护第一责任人的责任。要指导学校建立低年级学生上下学接送交接制度，不得将晚离校学生交与无关人员。健全学生请假、销假制度，严禁学生私自离校。加强人防、物防和技防建设，完善重点时段和关键部位的安全监管。严格落实值班、巡查制度，加强校园周边治安综合治理。严格实行外来人员、车辆登记制度和内部人员、车辆出入证制度。

四、从严管理女生宿舍。各地教育部门和寄宿制学校要对所有女生宿舍实行“封闭式”管理，尚未实现“封闭式”管理的要抓紧时间改善宿舍条件。女生宿舍原则上应聘用女性管理人员。未经宿管人员许可，所有男性，包括老师和家长，一律不得进入女生宿舍。宿舍管理人员发现有可疑人员在女生宿舍周围游荡，要立即向学校报告并采取相应防范措施。学生临时有事离校回家必须向学校请假并电话告知家长，经宿舍管理人员同意并登记后方可离校。做好学生夜间点名工作，发现有无故夜不归宿者要及时报告。

五、切实加强教职员工管理。各地教育部门要把好入口关，落实对校长、教师和职工从业资格有关规定，加强对临时聘用人员的准入资质审查，坚决清理和杜绝不合格人员进入学校工作岗位，严禁聘用受到剥夺政治权利或者故意犯罪受到刑事处罚人员、有精神病史人员担任教职员工。要将师德教育、法制教育纳入教职员工培训内容及考核范围，加强考核和评价，落实管理职责。要加强对教职员工的品行考核，对品行不良、侮辱学生、影响恶劣的，由县级以上教育行政部门撤销其教师资格。要关注教职员工队伍心理状况及工作状况，加强心理辅导，防止个别教职员工出现极端心理问题，及时预防个别教职员工出现的不良行为。

六、密切保持家校联系。各地教育部门、妇联组织要通过开展家访、召开家长会、举办家长学校等方式，提醒家长尽量多安排时间和孩子相处交流，切实履行对孩子的监护责任，特别要做好学生离校后的监管看护教育工作。要让家长了解必要的性知识和预防性侵犯知识，并通过适当方式向孩子进行讲解。学校要同家庭随时保持联系，特别要关注留守儿童家庭，及时掌握孩子情况，特别是发现孩子有异常表现时，家校双方要及时沟通，深入了解孩子表现情况，共同分析异常原因，及时采取应对措施。学校家长委员会、家长学校要与社区家长学校密切联系，构筑学校、家庭、社区有效衔接的保护网络。

七、妥善处置中小学生性侵犯事件。各地教育部门要建立中小学生性侵犯案件及时报告制度，一旦发现学生在学校内遭受性侵犯，学校或家长要立即报警并彼此告知，同时学校要及时向上级教育主管部门报告，报告时相关人员有义务保护未成年人合法权益，严格保护学生隐私，防止泄露有关学生个人及其家庭的信息，避免再次伤害。教育部门和学校要与共青团、妇联、家庭和医院等积极配合，向被性侵犯的学生及其家人提供帮助，及时开展相应的心理辅导和家庭支持，帮助他们尽快走出心理阴影。被性侵犯的学生有转学需求的，教育部门和学校应予以安排。对性侵学生者，各地要依法严惩，决不姑息。

八、努力营造良好社会环境和舆论氛围。各地教育部门、公安机关要分析学校及周边安全形势，掌握治安乱点和突出问题，大力整治学校及周边安全隐患。各地公安机关要重点排查民办学校、城乡结合部学校、寄宿制学校内部及周边的安全隐患，严厉打击对少年儿童性侵犯的违法犯罪活动。要加强校园周边巡逻防控，防止发生社会人员性侵犯在校女学生案件。各地教育部门要协调有关部门进一步加强对学生保护工作的正面宣传引导，防止媒体过度渲染报道性侵犯学生案件，营造全社会共同关心、关爱学生健康成长的良好氛围。

九、积极构建长效机制。各地教育部门要将预防性侵犯教育作为安全教育的重要内容，在开学后、放假前等重点时段集中开展，纳入对新上岗教职工和新入学学生的培训教育中。共青团组织要将预防性侵犯教育作为青少年自护教育活动的重要方面，依托各地 12355 青少年服务台，开设自护教育热线，组织专业社工、公益律师、志愿者开展有针对性的自护教育、心理辅导和法律咨询。妇联组织要将预防性侵犯教育纳入女童尤其是农村留守流动女童家庭教育指导服务重点内容，维护女童合法权益。要加强协同配合，努力构建教育、公安、共青团、妇联、家庭、社会六位一体的保护中小学生工作机制，做到安全监管全覆盖。

儿童权利公约（节录）

（1991 年 12 月 29 日第七届全国人民代表大会常务委员会第二十三次会议决定批准　1989 年 11 月 20 日由第四十四届联合国大会通过的《儿童权利公约》）

序　　言

回顾联合国在《世界人权宣言》中宣布：儿童有权享受特别照料和协助。

深信家庭作为社会的基本单元，作为家庭所有成员、特别是儿童的成长和幸福的自然环境，应获得必要的保护和协助，以充分负起它在社会上的责任。

确认为了充分而和谐地发展其个性，应让儿童在家庭环境里，在幸福、亲爱和谅解的气氛中成长。

考虑到应充分培养儿童可在社会上独立生活，并在《联合国宪章》宣布的理想的精神下，特别是在和平、尊严、宽容、自由、平等和团结的精神下，抚养他们成长。

铭记如《儿童权利宣言》所示："儿童因身心尚未成熟，在其出生以前和以后均需要特殊的保护和照料，包括法律上的适当保护"。

第一部分

第一条

为本公约之目的，儿童系指 18 岁以下的任何人，除非对其适用之法律规定成年年龄低于

18岁。

第三条

1. 关于儿童的一切行动,不论是由公私社会福利机构、法院、行政当局或立法机构执行,均应以儿童的最大利益为一种首要考虑。

第四条

缔约国应采取一切适当的立法、行政和其他措施以实现本公约所确认的权利。关于经济、社会及文化权利,缔约国应根据其现有资源所允许的最大限度并视需要在国际合作范围内采取此类措施。

第五条

缔约国应尊重父母或于适用时尊重当地习俗认定的大家庭或社会成员、法定监护人或其他对儿童负有法律责任的人以下的责任、权利和义务,以符合儿童不同阶段接受能力的方式适当指导和指引儿童行使本公约所确认的权利。

第十九条

1. 缔约国应采取一切适当的立法、行政、社会和教育措施,保护儿童在受父母、法定监护人或其他任何负责照管儿童的人的照料时,不致受到任何形式的身心摧残、伤害或凌辱,忽视或照料不周,虐待或剥削,包括性侵犯。

2. 这类保护性措施应酌情包括采取有效程序以建立社会方案,向儿童和负责照管儿童的人提供必要的支助,采取其他预防形式,查明、报告、查询、调查、处理和追究前述的虐待儿童事件,以及在适当时进行司法干预。

第三十二条

1. 缔约国确认儿童有权受到保护,以免受经济剥削和从事任何可能妨碍或影响儿童教育或有害儿童健康或身体、心理、精神、道德或社会发展的工作。

2. 缔约国应采取立法、行政、社会和教育措施确保本条得到执行。为此目的,并鉴于其他国际文书的有关规定,缔约国尤应:

(1)规定受雇的最低年龄;

(2)规定有关工作时间和条件的适当规则;

(3)规定适当的惩罚或其他制裁措施以确保本条得到有效执行。

第三十三条

缔约国应采取一切适当措施,包括立法、行政、社会和教育措施,保护儿童不至非法使用有关国际条约中界定的麻醉药品和精神药物,并防止利用儿童从事非法生产和贩运此类药物。

第三十四条

缔约国承担保护儿童免遭一切形式的色情剥削和性侵犯之害,为此目的,缔约国尤应采取一切适当的国家、双边和多边措施,以防止:

(1)引诱或强迫儿童从事任何非法的性生活;

(2)利用儿童卖淫或从事其他非法的性行为;

(3)利用儿童进行淫秽表演和充当淫秽题材。

《儿童权利公约》关于买卖儿童、儿童卖淫和儿童色情制品问题的任择议定书(节录)

(2002年8月29日第九届全国人民代表大会常务委员会第二十九次会议决定批准　于2000年5月25日经联合国大会通过、同年9月6日我国政府签署的《〈儿童权利公约〉关于买卖儿童、儿童卖淫和儿童色情制品问题的任择议定书》)

本议定书各缔约国:

深切关注仍然广泛存在着特别容易侵害儿童的性旅游,因为它直接助长了买卖儿童、儿童卖淫和儿童色情制品,

认识到一些尤其脆弱的群体,其中包括女童受到了性剥削的极大危险,而且女童在遭受性剥削的群体中占有很大的比例,

认为应采用一种全面的方法来消除引发性因素,其中包括发展不足、贫困、经济失衡、社会经济结构不公平、家庭瘫痪、缺乏教育、城市——农村移徙、性别歧视、不负责任的成人性行为、有害的传统作法、武装冲突和贩卖儿童,从而有助于消除买卖儿童、儿童卖淫和儿童色情制品,

认为需要努力提高公众意识,以减少消费者对买卖儿童、儿童卖淫和儿童色情制品的需求,并还认为需要加强各方的全球合作以及在国家一级改善执法行动的重要性,

充分重视各国人民保护儿童和促进儿童协调发展的传统及文化价值的重要性,

兹商定如下:

第一条

缔约国应根据本议定书的规定,禁止买卖儿童、儿童卖淫和儿童色情制品。

第二条

为了本议定书的目的:

(1)买卖儿童系指任何人或群体为了报酬或出于其他考虑将儿童转让给另一个人的任何行为或交易;

(2)儿童卖淫系指为了报酬或出于任何其他形式的考虑而在性活动中利用儿童;

(3)儿童色情制品系指以任何方式表现儿童正在进行真实或模拟的直露的性活动或主要为取得性满足而以任何方式表现儿童身体的一部分的制品。

第三条

一、每一缔约国应确保下列行为和活动按照其刑事法或刑法起码将被定为犯罪行为,而不论这些行为是在国内还是在国际上犯下的,也不论是个人还是有组织地犯下的:

(一)根据第二条确定的买卖儿童的定义:

1. 为下述目的以任何方式提供、送交或接受儿童:

(1)对儿童进行性剥削;

(2)为获取利润而转让儿童器官;

(3)使用儿童从事强迫性劳动。

2. 作为中间人以不正当方式诱惑同意,以达到用违反适用的有关收养的国际法律文书的方式收养儿童的目的;

(二)主动表示愿意提供、获取、诱使或提供儿童,进行第二条所指的儿童卖淫活动;

（三）为了上述目的生产、发售、传播、进口、出口、主动提供、销售或拥有第二条所指的儿童色情制品。

二、在不影响缔约国的国内法规定的情况下，上述规定应适用于采取任何这些行为的企图和对任何这些行为的协助或参与。

三、每一缔约国应规定这些罪行将按照其严重程度受到相应惩罚。

四、在不违反其国内法规定的情况下，每一缔约国应采取适当措施确定法人对本条第一款中规定的罪行的责任。在不影响缔约国的法律原则的情况下，可将法人的这一责任定为刑事、民事或行政责任。

五、缔约国应采取一切适当的法律和行政措施，确保参与儿童收养的所有人均按照适用的国际法律文书行事。

第四条

一、当第三条第一款所列罪行在其领土上或在该国注册的船只或飞机上犯下时，每一缔约国均应采取必要的措施，确立它对这些罪行的管辖权。

二、每一缔约国可在下列情况下采取必要的措施，确立它对第三条第一款所列罪行的管辖权：

（一）当嫌疑人为该国国民或为在该国领土上拥有其惯常住址者时；

（二）当受害者为该国国民时。

三、当嫌疑人身在该国领土上而且该国因罪行系由该国国民所犯而不将他引渡至另一个缔约国时，每一缔约国也应采取必要的措施确立它对上述罪行的管辖权。

四、本议定书不排除根据国内法行使的任何刑事管辖权。

第五条

一、应当认为第三条第一款所列各项罪行已作为可引渡的罪行列入缔约国之间现有的任何引渡条约，而且应根据各缔约国之间后来缔结的每一项引渡条约所确定的条件将这些罪行作为可引渡罪行列入这些条约之中。

二、凡以订有条约为引渡条件的缔约国在接到未与其缔结任何引渡条约的另一个缔约国提出的引渡请求时，可将本议定书视为就这些罪行进行引渡的法律依据。引渡应当符合被请求国法律规定的条件。

三、凡不以订有条约作为引渡条件的缔约国应根据被请求国法律规定的条件将这类罪行视为在它们之间可进行引渡的罪行。

四、为了在缔约国之间进行引渡的目的，此类罪行不仅应当被当作是在它们发生的地点所犯下的罪行，而且应被当作是在必须根据第四条确立其管辖权的国家领土上犯下的罪行。

五、如果就第三条第一款所列的一项罪行提出了引渡要求，而被请求的缔约国基于罪犯的国籍不引渡或不愿意引渡，则该国应当采取适当措施将此案提交其主管当局进行起诉。

第六条

一、在对第三条第一款所列罪行进行调查或提起刑事或引渡程序时，各缔约国应当相互给予最大程度的协助。其中包括协助获取它们拥有的对进行这种程序所必要的证据。

二、各缔约国应当根据它们之间可能已存在的任何司法互助条约或其他安排履行它们在本条第一款之下承担的义务。在不存在这类条约或安排的情况下，各缔约国应根据其国内法提供互助。

第七条

各缔约国应根据其国内法的规定：

（一）采取措施，规定视情况扣押和没收：

1. 用于进行或方便进行本议定书所列犯罪的材料、资产和其他工具等物品；

2. 从这些犯罪中获得的收益。

（二）执行另一个缔约国提出的扣押或没收（一）1小段中所列物品或收益的请求；

（三）采取措施临时性关闭或彻底关闭用于进行这种犯罪的场所。

第八条

一、各缔约国应当采取适当措施，在刑事司法程序的各个阶段保护本议定书所禁止的行为的儿童受害者的权益，特别应当：

（一）承认儿童受害者的脆弱性并对程序进行修改，从而承认他们的特别需求，其中包括他们作为证人的特别需求；

（二）向儿童受害者介绍其权利、其作用和司法程序的范围、时间和进度以及对其案件的处置；

（三）应按照国家法律的程序规则允许在影响到儿童受害者的个人利益的司法程序中提出和审议儿童受害者的意见、需求和问题；

（四）在整个司法程序中向儿童受害者提供适当的支助服务；

（五）适当保护儿童受害者的隐私和身份，并根据国家立法采取措施，避免错误发布可能导致泄露儿童受害者身份的消息；

（六）在适当情况下确保儿童受害者及其家庭和证人的安全，使他们不受恐吓和报复；

（七）避免在处理案件和执行向儿童受害者提供赔偿的命令或法令方面出现不必要的延误。

二、缔约国应当确保受害者实际年龄不详不会妨碍开展刑事调查，其中包括旨在查明受害者年龄的调查。

三、各缔约国应当确保刑事司法系统在处理作为本议定书所列罪行受害者的儿童时应以儿童的最佳利益为重。

四、各缔约国应当采取措施确保对从事照顾本议定书所禁止的罪行的儿童受害者的人员进行适当的培训，特别是法律和心理培训。

五、各缔约国应在适当情况下采取措施，保护从事预防和/或保护和帮助这种罪行的受害者康复的人士和/或组织的安全和完整。

六、本议定书的任何规定均不应解释为妨碍或违背被告人享有公平和公正审判的权利。

第九条

一、各缔约国应通过或加强、执行和宣传旨在预防本议定书所列各项罪行的法律、行政措施、社会政策和方案。应当特别重视保护特别容易遭受这些做法伤害的儿童。

二、各缔约国应当通过各种恰当手段对本议定书所列各项罪行的预防措施以及这些罪行的有害影响进行宣传、教育和培训，从而增进包括儿童在内的广大公众的认识。各缔约国在履行它们在本条款下的义务时应当鼓励社区、特别是儿童和儿童受害者参与包括在国际一级开展的这类宣传、教育和培训方案。

三、各缔约国应当采取一切可行的措施，以确保向这些罪行的受害者提供一切适当的援助，其中包括使他们完全重新融入社会并使他们身心得到完全康复。

四、各缔约国应当确保本议定书所列罪行的所有儿童受害者均有权提起适当法律程序，在不受歧视的情况下要求那些必须负法律责任者作出损害赔偿。

五、各缔约国应当采取适当措施，有效禁止生产和传播宣传本议定书所列的各项罪行的材料。

第十条

一、各缔约国应采取一切必要的步骤，通过旨在预防、侦查、调查、起诉和惩治涉及买卖儿童、儿童卖淫、儿童色情制品和狎童旅游行为的责任者的多边、区域和双边安排加强国际合作。各缔约国还应促进其当局与国家和国际非政府组织和国际组织的国际合作与协调。

二、各缔约国应当促进国际合作，协助儿童受害者实现身心康复、重新融入社会和重返家园。

三、各缔约国应当促进加强国际合作，消除贫困和发展不足等促使儿童易受买卖儿童、儿童卖淫、儿童色情制品和狎童旅游等行为之害的根源。

四、能够采取下述行动的缔约国应当通过现有的多边、区域、双边或其他方案提供财政、技术或其他援助。

【编者按】

针对儿童的性犯罪对儿童的安全和福祉造成严重破坏，也是对儿童权利的严重侵犯，近年来在国际范围内引起广泛关注，如何通过国际公约和国内法律加强对针对儿童性犯罪的预防和打击是其中讨论的焦点之一。2007年，欧洲委员会(以下简称欧委会)制定了《儿童保护——防止儿童性剥削和性侵害公约》。该公约是欧委会将不同形式的儿童性侵犯列入刑罚制裁范围的第一个法律文件，于2007年10月25日在西班牙兰萨罗特由欧委会的成员国、参与协定制定的非成员国和欧盟公开签署，目前欧委会47个成员国中的39个已经签署了公约。为帮助读者了解国际惩治预防性侵害儿童犯罪的最新立法动态，本专集特收录该公约文本，以供参考。

儿童保护——防止儿童性剥削和性侵害公约(节录)

第一章　宗旨、不歧视原则和相关定义

第一条　宗旨

a. 预防并打击一切形式的儿童性剥削与性侵害；

b. 保护性剥削与性侵害受害儿童的权益；

c. 加强国家以及国际层面上在防止儿童性剥削与性侵害方面的合作。

第二条　不歧视原则

各国在实施本公约时，尤其是在受害儿童权益的保护方面，应确保不因其性别、种族、肤色、语言、宗教、政见、国籍、社会出身、少数民族族裔、财产多寡、出生、性取向、健康状况、是否残疾和其他状况对受害儿童有任何形式的歧视。

第三条　定义

在本公约中

d. “儿童”系指18岁以下的任何人；

e. “儿童性剥削与性侵害”指本公约第18和23条中提及的情形；

f. “受害儿童”指所有受到性剥削和性侵害的儿童。

第二章　预防性措施

第四条　原则

各国应采取必要的立法或其他措施，保护儿童免受一切形式的性剥削与性侵害。

第五条　儿童领域工作人员的招募、培训和意识提升

1. 各国应采取必要的立法或其他措施，鼓励在教育、卫生、社会保障、司法、执法，以及体育、文化和娱乐等领域经常与儿童接触的工作人员树立与儿童保护和儿童权利相关的意识。

2. 各国应采取必要的立法或其他措施，确保本条第 1 款所述人员在防止儿童性剥削与性侵害方面有充分的知识基础，能够发现此类行为，且能够意识到第十二条第 1 款中提到的可能性。

3. 各国应采取必要的立法或其他措施，在遵循国内法规的前提下，确保在录用在工作中须经常接触儿童的专业人员时，保证相关候选人未有儿童性剥削或性侵害等犯罪史。

第六条　儿童教育

各国应采取必要的立法或其他措施，确保儿童在小学和中学阶段能够接受与其能力发展相符的相关教育，了解性剥削与性侵害的相关风险和自我保护的方法。家长应与学校合作，在适当时对儿童进行生理知识普及，并给予儿童特别关注，避免通信技术等外界影响给儿童带来的相关风险。

第七条　预防性干预项目和措施

如有任何人担心自己有可能实施本公约所述罪行，各国应确保在适当情况下为其提供预防性干预项目，或制定措施评估并预防其实施犯罪的风险。

第八条　与公众相关的措施

1. 各国应提倡或开展宣传活动，促进公众进一步了解儿童性剥削和性侵害这一现象，并学习相关预防措施。

2. 各国应采取必要的立法或其他措施，防止或禁止散布宣扬本公约所述罪行相关的资料。

第九条　鼓励儿童、非公共领域、媒体及公民社会的参与

1. 各国应根据儿童的能力发展情况，鼓励其参与与打击儿童性剥削和性侵害相关的国家政策、项目的制定与实施。

2. 各国应鼓励私营部门，特别是通信技术产业、旅游业、银行金融业，以及公民社会积极参与保护儿童免受性剥削与性侵害相关法规的完善与实施，并通过行业自律和共同监管确保行业内相关规范。

3. 各国应在尊重媒体独立和新闻自由的同时，鼓励媒体针对儿童性剥削和性侵犯各方面相关内容传播恰当的信息。

4. 各国应鼓励公民社会积极筹资，包括在适当的情况下设立项目基金，致力于保护儿童免受性剥削与性侵害。

第三章　各部门间相互协调并设立/指派专门机构

第十条　国内协调与合作的相关措施

1. 各国应采取必要措施，确保在国家和地方层面负责保护儿童、防止和打击儿童性剥削与性侵害的机构，尤其是教育、卫生、社会服务以及执法和司法部门之间有着良好的沟通与协作。

2. 各国应采取必要的立法或其他措施设立或指定：

a. 负责促进与保护儿童权利、独立且具有管辖权的国家或地方机关，并确保为其分配特定资源和明确的职责；

b. 负责收集数据、联络沟通的国家、地方机构及与公民社会合作机构，在尊重个人信息保护规定的同时，观察并评估与儿童性剥削与性侵害的现象。

3. 各国应鼓励国家主管机关、公民社会与私营部门之间进行合作，以更好地防止并打击儿童性剥削与性侵害。

第四章 保护性措施与受害儿童援助

第十一条 原则

1. 各国应建立起有效社会项目、通过多部门通力合作，为受害儿童、受害儿童亲属及其看护人提供必要的支持。

2. 各国应采取必要的立法或其他措施，确保在受害儿童年龄尚未确定，且有理由相信其仍为儿童的情况下，在等待确认其具体年龄期间，为其提供保护和援助。

第十二条 关于疑似性剥削和性侵害案件的报告

1. 各国应采取必要的立法或其他措施，确保在工作中与儿童经常接触的专业人员，在有正当理由相信儿童受到性剥削或性侵害的情况下，其向儿童保护主管机关进行报告的行为不受限于在该专业领域实施的相关国内法保密原则。

2. 各国应采取必要的立法或其他措施，鼓励任何人在知获或非恶意地怀疑他人对儿童实施性剥削与性侵害的事实时，应向相关主管机关进行报告。

第十三条 热线电话

各国应采取必要的立法或其他措施，鼓励并支持相关信息渠道的设立，如开通热线电话或网络热线等，为致电人提供服务与建议，必要时可为其保密，或允许致电者匿名。

第十四条 受害儿童援助

1. 各国应采取必要的立法或其他措施为受害儿童提供短期和长期的援助，以帮助他们恢复身体和精神健康。在采取本条中列出的措施时，须靠考虑到儿童的意见、需求和关注点。

2. 各国应在国内法规允许的范围内，与非政府机构、其他相关机构或公民社会机构共同合作为受害儿童提供援助。

3. 若儿童的家长或看护人涉嫌性剥削或性侵害这名儿童，则在第十一条第1款中提到的干预措施应包括：

——考虑禁止嫌犯与受害儿童生活在同一环境；

——考虑将受害儿童迁出他/她目前居住的家庭环境。迁出的具体安排和时间长短须考虑儿童的最佳利益作出决定。

4. 各国应采取必要的立法或其他措施，确保与受害儿童的亲友在适当的情况下能够得到治疗援助，尤其是应急心理护理。

第五章 干预项目或措施

第十五条 一般原则

1. 各国应遵循其国内法相关内容，确保或促进为第十六条第1和第2款中所述人员提供有效干预项目或措施，以预防针对儿童的重复性暴力犯罪，或降低相关风险。应遵循其国内法相关内容，确保有关人员在案件审理过程中的任何时间，不论其在押与否，都能够接受此类项目或措施的干预服务。

2. 各国应遵循其国内法相关内容，确保或促进相关主管机关，尤其是卫生、社会服务以及司法机关之间建立起良好的伙伴或合作关系，以共同负责跟进第十六条第1和第2款中所述人员的情况。

3. 各国应遵循其国内法相关内容，对第十六条第1和第2款中所述人员进行评估，判断其危险程度及累犯的风险，以提供最为恰当的干预项目或措施。

4. 各国应遵循其国内法相关内容，就所采取干预项目或措施的有效性进行评估。

第十六条　干预项目或措施的接受对象

1. 各国应遵循其国内法相关内容，针对因实施本公约所述任何罪行而被刑事诉讼的人员，在不损害或违反被告权利、满足公平公正的审判要求、尤其是尊重无罪推定原则的前提下，确保其能够获得第十五条第1款所述项目或措施提供的干预服务。

2. 各国应遵循其国内法相关内容，确保被判定犯有本公约所述任何罪行的人员，能够获得第十五条第1款所述项目或措施提供的干预服务。

3. 各国应遵循其国内法相关内容，确保为实施性犯罪行为的未成年人，包括未满刑事责任年龄的未成年人制订适应其发展需要的干预项目或措施，或对现有项目或措施进行修改，以帮助克服其性行为方面的问题。

第十七条　信息提供与知情同意

1. 各国应遵循其国内法相关内容，在向第十六条所述人员提出采取干预项目或措施时，确保其完全了解实施干预的原因，并得到其对项目或措施的完全知情同意。

2. 各国应遵循其国内法相关内容，确保第十六条所述人员有权拒绝干预项目或措施，且在相关人员被判定有罪的情况下，确保其了解拒绝干预有可能导致的后果。

第六章　实 体 刑 法

第十八条　性侵害

1. 各国应采取必要的立法或其他措施，以确保以下故意实施的行为罪刑化：

a. 与根据相关国内法规定，与尚未达到最低合法性交年龄的儿童发生性行为；

b. 与儿童发生性行为，并含有以下情节：

——采取任何形式的胁迫、强迫、或恐吓；

——包括在家庭内部发生的，利用信任、权威或对儿童的影响力实施的性侵害；

——利用儿童的弱势地位，尤其是利用儿童心理或生理缺陷，或其依赖他人的境地，对其实施的性侵害。

2. 就上述第1款而言，各国应确定儿童发生性行为的最低合法年龄。

3. 第十八条第1款a项意图并不在于管理未成年人之间自愿发生的性行为。

第十九条　与儿童卖淫有关的犯罪

1. 各国应采取必要的立法或其他措施，以确保以下故意实施的行为罪刑化：

a. 招募儿童卖淫，或致使儿童参与卖淫；

b. 胁迫儿童卖淫，或从中受益，或为此类目的对儿童进行其他方式的性剥削；

c. 与卖淫儿童进行性交易；

2. 关于本条中提到的“儿童卖淫”，应包括有金钱或其他形式的报酬给付、或承诺给付报酬与儿童发生的性行为。不论酬劳的给付对象是这名儿童还是第三方，此类行为都构成儿童卖淫。

第二十条　与儿童色情有关的犯罪

1. 各国应采取必要的立法或其他措施，以确保以下故意实施的行为罪刑化：

a. 生产儿童色情物品；

b. 提供或为他人提供获取儿童色情物品的便利；

c. 发布或传播儿童色情物品；

d. 为自己或他人获取儿童色情物品；

e. 持有儿童色情物品；

f. 通过信息和通讯技术有意识地上网观看儿童色情内容。

2. 关于本条中提到的“儿童色情物品(内容)”，应包括一切含有儿童参与或貌似参与露骨性行为的，或以促进性欲为目的儿童性器官的视觉表达。

3. 关于上一条生产与持有儿童色情物品第1款a至e项的全部或部分内容，下列情况可保留不适用相关罪刑的权利：

——相关色情物品仅含有虚拟合成且现实不存在的儿童形象；

——相关色情物品涉及的儿童年龄已达到第十八条第2款中年龄范围，且相关内容的生产与持有经由这些儿童的同意并仅为他们自己私用。

4. 关于第1款f项的全部或部分内容，各国可保留不适用相关罪刑的权利。

第二十一条　与参与拍摄儿童色情表演相关的犯罪

1. 各国应采取必要的立法或其他措施，以确保以下故意实施的行为罪刑化：

a. 招募儿童、或致使儿童参与色情表演；

b. 胁迫儿童参与色情表演，或从中受益，或为此类目的对儿童进行其他方式的性剥削；

c. 有意识地参加观看有儿童参与的色情表演。

2. 关于本条第1款c项的全部或部分内容，各国可保留不适用相关罪刑的权利。

第二十二条　腐化儿童罪

各国应采取必要的立法或其他措施，确保以下故意实施的行为罪刑化：故意致使未满第十八条第2款中年龄限制的儿童观看性侵害或性行为，即使该儿童并未实际参与这些行为。

第二十三条　以色情为目的引诱儿童

各国应采取必要的立法或其他措施，确保以下故意实施的行为罪刑化：成人通过信息通讯技术与未满第十八条第2款中年龄限制的儿童建立联系，并以第十八条第1款a项或第二十条第1款a项中的行为为目的，采取实际行动与儿童会面。

第二十四条　协助、教唆与意图犯罪

1. 各国应采取必要的立法或其他措施，确保对本公约所述任何罪行进行的协助和教唆亦被认定为犯罪行为。

2. 各国应采取必要的立法或其他措施，确保意图实施本公约中所述任何罪行亦被认定为犯罪行为。

3. 关于第二十条第1款b、e及f项，第二十一条第1款c项，第二十二条和第二十三条中的意图犯罪行为，各国可保留不适用相关罪刑的权利。

第二十五条　司法管辖范围

1. 各国应采取必要的立法或其他措施，确保在下列情况下，针对本公约所述罪行行使司法管辖权：

a. 罪行发生在该国国境内；或

b. 罪行发生在悬挂该国国旗的船只上；或

c. 罪行发生已根据该国法律注册的飞机上；或

d. 罪犯为该国公民；或

e. 罪犯为该国长期居民。

2. 各国应努力采取立法或其他措施就对该国公民或长期居民实施的本公约所述犯罪行为建立起司法管辖权。

3. 各国应在签署，或批准、接受、核准或加入时向欧洲议会秘书长致宣言，宣布该国保留适用或在特别情况下部分适用本条第 1 款 e 项中的司法管辖权规定的权利。

4. 针对本公约第十八条、十九条、二十条第 1 款 a 项及二十一条第 1 款 a 和 b 项所述罪行，各国应采取必要的立法或其他措施，以确保相关行为在实施地被罪刑化时，本条第 1 款 d 项应具有至少同等重要的司法管辖权。

5. 针对本公约第十八条、十九条、二十条第 1 款 a 项和二十一条所述罪行，各国应采取必要的立法或相关措施，以确保在需要受害儿童提出报告、或需要犯罪实施地相关机构出具控罪书才可实施诉讼的情况下，本条第 1 款 d 项应具有至少同等重要的司法管辖权。

6. 各国应采取必要的立法或相关措施，针对本公约所述罪行建立起司法管辖权，以保证在其国境内且因国籍原因未被引渡的嫌犯仍得到审理。

7. 当超过一国对本公约所述的任一罪行宣布具有司法管辖权时，相关各国应在适当情况下进行协商，以确定诉讼该罪行的最为适用的司法管辖权。

8. 在不影响国际法规一般规范的前提下，本公约不排除某国依据其国内法规行使其刑事司法管辖权。

第二十六条　企业责任

1. 各国应采取必要的立法或其他措施，确保在法人组织中处于领导地位的某自然人犯有本公约所述罪行、且该法人组织从中获益的情况下，如该自然人符合下列情况，则该法人组织应承当相应的法律责任：

a. 该自然人拥有该法人组织的代表权；

b. 该自然人拥有该代表法人组织做决定的权力；

c. 该自然人能在该法人组织中行使一定管理的权力。

2. 除本条第 1 款中所述情形，各国应采取必要的立法或其他措施，确保在以下情况中，法人组织亦承担相应法律责任：符合本条第 1 款所述情况的自然人疏于监管，致使其他自然人可能以该法人组织的名义实施本公约所述的任一罪行，且该法人组织可能从中获益。

3. 可基于该国法律原则判定相关法人组织应当承担的刑事、民事或行政责任。

4. 相关法人组织的责任判定应避免影响犯有相关罪行自然人的刑事责任判定。

第二十七条　制裁与措施

1. 各国应采取必要的立法或其他措施，确保本公约所述罪行应根据其严重程度，得到有效、适度且具警戒性的制裁。这些制裁手段可包括剥夺人身自由的惩罚，直至引渡。

2. 各国应采取必要的立法或其他措施，确保对本公约所述罪行负有法律责任的法人组织应得到有效、适度且具警戒性的制裁。这些制裁手段可包括处以非刑事罚金和其他措施，具体包括：

a. 剥夺享受公利或援助的权利；

b. 临时或永久地取消参与商业活动的资格；

c. 强制给予司法监督；

d. 下达停业清算司法令。

3. 各国应采取必要的立法或其他措施以：

a. 对以下物品处以扣押与没收：

——用以实施本公约所述罪行，或为相关罪行实施提供便利的物品、文件等其他工具；

——相关犯罪所得收益或其他价值。

b. 在不影响善意第三方权益的前提下，临时或永久地关闭实施本公约所述罪行的场所；或临时或永久地禁止相关罪犯从事与儿童有关的职业或志愿活动。

4. 各国可采取与罪犯有关的相关措施，例如剥夺罪名成立人员的抚养权或对其实施监督或监管。

5. 各国可将没收的犯罪收益与财产用以设立特别基金，为针对本公约所述罪行开展的预防工作提供资金，并为相关受害人提供援助支持。

第二十八条　可加重罪刑的情况

如若下列情形不属于所控罪行的构成条件，则各国应采取必要的立法或其他措施，确保在量刑时依据国内相关法规，将下列情形纳入加重罪刑的考虑中：

a. 该罪行严重损害了受害儿童的心理或身体健康；

b. 在该罪行发生前或发生过程中伴有施虐或严重暴力行为；

c. 罪行受害对象处于极端弱势地位；

d. 罪犯是受害儿童的家庭成员、与受害儿童共同居住者或滥用其对该儿童的权威；

e. 该罪行由数人共同实施；

f. 该罪行由有组织的犯罪团伙实施；

g. 该罪犯之前曾有过此类犯罪前科。

第二十九条　以往定罪

各国应采取必要的立法或其他措施，尽可能在量刑时考虑该罪犯此前在其他国家由于本公约中所述罪行曾受到过的终审判决。

第七章　调查、诉讼及程序法

第三十条　原则

1. 各国应采取必要的立法或其他措施，确保在案件的调查和刑事审理过程中，对儿童的利益给予尊重和最大化保护。

2. 各国应对受害儿童采取保护性措施，确保案件的调查和刑事审理过程不会进一步加重对儿童造成的创伤，并适时在刑事司法程序后为其提供援助支持。

3. 各国应确保案件的调查和刑事审理始终被视为优先，且不得有任何无正当理由的延误。

4. 遵循《欧洲保障人权和基本自由公约（欧洲人权公约）》第六条内容，各国应确保本章措施不会对被告利益以及公正而不偏袒的审判要求产生影响。

5. 遵循各国国内法规基本原则，各国应采取必要的立法或其他措施：

——在适当时允许开展卧底行动的可能性，以确保本公约所述罪行相关案件的有效调查与诉讼；

——允许相关单位或调查机构通过分析儿童色情物品内容等技术手段，如分析利用信息通讯技术传播或获得的图片或影音文件等，确认第二十条所述罪行的受害儿童。

第三十一条　一般儿童保护措施

1. 各国应采取必要的立法或其他措施，在案件调查和刑事审理过程中保护受害儿童权利，包括考虑到他们作为证人的特殊需要，尤其应做到以下几点：

a. 告知受害儿童他们的权益及可以获得的服务；并在他们不抗拒接受此类信息的情况下，告知其指控的案件跟进信息、相关罪名、调查及审理的大致进展、需要他们承担的职责，以及案件的最终结果；

b. 如被指控或罪名已成立的罪犯被暂时或永久性释放，确保将此信息告知受害儿童及其家人，或至少在其有可能面临危险的情况下告知此信息；

c. 在遵循国内法规既定程序的前提下，使受害儿童能够发出自己的声音、提供证据，并依照其意愿选择直接或间接表达其观点、需求和担忧，且这些内容能够被充分考虑；

d. 为受害儿童提供适当的援助服务，使他们的权益得以充分体现并得到重视；

e. 遵循国内法规，采取相关措施禁止散播可能透露受害儿童身份的信息，以确保受害儿童的隐私、身份和形象得到保护；

f. 保护受害儿童及其家人与证人的人身安全，使其免受恐吓、报复或重复受害；

g. 尽量避免受害儿童与罪犯在法庭和执法机构场所内的接触，除非主管机构考虑到儿童利益最大化作出其他判断，或在调查和审理过程中无法避免此类接触。

2. 各国应确保受害儿童从与主管机构进行第一次接触起，便能够获得与司法及行政审理过程相关的信息。

3. 若受害儿童有可能作为刑事审理中的当事人，各国应确保其能够得到法律援助，且在正当情况下应无偿提供法律援助。

4. 当依据国内法规，受害儿童有可能作为刑事审理中的当事人，且履行其父母职责的人士由于利益冲突不得在刑事审理中为受害儿童进行代理的情况下，各国应采取措施使相关司法机关能够为其指定特别代理人。

5. 各国应遵循国内法规采取必要的立法或其他措施，在本公约所述罪行的刑事审理过程中，在得到相关受害儿童同意的前提下，使相关团体、基金会、协会或其他政府或非政府组织能够为受害儿童提供协助与支持。

6. 各国应确保在告知受害儿童本条内容提及的相关信息时，须特别考虑受害儿童的年龄、智力成熟程度，使用儿童能够理解的语言进行沟通。

第三十二条　开始审理

各国应采取必要的立法或其他措施，确保本公约所述罪行的案件调查与诉讼不得仅根据受害儿童的报告或指控。也就是说，即使在相关儿童撤回他/她的指控后，也应保证案件的审理有可能继续。

第三十三条　法定时效

各国应采取必要的立法或其他措施，确保第十八条、第十九条第 1 款 a 和 b 项以及第二十条第 1 款 a 和 b 项所述罪行审理的法定时效应足够充分，使受害儿童在达到法定承认年龄后，案件仍能进行有效审理。

第三十四条　案件调查

1. 各国应尽可能采取必要措施，确保负责案件调查的人员、单位和机构拥有打击性剥削和性侵害的专长，或相关人员接受过此方面的培训。相关单位和机构应得到充足的资金支持。

2. 各国应采取必要的立法或其他措施，确保案件的调查不因受害儿童的具体年龄等不确定因素受到阻止。

第三十五条　对儿童进行询问

1. 各国应采取必要的立法或其他措施，确保以下几点：

a. 在向主管机关汇报相关事实后，对相关儿童的询问不应有任何无正当理由的延误；

b. 对相关儿童的询问应在专为此类目的而设或改造的场所进行；

c. 负责询问相关儿童的人员应为接受过此类培训的专业人士；

d. 在可能且适当的情况下，应由同一人进行对这名儿童的所有询问；

e. 只要能够满足相关刑事审理的需求，应尽量减少对相关儿童的询问次数；

f. 对相关儿童进行询问时，可以由其法定代理人在场陪伴，或在适当的情况下，由该儿童指定一名成年人在场陪伴，有理由认为这名成年人不应在场的情况除外。

2. 各国应采取必要的立法或其他措施，确保对受害儿童的所有询问以及适当情况下对儿童证人进行的询问进行录像，且这些询问录像能够依据国内法规在法庭审理时作为证据出示。

3. 确保在受害儿童年龄尚未确定、且有理由相信其仍为儿童的情况下，在等待确认其具体年龄期间，仍应采取本条第1款和第2款中的措施。

第三十六条　刑事法庭审理

1. 各国应采取必要的立法或其他措施，在对法律职业自治相关条例表示尊重的前提下，确保参与审理的所有人员，特别是法官、公诉人和律师，能够获得儿童权益、性剥削与性侵害相关培训。

2. 各国应采取必要的立法或其他措施，在遵循国内法规的前提下，确保以下几点：

a. 法官可以要求相关听证不向公众开放；

b. 对受害儿童的听证可允许受害儿童不必实际出席，而通过适当的通讯技术进行。

第八章　数据的记录与存储

第三十七条　记录并存储国内罪名成立的性罪犯名单

1. 为对本公约所述罪行进行预防和提出诉讼，各国应采取必要的立法或其他措施，遵循个人资料保护等相关国内法规，收集并存储本公约所述罪行罪名成立相关罪犯的身份及DNA等信息。

2. 各国应在签署，或批准、接受、核准或加入时将各国负责本条第1款信息收集机构的名称和地址告知欧洲议会秘书长。

3. 各国应采取必要的立法或其他措施，遵循相关国内法规和国际文书，确保本条第1款提及的信息能够由主管机构传输给他国相关机构。

第九章　国际合作

第三十八条　国际间合作的一般原则与措施

1. 各国应遵循本公约条款，通过采用相关且可行的国际及区域文书，以统一或互惠互利的立法和国内法规为基础达成一致，在最大可能的范围内进行相互合作，以达到以下目标：

a. 防止并打击儿童性剥削与性侵害；

b. 保护受害者，并为其提供援助；

c. 就本公约所述罪行进行侦查和诉讼。

2. 各国应采取必要的立法或其他措施，确保在其领土遭受本公约所述罪行的非本国居民能够向其居住国主管机关提起诉讼。

3. 如有依据某条约与其他缔约国就刑事案件相互提供法律支持或引渡合作的国家，在接收到其他非缔约国寻求法律支持或引渡的请求时，应以本公约为法律基础，就本公约所述罪行提供法律支持或引渡合作。

4. 在适当的情况下，各国应努力将防止和打击儿童性剥削与性侵害纳入为他国提供的援助发展项目内容中。

最高人民法院　最高人民检察院　公安部　司法部
印发《关于依法办理家庭暴力犯罪案件的意见》的通知

（2015 年 3 月 2 日　法发〔2015〕4 号）

各省、自治区、直辖市高级人民法院、人民检察院、公安厅（局）、司法厅（局），解放军军事法院、军事检察院，新疆维吾尔自治区高级人民法院生产建设兵团分院，新疆生产建设兵团人民检察院、公安局、司法局：

为积极预防和有效惩治家庭暴力犯罪，加强对家庭暴力被害人的刑事司法保护，现将《最高人民法院、最高人民检察院、公安部、司法部关于依法办理家庭暴力犯罪案件的意见》印发给你们，请认真贯彻执行。

最高人民法院　最高人民检察院　公安部　司法部
关于依法办理家庭暴力犯罪案件的意见

发生在家庭成员之间，以及具有监护、扶养、寄养、同居等关系的共同生活人员之间的家庭暴力犯罪，严重侵害公民人身权利，破坏家庭关系，影响社会和谐稳定。人民法院、人民检察院、公安机关、司法行政机关应当严格履行职责，充分运用法律，积极预防和有效惩治各种家庭暴力犯罪，切实保障人权，维护社会秩序。为此，根据刑法、刑事诉讼法、婚姻法、未成年人保护法、老年人权益保障法、妇女权益保障法等法律，结合司法实践经验，制定本意见。

一、基本原则

1. 依法及时、有效干预。针对家庭暴力持续反复发生，不断恶化升级的特点，人民法院、人民检察院、公安机关、司法行政机关对已发现的家庭暴力，应当依法采取及时、有效的措施，进行妥善处理，不能以家庭暴力发生在家庭成员之间，或者属于家务事为由而置之不理，互相推诿。

2. 保护被害人安全和隐私。办理家庭暴力犯罪案件，应当首先保护被害人的安全。通过对被害人进行紧急救治、临时安置，以及对施暴人采取刑事强制措施、判处刑罚、宣告禁止令等措施，制止家庭暴力并防止再次发生，消除家庭暴力的现实侵害和潜在危险。对与案件有关的个人隐私，应当保密，但法律有特别规定的除外。

3. 尊重被害人意愿。办理家庭暴力犯罪案件，既要严格依法进行，也要尊重被害人的意愿。在立案、采取刑事强制措施、提起公诉、判处刑罚、减刑、假释时，应当充分听取被害人意见，在法律规定的范围内作出合情、合理的处理。对法律规定可以调解、和解的案件，应当在当事人双方自愿的基础上进行调解、和解。

4. 对未成年人、老年人、残疾人、孕妇、哺乳期妇女、重病患者特殊保护。办理家庭暴力犯罪案件，应当根据法律规定和案件情况，通过代为告诉、法律援助等措施，加大对未成年人、老年人、残疾人、孕妇、哺乳期妇女、重病患者的司法保护力度，切实保障他们的合法权益。

二、案件受理

5. 积极报案、控告和举报。依照刑事诉讼法第一百零八条第一款“任何单位和个人发现有犯罪事实或者犯罪嫌疑人，有权利也有义务向公安机关、人民检察院或者人民法院报案或者举报”的规定，家庭暴力被害人及其亲属、朋友、邻居、同事，以及村（居）委会、人民调解委员会、妇联、共青团、残联、医院、学校、幼儿园等单位、组织，发现家庭暴力，有权利也有义务及时向公安机关、人民检察院、人民法院报案、控告或者举报。

公安机关、人民检察院、人民法院对于报案人、控告人和举报人不愿意公开自己的姓名和报案、控告、举报行为的，应当为其保守秘密，保护报案人、控告人和举报人的安全。

6. 迅速审查、立案和转处。公安机关、人民检察院、人民法院接到家庭暴力的报案、控告或者举报后，应当立即问明案件的初步情况，制作笔录，迅速进行审查，按照刑事诉讼法关于立案的规定，根据自己的管辖范围，决定是否立案。对于符合立案条件的，要及时立案。对于可能构成犯罪但不属于自己管辖的，应当移送主管机关处理，并且通知报案人、控告人或者举报人；对于不属于自己管辖而又必须采取紧急措施的，应当先采取紧急措施，然后移送主管机关。

经审查，对于家庭暴力行为尚未构成犯罪，但属于违反治安管理行为的，应当将案件移送公安机关，依照治安管理处罚法的规定进行处理，同时告知被害人可以向人民调解委员会提出申请，或者向人民法院提起民事诉讼，要求施暴人承担停止侵害、赔礼道歉、赔偿损失等民事责任。

7. 注意发现犯罪案件。公安机关在处理人身伤害、虐待、遗弃等行政案件过程中，人民法院在审理婚姻家庭、继承、侵权责任纠纷等民事案件过程中，应当注意发现可能涉及的家庭暴力犯罪。一旦发现家庭暴力犯罪线索，公安机关应当将案件转为刑事案件办理，人民法院应当将案件移送公安机关；属于自诉案件的，公安机关、人民法院应当告知被害人提起自诉。

8. 尊重被害人的程序选择权。对于被害人有证据证明的轻微家庭暴力犯罪案件，在立案审查时，应当尊重被害人选择公诉或者自诉的权利。被害人要求公安机关处理的，公安机关应当依法立案、侦查。在侦查过程中，被害人不再要求公安机关处理或者要求转为自诉案件的，应当告知被害人向公安机关提交书面申请。经审查确系被害人自愿提出的，公安机关应当依法撤销案件。被害人就这类案件向人民法院提起自诉的，人民法院应当依法受理。

9. 通过代为告诉充分保障被害人自诉权。对于家庭暴力犯罪自诉案件，被害人无法告诉或者不能亲自告诉的，其法定代理人、近亲属可以告诉或者代为告诉；被害人是无行为能力人、限制行为能力人，其法定代理人、近亲属没有告诉或者代为告诉的，人民检察院可以告诉；侮辱、暴力干涉婚姻自由等告诉才处理的案件，被害人因受强制、威吓无法告诉的，人民检察院也可以告诉。人民法院对告诉或者代为告诉的，应当依法受理。

10. 切实加强立案监督。人民检察院要切实加强对家庭暴力犯罪案件的立案监督，发现公安机关应当立案而不立案的，或者被害人及其法定代理人、近亲属，有关单位、组织就公安机关不予立案向人民检察院提出异议的，人民检察院应当要求公安机关说明不立案的理由。人民检察院认为不立案理由不成立的，应当通知公安机关立案，公安机关接到通知后应当立案；认为不立案理由成立的，应当将理由告知提出异议的被害人及其法定代理人、近亲属或者有关单位、组织。

11. 及时、全面收集证据。公安机关在办理家庭暴力案件时，要充分、全面地收集、固定证据，除了收集现场的物证、被害人陈述、证人证言等证据外，还应当注意及时向村（居）委会、人民调解委员会、妇联、共青团、残联、医院、学校、幼儿园等单位、组织的工作人员，以及被害人的亲属、邻居等收集涉及家庭暴力的处理记录、病历、照片、视频等证据。

12. 妥善救治、安置被害人。人民法院、人民检察院、公安机关等负有保护公民人身安全职责的单位和组织，对因家庭暴力受到严重伤害需要紧急救治的被害人，应当立即协助联系医疗机构救治；对面临家庭暴力严重威胁，或者处于无人照料等危险状态，需要临时安置的被害人或者相关未成年人，应当通知并协助有关部门进行安置。

13. 依法采取强制措施。人民法院、人民检察院、公安机关对实施家庭暴力的犯罪嫌疑人、被告人，符合拘留、逮捕条件的，可以依法拘留、逮捕；没有采取拘留、逮捕措施的，应当通过走访、打电话等方式与被害人或者其法定代理人、近亲属联系，了解被害人的人身安全状况。对于犯罪嫌疑人、被告人再次实施家庭暴力的，应当根据情况，依法采取必要的强制措施。

人民法院、人民检察院、公安机关决定对实施家庭暴力的犯罪嫌疑人、被告人取保候审的，为了确保被害人及其子女和特定亲属的安全，可以依照刑事诉讼法第六十九条第二款的规定，责令犯罪嫌疑人、被告人不得再次实施家庭暴力；不得侵扰被害人的生活、工作、学习；不得进行酗酒、赌博等活动；经被害人申请且有必要的，责令不得接近被害人及其未成年子女。

14. 加强自诉案件举证指导。家庭暴力犯罪案件具有案发周期较长、证据难以保存，被害人处于相对弱势、举证能力有限，相关事实难以认定等特点。有些特点在自诉案件中表现得更为突出。因此，人民法院在审理家庭暴力自诉案件时，对于因当事人举证能力不足等原因，难以达到法律规定的证据要求的，应当及时对当事人进行举证指导，告知需要收集的证据及收集证据的方法。对于因客观原因不能取得的证据，当事人申请人民法院调取的，人民法院应当认真审查，认为确有必要的，应当调取。

15. 加大对被害人的法律援助力度。人民检察院自收到移送审查起诉的案件材料之日起三日内，人民法院自受理案件之日起三日内，应当告知被害人及其法定代理人或者近亲属有权委托诉讼代理人，如果经济困难，可以向法律援助机构申请法律援助；对于被害人是未成年人、老年人、重病患者或者残疾人等，因经济困难没有委托诉讼代理人的，人民检察院、人民法院应当帮助其申请法律援助。

法律援助机构应当依法为符合条件的被害人提供法律援助，指派熟悉反家庭暴力法律法规的律师办理案件。

三、定罪处罚

16. 依法准确定罪处罚。对故意杀人、故意伤害、强奸、猥亵儿童、非法拘禁、侮辱、暴力干涉婚姻自由、虐待、遗弃等侵害公民人身权利的家庭暴力犯罪，应当根据犯罪的事实、犯罪的性质、情节和对社会的危害程度，严格依照刑法的有关规定判处。对于同一行为同时触犯多个罪名的，依照处罚较重的规定定罪处罚。

17. 依法惩处虐待犯罪。采取殴打、冻饿、强迫过度劳动、限制人身自由、恐吓、侮辱、谩骂等手段，对家庭成员的身体和精神进行摧残、折磨，是实践中较为多发的虐待性质的家庭暴力。根据司法实践，具有虐待持续时间较长、次数较多；虐待手段残忍；虐待造成被害人轻微伤或者患较严重疾病；对未成年人、老年人、残疾人、孕妇、哺乳期妇女、重病患者实施较为严重的虐待行为等情形，属于刑法第二百六十条第一款规定的虐待“情节恶劣”，应当依法以虐待罪定罪处罚。

准确区分虐待犯罪致人重伤、死亡与故意伤害、故意杀人犯罪致人重伤、死亡的界限，要根据被告人的主观故意、所实施的暴力手段与方式、是否立即或者直接造成被害人伤亡后果等进行综合判断。对于被告人主观上不具有侵害被害人健康或者剥夺被害人生命的故意，而是出于追求被害人肉体和精神上的痛苦，长期或者多次实施虐待行为，逐渐造成被害人身体损害，过失导致被害人重伤或者死亡的；或者因虐待致使被害人不堪忍受而自残、自杀，导致重伤或者死亡的，属于刑法第二百六十条第二款规定的虐待“致使被害人重伤、死亡”，应当以虐待罪定罪处罚。对于被告人虽然实施家庭暴力呈现出经常性、持续性、反复性的特点，但其主观上具有希望或者放任被害人重伤或者死亡的故意，持凶器实施暴力，暴力手段残忍，暴力程度较强，直接或者立即造成被害人重伤或者死亡的，应当以故意伤害罪或者故意杀人罪定罪处罚。

依法惩处遗弃犯罪。负有扶养义务且有扶养能力的人，拒绝扶养年幼、年老、患病或者其他没有独立生活能力的家庭成员，是危害严重的遗弃性质的家庭暴力。根据司法实践，具有对被害人长期不予照顾、不提供生活来源；驱赶、逼迫被害人离家，致使被害人流离失所或者生存困难；遗弃患严重疾病或者生活不能自理的被害人；遗弃致使被害人身体严重损害或者造成其他严重后果等情形，属于刑法第二百六十一条规定的遗弃"情节恶劣"，应当依法以遗弃罪定罪处罚。

准确区分遗弃罪与故意杀人罪的界限，要根据被告人的主观故意、所实施行为的时间与地点、是否立即造成被害人死亡，以及被害人对被告人的依赖程度等进行综合判断。对于只是为了逃避扶养义务，并不希望或者放任被害人死亡，将生活不能自理的被害人弃置在福利院、医院、派出所等单位或者广场、车站等行人较多的场所，希望被害人得到他人救助的，一般以遗弃罪定罪处罚。对于希望或者放任被害人死亡，不履行必要的扶养义务，致使被害人因缺乏生活照料而死亡，或者将生活不能自理的被害人带至荒山野岭等人迹罕至的场所扔弃，使被害人难以得到他人救助的，应当以故意杀人罪定罪处罚。

18. 切实贯彻宽严相济刑事政策。对于实施家庭暴力构成犯罪的，应当根据罪刑法定、罪刑相适应原则，兼顾维护家庭稳定、尊重被害人意愿等因素综合考虑，宽严并用，区别对待。根据司法实践，对于实施家庭暴力手段残忍或者造成严重后果；出于恶意侵占财产等卑劣动机实施家庭暴力；因酗酒、吸毒、赌博等恶习而长期或者多次实施家庭暴力；曾因实施家庭暴力受到刑事处罚、行政处罚；或者具有其他恶劣情形的，可以酌情从重处罚。对于实施家庭暴力犯罪情节较轻，或者被告人真诚悔罪，获得被害人谅解，从轻处罚有利于被扶养人的，可以酌情从轻处罚；对于情节轻微不需要判处刑罚的，人民检察院可以不起诉，人民法院可以判处免予刑事处罚。

对于实施家庭暴力情节显著轻微危害不大不构成犯罪的，应当撤销案件、不起诉，或者宣告无罪。

人民法院、人民检察院、公安机关应当充分运用训诫，责令施暴人保证不再实施家庭暴力，或者向被害人赔礼道歉、赔偿损失等非刑罚处罚措施，加强对施暴人的教育与惩戒。

19. 准确认定对家庭暴力的正当防卫。为了使本人或者他人的人身权利免受不法侵害，对正在进行的家庭暴力采取制止行为，只要符合刑法规定的条件，就应当依法认定为正当防卫，不负刑事责任。防卫行为造成施暴人重伤、死亡，且明显超过必要限度，属于防卫过当，应当负刑事责任，但是应当减轻或者免除处罚。

认定防卫行为是否"明显超过必要限度"，应当以足以制止并使防卫人免受家庭暴力不法侵害的需要为标准，根据施暴人正在实施家庭暴力的严重程度、手段的残忍程度，防卫人所处的环境、面临的危险程度、采取的制止暴力的手段、造成施暴人重大损害的程度，以及既往家庭暴力的严重程度等进行综合判断。

20. 充分考虑案件中的防卫因素和过错责任。对于长期遭受家庭暴力后，在激愤、恐惧状态下为了防止再次遭受家庭暴力，或者为了摆脱家庭暴力而故意杀害、伤害施暴人，被告人的行为具有防卫因素，施暴人在案件起因上具有明显过错或者直接责任的，可以酌情从宽处罚。对于因遭受严重家庭暴力，身体、精神受到重大损害而故意杀害施暴人；或者因不堪忍受长期家庭暴力而故意杀害施暴人，犯罪情节不是特别恶劣，手段不是特别残忍的，可以认定为刑法第二百三十二条规定的故意杀人"情节较轻"。在服刑期间确有悔改表现的，可以根据其家庭情况，依法放宽减刑的幅度，缩短减刑的起始时间与间隔时间；符合假释条件的，应当假释。被杀害施暴人的近亲属表示谅解的，在量刑、减刑、假释时应当予以充分考虑。

四、其他措施

21. 充分运用禁止令措施。人民法院对实施家庭暴力构成犯罪被判处管制或者宣告缓刑的犯罪分子，为了确保被害人及其子女和特定亲属的人身安全，可以依照刑法第三十八条第二款、第七十二条第二款的规定，同时禁止犯罪分子再次实施家庭暴力，侵扰被害人的生活、工作、学习，进行酗酒、赌博等活动；经被害人申请且有必要的，禁止接近被害人及其未成年子女。

22. 告知申请撤销施暴人的监护资格。人民法院、人民检察院、公安机关对于监护人实施家庭暴力，严重侵害被监护人合法权益的，在必要时可以告知被监护人及其他有监护资格的人员、单位，向人民法院提出申请，要求撤销监护人资格，依法另行指定监护人。

23. 充分运用人身安全保护措施。人民法院为了保护被害人的人身安全，避免其再次受到家庭暴力的侵害，可以根据申请，依照民事诉讼法等法律的相关规定，作出禁止施暴人再次实施家庭暴力、禁止接近被害人、迁出被害人的住所等内容的裁定。对于施暴人违反裁定的行为，如对被害人进行威胁、恐吓、殴打、伤害、杀害，或者未经被害人同意拒不迁出住所的，人民法院可以根据情节轻重予以罚款、拘留；构成犯罪的，应当依法追究刑事责任。

24. 充分运用社区矫正措施。社区矫正机构对因实施家庭暴力构成犯罪被判处管制、宣告缓刑、假释或者暂予监外执行的犯罪分子，应当依法开展家庭暴力行为矫治，通过制定有针对性的监管、教育和帮助措施，矫正犯罪分子的施暴心理和行为恶习。

25. 加强反家庭暴力宣传教育。人民法院、人民检察院、公安机关、司法行政机关应当结合本部门工作职责，通过以案说法、社区普法、针对重点对象法制教育等多种形式，开展反家庭暴力宣传教育活动，有效预防家庭暴力，促进平等、和睦、文明的家庭关系，维护社会和谐、稳定。

《关于依法办理家庭暴力犯罪案件的意见》的理解与适用

□杨万明　薛淑兰　唐俊杰

为了预防和惩治家庭暴力犯罪，加强对家庭暴力被害人的司法保护，最高人民法院、最高人民检察院、公安部、司法部于2015年3月2日共同发布了《关于依法办理家庭暴力犯罪案件的意见》（法发〔2015〕4号，以下简称《意见》）。《意见》是我国第一个全面的反家庭暴力刑事司法指导性文件，对于公正、高效、规范地办理家庭暴力犯罪案件，保护公民合法权利，促进平等、和睦、文明的家庭关系，维护社会和谐、稳定，具有积极意义。

一、出台《意见》的背景和过程

近年来，我国家庭暴力时有发生，引起媒体广泛报道，成为社会关注的热点问题。一些严重侵害人身权利的家庭暴力犯罪更是令人触目惊心，如浙江金华一母亲将4岁儿子灌汽油烧伤致死，江苏南京一母亲将两个女儿活活饿死，广东惠州一名5岁女童遭父母虐待致死等案件，引起了全社会的震惊与愤怒。加大对家庭暴力的司法干预力度，依法预防和惩治家庭暴力犯罪，最大限度地减少家庭暴力的发生，已经成为社会共识。但当前我国司法干预家庭暴力的法律制度尚不完善。虽然婚姻法、未成年人保护法、老年人权益保障法、妇女权益保障法等都有禁止家庭暴力的原则性规定，但司法实践中，还缺乏系统的、可操作的规范性文件，司法机关难以针对家庭暴力犯罪案件的特点作出有效应对，被害人的合法权益难以得到及时保护。对此，社会各界反映强烈。全国人大代表、政协委员多次提交议案、提案，建议加强、完善反家庭暴力的立法、司法工作。

最高人民法院高度重视对家庭暴力的司法应对。周强院长多次批示，要求人民法院深入调研，充分运用法律武器，切实保护家庭暴力被害人的合法权益。为此，最高人民法院专门成立了课题组，通过深入实地调研、征集典型案例、确立改革试点法院、开展入户调查和网络调查、访谈家庭暴力犯罪服刑人员等，总结归纳出反家庭暴力刑事司法实践还存在犯罪事实难以发现、刑事立案难以启动、定罪标准不够明确等突出问题。针对这些问题，经与最高人民检察院、公安部、司法部共同深入研究，根据刑法、刑事诉讼法等法律的相关规定，结合司法实践经验，起草了《意见》，又先后征求全国人大法工委、全国妇联、部分高级人民法院、律师、专家学者的意见和建议，召开专门论证会、座谈会20余次，反复修改后，由最高人民法院、最高人民检察院、公安部、司法部会签下发。

二、对《意见》主要内容的说明

《意见》共25条，包括办理家庭暴力犯罪案件的基本原则、案件受理、定罪处罚以及其他措施四个部分。

（一）确立基本原则，明确办案导向

与其他暴力犯罪相比，家庭暴力犯罪具有一定的特殊性和复杂性。办理家庭暴力犯罪案件，涉及公权干预与私权自治的界限把握以及个人利益、家庭利益和国家利益之间的平衡，政策性强，处理难度大。为集中体现《意见》的指导思想和基本精神，彰明办案宗旨，明确办案导向，指导规则适用，《意见》第一部分确立了办理家庭暴力犯罪案件的四项原则。

《意见》第一条规定了“依法及时、有效干预”原则。家庭暴力一般表现为强势一方对弱势一方的侵害，难以在家庭内部得到平等、有效的解决。基于家庭暴力的严重危害以及政府应当承担的人权保障职责，人民法院、人民检察院、公安机关、司法行政机关对家庭暴力应当进行干预。课题组进行的问卷调查结果显示，90%的被调查者认为司法应当干预家庭暴力。所以，“依法及时、有效干预”原则既是明确表达公权力应当干预家庭暴力的基本立场，也是对人民群众呼声的积极回应。贯彻该项原则需要注意以下三点：一是依法干预。不论是办案机关还是办案人员，都要改变“家庭暴力属家务事，公权力不宜介入”的观念，依照法律规定的职责和权限，适时介入并妥善处理家庭暴力案件，不得以家庭暴力发生在家庭成员之间，或者以属于家务事为由而置之不理、互相推诿。二是及时干预。对已发现的家庭暴力，在可以干预的情况下应当尽早干预，防止家庭暴力反复发生、恶化升级。三是有效干预。应当采取有效措施制止家庭暴力，使被害人从家庭暴力的危险中真正解脱出来。

《意见》第二条规定了“保护被害人安全和隐私”原则。家庭暴力犯罪直接侵害家庭成员人身权利，保护被害人安全是办案首要目标。贯彻该项原则需要注意以下三点：一是对正在发生或者持续发生的家庭暴力犯罪必须及时制止，通过采取拘留、逮捕等强制措施，以及判处刑罚、宣告禁止令等方式，剥夺施暴人再次实施家庭暴力的能力和条件，防止家庭暴力再次发生，使被害人免于家庭暴力的现实侵害和潜在危险。二是对被害人应当给予及时、周到的救治、庇护和法律援助，如协助联系医院或者庇护机构，帮助被害人获得法律援助等，使被害人的人身安全和其他合法权益能够得到有力保障。三是对个人隐私应当保密。办理家庭暴力犯罪案件，往往涉及家庭成员隐私。根据刑事诉讼法的规定，不论是对被害人隐私，还是对施暴人或者其他家庭成员的隐私，均应保密。

《意见》第三条规定了“尊重被害人意愿”原则。课题组进行的问卷调查结果显示，68.29%的被调查者认为，假若施暴人依法应当被逮捕、判刑，而施暴人是家庭主要经济来源，被害人请求不要将施暴人关押服刑的，则不要将施暴人逮捕、判刑。这说明大部分的被调查者认为，办理家庭暴力犯罪案件应当尊重被害人的意愿。从促进家庭和谐、维系家庭关系来说，被害人的意愿可能更符合家庭的实际情况，更有利于解决家庭成员之间的矛盾；从刑事司法的目标来说，要尽可能地做到法、理、情的统一。因此,《意见》第三条提出了"尊重被害人意愿"原则。贯彻该项原则需要注意以下两点:一是在作出对施暴人、被害人的利益具有重大影响的处理决定时,如立案、采取强制措施、提起公诉、判处刑罚、减刑、假释时,应当充分听取被害人的意见;被害人希望调解、和解的案件,一般应当进行调解、和解。二是尊重被害人意愿不是绝对的,存在两方面的限制:其一,被害人意愿必须是真实的意思表示。对成年人来说,应当是在完全自愿而非受到强制、恐吓或者经济控制的情况下作出的;对不具备完全行为能力的未成年人、精神病人来说,应当从最有利于被害人利益的角度作出决定。其二,尊重被害人意愿必须在法律规定的范围之内,而不得违反、突破法律的规定,如丈夫长期虐待妻子造成重伤的,即使被害人不愿意报案,公安机关也应当依法立案侦查。

《意见》第四条规定了"特殊保护"原则。家庭中的未成年人、老年人、残疾人、孕妇、哺乳期妇女、重病患者等,与其他家庭成员相比,处于弱势地位,缺乏自我保护能力,更容易遭受家庭暴力的侵害,难以通过自己的力量获得法律保护。因此,《意见》第四条提出对这些特殊人群实行"特殊保护"原则。贯彻该项原则需要注意:对未成年人实施特殊保护是未成年人保护法的明确规定;对老年人、残疾人、孕妇、哺乳期妇女、重病患者实施特殊保护是根据被害人的具体情况,由《意见》首次提出的办案指导性原则。办案过程中,对于被害人属于上述特殊群体的,应当进行适当的利益倾斜,通过代为告诉、提供更全面的法律援助等措施来保护他们的合法权益。

需要强调的是,上述四项原则作为《意见》的重要内容,不仅是对办理家庭暴力犯罪案件提出的一般要求,也是对办案机关、办案人员司法自由裁量权的指引和限制。办理家庭暴力犯罪案件首先应当依照法律规定。当法律规定存在较大的自由裁量空间,或者是存在冲突或漏洞时,则应当根据上述原则作出合理的裁量、选择或弥补。同时,四项原则之间并非总是处于相融相洽的状态。例如,被害人面临家庭暴力危险却又不希望公安机关介入时,保护被害人安全原则与尊重被害人意愿原则将不能同时适用,也不存在某项原则绝对优先适用的问题。在这种情况下,应当将上述原则所体现的需要着重考虑的多种利益和价值与具体案情相结合,经综合评估、权衡后审慎处理。

(二)明确程序规定,加强司法干预

为充分发挥司法程序对家庭暴力犯罪案件的干预和矛盾化解功能,确保案件能够进入司法程序,得到及时、公正处理,《意见》第二部分就家庭暴力犯罪案件的发现与受理,证据收集与强制措施,以及诉讼过程中的被害人保护作了具体规定。

1.积极拓宽犯罪事实发现渠道

家庭暴力犯罪发生在家庭内部,外人难以知晓;被害人或其近亲属、邻居、同事即使知道,受"家丑不可外扬""疏不间亲"等观念影响,也不敢或不想报案,导致司法机关难以及时发现家庭暴力犯罪事实。要加强对家庭暴力的司法干预,就必须拓宽发现家庭暴力犯罪事实的渠道。

《意见》第五条规定鼓励人民群众积极向司法机关反映家庭暴力犯罪线索,重申刑事诉讼法第一百零八条第一款的规定,强调任何单位和个人,包括家庭暴力被害人及其亲属、朋友、邻居、同事,以及村(居)委会、人民调解委员会、妇联、共青团、残联、医院、学校、幼儿园等单位、组织,都有权利也有义务就家庭暴力向司法机关报案、控告或者举报,从而使司法机关得以及时发现家庭暴力犯罪案件。适用该条规定需要注意以下三点:一是对家庭暴力进行报案、控告或者举报,既是单位、个人的权利也是义务,这种权利和义务来源于刑事诉讼法的既有规定而非《意见》的创设。《意见》予以重申,主要是向全社会起到宣示和导向作用。二是对于报案、控告、举报的内容,不要求必须"构成犯罪",只要与家庭暴力相关,基于一般公民的判断有可能构成犯罪即可。三是进行报案、控告、举报的主要是被害人及其近亲属、邻居、熟人等，基于人之常情，为了避免施暴人可能实施的打击报复，根据刑事诉讼法第一百零九条的规定，司法机关对报案人、控告人、举报人负有保密义务和安全保护义务。对于报案人、控告人、举报人不愿意公开自己的姓名以及报案、控告、举报行为的，司法机关应当保守秘密，不得向外界公开；对于已经或者可能遭到施暴人打击报复的报案人、控告人、举报人，司法机关应当采取措施保护他们的安全，以打消报案人、控告人、举报人的后顾之忧。

《意见》第七条要求公安机关、人民法院在工作中主动发现家庭暴力犯罪线索。实践中，一些家庭暴力已经构成犯罪，但有的被害人以为属于违反治安管理行为，要求公安机关对施暴人给予行政处罚；有的直接向人民法院提起民事诉讼，要求施暴人承担民事责任，这些均导致案件没有进入刑事司法程序，施暴人未受到应有的处罚。故《意见》第七条要求，公安机关在处理家庭中发生的人身伤害、虐待、遗弃等治安行政案件，人民法院在审理婚姻家庭、继承、侵权责任纠纷等民事案件时，应当密切注意这些案件是否涉及家庭暴力犯罪，一旦发现犯罪线索的，如果属于公诉案件，公安机关应当将治安案件转为刑事案件办理，人民法院应当将案件移送公安机关立案侦查；如果属于自诉案件，公安机关、人民法院应当告知被害人提起自诉。

2. 迅速立案

立案是刑事诉讼程序启动的重要环节。调研发现，司法机关发现家庭暴力犯罪事实但不予立案的情况比较多见，究其原因，既有观念上的，认为家庭暴力属于家务事，司法机关应当少干预、不干预；也有制度上的，如虐待罪、遗弃罪的入罪标准不够明确，导致不敢轻易立案；还有受客观条件限制的，如自诉案件被害人往往不知道或者没有能力向人民法院提起自诉。为了解决立案中存在的上述问题，《意见》第六、八、九、十条作了规定。

《意见》第六条明确了公安机关、人民检察院、人民法院接到家庭暴力报案、控告、举报后的审查、立案与转处工作，提出了具体的工作要求：一是迅速审查。公检法三机关接到报案、控告、举报后，不论是否属于犯罪案件，均应当立即问明案件的初步情况，制作笔录，按照刑事诉讼法关于立案的规定，审查是否达到立案条件，决定是否立案。二是接报单位负责。公检法不论哪家机关接报后，都应当受理。经审查，符合立案条件的应当立案；不符合立案条件的应当根据案件情况分别处理。对于可能构成犯罪但不属于自己管辖的，应当移送主管机关，如人民检察院将接报的公诉案件移送公安机关，公安机关将接报的自诉案件移送人民法院；对于不属于自己管辖而又必须采取紧急措施的，应当先采取紧急措施，然后移送主管机关；对于未构成犯罪但属于违反治安管理行为的，应当移送公安机关，依照治安管理处罚法的规定处理，同时应当告知被害人可以向人民调解委员会提出申请，或者向人民法院提起民事诉讼，要求施暴人承担停止侵害、赔礼道歉、赔偿损失等民事责任。换言之，对于没有构成犯罪的家庭暴力行为，可以同时追究施暴人的行政责任与民事责任。总之，不能让家庭暴力被害人投诉无门。

《意见》第八条明确了公安机关、人民法院对有证据证明的轻微家庭暴力犯罪案件的受理与立案程序。适用该条规定需要注意以下三点：一是有证据证明的轻微家庭暴力犯罪案件，是指刑事诉讼法第二百零四条第二项以及《最高人民法院关于适用〈中华人民共和国刑事诉讼法〉的解释》（以下简称《刑事诉讼法解释》）第一条第一款第二项规定的案件，实践中涉及的主要有故意伤害案（刑法第二百三十四条第一款）、非法拘禁案（刑法第二百三十八条第一款）、遗弃案（刑法第二百六十一条）等。二是对这一类案件，被害人依法享有程序选择权，既可以要求公安机关处理，也可以直接向人民法院提起自诉。无论他们选择哪一种程序，公安机关、人民法院收到后均应当受理。三是如果公安机关已经立案，在侦查过程中，被害人不再要求公安机关处理或者要求转为自诉案件的,公安机关应当告知被害人提交书面申请并进行审查,确系被害人自愿提出的,公安机关应当撤销案件,被害人可以转而向人民法院提起自诉。同理,如果人民法院已经立案,在审理过程中,被害人不再要求继续审理的,可以申请撤诉并转而要求公安机关立案侦查。因自诉人申请撤诉在《刑事诉讼法解释》中已有比较明确的规定,《意见》未再重复。

《意见》第九条明确了人民检察院的代为告诉职责。在轻伤害、侮辱、虐待、遗弃等家庭暴力自诉案件中,被害人如果是未成年人、老年人、重病患者等,客观上不具有或者缺乏告诉能力。为了保障这些被害人向人民法院提起诉讼的权利,《意见》根据刑法第九十八条、《刑事诉讼法解释》第二百六十条第一款的规定和精神,规定被害人的法定代理人、近亲属可以告诉或者代为告诉,人民检察院在特定情形下也可以告诉。适用该条规定需要注意以下三点:一是被害人无法告诉或者不能亲自告诉的情形,是指《刑事诉讼法解释》第二百六十条第一款规定的"被害人死亡、丧失行为能力或者因受强制、威吓等无法告诉,或者是限制行为能力人以及因年老、患病、盲、聋、哑等不能亲自告诉"。在上述情形下,被害人的法定代理人、近亲属可以告诉或者代为告诉。二是考虑到在父母对未成年子女实施家庭暴力的情况下,施暴人就是被害人的法定代理人,其他近亲属无法越过施暴人代为告诉,因此很有必要通过公权力强制介入的方式来保障未成年人子女的合法权益,故《意见》第九条首次提出,对于被害人是无行为能力人、限制行为能力人,其法定代理人、近亲属没有告诉或者代为告诉的,人民检察院可以告诉。三是根据刑法第九十八条的规定,对于侮辱、暴力干涉婚姻自由等告诉才处理的案件,被害人因受强制、威吓无法告诉的,人民检察院也可以告诉。需要强调的是,此种情形下被害人不限于无行为能力人、限制行为能力人,只要是受强制、威吓无法告诉的,人民检察院均可以告诉。

《意见》第十条强调了人民检察院对公安机关的立案监督职责,防止有案不立。其中,除了重申刑事诉讼法第一百一十一条规定的被害人有权申请人民检察院进行立案监督外,还明确了被害人的法定代理人、近亲属,有关单位、组织也有权申请人民检察院进行立案监督。这既符合刑事诉讼法规定立案监督制度的立法精神,也有利于加大对被害人的保护力度。

3. 全面收集证据

证据是认定家庭暴力犯罪事实的依据和基础。考虑到家庭暴力犯罪案件一般具有案发周期较长,证据难以保存,被害人与施暴人共同生活、处于相对弱势地位、举证能力有限的特点,《意见》第十一、十四条分别就家庭暴力公诉、自诉案件的证据收集提出了指导意见。

《意见》第十一条强调了公安机关应及时、充分、全面收集证据的要求。除了收集现场的物证、被害人陈述、证人证言外,还应当及时向村(居)委会、人民调解委员会、妇联、共青团、残联、医院、学校、幼儿园等单位、组织的工作人员,以及被害人的亲属、邻居等收集涉及家庭暴力的处理记录、病历、照片、视频等证据;不仅要收集关于家庭暴力犯罪行为及危害结果的证据,还要收集关于案发起因、当事人有无过错,尤其是家庭暴力历史情况的证据,以完整反映家庭暴力事实的发展经过,为下一步的起诉和审判工作奠定坚实基础。因此,有关单位、组织以及个人在发现家庭暴力或者处理家事纠纷时,要注意及时收集、获取、保存相关证据,适时提交司法机关,支持配合司法机关的调取证据工作。

《意见》第十四条强调了人民法院对自诉人进行举证指导的职责,要求特别注意自诉人举证能力不足的情况,及时进行举证指导,告知自诉人需要提交哪些证据、如何收集证据。对于因客观原因不能取得的证据,自诉人申请人民法院调取的,人民法院应当认真审查,必要时依法调取相关证据。当然,基于自诉案件中自诉人、被告人的平等地位,从程序公正的角度出发,对于被告人因客观原因申请人民法院调取证据的,人民法院在必要时也应当调取。

4. 强化刑事强制措施

刑事强制措施是防止家庭暴力再次发生，保护被害人的人身安全，保障诉讼顺利进行的必要手段。《意见》第十三条明确了办理家庭暴力犯罪案件采取强制措施的具体要求。适用该条规定需要注意以下三点：一是虽然家庭暴力犯罪发生在家庭成员之间，但为了确保被害人不再遭受侵害，对符合拘留、逮捕条件的犯罪嫌疑人、被告人，可以依法拘留、逮捕。二是如果对上述犯罪嫌疑人、被告人没有采取拘留、逮捕措施，公安机关、人民检察院、人民法院应当通过及时回访、打电话等方式，了解被害人的人身安全状况，一旦发现被害人再次或者可能再次遭受家庭暴力的，应当立即采取必要的强制措施，如将施暴人拘留或者逮捕，剥夺其继续实施家庭暴力的条件。这一措施是根据家庭暴力反复发生、不断恶化升级的特点，同时适当借鉴国外对家庭暴力案件重复出警的做法而做出的有针对性的应对。三是对于没有达到拘留、逮捕条件的，视情况可以决定取保候审、监视居住。对取保候审的犯罪嫌疑人、被告人，可以依照刑事诉讼法第六十九条第二款的规定，责令其不得再次实施家庭暴力，不得侵扰被害人的生活、工作、学习，不得进行酗酒、赌博等活动；经被害人申请且有必要的，责令其不得接近被害人及其未成年子女。这样既对犯罪嫌疑人、被告人采取了禁止性措施，使其不敢再次实施家庭暴力，又不需要剥夺、限制其人身自由，有利于家庭关系的修复，还有利于节约司法资源。需要强调的是，附带于取保候审措施的禁止性规定，有效期不得长于取保候审期间；如果被害人申请撤销"不得接近被害人及其未成年子女"的禁止性规定的，应当尊重被害人意愿，予以撤销。

5. 加强对被害人的救治、安置和法律援助

人身安全是基本人权。为了保护被害人的人身安全和其他合法权益，《意见》第十二、十五条分别就加强诉讼过程中的被害人保护提出了指导性意见。

《意见》第十二条要求，人民法院、人民检察院、公安机关等负有保护公民人身安全职责的单位和组织，对因家庭暴力受到严重伤害需要紧急救治的被害人，应当立即协助联系医疗机构救治；对面临家庭暴力严重威胁或者处于无人照料等危险状态，需要临时安置的被害人或者相关未成年人，应当通知并协助有关部门，如庇护所、儿童福利机构、民政部门进行安置。这一保护措施对于使被害人、未成年人脱离施暴人的控制，避免再次遭受家庭暴力，具有重要意义。

《意见》第十五条要求，人民检察院、人民法院应当告知被害人有权委托诉讼代理人，如果经济困难，有权申请法律援助。法律援助机构应当为符合条件的被害人提供法律援助，指派熟悉反家庭暴力法律法规的律师办理案件。在上述规定的基础上，《意见》第十五条还首次明确，人民检察院、人民法院对于被害人是未成年人、老年人、重病患者或者残疾人等，因经济困难没有委托诉讼代理人的，应当主动帮助其申请法律援助，如直接向法律援助机构发出《提供法律援助通知书》，以帮助被害人获得法律援助。

（三）准确适用法律，依法惩处家暴犯罪

为准确适用法律，依法惩处家庭暴力犯罪，《意见》第三部分就家庭暴力犯罪案件定罪的一般要求，常见的虐待、遗弃犯罪的入罪与认定标准，如何认定对家庭暴力的正当防卫以及贯彻宽严相济刑事政策方面作了规定。

1. 明确定罪的一般要求

《意见》第十六条明确提出，严重的家庭暴力行为可能构成故意杀人、故意伤害、强奸、猥亵儿童、非法拘禁、侮辱、暴力干涉婚姻自由、虐待、遗弃等犯罪。要严格依照刑法规定，认定家庭暴力行为是否已经构成犯罪、构成何种犯罪，对于同一家庭暴力行为同时触犯多个罪名的，应当依照处罚较重的规定定罪处罚。如遗弃致人死亡的，同时构成遗弃罪与过失致人死亡罪；以非法拘禁

手段暴力干涉婚姻自由的,同时构成非法拘禁罪与暴力干涉婚姻自由罪,均应择一重罪论处。

2. 明确虐待罪入罪与认定标准

采取殴打、冻饿、强迫过度劳动、限制人身自由、恐吓、侮辱、谩骂等手段,对家庭成员的身体和精神进行摧残、折磨,是实践中较为多发的虐待性质的家庭暴力。依照刑法规定,虐待罪以虐待行为“情节恶劣”为入罪要件,但因为“情节恶劣”的具体标准不够明确,导致司法实践中对虐待罪的立案、定罪存在一定困难。《意见》第十七条结合司法实践经验,对虐待行为“情节恶劣”的情形进行了细化,规定以下四种情形可以认定为“情节恶劣”,以虐待罪定罪处罚:第一,虐待持续时间较长、次数较多的。起草过程中有意见提出,应当对虐待持续时间和次数进一步明确。但考虑到生活中虐待情形多种多样,有的持续时间长但次数并不多,有的持续时间短但次数却很频繁,不宜对时间和次数作绝对化规定,故最终没有采纳该种意见,只是将虐待时间和次数明确提出来作为入罪考量因素之一。但是应当指出,虐待时间和次数是反映虐待严重程度的重要体现,对于长达半年的隔三差五的虐待行为,显然应当认定为“情节恶劣”。第二,虐待手段残忍的。调研发现,生活中将被害人吊起来毒打,或者是采取针扎、烟头烫、开水浇等残忍手段实施虐待的并不少见。这类虐待行为严重背离亲情伦理,往往造成极其恶劣的社会影响,应当依法惩处。第三,虐待造成被害人轻微伤或者患较严重疾病的。调研发现,一些虐待行为造成了被害人轻微伤,因未达到轻伤程度,无法以故意伤害罪论处,也没有以虐待罪处罚。事实上,依照《人体损伤程度鉴定标准》,虐待即使是造成轻微伤程度的损害后果,如外伤后听力减退、眼球损伤影响视力、肋软骨骨折、外伤性先兆流产等,危害也并非不严重,具有犯罪化处理的必要。同时,考虑到虐待罪的法定刑比故意伤害罪要低,以“轻微伤”作为入罪标准,与故意伤害罪以“轻伤”作为入罪标准,两罪的危害后果与法定刑设置能够大致匹配,合理衔接。至于虐待造成被害人“患较严重的疾病”的规定,同样是基于从严处理该类虐待行为的需要。如长期逼迫被害人住在潮湿场所,造成被害人患严重风湿疾病、行走困难的。“较严重疾病”属于开放性用语,外延比较广泛,难以一一列举,具体认定时,一般可以从是否对被害人身体外观或器官功能造成较大影响,是否反复发作难以治愈,是否对生命健康具有较大危险,是否需要立即住院治疗等方面进行把握。第四,对未成年人、老年人、残疾人、孕妇、哺乳期妇女、重病患者实施较为严重的虐待行为的。认定“较为严重的虐待行为”,仍然需要从虐待的情节、手段、后果等方面综合判断,适当低于对其他家庭成员实施虐待构成犯罪的程度要求,这也是对未成年人等群体进行特殊保护原则的体现。

实践中,虐待犯罪致人重伤、死亡与故意伤害、故意杀人犯罪致人重伤、死亡容易产生混淆。为了实现准确定罪、罪刑相适应,《意见》第十七条还对相关犯罪的主、客观方面进行了细致辨析,明确对于主观上追求被害人肉体和精神上的痛苦,长期、多次实施虐待逐渐造成被害人身体损害,过失导致重伤、死亡;或者致使被害人因不堪忍受虐待而自残、自杀,导致重伤、死亡的,应当以虐待罪定罪处罚。对于希望或者放任被害人重伤、死亡,持凶器实施暴力,暴力手段残忍,暴力程度较强,直接或者立即造成被害人重伤或者死亡的,应当以故意伤害罪或者故意杀人罪定罪处罚。

根据《意见》第十七条的规定,在具体适用虐待罪时还需要注意以下两点:第一,多数情形下的虐待表现出经常性、一贯性的特征,《最高人民法院关于适用〈中华人民共和国婚姻法〉若干问题的解释(一)》第一条也规定“持续性、经常性的家庭暴力,构成虐待”,但虐待并不限于经常性、一贯性的行为。如虐待手段残忍,或者虐待造成被害人轻微伤的,即使只实施了一次虐待,也有可能构成虐待罪。换言之,虐待罪不以虐待行为的经常性、一贯性为入罪要件。第二,应当准确区分虐待犯罪与因教育方法简单粗暴而打骂、体罚子女行为的界限。一般可以从起因上是否为了教育子女,主观上是出于虐待还是体罚的故意,手段上是否明显超过正常管教、约束的限度,后果上是否造成较为严重的身体损害等方面进行判断。

3. 明确遗弃罪入罪与认定标准

负有扶养义务且有扶养能力的人,拒绝扶养年幼、年老、患病或者其他没有独立生活能力的家庭成员,是危害严重的遗弃性质的家庭暴力。基于与虐待罪相同的考虑,《意见》第十七条对遗弃罪所要求的"情节恶劣"也进行了细化,规定以下四种情形可以认定为"情节恶劣",以遗弃罪定罪处罚:第一,对被害人长期不予照顾、不提供生活来源的。表现为采取不作为方式遗弃家庭成员,如一些单亲父母不愿意抚养子女,便将子女推给其他亲属,自己长期不管不问,对子女不进行任何的生活照料。第二,驱赶、逼迫被害人离家,致使被害人流离失所或者生存困难的。表现为采取作为方式遗弃家庭成员,如一些子女将年迈体弱的父母赶出家门,致使父母露宿街头,靠捡拾垃圾和他人救济为生。第三,遗弃患严重疾病或者生活不能自理的被害人。这类情形是针对遗弃对象作出的规定。患严重疾病或者生活不能自理的被害人,对扶养人的依赖程度更高,一旦被遗弃,将面临生命健康的重大危险,故对这类情形有必要定罪处罚。第四,遗弃致使被害人身体遭受严重损害或者造成其他严重后果。这类情形是针对遗弃后果作出的规定,其中"身体遭受严重损害或者造成其他严重后果",一般指造成被害人轻伤以上,患严重疾病,或者被饿死、冻伤等情形。

实践中,遗弃罪与故意杀人罪容易产生混淆。《意见》第十七条对这两类犯罪的主、客观方面也进行了细致辨析,明确对于只是为了逃避扶养义务,但并不希望或者放任被害人死亡,将生活不能自理的被害人弃置在福利院、医院、派出所等单位或者广场、车站等行人较多的场所,希望被害人被他人发现并获得救助的,一般以遗弃罪定罪处罚;对于主观上希望或者放任被害人死亡,不履行必要的扶养义务,造成被害人因缺乏生活照料而死亡,或者是将生活不能自理的被害人带至人迹罕至、难以获得救助的场所扔弃的,如将年幼的子女长时间锁在家中致使孩子被饿死,或者将行动艰难的老人带至荒山野岭致使被饿死、冻死的,应当以故意杀人罪定罪处罚。

根据《意见》第十七条的规定,在具体适用遗弃罪时应当特别注意,本罪只适用于负有扶养义务,具有扶养能力却拒不扶养的人。对于负有扶养义务,但客观上确实不具有扶养能力的人,不能以本罪论处。

4. 准确认定对家庭暴力的正当防卫

家庭暴力是对家庭成员人身权利的不法侵害。为了使被害人的人身安全得到及时保护,基于"正义不能向不正义让步"的基本理念,《意见》第十九条明确要求,行为人对正在实施的家庭暴力采取制止行为,只要符合正当防卫的条件,就应当依法认定为正当防卫。《意见》第十九条还进一步明确了防卫过当的认定标准。根据刑法第二十条第二款的规定,防卫过当是指防卫行为"明显超过必要限度造成重大损害"。据此,《意见》规定,防卫行为造成施暴人重伤、死亡,并且明显超过必要限度的,属于防卫过当。换言之,防卫行为造成施暴人轻伤以下损害的,不属于刑法意义上的"重大损害",不构成防卫过当。关于"明显超过必要限度"的认定标准,第十九条亦作了规定,应当以足以制止并使防卫人免受家庭暴力不法侵害的需要为标准,根据施暴人正在实施家庭暴力的严重程度、手段的残忍程度,防卫人所处的环境、面临的危险程度、采取的制止暴力的手段、造成施暴人重大损害的程度,以及既往家庭暴力的严重程度等进行综合判断。

起草过程中有意见提出,鉴于家庭暴力具有持续反复发生,不断恶化升级的特点,而且家庭暴力被害人在体力等方面往往处于弱势,不得不在家庭暴力实施之时放弃防卫,转而选择在某一次家庭暴力行为已经停止,新的家庭暴力行为还没有实施之际,趁施暴人不备或者处于困倦状态时突然反击,将施暴人致伤、致残甚至致死,以此剥夺施暴人继续侵害的能力,保全自己的人身安全,只要没有超过正当防卫的必要限度,也应当认定为正当防卫。对于该种意见,我们认为,澳大利亚等国确有相关判例认定上述情形属于正当防卫,但我国刑法关于正当防卫的时间要件非常明确,必须针对正在进行的不法侵害,而上述情形毕竟是在家庭暴力间歇期间实施,超出了刑法关于正当防卫的时间要求,而且实务中认定"家庭暴力必然将要发生"确实存在较大难度,故最终没有采纳该种意见,而是将上述情形作为重要的酌定从宽处罚情节。

5. 切实贯彻宽严相济刑事政策

《意见》第十八、二十条全面规定了对家庭暴力犯罪案件,以及由家庭暴力引发的杀害、伤害施暴人案件的处罚,明确了从严、从宽处罚两方面的要求以及具体把握的情形。

第一,宽严相济是我国基本刑事政策,办理家庭暴力犯罪案件也要切实贯彻这一政策,既不能为了惩处家庭暴力犯罪而一律从严,也不能以这类案件属于婚姻、家庭、恋爱纠纷引发而一律从宽,应当宽严并重、宽严并用、区别对待、平衡处罚。《意见》第十八条要求,对于下列情形应当从严把握:(1)实施家庭暴力手段残忍或者造成严重后果的,如持锐器捅刺被害人数十刀,或者采取泼硫酸的手段将被害人毁容的。(2)出于恶意侵占财产等卑劣动机实施家庭暴力的,如为了霸占父母财产而实施家庭暴力,逼迫父母交出财产的。(3)因酗酒、吸毒、赌博等恶习而实施家庭暴力的,多数具有长期性、反复性,对被害人及家庭造成的伤害往往更大,危害后果也更加严重。(4)曾因实施家庭暴力受到刑事处罚、行政处罚或者具有其他恶劣情形的。其中,"其他恶劣情形"一般指对多名家庭成员实施家庭暴力、实施家庭暴力引起较大民愤或者造成较大社会影响等。这类情形所指的施暴人主观恶性深,人身危险性大,应当从严惩处。对于属于上述四种情形之一的案件,可以酌情从重处罚,该重判的要依法重判,该判处死刑的要依法判处死刑,以达到从严惩处和震慑犯罪分子,有效遏制家庭暴力犯罪的目的。对于下列情形则应当从宽把握:(1)实施家庭暴力犯罪情节较轻,或者被告人真诚悔罪,获得被害人谅解,从轻处罚有利于被扶养人的,可以酌情从轻处罚;(2)犯罪情节轻微不需要判处刑罚的,可以不起诉或者免予刑事处罚;(3)情节显著轻微危害不大不构成犯罪的,应当不追究刑事责任。对于上述"犯罪情节较轻""犯罪情节轻微""情节显著轻微危害不大不构成犯罪"的具体认定,应当根据所涉罪名的入罪标准,综合犯罪的事实,犯罪的性质、动机、目的、情节、手段、后果,以及被害人的主观恶性、人身危险性大小、有无悔改表现等方面进行把握。

第二,为了加强对施暴人的教育与惩戒,做到惩处与教育相结合,《意见》第十八条进一步提出,除了运用刑罚这一最严厉的惩罚措施外,司法机关还应当充分运用非刑罚处罚措施,如训诫,责令施暴人保证不再实施家庭暴力,或者向被害人赔礼道歉、赔偿损失等,督促其悔过自新。

第三,实践中因家庭暴力引发的杀害、伤害施暴人构成犯罪的案件比较常见,人民群众对这类案件的被告人普遍抱有同情心理,希望司法机关从宽处理。调研发现,虽然这类案件判刑时大部分都有从宽,但在从宽情节的具体认定以及从宽的幅度方面,各地判罚还不一致。《意见》第二十条对这类案件的处罚提出了指导性意见。

一是应当充分考虑案件中的防卫因素和施暴人的过错责任。只要符合正当防卫条件的,就应当认定为正当防卫,依法不负刑事责任;属于防卫过当的,应当依法减轻或者免除处罚。对于长期遭受家庭暴力后,在激愤、恐惧状态下为了防止再次遭受家庭暴力,或者为了摆脱家庭暴力而故意杀害、伤害施暴人的,虽然不能认定为正当防卫,但是被告人从长期遭受家庭暴力的痛苦经历中,知道自己将来仍然面临着难以避免的家庭暴力,遂对施暴人实施杀害、伤害行为，施暴人在案件起因上具有明显过错或者直接责任，故对这类案件可以酌情从宽处罚。这一量刑政策，与《最高人民法院关于贯彻宽严相济刑事政策的若干意见》第二十二条的规定是一致的。

二是对于因遭受严重家庭暴力，身体、精神受到重大损害而故意杀害施暴人；或者因不堪忍受长期家庭暴力而故意杀害施暴人，犯罪情节不是特别恶劣，手段不是特别残忍的，可以认定为故意杀人"情节较轻"，在三年以上十年以下有期徒刑的法定刑幅度内判处刑罚。需要特别注意的是，上述可以认定为故意杀人"情节较轻"的包括两种不同情形：一种情形要求被告人遭受严重的家庭暴力且身体、精神受到重大损害，但对其杀害、伤害施暴人的犯罪情节、手段没有特别要求；另一种情形要求被告人长期遭受家庭暴力，且杀害、伤害施暴人的犯罪情节不是特别恶劣，手段不是特别残忍。

三是对于因家庭暴力引发的杀害、伤害施暴人而被判刑的犯罪分子，在服刑期间认罪服法，遵守监规，积极参加学习、劳动，确有悔改表现的，应当依法予以减刑，减刑的幅度可以适当放宽，减刑的起始时间、间隔时间可以相应缩短。符合假释条件的应当假释。

四是如果被杀害施暴人的近亲属表示谅解的，在量刑、减刑、假释时应当予以充分考虑。调研发现，一些受虐妇女因杀害施暴的丈夫而被判刑，被杀害施暴人的父母既对被告人心存怜悯，又希望被告人能够早日服刑完毕回到家中照顾老人小孩，因此表示谅解，请求司法机关对被告人从宽处罚。一般来说，这类案件的被告人主观恶性不大，再犯可能性极小，被害人近亲属又同意谅解，对被告人量刑、减刑、假释时完全可以较大幅度地从宽处理，以有效化解社会矛盾，促进社会和谐。

需要强调的是，《意见》对于因家庭暴力引发的杀害、伤害施暴人的案件，虽然总体上要求从宽处罚，但绝不是鼓励家庭暴力被害人以暴制暴。"绝不能以犯罪来制止犯罪"，被害人一定要通过正当的法律途径维护自己的合法权益，避免自陷囹圄。

（四）完善司法保护，积极预防家暴行为

为了建立起全面、系统的反家庭暴力司法应对机制，《意见》第四部分就加强反家庭暴力司法保护衔接以及预防措施作了规定。

1. 加强反家庭暴力刑事、行政、民事保护的衔接

运用法律武器反对家庭暴力，需要民事、行政、刑事保护相互衔接，形成保护链条，才能有效预防和惩治各种形式的家庭暴力。为此，《意见》第二十二、二十三条从两方面提出了要求：一是人民法院、人民检察院、公安机关对于监护人实施家庭暴力，严重侵犯被监护人合法权益的，在必要时可以告知被监护人及其他有监护资格的人员、单位，申请人民法院撤销监护人资格，依法另行指定监护人。其中，具有监护资格的人员、单位的范围，撤销监护权人资格的条件以及申请撤销监护人资格的程序等，可以根据《最高人民法院、最高人民检察院、公安部、民政部关于依法处理监护人侵害未成年人权益行为若干问题的意见》的相关规定予以确定。二是要求人民法院对于施暴人违反人身安全保护裁定的，可以根据情节轻重予以罚款、拘留；构成犯罪的，依法追究刑事责任。起草过程中有意见提出，对于施暴人违反人身安全保护裁定，情节严重的，应当明确规定以"拒不执行裁定罪"论处。这种意见有利于为人身安全保护裁定的遵照执行提供强有力的保障。但是也有不同意见认为，拒不执行裁定罪在实践中适用较少，一旦规定，执行效果可能不佳，而且考虑到拒不执行人身安全保护裁定情节严重的行为，也有可能构成比"拒不执行裁定罪"更重的罪名，如故意杀人罪、强奸罪等，应当择一重罪论处，故最终没有规定对拒不执行人身安全保护裁定情节严重的行为以拒不执行裁定罪论处。

2. 加强对家庭暴力犯罪的预防

为了加强对家庭暴力犯罪的预防,《意见》第二十一、二十四、二十五条分别规定了对施暴人宣告禁止令、开展社区矫正以及反家庭暴力宣传教育措施。第二十一条要求,人民法院对实施家庭暴力被判处管制或宣告缓刑的犯罪分子,可以同时宣告禁止令,禁止其再次实施家庭暴力,侵扰被害人的生活、工作、学习,进行酗酒、赌博等活动;经被害人申请且有必要的,禁止接近被害人及其未成年子女。第二十四条要求,社区矫正机构对实施家庭暴力被判处管制、宣告缓刑、假释或者暂予监外执行的犯罪分子开展行为矫治,使施暴人在有针对性的监督管理、教育矫正、社会适应性帮扶的共同作用下,更快地矫正施暴心理和行为恶习,更好地融入社会。第二十五条要求,人民法院、人民检察院、公安机关、司法行政机关应当结合各自的工作职责、工作内容,通过以案说法、社区普法、针对重点对象进行法律教育等多种形式,开展反家庭暴力宣传、教育活动,充分发挥法律的威慑、教育和指引功能,减少家庭暴力的发生。

（作者单位:最高人民法院刑一庭）

最高人民法院
关于审理拐卖妇女儿童犯罪案件具体应用法律若干问题的解释

（2016年11月14日最高人民法院审判委员会第1699次会议通过　2016年12月21日公布　自2017年1月1日起施行　法释〔2016〕28号）

为依法惩治拐卖妇女、儿童犯罪,切实保障妇女、儿童的合法权益,维护家庭和谐与社会稳定,根据刑法有关规定,结合司法实践,现就审理此类案件具体应用法律的若干问题解释如下:

第一条　对婴幼儿采取欺骗、利诱等手段使其脱离监护人或者看护人的,视为刑法第二百四十条第一款第(六)项规定的“偷盗婴幼儿”。

第二条　医疗机构、社会福利机构等单位的工作人员以非法获利为目的,将所诊疗、护理、抚养的儿童出卖给他人的,以拐卖儿童罪论处。

第三条　以介绍婚姻为名,采取非法扣押身份证件、限制人身自由等方式,或者利用妇女人地生疏、语言不通、孤立无援等境况,违背妇女意志,将其出卖给他人的,应当以拐卖妇女罪追究刑事责任。

以介绍婚姻为名,与被介绍妇女串通骗取他人钱财,数额较大的,应当以诈骗罪追究刑事责任。

第四条　在国家机关工作人员排查来历不明儿童或者进行解救时,将所收买的儿童藏匿、转移或者实施其他妨碍解救行为,经说服教育仍不配合的,属于刑法第二百四十一条第六款规定的“阻碍对其进行解救”。

第五条　收买被拐卖的妇女,业已形成稳定的婚姻家庭关系,解救时被买妇女自愿继续留在当地共同生活的,可以视为“按照被买妇女的意愿,不阻碍其返回原居住地”。

第六条　收买被拐卖的妇女、儿童后又组织、强迫卖淫或者组织乞讨、进行违反治安管理活动等构成其他犯罪的,依照数罪并罚的规定处罚。

第七条　收买被拐卖的妇女、儿童,又以暴力、威胁方法阻碍国家机关工作人员解救被收买的妇女、儿童,或者聚众阻碍国家机关工作人员解救被收买的妇女、儿童,构成妨害公务罪、聚众阻碍解救被收买的妇女、儿童罪的,依照数罪并罚的规定处罚。

第八条 出于结婚目的收买被拐卖的妇女,或者出于抚养目的收买被拐卖的儿童,涉及多名家庭成员、亲友参与的,对其中起主要作用的人员应当依法追究刑事责任。

第九条 刑法第二百四十条、第二百四十一条规定的儿童,是指不满十四周岁的人。其中,不满一周岁的为婴儿,一周岁以上不满六周岁的为幼儿。

第十条 本解释自2017年1月1日起施行。

《关于审理拐卖妇女儿童犯罪案件具体应用法律若干问题的解释》的理解与适用

□杜国强　冉　容　赵俊甫

《最高人民法院关于审理拐卖妇女儿童犯罪案件具体应用法律若干问题的解释》(法释〔2016〕28号,以下简称《解释》)于2016年11月14日经最高人民法院审判委员会第1699次会议审议通过,自2017年1月1日起正式施行。为便于准确理解和适用,现就《解释》的出台背景、制定原则及主要内容进行说明。

一、《解释》的出台背景

拐卖妇女、儿童严重侵犯妇女、儿童人身权利,造成许多家庭骨肉分离,甚至家破人亡,严重影响社会和谐稳定,一直以来都是各级司法机关惩治的重点。2010年最高人民法院牵头起草并会同最高人民检察院、公安部、司法部印发《关于依法惩治拐卖妇女儿童犯罪的意见》(法发〔2010〕7号),明确了"公安机关接到儿童及不满十八周岁少女失踪报案必须立即立为刑事案件""以非法获利为目的出卖亲生子女以拐卖妇女、儿童罪论处"等制度和原则。近年来,随着持续依法严惩及综合治理措施的落实,此类犯罪高发态势逐渐得以遏制。2016年,全国法院审结拐卖妇女、儿童犯罪案件751件、判处刑罚1273人,与近年来审结案件数量较多年份相比(2012年全国法院审结1918件、判处刑罚2801人,2013年审结1131件、判处刑罚1978人),下降幅度明显。但是,司法实践中对一些涉及罪与非罪、罪重与罪轻情节的理解适用方面,仍然存在一些争议,随着拐卖犯罪形势的变化,也出现了一些新情况和新问题,亟须明确。例如,什么是偷盗婴幼儿出卖,如何区分正常的婚姻介绍与打着介绍婚姻旗号拐卖妇女犯罪的界限,实践中认识不一。此外,刑法修正案(九)对收买被拐卖的妇女、儿童罪作了重大修改,体现了对收买被拐卖的妇女、儿童行为加大惩治力度的精神,修正后刑法自2015年11月1日起施行,如何准确适用相关条款,也面临新的问题。

鉴于上述情况和问题,最高人民法院于2015年成立课题组,赴拐卖犯罪高发地区进行专项调研,广泛听取基层法院、检察机关、公安机关及妇联组织的意见,掌握了大量一手资料,起草了《解释》初稿。经多次召开专家和司法实务部门代表参加的论证座谈会,并征求全国人大法工委、最高人民检察院、公安部等部门的意见,对《解释》初稿进行反复修改论证,于2016年11月14日提交最高人民法院审判委员会讨论通过,并于12月21日正式公布。

二、制定《解释》遵循的指导原则

一是坚持依法从严惩治,切实保障妇女、儿童合法权益。拐卖妇女、儿童犯罪严重侵犯基本人权,社会危害性大。《解释》通过明确"偷盗婴幼儿""阻碍解救"等法律概念的含义,区分拐卖妇女与介绍婚姻罪与非罪的界限,列举数罪并罚情形,体现了对拐卖妇女、儿童犯罪依法从严惩治的精神。

二是坚持区别对待，切实维护家庭和谐与社会稳定。《解释》既体现有罪必罚，又根据罪刑相适应刑法基本原则和宽严相济刑事政策，做到罚当其罪，体现政策，区别对待，以分化瓦解犯罪，减少社会对立面。

三、《解释》涉及的主要问题

《解释》共10条，主要从拐卖妇女、儿童及收买被拐卖的妇女、儿童犯罪法定加重、从轻处罚情节的界定，罪与非罪、一罪与数罪的区分，以及收买被拐卖妇女、儿童犯罪案件的刑事政策把握问题等几个方面作了规定。

（一）关于偷盗婴幼儿的界定

不满一周岁的人为婴儿，一周岁以上不满六周岁的为幼儿。我国刑法中使用“偷盗婴幼儿”概念的法条共有两处：其一，刑法第二百三十九条第三款规定，以勒索财物为目的的偷盗婴幼儿的，依照绑架罪的规定处罚。其二，第二百四十条规定，拐卖妇女、儿童的，处五年以上十年以下有期徒刑，并处罚金；具有“以出卖目的，偷盗婴幼儿”等情节的，处十年以上有期徒刑或无期徒刑，并处罚金或者没收财产；情节特别严重的，处死刑，并处没收财产。两者的区别是主观目的不同。就拐卖儿童罪而言，如何准确理解“偷盗婴幼儿”，关系到法定加重处罚情节的适用，有必要予以明确。

实践中，趁婴幼儿熟睡无人察觉，将婴幼儿抱走，属于典型的偷盗婴幼儿。但对行为人以出卖为目的，采取给付玩具、外出游玩等哄骗、利诱手段拐走婴幼儿的行为，是认定为一般情节的拐卖儿童，还是认定为加重情节的偷盗婴幼儿拐卖，则存在较大争议。否定的观点认为，刑法中偷盗的本质特征是秘密性，偷盗婴幼儿指趁婴幼儿熟睡以及监护人、看护人不注意，秘密窃取婴幼儿，以欺骗、利诱等手段拐走婴幼儿的行为属于拐骗。肯定的观点认为，偷盗一般是在财产犯罪意义上使用，指以暴力、胁迫或者麻醉以外的平和方法取得对财物的控制；以欺骗、利诱等手段拐走婴幼儿，与秘密窃取婴幼儿无本质区别，应将欺骗、利诱等手段理解为偷盗的表现形式。

《解释》第一条采纳了肯定的观点，明确规定：“对婴幼儿采取欺骗、利诱等手段使其脱离监护人或者看护人的，视为刑法第二百四十条第一款第（六）项规定的‘偷盗婴幼儿’。”之所以作出该解释，主要是考虑，作为不满六周岁的婴幼儿，其缺少应有的辨别是非和自我防护能力，可以将其视为监护人、看护人绝对支配、保护下的无独立意志的个体，应予特殊保护。从规范的意义上讲，采取欺骗、利诱等手段使婴幼儿脱离监护、看护，可视为针对监护人、看护人的偷盗，该情形与利用监护人、看护人疏于防范抱走熟睡的婴幼儿相比，两种行为类型具有共同特质，对婴幼儿及其家庭的社会危害也相当，应予同等法律评价，以体现对婴幼儿的特殊保护。

《解释》第一条系针对婴幼儿采取欺骗、利诱手段使其脱离监护、看护所作的规定。在《解释》起草过程中，有种意见认为，无须限定欺骗、利诱手段是否针对婴幼儿实施。例如，对婴幼儿的父母或者其他看护人虚构事实、隐瞒真相加以欺骗，将婴幼儿带走后加以出卖的，也应认定为偷盗婴幼儿出卖。经反复研究，《解释》最终未采纳该意见，主要考虑是：刑法对偷盗婴幼儿出卖加重刑罚，一个重要原因是，在监护人或者看护人不知情的情况下，秘密将婴幼儿拐走，与欺骗监护人或者看护人使其“自愿”让行为人带走婴幼儿相比，前者查找解救婴幼儿的难度更大，社会危害性通常也大于后者。

（二）关于拐卖妇女犯罪与介绍婚姻索取钱财的区分

拐卖妇女一般表现为将被拐妇女卖给他人迫使结婚，或者将被拐妇女卖给他人迫使卖淫。通常认为，介绍婚姻索取钱财，虽然行为人也有获利行为，但其是在明知男女双方自愿及地位平等的基础上，为促成婚姻的缔结而居间介绍、联系。而在将被拐妇女卖与他人为妻的犯罪中，行为人出于牟利动机，通常违背妇女意志或者至少是不考虑妇女真实意愿，将妇女卖给他人，并常伴有暴力、胁迫等行为。对行为人将妇女卖与他人为妻过程中，没有实施明显的暴力、胁迫等行为的，与确属介绍婚姻并索取（或者收受）钱财的行为如何区分，涉及罪与非罪，在性质认定问题上易发生混淆，有必要予以明确。在实践中，有些不法分子以介绍婚姻的名义将妇女拐带至异地，采取扣押身份证件、限制人身自由等方式迫使妇女同意与他人结婚（包括共同生活但未办理法定婚姻登记手续的情形），向他人索要或者收取钱财；也有些人为向他人索取所谓“婚姻介绍费”，利用妇女特别是外籍妇女人地生疏、语言不通，对行为人有经济、人身依赖关系，或者因没有合法出入境、居留签证而担心被遣返等脆弱境况，仅以轻微言语威胁或者欺骗等方式，即可达到使妇女同意与他人结婚的目的。对类似行为，因与采取暴力等强迫手段明显的拐卖犯罪有所不同，是认定为介绍婚姻过程中发生的民事纠纷，还是认定为拐卖妇女犯罪，存在争议。

《解释》第三条第一款规定：“以介绍婚姻为名，采取非法扣押身份证件、限制人身自由等方式，或者利用妇女人地生疏、语言不通、孤立无援等境况，违背妇女意志，将其出卖给他人的，应当以拐卖妇女罪追究刑事责任。”该条款旨在明确，只要是违背妇女意志（如果妇女属无责任能力人，不能正确理解介绍婚姻行为性质，也属违背妇女意志），将妇女出卖给他人的，就构成拐卖妇女罪。在适用该条款时应注意准确判断是否违背妇女意志。实践中，行为方式各异，情形复杂，特别是对于妇女处于孤立无援等脆弱境况，行为人实施“介绍婚姻”行为并向他人（通常是男方）索要数额较大钱财的，被害妇女可能会作出表面“同意”的意思表示。对类似案件，要综合考察被害妇女的陈述、证人证言等证据，结合常理常情，分析行为人是否有意利用被害人的脆弱境况，使被害人不得不屈从行为人的要求，而“同意”与他人结婚；对行为人而言，其是基于男女双方自愿及地位平等，为促成婚姻的缔结而居间介绍、联系，还是明知妇女非自愿但仍将妇女作为非法获利的筹码，也影响对其行为性质罪与非罪的认定。对妇女本有结婚意愿，在中介人员介绍、撮合下与男方见面、相识后，因对男方条件不满，而不愿与男方结婚或者生活，行为人以已经向女方或其近亲属支付了彩礼、支出了办理签证手续费用等为由，威胁妇女被迫同意，行为人在事前或事后索取、收受钱财的，也属违背妇女意志将其卖给他人，构成拐卖妇女罪。总之，在办理相关案件时，要注意认真甄别因介绍婚姻引发的民事纠纷与拐卖妇女犯罪的界限，做到不枉不纵。

在《解释》起草过程中，有意见认为，判断介绍婚姻行为是否构成拐卖妇女罪不要求必须违背妇女意志，妇女自愿被卖给他人为妻的，出卖人也构成拐卖妇女罪。根据刑法第二百四十条第二款的规定，拐卖妇女是指以出卖为目的，有拐骗、绑架、收买、贩卖、接送、中转妇女的行为之一的行为。刑法从主观目的与客观行为类型相结合的角度，对拐卖妇女犯罪进行了界定，条文本身似未要求违背妇女意志。但究其实质，刑法所列上述六种行为方式中，拐骗、绑架、收买、贩卖系拐卖的核心行为，接送、中转服务、受制于前述四种行为。前述四种行为方式中，对妇女实施“拐骗”“绑架”行为显然违背了妇女意志；实施“收买”“贩卖”行为，被买卖的妇女处于任人摆布、没有自主性的境地，如收买通常是向对妇女有控制权的人进行收买，而贩卖也是将自己购买从而拥有形式上控制权的妇女转卖出去，该两种行为方式本质上也属违背妇女意志。

我国已加入的《联合国打击跨国有组织犯罪公约关于预防、禁止和惩治贩运人口特别是妇女和儿童行为的补充议定书》对人口贩运罪行（人口贩运罪行范围更宽，包括我国的拐卖妇女、儿童罪，强迫劳动罪，强迫卖淫罪等）所作界定亦体现了将违背妇女意志作为构成犯罪必备要素的立场。该公约第三条规定：

“（一）‘人口贩运’系指为剥削目的而通过暴力威胁或使用暴力手段，或通过其他形式的胁迫，通过诱拐、欺诈、欺骗、滥用权力或滥用脆弱境况，或通过授受酬金或利益取得对另一人有控制权的某人的同意等手段招募、运送、转移、窝藏或接收人员；剥削应至少包括利用他人卖淫进行剥削或其他形式的性剥削、强迫劳动或服务、奴役或类似奴役的做法、劳役或切除器官；

（二）如果已使用本条第（一）项所述任何手段，则人口贩运活动被害人对第（一）项所述的预谋进行的剥削所表示的同意并不相干……”

该公约第三条第一、二两项分别从正反两方面揭示，如果对被害人使用了暴力、胁迫、诱拐、欺诈、滥用权力或者滥用脆弱境况等手段（对不满十八周岁的被害人进行贩运不要求涉及上述手段），则即使被害人同意，也不影响犯罪认定。概因上述手段本身即属违背被害人意志，被害人所作同意属无效同意，不阻却犯罪成立。换言之，如果未采取上述手段，则被害人同意可以阻却犯罪成立。在涉及介绍婚姻索取或收受钱财的案件中，因介绍人显然均有获利行为，如果不考察是否违背妇女意志，对介绍人一概以拐卖妇女犯罪论处，就会混淆罪与非罪的界限，导致不当扩大刑事处罚范围。当然，在判断是否违背妇女意志问题上，也要注意对那些暴力、胁迫程度不明显但同样属于违背妇女意志的拐卖行为的审查。

《解释》第三条第二款规定：“以介绍婚姻为名，与被介绍妇女串通骗取他人钱财，数额较大的，应当以诈骗罪追究刑事责任。”该款所涉情形，法律适用方面本无争议，但鉴于实践中介绍人伙同被介绍的妇女以结婚为名骗取他人“彩礼”“介绍费”的案件也时有发生，为提醒司法人员准确甄别此罪与彼罪，故《解释》特作提示性规定。

（三）关于收买被拐卖的妇女、儿童罪法定量刑情节的适用

刑法修正案（九）对收买被拐卖的妇女、儿童罪进行了修改，将刑法原规定的“收买被拐卖的妇女、儿童，按照被买妇女的意愿，不阻碍其返回原居住地的，对被买儿童没有虐待行为，不阻碍对其进行解救的，可以不追究刑事责任”，修改为“收买被拐卖的妇女、儿童，对被买儿童没有虐待行为，不阻碍对其进行解救的，可以从轻处罚；按照被买妇女的意愿，不阻碍其返回原居住地的，可以从轻或者减轻处罚”，刑法修改体现了对收买人加大惩治力度的导向。

对收买被拐卖的儿童罪，《解释》第四条将实践中较为常见的藏匿、转移所收买的儿童、经说服教育仍不配合等行为解释为“阻碍解救”，有利于加大惩治力度，也有利于敦促收买人配合公安司法机关及时解救被拐儿童。

《解释》第五条规定：“收买被拐卖的妇女，业已形成稳定的婚姻家庭关系，解救时被买妇女自愿继续留在当地共同生活的，可以视为‘按照被买妇女的意愿，不阻碍其返回原居住地’。”该条款项旨在稳定业已形成的婚姻家庭关系。刑法修改后，原则上都要追究收买人刑事责任，这是前提。但收买被拐卖的妇女不同于收购赃物，前者会形成新的婚姻家庭关系，既要依法惩治犯罪，又要尊重被拐妇女真实意愿，最大限度避免对其造成新的伤害，故有必要区别对待，对确属情节较轻的收买被拐卖妇女的行为，依法从宽处罚。1992 年最高人民法院、最高人民检察院印发的《关于执行〈全国人民代表大会常务委员会关于严惩拐卖、绑架妇女、儿童的犯罪分子的决定〉的若干问题的解答》（已失效）规定：“被买妇女与收买人已成婚，并愿意留在当地共同生活的，对收买人可以视为‘按照被买妇女的意愿，不阻碍其返回原居住地’，不追究刑事责任。”解答虽然由于刑法修改等原因已废止，但其所体现的慎重处理此类案件的精神仍有一定参考价值。在修正后的刑法框架内，具有《解释》第五条规定所列情形的可以从宽处罚，兼顾了法律与情理、历史与现实的平衡。

（四）关于多名家庭成员、亲友参与收买被拐卖的妇女、儿童犯罪的刑事政策把握问题

《解释》第八条规定：“出于结婚目的收买被拐卖的妇女，或者出于抚养目的收买被拐卖的儿童，涉及多名家庭成员、亲友参与的，对其中起主要作用的人员应当依法追究刑事责任。”规定该条主要是考虑，“买人为妻”“买人为子”一般会涉及多名家庭成员、亲友参与，加大对收买人打击

力度，势必导致收买一人，众多亲友被作为“共犯”处理。刑法惩治的重点是在收买犯罪中起主要作用的人员，对其中情节轻微的共同参与人员，宜从刑事政策把握的角度排除在刑事处罚范围之外，避免打击面过宽及影响社会稳定。

需要指出的是，根据《解释》第八条的规定，可以不追究刑事责任的对象是在收买犯罪中起次要作用的参与人员。如果行为人在收买被拐卖妇女、儿童的环节虽不起主要作用，但积极参与殴打、拘禁被拐卖的妇女、儿童，甚至实施或者协助实施强奸、摧残等严重损害被拐卖的妇女、儿童身心健康行为的，亦应依法追究刑事责任，构成数罪的，还应依法予以并罚，切实保障妇女、儿童合法权益不受侵犯。

此外，《解释》对实践中发生的医疗机构、社会福利机构等单位的工作人员将所诊疗、护理、抚养的儿童出卖给他人的行为，明确规定以拐卖儿童罪论处。对收买被拐卖的妇女、儿童后又实施组织、强迫卖淫或者组织乞讨等行为的数罪并罚问题均作了明确规定。

最高人民法院　最高人民检察院
关于办理侵犯公民个人信息刑事案件适用法律若干问题的解释

（2017年3月20日最高人民法院审判委员会第1712次会议、2017年4月26日最高人民检察院第十二届检察委员会第63次会议通过　2017年5月8日公布　自2017年6月1日起施行　法释〔2017〕10号）

为依法惩治侵犯公民个人信息犯罪活动，保护公民个人信息安全和合法权益，根据《中华人民共和国刑法》《中华人民共和国刑事诉讼法》的有关规定，现就办理此类刑事案件适用法律的若干问题解释如下：

第一条　刑法第二百五十三条之一规定的“公民个人信息”，是指以电子或者其他方式记录的能够单独或者与其他信息结合识别特定自然人身份或者反映特定自然人活动情况的各种信息，包括姓名、身份证件号码、通信通讯联系方式、住址、账号密码、财产状况、行踪轨迹等。

第二条　违反法律、行政法规、部门规章有关公民个人信息保护的规定的，应当认定为刑法第二百五十三条之一规定的“违反国家有关规定”。

第三条　向特定人提供公民个人信息，以及通过信息网络或者其他途径发布公民个人信息的，应当认定为刑法第二百五十三条之一规定的“提供公民个人信息”。

未经被收集者同意，将合法收集的公民个人信息向他人提供的，属于刑法第二百五十三条之一规定的“提供公民个人信息”，但是经过处理无法识别特定个人且不能复原的除外。

第四条　违反国家有关规定，通过购买、收受、交换等方式获取公民个人信息，或者在履行职责、提供服务过程中收集公民个人信息的，属于刑法第二百五十三条之一第三款规定的“以其他方法非法获取公民个人信息”。

第五条　非法获取、出售或者提供公民个人信息，具有下列情形之一的，应当认定为刑法第二百五十三条之一规定的“情节严重”：

（一）出售或者提供行踪轨迹信息，被他人用于犯罪的；

（二）知道或者应当知道他人利用公民个人信息实施犯罪，向其出售或者提供的；

（三）非法获取、出售或者提供行踪轨迹信息、通信内容、征信信息、财产信息五十条以上的；

（四）非法获取、出售或者提供住宿信息、通信记录、健康生理信息、交易信息等其他可能影响人身、财产安全的公民个人信息五百条以上的；

（五）非法获取、出售或者提供第三项、第四项规定以外的公民个人信息五千条以上的；

（六）数量未达到第三项至第五项规定标准，但是按相应比例合计达到有关数量标准的；

（七）违法所得五千元以上的；

（八）将在履行职责或者提供服务过程中获得的公民个人信息出售或者提供给他人，数量或者数额达到第三项至第七项规定标准一半以上的；

（九）曾因侵犯公民个人信息受过刑事处罚或者二年内受过行政处罚，又非法获取、出售或者提供公民个人信息的；

（十）其他情节严重的情形。

实施前款规定的行为，具有下列情形之一的，应当认定为刑法第二百五十三条之一第一款规定的“情节特别严重”：

（一）造成被害人死亡、重伤、精神失常或者被绑架等严重后果的；

（二）造成重大经济损失或者恶劣社会影响的；

（三）数量或者数额达到前款第三项至第八项规定标准十倍以上的；

（四）其他情节特别严重的情形。

第六条 为合法经营活动而非法购买、收受本解释第五条第一款第三项、第四项规定以外的公民个人信息，具有下列情形之一的，应当认定为刑法第二百五十三条之一规定的“情节严重”：

（一）利用非法购买、收受的公民个人信息获利五万元以上的；

（二）曾因侵犯公民个人信息受过刑事处罚或者二年内受过行政处罚，又非法购买、收受公民个人信息的；

（三）其他情节严重的情形。

实施前款规定的行为，将购买、收受的公民个人信息非法出售或者提供的，定罪量刑标准适用本解释第五条的规定。

第七条 单位犯刑法第二百五十三条之一规定之罪的，依照本解释规定的相应自然人犯罪的定罪量刑标准，对直接负责的主管人员和其他直接责任人员定罪处罚，并对单位判处罚金。

第八条 设立用于实施非法获取、出售或者提供公民个人信息违法犯罪活动的网站、通讯群组，情节严重的，应当依照刑法第二百八十七条之一的规定，以非法利用信息网络罪定罪处罚；同时构成侵犯公民个人信息罪的，依照侵犯公民个人信息罪定罪处罚。

第九条 网络服务提供者拒不履行法律、行政法规规定的信息网络安全管理义务，经监管部门责令采取改正措施而拒不改正，致使用户的公民个人信息泄露，造成严重后果的，应当依照刑法第二百八十六条之一的规定，以拒不履行信息网络安全管理义务罪定罪处罚。

第十条 实施侵犯公民个人信息犯罪，不属于“情节特别严重”，行为人系初犯，全部退赃，并确有悔罪表现的，可以认定为情节轻微，不起诉或者免予刑事处罚；确有必要判处刑罚的，应当从宽处罚。

第十一条 非法获取公民个人信息后又出售或者提供的，公民个人信息的条数不重复计算。

向不同单位或者个人分别出售、提供同一公民个人信息的，公民个人信息的条数累计计算。

对批量公民个人信息的条数，根据查获的数量直接认定，但是有证据证明信息不真实或者重复的除外。

第十二条 对于侵犯公民个人信息犯罪，应当综合考虑犯罪的危害程度、犯罪的违法所得数额以及被告人的前科情况、认罪悔罪态度等，依法判处罚金。罚金数额一般在违法所得的一倍以上五倍以下。

第十三条 本解释自2017年6月1日起施行。

《关于办理侵犯公民个人信息刑事案件适用法律若干问题的解释》的理解与适用

□周加海* 邹 涛** 喻海松***

日前，最高人民法院、最高人民检察院发布《关于办理侵犯公民个人信息刑事案件适用法律若干问题的解释》(法释〔2017〕10号，以下简称《解释》)，自2017年6月1日起施行。《解释》的公布施行，对于强化公民个人信息的刑事保护，维护个人信息安全和其他合法权益，必将发挥重要作用。为便于司法实践中正确理解和适用，现就《解释》的制定背景、起草中的主要考虑和主要内容介绍如下。

一、《解释》的制定背景与经过

随着信息化建设的推进，信息资源成为重要的生产要素和社会财富。而在各类信息中，个人信息的价值日益凸显，成为数字经济最重要的元素之一。与之同时，个人信息泄露问题严重，个人信息安全成为一个全社会高度关注的问题。为保护公民个人信息，2009年2月28日起施行的刑法修正案(七)增设了刑法第二百五十三条之一，规定了出售、非法提供公民个人信息罪和非法获取公民个人信息罪。刑法修正案(七)施行以来，各级公、检、法机关正确适用法律，准确认定事实，坚决依法惩处侵犯公民个人信息犯罪活动。2009年2月至2015年10月，全国法院新收出售、非法提供公民个人信息，非法获取公民个人信息刑事案件988起，审结969起，生效判决人数1 415人。其中，新收出售、非法提供公民个人信息刑事案件101件，审结98件，生效判决人数142人；新收非法获取公民个人信息刑事案件887件，审结871件，生效判决人数1 273人。

近年来，侵犯公民个人信息犯罪仍处于高发态势，不仅严重危害公民个人信息安全，而且与电信网络诈骗等犯罪存在密切关联，甚至与绑架、敲诈勒索等犯罪活动相结合，社会危害日益突出。为切实加大对公民个人信息的刑法保护力度，刑法修正案(九)对刑法第二百五十三条之一作出修改完善：一是扩大犯罪主体的范围，规定任何单位和个人违反国家有关规定，获取、出售或者提供公民个人信息，情节严重的，都构成犯罪；二是明确规定将在履行职责或者提供服务过程中获得的公民个人信息，出售或者提供给他人的，从重处罚；三是提升法定刑配置水平，增加规定“处三年以上七年以下有期徒刑，并处罚金”。修改后，出售、非法提供公民个人信息罪和非法获取公民个人信息罪被整合为侵犯公民个人信息罪。刑法修正案(九)施行以来，各级公、检、法机关依据修改后刑法的规定，继续保持对侵犯公民个人信息犯罪的高压态势，案件量显著增长。2015年11月至2016年12月，全国法院新收侵犯公民个人信息刑事案件(含出售、非法提供公民个人信息，非法获取公民个人信息刑事案件)495件，审结464件，生效判决人数697人。

与此同时，司法实践反映，侵犯公民个人信息罪的具体定罪量刑标准尚不明确，一些法律适用问题存在争议，需要通过司法解释作出规定。为确保法律准确、统一适用，依法严厉惩治、有效防范侵犯公民个人信息犯罪，最高人民法院会同最高人民检察院，在公安部等有关部门的大力支

---

* 最高人民法院研究室副主任，法学博士。
** 最高人民法院研究室刑事处干部，法学博士。
*** 最高人民法院研究室刑事处副处长，法学博士。

持下，经深入调查研究、广泛征求意见，起草了《解释》。2017年3月20日最高人民法院审判委员会第1712次会议、2017年4月26日最高人民检察院第十二届检察委员会第63次会议审议通过了《解释》。

二、《解释》起草中的主要考虑

为确保《解释》的内容科学合理，能够适应形势发展、满足实践需要，在起草过程中，着重注意把握了以下几点：

第一，贯彻刑法修改精神，强化对公民个人信息的刑法保护。当前，侵犯公民个人信息犯罪呈高发多发态势，涉及的个人信息数量越来越大、类型越来越多。特别是不少涉案公民个人信息事关他人财产乃至人身安全，如行踪轨迹、财产信息等敏感信息。基于当前侵犯公民个人信息犯罪的态势，根据修法精神，《解释》相关条文彰显了对侵犯公民个人信息犯罪的严惩立场，以加强对公民个人信息的刑法保护，有效维护公民的人身、财产安全和生活安宁。

第二，坚持问题导向，有效解决司法实务问题。从调研情况来看，对侵犯公民个人信息犯罪尚存在不少争议问题，亟须通过司法解释加以明确。例如，"公民个人信息"的内涵与外延，"出售或者提供公民个人信息""非法获取公民个人信息"的理解，"情节严重""情节特别严重"的把握，等等。基于此，《解释》相关条文以办理侵犯公民个人信息刑事案件存在的问题为基础，结合司法实际，作了明确规定。

第三，坚持安全与发展并重，兼顾个人信息保护与大数据发展的需要。在全球信息化快速发展的大背景下，大数据已成为国家重要的基础性战略资源，正引领新一轮科技创新。在大数据和云计算时代，包括个人信息在内的数据，只有充分地流动、共享、交易，才能实现集聚与规模效应，最大程度地发挥价值。但是，在数据流动、交易过程中如何保护公民个人信息的安全，避免个人信息扩散失控，也是必须面对的问题。实际上，公民个人信息的保护与大数据发展和信息社会的建设并不矛盾，二者之间的平衡点就在现行法律框架。质言之，大数据的发展应依法进行，信息社会须建立在依法保护个人信息的基础上，只有包括个人信息在内的数据在法律保护下安全迅速地收集和流通，才能真正推动我国信息产业的发展。因此，《解释》在刑法和网络安全法确立的框架范围内，兼顾公民个人信息保护与大数据产业发展的关系，确保在公民个人信息安全的前提下为大数据发展和信息化建设提供有力刑事司法保护。

三、《解释》的主要内容

《解释》结合当前侵犯公民个人信息犯罪的特点和司法实践反映的问题，依照刑法、刑事诉讼法的规定，对侵犯公民个人信息罪的定罪量刑标准和相关法律适用问题作了全面、系统的规定。《解释》共13个条文，大致可以归纳为如下十个方面的问题：

（一）"公民个人信息"的范围

目前，我国关于个人信息的界定，最为权威的当属网络安全法的规定。网络安全法第七十六条规定："个人信息，是指以电子或者其他方式记录的能够单独或者与其他信息结合识别自然人个人身份的各种信息，包括但不限于自然人的姓名、出生日期、身份证件号码、个人生物识别信息、住址、电话号码等。"经研究认为，网络安全法将"个人信息"界定为"能够识别自然人个人身份的各种信息"，显然使用的是广义的"身份识别信息"的概念，即既包括狭义的身份识别信息（能够识别出特定自然人身份的信息），也包括体现特定自然人活动情况的信息。例如，从实践来看，行踪轨迹信息系事关人身安全的高度敏感信息，无疑应纳入法律保护范围，且应当重点保护。但是，行踪轨迹信息明显难以纳入狭义的"身份识别信息"的范畴。如果认为网络安全法将此类信息排除在"个人信息"的范围外，恐难以为一般人所认同，也不符合保护公民个人信息的立法精神。合理的解释应当是，网络安全法是广义上使用“身份识别信息”这一概念，亦即也包括个人活动情况信息在内。基于此，《解释》第一条在上述规定的基础上，进一步明确“公民个人信息”包括身份识别信息和活动情况信息，规定：“刑法第二百五十三条之一规定的‘公民个人信息’，是指以电子或者其他方式记录的能够单独或者与其他信息结合识别特定自然人身份或者反映特定自然人活动情况的各种信息，包括姓名、身份证件号码、通信通讯联系方式、住址、账号密码、财产状况、行踪轨迹等。”

此外，根据《解释》第一条的规定，关于“公民个人信息”的外延，有以下几个具体问题值得注意：(1)“公民个人信息”，既包括中国公民的个人信息，也包括外国公民和其他无国籍人的个人信息。(2)公民个人信息须与特定自然人关联。这是公民个人信息所具有的关键属性。因此，经过处理无法识别特定个人且不能复原的信息，虽然也可能反映自然人活动情况，但与特定自然人无直接关联，不能成为公民个人信息的范畴。对于与特定自然人关联，可以是识别特定自然人身份，也可以是反映特定自然人活动情况。需要注意的是，无论是识别特定自然人身份，还是反映特定自然人活动情况，都应当是能够单独或者与其他信息结合所具有的功能。例如，身份证号与公民个人身份一一对应，可以单独识别公民个人身份；而工作单位、家庭住址等无法单独识别公民个人身份，需要同其他信息结合才能识别公民个人身份。但是，上述两类信息无疑都属于公民个人信息的范畴。(3)与特定自然人关联的账号密码属于“公民个人信息”。对于“账号密码”能否纳入“公民个人信息”的范围，存在不同认识。经研究认为，当前账号密码往往绑定身份证号、手机号码等特定信息，即使未绑定，非法获取账号密码后往往也会引发侵犯财产甚至人身的违法犯罪。因此，《解释》第一条明确将“账号密码”列为“公民个人信息”的范围。

(二)“违反国家有关规定”的认定

刑法修正案(九)将侵犯公民个人信息罪的前提要件由“违反国家规定”修改为“违反国家有关规定”。根据修法精神，《解释》第二条规定：“违反法律、行政法规、部门规章有关公民个人信息保护的规定的，应当认定为刑法第二百五十三条之一规定的‘违反国家有关规定’。”具体而言，该条将“国家有关规定”明确限于法律、行政法规、部门规章等国家层面的规定，不包括地方性法规等非国家层面的规定。

(三)非法“提供公民个人信息”的认定

根据刑法第二百五十三条之一第一款、第二款的规定，违反国家有关规定，向他人非法出售或者提供公民个人信息，是侵犯公民个人信息罪的客观行为方式之一。从司法适用的角度，以下两个问题值得关注：

1.“提供”的认定。向特定人提供公民个人信息，属于“提供”公民个人信息，对此不存在疑义。但是，对于通过信息网络或者其他途径发布公民个人信息，是否属于“提供公民个人信息”，存在不同认识。经研究认为，通过信息网络或者其他途径发布公民个人信息，实际是向不特定多数人提供公民个人信息，向特定人提供公民个人信息的行为属于“提供”，基于“举轻明重”的法理，前者更应当认定为“提供”。基于此，《解释》第三条第一款规定：“向特定人提供公民个人信息，以及通过信息网络或者其他途径发布公民个人信息的，应当认定为刑法第二百五十三条之一规定的‘提供公民个人信息’。”

2.合法收集公民个人信息后非法提供的认定。基于大数据发展的现实需要，网络安全法在法律层面为个人信息交易和流动留有一定空间，第四十四条规定任何个人和组织“不得非法出售或者非法向他人提供个人信息”，即不仅允许合法提供公民个人信息，而且为合法出售公民个人信息留有空间。而且，网络安全法第四十二条第一款进一步明确了合法提供公民个人信息的情形，规定："网络运营者不得泄露、篡改、毁损其收集的个人信息；未经被收集者同意，不得向他人提供个人信息。但是，经过处理无法识别特定个人且不能复原的除外。"据此，经得被收集者同意，以及匿名化处理（剔除个人关联），是合法提供公民个人信息的两种情形，不能纳入刑事规制范围。基于此，《解释》第三条第二款规定："未经被收集者同意，将合法收集的公民个人信息向他人提供的，属于刑法第二百五十三条之一规定的'提供公民个人信息'，但是经过处理无法识别特定个人且不能复原的除外。"当然，这里只是明确此种情形属于"提供公民个人信息"，是否构成侵犯公民个人信息罪，还需要根据"违反国家有关规定"等要件作进一步判断。

（四）"非法获取公民个人信息"的认定

根据刑法第二百五十三条之一第三款的规定，窃取或者以其他方法非法获取公民个人信息是侵犯公民个人信息罪的客观行为方式之一。具体而言，以下几个问题值得关注：

1. 购买公民个人信息的处理。从实践来看，非法获取公民个人信息的方式主要表现为购买、收受、交换和侵入计算机信息系统或者采用其他技术手段。对于"购买公民个人信息"是否属于"以其他方法非法获取公民个人信息"，存在不同认识。有意见认为，"其他方法"应当限于与"窃取"危害性相当的方式（如抢夺），不宜将"购买"包括在内。经研究认为，其一，刑法第二百五十三条之一第三款并未明确排除"购买"方法，且非法购买公民个人信息当然属于非法获取公民个人信息的情形。其二，从实践来看，当前非法获取公民个人信息的方式主要表现为非法购买，如排除此种方式，则会大幅限缩侵犯公民个人信息罪的适用范围。其三，不少侵犯公民个人信息犯罪案件，购买往往是后续出售、提供的前端环节，没有购买就没有后续的出售、提供。基于上述考虑，《解释》第四条明确规定："违反国家有关规定，通过购买、收受、交换等方式获取公民个人信息，或者在履行职责、提供服务过程中收集公民个人信息的，属于刑法第二百五十三条之一第三款规定的'以其他方法非法获取公民个人信息'。"

2. 获取公民个人信息行为"非法"的判断。对于获取公民个人信息，刑法第二百五十三条之一第三款将罪状直接表述为"非法获取"。基于体系解释的原理，对此处的"非法"，应当以是否违反国家有关规定作为判断标准。

3. 非法收集公民个人信息的处理。网络安全法第四十一条规定："网络运营者收集、使用个人信息，应当遵循合法、正当、必要的原则，公开收集、使用规则，明示收集、使用信息的目的、方式和范围，并经被收集者同意。网络运营者不得收集与其提供的服务无关的个人信息，不得违反法律、行政法规的规定和双方的约定收集、使用个人信息，并应当依照法律、行政法规的规定和与用户的约定，处理其保存的个人信息。"违反上述规定，未经他人同意收集公民个人信息，或者收集与提供的服务无关的公民个人信息的，应当认定为"非法获取公民个人信息"。以此为基础，《解释》第四条专门明确，违反国家有关规定，在履行职责、提供服务过程中收集公民个人信息的，属于刑法第二百五十三条之一第三款规定的"以其他方法非法获取公民个人信息"。

（五）侵犯公民个人信息罪的定罪量刑标准

根据刑法第二百五十三条之一的规定，非法获取、出售或者提供公民个人信息，情节严重的，处三年以下有期徒刑或者拘役，并处或者单处罚金；情节特别严重的，处三年以上七年以下有期徒刑，并处罚金。可见，侵犯公民个人信息罪系情节犯，定罪量刑标准为"情节严重""情节特别严重"。对于这一概括性的定罪量刑情节，宜根据司法实践的情况从犯罪的客体、客观方面、主体、主观方面等多个角度加以考察。经充分调研，《解释》第五条规定了"情节严重""情节特别严重"的认定标准。

1. "情节严重"的认定标准。《解释》第五条第一款从以下几个方面对侵犯公民个人信息罪的入罪标准“情节严重”作了明确：

一是信息类型和数量。公民个人信息的类型繁多，行踪轨迹信息、通信内容、征信信息、财产信息、住宿信息、交易信息等公民个人敏感信息涉及人身安全和财产安全，被非法获取、出售或者提供后极易引发绑架、诈骗、敲诈勒索等关联犯罪，具有更大的社会危害性。因此，基于不同类型公民个人信息的重要程度，《解释》分别设置了“五十条以上”“五百条以上”“五千条以上”的入罪标准，以实现罪责刑相适应。具体而言：

(1)非法获取、出售或者提供行踪轨迹信息、通信内容、征信信息、财产信息50条以上的。行踪轨迹信息、通信内容、征信信息、财产信息与人身安全、财产安全直接相关，系高度敏感信息，《解释》第五条第一款第三项将入罪标准设置为“五十条以上”。需要注意的是，鉴于本项规定的入罪标准门槛较低，故此处严格限缩所涉公民个人信息的类型，即仅限于行踪轨迹信息、通信内容、征信信息、财产信息四类信息，不允许司法适用中再通过等外解释予以扩大。对于行踪轨迹信息、通信内容、征信信息，司法实践中在认定上不存在争议。对于财产信息，可以根据案件具体情况把握：既包括银行账户、第三方支付结算账户、证券期货等金融服务账户的身份认证信息（一组确认用户操作权限的数据，包括账号、口令、密码、数字证书等），也包括存款、房产等财产状况信息。

(2)非法获取、出售或者提供住宿信息、通信记录、健康生理信息、交易信息等其他可能影响人身、财产安全的公民个人信息500条以上的。上述公民个人信息虽然在重要程度上弱于行踪轨迹信息、通信内容、征信信息、财产信息，但也与人身安全、财产安全直接相关，往往被用于“精准”诈骗等违法犯罪活动。基于此，《解释》第五条第一款第四项将入罪标准设置为“五百条以上”。需要注意的是，本项规定有“等其他可能影响人身、财产安全的公民个人信息”的表述，司法实践中可以根据具体情况作等外解释，但应当确保所适用的公民个人信息涉及人身、财产安全，且与“住宿信息、通信记录、健康生理信息、交易信息”在重要程度上具有相当性。

(3)非法获取、出售或者提供一般公民个人信息5 000条以上的。从实践来看，除前述公民个人敏感信息外，出售、提供公民个人信息往往数量较大，动辄数万条甚至数十万条，在不少案件中甚至将公民个人信息编辑为电子文档后按兆出售。因此，不少地方对出售、提供公民个人信息的入罪掌握在数量5 000条以上，基本上可以满足严厉打击此类犯罪的需要，且给行政处罚留有一定空间。基于此，《解释》第五条第一款第五项将非法获取、出售或者提供公民个人信息5 000条以上的规定为“情节严重”。

此外，鉴于实践中存在混杂公民个人信息的情形，《解释》第五条第一款第六项将“数量未达到第三项至第五项规定标准，但是按相应比例合计达到有关数量标准的”情形规定为“情节严重”。

二是违法所得数额。出售或者非法提供公民个人信息往往是为了牟利，故应当以违法所得作为认定“情节严重”的情形之一。从司法实践来看，一般公民个人信息的价格相对较低，甚至不会按条计价；而公民个人敏感信息价格通常较高，通常按条计价，特别是行踪轨迹信息可以谓之为最为昂贵的信息类型。考虑到各项规定之间的均衡，《解释》第五条第一款第七项将违法所得5 000元以上的规定为“情节严重”。

三是信息用途。通常而言，非法获取公民个人信息，绝不仅是为了占有，而是有特定用途，甚至用于违法犯罪。可以说，非法获取、出售或者提供公民个人信息，不仅严重危害公民的信息安全，而且可能引发进一步犯罪。因此，此类行为引发的后果的严重程度，是认定“情节严重”与否的重要标准。被非法获取、出售或者提供的公民个人信息，用途存在不同，对权利人的侵害程度也会存在差异。如果涉案的公民个人信息被用于实施其他犯罪活动,使权利人的人身、财产安全陷入高风险状态或者造成实质危害的,对此应当直接认定为“情节严重”或者“情节特别严重”,以刑事手段加以规制;而如果涉案公民个人信息未被用于犯罪活动,则社会危害性相对较小,不宜直接以此作为刑事规制的依据。基于此,《解释》第五条第一款第二项将“知道或者应当知道他人利用公民个人信息实施犯罪,向其出售或者提供的”规定为“情节严重”。从司法实践来看,行踪轨迹信息是最为敏感的公民个人信息。非法获取、出售或者提供该类信息,行为人主观上对可能被用于犯罪存在概括认识,《解释》第五条第一款第一项直接将“出售或者提供行踪轨迹信息,被他人用于犯罪的”规定为“情节严重”,无须再具体判断主观上是否知道或者应当知道涉案信息被用于犯罪。

四是主体身份。公民个人信息泄露案件不少系内部人员作案,诸多公民个人信息买卖案件也可以见到“内鬼”参与的影子。这是侵犯公民个人信息违法犯罪泛滥的重要原因所在。由于上述情形往往发生在公民个人信息交易的最初阶段,涉案信息的数量往往较少、价格相对低廉。此种情形下,如果不设置特殊标准,往往难以对此类源头行为予以刑事惩治。基于此,为贯彻落实刑法第二百五十三条之一第二款“违反国家有关规定,将在履行职责或者提供服务过程中获得的公民个人信息,出售或者提供给他人的,依照前款的规定从重处罚”的规定,《解释》第五条第一款第八项对将在履行职责或者提供服务过程中获得的公民个人信息出售或者提供给他人的情形认定为“情节严重”设置了特殊标准,规定此种情形下出售或者提供公民个人信息,认定“情节严重”的数量、数额标准减半计算。当然,对于此种情形,不宜再根据刑法第二百五十三条之一第二款的规定从重处罚,以免重复评价。

五是主观恶性。曾因侵犯公民个人信息受过刑事处罚或者二年内受过行政处罚,又非法获取、出售或者提供公民个人信息的,行为人屡罚屡犯,主观恶性大。故而,《解释》第五条第一款第九项将此种情形规定为“情节严重”。

2.“情节特别严重”的认定标准。《解释》第五条第二款主要从两个角度规定了“情节特别严重”的情形:一是数量数额标准。基于司法实践中侵犯公民个人信息犯罪涉案的公民个人信息数量相差悬殊,跨度从几千条到几十万条(甚至更大数量)不等,将“情节特别严重”和“情节严重”之间的数量数额标准设置为10倍而非5倍的倍数关系。二是严重后果。从实践来看,非法获取、出售或者提供公民个人信息,对于个人而言,可能造成人身伤亡、经济损失等后果;对于社会而言,可能引发社会恐慌,造成恶劣社会影响。基于此,将“造成被害人死亡、重伤、精神失常或者被绑架等严重后果的”“造成重大经济损失或者恶劣社会影响的”规定为“情节特别严重”。

3. 为合法经营活动购买、收受公民个人信息定罪量刑的特殊标准。从实践来看,购买、收受公民个人信息从事广告推销等活动的情形较为普遍。为了秉持刑法的谦抑性,体现宽严相济,《解释》第六条第一款规定:“为合法经营活动而非法购买、收受本解释第五条第一款第三项、第四项规定以外的公民个人信息,具有下列情形之一的,应当认定为刑法第二百五十三条之一规定的‘情节严重’:(一)利用非法购买、收受的公民个人信息获利五万元以上的;(二)曾因侵犯公民个人信息受过刑事处罚或者二年内受过行政处罚,又非法购买、收受公民个人信息的;(三)其他情节严重的情形。”这是《解释》针对为合法经营活动而购买、收受公民个人信息的行为设置的专门的定罪量刑标准。而且,考虑到此类行为社会危害性不大,即使构成犯罪,通常也不需要升档量刑,故只规定了“情节严重”的具体情形。

需要注意的是,适用该定罪量刑标准须满足三个条件:一是为了合法经营活动,对此可以综合全案证据认定，但主要应当由被告方提供相关证据；二是限于普通公民个人信息，即不包括可能影响人身、财产安全的敏感信息；三是信息没有再流出扩散，即行为方式限于购买、收受。根据《解释》第六条第二款的规定，如果将购买、收受的公民个人信息非法出售或者提供的，定罪量刑标准应当适用《解释》第五条的规定。对此应当注意的是，为了合法经营活动交换公民个人信息的，由于在获取信息的同时造成了信息扩散，不符合前述三个要件，定罪量刑标准亦应适用《解释》第五条的规定。

4. 侵犯公民个人信息单位犯罪的定罪量刑标准。根据刑法第二百五十三条之一第四款的规定，单位可以成为侵犯公民个人信息罪的主体。为切实加大对单位侵犯公民个人信息犯罪的惩治力度，《解释》第七条明确了单位实施侵犯公民个人信息犯罪的，适用自然人犯罪的定罪量刑标准，规定："单位犯刑法第二百五十三条之一规定之罪的，依照本解释规定的相应自然人犯罪的定罪量刑标准，对直接负责的主管人员和其他直接责任人员定罪处罚，并对单位判处罚金。"

（六）侵犯公民个人信息罪的认罪认罚从宽处理

为贯彻落实认罪认罚从宽制度，充分发挥刑法的教育和威慑功能，《解释》第十条专门规定："实施侵犯公民个人信息犯罪，不属于'情节特别严重'，行为人系初犯，全部退赃，并确有悔罪表现的，可以认定为情节轻微，不起诉或者免予刑事处罚；确有必要判处刑罚的，应当从宽处罚。"可见，该条只适用于侵犯公民个人信息犯罪的基本情节，对于符合"情节特别严重"构成的，不能再适用本条规定从宽处罚。

（七）设立网站、通讯群组侵犯公民个人信息行为的定性

实践中，一些行为人通过建立网站供他人进行公民个人信息交换、买卖等活动，以非法牟利。此类网站存储、流转公民个人信息量巨大，但网站建立者、直接负责的管理者未直接接触公民个人信息，不少情形下难以按照侵犯公民个人信息罪定罪处罚。根据刑法第二百八十七条之一的规定，设立用于实施违法犯罪活动的网站、通讯群组，情节严重的，构成非法利用信息网络罪。经研究认为，供他人实施非法获取、出售或者提供公民个人信息违法犯罪活动的网站、通讯群组实际上属于"用于实施违法犯罪活动的网站、通讯群组"。因此，《解释》第八条规定："设立用于实施非法获取、出售或者提供公民个人信息违法犯罪活动的网站、通讯群组，情节严重的，应当依照刑法第二百八十七条之一的规定，以非法利用信息网络罪定罪处罚；同时构成侵犯公民个人信息罪的，依照侵犯公民个人信息罪定罪处罚。"

（八）拒不履行公民个人信息安全管理义务行为的处理

当前，一些单位因为履行职责或者提供服务的需要，掌握着海量公民个人信息，这些信息一旦泄露将造成恶劣社会影响和严重危害后果。实际上，侵犯公民个人信息违法犯罪的猖獗，与有关单位保护公民个人信息工作存在疏漏有一定关联，相关管理机制有进一步完善的空间。这一问题在互联网时代更为突出。为了促进网络运营者采取切实有效的措施加强对公民个人信息的保护，网络安全法明确了网络信息安全的责任主体，确立了"谁收集，谁负责"的原则，将收集和使用个人信息的网络运营者，设定为个人信息保护的责任主体。其中，第四十条明确规定："网络运营者应当对其收集的用户信息严格保密，并建立健全用户信息保护制度。"与之相衔接，刑法修正案（九）设立了拒不履行信息网络安全管理义务罪，规定网络服务提供者不履行法律、行政法规规定的信息网络安全管理义务，经监管部门责令采取改正措施而拒不改正，致使用户信息泄露，造成严重后果的，处三年以下有期徒刑、拘役或者管制，并处或者单处罚金。因此，对于网络服务提供者未切实落实个人信息保护措施，符合刑法第二百八十六条之一规定的，可能构成拒不履行信息网络安全管理义务罪。据此，《解释》第九条规定："网络服务提供者拒不履行法律、行政法规

定的信息网络安全管理义务，经监管部门责令采取改正措施而拒不改正，致使用户的公民个人信息泄露，造成严重后果的，应当依照刑法第二百八十六条之一的规定，以拒不履行信息网络安全管理义务罪定罪处罚。"

（九）涉案公民个人信息的数量计算规则

针对公民个人信息数量"计算难"的实际问题，《解释》第十一条专门规定了数量计算规则。具体而言：

1. 公民个人信息的条数计算。关于公民个人信息的条数计算，如同一条信息中涉及多个个人信息的，如家庭住址、银行卡信息、电话号码，实践中往往认定为一条公民个人信息。对此问题，实践中并无太大争议，故未作专门规定。对于实践中存在的针对同一对象非法获取公民信息后又出售或者提供的情形，则明显不宜先计算非法获取的公民个人信息数量，再计算出售或者提供的公民个人信息数量，故《解释》第十一条第一款规定："非法获取公民个人信息后又出售或者提供的，公民个人信息的条数不重复计算。"此外，考虑到公民个人信息可能被重复出售或者提供，其社会危害性明显不同于向他人出售或者提供一次的情形，故而，《解释》第十一条第二款规定："向不同单位或者个人分别出售、提供同一公民个人信息的，公民个人信息的条数累计计算。"

2. 批量公民个人信息的数量认定规则。从实践来看，除公民个人敏感信息外，涉案的公民个人信息动辄上万条甚至数十万条。此类案件中，不排除少数情况下存在信息重复，如针对同一对象并存"姓名＋住址""姓名＋电话号码""姓名＋身份证号"等数条信息，但要求做到完全去重较为困难。此外，对于信息的真实性也难以一一核实。个别案件中，要求办案机关电话联系权利人核实公民个人信息的做法，明显不合适。基于此，《解释》第十一条第三款规定："对批量公民个人信息的条数，根据查获的数量直接认定，但是有证据证明信息不真实或者重复的除外。"

（十）侵犯公民个人信息犯罪的罚金刑适用规则

侵犯公民个人信息犯罪具有明显的牟利性，行为人实施该类犯罪主要是为了牟取非法利益。因此，有必要加大财产刑的适用力度，让行为人在经济上得不偿失，进而剥夺其再次实施此类犯罪的经济能力。基于此，《解释》第十二条规定："对于侵犯公民个人信息犯罪，应当综合考虑犯罪的危害程度、犯罪的违法所得数额以及被告人的前科情况、认罪悔罪态度等，依法判处罚金。罚金数额一般在违法所得的一倍以上五倍以下。"

最高人民法院
关于发布第18批指导性案例的通知（节选）

（2018年6月20日　法〔2018〕164号）

各省、自治区、直辖市高级人民法院，解放军军事法院，新疆维吾尔自治区高级人民法院生产建设兵团分院：

经最高人民法院审判委员会讨论决定，现将于欢故意伤害案等四个案例（指导案例93－96号），作为第18批指导性案例发布，供在审判类似案件时参照。

[指导案例93号]于欢故意伤害案

(最高人民法院审判委员会讨论通过 2018年6月20日发布)

【关键词】 刑事 故意伤害罪 非法限制人身自由 正当防卫 防卫过当

[裁判要点]

1. 对正在进行的非法限制他人人身自由的行为,应当认定为刑法第二十条第一款规定的“不法侵害”,可以进行正当防卫。

2. 对非法限制他人人身自由并伴有侮辱、轻微殴打的行为,不应当认定为刑法第二十条第三款规定的“严重危及人身安全的暴力犯罪”。

3. 判断防卫是否过当,应当综合考虑不法侵害的性质、手段、强度、危害程度,以及防卫行为的性质、时机、手段、强度、所处环境和损害后果等情节。对非法限制他人人身自由并伴有侮辱、轻微殴打,且并不十分紧迫的不法侵害,进行防卫致人死亡重伤的,应当认定为刑法第二十条第二款规定的“明显超过必要限度造成重大损害”。

4. 防卫过当案件,如系因被害人实施严重贬损他人人格尊严或者亵渎人伦的不法侵害引发的,量刑时对此应予充分考虑,以确保司法裁判既经得起法律检验,也符合社会公平正义观念。

[相关法条]

《中华人民共和国刑法》第二十条

[基本案情]

被告人于欢的母亲苏某在山东省冠县工业园区经营山东源大工贸有限公司(以下简称源大公司),于欢系该公司员工。2014年7月28日,苏某及其丈夫于某1向吴某、赵某1借款100万元,双方口头约定月息10%。至2015年10月20日,苏某共计还款154万元。其间,吴某、赵某1因苏某还款不及时,曾指使被害人郭某1等人采取在源大公司车棚内驻扎、在办公楼前支锅做饭等方式催债。2015年11月1日,苏某、于某1再向吴某、赵某1借款35万元。其中10万元,双方口头约定月息10%;另外25万元,通过签订房屋买卖合同,用于某1名下的一套住房作为抵押,双方约定如逾期还款,则将该住房过户给赵某1。2015年11月2日至2016年1月6日,苏某共计向赵某1还款29.8万元。吴某、赵某1认为该29.8万元属于偿还第一笔100万元借款的利息,而苏某夫妇认为是用于偿还第二笔借款。吴某、赵某1多次催促苏某夫妇继续还款或办理住房过户手续,但苏某夫妇未再还款,也未办理住房过户。

2016年4月1日,赵某1与被害人杜某2、郭某1等人将于某1上述住房的门锁更换并强行入住,苏某报警。赵某1出示房屋买卖合同,民警调解后离去。同月13日上午,吴某、赵某1与杜某2、郭某1、杜某7等人将上述住房内的物品搬出,苏某报警。民警处警时,吴某称系房屋买卖纠纷,民警告知双方协商或通过诉讼解决。民警离开后,吴某责骂苏某,并将苏某头部按入坐便器接近水面位置。当日下午,赵某1等人将上述住房内物品搬至源大公司门口。其间,苏某、于某1多次拨打市长热线求助。当晚,于某1通过他人调解,与吴某达成口头协议,约定次日将住房过户给赵某1,此后再付30万元,借款本金及利息即全部结清。

4月14日,于某1、苏某未去办理住房过户手续。当日16时许,赵某1纠集郭某2、郭某1、苗某、张某3到源大公司讨债。为找到于某1、苏某,郭某1报警称源大公司私刻财务章。民警到达源大公司后，苏某与赵某1等人因还款纠纷发生争吵。民警告知双方协商解决或到法院起诉后离开。李某3接赵某1电话后，伙同么某、张某2和被害人严某、程某到达源大公司。赵某1等人先后在办公楼前呼喊，在财务室内、餐厅外盯守，在办公楼门厅外烧烤、饮酒，催促苏某还款。其间，赵某1、苗某离开。20时许，杜某2、杜某7赶到源大公司，与李某3等人一起饮酒。20时48分，苏某按郭某1要求到办公楼一楼接待室，于欢及公司员工张某1、马某陪同。21时53分，杜某2等人进入接待室讨债，将苏某、于欢的手机收走放在办公桌上。杜某2用污秽言语辱骂苏某、于欢及其家人，将烟头弹到苏某胸前衣服上，将裤子退至大腿处裸露下体，朝坐在沙发上的苏某等人左右转动身体。在马某、李某3劝阻下，杜某2穿好裤子，又脱下于欢的鞋让苏某闻，被苏某打掉。杜某2还用手拍打于欢面颊，其他讨债人员实施了揪抓于欢头发或按压于欢肩部不准其起身等行为。22时7分，公司员工刘某打电话报警。22时17分，民警朱某带领辅警宋某、郭某3到达源大公司接待室了解情况，苏某和于欢指认杜某2殴打于欢，杜某2等人否认并称系讨债。22时22分，朱某警告双方不能打架，然后带领辅警到院内寻找报警人，并给值班民警徐某打电话通报警情。于欢、苏某想随民警离开接待室，杜某2等人阻拦，并强迫于欢坐下，于欢拒绝。杜某2等人卡于欢颈部，将于欢推拉至接待室东南角。于欢持刃长15.3厘米的单刃尖刀，警告杜某2等人不要靠近。杜某2出言挑衅并逼近于欢，于欢遂捅刺杜某2腹部一刀，又捅刺围逼在其身边的程某胸部、严某腹部、郭某1背部各一刀。22时26分，辅警闻声返回接待室。经辅警连续责令，于欢交出尖刀。杜某2等四人受伤后，被杜某7等人驾车送至冠县人民医院救治。次日2时18分，杜某2经抢救无效，因腹部损伤造成肝固有动脉裂伤及肝右叶创伤导致失血性休克死亡。严某、郭某1的损伤均构成重伤二级，程某的损伤构成轻伤二级。

［**裁判结果**］

山东省聊城市中级人民法院于2017年2月17日作出(2016)鲁15刑初33号刑事附带民事判决，认定被告人于欢犯故意伤害罪，判处无期徒刑，剥夺政治权利终身，并赔偿附带民事原告人经济损失。

宣判后，被告人于欢及部分原审附带民事诉讼原告人不服，分别提出上诉。山东省高级人民法院经审理于2017年6月23日作出(2017)鲁刑终151号刑事附带民事判决：驳回附带民事上诉，维持原判附带民事部分；撤销原判刑事部分，以故意伤害罪改判于欢有期徒刑五年。

［**裁判理由**］

法院生效裁判认为：被告人于欢持刀捅刺杜某2等四人，属于制止正在进行的不法侵害，其行为具有防卫性质；其防卫行为造成一人死亡、二人重伤、一人轻伤的严重后果，明显超过必要限度造成重大损害，构成故意伤害罪，依法应负刑事责任。鉴于于欢的行为属于防卫过当，于欢归案后如实供述主要罪行，且被害方有以恶劣手段侮辱于欢之母的严重过错等情节，对于欢依法应当减轻处罚。原判认定于欢犯故意伤害罪正确，审判程序合法，但认定事实不全面，部分刑事判项适用法律错误，量刑过重，遂依法改判于欢有期徒刑五年。

本案在法律适用方面的争议焦点主要有两个方面：一是于欢的捅刺行为性质，即是否具有防卫性、是否属于特殊防卫、是否属于防卫过当；二是如何定罪处罚。

一、关于于欢的捅刺行为性质

《中华人民共和国刑法》（以下简称《刑法》）第二十条第一款规定："为了使国家、公共利益、本人或者他人的人身、财产和其他权利免受正在进行的不法侵害，而采取的制止不法侵害的行为，对不法侵害人造成损害的，属于正当防卫，不负刑事责任。"由此可见，成立正当防卫必须同时具备以下五项条件：一是防卫起因，不法侵害现实存在。不法侵害是指违背法律的侵袭和损害，既包括犯罪行为,又包括一般违法行为;既包括侵害人身权利的行为,又包括侵犯财产及其他权利的行为。二是防卫时间,不法侵害正在进行。正在进行是指不法侵害已经开始并且尚未结束的这段时期。对尚未开始或已经结束的不法侵害,不能进行防卫,否则即是防卫不适时。三是防卫对象,即针对不法侵害者本人。正当防卫的对象只能是不法侵害人本人,不能对不法侵害人之外的人实施防卫行为。在共同实施不法侵害的场合,共同侵害具有整体性,可对每一个共同侵害人进行正当防卫。四是防卫意图,出于制止不法侵害的目的,有防卫认识和意志。五是防卫限度,尚未明显超过必要限度造成重大损害。这就是说正当防卫的成立条件包括客观条件、主观条件和限度条件。客观条件和主观条件是定性条件,确定了正当防卫"正"的性质和前提条件,不符合这些条件的不是正当防卫;限度条件是定量条件,确定了正当防卫"当"的要求和合理限度,不符合该条件的虽然仍有防卫性质,但不是正当防卫,属于防卫过当。防卫过当行为具有防卫的前提条件和制止不法侵害的目的,只是在制止不法侵害过程中,没有合理控制防卫行为的强度,明显超过正当防卫必要限度,并造成不应有的重大损害后果,从而转化为有害于社会的违法犯罪行为。根据本案认定的事实、证据和我国刑法有关规定,于欢的捅刺行为虽然具有防卫性,但属于防卫过当。

首先,于欢的捅刺行为具有防卫性。案发当时杜某2等人对于欢、苏某持续实施着限制人身自由的非法拘禁行为,并伴有侮辱人格和对于欢推搡、拍打等行为;民警到达现场后,于欢和苏某想随民警走出接待室时,杜某2等人阻止二人离开,并对于欢实施推拉、围堵等行为,在于欢持刀警告时仍出言挑衅并逼近,实施正当防卫所要求的不法侵害客观存在并正在进行;于欢是在人身自由受到违法侵害、人身安全面临现实威胁的情况下持刀捅刺,且捅刺的对象都是在其警告后仍向其靠近围逼的人。因此,可以认定其是为了使本人和其母亲的人身权利免受正在进行的不法侵害,而采取的制止不法侵害行为,具备正当防卫的客观和主观条件,具有防卫性质。

其次,于欢的捅刺行为不属于特殊防卫。《刑法》第二十条第三款规定:"对正在进行行凶、杀人、抢劫、强奸、绑架以及其他严重危及人身安全的暴力犯罪,采取防卫行为,造成不法侵害人伤亡的,不属于防卫过当,不负刑事责任。"根据这一规定,特殊防卫的适用前提条件是存在严重危及本人或他人人身安全的暴力犯罪。本案中,虽然杜某2等人对于欢母子实施了非法限制人身自由、侮辱、轻微殴打等人身侵害行为,但这些不法侵害不是严重危及人身安全的暴力犯罪。其一,杜某2等人实施的非法限制人身自由、侮辱等不法侵害行为,虽然侵犯了于欢母子的人身自由、人格尊严等合法权益,但并不具有严重危及于欢母子人身安全的性质。其二,杜某2等人按肩膀、推拉等强制或者殴打行为,虽然让于欢母子的人身安全、身体健康权遭受了侵害,但这种不法侵害只是轻微的暴力侵犯,既不是针对生命权的不法侵害,又不是发生严重侵害于欢母子身体健康权的情形,因而不属于严重危及人身安全的暴力犯罪。其三,苏某、于某1系主动通过他人协调、担保,向吴某借贷,自愿接受吴某所提10%的月息。既不存在苏某、于某1被强迫向吴某高息借贷的事实,又不存在吴某强迫苏某、于某1借贷的事实,与司法解释以借贷为名采用暴力、胁迫手段获取他人财物以抢劫罪论处的规定明显不符。可见杜某2等人实施的多种不法侵害行为,符合可以实施一般防卫行为的前提条件,但不具备实施特殊防卫的前提条件,故于欢的捅刺行为不属于特殊防卫。

最后,于欢的捅刺行为属于防卫过当。《刑法》第二十条第二款规定:"正当防卫明显超过必要限度造成重大损害的,应当负刑事责任,但是应当减轻或者免除处罚。"由此可见,防卫过当是在具备正当防卫客观和主观前提条件下,防卫反击明显超越必要限度,并造成致人重伤或死亡的过当结果。认定防卫是否"明显超过必要限度",应当从不法侵害的性质、手段、强度、危害程度,以及防卫行为的性质、时机、手段、强度、所处环境和损害后果等方面综合分析判定。本案中,杜某2一方虽然人数较多,但其实施不法侵害的意图是给苏某夫妇施加压力以催讨债务,在催债过程中未携带、使用任何器械；在民警朱某等进入接待室前，杜某2一方对于欢母子实施的是非法限制人身自由、侮辱和对于欢拍打面颊、揪抓头发等行为，其目的仍是逼迫苏某夫妇尽快还款；在民警进入接待室时，双方没有发生激烈对峙和肢体冲突，当民警警告不能打架后，杜某2一方并无打架的言行；在民警走出接待室寻找报警人期间，于欢和讨债人员均可透过接待室玻璃清晰看见停在院内的警车警灯闪烁，应当知道民警并未离开；在于欢持刀警告不要逼过来时，杜某2等人虽有出言挑衅并向于欢围逼的行为，但并未实施强烈的攻击行为。因此，于欢面临的不法侵害并不紧迫和严重，而其却持刃长15.3厘米的单刃尖刀连续捅刺四人，致一人死亡、二人重伤、一人轻伤，且其中一人系被背后捅伤，故应当认定于欢的防卫行为明显超过必要限度造成重大损害，属于防卫过当。

二、关于定罪量刑

首先，关于定罪。本案中，于欢连续捅刺四人，但捅刺对象都是当时围逼在其身边的人，未对离其较远的其他不法侵害人进行捅刺，对不法侵害人每人捅刺一刀，未对同一不法侵害人连续捅刺。可见，于欢的目的在于制止不法侵害并离开接待室，在案证据不能证实其具有追求或放任致人死亡危害结果发生的故意，故于欢的行为不构成故意杀人罪，但他为了追求防卫效果的实现，对致多人伤亡的过当结果的发生持听之任之的态度，已构成防卫过当情形下的故意伤害罪。认定于欢的行为构成故意伤害罪，既是严格司法的要求，又符合人民群众的公平正义观念。

其次，关于量刑。《刑法》第二十条第二款规定："正当防卫明显超过必要限度造成重大损害的，应当负刑事责任，但是应当减轻或者免除处罚。"综合考虑本案防卫权益的性质、防卫方法、防卫强度、防卫起因、损害后果、过当程度、所处环境等情节，对于欢应当减轻处罚。

被害方对引发本案具有严重过错。本案案发前，吴某、赵某1指使杜某2等人实施过侮辱苏某、干扰源大公司生产经营等逼债行为，苏某多次报警，吴某等人的不法逼债行为并未收敛。案发当日，杜某2等人对于欢、苏某实施非法限制人身自由、侮辱及对于欢间有推搡、拍打、卡颈部等行为，于欢及其母亲苏某连日来多次遭受催逼、骚扰、侮辱，导致于欢实施防卫行为时难免带有恐惧、愤怒等因素。尤其是杜某2裸露下体侮辱苏某对引发本案有重大过错。案发当日，杜某2当着于欢之面公然以裸露下体的方式侮辱其母亲苏某。虽然距于欢实施防卫行为已间隔约二十分钟，但于欢捅刺杜某2等人时难免带有报复杜某2辱母的情绪，故杜某2裸露下体侮辱苏某的行为是引发本案的重要因素，在刑罚裁量上应当作为对于欢有利的情节重点考虑。

杜某2的辱母行为严重违法、亵渎人伦，应当受到惩罚和谴责，但于欢在民警尚在现场调查，警车仍在现场闪烁警灯的情形下，为离开接待室摆脱围堵而持刀连续捅刺四人，致一人死亡、二人重伤、一人轻伤，且其中一重伤者系于欢从背部捅刺，损害后果严重，且除杜某2以外，其他三人并未实施侮辱于欢母亲的行为，其防卫行为造成损害远远大于其保护的合法权益，防卫明显过当。于欢及其母亲的人身自由和人格尊严应当受到法律保护，但于欢的防卫行为明显超过必要限度并造成多人伤亡严重后果，超出法律所容许的限度，依法也应当承担刑事责任。

根据我国刑法规定，故意伤害致人死亡的，处十年以上有期徒刑、无期徒刑或者死刑；防卫过当的，应当减轻或者免除处罚。如上所述，于欢的防卫行为明显超过必要限度造成重大伤亡后果，减轻处罚依法应当在三至十年有期徒刑的法定刑幅度内量刑。鉴于于欢归案后如实供述主要罪行，且被害方有以恶劣手段侮辱于欢之母的严重过错等可以从轻处罚情节，综合考虑于欢犯罪的事实、性质、情节和危害后果，遂判处于欢有期徒刑五年。

（生效裁判审判人员：吴靖、刘振会、王文兴）

刑事政策

2013 年中国人权白皮书

前言

2013 年，在实现中华民族伟大复兴中国梦的征程上，中国人权事业又取得了新进展。

这一年里，中国共产党和中国政府坚持从本国国情和实际出发，以促进社会公平正义、增进人民福祉为出发点和落脚点，全面深化改革，推动经济社会文化各项事业的发展，保证人民平等参与、平等发展权利，让发展成果更多、更公平地惠及全体人民。中国的发展进步，使每个中国人都得到发展自我和服务社会的机会，都享有人生出彩和梦想成真的机会。中国的人权事业正在向更好更高的目标迈进。

2013 年，中国人权事业在以下若干方面取得的成就备受瞩目：

——人民生活水平稳步提高，城乡居民衣食住行条件不断改善，基本公共服务均等化进一步推进，人民的生存权和发展权得到了更好的保障。

——世界上规模最大的社会保障体系初步形成，城乡居民特别是困难群体的基本生活更有保障，生活更有尊严。

——民主法制建设进一步加强，首次实现城乡按相同人口比例选举全国人大代表。加强对权力的约束，严惩贪污腐败，建设廉洁政治迈出重要步伐。

——协商民主制度化持续推进，基层直接民主健康发展，公民依法有序实现民主权利形式更加多样，国家政治生活的民主化水平进一步提高。

——国家治理体系和治理能力现代化建设取得新进展，权力运行更加规范，政务信息更加公开，公众言论自由的权利得到保障。

——废止劳动教养制度，多措并举防范冤假错案，遏制刑讯逼供，保障食品药品安全，遏制重特大安全事故，公民人身自由与生命健康权利更有保障。

——国家对少数民族继续实施倾斜性政策，少数民族依法享有和行使各项权利。西藏、新疆等民族自治地区经济社会各项事业发展步伐加快，人权保障事业全方位推进。

——残疾人事业发展进入新阶段，残疾人基本公共服务体系更加完善，各项权利得到有效保障，残疾人平等参与社会生活的条件进一步改善。

——加快生态文明制度建设，加大资金投入和生态环境保护力度，依法惩治环境侵权犯罪，努力建设美丽中国。

人权事业永无止境。在人权问题上没有最好，只有更好。中国人权事业发展取得的进步有目共睹，任何一个客观理性的观察者，都会得出公正的结论。同时，中国是一个发展中大国，发展中不平衡、不协调、不可持续的问题还比较突出。在中国，实现更高水平的人权保障，仍需做出更大的努力。实践证明，只有坚持走中国特色社会主义道路，中国人权事业才会有更好的发展，全体中国人民才能实现更加全面的发展。

一、发展权利

2013 年，中国经济运行稳中向好，发展成果更多地惠及全体人民，广大群众的物质文化需要得到更好的满足，中国人民的发展权利得到更加充分的保障。

人民生活水平持续提高。2013 年，中国国内生产总值保持了 7.7% 的较快增长。全年农村居民人均纯收入 8 896 元，扣除价格因素，实际增长 9.3%；城镇居民人均可支配收入 26 955 元，扣除价格因素，实际增长 7.0%；居民消费价格涨幅保持在 2.6% 的低水平。全国粮食产量达到 60 193.5 万吨；民用汽车保有量达到 13 741 万辆；固定电话用户 26 699 万户，移动电话用户新增 11 696 万户，达到 122 911 万户。国内游客 32.6 亿人次，比上年增长 10.3%；国内居民出境 9 819 万人次，增长 18.0%，其中因私出境 9 197 万人次，增长 19.3%。

多渠道扩大就业。在就业压力大的情况下，中国坚持实施就业优先战略，将稳增长、保就业作为经济运行合理区间的下限，在发展的基础上创造更多和更高质量的就业机会。注重发展吸纳就业能力强的劳动密集型产业、中小企业、民营企业、服务业。2013 年城镇新增就业 1 310 万人，比 2012 年多增 44 万人。城镇登记失业率保持在 4.1% 的较低水平。加强技能培训，全国开展政府补贴性职业培训 2 049 万人次，其中，就业技能培训 1227.5 万人次，创业培训 208.2 万人次，岗位技能提升培训 548.7 万人次，其他培训 64.6 万人次。城镇登记失业人员培训 398 万人。帮助农村劳动力稳定转移就业，全年共组织农民工专场招聘 2 万多场，培训农民工 938.4 万人次。更加关注以高校毕业生为重点的青年就业，通过加强就业指导服务，开展校园招聘活动，实施“离校未就业高校毕业生就业促进计划”等措施，促进高校毕业生多渠道、多形式就业和创业。

劳动者权利得到切实保障。2013 年，全国有 27 个省（区、市）提高了最低工资标准，平均提高幅度为 17%。外出农民工月平均收入 2 609 元，比 2012 年增加 319 元。全国基层工会组织和职工维权机构继续保持较快发展。截至 2013 年，各地乡镇街道劳动争议调解组织组建率达 60%，同比增加 10 个百分点；劳动人事争议仲裁委员会组建率达 91.6%；全国劳动人事争议仲裁院建院率为 72.7%，同比增加约 20 个百分点。截至 2013 年，全国共有基层工会组织 277 万个，比 2012 年增长 4%；全国签订有效集体合同 129.8 万份，比 2012 年增长 6%，覆盖 364 万家企业 1.6 亿职工，分别比 2012 年增长 18% 和 9%。加大帮扶困难职工工作力度，773.9 万人次困难职工得到帮助。

保障性安居工程建设不断推进。2013 年，中央财政下达 2 003 亿元补助资金，支持各地加快保障性住房建设和棚户区改造，完善配套基础设施建设。全年新开工建设保障性住房和棚户区改造住房 660 万套，基本建成 540 万套。截至 2013 年，全国累计解决了 3 600 多万户城镇家庭的住房困难。地级以上城市均制定了外来务工人员申请住房保障的条件、程序和轮候规则，住房保障制度由仅覆盖城镇户籍家庭扩展到覆盖全部常住人口。继续推进农村危房改造，全年改造农村危房 266 万户。

农村扶贫开发扎实推进。2013 年，国务院发布了《关于创新机制扎实推进农村扶贫开发工作的意见》。中央财政投入专项扶贫资金 394 亿元，比上年增加了 62 亿元。2013 年全国农村共有 1 650 万人脱贫。国家扶贫开发工作重点县农村居民人均纯收入 5 389 元，比上年增加 787 元，扣除价格因素，实际增长 13.8%，增幅继续高于全国平均水平。

基层贫困地区教育保障力度加大。2013 年全国公共财政教育支出 21 877 亿元，增长 3%，对农村贫困地区予以重点倾斜。2013 年，中央财政安排营养膳食补助资金 190 亿元（含地方试点奖补资金 22.18 亿元），食堂建设专项资金近 100 亿元。截至 2013 年，共有 3 245 万农村义务教育学生享受营养补助政策，其中：全国 22 个省份的 699 个集中连片特困县（包括新疆兵团 19 个团场）开展了国家试点，覆盖学校 9.59 万所，受益学生 3 200 万人；19 个省份的 529 个县开展了地方试点，覆盖学校 3.98 万所，受益学生 1 002 万人。中央下达农村义务教育薄弱学校改造计划资金

100亿元，重点支持中西部农村地区、民族地区、贫困地区改善薄弱学校办学条件。中央财政安排资金165亿元，支持和引导地方扩大学前教育资源，鼓励地方建立学前教育资助制度，帮助家庭经济困难儿童、孤儿和残疾儿童接受普惠性学前教育；安排普通高中国家助学金46.47亿元，资助家庭经济困难学生近500万人；所有农村学生、城市涉农专业和家庭经济困难学生均享受中职免学费政策，一、二年级在校涉农专业学生和非涉农专业家庭经济困难学生享受国家助学金。30个省（区、市）向社会公布了进城务工人员随迁子女在当地参加高考的实施方案，12个省市开始解决随迁子女在当地参加高考问题。

公民享受更加优质、均等的文化服务。继续实施《全国地市级公共文化设施建设规划》，开展创建国家公共服务体系示范区（项目）工作，中央和各地投入创建的财政资金超过180亿元。截至2013年，文化信息资源共享工程已建成1个国家中心，33个省级分中心，2 843个市县支中心，29 555个乡镇（街道）基层服务点，60.2万个行政村（社区）基层服务点，部分省（区、市）村级覆盖范围已延伸到自然村；已建设公共电子阅览室42 654个，其中乡镇27 706个，街道2 282个，社区12 666个。2013年，全国公共图书馆共发放借书证2 877万个，比上年增加393万个；总流通人次49 232万人次，比上年增加5 795万人次。2013年，全国群众文化机构共组织开展各类活动128.84万场次，服务人次43 431万人次。国家通过实施广播电视村村通户户通、全国文化信息资源共享、农家书屋、农村电影公益放映、乡镇综合文化站建设等一系列重大文化惠民工程，将公共文化资源直接输送到基层。2013年，全国公共财政文化体育与传媒支出2 519.56亿元，比上年增长11.1%。2013年，中央财政用于公共文化服务体系建设的资金达170亿元，比上年增加16亿元，增长10.55%。在资金支出时切实贯彻落实增量经费主要用于基层、农村的规定，并向老少边穷地区倾斜。基本公共文化服务均等化取得进展。

二、社会保障权利

随着全面建成小康社会的加快推进，近年来中国的社会保障水平不断提高。2013年，中国社会保障事业快速发展，保障内容持续增加，保障范围不断扩大，在经济发展水平还不是很高的情况下，初步建立了世界上规模最大的符合现阶段中国社会实际的社会保障体系。

2012年，实现全国新型农村社会养老保险和城镇居民社会养老保险制度全覆盖。截至2013年，全国城乡居民参保人数达到49 750万人，比2012年增加1 381万人；全国城镇职工基本养老保险参保人数为32 218万人，比2012年增加1 791万人。2013年，企业退休人员月人均基本养老金水平继续调整，调整水平按2012年企业退休人员月人均基本养老金的10%左右确定，达到近1 900元，并对具有高级职称的企业退休科技人员、基本养老金相对偏低的人员等进行适当倾斜。2014年2月，国务院发布《关于建立统一的城乡居民基本养老保险制度的意见》，将新型农村社会养老保险和城镇居民社会养老保险两项制度合并实施，在全国范围内建立统一的城乡居民基本养老保险制度。

建立和完善医疗保险制度，保障城乡居民医疗权利。目前，中国已基本建立全民医疗保险体系，且保障水平在不断提升。参加城镇职工医疗保险、城镇居民医疗保险和新型农村合作医疗的人数超过13亿人，参保率达到90%以上。截至2013年，参加城镇居民基本医疗保险人数达到29 906万人。政府对城镇居民医疗保险的补助标准逐年提高，从2007年的人均40元提高到2013年的280元，政策范围内住院费用报销比例提高到70%左右，基层最高支付限额达到当地居民年人均可支配收入的6倍左右。新型农村合作医疗制度自建立以来，迅速覆盖了全体农民。2007年参加新农合的人数为7.3亿人，参合率为85.7%；截至2013年，人数达到8.02亿人，参合率上升至99%。政府对新农合的财政补助逐年增加，人均筹资水平不断提高。2013年，新农合的人均筹资水平提高到340元左右，其中各级财政补助标准提高到280元，政策范围内住院费用报销比例保持在75%左右，最高支付限额和门诊医药费用报销比例进一步提高。2013年，参合农民共计受益13.2亿人次，同比增长14.9%；新农合大病保障受益人次达137万人，实际报销比例达到70%左右。

城乡居民大病保险试点进展顺利，重特大疾病保障机制开始建立，减轻了城乡居民大病医疗费用负担。2012年，国家发改委等6部门联合印发《关于开展城乡居民大病保险工作的指导意见》，全国已有28个省份启动实施了大病保险试点工作，8个省份全面推开。2013年，肺癌、胃癌等20种重大疾病全部纳入大病保障范畴。儿童苯丙酮尿症和尿道下裂被纳入新农合大病保障，新农合保障的重大疾病已达22种。

失业保险、工伤保险和生育保险稳步发展，对于参保人维持稳定的生活水准、获得医疗救治和生育保障等发挥了越来越大的作用。2013年年末，全国参加失业保险人数为16 417万人，比上年末增加1 192万人；全国工伤保险参保人数达到19 917万人，比上年增加907万人，其中参加工伤保险的农民工7 263万人，增加84万人。全国生育保险参保人数16 392万人，比上年年底增加963万人。2013年有417万人享受了不同期限的失业保险待遇，年末有197万人领取失业保险金，月人均领取失业保险金水平为759元，比上年增加60.3元，增长8.5%。

最低生活保障制度进一步完善。截至2013年，全国城市低保对象2 061.3万人，平均保障标准为373元/人·月，月人均获得补助252元，2013年累计支出保障资金724.2亿元，分别比2012年增长13.8%、1.3%和7.4%。截至2013年，全国农村低保对象5 382.1万人，占农业人口的6.1%；平均保障标准为2 434元/人·年，月人均获得补助111元，2013年累计支出保障资金841.9亿元，分别比2012年增长18.7%、2.9%和17.3%。截至2013年，全国农村五保供养对象538.2万人，平均供养标准为集中供养4 685元/人·年、分散供养3 499元/人·年，2013年累计支出五保供养资金161.6亿元，分别2012年增长15.4%、16.3%、11.5%。

对因遭受自然灾害、失去劳动能力或因其他原因陷入生活困境的社会成员实施社会救助，维持其最低生活水准，是社会保障权利的最后一道防护线和安全网。截至2013年，全国26个省份制定完善了临时救助政策。2013年，全国共实施临时救助3 937万户次。医疗救助惠及群体进一步扩大，救助对象从城乡低保对象、五保对象逐步向低收入重病患者、重度残疾人和低收入家庭老年人等特殊困难群体拓展。2013年累计支出医疗救助资金257.6亿元，救助2 639万人次。

三、民主权利

中国宪法规定中华人民共和国的一切权力属于人民。在中国，人民依照宪法和法律规定，通过各种途径和方式行使民主选举、民主决策、民主管理、民主监督权利。2013年，首次实行城乡按相同人口比例选举全国人大代表，协商民主广泛多层制度化发展有力推进，作为直接行使民主权利重要方式的基层民主健康发展，惩治腐败、建设廉洁政治的力度加大，公民有序参与公共事务民主管理的形式更加丰富。

2013年，中国落实选举法规定的人人平等原则，正式全面实行城乡按相同人口比例选举全国人大代表。坚持地区平等原则，同级行政区域的法律地位平等，不论人口多少，在国家最高权力机关中均有一定数量的代表，地区基本名额数相同，选举第十二届全国人大代表的地区基本名额数为8名。坚持民族平等原则，在全国人大常委会确认的2 987名有效当选代表中，少数民族代表409名，占代表总数的13.69%，全国55个少数民族都有本民族的代表。第十二届全国人大女代表比例为23.4%，比上届提高2.07个百分点。基层代表数量增加，农民工代表数量倍增，党政领导干部代表数量减少。在第十二届全国人大代表中，来自一线工人农民的代表人数比上届增加5.18%，党政领导干部代表人数比上届减少6.93%。

人大积极推进民主立法，增强法律的可执行性、可操作性。2013年3月至2014年3月，全国人大常委会审议了15件法律和有关法律问题的决定草案，通过了其中的10件，修改了消费者权益保护法等21部法律，新制定了旅游法、特种设备安全法等法律。全国人大常委会探索法律出台前评估工作，完善公布法律草案征求意见机制，在向社会公布法律草案一次审议稿的基础上，明确法律草案二次审议稿也要向社会全文公布，广泛征求各方面的补充意见和建议。健全公众意见采纳情况反馈机制，积极回应社会关切。全国人大及其常委会在立法过程中广泛采取诸如座谈会、网络征求意见、调查研究、列席、公民讨论、媒体讨论等形式广泛听取公民意见。2013年3月至2014年1月间，共有5 728人次对相关法律草案提出45 121条意见。以环境保护法修正案草案为例，草案初审稿向社会公布征求意见时收到11 748条意见，二审稿公布后收到2 434条网上意见和48封来信。每次公布草案征求意见结束后，全国人大常委会均对重要法律草案的意见整理汇总情况及时向社会作出反馈。

进一步畅通拓宽权利救济渠道，积极回应群众利益诉求，尊重并保障民意。国家着力解决信访突出问题，强调从源头上预防和减少信访问题发生，健全公开透明的诉求表达和办理方式，突出领导干部接访下访重点，完善联合接访运行方式。全力打造“阳光信访”，推进网上信访信息综合平台建设，推动信访事项办理过程和结果全面公开，努力实现信访事项可查询、可跟踪、可督办、可评价。全面放开网上投诉受理内容，互联网逐步成为政府了解社情民意的新窗口。

建设廉洁政治是民主制度有效运行的前提。2013年，中国共产党和中国政府进一步加大反腐败工作力度，坚持用制度管权管事管人，让人民监督权力，让权力在阳光下运行。国务院机构改革全面启动，中央政府全年下放取消审批事项416项。针对一些领域腐败问题多发的现象，中共中央印发《建立健全惩治和预防腐败体系2013—2017年工作规划》。2013年，全国各级纪检监察机关共接受信访举报1 950 374件（次），其中检举控告类1 220 191件（次）；立案172 532件，结案173 186件，处分182 038人。全国各级检察机关全年共立案侦查各类职务犯罪案件37 551件51 306人，同比分别上升9.4%和8.4%。突出查办大案要案，立案侦查贪污、贿赂、挪用公款100万元以上的案件2 581件，涉嫌犯罪的县处级以上国家工作人员2 871人，其中厅局级253人、省部级8人。各级法院充分发挥刑事审判在惩治腐败中的职能作用，加大对贪污贿赂等犯罪的打击力度，审结包括国家工作人员贪污贿赂、渎职侵权犯罪案件2.9万件，判处罪犯3.1万人。

在中国，社会主义协商民主是人民民主权利实现的重要形式。社会主义协商民主不仅关注最终的决策结果，也关注决策过程中的广泛参与，不仅强调对多数人意见的尊重，也强调少数人意见的充分表达和权利的维护，拓宽了民主的广度，从而在最大程度上实现人民民主。2013年，中国加快构建程序合理、环节完整的协商民主体系，不断拓宽国家政权机关、政协组织、党派团体、基层组织、社会组织的协商渠道，深入开展立法协商、行政协商、民主协商、参政协商、社会协商。以这些具体协商形式为平台，就经济社会发展重大问题和涉及群众切身利益的实际问题在全社会进行广泛协商，增进和达成共识。作为协商民主的重要渠道，中国人民政治协商会议积极推进协商民主建设，创新以专题为内容、以界别为纽带、以专委会为依托、以座谈为方法的协商形式，积极开展专题协商、界别协商、对口协商、提案办理协商，推动协商活动的多样化，约请有关部门负责人直接听取意见，推动建言献策成果的转化。人民政协每年在协商议题、协商形式、活动组织等方面作出明确安排；继承和创新“双周协商座谈会”制度，分别就宏观经济形势、建筑产业化、维护职工群众切身利益、深化科技体制改革、加强汽车尾气治理等议题举办双周协商座谈会。

基层民主依法有序推进，公民选举、基层自治等权利的保障得到进一步强化。2013年，《中华人民共和国村民委员会选举规程》发布实施，进一步明确和细化了村委会换届选举的各项程序和要求。无记名投票、公开计票全面实行，秘密写票处普遍设置，竞职演讲、治村演说广泛推行。全国98%的村制定了村规民约和村民自治章程，群众参与村务决策管理的水平大幅提升。截至2013年，全国城镇普遍进行了7轮以上的社区居民委员会换届选举。社区中业主管理委员会等社会组织和志愿者组织在社区自我民主管理中发挥越来越大的作用。

四、言论自由权利

中国政府致力于促进和保护本国人民的言论自由。言论自由是中国宪法规定的一项公民基本权利。在中国，公民可以在宪法和法律允许的范围内自由表达自己的见解和意愿，发表研究、创作成果。随着经济社会的发展，公众实现言论自由的手段日益丰富，获取信息的需求得到更好满足，言论自由空间不断扩大，言论自由权利不断发展。

公民实现言论自由的途径和手段日益丰富。2013年，中国出版各类报纸482亿份，各类期刊33亿册，图书79亿册（张）；有线电视用户为2.29亿户，有线数字电视用户为1.72亿户；广播节目综合人口覆盖率为97.8%；电视节目综合人口覆盖率为98.4%。近年来，中国各种新闻传播媒介更加重视联系群众、面向实际生活，发挥舆论监督作用。公众通过新闻传播媒介自由地发表意见，提出批评建议，讨论国家和社会的各种问题。

互联网成为公民表达意见和发表言论的重要渠道之一。20年来，中国投入大量资金建设互联网基础设施，建起了覆盖全国、惠及全民的互联网基础设施，促进了互联网的普及和应用。中国互联网发展与普及水平居发展中国家前列。2013年，国家继续加大对信息基础设施建设的政策支持和资金投入力度，普及推广卫星通讯、光纤通信、计算机网络等技术。实施“宽带中国”战略，首次将宽带网络作为新时期国家经济社会发展的战略性公共基础设施。截至2013年年底，中国网民规模达6.18亿人，互联网普及率为45.8%；域名总数为1 844万个，网站总数为320万个，网页数量为1 500亿个；论坛/BBS的用户数量为1.2亿人，博客和个人空间用户数量为4.37亿人，社交网站用户数量为2.78亿人，网络文学用户数为2.74亿人，网络视频用户数量为4.28亿人，微博用户数量为2.81亿人，即时通信用户数量为5.32亿人；手机即时通信用户为4.31亿人，手机微博用户达到1.96亿人。截至2013年年底，中国提供互联网教育信息服务的网站有5 820个，提供互联网新闻信息服务的网站有703个，提供互联网文化产品服务的网站有783个，提供互联网视听节目服务的网站有282个，提供互联网出版服务的网站有292个，提供互联网电子公告信息服务的网站有2 010个。

有效保障信息获取是言论自由实现的前提。在中国，公众可以通过多种渠道获取需要的信息。权力运行的公开化、规范化，立法公开、政务公开和司法公开等制度的进一步完善，使政务信息有效供给状况持续改善。全国人大及其常委会就重要法律草案公开征求意见，地方人大实行立法旁听，并通过人大官方网站等媒体，对通过的法律及时作出权威解读，使各方面准确理解立法的背景、目的和法律的原则、内容。国务院重点推进行政审批、财政预决算、保障性住房、食品药品安全、征地拆迁等领域的信息公开。新闻发言人制度进一步规范化。2013年，国务院新闻办公室围绕党和国家重要会议、重大决策和重点工作，组织新闻发布会50多场；各部门、各地区召开新闻发布会、吹风会2 100多场。越来越多的地方和部门主要负责人走上新闻发布前台，积极回应社会关注，及时准确发布有关信息。

最高人民法院发布《关于推进司法公开三大平台建设的若干意见》和《关于人民法院在互联网公布裁判文书的规定》，全面推进审判流程公开、裁判文书公开、执行信息公开三大平台建设，增进公众对司法裁判的知情了解。中国法院庭审直播网建成，各级法院全年直播案件庭审4.5

万次。济南市中级人民法院通过微博全程直播薄熙来案庭审情况,受到广泛、积极关注。各类互联网信息服务网站为公众有效获取信息提供服务的水平大大提高。

中国社会存在广泛的言论自由。学术领域的探索和讨论,涵盖政治、社会、文化等各个方面。在宪法和法律的范围内,公众都可以对各种政治问题进行自由的讨论。政府的重要政策都会在事前和事后得到广泛讨论,各方面立场的意见都能充分表达。互联网的普及和完善,极大地扩展了言论自由空间。公众可以通过网络论坛、网络新闻、博客/个人空间、社交网站、网络文学、网络视频、微博、即时通信等多种互联网平台发表言论。每时每刻都有海量言论被网民发表出来。据统计,中国网民每天发布和转发微博信息达 2.5 亿条,每天发送微信等即时通信工具信息超过 200 亿条。根据对新浪微博和腾讯微信等 7 家网站所发帖文的统计,在 2013 年网民关注的 20 大热点事件中,前 12 位的帖文都超过了 200 万条,其中排第一位的帖文数量超过 4 500 万条。网民言论关注的范围十分广泛,涵盖了司法案件、民生问题、个人权益保护、医患纠纷、反腐败等各方面。

言论自由的有效实现为公众监督政府提供了保证。人们可以通过新闻媒体、互联网等各种渠道反映社会问题,对各级政府的工作提出批评和建议,对公务人员的行为进行监督。中国地方政府网站普遍设立了市长信箱、县长信箱等,接受民众的来信。中央纪检监察机构和最高人民法院、最高人民检察院等开设了举报网站,便于公众反映问题。公众对政府工作提出的建议和批评,受到各级政府的高度关注,成为政府改进工作和决策的重要参考。

五、人身权利

生命健康权、人身自由权、人格尊严权等人身权利的保护状况,是衡量一个国家人权保护水平的最重要的标尺之一。2013 年,中国废止劳动教养制度,采取专项行动打击拐卖犯罪、查找解救被拐妇女儿童,依法惩处严重侵害公民人身权利的犯罪,完善冤假错案防止、纠正机制,多措并举保障犯罪嫌疑人、被告人和被羁押人的人身权利,加大安全生产、食品药品等重点领域执法力度,公民人身权利得到切实保障。

在中国,实行了 50 多年的劳动教养制度在特定条件下为维护社会治安秩序、确保社会稳定、教育挽救违法人员发挥了积极作用。随着治安管理处罚法、禁毒法等法律的施行和刑法的不断完善,以及相关法律的有机衔接,劳动教养制度的作用逐渐被取代,劳动教养措施的使用逐年减少。自 2013 年 3 月起,各地基本停止使用劳动教养。2013 年 12 月 28 日全国人大常委会通过废止有关劳动教养法律规定的决定,废止了劳动教养制度;并对正在被依法执行劳动教养的人员,解除劳动教养,剩余期限不再执行。

妇女儿童的人身权利得到有效保障。国家制定实施《中国反对拐卖人口行动计划(2013—2020 年)》。2013 年,全国共侦破拐卖妇女案件 5 126 起、拐卖儿童案件 2 765 起;利用全国公安机关打拐 DNA 信息系统为 631 名儿童找到亲生父母。制定依法惩治性侵害未成年人犯罪的意见,严厉打击性侵幼女、校园性侵等犯罪行为,起诉拐卖妇女儿童犯罪嫌疑人 2 395 人。

精神障碍患者人身自由等权利得到特别保护。精神卫生法于 2013 年 5 月 1 日开始实施,精神障碍的住院治疗实行自愿原则和尽可能限制非自愿医疗原则,禁止利用约束、隔离等保护性医疗措施惩罚精神障碍患者,医疗机构不得强迫精神障碍患者从事生产劳动。

依法惩处严重影响人民群众安全感、侵害公民人身权利的犯罪。2013 年,全国各级检察机关批准逮捕严重暴力犯罪、黑恶势力犯罪、多发性侵财犯罪、毒品犯罪嫌疑人 500 055 人,提起公诉 580 485 人。各级人民法院全年审结杀人、抢劫、绑架、爆炸、强奸、拐卖妇女儿童、黑社会性质组织犯罪等案件 25 万件,判处罪犯 32.5 万人。

防止和纠正冤假错案的措施进一步加强。2013 年,公安部发布《关于进一步加强和改进刑事执法办案工作,切实防止发生冤假错案的通知》等文件,深化错案预防制度机制建设,加强对执法办案全方位、全过程、即时性监督,从源头上防止冤假错案的发生。最高人民检察院发布《关于切实履行检察职能,防止和纠正冤假错案的若干意见》,健全检察环节错案发现、纠正、防范和责任追究机制;严把事实关、证据关、程序关和法律适用关,对侦查机关不应当立案而立案的,督促撤案 25 211 件;对滥用强制措施、违法取证、刑讯逼供等侦查活动违法情形,提出纠正意见 72 370 件次;对证据不足和不构成犯罪的,决定不批捕 100 157 人、不起诉 16 427 人。保障犯罪嫌疑人诉讼权利和律师执业权利,监督纠正指定居所监视居住不当 606 件,监督纠正阻碍辩护人行使诉讼权利案件 2 153 件。加强羁押必要性审查,对不需要继续羁押的 23 894 名犯罪嫌疑人建议释放或者变更强制措施。注重保障被羁押人员合法权益,监督纠正刑罚执行和监管活动中的违法情形 42 873件次;督促清理久押不决案件,监督纠正超期羁押 432 人次。最高人民法院发布关于适用刑事诉讼法的司法解释共 548 条,这是新中国成立以来条文最多的司法解释。非法证据排除、上诉不加刑等保护当事人各项诉讼权利的原则得以细化落实。2013 年 10 月 9 日,最高人民法院发布了《关于建立健全防范刑事冤假错案工作机制的意见》,坚持疑罪从无原则,规定对定罪证据不足的案件,应当依法宣告被告人无罪;采用刑讯逼供等非法方法收集的供述,应当排除;未在规定的办案场所讯问取得的供述,未依法对讯问进行全程录音录像取得的供述,以及不能排除以非法方法取得的供述,应当予以排除。确保无罪的人不受刑事追究。全年各级法院依法宣告 825 名被告人无罪,并对在申诉中发现的冤假错案,依法予以再审改判。

犯罪嫌疑人、被告人和被羁押者的人身权利得到更好保障。2013 年,公安部制定《公安机关执法办案场所办案区使用管理规定》,规范办案区的使用和管理,严格实行讯问、询问过程录音录像制度;实施新的《看守所建设标准》,深入推行看守所医疗卫生社会化,要求所有看守所都要向社会开放,提高执法工作透明度。人民检察院按照"全面、全程、全部"原则,进一步完善了同步录音录像制度,切实保障犯罪嫌疑人的合法权利。

针对生产生活领域存在的威胁人民群众生命与健康安全的因素,国家加大了相关工作力度。立法部门针对人身安全领域的突出问题完善了相关法律。全国人大常委会制定了特种设备安全法,重点强化了特种设备生产安装、经营使用、维护保养、检验检测等全过程监管,确立了特种设备身份管理制度、质量责任追溯制度、产品召回和报废制度等,依法加强特种设备安全监管,保护人民群众生命财产权。执法部门持续强化全国重点行业领域安全排查治理工作,全年共排查治理隐患 681.5 万项,整改率 97.9%。加大事故查处和挂牌督办力度,查处重特大事故 44 起,结案周期同比缩短 109 天,并及时公布事故调查报告。检察机关同步介入重特大事故调查,立案侦查火灾、矿难等事故背后的失职渎职、受贿等职务犯罪案件 1 066 人。国家高度重视食品药品安全,制定实施有关司法解释,依法惩处危害食品药品安全犯罪。各级检察机关全年起诉制售有毒有害食品、制售假药劣药等犯罪嫌疑人 10 540 人,最高人民检察院对 785 起危害食品药品安全犯罪案件挂牌督办。各级法院审结相关案件 2 082 件,判处罪犯 2 647 人。

六、少数民族权利

中国从宪法、法律和制度等多个层面确立了各民族一律平等、共同管理国家事务的原则,同时又尊重各民族的差异和特点,从各个方面保障少数民族在政治、经济、文化、语言及风俗习惯、宗教信仰等方面的平等权利。2013 年,中国少数民族和民族地区各项事业不断取得新成绩、新发展,各少数民族充分享有并有效行使各项基本权利。

少数民族的政治权利得到充分保障。各少数民族聚居的地方实行民族区域自治制度,享有广泛的自治权利,包括立法权、对国家有关法律法规的变通执行权、使用民族语言文字的权利、人事管理权、财政管理权和自主发展文化教育权等。民族区域自治的特色和优势在新疆维吾尔自治区表现尤为突出。新疆是以维吾尔族为主体的民族自治地方,是全国唯一的三级(区、州、县)自治地方俱全的自治区。在维吾尔族以外的新疆其他少数民族聚居地区,有哈萨克、回、柯尔克孜、蒙古4个民族的5个自治州,以及哈萨克、回、蒙古、塔吉克、锡伯5个民族的6个自治县,还有42个民族乡。新疆维吾尔自治区各级自治机关根据本地实际制定并实施自治法规、地方性法规和具有法律效力的决议,依法保障民族自治地方的自治权利。

全国55个少数民族都有本民族的全国人大代表和全国政协委员。155个民族自治地方的人民代表大会常务委员会中,均有实行区域自治的民族的公民担任主任或者副主任;民族自治地方政府的主席、州长、县长(旗长),均由实行区域自治的民族的公民担任。西藏自治区历届人民代表大会常务委员会主任和人民政府主席均由藏族公民担任。藏族和其他少数民族的人大代表始终在全区各级人大代表中占有绝对多数。在西藏,经过直接和间接选举产生的现任34 244名四级人大代表中,藏族和其他少数民族代表31 901名,占93%以上。在全区干部队伍中,藏族和其他少数民族占82.05%,其中县乡两级领导班子中,藏族和其他少数民族占80.06%。

少数民族经济社会权利得到充分保障。国家对少数民族和民族地区经济社会发展投入力度继续加大,少数民族和民族地区的经济社会发展取得显著成效。2013年,在均衡性转移支付向民族地区倾斜的基础上,中央财政安排民族地区转移支付464亿元,比2012年增长10.5%。国家对内蒙古、广西、西藏、宁夏、新疆5个自治区和贵州、云南、青海3个少数民族人口较多省份的扶贫投入大幅提高,中央财政扶贫资金投入166.05亿元,占全国总投入的43.76%,资金总量比2012年增加了16.8%。2013年,国家深入贯彻落实"十二五"扶持人口较少民族发展、兴边富民行动和少数民族事业3个国家级专项规划,继续加大对少数民族和民族地区的专项扶持力度,安排扶持人口较少民族发展专项资金14.5亿元、兴边富民行动专项资金27.9亿元、少数民族特色村寨保护专项资金4亿元,分别比2012年增长13.1%、50%和53.8%。2013年,西藏自治区生产总值(GDP)达807.67亿元,比上年增长12.5%;农牧民人均纯收入达到6 578元,比上年增长15%,连续11年保持两位数以上的增长;城镇居民人均可支配收入达20 023元,比上年增长11.1%。2013年,新疆维吾尔自治区生产总值(GDP)8 510亿元,比上年增长11.1%;人均地区生产总值37 847元,增长9.7%。2013年,新疆农村居民人均纯收入7 296元,比上年增长14.1%;城镇居民人均可支配收入19 874元,比上年增长10.9%。城镇人均家庭总收入22 388元,比上年增长10.9%,比1978年增长69.5倍。2013年,西藏农牧民人均居住面积为30.51平方米,城镇居民人均居住面积为42.81平方米,各项民生事业显著改善。特别是,连续8年累计投资273.57亿元的农牧民安居工程全面完成,全区46.03万户、230万农牧民住上了安全适用的房屋,农牧民生产生活条件得到历史性改善。水、电、路、讯、气、广播电视、邮政等农村综合配套设施建设加快推进,乡镇通邮率、乡镇通公路率和行政村通公路率分别达到94.6%、99.7%和97.4%。墨脱公路全线通车,结束了全国最后一个县不通公路的历史。川藏联网工程开工建设。青藏铁路客运量219.9万人次、货运量405.2万吨,航空旅客运输273万人次。

少数民族文化和民族地区文化繁荣发展。截至2013年,全国建立民族文字图书出版社32家,民族语言文字类音像电子出版单位13家,编辑出版民族文字期刊222种、民族文字报纸99种、民族文字图书9 429种。民族自治地方有广播电台73座,节目441套,民族语言节目100个;电视台90座,节目489套,民族语言节目100个;各类文化机构50 834个,其中图书馆653个,文化馆784个,文化站8 153个,博物馆385个。少数民族传统文化得到保护。国家设立贵州省黔东南民族文化生态保护实验区，有效推进民族地区非物质文化遗产的整体性保护。继续加强对少数民族传统医药的保护和发展。支持民族医药老专家建立传承工作室，扶持建立藏、蒙、壮、回4个民族医学术流派传承工作室。实施民族医药文献整理和适宜技术筛选推广项目，涵盖11个省区，涉及29个民族，并完成了150部重要民族医药文献的整理工作，筛选了140项民族医药特色诊疗技术。截至2013年，全国民族医院达到199所。

新疆各少数民族享有宗教信仰自由的权利，民族风俗习惯受到充分尊重。根据宪法和民族区域自治法，新疆维吾尔自治区制定了《新疆维吾尔自治区宗教事务管理条例》和《新疆维吾尔自治区宗教活动场所管理暂行规则》、《新疆维吾尔自治区宗教职业人员管理暂行规定》、《新疆维吾尔自治区宗教活动管理暂行规定》等政府规章，保护正常的宗教活动，维护宗教团体和信教公民的合法权益。新疆少数民族信众有权在宗教活动场所内以及自己家里依法举行各种正常的宗教活动，不受任何干涉。新疆现有10个少数民族普遍信仰伊斯兰教，人口1 370多万人，有伊斯兰教清真寺约2.4万座，教职人员2.9万多人。此外，新疆还有佛教信众12万人，场所53个，教职人员326人；基督教信众近6万人，教职人员374人；天主教信众约6 000人，场所20个，教职人员25人；东正教信众约1 000人，场所3个，教职人员2人；道教信众300多人，场所1个。新疆已出版发行了维吾尔、汉、哈萨克、柯尔克孜等文字的《古兰经》、《布哈里圣训实录精华》、《古兰经》注释、《卧尔兹选编》等宗教经典、宗教书籍。国家和自治区各级政府还制定了一系列政策、法规，尊重和照顾少数民族饮食、衣饰、年节、婚姻、丧葬等方面的习俗。自治区政府每年对少数民族生活必需的肉食和副食品的生产和供应作出专项安排，保证各民族特需食品的生产和供应，并对10个普遍信仰伊斯兰教的民族予以特别照顾。在新疆，每年的肉孜节和古尔邦节，信仰伊斯兰教的各族人民都可以享受节日假期。

西藏文化遗产得到有效保护，宗教和传统风俗习惯得到尊重。西藏现有各类文物点4 277处，布达拉宫、罗布林卡、大昭寺被列入世界文化遗产名录，拉萨、日喀则、江孜被列为国家级历史文化名城，西藏博物馆被列为国家一级博物馆。西藏现有国家级非物质文化遗产名录76个，自治区级323项，市级76项，县级814项。国家级非遗代表性传承人68名，自治区级227名，民间藏戏队117支。其中，格萨尔、藏戏于2009年入选《人类非物质文化遗产代表作名录》。国家积极保护和发展藏民族医药，西藏现有藏医医疗机构19所，在50多所县医院设有藏医科，藏医服务网络基本覆盖全区。国家尊重和保障西藏各族人民按照自己的传统风俗习惯生活和进行社会活动的权利，尊重和保障他们按照自己的意愿进行正常的宗教信奉、祭祀活动以及参加重大的宗教和民间节日活动的自由。西藏现有各类宗教活动场所1 787座，住寺僧尼4.6万余人，活佛358名。寺庙学经、辩经、晋升学位、受戒、灌顶、修行等传统宗教活动正常进行，每逢重大宗教节日都循例举行各种活动。活佛转世作为藏传佛教特有的传承方式得到国家的尊重。民主改革以来，已有60余名新转世活佛按照历史定制与宗教仪轨得到批准认定。信教群众家中普遍设有经堂或佛龛，转经、朝佛、请寺庙僧尼做法事等宗教活动正常进行。西藏自治区及其7个地市均设有佛教协会，中国佛教协会西藏分会办有佛学院、印经院和藏文会刊《西藏佛教》。寺院的壁画、雕刻、塑像、唐卡、经卷、法器、佛龛等宗教文化载体，得到保护和修缮。大量宗教文献典籍得到抢救、整理、出版。各寺庙的传统印经院得到继承和发展，现有木如寺印经院、布达拉宫印经院等大型传统印经院近60家，年印经卷6.3万种，民间经书销售摊点20家。

少数民族享有使用和发展本民族语言文字的权利。国家切实保障少数民族语言文字在行政司法、新闻出版、广播影视、文化教育等各领域的合法使用，在普通高等学校招生入学考试中可以使用少数民族语言文字答卷。中央人民广播电台和地方广播电台每天用21种少数民族语言进行播音,边境地区民族语广播电视的覆盖率进一步提高。国家在民族地区推行双语教学。截至2013年,全国共有1万多所学校使用21个民族的29种文字开展双语教学。全国现有民族高等院校15所,在校生约24万人。继续在高校招生中对民族地区给予倾斜,坚持对少数民族学生在高考时适当降分或加分和同等条件优先录取的原则,并对人口较少民族的考生给予一定的特殊照顾。

藏语文学习使用受到法律保护。西藏自治区各级人民代表大会通过的决议、法规,各级人民政府及所属部门发布的正式文件和公告都使用藏、汉两种文字。在司法诉讼程序中,对藏族诉讼参与人都使用藏语文审理案件,法律文书也使用藏文。各单位的公章、证件、表格、信封、信笺、稿纸、标识以及机关、厂矿、学校、车站、机场、商店、宾馆、餐馆、剧场、旅游景点、体育场馆、图书馆等的标牌和街道、交通路标等,均使用藏、汉两种文字。西藏共有14种藏文杂志、10种藏文报纸。西藏人民广播电台开办有42个藏语(包括康巴语)节目、栏目,藏语新闻综合频率每天播音达21小时,康巴语广播频率每天播音18小时,西藏电视台藏语卫视24小时播出节目。2013年,西藏自治区出版藏文书籍780种,印数达431万册。通过互联网和手机等藏语文平台,浏览阅读、收听、收看国内外新闻和各类资讯,成为众多藏语文用户日常生活的一部分。

新疆有13个世居民族,共使用10种语言和文字。自治区及各自治州、自治县机关执行公务时,同时使用自治民族和汉语两种语言文字。新闻、出版、广播、电影、电视等都广泛使用少数民族语言文字。《新疆日报》用维吾尔、汉、哈萨克、蒙古4种文字发行。新疆电视台用维吾尔、汉、哈萨克、蒙古4种语言播放节目。新疆人民出版社用维吾尔、汉、哈萨克、蒙古、柯尔克孜、锡伯6种文字出版各类图书。新疆各出版社出版的图书与音像制品中使用少数民族语文的占到70%以上。2013年译制少数民族语故事片100部,译制影视剧5 975集,拍摄少数民族题材影视剧4部。

七、残疾人权利

中国有残疾人约8 500万人。2013年,中国按照残疾人保障法、《中国残疾人事业"十二五"发展纲要》和《农村残疾人扶贫开发纲要(2011—2020年)》等,依法、有计划地发展残疾人事业。同时,认真履行《残疾人权利公约》,积极落实第三个亚太残疾人十年(2013—2022)"仁川战略",推动残疾人事业与经济、社会协调发展,残疾人权利保障的规范化水平进一步提升。

残疾人康复工作有序开展。按照残疾人"人人享有康复服务"的原则,完善残疾人康复工作机制。推动残疾人康复机构与医疗机构加强合作,构建分工协作、功能互补的三级康复医疗体系。制定《0－6岁儿童残疾筛查工作规范(试行)》,将残疾儿童康复端口前移,建立0－6岁儿童残疾早期筛查、早期诊断、早期治疗、早期康复的工作机制。深化社区康复,推动康复进社区、服务到家庭,重点支持2 862个社区康复示范站建设。注重家长学校建设,2013年已开展家长学校工作的残疾人康复机构达1 131个。实施康复人才培养"百千万工程"。2013年全国共培训各级各类管理和专业技术人员25.6万人,其中康复管理人员2.5万人,康复业务人员5.5万人,社区康复协调员17.7万人。

实施一批重点康复工程。截至2013年,开展社区康复服务的市辖区累计达到901个,县(市)累计达到2 014个。2013年,新增169万残疾人接受社区康复服务,746.8万残疾人得到不同程度康复。其中,完成白内障复明手术74.6万例,为3.2万名聋儿提供听力语言康复训练,为15.3万名智力残疾儿童、脑瘫儿童和孤独症儿童提供机构、社区和家庭指导训练。组织实施贫困肢体残疾儿童矫治手术6 721例,麻风畸残矫治手术418例。584万名精神病患者接受综合防治康复服务,46.9万名贫困精神病患者获得医疗救助。为残疾人提供辅助器具128.3万件,其中,国家彩票公益金项目为贫困残疾人免费提供32.9万件。

健全残疾人教育保障机制,促进残疾人就业。完善残疾人教育体系,重点解决实名未入学残疾儿童的就学问题,制定《特殊教育提升计划(2014—2016年)》,扩大义务教育普及,因地制宜发展残疾儿童学前教育,加快发展以职业教育为主的残疾人高中阶段教育,推进残疾人高等教育,加大财政投入力度,加强教师队伍建设,深化课程教学改革。继续实施《特殊教育学校建设规划(二期)》,全年投入中央专项资金8亿元,支持27所特殊教育师范院校和残疾人中、高等学校建设。投入中央特教专项补助经费5 500万元,重点支持中西部地区10个省的薄弱特殊教育学校建设。实施残疾人事业专项彩票公益金助学项目,为1万余人次家庭经济困难残疾儿童享受普惠性学前教育提供资助,为全国23所中高等特教院校改善办学条件,并加强残疾学生实训基地建设。全国有7 538名残疾人被普通高等院校录取。制定《关于促进残疾人按比例就业的意见》,加大残疾人职业技能培训和岗位开发力度。全年城镇新增残疾人就业36.9万人,实名培训48万人;农村85.6万残疾人接受实用技术培训。鼓励和扶持福利企业发展,促进残疾人就业和平等融入社会。截至2013年,全国共有福利企业1.8万个,集中安置54.2万名残疾人就业。

残疾人社会保障水平进一步提升。扩大残疾人社会福利范围,适当提高社会福利水平。截至2013年,全国已有628万城乡残疾人纳入最低生活保障范围,参加城乡居民养老保险的残疾人分别达到401.4万人和1 638.3万人,94.4万名残疾人接受托养服务。探索建立贫困残疾人生活补助和重度残疾人护理补贴制度。15个省(区、市)建立了贫困残疾人生活补贴制度,8个省(区、市)建立了重度残疾人护理补贴制度,享受补贴的残疾人超过600万人。

残疾人扶贫开发力度加大。把残疾人的扶贫开发纳入相关规划,在落实扶贫政策和实施扶贫措施中同等条件下优先支持残疾人,加大支持力度。将贫困残疾人纳入贫困监测整体工作,建立集中连片特困地区残疾人扶贫开发工作统计汇总制度。加强农业行业助残扶贫工作,促进农村残疾人增收。对残疾人农业生产技术服务、创办农民专业合作社给予支持,加强农村残疾人农业生产与经营管理技能的培训,支持农村残疾人家庭购置和使用农机,加快改善农村残疾人家庭生活燃气环境,提高优惠补贴。优先支持农村贫困残疾人家庭危房改造,完成贫困残疾人家庭危房改造数量占年度总任务的比例,高于农村贫困残疾人家庭存量危房占存量危房总数的比例。实施《2013年贫困地区新生儿疾病筛查项目方案》,在21个省(区、市)14个国家集中连片特殊困难地区的200个县,对农村户籍的49万例新生儿开展苯丙酮尿症、先天性甲状腺功能减低症和听力障碍患儿筛查工作,并实施康复救助。2013年,农村共有120.6万残疾人脱贫,为12.2万户农村残疾人家庭实施了危房改造。

加快推进无障碍建设与改造。贯彻实施《无障碍环境建设条例》,城乡无障碍环境建设深入开展。2013年,共为13.6万户贫困残疾人家庭进行无障碍改造,为65.7万残疾人发放了残疾人机动轮椅车燃油补贴。落实方便残疾人出行规定,中国民航局研究修订《残疾人航空运输办法(试行)》,中国铁路总公司在所有列车均设置残疾人专座。全年安排4.8万张残疾人火车专票,改造生产1 268节无障碍车厢。各市、县全面开展无障碍环境建设。按照《网站设计无障碍技术要求》,对117家部委和省政府等网站开展无障碍专项评估,部分网站已按照标准开展了网站无障碍建设。推进信息无障碍辅助器具研发,开展盲用辅助系统、读屏软件等无障碍相关标准的研究制定。启动"美丽中国——2013中国政务信息无障碍公益行动",对政府各部门政务网站进行无障碍改造,开展城市信息无障碍体系建设。

八、环境权利

2013年,中国针对高速发展带来的环境和生态问题,继续大力推进生态文明建设,不断建立健全环境保护制度体系,增强环境治理和生态保护力度,以解决损害群众健康的突出环境问题为重点,严肃查处惩戒污染环境的违法和犯罪行为,保障人民享有良好环境的权利。

生态环境保护的规划和机制进一步完善。国家制定和实施《化学品环境风险防控“十二五”规划》、《大气污染防治行动计划》、《京津冀及周边地区落实大气污染防治行动计划实施细则》、《京津冀及周边地区重污染天气监测预警方案》、《华北平原地下水污染防治工作方案》、《关于加强国家重点生态功能区环境保护和管理的意见》、《实行最严格水资源管理制度考核办法》、《关于加快推进水生态文明建设工作的意见》等一系列环境保护文件。发布国家环保标准135项,使现行有效国家环保标准达1 499项。

国家环境保护部与31个省(区、市)签订了大气污染防治目标责任书。推进环保重点城市和环保模范城市PM2.5监测点建设。2013年完成西部大开发战略环境影响评估,启动中部地区发展战略环境影响评估。对重点控制区火电、钢铁、石化、水泥、有色、化工六大行业以及燃煤锅炉项目执行大气污染物特别排放限值。环保部、保监会联合制定了《关于开展环境污染强制责任保险试点工作的指导意见》,规定涉重金属企业、按地方有关规定已被纳入投保范围的企业、其他高环境风险企业3类企业必须强制投保社会环境污染强制责任险。启动第二批10个省(区)环境功能区划编制试点,在内蒙古、江西、广西和湖北4省(区)开展生态红线划定技术试点。建立全国大气污染防治部际协调机制、长三角区域和京津冀及周边地区大气污染防治协作机制。水资源管理责任与考核制度进一步推进和落实。建立最严格水资源管理制度考核组,31个省(区、市)建立行政首长负责制,“三条红线”考核指标分解工作基本完成。启动《水资源保护规划》编制,完成重要江河湖泊水功能区纳污能力核定,提出了分阶段限排方案。

生态环境保护投入进一步加大。2013年全国财政节能环保投入3 383亿元,同比增长14.2%。制定实施《国家环境监管能力建设“十二五”规划》。开展水质较好湖泊生态环境保护试点,中央投入资金16亿元。国务院审议通过了《水质较好湖泊生态环境保护总体规划(2013—2020年)》。国家重点生态功能区转移支付资金达423亿元,范围扩大到492个县。中央财政投入25亿元用于重金属污染治理,首批投入50亿元大气污染防治专项资金支持北京、天津、河北、山西、山东、内蒙古六省(区、市)治理大气污染,投入60亿元专项资金支持农村环境综合整治。

环境保护措施进一步加强。2013年,全国新建国家级自然保护区21处,已有海南、黑龙江、安徽等16个省(区)开展生态省(区)建设,1 000多个市(县)开展生态市(县)建设,建成国家级生态市(县)55个、国家级生态乡镇2 986个。在全国46个城市(区)启动水生态文明城市建设。全国城市园林绿地面积达到2 367 842公顷,绿化覆盖率达39.59%,人均公园绿地面积达12.26平方米。在第一批74个城市496个监测点位实时发布细颗粒物(PM2.5)等六项污染物监测数据的同时,完成第二批116个城市开展细颗粒物(PM2.5)等污染物监测点位的建设任务,并开始实时发布监测数据。深化重点流域水污染防治。加强流域水资源保护,启动国家水资源监控能力建设项目,建设取用水户、水功能区、省界断面共1.4万个国控监测点,对全国175个重要饮用水水源地实现在线监测,使全国70%以上的许可取用水量、80%以上的重要水功能区、重要省际河流省界断面水质情况得到有效监测。制定《水功能区管理办法》,强化分级分类监管。七大水系的577个水质监测断面中,Ⅰ-Ⅲ类水质断面占66.7%,劣Ⅴ类占10.8%,分别比2012年上升2.6个百分点,下降1.5个百分点。

以大气污染防治为重点,大力推进工程减排。2013年以来,中国中东部地区多次出现大范围雾霾天气,引起全社会广泛关注。2013年9月,国务院发布《大气污染防治行动计划》,提出减少污染物排放、推进产业结构优化升级、加快企业技术改造、调整能源结构、严格节能环保准入等35项具体措施,建立区域污染联防联控机制,妥善应对重污染天气,动员全社会力量参与大气保护行动，大力开展大气污染防治工作，治理雾霾。2013 年，全国 3 400 万千瓦现役火电机组脱硫设施实施增容改造，燃煤电厂脱硫机组比例超过 90%；新增脱硝机组 2.05 亿千瓦，脱硝机组比例占全国火电总装机容量的 50%；2.03 亿千瓦现役火电机组拆除脱硫设施的烟气旁路，无烟气旁路运行的脱硫机组占全国火电总装机容量的 46%；5.7 亿吨水泥熟料产能新建脱硝设施，已实施脱硝的水泥熟料产能占全国总产能的 50%。2013 年，化学需氧量、氨氮、二氧化硫、氮氧化物四项主要污染物分别同比下降 2.93%、3.14%、3.48%、4.72%，其中氮氧化物排放量首次降至 2010 年减排基数以下。2013 年全国新增城镇（含建制镇、工业园区）污水日处理能力 1 194 万吨，全国设市城市生活垃圾无害化处理率达到 84.8%。

开展环保专项检查，打击环境污染犯罪。2013 年，全国共出动执法人员 183 万余人（次），检查企业 71 万余家（次），查处环境违法问题 6 499 件，挂牌督办 1 523 件。对 2012 年度重金属规划实施情况考核不合格省份 16 个地市实行环评限批。新处置铬渣 30 余万吨，基本实现铬渣当年产生当年利用处置完毕。阻止 17 批次固体废物非法入境。2013 年 1 月 1 日实施的修订后的民事诉讼法确立了环境公益诉讼制度，明确规定对环境污染、侵害众多消费者合法权益等损害社会公共利益的行为，法律规定的机关和有关组织可以向人民法院提起诉讼。2013 年 6 月，最高人民法院、最高人民检察院发布《关于办理环境污染刑事案件适用法律若干问题的解释》，从严打击环境污染犯罪，并对环境监管部门的“监管失职罪”规定了追加处罚措施。2013 年，全国公安机关共立案侦查环境污染案件 779 起，抓获犯罪嫌疑人 1 265 名。全国各级检察院起诉重大环境污染事故、非法采矿、盗伐滥伐林木等犯罪嫌疑人 20 969 人，在环境监管、污染治理、生态修复工程建设等领域查办职务犯罪 1 290 人，并通过督促起诉、检察建议等方式推动相关部门依法履行对环境资源的监管职责。全国各级人民法院共受理环境污染犯罪案件 134 件，审结 104 件，依法追究刑事责任 139 人。最高人民法院还通报了紫金矿业集团紫金山金铜矿重大环境污染事故案、云南阳宗海重大环境污染事故案、重庆云光化工有限公司污染环境案以及胡文标、丁月生投放危险物质污染环境犯罪等典型案件。

九、人权领域的对外交流与合作

2013 年，中国积极开展国际人权交流与合作，在联合国人权机构中发挥建设性作用，推动国际人权事业健康发展。

积极参与联合国多边人权会议。中国代表团出席了联合国第 68 届联大第三委员会、非政府组织委员会相关会议，参加了人权理事会第 22 至 24 次会议，人权理事会国别人权审查工作组第 15 至 17 次会议，在相关会议中，中国发挥建设性作用，积极表达人权政策主张，参与有关人权议题的审议和讨论。

通过第二轮国别人权审查。2013 年 10 月，中国在日内瓦顺利通过联合国人权理事会第二轮国别人权审查。137 个国家在会上发言，大多数国家充分肯定中国人权事业成就，支持中国根据本国国情进一步促进和保护人权。对各国在审议过程中提出的意见和建议，中国本着开放、认真的态度给予积极回应，接受建议 204 条，占建议总数的 81%，涉及减贫、教育、司法等 20 多个领域。2014 年 3 月 20 日，中国接受第二轮国别人权审查报告获得联合国人权理事会核可。

高度重视国际人权条约履约工作。中国已加入包括《经济、社会及文化权利国际公约》在内的 26 项国际人权公约。2013 年，中国向联合国禁止酷刑委员会提交了履行《禁止酷刑和其他残忍、不人道或有辱人格的待遇或处罚公约》第六次履约报告。中国执行《儿童权利公约》第三、四次合并报告和执行《〈儿童权利公约〉关于儿童卷入武装冲突问题的任择议定书》首次报告顺利通过联合国儿童权利委员会审议。

积极参与联合国人权机制工作。2013年11月12日，中国以176票高票当选2014年至2016年联合国人权理事会成员国。继续支持联合国人权事务高级专员办公室工作，承诺2014年至2017年中国对联合国人权高专办的捐款将提升至80万美元。接待联合国人权理事会"法律和实践中对妇女的歧视问题工作组"访华。积极参与和推动联大加强和增进人权条约机构体系有效运作政府间进程，参与数轮多边非正式磋商和专题讨论，就改善人权条约机构体系阐述中国立场和主张。中国的人权专家还分别当选联合国人权理事会咨询委员会和联合国禁止酷刑委员会委员。

通过人权对话与交流增进了解。中国与俄罗斯、巴基斯坦进行了人权交流与磋商，开展了中美、中欧、中德等人权对话。与美国举行中美法律专家交流，与澳大利亚开展人权技术合作，接待欧盟人权事务特别代表访华。派团出席了第13届亚欧非正式人权研讨会。中国人权研究会和中国人权发展基金会联合主办了第六届"北京人权论坛"，论坛以"建设可持续的人权发展环境"为主题，围绕"法治与人权"、"社会建设与人权"、"区域安全与人权"等进行了广泛深入的讨论。

中国将一如既往地与国际社会一道，为促进国际人权事业的健康发展做出不懈努力。

论疑罪从无

□沈德咏

疑罪从无是司法机关认定刑事案件待证事实应当遵循的重要证据法则，是现代法治国家处理刑事疑案的普遍做法，亦为我国刑事诉讼法所明文确认。何为疑罪？通常而言，疑罪是指已有相当证据证明被告人有重大犯罪嫌疑，但全案证据尚未达到确实、充分的程度，尚不能确认被告人就是真正的罪犯。疑罪从无，就是在刑事司法中出现这种既不能排除犯罪嫌疑又不能证明有罪的两难情况下，从法律上推定为无罪的一种处理方式。古今中外，关于疑罪的处理有一个认识不断变化的过程，而且多有波折，即使在当代西方法治发达国家，疑罪从无规则亦未能完全贯彻到全部疑案处理中去。我国现行刑事诉讼法确立了疑罪从无规则，在实践中也发挥了一定作用，但由于认识尚未完全统一、观念未能彻底转变，加之配套制度不够健全，司法实践中还存在着"疑罪从有"、"疑罪从轻"、"疑罪从挂"等现象，不仅造成个案的处理不公，而且严重影响到刑事司法的整体公正，个中缘由颇为复杂。因此，即使在刑事法治取得前所未有进步的今天，我们仍有必要对疑罪从无问题进行认真研究，以期促进全社会特别是公安、司法机关及其人员进一步统一思想、增进共识，共同致力于维护刑事司法公正，促进法治文明进步。

一、疑罪从无的历史溯源

自从人类历史上出现了诉讼这种纠纷解决的方式伊始，事实真伪不明案件如何处理一直是困扰裁判者的一个难题。从认识规律来看，司法办案中出现疑案是客观存在的，因为已然发生的案件事实并不尽然地给人们留下充足的证据，而留下的证据也并不尽然地能够为人们所发现和收集；况且，越是强化证据规则和法治意识，办案要求就越高，出现疑案的可能性就越大。在神示裁判时期，自然不会存在疑案的纠结；进入证据裁判时代后，面对疑案该如何处理？有罪？抑或无罪？在有罪和无罪之间这个模糊地带，还有一条道路可供选择：这就是倾向于认定有罪但从轻处理。

从历史发展来看，疑罪的处理大致经历了一个从有、从轻到从无的发展过程。疑罪从无的思想渊源是古罗马法规定的"有疑，为被告人之利益"，亦即通常所说的"有利被告"原则。关于疑罪的处理，我国古代文献有不少记载：《尚书·大禹谟》有"罪疑惟轻、功疑惟重"、"与其杀不辜，宁失不经"的理论；《礼记·王制》有"疑狱，汜与众共之。众疑，赦之"的记载；《尚书·吕刑》有

“五刑之疑有赦,五罚之疑有赦,其审克之”的记载。概言之,我国古代对疑罪有从无和从有两种处理方式:从无即对疑罪按无罪处理;从有又分为从实(罪疑时按有罪处理)、从轻(罪疑时认定为有罪,但减轻处罚)、从赎(罪疑时按照有罪处理,但可以金钱赎罪)三种情况。① “罪疑惟轻”虽然带有明显的时代局限性,但它的确蕴含了有利被告原则的合理因素。其后,古人提出的“众疑赦之”、“刑疑有赦”,显然比“罪疑惟轻”又前进了一步。由此看来,古代罗马法与中国古代法在处理疑罪问题上是不谋而合的,即都适用“有利被告”原则。其实,这也是历史发展的必然。

疑罪从无来源于早期的无罪推定。伴随着人类社会的不断发展,西方新兴资产阶级基于“天赋人权”的观念,在批判以肉刑和有罪推定为主要内容的中世纪司法专横的基础上,逐渐形成了无罪推定的思想。18 世纪末、19 世纪初,无罪推定逐步成为刑事诉讼的基本原则,并被视为衡量一国刑事司法文明与法治化程度的重要标志。最早在理论上对无罪推定原则作出完整表述的是意大利刑法学家贝卡利亚(1738—1794)。1789 年法国的《人权宣言》又首次在法律上确立了无罪推定原则。1948 年联合国大会通过的《世界人权宣言》第十一条第一款规定,为在世界范围内贯彻这一原则提供了法律依据。从无罪推定原则的内涵一般可以引申出以下证据规则:(1)在刑事诉讼中,证明被告人有罪的责任由控诉方承担,被告人不负证明自己无罪的义务;(2)被告人有权拒绝陈述,不能强迫被告人自证其罪,也不能以其沉默作为有罪的根据;(3)在对被告人是否有罪或罪行轻重有怀疑时,应当从有利被告人的方面做出解释。② 这就说明,无罪推定原则是由一系列体现现代刑事司法理念的规则构建起来的,其中就涵盖了“有利被告”原则。可以说,无罪推定原则的产生,是“有利被告”原则历史发展的合乎逻辑的结果。而疑罪从无则是刑事诉讼尊重客观规律、体现司法文明、落实人权保障的重要规则,是由无罪推定原则引申出来的一条金科玉律。

我国对无罪推定的态度经历了一个曲折的发展过程。但历史已经再三明白无误地告诉我们:在刑事司法领域,不搞无罪推定,就难免不搞有罪推定;不搞疑罪从无,就难免不搞疑罪从有;任何形式的疑罪从轻、疑罪从挂,实质上都是疑罪从有。20 世纪 50 年代中期,我国法学界对无罪推定原则先后进行了三次大的争鸣:1996 年我国刑事诉讼法修改时吸收了无罪推定原则的基本精神。该法第十二条规定“未经人民法院依法判决,对任何人都不得确定有罪”;第一百六十二条则规定“证据不足,不能认定被告人有罪的,应当作出证据不足、指控的犯罪不能成立的无罪判决”。2012 年修改后的刑事诉讼法继续保留了这两项规定③,同时明确规定了控方应当承担举证责任,增加规定了不得强迫自证其罪原则,从而更加全面、准确地体现了无罪推定原则的基本要求。但从过去十几年的司法实践看,尽管我国刑事诉讼制度已经在很多方面吸收了无罪推定原则的内涵及其引申规则,但有罪推定的思想在一些司法人员头脑中依然是根深蒂固的,“疑罪从轻”、“疑罪从挂”的现象还不同程度地存在,纠问式的办案思维并未得到根本改变,犯罪嫌疑人、被告人在诉讼中的主体地位仍不够稳固,其人格尊严和法定权利难以得到应有的尊重和保护。

可见,没有疑罪从无的意识和观念,与无罪推定相关的诉讼程序和制度不可能在真正意义上建立起来,即使完整建立起来也难以转化为实际行动。当然,要实现真正意义上的疑罪从无也不是一朝一夕所能完成的,重要的是要朝着这个方向一直坚持走下去。在这个过程中,我们既要从历史的角度去审视,做到以史为鉴,明辨利害;又要强化理论阐述,让疑罪从无理论日臻完善;还

---

① 参见宋英辉:《刑事案件事实认定中的几个问题》,载《政法论坛》1991 年第 1 期。

② 参见沈德咏:《树立现代刑事司法观念是正确实施刑事诉讼法的必由之路》,载《人民司法》2012 年第 11 期。

③ 分别是 2012 年修改后的刑事诉讼法第十二条和第一百九十五条。

要反思实践做法，权衡利弊得失，最终要让人们明白，在面对疑案时实行疑罪从无可能是唯一正确而又明智的选择。

二、疑罪从无的理论逻辑

疑罪从无源于历史上的"有利被告"原则，但其之所以能够在各国成为一项普遍遵循的重要司法规则，关键是其与现代民主、法治、人权等价值理念的契合。

（一）疑罪从无是人权保障理念的内在要求

尊重和保障人权是现代社会的基本价值追求，是民主法治的核心标志。伴随着2004年"尊重和保障人权"载入宪法，我国经济社会发展各领域日益重视人权保障工作，刑事司法领域落实人权保障的制度和观念亦取得显著进步。2012年修改后的刑事诉讼法将"尊重和保障人权"写入刑事诉讼法的基本任务，这是其自2004年载入宪法以来首次被写入基本法律。从一定意义上讲，刑事程序法律的精神就在于在惩罚犯罪的过程中强化人权保障，人权保障水平是衡量刑事诉讼程序和证据制度是否正当的重要考量因素。① 任何时候，我们绝不能为了打击犯罪而忽视被追诉者的人权保障，绝不能以牺牲对人权的保障为代价片面追求惩罚犯罪，甚至导致错判无辜，出现冤假错案。当然，刑事诉讼的基本功能毕竟是要追诉并惩罚犯罪，匡扶公平正义，否则其本源价值将难以体现出来。因此，对犯罪进行惩治是必须的。我们主张加强对人权的保障，固然要强调努力为人的自由全面发展创造条件，但也不能无原则地放松对犯罪的追究，所以进行刑事诉讼，必须正确处理好惩罚犯罪与保障人权的关系，在保障人权的前提下全力追究犯罪。

从追诉犯罪而言，疑罪从无可能是一种无奈的选择，但它的确是反思以肉刑为代表的野蛮追诉和以武断为标志的司法专横的产物。它与人权保障有着天然的联系，是刑事诉讼中尊重和保障人权的内在要求。在人权保障理念之下，如果根据案内证据无法排除疑点，则应按照有利于被告人的原则处理。对于疑案如果任由主观意愿恣意为之，或者为了获取证据搞刑讯逼供，或者久押不决、疑罪从挂，或者留有余地、疑罪从轻，这都将为严重侵犯人权甚至制造冤假错案埋下祸根。司法实践证明，在刑事诉讼中落实人权保障的要求，落实宪法关于公民自由权利的规定，就应当坚定不移地贯彻疑罪从无规则，任何形式的疑罪从挂、疑罪从轻都是疑罪从有思想在作祟，必须坚决予以摒弃，否则等待我们的必将是一桩又一桩让法律人感到耻辱的冤假错案。

（二）疑罪从无是秩序和自由的价值选择

美国法学家哈罗德·J.伯尔曼认为，良好的秩序是一切的基础。秩序和自由都是法所追求的基本价值目标。正确处理好秩序与自由的关系，对于在确保社会稳定的前提下最大限度地增添社会创造力至关重要。在经济社会快速发展的今天，在有能力、有信心对国家和社会进行有效管理的情况下，司法应当对人的自由全面发展、对人的尊严和权利给予更多关怀。为消除社会不稳定因素，依法制裁破坏社会秩序的违法犯罪是必要的，否则将无法保障国家利益、社会公共利益以及公民个人权益不受侵犯，无法维护国家和社会安全，也无法实现法的秩序价值。但在法治背景下，追求对犯罪的控制时并不可以为所欲为，毫无节制，底线是必须尊重和保障人权，以实现秩序和自由价值的平衡。我们不仅要关注犯罪是否得到追究，而且要关注一旦判错对无辜者造成的危害，并且要充分认识到，忽视对自由价值的追求和保障，正是导致这种错误的根源之一。"怀疑应该导致宣告无罪。因为，损毁一个无辜者的名誉，或者监禁一个无罪的人，要比释放一个罪犯更使人百倍地不安。"②与此同时，我们还要看到，犯罪已经对社会秩序产生了破坏，如果在

---

① 参见沈德咏：《中国刑事证据制度改革与发展需要处理好的几个关系》，载《中国法学》2011年第3期。

② ［法］勒内·弗洛里奥：《错案》，赵淑美、张洪竹译，法律出版社2013年版，第225页。

罪疑的情况下仍然坚持定罪科刑,一旦冤枉了无辜,势必对秩序形成“二次加害”,产生新的受害人,累积起来对于社会整体秩序所产生的负面影响是巨大的。

在刑事诉讼中不枉不纵是一种理想状态,但这种理想并不总是能够照进现实。长期以来,我国刑事诉讼理论中占主导地位的是不枉不纵观念,甚至将其视为判断刑事司法制度优劣的标准。“这种观念看似不偏不倚,但在司法实践中却极易滑向宁枉勿纵、重刑主义、重打击轻保护、重实体轻程序的法律文化传统,导致司法实践中不可能有‘不枉’与‘不纵’的简单并重”。[①] 疑罪从无并不是针对理想诉讼状态而确立的一种诉讼制度。[②] 疑罪从无的最大风险就是有可能放纵犯罪,而疑罪从有的最大恶果就是有可能出现冤假错案。应当说,两种结果都是我们不愿意看到的,但在必须做出抉择的时候,就要权衡哪种结果对社会秩序的破坏更大。在法治发展进步的今天,“宁枉勿纵”肯定是不合时宜的,为此,我们应当转换一下思路,这就是“宁可错放,也不可错判”。[③] 从语义上说,“错放”是指对被告人按照疑罪从无释放后,根据新的事实、证据重新追诉,或者虽未重新追诉但客观上仍可能就是罪犯的情形,并不是说“放”的本身错了,在证据不足的情形下实行疑罪从无无疑是正确的;而“错判”则是指将无辜者错误判为有罪。主张“宁可错放,也不可错判”绝非是要放弃对秩序价值的追求,甚至可以说这是一种更深层意义上的秩序、价值追求。惩罚犯罪是维护和修复社会秩序的需要,而保障无辜者不被冤枉是在一种更高层面上维护良好的社会秩序,疑罪从无就是在这个层面上体现了对社会秩序的追求和保障。如果允许国家司法机关在证据存有疑问的情况下仍然可以将人入罪,那么很可能就会出现司法权力的滥用和专横,如此情况下,岂不人人自危?在这种情况下,谁能保障社会上的无辜者不被错误追诉、不被冤枉入罪?所以说,一项好的制度并不能保证百分之百地做到不放掉一个坏人,但应当百分之百地保证不冤枉一个好人。因此,即使实行疑罪从无可能导致放掉一个坏人,我们也不能因噎废食地轻易否定该项制度。事实上,任何一项制度的确立和实施都不可能是没有任何代价的。在新的时代条件下,为防范冤假错案的发生,刑事司法人员必须树立起疑罪从无的观念,彻底抛弃或多或少残存的有罪推定思想,将保障无罪的人不受刑事追究确立为刑事诉讼不可逾越的一条红线,依法保护公民的正当权利,维护司法文明和理性的社会秩序。在出现了疑案的情形时,应当严格依据证明标准,坚持疑罪从无,“本着宁纵勿枉的精神,对定罪事实不清、证据不足而未达到法定证明标准的案件依法作出无罪判决,而不得疑罪从有,搞留有余地的判决”。[④] 在具体方法上,根据所处的诉讼阶段,可以因案而异,宣判无罪、撤回起诉、撤销案件都不失为落实疑罪从无的具体方式,最终目的都是要让全社会感受到疑罪从无带来的公平正义,感受到社会的安定有序。

(三)疑罪从无是司法民主理念的必然要求

司法民主是人民民主在司法领域的具体体现。根据司法民主的要求,司法活动必须充分吸收诉讼当事人和人民群众参与诉讼进程,必须尊重与保障诉讼当事人和其他诉讼参与人的各项合法权益。作为法治国家的一项基本原则,司法民主就是要使司法过程最大限度地实现公开化、透明化,要让人民群众能够以看得见的方式来实现正义;就是要确保公民的知情权、参与权、表达权,进而实现对司法工作的有效监督。基于此,在刑事诉讼中,司法民主最重要的是以公开透明

---

① 熊秋红:《冤案防范与权利保障》,载《法学论坛》2010 年第 4 期。

② 参见张建伟:《证据法要义》,北京大学出版社 2009 年版,第 56 页。

③ 沈德咏:《我们应当如何防范冤假错案》,载《人民法院报》2013 年 5 月 6 日第 2 版。

④ 卞建林、张璐:《刑事证明标准的理解与适用》,2013 年 7 月 20 日第四届证据理论与科学国际研讨会论文。

的诉讼程序,最大限度地保障被告人的诉讼权利,从根本上改善被告人在诉讼中的法律地位。在现代刑事诉讼程序中,被告人是诉讼的主体,是作为诉讼权利和义务主体参与诉讼活动的,从任何意义上讲,他都不能成为诉讼的客体。因此,在诉讼中对被告人予以任何罪犯的认知和处遇,都会被认为是实行有罪推定的结果。实行无罪推定、疑罪从无,有助于防止可能出现的错误追诉和对被告人合法权益的非法侵犯。

此外,我们还应当认识到,充分保障被告人诉讼权利有助于保证专门机关正确处理案件。被告人是刑事诉讼的中心人物,没有被告人就没有刑事诉讼。被告人与诉讼的结局有着最为直接的利害关系,如果被指控的犯罪得到证实,他就可能成为科刑的对象,受到法律的惩罚。① 因此,被告人在参与诉讼活动中,从积极防御的角度提出的看法和意见,有利于弥补办案人员认识上的不足和局限,避免"偏听偏信"。在尊重和保障被告人各项诉讼权利的基础上,如果仍然出现疑案的情形,则应遵循疑罪从无的要求作出裁判,使案件得到公正处理,让民众在看得见的诉讼程序中感受到公平正义。当事实真伪不明之时,法律决不可模棱两可,而必须给出一个确定的、唯一的"交代",唯有如此才能体现法律的预设性和确定性。

(四)疑罪从无是程序法治原则的重要体现

法谚有云:程序是法治和恣意而治的分水岭。诉讼不仅应当追求结果公正,同时也应追求过程公正。"理想的正义是形式要素和实体要素之和"。② 在刑事诉讼中,实体公正和程序公正二者缺一不可,实现裁判的实体公正必须经过一系列公正的程序。众所周知,法治首先表现为规则之治,没有程序保障的法治是不完整的,但程序规则本身应当体现法治的精神,亦即实现程序法治。程序法治原则的核心就是规范和制约公权力,尊重和保障人权。刑事诉讼事关公民的生命、自由和财产,必须要按照程序法治原则的要求,建构正当的诉讼程序。在程序法治观念和制度下,反对刑讯逼供、反对违法取证都是应有之义,刑事司法人员必须遵循法定程序,严格依法办案,对违反法定程序的行为要承担相应后果,给予必要的制裁;严重的程序违法不仅要追究有关人员的责任,还可能导致诉讼不能继续进行、相关证据被依法排除,进而产生证据不足、指控的犯罪不能成立、被告人被宣告无罪的后果。

2012 年修改后的刑事诉讼法从立案、侦查到起诉、审判等诸多方面均强化了程序法治原则方面的要求:刑事诉讼法第一百七十一条明确规定,人民检察院在审查起诉阶段,对于二次补充侦查的案件,仍然认为证据不足,不符合起诉条件的,应当作出不起诉的决定。这就从根本上改变了原来"可以"不起诉的规定,为疑案筑起了一道有效的"拦截"程序,体现了疑罪从无的要求。再如,非法证据排除制度的确立,为疑案处理提供了制度依据,否则,对于非法取得的证据,用之则留下隐患,弃之则又会有各种各样的担忧。设计再好的程序制度和规则,如果没有一定制裁性后果加以约束,最多只能算作是一种建议和忠告。疑罪从无无疑是能够使程序法治原则落到实处的最重要保障。在刑事诉讼中,通过严格的程序规范,从侦查、起诉进入到审判环节,如果最后由于举证不能或因非法证据被排除,导致指控的事实证据不足,任何迁就性、妥协性的裁判都必定会使法律"颜面扫地",唯有坚持疑罪从无方能彰显程序法治之魅力。

三、疑罪从无的实践理性

毋庸置疑,从国家设立刑事司法体系的角度来看,查清事实真相对于任何案件来说都是最佳结果,但同时疑案又是客观存在的。在司法实践中,无论是侦查、公诉机关还是审判机关,主观上

① 参见沈德咏:《法学精要》,华艺出版社 1995 年版,第 189 页。

② [美]戈尔丁:《法律哲学》,齐海滨译,三联书店 1987 年版,第 237 页。

当然都不希望出现疑案,然而,受制于各种现实的、客观的因素,疑案在一定条件下又不可避免地会出现,疑罪从无就是处理疑案的一种技术性手段和方式。

(一)疑罪从无是遵循认识规律的必然结果

我国证据法坚持以辩证唯物主义认识论为指导,将认识论的基本原理与诉讼证据运用的特殊规律结合起来,形成了诉讼认识论,并将其作为证据法的基础理论。[①] 辩证唯物主义认为,以实践为基础的认识活动,是主体对客体的能动的反映活动,承认人通过实践能够正确反映客观实际,认识客观事物。[②] 但人类的认识是有限性与无限性的统一,一方面,人类能够正确认识无限发展着的客观世界;另一方面,客观世界在时间和空间上都是无限的,人们已获得的正确认识通常只是对整个客观世界一个部分、一个层次、一个方面、一个发展阶段的认识。因此,人们总是在实践的基础上不断扩展、深化认识,把认识向前推移,进而无限接近客观世界。具体到刑事司法实践,办案人员在诉讼中查明案件真相,准确认定犯罪事实和犯罪人,在一定条件下是能够实现的,办案人员能够通过证据去基本再现案件事实,查明案件事实真相。在这个过程中,"证据成为认识主体——办案人员与认识客体——案件事实之间不可或缺的桥梁。"[③]站在历史的角度看,从神明裁判到证据裁判,是从非理性到理性、从愚昧到科学的进步。在现代诉讼中,裁判必须建立在诉讼证据的基础之上,对于诉讼中事实的认定,应依据有关的证据作出,没有证据则不得认定事实,此乃证据裁判原则之要义。

然而,在特定时空条件下,办案人员的诉讼认识活动除了受到认知能力和水平等限制外,还会受到证据掌握状况、诉讼期限、运行程序和规则、司法执法环境等方面的制约,毕竟刑事案件中的事实认定并非总是黑白分明的,有时会出现"灰色地带",即无法准确判定被告人究竟是有罪还是无罪的状况。[④] 犯罪事实本是一件发生在过去的历史事件,在现有科技条件下,我们尚无法实现真正意义上的"穿越",难以实现时空回溯、全然重现,仅能借由犯罪发生时遗留下来的证据"碎片"进行"拼接"、"组合",尽最大努力还原案件本来面目。但同时,恰恰由于要依靠收集来的证据对事实进行认定,在实践中,受制于上述各种限制性条件,有些案件客观上就是破不了、抓不到、诉不了、判不了。对于这样的情况,我们必须要正视并找到正确的出路。如果不顾现实,盲目地要求"限期破案"、"命案必破"、"诉必有罪",不切实际地下达破案率、有罪率等不科学、不合理的考评指标,必定会使办案人员承受诸多有形或无形的压力。因此,有关主管部门明确要求健全、完善执法办案考评标准,不提不切实际的口号和工作要求,"严禁各地下达刑事拘留数、发案数、破案数等不科学、不合理的考评指标,这些考评指标可能导致民警受压力而刑讯逼供、办错案、办假案。"[⑤]虽然"限期破案"、"命案必破"等提法的初衷是好的,是为了严厉打击犯罪以增强群众的安全感,但实践中的不当做法和客观上的危害后果告诉我们,刑事诉讼认识活动还是应当尊重认识规律和司法规律,否则,不规范的司法行为会成为一种普遍存在,导致案件质量经不起事实、法律和时间的检验。

因此,在刑事司法实践中,我们既要坚持以辩证唯物主义认识论为指导,坚信事实真相是可知的,是可以被认识的,但同时我们也要清醒地看到,人对于事实的认识是有局限性的,在特定条件下有些事实真相尚难以全面揭示。所以,无论是查清事实后判决有罪或者无罪,还是出现了疑

---

① 参见陈光中主编:《证据法学》,法律出版社2011年版,第82页。

② 参见《马克思主义哲学》编写组:《马克思主义哲学》,高等教育出版社2009年版,第254页。

③ 陈光中等:《诉讼真实与证明标准改革》,载《政法论坛》2009年第2期。

④ 参见何家弘:《刑事错判证明标准的名案解析》,载《中国法学》2012年第1期。

⑤ 周斌、蒋皓:《政法机关集体发声主动纠正冤假错案》,载《法制日报》2013年7月11日第5版。

案作出无罪处理,都是遵循认识规律的必然结果,在这一点上二者并无本质的区别。

(二)疑罪从无是全面落实刑事诉讼目的的重要方式

任何社会活动都有一定的目的,刑事诉讼活动也不例外。通常而言,刑事诉讼目的是国家进行刑事诉讼活动所要达到的理想结果,是一切刑事诉讼活动的起点和终点。日本学者田口守一就认为,诉讼目的是复合性的、具有阶段性的立体结构。① 刑事诉讼目的对证据制度的影响是直接的。如果刑事诉讼只是为了惩罚犯罪,那么为达到这个目的,程序规则和证据制度便要完全为其服务,各项具体制度也只能围绕惩罚犯罪来设计和安排。而一味地以惩罚犯罪为目的,就难免会出现为追究犯罪而不择手段的功利化倾向,于是就很容易导致制度上的错位。比如,为了获取口供而刑讯逼供,否定和排斥辩护权等。“惩治犯罪和保障人权是刑事诉讼目的不可分割的两个方面,片面地注重一面而忽略另一面,必然违背刑事诉讼法的根本宗旨。”②我国刑事证据制度的改革与发展必须要坚持惩罚犯罪与保障人权并重。

疑罪从无不仅是人权保障理念的内在要求,而且也是实践中完整落实刑事诉讼目的的重要方法,否则,即便我们的观念多么完美、制度多么良善,但到了实践中都会成为一纸空文。在面对疑案,面对可能侵犯无辜者人权的情况下,要实现惩罚犯罪的目标,如果不“另辟蹊径”,着眼于查找真正的罪犯,却盯住存疑的所谓被告人不放,不仅会冤枉好人,而且会导致真正的罪犯逍遥法外,何谈全面实现刑事诉讼目的? 因此,我们只有理性、冷静地反思、审视全案,用疑罪从无的方法及时将诉讼各方从疑案中解脱出来,才有可能使惩罚犯罪和保障人权的目的得到平衡实现。

屡屡出现的冤假错案不断告诫我们,我国刑事诉讼还存在着为了惩罚犯罪而无视和突破原则底线的做法。惩罚犯罪一旦成为或者在事实上成为刑事诉讼的唯一目的,那么在刑事诉讼中贯彻人权保障原则就会不可避免地遇到巨大阻力,像疑罪从无这样已经成为共识的理念就会无法“落地”而沦为摆设。刑事司法人员应当正确认识到:证据确实充分条件下的有罪判决、无罪宣告以及有罪指控、存疑时的疑罪从无,都是刑事案件经过公正审判后的正常处理方式,都能从不同方面推动实现刑事诉讼的目的,绝不可以认为,诉讼的进行非要法院最终作出有罪判决才是实现了“案结事了”。

(三)疑罪从无是应对司法资源有限性的客观需要

公正是司法的固有品质,而迅速、及时审判既是刑事被告人的一项诉讼权利,又是公正审判的一项国际公认的标准,很难想象一个无休止的久押不决、久审不判的案件,最后的裁判达到了公正审判的司法效益。③ 其实,在任何国家,司法资源都是有限的。这一点,在证明资源上表现得尤为突出。“探求不可逆的历史事实,受到价值理性的主观性限制,也受到事实反映性程度的客观限制,用于证明的资源十分有限,因此,事实证明的需要与证明资源有限性的矛盾,是证据法中的根本矛盾。”④正因为如此,证明资源的有限性,已成为研究证据法不可忽视的基本规律和出发点。⑤ 刑事诉讼运行的成本很高,因而许多国家都在法律上为诉讼的各个环节确定了一定的期限,目的就在于防止案件久拖不决,过度耗费司法资源。相对于疑罪从无,疑罪从有会无限度地增加诉讼各方的投入,而且事后一旦被证实无罪,国家赔偿等善后工作的投入更是不可估量。由此可见,实行疑罪从无,有助于及时将司法资源从疑案状态中转移出来,从而避免继续无谓地投

---

① 参见[日]田口守一:《刑事诉讼的目的》,张凌、于秀峰译,中国政法大学出版社 2010 年版,第 41 页。

② 樊崇义主编:《刑事诉讼法实施问题与对策研究》,中国人民公安大学出版社 2001 年版,第 8 页。

③ 参见樊崇义:《迈向理性刑事诉讼法学》,中国人民公安大学出版社 2008 年版,第 475 页。

④ 参见龙宗智:《证据法的理念、制度与方法》,法律出版社 2008 年版,第 3 页。

⑤ 参见龙宗智:《两个证据规定的规范与执行若干问题研究》,载《中国法学》2010 年第 6 期。

入更多没有效益的成本。

有的人可能会说，不能为了追求降低司法成本而放松对犯罪的打击。但事实上，对于实行疑罪从无的被告人，如果有新的事实、新的证据证明其是真正的犯罪人，并不受一事不再理规则的约束，是可以重新启动诉讼程序并追究其刑事责任的。从这个意义上说，收回拳头是为了更加准确地出击。我们主张疑罪从无，是为了从“模棱两可”的“泥潭”中及时解脱出来，是为了更加有力地打击真正的罪犯。因为让真正的罪犯逍遥法外，这才是最大的打击不力和最大的司法不公。不按照疑罪从无规则去处理，搞不恰当的“留有余地”，势必会使可能的罪犯逃脱制裁，将来即使能够纠正也会增大追究成本；如果按照疑罪从挂处理，久押不决，在人、财、物等各方面只会增添更大的负担。权衡再三，疑罪从无是司法资源有限条件下处理疑案的不二选择。

（四）疑罪从无是规范司法权行使的现实要求

任何权力都必须受到规范和制约，权力不加约束和监督就会犹如脱缰野马一样无法控制，司法权也不例外。司法权的规范只有一般号召是远远不够的，必须形成一系列的制度机制加以约束。在刑事实体法上，最重要的是要落实好罪刑法定原则，对被告人的任何不利选择都必须做到于法有据；在刑事程序法上，最重要的是要落实好“有利被告”的精神和疑罪从无的规则，确保专门机关的权力在程序法治的轨道上有序运行。疑罪从无对司法权的规制是通过两个方面来发挥作用的，包括防止权力的怠用和滥用。根据疑罪从无的要求，每一个专门机关都应当依法履行法律赋予的职权和责任，所办理的案件必须做到事实清楚、证据确实充分，绝不可基于部门利益或者其他法外因素的考虑，怠于行使权力，将明显“存疑”的案件“推给”后面的机关。从另一个方面来看，既然法律明文规定了疑罪从无，那么根据此要求，在发现所办案件存疑时，相应的专门机关就应当依法作出“从无”的处理，包括撤销案件、不起诉、无罪判决等。对疑案作出任何形式的“从有”处理，都是一种权力的滥用，势必严重侵害被告人的合法权益。

在刑事诉讼中，司法权滥用最为突出的表现就是刑讯逼供，有的办案机关在未掌握有力的客观证据时，往往是倾向依赖刑讯寻找突破口，这是一种非常危险的做法。正如意大利著名刑法学者贝卡利亚所指出的，想让痛苦成为真相的“试金石”，似乎不幸者的筋骨和皮肉中蕴藏着检验真相的尺度，刑讯能保证使强壮的罪犯获得释放，并使软弱的无辜者被定罪和处罚，这就是那臆想的真相尺度造成的致命弊端。① 刑讯逼供是有罪推定和疑罪从有的孪生兄弟，是刑事司法权滥用的结果，不仅严重侵害当事人的合法权利，而且会导致冤假错案的发生。一段时期以来，针对不断发生的冤假错案问题，中央各政法主管部门积极研究出台相关政策措施，不断加强和改进执法办案工作，在及时依法纠错的同时，尽最大努力防范冤假错案。公安部日前下发了《关于进一步加强和改进刑事执法办案工作切实防止发生冤假错案的通知》，要求各地公安机关健全、完善执法制度和办案标准，从源头上防范冤假错案，还特别强调“今后凡是被法院判决无罪的案件，各地公安机关都要逐案解剖、点评、通报。建立冤假错案责任终身追究机制，对有故意或重大过失的执法办案人员，依法追究责任。”②这显然是一个好的动向，也是我国刑事诉讼由过去的侦查中心主义向审判中心主义转变的一个不可忽视的重要信号。当疑案情形出现时，就是要通过一个又一个案件的撤销、不起诉、宣告无罪，逐步引导和规范侦查、起诉、审判各环节的追诉活动，使刑罚权的使用真正规范起来，切实避免任何形式的滥用。监督制约机制的建立，既能够有效防止滥用权力，又能够为不愿意滥用权力的办案人员提供一种制度保障。制度的刚性约束本身也能够起

① 参见［意］切萨雷·贝卡利亚：《论犯罪与刑罚》，黄风译，北京大学出版社2008年版，第37页。

② 周斌、蒋皓：《政法机关集体发声主动纠正冤假错案》，载《法制日报》2013年7月11日第5版。

到一种潜移默化的效果,这就是会使越来越多的办案人员形成依法行使刑罚权的良好习惯,在追求实体正义的同时,更加注重坚持依法办案,致力于追求和维护程序正义。

(五)疑罪从无是防范冤假错案的唯一选择

面对现实中的两难境地,在刑事诉讼各阶段坚决贯彻疑罪从无,可以说是防范冤假错案的唯一选择。证明的目的是发现和揭示案件真相。然而,正如前文所言,由于主客观方面存在的种种原因,并非每一次证明活动都能达到这个目的。对于那些"虚实之证等,是非之理均",既不能充分证明,又不能排除合理怀疑而达到内心确信的所谓"疑案"如何处理,这是任何诉讼制度都要碰到的难题。对于疑案,仅从概念上讲不枉不纵并不能解决实际问题,因为到了诉讼中,特别是司法审判这一最后阶段,无论是追求"不错放"还是"不错判"都是两难的选择。客观地说,"错放"抑或"错判"都背离了我们追求的目标,但"两害相权取其轻",我们宁可放掉可能的坏人,也不能冤枉真正的无辜。培根有言:一次不公的判断比多次不平的举动为祸犹烈。因为这些不平的举动不过弄脏了水流,而不公的判断则把水源败坏了。①

有人主张,对疑案既不搞疑罪从有,也不搞疑罪从无,要讲实事求是。然而,疑案之所以成为疑案,就是因为事情不实。既无"实事",何以"求是"? 所以,在疑案的处置上只讲实事求是恐怕是解决不了问题的。有的地方正是在实事求是的口号下对案件搞起了疑罪从挂,出现了久押不决的问题,这类案件虽然为数不多,但危害却不容小觑,而且这种做法对法治和人权的危害尤甚,实质上就是搞有罪推定。从相继暴露出来的几起冤假错案看,大多数案件当时就发现了疑点,有的疑点还很大,关键是没有下决心作出从无的处置,采取了疑罪从轻,最终经不起检验,损害了法治的尊严和权威。这些冤假错案被发现并得到纠正,有的是因为真凶归案,有的是因为"亡者"归来,导致原来存在的疑点成为现实。这样一种低概率的纠错,从一个侧面说明了在我们的刑事司法中,不搞疑罪从无,会存在多么大的不确定性风险。

活生生的冤假错案一再告诫我们,在现代法治条件下,对疑案采取从无处理,虽不是最佳的选择,但也的确是唯一可取的办法。因为既然是疑案,那么无论做何选择,必定是有利有弊的。古今中外的司法实践已经证明,疑罪从无总体来说是利大于弊的,尽管有关疑罪从无的争论从未停止,但其仍然在披荆斩棘中艰难前行。刑事法治的发展离不开疑罪从无的确立和实施,可以说,疑罪从无是一国刑事法治文明程度的"晴雨表"。缺失疑罪从无,很可能就会产生多米诺骨牌效应,影响整个刑事法治的正常运行。因而,无论现实存在多大的阻力和困难,我们对疑罪从无的理念和规则都要坚定不移地加以贯彻。

四、疑罪从无的实现路径

如前文所述,正因为疑罪从无既具有深厚的历史渊源,又符合司法的理论逻辑和实践理性,因而,这一曾经备受争议的司法规则已为世界各国所接受和推崇。尽管在古今中外的刑事司法中,疑罪从无似乎都难以完全实现,但从有效保障人权、惩罚真正罪犯、促进司法文明的角度来说,这应当是我们努力追求的目标。为实现这个目标,我们必须建构起适用于刑事诉讼各个阶段的疑罪从无思想和规则体系,使疑案出现时能够自动转入"疑罪从无"的运行轨道,不能排除合理怀疑则应作"从无"处理,能够排除合理怀疑则转入正常轨道运行并定罪量刑。为此,我们至少应当从以下几个方面着手,使疑罪从无规则能够无缝嵌入刑事诉讼各环节、全过程:

(一)思想上牢固树立疑罪从无观念

思想是行动的先导,没有思想观念指引的行动是盲动的,而没有正确思想观念指引的行动则

---

① 参见培根:《论司法》,载《培根论说文集》,水天同译,商务印书馆1983年版,第193页。

可能是恣意的。制度的效能是否能充分发挥出来,往往要仰赖与制度相匹配的观念。“作为一个国家,在错误观念没有得到改变之前来修正我们的制度是非常艰难的。然而,改变了相关的错误观念后,我们能够大幅减少冤案,并在这一过程中创造一个更加安全的国家”。[①] 正确观念可以转化为建设性的行动,反之,错误观念一旦形成,带来的只能是非建设性甚至破坏性的行动,即使有好的制度也往往会被架空,更谈不上创新和完善。因此,改革必须以观念更新为前提,以制度创新为基础,这是所有改革的基本路径。在刑事司法发展进程中,我们通常比较注重制度建设,观念的更新则总是跟不上节拍,这是导致不少好的改革措施达不到预期效果的症结所在。树立疑罪从无观念,关键在于对这一观念要有正确的认知。要避免两个误区:一是将疑罪从无视为司法工作的“绊脚石”,认为其是专门为保护被告人所设立的规则,不利于司法机关查办案件;二是将疑罪从无作为司法懈怠的“挡箭牌”,只要发现案件有疑问就索性按照无罪处理。前者对疑罪从无持消极抵触态度,而后者则恣意扩大了疑罪从无的适用范围而导致滥用。两种错误观念都是对疑罪从无规则的误读。

疑罪从无是无罪推定原则的重要内容,是人权保障的必然要求,但同时也是司法人员摆脱面对疑案必须做出处理决定这一窘境的有效方法,是防范冤假错案的唯一选择。但是,疑罪从无是有其特有内涵的,不能随意作限缩或扩张性解释,“疑罪从无”不等于“疑问从无”。正如前文所述,疑罪是指已有相当的证据证明被告人有重大犯罪嫌疑,但全案证据尚未达到确实、充分的程度,尚不能确认被告人就是真正的罪犯,在这种情况下的“疑罪”才能“从无”。排斥疑罪从无,就只能是搞疑罪从有,容易导致侵犯被告人人权,滋生冤假错案;而滥用疑罪从无,就会导致司法权力的懈怠,进而放纵犯罪,不利于有效维护被害方权益和社会公共秩序,因而这两种错误观念在实践中都是有害的。因此,树立疑罪从无观念,就必须对疑罪从无的适用情形有一个准确的理解。

虽然我国刑事诉讼法没有对何为“疑罪”作出明确的界定,但是对何为“证据确实充分”进行了明确规范。现行刑事诉讼法第五十三条明确规定,“证据确实、充分”应当符合以下条件:(一)定罪量刑的事实都有证据证明;(二)据以定案的证据均经法定程序查证属实;(三)综合全案证据,对所认定事实已排除合理怀疑。最高人民法院《关于适用〈中华人民共和国刑事诉讼法〉的解释》第六十四条第二款再次重申:“认定被告人有罪和对被告人从重处罚,应当适用证据确实、充分的证明标准。”中央政法委近日出台了关于切实防止冤假错案的指导意见,明确要求“对于定罪证据不足的案件,应当坚持疑罪从无原则,依法宣告被告人无罪,不能降格作出‘留有余地’的判决。对于定罪确实、充分,但影响量刑的证据存在疑点的案件,应当在量刑时作出有利于被告人的处理。”[②]上述这些规定符合“有利被告”原则的精神,也从不同侧面体现了疑罪从无的要求。疑罪从无适用于所有刑事案件,但不是每一个刑事案件都可能遇到,只有出现疑案时才会真正适用。疑案主要系因“全案证据尚未达到确实充分的程度”所致,在此情形下,审判机关只能依据证明标准作出“从无”裁判。诚如学者所言,“罪疑唯有利于被告原则并非个别证据认知之原则,而系针对现存证据已为证明力之评价后,仍无法获致有罪确信,而仍存有合理怀疑时,支持犯

---

① [美]吉姆·佩特罗、南希·佩特罗:《冤案何以发生:导致冤假错案的八大司法迷信》,苑宁宁等译,北京大学出版社2012年版,第83页。

② 蒋皓:《中央政法委出台意见要求:严格遵守法律程序制度坚守防止冤假错案底线》,载《法制日报》2013年8月12日第1版。

罪事实判断之原则。”①实行疑罪从无，必须要严格依照法律规定精神来理解和贯彻落实，任何主观臆断和曲解都将给司法实践带来危害，并反过来危及疑罪从无规则的落实。综观我国现阶段的司法实践，落实疑罪从无，尚须从以下几个方面进一步作出努力：

1. 公、检、法机关及其办案人员应将落实疑罪从无视为义不容辞的责任

对于从事刑事司法工作的公检法机关办案人员而言，无论是担任刑事警察、检察官还是法官，都是刑事司法体系的主体，在维护刑事司法公正方面担负着共同的责任，在取证、举证、质证、认证各司法证明环节都发挥着重要的作用。对于证明目标而言，侦查、起诉、审判都要以法律规定的“证明标准”为准绳，符合者则立案、起诉、定罪，不符合者则应按照疑罪从无的要求处理。如果抱持不正确的司法政绩观，认为案件不破、不立、不起诉、不入罪就是无能，即使发现有疑问也将错就错，甚至通过各种方式给后面的诉讼环节施压，冤假错案一旦铸成，就会对司法公正造成极大的伤害。树立疑罪从无的观念，必须突破部门本位主义的樊篱，以公平、正义作为共同的履职目标和价值追求，所有的诉讼行为都应朝着证明和查清事实方向努力，无论是有利还是不利于被告人的证据都应该完整地进入案卷，在程序流转过程中将涉及定罪、量刑的所有证据移交至下一环节，这对于确保案件质量非常重要；尤其是对被告人有利的证据绝不能“藏着掖着”，为使指控成立而故意隐瞒。在具体案件中，如果控方不披露无罪或罪轻等有利于被告人的证据，那么被告人及其辩护人甚至法官都很难知道并拥有这些证据，在这样的背景下，强调侦控方的客观性义务，注重办案人员的职业操守尤为重要。

2. 共同营造疑罪从无的良好社会氛围

众所周知，无论有多么崇高的法治理想，如果没有良好的社会氛围也是难以实现的。法治关乎每一个人，疑罪从无的贯彻落实也与每一个人息息相关，或者是现实相关，或者潜在相联。因此，社会各界关注司法不仅仅要热情主动，而且应当理性客观。从现实情况看，司法机关面对一个疑案，往往是“从有”易，“从无”难。一个刑事案件特别是命案发生后，方方面面都很关注，特别是被害方，要求尽快破案、严惩罪犯的呼声往往很强烈，而且很容易得到民众的同情与支持，这是可以理解的。但这种来自媒体和民众的呼声会给办案机关及其人员带来巨大压力，有一些冤假错案就是在这样的舆论环境下形成的。我们必须明确地告知社会各界，司法机关追诉的必须是真正的罪犯，而认定犯罪靠的是事实和证据；由于证据原因可能短期内甚至可预见的未来都无法缉获真凶、追究刑责，司法机关只能按照疑罪从无规则处理。事实上，“无辜之人为他人的罪行赎罪并不能令犯罪的受害者感到多么欣慰，因为硬币的两面性意味着真正有罪之人逃脱了司法制裁”。② 因此，全社会特别是犯罪的被害方都需要有一个正确的心态来看待疑罪从无这个问题。司法界要通过一个又一个案件的审判、法学界要通过一篇又一篇文章的阐释，努力引导全社会树立起无罪推定的观念，让疑罪从无真正深入人心，只有这样，我们才能共同为坚守公正司法的底线创造宽松、理性的社会环境。

疑罪从无是个专业性很强的法律问题，要获得社会各界的理解与支持，就必须对疑罪从无作必要的“推介”。我们不仅要告知民众什么叫疑罪从无，当出现疑案时为什么要实行疑罪从无，如何实现疑罪从无，而且还要澄清“从无”并不代表对于疑案就此收手，亦不代表对已经发生的犯罪

① 吴祚丞、许辰舟：《刑事证据法则理论体系与实务之研究》，载台湾地区“司法院”《司法研究年报》第23辑第12篇，2003年版，第8页。

② [美]吉姆·佩特罗、南希·佩特罗：《冤案何以发生：导致冤假错案的八大司法迷信》，苑宁宁等译，北京大学出版社2012年版，第322页。

永远“从无”。为了消除疑虑,就需要释明疑罪从无的后续措施:一是疑罪从无并不意味着放弃对犯罪的追究;二是宣告无罪一般情况下意味着真正的罪犯没有归案,侦查机关将会继续缉拿;三是如果有新的事实和证据,证明放掉的人就是真正的罪犯,仍然可以将其绳之以法。总之,要通过社会各界的共同努力、良性互动,为司法机关公正办案营造良好的司法环境,为疑案处理提供有利条件。

3. 合理把握,防止走极端,把本应定罪的案件当成疑案处理

在司法实践中,适用疑罪从无规则,既要防止理解偏差,又要注意矫枉过正。疑罪从无并非是不顾具体案情一律适用的通行规则,而是在直接影响被告人有罪认定的事实不清、证据不足时的一种特殊处理方式。对于一般案件中的那些细枝末节和不影响关键性事实的疑点,是不能随意适用疑罪从无规定的,否则会让人“草木皆兵”、无所适从。同时,我们在强调思想上要树立疑罪从无观念时也要看到,古今中外任何国家、任何司法制度之下,都难以做到完全杜绝冤假错案。美国大法官安东尼·斯卡利亚在谈及本国的冤案时表示,被判处重罪的无辜的人所占比率近三百分之一,精确地说即 0.27%,拥有一个刑事惩罚制度,前提是接受一些人被错误惩罚的可能性。① 这就是说,我们在追求疑罪从无目标的同时,对极少数案件,由于种种原因未能做到疑罪从无也要有一定的容忍度,做到鼓励正确,宽容错误,否则将会束缚办案人员的手脚,使疑罪从无走向另一个极端——只要有疑点就不敢下判,这无疑可能会放纵犯罪,且与我们积极倡导疑罪从无的初衷是相悖的。

(二)强化控、辩、审三方的相互制约

诉讼模式所要解决的是“控诉、辩护、审判三方在刑事诉讼中的地位及其相互间的关系”问题。② 综观各国的诉讼模式,以大陆法系的职权主义诉讼模式和英美法系的当事人主义诉讼模式较为典型。总体上看,我国目前实行的是一种既偏重于职权主义又具有对抗制因素的“混合型”诉讼模式,它在一定程度上吸收了两种诉讼模式的优点。③ 在这样的诉讼模式之下,就控、审而言,公、检、法机关是“分工负责、互相配合、互相制约”的关系;就控、辩而言,则是平等对抗的关系,控方指控犯罪,同时承担客观性义务,辩方进行积极的诉讼防御;就整个控、辩、审而言,是“等腰三角形”结构下的一场“对话”。这样的安排本身并无问题,特别是伴随着刑事诉讼法的不断完善,辩方的各项权利保障逐步强化,诉讼各方都有“用武之地”。当然,这毕竟是应然状态,实际情况往往复杂得多,比较突出的问题是,在许多案件中,由于种种原因,辩护律师尚难以实现有效辩护,这对破除疑案谜团和保障被告人人权显然是不利的。

1. 强化专门机关之间的相互制约

做好刑事司法工作,靠法院一家单打独斗是行不通的,公、检、法机关必须在依法履职的基础上加强互相配合,这有利于形成工作合力,发挥制度优势,以提高刑事司法的整体水平。但更重要的还是要加强互相制约,因为“分工负责”的目的绝对不是为了更好地配合,而是为了更加有效地相互制约,否则就没有分工的必要。当下,有的专门机关在具体办案中过分强调配合而忽视制约是不足取的,强化制约可以更加有效地规范司法证明和程序运行之各环节,有利于规范公权力的依法行使和对私权利的有效保护。司法实践中很多问题的出现,例如冤假错案暴露出来的问

---

① [美]吉姆·佩特罗、南希·佩特罗:《冤案何以发生:导致冤假错案的八大司法迷信》,苑宁宁等译,北京大学出版社 2012 年版,第 146 ~ 147 页。

② 陈光中、徐静村主编:《刑事诉讼法学》,中国政法大学出版社 2002 年版,第 38 页。

③ 参见沈德咏:《中国刑事证据制度改革与发展需要处理好的几个关系》,载《中国法学》2011 年第 3 期。

题,多少都与专门机关无原则的配合、无有效的制约有关,致使错误没有得以及时发现和有效预防。

2. 在控、辩平等基础上充分调动辩方积极性

在任何现代刑事诉讼模式下,控、辩、审三方都不可缺少,否则就无法形成一个完整意义的诉讼结构。1996年以来,我国刑事诉讼法历经两次大的修改,在诉讼结构上基本形成了法官主导下的诉、辩对抗机制。从理论上讲,在法庭上,诉、辩双方处于完全平等地位,而诉、辩的平等对抗有助于查明案件的事实真相。但在实践中,这种理想局面还远未形成。笔者认为,(1)应当正确看待和履行控方的客观性义务。造成控、辩双方不平等的因素很多,其中很重要的一点可能就是公诉人的控诉和法律监督双重身份,并造成双重职能的交叉、混合行使。这种权力结构,是我国检察制度的特色之一,其优越性自不待言,但在犯罪指控过程中,公诉机关应当正确区分两种身份和两种职能:公诉人作为控方主要是以"一造当事人"的身份参与和进行刑事诉讼的,其法律监督者的身份不应影响到控、辩双方的平等,否则就不是真正意义上的现代诉讼。因此,在我国刑事诉讼结构中职权主义色彩还占据一定分量的现实条件下,强调检察机关的客观性义务确有必要,关键是要合理地进行制度设计并切实加以落实,使失衡的控、辩关系趋于平等。(2)应当充分尊重和保护辩方的辩护权。在程序设计上,法庭调查和辩论,一般都是围绕指控的事实来展开,加上庭前的阅卷过程,这在客观上容易使法庭主持者先入为主,比较重视控方的证据和理由,而轻视辩方的证据和理由,从而弱化了辩方辩护权的积极行使。更有甚者,当辩护律师收集的证据与专门机关收集的证据不一致时,法庭有时不认真进行调查核实,有的甚至简单地认为律师是在"引诱证人作伪证",有的律师会见被告人或证人后,会见对象一旦翻供或改变证言,律师就可能会被怀疑"作了手脚"。要破解这些难题,根本之点就是要正确认识设立刑事辩护制度的意义和作用,充分尊重和保障被告人及其辩护人的辩护权利,让攻防双方机会均等,让诉、辩对抗成为现实。从制度设计初衷来说,"律师不是政府机关的傀儡,不是程序正当化的帮衬,他为提供被告实质、真正的保护而存在。"①在刑事诉讼中,保障被告人的辩护权,就应当保障辩护律师的法定权利,通过增强辩方的实力,减弱与控方力量对比的悬殊程度,力求达到实质上的控、辩平等。(3)充分运用好权力制衡措施。"辩护人作为平等的控、辩双方的一方,对公诉人也应有一定的制衡。即在公诉人滥用监督权,力图借助监督者的身份行使控诉职能时,应请求审判人员保护其诉讼权利。"②在出现这种情形时,法官不仅应当依申请,而且应当积极行使主持庭审的职权,对诉讼活动的正常运行进行必要的指挥和引导,对控、辩双方的行为予以必要的规范和约束。

3. 发挥好庭审的应有功能和作用

司法的最终裁判性质,要求在刑事诉讼中必须贯彻审判中心主义和庭审中心主义,发挥好法庭审判的应有功能和作用。"在审判程序中,法院负有恰当地控制程序进行以及根据证据调查和辩论结果作出正确的终局裁决的双重任务。"③法庭审判的核心环节是法庭调查和法庭辩论,其基本功能就是法院通过庭审的方式,在公诉人、当事人及其他诉讼参与人的参加下,调查核实证据,查清案件事实,正确适用法律,依法确定被告人是否有罪、应否科处刑罚以及处以何种刑罚。法庭审判的"直接目的是确定起诉事实是否存在并确定被告人应否以及怎样承担刑事责任,其核心在于通过控、辩双方的平等参与和法官中立主持,查明案件事实,正确适用法律,确保对案件作

① 王兆鹏:《辩护权与诘问权》,台北,元照出版有限公司2007年版,第95页。

② 李心鉴:《刑事诉讼构造论》,中国政法大学出版社1992年版,第260页。

③ [日]松尾浩也:《日本刑事诉讼法》(下卷),丁相顺、张凌译,中国人民大学出版社2005年版,第308页。

出公正裁判。”[①]可以说,法庭审判是公正司法各项要求体现最为集中的环节,是发现疑点、消除争议、查清真相的最好场合。法庭审判最需要做到的是“兼听则明”,最需要防止的是“偏信则暗”,特别是要防止庭审“走过场”,将侦查、起诉中带有明显追诉倾向的意见毫无障碍地转化为法院的有罪判决。为此,我们必须逐步落实好直接言词原则、辩论原则、集中审理原则的各项要求,让庭审参与各方充分提出证据、发表意见,并使证据和意见实质性发挥作用。在庭审中,要充分发挥举证、质证环节作用,让证明力弱的证据“软肋”充分显露,促使控、辩双方正确评估司法证明形势,清楚了解自己举证是否充分、质证是否到位;让证据能力缺失的证据无所遁形,对采用非法方法收集的言词证据应当依法予以排除,对违反法定程序收集的物证、书证,可能严重影响司法公正的,也应当要求予以补正或者作出合理解释,否则亦应考虑依法排除。

庭审中心主义的本质要求是追求法庭审判的实质化而力戒形式化。鉴于庭审所要解决的根本问题是案件的事实与证据问题,而解决这类问题,并不因为审级提高而变得更为容易,相反,可能因为审级越高、所需时间越长而离事实真相越远。因此,理想的庭审中心主义应当是一审中心主义。“从杜培武、佘祥林、赵作海案件的审判情况来看,第一审法院的开庭审判几乎是流于形式的,第一审法院根本不可能发挥纠正错误、防止误判的作用。由于公诉方主导了整个第一审程序,法庭普遍奉行案卷笔录中心主义,对于案件事实的调查都采取了宣读、出示案卷笔录的方式,法庭上几乎没有任何证人、鉴定人、被害人出庭作证,也几乎从来没有侦查人员对其侦查程序的合法性出庭作证。”[②]1996 年刑事诉讼法修改时,为了解决当时审判实践中比较突出的“先定后审”、“先入为主”、庭审流于形式等问题,庭前审查由实体性审查改为主要是程序性审查,这在一定程度上强化了庭审的作用,减少了法官的主观预断,但实践效果并不好,“主要是法官在庭前对大部分案卷材料并不熟悉,不了解案件主要争议的问题,难以更好地主持、把握庭审活动,而且由于检察机关不在庭前移送全部案卷材料,辩护律师也无法通过到法院阅卷了解全案证据,特别是对被告人有利的证据”。[③] 基于各方面的考虑,2012 年刑事诉讼法修订时完善了提起公诉时的案卷移送制度,恢复了全案卷宗移送制度。不过我们也要注意到问题的另一面,即全案移送制度是有利有弊的,正如有的学者提示的那样,尽管现在的法官素质、司法能力等方面较之十多年前已经有了很大提高,但全案卷宗移送制度的弊端和缺陷并不会因时间而消逝,因为法官预先了解案情和诉讼证据,容易产生先入为主的见解,形成预断,可能影响法官作出公正的裁判。[④] 因此,在刑事诉讼法恢复了全案卷宗移送制度后,人民法院应当提醒法官不能因为通过庭前阅卷知悉全案情况而形成审前预断,特别是要注意防止抱着对被告人负有罪责的预判和偏见进行庭审,从而弱化庭审的功能作用。在坚持全案卷宗移送制度的前提下,如何逐步推进庭审的实质化,并进而逐步形成以审判和庭审为中心的刑事司法制度,是各级人民法院和广大刑事法官需要直面、研究并解决的重大课题。

在研究解决上述课题的过程中,有一个现实的问题需要引起我们的重视,这就是如何对待庭审中被告人的“翻供”。被告人“翻供”,即否认庭审之前的供述,是法庭审理中的一种常见现象。从我们发现的一些冤假错案看,几乎每个案件的被告人在进入起诉特别是审判环节后都曾经“翻供”否认犯罪,但几乎都未引起办案人员的足够重视,在最后一刻错失发现、核实疑点的机会,最

---

① 樊崇义主编:《刑事诉讼法学》,中国政法大学出版社 2012 年版,第 480 页。

② 陈瑞华:《留有余地的判决——一种值得反思的司法裁判方式》,载《法学论坛》2010 年第 4 期。

③ 王尚新、李寿伟主编:《〈关于修改刑事诉讼法的决定〉释解与适用》,人民法院出版社 2012 年版,第 175 页。

④ 参见陈光中主编:《〈中华人民共和国刑事诉讼法〉修改条文释义与点评》,人民法院出版社 2012 年版,第 250 页。

终酿成冤假错案。可见,在庭审中客观、审慎对待被告人的翻供是必要的。对于被告人的当庭“翻供”,法官首先必须学会倾听,既不要轻易肯定,也不能简单否定,而是要结合全案证据仔细甄别,认真核查,绝不放过任何可能发现问题的蛛丝马迹,进而做出合理的判断。

(三)用疑罪从无倒逼专门机关提升办案能力

落实疑罪从无的要求,对存疑的犯罪嫌疑人、被告人依法不批捕、不起诉或者判决无罪,这本身并不是刑事诉讼所刻意追求的结果,但这样的处理方式不仅有助于保障人权,而且还有助于提升专门机关的办案能力和水平,起到“四两拨千斤”之效,使更多的案件得到公正处理,使案件质量获得更加有效的保证。

1. 坚持以审判为中心

刑事诉讼包括立案、侦查、起诉、审判、执行阶段,而审判无疑是整个刑事诉讼的中心环节。刑事诉讼法第十二条规定,未经人民法院依法判决,对任何人都不得确定有罪。从立法上明确了审判是决定被告人是否有罪的关键阶段,这在理论上一般称为“审判中心主义”。审判中心主义是近现代国家刑事诉讼中普遍认同的一项基本原则,指审判(尤其是第一审法庭审判)是决定国家对特定的个人有无刑罚权以及刑罚权范围的最重要阶段,未经审判,任何人不得被认为是罪犯,更不得被迫承受罪犯的待遇。不仅英美法系继续坚持审判中心主义,即使是传统上侦查、预审地位较高的大陆法系国家,其刑事诉讼制度发展趋势也是不断加强审判的中心地位。① 根据审判中心主义要求,刑事诉讼各环节都要以审判为中心,围绕审判中事实认定、法律适用的标准和要求进行指控和辩护。但依据现行法律规定,刑事诉讼“分段包干式”的流水作业现象客观存在,审判对侦查、起诉的制约手段有限,只能借由最终处理结果来完成制约任务。因此,从长远来看,建立以审判为中心的现代刑事司法体系,既是推进法治国家建设的客观必然,又是提升刑事司法整体质量的现实要求。

2. 强化证据裁判意识

在刑事诉讼中认定被告人有罪和处以刑罚,必须以证据为根据,没有证据或证据不足则不能作出有罪裁判。或者可以说,不能证明被告人有罪,就等于证明他无罪。(1)对于侦查机关而言,立案、拘留、提请批捕、移送审查起诉,每个环节都要依凭证据说话,没有证据或证据不足就不能强行为之。(2)对于检察机关而言,决定批捕、起诉都要立足于证据,没有证据而轻易为之,势必为后面的错误打开“方便之门”。(3)对于审判机关而言,要确保定罪、量刑都有事实和证据作为依据,案件事实清楚,证据确实充分的自当依法定罪、量刑,对于一些不影响定罪、量刑的细枝末节问题可不深究,但是如果综合全案证据仍不能形成内心确信,对认定有罪仍存有疑问时,就应当下决心按照疑罪从无处理。

3. 提升司法证明能力

办案能力就是专门机关及其办案人员在现代司法理念的指导下,运用一定经验和技巧,查明事实、明确是非、化解纠纷、追究犯罪的能力。在刑事诉讼中,证据乃诉讼之核心,正义之基础,认定被告人有罪和处以刑罚必须立足于证据。因此,在刑事案件中提升办案能力,最重要的是提升司法证明能力,具体包括取证、举证、质证、认证的能力和水平。

对于疑案,按照疑罪从无规则作出处理,能够使无辜者不受刑事追究,权利得到保护,虽然许多时候出现疑案是由于客观条件和因素所致,但并不意味着司法证明主体就没有努力改进的空间。客观而言,“办案人员是人不是神,人的认识是有局限的。但是,办案人员必须以法治的思

① 参见孙长永:《审判中心主义及其对刑事程序的影响》,载《现代法学》1999 年第 4 期。

维，严格执行法定的程序收集和审查证据，用程序来保障案件的质量。"①(1)就侦查机关而言，在司法证明活动中，重点承担收集与固定证据的任务，必须坚持依照法律程序办案，着力规范取证行为，确保合法取证，同时应将工作重点放在客观证据的收集上，努力提升科技应用水平，充分发挥科技手段在发现和固定证据、提升办案质量中的重要作用；要进一步强化侦查中的人权保护意识，切实保障犯罪嫌疑人不被强迫自证其罪、有权申请律师辩护以及对违法追诉进行申诉、控告等法定权利。(2)就公诉机关而言，其司法证明工作应当围绕有效履行举证责任来展开，要充分认识到举证不能即必定导致疑罪从无的后果，因此，公诉机关应当着力提升证明指控犯罪事实的能力，同时应当本着客观性义务，关注有利于被告人的证据，在具体操作中，要通过强化侦查监督方式促进提升侦查的质量，使真正的犯罪嫌疑人、被告人受到应有惩罚，同时避免无辜者被不当追究。(3)就审判机关而言，在司法证明活动中的责任是要本着中立、公正的立场，对控、辩双方的呈堂证供进行全面的审查判断，客观真实并符合证据法则的应依法采信，确认为非法证据的应依法排除。在综合审查判断全案证据后，不能得出被告人有罪的唯一结论的，应当按照疑罪从无的规则作出处理结论。疑罪从无所形成的这种倒逼机制，有助于司法机关"在法定程序的约束下选择理性的替代方法去发现案件的真相"②，从而整体提升司法机关的证明能力和办案水平。

(四)人民法院应勇担落实疑罪从无的重任

我国宪法明文规定，人民法院依照法律规定独立行使审判权，不受行政机关、社会团体和个人的干涉。审判权是宪法明确赋予人民法院的生杀予夺之权，既不能任意消减，也不可随意让渡。刑事审判作为刑事诉讼的中心环节，承担着最后把关的责任，因此，在贯彻落实疑罪从无规则问题上，人民法院自然是责无旁贷的。

1. 坚守司法中立

司法中立原则是现代程序法的基本原则，是"程序的基础"。③ 司法中立原则要求法官与案件事实和当事人没有利害关系，与当事人之间应当保持同等的距离，对案件应当保持超然和客观的态度；坚持以事实为根据、以法律为准绳，公正无私、不偏不倚、居中裁判。联合国《公民权利和政治权利国际公约》第十四条第一项规定："在判定对任何人提出的任何刑事指控或确定他在一件诉讼案中的权利和义务时，人人有资格由一个依法设立的合格的、独立的和无偏倚的法庭进行公正的和公开的审讯。"落实这一要求，关键在于合理调适控、辩、审三方的诉讼法律关系，保障法院居中公正裁判。应当说，1996 年、2012 年我国刑事诉讼法的两次修订，一定程度上削弱了职权主义特别是纠问式审判方式的影响，使司法的中立地位有所强化。但在司法实践中，由于受到思维定式和传统习惯的影响，法官的中立意识还有待进一步增强，司法的中立地位和裁判的权威还需要各有关方面和社会各界来共同培育和维护。

2. 实行审判公开

公开透明是现代司法的固有品质和基本特征。司法公正应当以看得见的方式来实现，没有公开透明的诉讼过程，即使司法机关自认为公正，也难以形成令人信服的司法结果。"公开审判是刑事诉讼中被告人的一项重要权利，为国际人权法和各国刑事诉讼法所确认。"④我国宪法和三大诉讼法都对公开审判作出了明确规定，近些年来，人民法院在公开审判方面推出了不少举

---

① 樊崇义、夏红：《实体真实与人权保障》，2013 年 7 月 20 日第四届证据理论与科学国际研讨会论文。

② 张建伟：《司法竞技主义——英美诉讼传统与中国庭审方式》，北京大学出版社 2005 年版，第 193 页。

③ 季卫东：《程序比较论》，载《比较法研究》1993 年第 1 期。

④ 杨宇冠：《死刑案件公开审判问题研究》，载《中国法学》2008 年第 3 期。

措,也取得了一些进展,但实践的效果还不尽如人意。刑事诉讼公开审判的要义,是任何一项刑事追诉都应当接受一个独立、公正的法庭进行审判,包括在法庭上公开进行控诉和辩护,公开进行举证、质证和认证,公开进行交叉询问和核实证据,公开判决的理由和结果,除法律另有规定外,审判的过程要面向社会公开并保障公众旁听庭审的权利。从实践上看,社会公众对司法公正的质疑,无不与审判的过程或结果不够公开透明有关。因此,消除疑虑最好的办法就是公开。越是疑难复杂案件的审判,特别是对那些需要按照疑罪从无规则处理的案件,越要落实好审判公开原则,以确保庭审举证、质证、认证以及心证形成等全过程充分公开,进而充分保障当事人和社会公众的知情权、参与权、表达权、监督权,促进司法公正、提升司法公信。

3. 做到权责统一

权责统一是现代法治的重要标志,其基本要求就是有权必有责、用权受监督、失职要问责、违法要追究。权责统一是权力与生俱来的本质要求,可以说没有无责任的权力,也没有无权力的责任,有权力就应当承担责任,没有相应权力就不应当被要求承当更多的法外之责。就刑事司法权而言,在权责统一问题上,既存在权大于责、导致权力滥用的问题,又存在权能不足、怠于行使权力的问题。在新的历史时期,作为审判机关的人民法院所面临的主要矛盾,是人民群众日益增长的司法需求与司法能力不足的矛盾,而司法能力的高低,是以司法权能的大小为基础的。我国司法权能的不足,不仅表现为权力配置上的不够合理和科学,而且表现为权力运行上的公信力和权威性不高。人民法院行使的司法审判权不是决策权,也不是管理权,而是一种判断权和话语权,其主要任务就是判断是非曲直,解决矛盾纠纷,调节利益关系,维护合法权益。疑罪从无本质上就是根据无罪推定原则所作出的一种司法判断,如果司法缺失公信和权威,疑罪从无也就无从实现。为此,人民法院为有效履行宪法和法律赋予的职责,确保依法独立、公正行使审判权,切实担负起最后把关的责任,就必须围绕提升司法公信力和司法权威的目标,深化司法改革,合理配置司法审判权并确保审判权力的运行得到有效的监督,在实行疑罪从无规则方面,最终也必须实现权责的统一。

(五)健全疑罪从无相关的配套制度

任何一项具体的制度要想取得良好的实施效果,离不开完备的制度体系予以配套保障,否则在实践中就有可能落空。疑罪从无是个系统工程,它与现代刑事司法理念、原则和制度融为一体,其离不开人权保障、司法民主、程序法治等理念的支撑,与无罪推定、不强迫自证其罪、非法证据排除等原则和规则也密切相关,并且深为诉讼模式、诉讼目的、证明责任、证明标准等所影响和决定。贯彻疑罪从无,单纯地"就事论事"难以达到预期的目的,必须进一步完善与其相关的诉讼程序、具体的证据规则和证据制度体系。

1. 健全相关诉讼程序

疑罪从无涉及方方面面,既是程序法上的制度安排,体现了程序正义的各项要求,又关乎实体法上的功能选择,为疑案的实体处理提供具体路径。贯彻疑罪从无规则,在刑事诉讼的几个主要环节都必须完善相应的制度:(1)在侦查环节,重点要完善预审制度。根据刑事诉讼法第一百一十四条的规定,我国侦查程序应由侦查与预审两个阶段组成,1997 年公安机关推行刑侦体制改革,实行"侦审一体化",预审程序名存实亡。"侦审一体化"可能有助于提升侦查效率,加大对犯罪的打击力度,但也在一定程度上削弱了预审程序在监督侦查、核实证据、保障人权等方面功能作用的发挥。有学者在对部分冤假错案进行分析后认为,原因之一是,预审程序撤销后,侦查工作中出现了现场勘查欠精细周密、应做化验鉴定的未做、应调查的未调查或不细致等问题。[①] 由此可见,相对独立的预审程序,对保障侦查活动严格依法进行,提高办案质量、防范冤假错案是有积极作用的。在刑事法治发展取得长足进步的今天,似应重新审视预审制度的功能作用,并在总结实践经验的基础上进一步健全完善该项制度,为疑罪从无规则的实施增添一道制度保障。(2)在公诉环节,就贯彻疑罪从无规则而言,需要进一步强化检察机关的客观性义务,可以说这对于处于弱势地位的被告人是最为重要的"补偿性措施"。作为国家法律监督机关的人民检察院应当以维护公平正义为己任,而强化客观性义务有助于检察机关更加严格、理性、公正、文明执法。"检察官的客观性义务决定了检察官在刑事诉讼法上并非单纯的'一造当事人',单纯的一造当事人与他造当事人对立,并无为对造当事人利益奔命的'权'或'益'。检察官在刑事诉讼法上,与法官同为客观法律准则及实体真实正义的忠实公仆,'毋纵'之外还要'毋冤','除暴'之外还要'安良',并非也不该是片面追求攻击被告的狂热分子。"[②]客观性义务决定了控方的职责不仅仅是追诉犯罪,而且在于追求客观公正的裁判,因此,对有利于被告人的证据也必须予以充分关注。实践证明,这对于落实疑罪从无规则、防范冤假错案是十分必要的。(3)在审判环节,贯彻疑罪从无规则,最重要的是按照庭审实质化的要求,落实直接言词原则,充分发挥控、辩双方交叉询问在质证中的独特作用。在现代刑事诉讼中,交叉询问被认为是发现真相的最佳利器,在这方面我们的司法实践还存在较大的差距,需要作出不懈的努力。

2. 完善具体的证据规则

2010 年"两个证据规定"[③]的出台、2012 年刑事诉讼法及其司法解释的相继修订,使我国的刑事证据规则进一步健全,但从立法和司法实践层面看,不完善的问题仍然是客观存在的。例如,刑事诉讼法第五十条虽然增加规定了"不得强迫任何人证实自己有罪",但第一百一十八条仍保留了饱受诟病的"应当如实回答"的规定,尽管由于种种原因,我们对此尚不能求全责备,但这样的规定不能不让人对不得强迫自证其罪规定的实施效果产生怀疑。又如,修改后的刑事诉讼法第五十四条至第五十八条和"两个证据规定"确立了非法证据排除制度,强化了对证据合法性的审查,这项制度对落实疑罪从无至关重要,但实践效果并不尽如人意,原因之一是缺少"排非"的程序细则,使这一制度缺乏可操作性。再如,修改后的刑事诉讼法第一百八十七条、第一百八十八条完善了证人、鉴定人出庭作证制度。长期以来,证人、鉴定人等不出庭成为常态,"案卷笔录中心主义"大行其道,公、检、法三机关之间的"流水作业"导致法庭审判的虚化和空洞化。[④] 现行立法明确了证人、鉴定人出庭的范围,增加了强制证人到庭及处罚的规定,这无疑是进步的,若能落到实处,对于查明案件事实特别是排除案件疑点、促进相互印证具有重要意义。但从实践情况看,证人和鉴定人出庭作证的具体证据规则还有待进一步完善,否则将会影响整个庭审实质化的进程,疑罪从无规则的功能作用也会大打折扣。

3. 构建完备的证据制度体系

笔者曾撰文提出,刑事证据制度的构建必须遵循刑事证据三原则,即无罪推定原则、证据裁判原则和程序法治原则。[⑤] 这三项原则业已成为现代刑事证据乃至整个刑事诉讼制度的基石。

---

① 参见于树斌:《关于健全完善我国预审制度的思考》,载《江苏警官学院学报》2007 年第 4 期。

② 林钰雄:《检察官论》,学林文化事业有限公司 1999 年版,第 31 页。

③ 2010 年 6 月,最高人民法院、最高人民检察院、公安部、国家安全部和司法部联合制定的《关于办理死刑案件审查判断证据若干问题的规定》和《关于办理刑事案件排除非法证据若干问题的规定》。

④ 参见熊秋红:《刑事证据制度发展中的阶段性进步》,载《证据科学》2010 年第 5 期。

⑤ 参见沈德咏:《中国刑事证据制度改革发展的路径选择》,载《清华法学》2011 年第 5 期。

要落实疑罪从无各项要求,除了要完善有关诉讼程序和具体证据规则之外,从根本上讲,必须要有完备的证据制度体系予以保障,而只有在上述三原则的指导下,才能建立起取证、举证、质证和认证相互衔接、内在统一的证据制度体系。尽管各国证据制度建设中都会充分考虑本国经济、政治、文化等方面的实际情况,但基于证据在事实认定方面功能的共通性,相互学习、相互借鉴实为必要。因此,我们既要立足中国国情,认真总结经验,又要全面考察、积极借鉴域外证据制度的发展成果,包括英美法系的证据法典、大陆法系诉讼法典中的证据制度以及国际公约中的证据规则,本着立足当前、着眼长远、循序渐进、适度超前的原则,努力构建起具有中国特色和国际领先地位的科学、合理、务实、可行的证据制度体系。

(作者单位:最高人民法院)

充分发挥审判职能作用　切实加强未成年人权益司法保护

□黄尔梅

(2014 年 1 月 20 日)

同志们:

大家上午好!非常高兴受邀参加今天的研讨会,借此机会谈一谈人民法院在未成年人司法保护方面取得的成就、存在的问题和今后的工作方向。

1984 年 10 月,上海市长宁区法院正式成立未成年人刑事案件合议庭。2006 年以来最高人民法院在 49 个中级人民法院试点开展未成年人案件综合审判庭工作,少年法庭受理案件的范围从单纯刑事案件发展到同时受理涉及未成年人权益保护的民事、行政案件。截至目前,全国法院共设有各种类型的少年法庭 2 300 余个,有专职或兼职少年法庭法官 7 400 余人。少年法庭工作被人民群众称赞为"特殊的希望工程",为树立人民法院公正高效权威的司法形象,为树立我国司法保障人权的良好国际形象,发挥了积极的作用。

人民法院少年审判工作取得令人瞩目的成就。多年来,人民法院依法公正高效地审判了大量未成年人刑事案件和涉及未成年人权益保护的民事、行政案件,教育挽救了一大批失足未成年人,有力保障了涉案未成年人的合法权益。经过少年法庭教育矫治的未成年罪犯绝大多数都能悔罪服判、积极改造,重返社会后多数都成为了自食其力的守法公民。在社会各界的共同努力下,未成年人犯罪预防和教育、感化、挽救工作取得明显成效。据统计,2008 年至 2013 年,未成年犯罪人数连续下降,在犯罪总人数中所占比例也连续下降。2002 年至 2013 年间,未成年罪犯的重新犯罪率基本控制在 2% 左右,大大低于整体的重新犯罪率。

人民法院积极探索适合未成年人案件特点的审理、执行方式,健全完善少年审判工作制度和机制。2012 年修订的刑事诉讼法第一次专章规定了未成年人刑事案件诉讼程序,最高人民法院司法解释对法律条文进行了细化,增强了具体性、可操作性。2010 年 7 月最高人民法院出台《关于进一步加强少年法庭工作的意见》,对少年法庭工作进行全面总结、推进。

刑事审判方面,坚持"寓教于审"制度,注重对未成年被告人的法庭教育;实行社会调查报告制度,对未成年被告人进行庭前社会调查,使少年审判工作更具针对性和科学性;推行"圆桌审判"方式,营造宽松的庭审氛围,使未成年被告人更容易接受裁判惩处;引入"心理干预机制",加强对未成年当事人的心理矫正和疏导,为法院裁判提供科学参考,为判后有针对性地矫治提供客观依据;落实“宽严相济”刑事政策,积极探索“刑事和解”的途径,对符合适用非监禁刑条件的,依法适用非监禁刑;建立健全帮教工作机制,协助未成年犯管教所和社区矫正部门做好帮教工作。

民事、行政审判方面,拓展未成年人民事和行政案件审判途径,创造性地提出“积极、优先、亲和、关怀”的司法理念,在审判方式上引入、创建“社会观护员”和“诉讼教育引导”等制度,由社会观护员庭前对未成年人情况进行调查,形成报告提交法庭,庭后对判决执行进行跟踪监督,对权益受到侵害的未成年人提供必要帮助;设立未成年人民事案件立案、审理、执行相互衔接的“绿色通道”,促使未成年人尽快回归正常生活。

未成年被害人司法保护进一步强化。近年来,我国保护未成年人权益的法律体系日益健全,司法保护力度不断增强,未成年人权益保护工作取得积极进展。但是,未成年人身心发育尚不成熟,没有自我保护能力,易受犯罪侵害,特别是遭受性侵害的现象时有发生,给未成年人身心健康造成严重伤害,在社会上造成了极为恶劣的影响,人民群众反映强烈。

最高人民法院将依法从严惩治性侵害未成年人犯罪作为专项工作,充分发挥刑事审判职能,切实强化对未成年人的司法保护力度。通过研究制定司法政策文件、举办业务培训等多种形式,指导各级人民法院深入贯彻依法严惩犯罪和保护未成年人合法权益的刑事政策。例如,2010 年最高人民法院与最高人民检察院、公安部、司法部联合发布《关于依法惩治拐卖妇女儿童犯罪的意见》,去年 10 月又联合发布《关于依法惩治性侵害未成年人犯罪的意见》,对办理此类案件提出了明确、具体的指导意见,积极回应了人民群众的关切,受到社会好评。

在今后的工作中,最高人民法院希望与中央综治委、全国人大法工委、团中央和在座的各家单位,共同推动以下几个方面的工作。

一是完善未成年刑事被害人救助制度。2009 年,中央八部委联合下发《关于开展刑事被害人救助工作的若干意见》,几年来,刑事被害人救助工作取得了良好的成效。司法实践中,未成年被害人作为更为弱势的一个群体,正处于生长发育、学习知识、走向成熟的关键阶段,如果在遭受犯罪行为侵害后不能及时得到物质补偿、精神安抚和妥善安置,生活学习上更容易陷入困境,其未来的人生也容易受到严重不良影响。因此,对他们的救助尤为重要,尤为迫切。希望中央综治委协调各有关部门特别是政府部门,在推动完善刑事被害人救助制度的基础上,争取做到未成年被害人的及时救助、优先救助,适当提高救助标准,促进未成年被害人尽快回归正常的生活学习。

二是推动失足未成年人帮教基地工作开展。随着城市化进程的加速发展,一些大中城市外来务工人员子女犯罪率居高不下,但由于外地户籍未成年人往往缺乏帮教和监管条件,对他们适用非监禁刑的比例较低,有时会出现“同案不同判”的现象,不利于他们的教育改造。为解决这一难题,许多地方积极探索了建立非监禁刑未成年人帮教基地,为缺乏监护条件的未成年犯提供帮教和监护的条件,取得了明显成效。最高人民法院少年法庭指导小组调研了部分省市失足未成年人帮教基地的工作情况,认为失足未成年人帮教工作有利于促进失足未成年人顺利回归社会,是一件很有意义的事情,也是一项社会系统工程,需要各有关单位和团体组织的积极参与。希望由中央综治委预防青少年违法犯罪专项组牵头,联合公检法司、关工委、妇联等单位和团体组织,共同推动这项工作的开展。

三是构建未成年人监护行政监督与司法裁判对接机制。近期发生的监护人严重侵害未成年人权益的热点事件,如南京饿死女童案件,广州亲生母亲长达七八年虐待亲生女儿致死案件等,都说明我国未成年人保护工作特别是监护监督方面,存在较为严重的缺失。为加强困境未成年人的权益保障,民政部已会同最高人民法院、公安部进行了调研和论证,拟于今年出台指导性意见,建立未成年人监护行政监督干预与司法裁判衔接工作机制。希望立法机关和大家给予我们更多的支持和帮助。在诉讼程序上也存在需要研究的问题,被害人是未成年人,侵害行为尚未造成特别严重后果的,是否只能作为自诉案件;如果侵害者又是未成年人的法定代理人或者近亲属的,由谁来提起诉讼,谁来保护未成年人的合法权益,在这个问题上是有空缺的,应当进一步调查研究。

四是当前惩治性侵害未成年人犯罪工作还存在一些亟待我们正视的问题。集中体现在:性侵害未成年人犯罪社会关注度高,易成为影响社会稳定的敏感案件。近几年,发生和曝光了一系列性侵害未成年人的恶性犯罪。鉴于未成年人几乎没有自我保护的意识和能力,以及性犯罪具有高度的隐蔽性,此类犯罪应引起有关职能部门高度重视,有关惩治性侵害犯罪与保护未成年人权益的法律法规还存在不够明确、可操作性不强等问题。此外,性侵害未成年人犯罪成因复杂,有效治理涉及教育、预防、打击、矫治、保护、宣传等诸多方面的工作,而我国目前在一些治理环节上仍存在短板。例如,家庭、学校、社会对未成年人的保护网络尚存在真空地带,对特殊性侵人员进行身心矫治、刑满释放后予以重点管控等预防、监督机制不够健全;保护未成年人权益的职责分散在不同政府部门,缺少强有力的专门性未成年人保护行政机构来推动综合治理性侵害的举措得到落实,等等。

未成年人保护工作应当切实并始终贯彻特殊、优先保护理念,统筹考虑涉及未成年人权益保护的法律法规,对一些滞后于当前实际的相关法律规定及时进行修改完善;从长远考虑,设立统一、专门的未成年人保护机构,以此建立起以行政保护为主导并能够与家庭、学校、社会和司法保护相衔接的未成年权益保护机制,切实有效防范和制止包括性侵害在内的一切侵犯未成年人权益犯罪,形成保护未成年人权益的合力。

以习近平新时代中国特色社会主义思想为指南
精心做好刑事大要案审判工作

□裴显鼎*

党的十八大以来,以习近平同志为核心的党中央顺应时代发展和民心所向,全面加强和改善党的领导,团结带领全党全国各族人民迎难而上、开拓进取、同心协力、砥砺前行,改革开放和社会主义现代化建设都取得了举世瞩目的历史性成就,国家经济、科技、国防实力及综合国力都获得了显著提升。中华民族实现了从站起来、富起来到强起来的历史性飞跃,中华儿女从未像现在这样为自己的国家感到骄傲和自豪,我们比历史上任何时期都更接近、更有信心和能力实现中华民族伟大复兴的目标。

党的十九大确立并载入党章的习近平新时代中国特色社会主义思想,是党和人民实践经验和集体智慧的结晶,也是全党全国人民今后必须遵循的行动指南。在步入新时代的历史征程中,学习贯彻党的十九大精神是当前全国各级人民法院的首要政治任务。习近平新时代中国特色社会主义思想内涵十分丰富,最重要、最核心的内容就是“八个明确”,包括总目标、总任务、总体布局、战略布局和发展方向、发展方式、发展动力、战略步骤、外部条件、政治保证。从“八个明确”到新时代中国特色社会主义基本方略的“十四个坚持”,都是对我们党治国理政重大方针、重大原则的最新概括,是实现中华民族伟大复兴的“路线图”和“方法论”。我们必须结合工作实际,毫不动摇地坚持,不折不扣地落实。

---

* 最高人民法院审判委员会副部级专职委员。

人民法院作为国家审判机关，执法办案始终是第一要务。刑事审判的基本使命是惩罚犯罪和保障人权。最高人民法院在刑事审判工作中的职能作用，除了宏观指导、制定刑事政策和司法解释以外，主要应该体现在对大要案的审判和指导中。刑事大要案包括重大案件、敏感案件、疑难案件。重大案件即各界广泛关注、社会影响大的案件。敏感案件即可能或已经引起社会炒作的案件。疑难案件即立法和司法解释规定不明确，司法实践中争议较大的案件。只有抓住大要案审判这个“牛鼻子”，才能带动刑事审判整体水平的提高，才能努力实现“让人民群众在每一个司法案件中感受到公平正义”的目标。

刑事大要案的审判既要严格依法进行，又要密切回应社会各界和人民大众的关注，力求每一个大要案的审判都能经得住历史的检验，并取得良好的社会效果。长期以来，人民法院在审判和指导刑事大要案方面形成了一套行之有效的做法，需要认真梳理总结并将其进一步规范化和制度化。

以习近平新时代中国特色社会主义思想为指南精心做好刑事大要案审判工作，要着重抓好以下几个方面：

一、坚持总体国家安全观，审理好危害国家安全案件和暴恐案件

习近平新时代中国特色社会主义思想要求，坚持总体国家安全观，坚持国家利益至上，以政治安全为根本。十九大报告还提出，严密防范和坚决打击各种渗透颠覆破坏活动、暴力恐怖活动、民族分裂活动、宗教极端活动。

党的十八大以来，人民法院严惩危害国家安全犯罪，依法审结了一批间谍、煽动颠覆国家政权等危害国家安全犯罪案件，加大对煽动分裂国家犯罪的惩处力度；严惩暴力恐怖犯罪，依法审结天安门“10・28”案、昆明火车站“3・01”案等暴恐案件，“两高一部”出台《关于办理暴力恐怖和宗教极端刑事案件适用法律若干问题的意见》，加大对组织、领导、参加恐怖组织，传播暴力恐怖音视频等犯罪的惩处力度，有力维护了国家安全。

当前，境内外敌对势力频繁插手我人民内部矛盾和社会热点问题，企图达到颠覆我国家政权的目的。世界并不太平，暴恐犯罪活动时有发生。暴力恐怖势力、民族分裂势力、宗教极端势力“三股势力”往往与境外各种势力相互勾连，千方百计地制造实施捣乱破坏活动，我们面临的反恐维稳任务十分繁重，切不可掉以轻心。

政法机关作为党和人民的“刀把子”，维护国家安全是刑事审判的重中之重，恐怖犯罪活动是国际社会的公害、全人类的公敌，没有国家安全，其他一切都无从谈起。因此，我们务必把依法严惩危害国家安全犯罪和暴恐犯罪当作头等大事抓好。一是要坚持宽严相济刑事政策，该严则严，始终保持对危害国家安全的犯罪采取高压态势，对“三股势力”等危害国家安全犯罪和暴恐犯罪予以坚决从严惩处，打掉犯罪分子的嚣张气焰，震慑境内外敌对势力。二是要严格依法办事，运用政治智慧和法律智慧，准确把握罪与非罪的界限，把思想认识问题与刑事犯罪有效区别开来。三是要注意掌握政策，讲究工作策略，坚持孤立、打击少数，团结教育、挽救大多数原则。四是要健全反恐怖法律体系。按照十九大报告“加强国家安全法治保障”的要求，积极参与推动制定和修改相关法律法规。

二、坚持以人民为中心，审理好危害社会安全和人民生命财产安全案件

十九大报告作出“中国特色社会主义进入新时代，我国社会主要矛盾已经转化为人民日益增长的美好生活需要和不平衡不充分的发展之间的矛盾”的重大政治判断。习近平新时代中国特色社会主义思想要求，坚持以人民为中心，人民是历史的创造者，必须把人民对美好生活的向往作为奋斗目标。

人民法院历来高度重视审理危害社会安全和人民生命财产安全的刑事案件，尤其是死刑案件及其他严重危害社会安全和人民安全的敏感案件。死刑复核权收回最高人民法院统一行使十年来，人民法院在保留并慎重适用死刑、严格控制死刑适用方面取得了显著成绩，形成了一套比较成熟的机制，积累了不少成功经验，应该继续总结完善。近年来，人民法院审理了聂树斌案等民众高度关注的、于欢案等涉及“法理情”的敏感刑事案件，尤其值得认真总结经验教训，供今后审判工作借鉴。于欢案经历了从一审判处无期徒刑到二审改判有期徒刑五年，一审法院对防卫情节的未予认定引发舆论热议，而二审法院基于常理常情的改判则赢得社会赞誉。山东省高级人民法院对于欢案二审庭审、宣判都采取微博直播方式，开庭对“辱母”这一关键情节的举证质证进行了详细呈现，宣判后及时公开了二审判决书，还公布了警方执法记录仪录像，这些好的做法密切回应了舆论关注，取得了良好社会效果。

社会主要矛盾的变化对人民法院工作赋予了新使命，人民对安全的需求和对美好生活的向往对刑事审判工作提出了新要求，需要我们积极应对新变化。一是要在严格司法的同时反对机械执法。法、理、情相统一是中华法系的优良司法传统，天理、国法、人情深深扎根于民众心中，在具体个案的审理过程中，必须努力探求和实现法、理、情的有机统一。二是要在审理敏感刑事案件时，加强风险评估，提前制定工作预案，及时公开信息，适当回应敏感点。一审法院要未雨绸缪，下好“先手棋”，尽可能在宣判前妥善处置，防止引起炒作。二审法院要勇于担当，及时“补好位”，通过公开公正的审判让人信服，实现案结事了。三是要坚持司法的群众路线，对于敏感刑事案件，要按照“三同步”原则，拓宽司法公开的内容，丰富司法公开的形式，让敏感刑事案件的审理成为“全民法治公开课”，通过全民法治共享进行普法教育，提高全民族的法治意识和认识水平。

三、坚持全面从严治党，审理好职务犯罪案件

习近平新时代中国特色社会主义思想要求，坚持全面从严治党，以零容忍态度惩治腐败。十九大报告还指出，人民群众最痛恨腐败现象，腐败是我们党面临的最大威胁。五年来，不敢腐的目标初步实现，不能腐的笼子越扎越牢，不想腐的堤坝正在构筑，反腐败斗争压倒性态势已经形成并巩固发展。但是，反腐败斗争形势依然严峻复杂，巩固压倒性态势、夺取压倒性胜利的决心必须坚如磐石。

党的十八大以来，人民法院在职务犯罪审判工作方面取得了显著成绩，依法审理并使周永康、薄熙来、郭伯雄、令计划、苏荣等一大批腐败分子受到法律制裁；“两高”出台《关于办理贪污贿赂刑事案件适用法律若干问题的解释》等司法解释和规范性文件，全面提升惩治腐败的法治化水平；“两高”出台《关于适用犯罪嫌疑人、被告人逃匿、死亡案件违法所得没收程序若干问题的规定》，相关人民法院依法审理“红色通缉令”人员杨秀珠、王国强等案件，积极参与海外追逃追赃工作，依法审理任润厚受贿、贪污、巨额财产来源不明违法所得没收申请案，开创没收死亡官员腐败所得的先例；完善对职务犯罪罪犯减刑、假释、暂予监外执行工作机制，圆满完成了国家和人民交办的审判任务。

为了坚决贯彻十九大反腐败决策部署，人民法院要始终把职务犯罪审判工作作为重大政治任务，摆在突出位置抓紧抓好。一是要继续加强对职务犯罪大要案审判指导工作，对今后陆续交付审判的其他职务犯罪大要案，必须精心组织指导，确保实现政治效果、法律效果和社会效果的有机统一，圆满完成国家和人民交办的审判任务。二是要做好配合国家监察体制改革工作，着力解决监察体制改革后侦查、起诉、审判部门职能分工新问题，推进国家监察体制改革与司法审判的有机衔接。三是要在继续“打老虎”的同时，聚焦群众身边腐败问题，兼顾“拍蝇”“打虎”“猎狐”三项内容，绝不放过“小官巨贪”。四是要继续依法审理好“红色通缉令”人员犯罪案件，对外逃腐败分子虽远必惩，紧盯重点国家，聚焦重点个案，继续深化反腐败国际追逃追赃司法合作，努力做到"人赃俱获、罪罚兼备"。五是要不断提高职务犯罪量刑规范化水平，加大对行贿犯罪的惩治力度，就职务犯罪的立法完善适时提出建议。

四、坚持推动构建人类命运共同体、坚持"一国两制"和推进祖国统一，审理好涉外、涉侨、涉港澳台刑事案件

习近平新时代中国特色社会主义思想要求，坚持"一国两制"和推进祖国统一，保持香港、澳门长期繁荣稳定，推动两岸同胞共同反对一切分裂国家的活动；坚持推动构建人类命运共同体，始终做世界和平的建设者、全球发展的贡献者、国际秩序的维护者。

依法审理涉外、涉侨、涉港澳台刑事案件，一是要加强大局观，明确"外事无小事"，在依法惩处犯罪分子的同时，妥善处理好与涉案国家或地区的关系，坚持依法办事和维护外交大局的有机统一。二是要坚持司法主权原则，严格遵守刑法、刑事诉讼法及相关文件规定，严格遵守涉外刑事案件的审理程序，尊重并落实《维也纳领事关系公约》规定的外国使领馆官员会见、探视本国被告人、旁听案件审判等事项的领事权利，切实保障外国籍被告人的合法权益。三是要遵守有关国际条约，认真履行我国缔结或参加的国际条约规定的义务，当国内法或有关规定与国际条约发生冲突时，不得以国内法或有关规定为由简单拒绝履行我国所承担的国际条约所规定的义务。四是要注意量刑适当，对涉外、涉侨、涉港澳台地区刑事案件中被告人的量刑，尤其是外国人犯罪的死刑适用，既要考虑其犯罪情节、危害后果和有关法律规定，还要考虑被告人所在国家或地区的政治、经济、法律、社会背景等，注意体现刑罚个别化。五是要加强刑事司法协助工作，积极参与引渡条约、刑事司法协助条约和移管被判刑人条约法律文本的谈判和审查工作。

五、坚持全面深化改革，深入推进以审判为中心的诉讼制度改革

习近平新时代中国特色社会主义思想要求，坚持全面依法治国，全面依法治国是中国特色社会主义的本质要求和重要保障。十九大报告还提出成立中央全面依法治国领导小组，加强对法治中国建设的统一领导。

深入推进以审判为中心诉讼制度改革，是对刑事司法职权的优化配置。一是要注意以审判为中心不是让法院"唱独角戏"，不能否定各办案机关之间的协作配合，办理刑事大要案尤其需要加强在分工负责基础上的协作配合，人民法院必须加强与公安机关、检察机关、纪检监察、司法行政等相关部门和诉讼各方的沟通配合。二是要切实推进庭审实质化，沟通配合并不意味着放弃职责，要通过法庭审判的程序公正实现案件裁判的实体公正，切实防范冤假错案发生。三是要实现司法证明实质化，落实关键证人、鉴定人、侦查人员出庭作证制度，严格实行非法证据排除规则，完善举证、质证、认证规则，确保侦查、审查起诉的案件事实证据经得起法律检验，诉讼证据出示在法庭、案件事实查明在法庭。四是要实现控辩对抗实质化，完善庭前会议制度，完善法庭辩论规则，依法保障被告人的辩护权，确保诉辩意见充分发表在法庭。五是要实现依法裁判实质化，全面贯彻证据裁判原则，强化庭审公开和裁判说理，逐步提高当庭宣判率，确保裁判结果形成在法庭。

六、坚持全面依法治国，全面落实司法责任制改革

习近平新时代中国特色社会主义思想要求，坚持全面深化改革，不断推进国家治理体系和治理能力现代化。十九大报告再次宣示，要深化司法体制综合配套改革，全面落实司法责任制。

党的十八大以来，以司法责任制为核心的司法体制改革深入推进，司法改革的范围之广、力度之大、程度之深前所未有。通过深化司法改革，审判质量、效率和司法公信力明显提高，公正高效权威的社会主义司法制度正在逐步健全完善。

在刑事大要案审判中全面落实司法责任制，一是要配强刑事大要案的审判力量，各级人民法院要科学配置法官员额，将政治坚定、业务精通、作风优良的精兵强将配备到刑事大要案审理过程中，院、庭长要落实“入额必办案”的要求，勇于负责、敢于担当，带头审理重大疑难复杂案件。二是要妥善处理好刑事大要案审判中“放权与放心”的关系，考虑到刑事大要案大都为社会所广泛关注，往往并非某个法官个人就能完全审理好，因而不能将审判权简单地一放了之，要充分发挥合议庭和审委会的职能作用，“放权不是去监督管理、取消个案审批不等于取消司法监督”，要确保管理监督不缺位、权力行使必留痕、失职渎职要担责。三是要建立科学的法官工资制度，完善刑事法官业绩评价机制，为员额法官配齐配强法官助理、书记员，有效激发法官工作积极性。四是要充分发挥法官权益保障委员会的作用，完善司法人员依法履职保障机制，切实维护办理暴恐刑事大要案法官及其家属的人身财产安全。

“征程万里风正劲，重任千钧再奋蹄。”新征程上，刑事大案要案的审判工作任务将会更加繁重，形势将会更为严峻，各级人民法院只有坚持以习近平新时代中国特色社会主义思想为指导，进一步加强刑事大案要案审判工作的组织领导，才能为实现新目标提供坚实的刑事法治保障。

关于惩治性侵害未成年人犯罪及开展审判指导工作的调研报告

□最高人民法院刑一庭课题组 *

近年来，贵州习水、河南永城、浙江永康、云南大关相继发生企业主、公职人员等性侵害幼女的恶性案件，引发社会广泛关注。对此，最高人民法院高度重视，成立了办理侵犯妇女、儿童权益犯罪案件专项工作指导小组，并于2013年成立课题组，对相关问题进行了专项调研，形成了此调研报告。该报告总结了人民法院审理性侵害未成年人犯罪案件及最高人民法院开展审判指导工作的情况，对存在的问题进行了深入分析，并提出了相应对策建议。

一、审理性侵害未成年人犯罪案件的基本情况

(一)总体犯罪形势

在我国，对未成年人进行性侵害，主要表现为对儿童的奸淫、猥亵以及组织、强迫未成年人卖淫。据统计，2008～2013年，全国法院审结猥亵儿童犯罪案件共计12 247件，年均2 000多件，呈逐年上升趋势。其中，2008年为1 381件，2010年为1 721件，2013年为2 300件。关于奸淫幼女、强迫未成年少女卖淫犯罪的发案情况，由于没有单独司法统计项，暂时无法统计具体数据。2013年，我们从全国各级法院征集了316件性侵害未成年人的典型案例，其中奸淫幼女案件占一半以上，江苏省高级人民法院对近6年来侵犯未成年权益案件进行统计调研，也印证了这一结论。因此，全国奸淫幼女案件总量可能不会少于猥亵儿童犯罪案件。近几年，发生和曝光了一系列性侵害未成年人的恶性犯罪。事实上，未成年人遭受性侵害并不是近几年突然出现和增多的，只不过之前未进入公共视野引起广泛关注而已。而且，鉴于未成年人自我保护意识不强，以及性犯罪具有高度的隐蔽性，此类犯罪实际发生数量可能比进入司法程序的案件数量还要多。从总体上来看，性侵未成年人案件在整个刑事案件中虽然所占比例并不高，但这些犯罪给未成年人身心健康造成严重伤害，牵动着公众敏感的神经，在社会上造成极为恶劣的影响，人民群众反映十分强烈，对此类犯罪的严峻形势和基本特点应当有足够清醒的认识。

(二)性侵害未成年人犯罪案件特点

经对相关案例统计分析，此类犯罪呈现出如下几个基本特点：

1. 犯罪主体方面

(1)未成年人实施性侵害未成年人犯罪问题凸显。在统计的316起案件中，未成年人实施的性侵害案件有44起，占案件总数的13.92%。在年龄分布上，已满16周岁不满18周岁年龄段未成年人实施或者参与实施的有23起，占到了该类案件的52.27%；已满14周岁不满16周岁年龄段的未成年人有21起，占到了该类案件的47.73%。在该44起案件中，有16起为共同犯罪，占到了该类主体犯罪案件数的36.36%。除了较为常见的强奸、猥亵犯罪外，未成年人强迫或者引诱、介绍其他未成年人卖淫的案件所占比例也较高，在44起性侵害案件中占11.36%。

(2)老年人(60周岁以上)实施的性侵害案件占一定比例。在316起案件中，60周岁以上老

* 课题组成员：薛淑兰、赵俊甫、肖凤。赵俊甫执笔。

年人实施的性侵害案件有31起,占案件总数的9.81%。并且,这些老年人实施的性侵害案件多发生在农村地区,有19起,占到了该类案件的61.29%。此类被告人一般采取给零花钱、买零食等理由哄骗被害人至其家中实施奸淫、猥亵。

(3)具有性犯罪前科劣迹的被告人实施性侵害犯罪的危害更大。在316起案件中,被告人有性犯罪前科的10起,占案件总数的3.16%,其再次实施性犯罪造成的后果更严重。如四川省李刚故意杀人案,被告人曾因犯奸淫幼女罪两次被判刑,刑满释放后,在猥亵儿童遭到反抗时将被害人杀死。

2. 被害人情况

(1)被害人呈低龄化。已满6周岁不满14周岁的未成年人占被害人的绝大多数。在316起案件中,被害人为已满6周岁不满14周岁的有282起,占案件总数的89.24%;被害儿童不满6周岁的有39起,占12.34%。

(2)对男童的性侵害应当引起关注。在儿童遭受性侵害的案件中,被害人为女童的占绝大多数,男童遭受性侵害案件虽然所占比例不高,却不容忽视。在316起案件中,有9起为男童遭受性侵害的案件。

(3)部分被害人在遭受性侵害后被人利用转而实施违法犯罪活动。未成年被害人涉世未深,自我保护意识不强,在遭到性侵害后不敢报案,有些还被犯罪分子利用,帮助胁迫、诱骗其他被害人。如福建莆田苏某某强迫卖淫案,被害人帮助被告人参与诱骗、强迫其他在校女同学卖淫;河南镇平原政协副主席吴天喜强奸幼女案中,被害少女遭到性侵害后转而帮助吴天喜诱骗其他少女供其奸淫。

(4)未成年人被强迫提供色情服务问题凸显。在统计的316起案件中,涉卖淫类犯罪共30起,占9.49%。其中,未成年人被强迫卖淫的案件有19起,占该类案件的63.33%。

(5)被害人遭受性侵害的后果严重。在316起案件中,造成被害人怀孕、重伤、死亡等后果的比例较高,有33起,占案件总数的10.44%。被害人不仅身体受到伤害,精神上更遭受巨大的煎熬和痛苦。有些儿童在遭受性侵害后,经常晚上做噩梦,白天心不在焉,无法正常学习,最后往往选择辍学。因为无法走出阴影,这些被害人中有企图采取割腕或者服药等方式自杀的,也有经过诊断后被确定为癔症或者精神分裂症的。

3. 被告人与被害人的关系方面

被告人与被害人存在相熟关系的占较高比例,如亲属关系、邻居关系、同学关系、师生关系等。

(1)特殊家庭中监护人实施的性侵害案件有12起,其中包括:发生在再婚家庭的案件5起;发生在母亲外出打工家庭的案件3起;发生在寄养家庭的案件2起;还有2起系幼女被母亲同居男友性侵的案件。性侵害案件由于较高的隐蔽性,呈现出侵害时间长、侵害次数多的特点。在统计的316起案件中,侵害次数在3次以上的有150起,占案件总数的47.47%;10次以上的案件有13起,约占案件总数的10%。特殊家庭中监护人实施的性侵害案件,这一特点更加明显,在上述14起案件中,侵害时间超过1年的有9起,占该类案件总数的64.29%,其中侵害时间最长的达8年。

(2)学校教职人员实施的性侵害案件占一定比例。在316起案件中,此类案件有19起,突出特点是被害儿童人数多和侵害次数多。在这19起案件中,被害儿童人数为3人以上的有14起,占73.68%。部分案件中,被害人人数之多令人震惊。如甘肃省成来福强奸案中,被害儿童多达18人;江西省何如才猥亵儿童案中,被害儿童达15人;浙江省鲍润法强奸、猥亵儿童案中,性侵害次数高达百余次。

4. 犯罪地点方面

此类案件多发生在相对隐蔽的场所,如被告人或被害人住处、校园内或者学校周边。在统计的316起案件中,作案地点为被告人住处的有106起,占33.54%;在被害人家中的有62起,占19.62%;在校园及学校周边的有22起,占6.96%。

（三）案件审判情况

1. 定罪量刑情况

在统计的316起案件中,涉及被告人400名,案由为强奸罪的被告人238名。其中,免予刑事处罚的1人,占0.42%;判处缓刑的5人,占2.1%;判处拘役至一年以下有期徒刑的3人,占1.26%;判处一年至三年以下有期徒刑的23人,占9.66%;判处三年至五年以下有期徒刑的71人,占29.83%;判处五年至十年以下有期徒刑的有77人,占32.35%;判处十年以上有期徒刑的33人,占13.87%;判处无期徒刑的10人,占4.2%;判处死刑的15人,占6.3%。（详见图一）

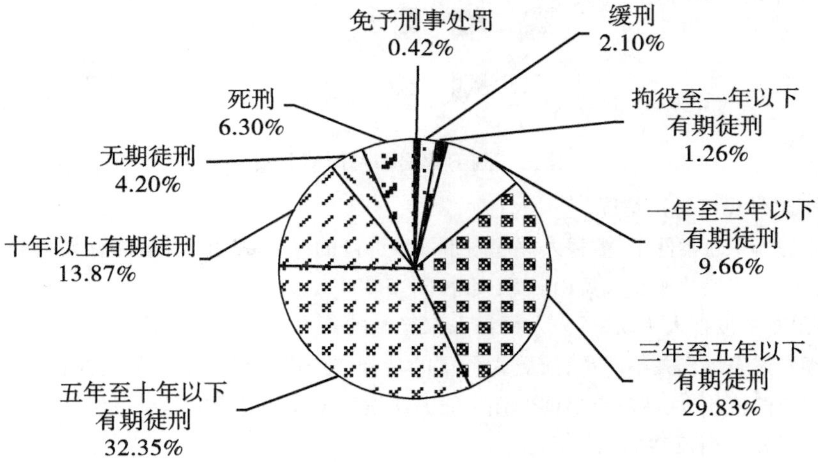

图一 强奸罪判刑情况图

案由为猥亵儿童罪的被告人有123名。其中,免予刑事处罚的1人,占0.81%;判处缓刑的10人,占8.13%;判处拘役至一年以下有期徒刑的6人,占4.88%;判处一年至三年以下有期徒刑的57人,占46.34%;判处三年至五年以下有期徒刑的36人,占29.27%;判处五年以上有期徒刑的13人,占10.57%。在所统计的案件中,因猥亵儿童罪被判处的最高刑罚为七年。（详见图二）

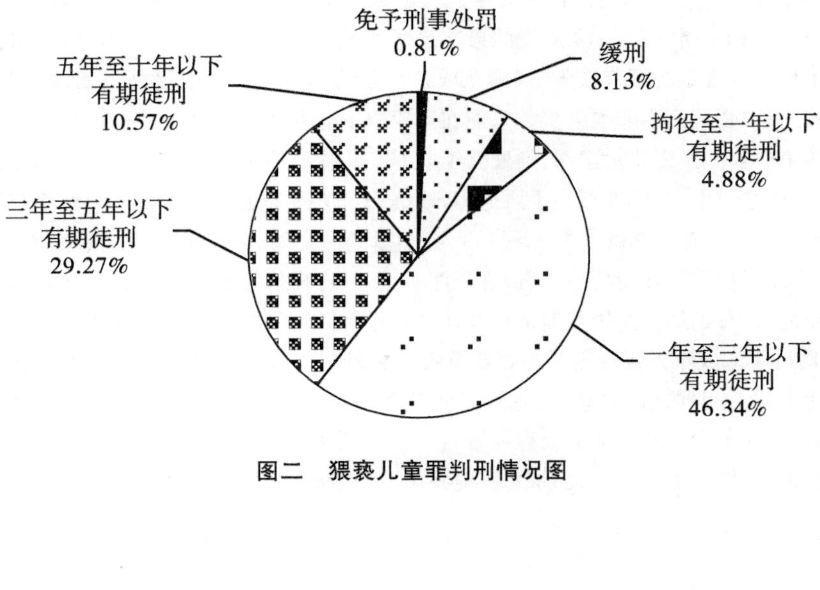

图二 猥亵儿童罪判刑情况图

案由为强迫卖淫罪的被告人有35名。其中,判处五年以下有期徒刑的8人,占22.86%;判处五年至十年以下有期徒刑的9人,占25.71%;判处十年以上有期徒刑的13人,占37.14%;判处无期徒刑的1人,占2.86%;判处死刑的4人,占11.43%。(详见图三)

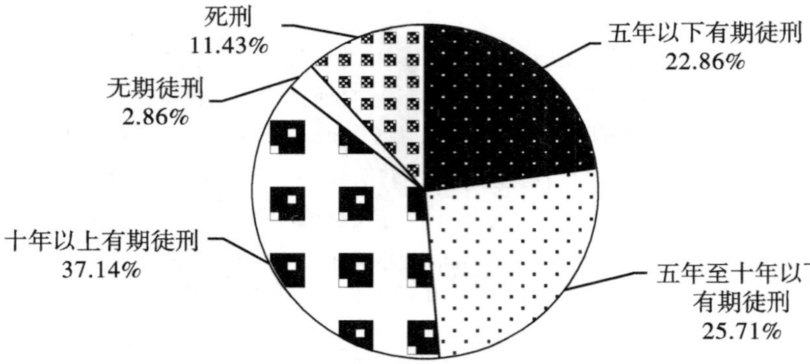

图三　强迫卖淫罪判刑情况图

2. 刑事附带民事诉讼情况

在统计的316起案件中,被害人提起附带民事诉讼的仅有60起,占案件总数的18.99%。在这60起案件中,赔偿数额在人民币(以下币种同)5 000元以下的有30起,占50%。分析原因,一方面,此类犯罪中被害人年幼,行为人往往采取轻微的暴力或者欺骗利诱即可达到性侵目的,绝大多数被害人体表损伤并不严重,而更为严重的精神创伤尚未受到应有的关注;另一方面,被告人大多经济条件较差,往往没有足够的经济能力赔偿被害人所受损失。

(四)案件审理所反映的相关问题

1. 对未成年被害人进行特殊、优先保护的司法理念及准确适用法律政策的能力还有待提高。虽然我国在未成年人权益保护方面的工作逐渐加强,但多年来重点保护机能偏向于未成年人犯罪,作为被害人的未成年人的合法权益保护尚未引起司法机关的足够重视,对未成年人被害人的司法救助和特殊保护在很多方面仍是空白。近年来,个别性侵害未成年人的案件因事实证据认定或者量刑等问题引发社会广泛质疑,影响了司法的公正和权威,反映出部分刑事审判人员对相关案件适用法律政策的能力还有待提高。

2. 有关惩治性侵害犯罪与保护未成年人权益的法律法规存在不够明确、可操作性不强等问题。例如,对已满14周岁不满18周岁的男性少年实施"鸡奸"等猥亵行为,难以定罪;猥亵儿童罪第二档量刑幅度规定的情节仅限于"聚众或者在公共场所当众实施猥亵",实践中此类情形极少出现。因此,猥亵儿童犯罪绝大多数只能在五年以下有期徒刑幅度内处刑。如上所作统计,近几年审结的100多件猥亵儿童案件,判处五年以上有期徒刑的仅占10.57%。一些罪犯猥亵儿童多达十余人,多达数十次,或者猥亵手段恶劣,根据现行法律规定至多顶格判处五年有期徒刑,无法做到罪刑相适应。对嫖宿幼女罪、虐待罪、遗弃罪如何适用,立法上是否应予修改,争议较大。此外,未成年人保护法存在责任主体、追责程序不明确、可操作性不强等问题。例如,对儿童实施性侵害犯罪的监护人,如何撤销其监护权和保障被侵害儿童的合法权益,规范依据不明。

3. 治理侵害未成年人权益犯罪的综合长效应对机制缺失。性侵害未成年人及虐待、遗弃等侵犯未成年人权益犯罪成因复杂,治理这一问题涉及教育、预防、打击、矫治、保护等诸多方面的工作,我国目前在不少治理环节上仍存在短板。例如,家庭、学校对未成年人的性知识、自我保护教育滞后。再如,性犯罪的重新犯罪率高,但我国尚缺少必要的应对措施。上海市某区法院审理的被告人庞华猥亵儿童案，被告人具有6次性侵害儿童的犯罪前科，每次刑满释放不久即又实施性侵，但法院每次只能顶格对其判处区区数年徒刑。对特殊性侵人员进行身心矫治、刑满释放后予以重点管控等应对机制缺失，无异于在我们每个家庭周围埋下定时炸弹，实为社会安全之一大隐患。对留守、流浪、随迁儿童、"问题少年"以及对儿童存在性侵害、虐待、疏忽等问题的家庭，未建立必要的国家监护支持、监督和干预体系；未建立强制报告制度，导致部分侵犯未成年人权益的违法犯罪无法及时发现和得到有效制止；等等。

4. 缺乏强有力的未成年人保护专门机构。我国未成年人有3亿多，占总人口比重的近1/4，未成年人保护领域面临的问题也越来越多，但却没有专门机构来保护这一庞大弱势群体的利益。民政部门作为与未成年人保护关系最紧密的行政机构，在国家层面，只有两个处室和一个事业单位，分别负责孤儿福利、流浪未成年人救助和儿童收养等管理工作，不仅层级设置低，而且工作覆盖的对象范围窄。除民政部以外，教育部、国务院妇儿工委、团中央、全国妇联等部门也负有保护未成年人的职责，但其工作职责分散，且权责不明。由于缺少专门行政机关的强有力推动，导致综合治理侵害未成年人权益犯罪和救助保护未成年人的制度设计、工作举措难以得到有效落实。

二、最高人民法院开展惩治性侵害未成年人犯罪审判指导工作情况

（一）充分发挥刑事审判职能，对性侵害未成年人犯罪坚持依法从严惩治

我国刑法规定，奸淫幼女、猥亵儿童的，都应从重处罚。2013年，人民法院依法审结了河南公职人员李新功强奸、猥亵多名幼女案，浙江教师鲍润法强奸、猥亵多名年幼女学生案，海南校长开房案，广西兴业一名留守女童遭到10余名当地村民性侵案等一系列社会关注的案件，对犯罪分子依法从严判处重刑，对其中一些罪行极其严重的犯罪分子依法判处了死刑，如前述的李新功、鲍润法经最高人民法院复核核准，均已执行死刑。

特别是最高人民法院、最高人民检察院、公安部、司法部2013年联合下发《关于依法惩治性侵害未成年人犯罪的意见》（以下简称《性侵意见》）后，各级人民法院认真贯彻执行，对性侵害未成年人犯罪进一步加大从严惩治力度。广西兴业法院对诱骗并多次奸淫两名幼女的被告人依法从重判处有期徒刑九年六个月；湖北汉川法院对强奸聋哑年幼女学生的特殊教育学校教师被告人从重判处有期徒刑七年六个月。另根据山东、四川等地法院调研统计，《性侵意见》发布后，法院对性侵害未成年人案件在量刑把握上趋于从严，特别是严格控制对成年被告人的缓刑适用。

（二）研究制定惩治性侵害未成年人犯罪的司法政策文件，统一法律适用标准

2013年年初，最高人民法院刑一庭根据当前性侵害未成年人犯罪易发、多发的新态势，成立专项课题组，认真梳理、研究司法实践中存在的复杂、疑难问题，先后召开了全国法院加强未成年人权益刑事司法保护工作座谈会，最高人民检察院、公安部、司法部、团中央、全国妇联等多个中央部委和专家学者参加的研讨论证会，牵头起草了《性侵意见》，并与最高人民检察院、公安部、司法部联合发布，积极回应了人民群众的关切，对办理此类案件提出了明确、具体的指导意见，受到普遍好评。

（三）加强审判业务指导与培训

为确保《性侵意见》的规定真正得到贯彻落实，最高人民法院编辑出版了惩治性侵害犯罪审判指导图书，并于2014年2月在北京市举办了"惩治性侵害未成年人犯罪司法实务培训班"，来自30多个省区市的300多名基层法官，部分省区市检察官和律师100人，共计400余名学员参加了培训，效果良好。

（四）加大法制宣传力度

2013年六一儿童节前，针对全国多地相继发生数起校园性侵女童恶性案件，社会各界十分关

注的舆论态势，最高人民法院组织了多层次的集中宣传报道。2013 年至今，已召开新闻发布会 3 次，发布 5 批关于未成年人权益保护的典型案例，有效引导了社会舆论，彰显了司法机关的良好形象，社会反响积极正面。

（五）研究提出立法修改建议

课题组认真梳理归纳调研中发现的性侵害未成年人犯罪突出问题，就奸淫幼女罪、猥亵儿童罪及拐卖妇女、儿童，虐待儿童，组织儿童乞讨等其他侵犯未成年人罪名的修改完善，向有关部门提出立法建议。

三、关于加强未成年人权益保护工作的建议

鉴于性侵害未成年人犯罪审判工作和未成年人权益保护领域存在的上述突出问题，为了给祖国的下一代创造一个安全、健康的成长环境，预防、减少侵害未成年人犯罪发生，我们认为，当前应当着重抓好如下几个方面的工作：

（一）加大对相关司法政策文件的贯彻执行力度

《性侵意见》涉及办理性侵害未成年人犯罪案件方方面面的问题，规定内容十分全面，针对性很强。此外，为了将从严惩治的政策精神落到实处，最高人民法院在 2013 年 12 月修订量刑指导意见时，将普通情节的奸淫幼女犯罪量刑起点从三年至五年有期徒刑调整为四年至七年有期徒刑，将具有加重情节的量刑起点从十年至十二年有期徒刑调整为十年至十三年有期徒刑。湖北、天津、河北、云南、陕西、江西等部分省市法院已将《性侵意见》规定的从严从重处罚情节吸收到量刑指导意见实施细则中，进一步细化了从严惩治性侵害未成年人犯罪的量刑幅度，值得各地法院借鉴。但是，由于性侵害案件分布范围广，绝大多数在基层法院审理。因此，各级法院应当把司法文件的精神、规定原原本本地传达到每一位审理此类案件的法官，并真正做到入脑入心，在司法理念、适用法律政策的能力等方面得到切实提升，坚决避免因法律定性不准、量刑不当等引发社会质疑和媒体炒作事件发生。

（二）积极主动开展综合预防治理性侵害未成年人犯罪工作

鉴于性侵害未成年人犯罪成因复杂，有效治理涉及教育、预防、打击、矫治、保护等诸多方面的工作，而我国目前在一些预防治理性侵害的环节上还存在短板，这就要求各级人民法院应当在立足审判职能的基础上，积极开展预防犯罪及救助保护未成年被害人等工作。最高人民法院拟调研选择部分法院，开展综合预防治理性侵害未成年人犯罪试点工作，各级法院应当根据本地实际情况，探索构建预防治理性侵害犯罪的联动机制。

（三）进一步修改完善相关法律法规和制度

修改未成年人保护法，明确政府保护职责，细化未成年人合法权益保护的责任主体、程序、具体权利和义务，完善问责措施，使未成年人保护法真正成为未成年人的"保护法"。建议刑法再次修改时，统筹考虑涉及未成年人权益的相关条文，切实贯彻特殊、优先保护理念，对涉及性侵害未成年人及拐卖、收买、虐待儿童，组织儿童乞讨等规定，广泛听取社会意见，进行充分研究论证，提出一揽子修改完善方案。加强调查研究，完善惩治预防侵犯未成年人犯罪的配套法律法规；进一步规范性侵害未成年人犯罪案件量刑；研究设立侵犯未成年人犯罪强制报告制度，以及对性侵害罪犯刑满释放后进行登记备案，对有性侵害前科劣迹人员在必要时进行强制医学治疗和心理干预等制度。

（四）尽早设立未成年人保护专门行政机构

加强未成年人保护工作千头万绪，当务之急，是充分认识我国当前未成年人保护工作面临的迫切形势，借鉴英、美、德、澳等国家和我国香港特别行政区、台湾地区设立专职儿童保护机构的有益经验,尽早在国家层面推动设立强有力的未成年人保护专门行政机构,配置以独立的权力、资金和人员,实现一个机构负责未成年人保护的完整流程,避免将相关职责在不同阶段分割给不同部门,造成衔接上的漏洞和互相推诿扯皮。

(作者单位:最高人民法院刑一庭)

关于家庭暴力刑事案件的调研报告

□最高人民法院刑一庭课题组*

家庭是社会的基本细胞,也是维系社会团结、稳定、和谐的重要力量。然而,社会中层出不穷的家庭暴力案件让人们开始意识到家庭暴力对于人权的漠视、家庭和谐的威胁和社会稳定的破坏。当前,随着我国社会法治化进程的不断推进,对未成年人、妇女、老人的保护力度也日渐加大。我国先后通过了《中华人民共和国未成年人保护法》、《中华人民共和国妇女权益保障法》、《中华人民共和国老年人权益保障法》等一系列法律法规,但是对于愈演愈烈的家庭暴力的防治,仍在保护的广度和深度上存在严重不足,各组织机构间的保护权责也存在不明晰等问题。

为预防和制止家庭暴力,更好地保护妇女、儿童和老人等家庭弱势群体的合法权益,促进社会和谐稳定,发挥人民法院的能动司法作用,最高人民法院"反家庭暴力"调研课题组(以下简称课题组)以全国24个省级行政区的203个涉及家庭暴力案件的刑事判决书为研究对象,在整理案件中被告人信息、被害人信息、家庭暴力发生原因、案件的定罪量刑情况、案件属于实施暴力还是以暴制暴、案发前是否有公权力机关或其他组织介入等数据的基础上,总结实践中实施家庭暴力的主体、原因,以及法院对于家庭暴力两种情形(施暴和以暴制暴)定罪量刑上的差异,提出了对于减少家庭暴力发生的系列立法、司法、行政上具体可行的解决措施,形成此调研报告。

一、家庭暴力案件数据分布情况及特点

(一)在家暴刑事案件中,公诉案件占绝大多数

我国现行刑法规定的有关家庭暴力的自诉罪名为:虐待罪、暴力干涉婚姻自由罪。而在全国203个涉及家庭暴力的案件中,只有3个为自诉案件,仅占案件总数的1.48%,而剩余200个案件均为公诉案件,占案件总数的98.52%。由此可见,虽然刑法赋予了被害人通过自诉的方式制止家庭暴力,保护自身的权利的方法,然而,多数家庭暴力的被害人出于羞耻、恐惧、家丑不可外扬、加害人威胁或者害怕加害人再次施暴等种种原因,在家庭暴力程度较轻或者在其能承受的范围时,通常不愿意求助于司法机关,试图通过忍受等方式化解家庭纠纷。家庭暴力通常具有隐秘性,在被害人不对外求助时,外人往往无法得知被害人遭受了家庭暴力,无法对其提供帮助。这样恰好纵容了加害人,使加害人肆无忌惮地实施家庭暴力,最后的结果是要么导致被害人重伤、死亡等结果而由司法机关介入;要么被害人忍无可忍,以暴制暴,自己对加害人实施了暴力犯罪而被处以刑罚。

(二)家庭暴力案件呈现两种类型:"施暴"案件和"以暴制暴"案件

在涉及家庭暴力的203个案件中,根据家庭暴力发生的原因,可以分为两种:一种是被告人

---

* 课题组成员:周峰、薛淑兰、冉容。冉容执笔,中国政法大学实习生马方圆参与部分内容的编写。

主动对加害人实施家庭暴力，以下简称“施暴”；另一种是被告人遭受被害人长期的家庭暴力（如殴打、辱骂、强奸等行为）忍无可忍，出于激愤等原因对被害人实施了伤害、杀人等犯罪行为，以下简称“以暴制暴”。从图一可以看出，“以暴制暴”案件数量为50件，占总案件数的24.63%；“施暴”案件为153件，占总案件数的75.37%。由此可知，在家庭暴力案件中，单纯出于加害人的原因实施暴力的案件仍占据多数。

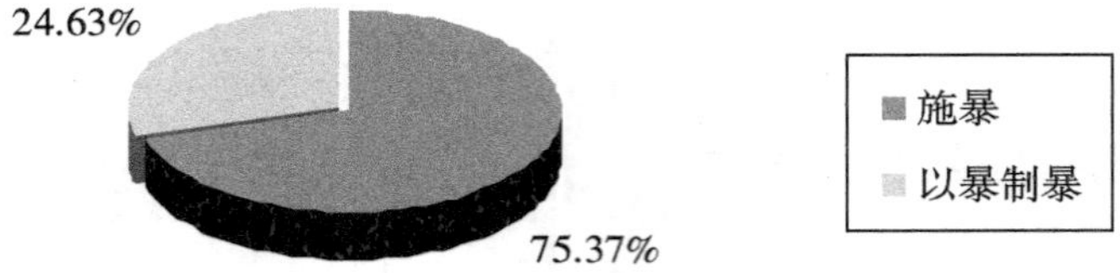

图一　家庭暴力的类型

（三）被告人与被害人特点

1. 被害人以妇女、未成年人、老人为主

在对“施暴”类型（153件）的家庭暴力案件的被害人统计中，如图二所示，被害人为未成年人的案件有27个，占“施暴”案件的17.65%，被害人为老年人的案件有17个，占“施暴”案件的11.11%，而被害人为妇女的案件最多，为81件，占总数的52.94%。由此可见，妇女、未成年人和老人是家庭暴力的主要受害者，三者总共占到家庭暴力受害人的81.7%。因此，在家庭暴力案件中，对妇女、未成年人和老人的保护应受到足够的重视。

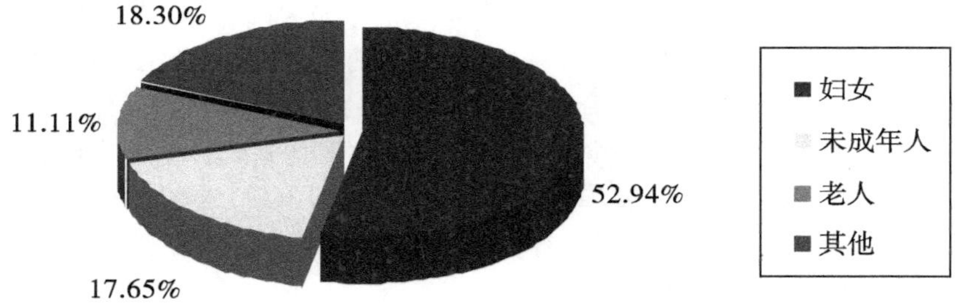

图二　“施暴”案件中，被害人的类型分布

2. 被告人往往文化程度较低

在实施家庭暴力的被告人中，被告人的文化程度为小学及以下的案件为105件，占案件总数的51.72%，已经占到了全部案件的半数以上。由此可以看出，家庭暴力的被告人呈现文化程度偏低的特点。由于受教育程度有限，部分被告人存在法律意识淡薄甚至缺失，不能较好地控制情绪等问题，因而在面对家庭矛盾引发的激动情绪时，不能控制自己的情绪而引发了悲剧。

3. 被告人与被害人的关系已经不局限于夫妻、父母子女，向前配偶、未婚同居等方向扩展

传统的家庭暴力的案件多发生于夫妻、父母子女等有血缘关系、共同生活的家庭成员之间。但是新型的家庭暴力案件的被告人和被害人的关系，已经不局限于上述范围，向前配偶（已经离婚的夫妻）、未婚同居、共同生活的其他人员等扩展。因而，针对受家庭暴力的人员范围在事实上已经扩展的问题，立法上应当适度扩大家庭成员的认定范围，以保护那些虽然没有血缘关系，但是实际上也在遭受家庭暴力侵害的被害人。

（四）定罪适用的罪名较为集中，量刑时适当考虑家庭矛盾在案件起因中的作用

如图三所示，在“施暴”类型的153个案件中，法院最终判处的罪名主要集中在故意伤害罪和故意杀人罪，分别占47.06%和41.83%，而其他罪名，如强奸罪和虐待罪，总共不到10%。可见

在家庭暴力案件中,故意伤害罪和故意杀人罪的比例较大,施暴人往往造成了轻伤以上的严重后果,司法机关才有可能介入。

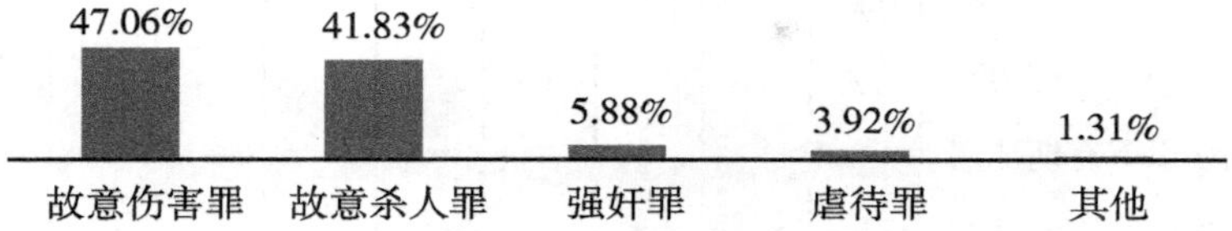

图三 “施暴”案件中,法院判处罪名的分布情况

相比而言,如图四所示,在“以暴制暴”类型的案件中,只存在故意杀人罪和故意伤害罪两种罪名。由此可见,在由于被害人的过错,如长期殴打、辱骂被告人等,在被告人忍无可忍的情况下进行反抗,造成的伤害后果往往是巨大且无法弥补的,基本是轻伤以上乃至重伤、死亡,此时显示了长期的家庭暴力引发的矛盾往往是剧烈、激化、难以调和的。反抗往往呈现明显和猛烈的暴力性特点。

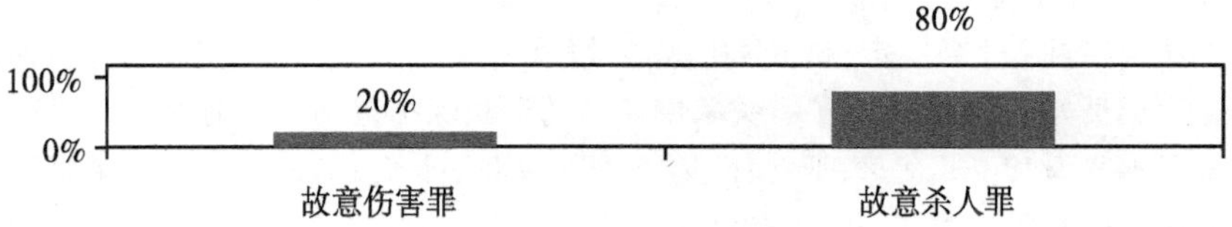

图四 “以暴制暴”案件中,法院判处罪名的分布情况

对于“施暴”案件,在量刑的从轻情节方面,很多法院都会考虑危害后果的发生是由于家庭矛盾引发,被告人在案件发生后有自首情节,认罪态度好,有悔罪表现,积极道歉和赔偿,获得被害方谅解等情节而从轻处罚。而极少数案件,由于被告人经常实施家庭暴力且杀人、伤害行为手段残忍、情节恶劣,被作为从重情节加以处罚。对于“以暴制暴”案件,大多数法院在量刑时会将被害人存在过错(如被害人事前经常殴打、辱骂被告人),被告人自首、认罪态度好、获得谅解等作为从轻、减轻处罚的量刑情节。

二、目前立法、司法中处理家庭暴力案件存在的问题

(一)在“以暴制暴”类型的案件中,部分被告人的量刑过重

“施暴”和“以暴制暴”案件,是根据家庭暴力的原因不同而产生的两种类型划分。对于“施暴”案件而言,家庭暴力的引发往往是由于被告人自身脾气暴躁、潜藏的自卑与憎恶等原因引起的,被害人并没有过错,是积极的单向施暴行为,因而主观恶性和人身危险性较大。而在“以暴制暴”案件中,往往由于被害人事先存在过错,如长期殴打、辱骂、虐待被告人,最后被告人忍无可忍激愤杀人,是消极的反向施暴行为(即“人不犯我,我不犯人”),这时被告人的主观恶性和人身危险性是较小的。对于上述两种类型的家庭暴力案件应当区别对待。而从图五可以看出,在“以暴制暴”案件中,被告人被判处十年以上有期徒刑、无期徒刑、死缓及死刑的比例总共是58%。根据刑法第二百三十二条的规定,故意杀人的,处死刑、无期徒刑或者十年以上有期徒刑;情节较轻的,处三年以上十年以下有期徒刑。从上述法条可以看出,被判处十年以上有期徒刑、无期徒刑、死刑的属于情节严重的情况,而在“以暴制暴”案件中,大多数案件是被害人的过错引发了被告人的杀人、伤害行为,这与单纯实施的暴力杀人、伤害行为的社会危害性是有本质上的区别的,然而实践中,我国法院对于58%的案件还是判处了十年以上刑罚,没有明确区分杀人、伤害的原因,有违宽严相济的刑事政策的考量。

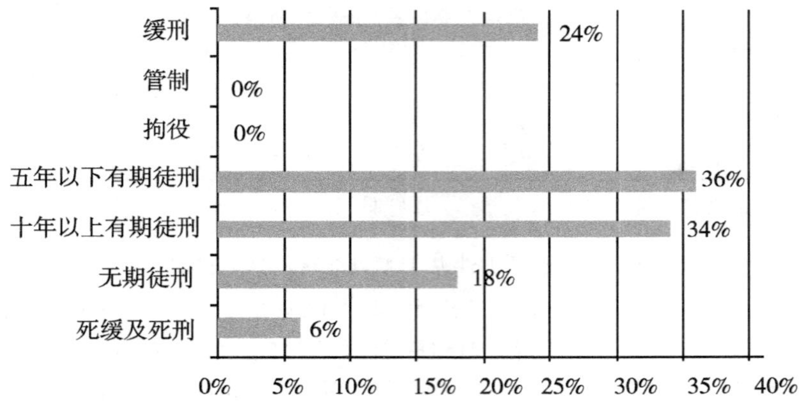

图五 “以暴制暴”案件中，被告人被判处的刑罚

（二）立法上，部分罪名的保护对象有限，不能涵盖家庭暴力的所有被害人

我国刑法第二百六十条规定：虐待家庭成员，情节恶劣的，处二年以下有期徒刑、拘役或者管制。对于家庭成员如何理解，决定了有关家庭暴力的刑法保护范围。以前学界和司法实践倾向于将家庭成员解释为“配偶、父母、子女、祖父母、外祖父母、孙子女、外孙子女、兄弟姐妹以及与上述人员共同生活的家属”，将范围限于有血缘关系或法律关系的亲属之间。然而，从实践来看，家庭暴力的对象已经不限于上述人群，例如，已经离婚且在一起生活的前配偶间、未婚同居的男女朋友之间、照顾老人或小孩的保姆与老人或小孩之间都可能产生虐待、伤害的情形。如果将家庭成员的范围仅仅限制在有血缘关系的亲属间，会缩小相关罪名的保护范围，不利于防范和制止家庭暴力。因而，立法上有些罪名中“家庭成员”的涵盖范围过窄是存在的一个问题。又如，生活在养老院、福利院、孤儿院的老人、儿童与养老院、福利院、孤儿院之间，如果发生虐待行为，情节严重如何处理，也是一个需要认真研究的问题。

（三）单一的刑事程序保护并不能及时防范与化解家庭暴力，司法机关的干预力度有限，而其他社会机构、组织事前介入、事前化解矛盾的保护力度不足，缺乏事前事后有效配合的联动机制

家庭暴力的发生往往具有隐秘性，虽然刑法、刑事诉讼法赋予了当事人自诉的救济途径，但是被害人出于隐私、家丑不可外扬等传统观念的影响，在受到家庭暴力后往往不愿意向外界求助，导致家庭暴力无法有效及时地被防范，可能产生愈演愈烈的效果，最后在导致被害人伤害、死亡时司法机关才能介入，这时造成的伤害往往是巨大且不可避免的。而且有些家庭暴力造成的危害结果并没有符合刑法规定的入罪标准，如造成被害人轻伤以下的危害后果，司法机构也不能进行干预。由此可见，单一的刑事保护并不能有效地化解家庭矛盾和纠纷，并不能将家庭暴力扼制在萌芽状态。

而在对案件的总结中，我们发现在203个案件中，只有12个案件在进入刑事程序之前有其他组织、机构的介入，大部分案件是没有事前干预的，并且各个组织机构之间对于家庭暴力进行介入的职责也不明晰。家庭暴力是一个逐步发展的过程，如果在事前发现有所防范、劝解、教育，及时化解纠纷，就可能不会发生危害后果。我国目前存在的问题是对家庭暴力的事前介入不足，导致无法在矛盾较为缓和时有效化解家庭矛盾，进而发生了家庭暴力案件的严重危害后果。

三、预防家庭暴力的对策

（一）立法方面的完善

1. 既有法律中，家庭成员的范围应当适当扩大

在上述存在的问题中，提到了我国法律目前对于家庭成员范围规定过窄，不能完全涵盖家庭

暴力的受害人的问题。对此，我国法律应当适当扩大家庭成员的范围，规定家庭成员不仅包括传统的共同生活的近亲属等传统家庭成员，也应当包括前配偶以及因同居、恋爱、扶养、委托监护、日常照料等形成亲密关系的成员。同时赋予法官在判断家庭成员问题上的一定程度的自由裁量权，以便对家庭暴力的受害人施以更为全面的保护。

2. 制定防治家庭暴力法

目前，我国已经在妇女权益保障法、未成年人保护法、老年人权益保障法，以及婚姻法司法解释等法律中明确了对妇女、未成年人和老年人的保护。虽然现行的法律对于家庭暴力有一些规定，但是存在规定模糊，对于家庭暴力的主体、对象、法律责任等体系的建构并不系统和完善，对于公权力的介入仍有诸多限制，对于家庭暴力的保护途径过于单一等问题。所以制定多层次、全方位预防、具体可操作的干预暴力的法律是符合现实需要的。

3. 人身安全保护决定/裁定制度的完善

人身安全保护决定，是指公安机关为了保护家庭暴力被害人及其特定亲属的人身、财产安全，依法采取的禁止施暴人实施一定行为的行政强制措施。人身安全保护裁定，是指人民法院为了保护家庭暴力被害人及其特定亲属的人身、财产安全，根据申请或者依职权作出的要求施暴人实施一定行为或者禁止实施一定行为的民事裁定。

法律应当明确上述人身安全保护决定/裁定制度，规定作出上述决定/裁定的条件、程序以及决定/裁定的具体内容，违反决定/裁定的法律后果，当事人不服决定/裁定的救济途径，以保护家庭暴力的被害人及其特定亲属的人身、财产安全。上述决定和裁定应当相互配合，发挥作用。在法院不能及时干预、作出裁定时，公安机关应当及时了解情况并决定是否作出人身安全保护决定，尽可能快速地为被害人提供保护。

而对于行为人违反人身安全保护裁定规定的内容，能否以拒不执行判决、裁定罪定罪处罚，图六反映了我国网民对于此问题的态度。74.25%的网民赞成在施暴者不履行人身安全保护裁定规定的内容时，对其判处拒不执行裁定罪。

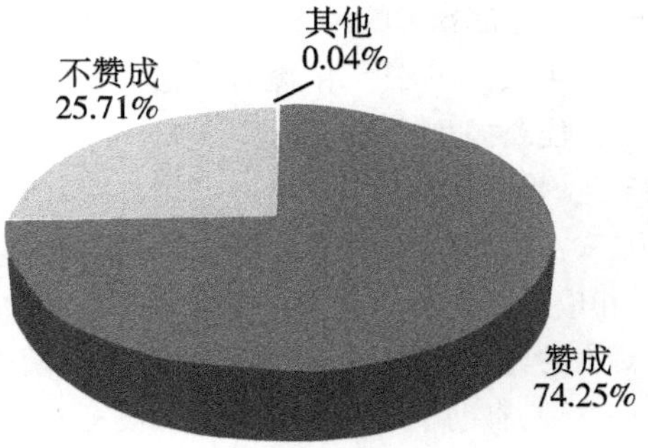

图六　网民对施暴人违反法院作出的要求施暴人搬离居住处，禁止再施暴的人身安全保护裁定，能否对施暴人判处拒不执行裁定罪问题的态度

通过明确上述裁定以及违反裁定的法律后果，可以通过隔离被害人与加害人等措施，有效防止家庭暴力的发生。

4. 家庭暴力采证方式与证据规则

对于不同性质的案件，应当适用不同的证明标准。对于涉家暴民事案件，应当采用优势证据标准，应当充分考虑家暴案件具有隐蔽性及受害妇女取证难等特点，合理分配举证责任；涉家暴行政违法案件，适用高度盖然性证据标准；涉家暴刑事案件，则适用证据确实、充分的最高标准。

（二）建立防治家庭暴力的社会联动机制，健全社会救助机制

1. 各机构职责分配

目前，我国对于家庭暴力的预防、制止以及制裁，存在不同的机构，但是对于各个司法机关、行政机关的职权划分，并不明确。明确公安机关、人民检察院、人民法院、行政机关对家庭暴力干预的职权范围，有利于在家庭暴力案件发生时，相关机构迅速作出反应，不会造成相互推诿、“踢皮球”等现象。

由于司法机关是事后介入，对于家庭暴力的阻止和防范具有一定的滞后性。所以应当发挥其他行政机关、社会组织在事前的预防、化解纠纷的作用。建立在法律统一下各部门各司其职，事前预防、事中救济、事后惩戒与修复的反家暴联动机制。

除了发挥各级人民政府的作用，还应当充分调动村（居）民委员会、妇女联合会、残疾人联合会等人民团体的积极性，利用其离暴力发生地近的优势，定期回访，及时劝诫，将家庭暴力扼制在萌芽状态。

2. 家庭暴力嫌疑者通报机制

家庭暴力虽然具有隐秘性，但是有时能够为被害人的邻居和相关单位、基层组织机构所了解。但是知情人出于“多一事不如少一事”，担心是别人家事而多管闲事，以及害怕施暴人事后报复等心理，往往不会向有关组织机构报告家庭暴力的发生情况。对此，我国法律、行政法规应当考虑建立家庭暴力嫌疑者通报机制，明确报告的主体、报告的机构、报告的程序、对报告的处理以及对报告人的保护措施等具体规定，这样可以使有关机构及时地了解家庭暴力的实时发生情况，有效预防和制止家庭暴力。例如，法律可以规定被害人及其法定代理人、近亲属，其他单位和个人，有权就家庭暴力事件向公安机关、人民检察院、人民法院、司法行政机关报案、控告或举报。

3. 建立健全反家庭暴力的社会救助机制

（1）建立反家暴救助基金

通过对上述案件的分析，实施家庭暴力的人往往文化程度较低，经济收入也不高。在实施家庭暴力后，通常不能完全承担被害人的医疗费用、精神补偿等支出。设立反家暴救助基金，有利于弥补被害人的损失，使被害人能获得及时的救助。

（2）建立庇护所、救助所、心理咨询等机构

在被害人遭受家庭暴力后，往往无处可去，身心遭受巨大的创伤，并且可能遭受加害人的再次施暴。因而政府应当设立相应的庇护所、救助所，在被害人遭受家庭暴力后，为其提供临时或短期的庇护场所，防止家庭暴力的再次发生。另外，由于被害人在遭受家暴后可能出现情绪起伏大等心理问题，政府提供心理咨询，有助于化解家庭暴力在被害人心中的阴影，有利于及时修复家庭关系。

（作者单位：最高人民法院刑一庭）

赴澳大利亚考察家庭暴力司法应对机制的报告

□最高人民法院刑一庭课题组*

作为2013年度“中澳人权合作”项目之一，应澳大利亚人权委员会的邀请，最高人民法院“涉家庭暴力刑事司法改革”课题组及有关人员于2013年2月25日至3月4日赴澳大利亚，对澳大利亚关于家庭暴力的司法应对机制进行了考察，形成此报告。

一、总体情况

在澳大利亚人权委员会的精心安排、澳方各相关部门的共同努力与配合下，考察团对澳大利亚政府及社会预防、制止、治理家暴问题有了全面深入的了解。

考察组首先听取了澳大利亚人权委员会对澳洲法律体系及澳洲开展反对家暴的原因、历史及现状的介绍。之后对新南威尔士州（以下简称新州）律政部、警察厅及维多利亚州（以下简称维州）的法律改革委员会、警察厅、裁判法院、维州妇女法律服务中心等8个反家暴的司法机构、社会组织等进行了考察。

在澳大利亚，预防与遏制家暴，不仅是整个政府的责任，同时也是全社会的责任。国家对家暴采取了预防、早期干预与积极回应相结合的模式：通过教育来改变家庭成员之间的态度和行为，宣扬互相尊敬的、无暴力的关系；辨别并确定那些处于最危险情况中的妇女、儿童；对有可能实施暴力的人进行早期干预；对已经发生的暴力，通过一种综合性的机制作出回应；向受害的妇女、儿童提供一致、协调及快速的援助，并要求施暴人对其行为负责。

通过考察，考察团感受到，澳大利亚政府对家暴问题相当重视，投入了大量人力和物力，从宣传、预防、干预与惩治，司法处置与裁判，对家暴受害人的援助、救济及对施暴人的行为矫正等都有明确的机构设置、职能划分和一套成熟且运行有效的机制。

二、澳大利亚反家暴的法律体系

（一）反家暴的法律框架

澳大利亚属于普通法国家，上级法院的判例对下级法院有约束力，在相同情况下应当作出相同的判决。故判例构成了澳大利亚反家暴法律框架中的重要组成部分。除了判例法外，制定法是澳大利亚反家暴法律框架中另一重要组成部分，且制定法可以推翻判例。根据澳大利亚宪法，关于人权事务的立法权归属于州政府，所以，反家暴方面法律由各州制定。新州、维州等8个州分别制定了《家庭暴力保护法》、《阻止跟踪法案》等专门的反家暴法律，上述法律体现了在家暴问题上，澳大利亚是将民事保护与刑事惩戒紧密结合的。此外，新州、维州政府还制定了《家庭暴力行动计划》、《预防对妇女儿童施暴的行动计划（2012—2015）》等反家暴的政策文件。

---

* 课题组成员：薛淑兰、冉容、唐俊杰。冉容、唐俊杰执笔。

（二）反家暴的司法运行机制

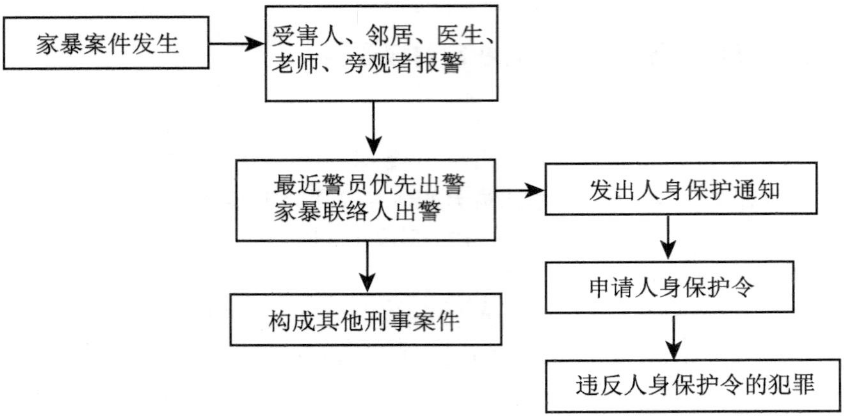

（三）对家庭暴力的法律界定

澳大利亚法律界普遍认为，家庭暴力是指通过肉体或非肉体的伤害的方式，达到对家庭成员的控制。家庭成员是指有以下关系之一的人：（1）结婚或同居伴侣；（2）居住在同一住宅内；（3）长期、有价或无偿看护、照顾关系；（4）同一个部族的原住民及托勒斯群岛岛民或有亲戚关系的人。

家庭暴力的表现形式包括身体伤害、性暴力、跟踪、恐吓、责骂、情感暴力（冷暴力）以及经济支配等。家庭暴力并不以经常、反复发生为限，即使只有一次暴力发生，也构成家庭暴力。家庭暴力的受害人一般是妇女和儿童，施暴人一般是男性，也可能发生在同性之间。

同我国一样，澳大利亚没有单独的家庭暴力犯罪这一罪名，根据家庭暴力的具体情节分别定罪，如谋杀、侵害、性犯罪、恐吓、违反家暴保护令等罪名。

（四）澳大利亚反家暴的司法机构及相关组织

1. 新州律政部家庭暴力组

新州律政部的职责是为新州政府、议会、司法机关以及社区提供法律服务。其家庭暴力组是新州律政部下属的小组单位之一，主要职责是制定与实施家暴相关的政策，如制定与实施新州家庭暴力司法策略、管理家庭暴力法庭的干预模式、引入男性施暴人行为改变项目的最低标准等，以提高刑事司法系统对家暴的应对能力。该小组同时也负责出版各种刊物，使家暴受害人能更容易地通过法律途径获得帮助。

2. 新州警察厅家庭暴力组

该家庭暴力组隶属新州警察厅总部，主要职责是：与政府其他部门合作，共同研究、制定、支持及实施关于家庭暴力的项目与政策；向家庭暴力联络员提供策略支持，以减少家庭暴力的产生；向家庭暴力联络员提供专业培训，提高他们的工作能力，以满足这一服务的特殊工作性质；在政策、立法及一些特殊问题上，向警察部长提供相关意见等。

3. 新州原住民妇女法律服务中心、维州妇女法律服务中心和维州妇女家暴危机服务处

这三个机构主要是向家暴受害妇女提供法律和其他方面的援助服务，包括代表受害人出庭、电话法律咨询和转介、法律教育等，所提供的援助均是免费的。这些机构还积极参与有关妇女权益方面的法律改革项目。

4. 维州法律改革委员会

维州法律改革委员会是由州政府拨款的独立运作机构，成员包括大学学者、律师和法官等，

主要职责是对州的法律进行研究、审查并提出改进意见。

5. 维州人文服务部妇女事务办公室

妇女事务办公室隶属维州人文服务部，主要职责是：对影响维州妇女的重大问题，向妇女事务部长及维州政府提供意见，并确保妇女事务政策和服务项目在各政府部门中能够有效传达，预防对妇女的施暴事件、家庭暴力风险评估和风险管理框架培训等。

6. 维州警察厅家庭暴力协调处及公共起诉部

维州家庭暴力协调处隶属维州警察厅下的犯罪局，主要职责是向所有警员提供家暴方面的援助与建议。警局中设立了家暴联络员这一职位，其职责主要是对受害人提供帮助，对前线警员第一时间提供支持，并在受害人、警察和法院之间进行联络。一旦有家暴案件发生，受暴人及知情人均可直接拨打警局电话，警局最近派员优先解决家暴案件，如果出警人员对家暴案件不具备经验，警局将指定具有丰富经验的家暴联络员直接出警或者给出警人员电话现场指导，告知其处理家暴案件的程序、法律等问题。警察赶到现场后，一旦认为有家暴发生，可以当场向施暴人发出临时限制令，限制令的内容包括责令施暴人停止暴力，离开家庭或施暴场所，不得接近被害人及其工作、学习的场所等。警察当场作出的限制令时效一般为 7 天到 50 天不等，其间，警察部的公共起诉部再据此向法院申请对被害人的人身保护令。

7. 维州裁判法院

法院是反家暴组织框架中的核心机构。维州裁判法院是维州最繁忙的法院，90% 的案件都在这一级法院进行审理。维州的 53 个裁判法院内均设有家庭暴力法庭，专门负责审理家庭暴力案件。法院内设有专门接待家暴案件受害人的休息室，并将之与普通刑事案件及家暴被告人及其律师的接待室分离，避免家暴受害人开庭前再受施暴人的精神胁迫或身体暴力。法院每周定期一天专门审理家暴案件，并由专门的家暴法官进行审理。法院立案部门长期聘请心理专家为到法院起诉的家暴受害人提供心理辅导，聘请专门的法律工作人员为受害人提供法律咨询服务。为保护受害人或证人的权益和身心健康，在开庭审理中，受害人与证人可以不直接出庭而通过法院内部的视频设备与庭审直接相连，这样，避免被告人看见被害人或证人。法院受理家暴案件后一般应尽快结案。对于违反因家暴而被警察出具限制保护令者，一旦被起诉，法院即予定罪，不再需对被告人是否实施家暴以及家暴行为达到什么程度进行查证。在家暴刑事案件中，判处最多的罪名是伤人，其次是违反保护令。2011 年度至 2012 年度，维州裁判法院共作出了 8 634 份违反保护令的刑事判决。触犯这一罪名的被告人，最高可以判处 2 年有期徒刑或 26 000 澳元的罚款，同时可以吊销武器执照，或是命令被告人参加男性行为矫正项目学习。

8. 其他组织机构

澳大利亚法对家暴问题的重视，从其广泛的社会机构参与的状况可见一斑：

1. 医院。卫生行政管理部门规定，如果医生在治疗病人时，发现伤情有可能是家暴导致的，则医生必须向警察报告。

2. 社区服务部门。如果社区服务部门发现社区内发生家暴案件，也可以报案。

3. 援助机构。众多援助机构为家暴受害人提供各种援助服务，其中最主要的是法律援助，其次还有经济援助、心理辅导、行为矫正、提供安全住宿等。这些援助机构不仅是在帮助家暴受害人，还大大加快了警察和法院处理家暴案件的速度，因而起着催化剂和润滑剂的作用。

(1)众多的援助机构。虽然我们只考察了新州原住民妇女法律服务中心、维州妇女法律服务中心和维州妇女家暴危机服务处三个援助机构。但在考察过程中，这些机构的工作人员都多次提到，类似的援助机构和组织还有很多，如维州法律援助中心、受害人支持局、维州纠纷调解中心等。还有对外保密、专门为受害妇女提供避难的专门住所等。

(2)多重的援助方式。其中最多的是法律援助,包括法律咨询、申请保护令、与施暴人律师谈判、代为出庭参加听审程序、帮助申请犯罪受害人经济援助等。此外,还为受害人提供住宿、心理辅导、行为矫正、医疗方面的援助,几乎覆盖了家暴问题的各个方面。

(3)优质的援助服务。为了保证援助真正具有价值而不只是象征意义,政府和社团组织都在创造条件来提升援助服务的优质性。例如,维州妇女法律服务中心共有18名全职值班律师,全部由政府发给薪水。每个工作日,均有1至2名律师派驻在裁判法院,随时为家暴受害人提供法律援助。值班律师不允许再接其他案件,而提供的法律援助全部是免费的。在新州原住民妇女法律服务中心,不但设立有热线电话,考虑到原住民一般住在较为偏僻的地方,交通不便,通常情况下是妇女法律中心的工作人员开车到原住民家中,上门提供服务。

(4)广泛的援助对象和范围。家暴受害人受援助的对象包括:①直接受害人,即因家暴直接受伤或死亡的人;②间接受害人,指处在家暴现场并目睹暴力行为的未成年人;③关联受害人,指直接受害人的近亲或具有抚养/赡养关系的人。经济援助的范围,包括因家暴而支出的律师费、医疗费、为了获得安全住所的租房费、丧葬费、误工费,甚至是家暴损坏衣物的费用等。

(5)充分的援助金额。一般情况下,直接受害人的援助金额不超过60 000澳元,间接受害人和关联受害人不超过50 000澳元,如果上述援助不够,法院还将根据实际情况调整。受害人如果想要获得经济援助,需要向犯罪被害人经济援助仲裁庭(与家庭暴力法庭一样设在裁判法院)提交一份申请,法官会主持一个听证程序,调查、收集或要求受害人提供有助于法官作出决定的任何材料,然后再作出裁决。

三、总结和设想

通过考察发现,澳大利亚和中国在家暴问题上有诸多相似之处,如两国都存在着比较严重的家庭暴力,都因为家庭暴力产生系列社会问题,都希望通过各种渠道的努力来维护家庭的和睦,减少社会问题乃至犯罪的发生。澳大利亚经过十余年的发展与积淀,已经形成了一个机构完善、运行有效的司法应对机制。但我国在这方面才刚起步,无论是公众对家暴问题的认识、社会对家暴问题的关注,还是政府对家暴问题的重视、职能部门对家暴问题的处置技术等方面都存在着较大差距。有些差距,因经济社会条件所限,一时难以赶上,如澳大利亚对家暴被害人的高标准经济援助,以我国国情,目前难以做到。但澳大利亚很多理念、做法,值得我们结合国情学习、借鉴。

(一)关于家暴的零容忍理念

澳大利亚政府认为,无论什么原因、什么形式,对妇女、儿童施以暴力都是不可以容忍的。在政府自上而下的强力推动下,经过不懈宣传和教育,现在,澳大利亚民众普遍接受了家暴零容忍的理念。但零容忍理念的形成并非一蹴而就。十余年前,澳大利亚政府对家暴问题也很漠视,司法不能为受害人提供有效的保护。一些妇女儿童权益保护组织,通过科学、全面、准确、客观的数据计算出政府每年花费130多亿澳元为家暴问题埋单,包括因家暴引起的医疗、培训、教育、司法调查、审判、监禁、受害人经济援助、施暴人行为矫正等方面的支出;全国有1/3的妇女遭受过家暴;在15岁以上女性中,有1/5遭受过家暴性侵犯;妇女死亡的案件中,家暴是最主要的原因;儿童目睹家暴之后会代际传递,引发少年儿童犯罪等问题。这些数据使政府意识到家暴问题的严重性,从而切实采取行动反对家暴,最终形成了政府与民众对家暴零容忍的理念。

而在我国,政府与民众普遍认为,“清官难断家务事”,“家丑不可外扬”,不希望政府与他人过多干预。所以,一般都是不告不理,告了一般也是先调解,一次调不成再次调,这往往使施暴人更加肆无忌惮,受害人因此失去对政府和司法的信任,无奈之下往往不得不“以暴制暴”。目前,我国无相关机构或组织对家暴问题进行深入调查研究，也无政府为家暴问题埋单的数据统计，所以家暴问题一直没有引起社会、政府足够的关注。近年来，全国妇联和一些社团组织对家暴情况及危害后果进行了一些调查统计，但因各种原因还不能完全反映出我国家暴问题的严重性。因此，考察组认为，可以借鉴澳大利亚计算为家暴问题埋单的做法，结合我国国情，对 1 至 2 个省的人民法院刑事生效判决中因为家庭暴力引发的刑事案件的数字进行调查，以及上述辖区内因家庭暴力的代际传递而导致青少年犯罪的原因调查，可以计算出该省为家暴问题埋单的大致花销，推算出我国政府在此问题上的支出，从而引起政府的关注，提高对反家暴的投入，促进家暴零容忍理念的树立。

（二）关于司法机关的参与

在澳大利亚，司法机关是反家暴的主要力量，司法资源被有效调动。警察对家暴案件有优先出警义务，并且需深入调查，可以对施暴人实施逮捕、提起指控，为受害人提供支援；法院应以最快的速度处理家暴案件并发出保护令，施暴人一旦违反保护令，哪怕只有一次违反，法院也可因此对其定罪处刑。

警察的重要性尤其需要强调。在家暴案件中，警察承担着五项职能：(1)发现案件。大多数受害人打电话报警，警察在第一时间知道案件发生并出警，这意味着案件开始进入司法程序。没有警察的回应，司法就不可能对家暴进行干预。(2)早期干预。如果警察发现受害人仍有可能遭受家暴，则可以发出安全通知书，及时保护受害人的安全。(3)收集证据。这些证据将成为申请保护令或提出刑事指控的依据。(4)向法院申请保护令。(5)对家暴刑事案件提出指控。可见，如果没有警察的参与，司法机关不大可能对家暴做出有效的应对。

在我国，司法对于家暴的干预十分有限。警察虽然经常接到家暴受害人报警，但如果家暴还没有达到刑事犯罪的程度，警察除了劝解之外，大多不会采取更多的行动，因为没有相应的行动手册来告诉他们要做什么，该如何做。大量的家暴案件就此终止，无法进入司法程序，受害人的权利得不到司法的保护。

产生这种情况的原因，并非因为司法机关的懈怠，而主要是由于缺乏明确的法律规定赋予司法机关相应的职权。因此，应当通过整体性的制度设计，确立警察、检察机关、法院在家暴案件中各自的职能和应当采取的具体行动，并保证司法机关各自行动的协调一致。

（三）三位一体的递进保护

在澳大利亚，警察发出的安全通知书、法官发出的保护令和对违反保护令的刑事制裁，构成了对家暴受害人权利三位一体的递进式保护。

在我国，警察没有发出安全通知书的权力。家暴民事案件和刑事案件由不同的法庭审理。如果是民事案件，保护令制度已经在一些家暴试点法院实施，但真正发出的保护令数量并不多（截至 2012 年 4 月全国共发出 300 份）。而且，对于违反保护令的行为，尚没有定罪判刑的先例，这使得保护令的效果大打折扣，也表明我国对于受害人权利的保护还很不完善。

《涉及家庭暴力婚姻案件审理指南》第二十六条规定："人身安全保护裁定是一种民事强制措施，是人民法院为了保护家庭暴力受害人及其子女和特定亲属的人身安全、确保民事诉讼程序的正常进行而做出的裁定。人民法院做出的人身安全保护裁定，以民事诉讼法第 140 条第 1 款第 11 项规定等为法律依据。"所以从理论上讲，保护令属于法院的民事裁定并无疑问。刑法第三百一十三条"拒不执行判决、裁定罪"规定，对人民法院的判决、裁定有能力执行而拒不执行，情节严重的，处三年以下有期徒刑、拘役或者罚金。基于该条规定，对违反保护令的行为是否可以适用拒不执行裁定罪予以规制，是值得探讨的。

（四）相关配套制度

1. 家暴风险评估表制度

在澳大利亚，警察从开始介入家暴案件时，就被要求进行家暴风险评估，记录受害人面临的各种风险因素，判断是否属于家暴以及家暴是否可能再次发生。风险评估表对于警察、法官和受害人都具有积极意义。对于警察来说，通过与受害人问答，可以获得更多关于家暴的信息，据此决定采取最有利于保护受害人的措施，是将受害人带离现场，还是发出安全通知书，或是向法官申请保护令。对于法官来说，风险评估表是决定是否发出保护令的依据。对于受害人来说，在与警察交流的过程中会感到更加安全，并树立起对司法的信心。

我国目前还没有类似制度，可以考虑借鉴该制度。要求警察在处理家暴案件时，应当对受害人面临的风险进行评估，并作为后续一系列行动的依据。

2. 驱逐令制度

在澳大利亚，家暴发生后，受害人可能继续留在自己的住所，也可能逃到亲属家中或妇女庇护所寻求庇护。保护令只会命令施暴人不能接近受害人生活和工作的场所。但是，为什么受害人遭受了家暴，还要被迫离开自己的住所，而施暴人却可以在家中享受？这不公平。因此，法官通常在向受害人发出保护令的同时，也会向施暴人发出驱逐令，命令施暴人离开住所并不得接近，受害人可以回到住所生活。驱逐令与保护令的时效相同，互为补充。

我国正在试行保护令制度，但驱逐令制度还没有建立。从驱逐令的性质来看，基本上相当于民事责任上停止侵害的预防性措施。法院发出驱逐令，可以从民法通则等基本法律中找到依据。这一制度亦可借鉴。

3. 正当防卫的辩护理由

如前所述，在澳大利亚，正当防卫的时效性要件，已经从“即时发生的攻击”放宽到“不可避免的攻击”。这样的规定，对于那些“以暴制暴”杀死施暴人的妇女来说，无疑是最大的法律保护。一旦正当防卫的辩护理由成立，被告人就可以获得无罪释放。

在我国，刑法规定正当防卫成立的时效性要件，必须是不法侵害正在进行。现实中发生的大部分“以暴制暴”的杀人案件，却是在家暴停止之后，受害人趁施暴人不备而将其杀死，故并不符合正当防卫的要件。当然，对这类案件，法院一般会根据具体案情，认定施暴人存在过错，或是案发起因属于家庭纠纷等情节，对被告人给予从轻处罚。但是，这种酌情从轻处理，始终不如认定为正当防卫带来的无罪释放来得彻底。因此，在这类案件中，正当防卫是否应当有适用的空间，是否可以建议对正当防卫的要件进行立法修改，都是需要认真研究的问题。

（作者单位：最高人民法院刑一庭）

关于温州地区涉家庭暴力刑事案件的调研报告

□浙江省温州市中级人民法院刑二庭课题组*

2012年，温州市两级法院被最高人民法院确定为审理涉家庭暴力刑事案件试点单位，涉家庭暴力刑事案件审理成为温州市法院刑事审判系统的重点工作。为掌握涉家庭暴力刑事案件的审

---

* 执笔人：夏宁安。

理现状，统一涉家庭暴力刑事案件的法律适用尺度，探索特殊化、规范化办理涉家庭暴力刑事案件的工作机制，我们在温州两级法院范围内对此展开专题调研。因司法统计对涉家庭暴力案件未予分类，故本报告所涉案例主要依靠法官个人记忆收集，统计的家暴案件数可能远少于实际案件数。

一、涉家庭暴力刑事案件基本情况

（一）案件数与罪名分布

如图一所示，温州地区涉家庭暴力刑事案件结案数呈现稳中有升的趋势，年均十余件。2012年因为被确定为试点法院，且部分刑事法官接受了涉家庭暴力刑事案件审理专门培训，对家庭暴力概念有了新的认识，故涉家庭暴力刑事案件数量增长较为明显。

如图二所示，从罪名分布来看，以故意伤害罪、故意杀人罪和强奸罪为主，未发现有暴力干涉婚姻自由罪、虐待罪和遗弃罪等涉家庭暴力自诉、可自诉罪名，所有案件均为公诉案件。

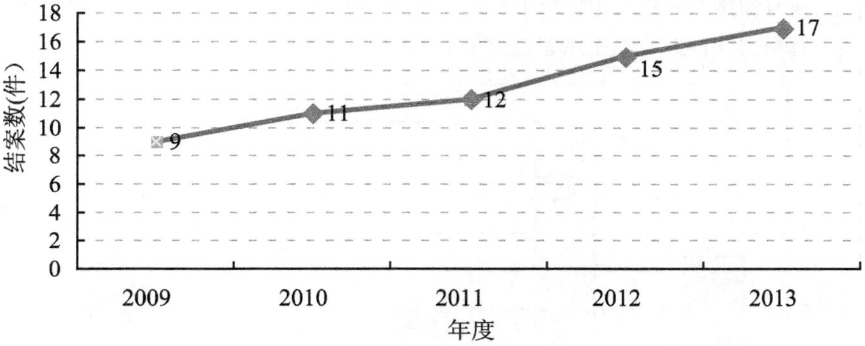

图一　温州地区涉家暴刑事案件结案数（2009 年至 2013 年）

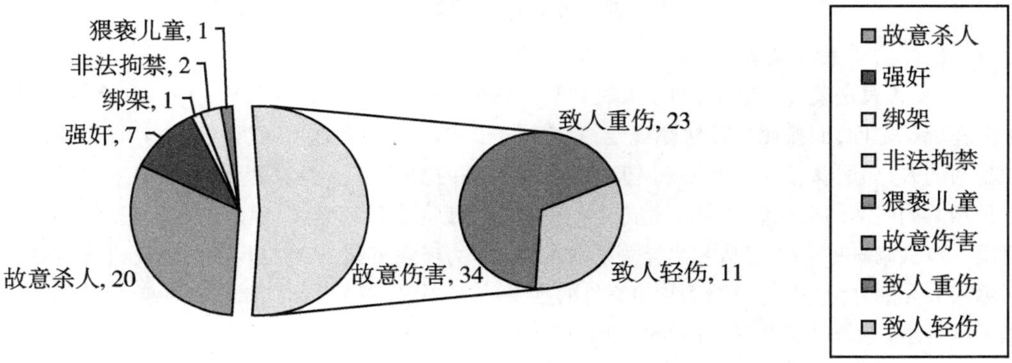

图二　涉家暴刑事案件各罪名案件分布（单位：件）

（二）暴力类型与家庭暴力起因

社会学界一般把家庭暴力的暴力类型分为身体暴力、性暴力、精神暴力、经济暴力四种。但就中国当前司法语境下的涉家庭暴力刑事案件而言，单纯的经济控制等经济暴力或者威胁、恐吓等精神暴力通常不足以达到刑事案件立案标准，以此为区分进行统计的意义不大，故本报告根据案件材料反映的暴力手段，将家庭暴力类型分为殴打，殴打 + 威胁，殴打 + 精神折磨，殴打 + 经济控制，毁容和性侵六种。如图三所示，殴打仍属于日常生活最常见也是当前公权力介入最多的家庭暴力类型，而毁容作为一种极端型身体暴力也亟须引起重视。

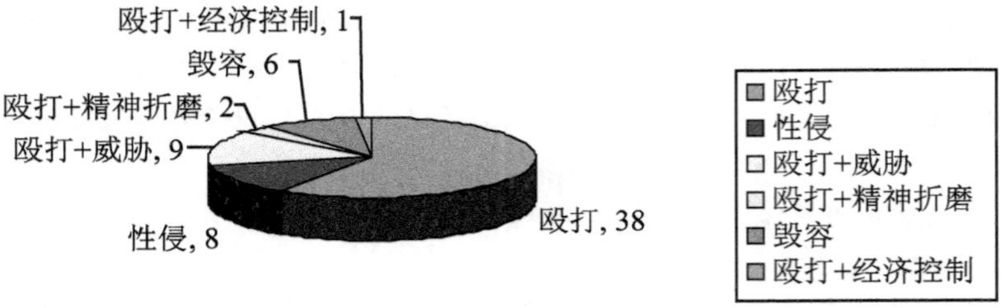

图三　家暴暴力类型(单位:件)

家庭暴力刑事案件的起因复杂多样，一般不是由某单一原因引发，而是由家庭琐事、生活习惯、外遇等多种因素综合引发。从案卷材料反映的情况来看(如图四所示)，分手纠纷和家庭琐事成为引发家庭暴力的主要因素。但司法实践中，因部分案件无法查明加害方、受害方在案发起因上孰对孰错，法官通常在判决书中以“因为家庭琐事纠纷”概括表述，而不对案件起因进行具体认定，故有些家庭暴力案件并非真正系家庭琐事引发。

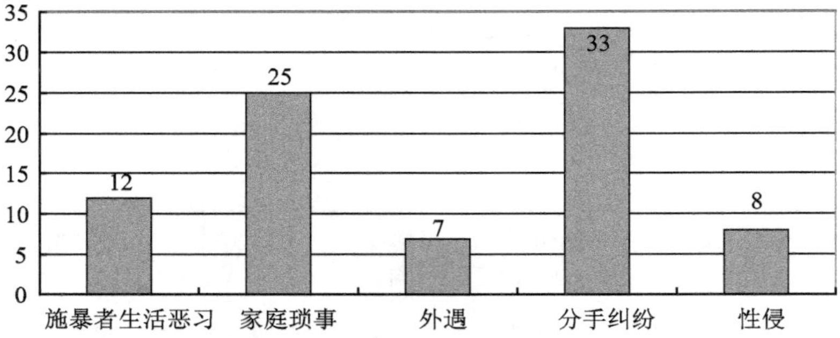

图四　涉家暴刑事案件起因

(三)双方关系与施暴史

《最高人民法院关于适用〈中华人民共和国婚姻法〉若干问题的解释(一)》将家庭暴力限定于家庭成员之间，而按照目前法律规定，家庭成员仅指彼此间存在血缘、婚姻、收养等关系，并共同生活的人，如配偶、父母、子女等。但随着社会经济的发展，一些具有恋爱、同居等亲密关系，以及仍然共同生活的前配偶等准家庭成员之间的暴力侵害也日趋频繁，亟须纳入家庭暴力的干预范围。本次调研将同居、恋人和离异关系纳入家庭暴力概念范围，从数据反映的情况来看(如图五所示)，夫妻暴力仍是涉家庭暴力刑事案件的主流，其与同居、恋人和前配偶形成的亲密关系暴力占据了所有涉家庭暴力刑事案件的86%，而以父亲性侵为主的代际暴力案件则占案件总数的14%。

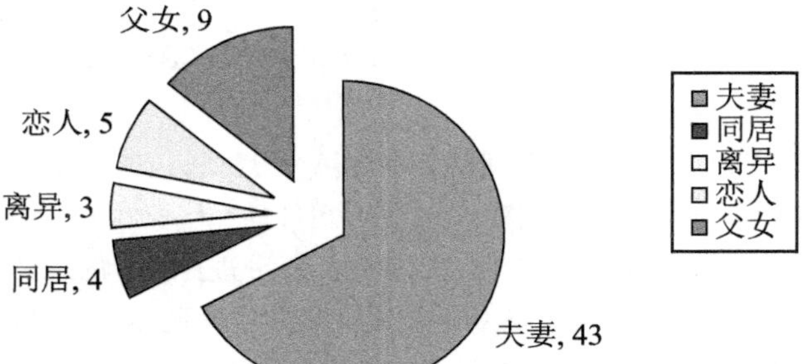

图五　施暴方与受暴方关系(单位:件)

关于家庭暴力的施暴史，由于多数侦查人员并未意识到施暴史对涉家庭暴力案件量刑的影响，故在取证过程中并未主动问及施暴史长短，但在受暴人笔录、证人证言以及附带民事诉状、谅解书等证据中会或多或少涉及施暴史内容。从案卷材料反映的情况来看(如图六所示)施暴史长短基本呈均匀分布，并未发现明显特征。由于缺乏与婚龄长短的对比研究，故单从施暴史也无法考察施暴规律，而且由于报警记录等证据的缺乏，施暴史情节除了受害人陈述外很难得到其他证据印证，难以成为涉家庭暴力刑事案件的重要量刑情节。

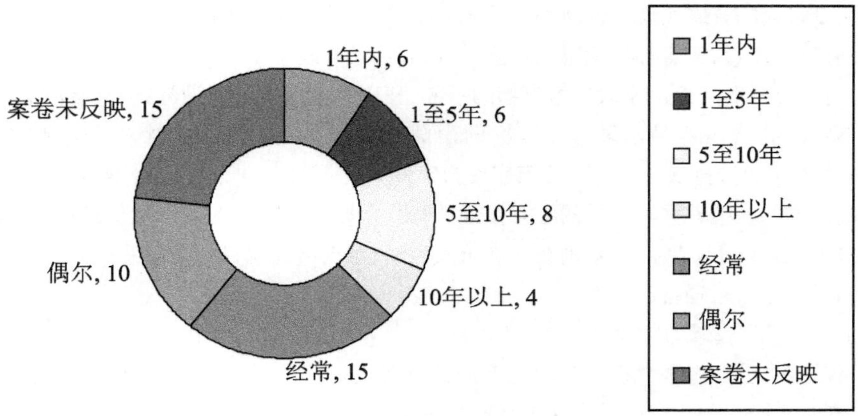

图六　家暴施暴史(单位:件)

二、涉家庭暴力刑事案件的主要特征

(一)暴力程度以严重暴力犯罪为主

调研数据显示，涉家庭暴力刑事案件中，故意杀人占案件总数的31%，故意伤害致人重伤占比34%，性侵类案件(包括强奸和猥亵)占比13%，这三种严重暴力犯罪的总和占据了家庭暴力犯罪总比的78%。根据温州地区同期刑事案件统计，故意杀人案件和故意伤害案件的比例约为1∶14，故意伤害案件中，造成重伤和轻伤的比例约为1∶3，由此可以看出，家庭暴力案件中的故意杀人和故意伤害致人重伤所占比例远远高于普通刑事案件。但这不足以说明家庭暴力案件的暴力严重程度高于其他类型刑事犯罪，畸高的严重暴力率恰恰可能表明有大量故意伤害致人轻伤的家庭暴力案件未进入刑事审判程序。与强奸类案件类似，家庭暴力类刑事案件也属于隐案率特别高的案件类型。根据全国妇联和国家统计局共同实施的第三期中国妇女社会地位调查显示，妇女遭受家庭暴力的比例约为24.7%，而根据温州地区的统计，目前涉家庭暴力刑事案件只占所有刑事案件的0.2%左右，表明有大量涉家庭暴力刑事案件未进入刑事领域。传统家庭伦理观念中，轻伤范围内的丈夫殴打妻子及父母体罚子女，都是属于可容忍的家庭冲突或者可接受的“家庭教育”。家庭暴力通常被理解为野蛮殴打导致的致残致死，而扯发扇脸、辱骂羞辱、“婚内强奸”、限制人身自由等行为均不被视为典型的家庭暴力，从而导致多数轻伤家庭暴力案件由于认识上的误区或者出于亲情上的考量，受害人并没有向警方报案，或者即使报案后也在侦查、起诉阶段因刑事和解而销案。至于父女间的性侵类案件因为严重违背纲常伦理，故不存在传统文化上的认识障碍，报案率明显较肢体暴力类案件高，且和解可能性也较小，故进入刑事诉讼程序的比例就高。

(二)暴力起因以分手暴力为主

调研数据显示(见图四)，因分手引发的家庭暴力刑事案件达到33件，占非性侵家庭暴力案件的59%之多，其中有7件是在双方离婚诉讼期间发生。分手暴力一直是家庭暴力的“重灾区”。

根据《国际妇女百科全书》的统计，高达50%的男性在他们妻子或者恋人提出分手或者实际分手后，会继续以殴打或者其他形式威胁和恐吓她们。分手暴力中，因为感情已经彻底破裂，使得刑事和解失去了亲情基础，受暴人不再隐忍，因此，报案进入刑事诉讼程序的较多。分手暴力刑事案件明显呈现以下两个特征：

1. 毁容多。此次调研统计发现的6起女性被毁容案件均系分手纠纷引发。在女性有外遇或者主动提出分手的案件中，多数心有不甘的男性施暴人抱着“谁也别想得到你”的心态将受暴人毁容，试图以毁灭的方式实现自己永恒的占有和控制。因此，他们的犯罪手段通常极其残忍，作案明显带有报复色彩，毁容等行为屡见不鲜。例如，杨某某故意杀人一案，因为抚养费纠纷，杨某某持菜刀对其妻子潘某面部及欲实施遮挡的手部，狂砍20余刀，刀刀见骨；毛某某故意伤害一案中，因为离婚纠纷，毛某某持水果刀将其妻子面部割伤，导致其妻头面部条状疤痕达40余厘米。

2. 被告人对罪行自认多。与一般家庭暴力案件只有一对一的言词证据不同，分手暴力案件中，一般施暴方都是抱着同归于尽的心态作案，因此，在抓获归案后的第一次供述中，对犯罪事实和犯罪动机大多供认不讳，只有个别在侦查阶段后期，对自己主观目的是故意杀人还是故意伤害有些闪烁其词，意图减轻自己罪责。

（三）“次生”家庭暴力频发

根据传统定义，家庭暴力仅指共同生活的家庭成员之间的暴力，但因血缘纽带的存在，被害人的亲友却常常因为制止家庭暴力而被牵连进由家庭暴力引发的升级暴力中来。相对于家庭内部的原生暴力，这种祸及亲友的暴力是种“次生”暴力。此次调研共发现有4件“次生”家庭暴力案件，起因均系妻子在遭受家庭暴力后，求助于娘家或朋友，而娘家父兄或者朋友的介入非但没有制止住家庭暴力，反而导致了暴力的蔓延和升级。在轻微家庭暴力场合，多数农村受暴妇女在遭遇家庭暴力后出于“家丑不可外扬”的传统心理，会尝试通过双方自行和解来化解冲突，在和解无效或者暴力过于严重时才会想到求助外部力量介入。但在求助外部力量介入时，一些农村妇女的第一反应不是求助公安、妇联、基层组织等公权力部门，而是自己的娘家人；而一些城市妇女虽意识到求助公权力部门，但囿于公权力部门“清官难断家务事”的传统观念，往往不能得到积极的正面回应，最后也只能求助于娘家人。在公力救济缺席或失效的情况下，私力救济登场。因为男女力量对比的悬殊，多数原生家庭暴力一般都较轻微，一旦小舅子、岳父等受暴方男性亲属介入，冲突力量立刻升级。多年家庭恩怨的积累，且无夫妻恩情的羁绊，导致“次生”家庭暴力一般非死即伤，极易构成刑事犯罪。例如，廖某某故意伤害一案，其伤害对象是其姐夫，原因是其姐夫长期对其姐姐实施毒打；而朱某某故意杀人、绑架一案，其杀害对象是其大舅子，原因是认为妻子的娘家人将其妻藏匿，诸如此类的“次生”家庭暴力在新闻报道中也是屡见不鲜。

（四）外来务工家庭家庭暴力案件高发

调研数据反映，非本地户籍的外来务工家庭家庭暴力案件有26件，占到了案件总数的40%。与“两抢一盗”等财产类犯罪被告人主要以外来人员为主不同，故意伤害、故意杀人、强奸等侵犯人身权利类犯罪没有明显的地域特征，一般只和当地的人口比例构成有关。虽然温州地区外来务工人员较多，达300余万人，但温州本地户籍人口有900余万，按正常的侵犯人身权利犯罪发案比，异地与本地籍被告人的比例应为1∶3，而在家庭暴力案件发案比中，异地与本地籍被告人的比例则达到了2∶3，远远高于正常水平。由于外来务工人员均是夫妻二人外出打工，失去了共同子女的亲情润滑和双方父母的家长缓冲，日常摩擦也极易酿变成暴力冲突。而且多数外来务工人员临时租住出租房，邻里关系冷漠，缺乏传统乡邻族长干预，而当地街道社区对流动人口也缺乏精神关爱，多种不利客观因素叠加，成为滋生外来务工家庭涉家庭暴力刑事案件高发的土壤。而从施暴者个人因素来说，多数外来人员的受教育程度较低，男性受传统三纲五常伦理影响，大男子主义思想严重，而妇女也对家庭暴力存有认识误区，不知或不敢求助警方或社会救助力量，只能一次次地忍气吞声，在一定程度上也助长了施暴人的嚣张气焰。

（五）生活恶习助推恶性家庭暴力

嗜赌、酗酒以及吸毒三大生活恶习历来是社会犯罪高发的罪魁祸首，在家庭暴力案件中更是如此。酗酒和吸毒容易使人陷入高度精神幻觉，从而部分或完全丧失了认识能力和控制能力，而赌博输钱则会给人带来强烈的挫败感，此时，家庭成为了他们可以满足暴君幻觉和发泄挫败感的“后花园”。调研数据显示，共有12起家庭暴力案件背后的施暴人有嗜赌、酗酒以及吸毒等生活恶习，其施暴时间与施暴人的生活恶习几乎同频次。有7件严重恶性家庭暴力是在被告人吸毒或酗酒后引发。例如，朱某某故意杀人、绑架一案，朱某某每次半夜吸毒归来，均以其妻偷男人为由，将手电筒随意照射卧室地面，谎称地面有其他男人脚印，叫其妻去查看，而且还经常用烟头烫、弹弓打等方式折磨其妻，在其妻离家出走后，刚吸完毒品的他持刀挟持其子为人质，并用鞭炮、硫酸等物品与警方对峙，要求其妻回家。再如杨某故意杀人一案，杨某有酗酒恶习，多次酒后将其妻打得遍体鳞伤、体无完肤，其妻多次逃离均被抓回软禁，在二人离婚后其又心有不甘，再次酗酒后在其妻下班路上蹲守，持菜刀朝其妻脸部、手部狂砍20余刀，造成其妻重伤，伤残等级七级。

（六）子女抚养成为达成刑事和解的首要因素

与一般刑事案件能否达成刑事和解主要决定于民事赔偿是否到位不同，家庭暴力案件受暴人或受暴人家属愿意出具谅解意见书的首要考量因素往往是子女的抚养问题。调研数据显示，在达成刑事和解的11件家庭暴力案件中，因为子女抚养问题取得被害人或其家属谅解的有6件，因为被告人认错并出具痛改前非（结束外遇或戒掉赌瘾）保证书的有3件，因为双方家长出面施压协调的1件，因为达成离婚民事赔偿的1件。在夫妻家庭暴力刑事案件中，未成年子女是家庭暴力的多重受害者：他们的母亲是家庭暴力的被害人，他们自己则由于对家庭暴力的耳闻目染而直面家庭暴力代际遗传的风险，在家庭暴力引发刑事犯罪后，他们的父亲因为施暴而坐牢，他们的母亲或丧失劳动能力或改嫁，家庭支离破碎。由于婚内损害赔偿制度的缺失和社会保障机制的不健全，家庭暴力对未成年子女的影响往往是灾难性的。因此，在一些夫妻感情尚未完全破裂，或者只造成轻伤后果的家庭暴力案件中，多数作为受暴人的母亲，出于对子女的愧疚和子女抚养的现实考量，即使被告人没有做出实质性的悔过之举，也会出具谅解意见书，从而换取法院从轻判处并适用缓刑，以维系未来的家庭完整；即使在一些造成重伤后果，且夫妻感情完全破裂的案件中，也有受害人因为自己已经重伤丧失劳动能力，家庭经济来源完全中断，子女年幼无人抚养等原因，忍辱负重出具谅解意见书，请求法院从轻处理。

三、当前办理涉家庭暴力刑事案件存在的问题

当前，公安机关和司法机关在办理涉家庭暴力刑事案件中，主要存在以下问题：

（一）对家庭暴力的早期干预消极

1. 对轻微家庭暴力的介入不到位。从此次调研座谈来看，多数涉家庭暴力案件在升级为刑事案件前，都有几次轻微家庭暴力并有报警记录，虽然警方接到家庭暴力报警后，在及时出警，做好制止现行违法犯罪以及现场调解等方面较之以前大有进步，但在受害妇女庇护，以及施暴人强制约束和行政处罚防止暴力升级等方面的工作还存在诸多不足。公权力在轻微家庭暴力中的介入不足，不但助长了施暴人的嚣张气焰，而且极易迫使受暴人进行私力救济，从而导致涉家庭暴力犯罪的发生和蔓延。

2. 对家庭暴力治安案件缺乏统一处理模式。目前警方在查办治安类轻微家庭暴力案件时，往往都根据案情将其列为一般婚姻家庭纠纷或普通伤害案件，未将家庭暴力案件作为单列案件统一备案查办，并规定统一的接处警处理模式，这不仅导致家庭暴力的严重性在治安统计上得不到反映，还使大量治安类家庭暴力案件在升级为刑事案件后因为警方当时只重视调解而不重视家庭暴力证据固定，导致施暴史相关情节无法查实。

3. 对严重家庭暴力预警未重视。在一些严重家庭暴力案件中，施暴人往往都有事先跟踪盯梢、毁坏财物、发短信威胁杀全家等行为。例如朱某某故意杀人、绑架一案中，施暴人曾到受暴人娘家砸玻璃及扬言杀全家威胁，但这些预警因为还停留在犯意流露或犯罪预备阶段，没有真正着手，即使报警也会被视为家人间一时冲动的口不择言，而不足以引起警方的充分重视。

（二）家庭暴力证据收集困难

1. 家庭空间的封闭性导致目击证人缺失。有别于普通侵犯人身权利类犯罪，家暴案件通常发生在封闭的家庭空间内部，除了个别案件可能有其他家庭成员目击以外，多数案件在言词证据上都是被告人供述和被害人陈述一对一，无其他证人证言予以印证，导致在证据审查和判断上的两难。

2. 公安机关介入过迟导致现场证据失真。公安机关作为专业刑事侦查机关，在保护现场，提取证据方面具有无可替代的优势，但因为一直以来公安机关对家暴介入的消极态度，导致多数受暴人在遭受家暴后，其第一反应往往是求助于家人、朋友等个人社会网络，在求助无效后才选择报警，导致错失第一时间固定证据的机会。勘查笔录、人身伤害鉴定等现场证据极其讲究时效性，证据固定不够及时足以导致因不能排除其他因素介入而使其实性存疑。

3. 心智发育尚未健全导致未成年人言词证据可采性差。在涉家暴刑事案件中，未成年人或为关键目击证人，或为直接受暴人，但由于其心智发育尚未健全，认知表达能力受限，而且容易受成年人的影响，其证言具有较大的不确定性。另外，由于害怕重复取证造成对未成年人心灵上的“二次伤害”，办案人员也无法就相关细节进行再次询问，导致未成年人的言词证据可采性较差。这种特点在幼女遭父亲性侵案件中尤为突出，被害幼女笔录里对强奸过程的陈述都非常简单，她们的生理学知识不足以支持她们完整描述案发经过，她们对强奸过程的陈述都是诸如“爸爸用他尿尿的地方碰我尿尿的地方”之类的简单描述。另外，还有个别幼女在接受公安机关询问前关于案发过程的陈述已经经过成年亲属的强化训练，只会回答“是不是”“有没有”等封闭性问题，也导致了其陈述可采性较差。

4. 近亲属因为利害关系回避作证或作伪证。涉家庭暴力案件中，近亲属因为和双方都利害相关，故除了少数证言能客观描述事实外，大部分近亲属都容易根据亲疏、亲等关系，进行婆家娘家、血亲姻亲的站队，或因为亲亲相隐而包庇，或因为有利益纠葛而陷害，从而导致其证言客观性及稳定性较差。

5. 强制义务缺失导致特殊职责人员作证态度消极。在发生家暴案件后，社区医生、学校教师、农村调解人员等特殊职责人员因为工作上的关系，往往是除了近亲属外第一时间接触家暴受暴人的证人，但因为中国长期形成的熟人社会之故，这些社区医生等具有特殊职责人员，或碍于情面或害怕作证后遭遇报复，也往往拒绝作证。例如，在黄某某强奸继女一案中，在被害人自述下身肿痛且流血后，不明就里的家人以为是摔伤，便先送其至社区医院救治，接诊医生认为该幼女可能遭受了性侵，在做了包扎和止血后便建议家属第二天去温州治疗，这位医生不仅熟知受害人伤情，而且耳闻目睹了现场家属间关于幼女伤情原因的对话及个人神色等，因此其证言非常重要，但事后警方在向那位医生取证的时候遭遇了很大的阻力，其选择以“忘记了”“不知道”为由不愿意作证。

（三）对长期家庭暴力当严不严

从本次调研来看，部分法官缺乏社会性别理念，对长期施暴的被告人当严不严，未考虑家庭暴力案件的特殊性，将一些普通刑事案件的常见从轻情节机械地适用于涉家庭暴力刑事案件，它通常表现为以下三个方面：

1. 家庭暴力与家庭内部纠纷不加甄别。一般家庭纠纷中也可能存在轻微暴力或因失手而造成严重伤害的情形，但其在是否是为了控制被害人、暴力行为是否呈现周期性、暴力的伤害程度是否严重等方面与家庭暴力有着本质区别。此次调研发现，对于一些虽然案卷上无其他证据印证，但被害人陈述提及被告人有长期家庭暴力恶习的案件，部分审判人员往往不做进一步核实，即笼统认定为家庭内部纠纷引发，并简单化地根据宽严相济刑事政策对施暴人予以从轻处罚，这明显违背了宽严相济刑事政策的精神。

2. 对被害人家属谅解的价值不加区分。在刑事诉讼中，被害人家属的原谅是建立在伤害基础上的，犯罪行为对其造成的伤害越大则其事后原谅的意义也越大，在量刑从轻上的影响也应越大。而在多数家庭暴力案件中，有些被害人家属兼具被告人家属身份，甚至个别亲属与被告人亲等关系比被害人更近。例如张某某虐女致死案，被害人母亲及祖母同时也是被告人的妻子和母亲，亲情关系上与被告人更近，而且由于重男轻女思想在农村的广泛存在，被害人的被害并未对二人的心理造成多大损害，故其二人的谅解价值就不大，其二人出具的谅解书也不应该成为从轻量刑的重要因素，法院将其作为从轻情节予以大幅体现有失妥当。

3. 同村村民的求情是否符合客观事实不加核实。一些农村家庭暴力案件中，常会出现村民请愿书，请求法院对被告人从重或从轻处罚，一些法院往往不加核实而予以采信。民怨是社会效果的一部分，但法院一定要结合案情证据予以核实，不可偏信，因为有些村民请愿书很可能是基于邻里亲情的偏袒。例如此次调研中发现的陈某某故意伤害一案，虽然陈某某有长期施暴史，但村民请愿书却将江西外嫁过来的被害人描述成一个作风败坏的女人，掩饰被告人的家庭暴力事实，从而试图减轻被告人责任，而经办法官未予调查就将请愿书作为从轻情节予以考虑。由于地区经济发展差异的存在，目前温州地区的一些农村大龄单身青年会通过中介“买入”一些越南或我国西部欠发达地区女青年作为配偶，由于女方的弱势以及感情基础的缺失，这些金钱组合的家庭也是家庭暴力的“重灾区”。对那些试图逃走或者离婚的外来媳妇，家庭暴力被当地村民认为理所当然，一旦造成刑事案件，出于邻里亲情和三从四德的性别文化偏见，当地村民极有可能出具歪曲事实的请愿书，故对此类案件中村民请愿书内关于被害人品行的内容，法院一定要深入当地结合具体案情予以甄别，不可偏信。

（四）对以暴制暴加害人当宽不宽

犯罪学和被害人学认为，加害人和受害人的角色并非固定不变的，特定条件下，两者会发生角色互换，受害是继而发生的攻击行为的直接促成因素和必要条件。这种角色互换在涉家庭暴力刑事案件中尤为明显。某些长期遭受家庭暴力的受暴人，在遭受家庭暴力摧残多年，反抗无力、求助无门、离婚无果的情况下，精神彻底崩溃，最后走投无路以暴制暴将施暴人杀死。此次调研中，除了常见的家庭暴力施暴人为加害人的刑事案件外，还有3件以暴制暴导致受暴人成为加害人的案件。但法院无论是量刑还是正当防卫的认定，均过于严苛，从而导致对以暴制暴加害人的量刑明显过重。例如被告人奚某某故意杀人一案中，奚某某早年遭遇车祸致头部受伤，因经济困难尚未治愈就出院，且事后也未能继续接受治疗，其夫被害人米某某每天只给她10元生活费，还经常殴打她，奚某某因此心生怨恨。某日深夜，奚某某在其家中趁其夫熟睡之际，拿出事先准备的两根铜电线，一端绑在其夫两只脚的拇指上，另一端用插头插到家用电源上欲电死其夫，后因其夫叫喊，被闻讯赶来的群众将房间外的总电源切断，最终致其夫脚趾烫成轻微伤。经司法鉴定，被告人奚某某意识清晰，对答切题，作案过程中无精神病症状，具备刑事责任能力，事后奚某某丈夫及子女出具谅解意见书，请求法院从轻处罚。本案一审法院认为，奚某某精心预谋故意杀人，不构成犯罪情节较轻，其也并非正在遭受不法侵害，故也不能构成正当防卫，最终以故意杀人罪判处其有期徒刑四年。综合本案犯罪情节及家庭暴力背景来看，该案量刑有些偏重，如能考虑以暴制暴、被害人原谅等情节，判处其有期徒刑三年以下，并适用缓刑更为恰当。

四、关于完善办理涉家庭暴力刑事案件相关制度的建议

（一）强化对轻微家庭暴力的干预介入力度

在我国，警方享有行政处罚、刑事侦查等诸多权力，对普通民众有极强的威慑力，也是受暴人在遭遇家庭暴力后的第一求助机构，故警方对家庭暴力的态度对于预防和制止家庭暴力工作尤为重要，有必要从以下三个方面强化警方对轻微家庭暴力的干预介入力度：（1）赋予警方强制调查处理权。对于受暴人否认有家庭暴力发生或拒绝配合调查的案件，只要警方认为可能发生过家庭暴力，就应强制介入调查，并可以采取破门而入等措施进行调查取证，如构成犯罪则移送起诉。（2）丰富对施暴人的约束措施。建立包括强制带离，强制隔离，强制戒毒、戒酒、戒毒，心理治疗以及收押拘留等在内的对施暴人的人身约束措施制度，有效防止暴力的升级和及时保障受暴人安全。（3）建立家庭暴力档案。将有施暴劣迹的人员列入辖区重点家庭暴力监控人群库，定期对家庭暴力家庭进行回访追踪，防止家庭暴力死灰复燃。

针对离婚诉讼期间分手暴力高发的情况，人民法院应当健全人身保护安全措施：（1）降低申请门槛。无论是实质的肢体暴力、盯梢跟踪还是口头上人身威胁、精神恐吓，只要受暴人提出申请，人民法院认为有必要对受暴人采取保护性措施，即可作出人身安全保护裁定。（2）简化审查程序。考虑到家庭暴力的隐蔽性特征，人民法院在审查是否存在家庭暴力危险时，可以适当降低家暴证明标准，简化证据审查程序，简化人身保护申请的审查流程。（3）保障裁定实效。人身保护裁定应当由法警或由辖区治安民警陪同下送达被申请人，并同时函告辖区警方履行保护义务，加强裁定的威慑力。对于被申请人在人身安全裁定生效期间继续骚扰、威胁申请人及其亲属的，人民法院应当根据民事诉讼法第一百一十一条的规定，视其情节轻重处以罚款、拘留，构成犯罪的，移送警方处理，从而有效保障裁定的执行力。

（二）完善涉家庭暴力刑事案件证据规则

1. 强化警方对家庭暴力证据的收集义务。无论是情节显著轻微的家庭暴力案件还是违反治安管理规定的家庭暴力案件，警方在接到相关报警后，都应当分别询问双方当事人及在场证人，制作询问笔录；对于现场有打斗痕迹的，还应及时进行现场勘查；对于受暴人身上有伤的，应当及时组织伤情鉴定。无论该次处警以警告、调解还是以治安处罚等方式处理，警方都应当将记载施暴人施暴劣迹的接处警记录、伤情诊疗鉴定资料、保证书等证据进行整理归档，在施暴人涉嫌涉家庭暴力刑事犯罪时作为认定施暴史的证据一并移送起诉。对于相关处警记录仅记载“家务纠纷、已经处理”等含糊内容的，当值警察还应出庭作证详细说明处警情况。对属于告诉才处理的虐待案件和受害者有证据证明的轻伤案件，应当告知受害者或其法定代理人、近亲属直接向人民法院起诉，并及时将案件材料和有关证据移送有管辖权的人民法院。

2. 规定特定职责人员强制报告义务和作证义务。承担医疗、教育、心理咨询、基层调解等特殊职责的人员，在执行职务时发现或者认为有疑似遭受家庭暴力的受害人，应当及时向警方报告。公安机关、人民检察院、人民法院在办理相关家庭暴力案件过程中，向因为职务行为知道案件情况的以上特殊职责人员取证时，该特殊职责人员不得拒绝作证，否则对其追究相关责任。

3. 规范未成年人言词证据收集程序。考虑到家庭暴力案件的隐蔽性特征，在涉家庭暴力刑事案件中，对于具备相应的认知和表达能力的未成年人提供与其年龄、智力和精神状况相当的陈述与证言，一般应当认定其具有证据效力，但在收集未成年人言词证据时应当注意以下四个方面：(1)心理干预。作为家庭暴力直接受害者或者目睹者的儿童，极易患上创伤后应激障碍(PTSD)，主要症状包括焦虑、紧张、恐惧、短暂性失忆等，因此有必要在询问前安排心理专家进行心理干预，或者在询问时安排心理专家全程陪同。尽量选择让未成年人心理上感到安全的场所进行询问，并通知其法定代理人到场，及时进行心理疏导，避免加剧儿童的心理创伤。(2)一次成像。公安接报后第一次询问未成年被害人或者证人时，对与家庭暴力犯罪有关的事实应当进行全面询问，并对该次陈述或作证全程摄像以作为证据在其后各环节加以使用，从而避免各部门反复询问带来的“二次伤害”。(3)玩画模拟。为了克服幼女在认知表达上的困难，警方在收集被害幼女证言时，可以采用玩画模拟的方式进行，用有形象生殖器官的玩偶或者画画的方式辅助幼女陈述如何脱掉衣服，具体性侵姿势等细节。(4)排除影响。考虑到未成年人极易受到近亲属的不当影响，询问人应当围绕案发经过设计一些开放式问题，从未成年人原有陈述不同的视角切入案件事实，从而有效避免未成年人因为受成人影响而导致的思维定式。

4. 建立家庭暴力案件品格证据运用规则。为了避免陪审团偏见，英美证据法关于被告人品格证据的一般原则是禁止使用，但也有例外，《美国联邦证据规则》第四百一十三条和四百一十四条分别规定了在性侵和猥亵案件中，被告人曾经强奸或者猥亵儿童的，可以用来证明在当前案件中被告人实施了强奸或者猥亵儿童犯罪。而我国是职业法官审理案件，品格证据尚不足以引起职业法官的偏见，而且家庭暴力犯罪本身具有周期性、长期性的特征，与施暴者的个人品性息息相关，因此有必要在家庭暴力案件审理中认可品格证据具有可采性。品格证据的可采性包括两个方面：一是施暴人曾有施暴史证据的可采性，对于被告人曾有施暴行为的事实，即使施暴对象不是被害人本人，也可以作为认定家庭暴力存在的证据使用。例如刘某某强奸继女及庞某某强奸女儿案件中，刘某某及庞某某都有性侵幼女前科，应当作为认定构成强奸罪的间接证据使用。二是施暴人具有暴力倾向证据的可采性，如果警方、社区、心理医生、近亲属、邻居等相关部门或人员认为或者评定被告人有暴力倾向或者较高的危险程度，也可以作为认定被告人实施家庭暴力犯罪的间接证据使用。例如在余某某猥亵继女一案中，余某某近亲属的证言证实，余某某曾经在继女面前看过黄色录像而且有嫖娼史，这些证据可以证明被告人有不良性嗜好，也可以作为认定被告人实施性侵犯罪的间接证据使用。

(三)区分涉家庭暴力刑事案件量刑原则

对于涉家庭暴力刑事案件的量刑，要根据犯罪主体的具体情况，实行区别对待，适用不同的量刑原则。如果被告人系家庭暴力的施暴人，因为长期对受暴人实施殴打、捆绑、残害、强行限制人身自由并最终构成犯罪的，应当从重处罚。此类案件中，对于被害人出具谅解书的，则要审查是否系被害人的真实意愿，是否系胁迫所致，如果被害人仅是出于子女抚养等物质因素考量的，则量刑上从轻幅度不宜过大，但要以协助被害人申请司法、民政救济等手段代替缓解被害人经济压力；对于被害人亲属出具谅解书的，除审查意志是否真实外，还要考虑该亲属与被告人之间的关系以及该亲属案发前对被害人的态度，也不宜一味从轻；对于同村村民出具请愿书的，则要审查双方婚姻背景，并多听取女方亲属意见，不宜偏信一面之词；对于因达成离婚调解协议而判处缓刑的，则要视情附带禁止令，禁止被告人在考验期间接触被害人或者进入被害人住所。

如果被害人系家庭暴力的受暴人，在长期遭受暴力又得不到有效救助的情况下，为摆脱施暴方或保护家人，以暴制暴涉嫌犯罪的，在判断家庭暴力受暴人的行为是否构成正当防卫，以及是否属于防卫过当时应予从宽掌握。以暴制暴构成犯罪，案发后能真诚悔罪，或取得被害人及其家属谅解的，特别是对家中尚有未成年子女需要抚养的女性，可结合其犯罪情节予以较大幅度地从轻、减轻或免除处罚。心理学的研究表明，受虐妇女因为长期遭受丈夫或同居男友等的暴力侵害，在心理上会产生一种无法摆脱施暴者的无助感，甚至对施暴者的暴力行为或暴力威胁做出过激反应，美国临床法医心理学家雷尼・沃克（lenore walker）博士将其称为“受虐妇女综合征”。在国外一些司法实践中，当事人可申请或者法院可依职权聘请心理学家、精神科专家等专家辅助人或者机构对家庭暴力受暴人的心理进行评估，解释包括“受虐妇女综合征”在内的受暴人心理规律，作为量刑的参考因素。在我国，相关的研究尚不深入，如何借助心理学等专业知识对家庭暴力引发的刑事案件进行准确量刑有待进一步探索。

（四）建立涉家庭暴力案件专案专办制度

处理家庭暴力问题不仅需要专业的法学知识，还需要社会学、心理学等跨学科专业知识；不仅需要扎实的理论知识，还需要具有婚姻家庭经验和丰富人生阅历，否则就无法理解家暴案件中双方的心理互动模式和家庭暴力对婚姻的伤害。法院、检察院、公安机关应当参照未成年人犯罪模式设立专门的机构或者安排专门的人员办理涉家庭暴力案件，有条件的法院应当成立专门的家庭暴力合议庭，统一审理涉家庭暴力民事、刑事案件。对于专办人员的选任，应当优先安排具有婚姻家庭经验和人生阅历较为丰富，或者接受过专业培训的法官、检察官、警官办理涉及家庭暴力的刑事案件。同时，各部门还应将预防和制止家庭暴力的知识和技能纳入日常在职培训课程，提高相关工作人员干预、处理家庭暴力问题的意识和能力。

（作者单位：浙江省温州市中级人民法院）

受虐儿童司法保护的现状、困境与出路

□赵彩艳　卢安林

2012年3月，刑事诉讼法的修改通过，将人权保障推上了中国法治进程的又一新高度，其中对未成年人案件设置独立的审判程序，彰显了国家对未成年人权益保护的力度和决心。然而，同样需要特殊关爱的未成年受害人却很少受到关注，有时甚至被遗忘。对于家暴中受虐儿童的保护，无论是宏大叙事性的立法规制，还是裹足不前的司法实践，都无法给公众一张满意答卷。这也是我国受虐儿童致死、致残频频见诸报端而屡禁不止的重要因素。我国作为《儿童权利公约》、《儿童权利宣言》、《为罪行和滥用权利行为受害者取得公理的基本原则宣言》的签约国，如何在最大范围内保障受虐儿童的合法权益，防止“恶逆变”现象的出现，实现在司法机制内对受虐儿童作为受害人进行平等的人权保护应是未成年人司法制度改革与完善的方向之一。

一、厘清与解读：当前我国受虐儿童司法保护缺失的现状

随着虐童案频频见诸报端，引发了一轮轮舆论风暴，但纵然舆论一片哗然、怒潮四起，却无法改变虐童案接二连三发生的悲惨事实。（见表一）

表一　2012年家暴虐童事件不完全盘点

时间	地点	媒体相关事件表述
2月14日	福建	因炒股失意，父亲将12岁女儿脚底烫伤并强迫喝臭水沟里的水
3月9日	云南	因未写作业，父亲将6岁儿子活埋致死
4月19日	广东	与丈夫不和，将出生40天儿子溺死
5月24日	河南	为讨情人欢心，将刚出生儿子卖掉
5月27日	深圳	不慎摔倒，被父亲的情人打了两耳光，致使颅脑严重损伤死亡
6月26日	四川	因上网，遭母亲毒打致死
9月23日	湖北	因产下女婴导致家庭态度剧变，欲闷死女儿，后经抢救孩子脱离危险
10月27日	贵州	父亲故意用开水将女儿头顶烫伤，导致女儿头顶大面积头发掉落
11月1日	深圳	母亲多次殴打8岁孩子，生病后强灌拌有感冒药的洗碗水，后导致死亡，其母燃烧被褥，造成被烧假象
11月30日	深圳	因不肯吃饭，遭母亲推倒，颅脑重度损伤
12月28日	深圳	父亲用皮带抽打6岁孩子，后导致吐血身亡

儿童①身心发展尚未成熟，本应受到监护人关心与照顾，但在上述事件中我们只看到了暴力与冷血、残酷与无情。“家”，一度被认为是最温暖的港湾，然而，就是在这港湾中，却上演了一幕幕人间悲剧。事实上，见诸报端的只是冰山一角。依据我国现有的法律规定，以上家暴案例在非伤即死之前就已经违反了我国刑法的相关规定，构成虐待罪。但是受我国传统文化的影响，父母对孩子的“棍棒教育”观念深入骨髓，轻微伤也已经被列入“防火墙”内，压缩成“隐私包”，外人无从“解压”。加之我国对受虐儿童的人权保障意识的缺乏以及现行司法保护机制上的严重不足，受虐儿童的保护现状不尽如人意，亟须深入探讨。

（一）宏大叙事的立法规制

纵然我国涉及对受虐儿童保护的法律法规不少，但大都停留在宏大叙事性的宣讲层面，而没有深入实践维度解析。当然立法关注“宏大叙事”本身无可厚非，在某种意义上对于法治进程亦不可或缺，如宪法、民法通则等非专门性法律的“宣讲式”述理方式往往能够为专门法律提供法理依据。但对于专门性法律而言，立法任务应当更为注重“穿针引线”的功夫，而我国虐童相关立法却本末倒置，将精力过于集中于宣讲式的立法重申中，从而忽视了法律的现实指引功能。② 例如何为虐待，立法并未给出理性评判标准，微观论证的欠缺导致司法实践中困境重重。

表二　部分虐待儿童相关法律条文梳理

颁布时间	名称	条款
2004年修正	宪法	第四十九条第四款
2009年修正	民法通则	第一百零四条第一款
2001年修正	婚姻法	第三条第二款、第二十七条第一款

① 在本文中，儿童是指年龄不满14周岁的未成年人，与我国刑法上所规定的儿童年龄保持一致。

② 参见谢晖：《法理学：从宏大叙事到微观论证》，载《文史哲》2003年第4期。

续表

颁布时间	名称	条款
2011 年修正	刑法	第二百六十条
2012 年修正	治安管理处罚法	第四十五条第一项
2006 年修正	义务教育法	第二十九条第二款
2012 年修正	未成年人保护法	第六条第二款、第十条第二款、第二十一条、第四十一条第一款、第四十三条第三款、第五十三条、第六十二条、第六十三条第二款

宏大叙事性的立法规制的另一弊端是，由于法律疏漏而导致司法部门在虐童案应对过程中无法紧凑衔接。例如，虽然未成年人保护法运用空白叙述方式引用刑法第二百六十条虐待罪条款，但由于罪名本身设置不合理，导致衔接出现空当，无法达到全面保护受虐儿童目的。在“番禺虐童案”①中，即使社会许多热心人士提出收养受虐儿童，但根据收养法第四条的规定，被害人却不属于收养的对象。即使符合送养条件，根据该法第十条及第十三条规定，也须征得有抚养义务的人同意，否则，受虐儿童只有继续留在施虐家庭中。至于寄养，根据 2014 年民政部公布的《家庭寄养管理办法》的规定，寄养儿童须是不满 18 周岁的孤儿，并且是查不到生父母的弃婴和儿童，受虐儿童也没有被纳入寄养对象中。

（二）困境重重的司法实践

随着虐童事件频出，公众关注度亦一路飙升，舆论的甚嚣尘上不断拷问司法公信力。据统计，在美国每年遭受父母或家庭成员虐待的儿童就达到 650 万名，英国国家保护儿童协会发现每年约有近 6 万名儿童遭遇家庭暴力的袭击。② 在我国，由于多重因素，虐童案件无法准确统计，但据一项统计数据显示，2008 年 1 月至 2012 年 6 月见诸媒体的报道就有 429 例。③ 因此，如何最大限度地保护受虐儿童的利益成了司法实践中刻不容缓的问题。笔者采取查阅卷宗材料和访谈相结合的方式，了解了儿童虐待案件的一些基本情况。

调查时间：2012 年 4 月

调查地点：湖南省娄底市 5 个基层人民法院④

调查对象：2007 年至 2011 年审结的所有涉及儿童被虐待的刑事案件

调查方式：查阅卷宗材料和法官访谈

2007 年至 2011 年全市基层法院共受理刑事自诉案件 194 件，其中涉及虐待儿童的案件是 5 件。由于案件比较少，我们对这些案件也进行了比较认真的询问。

---

① 佚名：《“番禺虐童”尘埃落定　事件拷问社会管理之缺》，载 http://www.kelamayi.com.cn/news/2011－07/14/content_873360.htm，2012 年 6 月 15 日访问。

② 肖敏：《和谐社会语境中的家庭暴力问题研究——以虐待儿童行为为视角》，载《青少年犯罪问题》2007 年第 3 期，第 26 页。

③ 张雪梅：《别让孩子在家暴的阴影下成长——未成年人遭受家庭暴力案件调查分析与研究报告》，载 http://www.chinachild.org/b/yi/4227.html，2013 年 9 月 5 日访问。

④ 因为自诉案件每年在每个基层法院不是很多，虐待案件更少，而且上诉到中级人民法院的近 5 年几乎没有，于是笔者将娄底市 5 个基层法院案件集中作了统计，这 5 个法院包括：娄星区人民法院、双峰县人民法院、涟源市人民法院、冷水江市人民法院、新化县人民法院。

表三　娄底市基层法院刑事自诉案件中虐待罪案件的受理情况

年份	自诉案件	虐待罪(件)	处理结果	有无代理律师
2007	52	0	—	—
2008	48	1	调解	无
2009	31	1	撤诉	无
2010	20	2	调解、无罪判决	有
2011	43	1	调解	无

表四　娄底市基层法院刑事公诉案件中关于虐待罪和其他侵害儿童案件的情况

公诉案件中虐待儿童案件			
年份	案件数	案由	判决结果
2007	0	—	—
2008	1	强奸罪	十一年有期徒刑
2009	0	—	—
2010	1	虐待罪	有期徒刑一年,缓刑一年
2011	1	虐待罪	管制一年

我们询问的是一位有过20年办案经验并承办多起虐待案件的基层刑庭法官。在交谈中,我们深感到这位老法官对此类案件的尴尬与无奈。据这位老法官介绍,办理虐待案件尤其是虐童案,司法实践中面临“三难”困境:

首先是立案难。公安机关对施虐主体进行治安处罚前须进行必要调查,以明确虐童行为存在。然而事实上,虐童案件的证据往往难以收集,在性虐待的案件中,甚至有儿童根本不知道自己受到了伤害,于是很多受虐儿童都被挡在了冰冷的程序前,造成无法挽回的后果。刑法规定虐待罪为亲告罪,由于缺乏未成年人独立代理人制度,实践中告诉情况较为少见。据一项调查显示,近年来虽然虐童案频繁发生,但囿于能力所限和亲情影响,报案比例却不足2%。[①] 公诉案件中虐待儿童案只有3件,而这显然与实际虐童数量相距甚远。

其次是庭审难。一是庭审中证据认定难。囿于法律规定,公安机关对自诉案件证据收集较难介入,而自诉人证据收集能力薄弱,导致庭审中证据提交困难。二是证人证言缺失。我国证人出庭作证率低已成为社会共识,在家庭矛盾案件中更为突出。而受虐儿童心智受阻,表达能力有限,无法翔实表述的情况屡见不鲜,无疑影响了犯罪事实查明;再加上施暴者趋利避害式的行为模式选择,使案件事实更加扑朔迷离。三是告诉人心理矛盾也是造成庭审难的重要因素。虐童案中双方均为家庭成员,即使一时愤怒而起诉,但最终目的却不是使被告获刑,而是希望被告能停止虐待行为,因此告诉人往往在庭审过程中态度反复,进而影响案件查明。四是缺乏有效的法律援助。虐童案有相当高的比例发生于农村,囿于较为薄弱的文化素质及困难的生活环境,告诉人往往没有必要的法律知识及精力来应对烦琐的诉讼程序,因此也加大了庭审的难度。

---

① 参见张雪梅:《别让孩子在家暴的阴影下成长——未成年人遭受家庭暴力案件调查分析与研究报告》,载 http://www.chinachild.org/b/yj/4227.html,2013年9月5日访问。

最后是判决难。如表三所示,2007 年至 2011 年间虐童案仅 5 件,而且多以调解、撤诉结案,这与以上所列举的立案难、庭审难密切相关。事实上,法官往往面临两难境地:如果剥夺施虐主体监护权往往导致受虐儿童基本生活无法保证,如果任由儿童生活在原有家庭则面临的是进一步的受侵害,因此法官无论如何权衡总是无法达到双赢的目标。另外,在量刑方面,刑法赋予法官一定的自由裁量权,在限定范围之内,出于和谐安定的考虑,在没有造成致残、死亡等十分严重的后果时,法官一般倾向于从轻判决。但是,虐童暴力行为具有反复性和隐蔽性、持续性及后果严重性,如果没有严厉的惩罚,很难取得相应的效果。

(三)裹足不前的救助体系

第一,专门机构职能的功能异化。新闻报道所称道的往往是设立了多少个未成年人权益保护机构,但事实上,绝大部分虐童案件中未发现这些机构参与,形同虚设的司法救助仅仅停留在宏观口号层面。不可否认,专门机构对相关数据的统计与分析极具意义,但毕竟只有深入到虐童案件中去才能获得第一手资料。因此,专门机构职能应向微观倾斜,向案件倾斜。专门机构功能异化的另一表现在于各部门之间缺乏联动,各自为政式的工作方式使资源无法有效整合,单兵作战式的工作方式给公众的印象是机构臃肿。

第二,缺乏受虐儿童国家救济制度。在转型的中国语境下,虐童案进入司法程序并非最优选择,受虐儿童更有可能因此而丧失生活基础,这也是在一起强奸儿童案件中,受害人一直忍受自己的亲爷爷长达 10 年的性侵犯而不敢报警的原因。① 尽管中央政法委等八部委下发了《关于开展刑事被害人救助工作的若干意见》,但是其中没有明确对未成年被害人的救济责任、条件及标准,而且受制于各地的经济水平及司法资源,实践操作的标准及成效也相差甚远,大部分地区只有民政部门进行适当的救济。此外,救济方式也比较单一,除了经济救济,缺乏心理救助、法律援助及心理治疗等途径多管齐下。

二、探求与反思:建立我国受虐儿童司法保护机制的基本法理依据

对受虐儿童给予更多制度倾斜与关爱,不仅仅是悲悯幼小的人性使然,更是对未成年人司法制度的扩展与完善,从宏观层面而言,更是我国未成年人司法保护理念不断更新的内在要求。

(一)被害人人权保障的客观需求

传统刑法以犯罪人为逻辑起点,围绕罪犯人权保障逐步延展,以求在国家与犯罪人对抗的"二元模式中"达到平衡。但随着刑事实证学派的研究不断推进,德国犯罪学家汉斯提出了被害人在犯罪学研究中的应有地位,认为"在犯罪过程中,受害者不再是被动的客体,而是主动的主体。不能只强调罪犯的人权,而要更充分的肯定和坚决保护被害人的人权。"②由此掀起了国际范围内对被害人学研究的浪潮。我国也从不同层面接受了这一理论,并从程序正义和实质正义二维层面以及利益衡平的角度加以拓展和完善。受虐儿童作为处于弱势中的群体,更加值得被关心和关注,这也是现代司法理念发展的客观要求。

(二)恢复性司法的价值诠释

心理学家、教育学家及精神病学家对虐童案进行的调查分析表明,许多加害人都曾在人格方面有过创伤经历,有些甚至就是之前的受虐者。由于创伤没有得到很好的修复,导致这一恶行在

---

① 佚名:《从 8 岁到 18 岁 禽兽爷爷竟霸占亲孙女达 10 年》,载 http://www.nen.com.cn/72343475651084288/20070125/2139279.shtml,2012 年 6 月 20 日访问。

② [德]汉斯·约阿希姆·施奈德:《国际范围内的被害人》,许章润等译,中国人民公安大学出版社 1992 年版,第 419 页。

忽视中传承。美国犯罪学家约翰·R. 戈姆曾说过:"犯罪不过是世界失去平衡的产物,要从根本上避免犯罪和预防犯罪,只有修复被损害的社会关系,重新恢复原有的平衡。"①在研究如何妥善处理犯罪纠纷和关注被损害者的利益方面,其提出了"恢复正义理论"、"平衡理论"和"叙说理论"相结合的复合型理念,并成为当前刑事司法重点研究的方向。

"恢复正义理论"强调犯罪不仅是对法律的违反、对政府权威的侵犯,更是对被害人、社会甚至犯罪人自己的伤害,所以提倡在刑事司法程序中被害人和社会对司法的参与权利,从而平衡加害人、被害人和社会之间的利益。② 这一理论为受虐儿童参与刑事诉讼提供了最直接的理论依据。

"平衡理论"强调被害人在任何情形之下都对何为公平、何为正义有自己的合理期待这一相对直白、朴素的观念。③ 在虐待案件中,受害儿童明显的弱势地位,使其在司法中处于一种失衡状态,当平等和公正的游戏规则被打破时,则需要司法介入,修正倾斜的天平。

"叙说理论"强调给予被害人向突然介入其述说过程的人讲述其被害经历的机会,促使叙说成为其精神和心理治疗的手段,并满足恢复心理创伤之期待。④ 这一点在《为罪行的儿童被害人和证人取得公理的准则》第八条有所强调:"每个儿童都应该有权利以自己的语言自由地对所有事项表达其观点、见解、信念,特别是对影响其生活的决定提出意见,包括对任何司法过程中做出的决定,并要求将这些意见考虑在内。"它要求司法工作人员在处理受虐儿童的案件中一定要充分保障受虐儿童的参与诉讼权、独立表达意愿权,并使这些意愿在司法程序中得到体现。

在这种复合型理念中体现的是以自然主义人性论为基础的人道主义精神,提倡平等、博爱、善待每一个人,并尊重每一个人的权利和尊严。落实到本文所关注的受虐儿童中,则强调对于儿童最大利益的保护。这也体现了现在社会刑法所具有的公正、谦抑、人道三大价值目标。

(三)国家亲权学说的合理期待

传统大陆法系国家注重公益与私益二元体系划分,前者以保护公益为目的,后者则以保护特定私人利益为目的。一般情况下,公益需要国家主动介入保护。随着"国家亲权学说"逐步成为各国少年司法制度的理论依据之一,传统公私益二元体系划分有所缓和与松动,国家被认为是儿童的最高监护人,有责任也有权利保护儿童利益不受侵犯;即使是在私益领域,在我国签署的《儿童权利公约》、《儿童权利宣言》、《为罪行和滥用权利行为受害者取得公理的基本原则宣言》等国际条约中也突出了对儿童最大利益的保护。因此,对未成年被害人,国家有权对犯罪人进行惩罚以保护他们的合法权益,有义务创造舒适安心的司法环境来恢复他们所受的伤害,更有责任像父亲一样保护儿童免受伤害。因此,国家应该在司法活动中积极主动介入到案件中来,预防和制止虐童案的发生。

三、参考与借鉴:域外经验的中国式解读

域外在虐童案处置程序中积累了大量的先进经验与做法,对我国加快受虐儿童司法保护机制构建具有借鉴意义。

(一)域外立法对受虐儿童权益司法保护机制的规定

1. 明确虐待含义。世界卫生组织认为虐待儿童包括在一种责任、信任或有影响力的亲密关系中的各种身体和(或)情感虐待、性虐待、忽视、疏忽、商业或其他剥削。对此,域外多以此为标

① 转引自韩锋:《检察视野下刑事和解制度的探索》,载《法学考育》2011 年第 5 期,第 36 页。

② 参见王杨:《刑事和解的价值冲突与制度构建》,西南政法大学 2008 年硕士学位论文,第 17 页。

③ 参见刘方权、陈晓云:《西方刑事和解理论基础介评》,载《云南大学学报(法学版)》2003 年第 1 期。

④ 参见马静华:《刑事和解的理论基础及其在我国的制度构想》,载《法律科学》2003 年第 4 期。

准，在立法中明确虐待儿童的含义。如英国1989年的《儿童法》规定虐待儿童包括忽视、身体伤害、性虐待和情感虐待，并明确每一行为构成虐待的评判标准。① 日本也有类似规定，且更为翔实，可操作性更强，并在2009年修订的《儿童福利法》中将虐待场所进一步拓宽至儿童保护设施内。②

2. 强制报告制度。我国未成年人保护法第六条第二款规定，对未成年人权益所受侵害，任何人都有权检举、控告；而域外则赋予一些主体强制报告义务，如美国规定医师、教师、警察、商业摄影、社会工作者等主体负有报告义务，而且对此类案件报告可不受特殊职业道德约束。对负有报告义务但选择拒绝报告的主体，约有90%以上的州规定了处罚机制。③ 日本《儿童虐待防止法》第五条同样规定，教师、医师、护士、律师及与儿童福利具有职务牵连之人负有强制报告义务。④此外，英国、我国香港特区等地也有类似规定。

3. 诉讼代理人制度。父母与孩子利益大多情形下是一致的，但并不能因此而忽视两者利益背离的情形，尤其是在离婚或虐待、遗弃案件中，此时，如何确保孩子意思不受父母拘束成为关键。为此，澳大利亚设置了儿童独立代表人制度。在与父母利益面临冲突时，独立代表儿童利益与父母对抗，从而保护儿童利益最大化。⑤ 美国、英国亦有类似制度保障儿童在与父母利益不一致时的权益。

4. 司法审理程序。我国对虐童案的司法处置机制与成年人犯罪案件处理机制并无二致，即使是公众不断重申虐童案件的特殊性，但司法实践中尚未探索出一条合理路径。而美国却对此进行了深入研究。一般而言，美国司法审理程序分为四个环节，分别为可能性原因审理、诉因审理、永久性计划审理、终止父母的权利。并且随着四个环节之更替，证明标准越来越高：在可能性原因审理过程中只要具有怀疑可能性即可，但是在终止父母权利的审理程序中却需进行实质判断，以确定是否最有利于孩子成长。⑥

5. 刑法对虐童案之规制。日本刑法并没有专门针对虐童案而设立虐童罪，而是散见于其他罪名，如刑法典第176条强制猥亵罪、第181条强制猥亵致死伤罪、第204条伤害罪、第205条伤害致死罪、第208条暴行罪、第217条遗弃罪和第218条遗弃致死罪。德国为遏制虐童现象，在刑法典第171条设立了专门针对受害人为未满16周岁的未成人的违背监护或教养义务罪。英国亦规定虐待未满16周岁的未成年人构成轻罪，可判处十年以下有期刑或监禁六个月。

（二）域外立法对我国之启示

综观域外对受虐儿童权益司法保护立法规定，虽然不尽相同，却存有共通之处，为我国立法规制提供了一条合理路径。

---

① 参见吴允锋：《英国：防止虐童立法完备、高效》，载《法制日报》2012年11月27日第10版。

② 参见王玉珏：《日本：建立多领域参与防虐童机制》，载《法制日报》2012年11月27日第10版。

③ 参见胡巧绒：《美国儿童虐待法律保护体系介绍及对我国的启示》，载《青少年犯罪问题研究》2011年第5期。

④ 参见于改之：《儿童虐待的法律规制——以日本法为视角的分析》，载《法律科学》2013年第3期。

⑤ 参见谈婷：《澳大利亚儿童权利保护的立法与司法研究——以家庭法为视角》，西南政法大学2006年硕士学位论文。

⑥ 可能性原因审理又称72小时审理，其目的主要是考量是否存在其他方式替代将儿童从家庭迁走这一最终方式。诉因审理即如果在可能性原因审理过程中法官不同意儿童继续与父母生活，则在将儿童迁出后30天至40天后，父母可争取儿童回到监护之下。父母此时通常会与社会服务机构合作，以此换取法院斟酌。永久性计划审理是指若父母未能够满足社区机构要求，则儿童可能脱离监护一年，一年过后社会机构可以视情况让儿童回家或者延长临时脱离监护时间或选择终止父母监护权。终止父母的权利是指为儿童利益之考虑，有时不得不终止父母对子女的监护权，将孩子永久性的从家庭迁出。

1. 立法干预从简单走向多元。随着虐童案越来越为公众所关注，域外立法亦逐步走向多元化、体系化。一般而言，对虐童案件规制有补偿性质的民事法律、惩罚性质的刑事法律和行政法律、保护性质的专门性条例，各类型法律在分工规制某一领域虐童案件的同时衔接也越发紧凑，共同为儿童权益构建了立体、全方位的保护平台。例如，美国相继颁布了《儿童虐待预防和处理法案》、《收养与家庭安全法案》、《儿童保护法案》。英国颁布了《子女法》、《猥亵少年儿童法》、《收养照管法》等。

2. 多领域共筑防虐机制。儿童权益保护并非政府能单独完成，而是必须依靠全社会力量共同组建防虐机制。域外形成了政府主导、社会多方力量整合参与机制。例如美国设置了专门寄养家庭负责收养受虐儿童，弥补政府力量的不足；日本民间成立的“儿童虐待思考协会”不断强化社会对虐童案的关注与防治，为政府提供决策参考；中国香港社会组织更是提供了约 4/5 的社会福利服务，政府只提供剩下的 1/5。①

3. 从后期治疗到预防为主。从早期的被动发现到如今的注重宣传、教育，国家在虐童领域历经了从被动应对走向主动干预的过程。学校不仅开设了反虐、防虐课程，帮助、引领学生正确识别、应对，而且国家日益注重虐童问题专门人才培养，建立人才数据库，重视对虐童数据的统计与分析，并在注重保护儿童权益时，兼顾施虐家庭帮助，以期从源头减少虐童案。

四、回应与出路：受虐儿童权益司法保护机制的优化

受虐儿童的生存状况以及刑事司法发展步伐已不允许我国在对受虐儿童的司法保护方面停滞不前，而应积极借鉴国外的成熟经验及实践做法，构筑一道坚实的司法“防火墙”，以保障儿童健康成长。

（一）加强专门立法，坚持“儿童最大利益”原则

法律既有惩治功能，亦有预防功能。联合国 1989 年通过的《儿童权利公约》要求，父母或者其他的照料者，要保护儿童免受任何形式的躯体或精神伤害，并应采取预防措施防止这一现象的出现。我国虽然签署了《联合国儿童权利公约》，但到目前为止，还没有专门针对儿童受虐保护方面的法律。因此，笔者建议在保护受虐儿童方面，应该借鉴国外先进的立法与司法理念，专门针对受虐儿童进行立法保护，对儿童虐待的定义、界限、具体的处置、专门机构、社会保护、司法机构参与程序、刑事处罚力度、强制报告制度等作出具体规定。

（二）创设儿童虐待案件的司法审理程序

虐童案之特殊性决定了司法处置过程的特殊性，因此固守司法干预的被动性原则不足以全面保护受虐儿童合法利益。而英国《儿童法》确立的“儿童福利原则”、“不得迟延原则”和“无法令原则”三大原则值得参考借鉴。②

第一，建立积极灵活的立案处理机制。首先，降低立案门槛。司法机关接到虐童的举报、控告或者起诉后，在排除了明显的诬告情况下，只要有理由怀疑虐待行为存在，司法机关就应当无条件立案。立案后，要将虐童案与其他案件分开处理，如设立专门的办案机构或者配备专门办案人员。在这一处理机制上可以直接借鉴已经探索多年的少年法庭模式，更好地保护受虐儿童的权益。其次，要立即启动调查取证程序。由法院委托公安机关调查取证，强调公权在虐童案件中

---

① 参见王玉珏：《香港：防虐童法律干预从简单到多元》，载《法制日报》2012 年 11 月 27 日第 10 版。

② “儿童福利原则”，指法院在解决儿童问题时，首要考虑儿童之利益。“无法令原则”，指对法令发生应保持克制，只有必要且无其他方式时得为之。“不得迟延原则”，指迅速合理处理儿童问题。参见余真：《如何完善对虐待儿童行为的司法干预机制——以英国 1989 年儿童法为例》，载《法制与经济》2009 年第 5 期。

的介入。如在调查过程中发现受虐儿童继续留在加害人身边,会造成不可挽回的后果,则要暂时将受虐儿童带离原来的生活环境,由法院从近亲属中指定临时监护人或为受虐儿童提供紧急安置场所。当然,这一决定的作出需要进行严格的司法审查,迅速而非迟疑地作出决定,除存在其他方式替代将儿童从家庭迁走这一最终方式外,一般应准予。

第二,建立特殊的取证程序。这一程序主要是针对受虐儿童的证言采集而设立的。在调查取证过程中应考虑受虐儿童心理特殊性,尊重其人格,尽量避免造成受虐儿童再次受伤,因此公安机关在接到法院委托调查法令后应毫不迟疑地进行独立、公正、客观调查,运用"家居环境下的调查访问制度"及"一站式调查取证方法",①并为受虐儿童出庭作证提供心理支持,必要时可陪伴作证,代理作证,从而最大限度上保护受虐儿童。

第三,完善审判组织形式。受虐儿童在家庭中已经长期受到虐待,其身心受到了重创,但是作为案件的受害人,其证言是法官对案件事实判断的重要依据,因此办理此类案件应该选择非常有耐心、责任心并且有相当生活经验的法官,同时庭审中应该邀请一些心理医生、妇联工作人员及孩子非常信赖的亲属等参与,必要时可以由他们来进行询问,以此来消除或缓解受虐儿童的恐惧和疑虑。在审判方式上,严格贯彻不公开审判原则,最大限度地保护受虐儿童隐私。

第四,革新作证形式及方法。受虐儿童作为案件可能的唯一证人,其证言对于整个案件事实的查清非常重要。因此,对此类案件应该保障受虐儿童的证人资格。同时,在作证的方法上,要为受虐儿童提供良好的环境,缓解他们作证的压力,可以利用之前调查取证的方法,采用"一次成像"的固定技术,或者允许使用闭路电视、同步直播等高新技术作证。硬件设施比较差的地方,可以在法庭上设遮挡物(如图一所示)或者要求被告回避等方式来避免儿童与被害人直接接触,以见影响作证的效果。

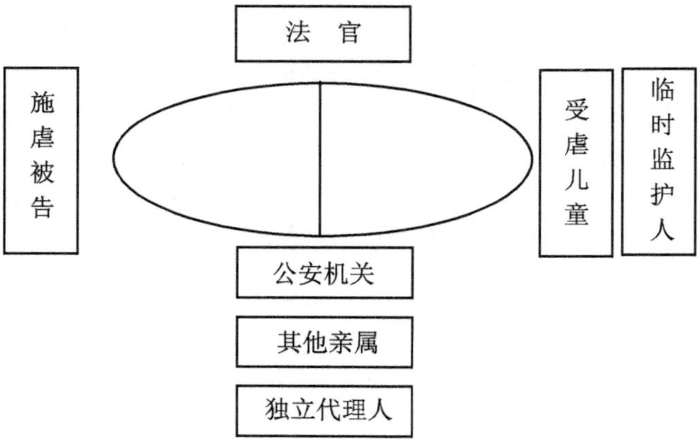

图一　虐童案审判组织结构图

(三)完善司法救助保障机制

第一,整合儿童虐待处理机构。受虐儿童的保护与虐童案件的处置是一项动用资源很多,专业性很强,意义也非常重要的工作。这需要方方面面的配合与合作才能达到一定的效果。20 世

① "家居录影室"主要指通过营造安全舒适亲切的氛围,使受虐儿童能够相对轻松地述说被害过程。"一站式调查取证方法"指通过检查次数减至最少,并毫不迟疑地进行,一般为 24 小时,尽量避免再次使受虐儿童受伤害。参见马忠红:《香港警方办理未成年人遭受性侵害案件的做法及启示》,载《中国青年研究》2006 年第 9 期。

纪60年代以来，各国相继成立了专门预防和处理儿童虐待的机构与组织，一般由国家和各地方政府部门组成，也有非政府组织。我国在这方面的投入和研究比较晚，但是也开始有了一些尝试。如2006年西安建立了全国首家儿童虐待救助机构——西安博爱儿童虐待预防与救助中心。① 杭州市政府妇女儿童工作委员会也启动了“社区儿童保护服务体系与网络建设”项目。② 笔者认为，这一经验应在全国范围内推广，由政府牵头组建，整合共青团、妇联、关工委等多个社团组织，成立专门预防和处理儿童虐待的机构，为受虐儿童提供另外一个“家”。

第二，建立受虐儿童国家救助机制。建立受虐儿童救助基金，由受虐儿童专业机构委托基金公司运转，在确保基金不缩水的同时实现增值。改变民政部门单一救助体系，强化与司法部门联动，及时掌握虐童信息。运用社会调查、风险评估等方式，综合考量受虐儿童心理状态，划分初步创伤、中度创伤及深度创伤三个层次，并对不同创伤采取不同强度心理干预，帮助受虐儿童走出心理阴影。

第三，借鉴域外立法经验，设立代表受虐儿童利益的“诉讼代理人制度”。③ 在诉讼过程中，人民法院应当为受虐儿童参与诉讼案件提供保障，让“诉讼代理人”全面介入诉讼案件，调查收集有利于保护受虐儿童利益的证据，协助受虐儿童与刑事司法机关的沟通，维护其合法权利，促进刑事诉讼程序的正当化，并向法官提出有利于维护儿童最大利益的司法建议。法官对于受虐儿童的诉讼代理人提出的证据和建议应予充分考虑。在制度上，可将“诉讼代理人”制度纳入我国程序性立法，规定儿童虐待案件获得诉讼代理人的权利及适用范围。对于符合法定情形的案件，人民法院在审判时应为其指定承担法律援助义务的律师为诉讼代理人，以保障受虐儿童诉权的行使。

五、结语

在保护生命、尊重人权的法治社会，受虐儿童的权益保护已经成为人们不愿去想，但不得不去想的一个问题。当暴行披上“家庭”、“亲权”的外衣后，一切丑陋的事实都被挡在了家门之内。受虐儿童作为弱势群体中的弱势，只能默默承受，在黑暗中哭泣，并极有可能成为下一个施虐者，使暴行陷入无限往复循环的境地。仅仅认识到虐童问题的严重性，停留在纸面上的口诛笔伐远远不够，我们亟须更全面、更深刻的研究并立刻采取行动。

（作者单位：湖南省娄底市中级人民法院
湖南省岳阳市中级人民法院）

---

① 佚名：《虐待儿童：被低估的迫害》，载 http://www.zhiyin.cn/boxuan/2010/0526/article_8419_4.html，2012年6月15日访问。

② 该项目是联合国儿童基金会与我国政府合作，通过在全国几个主要城市选择有代表性的社区，建立多方合作的儿童保护工作网络。兰苑社区和新浦社区是杭州首批试点社区。据介绍，兰苑社区将成立“社区CPU”（社区儿童保护办公室），如居民发现有儿童受虐等现象，可以向社区CPU举报，工作人员会上门与该儿童的家长沟通，提供相关的心理咨询等服务。

③ 夏吟兰：《离婚亲子关系立法趋势之研究》，载《吉林大学社会科学学报》2007年第4期。

贵州省高级人民法院　贵州省人民检察院　贵州省公安厅
刑事案件基本证据要求

（2016年4月27日印发　黔高法〔2016〕47号）

刑事案件基本证据要求（以下简称《证据要求》），主要是针对侦查机关立案侦查收集固定证据及侦查终结后向检察机关移送案件审查起诉，检察机关审查后向人民法院移送案件提起公诉时的基本证据要求做出一般性规定，为下一步信息化建设工作做好准备。基本证据要求分为两个部分，一是一般规定，主要对各类案件都通用的证据基本要求予以规范；二是对省公、检、法机关办理的几类常见案件（故意杀人和伤害案件、抢劫、抢夺和盗窃案件、毒品案件）的个别化证据要求加以规范。

第一章　一般规定

1.1　适用范围

本证据要求适用于贵州省范围内公安机关、人民检察院、人民法院的刑事诉讼活动，包括立案、侦查、起诉和审判的全过程。

1.2　遵守法定程序

侦查人员、检察人员、审判人员收集、审查、应用证据必须严格遵守法定程序，客观、全面地收集、审查、核实和认定证据。

1.3　证据概念、种类

凡是能够证明案件事实的材料，都是证据。证据有以下几种：

（一）物证；

（二）书证；

（三）证人证言；

（四）被害人陈述；

（五）犯罪嫌疑人、被告人供述和辩解；

（六）鉴定意见；

（七）勘验、检查、辨认、侦查实验等笔录；

（八）视听资料、电子数据。

以上证据必须符合法律的规定，具有客观性、关联性、合法性，并且经过当庭举证、质证、查证属实，才能作为定案的根据。

1.4　证明对象

需要用证据证明的案件事实包括：

（一）犯罪嫌疑人、被告人、被害人的身份情况；

（二）被指控的犯罪事实是否存在；

（三）犯罪嫌疑人、被告人是否实施了犯罪行为；

（四）犯罪嫌疑人、被告人是否具有刑事责任能力；犯罪嫌疑人、被告人实施犯罪行为的主观罪过、起因、动机、目的、时间、地点、手段、过程、后果以及其他情节；

（五）犯罪嫌疑人、被告人是否共同犯罪以及在共同犯罪中的地位作用；

（六）作为从重、从轻、减轻或免除处罚理由的事实；

（七）有关附带民事诉讼、涉案财物处理的事实；

（八）有关管辖、回避、延期审理等的程序事实；

（九）其他与定罪量刑有关的事实。

1.5 免证事实

下列事实不需要证明：

（一）众所周知的事实；

（二）自然规律和定理；

（三）国内法律及其有效解释。

1.6 推定

下列事实推定为真实，但有相反证据足以推翻的除外：

（一）人民法院生效判决、裁定所确认的事实；

（二）有效公证文书所证明的事实；

（三）仲裁机构的生效裁决所证明的事实；

（四）国家机关公文、证件上记载的事实。

1.7 举证责任

在公诉案件中，公诉机关承担证明被告人有罪的责任。公诉机关应当全面提供证明被告人有罪、罪重、罪轻的证据，并根据法庭要求提供可能证明被告人无罪的证据。

在自诉案件中，自诉人承担证明被告人有罪的责任。

被告人不承担证明自己无罪的责任，但有提供证据证明自己无罪、罪轻的权利。

人民法院不负有举证责任。

1.8 证明标准

刑事案件不仅应当做到案件事实清楚，证据确实、充分，而且必须排除合理怀疑。

合理怀疑是指：

（一）现有证据不能完全涵盖案件事实；

（二）有现象表明某种影响案件真实性的情况可能存在，且不能排除；

（三）存在根据常识可能发生影响案件真实性的情况。

1.9 证明效力

原始证据的证明效力一般来说大于传来证据。收集、运用证据应当遵循原始证据优先规则。如果能够收集原始证据的，必须收集原始证据。

1.10 全面收集证据

侦查人员要全面收集、客观制作能够证明犯罪嫌疑人、被告人作案起因、动机、目的、时间、地点、手段、过程、后果等的物证、书证、现场勘验笔录、鉴定意见等证据，防止片面重视犯罪嫌疑人、被告人供述的倾向。

侦查人员应当依法收集能够证实犯罪嫌疑人、被告人有罪或者无罪、犯罪情节轻重的各种证据，不得隐匿对犯罪嫌疑人、被告人有利的证据。

对犯罪嫌疑人、被告人供述的犯罪事实、无罪或者罪轻的事实、申辩和反证，以及犯罪嫌疑人、被告人提供的证明自己无罪、罪轻的证据，侦查机关应当认真核查；对有关证据，无论是否采信，都应当如实记录、妥善保管，并连同核查情况附卷。

1.11 物证、书证的提取、扣押

收集物证、书证时,应当制作提取、扣押笔录,必要时可以同步录音录像、拍照。在搜查、勘验、检查时发现物证、书证时,应当通过搜查笔录或勘验、检查笔录反映物证、书证的特征、来源及其扣押情况。

经勘验、检查、搜查提取、扣押的物证、书证,应当附有相关笔录、清单,笔录、清单应经侦查人员、物品持有人、见证人签名,没有物品持有人签名的,要注明原因;相关笔录、清单应当注明物品的名称、特征、数量、质量等。

对物证、书证来源及提取、扣押情况有争议的,由物证、书证收集者或者提供者进行证明。

1.12 物证、书证的收集

调取物证应当调取原物。原物不能搬动或者系易损坏、消失、变质及易燃、易爆物品,或者因保密需要不能调取原物的,可以将原物拍照、录像或制模。对原物拍照、录像及制模应当足以反映原物的外形和特征。

调取书证应当调取原件。取得原件有困难或者因保密、档案材料管理等限制难以调取原件的,可以调取复印件,并注明原件存放地点、提供人姓名、单位等。书证有更改迹象不能作出合理解释的,或者书证的副本、复制件不能反映书证原件及其内容的,不能作为证据使用。

对物证照相、录像、制模和调取书证复印件的,应当对不能调取原物、原件的原因、复制的过程和原物、原件存放地点做出说明,并由制作人员和原物证、书证持有人或持有单位有关人员、见证人签名或盖章。

1.13 物证、书证的固定

物证、书证应当交当事人或者证人辨认,必要的时候可以进行鉴定。

对现场遗留与犯罪有关的具备鉴定条件的血迹、体液、毛发、指纹等生物样本、痕迹、物品,应当进行DNA、指纹等鉴定,并与被告人或者被害人的相应生物检材、生物特征、物品等进行比对。鉴定,应当全面、科学,并穷尽鉴定手段。

依法应当返还的物证,应当制作足以反映原物性质、特征、数量的照片、视频或者复制品。

1.14 证人、被害人询问笔录

首次询问证人、被害人时,应当告知证人、被害人有关作证的权利义务和法律责任。询问证人、被害人应当个别进行。询问未成年证人时,应当通知其法定代理人或者合适成年人到场,并在询问笔录中注明法定代理人或者合适成年人是否到场。

询问笔录的制作、修改应当符合法律及有关规定,应当注明询问的起止时间和地点,并交由证人、被害人阅读后签字确认。没有阅读能力的,应当向他宣读。根据案件需要,询问过程可以同步录音、录像。

1.15 犯罪嫌疑人、被告人讯问笔录

侦查人员讯问犯罪嫌疑人、被告人应当符合法律及相关司法解释的规定。首次讯问时,应当告知犯罪嫌疑人、被告人相关权利义务和法律规定;应当完整记录犯罪嫌疑人、被告人的姓名、年龄、民族、籍贯、文化程度、职业、住址、身份证号码、家庭成员、犯罪时住址、有无前科等情况。

讯问未成年犯罪嫌疑人、被告人时,应当通知其法定代理人或者合适成年人到场,并注明法定代理人或者合适成年人是否到场。

讯问笔录的制作、修改应当符合法律及有关规定,应当注明讯问的具体起止时间和地点,并交由犯罪嫌疑人、被告人阅读后签字确认。没有阅读能力的,应当向他宣读。

讯问犯罪嫌疑人、被告人时,可以对讯问过程进行录音或者录像;对于可能判处无期徒刑、死刑的案件或其他重大犯罪案件,应当对讯问过程进行录音、录像。录音或者录像应当全程进行,保持完整性。不得选择性地录制,不得剪接、删改。

犯罪嫌疑人被送交看守所羁押后,侦查人员对其讯问应当在看守所内进行,法律另有规定的除外。

1.16 勘验、检查笔录

勘验、检查应当依法进行,笔录的制作应当符合法律及有关规定,勘验、检查人员和见证人应当在笔录上签名或者盖章。

下列人员不得担任见证人:

(1)生理上、精神上有缺陷或者年幼,不具有相应辨别能力或者不能正确表达的人;

(2)与案件有利害关系,可能影响案件公正处理的人;

(3)人民警察、公安机关其他工作人员、司法机关的工作人员和公安、司法机关辅助人员在各自机关管辖案件时。

现场勘验检查工作记录应当客观、全面、详细、准确、规范,能够作为核查现场或者恢复现场原状的依据。现场勘验笔录正文需要载明现场勘验过程及结果,包括与犯罪有关的痕迹和物品的名称、位置、数量、性状、分布等情况,尸体的位置、衣着、姿势、血迹分布、性状和数量以及提取痕迹、物证情况等。

对现场进行多次勘验、检查的,在制作首次现场勘验检查工作记录后,逐次制作补充勘验检查工作记录。

勘验、检查现场时,应当邀请一至二名与案件无关的公民作见证人。由于客观原因无法由符合条件的人员担任见证人的,应当在笔录材料中注明情况,并对相关活动进行录像。

补充进行勘验、检查的,应当说明再次勘验、检查的原由,前后勘验、检查的情况是否矛盾等。

1.17 辨认笔录

辨认应当在侦查人员主持下进行,主持辨认的侦查人员不得少于二人。辨认前应当禁止辨认人与被辨认对象见面。

辨认时,应当将辨认对象混杂在特征相类似的其他对象中,侦查人员不得给辨认人任何暗示,辨认活动应当个别进行。

辨认犯罪嫌疑人时,被辨认的人数不得少于七人;对犯罪嫌疑人照片进行辨认的,不得少于十人的照片;辨认物品时,混杂的同类物品不得少于五件。

对场所、尸体等辨认对象进行辨认,或者辨认人能够准确描述物品独有特征的,陪衬物不受数量限制。

对辨认经过和结果,应当制作辨认笔录,由侦查人员、辨认人、见证人签名。必要时,应当对辨认过程进行录音或者录像。

1.18 鉴定意见

鉴定机构和鉴定人应当具有法定资质,检材的来源、取得、保管、送检应当符合法律及有关规定,并与相关提取笔录、扣押物品清单等记载的内容相符。

侦查人员应当做好检材的保管和送检工作,并注明检材送检环节的责任人,确保检材在流转环节中的同一性和不被污染。

鉴定机构和鉴定人应当按照鉴定规则,运用科学方法独立进行鉴定。鉴定意见应当注明提起鉴定的事由、鉴定委托人、鉴定机构、鉴定要求、鉴定过程、鉴定方法、鉴定日期等相关内容,鉴定机构加盖司法鉴定专用章并由鉴定人签名、盖章。

公诉人、当事人或者辩护人、诉讼代理人对鉴定意见有异议,经人民法院依法通知的,鉴定人应当出庭作证,否则,鉴定意见不能作为证据使用。鉴定意见应当告知相关当事人。

1.19 视听资料、电子数据

视听资料、电子数据应当附有提取过程的说明,来源合法。视听资料、电子数据的收集程序、方式应当符合法律及有关技术规范;经勘验、检查、搜查等侦查活动收集的电子数据,应当附有笔录、清单,并经侦查人员、电子数据持有人、见证人签名;没有持有人签名的,应当注明原因;远程调取境外或者异地的电子数据的,应当注明相关情况;对电子数据的规格、类别、文件格式等应当注明清楚。

视听资料、电子数据应当为原件,取得原件确有困难或者有其他原因不能调取原件的,可以调取复制件。是复制件的,应当附有无法调取原件的原因、复制件制作过程和原件存放地点的说明,制作人、原视听资料持有人应当签名或者盖章。对视听资料有疑问的,可以进行鉴定。

1.20 技侦资料的转化

侦查机关采用技术侦查措施收集的材料在刑事诉讼中可以作为证据使用。如果使用该证据可能危及有关人员的人身安全,或者可能产生其他严重后果,应当采取不暴露有关人员身份、技术方法等保护措施,必要的时候,可以由审判人员在庭外对证据进行核实。

采用技术侦查措施收集的材料作为证据使用的,采取技术侦查措施决定书应当附卷。

1.21 量刑证据的收集

除定罪证据以外,侦查机关还应当收集犯罪嫌疑人、被告人犯罪情节轻重的各种证据。这些证据主要包括犯罪动机目的、犯罪性质、犯罪情节、悔罪表现等说明犯罪行为社会危害性以及犯罪嫌疑人、被告人主观恶性、人身危险性的材料。

侦查机关还应当收集未成年人犯罪、老年人犯罪、限制行为能力人犯罪、防卫过当、避险过当、犯罪预备、犯罪未遂、犯罪中止、从犯、胁从犯和教唆犯等量刑情节证据。

对于共同犯罪案件,侦查机关应当充分收集能够证明犯罪嫌疑人、被告人在共同犯罪中地位作用差别、主观恶性和人身危险性方面不同的各种证据。

1.22 前科材料

犯罪嫌疑人、被告人系再犯、累犯或者具有犯罪前科的,侦查机关应当随案附刑事判决书、裁定书、释放证明等证明材料。

1.23 自首、立功材料

自首证据材料一般应当包括被告人投案经过、有罪供述以及能够证明其投案情况的其他材料。投案经过的内容一般应当包括被告人投案时间、地点、方式等。证据材料应当加盖接受投案单位的印章,并由接受人员签名。

立功材料一般应当包括被告人检举揭发材料及证明其来源的材料、司法机关的调查核实材料、被检举揭发人的供述等。证据材料应加盖接收被告人检举揭发材料的单位印章,并有接收人员签名。被检举揭发案件已立案、侦破,被检举揭发人被采取强制措施、公诉或者审判的,还应当有立案决定书、逮捕决定书、侦查终结报告、起诉意见书、起诉书、判决书等相关的法律文书。

1.24 被害人过错材料

侦查机关要收集能够证明被害人具有过错及过错程度、责任大小的证人证言、被害人陈述、被告人供述、视听资料、鉴定结论等证据材料。

1.25 程序性材料的收集

侦查机关要完善能够证明侦查行为合法性的各种程序性材料,包括搜查证、拘留证、拘留通知书、批准逮捕决定书、逮捕证、逮捕通知书、网上追逃材料、通缉令、鉴定意见通知书等法律文书材料。

1.25.1　证明强制措施合法性的材料

对犯罪嫌疑人采取拘传、取保候审、监视居住、拘留、逮捕等强制措施的,应当随案移送拘传证、取保候审决定书、保证金缴纳凭证或者保证人保证书、监视居住决定书、监视居住通知书、拘留证、拘留通知书、提请批准逮捕意见书、批准逮捕决定书、逮捕证、逮捕通知书等证明采取强制措施具有合法性的材料。

1.25.2　证明搜查、扣押、查询、冻结行为合法性的材料

侦查机关对犯罪嫌疑人的人身、物品、住所和其他有关地方进行搜查的,应当随案移送相应的搜查证。

执行拘留、逮捕的时候,遇有下列紧急情况之一的,不用搜查证也可以进行搜查:

(一)可能随身携带凶器的;

(二)可能隐藏爆炸、剧毒等危险物品的;

(三)可能隐匿、毁弃、转移犯罪证据的;

(四)可能隐匿其他犯罪嫌疑人的;

(五)其他突然发生的紧急情况。

侦查机关决定扣押相关涉案物品、文件的,应当制作查封扣押决定书、扣押笔录、查封、扣押物品、文件清单,并随案移送。

侦查机关向金融机构等单位查询犯罪嫌疑人的存款、汇款、债券、股票、基金份额等财产的,应当随案移送协助查询财产通知书、协助冻结财产通知书等能够证明查询、冻结行为合法性的证据材料。

1.25.3　证明讯问行为合法性的材料

对于可能判处无期徒刑、死刑的案件或其他重大犯罪案件,应当随案移送能够证明讯问过程合法性的全程同步录音录像、看守所体检表、押解出入所证明、身体检查记录等证明材料。

第二章　故意杀人、故意伤害案件证据

2.1　立案证据

立案侦查,应当有相关人员的报案、控告、举报、犯罪嫌疑人投案或者扭送犯罪嫌疑人的材料,或者公安民警在日常执法执勤中发现的犯罪事实的材料,或者相关部门移送的犯罪线索材料等事实材料,或者人民检察院通知立案的材料,或者上级公安机关指定管辖或者书面通知立案的材料。

2.1.1　报案、控告、举报、扭送、投案材料

(一)报案、控告、举报可以书面形式提出,也可以口头形式提出;

(二)网上报案、控告、举报的,应对网页截图打印附卷,并注明来源;

(三)口头或者电话报案、控告、举报、扭送的,接受的工作人员应当制作笔录,由报案、控告、举报、扭送人签名或者盖章;

(四)犯罪嫌疑人、被告人自动投案的,接受的工作人员应当制作笔录,由投案人签名或者盖章;

(五)报案、控告、举报可能招致打击报复的,应及时采取保护、保密措施。

2.1.2　公安机关在履行职务过程中发现犯罪事实的材料

公安机关在日常巡逻、例行检查等履行职务过程中发现犯罪事实的,工作人员应当将相关情

况写成书面材料，签名并加盖单位公章；工作人员所写的书面材料，每人一份，不能由几人共同书写。

2.1.3　相关部门移送的犯罪材料

有关单位在日常工作中发现犯罪事实向公安机关移送的材料，应加盖单位公章。

2.1.4　受案登记表、立案决定书

受案登记表、立案决定书的制作按《公安机关刑事案卷立案规范（2014版）》执行。

2.2　案件侦破证据

公安机关通过实施侦查措施，查明犯罪事实，抓获犯罪嫌疑人、被告人，应当有反映破案经过、如何锁定并抓获犯罪嫌疑人的相关证据材料。

2.2.1　锁定犯罪嫌疑人、被告人的相关材料

（一）公安机关通过现场摸排调查或者排查被害人社会关系锁定犯罪嫌疑人、被告人的，应当附走访调查的相关材料，如证人证言、辨认笔录、监控录像等。

（二）通过分析电信通话情况锁定犯罪嫌疑人、被告人的，应当附通话记录等相关材料，通话记录应加盖通讯部门公章。

（三）通过技侦手段锁定犯罪嫌疑人、被告人的，相关内容如果不能公开，应作证据转换或另行制作保密卷。检察机关、审判机关要求查阅保密卷时，公安机关应当配合。

（四）犯罪嫌疑人拨打电话报警、委托他人报警，或明知他人报警而在现场等待的，应附报警单、受委托人证言等。

2.2.2　到案经过

（一）抓获经过应包括到案时间、地点、经过、多名犯罪嫌疑人、被告人到案的顺序等细节。

（二）对于犯罪嫌疑人、被告人犯有数罪的命案，侦查机关应当写明各罪线索的来源及并案侦查的情况。

（三）对于共同犯罪案件，如果有协助抓获其他同案犯罪嫌疑人、被告人的行为的，应当写明具体的协助行为。

（四）抓获经过应写明是否具有自动投案、检举揭发、坦白等情节，以及是否系犯罪嫌疑人、被告人的亲属报案或者协助将其抓获，是否系犯罪嫌疑人、被告人的亲属提供其犯罪的主要证据等情况。

（五）抓获经过应由二名以上参与抓捕或者接受投案的工作人员书写、签名，并加盖单位公章，工作人员所写的书面材料，每人一份，不能由几人共同书写。

2.2.3　使用警犬侦破的说明材料及录像使用

警犬嗅源手段协助侦查确定犯罪嫌疑人、被告人或查获凶器等相关物品的，应将相关情况写成书面材料，并加盖单位公章，有条件的可以附录像。

2.3　勘验、检查、搜查证据

公安机关对现场进行勘验、检查或者对犯罪嫌疑人、被告人居所进行搜查的，应制作现场勘查笔录、搜查笔录、扣押物品清单等证据，必要时，可以录像或照相。

2.3.1　现场勘查笔录、照片、录像、制图

刑事案件现场勘验、检查的内容，包括现场保护、现场实地勘验检查、现场访问、现场搜索与追踪、侦查实验、现场分析、现场处理、现场复验与复查等。勘验、检查现场，应当拍摄现场照片，绘制现场图，制作笔录，由参加勘查的人和见证人签名。对重大案件的现场，应当录像。《现场勘验检查工作记录》包括现场勘验笔录、现场图、现场照片、现场录像和现场录音。现场勘验笔

录正文需要载明现场勘验过程及结果，包括与犯罪有关的痕迹和物品的名称、位置、数量、性状、分布等情况，尸体的位置、衣着、姿势、血迹分布、性状和数量以及提取痕迹、物证情况等。移动现场尸体前，应当对尸体的原始状况及周围的痕迹、物品进行照相、录像，并提取有关痕迹、物证。

对涉及多个现场的，应当标明案发现场、抛尸现场、抛物现场以及购买作案凶器、提取物证等相关现场的位置关系。

2.3.2 提取、扣押相关痕迹、物证、书证等

（一）在现场勘验、检查中发现与犯罪有关的痕迹、物品，应当固定、提取，并在《现场勘验检查工作记录》中记录。扣押文件、物品应附扣押清单、扣押决定书。提取现场痕迹、物品应附《提取痕迹、物证登记表》。对应当扣押但不便提取的物品、文件，经登记、拍照或者录像、估价后，可以交被扣押物品、文件持有人保管或者封存，应附《登记保存清单》。

在搜查中发现的证据，应附搜查笔录、扣押清单，以及搜查中拍摄的照片、视听资料。

（二）现场周边的视频信息、基站信息、地理信息及电子信息的采集。勘验、检查人员应当及时采集并记录现场周边的视频信息、基站信息、地理信息及电子信息等相关信息。

勘验、检查与电子数据有关的犯罪现场时，应当按照有关规范处置相关设备，保护电子数据和其他痕迹、物证。

（三）搜查犯罪嫌疑人人身、住处或者其供述、指认的场所发现的物证、书证，应当附有搜查笔录、扣押清单以及搜查中拍摄的照片、视听资料。

（四）对于犯罪嫌疑人、被告人供述和辩解或者相关证人证言中涉案资金往来情况，应及时调取相关证据进行印证，包括银行卡开户情况、户主信息、流水清单、柜台存取款记录、存取款回执、ATM 机存取款录像等。

（五）作案工具收集程序、方式要符合法律规定，经勘验、检查、扣押决定、搜查、调取手段获取作案工具，要附有相关笔录、清单、照片，笔录、清单要经侦查人员、物品持有人、见证人签名，无物品持有人签名的，要注明原因；作案工具的名称、特征、数量、质量等要注明清楚。必要时，应当制作同步录音录像。

（六）在犯罪嫌疑人、被告人带领下找到尸体或尸块的，首先对藏有尸体或尸块场所进行辨认，然后进行勘查，制作相应笔录、清单、照片，并同步录音录像。

（七）侦查过程中，发现有关单位或者个人持有与案件有关的证据时，应当向有关单位或者个人调取证据。并当场制作《调取证据清单》，调取证据后应向有关人员问明证据的来源、内容、保存情况等，并制作《询问笔录》。必要时，应当采用照相、同步录音录像等方式固定证据内容及取证过程。

（八）笔录及清单应注明物品的名称、特征、数量、质量等，并经侦查人员、物品持有人、见证人签名，没有物品持有人签名的，应注明原因。对于未附有勘验、检查、搜查笔录、调取笔录及扣押清单、照片的物证、书证，以及勘验、检查、搜查笔录与扣押清单、照片记录不一致的物证、书证应当通过见证人出庭作证或者播放侦查机关进行现场勘验、检查、搜查、扣押、调取等侦查活动的同步录像等方式进行补正，不能补正或者不能作出合理解释的，不得作为定案的根据。

（九）对于应当扣押但不便提取的物品、文件，经拍照或者录像固定后，可以交被扣押物品、文件持有人保管或者封存，并且单独开具登记保存清单。

（十）对于容易损坏、变质，不能随案移送的物证、书证，应当用笔录、绘图、拍照、录像、制作模型等方法加以保全。

2.4 鉴定意见

2.4.1 尸检报告

尸检报告是证实被害人死亡原因的重要证据，应符合法律、法规、司法解释对于鉴定意见的相关规定。

（一）尸检报告及照片应当全面、客观、详细记载尸体检验情况，对被害人身上创口、衣服裂口的大小、形态、伤型及位置逐一详细记录，并逐一附细目照。对被害人留有痕迹的衣物应当提取备检。

（二）在尸检工作中，除进行体表检查外，还应当进行解剖，准确确定死亡原因，并分析推断致伤致死工具，同时对死亡时间进行推断。

（三）对女性尸体进行尸检时，还应逐一采集女性口唇、乳房、阴道等易受侵害部位的拭子及指甲内可能遗留的犯罪嫌疑人、被告人的DNA物质。

（四）对死因不明确的被害人尸体必须提取胃内容物、心血等进行理化检验，对于涉及案情认定的其他专门性问题，应当委托专门机构进行鉴定。

（五）对于可能有多种原因致被害人死亡的，应分别对几种原因进行分析检验。

2.4.2 活体伤情鉴定

对被害人的伤情鉴定应详细描述伤型及位置，分析致伤工具并附伤情照片等。

2.4.3 其他鉴定意见

（一）凶器提取在案的，应鉴定凶器上是否留有犯罪嫌疑人、被告人指纹或者DNA，凶器上是否留有被害人的血迹或者DNA。

（二）犯罪嫌疑人、被告人作案时所穿衣物提取在案的，应对衣物进行多点提取检测，鉴定犯罪嫌疑人、被告人衣物上是否留有被害人血迹或DNA。

（三）在现场提取的血迹、毛发、体液、指纹、掌印、鞋印等应与被害人和犯罪嫌疑人、被告人的相应生物检材、生物特征、物品等作同一认定。

2.5 确认被害人身份的证据

（一）被害人亲属确认死亡被害人身份的证言。

（二）死亡被害人的身份证件或户籍证明。

（三）尸体具备辨认条件的，应组织犯罪嫌疑人、被害人亲属对尸体照片进行辨认，制作辨认笔录并进行DNA鉴定，以确认死者的身份。尸体不具备辨认条件的，应进行DNA鉴定，以确认死者的身份。被害人身份无法确定的，公安机关应当作出书面说明。

（四）无名尸体确认被害人身份的过程应通过证据固定，如相关证人辨认尸体的笔录及证言等。

2.6 指认、辨认笔录

2.6.1 指认现场笔录

犯罪嫌疑人、被告人归案后应指认犯罪现场并制作指认笔录及照片，指认的过程应全程录音录像。

2.6.2 辨认凶器笔录

犯罪嫌疑人、被告人及相关证人对搜集在案的作案凶器，应进行混杂辨认并制作笔录及照片。

2.6.3 辨认相关物品笔录

犯罪嫌疑人、被告人及相关证人对提取在案的有关物证如作案时所穿衣物、被害人遗留物品等，应进行混杂辨认并制作笔录及照片。

2.6.4 被害人、目击证人对犯罪嫌疑人的辨认笔录

有存活被害人或者现场目击证人的，应组织对犯罪嫌疑人、被告人进行混杂辨认并制作笔录及照片。

2.6.5 对同案犯的辨认笔录

共同犯罪案件中，应组织犯罪嫌疑人、被告人对同案犯进行混杂辨认并制作笔录及照片。

2.7 视听资料

公安机关应及时提取固定、规范制作相关视听资料作为证据。

2.7.1 现场监控录像

案发现场的监控录像应及时调取，调取应有调取证据通知书和调取证据清单。未能调取的需作相关说明，提取应保持原样，不得剪辑，具备辨认条件的，应组织犯罪嫌疑人及相关证人、被害人对录像内容进行辨认。

2.7.2 对犯罪嫌疑人、被告人讯问的同步录音录像

对犯罪嫌疑人、被告人的每次讯问，都应当进行同步录音录像，包括有罪供述和无罪辩解，录像前应调试好设备，不得以设备故障为由不进行录音录像。同步录音录像起止时间应与笔录一致。

2.7.3 查找物证的录音录像

犯罪嫌疑人、被告人带领公安机关查找凶器、尸体、尸块或相关物证的，应进行同步录音录像。

2.8 通讯及活动证据

犯罪嫌疑人、被告人供述或者相关证人证言中涉及的通讯及活动情况，应及时调取相关证据进行固定。

2.8.1 通讯证据

犯罪嫌疑人、被告人通讯使用的手机、手机卡及机主信息、通话记录、信息等材料，应及时到通信部门调取并加盖公章。

短信、微信、QQ 聊天记录、电子邮件、书信等，应及时通过拍照、截图、转换等方式予以固定。转换、固定的工作人员应当出具说明对固定的对象加以确定。

2.8.2 活动轨迹证据

对犯罪嫌疑人作案前后活动轨迹进行调查，核实其是否有作案时间并附相关材料。

（一）犯罪嫌疑人住宿的材料。应调取犯罪嫌疑人、被告人所入住宾馆、旅社的入住登记表、监控录像，同时对接待住宿人应进行询问并制作询问笔录，具备辨认条件的应组织接待住宿人对犯罪嫌疑人、被告人进行混杂辨认并制作辨认笔录。

（二）犯罪嫌疑人、被告人乘坐交通工具的材料及交通工具活动轨迹的材料。系乘坐公共交通工具的，应调取相关购票记录、车票、登机牌等。犯罪嫌疑人、被告人自己开车的，应调取车辆的行驶轨迹或者进出相关收费站的记录、监控录像。

2.9 侦查实验

侦查实验是侦查机关在侦查办案过程中，采用模拟和重演的方法，证实在某种条件下案件事实能否发生和怎样发生，以及发生何种结果的一项侦查措施。对于作案时间、作案凶器、作案条件等存在疑问的案件应进行侦查实验，侦查实验应符合法律、法规和相关司法解释的规定。

2.10 被害人陈述及证人证言

公安机关在搜集过程中应全面、细致，详细记录被害人陈述及证人证言反映的关于案发的时

间、地点、起因、犯罪嫌疑人、被告人的体貌特征、案发过程、被害人反抗情况、各共同犯罪行为人在实施犯罪中的具体行为以及犯罪嫌疑人、被告人和被害人的受伤情况等内容。

被害人陈述或关键证人证言发生变化，可能影响对犯罪嫌疑人、被告人的定罪、量刑和法律适用的，询问笔录应当记录其自述的变化原因和新的陈述内容。变化原因和新的陈述内容涉及的事实、证据可能影响定罪、量刑和法律适用的，办案人员应当注意核实和收集。对询问过程同步录音、录像的，应告知被害人和证人。

2.11　犯罪嫌疑人供述和辩解

（一）侦查机关应当全面收集犯罪嫌疑人、被告人的有罪供述和无罪、罪轻的辩解，每次讯问都应当制作讯问笔录，记录应完整反映整个讯问过程，特别是犯罪嫌疑人、被告人如何从不供到供述的经过，均应如实记录。

（二）侦查机关应对案件前因、作案动机、目的、犯罪预谋、策划过程、作案过程、使用凶器、凶器特征及去向、尸体处理情况、有无处理过犯罪现场、毁灭证据、逃离路线、涉案财物的数量、特征、下落以及是否有同案犯、同案犯的犯罪事实、地位作用等与案件事实有关的情况进行详细全面的讯问。

（三）讯问时应问清楚犯罪嫌疑人、被告人与被害人的关系，是否存在邻里纠纷、婚姻家庭矛盾等情况，以查清犯罪嫌疑人、被告人犯罪时的主观心态以及被害人有无过错或对矛盾激化负有责任。

（四）犯罪嫌疑人、被告人供述反复或者作无罪辩解的，讯问笔录应如实记录其翻供、认罪、反复以及辩解等内容。

翻供原因和辩解涉及的事实、证据对犯罪嫌疑人、被告人定罪、量刑或者法律适用可能发生影响的，侦查人员应当进行核实和收集。无法核实、收集的，应当制作工作情况记录说明经过及原因。

2.12　证明犯罪嫌疑人刑事责任能力的证据

2.12.1　年龄证据

公安机关出具的户籍证明材料应当附有犯罪嫌疑人、被告人免冠照片以及同户家庭成员情况，未附照片的，应当收集犯罪嫌疑人、被告人亲属或其他知情人员辨认犯罪嫌疑人、被告人或者其照片的笔录。

犯罪嫌疑人、被告人或其亲属对户籍证明中所载年龄提出异议或无法从当地公安机关获取户籍证明材料的，应当补充提取医院出生证明，个人履历表，入学、入伍、招工等登记表，或者接生人、邻居或亲友等其他知情人员的证言。

对于采取上述调查取证手段仍不能确定犯罪嫌疑人、被告人作案时是否年满14、16、18、75周岁的，应当对犯罪嫌疑人、被告人进行相关鉴定。

2.12.2　其他刑事责任能力证据

（一）犯罪嫌疑人、被告人作案时行为反常或者归案后言行举止失常，曾有精神病史或其近亲属有精神病史，可能患有精神病的，应当进行司法精神病鉴定。

（二）有迹象表明犯罪嫌疑人、被告人存在智力障碍或聋哑、盲人等生理功能缺失情况的，应当调取病历等医学诊断证明或委托医学单位进行鉴定。

（三）对怀孕的女性犯罪嫌疑人、被告人，应当委托县级以上医院进行检查后作出妊娠情况证明。

2.13 情况说明

对凶器未提取在案，痕迹、物证、书证未能鉴定，同案犯在逃及被处理等情况，公安机关应予以说明。

第三章 抢劫、抢夺、盗窃案件证据

3.1 立案证据

立案侦查，应当有相关人员的报案、控告、举报、犯罪嫌疑人投案或者扭送犯罪嫌疑人的材料，或者公安机关及其民警在日常执法执勤中发现的犯罪事实的材料，或者相关部门移送的犯罪线索材料等事实材料证明，或者人民检察院通知立案的材料，或者上级公安机关指定管辖或者书面通知立案的材料。

3.1.1 受案登记表

受案登记表是案件来源的材料，是侦查活动开展的起点。受案登记表制作按《公安机关刑事案卷立卷规范(2014 版)》执行。

3.1.2 报案、控告、举报、投案、发现、移送材料

(一)报案、控告、举报可以用书面形式提出，也可以用口头形式提出。网上报案、控告、举报的，应对网页截图打印附卷，并注明来源。口头或者电话报案、控告、举报的，接受的工作人员应当制作笔录，由报案、控告、举报人签名、捺印；报案、控告、举报可能招致打击报复的，应及时采取保护、保密措施。

(二)犯罪嫌疑人自动投案的，接受的工作人员应当制作笔录，由投案人签名、捺印。

(三)公安机关在履行职务过程中发现犯罪事实的，工作人员应当将相关情况写成书面材料，签名并加盖单位公章；工作人员所写的书面材料，每人一份，不能由几人共同书写。

(四)有关单位在日常工作中发现犯罪事实向公安机关移送相关材料的，应加盖单位公章。

3.1.3 立案决定书

立案决定书的制作按《公安机关刑事案卷立卷规范(2014 版)》执行。

3.2 破案证据

公安机关经过侦查，破获案件的，应当有如何锁定犯罪嫌疑人、犯罪嫌疑人如何归案的相关材料。

3.2.1 锁定犯罪嫌疑人的材料

(一)通过询问被害人、走访案发现场周边群众获得线索锁定犯罪嫌疑人的，应附详细询问经过等材料。

(二)通过现场指纹、生物物证与指纹库、DNA 库比对锁定犯罪嫌疑人的，应当说明何时何地因何事将嫌疑人指纹、DNA 录入指纹库、DNA 库，并附相关材料。

(三)通过被盗抢赃物的去向等线索锁定犯罪嫌疑人的，应附赃物流转过程的材料。

(四)通过被害人被盗抢银行卡、有价证券等的交易情况锁定犯罪嫌疑人的，应附相关金融机构的交易凭证及相关监控录像。

(五)通过警犬嗅源手段锁定犯罪嫌疑人的，应将相关情况写成书面材料，并加盖单位公章，有条件的可以附录像。

3.2.2 抓获经过或到案经过

(一)抓获经过或到案经过，应附如何确定被抓获的人或投案人的真实身份材料。

(二)抓获经过或到案经过应包括到案时间、地点、经过。有多名犯罪嫌疑人的，应包括到案

的顺序，是否有协助抓获其他同案犯的行为等。

（三）抓获经过或到案经过应由二名以上参与抓捕或者接受投案的侦查人员书写、签名，并加盖单位公章，工作人员所写的书面材料，每人一份，不能由几人共同书写。

3.3 勘验、检查、搜查笔录

3.3.1 勘验、检查笔录

对被盗抢现场、赃物藏匿场所、作案工具抛弃隐匿场所现场勘验，应遵循依法、及时、客观、全面的要求。勘验时，应当拍摄现场照片、绘制现场图，制作笔录。对重大案件的现场勘验应当录像。

（一）应记载侦查人员到达现场的时间，现场保护情况，勘验开始的时间和结束的时间，勘验当时的温度、光线等天气情况。

（二）应记载现场方位、现场全貌、中心现场的情况。

（三）应详细记载现场遗留的可疑痕迹和物品。门窗、墙壁、房顶是否被破坏，利用何种工具破坏，存放财物的箱柜、抽屉、保险柜是否完好，是否有翻动的痕迹；是否遗留有指纹、鞋印、血迹、毛发、体液、烟头、纽扣等；是否遗留有刀枪棍棒、绳索、手套、口罩、帽子等物品。

（四）被害人死亡的，应记载尸体在现场的位置、姿势，与其他痕迹、物体的关系。

（五）现场勘验人员、笔录制作人员、制图人员、见证人的签名。

对被害人、犯罪嫌疑人进行人身检查的，应记载检查的过程、情况和结果，应当详细记载损伤种类、受伤程度、致伤凶器、受伤时间，是否提取指纹，采集血样、尿液等。笔录由参加检查的侦查人员、检查人员和见证人签名。

3.3.2 搜查笔录

除紧急情况外，搜查应有搜查证。搜查的情况应制作笔录，详细记载搜查的时间、地点、过程、发现的痕迹、物品等，由侦查人员和被搜查人或者他的家属、邻居或者其他见证人签名。

3.4 痕迹、物品、生物样本等提取笔录和扣押清单

公安机关在勘验、检查、搜查过程中提取痕迹、物品，生物样本的，应有相应的提取笔录，详细记载提取的时间、地点、方式、提取物品的名称、型号、规格、数量、颜色、新旧程度等。依法予以扣押的，应附扣押清单。扣押清单应由侦查人员、持有人和见证人签名或签章。被盗抢财物系手机、车辆等物品时，应详细记载手机串号、手机卡号、车辆车架号或发动机号等重要信息。

3.5 鉴定意见

3.5.1 法医学尸体检验鉴定

被害人死亡的，应对尸体进行检验。尸体检验应包括尸表检查和尸体剖验，进而分析死亡时间、死亡原因、致死手段和方法，推断作案凶器，分析事件性质（自杀还是他杀）等。

3.5.2 法医学人体损伤程度鉴定

被害人受伤的，应进行伤情鉴定。应检查被害人的伤口大小、形状，分析致伤工具，对损伤程度进行评定。

3.5.3 痕迹鉴定

现场提取指纹、鞋印等痕迹的，应与犯罪嫌疑人、被害人的指纹、案发时所穿鞋子等进行分析比对。

3.5.4 生物物证鉴定

在现场提取血迹、毛发、体液、烟头等生物物证的，应当与被害人、犯罪嫌疑人的 DNA 分型进行比对。为进一步确定被害人身份，应提取被害人血样与被害人近亲属的 DNA 分型进行比对。

（一）确保检材来源清楚。送检的检材应当有相应的提取笔录。在提取被害人父母的生物样本时,须查实被害人父母的身份。

(二)确保检材妥善保管。检材提取后,应当以合适的方式予以保管,以防检材受到污染。

(三)确保检材标记正确。送检的检材应正确标记,以防检材间的相互混淆。

3.5.5 价格鉴定

查获被盗抢财物的,应进行价格鉴定。价格鉴定应包括:

(一)委托人、价格鉴定机构的名称和地址;

(二)价格鉴定的目的、内容、范围和基准日;

(三)价格鉴定的依据、方法和过程;

(四)价格鉴定意见;

(五)价格鉴定意见出具日期及价格鉴定人员签名、价格鉴定机构签章。

3.6 指认、辨认笔录

3.6.1 现场指认笔录

犯罪嫌疑人归案的,应当根据犯罪嫌疑人对现场的描述,由其带领公安机关对相关现场进行指认,指认的情况应制作笔录并拍摄照片或录像。指认笔录应详细记载指认的时间、过程、结果。笔录应由指认人、侦查人员、见证人签名或签章。

3.6.2 辨认笔录

(一)作案工具提取在案的,应组织犯罪嫌疑人进行混杂辨认。

(二)被盗抢赃物查获在案的,应组织被害人或其家属、犯罪嫌疑人进行混杂辨认。

(三)被害人尸体及现场物品具备辨认条件的,应组织被害人家属、犯罪嫌疑人进行辨认。

(四)存活被害人、目击证人,有条件的应对犯罪嫌疑人进行混杂辨认。

(五)共同犯罪案件同案人之间,有条件的,应相互混杂辨认。

(六)有销赃行为的,有条件的应组织销赃人员、收赃人员对犯罪嫌疑人进行混杂辨认。

3.7 视听资料、电子数据

(一)案发现场周围有监控录像可能拍下犯罪准备过程、案发经过、逃跑路线等情况的,应调取监控录像,以确认犯罪事实。

(二)犯罪嫌疑人持所盗抢的银行卡取款的,应到相应金融机构调取该银行卡的交易记录,加盖该金融机构的公章,并调取取款的监控录像。

(三)犯罪嫌疑人使用所盗抢的手机的,应到通信部门调取该手机的通话记录,基站信息等材料,并加盖该通信部门公章。

3.8 证人证言、被害人陈述

对证人、被害人的询问笔录应包括:

(一)询问的具体起止时间、地点、询问人员。

(二)证人、被害人的身份及与犯罪嫌疑人的关系。

(三)盗抢案件发生的时间、地点、是否目击犯罪嫌疑人作案的过程、犯罪嫌疑人的人数、年龄、体型、衣着、口音等特征,被害人受伤害的情形、是否进行抵抗,在犯罪嫌疑人身上或衣服上是否可能留下痕迹,被盗抢财物的名称、数量、特征、原始价值凭据等。

(四)应询问销赃、收赃人员关于被盗抢财物的流转情况。

(五)证人、被害人核对笔录后应签名、捺印,侦查人员应当签名。

3.9 犯罪嫌疑人、被告人供述和辩解

对犯罪嫌疑人、被告人的讯问笔录应包括:

（一）实施盗抢犯罪的动机，是否有预谋。

（二）实施盗抢犯罪的过程，是否使用暴力、威胁或其他手段，是否使用作案工具及去向，被害人是否有反抗，是否伤害被害人，有无逼问银行卡密码等情节。

（三）实施多起盗抢犯罪的，每一起犯罪的具体时间、地点、手段、被害人的特征及所盗抢财物的名称、数量、特征等。

（四）所盗抢财物的使用、去向情况。

（五）犯罪嫌疑人、被告人核对笔录后，应签名、捺印，侦查人员应当签名。

对于可能判处无期徒刑、死刑的案件或者其他重大案件，应当同步录音录像。

3.10　犯罪嫌疑人刑事责任能力和前科情况

（一）认定犯罪嫌疑人的年龄，应向犯罪嫌疑人所在地派出所调取其户籍证明等材料，并加盖该派出所公章。户籍登记年龄确实有误的，应调取出生证明、计划生育材料、入学材料，调取接生人员的证言、走访邻居等，核实其真实年龄。

（二）犯罪嫌疑人有明显精神异常的，应走访其家属、邻居，必要时应作精神病法医学鉴定。

（三）犯罪嫌疑人有前科的，应调取裁判文书、释放证明等材料。

3.11　其他程序性材料

主要是立案管辖及办理案件期限的相关材料。

3.12　情况说明

主要是办案机关针对在证据收集、固定、辨认、鉴定等过程中出现的瑕疵予以说明等。

第四章　毒品案件证据

4.1　立案的证据

对毒品案件立案侦查，应当有相关人员报案、控告、举报的材料，或者犯罪嫌疑人投案的材料，或者公安机关在履行职务过程中发现涉毒犯罪的材料，或者相关部门移送的涉毒犯罪材料等证据材料证明。

4.1.1　报案、控告、举报或者投案材料

（一）报案、控告、举报可以用书面或者口头提出。口头报案、控告、举报的，接受的工作人员应当制作笔录，经宣读无误后，由报案人、控告人、举报人签名或者盖章。

（二）网上报案、控告、举报的，应对网页截图打印附卷，并注明来源。

（三）电话报案、控告、举报的，接受的工作人员应当制作笔录，载明报案人的基本情况、报案电话等信息。

（四）犯罪嫌疑人自动投案的，接受的工作人员应当制作笔录，由投案人签名、捺印。

（五）报案、控告、举报可能招致打击报复的，相关单位应履行保密义务，并对相关材料作技术处理。

4.1.2　公安机关在履行职务中发现涉毒犯罪的材料

公安机关在日常巡逻、例行检查等履行职务过程中发现涉毒犯罪的，工作人员应当将相关情况写成书面材料，签名并加盖单位公章。工作人员所写的书面材料，每人一份，不能共同书写。

4.1.3　相关部门移送的涉毒犯罪材料

（一）有关单位在日常工作中发现涉毒犯罪向公安机关移送的材料，应加盖单位公章。

（二）公安机关顺线侦查的，应制作相关线索来源说明材料。

（三）上级公安机关指定管辖的，应将相关函件及线索材料附卷。

4.1.4 特情提供的材料

通过特情提供涉毒犯罪情报的，应当将相关情况写成书面材料，并应加盖单位公章。如材料涉密应标注密级，另行制作保密卷移送。

4.1.5 报案人证言

公安机关可以根据案件情况，向报案人了解、核实与案件相关的情况，制作调查笔录，由报案人签名或者盖章。

4.1.6 受案登记表、立案决定书

受案登记表由表头、腹栏、尾栏组成。表头填写内容包括报案人基本情况、报案方式、发案时间、发案地点、犯罪嫌疑人基本情况等。腹栏填写内容包括报案情况、简要案情、犯罪行为造成的损害结果等。尾栏填写内容包括领导的意见、处理结果等。

立案决定书是公安机关发现犯罪事实或者犯罪嫌疑人，决定立案侦查时制作使用的格式化法律文书，应按要求填写。

4.2 案件侦破的证据

公安机关通过特情介入、案件经营、技术侦查等措施，查明犯罪事实，抓获犯罪嫌疑人，应当有锁定并抓获犯罪嫌疑人的材料、破案报告等相关证据证明。

4.2.1 锁定犯罪嫌疑人的材料

（一）公安机关通过技术侦查措施锁定犯罪嫌疑人的，应当进行证据转换；不能转换的，应当将相关情况写成书面材料附卷或制作保密卷随案移送。

（二）使用警犬嗅源手段侦查确定犯罪嫌疑人、起获毒品等相关物品的，应进行动态录像并附相关文字说明；没有录像的，应将相关情况写成书面材料，并应加盖单位公章。

4.2.2 侦查人员出具的抓获经过或者证言

（一）侦查人员应当分别将抓获犯罪嫌疑人的具体情况写成书面材料，签字并应加盖单位公章。

（二）侦查人员应当写明犯罪嫌疑人有无自首、立功、提供同案人相关信息或者协助抓获同案人的情况。

4.2.3 破案报告

（一）破案报告应当写明案件线索来源；有无特情参与、是否利用技侦手段、警犬嗅源破案等侦查措施情况和开展的侦查活动情况；犯罪嫌疑人归案的方式、时间、地点；查获毒品的时间、地点、数量；根据犯罪嫌疑人的供述获取的证据情况和抓获其他犯罪嫌疑人的情况；共同犯罪的犯罪嫌疑人归案的先后顺序及到案后的供述情况等。写清楚该案是侦查机关通过特情、技术侦查等方式侦破的，还是通过日常巡逻、例行检查等方式破获的。

（二）破案报告内容如不能公开，应标注密级，另行制作保密卷移送。

4.3 现场勘查、检查、搜查、辨认的证据

4.3.1 现场勘验、检查笔录

（一）对犯罪现场、相关场所、物品、人身进行勘验或者检查，应当依法、及时、全面、客观、详细地制作现场勘验、检查笔录。

（二）现场勘验、检查笔录应当详细记载提起勘验、检查的事由，勘验、检查的起止时间、地点，在场人员、现场方位、周围环境等，现场毒品的位置、颜色、规格等具体特征，以及勘验、检查、搜查的过程。

（三）笔录应当由犯罪嫌疑人、见证人和侦查人员签字确认。

4.3.2 现场照片、录像、制图

勘查毒品犯罪现场、查扣毒品、搜查、提取物证、书证、痕迹等侦查活动,应当同步录像、拍照,制作现场示意图。

4.3.3 提取物证、书证、痕迹等笔录及扣押物品清单

(一)查扣毒品、毒资、贩运工具,提取相关物证、书证、痕迹等,应当制作提取笔录,由犯罪嫌疑人或物品持有人、见证人和侦查人员签字确认。

(二)查扣毒品、提取相关物证、书证等,应当制作扣押物品清单,详细记录查扣物品的名称、编号、规格、数量、质量、特征及来源,由侦查人员、见证人和持有人签名或盖章,一份交给持有人,一份交侦查机关保管人员,一份附卷备查。对于无法确定持有人或者持有人拒绝签名的,侦查人员应当在清单中注明。

(三)人货分离的毒品犯罪,应当收集、提取毒品包装物及相关物品上的指纹、生物检材或者与犯罪嫌疑人相关联的物证、书证等。

4.3.4 辨认笔录

(一)侦查机关应当让犯罪嫌疑人、证人对涉案毒品、作案工具、作案现场、同案犯罪嫌疑人、毒品上下家等进行辨认。

(二)辨认应当在侦查人员的主持下进行,主持辨认的侦查人员不得少于二人。几名辨认人对同一辨认对象进行辨认时,应当由辨认人个别进行。组织辨认前,侦查人员应当向辨认人详细询问辨认对象的具体特征。辨认时,应当将辨认对象混杂在特征相类似的其他对象中,辨认对象不能有明显区别于其他对象的特征,侦查人员不得给辨认人暗示、诱导或者明显有指认嫌疑。

(三)对人进行辨认,被辨认的人数不得少于七人;对人的照片进行辨认,照片不得少于十张;对物品进行辨认,类似物品不得少于五件。

(四)对辨认经过和结果,应当制作辨认笔录,由侦查人员、辨认人、见证人签名。必要时,应当对辨认过程进行录音或者录像。

4.4 毒品称量、上缴、保管的证据

4.4.1 毒品称量记录及照片

(一)查扣毒品时应当在持有人在场的情况下当面对毒品称量。毒品有多包的,应当逐一称量。毒品连同包装物一起称量的,应当另行净量称量。毒品称量,应当记入笔录,告知持有人,由持有人、侦查人员签字确认。

(二)查扣毒品时确实不具备称量条件的,应当场封存、拍照,并记入笔录,在具备条件时应当立即称量。

(三)对毒品称量,应当拍照或者录像附卷。

(四)毒品称量后应当场封存。

(五)称量时,操作人员应按照有关规范佩戴手套、口罩、头套等防护工具,防止生物物证污染。

4.4.2 毒品上缴、保管的材料

(一)对查扣的毒品应当按规定即时上缴,接收部门应当出具收据,收据应当详细记录上缴毒品的名称、编号、规格、数量、质量、特征及来源;移交人、接收人应当在收据上签名或者盖章。

(二)接收部门对上缴的毒品应当专案封存,妥善保管,在人民法院终审判决前(死刑案件为最高法院复核终结前)不得销毁。

4.5 毒品鉴定的证据

对查扣的毒品应当按规定充分取样进行毒品成分鉴定。

对可能判处死刑的毒品案件,或者涉案毒品可能大量掺假,或者成分复杂的新类型毒品,应当作出含量鉴定。对于含有二种以上毒品成分的混合型毒品,应当进一步作成分鉴定,确定所含的毒品成分及比例。

4.5.1 检材移送的材料

(一)侦查机关应当及时向鉴定人送交毒品疑似物检材对比样本等原始材料,介绍与鉴定有关的情况,明确提出鉴定要求,不得暗示或者强迫鉴定人作出某种鉴定意见。

(二)移送检材应由二名以上侦查人员进行。

4.5.2 毒品鉴定意见

(一)毒品的鉴定应当指定具有鉴定资格的二人以上进行,参与鉴定的人员应当在鉴定意见上签名。

(二)检材提取应符合相关专业要求。对从不同持有人处扣押的毒品疑似物或者多件包装的毒品疑似物少于10件的,应当分别提取鉴定,每包取样0.2—1克。对不同批次、不同包装或者包装内毒品经目测明显不同的,应当逐件抽样鉴定,每包取样0.2—1克。对同一批次的多件包装毒品疑似物为10—100件的,按照公安部规定的抽样方法,随机对其中10件内的样品,每包取样0.2—1克鉴定;对同一批次的多件包装毒品疑似物多于100件的,按照公安部规定的抽样方法,随机选取的样品为总样品数开平方所得的整数,每包取样0.2—1克鉴定。

(三)毒品成分应当按照《刑法》规定及其化学名称规范表述。

(四)鉴定机构和鉴定人应当将资质复印件加盖公章后附卷。

4.5.3 鉴定意见告知犯罪嫌疑人的材料

鉴定意见应当及时书面告知犯罪嫌疑人及其法定代理人,由犯罪嫌疑人及其法定代理人在回执上签名或盖章。

4.6 犯罪嫌疑人活动轨迹的证据

4.6.1 乘坐交通工具的材料

对证明犯罪嫌疑人行踪的车票、船票、机票、租车合同等运输凭证,应当扣押、提取、拍照附卷。

4.6.2 作案交通工具活动轨迹的材料

对证明犯罪嫌疑人行踪的汽车GPS行车记录、交通卡口记录、道路交费票据、加油票据等证据材料,应当扣押、提取、拍照附卷。

4.6.3 通讯工具活动轨迹的材料

犯罪嫌疑人使用移动电话机、固定电话机、计算机等电子设备进行通讯的,应当对移动电话机通话基站,固定电话机、计算机等电子终端设备的使用情况等材料进行收集。

4.6.4 犯罪嫌疑人登记住宿、过路通行的材料

对证明犯罪嫌疑人行踪的住宿登记、食宿发票、通行检查登记等证据材料,应当提取附卷。

4.6.5 犯罪嫌疑人存取汇款的证据材料

对证明犯罪嫌疑人行踪的银行(ATM机)存、汇、取款和POS机刷卡情况等证据材料,应当提取附卷。

4.6.6 犯罪嫌疑人活动的录像

对证明犯罪嫌疑人行踪的在酒店、银行、公路等场所的监控录像,应当提取附卷。

4.7　涉案通讯的证据

4.7.1　犯罪嫌疑人使用的通讯工具

对犯罪嫌疑人使用的手机、卫星电话、对讲机等移动通讯设备,侦查机关应当进行扣押,提取手机的型号、电子串号,并拍照附卷。

4.7.2　犯罪嫌疑人使用的手机卡及机主信息的材料

(一)对查扣的犯罪嫌疑人的手机,应当收集、提取使用的手机卡,并拍照附卷。

(二)应当收集犯罪嫌疑人使用的手机号码,并调取手机号码机主信息附卷。手机号码机主信息材料,应加盖出具单位的公章。

4.7.3　涉案的通话记录、短信、微信、QQ聊天记录、电子邮件、书信等

(一)对查扣的犯罪嫌疑人的手机,应当收集、提取手机的电子数据(通话记录、短信、图片、微信、QQ聊天记录、电子邮件等)等信息。

(二)对使用计算机等电子终端设备进行通讯的,应当收集、提取通讯的电子数据(短信、图片、QQ聊天记录、电子邮件等)等信息。

(三)收集通讯电子设备保存的有关毒品案件的信息资料,应当制作说明,载明制作人、持有人,制作或提取的时间、地点,是否为原件,原件的所在地,复制的份数等。

4.7.4　采取技术侦查措施获取的涉案通讯材料

4.8　毒资的证据

4.8.1　查获的现金或银行卡(折)

(一)对查扣的涉案现金,应当登记并写明编号、种类、面值、张数、金额等,拍照附卷,存入银行专门账户。

(二)对查扣的涉案银行卡(折),应当拍照附卷,查询银行卡(折)的户名、存款等情况,依法进行冻结。

(三)对作为证据使用的货币、银行卡(折),应当随案移送。

4.8.2　银行支付凭证

犯罪嫌疑人通过银行支付毒品犯罪资金的,应当收集汇款单、取款单等银行支付凭证附卷。

4.8.3　银行账户交易明细单

犯罪嫌疑人通过银行支付毒资的,应当收集银行账户交易明细单附卷,并查明相关交易账户的户名、存款等情况,依法进行冻结。

4.8.4　其他交易凭证

犯罪嫌疑人采用支付宝、以物易物、等价交换或赊欠等方式进行交易的,应当收集交易的相关凭据附卷。

4.9　毒品运输的证据

4.9.1　证明运输工具的材料

犯罪嫌疑人采用汽车等交通工具运输毒品的,应当对运输工具拍照附卷,写明运输工具的名称、型号、规格、数量、特征和来源等。

4.9.2　证明毒品运输的托运单、货单、仓单、邮寄单等材料

犯罪嫌疑人采用托运、邮寄等方法运输毒品的,应当提取托运单、货单、仓单、邮寄单等材料附卷。

4.10 涉案物品的证据

4.10.1 提取笔录、照片及扣押清单

（一）查扣涉案物品，应当制作提取、扣押笔录，拍照，制作清单，登记并写明物品名称、型号、规格、数量、重量、质量、特征和来源等，附卷备查。

（二）查封不动产、车辆、船舶、航空器等财物，应当扣押其权利证书，拍照或者录像，登记并写明财物的名称、型号、权属、地址等详细情况，并通知有关财物的登记、管理部门办理查封登记手续。

（三）扣押货币、有价证券，应当登记并写明货币、有价证券的名称、数额、面额等，货币应当存入银行专门账户，并登记银行存款凭证的名称、内容。扣押文物、金银、珠宝、名贵字画等贵重物品以及违禁品，应当拍照，需要鉴定的，应当及时鉴定；对扣押的物品应当根据有关规定及时估价。

（四）冻结存款、汇款、债券、股票、基金份额等财产，应当登记并写明编号、种类、面值、张数、金额等。

4.10.2 物品保管、处理、移送的材料

（一）对查封、扣押、冻结的涉案财物及其孳息，应当妥善保管，并将保管的相关材料附卷。

（二）对依法及时处理的涉案物品，应当将物品照片、清单和处理手续附卷。

（三）对随案移送的物品，应当随案移送查封、扣押清单，并附原物照片和查扣手续等。

4.10.3 物品权属的材料

对查封、扣押、冻结的涉案财物及其孳息，应当有其权属情况材料附卷。

4.11 相关鉴定的证据（适用鉴定一般规定内容）

（一）毒品包装物或者相关物品上的指纹等痕迹鉴定意见。

（二）毒品包装物或者相关物品上的皮屑、毛发等的生物物证鉴定意见。

（三）声纹、影像鉴定意见。

（四）文件、电子物证鉴定意见。

（五）犯罪嫌疑人是否吸食毒品的检验报告。

对涉毒的犯罪嫌疑人被抓捕后，应当立即检验是否吸食毒品。检验报告应当书面告知犯罪嫌疑人，由犯罪嫌疑人在回执上签名或盖章。

4.12 证人证言

（一）证人证言的收集应当符合法律、法规及相关司法解释的规定。

（二）证人证言的收集应当及时、全面，关键证人的证言发生变化，有可能影响对犯罪嫌疑人定罪、量刑的，应当注意核实变化涉及的事实和收集相关证据。

4.13 犯罪嫌疑人供述和辩解

（一）讯问笔录应当完整记录犯罪嫌疑人供述的犯罪时间、地点、上下家联系经过、用于联系的通讯工具号码、乘坐的交通工具、住宿地点、毒品数量、毒品特征、毒品来源、资金渠道等。

（二）对于共同犯罪的案件，应当讯问并记录犯罪嫌疑人与其他同案犯的联系情况、各自在共同犯罪中所处的地位和作用情况以及毒品交易时间、地点和价格等。

（三）讯问笔录均应当附卷，并与提讯证的记载一致；不一致的，侦查机关应当书面说明原因并附卷。

（四）可能判处无期徒刑、死刑的毒品案件，讯问犯罪嫌疑人应当全程同步录音录像。

4.14 犯罪嫌疑人、被告人自首、立功的相关材料

犯罪嫌疑人、被告人检举上线或下线，通过电话及网聊联系、辨认或者指认等协助抓获其他

犯罪嫌疑人的,应制作情况说明附卷。

4.15　犯罪嫌疑人、被告人身份、刑事责任能力及前科材料

犯罪嫌疑人、被告人曾因涉毒被判刑或劳教的,亦应收集相关材料附卷。

4.16　同案犯罪嫌疑人、被告人被处理的材料

4.17　相关情况说明材料

(一)痕迹、物证、书证未能鉴定的情况说明。

(二)同案犯在逃的情况说明。

(三)证人保护的情况说明。

对于证人申请保护或侦查机关认为有必要为证人提供保护的,侦查机关应当将相关情况单独提供说明,归入保密卷。

4.18　技术侦查的材料

(一)采取技术侦查措施收集的材料作为证据使用的,应当将批准采取技术侦查措施决定书附卷。

(二)采用技术侦查措施所收集的证据材料,应当转化为其他合法形式;无法转化的,侦查机关应当出具不能转化的情况说明,并就秘密侦查、技术侦查获得的原始证据材料等情况独立成卷,供检察机关、审判机关在需要时查阅。

(三)对于通过秘密侦查、技术侦查手段侦破案件或者通过秘密力量参与侦破毒品案件的,侦查机关应当将相关情况单独提供说明,另行制作保密卷移送。

4.19　程序性的证据材料

(一)管辖权确定、指定的材料。

(二)采取、变更强制措施的材料。

(三)延限审批的材料。

(四)并案、分案、补侦等材料。

错案防范与司法问责刍议*

□胡云腾

错案是公正司法的伤疤，它的存在与司法的历史一样悠久，或许还与“法”的变形有点关系。我国古代的“灋”字并非是指成文的法律，而是古人把公正司法铸入“灋”这个象形文字中。其中“氵”代表司法的公道公平，“廌”代表法官的刚正不阿，“去”代表没有道理的当事人就让他走人。因此可以说，法最初起源于司法活动而不是条文。但是，后来为什么“廌”没有了呢，据笔者推测，极有可能是这位廌兄办错了案子，人们让它也滚蛋了。

笔者上述的推测虽然近于戏说，但可以肯定的是，对错案的追究问责从司法的神明裁判转为官吏裁判以后即应运而生。在我国历史和法律典籍中，就有许多关于错案追究问责的规定和记载，且由于长期实行罪刑擅断和司法专横制度，对错案的追究往往也非常严厉甚至实行株连。我国古代就有司法官员错把别人的儿子杀了以后，主动把自己的儿子杀掉抵命从而被传为公正司法榜样的实例，清末发生的杨乃武与小白菜冤案，受到株连的官吏更达数百人。从一定意义上讲，严厉的错案或冤狱追责制度，是封建司法专横专断的重要组成部分。

进入资产阶级民主法治时代以后，随着司法独立原则的确立和以陪审制为标志的司法民主制度的实行，以及刑事诉讼法等法律规定的司法正当程序的实施，司法权力由专横变为专门，由专断变为分散，定罪量刑机制则由简单转向复杂，参与司法活动的主体也由极少数人转变为一大群人，加之人们感到法官也是人，也可能犯错误。所以，错案追究和司法问责也变得理性而谨慎。在这种指导思想下，出现了错案并不必然与问责挂钩、纠正错案与惩罚司法官员分别进行的制度。这种制度运行到当下，许多国家的司法中不仅产生了错案纠正难，而且产生了司法问责更难的尴尬现象，这也许是资产阶级司法制度的设计者们始料不及的。

新中国成立以后，由于很长一段时期没有建立规范的司法制度，加之多次政治运动特别是“文化大革命”的干扰与破坏，形成了冤假错案虽然频频发生，但是纠正冤假错案和司法问责却无从谈起的奇怪现象。直到党的十一届三中全会以后，才纠正了大批冤假错案并对少数人进行了处罚，但错案追究和司法问责并未形成制度。1979 年我国第一部刑法颁布，这部法律规定了渎职罪和刑讯逼供罪等犯罪，这才在国家法律中正式确立了与刑事审判工作有关的错案追究和司法问责制度。

进入 20 世纪 80、90 年代，随着民事诉讼法、行政诉讼法的相继颁行，司法审判进入刑事诉讼、民事诉讼和行政诉讼三驾马车时代，刑事错案、民事错案和行政错案也伴随发生，错案追究和司法问责进入新的时代。为解决这些问题，一些中基层法院积极探索，陆续出台了错案追究和司法问责规定。1998 年，最高人民法院也出台了关于追究法官违法违纪审判责任的规定。从法院的角度看，错案追究和司法问责制度进入明确化和规范化时期。

正如其他国家一些司法原则和制度的确立往往与个案相伴而生一样，我国的错案追究与司

---

* 本文首发于《中国法律评论》2014 年第二期。

法问责制度的发展完善,也与一些错案的暴露密切相关。新旧世纪之交发现的云南杜培武案和湖北佘祥林案,继而发现的河南赵作海案,特别是2013年纠正的浙江张氏叔侄案和安徽于英生案等,不仅引发了全社会对错案追究和司法问责机制的高度关注,也引起了中央政法部门的高度重视。2013年,中央政法委出台了关于切实防止冤假错案的规定,最高人民法院、最高人民检察院和公安部也相继发布了贯彻落实中政委文件、防范和追究冤假错案相关责任人法律责任的规范性文件。此外,最高人民法院还出台了《关于切实践行司法为民大力加强公正司法不断提高司法公信力的意见》。这些文件鉴于错案发生的复杂原因和错案对公正司法及公民权利危害的严重性,指出了从制度上预防错案的极端重要性,明确了法官、检察官、人民警察在职责范围内对办案质量终身负责的新要求,以及防范错案必须坚持依法履职严格司法,必须重视落实诉讼程序和证据裁判原则,必须把司法权力关进制度的笼子里等基本要求。不仅体现了我国错案追究和司法问责制度取得里程碑式的进步,而且在世界各国的相关做法中也独具特色。笔者坚信,这些规定对于避免和减少错案,有效解决错案追究难和司法追责难,都具有十分重要的意义。

如何具体贯彻落实上述有关错案防范、纠正和责任追究的规定,笔者不揣浅陋,提出以下个人看法,仅供参考讨论。

一要深刻认识错案的严重危害性。我们必须清醒地认识到,冤假错案是对社会公平正义的极大伤害,是司法工作的致命伤,是危害司法公信和司法权威的灾星。必须认识到,冤假错案不仅冤枉了无辜的好人,而且放纵了真正的坏人,是错上加错。改革开放以来,虽然暴露出来的冤假错案为数不多,且多为特定时期的陈年旧案,但它们的危害和连锁反应却不容低估。正如人们指出的,它们严重动摇人民群众对司法的信任,严重侵犯当事人的人权,严重伤害司法的公正、公信和权威,严重败坏人民司法的形象,严重干扰法律的正确实施,严重遮蔽了我国司法执法办案绝大多数情况是正确公正的事实。因此,必须旗帜鲜明地把防范冤假错案置于更为重要的位置,坚持预防为先、惩防并举,既要依法及时纠正错案,也要依法依规及时问责,从思想上不断提高防范冤假错案重要性的认识。

二要建立科学公正的错案评价体系,明确错案的认定标准。有司法活动就有可能有错案,有办好案的人就可能有办错案的人,人非圣贤,孰能无过?发生了错案,也是司法规律使然,不容回避。从实践中看,司法活动的不同环节、不同的司法人员以及基于不同的主客观原因,都会发生不同的错案。因此,我们要根据诉讼活动的特点,构建科学的错案评价体系和评价标准。在刑事诉讼中,从错案产生的阶段来划分,可分为侦查阶段错案、起诉阶段错案和审判阶段错案。从三大诉讼活动看,错案可分为刑事错案、民事错案、行政错案和执行错案等,其中刑事错案危害性最大,往往决定或影响当事人生命、健康、自由,而且一旦发生,难以挽救,所以更受社会关注。就刑事错案而言,认定事实不清或适用法律不当,导致罪与非罪认定错误的,混淆罪名的,漏判或多判罪名的,判处刑罚畸轻畸重的等,都属于错案。就民事案件而言,因审判人员不负责任,错列、漏列必须参加诉讼当事人导致错误裁判的,认定事实不清或适用法律不当导致错误裁判的,原判对第三人或案外人的合法权益造成损害的,超越诉讼请求作出裁判引发不良社会影响的,未对诉讼请求作出裁判且不能另诉解决或无法通过其他途径补救、经调解当事人不能达成协议的,原审调解严重违反自愿原则或调解协议内容违反法律法规效力性、强制性规定,严重损害国家、集体或者其他人的合法权益的等,都属于错案。对于行政案件,遗漏必须参加诉讼的第三人以及对与原判有关的诉讼请求未予裁判又无法通过其他途径补救,导致当事人的合法权益受到实际损害的,认定事实不清或适用法律法规错误,导致对被诉行政行为合法性的认定或判断错误的,以及判决方式发生实质性错误且对当事人的合法权益造成实际损害的等,都属于错案。

就审判阶段的错案而言,从错误的内容划分,可分为实体性错案与程序性错案,实体性错案就是指案件在法律实体上出了错误,如刑事案件的被告人无罪被判为有罪、此罪被判为彼罪、轻罪重判或重罪轻判等。程序性错案是指在刑事诉讼过程中,违反刑事诉讼法规定,侵犯当事人的诉讼权利,如该立案的没有立案,不该逮捕的被逮捕,不该起诉的被起诉,违法对财产采取强制措施等。无论是实体性错案还是程序性错案都可能给当事人造成生命、自由、财产的损害,伤害群众对司法的信赖,都要高度重视坚决避免。当然,实体性错案的危害一般比程序性危害更大,这种划分对分清错案的原因和进一步问责,具有重要意义。

从错案产生的原因来划分,还可分为主观性错案和客观性错案。主观性错案是指在案件处理过程中,基于司法人员的主观故意或者过失,违反实体法或程序法的规定,导致当事人权利受到严重侵犯的案件。客观性错案是指在诉讼过程中,司法人员没有故意或者过失,而是因为法律规定的模糊或缺失,证据本身的灭失,技术手段落后或者刑事鉴定技术的低下,没有足够的证据或者没有做出正确的鉴定结论等原因而产生的错案。对主观性错案要追究相关人员的法律责任,对客观性错案一般不能追究相关人员的法律责任。当然,就人民法院而言,对于客观性原因导致的错案,也不能一推了之,也要认真总结经验教训,不断完善相关制度机制,在今后的审判工作中尽量避免。

由刑事证明标准的层次性所决定,错案的标准还可以相应划分为:错案纠正标准、国家赔偿标准、错案追究标准三个层次。从坚持实事求是、有错必纠原则出发,凡是有错误的案件都应当纠正,无论是实体错误,还是程序错误。从当事人权利保护的角度,只要是错案给当事人造成了损害,符合国家赔偿的标准,就应当启动国家赔偿程序予以赔偿。从权责统一角度看,对于故意或过失违法审判造成错案的,必须追究相关审判人员的责任,包括刑事责任、行政纪律责任等。

三要健全和完善错案的发现、分析和问责的机制和程序。基于错案也是对司法个案的一种评判,同时考虑到我国司法主体的多元性,因而应当根据实际情况建立相应的司法错案的发现机制和发现责任。从刑事诉讼看,无论是哪个机关、哪个环节,都有发现并纠正司法错案的责任。从法院来看,立案、分案、审案、核案、签案和执行等各个环节,都有发现错案的义务和责任,尤其要重视申诉程序、审判监督程序和再审程序等环节对于发现错案的重要作用。因为这些程序既有可能及时主动发现错案,也能够在日常的工作活动中发现错案。为了保障相关程序有效发挥错案发现的重要作用,还有必要进一步完善我国现行的申诉制度、审批监督制度、再审制度,从而既为当事人提供一个畅通的救济途径,也为错案的发现和认定提供有效手段。

错案责任的承担应坚持"谁出错、谁负责"的原则,保障责任落实到人。属于侦查阶段的,由侦查人员承担相应的责任,属于公诉阶段的,由公诉人员承担相应的责任;属于故意造成的,有关人员要承担故意制造错案的责任,属于过失造成的,有关人员承担过失错案的责任。司法人员既无故意亦无过失的,不承担责任。由于错案的造成往往多因一果,因此还有错案共同责任的认定问题:属于共同故意或多个过失共同造成错案的,涉案人员应当共同承担责任并分清责任大小。此外,错案还有事实认定错案与法律适用错案之分,也要区分不同情形承担相应责任等。就法院而言,独任制审判错案的责任,应当由独任审判员一人对审判阶段的错误负全部责任,如果独任审判员意见正确,案件经审判委员会讨论后改变了审判员的正确意见,导致错案发生的,独任审判员只对没有改变的案件事实和法律适用负责,审判委员会成员要对其改变的事实认定和法律适用负责。关于合议庭错案责任的认定,情形相对复杂。简单地讲,合议庭独立裁判造成的错案,由合议庭成员共同承担责任,但审判长或主审法官应负较大的责任,合议庭成员中表示不同意见的不负责任;关于审判委员会讨论决定的案件造成错案的责任划分,应当区别情形处理:审判委员会讨论后改变合议庭的事实认定和法律适用意见造成的错案,由参加讨论的审判委员会委员共同负责任,主持人负主要责任,持不同意见的免负责任,合议庭不负责任;审判委员会讨论后维持合议庭的事实认定和法律适用意见造成的错案,由合议庭和参加讨论的审判委员会委员共同负责,但合议庭对事实认定负主要责任,审判委员会对法律适用负主要责任,持不同意见的免负责任;如果合议庭对基本事实未查清,承办人对必要证据不汇报,从而导致审判委员会作出错误裁决的,合议庭和案件承办人应当负主要责任,与会失察的审判委员会委员负次要责任。

此外,法院阶段的刑事错案问责,还有一审、二审、再审错案责任的认定与划分问题。其中,一审造成的事实认定和法律适用错案,往往与审判阶段以前的诉讼程序密切相关,如果系由其他司法人员、当事人和有关诉讼参与人的故意或过失行为造成的事实认定错误,审判人员要负审判把关不严的主要责任,有关人员应当根据其行为与错案的因果关系强弱程度承担相应的责任;如果二审审判把关不严造成一错再错的,由原审法院和二审法院共同负责,但二审法院负主要责任;对于一审审判正确二审法院改判造成错案的,应当由二审法院有关人员负全部责任;对于再审造成的错案,由再审的有关人员负责;对于上级法院指令或批复下级法院重新审判造成的错案,由负责指令或批复再审的上级法院承担责任。需要说明的是,实践中发生的错案形形色色,如何确定责任还需深入研究和细化,这里探讨的只是一些倾向性的思路,并不能作为实际操作应用的具体标准。

四要建立健全防范错案的工作机制。对于如何防范冤假错案,最高人民法院领导曾经做过论述和强调,既要充分认识冤假错案的严重危害性,又要充分认识冤假错案发生的现实可能性,必须依靠法律程序防范冤假错案,必须充分发挥辩护律师在防范冤假错案上的重要作用,必须充分借用科技的力量防范冤假错案,必须依靠社会有关方面支持共同防范冤假错案,以及必须紧紧依靠党的领导切实做好防范冤假错案的工作等。

建立健全防范刑事冤假错案的工作机制和相关制度,必须从以下几个方面着手。首先,必须树立信守审判工作原则,始终坚持刑事诉讼基本原则、尊重和保障人权原则、依法独立行使审判权原则、程序公正原则、审判公开原则以及证据裁判原则等。其次,必须严格执行程序证据规定,始终坚持用证据说话,按程序办事,及时堵塞程序漏洞,完善证据审查机制。证据未经当庭出示、辨认、质证等法庭调查程序查证属实,不得作为定案的根据。依法应当出庭作证的证人没有正当理由拒绝出庭或者出庭后拒绝作证,其庭前证言真实性无法确认的,不得作为定案的根据。对于定罪证据不足的案件,应当坚持疑证不用和疑罪从无原则,依法宣告被告人无罪,不得降格作出"留有余地"的判决。再次,必须认真履行案件审查把关职责,完善审判管理和办案责任制。第一审法院要发挥优势,切实履行查明案件事实真相的法定职责,不为错案留下任何客观隐患,独任审判员特别是合议庭成员,要共同对案件事实真相负责,承办法官要作为办案质量第一责任人,院、庭长要依法履行审核把关职责,不能当"签字先生",共同确保一审裁判认定的法律真实符合客观真实。第二审人民法院要切实履行纠错把关职能,坚持做到对事实不清、证据不足的裁判,坚决发回第一审人民法院重新审判,不得不负责任地放过一审法院的问题判决。最后,要建立健全监督制约机制。重视与其他诉讼活动的相互配合和相互制约,发现其他机关办案隐患的,要及时向有关机关提出司法建议,提醒其改进工作、完善制度。要严格依照法定程序和职责办理案件,审判人员不得参与公安机关、人民检察院联合办案;要发挥提讯的作用,认真听取被告人的辩解,切实保障辩护人会见、阅卷、调查取证等辩护权利,对辩护人申请调取可能证明被告人无罪、罪轻的证据,应当准许,高度重视辩护律师的意见和要求,充分发挥律师的独特作用。对于重大、疑难、复杂案件,可以邀请人大代表、政协委员、基层群众代表等旁听观审;对确有冤错可能的控告和申诉,应当依法及时认真复查;原判决、裁定确有错误的,应当依法及时纠正等。

五要正确把握司法错案问责追责的尺度。一段时期以来,鉴于冤假错案的严重危害性和广泛的社会影响性,一些人提出了对司法错案应当终身追责问责的观点,告别法院出台了对办案人员终身追责问责的规定,有关部门也出台了办案机关和办案人员对错案终身负责的意见。对此,社会上也出现了不同的声音,一些司法人员也有不同看法。如何看待这个有争议的问题,笔者的看法是,应当高度关注这个问题,认真研究这个问题,坚持实事求是、一切从实际出发对待可能涉及的其他问题。

第一,要正确把握终身负责追责的价值取向。通过建立终身问责追责制度,加大对司法机关和司法人员的问责追责力度,切实防范冤假错案发生,及时纠正已经发现的冤假错案,这种主观意图是好的,价值取向是正确的,从司法的政治性和社会效果的角度看,是得人心合民意的,因而也是值得探索和尝试的。

第二,要深入研究终身问责追责的法律性。我国刑事诉讼法、刑法和相关法律,对严重违反程序和法律办案的行为,有许多明确的规定,这些规定是司法追责问责的刚性规定,必须执行,不得违反。例如,对于司法人员实施的刑讯逼供行为,刑法对该罪的刑事责任规定的十分明确,包括行为人承担何种刑事责任,在多长的期限内可以被追诉,过了多长的追诉时效就不得追诉等。需要研究的是,如果一个司法人员犯了刑讯逼供罪,依法已经超过了追诉时效,不应当追究刑事责任,但按照终身追责问责的规定,还必须加以追究,这就产生了究竟是执行刑法、刑事诉讼法还是执行有关规定的问题,从严格执法的角度讲,答案是不言自明的。因此,如何协调终身追究与刑法、刑事诉讼法的关系,还需要研究。

第三,要深入研究对司法责任终身追究与其他渎职责任不终身追究的统一性。司法人员办错案件的责任,也属于国家工作人员渎职责任之一种,我国刑法中除了规定司法人员违法办案的刑事责任以外,还规定了其他国家工作人员渎职犯罪的刑事责任。如刑法第四百一十一条规定,海关工作人员徇私舞弊、放纵走私,情节特别严重的,处5年以上有期徒刑。刑法第三百九十九条规定,司法工作人员徇私枉法、殉情枉法,对明知是无罪的人而使他受追诉、对明知是无罪的人而故意包庇不使他受追诉,情节特别严重的,处10年以上有期徒刑。这两个罪的最高刑都是15年有期徒刑,法律规定的追诉时效都是15年。假如一个海关工作人员犯放纵走私罪情节特别严重,过了15年的追诉时效后不再追诉,而一个司法工作人员犯徇私枉法罪情节特别严重,过了15年的追诉期限后按照终身追究的规定还继续追究,那如何保证刑法的统一实施,如何让被追究的司法人员感到公平正义?这就值得深入研究。

第四,要深入研究终身追究刑事责任与终身追究纪律责任的协调性。有人可能会说,追究司法人员的刑事责任,还是要按照刑法的规定,不能搞终身追究。但对于故意或过失办错了刑事案子、民事案子和行政案子,同时又不构成刑事追究的,才终身追究。对此,有人可能也会持异议:既然办错案子、情节严重、构成犯罪的都不搞终身追究,那么,只对不构成刑事追究的办案人员搞终身追究,这样做是否会有失公平,是否会在客观上起到办严重错案的不终身追究,办轻微错案的反而不终身追究的不良后果?也值得深入研究。

第五,要深入研究终身追究的现实可行性。司法人员办错案件后,有的会及时发现,但更多的是不能及时发现。从实践中看,有的是几年后发现,有的是十几年后甚至几十年后发现。此时,办案人员有的可能升迁,有的可能调动到其他部门,有的可能退休回家,有的还可能垂垂老矣甚至寿终正寝。如何落实对他们的终身追究,如何让他们实际承担终身追究的责任等,都将有一系列不小的难题。笔者认为,如果一个制度实施后实际上无法操作,这将会带来很多弊端,也难以实现制度制定者的初衷,因此,对这些问题要加以认真研究。

第六,要深入研究实现终身追究司法责任的有效性。前已指出,笔者对司法责任终身追究的价值取向是肯定的,且认为这个问题是值得研究的,所以提出了几个值得深入研究探讨的问题。鉴于这些问题都是难题,笔者也不想只为难别人,而是想尝试提点建设性的解决意见。我想,解决司法错案责任追究问题,可以换个思路,不能吊死在终身追究还是不终身追究这棵树上。可行的办法是:根据错案的隐蔽性和严重性,适时修改我国刑法和有关纪律规定中有关违法违纪犯罪行为法律责任追究的时效规定,明确规定错案追究的时效期限从发现错案之日起计算,而不是从司法人员违法违纪犯罪行为终了之日起计算。如果按照发现错案的时间计算追究违法违纪犯罪法律责任的期限,这既能督促有关部门及时查处追究办案人员的司法责任,又不违背法律、法理和情理,更能得到社会各界的支持和认同,同时也化解了是否还要终身追究司法人员责任的各种争议。

(作者单位:最高人民法院)

关于刑法中"以特别残忍手段致人死亡"如何适用的探讨

——以刑法修正案(八)新增条款为分析视角

□袁 博 聂慧苹

为了贯彻"少杀、慎杀"的死刑政策和体现"矜老恤幼"的人伦价值,刑法修正案(八)在刑法第四十九条中增加了第二款"审判的时候已满七十五周岁的人,不适用死刑,但以特别残忍手段致人死亡的除外"。该条文中,"特别残忍手段"的表述对于刑事司法工作者而言并不陌生:一方面,这一表述在1997年刑法中即已出现,第二百三十四条第二款将"以特别残忍手段致人重伤造成严重残疾"作为故意伤害罪的量刑情节;另一方面,"特别残忍手段"在涉及严重暴力刑事犯罪(如故意杀人罪)的裁判文书中高频出现,并逐渐固定为一种格式化的表述方式。典型的表述如"动机相当卑劣,手段特别残忍,情节十分恶劣,后果极其严重,社会危害极大"等。

在刑法修正案(八)颁布前,除故意伤害罪有明文规定外,"特别残忍手段"一般是作为严重暴力犯罪(如故意杀人罪、抢劫罪、绑架罪、强奸罪等)中从重情节所考量的一个客观行为因素。何谓"特别残忍手段",刑法及相关司法解释尚未明确,实践中刑事法官一般是根据自己的法律直觉、道德情感和社会观念予以综合把握。因而,司法实践中适用标准不一,量刑不均衡问题普遍存在,但并未引起社会广泛关注。刑法修正案(八)颁布后,"特别残忍手段"已经由居于法官内心自由裁量的酌定量刑因素(除故意伤害罪外)上升为一个法律明文规定的已满七十五周岁的人适用死刑的必要条件。在此背景下,具体个案中如何认定"特别残忍手段",已成为不容回避的问题。基于这一考虑,本文试图对此问题浅作探讨。

一、体系解释下的"特别残忍手段"

体系解释是刑法解释的重要方法之一,指的是将被解释的法律条文放在整部法律中乃至整个法律体系之中,联系此法条与其他法条的相互关系来解释法律。① 按照体系解释的基本原理,同一用语在刑法不同条文中除特殊情形外,一般具有相同的内涵和外延。因此,要解读"特别残

① 曾粤兴:《死刑条款的体系解释》,载《法学家》2007年第6期。

忍手段”的内涵，就要重点参考包含同一用语的故意伤害罪法条中的“特别残忍手段”的含义。对此，全国人大常委会法制工作委员会刑法室有关同志曾作出过一个相对权威的阐释，认为故意伤害罪中的“特别残忍手段”是指故意要造成他人严重残疾而采用毁容、挖人眼睛、砍掉人双脚等特别残忍的手段伤害他人的行为。① 在多年的司法实践中，一些情形被公认为“特别残忍手段”，例如，伤害被害人后又故意砍下被害人手脚或者伤害脚筋的；挖人眼睛致人失明的；割人耳鼻的；持枪射击被害人生殖部位的；长时间暴力伤害折磨的；以爆炸、放火、驾驶机动车等危险方法或者冷冻、火烧方法实施伤害的事实等。②

从上述列举，我们可以归纳出在故意伤害罪中，人们普遍认同的“特别残忍手段”大致包括如下含义：第一，毁伤人体主要器官，使人体基本机能毁损或者完全丧失，并带来巨大的精神痛苦，如挖眼、毁容；第二，故意延长被害人的痛苦时间或者不必要地增加痛苦程度，如用钢锯将被害人的四肢锯断，将人推入冷库冻成重伤。参照以上理解，我们可以作如下推论，“特别残忍手段”一般指的是与常规手段有显著区别、泯灭人性和恶意增加被害人痛苦程度的行为。例如，使用冷冻、烹煮、活埋、毒蛇猛兽撕咬等非常规方法缓慢杀死被害人。

二、司法实践中对“特别残忍手段”的理解与适用——以故意杀人罪为例

为进行实证研究，我们在“中国法律检索系统”的“中国法院裁判文书库”中查询了2013年含有“特别残忍”表述的涉及故意杀人罪罪名的部分生效裁判文书18份。相关内容列表如下：

图表

案　由	裁判文书描述	基本手段
李某故意杀人案	掏出弹簧刀向被害人背部、腹部、颈部连刺10余刀	刀捅
顾某故意杀人案	用黑色布条捆绑被害人手脚，用鞋带勒被害人脖子，勒断后用双手紧掐	掐颈
林某某故意杀人案	用电线勒被害人颈部	勒颈
洪某某等故意杀人案	用匕首捅刺被害人倒地后又朝其胸部连捅数刀	刀捅
张某某等抢劫、故意杀人案	用套管长刀在被害人胸部、腰背部乱捅20余刀	刀捅
符某某故意杀人案	刀砍、刺被害人	刀捅（砍）
钟某某等故意杀人案	开枪击中被害人胸部	枪击
李某故意杀人案	使用长条形钝器多次击打被害人头面部和全身多处，持续较长时间，造成颅内广泛出血，脑组织严重损伤	刀背击打
党某某故意杀人案	用尖刀连续捅刺被害人后，被害人躲避，继续持刀追砍被害人	刀捅
吴某某故意杀人案	持刀砍、刺被害人右腋，导致被害人死亡后肢解其尸体并将尸块弃置公厕内	刀捅（砍）
余某故意杀人案	持刀朝被害人头、颈等部位连砍数刀	刀砍

① 胡康生、李福成主编：《中华人民共和国刑法释义》，法律出版社2007年版，第328页。

② 聂昭伟、吴郁槐：《对并非以特别残忍手段致人死亡的满七十五周岁被告人不适用死刑》，载《人民司法·案例》2012年第20期。

续表

案　由	裁判文书描述	基本手段
陈某某故意杀人案	用瓶子击打被害人头部致其倒地后,将其踢入化粪池,又用砖块封住化粪池口	溺杀
吕某某等故意杀人、包庇案	用镀锌管击打被害人头部致其倒地后用汽油泼向被害人头部和胸部,被害人欲爬起时用镀锌管击打其头部,然后放火焚烧被害人	火烧
简某某故意杀人案	持刀连刺被害人26刀	刀捅
吴某某故意杀人案	持刀对准被害人头部猛砍数次致使被害人不能动弹,被害人被砍时用双手护头,导致双手被砍断	刀砍
荆某故意杀人案	用匕首在被害人身上乱捅	刀捅
卫某等故意杀人案	拳打脚踢,反光镜乱打,工具刀乱戳背部,皮带抽打,砍刀乱砍	刀砍
刘某故意杀人案	钢钎击打5人数下,致使2人死亡,1人重伤,1人轻伤,1人轻微伤	钢钎击打

从上述列表中可以归纳出司法机关在故意杀人罪中对"手段特别残忍"的一般理解:第一,刀具捅刺虽为常见多发的杀人手段(占2/3),但只要具备某种情节,就基本被认为是"手段特别残忍",如存在反复性的动作(如砍杀20余刀)、打击部位集中在要害部位(如头部、颈部);第二,使用非常规杀人手段杀人的,被认为"手段特别残忍",如火烧、溺杀;第三,恶意延长被害人痛苦时间或者增加被害人痛苦程度的,被认为"手段特别残忍",如使用钝器多次击打被害人头面部和全身多处,折磨时间长;第四,施暴后扼杀被害人求生机会的,被认为"手段特别残忍",如将被害人推入化粪池后为防被害人获救将出口封死,又如在被害人受伤躲避后仍然持刀追杀;第五,具备其他恶劣情节的,被认为"手段特别残忍",如杀人后肢解尸体。可以看出,司法机关在实践中对"特别残忍手段"的理解与本文前述分析并不完全一致,具体而言,存在如下问题:

(一)径直套用,不作论证

以故意杀人罪为例,相当比例的刑事法官并未认真考察和论述具体犯罪手法是否"残忍",而是将"手段特别残忍"作为默认的杀人手段的公式化表达,动辄"手段残忍"、"特别残忍","极其残忍",过于简单的语言和空洞的表达(如图表中符某某故意杀人案中的"刀砍、刺被害人"表述),难以与"特别"、"残忍"的特定含义相匹配,显得语言苍白、论证牵强、结论武断,使人难以了解法官裁判的考量和思路。① "在审理案件时仅用一个'查明'和'根据'就将法律理由与判决结果之间的逻辑关系一笔带过,既不展示其'查明'的证据,又不说明其'根据'的理由,以简单的文字宣布法官的决定,一切都不动声色地隐藏在被法官省略的理由及证明之中。"②不少裁判文书因为对"特别残忍手段"的成立与否缺乏必要的事实分析和逻辑论证,使事实、法律和裁判结果之间发生脱节,难以令人信服。对于故意杀人罪的刑法评价,如果缺乏有力论证和必要交代,极易引发重大舆情而成为众矢之的。因此,时至今日,一份半神秘或者简单交代审理结论的裁判已经

① 王申:《法官的理性与说理的判决》,载《政治与法律》2011年第12期。
② 王涌:《被倒置和被省略的法律推理》,载《法制日报》2006年9月22日第8版。

难以获取公众认同。

（二）将故意杀人罪的“残忍”等同于“故意杀人手段”的残忍

法的构成要件要素可以分为描述性的构成要件和规范的构成要件要素。后者指仅凭刑法条文不足以确定，需要法官根据一定的文化价值标准进行规范的评价判断才能确定的要素。① 如刑法中的“滥伐”、“数额较大”、“淫秽物品”等，“特别残忍手段”也属于此类要素。由于规范构成要素包含了法的价值判断，因此与民众对词义的日常理解存在一定差异。例如，有网友曾在网上发表言论：杀人都是残忍的，无论是枪弹杀人还是用锄头砸死。这种观点从字面意思上来说并没有问题，因为“残忍”在《现代汉语词典》上的词义就是“狠毒”，而杀人行为就是“狠毒”的。然而，故意杀人罪中的“残忍手段”，指的却不仅仅是“狠毒”，而是“在诸多狠毒的杀人行为中最狠毒的若干种手段”，是对同类行为的情节、程度进行横向比较后的进一步否定评价，而不仅仅是对故意杀人罪本身的否定评价。在语法结构上，“特别残忍”中的“特别”一词是修饰“残忍”的程度副词，以“特别”修饰“残忍”表明残忍程度非常之深。“残忍”一词在内涵上并不明晰，大体上看，与“残暴”、“凶狠”、“冷酷”之类的词相联系。换言之，“残忍”是指人们以大众的人性观念为标准考量他人的行为，当这种行为扭曲了普通人的人性观，达到一种令人无法容忍的程度时作出的评价。当“残忍”被冠以“特别”这一程度副词，就表明其在程度上已经达到相当严重的地步。②

然而，实践中大量将“手段特别残忍”作为故意杀人罪的格式化情节的做法却与上述语义分析学的结论存在一定差异，原因在于部分刑事法官认为“凡杀人，即残忍”是“不言自明、不言而喻”的，反映出一种“结果导向”的思维。即只要是杀人罪，而且发生了被害人死亡的结果，那么必然是特别残忍的，从而使得即使是普通手段杀人导致了死亡结果，该行为也即变成“特别残忍手段”。在一些“民愤极大”的案件中，为迎合民意，司法机关往往将案件的“规范导向推理模式”变换为“结果导向推理模式”。在有的案件中，法官有时凭借审判经验和内心直觉形成一个先验的审判心证，然后再论证犯罪构成，往往把犯罪判断（包括情节判定）变成一个“有罪推定”、“重罪推定”的“目的导向式的论证”，导致案件处理“必然诉诸法官个人道德直觉或者民众情绪”。③ 在这种推理模式下，“手段特别残忍”也成为论证故意杀人严重社会危害性和主观恶性的一种先验的客观表现，“论而不证”的现象自然比较普遍。如图表中的林某某故意杀人案（勒死）、钟某某等故意杀人案（枪击）等。

然而，经由分析，这种“凡是杀死了人，手段必然是特别残忍的”的思维定式和由死亡结果反推“手段特别残忍”的逻辑方法，违背了刑法上的“禁止重复评价”原则。所谓“禁止重复评价原则”，是指“在定罪量刑时禁止对同一犯罪构成事实予以两次或者两次以上的法律评价”。④ 形象地说，就是禁止“一只羊被剥两次皮”，因为羊被剥两次皮会被视为残忍，而双重评价也会导致对被告人的不当处罚。具体而言，禁止重复评价既包括禁止定罪上的重复评价，也包括禁止量刑上的重复评价。所谓禁止量刑上的重复评价，是指禁止在某种犯罪构成要素（如行为、结果）已经被评价为甲罪的构成要件时，不宜再将该要素作为甲罪量刑的情节进行考虑。以故意杀人罪为例，犯罪人使用某一手段导致被害人死亡，作为杀人行为本身当然是“残忍”，因为故意杀人罪是刑事犯罪中最为“残忍”、最为严重的犯罪之一。但是，如前文所述，一般的杀人行为的“残忍”属性，

---

① 刘明祥：《论事实错误与法律错误的区别》，载《法学评论》1995年第4期。

② 李金花、余地：《故意伤害罪中“特别残忍”情节探析》，载 http://xyzy.chinacourt.org/article/detail/2013/08/id/1050482.shtml，2014年2月22日访问。

③ 苏力：《法条主义、民意与难办案件》，载《中外法学》2009年第1期。

④ 陈兴良：《禁止重复评价研究》，载《法治论丛》1993年第6期。

已经被“故意杀人罪”本身所涵盖,并在量刑上已经得到了充分评价,因此不能既作为杀人的行为构成要件进行第一次评价,又作为犯罪情节进行第二次评价。事实上,行为人要完成故意杀人这一行为,必然在手段上要达到一定的强度和力度,不然不会发生导致被害人死亡的结果,而只会导致行为人受伤的结果。例如,被告人胡某某(犯罪时已满75周岁)因琐事预谋杀害被害人黄某某,乘其不备,将事先准备的尖刀从其左侧后背猛刺一刀,导致其经抢救无效死亡。一审法院经审理后认为被告人构成故意杀人罪且属“以特别残忍手段致人死亡”,因此判处死刑。① 从该案来看,无论是使用的工具、刺杀的部位、持续的时间,都只能认为是常见多发的故意杀人罪的手段。虽然这种手段相比其他犯罪是“残忍”的,但是在故意杀人罪中并不特殊,其“犯罪手段”在横向对比上难以认定为“特别残忍”。正是基于这一原因,二审法院予以改判,没有适用“以特别残忍手段致人死亡”的情节。类似地,用刀具砍杀、捅刺被害人致死的,因为要造成被害人死亡的结果,因此其侵害的部位必然是被害人的要害部位,或者手段上要达到一定的强度和力度。如果是非要害部位而又导致被害人死亡,就需多次捅刺,而这又会在实践中作为一种“特别残忍手段”认定,因而在某种程度上产生悖论:针对要害部位侵害被认为“特别残忍”,对非要害部位多次侵害同样被认为“特别残忍”。因此,不能仅仅从侵害部位系被害人要害部位或者侵害行为一定程度的重复性(如图表中的洪某某等故意杀人案),就一律认定为“特别残忍手段”。

(三)将“情节恶劣”等同于“手段特别残忍”

其一,将事后不可罚的恶劣情节看成“特别残忍手段”,如图表中具有肢解尸体情节的“吴某某故意杀人案”。该案中,就杀人行为本身而言,属于常见多发的刀具杀人,而且并无特别情节,认定其“手段特别残忍”显然是考虑了杀人后的分尸行为。这是一种在实践中得到广泛支持的观点,即认为“碎尸”属于特别残忍犯罪手段,一般作为适用死刑的积极情节。在司法实践中,一些原本具有酌定从宽处罚情节的犯罪人,因为存在“碎尸”情节而被判处死刑立即执行。事实上,“碎尸”行为在刑法上属于典型的“事后不可罚”行为,不属于故意杀人本身的组成部分,因为故意杀人罪的犯罪对象是“人”而不是“尸体”,因此认定“碎尸”为“手段特别残忍”虽然在情感上迎合了一般民众的直觉,但实为应当被刑法禁止的“间接处罚”。② 事实上,“碎尸”行为虽然不能为故意杀人罪的手段行为所吸纳,但可反映出行为人极其强烈的反社会性,完全可以用“情节特别恶劣”来加以评价。在一般主体的故意杀人罪中,区分“特别残忍手段”和“情节特别恶劣”在量刑结果上并无太大差别,但对于已满75周岁的人适用死刑时,这种区分就具有了决定生死的意义。

其二,将杀人数量众多作为“特别残忍手段”,如图表中的刘某故意杀人案。该案从手段上来看属于并不罕见的“棒击”,但是由于侵害人数众多而被评价为“手段特别残忍”。又如,在夏俊峰杀害城管案中,一审法院在判决书中这样描述夏俊峰的杀人过程,即“被告人夏俊峰因故与被害人申凯、张旭东等人发生争执,遂持随身携带的尖刀先后猛刺被害人胸部、背部,张旭东胸部、腹部及张伟腹部等处数刀”,致被害人申凯“因左胸、背部刺创,特别是左胸部刺创刺破心脏而导致失血性休克死亡”,被害人张旭东“因全身多处刺创,特别是左胸部上方刺创刺破左肺和心脏而导致失血性休克死亡”。从表述来看,被告人夏俊峰的杀人行为仍然没有明显超出杀人手段的常规范畴,因为实践中,如前文所述,除有明显虐杀故意(捅刺数十刀)外,非一刀致命的杀人行为普

① 聂昭伟、吴郁槐:《对并非以特别残忍手段致人死亡的满七十五周岁被告人不适用死刑》,载《人民司法·案例》2012年第20期。

② 张明楷:《刑法学》(第4版),法律出版社2011年版,第761页。

遍存在,将该种行为认定为"手段特别残忍",只能说明相关被害人数(3人)等情节对法官的判断产生了相当程度的影响。侵害人数众多的确反映了行为人的社会危害性和主观恶性,但与手段是否"特别残忍"的价值判断并不相同,更适合纳入"情节恶劣"的范畴加以考量。

三、"特别残忍手段"的伦理标准与规范含义

"特别残忍手段"是否就是相较同一罪名中的常规犯罪手段"恶意增加被害人的痛苦、延长被害人的痛苦时间"的虐杀行为,我们认为,两者不能画上等号。例如,某些犯罪人将被害人麻醉后剥皮,或者将人打晕后灌入混凝土,或者当着被害人的面将其小孩摔死,①这些行为,就被害人痛苦时间和程度上来说并未增加,然而却毫无疑问地都是显而易见的"残忍手段"。

那么,究竟什么是"残忍手段"?人类的刑罚史就是一部远离野蛮和残忍,走向人性和文明的历史。因此,考察人类的刑罚史尤其是死刑制度,可以大致探究"残忍"的含义。

古代的死刑执行方式包含三种基本类型:第一,分解犯罪人的肢体,如五马分尸、斩首;第二,延长犯罪人的痛苦时间,如腰斩、凌迟;第三,当众羞辱犯罪人,增加其精神痛苦,如弃市,绞刑。人类进入现代文明后,又出现了枪决、电椅、注射等更为文明的死刑执行方式。不难看出,凌迟等死刑方式在今天看来之所以非常"残忍",就在于它们严重践踏了人类的尊严,违反了人性的底线,即把对同类的死刑执行作为羞辱、践踏自身的手段。人类的文明进程,就是一段不断摆脱野蛮、嗜血、暴力的历史,人类在漫长的文明修养中也慢慢积淀同情之心、恻隐之念和善良之风,正常人对于血腥的场景会有天然的厌恶和排斥。正如美国导演斯坦利·库布里克所执导的电影《发条橙》所描述的那样,即使是一个无恶不作的人,在每天强制他观看暴力、凶杀影像后,最后也会使得他对于暴力犯罪行为极度厌恶。因此,"残忍"的本质,就在于它挑战了人类的善良风尚和尊严底线。而"特别残忍手段",就是那些严重违反人道、严重伤害正常人类感情、严重践踏人性尊严的行为。"手段残忍"强调的不是对法益侵害的程度或者后果,而是侧重对人性和伦理的伤害,手段残忍未必造成更大的危害后果,但是足以表现出一种较普通杀人手段更加泯灭人性和沦丧道德的反伦理性。② 刑法的使命乃是惩治侵害法益的行为,而人类与生俱来的天然情感也是生活法益的重要组成部分。"特别残忍"的犯罪手段对于被害人造成的不仅仅是肉体上的痛楚,对于其精神也是一种摧毁。"特别残忍"的犯罪手段对于社会整体秩序的危害也是不可容忍的。在一个缺乏秩序的社会中,人们对周围的环境无法形成理性的预期,也就无法合理安排自己的生活,处于惶惶不可终日的状态,自由和人权也就无从谈起。例如,当某一地区有变态杀人狂后,当地民众就会因为畏惧而晚上不敢出门。而这种特别残忍的犯罪手段使社会陷于不安的气氛当中,甚至这一"极易吸引人眼球且令人难忘"的犯罪手段会被社会上潜在的犯罪者模仿。为了避免这一系列悲剧,刑法应当将"特别残忍"的犯罪手段作为加重处罚的构成要件要素,给民众以安抚,消除不安的气氛。同时,它也向社会潜在的犯罪者传递一种信息,即国家绝不容忍这一行为的出现,使其实施犯罪时有所顾忌。③

由此可以理解,无论是将被害人麻醉后剥皮,或者将被害人打晕后灌入混凝土,抑或是当着被害人的面将其小孩摔死,对于被害人本人的痛苦程度就横向比较而言并未显著增加,但是这种匪夷所思的反人类手段对被害人的亲属造成了巨大的精神创伤,对其他人造成了难以抑制的心

① 刘小生:《何谓"杀人手段特别残忍"——与陈兴良教授商榷》,载 http://www.aisixiang.com/data/66128.html,2014 年 2 月 22 日访问。

② 车浩:《论被害人同意在故意伤害罪中的界限》,载《中外法学》2008 年第 5 期。

③ 李金花、余地:《故意伤害罪中"特别残忍"情节探析》,载 http://xyzy.chinacourt.org/article/detail/2013/08/id/1050482.shtml,2014 年 2 月 22 日访问。

灵震撼,对人类伦理造成了颠覆性的破坏,在这一层面上而言,判定其为"特别残忍手段",是毫无争议的。实践中,还需要从以下三个方面对"特别残忍手段"进行把握:

第一,动态地理解"残忍"的含义。由于"残忍"是一个包含价值判断的词语,伦理色彩浓厚,其内涵和外延必然会受到社会时代的影响。例如,在古代,"杀人手段特别残忍"与"不道"之罪相近,规定在《北齐律》中的"重罪十条",具体表述是"杀一家非死罪三人,及肢解人,造畜蛊毒厌魅",即灭门、肢解和蛊毒。显然,按照今天的标准,除了肢解(活人)至今也被看成是"手段残忍"外,灭门如前文所述只能评价为情节恶劣(杀人数量多不等于手段残忍),蛊毒厌魅有很大一部分属于迷信犯(如针扎小人)。因此,"残忍"的内涵会随着时代的发展而不断流变,刑事法官需要根据时代观念不断修正、调整对"残忍手段"的归纳和抽象。例如,相对于注射执行死刑,枪决犯人可能被认为"残忍";而随着人类文明的进步,不排除今后公众认为刀具砍刺这种手段是"特别残忍"的,但在今天,这种常见多发的杀人方式在没有其他情节存在的情况下不应被纳入"特别残忍手段"的范畴。

第二,避免滥用"特别残忍"的评价。在西方国家,法官会慎重选择重刑,日本法官甚至通常在法定刑内选择最轻的刑罚,这是为了给未来可能发生的更严重的犯罪预留刑罚阶梯上的空间,以免前后刑罚比例不当,违反罪刑相当原则。① 因此,必须从严掌握"特别残忍"标准,并抵制舆论和民意的不当影响。事实上,从本质属性而言,独立的司法判断本来并不需要迎合民意,司法裁判是一项需要知识积累和专业训练的技术,一般民众仅有平均水平的普法知识和自然朴素的善恶二元价值观,习惯于未经深入思考就提出道德的主张或者宣泄朴素的义愤。② 在故意杀人等暴力犯罪案件中,由于案情往往并不复杂而且大多关涉伦理道德,民众受到媒体片面报道的影响往往会形成"舆论审判"。在此种背景下,刑事法官有必要克制"重刑主义"倾向,避免受到舆论影响的干扰。

第三,区分不同的对象,关注未成年、残疾人、老年人等受害群体。这些群体体质的特异性使得其承受的伤害程度较之普通成年人要低,同样程度的伤害对特殊群体而言,造成的身体和精神上的损害后果要更加严重。与普通成年人相比,这些群体脆弱无助的特点更容易激起人们的恻隐之心,对他们的杀害,更容易超出国民的道德容忍底线,在修辞上被称为"令人发指",大多数情况下可评价为"特别残忍手段"。③ 同样地,对于伤害案件中的女性被害人或是其他在身体健康方面的弱势群体,法官应予特别关注。对于此类案件的被告人,可适当降低"特别残忍"情节的认定标准。例如,在李昌奎案中,根据法院判决书的描述,李昌奎"提起王家红的手脚将其头猛撞房间门框",考虑到王家红是一个3岁的儿童,李昌奎的手段无疑是"特别残忍"的,因为这种行为严重伤害了传统社会矜老恤幼的善良风俗和道德观念。又如,据报载,一名11个月的女婴被查出体内被人为插入4根绣花针,4根绣花针分别位于孩子的双腰和臀部,而且细针在婴儿体内处于游走状态,针尖就有可能刺伤婴儿内脏器官。4根绣花针由于长时间在女婴体内,已经锈迹斑斑,其中1根绣花针断成两截。显然,对于一个完全没有正常人认知能力和感受能力的婴儿实施这

---

① 张明楷:《改变重刑观念　做到量刑合理》,载《人民法院报》2013年1月30日第6版。

② 例如,在李昌奎案中,面对裁判结果的反复,一个网民在网上留言表达了一种失望的困惑:"该杀就杀,不该杀就不杀,有这么难吗?"这种质问带有典型的民意思维,即以简单的价值判断取代复杂的法律分析。问题的关键也正在于此——摆在刑事法官面前的首要问题正是舆论认为不证自明的前提:何谓"该杀"?何谓"不该杀"?参见黄琳娜:《全知视角下的脸谱化——中国传统公案剧与今日的涉诉舆论心理》,载《人民法院报》2013年1月11日第5版。

③ 车浩:《从李昌奎案看"邻里纠纷"与"手段残忍"的涵义》,载《法学》2011年第8期。

种行为,是泯灭人性的。如果造成婴儿死亡,就可以考虑适用“特别残忍手段”条款追究行为人的刑事责任。

综上所述,结合体系解释和伦理考察,我们可以得出结论,所谓“以特别残忍手段致人死亡”,是指一种不同于常规杀人手段,给被害人及其亲属带来巨大精神痛苦的、严重泯灭人性和伤害正常人类感情、践踏人性尊严的杀人手段。

(作者单位:上海市第二中级人民法院　西南政法大学)

轻微暴力致人死亡案件定性研究

□黄祥青*

司法实践中,轻微暴力致人死亡案件时有所见,但多年来定罪量刑不尽一致,主要有认定故意伤害(致人死亡)罪、过失致人死亡罪,以及意外事件三种不同的处理意见。毋庸赘言,上述分歧意见差异巨大,直接影响同类案件法律适用的统一性和公正性,值得深入研讨。

一、典型案件及类案特点

要透析一类疑难复杂案件及其法律适用问题,全面了解往往是准确判断的重要前提。恰如医生问诊,倘若刚刚接诊几例病患,就欲对某种疾病的病因、病理进行完整的分析判断,其结论难免会以偏概全。由于轻微暴力致人死亡案件的客观表现多种多样,致死原因错综复杂,加之行为人的主观心态大多微妙,故尽力收集各种相关争议案件,力求准确了解类案全貌、不同见解及其争议焦点,乃是深入剖析案件、寻求系统解决方案的必要路径。

遵循上述思路,笔者选取八个不同特点的典型案件,以危害行为导致死亡结果的原因为切入点,将案件大致归为四类,以便多维观察对比、客观全面评析:

1. 行为人的粗暴行为直接导致被害人死亡的结果

【案例一】被告人陈某夫妇在教年仅三岁的女儿识字过程中,因女儿发音不准而激怒,随手拾起拖鞋、鞋刷连续多次抽打女儿的臀部、后背、手臂、下肢及脚面,用巴掌打嘴巴,致使女儿的手臂和脚面当即肿胀。之后,陈某因缺乏医学常识又用热水给女儿洗浴,客观上导致被害人皮下出血量增加、出血速度加快、出血面积扩散,成为加剧病情的原因之一。数小时后,当发现女儿呼吸急促、双眼瞪视时,陈某夫妇一起抢救并拨打“120”求救。待急救医生赶到时,该幼女已因“他人用钝性物体多次打击身体多部位造成广泛性皮下出血致创伤性休克而死亡”。鉴于两名被告人系在教育子女过程中发生伤害行为,且有自首等从宽处罚情节,一审法院以故意伤害(致人死亡)罪,分别减轻判处陈某夫妇6年和4年有期徒刑。

【案例二】被告人曹某因比拼酒量而与同桌被害人唐某发生争执和相互推搡。其间,曹某将处于严重醉酒状态的唐某推倒并压在身上掐其脖颈,致唐某因胃内食物反流呼吸道,造成异物堵塞气管而窒息死亡。因被告人具有自首和积极赔偿被害人家属等从宽处罚情节,一审法院以故意伤害(致人死亡)罪,减轻判处曹某3年有期徒刑。

2. 行为人的暴力行为诱发严重疾病导致被害人死亡的结果

【案例三】被害人陆某有酒后殴打妻子赵某的恶习。某日,陆某酒后再次追打被告人赵某。

---

* 上海市闵行区人民法院院长,刑法学博士。

赵某在逃离过程中，随手捡起陆某突然滑脱的一只皮鞋，回头朝陆某头部和身上抽打两下。两天后，陆某在自身脑血管硬化的基础上，因头部遭受钝性外力作用致闭合性颅脑损伤，引起中枢神经功能障碍而死亡。一审法院以故意伤害（致人死亡）罪从轻判处被告人赵某有期徒刑10年。被告人上诉后，二审法院认为赵某的行为构成过失致人死亡罪，结合赵某的悔罪表现和被害人家属要求对其从轻处罚的强烈意愿，改判有期徒刑3年6个月。

【案例四】被告人张某至其姑姑家看望祖父母，适逢其姑父葛某与邻居韩某某因琐事发生争执，张某遂参与争吵。闻讯赶来的梁某某等人帮着韩某某与张某争吵。张某的姑姑将张某拉回家中。张某脱去外衣后又出门与围上前来的梁某某等人互殴起来。梁某某与张某互殴一阵后退至小区绿化地护栏处停下，继而仰面倒地，在送医院急救途中死亡。经鉴定，梁某某患有严重冠心病，因情绪激动、剧烈运动及一定外力作用致急性心力衰竭而死亡。一审法院认为，被告人张某在互殴中致人死亡，但考虑到被害人自身所患严重疾病是导致死亡的主要原因，且被告人有自首情节，故以故意伤害（致人死亡）罪，减轻判处张某有期徒刑3年，缓刑3年。被告人上诉后，二审法院认为张某在案发前并不知道梁某某患有严重疾病，无法预见与梁某某的徒手斗殴行为会引起冠心病发作，故梁某某的死亡结果属于意外事件，改判张某不负刑事责任。

3. 行为人的暴力行为偶合外在介入因素导致被害人死亡的结果

【案例五】一天傍晚，被告人王某与他人靠坐在某村口小桥的栏杆边闲聊，见一女青年（即被害人徐某）路过就言语调戏。徐某折回进行责问，又遭王某恶语回复，徐某遂抽打王某一记耳光。王某暴怒，用双手先后推打徐的左右肩膀，致徐某在后退过程中被正好从身后驶过的一辆卡车碰撞后倒地，头部遭后轮碾压而死。检察院以过失致人死亡罪提起公诉，一审法院以故意伤害（致人死亡）罪判处被告人王某13年有期徒刑。经上诉后案件被发回重审，一审法院改判过失致人死亡罪，判处有期徒刑7年。

【案例六】被告人罗某在朋友家中参加聚会，因劝酒不成而与被害人发生争执。其间，被害人推了罗某一掌，罗某即用右手朝被害人的左面部打击一拳，接着又用左手推打被害人的右肩，致使被害人踉跄后退，后脑部碰撞到门框边沿。随后，被害人站立前行两步后扑面跌倒，片刻即亡。经鉴定，被害人系后枕部与钝性物体碰撞及撞后倒地导致脑挫伤而死亡。鉴于罗某犯罪后有自首和积极赔偿被害人家属的从宽处罚情节，一审法院以故意伤害（致人死亡）罪，减轻判处罗某6年有期徒刑。

4. 行为人的非攻击性暴力合并被害人自身失误导致死亡的结果

【案例七】被告人张某与被害人陶某因争抢座位在公交车上发生争执和相互推搡。其间，陶某站在车后门处欲将张某拉下车，张某用力转身甩脱陶某奔向车内。此时，陶某一脚踏空，后背朝车外摔倒在地。经抢救3日后不治身亡。法医鉴定，陶某系因左枕部受外力作用致广泛性脑挫伤、硬膜下血肿，蛛网膜下腔出血而死亡。一审法院以张某为摆脱拉扯而用力转身奔向车内是当时场合的本能反应，造成陶某一脚踏空、倒地身亡的后果属于意外事件，判定张某不负刑事责任。

【案例八】被告人游某因琐事与母亲争执。其母生气即冲向游某，欲夺过正在劳作的游某手中的铁铲。游某紧握铁铲并不松手，其母因用力站立不稳，仰面摔倒在水泥地上，后经抢救无效死亡。经鉴定，被害人系因重型颅脑损伤而死亡。一审法院以被害人年老体弱，被告人在拉扯中负有避免被害人跌倒受伤的注意义务为由，认定被告人游某的行为构成过失致人死亡罪，判处有期徒刑3年，缓刑3年。

从以上八个案例不难看出，尽管每个案件的发生各有缘由、表现各异，但其共性也颇为明显：

多因日常生活琐事而突发;行为人的主观罪过内容大多表现为故意实施殴打行为,但对于危害后果的认识往往比较概括、模糊;在客观方面行为人所使用的暴力程度多有节制抑或表现较轻,并未直接造成他人被打部位机体的严重损伤;发生致人死亡后果大多具有复杂的原因或者一定的偶发性。在司法裁判上,各个法院对于案件的定性多现分歧,但一审判决以认定故意伤害(致人死亡)罪居多;在量刑上普遍采用减轻处罚的做法,很少在危害行为初始对应的法定刑幅度内判处10年以上有期徒刑。

梳理、研判三种不同定性意见的具体理据,可见主要存在两个争议问题:(1)认定故意伤害(致人死亡)罪时,是否需要将暴力轻重程度作为主观罪过的考量因素?如果认为无须考虑,则意指所有的故意殴打他人的行为,都可以定性为故意伤害行为;然后只要确定是过失造成他人死亡结果的,就可以认定故意伤害(致人死亡)罪。如果主张区分暴力的轻重程度,则产生将部分轻微暴力致人死亡的行为排除在故意伤害罪的范畴之外,直接认定为过失致人死亡罪。于是,如何具体界定暴力的轻重程度及其主观罪过内容,或曰如何准确限定故意伤害行为的范围,则成为甄别故意伤害(致人死亡)罪与过失致人死亡罪的关键问题。(2)在部分轻微暴力诱发被害人自身失当行为或者严重疾病,抑或偶合外在介入因素致人死亡的场合,如何进一步确切判断行为人对于死亡结果的主观认识因素是"应当预见"还是"无法预见",这是分别主张认定过失致人死亡罪和意外事件的争议焦点,也是研判此类案件定性时必须厘清的又一个重要界限。

二、法理辨析及罪责界限

从法理上讲,每种犯罪都有自己质的规定性及特定的规制范围。厘清个罪的内部结构,往往是合理界定特定规制对象及其边界的有效方法。

故意伤害(致人死亡)罪是典型的结果加重犯,一般用"基本的犯罪构成+严重结果+重于基本犯的加重法定刑"表述其罪刑结构,刑法通说将其归入实质一罪的范畴①。透视本罪,从中可以归纳出四个要点:首先,本罪的基础危害行为,应当符合"基本的犯罪构成";也即本罪是在实施基本犯罪之时,发生了基本犯罪构成之外的严重危害结果,导致超出基本罪法定刑的处罚限度,法律才另行规定"重于基本犯的加重法定刑"。倘若基础危害行为没有达到犯罪的程度(如仅仅属于一般违法行为或者更轻的过错行为),则不至于发生超出基本罪法定刑之处罚限度的问题,也不产生认定结果加重犯的必要性。其次,在基本罪与严重危害结果的关系上,故意伤害行为应当是引起致人死亡严重危害结果的直接或者主要原因。倘若故意伤害行为只是多种原因(或曰多因一果)中的间接或次要诱因,则行为人主观上对于严重危害结果的预见可能性就会大大降低,加之客观上的原因力相对较小,其罪责程度自然会相应减小。于是,法律专门针对此种低度致害行为设置10年以上有期徒刑之"加重法定刑"的事实根据与处罚正当性,也就势必显现不足。再次,本罪在主观方面属于混合或双重罪过形式,②即行为人既有明确的伤害他人身体的故意,③,又有对于发生致人死亡结果的过失心态。两种罪过内容缺一不可。倘若缺少足够的证据证明行为人的伤害故意,则只能认定相应的过失犯罪。假如连过失心态也难以证实,则应当依法作为意外事件处理。至于行为人仅存在伤害故意而缺少过失心理的情况,经验上一般发生在外在介入因素中断故意伤害行为的因果关系的场合。对此,行为人仅就自己的故意伤害行为承担

---

① 马克昌主编:《犯罪通论》,武汉大学出版社1991年版,第626页。

② 马克昌主编:《犯罪通论》,武汉大学出版社1991年版,第295~297页。

③ 但并不以实际发生独立的伤害结果为必要。因为,此类案件中的伤害结果往往与死亡结果高度关联,难以独立区分认定;实践中通常也不在死亡结果之外,另作伤害鉴定。

罪责，也即单一罪过不属于本罪的规制范围。最后，从法律逻辑角度分析，在法定的故意伤害罪行系列中，致人轻伤、重伤或者死亡三种情形依序排列，三者不仅表明危害结果依次趋重，而且说明伤害行为的强度也呈现由轻到重的递进关系。因为，我国刑法中刑事责任的设定根据，并非单纯地依凭危害结果，而是需要综合考量"符合犯罪构成的主客观行为事实"①。既然直观表现罪责大小的法定刑幅度依次趋重，则自然昭示所规制的危害行为的强度亦相应增大。基于刑法系统解释的立场，故意伤害致人死亡行为的侵害强度，理当居于本罪之首，或者至少不应低于故意重伤他人的行为（因为重度加害行为究竟是致人重伤还是死亡，通常很难事先预想或者明确分界）；否则，就必然得出法律仅仅依据危害结果的轻重程度简单归责的错误结论，进而有悖于我国刑法的罪责原则。

由上述规范分析可知，故意伤害（致人死亡）罪，是指行为人出于严重加害他人身体健康的故意，实施相应的重度加害行为，但过失导致他人死亡后果发生的犯罪。质言之，本罪的基础危害行为，并不包括仅仅可能导致他人肉体一时疼痛或者至多造成轻微人身伤害后果的一般殴打行为，而是以至少具有造成他人身体严重伤害的可能性，或曰"高度致害的危险性"②为特质。

之所以强调本罪中故意伤害行为之必要强度的重要性，除了从上述个罪内部罪刑结构的合理性上可以得出规范分析结论以外，还可从外部与相关犯罪的界限及审判实践经验上得到进一步的支持与佐证。

众所周知，过失犯罪通常可以表现为行为人故意实施某种违规、违法行为，甚至是轻微犯罪，由此引发严重危害后果，但行为人对于严重危害后果仅仅持有疏忽大意或者过于自信的罪过心理。例如，行为人故意违章醉驾、过失发生交通事故致人死亡的交通肇事罪，就是其中最为典型的例证。

解剖过失犯罪的罪刑结构，从中不难发现两个要点：其一，我国刑法并不以行为人故意实施危害行为作为认定故意犯罪的主要事实依据，而是以行为人对于"危害社会的结果"（行为结果）所持的不同罪错心态来区分"故意"与"过失"；也即故意实施的危害行为，也可以引发过失犯罪。其二，能够引发过失犯罪的故意危害行为的范围是明显受到限制的，其危害程度必须限定在一般违规、违法行为，抑或轻微罪行的范围以内，以保证过失犯罪的规制对象，始终恪守仅因轻率行为（或曰低度危害行为）而引发严重危害社会结果的本质属性。结合轻微暴力致人死亡案件来分析，如果行为人故意实施的暴力行为尚在一般违法抑或轻微伤害罪行的限度以内（俗称"一般殴打行为"③），则整体行为完全可能符合过失致人死亡罪的犯罪构成，应当认定为过失犯罪。

由此可见，将故意伤害（致人死亡）罪与过失致人死亡罪作比较，两罪在致人死亡的罪过形式上同属于过失；在故意实施暴力打击行为的表象上也没有显著的不同。两罪的真正区别在于：行为人故意实施的暴力行为在轻重程度上各不相同，相应的主观罪过内容也迥然有别。进一步来说，如果忽略暴力行为的轻重程度及其相应的主观罪过内容的差异性，则势必导致两罪的治罪范围在故意殴打他人的场合发生部分重合或重叠现象，以致部分过失犯罪仅因包含了故意实施的一般殴打违法行为，而被纳入属于典型重罪类型的故意伤害（致人死亡）罪来评价。其结果不仅是导致定罪不准，而且极易造成量刑畸重。事实上，在上述典型案例中，一审判决大多选择既认定故意伤害（致人死亡）罪，同时又尽力寻找各种法定事由予以大幅度减轻处罚，或者在确无法定

① 高铭暄、马克昌主编：《刑法学》（第5版），北京大学出版社、高等教育出版社2011年版，第206～207页。

② 黄荣坚：《基础刑法学》（第3版），中国人民大学出版社2009年版，第262页。

③ 王作富主编：《刑法分则实务研究（上）》（第2版），中国方正出版社2003年版，第1008页。

减轻处罚情节时不惜耗费时日与司法成本,逐级层报最高人民法院予以特别减轻处罚,这些非常处理办法无疑反映了定罪与罪责脱节的实际困境,凸显了裁判者借助于量刑程序竭力弥补、平衡罪刑关系的良苦用心。

那么,如何正确区分暴力的轻重程度及其不同的主观罪过内容,使严重加害他人身体健康的故意伤害(致人死亡)行为与一般的殴打行为明晰分野?依据刑法理论与司法实践经验,在此复赘两点:

第一,评判具体暴力行为有无"高度致害的危险性",应当以社会上一般人的认识能力和水平为基本评价标准。这是因为,日常生活中发生的各种暴力侵害行为,尽管外观表现林林总总,可具体危害又可能差异细微,不同评价主体很容易产生判断上的差异性。为了规范、统一认识和判断,我们有必要确立一个相对客观统一,且易于掌握识别的衡量标准。于是,基于社会上一般人的认识能力和水平的"经验法则"就应运而生。具体地说,在日常生产、生活中,人们业已形成某些共同的生活经验或倾向性看法。例如,上述典型案件显示,此类案件大多发生在父母教育子女、家庭成员间日常争吵,以及邻里、朋友间因生活琐事而偶发的冲突之中。就主观罪过内容来说,行为人通常出于殴打对方使其身体上遭受一时疼痛或精神上感到一定羞辱的想法,以图教训出气、发泄愤懑或者报复逞强之心,但大多没有严重伤害他人身体组织或机能之意。就客观行为表现来说,无论是推搡、掌掴,还是拳打、脚踢等暴力行为,在多数情况下只会造成他人身体的暂时疼痛或者轻微伤害(如淤血红肿等),一般不属于可以致人重伤或死亡的重度加害行为(除非发生在某些特殊场域或者对象身上)。也就是说,依据常识判断,此类突发性的轻微暴力致人死亡行为构成过失致人死亡罪是比较适合的。若要超出常规,将其认定为出于严重加害他人故意的重度伤害行为[故意伤害(致人死亡)罪],则应详细说明隐藏于轻微暴力背后的主客观特殊事由(如特别场域、对象或条件等),否则就有违公众认知,不符经验法则。

第二,确定具体暴力行为究竟是严重加害还是一般殴打行为,必须结合具体案情、运用综合评判方法才能作出定论。其理甚明,生活中的案件都是具体的,尽管多数案件可以归入通常类型作出判断结论,但经验告诉我们,常规中总会有例外。如果遇到某些特殊情形,我们仍然沿用常规思维去判断,就难免会走向错误的边缘。举案例说明:某日凌晨时分,三个年轻人酒后寻衅滋事,因琐事争执即穷追不舍欲殴打一个过路青年,被害人跑到河边见无路可逃,即跳入河中致溺水身亡。虽然尸检被害人的身体未见任何打击伤痕(各共犯人并未追上被害人实施围殴行为),但依据案发时的时空条件、力量对比及各被告人加害犯意的顽固性等特定的、综合性因素来考量,数个青年于酒后奋力追打孤立无援的被害人,完全有造成他人身体严重伤害后果的可能性;反之,若要排除发生严重危害后果的危险性,认定只会造成被害人肉体的一般疼痛感或者轻微伤害,倒是缺少实在可信的事实根据作支撑。因此,依据一般社会观念及具体的案件场景作综合评判,将本案认定为故意伤害(致人死亡)罪,当属合情、合理、合法。倘若片面强调行为人没有实际围殴被害人(俗称"打也没打");或者尸检报告亦未显示轻伤程度以上的实害结果(因有人主张成立故意伤害致人死亡罪,应以被打部位出现轻伤以上的危害结果为标志),因而主张并不成立重度伤害行为;或者单纯看重事后各名被告人所作的没有预谋过严重加害,只是想一般殴打被害人的一致辩解,本案就很可能排除行为人的伤害故意,仅仅依据危害结果认定为过失致人死亡罪。毋庸赘言,将此类动辄群殴他人且已致人死亡的案件机械地认定为过失犯罪,既与社会公众的一般法律观念、情感认知相左,客观上也显见轻纵犯罪之虞。

概言之,区分一般殴打与严重伤害行为及其罪过内容,应当全面考虑打击的工具或手段、打击的部位与力度、周边的环境或条件、被告人与被害人的冲突利害关系,以及双方的体质、体能差异等多种因素,①唯有基于经验法则进行综合性的分析判断,才有望得出相对完整、准确的辨析结论。

关于第二个争议焦点,即"应当预见"与"无法预见"的区分问题,应当讲,我国刑法通说中已有深入阐发或精到论述。② 从司法实践经验来看,笔者感到可以稍作强调的是,在具体认定思路与方法上,有必要分别切入事实判断与价值取向两个维度,借此有助于果断厘清相关边际界限。详言之,鉴别"应当预见"与"无法预见"本属主观事实的判断问题。从本质上讲,主观认识是对客观事物的能动反映,只有透过相应的客观事实,才能准确把握主观认识的具体内容。于是,切入以下两个事实要点,有益于解析"应当预见"与"无法预见"的甄别难题:一是危害行为的致害危险性,即行为人使用的暴力程度越高,其预见致人死亡结果的可能性越大;反之则越小。二是因果关系的结构单复性,即因果关系本身越直接、越简单,行为人预见危害结果的可能性越大。倘若危害行为本身的原因力较小,造成危害结果的原因力又包含多种复杂因素,则行为人预见危害结果的可能性就会自然趋小。至于是否达到"无法预见"的程度,在不少场合下事实本身可能很难显示清晰的界限(即步入事实的边缘模糊地带)。遇此情境,我们就有必要引入法律价值取向,据此作出最终取舍与决断。此类典型实例如抢劫罪与强拿硬要型寻衅滋事罪的区分问题,两罪在暴力取财的行为特征上十分相近。司法实务上之所以比较一致地主张将未成年人实施的使用轻微暴力夺取少量财物的行为认定为寻衅滋事罪,与其说是犯罪构成要件上的明晰分界,毋宁说是司法政策和法律价值取向上的一种理性选择;亦即此类危害行为不宜作为严重罪行来处罚,而是适宜充分体现对于未成年人犯罪的宽宥处罚之精神。在轻微暴力致人死亡的案件中,考虑行为人毕竟是故意出手,且结果已致人死亡,如前所述,至少选用过失犯罪来否定、约束行为人的粗暴恶行,是符合法律正义精神的;倘若例外地判定为无罪过的意外事件,则必须详细阐明事实和法律的充实理据。

三、个案分析及裁判要点

上述法理辨析显示,轻微暴力致人死亡类案件的定性争议主要在于:行为人主观罪过的有无及类型,即是出于严重加害故意的过失致人死亡案(具有双重罪过),还是单纯的过失致人死亡案(仅具单一罪过),抑或无罪过内容的意外事件。由于主观事实的相对隐蔽性和模糊性,在认定方法上应当运用一般人的日常生活经验与常识,结合具体案情来综合分析判定。

在上述第一类案件中,由于行为人的暴力行为直接导致被害人的死亡结果,其因果关系相对简单、直观,行为人认知自己实施的危害行为及其结果的可能性较大,具有主观罪过心理的程度较高,因而此类案件需要解决的主要问题是:究竟是构成故意伤害(致人死亡)罪,还是过失致人死亡罪。此类案件通常并不发生认定意外事件的可能性。

要区分以上两罪,关键在于查明行为人是否具有严重加害他人的意思及行为。在案例一载明的被告人陈某夫妇暴打年幼女儿致死案中,因案件发端于父母教女识字,且被告人随手使用的拖鞋、鞋刷等打击工具及连续抽打的臀部、手臂等非致命部位,均可表现被告人行为的节制性,加之相互间的特殊关系等因素,应当认为陈某夫妇绝无严重加害自己女儿的犯意及行为。将本案认定为故意伤害(致人死亡)罪,可能忽略了本罪所必需的"具有严重加害他人的犯意及行为"的规范构成要素,事实上对应的法定刑幅度为10年以上有期徒刑直至死刑,明显显现刑度过高,极易导致罪刑失衡。至于本案所引发的致人死亡结果,认定陈某夫妇具有应当预见而没有预见的

① 王作富:《刑法论衡》,法律出版社2004年版,第264页。
② 高铭暄、马克昌主编:《刑法学》(第5版),北京大学出版社、高等教育出版社2011年版,第115页。

疏忽大意之过失罪过，以过失致人死亡罪论处，当属更为合理，亦足以起到罚当其罪的惩戒功效。案例二显示的情形则有所不同。被告人曹某系智识正常的成年人，虽因比拼酒量等生活琐事而滋生打斗，但将被害人压在身下并用双手掐其脖颈，从被告人使用的手段行为的强度及其严重危害后果来看，尽管可以综合全案案情排除行为人的故意杀人之犯意（包括放任他人死亡结果发生的间接故意），若要再行排除行为人具有严重加害他人的故意及行为，则显得比较勉强。因为日常生活常识昭示，成年人用双手掐人脖颈，是很容易致人死伤的高度危险行为。对其认定故意伤害（致人死亡）罪，应当讲既充分体现刑法上的谦抑原则之精神，同时也符合罪刑相当之刑法基本原则的要求。

在第二类案例中，由于行为人的暴力行为诱发被害人的严重疾病导致死亡结果，从因果关系角度来看，被害人的自身疾病往往是致死的主要原因，暴力行为只是诱发因素。对于此类案件定性的倾向性可以大致确定：一方面，一般排除认定故意伤害（致人死亡）罪，因为将仅属次要诱因的危害行为独立作为重罪处罚，显然容易导致罪刑失衡。另一方面，暴力行为与死亡结果之间毕竟存在一定的因果关系，且行为人应当对此具有概括性的认识；之所以当时没有认识，绝大多数都可以归为疏忽大意的原因，故认定过失致人死亡罪，当属合法有据。只有在极少数例外情况下，若行为人的暴力程度确实较小或显有节制，而被害人的身体又外显强健时，不能排除认定意外事件的可能性。

如案例三所示，被告人赵某虽然与被害人系多年夫妻，但并不知晓被害人患有脑血管硬化疾病。在试图逃离丈夫酒后追打过程中随手拾起一只皮鞋抽打其头部一记，显然没有严重加害自己丈夫的犯意及行为，故二审法院改判过失致人死亡罪，殊为可取。就案例四而言，被告人张某与被害人梁某某因邻里纠纷而发生徒手互殴，一阵激烈打斗之后梁某某突发冠心病致心力衰竭死亡。就常理来说，邻里纷争引起的徒手打斗事件，多以出气教训对方为目的，少有严重加害对方之犯意，定性应以慎用重罪为宜。但不能忽视的是，有些徒手打斗也表现凶狠，发力仿佛毫无节制。如果由此诱发被害人的严重疾病而死亡，法律上仅作意外事件来评价，其规制效果肯定阙如，遑论足可以儆效尤。这里可能需要厘清一下"意外感觉"与意外事件的界限。一场突发性的打架事件诱使他人暴病而亡，大家对于被害人的疾患突现感到意外是无可厚非的，但不能简单地与法律上的意外事件画等号。因为，感到意外只是表明行为人当时没有预见到危害结果。意外感觉的对象，通常是具体的因果关系及过程，感性认识往往占据主导成分；而意外事件是理性认识与判断的结果，其评判的对象及标准是行为人对于自己实施的危害行为及其造成的危害结果是否具有概括性的认识，并不要求预见到具体的因果过程。即使是行为人当时没有概括地预见到危害结果，只有进一步达到"不能预见"的程度，才能认定意外事件。如上所示，行为人可以因为之前并不知晓被害人患有严重的冠心病而对其突发致死的事实感到十分意外；但是，对于没有节制的徒手打击行为也可能在某些情况下导致他人受伤乃至死亡的事实，则属于日常生活经验上应当也能够预见的内容。反过来讲，徒手打击绝不可能致人伤亡的命题，倒是与人们的日常生活经验不符，此一危害行为与结果之间的因果关系不属于人们"无法预见"的情况。即使行为人当时没有预见到危害结果，但仍然属于人们"应当预见"的内容，因而具有疏忽大意的过失，理当承担相应的罪责。所以，对于一般打架冲突中出现致人死亡的案件，仔细研判行为人所使用暴力的轻重程度及有无节制表现等，乃是区分过失致人死亡罪与意外事件的关键所在。

第三类案件与第二类案件存在一定的共性，即同属于多因一果致人死亡类型；不同之处是复杂原因的来源有些区别。具体地说，第二类案件中作为致死主因的严重疾病往往具有内隐的特点，通常较难被人目测发现；而第三类案件中作为介入因素的外物及周边环境等都是外部存在的客观事实，人们只要稍加留心即可映入眼帘。因此，第三类案件的行为人应当负有更多的注意义务，不大可能发生“无法预见”的意外事件。至于行为人的暴力致人死亡行为是构成故意伤害罪还是过失致人死亡罪，则需要具体考量个案情况予以认定。如案例五中的被告人王某在戏谑女青年徐某的过程中，被上前理论的徐某突然抽打一记耳光。王某系在暴怒之下，不假思索地推打被害人的左右肩膀各一掌，致被害人倒地遭卡车碾压死亡。该瞬息间连环发生的情形，应当属于比较典型的被告人应当预见而没有预见的情况，一审法院经重审改判过失致人死亡罪并予以从重处罚，应属更为恰当。案例六的情形也十分相似，同样是在被害人先动手的情况下出手还击。两者的重要共同特征就是，被告人的加害行为近似本能反击，转瞬间缺少清晰判断与理智处理。对于此类由一时冲动酿成罪错的行为，作为过失犯罪处罚是合适的，足可起到不枉不纵的惩戒功效。当然，如果发现被告人有故意利用外在介入因素或环境条件加害被害人的情形，则须另当别论，依法以故意犯罪论处。在量刑方面，此类案件宜适当重于第二类。哪怕是同样触犯过失致人死亡罪，被告人的主观罪过程度大多也会更为凸显。

第四类案件明显不同于前面三类，即被告人并未实施攻击性的暴力行为，在导致悲剧发生的多重原因中，被害人自身失误占据相当的比重。因此，要求被告人对于被害人的失误行为及其后果迅即作出预断和适当反应，在通常情况下是存在相当困难的。基于法律不能强人所难的基本精神，对于此类行为在刑事上作为意外事件处理，在民事上依因果关系判定被告人承担必要的赔偿责任，对于当事人及社会来说，足可起到警戒与弥合作用。相反，如果让被告人为主要因他人自身失误所产生的严重危害后果承担刑事责任，则有悖于刑法的公正性。如案例七所示，被告人张某与被害人陶某在公交车上发生争执，张某为了摆脱拉扯而用力转身、奔向车内，该行为很难言之大错。与之形成对照，陶某因拖拽不住一脚踏空以致倒向车外受伤，其自身过错显露无遗。倘若要求张某对于陶某的失当举动及受伤过程（也即别人的失误）具有预见能力和防止义务，则难免产生苛责之虞，故一审法院作为意外事件判决是不无道理的。案例八的情况大致相仿，被告人游某与母亲因琐事发生争执，在母亲冲上来欲夺取其手中的铁铲时没有松手（表现任性），但并未实施拖拽等明显的过错行为。母亲因自身用力过猛致站立不稳而倒地，此情也属于顷刻间发生的非常意外情况。如果以游某对老人负有防止其跌倒受伤的谨慎注意义务为由，判定游某的行为构成过失犯罪，则无异于要求年轻人在母亲面前不得有任何的任性举止，造成危害结果的即可刑罚加身。很显见，这一要求不尽合乎情理。况且，本案中的被告人与被害人系母子关系，霎时酿成大祸已经让被告人悔恨交加，若此刻再动用刑罚予以处罚，与刑法的最后手段性特性亦不尽契合。

综上所述，正确处理轻微暴力致人死亡案件，需要关注三个重点：第一，在刑法解释层面，所涉相关犯罪各有质的规定性，应当注重从罪质、罪量两个方面厘清相关界限；既要从危害行为的主客观事实特征上分辨犯罪，也要从危害程度上把握不同罪行的边际范围。尤其是法定刑轻重对于相关犯罪界限的限定作用，应当在规范解释论上得到充分体现。① 不然的话，罪刑相当原则就可能在此落空。第二，在司法认定层面，法条规定多以典型犯罪样态为对象，而实践中的具体

---

① 由于我国刑法中有些罪状表述侧重于行为特征描述，并不涉及罪量程度，导致实务上忽略罪量要素的情况时有所见。以抢劫罪为例，刑法理论与实务界对于本罪中所涉暴力的最高限度已达成共识（即包含故意杀人行为），但是对于最低限度则鲜有关注，以致不少同人将极其轻微的所谓“暴力”也纳入该罪范畴。再如，入户盗窃与扒窃行为，也有不少解释论者忽略了犯罪与违法行为的程度差别，主张按字面含义解释为行为犯。这些都是忽略罪量要素的具体例证，值得一并引起重视。

个案经常表现出不同程度的非典型性或者复杂性，也即形式上与多种犯罪都具有某种程度的符合性，同时又具有明显的差异性。对此，应当立于刑法实质合理性的基础立场，以实现罪刑相当原则为判断取舍之依据。轻微暴力致人死亡案件在整体上与过失致人死亡罪具有实质上的该当性，故以本罪论处为原则，以其他处理为例外是合适的。第三，在刑罚裁量层面，仔细甄别案件类型，轻微暴力致人死亡案件可以大致归为上述四类。其外观形式上与上述三种定性皆有关联，其实质危害性却各有偏重、不可相互混同；即令多数案件都可认定过失致人死亡罪。但落实到具体量刑上，应适当关注类别差异，以实现刑罚处罚的协调性及司法裁判的公正性为依归。

疑罪从无原则司法适用若干问题研究

□刘静坤*

司法实践中，由于人的认识能力、司法资源等方面的限制，有的案件难以查明事实真相，控诉方对犯罪事实的证明未能达到证据确实、充分的法定证明标准，案件处于疑罪状态。传统上，对疑罪的处理存在疑罪从轻、疑罪从挂等做法。尽管疑罪从轻、疑罪从挂优于疑罪从有，但仍然存在冤枉无辜的可能性，在本质上是有罪推定的表现，不符合人权保障的要求，也容易导致冤错案件。坚持疑罪从无，是司法机关认定刑事案件待证事实应当遵循的重要证据法则。①

一、坚持疑罪从无原则应摆脱的认识误区

近年来，陆续发现的多起重大冤错案件，都是实行疑罪从有或者疑罪从轻所致恶果的活生生的实例。有些人虽然认识到冤错案件的严重危害，在观念上认同疑罪从无，但却由于各种顾虑而未能在实践中真正坚持疑罪从无。

一些人之所以不敢坚持疑罪从无，主要是担心实行疑罪从无可能导致放纵犯罪。实际上，这种担心是不必要的。在我国现行诉讼制度下，坚持疑罪从无原则，是严格执行法定证明标准、严格依法办案的内在要求，而且放纵犯罪的风险可以得到控制。对于定罪证据不足的案件，人民法院依法宣告被告人无罪，虽然可能导致一些事实上有罪的人暂时未能被定罪，但我国刑事诉讼法并不实行“一事不再理”原则，法院因证据不足依法宣告被告人无罪后，侦查人员仍需继续对案件进行调查，如果经调查发现因证据不足而被宣告无罪的被告人并非犯罪行为人，就需要重新寻找犯罪嫌疑人；如果经深入调查，继续收集相关的证据材料后，认为被无罪释放的被告人是犯罪行为人，也可以依法重新提起指控，放纵犯罪的风险可以得到控制。因此，不能片面地将坚持疑罪从无等同于放纵犯罪。

疑罪从轻、疑罪从挂实际上是有悖法律要求的权宜之计，并不可取，要深刻地认识到背离疑罪从无原则可能导致的严重后果。以往实践显示，疑罪案件特别是重大犯罪案件，如果不能坚持疑罪从无原则，一旦出现错判，不仅将会导致冤枉无辜，而且由于侦查和后续诉讼程序的指向出现了偏差，还将导致真正的罪犯长期逍遥法外，有的罪犯出于逍遥法外的侥幸心理或者亡命徒心理，极易继续实施违法犯罪。可见，坚持疑罪从无原则，依法作出证据不足、指控的犯罪不能成立的无罪判决，尽管可能会暂时放纵犯罪，但这种风险可控；而背离疑罪从无原则的要求，可能导致冤枉无辜和放纵犯罪的双重恶果，有的甚至可能导致产生新的犯罪。

---

* 最高人民法院刑三庭助理审判员，法学博士、博士后。

① 沈德咏：《论疑罪从无》，载《中国法学》2013 年第 5 期。

二、疑罪的认定标准和常见情形

坚持疑罪从无原则，首先必须明确什么是“疑罪”。刑事诉讼法所规定的疑罪是指证据不足，不能认定被告人有罪。进一步来讲，疑罪是指定罪的事实不清、证据不足。案件中一般的细枝末节问题和不影响定罪事实的疑点，不可轻率适用疑罪从无原则。①

根据《最高人民法院、最高人民检察院、司法部、公安部关于办理死刑案件审查判断证据若干问题的规定》(以下简称《办理死刑案件证据规定》)对“证据确实、充分”证明标准的界定，所谓定罪的事实不清、证据不足，主要是指据以定罪的证据之间、证据与案件事实之间存在矛盾，或者根据证据认定案件事实的过程不符合逻辑和经验规则，全案证据不能得出被告人有罪的唯一结论。

关于疑罪的认定，可从证实与证伪两个方面进行把握。一方面，从证实的角度，根据刑事诉讼法的规定，公诉案件中被告人有罪的举证责任由检察机关承担，据此，检察机关应当提供确实、充分的证据证实被告人有罪。如果检察机关提供的证据不足以认定犯罪行为就是被告人实施，就属于法律所规定的疑罪。进一步来讲，疑罪是检察机关未能实现证明责任的结果，不以被告人是否认罪为前提。即使被告人笼统认罪，但如其认罪供述的真实性缺乏保障，在案证据未能达到法定证明标准，也不能认定被告人有罪。另一方面，从证伪的角度来看，疑罪不同于存在无罪证据的案件。如有证据证明被告人是无辜者，就该被告人而言，案件显然不是疑罪，应当依法宣告被告人无罪。这种无罪不是基于疑罪从无原则所宣告的无罪，而是事实上的无罪。

实践中，“疑罪”案件有许多表现形式，常见的有以下三类：

第一类是以非法收集或者真实性缺乏保障的被告人口供作为主要指控根据的疑罪案件。有的案件，检察机关提供的证据材料很多，但这些证据材料大多仅能证明犯罪事实存在，不能证明被告人与犯罪事实之间的关联，实际上主要是以被告人口供作为指控犯罪的根据。但由于被告人口供缺乏其他证据的有效印证，真实性缺乏保障，不能作为定案的根据，最终导致证据不足，不能认定被告人有罪。

第二类是被告人提出的辩解理由导致对指控的犯罪事实存在合理怀疑的疑罪案件。有的案件，没有直接证据证明被告人有罪，虽有客观证据能够建立被告人与现场或者被害人之间的关联，但被告人否认犯罪，并对客观证据提出合理的辩解，现有证据不能推翻该辩解，最终导致无法排除其他人作案的可能性，不能得出被告人作案的唯一结论。

第三类是关键定罪证据之间存在实质性矛盾的疑罪案件。有的案件，犯罪事实虽有证据证明，但关键定罪证据之间存在无法排除的矛盾。证据之间的矛盾，既包括直接证据之间的矛盾，如证人证言与被告人供述的矛盾，或者被告人供述与被害人陈述的矛盾等；也包括直接证据与间接证据之间的矛盾，如证人证言与现场勘查笔录、尸体鉴定意见的矛盾等。这种矛盾应当是指实质性的矛盾，即对犯罪行为就是被告人实施这一事实存在的矛盾。此类矛盾如能得到排除，也就排除了合理怀疑。但如此类矛盾无法排除，例如，被告人供述与被害人陈述之间对是否存在犯罪事实、犯罪行为是否为被告人实施等实质性问题存在矛盾，结合在案证据无法确定上述关键证据的真伪，不能排除上述证据之间的矛盾，就属于未能排除合理怀疑的疑罪。

三、刑事案件中各类事实证据疑问的处理方法

实践中，案件可能存在多种事实证据疑问。具体到个案，有必要区分不同类型的事实证据疑问，对案件作出相应的处理。

---

① 沈德咏：《论疑罪从无》，载《中国法学》2013 年第 5 期。

（一）定罪事实存疑和量刑事实存疑的处理

案件事实可以分为定罪事实和量刑事实，前者决定能否认定被告人有罪，后者决定对被告人判处的刑罚。实践中存在定罪证据存疑和量刑证据存疑两种情形。我们所说的疑罪是指定罪事实存疑（或称定罪证据不足）的案件。

根据《最高人民法院关于建立健全防范刑事冤假错案工作机制的意见》（以下简称《防范冤假错案意见》）第六条的规定，对于定罪证据不足的案件，因未能达到认定被告人有罪的证明标准，应当坚持疑罪从无原则，依法宣告被告人无罪，不得降格作出"留有余地"的判决。而对于定罪证据确实、充分，但影响量刑的证据存疑的案件，在认定被告人有罪的前提下，应当在量刑时作出有利于被告人的处理。① 从2007年《最高人民法院、最高人民检察院、公安部、司法部关于进一步严格依法办案确保办理死刑案件质量的意见》到《防范冤错案件意见》，应始终坚持这种处理方法。

（二）定罪证据存疑和定罪证据瑕疵的处理

一些疑罪的存在，是由于案件中的关键定罪证据因不具有证据能力或者证明力而不能作为定案的根据，进而导致案件的证据体系存在根本缺陷，无法达到证据确实、充分的证明标准。实践中要注意区分定罪证据存疑和定罪证据瑕疵两种情形。

所谓定罪证据存疑，是指定罪证据的真实性没有保障或者不能排除非法取证的可能性，依据法律和相关规定不得作为定案的根据。例如，鉴定意见表明，送检的现场血迹经DNA鉴定为被告人所留，该鉴定意见是关键的定罪证据，但由于现场勘查笔录没有记载该血迹的情况，也没有专门的提取笔录，导致该血迹的来源不明，依据相关规定，该鉴定意见不得作为定案的根据。又如，有的案件没有客观证据，主要凭借被告人供述定案，但被告人辩称遭到刑讯逼供，现有证据不能排除非法取证的可能性，依据法律规定，该被告人供述不得作为定案的根据。上述情况下，如果排除相关的定罪证据后，其他证据不能达到确实、充分的证明标准，就属于疑罪，依法不能认定被告人有罪。

相比之下，如果定罪证据只是在收集程序、方式上存在瑕疵，并不必然予以排除。依据相关规定，对此类瑕疵证据可以进行补正或者作出合理的解释。存在瑕疵的定罪证据，经过补正或者作出合理解释后，可以采用，并不影响案件事实的认定。但如果定罪证据的瑕疵不能补正或者作出合理解释，依据相关规定，该证据不能作为定案根据的，如其他证据不能达到确实、充分的证明标准，也属于疑罪，依法不能认定被告人有罪。

（三）客观证据关联性存疑和客观证据缺失情形的处理

有观点认为，案件如果存在实物证据、科学证据，如血迹、指纹和相应的DNA、指纹鉴定意见，就表明案件证据非常扎实，不会产生疑罪，更不会导致冤错案件。实际情况并非如此。我们强调切实改变"口供至上"的观念和做法，注重实物证据、科学证据的审查和运用，但同时也不能迷信实物证据和科学证据，同样要注意对实物证据和鉴定意见的审查判断。证据越是重要，审查判断越要严格。具体分析如下：

1. 客观证据关联性存疑情形的处理

实物证据和鉴定意见属于间接证据，需要结合案情和其他证据才能证明案件事实。案件中，如有实物证据和鉴定意见建立被告人与现场或者被害人的关联，就需要进一步审查这种关联是否与

---

① 需要指出的是，这里主要指的是控诉方提出不利于被告人的量刑事实的情形。实践中，被告方提出有利于己方的量刑事实，也要提供相应的证据材料。一般认为，被告方对有利于己方的量刑事实的证明，可以适用优势证据标准，如果未能达到该标准，也不能认定相应的量刑事实。

犯罪事实有关。如果客观证据与犯罪事实的关联性存疑,就需要结合案情和其他证据作出判断。

对于被告人与被害人系熟人或者存在特定联系的案件,虽然实物证据和鉴定意见能够证明被告人与被害人或者现场的关联,但这种关联可能与犯罪事实无关,仅凭此不能认定被告人有罪。例如,卖淫女在出租房内被抢劫杀害的案件,在卖淫女被害前,可能有多人出入该出租房,并且留下生物证据,这些生物证据有助于查找犯罪嫌疑人,但其中一些人可能仅仅是与被害人从事性交易,并非杀人凶手,只有结合其他定罪证据才能认定被告人与犯罪事实的关联,进而认定被告人有罪。

对于有实物证据和鉴定意见证明被告人与现场或者被害人之间关联的案件,被告人否认犯罪并提出辩解的,不能简单地否定被告人的辩解,要结合案情审查被告人的辩解是否成立。例如,一起险些酿成错案的案件,被告人某甲与其工友某乙同在一处打工,某乙抢劫杀人后,将抢得的被害人衣服(该衣服上残留着被害人的血迹)放在某甲所住工棚内,之后某乙潜逃外地,某甲对此毫不知情。因天气转凉,某甲不知工棚内被害人的衣物是从哪里来的,就随手穿上该件衣服。随后侦查机关在当地排查,发现某甲穿着被害人的衣服,并从该衣服上检出被害人血迹,随即认定某甲有重大作案嫌疑。某甲最初否认犯罪,并辩称其不知晓被害人衣服的来历,但办案人员认定其辩解系狡辩,该案可能存在刑讯逼供等非法取证情形,最终某甲作出认罪供述。案件到了审判阶段,碰巧某乙在潜逃过程中继续作案被警方抓获,某乙归案后主动交代前述案件实际上是其所为,侦查机关从某乙身上查获被害人的财物,某乙又供述作案后将被害人衣物放在某甲工棚内的情况,最终该案真相大白。

2. 客观证据缺失情形的处理

刑事诉讼法规定,侦查人员必须依照法定程序,收集能够证实犯罪嫌疑人、被告人有罪或者无罪、犯罪情节轻重的各种证据。有的案件,侦查机关因工作疏忽而遗漏了可能证明犯罪嫌疑人无罪的证据,或者虽然收集了可能证明犯罪嫌疑人无罪的证据,但基于有罪推定的观念,先入为主地自行排除了无罪证据,仅仅随案移送不利于被告人的证据,这些情况都可能导致冤错案件发生。如果案情表明现场极有可能存在某些实物证据,但案卷材料中却没有此类证据,则表明侦查机关可能现场勘查工作不细,遗漏关键证据,甚至可能故意隐匿有利于犯罪嫌疑人的证据。此类案件存在较大的错判风险。

关于侦查机关选择性移送有罪证据的情形,陈建阳案就是典型的例证。该案中,侦查机关在两辆被抢出租车上共提取到30余枚指纹和掌纹,且其中一枚系疑似血指纹,经比对无一系陈建阳等人所留,但现场勘查笔录却未记载提取到指纹和掌纹的情况,相关比对结果也未随卷移送。显然,如果此类实物证据和鉴定意见移送给法院,必将引起合理怀疑,错案也能得以避免。

为全面、准确查明事实,法官审查判断证据不能局限于卷宗材料中已有的证据,而是应当认真分析案情,判断现场是否可能存在相应的实物证据。例如,杀人案件现场一般应当存在血迹,强奸案件现场一般应当存在精斑等证据,如果案卷材料中没有此类证据,法官就应当提高警惕,建议检察机关补充侦查,对上述情形作出合理的解释。例如,被告人胡某故意杀人、强奸案,[①]公诉机关指控胡某强奸杀人,胡某曾作出认罪供述,但随后辩称其没有强奸杀害被害人,有罪供述是侦查人员不让其睡觉而被迫编造的。法院经审查认为,根据胡某作出的有罪供述,现场或者被害人体内应当留有胡某的精斑,胡某割被害人颈部所用的镰刀及其所穿衣服上可能有被害人的血迹,但案卷材料显示,从现场及被害人体内没有提取到胡某的精斑,也未从胡某的镰刀及其所

① 参见《胡某故意杀人、强奸案》,载《刑事审判参考》(总第95集),法律出版社2014年版,第68~69页。

穿衣服上检出被害人的血迹。鉴于此,法院多次询问侦查机关是否提取精斑等痕迹物证,但侦查机关一直答复称,胡某强奸时系体外射精,因案发后下过雨,所以没有提取到相关痕迹物证。法院经审理认为,公诉机关指控胡某强奸杀人的事实不清、证据不足,建议公诉机关撤回起诉。该案撤回起诉后,法院获悉侦查机关在现场勘查时从被害人阴道内检出精斑,并已将该精斑和被害人、胡某的血样送交鉴定部门进行 DNA 鉴定,遂多次向侦查机关催要鉴定意见。后经鉴定,从被害人阴道内检出的精斑与曾因犯强奸罪被判刑的赵某某一致,经讯问,赵某某供认抢劫、强奸并杀害被害人的犯罪事实。该案中,法官认真分析案情,发现关键的客观证据缺失,而侦查机关没有提取相关血迹和精斑的说法存在重大疑点,据此坚持疑罪从无原则,避免了错案发生,并发现了真凶。

此外,要正确处理被告人供述和客观证据的关系,对于被告人供述与客观证据存在矛盾的,不能简单地以被告人供述否定客观证据。

(四)死刑案件相关事实证据疑问的处理

死刑案件人命关天,防范冤错案件的要求应当更加严格。尽管一般认为,从定罪的角度来看,死刑案件和普通刑事案件的证明标准是一致的,都要求证据确实、充分。但具体到实践中,死刑毕竟是剥夺生命的刑罚,这与剥夺自由的监禁刑有本质差异,因此在适用死刑时不得不更加慎重。死刑案件中的事实证据疑问,有的也涉及疑罪从无原则的适用问题,在此一并作一简述。

最高人民法院复核的死刑案件,有的以事实不清、证据不足为由发回高级人民法院重新审判。这些发回重审的案件究竟是应当宣告无罪还是在量刑上留有余地? 对此要区分不同的情况处理。

第一,有的案件定罪事实确实、充分,但有利于被告人的量刑事实存疑,如该量刑事实影响到死刑的适用,在量刑时通常要考虑留有余地。《办理死刑案件证据规定》第三十六条规定,不能排除被告人具有从轻、减轻处罚等量刑情节的,判处死刑应当特别慎重。例如,被告人在死刑复核阶段辩称系自首,在被告人提供初步线索材料的情况下,不能排除被告人构成自首,此种情况下,如果自首情节将影响到死刑的适用,当该量刑事实存疑时,可以作出有利于被告人的处理。当然,对《办理死刑案件证据规定》第三十六条的规定也不能作僵化理解。如果被告人的犯罪手段特别残忍,犯罪后果特别严重,所犯罪行极其严重,如残忍杀害多名儿童,杀人后又分尸等,即使不能排除被告人具有从轻、减轻处罚等量刑情节的,仍然可对该被告人适用死刑。

第二,有的案件决定对被告人适用死刑的事实(如被告人犯罪的时候已满 18 周岁)存疑,此种情况下不能适用死刑。《办理死刑案件证据规定》第四十条规定,未排除证据之间的矛盾,无充分证据证明被告人实施被指控的犯罪时已满 18 周岁且确实无法查明的,不能认定其已满 18 周岁。例如,有的案件虽然户籍证明显示被告人已满 18 周岁,但被告人在死刑复核阶段提出其实际年龄不满 18 周岁,是为参军等目的而改大年龄,被告人出生地村民等也证明被告人不满 18 周岁,此种情况下,如果不能排除证据之间的矛盾,无法确认被告人已满 18 周岁,依法不得适用死刑。

对于上述两种情形,有的案件是以"部分事实不清"为由发回重审,这里之所以表述为"部分事实不清"而非"犯罪事实不清",就在于现有证据足以认定被告人有罪,即定罪事实没有疑问,但有利于被告人的量刑事实或者决定对被告人适用死刑的事实存疑,结合个案具体情况,在量刑时作出有利于被告人的处理。

第三,有的案件定罪事实存疑(或者说定罪证据不足),此类案件发回重审后,重审法院可以建议人民检察院补充完善证据或者撤回起诉。如果补充证据后,指控的犯罪事实达到证据确实、充分的证明标准，可以认定被告人有罪；如果未能补充完善证据，或者即使补充一定的证据，但定罪证据仍然不足的，就应当坚持疑罪从无原则，依法宣告被告人无罪，不得降格作出留有余地的判决，切实避免冤错案件发生。

第四，对于共同犯罪案件，要在依法查清各被告人的地位、作用基础上，决定能否对某个被告人适用死刑。《办理死刑案件证据规定》第五条在界定死刑案件的证明标准时明确要求，共同犯罪案件中，被告人的地位、作用均已查清。有的共同犯罪案件，现有证据足以认定各被告人有罪，但基于严格控制和慎重适用死刑的刑事政策，在无法查清被告人在共同犯罪中的地位、作用，不能确定谁是罪责最重的主犯的情况下，如果犯罪后果不是特别严重，就不能简单判处某个被告人死刑。不过，对于多名被告人共同致一名被害人死亡的情形，即使不能确定谁是直接致死被害人的凶手，但如能认定某个被告人是犯罪的组织者或者造意者，在共同犯罪中系罪责最重的主犯，结合案件情况，也可对该被告人适用死刑。

第五，有的案件现有证据可以认定被告人与犯罪事实之间的关联，被告人也供认参与犯罪，但辩称他人系罪责最重的主犯，自己的地位作用相对较小。如果现场和案情并未显示其他人涉案的迹象，被告人所称的主犯经查并无其人或者与案件事实并无关联，排除该人涉案的可能性，就可以基于在案证据对该被告人定罪处罚。不过，如果现场和案情显示系多人作案，被告人所称的主犯确有其人且犯罪嫌疑未能排除的情况下，如现有证据不能确认被告人系罪责最重的主犯。例如，在杀人案件中，现有证据不能证实被告人是直接致死被害人的凶手，就不能简单判处该被告人死刑。此种情况下，对于发回重审的案件，重审法院应当建议公诉机关及时补充调查。如果经补充调查，被告人所称的主犯确有其人，与案件存在关联，但因在逃而未能抓捕归案，对该被告人量刑时一般要留有余地。

关于强制网络裸聊行为性质认定问题的探讨

□赵俊甫*

一、问题的提出

被告人沈某通过QQ与被害人包某某（15周岁）聊天，获知其基本信息后，于2013年11月17日23时许，谎称包某某电脑中了病毒，已秘密拍摄包某某的裸照，以将包某某的裸照发布到互联网为由，胁迫包某某脱衣露出乳房、下体等隐私部位，裸体与其视频聊天，沈某边观看边自慰，同时将包某某裸体视频进行录像并保存在自己电脑中供以后自慰时观看。同月22日21时许，沈某与包某某聊天时，胁迫包某某与其同学被害人卢某某（不满14周岁）在视频中脱掉衣服，相互舔对方乳房，供其边观看边自慰，同时将裸体视频录制并保存在电脑中。沈某采取类似上述方式，分别于2013年8月、11月，胁迫被害人游某某（不满14周岁）、文某某（15周岁）裸体与其视频聊天，供其自慰时观看并录制了相关视频。

我国刑法第二百三十七条规定了强制猥亵、侮辱罪和猥亵儿童罪，但对于何谓“猥亵”，刑法和相关司法解释尚未作出明确界定，实践中存在一定争议。在上述案例中，对被告人沈某强制被害人裸体网聊的行为是否构成强制猥亵罪、猥亵儿童罪（为行文简洁，以下统称猥亵犯罪），存在两种不同意见：

* 最高人民法院刑一庭法官，法学博士。

一种意见认为,被告人沈某的行为不构成猥亵犯罪,主要理由是:强制网络裸聊不同于强制猥亵行为,网络裸聊仅在于聊和看,行为人与被害人不在同一物理空间,双方没有身体上的接触;而刑法中的猥亵一般表现为对妇女抠摸、亲吻、搂抱等行为。因此,沈某强制他人网络裸聊不属于刑法中的猥亵行为。

另一种意见认为,被告人沈某的行为已构成猥亵犯罪,主要理由是:不能以被告人与被害人是否在同一物理空间,是否有身体实质接触来判断是否存在猥亵犯罪行为。沈某以在网络发布被害人裸照为由,要挟被害人在视频中露出隐私部位供其自慰观看,对被害人形成了精神强制;迫使被害人脱光衣服暴露身体隐私部位供其观看,侵害了妇女的性自主权,与直接进行身体接触的猥亵行为相比,二者侵害的法益本质上是相同的,故沈某的行为已经构成猥亵犯罪。

上述争议的焦点在于,强制网络裸聊是否属于猥亵犯罪规制的行为类型?对非接触性的猥亵行为定罪处罚需要考虑哪些因素?鉴于近年来类似案件时有发生,实践中存在不同认识,确有探讨的必要。

二、从妨害被害人性自主权的角度把握猥亵的本质内涵及表现形式

猥亵概念属于规范性构成要件要素,其内涵往往受社会环境与伦理风尚变迁的影响,而呈现出不同特征,并受制于一国刑法的具体规定。例如,根据我国刑法对强奸罪、猥亵犯罪的规定和一般理解,强奸与猥亵均是妨害被害人性自主权的行为,两者的主要区别在于行为方式不同,强奸一般是指男性对女性的强行性交行为,猥亵通常是指用性交以外的方式对被害人实施的能够满足性欲和性刺激的淫秽行为。据此,强奸罪与猥亵罪的规制对象范围呈此消彼长之势,男性以生殖器侵入女性生殖器的行为,为强奸罪所规制,自应排除在"猥亵"概念范畴之外;而女性以生殖器与男性生殖器相交合的行为,在我国因不构成强奸罪,也应认定在"猥亵"行为方式之内。由于我国刑法对强奸罪采取的仍然是狭隘定义,即以生殖器对生殖器的侵入行为为限,由此,异性或同性之间进行的违反对方意愿的鸡奸、口交等性行为,也属于猥亵犯罪所规制的行为类型。除此之外,对被害人身体隐私部位进行抠摸、舌舔等行为,一般也理解为猥亵犯罪的行为方式。

对猥亵的通常理解和行为方式的上述列举,大多停留在对被害人人身直接接触的层面,但从猥亵犯罪的本质来看,只要是妨害或推定妨害被害人性的自主权,足以刺激或满足性欲,并冒犯普通公民性的羞耻心或引起其厌恶感的淫秽行为,即属猥亵,行为方式不一而足,因此,不应局限于行为人是否直接接触了被害人身体。例如,行为人施以暴力脱光被害人衣物,触摸被害人下体,属于猥亵无异;而行为人威吓被害人自己当场脱光衣物进行自慰,供其观看,尽管行为人没有触摸被害人隐私部位,但同样妨害了被害人性的自主权,而且从社会一般观念来看,是一种足以刺激或满足性欲、冒犯公民性的羞耻心的淫秽行为,将该行为解释为对被害人实施了猥亵,是合乎逻辑的。由此推演,行为人强迫被害人观看自己自慰,也属对被害人的猥亵。

强制网络裸聊行为的特殊之处在于,被告人与被害人居于不同物理场所,被告人强制被害人裸体与其聊天,均是通过网络技术在虚拟空间进行,既未直接接触被害人身体,也未当面目睹,似与实践中常见的猥亵犯罪方式有别。但是,根据如上分析,实践中的犯罪行为样态各异,判断一种行为是否属于猥亵,应参酌社会一般观念,立足于考察是否具备妨害被害人性的自主权并有伤风化的特质,据此分析判断所谓的新型手段是否符合"猥亵犯罪的类型化",而非拘泥于行为人采取何种方式侵犯刑法所保护的相应法益。况且,现代信息技术的发达,已经大大改变、拓宽了人与人之间传统的交往沟通方式,包括新的犯罪方式亦层出不穷,我们也需与时俱进,更新对猥亵手段的传统认知。上述案例中,沈某以在网络发布被害人裸照为由,要挟被害人在视频中露出隐私部位供其观看,侵害了妇女的性自主权,亦属有伤风化的淫秽行为。该强制网络裸聊行为与直接进行身体接触的猥亵行为相比，只是表现形式不同，本质上均是对被害人的伤害，与普通猥亵犯罪侵犯的法益具有相当性，将其解释为猥亵犯罪构成要件预设的行为类型，并未远远超出一般公众所能理解和接受的认知范畴。

三、准确区分猥亵一般违法行为与猥亵犯罪的界限

在我国，往往对许多同一类型的危害社会行为，依据情节轻重区分行政违法与刑事违法，即"出行入刑"或"出刑入行"，但实践中，两种性质不同的违法类型的界限并非泾渭分明，而是经常存在重合交叉状态。刑法总则第十三条但书规定"情节显著轻微，危害不大的，不认为是犯罪"，作为原则，提出了犯罪行为的量的限制；在刑法分则中，以各种各样量的限制性语言表明具体犯罪的成立，如情节严重、情节特别严重、情节恶劣、数额较大、后果严重等。分则中除直接明示的罪量情节外，还存在一些默示的要求罪量的罪名，猥亵犯罪即为适例。刑法第二百三十七条规定，以暴力、胁迫或者其他方法强制猥亵他人或者侮辱妇女的，处五年以下有期徒刑或拘役；猥亵儿童的，依照上述规定从重处罚，条文本身似未要求罪量情节。但治安管理处罚法第四十四条规定，猥亵他人的，处五日以上十日以下拘留；猥亵智力残疾人、精神病人、不满十四周岁的人或者有其他严重情节的，处十日以上十五日以下拘留。因此，同属猥亵行为，引起的法律责任并不相同，如果不从刑事处罚的必要性角度考虑，就无法准确区分罪与非罪。类似本案网络裸聊行为也是如此，并非只要形式上属于猥亵，就必然构成刑事犯罪。

从猥亵犯罪立法沿革考察。1979年刑法并未规定单独的猥亵犯罪，而是将该类行为规定为"流氓罪"，即"聚众斗殴，寻衅滋事，侮辱妇女或者进行其他流氓活动，破坏公共秩序，情节恶劣的，处七年以下有期徒刑、拘役或者管制"。1997年刑法修改时，将流氓罪一分为四，即猥亵犯罪（强制猥亵、侮辱妇女罪，猥亵儿童罪）、聚众斗殴罪、寻衅滋事罪、聚众淫乱罪。其中，1984年《最高人民法院、最高人民检察院关于当前办理流氓案件中具体应用法律的若干问题的解答》（已失效）列举解释了侮辱妇女情节恶劣构成流氓罪的情形，如"用淫秽行为或暴力、胁迫的手段，侮辱、猥亵妇女多人，或人数虽少，后果严重的，以及在公共场所公开猥亵妇女引起公愤的""在公共场所故意向妇女显露生殖器或者用生殖器顶擦妇女身体，屡教不改的""鸡奸幼童的；强行鸡奸少年的；或者以暴力、胁迫等手段，多次鸡奸，情节严重的"，等等。由此足见，尽管现行刑法中规定的猥亵犯罪并未明示"情节恶劣"等限定性条件，但在司法适用时秉持刑法谦抑性原则，对"猥亵"予以适度的限制解释方为妥当。我国没有性骚扰的法定概念，但对于一些情节显著轻微的性冒犯行为，作为治安违法的猥亵行为予以处罚是适当的。

尤需注意的是，现行刑法规定，"在公共场所当众猥亵"的，应处五年以上有期徒刑，即猥亵犯罪的情节加重犯，而根据1979年刑法规定的流氓罪及有关规范性文件，在公共场所实施猥亵仅系入罪情节之一，而非法定刑升格条件，由此现行刑法规定在部分案件中可能造成法律适用的两难困境。例如，在地铁、公交车、游泳馆等场所以肢体触碰被害人胸部或下体等隐私部位数秒钟，总体情节一般，如果认为属刑法中的"猥亵"，则无疑符合"在公共场所当众猥亵"的加重情节，但对该行为判处五年以上有期徒刑，明显违背一般人的罪刑观念，造成形式上合法而实质上不甚合理；如果认为该行为情节轻微，那么，就不构成犯罪，仅系治安管理处罚的对象。两相权衡，我们认为，对猥亵行为是否论罪判刑，不能仅作形式上的判断，还必须综合考虑猥亵手段、针对的身体部位、持续时间长短、对被害人身心伤害大小、对社会风尚的冒犯程度等因素，对刑事处罚的必要性予以实质把握。

强制网络裸聊虽属猥亵行为，但是否构成猥亵犯罪，亦离不开价值判断，需综合考虑事实、情节及对社会良好风尚的冒犯程度，对刑事处罚的必要性予以实质把握。考虑网络通信、聊天中双方非直接接触的虚拟性等特点，如果行为人言语胁迫被害人通过视频观看自己实施自慰等淫秽行为的，一般不宜以猥亵犯罪论处，必要时可予以治安管理处罚。对于强制被害人裸聊的时间短暂，被害人人数、裸聊次数较少，手段、情节及危害一般的，对行为人是否予以刑事处罚需慎重把握。而在聊天交友等过程中，以公开被害人隐私等相要挟，胁迫被害人自行拍摄裸照或影像视频后通过网络或手机彩信等传输给行为人的，属于对被害人的猥亵，但在入罪与否的把握上同样要遵循上述判断原则。

在本文所引上述案例中，被告人沈某借助网络通信手段，精心编织骗局，利用未成年人少女社会阅历尚浅，施以哄骗、威胁，迫使多名被害人在视频中暴露身体隐私部位，或做出淫秽动作，以供其观看，满足淫欲，而且还对聊天视频刻录光盘留存，无论是客观上对被害人的身心伤害、对社会风化的影响，还是主观恶性，被告人沈某所实施的猥亵行为均具备刑事处罚的必要性。

刑事证据裁判的规则与方法
——基于聂树斌案再审判决书的考察

□于同志*

聂树斌案（以下简称聂案）再审判决书共计 1.4 万余字，其中约 1.2 万字在阐述证据的审查与运用，尽可能“让证据说话”是其最大特色。证据是证明犯罪的唯一渠道，从这一意义上讲，证据裁判应是刑事审判的核心环节。从司法实践来看，作为证明案件事实的材料，证据本身时常纷繁复杂，甚至真假混杂，这不仅要求法官首先练好内功，锻造出火眼金睛从而能去伪存真，更要在规范层面明确证据裁判的具体要求，为个案办理提供指引。聂案再审判决的法治意义无疑是多方面的，而其细化和确立的证据裁判规则与方法，尤为值得法学理论及实务部门研究和借鉴。

一、全面裁量证据

依法全面收集能够证明被告人有罪或无罪、罪重或罪轻的各种证据，是刑事诉讼法对案件办理的基本要求。如果严格贯彻执行刑事诉讼法关于收集证据的规定，通常一个案件容易出现有利于被告人的证据和不利于被告人的证据共存的局面。客观、公正地进行证据裁判，必然要求对被告人有利与不利的两方面证据都要充分考虑，不能顾此失彼。而对一个已经作出生效有罪判决的刑事案件来说，重新审判并推翻原判决，需要原判决“在认定事实上或者适用法律上确有错误”。认定原判决在认定事实方面确有错误，要么是有新的事实或证据，要么是通过重新裁判原有证据得出新的结论。无论是哪一种情况，推翻原判都要有足够的理由和依据。对于聂案这样的被告人多年前已被执行死刑的案件，推翻原判，宣告无罪，更要慎之又慎。在没有新证据出现的情况下，通过重新裁判原有证据得出新结论，必然要求更为全面、客观和细致地分析与论证原审的所有证据材料。

在聂案中，既有证明被告人有罪的证据，也存在一些与有罪证据相矛盾的反证，正如再审判决所指出的，“本案缺乏能够锁定聂树斌作案的客观证据，聂树斌作案时间不能确认，作案工具花上衣的来源不能确认，被害人死亡时间和死亡原因不能确认”，“聂树斌有罪供述的真实性、合法性存疑，有罪供述与在卷其他证据供证一致的真实性、可靠性存疑”等。再审判决既高度重视审查不利于被告人的证据，也高度重视审查有利于被告人的证据。不仅如此，在原审作出有罪判

---

* 最高人民法院审判员，法学博士、博士后。

决，申诉人多年坚持无罪申诉，同级检察机关认为原审判决认定事实不清、证据不足的情况下，更是加大了对定罪的反证性证据的审查力度。比如，将视线投射到被告人归案后前5天作出的含有无罪辩解的讯问笔录，虽该笔录已经缺失，但合议庭通过分析在卷材料和调查研究，确认被告人曾作过无罪辩解，因此仍对此反复审查并进行判断。由此，该案再审在证据裁判上不仅针对在卷的所有证据，还注意审查相关证据与线索显示的其他材料或信息。这就拓展了证据裁判的范围。

聂案再审判决充分说明，运用证据认定案件事实时，对有利于被告人的证据（特别是证明无罪的反证）不仅不能忽视，还要给予更多关注、重点审查，这是构建定案的严密证据体系所必需的。所谓千里之堤溃于蚁穴，定案的证据体系即是如此。从近年来纠正的刑事冤错案件来看，案卷材料中均不同程度地存在定罪的反证性证据或者疑点，而对于这些有利于被告人的证据材料或者信息，原审时法庭也大多不同程度地发现了问题，但都未能予以充分重视，亦未能采取有效措施，以致铸成大错。

定罪证据存疑，往往意味着该证据的真实性没有保障或者不能排除非法取证的可能，因此，该证据经审查后，要么不具有证据能力，要么不具有证明力或证明力极低而依法不能作为定案依据，进而导致案件的证据体系存在根本缺陷，无法达到“证据确实、充分”的证明标准。所以，只要是定罪上存在可能产生合理怀疑的“疑点”，就应当引起重视，绝不放过。要善于把反证放到全部证据中去分析、研判，既要从关联性、客观性和合法性入手进行审查，又要注重从其与相关证据材料的比对、印证方面进行判断，必要时还应依程序开展补查、补证工作，以确保定案的证据体系上不存在疑点或疑点都得以排除。

二、证据关联性审查

聂案再审判决指出原审定案证据体系存在九大问题，首要的便是聂树斌的抓获经过与康某被害案之间缺乏关联性。从证据裁判的要求来看，认定事实必须依据合格证据。“合格证据”有多重含义，其中之一便是该证据要与待证事实之间有“关联性”。如果缺乏关联性，则不是适格的证据，不可以进入诉讼中，更不得作为定案依据。所以，“关联性是证据进入诉讼的第一道‘门槛’，是证据的首要属性”。① 基于此，在刑事诉讼中运用每一项证据时，都应该像聂案再审那样，首先关注其有无关联性。其次，证据与待证事实之间的联系应是客观的，不以人的主观意志为转移的。对证据与待证事实关联程度的评判，虽然有个体认识的差异性，但绝不能脱离在案证据去臆测。聂案原审认定，侦查机关根据群众反映将聂树斌抓获从而将案件侦破，但原审卷宗内却没有群众反映聂树斌涉嫌实施本案犯罪的任何证据或线索，甚至具体是哪些群众反映的证据也没有。因此，聂树斌的抓获经过，显然不具有证据的适格性，也就不能据此确定其为犯罪嫌疑人。

此外，聂案再审判决从抓获经过入手解构原判证据体系，也有重要的方法论意义。其一，从实际来看，抓获经过通常是刑事案件侦破过程中侦查机关第一时间收集到的证据材料，也是所有证据中最为直接并相对更为客观的第一手材料，规范、客观、全面、细致的抓获经过，不仅直接关乎定案，而且对案件来源、立案时间、强制措施的运用等程序性事实，以及自首、坦白、悔罪等量刑情节都能起到重要证明作用。所以，刑事案件办理中应当重视对抓获经过的制作以及运用。其二，抓过经过虽然由侦查人员出具，但“没有人在自己的案件中被视为可靠的证人”，如作为定案依据仍要经法定程序查证属实。其三，对抓获经过应当结合在案的其他相关证据综合审查判断，必要时通知侦查人员到庭作出说明。对于经审查缺乏其他证据或线索支持的“孤证”，不得作为

---

① 马秀娟：《论证据的关联性及其判断》，载《政法学刊》2008年第6期。

定案依据。

三、有罪供述审查

证据裁判要求认定事实必须依据查证属实的证据，换言之，定案证据应是客观真实的，证据的客观性审查是证据裁判的重要方面。通常来讲，对据以定案的每一项证据，都要依照法定程序审查其客观性。而对于客观证据缺乏，主要依据供证一致定案的案件，更要加大对被告人供述客观性的审查力度。就聂案原判而言，不能说定案全部依据被告人的有罪供述，毕竟还有现场提取的自行车、凉鞋、连衣裙、内裤等物证，尸体检验报告、现场勘查笔录和照片以及证人余某某、侯某某的证言等。但在锁定被告人作案这一关键事实的证明上，客观证据缺乏是不争事实，如果排除明显存疑的抓获经过，主要就是聂树斌的口供了。如果能够保证聂树斌有罪供述的真实性，那么结合其他在案证据，仍可依法作出有罪判决，但恰恰其有罪供述的真实性是存疑的。

再审判决至少从五个方面对此作了分析：(1)从供述本身入手，指出被告人对关键事实的供述前后矛盾、反复不定、随证而变、不合常理。(2)从供证一致入手，指出被告人的供述虽然与现场勘查笔录、尸体检验报告等内容基本一致，但由于存在先证后供等问题，难以保证供证一致的可靠性。(3)从取证合法性入手，指出有罪供述的取得，不能排除存在指供、诱供的可能。(4)从经验情理入手，指出被告人关于偷拿花上衣自穿等供述，不符合生活常识。(5)从供述完整性入手，指出聂树斌被抓获之前5天的讯问笔录缺失，由此严重影响了在卷讯问笔录的客观性等。上述对被告人有罪供述的审查思路，对其他刑事案件办理也有重要借鉴意义。

特别是，再审判决注意对供证一致区分出“先证后供”与“先供后证”两种不同情形。对于“先供后证”的案件，由于被告人供述在先，根据其供述、指认进一步取得其他物证、书证、证人证言等，有的还提取到隐蔽性强的客观性证据，由此既能建立被告人与这些证据之间的关联性，又能印证被告人的供述具有可靠性，所以“先供后证”所形成的供证一致体系，往往具有较强的证明力。但“先证后供”则不同，被告人归案前，侦查人员在侦破案件过程中已经掌握了相关证据情况，除非能够确保被告人供述的自愿性和合法性，否则很难确定其供述的真实性。故在此情形下，即便被告人的供述与在案其他证据形成印证关系，其证明价值也相对较小。从实践看，在“先证后供”的案件中，由于侦查人员根据相关证据或线索事先已经锁定了嫌疑人，一旦其归案拒不供认，个别侦查人员为突破口供，有可能采取指供、诱供甚至逼供等非法手段。纵观近年来纠正的刑事冤错案件，在侦查机关已经发现作案现场及被害人尸体的情况下，被告人对现场勘查、尸体检验等方面的一致性供述往往与侦查人员指供、诱供、逼供有关。所以，仅凭被告人的供述与现场勘验、检查、指认等笔录以及尸体检验情况一致就认定被告人作案，往往并不可靠。如果案件同时缺乏客观证据，供证一致又不能完全排除指供、逼供、诱供可能，在认定被告人有罪时务必慎之又慎，以免酿成错案。

聂案再审判决作出后，社会上仍有个别不同声音，认为原判认定聂树斌作案正确。主要理由是，聂树斌归案后作了有罪供述，并且其有罪供述与现场勘查笔录、尸体检验报告等内容基本一致。该意见既未能认识到聂树斌的有罪供述本身存在的前后矛盾、反复不定以及可能受指供、诱供等问题，也未能意识到本案作为“先证后供”案件在证据运用上所具有的特殊性，更是忽视了现场勘查、指认、辨认等笔录本身就存在不规范甚至违法并由此导致相关证据的证明能力丧失的问题。

当然，我们说“先证后供”对认定案件事实的价值低，并没有否定此类案件据此认定的可能性。对于“先证后供”的案件，只要证据确实充分、形成完整的证据锁链，仍然可以定案，特别是在有目击证人或者提取到了直接客观性证据的案件中,如现场遗留有被告人的血迹、指纹、足迹、精液等,以及抓获被告人时从其身上或住所查获了被害人的手机、银行卡、首饰等物品,由于在案证据充足,即使是先证后供,也不影响定案。而聂案显然不具有上述情形。

四、客观证据审查

刑事诉讼法学界根据证据内容的载体不同,将刑事证据分为主观证据与客观证据。主观证据是以人为证据内容载体的证据,包括犯罪嫌疑人、被告人的供述和辩解、被害人陈述、证人证言等。此类证据需要通过对人的调查来获取其所掌握的证据信息,由于人的认知会随着外部环境和内在动机的变化而发生改变,所以它具有较强的易变性和不稳定性,容易造假,故司法实践中一般都比较重视审查主观证据。

客观证据是指以人以外之物为证据内容载体的证据,包括物证、书证、鉴定意见、勘验、检查、辨认、侦查实验等笔录、视听资料和电子数据等。① 从证据裁判的角度,任何据以定案的证据都要经过法定程序查证属实。但由于客观证据的载体为客观之物,其外部特征、性状及具体内容等方面受人的主观意志影响较小,通常具有较强的稳定性和可靠性,故刑事诉讼中对其审查工作容易被忽视,不细加审查以及不知如何审查的问题在审判实践中较为突出。

而聂案再审特别重视对上述客观证据的审查:(1)从客观证据缺失入手,指出现场勘查未能找到直接证明被告人实施故意杀人、强奸犯罪的任何痕迹物证,导致案件缺乏锁定被告人作案的客观证据。(2)从证据关联性入手,指出现场勘查提取到的缠绕被害人尸体颈部的花上衣,其来源无法查清,由此该花上衣与被告人之间的联系难以确定。(3)从证据合法性入手,指出辨认程序没有依法进行,导致用于被告人辨认的花上衣与缠绕尸体颈部的衣物是否同一存在疑问,由此认定花上衣为被告人故意杀人的作案工具的证据不足。(4)从客观证据内容入手,指出原判据以定案的尸体检验报告没有提取、检验被害人的胃内容物以确定死亡时间,且法医亦未根据被害人尸体蛆虫情况对其死亡时间作出推断,由此导致被害人的死亡时间不能确认。(5)从客观证据之间印证入手,指出现场勘查笔录虽然记载花上衣缠绕被害人尸体颈部,尸体检验报告进一步记载被害人"符合窒息死亡",但却未能作出确定性的鉴定意见,由此导致被害人死亡的具体原因不明。(6)从客观证据与被告人供述、证人证言等证据比对入手,指出现场勘查笔录、尸体检验报告等证据与后者存在不协调甚至相矛盾的情况,由此不仅揭示了客观证据的局限性,也表明了被告人供述等言词证据的真实性存疑。基于上述由表及里、层层深入的分析论证,再审判决很自然地就得出了"本案存疑"的结论。这种对待客观证据的态度以及具体裁判思路,对一线办案无疑有着重要启示意义。

一方面,要重视审查客观证据。主观证据虽然在复述案件全貌方面有着得天独厚的优势,但其在证据内容的稳定性和可靠性上远不如客观证据,"严刑之下其造假的可能性很高","我们传统意义上所提到的'口供中心主义'所产生的冤假错案中,起主要作用的正是被害人陈述,犯罪嫌疑人、被告人供述和辩解等主观性证据"。② 所以,有效防范冤假错案件,应当扭转长期存在的主观证据为中心、口供至上的倾向,树立客观证据优先的理念,高度重视和加强对客观证据的审查,进而引导侦查机关注重调取客观证据。另一方面,要提高审查客观证据的能力。客观证据虽然有较强的稳定性和可靠性,但也不能迷信客观证据,不经审查就直接采用。办案中不仅要保持好

---

① 樊崇义、赵培显:《论客观性证据审查模式》,载《中国刑事法杂志》2014 年第 1 期。

② 樊崇义、李思远:《刑事证据新分类:客观性证据与主观性证据》,载《南华大学学报》(社会科学版)2016 年第 1 期。

奇、求真的欲望，充分挖掘客观证据，善于从案件的边边角角中发现问题，还要重视对客观证据进行科学解释，全面、细致地把握证据蕴含的信息。对全案证据不仅要逐一进行审查判断，还要综合进行审查判断，无论是何种证据，只有经甄别后具备真实性、关联性、合法性的，才可作为定案根据。但逐一审查判断证据，并非孤立地进行，亦应将该证据与全案证据进行综合比较、分析，以便排查矛盾与疑点。

五、证据合法性审查

证据裁判所要求的据以定案的"合格证据"，不可能是非法证据，这决定了对证据的合法性审查是证据裁判的重要组成部分。但从实践来看，这方面仍存在不少突出问题：一是对证据不敢或不能进行合法性审查和判断；二是不清楚合法性审查的重点，甚至认为非法证据主要是刑讯逼供等手段获取的口供，从而忽视了其他非法证据类型；三是不知道如何进行合法性审查，包括审查方法和判断依据不明等。

聂案再审判决，第一，在摆事实讲道理的基础上明确地指出有关机关存在违规甚至违法办案的问题，包括现场勘查无见证人违反规定，辨认、指认不规范等，并由此判定原审所采信的指认、辨认笔录不具有证明力，可谓立场坚定，态度鲜明，充分体现了对程序公正和证据裁判理念的坚守；第二，不仅重点审查被告人供述的合法性，指出不排除指供、诱供的可能，被告人供述的真实性存疑，还审查了现场勘查及辨认、指认笔录等证据，由此将合法性审查作为每一项证据裁判不可或缺的环节，充分体现了对证据合法性审查的重视；第三，针对不同证据类型采取灵活多样的审查方式，对被告人供述主要从甄别其供述内容并结合其他相关证据或线索进行审查，对现场勘查及辨认、指认笔录主要从其有无违反程序规定的角度进行审查；第四，对是否存在非法取证立足于事实及证据进行判断，因没有发现原办案人员在制作讯问笔录时实施刑讯逼供的证据，而对申诉人的相关主张不予采纳等。上述对证据合法性审查的司法立场及裁判思路，同样具有指导意义。

从实践来看，非法取证是刑事案件办理中的"重大隐患"。近年来纠正的刑事冤错案件中，大多不同程度地存在非法取证行为。甚至可以说，"刑讯逼供、非法取证是导致冤假错案发生的主要原因"。[①] 所以，必须把证据的合法性审查放在更为突出的位置，切实通过审判环节强化对"证据合法"的要求，引导和督促侦查机关"合法取证"。

六、证据缺失裁判

证据裁判的基础是案件的全部证据。办案机关要依照法定程序，收集能够证明犯罪嫌疑人、被告人有罪或者无罪、犯罪情节轻重的各种证据，并将这些证据通过庭审举证等方式提交法庭。我国刑事诉讼法在1979年制定时就对此明确提出要求，其后的两次立法修改也都作了重申。但囿于各种原因，实践中有一些案件的证据（特别是有利于被告人的证据）虽然已经提取到，但诉讼进行中被忽略甚至灭失而最终未能移交法庭裁判。例如聂案，被告人归案后前5天在侦查机关作过含有无罪辩解的供述，但相关笔录材料在原审卷宗中缺失。案发之后前50天内侦查机关对多名证人进行询问并制作了笔录，但这些证人证言也全部缺失。有证据证明聂树斌所在车间案发当月的考勤表已被公安机关调取，该考勤表详细记载了聂树斌的每日出勤情况，对认定其有无作案时间有重大价值，但原审卷宗中亦缺失该证据。上述证据曾经收集在案，但在原审卷宗中缺失而未能移送法院，显然不符合相关法律规定。并且，该证据缺失还严重影响对具体证据的裁判和事实认定。诚如再审判决书所指出的，"聂树斌被抓获之后前5天的讯问笔录缺失，严重影响

---

① 李婧：《官方称刑讯逼供非法取证是冤假错案主因》，载人民网，最后访问日期：2015年10月16日。

在卷讯问笔录的完整性和真实性”;“原审卷宗内案发之后前50天内证明被害人遇害前后情况的证人证言缺失,严重影响在案证人证言的证明力”;“聂树斌所在车间案发当月的考勤表缺失,导致认定聂树斌有无作案时间失去重要原始书证”等。

从司法实践来看,证据缺失问题并非聂案所独有,至今在一些案件中仍然存在。由此带来的疑问是,如果案件的某些证据被忽略或遗失而未提交法庭该如何裁判?在有的案件中法庭可能根据公诉机关已提交的证据径行作出裁判,虽然此举不违背举证认证法则,但必然会给案件的证据采信和事实认定埋下隐患,严重影响刑事案件的审判质量。聂案再审判决开创性地提出:首先应由原办案机关作出合理解释,进而重新评估在案相关证据的证明力。当原办案机关对有关证据缺失不能作出合理解释时,法庭可以就缺失证据作出对被告人有利的裁判意见。这是一个有着重要现实意义的证据裁判规则,不仅为类似案件的办理提供了权威性的参照样本,也必将促进有关部门进一步规范诉讼行为、严格依法办案。

七、疑罪认定处理

聂案再审是按照疑罪从无原则宣告被告人无罪的。疑罪从无原则是一项基本司法原则。但对何谓“疑罪”,理论及实务上至今仍有认识分歧。聂案再审判决指出:“原判据以定案的证据没有形成完整锁链,没有达到证据确实、充分的法定证明标准,也没有达到基本事实清楚、基本证据确凿的定罪要求。原审认定聂树斌犯故意杀人罪、强奸妇女罪的事实不清、证据不足。”由此也就明确了疑罪的认定标准。

所谓疑罪,就是指定罪的事实不清、证据不足。如果按照“两高三部”2010年发布的《关于办理死刑案件审查判断证据若干问题的规定》(以下简称《规定》)对“证据确实、充分”证明标准的界定,所谓定罪的事实不清、证据不足,是指据以定罪的证据之间、证据与案件事实之间存在矛盾,或者根据证据认定案件事实的过程不符合逻辑和经验法则,全案证据不能得出被告人有罪的唯一结论。该界定对疑罪的范围作了限定,其一,排除了量刑上的事实不清、证据不足;其二,必须是定罪证据和主要案件事实上存在疑点,如果案件中存在一般的细枝末节问题和不影响定罪事实的疑点,不属于“疑罪”。

聂案发生于1994年,理应依据当时的“两个基本”来判断。“两个基本”是指认定有罪必须达到“基本事实清楚,基本证据确凿”。其中,基本事实是指按照刑事法律规定足以影响定罪量刑的事实,即决定被告人的行为是否构成犯罪、构成何罪、罪行轻重的事实;基本证据是指对案件的基本事实起决定性证明作用的证据,即直接关涉定罪量刑的证据。“两个基本”旨在强调,办案不要纠缠案件事实证据的细枝末节,而要卡死案件的基本事实和基本证据。这是对证明对象的缩小,不是证明标准的降低。所以,“两个基本”与1979年刑事诉讼法实施以来我国一贯坚持的“证据确实、充分”的证明标准并无实质差异,故参考《规定》对“定罪的事实不清、证据不足”的具体阐释,来理解和把握“两个基本”也无多大问题。

聂案再审判决对“疑罪”作了很好的注解。一方面,从证实的角度来看,检察机关承担证明被告人有罪的举证责任,应当提供确实、充分的证据来证实被告人有罪。如果其提供的证据不足以认定犯罪行为系被告人实施,就是我们讲的“疑罪”。换言之,疑罪是检察机关未能实现证明责任的结果,本身不以被告人是否认罪为前提。即使被告人笼统认罪,但如其有罪供述的真实性缺乏保障,在案证据未能达到确实、充分标准,也不能认定被告人有罪。另一方面,从证伪的角度来看,疑罪不同于存在无罪证据的案件,如果有证据证明被告人是无辜者(如能确认王书金系真凶),则案件不再属于疑罪,而应当依法宣告被告人无罪。这种无罪不是基于疑罪从无原则宣告的无罪,而是事实上的无罪。

基于以上分析，对刑事案件证明标准的理解，也应当从正反两个方面来把握。详言之，作出有罪认定，要能保证所有的证据都指向被告人，且没有证据指向其他人（即定案证据体系上没有疑点或疑点得以排除）。换言之，既要从正面证实的角度做到内心确信，又要从反面证伪的角度排除合理怀疑、得出唯一结论。而所谓的“疑罪”，就是在案证据对被告人是否犯罪既不能证实也不能证伪的案件。这些案件，有的在司法证明上能够做到正面证实（在案证据都指向被告人），但未能实现反面证伪（案件尚有疑点，他人作案的可能性不能完全排除），有的干脆正反两方面都满足不了证明要求，这是作出有罪认定应予坚决避免的。

对于“疑罪”，在一些案件中未能作无罪宣判，部分作了疑罪从轻、疑罪从挂的处理。这些处理本质上都是有罪推定的表现，不符合人权保障的要求，也极易导致冤错案件，无论是可能的风险还是现实的危害都很大。这方面可谓教训深刻！聂案再审按照党的实事求是、有错必纠的一贯方针，果断地依法宣判被告人无罪，坚定地实践了党的十八届四中全会提出的证据裁判、疑罪从无等法律原则，这在人民法院的刑事审判工作中具有里程碑意义。试想一下，对这样一起20余年前被告人已经被执行死刑的“历史悬案”，都敢于按照疑罪从无原则宣告被告人无罪，在今后的刑事审判实践中，我们更要毫不顾虑地坚守疑罪从无！

八、综合裁判方法

聂案是一起“各方关注、重大复杂的历史疑案”。其再审工作的难度之大超乎想象，只要通读一遍再审判决书就会有深切感受。本案事发多年、证据残缺、信息较多、真假混杂等状况，决定了再审时证据裁判的立场、思路、视角和方法等，对案件正确认定具有重要意义。概括地讲，该案再审证据裁判做到了“坚守一个立场、遵循两个进路、立足三个视角、善用多种方法、坚持因材施法”。

“坚守一个立场”，即实事求是。本案发生在20世纪90年代，受当时执法理念、执法条件、执法水平等因素的影响，办案中存在不少程序瑕疵、不规范甚至违反程序规定的做法，导致证据本身存在不少问题。本案再审时能够坚持以历史的眼光，实事求是、客观理性地看待，不纠缠于细枝末节，但是对其中严重违反法定程序，导致在案证据真实性、合法性存在重大疑问，证明力受到严重影响等关系到案件基本事实是否能够认定、基本证据是否确实充分的问题，不回避、不含糊，并坚持以案发当时的法律作为评判依据，力避以现行标准评价历史案件。

“遵循两个进路”，即分别从证据能力和证明力入手，对原审定案的证据逐一进行审查，通过摆事实讲道理，认定有的证据属于缺乏关联性，不具有证据能力，从而不能作为定案依据；有的证据属于取证违规甚至违法，从而导致其证明力降低甚至丧失等。

“立足三个视角”，即将证据的关联性审查、客观性审查和合法性审查结合，贯彻全面审查原则，不放过任何一个疑点。

“善用多种方法”，是指聂案再审对证据审查不仅综合运用了个别甄别、同一认定、比较印证等评判方法，同时积极运用了实证调查的方法，赴案发地核实相关证据，察看案发现场、被害人上下班路线、聂树斌被抓获地点及其所供偷衣地点，询问部分原办案人员和相关证人，并就有关尸体照片及尸检报告等证据的审查判断咨询刑侦技术专家等。

“坚持因材施法”，是指聂案再审针对不同的证据类型各有侧重地采取了相应的审查方法。概括地讲，对被告人供述、证人证言等主观证据侧重于从证据内容入手审查，对物证、鉴定意见、现场勘验、检查笔录等客观证据侧重于从证据形式入手审查。在具体分析思路上，首先进行单个证据的分解验证，继而对相关证据进行比对分析，最后立足于全案证据进行综合判断。正是坚持因材施法、对症下药、全面审查、客观评定，从而清晰地揭示出原审定案证据体系上存在的问题，并由此顺利地得出具有较强说服力的裁判结论。

需要特别指出的是,聂案再审还注重依照经验逻辑法则审查核实证据。例如,在评判本案原办案人员当年的行为和事后的解释时多次使用了"不合常理"这一表述;在对被告人供述进行客观性审查时,认为其关于偷拿花上衣自穿的供述不合常识,等等。这种运用经验常理裁判证据的理念,既有助于正确认定事实,也会提升社会公众对裁判的认同感,具有重要导向作用。

"从近年来纠正的冤假错案来看,很多案件从侦查之初,就不仅违背了法律规定的诉讼程序和办案规则,而且背离了常情常理,违背了生活的逻辑",由此将案件的"侦查方向引入歧途,最后酿成冤错案件"。① 例如,呼格吉勒图案,被告人是一个刚成年且涉世未深的年轻人,在主动向公安机关报案时因害怕而精神有些紧张,本属正常,但是办案人员却据此认为他有犯罪嫌疑以致弄假成真。又如,浙江张氏叔侄案,二被告人是没有任何前科劣迹的正经生意人,且受熟人之托,顺道带一个女孩至杭州。按照生活常识,这种人不可能在光天化日之下将该搭便车的女孩先奸后杀,但办案人员却背离常识地认定叔侄二人系真凶,以致酿成冤错案件。再如,杜培武案,被告人作为一名警察,工作及生活均正常,没有表现出任何犯罪潜质和迹象,且案发时正潜心准备法律本科文凭考试,但却被认定故意持枪当面杀害自己的妻子及其警察同学并陈尸车上等。一个个鲜活的实例表明,背离司法良知和常识常情办案,就容易误入歧途。

"生活经验虽然不能像理论法则那样揭示事物之间联系的规律性,但它揭示的事物之间的某种常态联系、某种程度的可能性或盖然性,也可以作为审查判断证据的重要依据。"②所以,在审查运用证据认定案件事实时,一方面,我们绝不能仅凭"经验"就认定案件事实,无视证据规则的"唯经验论"是错误的;另一方面,证据裁判和事实认定也绝不能无视生活常识和常理。应当注意将法律上的程序及证据规则与经验层面的常识常理结合起来裁量。这也是聂案再审判决给予我们的一个重要启示!

余　论

裁判文书是对审判过程及结果的客观记载,其中证据裁判的内容,应当成为裁判文书制作的重点之一。但从实际来看,目前刑事裁判文书普遍重视记载证据裁判的结果,能够详细列出采纳了哪些证据定案,而对证据裁判的过程则反映不够。证据如何裁判,其意义不仅仅在于具体个案中能否对被告人定罪和处以刑罚,还在于品评侦查及公诉活动的质量与合法性等。放在以审判为中心的诉讼制度改革的大背景之下,证据裁判就有了更为广泛和深远的法治意义。所以,当前刑事裁判文书制作的改革方向之一,就是要把证据裁判作为一个重要方面,全面、客观地反映证据采信过程。而聂案再审判决书无疑是一个范例!

"杭州保姆纵火案"审理中的几个法律适用问题

□梁　健*　阮铁军**

在杭州市被告人莫焕晶放火、盗窃案审理过程中,社会各界对于刑事诉讼中管辖异议权的行使、被害人在刑事二审程序中的诉讼地位、物业管理不足和消防救援与该案严重后果之间是否存

① 胡云腾:《向群众和传统学习司法智慧》,载《中国审判》2016年第19期。

② 江健等:《客观性证据审查模式探索》,载《检察日报》2015年8月25日。

* 浙江省高级人民法院刑一庭副庭长,法学博士,第二届全国审判业务专家。

** 浙江省高级人民法院研究室副主任。

在刑法上的因果关系等问题存在不同认识,对此,我们进行了认真分析。

一、对于管辖异议,上级法院是否必须依申请作出指定管辖决定,以及辩护人擅自离庭行为是否可以被认定为拒绝辩护

在一审第一次庭审中,被告人莫焕晶的原辩护人以其已向最高人民法院申请指定异地管辖为由,认为在最高人民法院向其作出答复前,杭州市中级人民院无权审理案件。一审审判长当庭答复,在未收到上级法院指定异地管辖决定的情况下,杭州市中级人民院依法具有管辖权,可以继续庭审。同时,杭州市中级人民法院将辩护人不服从法庭指挥擅自离庭的行为视为拒绝继续辩护。我们认为,这是正确的。理由是:

(一)我国刑事诉讼法没有诉讼化的管辖异议制度

相比于民事诉讼、行政诉讼中的管辖异议制度,我国刑事诉讼法并没有规定诉讼化的管辖异议制度,当事人不能就人民法院对刑事案件的管辖从程序内提出管辖异议,刑事诉讼法也未就当事人的管辖异议规定上诉权等程序化的救济机制。当事人及其辩护人、诉讼代理人可以向上级法院提出指定异地管辖的申请,但指定管辖主要由上级法院依职权决定。我国刑事诉讼法虽然没有规定与民事诉讼、行政诉讼相似的管辖异议制度,但鉴于刑事诉讼法规定有移送管辖、指定管辖等管辖权变更制度,从保障当事人及其辩护人、诉讼代理人诉讼权利的角度出发,我们认为,应当允许当事人及其辩护人、诉讼代理人根据刑事诉讼法第二十六条①的规定,向受理案件法院的上级法院提出指定异地法院管辖的申请。但按照刑事诉讼法的规定及司法实践,指定异地管辖一般由上级人民法院直至最高人民法院依职权决定。提高级别管辖也是人民法院根据案件的实际情况依职权决定的。当事人、辩护人及诉讼代理人虽然可以向上级法院提出指定异地管辖的申请,但刑事诉讼法并未规定上级法院必须对此类申请作出答复,也未规定上级法院必须作出不启动指定管辖的决定。在上级法院未予答复的情况下,应当视为上级法院不启动指定管辖。地域管辖、级别管辖是法定管辖权,不因当事人提起异议而丧失,也不因上级法院的指定而丧失,即便上级法院指定其他法院审理,地域管辖、级别管辖的法院也仍然具有管辖权,上级法院行使指定管辖权,只是根据特殊情形作出的变更。因此,指定是例外情形,上级法院没有指定的,仍按法定管辖进行。

(二)辩护人擅自离庭行为属于拒绝行使辩护权的行为

在法庭审理过程中,为了确保庭审的顺利进行,依法保障当事人及其辩护人、诉讼代理人诉讼权利,公诉人、诉讼参与人必须服从法庭的指挥。对法庭违反法定程序、违法审判的,公诉人、诉讼参与人可以对法庭审理进行监督。行使监督权的方式,一般只能在庭审后以书面的形式向人民法院提出,而任何诉讼参与人均不能以退庭相要挟,对抗法庭审判。因此,辩护人不服从法庭指挥,擅自离庭的,应当视为拒绝行使辩护权。最高人民法院、司法部在《关于依法保障律师诉讼权利和规范律师参与庭审活动的通知》(司发通〔2018〕36 号)中作出规定,"具有擅自退庭、无正当理由不按时出庭参加诉讼、被拘留或者具结保证书后再次被依法责令退出法庭、强行带出法庭的,不得继续担任同一案件的辩护人、诉讼代理人"。即在同一案件中丧失辩护权。

二、被害人在没有提起附带民事诉讼的案件中能否以当事人身份参与二审诉讼程序

二审期间,被害人林生斌曾表达欲以当事人身份参加二审庭审的想法,二审法院经研究,未予同意,认为其在没有提起附带民事诉讼的情况下,不能以当事人身份参与二审诉讼。理由是:刑事诉讼法为保障被害人参与一审诉讼程序做了完整的制度设计,即被害人除了可以出席一审

① 如无特别说明,本文中的刑事诉讼法条文均指2012 年3 月14 日修正的刑事诉讼法对应条文。

法庭协助公诉人进行指控之外,也可以以附带民事诉讼原告人身份参与一审诉讼;在公安机关或者检察机关不予追究被告人刑事责任的案件中,被害人还可以提起自诉。但对被害人参与二审诉讼程序,刑事诉讼法只规定了请求检察机关抗诉、提起附带民事诉讼上诉或对自诉案件提出上诉三种途径,没有规定被害人对刑事部分的上诉权,以及在请求检察机关抗诉未获支持情况下的自行抗诉权。在被害人没有提起附带民事诉讼的情况下,如果被害人可以当事人身份参与二审诉讼程序,则刑事诉讼法完全可以参照一审诉讼程序设计更为完整的制度,如赋予被害人独立的上诉权或抗诉权。立法者不可能一方面明确规定被害人对刑事部分没有上诉权,另一方面又对被害人在此种情况下如何参与二审诉讼程序作出明确规定。因此,根据立法原意,刑事诉讼法对一、二审诉讼程序制度设计的上述区别,说明被害人在没有提起附带民事诉讼的情况下,不能以当事人身份参与二审诉讼程序。有观点认为,因为刑事诉讼法第一编"总则"第一百零六条第二项规定,"当事人"指被害人、自诉人、犯罪嫌疑人、被告人、附带民事诉讼的原告人和被告人,而刑事诉讼法第三编第三章"第二审程序"有关于"当事人"的明确表述,因此,被害人应当是二审程序的当事人。我们认为,刑事诉讼法不同条文中所规定的"当事人"的范围有所不同,并非每一个条文中的"当事人"均包括刑事诉讼法第一百零六条第二项规定的所有类型的"当事人"。如刑事诉讼法第二百二十条、第二百二十三条第二款中的"当事人",应当仅指附带民事诉讼的原告人和被告人、自诉案件的自诉人和被告人,而不包括被害人。同理,"当事人"系总的概念,在不同的诉讼阶段有不同的参与者,如"犯罪嫌疑人"就不应出现在审判程序中。

三、物业管理存在不足和消防救援的及时性与该案严重后果之间是否存在刑法上的因果关系

在案件审理过程中,社会舆论对消防部门接到火警到灭火的时间近两个小时,消防部门是否存在失职并对造成严重后果是否负有责任表示关切。对物业管理存在不足是否导致严重后果出现的原因存在争议。简言之,物业管理存在不足和消防救援的及时性与该案造成四人死亡及巨额财产损失等严重后果之间是否存在法律上的因果关系成为人民群众十分关注的问题。

因果关系是某种先行事实与后行事实之间引起与被引起的关系。关于因果关系的学说主要有三种,即条件说、原因说和相当因果关系说。条件说认为,使一事实发生的所有条件都是原因。原因说认为,条件和原因应当区分,诸条件中最重要的、有力的或必需的,即是原因。相当因果关系说认为,通常情况下可以使一定事实结果发生的条件就是原因。条件说是从缺一不可的角度进行论述,如果缺乏任何一个条件,结果就不会发生。原因说是从条件的重要性的角度进行论述,根据各种条件对结果发生的重要性的程度进行区分,将最重要的条件确立为原因。相当因果关系说是从常理常情和普通人容易接受的角度入手,将一些能够为大多数人接受的、导致结果出现的条件作为原因展开论述。如果将因果关系的三种学说应用到刑法和刑事司法中,我们发现无论采用哪种学说都存在缺憾。因为刑法上的因果关系不是泛泛的因果关系,而是犯罪构成要件中的行为与构成要件中的结果之间引起与被引起的关系。因果关系是行为人负刑事责任的基础。换言之,考察刑法中的因果关系,必须考察条件与原因,但条件与原因不能混为一谈。在行为人实施符合犯罪构成要件的行为前已经存在的、有利于导致构成要件结果出现的状态,这个状态是条件,而不是原因,更不是介入因素。例如,行为人在击打了被害人胸部一拳后,被害人因心脏病突发而死亡的案件。按照条件说,行为人的行为与被害人的心脏病都是死亡发生的原因。我们认为,条件说的解释不够准确。行为人实施了符合故意伤害罪构成要件的行为导致了被害人的死亡,行为人的行为就是造成被害人死亡的原因,而被害人的心脏病只是被害人死亡的一个条件。因为被害人有心脏病这个条件,行为人的行为才合乎规律地出现了死亡的结果。否则,被害人虽有心脏病,但不会死亡。行为人的行为与被害人的死亡之间存在因果关系,因此,需要追究行为人故意伤害罪的刑事责任。当然,在追究刑事责任时,必须考察被告人的主观心态,考虑被害人本身有心脏病这一条件,进而对被告人从宽处罚。又如,小偷利用商场疏于防范,盗窃大量财物的案件。商场疏于防范是小偷成功盗窃的条件之一,而非盗窃罪发生的原因,与小偷的盗窃行为之间没有因果关系。商场疏于防范亦非“介入因素”,而是在小偷实施盗窃行为前就已经存在的状态。关于何谓“介入因素”的问题,我们认为,“介入因素”是行为人实施符合刑法规定的犯罪构成要件的行为后,外力的介入影响了因果关系的进程,那么这种外力的介入可以称为“介入因素”。“介入因素”可以阻断原先的因果关系,也可以与原先的因果关系合力,形成刑法中的多因一果。只有在危害行为必然会导致危害结果,且外力的介入加重或者促进这种结果的产生时,才能认为是刑法上的多因一果。因此,“介入因素”的出现是有时间条件的,这种因素不是行为人实施危害行为前已然存在的状态,而是行为人实施危害行为后才出现的“外力”;“介入因素”与危害结果之间成立因果关系还必须是这种因素加重或者促进危害结果的产生,否则“介入因素”不可能成为结果发生的原因之一。

本案中,消防救援的及时性与案件严重后果之间不存在因果关系。公安消防部门进行消防救援系阻断或者减少火灾损失的行为,是一项法定职责,如果不尽职尽责,应当承担责任。但从本案来看,消防部门接警后及时派出消防员、消防车赶赴火灾现场,携带灭火救援装备进入着火建筑物,在发现水枪射程不能满足灭火需要时,消防员立即通知物业检查消防泵运转情况。消防指挥人员发现小区消火栓水泵接合器阀门锈死后,一方面联系供水部门为案发小区附近市政供水管网加压,另一方面及时指令消防员沿楼梯蜿蜒铺设水带,实现水带供水,逐渐控制火势。内攻消防员进入着火现场后,同步开展灭火和人员搜救工作。在不具备直接救人条件的情况下,消防员必须以有效控制火势为前提,继而为救人创造条件,综合本案的火场环境和房屋结构,内攻消防员不存在先救人、再灭火的客观条件。大火基本扑灭后,四名被害人被搜救发现并移交医护人员。四名被害人直到火灾扑救尾段才被发现,与四名被害人被困位置离入户门较远及现场火势大有直接关联。综观该案火灾的扑救过程,消防人员履行了法定职责,救援符合规程,不存在失职、失误、拖延的情况。火灾救援时间较长,是水压不足、水泵接合器阀门锈死等客观原因造成的。以当时的实际情形,消防救援客观上无法阻断该案严重后果的发生。消防救援虽然可以称为被告人放火后的外力“介入因素”,但该“介入因素”并非加速或者促进本案严重后果发生的“介入因素”,而是阻止严重后果发生的“介入因素”。因此,消防救援的及时性与本案严重后果之间不存在刑法上的因果关系。

本案中,物业管理不足与案件严重后果之间也不存在因果关系。案发小区物业管理单位存在物业消防安全管理落实不到位、应急处置能力不足及消防供水设施运行不正常等问题。上述问题导致水压不足、水枪不能有效出水,客观上延长了灭火时间,与火灾所造成财产损失的扩大有一定的关联。但本案中四名被害人起火后不久即因吸入浓烟陷入昏迷导致一氧化碳中毒死亡,水压不足等物业管理存在的问题与四名被害人死亡之间不存在实质上的关联。并且,物业管理的不足,是莫焕晶放火前已经存在的状态,是造成本案巨额财产损失的条件之一,而非原因,不属于刑法上多因一果的情形,故物业管理不足与本案四人死亡及巨额财产损失等严重后果之间不存在刑法意义上的因果关系。

于欢故意伤害案我们应当如何适用正当防卫制度

□沈德咏*

2017 年 3 月 23 日,《南方周末》以“刺死辱母者”为题对“山东于欢案”进行了报道,经过新闻媒体和网络媒体转载,案件引发了社会广泛关注和热烈讨论。日前,该案已经山东省高级人民法院二审公开审理并作出终审判决。作为一个司法案件的处理,已经尘埃落定,无论每个人的看法如何,希望大家能够尊重司法机关依法作出的判决。

该案的审判,无疑是一堂全民共享的法治“公开课”,新闻媒体、专家学者和广大民众参与其中,见仁见智,各抒己见,精彩纷呈。社会各界关注司法机关的个案裁判,关心司法公正,这是法治发展的必然结果,也是法治建设取得明显成效的一种体现。

这场讨论的关注焦点多元,涉及情、理、法的方方面面,事关刑事司法的公平正义与民众的司法认同。但就具体法律适用而言,正当防卫制度显然是其中的核心问题。通过这场讨论可以发现,如何正确适用正当防卫制度,确保司法裁判法律效果和社会效果的有机统一,是摆在当前刑事审判工作面前的一项重要课题。

虽然法治社会对私力报复行为是否定的,但在公权力不能及时而有效地介入的特定时空范围内,面对不法侵害,防卫行为无论在法律上还是道义上都有其正当性。因而,作为一项重要的法律制度,正当防卫在近现代各国的刑法中大多有专门规定。我国亦不例外,1979 年刑法即对正当防卫制度作了专条规定。

然而,司法实践中对这一重要法律制度的适用并不理想,基本情况是,一方面对正当防卫掌握过严,另一方面对防卫过当适用过宽。

“孙明亮案”就是当年影响十分巨大的一个案例。1984 年 6 月 25 日晚 8 时许,孙明亮偕同其友蒋小平去看电影,在电影院门口看到郭鹏祥等三人尾追纠缠两名少女,遂上前制止并发生争执。争执中,蒋小平动手打了郭鹏祥一拳。后郭鹏祥等纠集多人拦截孙明亮、蒋小平进行报复,其中郭小平手持砖块与同伙一起助威,郭鹏祥主动进攻,对蒋小平面部猛击一拳。蒋小平挨打后,与孙明亮退到垃圾堆上,郭鹏祥仍继续扑打,孙明亮掏出随身携带的弹簧刀(孙明亮系郊区菜农,因晚上在菜地看菜,在市场上买来此刀防身)将郭鹏祥刺伤致死。

1984 年 11 月,甘肃省平凉地区中级人民法院认定孙明亮在打架斗殴中持刀伤害他人致死,后果严重,以故意伤害罪判处有期徒刑十五年。宣判后,孙明亮未上诉,平凉地区检察院以一审判决定性不准,量刑失轻为由,向甘肃省高级人民法院提出抗诉。后甘肃省人民检察院认为抗诉不当,决定撤回抗诉,一审判决发生法律效力。该案后经甘肃省高级人民法院提审,认定孙明亮的行为属于防卫过当,在法定刑以下减轻处罚,以故意伤害罪改判孙明亮有期徒刑二年,缓刑三年。

如果以 1997 年修订后的刑法来考量,孙明亮的行为完全符合刑法第二十条第三款关于无过

* 最高人民法院常务副院长,一级大法官。

当防卫之规定,将其认定为正当防卫亦无不妥。但是,在当时的法律规定和司法环境之下,甘肃省高级人民法院作出上述裁决已属不易。该案例于1985年经《最高人民法院公报》第2期公开发布,对于准确认定相互斗殴和正当防卫、正当防卫和防卫过当,起到了重要的指引作用。

针对司法实践中存在的问题,1997年刑法修订,对正当防卫制度作出重大修改,主要是进一步严格了防卫过当的成立条件,增加了无过当防卫的规定。修法的基本目的是强化正当防卫权,鼓励民众实施正当防卫,勇于同犯罪行为作斗争。

然而,从此后若干年的司法实践来看,对于正当防卫制度的适用仍趋保守,不敢或者不善于适用正当防卫制度,将本属于正当防卫的行为认定为防卫过当,甚至认定为普通的故意伤害、故意杀人的现象,仍然客观存在。

有学者批评道,刑法第二十条关于正当防卫制度的规定,特别是第三款关于无过当防卫的规定,一定程度上处于"休眠"状态,成为"僵尸"条文,未能发挥其应有的作用。这种批评意见不无根据和道理,值得我们认真反思。产生上述状况的成因十分复杂,既与理念的认识偏差有关,与立法的过于抽象有关,也与司法环境不够理想有关。

在我看来,其中有两点值得特别关注:

一是刑法规定本身较为原则,司法适用标准不够统一。根据刑法规定,通常认为,成立一般正当防卫,应当同时符合起因条件、时间条件、主观条件、对象条件、限度条件五个条件。以上五个条件中,每一个条件之下又涉及诸多具体问题。例如,起因条件所涉及的"不法侵害"的性质和范围如何具体把握;时间条件所涉及的不法侵害"正在进行"如何具体认定;限度条件所涉及的没有"明显超过必要限度"如何具体判断,等等。对这些法律适用上的具体问题,刑法条文未作明确规定,理论上众说纷纭争论不休,实践中认识和把握也不完全一致,如果联系到具体个案,更是常常出现决然相反的观点和重大分歧。顺带提及的是,这种情况并非我国独有,其他国家在具体适用正当防卫制度时也会引发重大争议。例如,1992年发生在美国的日本十六岁留学生服部刚丈误闯民宅被枪杀案就是例证,该案被认定为正当防卫,但在日本却引发了轩然大波,甚至差点酿成日美两国的外交风波。

二是具体案件裁判面临较大压力,案外因素往往考量过多。正当防卫涉及的重大案件,不法侵害人有的受到重大伤害,有的死亡。"死者为大""死了人就占理",这是客观存在的社会观念。不管死伤者的行为本身是否正当,其家属、亲属往往以此为由向司法机关施加压力,有的甚至形成集体闹访,危及社会稳定。当刑事案件的定性需要在正当防卫、防卫过当、故意伤害甚至故意杀人之间作出选择的时候,严格依照法律认定为正当防卫,并非易事,可能出现的结果是"只要打死人就是故意杀人""只要致人重伤就是故意伤害"。这就使原本在法理上并不复杂的案件,由于顾及方方面面的案外因素,难以严格依法下判,甚至将本属正当防卫的案件认定为防卫过当,对本应认定为无过当防卫宣告无罪的案件作出有罪判决。

令人欣慰的是,日前山东省高级人民法院关于于欢故意伤害案的二审判决,很好地坚持了法律平等和司法中立原则,充分兼顾了对被害人和被告人合法权益的保护,为审判机关依法正确适用正当防卫制度树立了新的标杆和典范。

对于正确理解和适用正当防卫制度,充分发挥该项制度在法治中国、平安中国建设中的价值和功能,我有以下几点思考:

一、准确把握正当防卫制度的立法精神

正当防卫缘起于人类的防卫本能,渊源于私力复仇,而现代意义上的正当防卫制度则起源于西方启蒙运动时期。西方自然法学代表人物、英国启蒙思想家洛克通过例证的方法论证了正当防卫的性质和条件，认为如果有谁盗窃了私有财产，哪怕被盗窃的东西微不足道，依据自然法，也有把小偷置于死地的权利。现代各国普遍规定有正当防卫制度，虽然具体规定的条件不同，但立法旨趣十分相近，均强调正当防卫是天赋人权之一。

据学者介绍，在德国，"一位房屋的所有人可以用刀刺死一名晚上闯入自己住宅的喝醉的男人"。在我国古代刑法上，也有类似正当防卫免责的规定，如《汉律》规定："无故入人室宅庐舍，上人车船，牵引人欲犯法者，其时格杀之，无罪。"《唐律·贼盗》亦有"诸夜无故入人家者，笞四十。主人登时杀者，勿论"的规定。

对于我国现行刑法规定的正当防卫制度，须根据社会变迁和立法精神作出准确把握。

一是要认识到正当防卫是法律赋予公民的一项权利。作为法律所赋予的权利，任何公民在面对国家、公共利益、本人或者他人的人身、财产和其他权利遭受正在进行的不法侵害时，均有权针对不法侵害实施正当防卫。

二是要认识到正当防卫行为受到法律保护。正当防卫针对的是不法侵害，是"以正对不正"，并非一般意义上的"以暴制暴"，是正当、合法的行为。"惩罚犯罪，保护人民"，是我国刑法明文规定的立法目的。刑法不仅是惩治犯罪的工具，更是保护人民的武器。正当防卫制度的核心要义在于防卫行为的正当性，因此，正当防卫人实施制止不法侵害的行为，受到刑法的保护，不负刑事责任。

三是要认识到正当防卫是与违法犯罪作斗争的积极手段。正当防卫是公民的权利，并非制止不法侵害的最后手段。换言之，我国刑法并未将正当防卫规定为一种"不得已"的应急措施，并未要求防卫人穷尽一切手段之后才能实施正当防卫。相反，即使防卫人在有条件躲避不法侵害或者求助司法机关的情况下，仍然有权实施正当防卫。

二、有效激活正当防卫制度的适用

实施正当防卫，不仅不具有社会危害，反而对社会有益。

一是有利于及时保障合法权益不受侵犯。法律对不法侵害行为规定了包括刑罚在内的各种处罚措施，但均属事后处罚，侵害事实已经发生，"远水救不了近火"。当国家、公共利益和公民个人合法权益正在遭受不法侵害，公力救济难以及时、有效制止时，可以说，正当防卫是制止不法侵害、保护合法权益的最直接、最有效的手段。

二是有利于有效震慑犯罪分子。法律允许正当防卫对不法侵害人的人身、财产等权益造成一定损害，甚至可以致伤、致死不法侵害人。这对不法侵害人甚至潜在犯罪人无疑是有效的震慑，使其不敢轻举妄动，可以有效减少犯罪的发生。

三是有利于伸张社会正义。鼓励人民群众同违法犯罪作斗争，通过正当防卫及时制止不法侵害，有效维护合法权益，彰显"正义不向非正义低头"的价值取向，是培育和践行社会主义核心价值观，惩恶扬善，伸张正义，推进社会主义精神文明建设的应有之义。

司法裁判不仅是对个案是非曲直的法律评价，也是对社会的规范指引和政策宣示。针对当前存在的见死不救、遇难不助等突出问题，通过司法裁判大力倡导见义勇为、助人为乐等高尚行为，培育和维护公序良俗，是人民法院肩负的重要职责。对于公民通过正当防卫自觉同违法犯罪作斗争的行为，应当坚决予以支持和保护，这也是最高司法机关的一贯立场。

早在1985年6月5日，最高人民法院审判委员会第226次会议在总结"孙明亮案"审判经验时，就明确提出了这一立场。当下，我们要进一步宣示鼓励正当防卫的正确的价值取向，通过具体案件的审理向社会宣传正当防卫不负刑事责任的刑法规定，绝不能让正当防卫人"出力不讨好"，甚至"流血又流泪"。一些刑事案件的审判之所以引发民众高度关注并发表看法，有的甚至严词谴责,重要的原因之一就是他们在思考:“当我遇到这种情况我应该怎么办?”

作为执掌司法审判权的人民法院和刑事法官,我们必须坚定地站在人民的立场上,以切实维护人民利益为己任,向社会明确传递鼓励正当防卫的信号,不仅要鼓励公民为本人的利益进行防卫,而且要鼓励公民为国家、公共利益及他人合法权益进行防卫,彰显法律的价值取向,培育互助互爱、见义勇为的良好社会道德风尚。而做到这一点,就必须适当放宽防卫限度条件,对此,1997年刑法修改已作出相关规定。就司法适用的角度而言,要求裁判者在认定正当防卫,特别是判断防卫的限度条件时要根据案件具体情况予以充分考虑,要设身处地为正当防卫人着想,而不能对正当防卫人过于苛求。

三、根据常理常情考量正当防卫制度的司法适用

刑事审判固然要严格依法裁判,但严格司法并非固守单纯法律观点、机械执法、就案办案、孤立办案。我国有着数千年的文化传统,天理、国法、人情深深扎根于民众心中。无论是司法政策的制定,还是具体案件的办理,都必须努力探求和实现法、理、情的有机融合。

正确适用正当防卫制度,同样必须考虑常理常情,尊重民众的朴素情感和道德诉求,反映社会的普遍正义观念。

这里我想重点讲讲防卫限度的判断问题。正当防卫的成立,要求在限度条件上没有“明显超过必要限度造成重大损害”,否则可能构成防卫过当。在我看来,对于防卫限度的判断,不仅要将法律的规定了然于胸,而且要充分考虑常理常情,否则就不会得出恰当的结论。基于常理常情,对于正当防卫限度条件的考量需要注意以下几点。

其一,要全面整体进行考量。司法实践中,有些司法工作人员经常以“对方打了你,但并没有打伤你,你却把他打伤了”“你都把人打成这样了怎么还是正当防卫”为由,认定防卫人的行为构成防卫过当。这实际上是陷入了“对等武装论”与“唯结果论”的认识误区。

何为必要限度?显然,我们无法运用一个数学公式来简单地对不法侵害人的利益损害情况和防卫人的利益损害情况进行计算从而得出孰轻孰重的结论,而是应当在全面分析不法侵害的强度、缓急、性质,侵害方与防卫方的力量对比,现场情势等事实和情节基础上进行综合判断,必须是具体案件具体分析。

特别是,对不法侵害要整体看待,要查明防卫行为的前因后果,考虑防卫人对持续侵害累积危险的感受,而不能局部地、孤立地、静止地看待,将防卫行为与防卫瞬间的不法侵害进行简单对比。

其二,要设身处地为防卫人考量。一般认为,正当防卫的限度应当以足以制止不法侵害的需要为标准。但是,何为制止不法侵害的需要?显然,我们不能要求防卫人是一个冷静理性的旁观者,而是要还原到防卫人所处的境遇之下,换位思考问问自己“假如我是防卫人我会如何处理”,设身处地想想“一般人在此种情况下会如何处理”。防卫行为通常类似丛林状况下的应急反应,要求防卫人在孤立无援、高度紧张的情形之下实施刚好制止不法侵害的行为,不仅明显违背常理常情,而且违背基本法理。

其三,要适当作有利于防卫人的考量。正当防卫的实质在于“以正对不正”,是正义行为对不法侵害,依据“邪不压正”的常理常情,也不能将二者等量齐观。相反,在防卫过当与正当防卫认定存在争议时,应当适当作有利于防卫人的认定;即使认定防卫过当,也应当充分运用“减轻或者免除处罚”的规定裁量处理。

特别是,要妥当处理防卫人因恐慌、激愤而超过防卫限度的问题。实践中,许多不法侵害是突然、急促的,防卫人在仓促、紧张的状态下往往难以准确地判断侵害行为的性质和强度,难以周全、慎重地选择相应的防卫手段。对此,要尽可能根据案件具体情况作出符合法理和情理的判断,包括合理选择减轻处罚还是免除处罚,以及考虑减轻处罚的具体幅度等。

四、统筹兼顾正当防卫司法裁判的法律效果与社会效果

当前,一些涉正当防卫案件的裁判之所以引发炒作,成因十分复杂,但症结往往在于司法自身,我们必须反躬自省:有的是裁判说理过于简单、不够明晰,让人产生误解;有的是案件审判过程不够公开透明,招致外界质疑;有的是案件裁判结果与民众的朴素情感发生较大偏离,无法获得社会认同,等等。

解决这些问题,要求我们在刑事审判中必须统筹兼顾案件裁判法律效果与社会效果的有机统一。司法的社会效果以法律效果为前提,是建立在依法公正裁判基础上自然形成的一种司法公信。对于正当防卫制度的司法适用,同样要在坚持法律效果优先的前提下兼顾社会效果。

正当防卫制度的正确适用,要求我们在严格依照刑法规定处理案件的基础上,最大限度地考虑民众的期望与关切,真正做到"努力让人民群众在每一个司法案件中感受到公平正义"。须知,古往今来,再良善周密的法律也无法包罗世间万象。

司法裁判,既要追求法律正义,也要兼顾社会正义,体现对民意的尊重,这恐怕是司法审判必须长期坚持的一种理念。对于定性复杂的个案,在认定正当防卫还是防卫过当抑或普通故意犯罪棘手时,我们要学会借助群众的智慧,关注社情民意,将司法的专业判断与民众的朴素情感结合起来,在法律规定的范围内确保裁判结果最大限度地接近社会预期。

统筹兼顾裁判的法律效果和社会效果,必然要求我们进一步提升司法审判能力,通过规范的法庭审理,全面核实案件事实证据,全面听取当事各方意见,全面回应当事人和社会关注的正当防卫、防卫过当等问题,充分发挥庭审的关键作用;必然要求我们进一步加强裁判文书说理,针对正当防卫、防卫过当等影响定罪量刑的重大争议问题,释法析理精准到位,充分回应当事人关切,引导当事人依法理性看待裁决;必然要求我们下大力气做好服判息诉工作,对于造成重大损害,特别是致不法侵害人伤亡的正当防卫案件,要在依法独立公正行使审判权的基础上,认真做好当事人亲友工作,以真心换真情,赢得理解,化解恩怨。

五、统一正当防卫制度的法律适用标准

"徒法不足以自行。"法律关于正当防卫制度的规定只能是原则的,而将抽象的刑法条文适用于具体案件,虽然难度不小,但却是司法的精义所在。

就个案而言,刑事审判法官通过综合判断全案的事实和证据,综合考量案件的前因后果,对法律规范作出合乎情理的解释,是确保正当防卫制度正确适用的基础。当然,从司法统一的角度上看,则需要通过制定司法解释、发布指导性案例等多种方式在最大程度上统一正当防卫制度的法律适用标准。

正当防卫制度法律适用涵盖的问题较多,既涉及价值判断、政策考量等宏观问题,也涉及不法侵害的判断、防卫限度的把握等具体问题。在制定和完善相关司法解释的同时,在统一法律适用标准的形式上可以有所创新,如采取"指导意见+典型案例"的形式就比较便捷、实用。

在指导意见作出原则规定的基础上,充分发挥案例针对性强和易于把握的特点,用典型案例指导类似案件的裁判,确立正当防卫制度法律适用"由具体到具体"的参照标准,可以有效规范刑事自由裁量权,确保同类案件的法律适用基本统一、裁判尺度基本相同、处理结果基本一致。

在研究和规范正当防卫制度法律适用标准时,有一个问题需要重点加以关注,就是妥善处理鼓励正当防卫与防止滥用防卫权的关系,这是正当防卫司法政策制定必须妥当把握的一个平衡点。

针对当前社会中不敢防卫的现状比较突出，鼓励正当防卫是必要的，但这并不意味着要走向滥用防卫权的另一个极端。“凡事皆有度，过犹不及。”不法侵害人的生命权和重大健康权也应受到法律保护，不能引导或者助长公民在受到不法侵害时可以不计后果地滥用防卫权。

正当防卫有其法定的认定条件，任何一项条件不符合，都不是正当防卫。例如，在不法侵害人已被完全制服或者正在逃离时，仍然继续进行“追杀性防卫”，或者只是在发生口角，遭受推搡、掌掴等程度轻微的不法侵害时，即持刀将人捅成重伤甚至死亡，就属于滥用防卫权，依法应当承担相应的刑事责任。

六、营造正当防卫制度正确适用的良好外部环境

实践证明，对于造成人员伤亡的案件，严格依法判决行为人系正当防卫不负刑事责任难度很大，既需要人民法院保持客观、理性和必要的定力，也需要良好的外部环境。

首先，公、检、法三机关要各司其职，切实把好正当防卫制度适用的法律关。根据刑事诉讼法的规定，对于属于正当防卫不负刑事责任的案件，无论是在侦查阶段还是审查起诉阶段，都应当不追究刑事责任，而不能因为死伤者家属施加压力就放弃原则，从而将压力全部传导至审判环节。

其次，要坚持司法的群众路线，共同营造良好的社会氛围。对于社会高度关注的正当防卫案件，审判过程中要及时向社会公布真相，防止道听途说、以讹传讹，裁判作出后要依法及时向社会公布裁判文书和相关材料，引导人民群众依法理性认识裁判结果，争取社会各界的理解和支持。

最后，要创新司法公开方式，充分发挥案例这一法治宣传“活教材”的作用，通过以案释法做到宣传入情入理，及时消除社会疑虑。对于重大敏感案件，要组织专家学者研究论证，邀请人大代表、政协委员和新闻媒体旁听庭审，准确传达人民法院鼓励正当防卫的基本立场，充分发挥司法裁判对社会风尚的引领作用。

于欢案审理对正当防卫条款适用的指导意义

□高铭暄*

于欢案的二审审理无疑是近年来具有重要标志意义的法治事件，其意义不仅在于通过公开、透明的审理方式，让公众充分感受到司法的严谨、公开、公正，从而有力增强了法治信仰、树立了司法权威，更大的意义还在于通过让公众充分参与对案件事实、证据以及法律适用问题的讨论，进一步加深了公众对正当防卫这一关涉公民基本权利行使的法律条款的认识和理解，从而有效提升了公民的权利意识和守法意识，这在大力倡导民主和法治建设的今天尤为重要，切实体现了司法注重指引、规范人民生活的重要功能价值。

对正当防卫的理解与适用，理论和实务界在不法侵害是否存在的判断标准、可以防卫的不法侵害范围、正当防卫限度的认定标准等问题上尚存在一定的争议。于欢案二审裁判文书在全面查明案件事实的基础上，从防卫的目的、时机、对象、限度等方面对于欢行为是否具有防卫性质，能否认定为正当防卫作了全面、深入的分析、论证，既紧扣法律条文规定，又充分吸取了学术界关于正当防卫的有益观点，同时，充分考虑了天理、人情等伦理道德因素，切实体现了人民法院司法裁判遵循“国法”、不违“天理”、合乎“人情”的要求，对类案的审理将起到重要指引作用。这里，

---

* 中国刑法学会名誉会长、中国人民大学荣誉一级教授。

笔者仅从学理角度，对裁判文书中的一些观点作简单述评。

一、如何把握正当防卫条款的立法精神

1997年修订的刑法第二十条对正当防卫制度作了三处重要修正，其立法原意和立法精神就是为了强化防卫权，鼓励公民勇于实施正当防卫。应当看到，刑法对正当防卫、见义勇为行为的倡导、鼓励，不能简单理解为法律要求公民不考虑面临的危险程度和自身反击能力，一味选择防卫，所以刑法第二十条也仅是授权性规定，而非强制性的规定。这种鼓励应理解为，法律通过豁免或减轻防卫人的责任，为防卫权的行使提供必要的保障，从而为公民实施防卫行为扫除后顾之忧，使公民在遭受不法侵害时敢于挺身而出、勇于斗争。按照这一立法精神要求，笔者认为，在司法程序中对正当防卫的认定，也应当贯彻总体从宽的政策要求。一方面，要从宽掌握正当防卫的认定标准和条件，应当认定的要积极加以认定，确保正当防卫的合法性得到正确评价；另一方面，对属于防卫过当的案件，在量刑上要切实体现从宽的政策要求，从而以司法兑现立法价值，为公民与不法行为相抗争提供有力的武器，促进全社会形成维护正义、弘扬正气、保护善良的良好风气。至于于欢案，二审裁判文书正确把握了正当防卫条款在鼓励公民与犯罪行为作斗争方面的立法精神，在准确适用法律的基础上充分考虑案件涉及的人情事理，体现了对正当防卫的条件和限度适当放宽，不仅认定了于欢行为具有防卫性质，并且显著减轻了量刑，为正当防卫条款的司法适用树立了正确的导向。

二、如何判断正当防卫前提条件

我国刑法对作为正当防卫对象的不法侵害的范围规定较为宽泛，不仅包括侵害人身权利的不法侵害行为，还包括侵犯财产以及其他权利方面的不法侵害行为；不仅包含犯罪行为，还应包含违法行为，故不能将不法侵害片面理解为暴力不法行为。但是在司法实践中，确实存在一些不法行为，如侵犯知识产权，生产、销售伪劣商品，贪污贿赂等违法犯罪行为，其不法行为通常不具有攻击性、破坏性、紧迫性，且通过报案、控告、举报可以有效实现对相关权益的救济，如果将其纳入正当防卫的对象，不仅将原本可以通过平和方式解决的问题诉诸暴力，造成更大权益的受损，并且因相关行为性质界定中的争议，可能导致防卫错误。所以，基于正当防卫的“应急性”，应当对防卫对象作出必要的限制解释，也就是要判断不法行为是否具有攻击性、破坏性、紧迫性，从而确定是否存在防卫必要。例如，对非法拘禁行为，其因限制人身自由，具有侵害的紧迫性，可以成为防卫对象。对侮辱行为，如果仅限于言语辱骂，侵犯人格尊严程度较轻，且仅涉及精神层面的权利侵害，不应成为被防卫的对象；而对肢体侮辱，同时伴有非法拘禁、轻微殴打行为，同时侵害他人人格名誉权、人身自由权以及健康权等，当然可以成为防卫的对象。对多个交替、间隔或连续实施的不法侵害行为，应当从整体上评价防卫必要性，即便个别不法行为违法程度较轻或间断停止，但全部不法侵害并未完全终止，且被害人仍面临不法行为继续侵害的危险时，应认定不法侵害仍然存在。我们看到，于欢案二审裁判文书坚持了以上观点，对司法实践认定正当防卫前提条件具有重要指导意义。当然，对认定不法侵害是否存在的标准，如对不法侵害状态是否结束，是以被害人主观认识为标准，还是以客观上不法侵害是否现实存在为标准，这些问题，在学术界还有进一步研究、探讨的空间。

三、如何判定正当防卫是否明显超过必要限度

对正当防卫的必要限度，理论界存在两种主流观点：基本相适应说认为，正当防卫的必要限度，是指防卫行为必须与不法侵害总体相适应；必需说认为，是否超过必要限度，应从防卫实际需要出发，进行全面衡量，应以有效地制止不法侵害的客观实际需要作为防卫的必要限度。笔者认为，这两种观点不是对立的，而是相辅相成，可以综合考虑的。正当防卫的必要限度，不仅是指防卫行为是制止不法侵害所必需的，而且防卫行为的性质、手段、强度及造成的损害应当与不法侵害行为的性质、手段、强度及可能造成的损害基本相适应。判断必要限度，不可能脱离每个案件的具体情况。要根据具体案件中双方行为的性质、手段、强度、人员多少与强弱、现场所处的客观环境与形势进行全面分析。就于欢案而言，于欢在其母子人身自由遭受限制乃至剥夺、人格权遭受言行侮辱侵犯、身体健康权遭受轻微暴力侵犯，加害人人数众多但未使用工具，警察已到场后又离开但尚在附近的情况下，为制止不法侵害、摆脱困境，使用致命工具捅刺被害人，造成一死、两重伤、一轻伤的严重后果。二审裁判文书对此作出全面评判，一方面，结合防卫人面临的冲突烈度和环境情势，对防卫行为的手段、方式和强度是否为制止不法侵害所必需进行了评判；另一方面，对防卫行为所损害的法益与保护的法益种类、大小进行了权衡、比较。在此基础上，对于欢的行为是否超过必要限度进行了全面、客观的评价，认为于欢的行为属于防卫过当，这对司法实践在认定正当防卫限度方面具有重要的借鉴价值。

四、对防卫过当如何定罪量刑

防卫过当的罪过形式，理论上一般认为主要是过失，也有间接故意。具体到本案，于欢在主观上应是间接故意的伤害，其中对不法侵害人杜志浩的反击行为属于伤害致死，因此全案定性为防卫过当下的故意伤害罪是正确的。对防卫过当构成犯罪的，刑法第二十条第二款规定“应当负刑事责任，但是应当减轻或者免除处罚”。考虑到本案之过当行为造成一死、两重伤、一轻伤的严重后果，对于欢不宜免除刑事处罚，而应当减轻处罚。至于减轻到什么幅度，由于考虑到于欢行为虽构成防卫过当，但系因被害人有重大过错，导致其精神紧张、情绪失控而处置过当造成的违法后果，所以对其所实施违法行为非难的程度应当降低，应显著减轻其责任。二审法院综合考虑于欢犯罪的事实、性质、情节和危害后果，判处其有期徒刑五年，笔者认为是适当的。这对今后司法实践处理类似案件，同样具有借鉴价值。

于欢案防卫过当法理问题简析

□赵秉志*

备受关注的于欢故意伤害案，经山东省高级人民法院5月27日二审开庭审理，6月23日公开审判，认定于欢系防卫过当，构成故意伤害罪，予以减轻处罚，判处有期徒刑五年。在于欢案落下帷幕之际，对前段社会各界聚焦本案所关注的涉正当防卫的相关法理问题，有必要结合本案二审判决予以评析。

一、于欢的行为是否具有防卫的前提和性质

首先，于欢是否具有防卫的前提？本案一审判决认为当时不存在防卫的紧迫性，因而于欢持刀捅刺被害人不存在正当防卫意义上的不法侵害前提，即否定于欢的行为具有防卫的前提。一审判决的这一定性受到普遍质疑。

从刑法的相关规定来看，正当防卫得以行使的前提条件是必须有“正在进行的不法侵害”。这种不法侵害既包括犯罪行为，也包括一般违法行为。不法侵害应具有不法性、侵害性、紧迫性和现实性四个特点。具体到于欢案，杜志浩等人为违法讨债所实施的严重侮辱、非法拘禁、轻微殴打等不法侵害，明显是违法犯罪行为，具有不法性；杜志浩等人实施的不法侵害行为，侵害了于

---

* 中国刑法学研究会会长、北京师范大学刑事法律科学研究院教授。

欢母子的人身自由、人格尊严、人身安全等合法权益，具有明显的侵害性且持续存在。在此情况下，于欢为了制止不法侵害，对杜志浩等人实施反击行为可以减轻或者消除该不法侵害的威胁，理当具备正当防卫意义上的防卫前提。

其次，在于欢面对正在进行的不法侵害而具有防卫前提的情况下，于欢的反击行为是否具备防卫的性质？依照我国正当防卫制度的法律和法理，防卫意图、防卫对象和防卫时间的认定是判定行为人的行为是否具有防卫性质的关键。

从防卫意图来看，防卫意图是防卫认识因素与意志因素的统一。实践中，应遵循主客观相统一原则进行分析和判断。第一，防卫认识是防卫意图的首要因素，是形成防卫目的的认识前提，具体是指行为人对不法侵害的存在、不法侵害正在进行、不法侵害人、不法侵害的紧迫性、防卫的可行性及其可能的损害结果等有相应的认识。在于欢案中，于欢对正在进行的针对自己及其母亲的不法侵害有明确认识，即于欢认识到自己及其母亲的人身自由、人格尊严正受到严重不法侵害，人身安全也正受到严重威胁。第二，防卫目的是防卫意图的核心。所谓防卫目的，是指通过采取防卫措施制止不法侵害，以保护合法利益的意图和主观愿望。在于欢案中，于欢持刀捅刺杜志浩等人的行为，是希望以防卫手段制止不法侵害，是为了保护自己及其母亲的合法权益，即于欢主观上是出于保护自己及其母亲的人身自由、人格尊严、人身安全等合法权益免受不法侵害的心理态度，具有防卫的目的。概言之，无论是从防卫认识还是从防卫目的看，于欢都是具有防卫意图的。

从防卫时间来看，于欢的行为是针对正在进行的不法侵害实施的。在于欢案中，杜志浩等人对于欢母子实施的不法侵害行为，没有因为民警出警而得到有效控制，当于欢母子急于随民警离开接待室时，杜志浩等人阻止于欢离开并对于欢实施了勒脖子、按肩膀、推搡等强制行为，杜志浩等人显然正处于实施不法侵害的过程之中，此时，于欢持刀捅刺杜志浩等人，具备实施防卫的时间条件。这与事后报复是有本质区别的。

从防卫对象来看，于欢是针对不法侵害人进行的反击。正当防卫的对象只能是不法侵害实施人。于欢案中，于欢持刀捅刺的对象包括杜志浩、程学贺、严建军、郭彦刚四人。这四人均是非法拘禁、严重侮辱、轻微殴打等一项或多项不法侵害行为的直接实施者，是对于欢母子的共同不法侵害行为人，符合防卫的对象条件。在杜志浩等人共同实施的不法侵害中，所有不法侵害者是作为一个整体存在的，防卫对象不能局限于实施了最严重侮辱行为的杜志浩一人，其他共同实施不法侵害的行为人包括程学贺、严建军、郭彦刚，都可以作为防卫的对象。面对多人共同形成的不法侵害状态时，要求于欢只针对实施了最严重不法侵害的某一个人实施防卫，是不符合以防卫行为制止不法侵害的实际需要的。

于欢在防卫意图的支配下，在不法侵害正在进行过程中，针对不法侵害人实施反击行为，其行为当然具备防卫的性质。因此，本案二审判决纠正一审否定不法侵害存在、否定于欢的行为具有防卫性质的错误，认定于欢持刀捅刺杜志浩等四人的行为属于制止正在进行的不法侵害，其行为具有防卫性质，是合乎本案事实，合乎法律情理的。

二、于欢的行为是否属于防卫过当

于欢的反击行为是否属于防卫过当？这是本案一审后社会各界和法律学者关注与争论的一个重要问题，也是本案二审中分歧较大的一个问题，存在其系正当防卫、防卫过当、一般故意犯罪三种主张。

根据刑法规定，防卫过当是指防卫明显超过必要限度造成重大损害的行为。防卫明显超过必要限度并造成了重大损害，使防卫由适当变成过当，由合法变成非法。因而，从总体上说防卫过当也是一种非法侵害行为,防卫过当认定的关键在于对防卫限度条件的正确把握。

按照我国刑法理论和司法实务中通行的主张,在认定何为“明显超过必要限度”的问题上,原则上应以制止不法侵害所必需为标准,同时要求防卫行为与不法侵害行为在手段、强度等方面,不存在过于悬殊的差异。在具体案件的判断中,行为人在确实具有防卫必要性的基础上实施防卫行为,如果防卫行为本身的强度与不法侵害强度基本相当,或者甚至小于不法侵害的强度,即使造成重大损害结果,也不能认为是“明显超过必要限度”。如果防卫人采用强度较小的防卫行为就足以制止不法侵害,却采取了明显不必要的强度更大的行为,则应认定为“明显超过必要限度”。总之,在何为“明显超过必要限度”的判断上,主要是基于防卫方式、强度、手段不适当来认定,常见的情形包括防卫行为人攻击部位不适当、防卫工具不适当、防卫方人数或体能优于侵害方情形下实施防卫行为等。“造成重大损害”意味着防卫行为所造成的损害与不法侵害可能造成的侵害相比明显失衡,一般仅限于造成人身重伤或死亡,不包括造成被害人轻伤或财产方面的损失。应当强调的是,防卫措施明显超过必要限度、防卫结果造成重大损害这两个标准必须同时具备,才能认定为防卫过当。

具体到于欢案中,依据案件事实和相关法律来衡量,于欢的行为应当认定为防卫过当。在当时的行为环境下,针对杜志浩等人实施的不法侵害行为,为使自己及其母亲的人身权利免受正在进行的不法侵害,于欢可以采取制止不法侵害的防卫行为。但杜志浩等人的主观目的是索要债务,他们的不法侵害手段相对克制,并未使用器械工具,也没有对于欢母子实施严重的致命性攻击或者暴力性伤害等行为,相比于杜志浩等人的侵害手段及程度,于欢使用致命性工具即刃长超过 15 厘米的单刃刀,捅刺杜志浩等人身体的要害部位,造成一死、二重伤、一轻伤的严重后果,其防卫行为与不法侵害行为在手段、强度等方面明显不相适应,且造成了多人伤亡的“重大损害”后果,因而二审判决认定于欢的反击行为“明显超过必要限度”并“造成重大损害”,属于防卫过当,是合乎法律规定的、正确的。

三、于欢的行为应否适用特殊防卫规定

在于欢案一审后的社会反应中,就有意见认为,于欢案可适用特殊防卫而免责;在于欢案二审中,于欢的辩护人亦提出本案可适用无限防卫(特殊防卫),二审检察机关出庭意见则认为于欢不具备特殊防卫的前提条件。

刑法第二十条第三款规定了特殊防卫,即“对正在进行行凶、杀人、抢劫、强奸、绑架以及其他严重危及人身安全的暴力犯罪,采取防卫行为,造成不法侵害人伤亡的,不属于防卫过当,不负刑事责任”。可见,特殊防卫的适用前提是防卫人针对严重危及人身安全的暴力犯罪的侵害人而实施防卫行为。实践中,正确适用特殊防卫条款的关键,就在于准确把握“严重危及人身安全的暴力犯罪”的内涵和外延。从上述刑法规定来看,不仅其明确列举的“杀人、抢劫、强奸、绑架”等是典型的暴力犯罪,而且其所使用的概括性词语“其他严重危及人身安全的暴力犯罪”,也表明特殊防卫只能针对暴力犯罪实施。可见,一般的防卫行为既可针对暴力犯罪实施,也可针对非暴力犯罪甚至违法行为实施。但特殊防卫只能针对暴力犯罪实施,并且这种暴力犯罪并非指所有的暴力犯罪,而必须是严重危及人身安全的暴力犯罪。这是刑法对特殊防卫适用前提条件的刚性规定。具体来说,第一,必须在发生了危及人身安全的暴力犯罪侵害时才能实施,对于没有危及人身安全的犯罪,哪怕是暴力犯罪,如暴力毁坏财物的犯罪,也不允许进行特殊防卫,而只能进行一般防卫。第二,暴力犯罪侵害还要求达到严重危及人身安全的程度。尽管不法侵害是针对人身安全的暴力犯罪侵害,但侵害行为未达到严重危及人身安全程度的,就只能进行一般防卫,而不能实施特殊防卫。有些犯罪,如侮辱罪可以是以暴力手段实施的,但是其属于较轻的暴力犯罪,对此即不允许实施特殊防卫;若必须进行正当防卫的,也只能适用一般防卫的规定。在实践中,许多被认定为防卫过当的案件都是由于暴力犯罪的危害尚未达到严重危及人身安全程度,故不能适用特殊防卫条款。对暴力犯罪侵害,应根据具体案件中犯罪分子所实际使用的暴力是否达到严重危及人身安全的威胁程度来甄别,对于行为强度足以致人重伤或者死亡的,则应当认为属于严重的暴力犯罪,可以实施特殊防卫。

就于欢案而言,虽然杜志浩等人对于欢母子实施了非法拘禁、严重侮辱、轻微暴力等违法犯罪行为,但这种不法侵害尚谈不上是严重危及人身安全的暴力犯罪。一则杜志浩等人非法拘禁、严重侮辱等不法侵害行为,虽然侵犯了于欢母子的人身自由、人格尊严等合法权益,但并不具有危及于欢母子人身安全的性质;二则杜志浩等人的勒脖子、按肩膀、推搡等强制或者殴打行为,虽然让于欢母子的人身安全、身体健康权益遭受了侵害,但这种不法侵害只是轻微的暴力侵犯,既不是针对生命权的严重不法侵害,也不属于会发生重伤等严重侵害于欢母子重大身体健康权益的情形,因而不是严重危及人身安全的暴力犯罪侵害。综上,应当认为,杜志浩等人实施的多种不法侵害行为,虽然满足了可以实施一般防卫行为的前提条件,但因不属于“行凶、杀人、抢劫、强奸、绑架以及其他严重危及人身安全的暴力犯罪”,不具有实施特殊防卫的前提,故于欢只能实施一般防卫行为,而不享有特殊防卫权,不能适用特殊防卫条款免除其刑责。因而二审判决认定本案并不存在适用特殊防卫的前提条件,也是于法有据的。

四、对于欢防卫过当行为的定罪处罚

关于防卫过当的罪过形式,我国刑法理论上一般认为包括过失或间接故意两种心理态度,司法实务中多认定为间接故意,也有认定为过失或直接故意的。防卫过当罪过形式的认定直接关系到案件定罪和处罚问题。根据二审查明的事实,于欢的行为应定性为防卫过当下的故意伤害致死的犯罪,对于欢造成两人重伤害宜定性为间接故意,对于欢造成杜志浩死亡宜定性为故意伤害而过失致人死亡。关于防卫过当构成犯罪的刑罚适用,刑法第二十条第二款规定:“应当负刑事责任,但是应当减轻或者免除处罚。”考虑到本案之过当行为造成一死二重伤的严重后果,对于欢不宜免除刑罚处罚,而以减轻处罚为妥。综合被害方先行的不法侵害情节恶劣以及于欢具有坦白交代犯罪事实、赔偿被害人经济损失等法定、酌定从宽情节,对于欢可予以较大幅度的减轻处罚。因此,二审法院认定于欢的行为系防卫过当基础上构成的故意伤害罪,对其适用减轻处罚判处其有期徒刑五年,是适当的,符合罪责刑相适应原则。

总之,于欢案的二审判决以案件事实和证据为依据,以我国刑法的相关规范为准绳,切实贯彻正当防卫的立法宗旨,体现全面保障人权的法治精神,从定罪到量刑均实事求是、合理合法地纠正一审的不当判决,其定性准确、量刑适当,并在审判程序上公正、公开,乃至向社会公开庭审活动,真正让人民群众在这起案件的审判中感受到法律的公平正义,使这起案件的审判成为全社会所共享的法治公开课,从而成为一件典范性的司法裁判。

于欢行为属于防卫过当应当予以减轻处罚

□刘宪权*

山东省高级人民法院已对社会关注度极高的于欢案依法作出终审判决,判定上诉人于欢犯

* 中国刑法学研究会副会长、华东政法大学刑事法学研究院院长。

故意伤害罪,判处有期徒刑五年。从刑法规定和刑法理论角度重新审视对于欢案中于欢行为的定性和处罚,是完全必要的。

一、于欢的行为具有防卫性质

山东省聊城市中级人民法院一审判决认为,被告人于欢面对众多讨债人的长时间纠缠,不能正确处理冲突,持尖刀捅刺多人,导致一名被害人死亡、二名被害人重伤、一名被害人轻伤,其行为构成故意伤害罪,并且认为“虽然当时其人身自由权利受到限制,也遭遇对方辱骂与侮辱,但对方的人没人使用工具,在派出所已经出警的情况下,被告人于欢和其母亲的生命健康权利被侵犯的现实危险性较小,不存在防卫的紧迫性。所以于欢持尖刀捅刺被害人不存在正当防卫意义上的不法侵害前提”。由此,一审判决否认了于欢的行为具有防卫性质。笔者认为,于欢的行为应当具有防卫的性质,理由是:

我国刑法规定的正当防卫指的是为了保护国家、公共利益、本人或者他人的人身、财产和其他权益免受正在进行的不法侵害,而对不法侵害人进行反击,以制止不法侵害继续进行的行为。正当防卫同时需要符合目的性条件、前提性条件和对象性条件。笔者认为,于欢的行为符合这些条件,应当认为具有防卫性质。

1. 于欢具有合法的防卫意图,满足目的性条件

正当防卫必须是为了保护合法的权益才能实施,这是正当防卫成立的目的性条件。所谓合法权益,是指受法律保护的国家利益、公共利益、本人或他人的各种合法权益。于欢的捅刺行为明显是为了保护本人及其母亲的合法权益而实施的,完全符合正当防卫的目的性条件。在于欢和他的母亲受到非法拘禁、侮辱和拍打面颊、揪抓头发等侵害时,于欢对讨债人进行捅刺是为了突破所处困境,保护自身的合法权益。于欢所保卫的合法权益不仅包括生命健康权,还包括自己和母亲的人格尊严与人身自由等其他合法权益。于欢在实施捅刺行为时有明确的意志因素,其行为就是为了反抗,为了制止不法侵害继续进行,具有合法的防卫意图。

2. 本案存在正在进行的不法侵害,满足前提性条件

正当防卫必须是针对正在进行的不法侵害而实施的,此为正当防卫的前提性条件。该前提性条件包含有两层意思:一是不法侵害实际存在;二是不法侵害正在进行,也就是要求正当防卫的实施与不法侵害行为的实际存在具有时空维度上的一致性。正当防卫中的不法侵害包括能够危害到国家、公共利益、本人或者他人合法权益的违法犯罪行为。

本案中,于欢和他的母亲实际上受到了多方面的不法侵害,且在于欢持刀捅刺时不法侵害仍正在进行。其一,多名讨债人对于欢母亲的讨债行为实际上一直持续进行,讨债人曾采取在苏银霞所在公司车棚内驻扎、在办公楼前支锅做饭等方式催债,并且闯入于欢的住宅,将住房内的物品搬走,并曾将苏银霞头部按入坐便器接近水面的位置,严重影响了于欢和他母亲的正常生活。其二,杜志浩等人对于欢和他母亲实施了限制人身自由的非法拘禁行为,在民警已经到达现场的情况下,仍然不让其离开公司招待室,并实施推拉、围堵等行为。其三,于欢和他母亲受到了言行两方面的人格侮辱,被害人杜志浩用污秽的语言辱骂于欢的母亲苏银霞、于欢及其家人,将烟灰弹至苏银霞胸前衣服上,将裤子褪至大腿处裸露下体,朝坐在沙发上的苏银霞等人左右转动身体,还脱下于欢的鞋子让苏银霞闻。其四,被害人杜志浩等人对于欢和他母亲有殴打行为,于欢母子的健康权受到威胁。杜志浩多次用手拍打于欢面颊,其他讨债人员实施了揪抓于欢头发或按压于欢肩部不准其起身等行为。

3. 于欢行为针对的是不法侵害人,满足对象性条件

正当防卫必须是针对不法侵害人本人实施,这是正当防卫的对象性条件。因为只有针对不

法侵害的实施者进行防卫,才能有效制止不法侵害的继续进行。在于欢案中,不法侵害实际上是由多名讨债人共同实施的,多名讨债人已经形成了一个有机的行为整体,所有讨债人在本案中都属于不法侵害人。因此,于欢的捅刺行为满足正当防卫的对象性条件,即防卫只能针对不法侵害人实施。

二、于欢的行为明显超过必要限度造成重大损害,属于防卫过当

根据刑法规定,正当防卫明显超过必要限度造成重大损害的,应当负刑事责任,但是应当减轻或者免除处罚。对正在进行行凶、杀人、抢劫、强奸、绑架以及其他严重危及人身安全的暴力犯罪,采取防卫行为,造成不法侵害人伤亡的,不属于防卫过当,不负刑事责任。

一审判决作出后,理论和实践中争议较大的是,于欢的行为是防卫过当还是防卫适当?笔者认为,于欢的行为应属防卫过当,理由是:

首先,于欢和他母亲受到的不法侵害不属于特殊防卫中所规定的"正在进行行凶、杀人、抢劫、强奸、绑架以及其他严重危及人身安全的暴力犯罪"的情形。笔者认为,尽管于欢和他母亲所受到侮辱以及殴打等行为的社会危害、暴力程度远远超过了道德的底线,但是其本质仍是侮辱以及一般殴打行为,还没有达到"行凶""抢劫"等"严重危及人身安全的暴力犯罪"的程度。也即,于欢和他母亲在当时所面临的不法侵害的社会危害性明显低于刑法有关特殊防卫所列行为的严重程度,因此,对于欢的捅刺行为不能适用特殊防卫的规定。

其次,判断于欢的防卫行为是否属于防卫适当应考虑其防卫行为是否在正当防卫的必要限度内。正当防卫虽然是法律赋予公民的一项合法权利,但由于正当防卫的实施方式通常也是通过对不法侵害人反击的手段进行的,因此正当防卫必须在必要限度内实施,一旦明显超过必要限度,防卫行为可能会造成重大损害,从而产生较大的负面效应,需要承担刑事责任。笔者认为,认定正当防卫的必要限度不能机械地依靠某个标准,而应当针对具体情况进行具体分析,在判断正当防卫的必要限度的具体标准时需要考虑两点因素:一是应当考虑防卫人对不法侵害的行为性质、行为强度和可能造成的危害后果的认识和防卫人的防卫目的;二是防卫的后果没有明显超出有效制止不法侵害继续进行的限度而造成不应该出现、没有必要出现的重大损害。本案中,多名讨债人在追债过程中并未携带任何器械,对其实施的主要是非法拘禁、侮辱和拍打面颊、揪抓头发等行为。民警进入接待室以后,双方没有发生激烈对峙和肢体冲突。考虑到于欢所使用的工具、刺伤部位以及捅刺强度,尤其是最终造成"一死二重伤一轻伤"的后果,可以看出,于欢所实施的防卫行为与其受到的不法侵害不相适应,该后果明显属于重大损害。因此,应当认为于欢的行为明显超出了必要限度并造成损害,属于防卫过当。

三、防卫权的扩大应通过立法完善而非司法适用

刑法学界有观点认为,我国应当放宽正当防卫的认定标准,从而加大侵害人的违法成本,进而降低被侵害人的维权成本,以使正当防卫制度能更好地震慑到不法侵害人,从而发挥正当防卫制度的积极功能。笔者认为,这种观点实际上涉及的是我国正当防卫权是否应当扩大的问题。但是,正当防卫权的扩大理应属于立法层面的问题,而不能通过司法认定加以实现。就我国目前的法律规定而言,正当防卫必须在必要限度内进行,如果明显超过了这个必要限度并造成了重大损害,防卫人就构成防卫过当,应当承担刑事责任。而特殊防卫的前提条件也是必须存在正在进行的行凶、杀人、抢劫、强奸、绑架以及其他严重危及人身安全的暴力性犯罪。在立法上未作修改的情况下,对防卫行为是否过当的判断必须以现行刑法规定的必要限度这一条件加以限制。于欢构成防卫过当并不仅仅是因为有"一死二重伤一轻伤"的危害结果,而是通过各方面因素的综合考量。一方面,我们不能对防卫人提出苛刻的要求,要求其防卫的行为"恰好"制止了不法侵害的发生，而不产生多余的危害结果；另一方面，我们也不能一味主张防卫人毫无节制地使用防卫权。正当防卫权实际上是法律在公力救济缺位时对私力救济的部分让步，如果没有一定的限制，毫无疑问会影响法律的权威性和严肃性。

正当防卫制度有着深刻的理论意义和重大的实践价值。首先，正当防卫制度可以很好地发挥惩恶扬善的社会功能，鼓励社会成员勇于与违法犯罪的不法侵害行为作斗争。其次，公力救济不可能时刻“守护”每一位公民，正当防卫作为一种在公力救济无法实现的情况下国家鼓励和提倡的私力救济方式，能够有效遏制犯罪活动的发生，保护社会成员。最后，正当防卫制度其实是在对每一个意欲犯罪的危险分子作出警告，劝其不要胡作非为，具有一定的预警功能。同时应当指出的是，防卫过当的规定实际上是对防卫行为限度的制约，如果对防卫权进行无限扩大，可能产生一定的负面影响，因为防卫行为实际上是对不法侵害行为人反击的行为，如果实施不当，当然会造成重大的损害，甚至可能出现将正当防卫视为纯粹个人报复的借口。因此防卫权不宜过分扩大。只有正确合理地划分正当防卫的范围，才能有效地发挥正当防卫制度的积极功能。就此而言，一些学者提出的放宽正当防卫的认定标准的观点，实际上只是对我国未来关于扩大正当防卫权的立法展望。

四、二审判决对于欢减轻处罚量刑适当

根据我国刑法规定，正当防卫明显超过必要限度造成重大损害的，应当负刑事责任，但是应当减轻或者免除处罚。一审法院判处于欢无期徒刑的主要原因是未认定于欢的行为具有防卫性质，认定其行为构成故意伤害致人死亡，没有对其减轻处罚。防卫过当实际上是在对不法侵害人造成的重大损害中剔除了合法、合理的部分后，要求防卫人承担起防卫行为中不合理、不合法部分的刑事责任。防卫过当构成犯罪，但防卫过当并非一个独立的罪名，因此对防卫过当犯罪行为的定性应当紧紧依附于过当行为性质和过当结果性质加以判断。根据对案件发生的背景综合分析和全面判断，于欢在实施防卫行为时并没有杀人的故意。于欢虽然实施的是用刀具捅刺他人的行为，但可以看出行为并不是在杀人意志支配下对被害人选择致命的部位进行捅刺，因此将于欢的防卫行为认定为故意伤害似乎没有问题。于欢的行为是出于对母亲的人身自由和人格尊严保护，自古就受到人伦和常理的认可，但其造成了“一死二重伤一轻伤”的严重危害结果，超出法律所容许的限度，因此，对于欢适用减轻处罚而不适用免除处罚也是完全合理的。根据刑法第二百三十四条的规定，故意伤害致人死亡的，处十年以上有期徒刑、无期徒刑或者死刑。对上诉人减轻处罚则应当在三年以上十年以下有期徒刑的法定刑幅度内量刑。山东省高级人民法院最终判处于欢有期徒刑五年，充分考虑了于欢的犯罪事实、性质、情节和危害后果，是一个合法、公正的判决。

于欢案量刑的几点思考

□卢建平*

二审判决前，于欢案件的定性面临诸多争议，学者和坊间说法不一，如系正当防卫因而无罪，特殊防卫也是无罪，或系故意杀人或者故意伤害致人死亡，抑或系防卫过当因而以故意伤害致人死亡论罪。罪与非罪，莫衷一是。二审认为，于欢的行为属防卫过当因而有罪，这就为之后的量

---

* 北京师范大学法学院院长、教授。

刑奠定了基础。然而,在具体裁量刑罚时,仍然会面临多重抉择:一是免除还是减轻处罚?二是具体刑期,以及判处实刑还是缓刑?

根据刑法第二百三十四条第二款之规定,故意伤害致人死亡的,处十年以上有期徒刑、无期徒刑或者死刑,本法另有规定的,依照规定。而刑法第二十条第二款规定,防卫过当的,应当减轻或者免除处罚。为此,对于欢的防卫过当而构成故意伤害,刑罚是减还是免?

刑法第六十一条规定,量刑应当根据犯罪的事实、犯罪的性质、情节和对于社会的危害程度,以及刑法的有关规定。确定对于欢适用减轻处罚还是免除处罚,自然要遵循这一规定,全面衡量。在于欢的行为性质确定为防卫过当之后,仍然要认真权衡其防卫行为与不法侵害行为的适当程度,考虑其损害后果的严重程度,比较防卫行为所保护的法益与损害的法益之间存在的差距。于欢及其母亲苏银霞的人身自由权遭受限制,人格权遭受言行侮辱侵犯,身体健康权遭受轻微暴力侵犯,具备正当防卫的诸多要件,但于欢持利刃捅刺四名不法侵害人,造成"一死二重伤一轻伤"的重大人身伤亡,其防卫行为的强度和造成的损害已超过维护自身权益和制止不法侵害行为所容许的范围,防卫行为明显超过必要限度造成重大损害,应当负刑事责任。虽法律对于防卫过当规定了"应当减轻或者免除处罚"两个选项,但综合而论,对于欢免除处罚显然与其防卫过当造成重大伤亡后果的犯罪行为不相适应,而减轻处罚更符合罪责刑相适应原则。

依照刑法第六十三条第一款的规定,减轻处罚是在十年以上有期徒刑档次的下一档即三年以上十年以下有期徒刑量刑。而这个档次依然是一个较大的量刑幅度,仅以年度为分界就可以从最低三年到最高十年分成八级。这其中又必然涉及实刑和缓刑的选择,因为法律规定,判处三年以下(包括本数三年)有期徒刑的,如果符合其他法定条件,可以适用缓刑。

在减轻处罚的框架内,二审量刑时着重考虑了对于欢有利的情节,如于欢具有防卫过当的法定减轻处罚情节,归案后如实供述的法定从轻处罚情节,以及在案发前因被害人具有严重过错的酌定从轻处罚情节。具体而言,本案系由吴学占等人向于欢母亲催逼高利贷而引发,苏银霞多次报警后,吴学占等人的不法逼债行为并未收敛,反而变本加厉;案发当日,催债一方多人占据苏银霞的办公场所,非法限制苏银霞和于欢的人身自由,侵害其人身权利,特别是本案被害人杜志浩当着于欢之面公然以裸露下体的方式侮辱其母,虽然这一极端的举动距于欢实施防卫行为时已过去了一段时间,且于欢在捅刺杜志浩等人时心理上不排除有报复杜志浩辱母行为的情绪,鉴于这一侮辱情节的恶劣性质,在伦理上应当受到严厉谴责,在刑罚裁量上应当作为对于欢有利的情节予以重点考虑。最终确定的刑期是五年有期徒刑,在三年到十年的刑档内处在第三个级别上,依然是一个中位线以下的水平。这一量刑充分体现了法院的宽宥情怀。

那么二审适用实刑而非缓刑的依据又何在呢?

根据刑法第七十二条及相关司法解释的规定,对于被判处拘役、三年以下有期徒刑的犯罪分子,同时符合下列条件的,可以宣告缓刑,对其中不满十八周岁的人、怀孕的妇女和已满七十五周岁的人,应当宣告缓刑:(1)犯罪情节较轻;(2)有悔罪表现;(3)没有再犯罪的危险;(4)宣告缓刑对所居住社区没有重大不良影响。

就于欢案件而言,其犯罪情节难言较轻,只是因为其防卫的性质而使犯罪的性质大大改变,行为的社会危害性大大降低。如果仅作客观评价,或者将犯罪的性质和犯罪的情节分开评价,还应视为犯罪情节较重或者严重。因此,仅就案件的客观方面而言,似不利于宣告缓刑。

宣告缓刑的最不利因素是于欢始终不认罪,也无任何自责悔罪表示。当然,基于防卫的正当性,于欢及其家人、辩护律师甚至许多社会公众对于欢有罪一说难以接受,有其一定的道理。仅就尊重法院的生效判决因而尊重司法权威而论,于欢因防卫过当而有罪,必须从思想和行为两个方面接受刑事处罚,这也是于欢个人接下来需要面对的挑战。而社会各界也需要透过于欢案件来正确认识正当防卫、特殊防卫及其与防卫过当的界限,妥善行使正当防卫权,并在权利行使不当或者越界时承担相应的法律责任甚至刑罚。这一重要的法律常识是需要通过于欢案加以普及宣传的。

第三个不利于缓刑的因素是,于欢及其家人与被害一方欠缺和解意愿与行动,双方对于本案的诉求存在巨大的差距。于欢一方自认正当防卫,而被害一方认定于欢是故意杀人或故意伤害致人死亡,甚至要求判处于欢极刑,并提出高额赔偿要求。特别是于欢不认罪,其在5月27日庭审的法庭最后陈述时甚至扬言,如果以后遇到类似情况,还会这么干!因此,在未来的监狱服刑过程中,如何教育好于欢,使其认罪悔罪,自觉接受改造,将是一项艰难的任务。

是否宣告缓刑最后需要考虑的是宣告缓刑对所居住社区有无重大不良影响。考虑本案发生的特殊社会背景(乡土中国、熟人社会),特别是本案中双方当事人之间的矛盾对立程度,以及于欢本人的家庭状况(其父母均因涉案,或逃逸在外,或在羁押之中),若对其宣告缓刑,对其所居住社区产生重大不良影响的可能性是存在的,难以排除。

在综合考虑了各种有利、不利因素之后,二审判处于欢五年实刑,既合法合理,也是必要和适宜的,不仅体现了刑罚的物理隔绝和惩罚的意味,也体现了刑罚的教育、感化、改造和保护的功能。

《人民法院报》评论

□法言平*

一、又一堂全民共享的法治"公开课"

在过去的几天里,中国法院每天发布的千百个一审判决中的一个突然引起了媒体和有关部门的高度关注,其最简短的裁判要旨"于欢刺死辱母者被判无期徒刑"引发了社会各界的思考和评论。就像富勒虚拟的洞穴探险者案件"受困岩洞20多天后杀死同伴食肉幸存被判无罪"的裁判要旨一样,虽然其中法律理论问题比较深奥,但由于案件焦点涉及伦理人情,引发广泛关注和评论也不足为奇。

由于于欢案目前尚在二审过程中,自然不便对案件的是非曲直作出评论,但对于这起辱母杀人案的评论潮,我们却感受良多。

第一,全民同上一堂法治社会的"公开课"。建设法治社会,"使全体人民都成为社会主义法治的忠实崇尚者、自觉遵守者、坚定捍卫者",一方面从法典学起,更重要的是从案件讨论做起的。人们所评论的绝不只是那个仅有11个字的裁判要旨,其中还有更深层次的法律与道德的关系,也包括民间借贷、正当防卫、非法拘禁、玩忽职守等复杂、多义的专业术语等。尽管民众讨论的深度、角度与法律职业者很不相同,但这正是建设社会主义民主与法治所期待的。

第二,评论的理性与成熟彰显了法治建设成就。如果是在几年前遇到此类事件,在自媒体上骂大街的有,侮辱、威胁法官的有,挑头闹事的有,发狠话的也有……而看今天的评论,绝大多数评论者都态度平和,有理有据,引经据典,具有建设性。各种评论观点中有的支持裁判结果,有的三张轻判10年,有人认为应无罪释放,但欣慰的是人人都在说自己的道理,评别人的不足,而且

---

* 《人民法院报》特约评论员。

对法律程序给予了基本的尊重。人们最后把眼光投向了已经受理上诉的山东省高级人民法院。这也说明没有枉费全面推进依法治国几年的苦功。

第三,法治实质意义需通过形式意义体现。虽然法律具有很强的社会性、道德性,但法律毕竟是一个职业,法学毕竟是一门科学。即使在实行陪审团制度的国家,那些经过双方挑选出来的公正的陪审员们仍然需要接受法官的“法律指导”,法官要告诉他们什么是“超越合理怀疑”,什么是“主观方面”(mensrea),什么是证据的可采性等。我们自己身体不适时,仍然需要求助专业的大夫确诊、开方、用药。即便是我们啃了几本医书,也不会比专业的大夫说的更有信心。

第四,相关部门的回应让人印象深刻。事情发生后,审判机关立即反馈已经受理了上诉案件,检察机关表示将再对事实证据全面审查,公安机关也开始核查民警处警和办案情况……这样的严谨的态度、理性的回应、包容的胸怀和职业的精神,也让我们看到了中国的司法制度愈加成熟的表现,看到了法治部门对公众评论的负责和包容,看到了法治国家建设的积极信号!

现在,我们开始等待二审法院的裁判结果。即使是有了终审判决,相信还会有不同的声音。无论是维持原判或改判有期徒刑甚至改判无罪,仍然会有“第二季”的讨论。我们相信,那将是一场更加理性、更加成熟、更加提升了层次的讨论,也将是这堂法治“公开课”中令人最有收获的一节。

法院所受理的纠纷案件是各种矛盾冲突的极端表现形式,不同的案件会引发各个领域的关注。有的案件直击人人关注的社会伦理的核心,有的案件则直接关涉社会秩序的安定和民生,有的案件会影响到本地乃至全国的经济发展,有的甚至关涉国家的安全……也就是说,同一个法律条文在不同背景下会引发来自不同角度的关注和评论。

作为法治社会的成员,我们应当如何对待法院的判决?我们当然拥有对公共事务发表评论的权利,而且完全可以从普通人的视角说出自己的理解。或许表达本身就是评论的目的之一,而这不仅意味着政治民主程度的提高,也意味着我们所有人都在寻求与法治精神的统一。从形式上讲,作为规则之治的法治需要有一个终局决定者。只要这个终局决定者是根据对法律的专业理解作出的裁判,便应当获得制度上的权威,应当得到社会成员的尊重,因为对法治的尊重是自己最终获得尊重的前提。当然,如果某一项法律在新形势下需要有新的解释甚至重新修订,其中便有了民主、负责的评论者的一份功劳!任何一项文明的发展、秩序的确立都是要有所付出的,而这种付出中就包含了对法律秩序的遵从,其本身就是对良法善治的贡献。

法律职业对于媒体的评论更要给予特别的关注和尊重。我们所理解的“努力让人民群众在每一个司法案件中感受到公平正义”,肯定不是在让人民群众弄懂了所有法律术语、法律理论之后再去感受公平正义。法律职业特别是握有法槌的法官只有认真正解法律中的政治诉求、道德诉求、人心诉求和其他相关因素,或者说是领会了在这些诉求之下的法律,才算是真正掌握了“法律”的真实含义了。

因此,要实现公正司法,负责任的媒体评论是不能缺位的。不过几个月前,英国《每日邮报》将作出涉及脱欧判决的三个大法官称为“人民的敌人”这种异乎寻常的评论也着实引起了欧洲关于民意与法治关系一场大辩论。也就是说,维护司法公正和审判独立,媒体当然也应当遵守法治精神,尊重司法权威,而不能超越合理的界限。

二、庭审公开课上的那些“全民关注点”

随着一声法槌敲响,于欢故意伤害案二审庭审宣布休庭,判决将择期宣告,全社会便一起进入了对终审判决的等待期。终审判决结果人人关注,但在经历了为求得这一“未知数”而完成的整个诉讼程序(特别是二审庭审)的铺垫之后,我们却有一种如释重负的感觉,甚至觉得判决结果也没有那么重要了。在进行了十几个小时职业、公开、庄重而不乏人性化的庭审之后,法官能够公正、独立、自信地作出判决的程序前提已经完全具备了,他们将根据自己对事实证据、法律辩论的理解,通过合议(也有可能通过审判委员会)的形式作出判决。即使终审判决的结果与我们的观点大相径庭,即使以后又引发了后续的救济程序,我们都没有理由质疑这场庭审,而应该坦然面对和接受司法规律为人类社会带来的这种结局。

党的十八届四中全会部署的一系列司法改革措施中,“以审判为中心的诉讼制度改革”成为各界关注的重点项目。习近平总书记特别指出,这项改革就是要“通过法庭审判的程序公正实现案件裁判的实体公正”“保证庭审在查明事实、认定证据、保护诉权、公正裁判中发挥决定性作用。”于欢案的二审开庭审理正是践行这一要求的又一个范例,是展现审判中心诉讼制度改革成果的又一堂庭审公开课。于欢案二审开庭的过程再一次彰显了审判中心主义和庭审中心主义在中国司法制度进步历程中的贡献,体现了符合司法规律的诉讼程序对公正司法的“塑形”作用。

要建立和完善以审判为中心的诉讼制度,开放的法庭便是课堂,法庭的认定便是标尺,法庭的裁判便是教材。于欢案庭审的现场有控辩双方的激烈对抗,有证人出庭接受询问质证,有人大代表、政协委员、公众代表、新闻媒体的现场旁听,有庭审过程的微博直播与上千万网民的观看和评论,确实引起了全民关注,而这些具体的“全民关注点”充分印证了以审判为中心的诉讼制度改革成果的巨大影响。

一是地点场所。这场庭审将全民的眼光吸引到了审判法庭里。虽然诉讼各方主体在法庭外都有过很多诉讼活动,但相互冲突的观点、难辨真伪的证据、纷繁复杂的主张最终都必须走进审判法庭的门,提交到审判席上的法官面前,让法官听到、看到。诉讼各方为实现自己的诉求行使诉讼权利,法庭当然予以保护,但这些都应当在法庭里完成才能算数。所以,法庭已经成为法治国家最有魅力的场所之一。

二是控辩双方。关注在法庭上展现的所有信息,其实就是关注控辩双方提交的证据和辩论意见。法庭上的活动不只是控辩双方从自己的角度对本案事实和法律的重述,更重要的是双方诉讼力、说服力的比拼。控辩双方以外的力量,无论是来自社会舆论,还是来自专家学者,原则上都不能形成诉讼的力量,不能成为法官作出判断的依据。我们不能禁止社会评论、专家发声,但其力量只有通过诉讼主体的声音转化过来并进入法庭,才可以影响法官的判断。

三是裁判法官。法庭是双方当事人的战场,但主持这场“文明战争”的人是端坐审判席的法官们。在控辩双方竭尽全力展现自我的时候,作为裁判者的法官的使命是确保这场战争公平地进行下去。因此,法官的一言一行、一举一动都关系到诉讼活动的公平性,关系到公众对法庭的评价,关系到司法公信的建立。关注法官,算是关注到了点子上。

四是程序活动。公众关注着控辩双方的表现,也关注着每一步程序的进行。诉讼程序的设计目的,就是要把所有证据、事实、法律观点纳入一个确定的、双方认可并平等运用的程序中。程序是正义依存的载体。对控辩双方提出的证据和法律观点,可以专题研讨、学术争鸣,也可以街谈巷议、众说纷纭,但这都难以成为审判中心主义所追求的正义来源。

五是公开透明。公开透明是公众关注于欢案和其他所有案件的最低的民主标准(也属于程序标准)。在法治国家、法治政府、法治社会建设一体推进的过程中,公开透明成为最基本、最先决,同时也是最便于满足的关注。所有诉讼活动以公开透明的方式展现出来,既是对实现审判中心主义的有效监督,也是对法庭自信的有力背书。公开透明本身并不直接证明被公开的庭审活动的正确性,但它可以在一定程度上阻止不正确的行为发生。

观察以往的案例,公众本来还可能关注另外一些方面,如是否存在审者不判、判者不审的情况,是否存在先定后审、庭审“走过场”的情况,是否存在请示上级、“二审变一审”的情况,是否存在外部干预、影响独立的情况，是否存在司法不廉、枉法裁判的情况，是否存在法官任性、独断专行的情况，是否存在限制公开、失去自信的情况等。但令人欣慰的是，对于于欢案的二审开庭几乎没有这些方面的关注或评论。虽然这些本来就难上台面的事尚未完全消除，但法治文明的进步无疑是巨大的。

据报道称，旁听于欢二审开庭的各界代表赞誉法庭是“正义的殿堂”“法治的课堂”……如果一场庭审能获得如此高的评价，这一定是一场体现审判中心主义的成功庭审，是实现庭审实质化的典范。

三、认真对待来之不易的“于欢案效应”

从于欢案一审之后的上诉到二审法院的开庭审理，一直到改判五年有期徒刑终审判决的发布，社会舆论一路跟踪至今。重新回味于欢案的每一个环节，我们发现这起刑事案件与其他一些影响性诉讼一道，体现了对法治进步的“于欢案效应”。

一是从全民“陪审团”转化为全民“公开课”。面对一起普遍关注的复杂案件，社会公众会有自己的看法，法律专家也禁不住各抒己见。虽然这不必然影响公正裁判，但法官受舆论不当影响的风险确实存在。在于欢案中，法院的精心审理和明智“公关”成功地将办案全过程变成了一堂全民共享的法治公开课，完成了一个实质性的变化。

二是从激昂的感性反应转化为从容的理性思考。那些与社会道德直接相关的案件往往为不同群体表达意见、宣泄情绪提供了机会，于欢案正是其中之一。但舆论、情绪毕竟是暂时性的，无法持续长久，而从容平和的理性思考终究会占据上风。于欢案在过去三个月里的“三季”变化确实让人对中国法治的健康环境感到欣慰。

三是从一次性处置转化为先例性规则。每一起引发社会舆论关注、炒作的案件，往往都有疑难的法律问题蕴含其中。现在的法院越来越能理智地利用这些资源，将其中的法律问题挖掘出来甚至将裁判贡献为先例判决，而不再只是采取“灭火”式的舆情应对，简单了事。

四是从大众道德评判转化为专业法律判断。感性反应、“全民陪审”中表达出的观点基本上是大众道德评判。尽管法官不会对此置之不理，但职业标准要求法官将这些观点通过“法律职业过滤网”之后，方可吸收、转化为法律专业判断。于欢案二审判决书中的说理部分便是法官这一使命的体现。

五是从普通官员保障转化为法官职业保障。法院在国家治理中注定处于社会矛盾的“风口浪尖”，因此法官依法独立、公正审理案件需要获得特别的职业保障。一个官员为避免被免职可以在作出决定前做一些民意测验，而法官的裁判只能依据事实、法律和良知作出。因此，为实现法治的使命，法官必须拥有更高程度的职业保障，包括于欢案一审合议庭中的法官。

六是从多头并立的“无解之局”转化为审判中心的司法终局。不论公安、检察院、当事人、社会舆论的意见分歧有多大，甚至不排除有的主体通过不当手段施加压力，但唯有法院才是“一锤定音”者。于欢案再一次成为建设审判中心主义诉讼制度的典范。尽管有些公众将最高人民检察院公开发表的诉讼意见误认为是司法部门的“定调”，但审判中心主义的客观规律还是把检察机关拉回到了诉讼主体一方的地位(其法律监督功能另论)。

七是从被动回应舆论到适当回应舆论。于欢案虽有详尽的裁判说理，但山东省高级人民法院的负责人还是作了答记者问。这样做既有司法民主的政治原因，也有法律职业平民化的专业原因。今天已不再是贵族法官高高在上或者法律只属于律师的旧时代。中国司法的政治属性和“让人民群众在每一个司法案件中感受到公平正义”的根本要求，已经使司法与媒体(舆论)的关系有了适当调整。如果把回应社会关注当成是屈从媒体压力的“舆论审判”，那也未免过于简单了。

今天，于欢案将再一次成为中国法治道路上一个新的标志。这倒不见得是因为它对“正当防卫”法律规则新的解释，而是因为这起案件集中反映了法治进步所产生的这些效应。明天，或许还会有人坚持认为于欢案中舆论绑架了司法，或许还会有人认为量刑太重……这种情况实属正常。这或许也可以作为于欢案体现的另一个效应，那就是：法律永远是人民的！

四、司法与舆论：“良性互动”抑或“天生免疫”

在经历过无数个案司法与舆论较量的相似历程后，我们终于从于欢案中看到了来之不易的八大效应。其中，司法与舆论（媒体）的关系仍然是一个世界范围内热议的问题，而这一问题的焦点就在于：法官作出裁判时闭眼不看现实、掩耳不听民意，真的能作出公正的判决吗？法官与舆论之间存在良性互动的可能吗？

舆论免疫力（immunity of pop views）是传统司法理论中国际公认的法官对媒体、舆论的一种态度，但这一理论在不同国家、不同时代背景下可以有不同解释。在加拿大的司法职业道德准则中便有明确的规定，要求法官积极了解社会现实，了解诸如新的平等观、性别意识、种族差别与平等、家庭暴力与普通暴力的不同、创伤心理学等知识。中国最高人民法院 2001 年发布的《法官职业道德基本准则》（后有修订）在“加强自身修养”一章中也规定，“法官应当具有丰富的社会经验和对社会现实的深刻理解”。

由此可见，法官除了具备政治素质、专业能力、独立精神以外，还要了解社会现实、舆论声音、公众意见。不可想象一个不食人间烟火的法官会作出公正的裁判，也不敢说仅凭法律逻辑和生活经验就能让自己的判决为社会所广泛接受。既然法院总是处在社会矛盾的风口浪尖上，那么法官在客观上便不可能与舆论脱节。

在实行陪审团制度的普通法国家，法院会尽可能选择那些不了解案情、未参与过讨论，甚至未看过相关电视节目的人当陪审员，其目的就是要防止陪审员受到舆论的影响而先入为主，可能导致审判不公。但这一标准并不适用于职业法官，因为法官是受过法律专业训练的职业人士，人们相信法官凭其自身能力便可以自动排除、消解掉舆论对其公正裁判的不当影响。换句话说，职业法官对舆论影响具有完全的“免疫力”。

我们也看到，当前在普通法国家对媒体报道或舆论讨论具体案件时也会有一些限制措施，甚至法院会使用“封口令”（gag order）之类的措施，但这在很大程度上并不是为了防止法官受到影响，而是为了帮助陪审员排除干扰和偏见，同时保护涉案当事人或证人在诉讼进程中免受伤害。

但是，法官毕竟也是人，是社会中的普通一员，且其“舆论免疫力”也是靠后天培养获得的，所以百分之百地相信法官会自动过滤舆论的不当影响也未必可靠。

这样一来，相应的机制保障便成为司法制度建设的重点，如审判独立、责任豁免、职业训练、道德操守等。各国也为此采取了一些措施对媒体舆论作了一些限制，但又出于民主、问责、自然权利等因素的考虑，法院要求自己的法官们加强与媒体、社区、职业群体的沟通、交流，其目的无疑是实现司法与舆论的良性互动。一个民主国家是不会无端禁止公众对司法案件进行披露或评论的，但国家唯一担心的就是法官（裁判者）可能受到舆论的不当影响而偏向了情绪、主观、偏见，最终把事实和法律放在一边。

有媒体认为于欢案中是“舆论取得了胜利”，但更多人认为是法治和正义大获全胜。在司法与舆论形成良性互动时，正义的胜利与舆论的主流声音便可以基本协调一致。我们便可以说，司法与民意的良性互动能为实现公平正义提供更有力的保障！

五、做好下一堂“公开课”的“课前准备”

于欢案二审终审之后，下一堂“法治公开课”或许在明天、后天就要开始了。反思于欢案和其他类似案件，我们发现了一个具有普遍性的问题：听众进入课堂之前一般都没有做好“课前准备”，从而导致公开课的预期效果难以实现。

那么，该有哪些课前准备呢？基本法律知识必不可少，遵法守法意识不可或缺，理解和接受司法规律定有裨益，程序正义精神亟待培养……当然，我们并不期待听众在人人成为法律专家之后才能进入课堂，但必要的课前准备是必须做的。

第一，接受司法规律。这一要求看似过高，但作为一个负责任的公民，听众应当牢记作为公平正义最后一道防线的司法所应具备的独立性、公正性、权威性等根本属性。这些理念可以帮助听众理解法治过程，也可以帮助公众以正确的立场、态度、方法来监督司法。

第二，维护中立地位。司法裁判不是神明执法，法官也不是万能之神。法官查明事实时，不是靠亲自安装摄像头进行监控，而是靠双方当事人提供的证据说服自己。法官虽然是法律专家，但在解释和适用法律时也必须事先听取诉讼两造的法律辩论。谁能把作为中立裁判者的法官说服，谁就能赢得这场官司。可以这样说，在司法公正的前提下，决定官司输赢的不是法官，而是当事人自己。

第三，尊重职业判断。法律判断属于职业判断，无法以大众判断替代。尽管大众判断在民主意义上（通过立法）最终将主导、取代或者覆盖法律职业的判断，但法律职业判断在法律过程（legal process）中总处于优先地位。虽然法律问题人人皆可评论，但职业判断最终定局。即便是职业人士之间对同一问题也会有不同观点，美国最高法院作出判决时经常出现五比四的情况。这是法律科学本身的属性所决定的。

第四，尊重司法程序。“走程序”常被人不屑一顾，大众理性中也少有程序的地位。但是，不尊重司法程序就等于捅破了实体权利的“保护伞”。如果以自己对裁判结果的期待或好恶作为批评司法的唯一依据，那就等于掀掉了公平正义大厦的房顶而将其暴露在风雨之中。裁判结果固然重要，但未经司法程序“过滤”的信息在法律上很可能是不可靠的。实体法告诉法官应当做出什么样的裁判，而程序法告诉法官的是如何做出这样的裁判。

第五，学会自尊自重。听众对自己的言行负责也是对自身的保护和尊重。由于缺乏亲历性，公众所得到的信息经常是残缺不全、支离破碎的。如果简单、草率地以此为依据发表情绪激昂的评论，则很可能在随后的过程中给自己造成难堪，影响自身形象，甚至对法官公正裁判造成负面影响。有时会听到有人说“某某问题即使是三岁的孩子都明白怎么判断”，但更多的问题即使通过谨慎审理、激烈辩论也未必得出确定性的判断。草率的评论往往是由于低估了法律问题的复杂性而作出的。

毫无疑问，课前准备工作越充分，听众的自信会越强，参与度会越高，对法治的支持也会越大。为全面、深刻理解公开课的内容，形成台上台下的良性互动，鼓励我们的听众积极主动地做好下一堂法治公开课的课前准备吧！

法律事实是改判之“定海神针”

□蒋安杰*

6月23日9点，于欢案尘埃落定，山东省高级人民法院第22审判法庭，在经过关于事实和证

---

* 《法制日报》记者。

据、关于法律适用、关于刑罚裁量、关于诉讼程序四个方面内容的评判后,终审裁决于欢犯故意伤害罪,判处有期徒刑五年。

距离5月27日备受关注的于欢故意伤害案二审在山东省高级人民法院公开审理,长达15个小时的于欢案第一只靴子——庭审落地将近一个月的时间,于欢案改判这只人们关注已久、承载着公平正义的靴子终于在社会高度关注中,铿锵有力地砸向了地面。

回想马三立老先生那段著名的单口相声里,曾经等待第二只靴子落地的那个人一直睡不着觉的场景与画面,山东省高级人民法院二审的法官们对《法制日报》记者说,这个比喻很恰当,再形象不过。

于欢案在一审宣判后引发了公众乃至法律界人士关于人伦与法律话题的讨论,大量关于该案走向的推测和呼声层出不穷。在此舆论环境下,二审法官背负的压力之大可想而知,几乎是在刀尖上行走,容不得任何闪失。

如何既能保证公平公正,又能妥善回应社会关切;如何平衡情理与法律、道德与法律、民意与法律的关系,这是摆在二审法院面前的现实问题。但无论怎样,在司法的天平上只有公正、只有事实、只有法律,不会因舆论的风潮而摇摆。

于欢案改判,二审判决书中明确指出,原审判决存在的主要问题是认定事实不全面,部分刑事判项适用法律错误。判决书写道:"案发当日被害人杜志浩曾当着于欢之面公然以裸露下体的方式侮辱其母亲苏银霞,虽然距于欢实施防卫行为已间隔约20分钟,但于欢捅刺杜志浩等人时难免不带有报复杜志浩"辱母"的情绪,在刑罚裁量上应当作为对于欢有利的情节重点考虑。杜志浩的辱母行为严重违法、亵渎人伦,应当受到惩罚和谴责,但于欢在实施防卫行为时致一人死亡、二人重伤、一人轻伤,且其中一重伤者系于欢持刀从背部捅刺,防卫明显过当。于欢及其母亲苏银霞的人身自由和人格尊严应当受到法律保护,但于欢的防卫行为超出法律所容许的限度,依法也应当承担刑事责任。认定于欢行为属于防卫过当,构成故意伤害罪,既是严格司法的要求,也符合人民群众的公平正义观念。"

二审判决不仅让法律有了温度,最重要的是,让网络上相关报道的一些失实事实、情节在二审庭审以及判决书中都得以澄清。

《法制日报》记者细心比对判决书和网上相关报道内容后发现:

一、关于苏银霞借还款的相关事实

网上报道的具体内容:因公司资金困难,2014年7月和2015年11月,苏银霞两次分别向吴学占借款100万元和35万元,约定月利息10%。苏银霞提供的数据显示,截至2016年4月,她共还款184万元,并将一套140平方米价值70万元的房子抵债。"还剩最后17万元欠款,公司实在还不起了。"于欢的姑姑于秀荣如是说。

经审理查明:2014年7月28日,苏银霞及丈夫于西明向吴学占、赵荣荣借款100万元,双方口头约定月息10%。至2015年10月20日,苏银霞共计还款154万元。2015年11月1日,苏银霞、于西明再向吴学占、赵荣荣借款35万元。其中10万元,双方口头约定月息10%;另外25万元,通过签订房屋买卖合同,用于西明名下的一套住房作为抵押,双方约定如逾期还款,则将该住房过户给赵荣荣。2015年11月2日至2016年1月6日,苏银霞共计向赵荣荣还款29.8万元。

综上,苏银霞两次分别向吴学占借款100万元和35万元,与网上报道的借款次数、数额一致;苏银霞共计还款183.8万元,与网上报道苏银霞还款184万元相差无几。

经审理查明:2015年11月2日至2016年1月6日,苏银霞共计向赵荣荣还款29.8万元。吴学占、赵荣荣认为该29.8万元属于偿还第一笔100万元借款的利息,而苏银霞夫妇认为是用于偿还第二笔借款。吴学占、赵荣荣多次催促苏银霞夫妇继续还款或办理住房过户手续,但苏银霞、于西明未再还款,亦未办理住房过户。2016年4月1日,赵荣荣与被害人杜志浩、郭彦刚等人将于西明上述住房的门锁更换并强行入住,苏银霞报警。赵荣荣出示房屋买卖合同,民警调解后离去。同月13日上午,吴学占、赵荣荣与杜志浩、郭彦刚、杜建岗等人将上述住房内的物品搬出。当晚,于西明通过他人调解,与吴学占达成口头协议,约定次日将住房过户给赵荣荣,此后再付30万元,借款本金及利息即全部结清。同月14日,于西明、苏银霞未去办理住房过户手续。

综上,网上报道关于“将价值70万的房子抵债,还欠款17万”的表述与查明事实不符。在案证据证实,双方对以房抵债进行过协商,一度达成过协议,协议内容为住房折抵60万元,此后再付30万元,但协议并未履行。

二、关于吴学占指使手下拉屎并将苏银霞按进马桶的相关事实

网上报道的具体内容:2016年4月13日,苏银霞到已抵押的房子里拿东西。据她提供的情况说明,在房间里,吴学占让手下拉屎,并将苏银霞按进马桶里,要求还钱。

经审理查明:2016年4月13日上午,吴学占、赵荣荣与杜志浩、郭彦刚、杜建岗等人将上述住房内的物品搬出,苏银霞报警。民警处警时,吴学占称系房屋买卖纠纷,民警告知双方协商或通过诉讼解决。民警离开后,吴学占责骂苏银霞,并将苏银霞头部按入坐便器接近水面位置。

综上,网上报道关于“吴学占让手下拉屎,并将苏银霞按进马桶里”的表述不准确。苏银霞出庭作证证实,吴学占将其头部按入坐便器接近水面位置,当时马桶里边没有屎,其头发和脸上没沾上水。

三、关于赵荣荣纠集他人限制苏银霞、于欢人身自由的相关事实

网上报道的具体内容:山东源大工贸有限公司(以下简称源大工贸)职工刘晓兰看到3辆没有车牌的轿车进入工厂,时间是在2016年4月14日下午4时许。她预感不妙。他们一行约十人,拉来了烧烤架、木炭、肉串、零食和啤酒,将烧烤架支在公司办公楼门口,若无其事地烤串饮酒。苏银霞和儿子于欢被限制在公司财务室,由四五人看守,不允许出门。当晚8点多,催债人员杜志浩驾驶一辆迈腾车进入源大工贸,将苏银霞母子带到公司接待室。接待室内有两张黑色单人沙发和一张双人沙发,苏氏母子分别坐在单人沙发上,职工刘晓兰坐在苏银霞对面。11名催债人员把3人围住。

经审理查明:2016年4月14日,于西明、苏银霞未去办理住房过户手续。当日16时许,赵荣荣纠集郭树林、郭彦刚、苗龙松、张博到源大公司讨债。赵荣荣等人先后在办公楼前呼喊,在财务室内、餐厅外盯守,在办公楼门厅外烧烤、饮酒,催促苏银霞还款。

综上,网上报道关于“苏银霞和儿子于欢被限制在公司财务室,由四五人看守,不允许出门”的表述不准确。在案证据证实,讨债一方仅实施了在财务室内盯守苏银霞一人的行为,无证据证实讨债一方将苏银霞、于欢限制在公司财务室,且不允许离开财务室。

经审理查明:当日20时许,杜志浩、杜建岗赶到源大公司,与李忠等人一起饮酒。20时48分,苏银霞按郭彦刚要求到办公楼一楼接待室,于欢及公司员工张立平、马金栋陪同。21时53分,杜志浩等人进入接待室讨债。

综上,网上报道关于“杜志浩驾驶一辆迈腾车进入源大工贸,将苏银霞母子带到公司接待室,11名催债人员将苏银霞母子、公司职工3人围住”的表述,与事实不符。在案证据证实,当日20时许杜志浩到源大工贸后,先与其他讨债人员一起饮酒,后于21时53分才进入接待室讨债,且之前苏银霞母子并非由杜志浩带到公司接待室内。另外,并无证据证实杜志浩等11名催债人员进入接待室后即将苏银霞母子、公司职工3人围住。另外,在案证据证实,苏银霞、于欢及公司员工张立平、马金栋4人在接待室,并非3人。

四、关于讨债人员在源大工贸公司播放黄色录像的事实

网上报道的具体内容:“在他娘俩面前,他们用手机播放黄色录像,把声音开到最大,说的话都没法听。”于秀荣说。

经审理:未认定上述相关事实。

该段内容无证据证实。在案证据,除了于欢的姑姑于秀荣证实听到讨债人员的手机发出女人“啊啊”的声音,猜测是放黄色录像外,无其他证据予以印证,且当事人苏银霞、于欢均证实没有看到或听到讨债人员用手机播放黄色录像。

五、关于杜志浩等人在接待室内侮辱、殴打苏银霞母子的事实

网上报道的具体内容:辱骂、抽耳光、鞋子捂嘴,在11名催债人长达一小时的凌辱之后,杜志浩脱下裤子,用极端手段污辱苏银霞——当着苏银霞儿子于欢的面。刘晓兰说,杜志浩一直用各种难听的脏话辱骂苏银霞,“什么话难听他骂什么,没有钱你去卖,一次一百,我给你八十。学着唤狗的样子喊小孩,让孩子喊他爹”。其间,杜志浩脱下于欢的鞋子,捂在苏银霞的嘴上。刘晓兰看到母子两人瑟瑟发抖,于欢试图反抗,被杜志浩抽了一耳光。杜志浩还故意将烟灰弹在苏银霞的胸口。让刘晓兰感到不可思议的是,杜志浩脱下裤子,一只脚踩在沙发上,用极端手段污辱苏银霞。刘晓兰看到,被按在旁边的于欢咬牙切齿,几近崩溃。

经审理查明:(4月14日)21时53分,杜志浩等人进入接待室讨债,将苏银霞、于欢的手机收走放在办公桌上。杜志浩用污秽语言辱骂苏银霞、于欢及其家人,将烟头弹到苏银霞胸前衣服上,将裤子褪至大腿处裸露下体,朝坐在沙发上的苏银霞等人左右转动身体。在马金栋、李忠劝阻下,杜志浩穿好裤子,又脱下于欢的鞋让苏银霞闻,被苏银霞打掉。杜志浩还用手拍打于欢面颊,其他讨债人员实施了揪抓于欢头发或按压于欢肩部不准其起身等行为。22时7分,公司员工刘付昌打电话报警。22时17分,民警朱秀明带领辅警宋长冉、郭起志到达源大公司接待室了解情况。

综上,不准确的表述部分有:11名催债人员对苏银霞母子长达一小时的凌辱不实。在案证据证实,杜志浩等9名讨债者进入接待室后,仅是杜志浩一人辱骂于欢、苏银霞,像唤狗一样喊“欢欢”,且实施了裸露下体、脱下于欢的鞋让苏银霞闻、拍打于欢面颊等行为,持续的时间从21时53分至22时17分,不超过24分钟,其他讨债人员没有实施辱骂、拍打于欢或苏银霞面部的行为。杜志浩脱下裤子,一只脚踩在沙发上,用极端手段污辱苏银霞的事实不实。在案证据证实,杜志浩站在茶几旁边,将裤子褪至大腿处裸露下体,朝坐在沙发上的苏银霞、于欢、张立平、马金栋等人左右转动身体,距离苏银霞的右胳膊约30公分。接着在马金栋、李忠劝阻下,杜志浩穿好裤子。并无证据证实杜志浩一只脚踩在沙发上用极端手段污辱苏银霞,且与当事人苏银霞关于“我坐在东边北侧单人沙发,于欢坐在东边南侧单人沙发,张立平、马金栋坐在西边长沙发上。杜志浩站在茶几北边脱裤子露下体对着南边,没有直接对着我,但杜志浩距离我的右胳膊很近,也就三十公分左右。杜志浩露出生殖器时,我把脸扭向南边,不搭理他。经杜志浩旁边的人劝说,杜志浩提上裤子”的证言相矛盾。

杜志浩让于欢喊他爹的事实不准确。在案证据证实,讨债者李忠和杜志浩曾让于欢喊叔叔,该事实有于欢供述和苏银霞的证言等证据予以证实,并无证据证实杜志浩让于欢喊爹。

杜志浩脱下于欢的鞋子,捂在苏银霞的嘴上的事实不准确。在案证据证实,杜志浩脱下于欢的鞋子,放到苏银霞的鼻子处让其闻,被苏银霞打掉,并未捂在苏银霞的嘴上。

杜志浩还故意将烟灰弹在苏银霞胸口的事实不准确。在案证据证实,杜志浩将烟头弹到苏银霞胸前衣服上,并无证据证实将烟头弹在苏银霞的胸口,且当事人苏银霞证实她当时穿着皮衣,杜志浩将烟头扔到她左胸前衣服上。

六、关于民警处警的相关事实

网上报道的具体内容:22 时 13 分(监控显示),一辆警车抵达源大工贸,民警下车进入办公楼。判决书显示,多名现场人员证实,民警进入接待室后,说了一句"要账可以,但是不能动手打人",随即离开。4 分钟后,22 时 17 分许(监控显示),部分人员送民警走出办公楼,有人回去。看到 3 名民警要走,于秀荣拉住一名女警,并试图拦住警车。"警察这时候走了,他娘俩只有死路一条。我站在车前说,他娘俩要死了咋办,你们要走就把我轧死。"于秀荣回忆说。而警方的说法是,他们询问情况后到院内进一步了解情况。

经审理查明:在民警走出接待室寻找报警人期间,于欢和讨债人员均可透过接待室玻璃清晰看见停在院内的警车警灯闪烁,应当知道民警并未离开;在于欢持刀警告不要逼过来时,杜志浩等人虽有出言挑衅并向于欢围逼的行为,但并未实施强烈的攻击行为。即使 4 人被于欢捅刺后,杜志浩一方也没有人对于欢实施暴力还击行为。于欢的姑母于秀荣证明,在民警闻声返回接待室时,其跟着走到大厅前台阶处,见对方一人捂着肚子说"没事没事,来真的了"。因此,于欢面临的不法侵害并不紧迫和严重。

综上,网上报道关于"于秀荣证实看到 3 名民警要走,于秀荣拉住一名女警,并试图拦住警车"的表述,与事实不符,该证言不仅无其他证据予以印证,而且与执法记录视频、源大公司监控视频等证据相矛盾。在案的执法记录视频、源大公司监控视频、通话记录以及朱秀明、徐宗印、辅警郭起志、宋长冉的证言证实,朱秀明警告双方不能打架后即带领辅警到院内寻找报警人了解情况,并给值班民警徐宗印打电话通报警情,让徐宗印到源大公司。警车到达现场后未熄火,在停靠位置未移动。民警朱秀明及辅警郭起志在车上商量 40 秒后,二人下车走到警车左侧,接着于秀荣走到警车左侧,没有发现于秀荣有拦车行为。于欢的供述、苏银霞的证言以及讨债方多名证人证言亦均证实民警进入接待室后问谁报警,苏银霞回答可能是厂里的工人,并均称民警离开接待室是到院中寻找报警人了解情况。

七、杜志浩受伤后就医的相关事实

网上报道的具体内容:杜志浩等人受伤后,自己开车去了冠县人民医院。于秀荣的老伴说,事发后他曾去医院打听,杜志浩因琐事还在医院门口跟人发生争执。

经审理查明:杜志浩等 4 人受伤后,分别被杜建岗等人驾车送至冠县人民医院救治。次日 2 时 18 分,杜志浩经抢救无效,因腹部损伤造成肝固有动脉裂伤及肝右叶创伤导致失血性休克死亡。因急于抢救杜志浩等人,杜建岗开车撞断医院大门口道闸挡杆,直接开到急救科门口,并找医生进行抢救。杜志浩等人并没有与门卫发生争执,也没有因为杜建岗撞断挡杆而延误医生对杜志浩进行抢救。上述事实有杜建岗、张书森、冠县人民医院抢救杜志浩的医生李广振、赵海宽等证言、冠县人民医院出具的病历、情况说明等证据予以证实。

综上,关于"杜志浩自己开车去了冠县人民医院、杜志浩因琐事还在医院门口跟人发生争执"的表述与查明的事实不符。

八、尖刀属性、来源的相关事实

网上报道的具体内容:混乱中,于欢从接待室的桌子上摸出一把刀乱捅,杜志浩、严建军、程学贺、郭彦刚 4 人被捅伤。

经审理查明:杜志浩等人卡于欢颈部,将于欢推拉至接待室东南角。于欢持刃长 15.3 厘米的单刃尖刀,警告杜志浩等人不要靠近。杜志浩出言挑衅并逼近于欢,于欢遂捅刺杜志浩腹部一刀,又捅刺围逼在其身边的程学贺、严建军腹部、郭彦刚背部各一刀。

判决书写道:被害人及其诉讼代理人所提原判未认定作案尖刀系管制刀具,来源未能查清的意见,经查,根据外观特征认定本案的作案工具为尖刀,并无不当;只有被害人郭彦刚一人陈述于欢从身上拿出尖刀,该陈述与在场的其他被害人陈述及有关证人证言等证据不符,且该尖刀是否为于欢事前准备,不影响于欢的行为是否具有防卫性质的认定。

就这些事实部分网上表述不够准确的内容,《法制日报》记者在旁听后也采访了相关人士,他们对记者说,细心的读者只要一对比,都会发现法庭调查内容与相关报道有出入,不可否认,于欢辱母案中的很多描述或者关键词如"辱母、脱下裤子用极端手段侮辱对方、弹烟灰到胸口"等都会某种程度上刺激读者的神经,挑战人们的道德底线,撩拨人们灵魂深处最柔软的那部分,也正因如此,该案能迅速得到回应,舆论发酵。

该人士同时告诉记者,即便事实部分有出入,该案剧情却无法翻转,因为毕竟报道中出现的辱母情节在法庭调查中得到了证实。这也是判决书中提到"只有被害人郭彦刚一人陈述于欢从身上拿出尖刀,且该尖刀是否为于欢事前准备,不影响于欢的行为是否具有防卫性质的认定"的缘由,因虽然距于欢实施防卫行为已间隔约 20 分钟,但于欢捅刺杜志浩等人时难免不带有报复杜志浩"辱母"的情绪,在刑罚裁量上应当作为对于欢有利的情节重点考虑。

于欢案件之所以引发社会广泛关注,除了舆论引导、专家学者、律师、全社会积极参与外,也与一审办案机关收集、固定、审查证据不规范、不全面,裁判认定事实不全面,说理不透彻等有关。

把案件放在聚光灯下,不是坏事,在舆论面前,只有事实和法律才是司法工作者的"定海神针",尊重事实也是媒体必须恪守的职业道德和追求。媒体、舆论和司法机关追求的目标永远是一致的,即都是探寻事实真相,追求社会公平正义,追求法治的梦想,这种目标的共同性和一致性,从更高的层面来看,就是一种信仰的力量,不分职业与行业,无论遇到什么阻碍,都不会阻止人们前行的道路。愿我们用《冈仁波齐》那句话共勉:"山就在那儿,山会等着,我们心灵的朝圣。"

让热点案件的判决书制作成为典范

□于同志*

近年来,重大、热点刑事案件受到人民群众的高度关注,人民群众不仅关注案件的裁判结果,也关心案件的裁判过程。裁判文书是案件审判过程及结果的记载,是"把动态的刑事司法过程转化为静态的书面文字",①是人民群众了解司法案件各方面信息的主要窗口,必然要承担起"回应人民群众关切"的重要使命。这就对裁判文书的制作提出了更高要求。于欢故意伤害案二审改判获得广泛认同,其判决书被媒体誉为"法与情的完美结合""有情感的判决"等,由此也为热点刑事案件制作裁判文书提供可资参考的范例。

一、全面反映诉讼参与各方的意见

于欢案二审判决书用了相当的篇幅、较详细地表述参加诉讼的各方主体,包括提出上诉的被害人杜某的亲属及其诉讼代理人、被告人于欢及其辩护人、出庭检察员以及被害人郭某、严某及其诉讼代理人的意见。相关内容,既包括上诉状、辩护词、代理词、出庭意见书等书面材料记载的

---

* 法学博士,《刑事审判参考》执行编辑。

① 李谦:《以释法说理的裁判文书引领社会风尚》,载《人民法院报》2017 年 8 月 6 日。

意见，也包括各方当庭口述发表的意见。而且，判决书对各方的意见均作了精准概括，虽然本案诉讼参与人数量多、各自所提意见涉及多方面，但由于判决书制作者对此精心归纳、提炼，表达上做到了层次清晰、布局合理、内容清楚，丝毫不显凌乱。

一般来说，诉讼参与各方发表意见的途径主要有两种：一是向法庭提供书面材料；二是当庭发表意见。制作裁判文书时表述诉讼参与各方的意见，是依据书面材料还是当庭意见，值得关注。从实践来看，向法庭提交书面材料反映意见，有的在开庭前提交，有的在庭审宣读后直接交予法庭，个别的是在庭审后经修改完善后再提交法庭。在文书制作时，有的法官基于操作便利等考虑，往往直接摘录、概括书面材料的观点。这样做的一个直接后果就是不能全面反映各方的意见和观点。因为，相对于控辩激烈交锋下的极为丰富的庭审信息，事先所准备的书面材料的内容往往是固定的，也通常是不全面的。特别是有的诉讼参与人还会根据庭审情况调整自己发言的具体内容，事先准备的意见未必当庭提出，事前未提及的观点可能随即迸发。简单地依据书面材料概括、提炼相关诉辩意见、观点，既不够全面也不够稳妥，还不利于回应人民群众的关切。

按照庭审实质化的要求，"诉讼证据出示在法庭，案件事实查明在法庭，诉辩意见发表在法庭，裁判结果形成在法庭"，①所以，对于开庭审理的案件，诉讼参与各方的意见向法庭提交的法定渠道应是"庭审"，且应当以口述的言词方式当庭提出，这样才有助于相对方提出答辩意见，才有利于法庭贯彻控辩对抗、裁判中立的理念。与此相对应的是，裁判文书所反映的诉讼参与方的意见应当是各自当庭发表、经过辩论的意见（而不能局限于上诉状、辩护词、代理词、出庭意见书等书面材料）。并且，判决书应当全面反映各方的意见，避免遗漏。当然，全面反映不是照搬照抄，应当加以概括、提炼，对一些似是而非的内容要作出修饰、调整，完全不合理的还可以"适当取舍"。但在总体上应力求表述完整、准确、精练。在此方面，于欢案的二审判决书可供借鉴。

二、严格依据证据认定案件事实

重大、热点刑事案件在庭审中往往会呈现多方面的"事实"，其中既有检察机关指控的"事实"，也有被告人及其辩护人主张的"事实"，在有被害人出庭的案件以及刑事附带民事诉讼案件中，还会存在被害方陈述的"事实"等。这些"事实"既有客观属实的，也有与实际出入很大甚至完全虚构的；彼此之间既可能比较接近，也可能大相径庭，等等。这就要求法庭在认定案件事实时必须牢固坚持证据裁判的立场，"一切靠证据说话"。

1. 基于证据认定案件事实

党的十八届四中全会在论及以审判为中心诉讼制度改革时，明确要求坚持证据裁判原则。证据裁判，也是刑事诉讼中的一项基本原则，它要求"事实认定必须依据有关证据作出，没证据不得认定事实"。于欢案的二审注重贯彻证据裁判原则，判决书立足于经庭审举证、质证的被害人陈述、被告人供述和辩解，证人证言，视频资料、现场勘验、检查笔录、鉴定意见和有关书证材料，医疗证明和医生的证言以及检察机关补充提取的证据五个方面的证据，客观地还原了本案的全部案情，既揭示出案件事实的基本脉络，也展示了人民群众关注的相关细节，通过"让证据说话"，澄清了网传的一些失实的事实、情节，稳妥且有效地回应了社会的关切。

2. 无证据支持以及与在案证据不符、无关的事实主张不予认定

在于欢故意伤害案二审中，上诉人于欢及其辩护人提出"被害人杜某伤后自行驾车前往冠县人民医院，而未去距离更近的冠县中医院，且到医院后还与门卫发生冲突，延误救治，导致失血过

① 沈德咏：《加快推进以审判为中心的刑事诉讼制度改革》，载《人民法院报》2017年3月8日。

多死亡”“被害人有亲属在当地检察机关、政府部门任职,可能干预审判”等主张,被害人郭某、杨某及其诉讼代理人提出于欢在案发前已准备了管制刀具、案发时“拉开衣服拉链从身上拿出刀具”等主张,出庭检察员提出被告人父母存在计划外生育、因不正常上班被免职等主张。对诉讼参与各方的上述事实主张,二审法院立足于在卷证据材料逐一进行了审查、回应,对其中没有证据证明的、与已经查明事实明显不符的以及与本案定罪量刑没有关联的,果断不予支持、不作案件事实认定。

3. 坚持对案件事实全面认定、表述

定罪量刑必须以事实为根据。这里的事实既包括直接关乎案件定性的关键事实、核心事实,也包括可能影响量刑的案件前因后果等方面的关联事实、边际事实,只有把涉及案件定罪量刑的事实全面发掘出来,才能够客观、准确地认定案件性质并适当量刑。同时也有助于澄清网传不实事实、情节,回应人民群众的关切,并实现司法的公开透明。于欢案一审判决之所以引发社会广泛关注和炒作,也与其未能查明和完整表述案件全部事实有直接关系。

二审判决书中明确指出,认定事实不全面是原审判决存在的突出问题之一。原判仅仅认定了案发当天被告人于欢故意伤害他人的事实经过,但未能查清也未能明确认定、表述引起该案发生的“前因”及相关背景因素。事实上,案发前被害人杜某等人在吴某、赵某纠集下多次实施骚扰于欢之母苏某的正常生活、干扰源大公司生产经营等逼债行为。苏某一方也曾拨打“110”“市长热线”等求助,但吴某、杜某等人的行为未能受到有效制约并变本加厉,以致最终引发此案。该事实、情节不仅是认定被害人存在严重过错的事实基础,也是判断于欢的行为是否具有防卫性质进而对其准确地定罪量刑的客观依据。针对原判认定、表述事实不够全面的问题,二审判决重点叙述了被害人杜某一方“辱母”的具体言行、于欢持刀捅刺四被害人的详细经过和杜某被救治的具体情况等社会关注的重要事实,并全面认定了双方高息借贷经过、案发前被害人杜某等在吴某、赵某纠集下多次实施的逼债行为等事实、情节。全面认定和表述案件事实,不仅最大限度地回应了人民群众的关切,也为判决书说理评判和裁判奠定了坚实基础。

三、认真梳理证据实现精准表达

于欢案发生时,现场人员较多,侦查机关调取数十位证人的证言、多名被害人的陈述,加之视频资料、现场勘验、检查笔录、鉴定意见、被害人入院救治方面的证据等,案件证据材料较多。在案件二审期间,出庭检察员又当庭宣读、出示了新收集、调取的证人证言、侦查实验笔录及行驶路线图、手机通话记录和原证人、被害人、被告人的补充证言、陈述和供述等 23 份证据材料,辩护人则当庭出示了讨债人员驾驶无牌或套牌车辆的现场监控录像截图、被害人亲属系冠县人民检察院工作人员的网页截图、驾车从现场分别到冠县人民医院和冠县中医院的导航路线截图 3 份证据材料,这使得二审法庭面对的案件证据材料更加丰富、庞杂。对这些证据材料。一方面,需要法庭经过开庭审理,双方举证、质证,对证据材料作出认证、取舍;另一方面,对经过认证、作为定案依据的证据要进行梳理,做好证据的摘录和列举。

二审判决在对各方意见评判中指出:“辩护人当庭提交的 3 份新证据材料,出庭检察员当庭提交的有关苏某计划外生育被罚款的收费收据、于欢父亲于某某身份信息的新证据材料,或者不具有客观性,或者与案件无关联性,本院不予采信”,但基于事实认定需要,采纳了检察机关补充提交的聊城市人民检察院提取的银行转账凭证证明、通话清单证明以及冠县公安局制作的侦查实验笔录证明 3 份证据,体现了对证据裁判原则的严格坚持,也由此划定了本案定案证据的具体范围。

鉴于据以定案的证据种类繁多、内容庞杂,二审判决紧扣裁判认定的事实,从证据摘录与证据列举两个环节对相关证据作了精心梳理。在证据摘录上，遵循准确、客观、中立、全面、匹配事实、详略得当等的要求，着重从六个方面对在案证据进行整理：第一，根据裁判认定事实摘录证据具体内容，重点关注直接关乎定罪量刑的关键性信息。第二，对被告人有利和不利的证据内容全面反映。第三，大幅归纳、合并内容重复的证人证言、被害人陈述等证据。第四，妥善处理证据摘录上的详略关系，对重要信息引用原话、详加表述，不重要的证据信息一笔带过，无关的信息坚决不列。第五，重视书证、视频资料、现场勘验、检查笔录、鉴定意见等客观证据，对相关证据内容详细摘录，注重发挥客观证据的证明作用。第六，不忽略证据的附随信息，列明证据的来源和取证机关等。

在证据列举上，重点做了以下工作：第一，按照"被害人陈述、被告人供述和辩解""证人证言""视频资料、现场勘验、检查笔录、鉴定意见和有关书证材料""医疗证明和医生的证言"和"检察机关补充提取的证据"五个板块列举证据，重视各类证据在证明体系上的内在逻辑性和形式排列上的条理性。第二，贯彻中立裁判立场，平等对待控辩证据，将各自的相关证据交替罗列。比如，将被害人陈述与被告人供述和辩解放在一起表述；在证人证言部分，先列举在现场的证人证言，再列举其他证人证言。列出于欢之母苏某的证言后，随之表述被害一方的相关证人证言等。第三，突出对新证据的认证。将采纳的检察机关补充提交的3份新证据单独列出，并较为具体地表述其证据内容，积极展示庭审实质化的改革成果。

于欢案二审判决书处理证据的上述做法具有重要参考价值。从审判实践来看，目前裁判文书在证据摘录和列举中存在的突出问题是：(1)证据摘录不全，遗漏关键性信息、证据来源及特征等；(2)证据摘录不中立，容易忽视一些有利于被告人的信息；(3)证据与事实脱节，与裁判认定的案件事实不匹配、不一致，量刑事实时常被忽略；(4)罗列的证据与案件事实之间缺乏相关性，或者为明显多余的证据材料；(5)在对具体证据的内容摘录和全案证据的整体处理上，均存在繁简不分的问题；(6)定案的证据未经庭审出示、质证，未经庭审举证、质证的可能是单个证据，也可能是该证据的某些重要信息；(7)证据列举随意、混乱、无序；(8)对证据内容的语言表达不清晰、不规范、不准确等。如何恰当地表述证据，直接关乎裁判文书的制作质量，于欢案二审判决书无疑提供了一个重要范本。

四、围绕争点对各方意见公正评判

刑事裁判文书制作中，法庭不仅要对其所认定的事实加以全面论证，还要对诉讼参与各方所提的证据及事实主张、法律适用意见等是否采纳予以全面、充分的评析、判定，作出确定性的裁判结论。最高人民法院在相关司法文件中也反复强调，要"加强对质证中有争议证据的分析、认证，增强判决的说理性"。这是提高裁判文书制作质量和水平的重要方面。

于欢案二审判决书，从以下六个方面强化了说理评判：第一，归纳诉讼参与各方的争议焦点。将各方的意见概括为"事实和证据""法律适用""刑罚裁量""诉讼程序"四个方面，将控辩对抗的庭审特质充分展示出来，文书评判和说理更有针对性，也更加条理清晰、层次感强。特别是，这几方面也是人民群众关注和热议的焦点。通过概括归纳案件的争点、疑点，也有利于直面矛盾问题，回应社会关切。第二，坚持中立裁判立场，加强回应性说理。在提出每个问题后，首先摆出各方的争执性意见，然后进行评判，指明各自存在的问题，最后给出是否采纳的确定性的评判意见。第三，评判各方意见时，紧密结合案件事实、证据、程序、法律、情理、逻辑等展开，抽丝剥茧，层层剖析，辨法析理，以理服人。第四，列出专题探讨本案的事实、证据问题，重视对双方质证中有争议的证据的分析、认证。第五，针对各方在量刑上的不同诉求，并考虑人民群众对量刑的高度关注，专门阐述刑罚裁量的具体依据。二审判决书综合分析了于欢行为的危害后果、于欢当庭不认罪、无悔罪表示和杜某侮辱行为及其对于欢情绪的影响、被害方过错、于欢归案后如实供述等法定、酌定从重、从宽量刑情节，十分清晰地释明了对于欢防卫过当行为予以显著减轻处罚、判处五年实刑的缘由。第六，针对各方争议的焦点，敢于审查，勇于发声，表明立场，突出地表现在对诉讼程序的审查和判断上。二审判决书把程序审查作为一个专门问题，对被告人及其辩护人提出的被害人亲属在检察机关、政府部门任职，可能干扰案件查办，应当排除相关证据，对案件移送或指定管辖等意见，进行认真审查并立足于事实和证据进行评判。这种对聚焦案件疑点、争点与难点注重回应性说理的做法对裁判文书制作尤其是社会关注度高、控辩双方争议大的刑事热点案件的文书制作，具有重要借鉴意义。

从审判实践来看，虽然目前刑事法官对裁判文书说理的重要性都有所认识，但不知如何评判说理的问题仍比较突出。主要表现有：一是对争议焦点不归纳、梳理，在评判时针对性不强，分析过于简单，不深入、不充分，浅尝辄止，流于形式化、公式化，空话、套话多，千人一面。诸如“被告人及其辩护人的相关辩解、辩护意见不能成立，不予采纳”“被告人及其辩护人的意见缺乏事实和法律依据，不予采纳”等类似表述充斥于很多刑事裁判文书中。二是流于“单方评价”或“自说自话”。有的仅摆出一方的意见，根本不提及相对方的意见，单方评说；有的不针对控辩双方的意见评判，自言自语，明显不符合“控辩对抗、居中裁判”的诉讼理念和要求。三是随意取舍，甚至断章取义，不能客观、全面地反映诉讼参与各方的意见本意，说理也是以偏概全，让人读后感到片面甚至偏袒。四是模糊争议焦点，说理轻描淡写、大而化之，或含糊其词、遮遮掩掩，不能针对各方主张逐一评判。特别是对程序性事项，有的不能直面问题、勇于回应。五是重视采纳、评判控方意见，对被告人及其辩护人的意见回应不够，偏离了中立裁判立场。六是分析、评判逻辑混乱，缺层次、无条理，语言不平实，有的过于学术化，让人看不明、读不懂等。

裁判，顾名思义，要在全面倾听双方意见的基础上中立地作出抉择。所以，裁判文书的说理评判，一要有明确的对象；二要有双方的意见；三要有充分的评判依据；四要有确定的裁判结论。无对象的评判类似于隔空放炮，只有单方的意见就容易沦为自言自语，无依据、不说理的评判无异于妄断，不给出确定性的结论就谈不上裁判。这些做法自然难以让人从心理层面认同和接受判决结论，难以让人信服，司法权威也就难以在人民群众心中树立。所以，刑事案件裁判文书的制作，不仅要重视评判说理，还要关注评判说理的具体方式方法。

五、严格依法并充分考虑情理裁判

党的十八届四中全会审议通过的《中共中央关于全面推进依法治国若干重大问题的决定》中明确规定“加强法律文书释法说理”。对于社会公众广泛关注的“热点”案件来说，强化裁判释法说理有助于回应社会关切，提升司法权威与公信。从实际来看，有两种类型的裁判文书，尤其难以让人民群众信任：一种是对案件事实不惜篇幅详加陈述，对裁判结果却轻描淡写，让公众无法知悉裁判所包含的逻辑和规则，不能获得一个满意的“说法”；另一种是置一般法理于不顾，在裁判文书中以裁判结果代替逻辑说理，以因为果，令人无法信服并最终损害了司法权威。①所以，裁判文书说理问题，直接关乎刑事司法公正与公信。

于欢二审判决书非常注重说理，强调以理服人。一是重事理，注重从生活经验逻辑出发作出评判。例如，从案发时于欢可透过接待室玻璃清晰看见停在院内的警车警灯闪烁，认定于欢“应当知道民警并未离开”；从于欢的姑母证言所说“见对方一人捂着肚子说‘没事没事，来真的了’”，认定“于欢面临的不法侵害并不紧迫和严重”；从被害人郭某系被背后捅伤等方面，认定于

① 袁博：《从张船山判词看刑事裁判文书的说理》，载《人民法院报》2017年7月7日。

欢的防卫行为明显超过必要限度造成重大损害；从本案发生于“冠县这个不大的县城”，系熟人社会里发生的民间纠纷，认定其“与陌生人之间实施的类似行为的危险性和危害性显有不同”，等等。这种基于生活本身的逻辑和理性的推论，容易让当事人和人民群众信服。二是重法理。对本案认定于欢防卫过当、构成故意伤害罪涉及的不法侵害、防卫行为、特殊防卫、防卫限度等相关法律问题详加阐释、论证。三是重学理。在分析于欢行为性质时既紧扣法律条文规定，又充分吸收了学术界关于正当防卫的最新研究成果，将学理融合于其中，并力求丰富发展正当防卫的学术理论。四是重情理。站在人民群众的立场上，将心比心、换位思考，对于欢及杜某等人的行为进行深入分析、客观评定，既从法律上判断，也从常识常情及伦理道德上分析。

从于欢案舆情发展来看，最初引起社会关注的是“辱母”情节。在本案中，被害方实施的侮辱行为主要是针对于欢以外的第三人，即他的母亲。母子之情是诸多人类情感中最神圣、最纯真的，“辱母”对一个人的伤害甚至超过对自己侮辱所带来的伤害。如果侮辱他人母亲的行为得不到法律的惩罚，维护自己母亲人格尊严的行为得不到法律的认可，必将引起人神共愤。一审判决恰恰未对此情节充分顾及、恰当评判，因此导致了社会不良情绪的“井喷”。二审判决基于维护天理人伦、顺应民意的考虑，明确指出：被害人杜某当着于欢之面公然以裸露下体的方式侮辱其母亲，虽然距于欢实施防卫行为已间隔约20分钟，但于欢捅刺杜某等人时难免不带有报复杜某“辱母”的情绪，此情节“在刑罚裁量上应当作为对于欢有利的情节重点考虑”，由此获得社会公众的广泛认可。

可见，于欢案二审判决在坚持严格依法裁判的同时，高度关注社情民意，在评判说理中将案件置于天理、国法、人情之中综合考量，强调裁判既不能背离法律，也不能违背文化传统、常情常理以及人民群众的公平正义观念。有学者指出：“从价值上说，现代法治应当是人性之治，良心之治，常识、常理、常情之治，现代法治中的法律规范，只能是反映人类人性、个人良心共性的社会常识、常理、常情的具体化、规则化。”①法治要讲常识、常理、常情，法官办案也要讲常识、常理、常情。事实上，我国是有着数千年文化传统的国家，天理、国法、人情是深深扎根人们心中的正义观念。法院裁判必须尊重人民群众的朴素情感和基本的道德诉求，自觉维护我国传统文化和社会主义核心价值观所倡导的道德伦理，做到遵循法度、顺应天理、合乎人情，实现法理情的有机结合。

六、积极回应关切打造大众化判决

本案发生背后有着复杂的社会背景，一审宣判后人民群众通过网络、纸媒等渠道也传达了多方面的诉求，除了呼吁司法机关明确正当防卫及防卫过当的法律边界、充分考虑被害人实施的侮辱行为外，也希冀司法机关对高利贷与非法催收行为说“不”，并明确警察执法是否存在失职渎职等。这些诉求有的属于承办法院的管辖范畴，有的则不属于。对此，裁判文书如何作出恰当的回应需要认真对待，既要依法积极作为，又不能擅自盲目乱为，要全面客观分析情况、依法审慎判断。

于欢案二审判决书制作之所以受到广泛肯定与好评，就在于始终坚持将实现“三个效果”作为工作目标。从法律效果来看，本案一审判处无期徒刑，二审在基本事实出入不大的情况下，改判无罪或缓刑不仅有违刑法规定及精神，也将可能对司法公信造成消极影响，并无助于类案的量刑平衡。而判处五年实刑的法律效果最好。从社会效果来看，引发本案有深层次的社会因素，其中高利贷、非法逼催债是一个重要方面，也是一审宣判后舆论的炒点之一，反映了人民群众对此

① 宣海林：《法应当向民众认同的常识、常理、常情靠拢——访十一届全国人大代表、重庆大学法学院院长陈忠林教授》，载《中国审判》2011年第11期。

类行为的痛恨。但是在国家立法未作出正式回应之前,司法如何作为需要考量。二审判决把通过侮辱进行催收定性为“严重违法、手段恶劣”,认为这种行为应当受到惩罚和谴责,则鲜明表达了法院对此类行为的否定态度。从政治效果来看,在法治社会中,应当鼓励和引导人民群众通过合法途径来保护自己的权利。在有合法救济程序的情况下,如果纵容当事人采取非法的手段保护自己的权利,就是把私力救济凌驾于国家权力之上,其结果很可能导致社会的混乱。所以,本案的裁判必须平衡国家管理与私力救济之间的关系,引导公民走正常渠道救济权利,以维护社会稳定与和谐。可以说,从落实法律效果、社会效果和政治效果的考虑,二审判决书对相关问题都作了积极回应和妥当处理。

此外,让人民群众理解、认同判决,还要考虑判决书的表达形式。判决书既是法院对特定个案裁判活动的书面记载,也是一种社会公共产品,其价值不在于高深的理论,而在于蕴含其中的能为人们感受到的裁判规则和基本道理。判决书要为人民群众所接受,首先必须容易让人读得懂、看得明白,领会其中传达的道理。综观于欢案二审判决书,从文书结构到文字表述,从逻辑顺序到理据分析,都精心打磨,力求用通俗易懂、平实准确的语言,用人民群众易于接受的表达方式,说清裁判的依据和思路,讲明裁判的道理和规则。在裁判说理上讲究充分、透彻,在语言表述上力求准确、妥帖。例如,在评判“辱母”情节时,使用了“严重违法、亵渎人伦,应当受到惩罚与谴责”的表述,用语鲜明,语气强烈;对被害人亲属所提偿付死亡赔偿金、被抚养人生活费的诉求依法不予支持,但考虑到被害人杜某某的四名未成年子女的实际生活困难,又提出“可依法救济”,爱憎分明,既较好地贯彻了平等保护理念,也充分体现了司法的善意和温情。“判决有情感、有温度”,就容易引人共鸣,由此也会提升裁判的权威性和公信力。可以说,于欢案二审判决书的相关表述是字斟句酌、反复推敲的结果,其出发点就是为了打造一份让人们能理解、能接受、能认可的“大众化判决书”。这对妥善处置人民群众高度关注的热点刑事案件来说,是极其重要的。

死刑核准制度改革十周年

【编者按】

2006年10月31日,第十届全国人民代表大会常务委员会第二十四次会议通过了《关于修改〈中华人民共和国人民法院组织法〉的决定》,将人民法院组织法原第十三条修改为第十二条:“死刑除依法由最高人民法院判决的以外,应当报请最高人民法院核准。”修改人民法院组织法的决定自2007年1月1日起施行。据此,最高人民法院于2006年12月28日印发《关于统一行使死刑案件核准权有关问题的决定》,明确“自2007年1月1日起,最高人民法院根据全国人民代表大会常务委员会有关决定和人民法院组织法原第十三条的规定发布的关于授权高级人民法院和解放军军事法院核准部分死刑案件的通知,一律予以废止”;“死刑除依法由最高人民法院判决的以外,各高级人民法院和解放军军事法院依法判决和裁定的,应当报请最高人民法院核准”。截至2017年年底,死刑案件核准权收归最高人民法院统一行使,已历经十年。为此,本刊特邀著名刑事法专家、律师对死刑核准制度改革的背景、意义、进展及未来发展等方面进行阐释,以飨读者。

具有重大历史意义的死刑核准制度改革

□陈光中*

十年前的2007年,死刑案件核准权收归最高人民法院统一行使,这是一次意义重大、影响深远的司法改革。

一、死刑核准制度的演变

中华人民共和国成立以来,死刑裁判和核准制度屡经变迁。1979年颁布的第一部刑事诉讼法、刑法和修改后的人民法院组织法,均明确规定了死刑核准权由最高人民法院统一行使。但三法颁布不久,鉴于当时严峻的社会治安形势,全国人大常委会就决定,对部分严重危害社会治安的现行刑事犯罪分子判处死刑的核准权由最高人民法院授权省一级高级人民法院行使;1983年,随着"严打"的开展,全国人大常委会进一步对人民法院组织法作出修改,规定:"死刑案件除由最高人民法院判决的以外,应当报请最高人民法院核准。杀人、强奸、抢劫、爆炸以及其他严重危害公共安全和社会治安判处死刑的案件的核准权,最高人民法院在必要的时候,得授权省、自治区、直辖市的高级人民法院行使。"此后,相当一部分死刑案件的核准权长期由省一级人民法院行使。但是,1996年修改的刑事诉讼法与1997年修改的刑法对死刑核准权归属仍保留原来的规定,这表明了死刑核准权的下放只是保障社会治安、维护社会秩序的权宜举措而非根本转向。

随着社会治安形势的好转以及对死刑核准权下放以后利弊的总结,中央决定收回死刑核准权归最高人民法院统一行使。2006年10月31日第四届全国人民代表大会常务委员会第二十四次会议作出决定,对人民法院组织法进行回归性修改,规定:"死刑除依法由最高人民法院判决的以外,应当报请最高人民法院核准。"该决定于2007年1月1日生效,从而结束了死刑案件核准权长期由地方法院行使的局面,使刑法和刑事诉讼法的死刑核准规定得以真正实施,翻开了推进依法治国的新篇章。

从历史角度来看,我国古代的统治者也很重视死刑的控制,认识到"人命至重",不能错杀滥杀,必须严控死刑核准权。自隋唐以来,死刑核准权一直掌握在中央司法机关手中,并由皇帝亲自勾决,特别是在唐代,在死刑核准以后执行以前,还要报皇帝三复奏、五复奏。最高人民法院回收死刑核准权也体现了传承古代慎用死刑的优良司法传统。

二、死刑核准制度改革的重大历史意义

死刑核准制度改革的重大历史意义,首先在于能保证党和国家"保留死刑,严格控制和慎重适用死刑"政策的贯彻实施。一方面,根据我国国情,当今我们不应跟随西方国家废除死刑。对于极少数罪行极其严重的暴力恐怖、颠覆国家政权、严重危害社会治安的犯罪分子必须予以严惩,坚决判处死刑,以维护政权稳固、社会安定,保障人民人身安全、安居乐业。但另一方面,对死刑必须严格限制,慎重适用,对可杀可不杀的坚决不杀,对符合宽大条件的就应当敢于从宽处理,这样才能够减少社会的对立面,促进社会和谐,有利于国家的长治久安。

死刑核准权收回十年来,严格贯彻死刑政策,并在实体法上减少适用死刑的罪名、限缩死刑适用的对象与主体,从而使我国死刑的数量总体呈下降趋势,而且这种下降并未对社会治安发生消极影响。十年来,杀人、伤害、放火等八类严重暴力犯罪立案数量下降了一半,特别是命案,发

---

* 中国政法大学终身教授。

案数连续多年保持在十万分之一以下。

其次,十年来,死刑复核程序有了显著的改善,逐步实现从行政性书面审核向诉讼化方式改变,加强了被告人的人权司法保障。其表现为:第一,死刑核准的合议庭应当当面讯问被告人,即被告人具有当面陈述权。第二,在死刑核准过程中,被告人委托的辩护律师提出申请的,应当当面听取辩护律师的意见,其若提出书面意见的,应当附卷;被告人若未委托辩护律师,加强死刑复核案件被告人的法律援助。第三,加强了检察机关对死刑复核程序的监督权。第四,被判处死刑立即执行的被告人,在被执行死刑前,应当保证其与家属的会见权。

最后,死刑核准制度改革以来,在证据上坚持最严格的要求,严把证据关、事实关,坚决贯彻证据裁判原则、非法证据排除规则、疑罪从无原则,最大限度来保证死刑案件的事实认定符合客观真相,经得起社会与历史的检验。正因为程序上的诉讼化、证据上的最严格要求,使得十年来最高人民法院所判的案件至今没有发现一起冤案、错案。

三、死刑核准制度改革的未来期待

回顾过去十年,死刑复核制度改革成绩可圈可点,展望未来,我们仍然有所期待。

首先,进一步大力推进以审判为中心的诉讼制度改革,对于可能判处死刑的案件,要保证从侦查阶段开始的案件质量。从审判角度来说,一审程序要实行庭审实质化,完善证人、鉴定人出庭制度,同时尽可能加强一审的公开性、透明度。二审程序要确保死刑案件的开庭审理,避免二审暗箱操作。

其次,进一步完善死刑案件的辩护制度。由于人死不可复生,死刑案件错不起。辩护律师的参与是保证死刑案件不发生冤案、错案的重要保障,因此,我们应当建立死刑案件从侦查到死刑复核的全过程的法律援助制度。而且参与死刑复核的辩护律师应当具有较高的职业素质、专业水平,以保证案件的有效辩护。

最后,进一步贯彻好严格控制、慎重适用死刑的政策。这十年来,由于死刑核准权收归最高人民法院,核准程序越来越严格,再加上实体法的修改,死刑适用得到严格控制,这既符合世界潮流,也同我国的社会治安状况相适应。今后我们办理死刑案件,应当稳中求进、稳中求少。

从死刑核准制度改革看我国人权事业发展

□樊崇义*

2007年1月1日,根据《全国人大常委会关于修改〈中华人民共和国人民法院组织法〉的决定》,死刑案件核准权收归最高人民法院统一行使,结束了部分死刑案件核准权下放26年的历史。这是强化死刑程序控制、加强人权司法保障的重大举措,在我国人权事业发展史上具有里程碑的意义。十年来,死刑复核工作规范有序开展,死刑适用尺度更加统一、适用标准更加严格、诉讼程序更加严密,“保留死刑,严格控制和慎重适用死刑”政策得以切实贯彻,改革取得了预期成效,促进了人权司法保障的巨大进步,还发挥了改革辐射效应,推动了刑事司法理念和诉讼制度的科学发展,取得了举世瞩目的成就。

死刑核准制度改革,是我国人权事业发展的巨大进步。“尊重和保障人权”是我国的一项基本国策,是我国民主法治建设进程中秉持的一项重要理念。2004年全国人大常委会通过的《中华

* 中国政法大学诉讼法学研究院名誉院长、教授。

人民共和国宪法修正案》，将"国家尊重和保障人权"写入宪法。生命权是公民最基本的人权，中国古话说得好，"人命关天"，生命权是人的最高权利，必须得到最大的保障。死刑直接关乎公民生命权的剥夺，"生杀予夺"，必须慎之又慎，通过严格、统一的法律标准、政策标准、证据标准和诉讼程序予以控制和适用。十年间，最高人民法院通过个案复核和宏观指导，发布典型案例，出台指导意见，如《关于贯彻宽严相济刑事政策的若干意见》《关于办理死刑案件审查判断证据若干问题的规定》《关于办理刑事案件排除非法证据若干问题的规定》等，从实体、程序、证据多个方面严格规范死刑的适用标准，确保死刑只适用于罪行极其严重、罪证确实充分的犯罪分子。在强化死刑司法控制方面，向前迈出了大大的一步，加强了司法领域的人权保障，引导社会对生命权利的尊重敬畏，控制死刑和慎用死刑观念深入人心，成绩有目共睹。

逐步减少死刑并控制死刑的适用，符合国情实际，也是大势所趋。真正减少死刑，不仅要通过实体控制，即立法控制，通过减少死刑罪名，从立法层面、从源头上控制死刑，还要加强程序控制，也就是司法控制，从司法层面、从适用上控制死刑。从立法层面看，刑法原有68个死刑罪名，通过刑法修正案（八）、刑法修正案（九），已减少22个罪名，还有46个罪名。其中，实践中常用的罪名，也就故意杀人罪、贩卖毒品罪等五六个罪名，无论是数量还是比例，目前来看缩减空间并不大。所以，就当前而言，控制死刑适用，应当更多地关注死刑的程序控制、司法控制。应在减少死刑罪名的基础上，加强程序控制、司法控制，严把事实证据关、政策适用关，真正落实刑法第四十八条关于"死刑只适用于罪行极其严重的犯罪分子"的规定。"罪行极其严重"指的是特别严重的危害国家安全犯罪、特别严重的危害公共安全犯罪、特别严重的侵害公民人身权利的暴力犯罪、特别严重的毒品犯罪以及手段特别残忍、情节特别恶劣、后果特别严重的其他犯罪。

加强死刑司法控制，要坚持以审判为中心的改革方向，把握好相关诉讼程序的定位。我们说，一审是基础，二审是关键，而死刑复核是被告人最后一道权利救济屏障，至关重要。要在实体、程序、证据上坚持高标准、严要求，坚持罪刑法定、疑罪从无、证据裁判等基本原则，确保每一起死刑案件经得起法律和历史的考验。死刑复核程序的定位"去行政化"，是下一步改革方向。"去行政化"，不是要实行"三审终审"，一律开庭审理，而是要强化死刑复核程序的司法属性，形成审判中立裁决、控辩平等参与的诉讼结构。改革十年来，逐步建立了死刑复核接受检察监督制度和听取辩护律师意见、提讯听取被告人最后陈述等机制，最高人民法院中立听审渠道逐步健全，但控辩参与，特别是辩护律师参与死刑复核程序，包括复核阶段法律援助律师保障，还有待改进完善。在拓宽律师参与渠道的同时，也要把好准入关口，建立死刑辩护的资格准入制度，确保死刑被告人获得专业有效的律师帮助。这是下一阶段深化死刑核准制度改革、强化人权司法保障值得关注的问题。

死刑司法改革成绩斐然的十年

□赵秉志*

根据中央的部署和国家有关立法的修改，最高人民法院于2007年1月1日统一收回了之前下放给地方高级人民法院和军事法院行使多年的死刑案件核准权。时光流逝，转眼迄今已经十年。十年来，最高人民法院以统一收回死刑案件核准权为契机，大力推进死刑司法改革，成效显

---

* 中国刑法学研究会会长，北京师范大学刑事法律科学研究院院长、教授。

著,并与死刑立法改革良性互动,推动了刑法修正案(八)、刑法修正案(九)的死刑立法改革。可以说,过去的十年,我国死刑司法制度进一步健全和完善,死刑适用的标准得到统一和提升,严格控制死刑的观念日益深入人心,死刑司法改革十年的成绩斐然。

一、深入贯彻严格控制死刑的政策

死刑政策是死刑立法和司法的指引。最高人民法院统一收回死刑案件核准权之后,严格控制死刑是过去十年间我国死刑司法改革的基本政策,并且得到了进一步明确和积极贯彻。这体现在以下两个方面:

第一,进一步明确严格控制死刑的政策。过去十年间,最高人民法院多次重申了严格控制死刑的政策。2007年《最高人民法院关于进一步加强刑事审判工作的决定》第四十五条就明确提出要贯彻执行"保留死刑,严格控制死刑"的刑事政策;2010年《最高人民法院关于贯彻宽严相济刑事政策的若干意见》第二十九条则进一步提出要严格执行"保留死刑,严格控制和慎重适用死刑"的政策,在"严格控制死刑"的基础上进一步提出要"慎重适用死刑",体现了对死刑适用的审慎态度。该政策也成为我国死刑司法改革的基本政策指引。

第二,积极贯彻严格控制死刑的政策。"严格控制和慎重适用死刑"要求司法工作者在审理案件过程中综合考虑犯罪性质、犯罪情节、犯罪结果及犯罪分子的人身危险性等因素,尽量少用死刑,在死刑作为选择刑种之一出现时,慎用死刑,同时严格执行非法证据排除规则和死刑复核程序。基于此,最高人民法院从保留、严格控制和慎重适用的角度作了进一步细化。2010年《最高人民法院关于贯彻宽严相济刑事政策的若干意见》第二十九条规定:"对于罪行极其严重的犯罪分子,论罪应当判处死刑的,要坚决依法判处死刑。要依法严格控制死刑的适用,统一死刑案件的裁判标准,确保死刑只适用于极少数罪行极其严重的犯罪分子。拟判处死刑的具体案件定罪或者量刑的证据必须确实、充分,得出唯一结论。对于罪行极其严重,但只要是依法可不立即执行的,就不应当判处死刑立即执行。"该规定明确提出要从死刑的裁判标准、证据标准和执行标准三个方面严格控制死刑,是对死刑政策的具体贯彻,成为指引我国严格控制死刑适用的重要依据。

二、不断严格控制死刑的适用范围

死刑适用的范围包括死刑适用的条件、罪种、对象等方面。过去十年间,最高人民法院对死刑适用的范围作了如下三个方面的严格限制:

第一,严格掌握死刑适用的条件。刑法第四十八条将死刑适用的条件规定为"罪行极其严重"。最高人民法院从严格限制死刑适用的角度,对"罪行极其严重"作了最为严格的把握,不仅要求行为的社会危害性和行为人的主观恶性极其严重,而且要求行为人的人身危险性极其严重。如2015年最高人民法院发布的《全国法院毒品犯罪审判工作座谈会纪要》明确将犯罪的社会危害性、犯罪人的人身危险性、当地的禁毒形势等因素纳入严重毒品犯罪死刑适用的条件范围。

第二,严格控制死刑适用的罪种范围。我国1997年刑法规定了68种死刑罪名,经刑法修正案(八)和刑法修正案(九)两次成规模成批量地削减,目前仍有46种死刑罪名,涉及的罪种既有暴力犯罪,也有非暴力犯罪。对于死刑适用的主要罪种范围,2010年《最高人民法院关于贯彻宽严相济刑事政策的若干意见》第七条明确提到了三类犯罪,即"严重危害国家政权稳固和社会治安的犯罪""严重暴力犯罪和严重影响人民群众安全感的犯罪""毒害人民健康的犯罪"。而司法实践表明,我国对这三类犯罪的死刑适用还作了更进一步的严格区分和控制。过去十年间,我国死刑司法适用的罪种主要限于致命性暴力犯罪(包括故意杀人罪、抢劫罪、绑架罪和强奸罪)和少数危害特别严重的非暴力犯罪(如走私罪,贩卖、制造毒品罪),绝大多数在立法上还保留死刑的经济性、非暴力犯罪(包括运输毒品罪)都极少适用死刑。大量死刑罪名都是备而不用、备而少用,这既严格控制了死刑适用,也为我国在立法上逐步取消死刑罪名提供了重要的实践基础。

第三,严格限制死刑适用的对象范围。1997 年刑法禁止对犯罪时不满 18 周岁的未成年人和审判时怀孕的妇女适用死刑,刑法修正案(八)又原则上禁止对审判时已满 75 周岁的老年人适用死刑(但以特别残忍的手段致人死亡的除外),死刑适用的对象范围从立法上得到进一步限缩。并且,刑法规定对限制刑事责任能力的精神病人、又聋又哑的人、盲人犯罪从宽,客观上限制了这些人犯罪的死刑适用。实践中,我国司法机关对老年人等特殊群体犯罪的从宽制度由来已久且得到长期坚持。同时,我国司法实践中,对新生儿母亲、精神障碍人、残疾人等特殊群体犯罪之处理都体现了从宽处罚,对这些特殊群体适用死刑的判决极为罕见。

三、注重加强死刑适用的程序改革

实体正义与程序正义是司法公正不可或缺的两个方面。实体与程序并重是我国死刑司法改革的重要内容。过去十年来,我国主要从以下四个方面加强了死刑司法程序的改革,并取得了积极成效:

第一,严格规范死刑案件的审理程序。最高人民法院统一行使死刑案件核准权是我国死刑案件审理程序改革的重要体现;除此之外,过去十年间,我国死刑案件的审理程序改革还体现在死刑案件一、二审的程序改革方面。2006 年最高人民法院、最高人民检察院发布了《关于死刑第二审案件开庭审理若干问题的规定(试行)》(已失效),要求死刑案件二审必须采取开庭审理的方式。在此基础上,最高人民法院还通过司法解释的方式,对死刑案件被告人上诉问题作了多方面有利于查明案件事实和正确适用法律的规定。通过一系列相关的程序性改革,我国死刑案件的审理程序更加公正,积极地发挥了严格控制死刑适用的作用。

第二,严格把握死刑案件的证据标准。过去十年间,我国不断提高对死刑案件的证据要求。2010 年最高人民法院、最高人民检察院、公安部、国家安全部、司法部发布的《关于办理死刑案件审查判断证据若干问题的规定》对死刑案件的证据采信和证明标准提出了较一般案件更高的要求。在此基础上,2012 年全国人大修改的《中华人民共和国刑事诉讼法》和同年最高人民法院发布的《关于适用〈中华人民共和国刑事诉讼法〉的解释》,对包括死刑案件证据在内的证据标准和证据审查问题作了更为严格的规定,进一步严格了死刑案件证据标准,提升了死刑案件的审判质量。

第三,严格保障死刑案件的律师参与权。为更好发挥律师在死刑案件审理中的作用,最高人民法院先后出台了多个专门针对死刑案件听取辩护律师意见的规定,包括 2008 年最高人民法院、司法部印发的《关于充分保障律师依法履行辩护职责确保死刑案件办理质量的若干规定》,2014 年最高人民法院印发的《关于办理死刑复核案件听取辩护律师意见的办法》等。这些规定强化了律师对死刑案件审理的参与,更好地保障了律师在死刑案件中的辩护权,促进了法官在死刑案件审理中更好地做到"兼听则明"。

第四,严格掌握死刑的执行程序。这主要体现在两个方面:一是加强了死刑执行方式的改革,大量采取以注射的方法执行死刑,提高了死刑执行的人道性;二是进一步完善了停止执行死刑程序。2008 年最高人民法院发布的《关于适用停止执行死刑程序有关问题的规定》(已失效),对停止执行死刑的条件和程序作了十分明确、细致、严格的规定。在此基础上,2012 年最高人民法院发布的《关于适用〈中华人民共和国刑事诉讼法〉的解释》对死刑执行程序的相关规定予以了进一步完善。这有助于避免死刑执行的错误,提高死刑案件的审理质量。

四、严格控制死刑的适用数量

死刑适用数量的下降是死刑改革的重要评价指标。根据最高人民法院工作报告等有关资料,过去十年间,死刑案件质量得到了较好的保证,死刑适用的数量也得到了有效控制。实践中,相当一部分原本可能判处死刑的案件因为证据达不到死刑案件标准而被改判无期,或者基于严格控制死刑的政策和法定、酌定从宽情节而由死刑立即执行被改判死缓,从而大大降低了死刑立即执行的适用率。这是我国死刑司法改革取得重大成效的重要体现。

总之,过去十年间,我国进一步统一了死刑案件的适用标准,提高了死刑案件的审判质量,减少了死刑案件的数量。最高人民法院收回死刑案件核准权所欲达到的目标已然实现。当然,成绩仅仅属于过去。展望未来,我国死刑改革的道路依然还很漫长。从进一步推进死刑司法改革的角度,我国有必要进一步完善死刑改革的政策内容,明确将"减少死刑"纳入政策的表述,进一步严格死刑的司法适用,包括死刑适用的具体条件、罪种范围、对象范围等,并严格控制死刑适用数量。只有这样,我们才能不断推进死刑司法改革的深入并进而带动死刑立法的全面改革。

死刑核准权收回十周年

——回顾与展望

□陈卫东*

2006 年 10 月,全国人大常委会决定,修改《中华人民共和国人民法院组织法》,自 2007 年起最高人民法院收回死刑核准权。此前 20 余年,处在改革开放转型期的社会环境下,为了维护治安稳定,部分死刑立即执行案件的核准权下放地方高级法院行使,以缓解大量案件压力。特殊历史时期之后,党中央作出将死刑核准权收归最高人民法院的重大决策。

死刑核准权的收回有着复杂的时代背景。首先,我国政治、经济、社会的全面发展对司法公正、保障人权提出了新的要求。党的十四大、十五大报告中提出了司法改革,党的十六大报告中司法体制改革、科学发展观、执政为民、以人为本、构建社会主义和谐社会等一系列符合时代发展要求的执政理念相继提出,依法治国基本方略与"国家尊重和保障人权"条款被写入宪法,贯彻"少杀、慎杀"理念是法治文明进步的必然要求。其次,减少和控制死刑适用是当下世界各国刑事司法的发展趋势,也是衡量一国人权水平的重要指针。

在收回死刑核准权的讨论之初,专家学者认为其所要达到的预期目的有四项:防止错杀,即通过死刑复核程序发现错案或者死刑适用不当的案件;减少、控制死刑适用;统一死刑适用标准;宣言功能,即由最高司法机关决定死刑以体现对人权的尊重,体现对人权入宪的贯彻。死刑核准权收回十年以来,在最高人民法院的严格把关下,至今还未发现一起错杀案件,死刑适用得到严格控制。更为重要的是,司法实践表明,在严格限制死刑适用的大背景下,并未出现部分实务人士担忧的由于死刑威慑的降低而造成严重犯罪增加的情况,这是新中国刑事司法历史上的一个重大成就。

回顾死刑核准权收回的十年历史,我国死刑案件的质量得到了明显提高,死刑数量也得以显著降低,深入贯彻了"少杀、慎杀"的原则,具有很大的进步意义。死刑核准权收回之后,最高人民

---

* 中国人民大学诉讼制度及司法改革研究中心主任、教授。

法院严格卡住死刑标准,也促使各级法院在死刑判决时更加慎重。从死刑目前的适用情况来看,对于应当判处死刑的案件,其审判与复核皆更为谨慎。不仅如此,一方面,死刑核准权收回最高人民法院,恢复了死刑核准制度的常态,这对于宣示人权保障、贯彻死刑政策、统一死刑标准起到了重要作用;另一方面,收回死刑核准权后,死刑核准制度建设也得到了进一步法治化的完善——审查模式的逐步诉讼化、律师介入和参与的逐渐加深——对于公平正义的实现以及人权保障的加强都有着重要作用。

死刑核准权的收回对统一死刑案件标准起到了重要作用。由于我国地区间经济社会发展存在相当的差距,在死刑核准权没有收回之前,各地的死刑标准有的存在一定差异,这集中体现在数额犯的量刑中。而死刑核准权收回以后,由最高人民法院统一复核死刑案件,死刑标准更加规范、统一,对各地的死刑判决起到了指导作用,也促使各地死刑判决的标准趋向一致。但是,死刑标准还有待进一步细化、统一,应对各类案件的死刑标准予以规则化,避免同案不同判的情况发生。

死刑核准权收回之后,律师参与死刑复核辩护的空间也越来越大。尤其在2012年刑事诉讼法修改后,明确了律师参与死刑复核程序的方式与程序。此后,最高人民法院又在2014年印发《关于办理死刑复核案件听取辩护律师意见的办法》,再次细化了刑事诉讼法关于听取辩护律师意见的内容,死刑复核辩护更加有章可循、有法可依。目前来看,死刑案件辩护的问题主要还是存在于辩护的有效性上,我国大量的死刑案件都由法律援助律师办理,即使在死刑复核阶段也是如此,从确保辩护质量考虑,未来应有所调整。

死刑核准权收回之后,以往行政性的审批模式已逐渐开始向诉讼化的方向发展。但是,死刑复核过程中,书面化、内部性的办案方式仍未彻底得到改变。作为审判程序的死刑复核,其构造应当是控辩审的三角关系,这在实体与程序方面都有重要意义。未来,对于死刑复核程序的完善,可将其打造成一种"第三审"程序,但是在合宪性与具体的程序设计方面则需进一步研究。

迈向更加文明的刑事司法

□林　维*

十年前,对于死刑核准权应当收归最高人民法院这一问题,学界普遍期待、呼吁但公众却又疑虑重重。这样一种巨大反差可以清晰地说明最高人民法院当时的这一果断决定所反映出来的政治担当。十年来,死刑核准制度改革的巨大意义,不仅仅体现在死刑制度本身。诚然,死刑核准制度改革使死刑这一最严厉的刑罚措施的适用得到了一定程度的缓和,通过更大限度地严格限制适用死刑,从而使死刑的合理控制成为可能。最高人民法院的这一举措,可以被认为是现代司法史上人权保障的巨大进步,成为中国司法文明发展的里程碑之一。但是我们绝不能单纯地将这一改革的意义局限于此。由于死刑核准制度改革所要处理的生死问题极其敏感复杂而重大,因此在无形之间逼迫我们或主动或被动地重塑我们的刑事司法理念,重构相关的具体刑事司法制度,重新合理认识刑罚在整个社会治理体系中的作用和地位。死刑司法制度的改革,产生巨大的涟漪效应,牵一发而动全身,其理念的革新进一步辐射、扩及刑事司法整体,带动其他刑事司法制度产生相应同步的变革。毋庸置疑的是,宽严相济政策、非法证据排除、庭审实质化等理念的提出和制度的设计,都与死刑案件的审理经验和教训直接相关,并因此与死刑制度改革之间发

* 中国社会科学院大学副校长、教授。

生千丝万缕的关联和呼应。忽略死刑制度改革对于刑事司法整体所带来的震动,忽略死刑制度改革和刑事立法之间的互动,忽略这一制度对于司法文明的推动,就会使我们无法在十年之后正确全面地认识这一改革的巨大成功。不仅如此,死刑核准制度改革还能够缓慢而坚定地、不断地改变公众的死刑观念乃至刑罚观念,从而形成更加文明的法治观,为司法不断迈向更加文明奠定了更好的民意基础。

通过晚近的刑事立法,刑法典中的死刑罪名已经从68个降为46个,废除死刑的罪名几乎都是实践中死刑适用数量极少或者多年来鲜有适用死刑的罪名。除去危害国家安全罪和危害国防利益罪中的19个死刑罪名,剩余的27个罪名中,死刑适用数量最多的压倒性地集中于其中8个罪名。因此,通过立法减少死刑罪名从而实现死刑的严格、限制适用,当然仍然存有可能。但是考虑到其中某些罪名,如贪污受贿罪,尽管死刑适用量已经极少,但是从政策意义上仍然具有保留的意义,因此在立法上试图取消一个死刑罪名,恐怕都将存在不少难度。通过立法减少死刑适用的数量在最近一个阶段将会进入一个慢速通道,因此,在很长一段时间内,通过审慎适用死刑以加强死刑控制将成为最高人民法院的主要政治责任。按照目前的态势,针对非暴力、未致人伤亡的案件,如毒品犯罪,如何切实控制死刑,是一个迫在眉睫的问题。

死刑案件的复杂敏感性对法官的法律素养和事实认定、政策把握能力提出了最高要求,死刑的严厉性要求法官担当最高的司法责任。十年间,最高人民法院克服诸多困难,通过坚持不懈的努力,保证了死刑政策能够自觉、坚决、稳定地贯彻实施,死刑裁量标准得到有效规范和明确,死刑案件质量稳步、显著提升。在这一过程中,最高人民法院的法官作为死刑案件的最终把关者,付出了巨大努力,起到了至关重要的作用。但确实不能忽视的是,聂树斌案、呼格吉勒图案等错案,以另一种方式提出令人心惊胆战的警示:它们打破了“零”的分界,揭开了我们原来有意无意忽略而不愿面对的真相:死刑执行存在错案。令人更为心惊胆战的预警是:除了聂案、呼案,司法体制过去还有类似的案件吗?司法体制还会继续以这样的方式杀错人吗?我们是否能够保证除了这些案件以外,就没有其他已经被执行死刑的错案?没有人能够作出这样的保证,事实上,只要是人的而非神的审判,就意味着包括死刑执行错案在内的冤假错案存在现实可能性。它既可能发生在基层法院,也完全有可能发生在最高人民法院,既可能发生在一般案件中,也可能发生在死刑案件中,它们正在伺机吞噬我们对司法正义所持的信心和信赖。

目前我们比较庆幸的是,迄今发现的死刑执行错案都非最高人民法院所核准,这充分说明了死刑核准制度改革十年的成效。但是不核准的案件仍然占据一定比例,尤其是仍然存在一些基于事实、证据而非政策把握而不予核准死刑的案件,说明死刑案件的一、二审质量仍然有待进一步提高。在死刑核准权统一由最高人民法院行使之后,最高人民法院成为重重审判关卡之后保证死刑司法正当性的最后一道屏障,最高人民法院的审判责任也就更加重大。司法权力的集中同样意味着错案发生概率的集中,这就意味着死刑错案发生的可能性由过去的分散存在,转变成为统一的存在,核准权的收回并不意味死刑错案就会绝对消除。因此,对于正在行使死刑核准权的最高人民法院而言,压力一方面来源于如何能够做到严格控制死刑适用,另一方面则来源于随时可能出现的具有现实可能性的误判在何时转变成为现实的误判。此时,最高人民法院就不是纠错者,而是犯错者,最高人民法院在执行死刑案件中的此种误判,对公众对于司法权威的信赖的冲击显然要远远大于高级人民法院的死刑执行错案的冲击。如果说严格执行死刑政策是一个更为宏观、难以具体测算的标准,因此不宜成为评判最高人民法院死刑核准工作成绩的一个指标,但是死刑执行错案零的突破是一个更为具体、显见的事实,将直接影响对最高人民法院死刑核准工作的评判。

因此，改革十年之后，最高人民法院更加需要继续坚持慎用死刑、控制死刑的理念，以迎接更加文明的司法时代的到来。死刑适用的标准仍然需要进一步加以明确，应当更大限度地发挥司法解释、指导案例等方式的作用，适当地扩大核准或不核准死刑的典型案件裁判文书的公开范围，尤其应当就核准或不核准案件中的典型问题建立参考案例汇编的数据库，避免死刑适用标准横向、纵向的不平衡以及无原则、无规律地变动，以此引导死刑的裁判，从而逐步控制、减少死刑。同时，必须更加坚定不移地贯彻罪刑法定、疑罪从无、证据裁判等原则，切实避免冤错案件的发生。

死刑核准权收回最高人民法院以来发生的变化

□张学兵*

最高人民法院统一行使死刑核准权十年以来，执行严格的证据标准和死刑适用条件，充分尊重和保障公民的生命权；死刑复核程序日益完善，全面保障了被告人的辩护权利，有力维护和促进了程序正义；统一了死刑适用标准，确保了死刑案件的审判质量，至今未发生冤杀错杀案件，司法公正在个案中、在具体被告人身上获得充分体现；尤其是给律师辩护工作带来崭新变化，律师成为法官之外参与死刑复核程序的重要角色和力量，发挥着越来越重要的职能作用。具体体现在以下方面：

一、死刑复核法律法规日趋完备

刑事诉讼法的修改，《关于办理死刑案件审查判断证据若干问题的规定》《关于办理刑事案件排除非法证据若干问题的规定》《关于办理死刑复核案件听取辩护律师意见的办法》《关于充分保障律师依法履行辩护职责确保死刑案件办理质量的若干规定》等规范性文件的出台，在程序法上为律师参与死刑复核程序提供了依据和保障，上述规定的重要特征就是突出辩护律师的作用，重视辩护律师的意见，保障辩护律师充分履行辩护职责。律师辩护权来源于被告人委托，律师辩护维护的是被告人的合法权益，所以死刑复核程序对律师权利的保障，归根结底是对被告人辩护权和人权的保障。在死刑复核程序中，律师既可以提交书面辩护意见，也可以约见法官当面发表意见，这都使律师辩护权得以充分行使，有力地维护了程序正义和实体正义，是确保死刑复核案件质量、防止冤假错案的基础。

二、律师代理死刑复核案件的积极性不断提高

在全国刑事犯罪辩护率相对偏低、有待进一步提升的大背景下，律师参与死刑复核辩护工作的人数和比例均明显提高，死刑复核案件成为律师新的刑辩业务板块，有的律师逐渐发展到以死刑复核案件作为主要专业方向，这对律师行业提高辩护工作质量和专业化水平，都有非常积极的意义。律师代理死刑复核案件积极性提高的原因在于：死刑标准越来越透明、统一，规则明确，具有可操作性，与法官沟通顺畅、规范，律师充分享有辩护权利和职业尊严，职业成就感和人权使命感能够获得实现。近年来，最高人民法院依法不核准了吴英集资诈骗案等一批死刑案件，受到社会广泛好评。

三、对全国死刑案件审判工作发挥了示范和指引作用

最高人民法院收回死刑核准权，统一执行死刑证据和量刑标准，十年来积累了大量判例，对中级人民法院、高级人民法院的刑事法官和辩护律师而言，越来越发挥明晰的示范和指引作用。

---

* 中华全国律师协会副会长。

一审、二审法院逐步向最高人民法院的裁判标准靠拢，在一审、二审阶段严格执行证据采信、定罪量刑标准，严格控制死刑立即执行的适用，从而将罪犯人权保护观念和措施推行到基层，使慎杀、少杀刑事政策深入人心；使律师对案件的裁判结果有更多预期和判断依据，不断提高代理案件的积极性和辩护质量；严格实行死刑案件二审开庭审理，律师意见和作用在二审法院得到重视，杜绝了二审走过场、程序不透明等现象，使被告人的辩护权全程序得到充分保障，也使辩护律师在死刑案件中的作用得到全面发挥。

死刑核准权收回最高人民法院十年来，取得了有目共睹的成绩。同时，被告人的人权保护是一项持久和存在巨大提升空间的伟大事业。我们希望最高人民法院能继续坚决贯彻无罪推定原则，加强对高级人民法院死刑缓期执行案件复核工作的指导监督，避免在死刑复核环节和死刑缓期执行复核环节重新出现疑死从缓的现象，证据不足的案件应该坚决依法改判无罪，而不是以死缓判决代替，杜绝在保障被告人生命权的同时侵犯其自由权的做法。

我们有理由相信，通过总结死刑核准权收回最高人民法院十年以来的成绩和经验，未来死刑复核工作会得到进一步完善，对司法文明和人权进步会发挥更大作用。

郭正冬故意伤害案*

——在被害人死亡的情形下，被害人的诉讼地位可否及于被害人近亲属

一、据以探讨的案例

被告人郭正冬与被害人李大益均系三亚金盾小区工地建筑工，住同一宿舍，曾因打麻将时输赢200元发生纠纷。2013年1月10日上午8时30分许，工地发工资后，郭正冬叫李大益把打麻将时赢的200元钱还给自己，李大益不肯还钱并说没有欠钱。郭正冬很生气意图教训李大益，从衣服口袋里拿出随身携带的水果刀往李大益的臀部处捅，连续捅了几下。李大益被捅后转过身来还手时，郭正冬又持水果刀捅中李大益的上腹部，后被同宿舍工友劝开。郭正冬见李大益大量流血，就走出宿舍扔掉水果刀逃跑。李大益经抢救无效于当晚死亡，经鉴定系生前上腹部、左臀部被锐器刺伤造成肝脏穿通伤、左髂外动脉裂伤致失血性休克死亡。次日，郭正冬得知李大益死亡的消息后主动到公安机关投案。

二、分歧意见

本案在审理过程中，法院通知被害人李大益之妻有权提起附带民事诉讼。被害人之妻及其诉讼代理人表示已单独对被告人郭正冬提起民事诉讼，要求作为被害人参与刑事诉讼。对此是否准许，有两种不同意见：

一种意见认为，被害人之妻在刑事诉讼意义上属于被害人近亲属，刑事诉讼法只规定被害人是案件当事人，没有“被害人近亲属”作为当事人的规定，因此被害人之妻如不提起附带民事诉讼，则不能参与刑事诉讼。理由如下：

1. 刑事诉讼法对“被害人”和“被害人近亲属”多是区别使用的，特别是从刑事诉讼法第一百零六条的规定来看，有的提到了被害人近亲属，如第五项有关“诉讼代理人”的规定；有的没有，如第二项关于“当事人”的规定。司法解释也未明确在被害人死亡的情况下，可以对“当事人”作扩大解释。因此，认为在被害人死亡的情况下，其当事人地位由其近亲属继受没有法律依据。

2. 公诉案件由人民检察院代表国家出庭追诉犯罪，就是为了维护被害人，包括已经死亡被害人的权益；且被害人近亲属还可以委托专业律师作为诉讼代理人出庭，故被害人近亲属不出庭并不会损害已死亡被害人及其本人的权利。

另一种意见认为，被害人被侵害致死，其近亲属的权利也因此受到侵害，属于广义上的被害人，有权作为独立的诉讼主体参与刑事诉讼。理由如下：

1. 刑事诉讼法虽未明确规定在被害人死亡的情形下其近亲属属于刑事诉讼当事人，但相关条文赋予了被害人近亲属当事人地位。刑事诉讼法第一百零六条第二项规定：“当事人”是指被害人、自诉人、犯罪嫌疑人、被告人、附带民事诉讼的原告人和被告人。这是明确的列举式规定，从字面上看，“当事人”不包括被害人近亲属。但该条第五项和第四十四条第一款均规定，被害人近亲属有权委托诉讼代理人代为参加刑事诉讼。被害人近亲属既然有权委托诉讼代理人代表自

---

* 本文由海南省三亚市中级人民法院杨安豪供稿。

己参加刑事诉讼,那么其本身就应该具有刑事诉讼当事人资格。

2. 在被害人死亡的情形下,赋予其近亲属当事人地位既是诉讼法理论的要求,也是实践所需。从诉讼法理论来说,诉权来源于实体权利,实体权利受到侵害必然会产生诉权。被害人虽然死亡,但其实体权利受到侵害是既成事实,其因权利能力和行为能力全部终止而不能成为权利主体,但其权利不会消灭,而是由其近亲属继受,其近亲属继受实体权利后必然产生诉权。既然被害人在受到较轻的损害没有死亡的情况下有权参与追究犯罪,那么,举轻以明重,在被害人遭受严重侵害致死后,为保护被害人的合法权益,继受被害人权利的近亲属也当然应当有权参与刑事诉讼,追究犯罪。从实践要求来看,刑事诉讼法在各程序中规定了被害人广泛的参与权,离开被害人的参与,刑事诉讼将难以开展。同样,将遭受严重犯罪侵害致死的被害人的近亲属排除在外而进行刑事诉讼,是不可想象的,诉讼是进行不下去的。实践中,公安、检察、法院在很多程序中已经把已死亡被害人的近亲属当作当事人开展诉讼活动,如告知尸体鉴定意见、告知 DNA 鉴定意见等。刑事诉讼法第二百七十七条规定,部分轻刑犯罪案件和过失犯罪案件的犯罪嫌疑人、被告人可以通过赔偿损失、赔礼道歉等方式与被害人和解。《最高人民法院关于适用〈中华人民共和国刑事诉讼法〉的解释》第四百九十七条则规定,被害人死亡的,其近亲属可以和被告人和解。这意味着以司法解释的形式确认被害人近亲属有权作为当事人参与刑事诉讼程序之一的刑事和解程序。

被告人阮传贵强奸、抢劫案*

——强奸犯罪未遂与中止的具体认定,对抢劫犯罪中“使用暴力、胁迫手段”的理解与认定

一、据以探讨的案例

2014 年 3 月 29 日 20 时许,被告人阮传贵骑摩托车行至某一级公路,发现被害人赵某(女,已成年)在路边独自行走,遂意图强奸赵某。阮传贵将摩托车停在路边,快步赶上赵某,从赵某身后扯住其头发,将赵某甩倒在路边护坡下的水沟边,又用力将赵某头部按到水沟里致其呛水,后用手掐住赵某喉咙,强迫赵某脱下衣裤,欲与其发生性关系。阮传贵欲将生殖器插入赵某阴道时,赵某扭动身体反抗,阮传贵因紧张,生殖器未能完全勃起而未逞,遂强迫赵某为其实施口交。因当时公路上过往车辆较多,阮传贵害怕被发现,即骑摩托车挟持赵某欲到偏僻处继续实施强奸,转到某村级公路上行驶时,阮传贵因驾驶不慎,摩托车翻入路边水沟中,两人均摔晕。阮传贵先于赵某苏醒,发现自己左膝盖、左眉梢处均有轻微皮肤破损,赵某手脚处亦有轻微皮肤擦破,遂性欲全消,又考虑到强奸要受到惩处,于是叫醒赵某后强迫其给 200 元钱去治疗,后阮传贵独自离开。

二、分歧意见

本案在审理过程中,对被告人阮传贵强奸行为的犯罪形态以及其从被害人处取得财物的行为应否认定为抢劫罪,意见分歧较大。

(一)关于阮传贵强奸行为的犯罪形态

第一种意见认为,被告人阮传贵系在实施强奸犯罪过程中自动放弃犯罪,应认定为犯罪中止。理由如下:

---

* 本文由湖南省益阳市资阳区人民法院张伟供稿。

1. 从外界条件来看,不存在阻止阮传贵犯罪的因素。一是从作案的时间和环境分析,被告人阮传贵实施犯罪行为不易被他人发现和阻止。本案发生在初春的晚上8点左右,此时天色已黑,一般人很难看清周围事物。一级公路上来往的车辆一般也不会注意到公路护坡下的水沟边,被害人因害怕也没有呼救。阮传贵挟持被害人驶入某村级公路后,因天色已黑,路上无行人和其他车辆,更不易被他人发现和阻止。二是从事实发展的联系和时空延续性来看,不能简单认定阮传贵在一级公路护坡处是被迫放弃犯罪。虽然阮传贵在一级公路护坡下对被害人实施强奸,因被害人扭动身体反抗,再加上自身紧张导致生殖器未能完全勃起而没能插入,但是阮传贵仍具备短时间内继续实施强奸犯罪的可能。阮传贵看到一级公路上来往车辆较多,害怕被发现,但实质上其并没有因此被迫放弃强奸犯罪,而是继续挟持被害人前往附近偏僻处欲实施强奸,在这个过程中因为时间和空间上都存在延续性,阮传贵并没有中断实施强奸犯罪,被害人也一直处于其暴力胁迫之中,故应当将阮传贵在护坡处实施强奸犯罪和挟持被害人至偏僻处及翻车后放弃强奸犯罪视作一个整体。

2. 从被害人角度来看,已经失去了反抗的能力。阮传贵先趁被害人不备将其甩倒在护坡下水沟边,并强按其头部到水沟里致其呛水,之后又用力掐住其喉咙。被害人在遭受较高强度的身体暴力及胁迫后,已处于极端恐惧当中,在阮传贵提出要她脱下衣裤和发生性关系的要求后被迫顺从,且不敢激烈反抗,只是出于本能扭动身体反抗。当阮传贵驾驶摩托车搭载其到偏僻处继续实施强奸时,被害人一直按照阮传贵的要求不敢抬头看路,不敢反抗。

3. 从身体状态和行为表现来看,被告人阮传贵在具备继续实施强奸犯罪的身体条件和能力的前提下放弃了强奸犯罪。阮传贵在摩托车翻入村级公路水沟后摔晕受伤,他先于被害人苏醒,后检查身体发现两人均轻微受伤,但这种意志之外的介入因素并没有严重到足以令其丧失继续实施强奸犯罪的身体能力,并且被害人仍旧处于阮传贵的控制之下。阮传贵或基于轻微外伤带给其的痛感刺激致性欲消退,或是晕厥期间心理得到平复冷静而抑制、阻却其犯罪决意,最终自动放弃了继续实施强奸犯罪。

第二种意见认为,阮传贵的强奸行为应认定为犯罪未遂。理由如下:

1. 主观上,阮传贵一直未放弃强奸意图。在一级公路边,阮传贵的强行行为由于赵某的反抗致其生殖器未能勃起而未能得逞,但其奸淫的意图继续存在,故让赵某为其实施口交;因怕被发现,又挟持赵某到偏僻处继续实施强奸,到某村级公路行驶时,因驾驶不慎,摩托车翻入水沟中,醒来后,其性欲全消。以上案情可见,在一级公路边,其强奸未能得逞,原因在于赵某的反抗,而在村级公路边,其强奸行为未能得逞,原因在于阮传贵的身体情况,如果此时阮传贵仍有性欲,则会继续实施强奸行为,且赵某已经处于昏迷状态,强奸即可得逞。因此,本案的关键是在水沟中时,阮传贵是没有强奸意图还是因为外界阻却因素致强奸行为无法实施。不能仅看到其在水沟中性欲全消这一表象,而应透过现象看本质。到达水沟不是阮传贵的主观选择,而是其摩托车翻倒所致。因此,性欲全消也不是阮传贵主观上放弃犯罪的原因,而是摩托车翻倒所致。也就是说,其在摩托车翻倒这一外界因素介入之前,其强奸的意图一直存在。

2. 阮传贵强奸行为未能得逞,是多种阻却因素结合的结果。在一级公路边,其未能得逞是因为被害人的反抗;在让赵某为其口交时,其未能得逞,既不是外界因素介入致其不能实施强奸,也不是其放弃强奸,而是怕被发现,因而转移地方想继续实施强奸犯罪;在转移过程中还没到其自己选定地点时发生了摩托车翻倒事故,进而致其左膝盖、左眉梢处均有轻微皮肤破损,导致性欲全消。性欲全消是不能继续实施强奸行为的直接原因,但致性欲全消的原因并非来源于阮传贵主观上对强奸行为的放弃,而来源于摩托车翻倒事故及事故引起的其身体受伤。

（二）关于被告人阮传贵取得被害人财物的行为，是否构成抢劫罪

第一种意见认为，阮传贵的行为不构成抢劫罪，理由是：阮传贵只是向被害人口头提出了索要财物的要求，没有使用暴力、胁迫等手段，被害人系自愿将钱交出。阮传贵对被害人实施的扯住头发、甩倒在路边、用力将头部按到水沟里等暴力行为均发生在强奸犯罪实施过程中，阮传贵与被害人摔晕苏醒后，其之前实施的暴力行为已经结束，阮传贵取得财物不是当场实施暴力的结果，不符合抢劫罪“当场性”的特征；且阮传贵实施暴力行为的目的是强奸，在强奸罪中已经进行了评价，再认定抢劫罪有重复评价之嫌。

第二种意见认为，阮传贵的行为构成抢劫罪，理由是：本案中被告人阮传贵向被害人索要财物时，确实没有“当场”使用暴力，但是不能否认其实施了胁迫行为，更不能认为被害人是自愿交付财物。被告人在实施强奸犯罪时的一系列暴力行为，已经对被害人造成了巨大的精神恐惧。此时，被告人向被害人索要财物，被害人是基于相信被告人有继续实施暴力行为的能力和可能性的前提下，才被迫交出财物。也就是说，表面上，强奸犯罪的暴力行为已经结束，但是，暴力行为所形成的对被害人的威慑并未结束，甚至基于强奸犯罪过程中被告人实施暴力的原因，被害人完全不能预料如果不给予财物，被告人是否还会实施暴力。因此，本质上，阮传贵是以强奸行为对被害人造成的侵害和压制为胁迫，当场获取财物，并且这种当场胁迫行为与被害人被迫当场交出财物之间存在事实上的因果关系，符合抢劫罪“当场性”的要求，构成抢劫罪。抢劫罪评价的是被告人另起犯意之后的胁迫行为，而非之前的强奸暴力行为，故不存在重复评价的问题。